"十二五"普通高等教育本科国家级规划教材

"十四五"普通高等教育本科规划教材

供基础、临床、护理、预防、口腔、中医、药学、医学技术类等专业用

实验诊断学

Laboratory Diagnostics

（第5版）

主　编　王建中　张　曼

副主编　屈晨雪　曹颖平　郑　磊　张　义　唐　敏　吕建新　李士军　许文荣

编　委　（按姓名汉语拼音排序）

安　成（中国中医科学院广安门医院）
曹敬荣（首都医科大学宣武医院）
曹颖平（福建医科大学附属协和医院）
崔丽艳（北京大学第三医院）
董爱英（华北理工大学附属医院）
杜鲁涛（山东大学齐鲁医院）
冯长梅［包头医学院第三临床医学院（国药北方医院）］
关秀茹（哈尔滨医科大学附属第一医院）
贺鹏程（西安交通大学第一附属医院）
胡炎伟（首都医科大学附属北京朝阳医院）
贾天军（河北北方学院医学检验学院）
李　佳（首都医科大学附属北京世纪坛医院）
李士军（大连医科大学检验医学院）
林　琳（大连医科大学附属第一医院）
刘海文（锦州医科大学附属第一医院）
刘　娜（首都医科大学附属北京世纪坛医院）
刘向祎（首都医科大学附属北京同仁医院）
娄金丽（首都医科大学附属北京佑安医院）
卢怀民（包头医学院医学技术与麻醉学院）
吕　虹（首都医科大学附属北京天坛医院）
吕建新（杭州医学院）
马秀敏（新疆医科大学附属肿瘤医院）
门剑龙（天津医科大学总医院）
孟　文（北京大学人民医院）
潘　琳（宁夏医科大学总医院）
邱　骏（苏州大学附属第一医院）

邱　玲（中国医学科学院北京协和医院）
屈晨雪（北京大学第一医院）
渠　巍［贵州医科大学附属妇女儿童医院（贵阳市妇幼保健院）］
沈立松（上海交通大学医学院附属新华医院）
宋卫青［康复大学青岛医院（青岛市市立医院）］
孙连桃（包头医学院医学技术与麻醉学院）
孙轶华（哈尔滨医科大学附属肿瘤医院）
唐　敏（重庆医科大学检验医学院）
王建中（北京大学第一医院）
王　琳（华中科技大学同济医学院附属协和医院）
王学晶［北京大学民航临床医学院（民航总医院）］
王　珍（河北工程大学医学院）
邢　莹（北京大学第一医院）
徐文华（青岛大学青岛医学院）
徐元宏（安徽医科大学第一附属医院）
许文荣（江苏大学医学院）
易　斌（中南大学湘雅医院）
应斌武（四川大学华西医院）
张　曼（首都医科大学附属北京世纪坛医院）
张　义（山东大学齐鲁医院）
赵劲松（锦州医科大学附属锦州市中心医院）
赵秀英（清华大学北京清华长庚医院）
赵　艳（首都医科大学附属北京胸科医院）
郑　磊（南方医科大学南方医院）
钟　宁（山东第一医科大学）

编写秘书　刘　娜（首都医科大学附属北京世纪坛医院）

北京大学医学出版社

SHIYAN ZHENDUANXUE

图书在版编目（CIP）数据

实验诊断学 / 王建中，张曼主编. -- 5版. -- 北京：北京大学医学出版社，2025.5. -- ISBN 978-7-5659-3290-8

Ⅰ.R446

中国国家版本馆CIP数据核字第2025KP4521号

实验诊断学（第5版）

主　　编：王建中　张　曼
出版发行：北京大学医学出版社
地　　址：（100191）北京市海淀区学院路38号　北京大学医学部院内
电　　话：发行部 010-82802230；图书邮购 010-82802495
网　　址：http://www.pumpress.com.cn
E-mail：booksale@bjmu.edu.cn
印　　刷：北京瑞达方舟印务有限公司
经　　销：新华书店
责任编辑：孙敬怡　　责任校对：靳新强　　责任印制：李　啸
开　　本：850 mm×1168 mm　1/16　印张：38　彩插：10　字数：1130千字
版　　次：2004年2月第1版　2025年5月第5版　2025年5月第1次印刷
书　　号：ISBN 978-7-5659-3290-8
定　　价：89.00元

版权所有，违者必究

（凡属质量问题请与本社发行部联系退换）

第 5 轮修订说明

国务院办公厅印发的《关于加快医学教育创新发展的指导意见》提出以新理念谋划医学发展、以新定位推进医学教育发展、以新内涵强化医学生培养、以新医科统领医学教育创新，要求全力提升院校医学人才培养质量，培养仁心仁术的医学人才，发挥课程思政作用，着力培养医学生救死扶伤精神。《教育部关于深化本科教育教学改革全面提高人才培养质量的意见》要求严格教学管理，把思想政治教育贯穿人才培养全过程，全面提高课程建设质量，推动高水平教材编写使用，推动教材体系向教学体系转化。《普通高等学校教材管理办法》要求全面加强党的领导，落实国家事权，加强普通高等学校教材管理，打造精品教材。以上这些重要文件都对医学人才培养及教材建设提出了更高的要求，因此新时代本科临床医学教材建设面临更大的挑战。

北京大学医学出版社出版的本科临床医学专业教材，从 2001 年第 1 轮建设起始，历经多轮修订，高比例入选了教育部"十五""十一五""十二五"普通高等教育国家级规划教材。本套教材因骨干建设院校覆盖广，编委队伍水平高，教材体系种类完备，教材内容实用、衔接合理，编写体例符合人才培养需求，实现了由纸质教材向"纸质+数字"的新形态教材转变，得到了广大院校师生的好评，为我国高等医学教育人才培养做出了积极贡献。

为深入贯彻党的二十大精神，落实立德树人根本任务，更好地支持新时代高等医学教育事业发展，服务于我国本科临床医学专业人才培养，北京大学医学出版社有选择性地组织各地院校申报，通过广泛调研、综合论证，启动了第 5 轮教材建设，共计 53 种教材。

第 5 轮教材建设延续研究型与教学型院校相结合的特点，注重不同地区的院校代表性，调整优化编写队伍，遴选教学经验丰富的学院教师与临床教师参编，为教材的实用性、权威性、院校普适性奠定了基础。第 5 轮教材主要做了如下修订：

1. 更新知识体系

继续以"符合人才培养需求、体现教育改革成果、教材形式新颖创新"为指导思想，坚持"三基、五性、三特定"原则，对照教育部本科临床医学类专业教学质量国家标准，密切结合国家执业医师资格考试、全国硕士研究生入学考试大纲，结合各地院校教学实际更新教材知识体系，更新已有定论的理论及临床实践知识，力求使教材既符合多数院校教学现状，又适度引领教学改革。

2. 创新编写特色

以深化岗位胜任力培养为导向，坚持引入案例，使教材贴近情境式学习、基于案例的学习、问题导向学习，促进学生的临床评判性思维能力培养，部分医学基础课教材设置"临床联系"模块，临床专业课教材设置"基础回顾"模块，探索知识整合，体现学科交叉；启发创新思维，促进"新医科"人才培养；适当加入"知识拓展"模块，引导学生自学，探索学习目标设计。

3. 融入课程思政

将思政元素、党的二十大精神潜移默化地融入教材中，着力培养学生"敬佑生命、救死扶伤、甘于奉献、大爱无疆"的医者精神，引导学生始终把人民群众生命安全和身体健康放在首位。

4. 优化数字内容

在第4轮教材与二维码技术结合，实现融媒体新形态教材建设的基础上，改进二维码技术，优化激活及使用形式，按章（或节）设置一个数字资源二维码，融知识拓展、案例解析、微课、视频等于一体。

为便于教师教学、学生自学，编写了与教材配套的PPT课件。PPT课件统一制作成压缩包，用微信"扫一扫"扫描教材封底激活码，即可激活教材正文二维码，导出PPT课件。

第5轮教材主要供本科临床医学类专业使用，也可供基础、护理、预防、口腔、中医、药学、医学技术类等开设相同课程的专业使用，临床专业课教材同时可作为住院医师规范化培训辅导教材使用。希望广大师生多提宝贵意见，反馈使用信息，以便我们逐步完善教材内容，提高教材质量。

序

医学关乎人类生命的存在与繁衍，医学卫生事业的发展涉及国家安全、经济发展、社会文明和人民福祉。医者德为先，能为重，技为精。医学教育应既科学、严谨、规范，又充满温情与关怀。"健康中国"的美好愿景与目标，激励着医务工作者为之奋斗。医学教育要坚守为国育才、立德树人的根本任务，落实《关于深化新时代学校思想政治理论课改革创新的若干意见》《高等学校课程思政建设指导纲要》《教育部关于深化本科教育教学改革全面提高人才培养质量的意见》《关于深化医教协同进一步推进医学教育改革与发展的意见》《关于加快医学教育创新发展的指导意见》等文件精神，以适应我国"大医学、大卫生、大健康"的发展需求，为"健康中国"筑牢人才基础。

近年来，高等院校探索新医科建设，推进现代医学教育教学新模式，坚持以人和健康为中心，建立健全覆盖生命全周期和健康全过程、"促防诊控治康"一体化的人才培养体系，高度重视身心、社会、环境等要素，融通医工理文学科，提升新时代医学生的整体素养；运用现代数字信息技术，增强情境化教学，加强临床实践教学，有效地提高了学生专业胜任力。同时，高等院校深化落实党和国家关于加强大学生思想政治教育的指示精神，将思想政治教育贯穿于人才培养体系和课程教学，使习近平新时代中国特色社会主义思想进课堂、入头脑，培养人民群众满意的、医术精湛的社会主义卫生健康事业接班人。

北京大学是经历过百年洗礼的老校，为我国建设和发展做出了杰出贡献，与全国医学教育界的同道们共同努力，在医学教育教学研究、教师培养、教材建设、实践教学规范等多方面不断改革创新。北京大学医学出版社秉承医学教育宗旨，落实党和国家对教材建设的要求和任务，立足北大医学，服务全国高等医学教育，与各院校教师一起不懈努力，打造精品教材，以高质量完成课程教学活动的"最后一公里"。本套本科临床医学专业教材是在教育及卫生健康部门领导的关心指导下，由医学教育专家顶层设计，北京大学医学部携手全国各兄弟院校群策群力、共同建设的成果。本套教材多年来与高等医学教育改革相伴而行，与时俱进，历经多轮修订，体系日趋完善，符合专业要求，编写队伍与院校构成合理，编写体例不断优化创新，实现了纸质教材与数字教学资源结合的精品新形态教材建设。实践证明，这套教材满足本科医学教育的专业标准要求，在适应多数院校的教学能力与资源的情况下，能很好地引导、深化专业教学，已成为本科医学人才培养的精品教材，为我国高等医学教育事业发展做出了突出贡献。

第5轮教材建设坚持以习近平新时代中国特色社会主义思想为指引，积极探索思政元素融入教材，落实立德树人根本任务，坚持现代医学教育理念，体现生命全周期、健康全覆盖的整体要求，与相关学科恰当融合，全面更新了医学知识和能力体系，体现了"中国本科医学教育标准—临床医学专业（2022）"的要求，配合教学模式与方法的改革，吸收"金课程"建设经验，优化教材体例，融入医学文化，重视中华医学文明，强调适用、实用，行稳致远，开创新局，锤炼精品。

在第 5 轮教材出版之际，欣为之序。相信第 5 轮教材的高质量建设一定会为我国新时代高等医学教育人才培养和健康中国事业发展做出更大贡献。

前　言

实验诊断学又称检验诊断学，是诊断学中一个重要的组成部分，也是我国高等医学院校医学生的必修课之一。它是以临床检验为手段，为临床提供客观的检测或检查数据，对其背后反映的机体功能状态和生理病理变化进行解释，为疾病诊断、鉴别诊断、病情变化、疗效和预后评价等临床决策提供科学依据的学科。它不仅有助于从基础知识到临床应用的过渡，更有助于思维模式上的跨越，是医学生步入临床实践的启蒙课程。

2004 年，北京大学医学出版社组织国内高等医学院校从事本科教学的专家编写了第 1 版《实验诊断学》，并且率先在国内开启了以系统与器官疾病为主线编写实验诊断学教材的新模式。后续再版 3 次，教材以疾病为主线，重点阐述了实验诊断的检测目的和临床应用，突出实验诊断策略和应用评价，并适当反映学科新进展。这种创新性的教材编写思路顺应了当前国内外临床医学"器官系统"整合教学改革的潮流，有利于医学生临床思维的建立。《实验诊断学》从第 1 版出版发行后，就一直得到全国高等医学院校本科教学师生和实验诊断学专家的认可与厚爱，并被广泛使用。

早在 20 世纪 90 年代初，北京医科大学（现北京大学医学部）王淑娟教授等老一辈实验诊断学专家、教育家就倡导将"实验诊断"内容从高等医学院校教材《诊断学》中分离出来，使实验诊断学逐渐成为一门独立、完善并进展迅速的医学应用学科。随着科技的进步，实验诊断技术得到迅猛发展，目前的检验项目已达几千项，逐步成为亚专业齐全、技术先进、项目覆盖全面的重要学科。教材是人才培养的核心因素，教材质量直接决定人才培养质量。为了适应当前医学发展和人才培养的趋势，我们编写了《实验诊断学》第 5 版。作为高等院校本科规划教材，第 5 版在第 4 版的基础上，愈加求精，保持了原有的以疾病为主线进行实验诊断项目和应用评价介绍的特点，严格依据行业指南和标准，结合新发展、新技术、新规范对教材内容进行全面的修订、重组。全书分 3 篇、24 章。第一篇为绪论，共 4 章，主要阐述实验诊断学概论，特别强调实验诊断结果分析与报告的临床应用。第二篇为临床疾病的实验诊断，共 13 章，是教学的核心内容，主要阐述临床各系统和器官疾病的检验项目与应用、实验诊断策略、常见与重要疾病的实验诊断。第三篇为临床实验诊断技术与应用，共 7 章，是教学的扩展内容，主要阐述各学科实验诊断项目的原理、参考区间、临床意义和应用评价。此外，第 5 版教材保留了第 4 版中一些新颖的数字化教学手段，并对教学内容进行了更新和整合，将学科新进展、学科人物、临床案例、实验诊断思路或策略图、实验原理示意图等作为数字资源附于书中，扫描二维码即可阅读。这有助于学生充分拓展知识及联系临床实践。

第 5 版教材不仅可以作为全国高等医学院校基础、临床、预防和口腔医学类等专业的教学用书，也可作为住院医师规范化培训、专科医师规范化培训、研究生教育的教材和工具书，还可供临床医师、检验医技师等医务工作者在临床医学实践中应用与参考。

正所谓"宝剑锋从磨砺出，梅花香自苦寒来"，这本教材的修订和审校得到了北京大学医学出版社以及编委团队中全体专家的大力支持。大家同心协力，旨在将本教材打造成高质量的一流教材。各编委对教材内容进行认真修订和编制，并多次召开会议进行讨论和交叉互审；各主编和副主编层层审核把关，严要求、高标准地做好教材编写工作。大家牺牲了很多个人时间，沥尽心血共同编写了一本适应当下医学生人才培养理念的教材，希望能够契合新医科、一流专业、一流课程建设的要求，为我国高质量本科医学教育发展做出贡献。

虽然全体编者都投入了极大的热情和精力编写本书，但书中难免存在不足之处，敬请广大读者、同道和专家批评指正。

王建中　张　曼

目 录

第一篇 绪论

第一章 实验诊断学的发展与应用 …………………… 3
一、实验诊断的应用范围 ………… 4
二、实验诊断学的发展趋势 ………… 6

第二章 实验诊断项目的分类与评价 …………………… 9
一、实验诊断项目的分类 ………… 9
二、实验诊断项目的临床性能评价 ………… 10
三、实验诊断项目应用的临床判断依据 ………… 12

第三章 实验诊断的影响因素与质量保证 …………………… 15
第一节 检验前影响因素及质量控制 ………… 15
一、检验项目申请 ………… 16
二、患者准备 ………… 16
三、标本采集 ………… 17
四、标本的处理、运输和保存 …… 18
五、检验前误差的识别和控制方法 ………… 19
第二节 检验中影响因素及质量控制 ………… 20
一、检验中常见影响因素 ………… 20
二、检验中质量控制 ………… 21
第三节 检验后影响因素及质量控制 ………… 22

第四章 实验诊断结果分析与报告 …………………… 23
第一节 实验诊断报告 ………… 23
一、实验诊断报告的内容 ………… 23
二、实验诊断报告签发时限 ……… 23
三、实验诊断报告的分析与审核 ………… 24
四、实验诊断报告的发布 ………… 25
五、危急值报告 ………… 25
第二节 五级实验诊断报告体系的建立及意义 ………… 26
一、建立实验诊断报告体系具有重要意义 ………… 27
二、五级实验诊断报告模式 ……… 27

第二篇 临床疾病的实验诊断

第五章 血液系统疾病的实验诊断 35

第一节 贫血 35
一、贫血的检验项目与应用 36
二、贫血的实验诊断策略 40
三、主要贫血的实验诊断 42

第二节 白细胞良性疾病 47
一、白细胞良性疾病的检验项目与应用 48
二、白细胞良性疾病的实验诊断策略 49
三、常见白细胞良性疾病的实验诊断 49

第三节 造血与淋巴组织肿瘤 51
一、造血与淋巴组织肿瘤的检验项目与应用 52
二、造血与淋巴组织肿瘤的实验诊断策略 56
三、主要造血与淋巴组织肿瘤的实验诊断 59

第六章 出血与血栓性疾病的实验诊断 75

第一节 出血性疾病 75
一、出血性疾病的检验项目与应用 76
二、出血性疾病的实验诊断策略 80
三、主要出血性疾病的实验诊断 84

第二节 血栓性疾病 87
一、血栓性疾病的检验项目与应用 87
二、血栓性疾病的实验诊断策略 92
三、主要血栓性疾病的实验诊断 95

第三节 抗栓与溶栓治疗的实验监测 100
一、抗栓与溶栓治疗监测的检验项目与应用 101
二、抗栓与溶栓治疗的实验监测策略 102
三、常见血栓病抗栓与溶栓治疗的实验监测 103

第七章 泌尿系统疾病的实验诊断 108

第一节 肾小球疾病 108
一、肾小球疾病的检验项目与应用 109
二、肾小球疾病的实验诊断策略 114
三、常见肾小球疾病的实验诊断 115

第二节 肾小管疾病 118
一、肾小管疾病的检验项目与应用 118
二、肾小管疾病的实验诊断策略 121
三、常见肾小管疾病的实验诊断 122

第三节 泌尿系感染 124
一、泌尿系感染的检验项目与应用 125
二、泌尿系感染的实验诊断策略 126
三、常见泌尿系感染疾病的实验诊断 127

第八章 感染性疾病的实验诊断 …… 130

第一节 常见感染与脓毒症 …… 130
一、感染的检验项目与应用 …… 131
二、感染的实验诊断策略 …… 138
三、常见系统感染与脓毒症的实验诊断 …… 139

第二节 病毒性肝炎 …… 142
一、病毒性肝炎的检验项目与应用 …… 142
二、病毒性肝炎的实验诊断策略 …… 143
三、病毒性肝炎的实验诊断 …… 146

第三节 性传播疾病 …… 153
一、淋病 …… 153
二、非淋菌性尿道炎 …… 154
三、梅毒 …… 156
四、获得性免疫缺陷综合征 …… 158
五、生殖器疱疹 …… 160
六、尖锐湿疣 …… 160

第四节 结核病 …… 161
一、结核病的检验项目与应用 …… 162
二、结核病的实验诊断策略 …… 165
三、结核病的实验诊断 …… 165

第五节 新发传染病 …… 167
一、新发传染病的检验项目与应用 …… 167
二、新发传染病的实验诊断策略 …… 168
三、新发传染病的实验诊断 …… 169

第六节 常见寄生虫病 …… 174
一、寄生虫病的检验项目与应用 …… 175
二、寄生虫病的实验诊断策略 …… 176
三、常见寄生虫病的实验诊断 …… 176

第九章 消化系统疾病的实验诊断 …… 180

第一节 肝硬化 …… 180
一、肝硬化的检验项目与应用 …… 181
二、肝硬化的实验诊断策略 …… 185
三、肝硬化的实验诊断 …… 186

第二节 非病毒性肝炎 …… 188
一、非病毒性肝炎的检验项目与临床应用 …… 188
二、非病毒性肝炎的实验诊断策略 …… 191

第三节 胰腺炎 …… 195
一、胰腺炎的检验项目与应用 …… 195
二、胰腺炎的实验诊断策略 …… 196
三、胰腺炎的实验诊断 …… 198

第四节 消化道出血 …… 199
一、消化道出血的检验项目与应用 …… 200
二、消化道出血的实验诊断策略 …… 201
三、常见消化道出血的实验诊断 …… 201

第五节 腹泻 …… 203
一、腹泻的检验项目与应用 …… 203
二、腹泻的实验诊断策略 …… 205
三、常见感染性腹泻的实验诊断 …… 205

第十章 呼吸系统疾病的实验诊断 …… 207

第一节 急性上呼吸道感染 …… 207
一、急性上呼吸道感染的检验项目与应用 …… 208
二、急性上呼吸道感染的实验诊断策略 …… 209
三、急性上呼吸道感染的实验诊断 …… 209

第二节 支气管哮喘 …… 211
一、支气管哮喘的检验项目与应用 …… 212
二、支气管哮喘的实验诊断策略 …… 213
三、支气管哮喘的实验诊断 …… 214

第三节 感染性肺炎 …… 215

一、感染性肺炎的检验项目与应用 ………… 215
二、感染性肺炎的实验诊断策略 ………… 217
三、常见感染性肺炎的实验诊断 ………… 218
第四节 呼吸衰竭 ………… 219
一、呼吸衰竭的检验项目与应用 … 220
二、呼吸衰竭的实验诊断策略 ……… 221
三、呼吸衰竭的实验诊断 …………… 222
第五节 胸腔积液 ………… 223
一、胸腔积液的检验项目与应用 … 224
二、胸腔积液的实验诊断策略 ……… 224
三、胸腔积液的实验诊断 …………… 225

第十一章 代谢与内分泌疾病的实验诊断 ………… 228

第一节 糖代谢疾病 ………… 228
一、糖代谢的检验项目与应用 …… 229
二、糖代谢疾病的实验诊断策略 … 232
三、常见糖代谢疾病的实验诊断 … 234
第二节 脂代谢疾病 ………… 237
一、脂代谢的检验项目与应用 …… 239
二、血脂异常的实验诊断策略 …… 241
三、高脂血症的实验诊断与监测 ………… 242
第三节 骨代谢疾病 ………… 245
一、骨代谢疾病的检验项目与应用 ………… 246
二、骨代谢疾病的实验诊断策略 ………… 248
三、常见骨代谢疾病的实验诊断 ………… 249
第四节 水、电解质与酸碱平衡紊乱 ………… 252
一、水、电解质与酸碱平衡紊乱的检验项目与应用 ………… 253
二、水、电解质及酸碱平衡紊乱的实验诊断策略 ………… 254
三、常见水、电解质及酸碱平衡紊乱的实验诊断 ………… 257
第五节 甲状腺疾病 ………… 261
一、甲状腺疾病的检验项目与应用 ………… 262
二、甲状腺疾病的实验诊断策略 … 265
三、常见甲状腺疾病的实验诊断 … 266
第六节 肾上腺疾病 ………… 268
一、肾上腺的检验项目与应用 …… 268
二、肾上腺疾病的实验诊断策略 … 272
三、常见肾上腺疾病的实验诊断 … 273

第十二章 心血管疾病的实验诊断 ………… 275

第一节 冠状动脉粥样硬化性心脏病 ………… 275
一、心肌损伤标志物 ………… 275
二、心肌损伤标志物在急性冠脉综合征诊断中的应用策略 …… 278
三、急性冠脉综合征的实验诊断 … 278
四、心血管疾病的风险评估 ……… 279
第二节 高血压 ………… 280
一、高血压的检验项目与应用 …… 281
二、高血压的实验诊断策略 ……… 283
三、高血压的实验诊断 …………… 283
第三节 心力衰竭 ………… 285
一、心力衰竭的检验项目与应用 … 286
二、心力衰竭的实验诊断策略 …… 287
三、心力衰竭的实验诊断 ………… 288
第四节 感染性心内膜炎 ………… 290
一、感染性心内膜炎的检验项目与应用 ………… 291
二、感染性心内膜炎的实验诊断策略 ………… 291
三、感染性心内膜炎的实验诊断 … 292

第十三章　风湿免疫病的实验诊断 ………… 294

第一节　风湿免疫病 ………… 294
一、风湿免疫病的检验项目与应用 ………… 294
二、风湿免疫病的实验诊断策略 ………… 296
三、常见风湿免疫病的实验诊断 … 297

第二节　免疫缺陷病 ………… 305
一、免疫缺陷病的检验项目与应用 ………… 306
二、免疫缺陷病的实验诊断策略 … 307
三、常见免疫缺陷病的实验诊断 … 308

第三节　变态反应病 ………… 310
一、变态反应病的常用实验检测项目与应用 ………… 311
二、变态反应病的实验诊断策略 … 313
三、常见变态反应病的实验诊断 … 313

第十四章　肿瘤的实验诊断 …… 315

第一节　恶性肿瘤的检验项目与应用 ………… 315
一、肿瘤标志物 ………… 315
二、恶性肿瘤的分子诊断 ………… 318

第二节　恶性肿瘤的实验诊断策略 … 322

第三节　常见肿瘤的实验诊断 ………… 325
一、肺癌 ………… 325
二、常见消化系统肿瘤 ………… 326
三、常见生殖系统肿瘤 ………… 329

第十五章　神经系统疾病的实验诊断 ………… 333

第一节　脑血管疾病 ………… 333
一、脑血管疾病的检验项目与应用 ………… 333
二、常见脑血管病的实验诊断策略 ………… 336

第二节　中枢神经系统感染性疾病 … 338
一、中枢神经系统感染性疾病的检验项目与应用 ………… 338
二、中枢神经系统感染性疾病的实验诊断策略 ………… 340
三、常见中枢神经系统感染性疾病的实验诊断 ………… 340

第三节　痴呆 ………… 341
一、痴呆的检验项目与应用 ………… 342
二、痴呆的实验诊断策略 ………… 344

第四节　多发性硬化 ………… 345
一、多发性硬化的检验项目与应用 ………… 345
二、多发性硬化的实验诊断策略 ………… 347

第十六章　生殖系统疾病与出生缺陷的实验诊断 …… 348

第一节　生殖系统感染 ………… 348
一、生殖系统感染的检验项目与应用 ………… 349
二、生殖系统感染的实验诊断策略 ………… 351

第二节　不孕不育症 ………… 352
一、不孕不育症的检验项目与应用 ………… 352
二、不孕不育症的实验诊断策略 ………… 355
三、常见不孕不育症的实验诊断 ………… 356

第三节　出生缺陷 ………… 357
一、出生缺陷的检验项目与应用 … 357
二、出生缺陷的实验诊断策略 ………… 362
三、出生缺陷的实验诊断 ………… 363

第十七章　血型与输血相关疾病的实验诊断 … 364

第一节　临床输血 … 364
一、全血输注 … 365
二、红细胞输注 … 365
三、血小板输注 … 365
四、粒细胞输注 … 366
五、血浆输注 … 366
六、冷沉淀输注 … 366
七、白蛋白输注 … 367
八、大量输血 … 367
九、自体输血 … 367

第二节　输血不良反应 … 368
一、输血感染性反应的实验诊断 … 369
二、输血非感染性反应的检验项目与应用 … 370
三、输血非感染性反应的实验诊断策略 … 372
四、常见输血非感染性反应的实验诊断 … 372

第三节　胎母免疫性疾病 … 376
一、胎母免疫性疾病的检验项目与应用 … 376
二、胎母免疫性疾病的实验诊断策略 … 377
三、胎母免疫性疾病的实验诊断 … 377

第三篇　临床实验诊断技术与应用

第十八章　临床血液学实验诊断技术与应用 … 385

第一节　外周血细胞检验 … 385
一、外周血细胞计数 … 385
二、外周血细胞形态学检验 … 387
三、红细胞沉降率 … 390

第二节　骨髓形态学检验 … 391
一、骨髓涂片细胞形态学检验 … 391
二、骨髓组织活检 … 393

第三节　贫血相关试验 … 394
一、常用铁代谢试验 … 394
二、叶酸与维生素 B_{12} 代谢试验 … 396
三、溶血性贫血相关试验 … 398
四、其他试验 … 401

第四节　血细胞化学染色 … 402
一、髓过氧化物酶染色 … 402
二、酯酶染色 … 403
三、糖原染色 … 404
四、铁染色 … 404
五、中性粒细胞碱性磷酸酶染色 … 405

第五节　血细胞免疫表型分析 … 406
一、血液肿瘤的诊断与分型 … 406
二、外周血淋巴细胞免疫表型分析 … 408
三、骨髓及血液中造血干细胞/祖细胞计数 … 408
四、血小板功能分析与血小板病诊断 … 409
五、阵发性睡眠性血红蛋白尿症诊断 … 409

第六节　血液细胞与分子遗传学检验 … 409
一、血细胞染色体检验 … 410
二、分子生物学检验 … 412

第七节　血栓与止血试验 … 414
一、血管内皮细胞功能试验 … 414
二、血小板功能试验 … 415
三、凝血功能试验 … 416
四、抗凝血功能试验 … 419
五、纤维蛋白溶解功能试验 … 420

六、病理性抗体 …………………… 421

第十九章　临床体液学实验诊断技术与应用………… 424

第一节　尿液常规试验 ………………… 424
　　一、尿液理学检验 …………………… 425
　　二、尿干化学试验 …………………… 427
　　三、尿液有形成分检验 ……………… 429
第二节　尿液特殊试验 ………………… 431
　　一、尿液有形成分计数 ……………… 431
　　二、24 h 尿蛋白定量 ………………… 432
　　三、尿蛋白电泳 ……………………… 432
　　四、尿肌红蛋白 ……………………… 433
　　五、尿本 - 周蛋白 …………………… 433
　　六、乳糜尿与脂肪尿 ………………… 433
第三节　粪便检验 ……………………… 434
　　一、粪便常规试验 …………………… 435
　　二、粪便化学试验 …………………… 438
第四节　浆膜腔积液检验 ……………… 439
　　一、浆膜腔积液的常规检验 ………… 440
　　二、浆膜腔积液的化学检验 ………… 441
　　三、浆膜腔积液的免疫学检验和
　　　　肿瘤标志物 ……………………… 442
　　四、胸腔积液和腹水的微生物学
　　　　试验 ……………………………… 442
第五节　脑脊液检验 …………………… 443
　　一、脑脊液常规试验 ………………… 444
　　二、脑脊液特殊检验 ………………… 446
第六节　精液和前列腺液检验 ………… 449
　　一、精液常规试验 …………………… 449
　　二、精液特殊检验 …………………… 451
　　三、前列腺液检验 …………………… 453
第七节　阴道分泌物检验 ……………… 454

第二十章　临床免疫学实验诊断技术与应用………… 458

第一节　免疫功能试验 ………………… 458
　　一、免疫球蛋白 ……………………… 458
　　二、补体 ……………………………… 460
　　三、细胞因子 ………………………… 461
　　四、外周血淋巴细胞免疫亚群计数
　　　　……………………………………… 461
第二节　感染免疫学试验 ……………… 463
　　一、感染筛查试验 …………………… 463
　　二、细菌感染的免疫学试验 ………… 464
　　三、病毒感染的免疫学试验 ………… 466
　　四、寄生虫抗体 ……………………… 467
　　五、螺旋体抗原与抗体 ……………… 468
　　六、支原体、衣原体和立克次体
　　　　抗原与抗体 ……………………… 468
第三节　自身抗体 ……………………… 470
　　一、抗核抗体 ………………………… 471
　　二、抗双链 DNA 抗体 ……………… 472
　　三、抗核抗体谱 ……………………… 473
　　四、抗中性粒细胞胞浆抗体 ………… 474
　　五、抗磷脂抗体 ……………………… 474
　　六、类风湿因子 ……………………… 475
　　七、抗甲状腺抗体 …………………… 475
第四节　变态反应试验 ………………… 476
　　一、免疫球蛋白 E …………………… 477
　　二、变应原其他相关试验 …………… 478
　　三、变应原体内试验 ………………… 479
第五节　肿瘤标志物 …………………… 480
　　一、胚胎抗原及蛋白类 ……………… 480
　　二、酶及其同工酶 …………………… 481
　　三、糖类抗原 ………………………… 482
　　四、特殊蛋白类 ……………………… 482

第二十一章　临床化学实验诊断技术与应用……… 484

第一节　肝功能试验 …………………… 484
　　一、血清酶学试验 …………………… 484
　　二、血清蛋白质 ……………………… 487

三、血清胆红素与总胆汁酸 ……… 488
　　四、肝纤维化标志物 ……………… 490
第二节　胰腺酶学试验 ………………… 491
　　一、淀粉酶 ………………………… 492
　　二、脂肪酶 ………………………… 492
　　三、胰蛋白酶原-2 ………………… 493
第三节　肾功能试验 …………………… 493
　　一、肾小球滤过功能试验 ………… 494
　　二、肾小管功能试验 ……………… 496
第四节　心功能试验 …………………… 498
　　一、心肌损伤标志物 ……………… 498
　　二、继发性高血压实验诊断指标
　　　　………………………………… 500
　　三、心力衰竭标志物 ……………… 501
　　四、心血管疾病风险因子 ………… 501
第五节　物质代谢试验 ………………… 502
　　一、糖代谢试验 …………………… 503
　　二、脂代谢试验 …………………… 505
　　三、核酸代谢试验 ………………… 507
　　四、骨代谢试验 …………………… 508
　　五、电解质与水平衡试验 ………… 510
　　六、血液酸碱和气体分析 ………… 511
第六节　激素代谢试验 ………………… 512
　　一、甲状腺疾病相关激素 ………… 512
　　二、肾上腺疾病相关激素 ………… 514
　　三、性腺疾病相关激素 …………… 516

　　一、病毒的分离、培养及形态学
　　　　检查 …………………………… 527
　　二、免疫学检测 …………………… 528
　　三、病毒感染的分子生物学检测
　　　　………………………………… 530
第三节　真菌感染的检验 ……………… 532
　　一、涂片显微镜检验 ……………… 533
　　二、分离培养与鉴定 ……………… 533
　　三、免疫学试验 …………………… 534
　　四、分子诊断 ……………………… 534
第四节　寄生虫感染的检验 …………… 535
　　一、病原学检验 …………………… 535
　　二、免疫学检验 …………………… 538
　　三、分子生物学试验 ……………… 539
第五节　螺旋体、支原体和衣原体
　　　　感染的检验 …………………… 540
　　一、螺旋体感染的检验 …………… 540
　　二、支原体感染的检验 …………… 541
　　三、衣原体感染的检验 …………… 542
第六节　医院感染的监测 ……………… 544
　　一、医院感染的类型及传播途径
　　　　………………………………… 544
　　二、医院感染的常见病原体 ……… 545
　　三、医院感染的微生物学监测 …… 546
　　四、医院感染的预防与控制措施
　　　　………………………………… 547

第二十二章　临床微生物学实验诊断技术与应用 …………………… 519

第一节　细菌感染的检验 ……………… 519
　　一、显微镜检验 …………………… 520
　　二、分离培养与鉴定 ……………… 520
　　三、抗微生物药物敏感试验 ……… 522
　　四、细菌耐药性的特殊试验 ……… 523
　　五、细菌感染的分子诊断 ………… 526
第二节　病毒感染的检验 ……………… 526

第二十三章　临床细胞与分子遗传学实验诊断技术 …………………… 549

第一节　染色体分析 …………………… 549
　　一、外周血细胞培养及染色体分析
　　　　………………………………… 550
　　二、羊水脱落细胞染色体分析 …… 553
　　三、基于NIPT的胎儿染色体分析
　　　　………………………………… 553
　　四、骨髓细胞染色体分析 ………… 555

第二节 荧光原位杂交 …………… 555
　一、染色体荧光原位杂交 ………… 556
　二、间期细胞荧光原位杂交 ……… 557
第三节 基因诊断试验 ……………… 559
　一、基因诊断策略 ………………… 559
　二、遗传性疾病的基因诊断 ……… 560
　三、肿瘤个体化治疗的基因诊断
　　 ………………………………… 564
　四、药物代谢和药物作用靶点相关
　　 基因检测 …………………… 567

第二十四章　临床输血学实验诊断技术与应用… 570

第一节 血型鉴定 …………………… 570
　一、ABO 血型鉴定 ………………… 571
　二、Rh 血型鉴定 …………………… 572
　三、白细胞血型鉴定 ……………… 573
　四、血小板血型鉴定 ……………… 574
第二节 血型抗体检测 ……………… 575
　一、意外抗体筛查与鉴定 ………… 575
　二、血小板抗体检测 ……………… 576
　三、抗 HLA 抗体检测 …………… 577
第三节 交叉配血试验 ……………… 578
　一、红细胞交叉配血试验 ………… 578
　二、血小板特殊配血试验 ………… 579

主要参考文献 ………………… 580

中英文专业词汇索引 …………… 584

彩图 …………………………… 591

第一篇

绪 论

第一章

实验诊断学的发展与应用

实验诊断学（laboratory diagnostics）又称检验诊断学，是一门涉及现代医学多学科、多专业的临床应用学科。实验诊断（laboratory diagnosis）是运用细胞学、血液学、临床化学、免疫学、微生物学、寄生虫学、遗传学和分子生物学等多学科的理论和实验方法与技术，对人体的血液、体液、排泄物、分泌物和组织细胞等标本进行各种实验室相关检验，获得机体生理病理特性及其变化规律、组织与脏器功能状态、感染病原体及其相关特征等检验数据与信息，为疾病的诊断与鉴别诊断、治疗方案选择、疗效监测、预后评估等提供客观依据、实验诊断结论或建议，并可结合患者病史、临床表现及其他各种相关检查和流行病学资料等进行综合分析，从而为疾病的预测与预防、诊断与治疗、监测与预后，以及出生缺陷和产前诊断等做出正确的临床决策，也是流行病学调查、健康评估与咨询、医学科学研究等不可或缺的重要手段。

在 21 世纪之前，由于技术进步慢、检验项目少、检验医师缺乏，实验诊断在临床医学中一直处于"辅助"状态，检验科也属于医院的"辅助科室"。进入 21 世纪后，上述状况迅速改善，检验科或临床实验室（clinical laboratory）快速引入先进的实验诊断方法与技术，特别是近年来蛋白分析、分子检测、基因诊断在精准医学（precision medicine）中的支撑和核心作用，使检验项目日益增多，实验诊断更加精准，检验医师也进入国家住院医师规范化培训行列，从而使实验诊断也逐步从"辅助"走向临床医学的"主体"，开始发挥引领、指导、推进等作用；实验诊断学也不再被定义为基础与临床的桥梁学科，而是一门涉及面广、专业深入、贯穿临床医学诊疗过程始终的临床应用学科。无论是临床医学专业，还是基础、预防、口腔等医学类专业的学生或医护人员，都应熟悉实验诊断学的基本理论，掌握临床疾病的实验诊断策略，充分应用实验诊断项目所提供的信息与大数据、实验诊断的结论或建议，去探索人体的生理病理机制与疾病发生发展规律，为全力预防、预测、诊治和监测机体的病理状态与临床疾病，提高人类身心健康水平与生活质量做出努力。

中国实验诊断学的发展离不开以王淑娟教授为代表的老一辈专家、学者的开拓创新和锐意进取。王淑娟教授（图 1-1）是我国著名的实验诊断学家、检验医学家和教育家，她于 1948 年在北京大学医学院医疗系毕业后，从事检验医学（laboratory medicine）专业的医疗、教学和科研工作达六十五载。早在 1991 年，王淑娟教授就开创性地把高等医学院校本科教材《诊断学》中的"实验诊断"部分

图 1-1　王淑娟教授

分离出来，主编了由北京医科大学、中国协和医科大学联合出版社出版的我国第一部高等医药院校教材《实验诊断学》，为我国实验诊断学的教学与学科发展做出了卓越的贡献。王淑娟教授是我国实验诊断学学科的奠基人，多次获得北京医科大学优秀教师称号，并于1993年荣获北京医科大学教书育人最高奖——"桃李奖"。

一、实验诊断的应用范围

根据当前实验诊断学的发展趋势，实验诊断的应用范围主要在以下几个方面。

（一）疾病诊疗

1. 确定诊断 对于部分疾病，可以通过实验诊断直接确诊。例如，急性早幼粒细胞白血病（acute promyelocytic leukemia，APL）一般通过形态学（morphology，M）、免疫表型（immunophenotype，I）、细胞遗传学（cytogenetics，C）和分子生物学（molecular biology，M）的MICM综合血液学检验，可确定APL伴t（15；17）；*PML-RARα*融合基因阳性的诊断。人类免疫缺陷病毒（human immunodeficiency virus，HIV）抗体或HIV-RNA检验阳性与否可以诊断是否存在HIV感染；血液中查到疟原虫环状体或滋养体，即可确定疟疾的诊断；血培养发现金黄色葡萄球菌生长，结合临床可以确定菌血症或脓毒症的诊断等。

2. 辅助诊断 一些实验诊断项目并非是某些疾病发生时的特异性变化，只能起辅助诊断作用。例如，通过糖代谢试验、肝功能试验、肾功能试验等，可以反映患者糖代谢有无异常、肝功能与肾功能有无受损，有助于糖尿病、肝炎、肾炎等的诊断，但糖代谢试验、肝功能与肾功能试验结果受多种生理病理因素的影响，并非糖尿病、肝炎、肾炎时出现的特异性变化。

3. 鉴别诊断 某些疾病与另一些疾病常出现一些类似的病理变化或临床表现，需要通过一些筛查试验或诊断试验加以鉴别。例如，不典型的急性髓系白血病（acute myeloid leukemia，AML）与急性细菌感染所致的类白血病反应（leukemoid reaction），外周血均可出现白细胞总数和幼稚粒细胞增多，但通过血涂片或骨髓涂片细胞形态学检查，AML常可见白血病性原始粒细胞≥20%，而类白血病反应的外周血一般无原始细胞；骨髓原始细胞一般都<2%，而且形态无异常，从而可鉴别两种不同性质的疾病。急性细菌性与病毒性感染时，前者白细胞总数显著增多，伴中性粒细胞比例增加和中毒性形态学异常，后者的白细胞总数常增加不明显或不增多，中性粒细胞比例不增加，而且也无中毒性形态学异常，但可以出现反应性淋巴细胞增多，故可以初步鉴别；通过一些感染免疫学试验，例如血清C反应蛋白、降钙素原检测，前者显著升高，后者不升高或升高不显著，也有助于急性细菌性与病毒性感染快速鉴别诊断。

4. 治疗方案与药物选择 不同类型、亚型的疾病的治疗方案和药物选择常有显著差别。例如，不同类型急性髓系白血病与淋巴系白血病的化疗方案差异明显：AML未成熟型常采用强烈化疗方案、抑制白血病细胞生长；APL常采用全反式维甲酸诱导治疗方案，使APL细胞分化为成熟粒细胞，可达到90%以上的缓解率。非小细胞肺癌（non-small cell lung cancer，NSCLC）常需要检测表皮生长因子受体（epidermal growth factor receptor，EGFR）基因有无突变，伴*EGFR*基因突变的患者使用酪氨酸激酶抑制药可显著获益，而无*EGFR*突变的患者大多数对该类药物不敏感。产超广谱β-内酰胺酶（extended-spectrum beta-lactamase，ESBL）肺炎克雷伯菌感染患者对所有青霉素类、头孢菌素类及单环类抗生素（如氨曲南等）耐药，临床应用这些药物治疗无效。

5. 疗效观察 一些反映机体生理病理变化的实验诊断项目，常可用于疾病治疗后或治疗中的疗效观察。例如，在肿瘤切除或放化疗有效时，大部分血清肿瘤蛋白标志物浓度可以显著降低；如果下降缓慢，甚至长时间不能降至参考区间，提示手术或其他治疗不成功或预后不良。

6. 预后判断 根据实验诊断结果，可对一些疾病的预后提供预后判断，从而有助于患者的治疗。例如，急性髓系白血病伴 *RUNX1::RUNX1T1* 融合基因的病例常有较好的化疗反应，在巩固化疗阶段用大剂量阿糖胞苷治疗后伴有长期无病生存的完全缓解率高。例如，小细胞肺癌伴 *KRAS* 基因突变的患者预后较差，无病生存期短。

7. 复发监测 一些疾病，特别是恶性肿瘤治疗后复发初期常无明显的临床表现，一旦临床复发时，治疗已较为困难。如果监测到患者分子水平的肿瘤早期复发，及时采取合适的治疗措施，则十分有助于患者的治疗或康复。例如，监测急性白血病患者在诱导和巩固化疗完全缓解后的微量残留病（minimal residual disease，MRD），若一直处于MRD阴性的患者复发率低、5年无病生存期长、异基因造血干细胞移植治愈率高；而MRD阳性患者的复发率高、5年无病生存期短。恶性肿瘤切除后，动态监测血清肿瘤标志物的变化，可比临床症状或影像学异常更早期发现肿瘤的复发，有利于早期治疗。

（二）流行病调查

通过流行病学调查，可及时发现传染病的传染源，包括不同菌株或毒株的蛋白表型或基因型等，为防止疾病的传播、制订预防或控制措施提供依据。实验诊断可及时、准确应用于病原体的确诊，特别是最新的核酸检测技术（包括基因扩增、基因测序等）和基质辅助激光解吸电离飞行时间质谱法（matrix-assisted laser desorption ionization time-of-flight mass spectrometry，MALDI-TOF MS）的应用，使病毒的鉴定与分型，细菌鉴定、分型和耐药表型等检测更为快速、高效和准确，对监控感染和传染病的暴发流行控制起到关键作用。

（三）健康评估与咨询

通过对普通人群，尤其是高危人群进行定期或不定期的某些常规或特殊试验检查，可以及早发现处于亚临床阶段的糖尿病、高脂血症、慢性肝炎、慢性肾病、冠心病、恶性肿瘤等，有利于早期筛查与诊断、早期治疗，并可了解社会群体的卫生或健康状况，提高疾病的防治水平。此外，进行一些反映身体健康状况或器官功能状态的有关试验，可为大众提供体检和健康咨询，有助于提高健康水平和生活质量。定期的个体体检，包括观察一些生理病理性实验诊断参数的动态变化，有条件或需要时，也可做部分致病基因检测或全基因组测序，对于个体的健康管理，疾病预测、预防或控制，以及某些疾病时的个体化用药等有参考意义或指导作用。

（四）出生缺陷与产前诊断

世界卫生组织（WHO）提出的出生缺陷三级预防措施，即在孕前、孕期和新生儿期的检查至关重要，特别是植入前遗传学实验诊断、采用孕妇外周血胎儿游离DNA进行的非侵入性产前基因诊断、质谱技术高效筛查新生儿代谢病等新技术的应用，对出生缺陷、遗传性疾病的早发现、早处理、早治疗，提高人口质量具有深远的社会意义。

（五）医学研究

医学研究是现代医学发展的原动力，国内外一代又一代的医学科学家在从事救死扶伤医疗工作的同时，开展了大量的、创新性的、卓有成效的医学研究工作。最早的一些研究成果多为临床医疗经验总结，但在实验诊断开始应用于临床医学后，通过对患者的病史及临床表现等和客观的实验诊断数据综合分析，揭示出大量生理病理状态或疾病的病因、发生发展规律等，为疾病的临床诊疗奠定了基础。可以毫不夸张地说，如果当今的医学研究离开了实验诊断，几乎是无法完成的。目前，在各级医疗机构的医院信息系统（hospital information system，HIS）和实验室信息系统（laboratory information system，LIS）中，均储存有大量的实验诊断数据，十分方便研究时的传递、调阅和统计分析。此外，在设计医学研究新课题时，应用现有的实验诊断项目或新方法、新技术开发的新实验诊断项目或检测的数据，都是研究课题的重要内容，均需要翔实记录和整理，并结合其他资料进行比较、概括、分析、统计和总结，才能得出科学的、符合临床的研究成果或结论。

二、实验诊断学的发展趋势

当前实验诊断学的发展趋势主要体现在如下几个方面。

（一）新技术与方法快速引入实验诊断，并应用于临床医学、预防医学等

从显微镜发明后观察到血细胞形态开始，各种技术与方法不断应用于实验诊断。近代科学技术迅猛发展，特别是生物医学发展的最新成果以惊人的速度引入临床实验室，使实验诊断的水平迅速提高，应用范围不断拓展；尤其是近年来对组学（omics，主要包括基因组学（genomics）、蛋白质组学（proteomics）、代谢组学（metabonomics）等新理论与技术的研究与应用，探索人类组织细胞的结构、功能、基因、蛋白及代谢分子间的相互作用，从整体分析去反映人体组织器官、细胞功能和代谢的状态，为研究人类疾病的发病机制、发生发展规律提供了新思路。目前，围绕各类组学研究的常用新技术包括各种聚合酶链反应（polymerase chain reaction，PCR）、分子杂交（molecular hybridization）、生物芯片（biochip）、二代测序（next-generation sequencing，NGS）、质谱技术（mass spectroscopy，MS）、多色流式细胞术（multicolor flow cytometry，MFC）等，开始或已经应用于感染性疾病、白血病、恶性肿瘤、遗传与代谢病等多种疾病或生理病理状态的实验诊断；在疾病的预测与诊断、药物代谢与靶向治疗、出生缺陷与产前诊断和健康管理等方面展现出广阔应用前景。近年来发展的质谱流式细胞术（mass cytometry）、三代测序技术的纳米孔测序（nanopore sequencing）法、核酸适配体（nucleic-acid aptamer）技术和免疫聚合酶链反应（immuno-PCR）技术、单细胞RNA测序（single-cell RNA sequencing）等，不断促进后基因组时代的核酸与蛋白质结构及功能的研究和应用，也必将极大地推动精准医学的快速发展。虽然这些最新发展的技术还处于不断规范与完善之中，可能距离临床常规应用还有相当长的时间，但是这些技术与方法的发展趋势是明确的和可预见的，未来的实验诊断必将是密切结合临床的、实用的、崭新的、前沿的技术与临床应用的整合。

（二）临床实验室快速实现自动化与网络化管理，实验诊断项目快速增加

随着现代新实验技术与方法的涌现，特别是现代细胞与分子免疫学技术、分子生物学技术、生物质谱技术、自动化技术、信息技术与人工智能（artificial intelligence，AI）应用的飞速发展，各医疗机构检验科或实验诊断中心的自动化仪器与设备数量快速增加，通过规范化培训检验医师和技师的精细管理与规范使用，标本检验的流程优化、速度加快，在很短的时间内即可得到多项检测结果；检测标本趋于少量或微量，极少量标本可检测数十项参数；检验数据管理网络化、自动审核等促进和加快了检测数据和检验诊断报告的自动传输、发送、保存、查询和统计分析。目前，临床常用的实验诊断项目达到1000项以上，有明确诊断效能的实验诊断项目已超过4000项。

（三）检验技术与方法逐渐趋于标准化，实验诊断结果更加准确

21世纪之前，由于各种技术与方法、检验仪器与设备和实验室环境与人员技能等的差异，使检验结果的变异较大。21世纪初，通过国内外学术机构与标准化组织的努力，不断改进检验技术，验证与确认检测系统，使实验诊断的数据在国内外不同实验室间的可比性大大增加，提高了实验诊断的正确度，促进了临床医疗质量和水平的提高，并有助于临床会诊、远程会诊和国际交流。

（四）检验全程普遍实施质量保证措施

检验（或实验）全程包括检验前、中、后三大环节。检验前，主要包括合理选择检验项目，患者准备，标本采集、转运、接收和储存等环节；检验中，主要包括检测系统、工作流程、室内质量控制（internal quality control，IQC）、室间质量评价（external quality assessment，EQA）和检验人员的资质与培训等；检验后，主要包括检测结果与报告的审核及发送，对异常检测结果的解释，检验诊断报告的书写、结论或建议，必要时与临床医护人员及患者的沟通等。通过对各个环节进行实验诊断全程的质量控制，实施切实有效的质量保证措施，使实验数据的准确度和精密度得到极大提高；特别是国际标准化组织（International Organization for Standardization，ISO）关于医学实验室质量与能力认可准则（ISO 15189）的广泛推行，使绝大多数医院，特别是三级医院临床实验室的检验质量和能力大幅度提高，为实验诊断提供了质量与能力保证。

（五）检验医师与临床医护人员交流不断增加，促进新项目开展与应用

通过检验科或临床实验室与临床科室的经常性协作与沟通、对实验诊断新项目应用前实施临床评估与验证，使大量新技术与方法快速引入，不断增加更灵敏、特异、快速的实验诊断新项目。通过检验医师开展对临床医师选择实验项目、解释实验结果、新技术开发与应用等的指导和咨询，增加临床医护人员对实验诊断项目与临床意义的了解，从而促进了临床疾病诊疗水平的迅速提高。

（六）精准医学在实验诊断中广泛应用

临床医学的发展经历了经验医学、传统医学、生物医学、转化医学、循证医学到目前的精准医学。精准医学是依据患者内在生物学信息以及临床表现，对患者实施健康医疗和临床决策的个体化医学模式；临床疾病的诊疗也将不再主要依赖于临床医师的主观评价，而是更多地结合精准实验诊断及其他检查获得的数据或信息做出诊疗决策。早在2004年，《新英格兰医学杂志》介绍了一例恶性肿瘤患者的治疗模式：临床医生对一位小细胞肺癌患者没有盲目使用放疗、化疗、手术等治疗措施，而是先对患者进行基因测序，找到其基因突变的位点，再根据其靶点选择有效的靶向药物治疗，对癌细胞实行精确打击。此类治疗方法不仅大大提高了治疗效果，还最大限度地减轻了患者痛苦，降低了医疗费用。

精准实验诊断（precision laboratory diagnosis）或精准检验诊断是通过高新技术与方法对人体样本中的核酸、蛋白质和代谢等层面进行精细检验，深入到组成机体的器官、组织和细胞的分子及基因组等信息，从而对患者个体进行分类、分组、分型等实验诊断，并提供与患者个体相关的预测、预防、治疗、用药、监测及预后等信息供临床参考及决策。精准医学的核心涉及实验诊断学或检验医学。随着临床医学的进步，实验诊断学也从医学的"边缘"逐步走向医学的"中心"。未来实验诊断的发展，除了实验诊断技术与方法的快速发展，还将可能通过人工智能技术、大数据分析和网络信息技术等整合，协助临床快速、合理、经济地选择实验诊断

项目，综合分析各种方法与技术的临床应用价值，准确使用所获得的各种检测数据与实验诊断结论或建议，提高临床快速诊断与鉴别诊断的准确度，并快速提供多项与诊疗措施相关的最新文献、专者、专家共识或诊疗指南、大数据分析结果、成功与失败的案例讨论等供临床医师参考，从而对患者个体采取最佳的诊疗策略和快捷、有效、经济的防治措施。

（七）现场即时检验

现场即时检验（point-of-care testing，POCT）是指在采样现场，例如患者床旁进行的即时检验，即利用便携式分析仪器及配套试剂快速得到检测结果的一种检测方式。POCT最初主要用于血糖、尿液干化学、妊娠试验等。随着检测方法与技术的不断完善，尤其是一些新技术，例如免疫层析、微流控技术及生物芯片等新技术的发展，POCT的检测范围逐步扩大，例如心肌损伤标志物、感染标志物、抗血小板或抗凝血药监测等，应用场所也扩展到急诊室、监护病房、外科手术室、事故现场甚至家庭，这使得医师可在抢救室、急诊室，以及传染病、慢性病患者的家庭或医院监控网络中充分利用POCT，第一时间把握病情，通过及时干预提高疗效。

思 考 题

1. 实验诊断学的概念是什么？
2. 什么是精准实验诊断？主要应用有哪些？
3. 实验诊断在疾病诊疗中的主要应用有哪些？

（王建中）

第二章 实验诊断项目的分类与评价

第二章数字资源

一般情况下,临床医师常需要在患者有关临床资料尚不完全,而且在难以判断疾病性质或转归的情况下,首先对患者的诊治尽量做出合理的决策,以便尽快开始治疗,尤其对一些急重症患者更是如此。随着现代实验诊断学的快速发展,大量的实验诊断项目可以为临床快速提供客观、详尽、准确的数据与信息,十分有助于临床医护人员做出快捷、正确的临床诊断,并采取有效的对症治疗措施。近年来,各种高新技术与实验方法快速引入临床实验室,特别是随着人体基因组学、蛋白质组学和代谢组学研究的深入,可以反映人体系统、器官、组织、细胞、代谢、蛋白和基因水平的各种、各类实验诊断项目越来越多,应用范围也不断增加,临床意义明确但又复杂多变,使临床医师要在难度较高的临床诊疗过程中快速、准确、高效、经济地选择实验诊断项目并非易事,只有深入认识每项实验诊断项目,熟悉各种实验诊断项目的分类、特征、有效性(或效能),才能对实验诊断结果或结论做出正确的评价及运用。

一、实验诊断项目的分类

根据各种实验诊断项目的原理、应用范围和临床意义的不同,可将临床实验室常用试验分为筛查试验(screening test)和诊断试验(diagnostic test,或确证试验)两大类;或依据临床使用的频率或习惯分为常规试验(routine test)或特殊试验(specific test);也可根据检测物质的含量或比例等划分为定性试验或定量试验。作为临床诊疗应用的项目,需要更多地了解所用实验诊断项目是筛查试验还是诊断试验,但有些试验项目兼具筛查和诊断意义。

1. 筛查试验 一般是指具有较高的临床灵敏度(clinical sensitivity,CSE),而且方法简便、快速、成本低的试验,多属于临床常规试验。筛查试验可以是某一项或多个试验项目的组合应用,例如全血细胞计数、尿液常规试验、出凝血常规试验等。在了解患者病史、家族史和临床表现等的基础上,通过筛查试验可检出或除外某些疾病或病理状态,检出一些疾病的危险因素,发现无症状患者的隐袭性疾病,有助于早期治疗、早期干预,以预防疾病的发生。筛查试验应在一定条件下使用,包括受检人群中有足够的患病率、出现阳性结果时有可配合的后续诊断试验或其他类检查等。筛查试验应尽量减少或避免假阳性与假阴性结果,因为一项假阳性结果可能会导致许多不必要的后续试验,增加患者的不适、精神压力、不必要的治疗所带来的风险和支出;而假阴性结果则有可能贻误病情,使患者错过最佳的治疗时机。

2. 诊断试验 一般具有较高的临床特异性(clinical specificity,CSP),但灵敏度可能相对低于筛查试验。如果一项试验既具有高特异性,又有高灵敏度,则同时具有筛查和诊断的意义。诊断试验有助于某种疾病或病理状态的诊断,可用于确定或排除一个有某些症状或体征患者的疾病。诊断试验一般为某一项或多项具有不同特异性的试验,例如,血浆D-二聚体检测

阴性，一般可除外活动性静脉血栓栓塞性疾病。部分试验还可在某些疾病的症状或体征出现之前发生异常变化，有利于早期诊断，或者有助于疾病的分期、活动性及复发判断等。此外，诊断试验还可用于：①监测疾病的进程（如进展期、稳定期、缓解期）；②评估疾病的严重程度；③判断疾病的预后；④指导临床药物选择与调整治疗方案等。诊断试验既可以是常规试验，也可能是特殊试验。

二、实验诊断项目的临床性能评价

可作为临床应用的实验诊断项目（或试验），应已确立了试验方法的技术性能，包括敏感度、特异性、准确度（accuracy）、精密度（precision）和测量范围等，而且应有标准操作规程（standard operating procedure，SOP），并已建立参考区间（reference interval）或参考范围（reference range）。一般可通过疾病诊断的金标准（gold standard）筛选受试者人群，分为患者（有病）与非患者（无病）组，评价其实验诊断项目的性能（performance），包括对疾病识别能力的准确性评价指标（临床敏感度和特异性）、对疾病预测的有效性指标（阳性与阴性预测值），以及两个方面同时评价的指标（阳性似然比和阴性似然比）等。由此可以判断此项目（或试验）是否可作为某种疾病的筛查或诊断试验。在临床试验中，一般可将检测结果在受试者的患者与非患者组（或健康人群）中分为阳性和阴性两组。检测结果在患者组中呈阳性者为真阳性（true positive，TP），若为阴性则属于假阴性（false negative，FN）；检测结果在非患者组呈阳性者为假阳性（false positive，FP），若为阴性则属于真阴性（true negative，TN）。

（一）实验诊断效率的评价参数

用一种实验诊断项目检测足够的受试者后，根据试验结果中 TP、FP、TN、FN 的例数，可计算出各项参数。

1. 临床灵敏度（clinical sensitivity，CSE） 指患者得到某项试验阳性结果的概率，其计数公式为 CSE（%）=[TP/（TP+FN）]×100%。如果所有某种特定疾病的患者均得出阳性结果，则该试验的 CSE 为 100%。由于临床敏感度较高的试验极少出现假阴性（又称漏诊率），故常用于筛查或排除某种疾病或病理状态。例如，高敏感性的血清人类免疫缺陷病毒（human immunodeficiency virus，HIV）抗体检查，阴性结果一般可除外艾滋病（AIDS）。

2. 临床特异性（clinical specificity，CSP） 指未患病者或健康人得到某项试验阴性结果的概率，其计数公式为 CSP=[TN/（TN+FP）]×100%。如果所有未患病者或健康人均为阴性结果，则该试验的 CSP 为 100%。具有高度临床特异性的试验极少出现假阳性（又称误诊率），常用于某种疾病或病理状态的诊断。例如，白细胞持续增高的中老年患者，伴 BCR-ABL1 阳性时，诊断慢性髓系白血病具有高度特异性（>95%）。

3. 阳性预测值（positive predictive value，PPV） 一般指由诊断试验检出的全部阳性受试者中，患者所占阳性例数的比例，即从阳性结果中能预测真正患者的百分率。计算公式为 PPV=[TP/（TP+FP）]×100%；临床特异性越高的试验，PPV 越高。

4. 阴性预测值（negative predictive value，NPV） 一般指由诊断试验检出的全部阴性受试者中，未患病者或健康人数所占的比例，即从阴性结果中能预测未患病者的百分率。计算公式为 NPV=[TN/（TN+FN）]×100%。在一定的发病率情况下，灵敏度越高的试验，其 NPV 越高。

5. 似然比（likelihood ratio，LR） 是反映试验结果真实性的一种指标，是同时反映灵敏度和特异度的复合指标，即患病者中得出某一试验结果的概率与无病者得出这一概率的比值。LR 可以全面反映临床试验的诊断价值，且非常稳定。似然比的计算只涉及灵敏度与特异度，不受患病率的影响。由于试验结果有阳性与阴性之分，似然比可相应地分为阳性似然比（positive likelihood ratio，+LR）和阴性似然比（negative likelihood ratio，-LR）。① +LR：试验结果真阳性率与假阳性率的比值称为 +LR。+LR 是指试验结果正确判断阳性的可能性是错误判断阳性可能性的倍数。+LR 比值越大，试验结果阳性时为真阳性的概率越大。② -LR：试验结果假阴性率与真阴性率的比值称为 -LR。-LR 指错误判断阴性的可能性是正确判断阴性可能性的倍数。-LR 比值越小，试验结果阴性时为真阴性的概率越大。

（二）实验诊断效率的评价方法

实验诊断效率或有效性参数的计算一般采用国际通用的四格表盲法比较，即将待评价项目的检测结果在受试者阳性（患者）或阴性（非患者）人群中进行评价，将有关数据填入四格表，计算有效性参数，并评价其实验诊断项目的有效性或诊断效率。

例如，在一项临床试验中，在疑为深静脉血栓栓塞性疾病（deep vein thromboembolism，DVT）的 3342 例受试者中，经金标准确诊为 DVT 的患者 1228 例，非 DVT 患者 2114 例；用一种酶联免疫吸附试验（ELISA）试剂盒检测血浆 D- 二聚体（D-dimer）含量，其数据分布见表 2-1，用四格表法评价这种方法检测血浆 D- 二聚体对 DVT 的实验诊断效率（diagnostic efficiency）。

表 2-1　血浆 D- 二聚体水平对 DVT 诊断效率评价的受试者数据分布

血浆 D- 二聚体水平	临床确诊病例（例数）		
	深静脉血栓栓塞性疾病	非深静脉血栓栓塞性疾病	合计
阳性（≥ 0.5 mg/L）	a（1175）	b（1081）	a+b（2256）
阴性（< 0.5 mg/L）	c（53）	d（1033）	c+d（1086）
合计	a+c（1228）	b+d（2114）	a+b+c+d（3342）

根据四格表各相关数据计算血浆 D- 二聚体水平对深静脉血栓栓塞性疾病的评价参数。

临床敏感度（CSE）= [TP/(TP+FN)] × 100% = a/(a+c) × 100% = 1175/1228 × 100% = 95.68%

临床特异性（CSP）= [TN/(TN+FP)] × 100% = d/(b+d) × 100% = 1033/2114 × 100% = 48.86%

阳性预测值（PPV）= [TP/(TP+FP)] × 100% = a/(a+b) × 100% = 1175/2256 × 100% = 52.08%

阴性预测值（NPV）= [TN/(TN+FN)] × 100% = d/(c+d) × 100% = 1033/1086 × 100% = 95.12%

阳性似然比（+LR）= CSE/(1 - CSP) = 95.68%/(1 - 48.86%) = 1.87

阴性似然比（-LR）= (1 - CSE)/CSP = (1 - 95.68%)/48.86% = 0.09

诊断准确度 = a+d/(a+b+c+d) × 100% = (1175+1033)/3342 × 100% = 66.07%

漏诊率 = c/(a+c) × 100% = 53/1228 × 100% = 4.32%

根据上述计算的各项性能评价参数，评价 ELISA 检测血浆 D- 二聚体含量对 DVT 的实验诊断效率：血浆 D- 二聚体水平对 DVT 的实验诊断效率主要表现在有较高的临床灵敏度、阴性预测值和较低的阴性似然比和漏诊率。因此，当血浆 D- 二聚体水平 < 0.5 mg/L（阴性）时，对于可疑临床 DVT 患者，一般可以除外活动性 DVT，其漏诊率低于 4.5%；当血浆 D- 二聚体水平 ≥ 0.5 mg/L（阳性）时，则不能确定 DVT 诊断，应结合其他检查综合判断。

三、实验诊断项目应用的临床判断依据

在一项实验诊断项目进入临床应用之前，首先应能对其检测结果的临床意义进行合理的解释，并提供检测结果临床判断的依据。例如，参考区间或参考范围、临界值；临床诊疗处置措施的阈值，例如医学决定水平等。此外，结合患者的病史、家族史和临床表现等，综合分析后作出临床判断则是必不可少的。

参考区间的制订需要选择参考人群（或健康人）组和患者组，尤其是患者组应包括轻型、重型、治疗及未治疗的患者和各种易混淆疾病的患者，以利于确定合适的参考区间、临界值和医学决定水平，便于在临床应用时对诊疗方向有明确的指引或参考。在临床医疗实践中，一些实验诊断项目在建立参考区间后，一般就可以开始应用，因为临界值，尤其是医学决定水平往往需要在不断的临床医疗实践中反复验证后才能确定。

1. 参考区间（reference interval） 一般是指用稳定、可靠的实验方法或技术，在特定的条件下检测健康人群（或特定人群）所得的、包括95%测定值的范围；一般是在指定百分位数（通常为2.5%～97.5%）的条件下，由参考上限和下限所限定的数值区间。

参考区间与所用实验方法或技术、实验室环境，尤其与被测人群有关。在临床医学实践中，对一个测定值呈正态分布的参考区间，只能代表由参考人群（或健康者）组成的小样本中95%的检测结果分布，但有5%的参考人群（或健康者）可能超出参考区间。在检验结果轻度偏离参考区间时，应注意结合临床解释为真正的异常或是假阳性或假阴性。

参考区间可受到参考人群的特征，如年龄、性别、体重、饮食结构、活动状态、体位、地理及气候条件、生活习惯、职业、种族等的影响，而且标本采集的方式和实验方法或技术不同均有明显影响。因此，在使用参考区间时，应该用于相同的参考人群，采用与建立参考区间时相同的检测系统（例如检测方法、技术、仪器设备、试剂、环境等）。如果是引用行业指南（本书使用已有的国内行业指南中的参考区间）、实验诊断教科书或专著、已发表论文、仪器试剂使用说明书等提供的参考区间，均应进行验证合格后才能使用，或者使用由本实验室建立的参考区间。

2. 临界值（cut-off value） 一般指参考人群或非患者人群与患者人群实验诊断结果的分界值，临床常将参考区间的上限或下限作为临界值。例如，当血液中红细胞数量、血红蛋白浓度和血细胞比容低于参考区间下限时可诊断为贫血，而高于其上限时则诊断为红细胞增多症。然而，在一些临床医疗实践或临床试验中，临界值并非是固定不变的，常因某一实验诊断项目用于不同目的，可取不同的临界值而改变临床灵敏度或特异性。例如在图2-1中，若取A点为临界值，则临床灵敏度为100%，但特异性差；若取D点为临界值，临床特异性为100%，

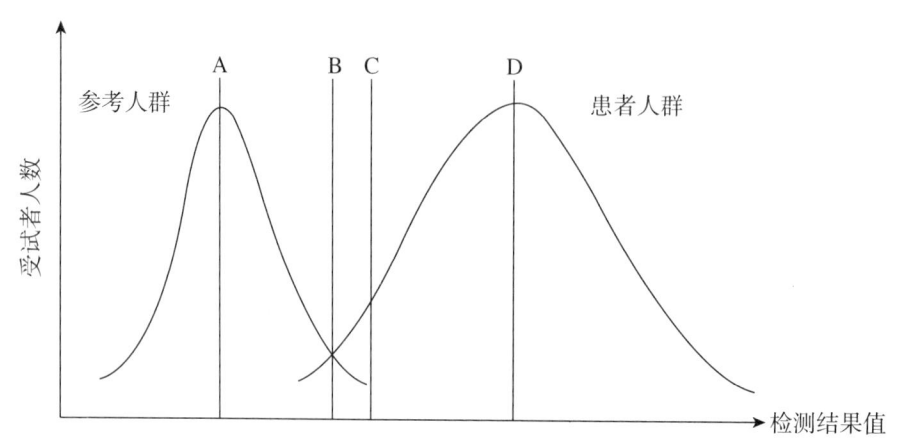

图2-1 参考人群和患者人群试验结果分布

但临床灵敏度较差；B 点是参考区间高限和患者人群测定值低限的交叉点，可使临床灵敏度和特异性均保持较高水平；若取 C 点为临界值，则可提高其特异性，但灵敏度降低。

在改变临界值的设置时应特别注意：①为了使可治疗的严重疾病漏检率降低，若假阳性结果一般不引起患者严重的精神创伤或经济损失，或不适宜治疗的后果不严重，一般可改变临界值，提高实验诊断项目的敏感度；②为了使难以治疗的严重疾病诊断时假阳性率降低，避免引起严重的精神创伤或经济损失（例如 HIV 检测），可改变临界值，提高实验诊断项目的特异性。

通过受试者操作特性曲线（receiver operator characteristic curve，ROC 曲线）选择临界值：以一种实验诊断项目的临床灵敏度为纵坐标和临床特异性为横坐标绘制的曲线，即为 ROC 曲线，也可以（1－临床特异性）为横坐标作图。在图 2-2 ROC 曲线中，最靠近坐标图上方的点为灵敏度和特异性均较高的临界值。因此，通过 ROC 曲线选取最佳临界值，可使某项实验诊断项目具有更高的临床灵敏度或特异性，或两者均较高，而且 ROC 曲线下面积越大，诊断的准确度越高。例如，用一种免疫乳胶比浊法测定血浆 D-二聚体诊断深静脉血栓栓塞性疾病（DVT）或肺梗死（PI），取临界值为 278 ng/ml 时，临床灵敏度、特异性、阳性预测值和阴性预测值分别为 94.7%、34.2%、59.0%、86.7%；当取临界值为 452 ng/ml，相应的临床灵敏度、特异性、阳性预测值和阴性预测值分别为 92.1%、76.3%、79.6%、90.6%（图 2-2），临床灵敏度和阴性预测值均大于 90%。

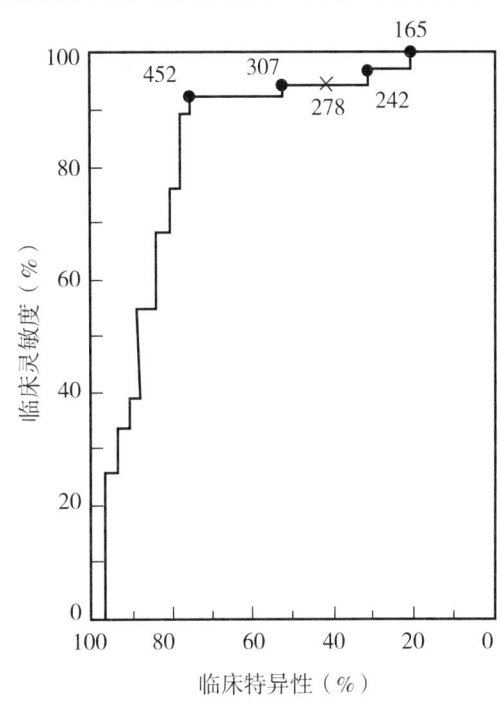

图 2-2　血浆 D-二聚体诊断 DVT 或 PI 的 ROC 曲线
取 452 ng/ml 为临界值时的实验诊断效率最高

3. 医学决定水平（medical decision level，MDL）　是一种实验诊断项目的阈值或限值，可在疾病的诊断中起确诊或排除作用，或对某些疾病进行分类、分级，或预示将出现某些生理或病理变化、估计某些疾病的预后等。低于或高于 MDL 时，可提示或决定患者的临床处置，例如进一步做某些检查或决定采取某种治疗措施等。例如，血液白细胞计数的不同 MDL 具有不同的临床意义，并可据此采取不同措施（表 2-2）。MDL 不仅涉及健康人群，更重要的是与疾病的不同阶段或严重程度有关，结合参考区间分析对临床更有意义，但要建立每一项试验的 MDL，需要长期的临床实践和数据统计分析，而且这是一项比较复杂、难度较大的工作，目前还做不到每项试验均有 MDL。

表 2-2　白细胞计数的医学决定水平与临床意义及措施

医学决定水平	临床意义及措施
0.5×10^9/L	低于此值，患者有高度易感染性，应及时采取相应的预防性治疗及预防感染措施，并进一步查明原因
3.0×10^9/L	低于此值为白细胞减少症，应再做其他试验，如白细胞分类计数，观察血细胞形态等，并应询问用药史
11.0×10^9/L	高于此值为白细胞增多，此时作为白细胞分类计数有助于分析病因和分型，如果需要，应查找感染源
30.0×10^9/L	高于此值，提示可能为白血病，应进行白细胞分类计数，观察血细胞形态和进行骨髓检查

注：外周静脉血白细胞计数的参考区间为 $(3.5 \sim 9.5) \times 10^9$/L

> **知识拓展**
>
> **危急值及其管理制度**
>
> 　　危急值（critical value）是指当某项检验结果出现时，表明患者处于可能有生命危险的边缘状态。临床医生需要及时得到检验信息，以便迅速给予患者有效的干预措施或治疗，否则可能失去最佳抢救时机，出现严重后果，甚至危及生命。危急值的项目和界限的确认尚无统一标准，可根据医院的实际情况，与临床医护部门共同制定。同时，定期对危急值的项目和标准进行评审，听取临床医护人员的意见和建议进行修订，为临床提供有价值的危急值数据。常用危急值的项目有血红蛋白、血小板计数、白细胞计数、血清钾、血清钙、血糖、纤维蛋白原等。
>
> 　　检验科须根据临床需要建立危急值的项目表，并制定危急标准，定期针对危急临界值的项目表与临床沟通，进行总结分析，以适合于本院患者群体的需要。
>
> 　　检验科应建立实验室人员处理、复核、确认和报告危急值的制度，在出现危机值时，立即打电话或通过计算机系统通知临床科室，并详细记录"检验日期""患者姓名""病案号""科室/病房""检验项目""检验结果""临床联系人""联系时间（具体到分钟）""报告人""备注"等信息。临床医生或相关人员对所报危急值应及时识别，并予以处理；若与临床表现不符，应注意排除是否存在样本采集与运送等误差或出错因素，必要时应立即重新留取标本进行复查；处理经过应在病程中记录。

思 考 题

1. 简述实验诊断效率的评价方法。
2. 简述参考区间、临界值和医学决定水平的概念与异同。

（屈晨雪）

第三章

实验诊断的影响因素与质量保证

随着实验诊断方法与技术的快速发展,临床可选择和应用的实验诊断项目越来越多,且应用于临床诊疗的全程,包括但不限于诊断和鉴别诊断、风险评估、疾病进展及治疗反应监控、治疗方案选择等,检验结果的及时、准确、可靠也将直接影响诊疗质量和患者安全。实验诊断涉及的环节众多,每一个环节都受到不同因素的影响,无论在哪一环节出现未控制或忽视的问题,均有可能影响检验报告的质量。为了有效控制影响因素和保证质量,通常将检验全过程分为检验前、检验中、检验后三个主要过程。检验前(pre-examination)过程主要包括:医嘱申请、患者准备、标本采集和储存、标本转运、标本接收和处理;检验中(in examination)过程主要包括:标本检测、结果分析和审核;而检验后(post-examination)过程则主要包括:检验结果发布、解读和应用、临床反馈和沟通等。本章将分阶段介绍实验诊断的主要影响因素及控制要点,并主要论述实验室质量体系建设和认可的要求。同时,本书第三篇的大多数实验诊断项目中有"应用评价"一项,有助于了解每个实验项目的影响因素,并采取适当措施,保证实验诊断结果的质量。

第一节 检验前影响因素及质量控制

案例 3-1

男性,70岁,因"腹膜后肿物"于肝脏外科住院。患者生命体征平稳,一般情况可,尿量正常。入院后第一天清晨送空腹静脉血检测肝肾功和电解质:血钾(K)17.9 mmol/L(参考区间:3.5~5.5 mmol/L),血钙(Ca)0 mmol/L(参考区间:2.13~2.7 mmol/L),肝肾功大致正常。由于检测结果与临床表现不符,联系临床,得知因患者采血困难,抽血人员将紫帽管(EDTA-K_2抗凝管)内的血掺入绿帽管(肝素锂抗凝管)中,并用于电解质检测。临床重新用绿帽管采血,复测结果:血钾4.3 mmol/L,血钙2.21 mmol/L。

问题:
1. 紫帽管和绿帽管内的抗凝剂抗凝原理是什么?
2. 为何紫帽管内的抗凝剂会对血钾、血钙检测有影响?

有文献报道:53%~75%的检验结果差错发生在检验前,且26%左右的检验前差错对患者诊疗造成了显著影响,包括接受其他不必要的检查或不当的治疗(例如补充电解质、调整肝素剂量等)。以下将论述检验前阶段最常见的影响因素及质量控制要点。

一、检验项目申请

正确选择检验项目。应熟悉每一项临床检验项目的适应证、临床意义和诊断性能,并了解其收费差异。例如,病原体的鉴定,有培养鉴定、质谱鉴定、一代测序及宏基因组测序技术等方法;用于梅毒螺旋体感染诊断的血清学试验有两类,一类为梅毒特异性抗体检测,包括梅毒螺旋体抗体(TP-Ab)和明胶颗粒凝集试验(TPPA)等,另一类为非特异性抗体如快速反应素试验(PRP)和甲苯胺红不加热血清试验(TRUST)等。结合患者的具体病情,选择最合适的检验项目或项目组合,以保证实验诊断的有效性,同时降低不必要的医疗花费。

保证申请的完整性。虽然普遍采用的电子申请方式帮助医生自动完善了患者的姓名、唯一标识等基本信息,但仍需注意:①正确选择标本类型或标注采样部位。②提供必要的临床资料,如遗传相关检验的家系信息;传染病相关检验的旅行和接触史等。③提供治疗相关信息,如申请治疗药物监测项目,需要同时提供用药方式、剂量等信息;申请微生物培养鉴定,提供抗生素使用情况;血透患者注明为透前还是透后的样本。完整正确的检验申请可以为检验操作和结果解读提供必要的信息,反之则可能造成不必要的重复,或结果的误读、误用,影响临床诊疗。

二、患者准备

很多实验项目会受到生理节律(如昼夜、月经周期)、环境、生活及行为方式等因素的影响。这些因素中的饮食、运动、情绪、体位等影响,可以通过患者教育等方式有效控制,以尽量减低对结果的影响;而另一些因素,如生物学影响(年龄、性别、种族等)、环境因素(海拔、环境温度、居住区域、季节影响等)和潜在健康问题(如肥胖、失明、妊娠、发热、创伤、应激、输液和输血等)则无法在标本采集阶段进行控制,需要结合患者的具体情况对结果进行正确的解读。常见的患者因素对检验结果的影响详见表3-1。

表3-1 常见的患者因素对检验结果的影响

因素	影响
饮食	①葡萄糖和三酰甘油在进食后显著升高,尤其是大量进食碳水化合物和高脂食物后 ②进食后,血清铁、碱性磷酸酶、γ-谷氨酰基转移酶也出现升高 ③食物对催乳素等激素的分泌也有影响
饥饿	空腹时间过长,可能导致肌酐、尿酸、酮体升高,糖代谢异常,pH降低等
饮品	①咖啡、茶、巧克力或苏打水等饮品因含有咖啡因可能刺激儿茶酚胺的释放 ②长期大量饮酒会导致谷丙转氨酶、γ-谷氨酰基转移酶等肝酶升高,红细胞脆性增加等;短时间大量饮酒后会导致糖代谢异常及血钾降低
药物	①药物影响了病理生理过程,如单胺氧化酶抑制剂减少儿茶酚胺代谢,造成结果偏高 ②药物本身的毒性反应,如部分药物引起肝功能异常 ③药物干扰生化反应,如羟苯磺酸钙,干扰基于Trinder反应的检验项目,造成肌酐、尿酸、三酰甘油及糖化白蛋白等结果的假性降低
运动	①刺激儿茶酚胺、皮质醇、胰高血糖素、内啡肽、催乳素等的分泌,影响相关激素的检测 ②剧烈运动及重体力劳动可能引起肌酸激酶、乳酸、肌酐、肌红蛋白等的增高

续表

因素	影响
体位	①从卧位转换到立位 30 min 后，血浆蛋白、酶类、铁、血细胞比容等可增加 5%～11% 不等 ②从立位到卧位 30 min 后，血浆蛋白及蛋白结合的物质可降低 10%～15% 不等 ③从立位到坐位，水的再平衡分布约需要 15 min，故对于门诊患者，采样前应静坐 15 min，以减少体位、运动及情绪的影响
生物节律	①很多激素分泌都呈现明显的脉冲式分泌和节律性，如促肾上腺皮质激素和皮质醇，夜间水平最低，清晨达峰值；而生长激素则在入睡前 2 h 达到峰值 ②育龄期女性性激素分泌随月经周期呈节律变化，如卵泡刺激素和黄体生成素在排卵期最高，可以达到卵泡期和黄体期的几倍到几十倍，评估卵巢功能通常建议在月经第 2～3 天采血

三、标本采集

标本采集通常由经过训练的医护人员完成，良好的培训和严格的考核是保证标本质量的关键，检验科也应提供内容完善、方便获取的采样手册指导临床采样工作。也有部分标本，如尿、粪便、痰、精液等需要患者自行留取，此时医护的宣教和简洁易懂的留样指导可以帮助患者正确留样，保证标本质量。

患者标本"张冠李戴"造成的医疗事故到今天仍不罕见，在标本采集前进行患者确认是医疗安全的最重要目标之一。患者确认至少采用两种方式，通常为患者姓名和唯一识别码（如患者病历号、身份证号等），目前很多医院会通过扫描住院患者腕带条码或门诊患者就诊卡/身份证读卡的方式完成患者唯一编码的识读。

（一）静脉血采集

1. 采血器具 通常首选真空采血方式，对于一般患者优先推荐直针穿刺方式，蝶翼采血针仅用于婴儿或外周循环不佳患者，如烧伤患者。真空采血管管帽颜色通常可以提示采血管类型。不同采血管的应用总结如表 3-2 所示。

表 3-2 临床常用采血管类型、添加剂及临床应用

采血管帽颜色	添加剂	添加剂作用	临床应用
红/黄	分离胶、有或无促凝剂	分离血清	生化、免疫检测
紫	$EDTA\text{-}K_2$ 或 $EDTA\text{-}K_3$	抗凝	全血细胞计数 交叉配血 DNA 提取
蓝	枸橼酸钠：血液 = 1∶9	抗凝	凝血功能试验
黑	枸橼酸钠：血液 = 1∶4	抗凝	红细胞沉降率
绿/浅绿	肝素锂、有或无分离胶	抗凝	急诊生化、血氨
灰	氟化钠	抗凝 抑制葡萄糖酵解	血糖、乳酸
白	无	无	尿生化

注：
1. 不同厂商提供的抗凝管添加剂成分可存在一定差异，以厂商说明为准。
2. EDTA、枸橼酸钠和氟化钠的抗凝原理为螯合/结合钙离子（凝血因子Ⅳ）；肝素的抗凝原理为增加抗凝血酶Ⅲ的生物效应，从而抑制凝血酶（因子Ⅱ）和因子Ⅹ的活性。如因肝素锂抗凝管（绿帽管）血量过少，将紫帽管（$EDTA\text{-}K_2$ 抗凝）的少量血倒入绿帽管，会造成血钾假性增高，血钙被 EDTA 螯合而异常减低。故应避免不同类型采血管互相掺兑。

2. 穿刺部位 静脉穿刺通常选择手臂肘前区静脉，特殊情况下也可选择手背浅表静脉、颈部浅表静脉或股静脉等。如患者正在输液，应从对侧上肢静脉或股静脉采血。

3. 压脉带捆扎 时间过长会导致血清白蛋白、钙、尿素等显著升高，通常建议压脉带捆扎时间不宜超过 1 min。穿刺时患者可以攥拳，使静脉充盈，但应避免反复进行攥拳动作。应避免反复拍打采血部位，以减少样本溶血可能。

4. 采血顺序 当采集多管静脉血液标本时，可按此原则先后采集：血培养管→蓝帽管→黑帽管→黄/红帽管→绿帽管→紫帽管→灰帽管。当采用蝶翼采血针，且第 1 管为蓝帽管时，宜加抽白帽管或蓝帽管并弃置，目的是预充蝶翼后端管路，避免蓝帽管采血量不足，抗凝剂和血液比例不正确。

5. 采血量 目测血量是否达到真空采血管规定体积。蓝帽管和黑帽管抗凝剂为液体，为保证血液和抗凝剂比例正确，血量必须在采血管允许标记范围内。

6. 采血后的混匀及方式 血液采集的过程中，应在每管采集后立即轻柔颠倒混匀 6~8 次，避免全部采血结束后再一起混匀，这样可能造成微小的血液凝固，影响检测结果。

（二）动脉血采集

动脉血主要用于血气分析，采集首选桡动脉，也可选择肱动脉、股动脉和足背动脉，新生儿科选择头皮动脉或脐动脉。采集动脉血应采用专用的采血针，采集过程中不宜过度抽吸，注意气密性。采集结束立即检查是否有气泡，小心排出气体后立即封闭注射器，通过颠倒或掌心搓动的方式进行混匀。临床常见的问题包括采血不顺利或混匀不当，血液中有小凝块或纤维蛋白丝；穿刺部位选择不正确，误采集静脉血等。

（三）脑脊液及浆膜腔积液采集

脑脊液和胸腔积液、腹水等浆膜腔积液的采集属于具有一定风险的有创操作，需由经过严格培训的医生在无菌操作条件下完成。应根据检验目的选择适宜的采集器具，微生物培养需选择无菌瓶/管；采集关节腔积液检测生化时，宜选用肝素抗凝管。同时留取多个检测项目时的推荐顺序为：生化检测、微生物培养、细胞学检查。

（四）尿、便、痰等患者自留标本的收集

根据检测项目的不同，对于患者自留标本的留取时间、方式的要求也有很大差异。如尿沉渣检查推荐留取清晨第二次尿，以避免清晨首次尿浓缩对于细胞形态的影响；24 小时尿标本留取中应根据分析物的稳定性选择适当的保存剂，以防止尿液腐败和分析物降解。

四、标本的处理、运输和保存

不同检验项目的稳定性差异很大，受影响的因素也不同。时间、温度、光照及密封性等是最常见的影响因素。实验室开展新项目前应充分评估分析物在不同保存条件下的稳定性，采血和送检人员应严格执行送检规定。

（一）时间和温度

不同分析物的稳定性不同，血液标本采集后应在尽可能短的时间内送至实验室。实验室应规定不同检测项目标本采集后的送达时间，如无法及时送达，建议在采血地点对标本进行处理。采用全血标本检测的，如血气分析应在 10 min 内完成检测。需离心分离血清/血浆的检

测项目，处理时间与采血管添加剂相关，通常建议 2 h 内离心分离血清/血浆。室温条件下，全血中细胞代谢带来的糖酵解可使葡萄糖每小时降低 5%~7%，在白细胞或红细胞增多的患者中下降更为显著；细胞持续产生并释放可使血氨每小时上升 20%~30%，同型半胱氨酸每 30 min 可上升 11.7%，细胞释放的蛋白酶可使促肾上腺皮质激素（adrenocorticotropic hormone，ACTH）每小时下降 5%~10%。离心分离后血清/血浆中葡萄糖在冷藏条件下可以稳定数日，ACTH 可以稳定 12 h。

通常低温存储可以延长标本保存时间，血氨、ACTH、神经递质等标本建议采集后立即冰浴送检，低温离心。当保存条件不明确时，分离后的血清/血浆标本也建议冷藏保存。肾上腺素、部分 B 族维生素和氨基酸即便在冷藏保存条件下稳定性也不到 24 h，如无法及时检测应冷冻保存。而冷球蛋白和冷凝集素标本应在 37 ℃ 运送、处理和保存。

（二）光照及密封性

维生素 A、维生素 B_6、β-胡萝卜素、卟啉和胆红素等项目对光敏感，应避免光照，采用棕色容器或铝箔等遮光送检和保存。标本转运过程中还应注意避免振摇，防止溶血；保持密封性，避免二氧化碳、氨等与空气接触后影响结果。

（三）标本交接

标本送达实验室后，应进行交接验收，包括但不限于：检查标本标识完整性、标本容器、送检时间、保存条件、标本量等是否合格及是否存在遗撒或污染等。对于不合格标本，实验室应拒绝接收，并通知临床重新采集标本送检；对于临床不易再次获得的标本，如脑脊液、引流液、肺泡灌洗液等，实验室可以接收并进行检验，但应在接收时明确记录标本不合格原因，并在报告时注明。

五、检验前误差的识别和控制方法

影响标本质量的检验前因素非常复杂，实验室应系统总结每个检验项目的影响因素，通过有效的方式持续对标本采集人员和患者进行培训和宣教，以尽量避免检验前误差对结果的影响。

目前，仅有少量影响检验结果的标本问题可以在标本接收或处理时识别出来，如标本容器错误、标本量少、血标本有凝块或纤维蛋白丝，离心后肉眼可见的溶血、黄疸或脂血等，更多的检验前影响因素是在检验中或检验后阶段通过对结果的分析和审核发现的。全自动流水线可以通过给血清/血浆拍照或进行特定波长吸光度测量并计算血清指数的方式提示样本溶血、黄疸、脂血程度，并通过实验室信息系统（LIS）自动提示结果审核者。实验室应制定结果审核规则并加强员工培训，帮助员工识别与病情不符的异常值、不合理的结果波动、结果间存在的逻辑问题，并分析是否为检验前影响因素带来的误差。有条件的实验室还可以将相应的规则设定在 LIS 中，实现自动审核，提示极端异常值和差值检查异常。笔者所在实验室曾通过结果的不合理反应曲线波动识别到羟苯磺酸钙干扰肌酐检测，通过极端值分析，发现白血病患者肝素抗凝血经气动物流运输后发生假性高血钾。

总之，临床和实验室应充分认识检验前影响因素，完善质量控制手段，从检验的源头减少差错、控制标本质量，尽可能降低由于标本质量带来的重新采集比例、标本周转时间（turn-around time，TAT）延迟和不必要的进一步检查和治疗，最大限度地保护患者安全。

第二节 检验中影响因素及质量控制

标本检测、结果分析和审核是检验中质量控制的关键环节，人、材（机）、料、法、环是影响检验质量的5个重要方面，也贯穿质量控制的全过程。料，也就是标本的影响因素，在第一节已经阐述，本节将重点阐述检验人员、仪器、试剂、检验方法、环境对检验质量的影响，以及检验中的质量控制。

一、检验中常见影响因素

（一）检验人员

检验人员参与标本的接收、检测和报告的审核，实验室应保证检验人员的资格和经历能够满足对应的岗位要求，资格包括专业知识学习、岗位培训以及继续教育，经历指具有从事这项工作所需的资历和经验，能够熟练操作并能对结果的有效性进行初步判断。

（二）仪器

实验室仪器应安排专人负责管理，建立仪器档案、仪器的标准操作程序、使用记录，定期对仪器进行维护保养，建立仪器的校准、检定程序，保证仪器在常规使用过程中性能达标，处于最佳运行状态。

（三）试剂

实验室试剂直接影响着检测结果的准确性，是检验中质量保证的主要影响因素之一。检测试剂主要有商品化试剂盒和自配试剂两种。商品化试剂应选择通过国家食品药品监督管理局批准的商品化试剂盒，同时应符合实验室仪器要求、疾病诊断敏感度和特异度等要求；试剂使用时应注意其保存方式、用法以及有效期等，应设有专人保管试剂，在有效期内使用。在选择使用相应试剂盒前，需对试剂盒进行性能评价，包括准确度、灵敏度、精密度、线性、方法比对等，所用试剂经评估可接受后方可用于临床测定。自配试剂应有详细的配制记录和配制后质量评估制度。

（四）检验方法

临床实验室选择检验方法前，应结合实验的具体条件综合选择合适的检验方法，并在应用前评估其性能是否符合临床的允许总误差要求，同时考虑其适用性，包括该方法对仪器设备的要求、标本前处理要求、对试剂的要求、对操作人员的要求、是否符合实验室生物安全要求等。

（五）环境

实验室空间环境设计应确保实验诊断的质量、安全和有效，以及实验室员工、患者和来访者的健康和安全。实验室应评估和确定工作空间的充分性和适宜性。工作区应洁净并保持良好状态。有相关的规定要求，或环境因素可能影响样本、结果质量和（或）员工健康时，实验室应监测、控制和记录环境条件。应关注与开展活动相适宜的光、无菌程度、灰尘、有毒有害气体、电磁干扰、辐射、湿度、电力供应、温度、声音、振动水平和工作流程等条件，以确保这些因素不会使结果无效或对所要求的检验质量产生不利影响。相邻实验室部门之间如有不相容的业务活动，应有效分隔。在检验程序可产生危害，或不隔离可能影响工作时，应制定程序防止交叉污染。

二、检验中质量控制

临床实验室检测方法的选择与评价是检验中质量控制最重要的影响因素，直接影响检验结果的质量。方法学评价（evaluation of methodology）是通过实验途径评估方法的性能来说明检测系统的可靠性，内容主要包括准确度（accuracy）、精密度（precision）、检测限（limit of detection）、参考区间（reference interval）和可报告范围（reportable range）等。评价和了解检测方法和仪器的性能，有助于保证检验结果的可靠性，减少检验中因素对检验结果的影响。

分析过程的质量控制，包括标本接收、处理和分析测定，必须严格控制标本及实验室因素的影响。室内质量控制（internal quality control，IQC）和室间质量评价（external quality assessment，EQA）是做好分析中质量控制的重要措施和保证。

室内质量控制简称室内质控，指在实验室内部对影响质量的每个工作环节进行系统控制。室内质量控制包括标准化分析程序的建立和实施、仪器的校准和维护、统计质量控制等。室内质控通过控制物或质控品、控制图、控制品的检测频度、控制规则及控制值判断等，监控和保证本实验室检测结果准确无误，在检验中质量控制中起着重要作用。

> **知识拓展**
>
> **基于患者数据的实时质量控制**
>
> 国际临床化学和检验医学联合会（IFCC）下设的分析质量委员会于2020年发表的指导文件指出，基于患者数据的实时质量控制（patient based real time quality control，PBRTQC）是一种使用患者临床标本检测结果，以实时、连续监测检测过程分析性能的质量控制方法，与传统的质控品质量控制方法相比具有较多优势，具备连续实时监控检测系统分析性能、可监控分析全过程误差、对分析前误差敏感、无基质效应、无需增加额外成本、可用于无质控品项目的分析性能监控等优点，是基于患者风险的质控策略及质控品室内质量控制方法的有效补充。

室间质量评价简称室间质评，又称为能力验证（proficiency test，PT），指多家实验室分析同一标本，由外部独立机构收集、分析和反馈实验室检测结果，评价实验室常规工作的质量，观察试验的准确性，建立各实验室分析结果间的可比性。室间质量评价主要目的包括评价实验室的检测能力、发现实验室自身问题并采取相应改进措施、鉴定检测方法的可信性、为实验室认可提供客观依据、评价实验室工作人员的能力、评价实验室结果的可比性等。目前，我国医院检验科除参加卫生部临床检验中心和省市临床检验中心室间质评计划外，还有部分医院参加了国外机构组织的室间质量评价活动。室间质评活动有助于提高专业技术人员的业务水平，推动方法学的改进和统一，提高各实验室结果的准确性和可比性。

第三节 检验后影响因素及质量控制

检验后质量控制是全面质量管理的最终环节，指在完成样本检测后，为使检验结果准确转化为临床诊疗信息而采取的措施和方法。主要包括检验结果发布、解读和应用，临床材料保留和储存，样本（和废物）处置，有关问题与临床的沟通及对临床医师、患者的咨询服务。咨询服务是检验医学的重要内容，也是分析后质量保证的重要组成部分，检验医师或高级技术人员应帮助临床医生合理选择检验项目，根据检验结果提出进一步的实验诊断或处理建议。

在检验报告发出后，主要涉及临床医护人员和患者及其家属等收到检验报告后的解读及应用于临床诊疗等问题、临床医护人员和患者及其家属等对检验报告的反馈信息、检验医师对医护人员和患者及其家属的咨询与反馈信息处理等。当检验结果处于规定的"警示"或"危急值"区间内时，应立即通知医师（或其他授权医务人员），保存采取措施的记录，包括日期、时间、负责的实验室员工、通知的人员等。当检验报告与临床不符时，检验医师应积极协助临床医护人员查找原因，首先排除检验前影响因素，然后确认检查当天的实验室内质量控制数据是否在控，必要时取保留标本复查或重新采集标本检测。

检验医师是在临床实验室工作并经过3年临床检验医学住院医师规范化培训的医师，具有临床检验与病理学专业的执业资质。检验医师主要担任检验结果的审核和报告，特别是检验诊断报告的发放，并负责与临床医生的沟通、咨询、培训和会诊等工作。由于临床需求，检验医师的数量在各临床实验室的配置也逐渐增多。检验医师通过参加临床科室查房、病例分析、学术讨论和科研协作等，向临床医护人员及时介绍近年来实验诊断的新方法、新技术、新项目发展状况及其应用的临床意义，特别是参与整个检验工作流程的全面质量控制，极大地推进了实验诊断在临床医学中的应用。临床医生和护士也应多与检验医师和临床实验室沟通，相互理解、相互支持、团结协作，共同提高实验诊断和临床医疗的质量与水平。

思 考 题

1. 分析前哪些因素可能影响临床检验结果？
2. 方法学评价包括哪些内容？请简述。

（邱　玲）

第四章 实验诊断结果分析与报告

实验诊断报告是对临床医生申请检查的各项检验结果的电子或书面报告。临床实验室针对报告的内容、发布时限、结果审核、分析等应有严格的要求和操作规范，以保证临床医护人员和患者及其家属能够准确、及时获得检验结果。有时在临床医生提出检查申请的基础上，检验医师会根据患者病情和初步实验结果的需要加做一些试验，如全血细胞计数异常时加做血涂片显微镜形态学检查，有助于感染或血液病等的诊断；梅毒筛查试验阳性时，加做梅毒确诊试验等。临床医生在获得检验结果后，应结合患者的家族史、病史、临床表现和其他检查等资料，给予综合分析或评价。检验结果的报告与分析是临床诊疗的重要环节，及时、正确的报告与综合有效的分析，可为疾病的诊断、鉴别诊断、疗效评估、预后转归等提供有力的支持。

第一节 实验诊断报告

一、实验诊断报告的内容

实验诊断报告所包含的内容须规范，格式清晰易懂。一般应包含以下信息。

1. **医嘱信息** ①患者信息：姓名、性别、年龄、病案号、病区、床号；②原始样本类型：例如静脉血、随机尿等；③申请医师姓名、申请科室；④临床诊断；⑤申请检查项目。

2. **检验信息** ①原始样品采集的日期和时间；②样本接收时间；③样本检测时间；④实验检测人员和报告审核人员签名；⑤结果报告日期和时间；⑥检测方法；⑦发布报告的实验室的名称和地址。必要时，应注明可能对检测结果准确性造成影响的标本状态，例如标本黄疸、溶血等。

3. **检验结果** 检测项目与相应检测数据、数据单位应在报告中清晰地列出，一般附有参考区间和结果增高或减低的提示。不能以数据形式表达的检测结果，可附有文字描述，例如形态学检查的描述。一些对于诊断有重要意义的形态图片可以在报告中体现。

4. **实验诊断或结论** 对于部分检验报告，应基于多项检验结果，在了解患者临床信息后，通过综合分析、判断和总结，结合疾病诊断标准或指南等，可给出适当检验诊断或结论；对不明确的检验结果，可给出结果描述、解释或进一步检查的建议等。

二、实验诊断报告签发时限

实验诊断报告签发应具有时限要求。从标本接收到结果审核与报告签发，临床实验室应详

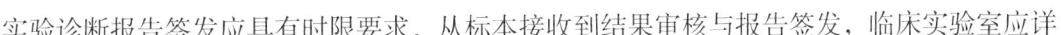

细规定其时间要求。临床实验室在遵循行业相关规定并严格按照相关操作规程的基础上，应尽可能地缩短检测周期，满足临床需要。若因仪器故障等因素不能在规定时限内签发报告，实验室应采取应急措施（尽快联系维修或送至委托实验室），并及时与临床医生沟通，说明延迟的原因及能够发出报告的时间。

三、实验诊断报告的分析与审核

临床标本检测完毕后，实验室审核人员应认真核对患者信息的完整性及准确性，检验项目有无遗漏、错项等情况，结合患者临床资料、相关检测项目、历史数据等对检测结果进行动态分析，审核检测结果是否正确。在此基础上，进一步对检验结果以疾病为中心进行系统、全面的分析，将检验与临床相结合，由具有专业技术资质的人员审核并签发实验诊断报告。

（一）常规分析与审核

1. 结合临床资料分析 将试验结果与患者的年龄、性别、临床诊断等有关临床信息进行系统性评价。

2. 检验结果的相关性分析 针对同一患者相同时间段的检验项目，从细胞代谢、免疫反应、器官功能损伤、多系统并发症等多角度进行相关分析。如肝硬化腹水患者同一时间血液和尿胆红素可升高、凝血酶原时间延长、肝功能试验异常等。综合分析检测结果的合理性，并进行评估和判断。多项目的组合试验，例如血常规试验与尿常规试验各项目之间存在内在联系和动态变化，也可辅助判断结果是否准确、可靠。

3. 结合既往检验结果分析 查看以往的检验结果的历史数据，针对发病病因、病理变化、治疗和预后等疾病全过程的相关检验指标进行纵向分析。

（二）异常检测结果的分析审核

在分析实验诊断报告时，可能会遇到结果异常或与临床医生的诊断不符合的情况，此时应注意，可从以下几个方面查找线索。

1. 检测系统因素

（1）检验前：例如取错样本、患者姓名或病历号有误、样本量少、患者在输注高渗葡萄糖盐水过程中同侧抽血检查血液葡萄糖或电解质、血液抗凝剂使用错误、抗凝血发生肉眼难见的微小凝固、样本采集后未及时送检等。这些是临床较为常见的差错。

（2）检验中：实验室检测人员应仔细排查试验结果的检测、审核、传输、发放等各个环节有无疏漏和错误，以除外实验室内可能出现的差错。例如，检测仪器是否发生故障、当日检测项目的室内质量控制是否在控、检测试剂是否在有效期内、人员操作是否按照标准操作流程进行等。

（3）检验后：标本质量和药物干扰是不可忽视、重要的潜在因素。例如，高胆红素、乳糜血及溶血样本可干扰一些比色、比浊和酶免疫分析等试验结果；碱性尿可导致干化学法检测尿蛋白呈假阳性；大剂量维生素C治疗时可使血液葡萄糖、三酰甘油、胆固醇等的测定结果偏低；口服阿司匹林可引起血小板聚集率下降等。另外，患者的饮食、运动、体位、其他疾病状态等都能够影响试验结果，例如，在饥饿或全身性疾病时体内甲状腺激素浓度往往明显下降，有时会低于参考区间低限。结合临床，评估各项干扰因素对试验结果的影响。

2. 检验结果涉及的病理生理意义

（1）检验结果相关正常生理变化：结合组织、器官的生化、生理、免疫等代谢及功能特点,了解相关检验项目的上下游反应链,掌握相关参考区间的生理意义。

(2)检验结果相关异常病理变化:异常检验结果所代表的病理意义,影响组织、器官的代谢及功能变化趋势,以及可能引起的其他病理变化。

3. 疾病因素

(1)掌握相关检验指标与疾病的内在联系,熟悉相关疾病的临床诊断标准。

(2)以疾病的病理变化特点为主线,综合分析所有与其相关的检验项目,包括血液与体液、生化、免疫、微生物和细胞分子遗传各亚专业,以疾病为中心,综合分析各检验结果之间的联系,发现疾病的病理变化、疾病好转或恶化趋势,以及发生其他新的病理变化所导致的结果异常。

当实验检测人员发现异常试验结果时,应核查实验室内部因素,并及时与临床医生进行沟通,了解患者的疾病状态、用药情况等,综合患者的临床资料判断可能导致异常检测结果的原因。

(3)以糖尿病相关的检验结果分析为例

1)与血糖水平变化程度相关的检验项目,包括空腹血糖、糖化白蛋白、糖化血红蛋白等。

2)与胰岛功能相关的检验项目,包括糖耐量实验、胰岛素、C肽等。

3)与糖尿病病因相关的检验项目,包括胰岛细胞抗体等。

4)与糖尿病并发症相关的检验项目,例如与糖尿病肾病相关的尿微量白蛋白等。

四、实验诊断报告的发布

根据行业的相关要求,完整填写实验诊断报告的各个要素,实验结果的描述尽可能使用专业术语。报告签发时应在报告中描述接收到原始样品时质量不适于检测或可能影响检测结果的情况,例如样本乳糜血、黄疸、溶血等。根据各医疗机构的具体情况,采用多种渠道,例如可通过实验室信息系统(LIS)向临床进行发布。

当LIS故障无法发放正式报告,或临床医生因治疗需要须提前知晓患者初步检验结果时,可通过电话、图文传真和其他电子设备传送临时和(或)口头结果报告。发布临床和(或)口头实验诊断报告前,实验室检测人员应仔细核对患者姓名、性别、年龄、检测项目、检测时间、申请者姓名、样本类型以及与患者的关系等信息,确认患者信息后发布报告并详细记录结果报告内容、报告接收对象姓名[医生、护士和(或)患者]、报告时间及报告人。发放临时和(或)口头报告结果后,应提供正式报告,并且最终报告应发放给检验申请者。

五、危急值报告

危急值(critical value)是指某项或某类临床检测的显著异常结果,是明显偏离参考区间上限或下限的定值。它与疾病的治疗、转归有密切联系。一旦出现危急值,表明患者病情正处于危及生命的边缘状态,实验检测人员在确认危急值结果后应立即报告临床医生,临床医生应迅速给予患者有效的干预或治疗措施,否则可能出现严重后果。例如,某医院血钾的危急值: < 2.8 mmol/L 或 > 6.0 mmol/L(成人血钾的参考区间是 3.5 ~ 5.3 mmol/L)。当出现严重低钾血症(< 2.5 mmol/L)时,可导致患者肌无力、异位起搏心率等,甚至呼吸肌麻痹而危及生命;当出现严重高钾血症时(> 7.0 mmol/L)时,可致患者心电异常、心动过缓、心搏骤停,甚至猝死。因此,当实验人员检出危急值时,应立即核实并报告临床医生,以免因错过治疗时

机而延误病情。并非所有的检测项目都需要设置危急值,危急值的项目及范围设置应以患者安全为目标,结合医疗机构实际状况进行设定。不同的实验室危急值设置存在差异。在2019年中国医院协会发布的《患者安全目标》中明确规定,应建立健全临床"危急值"报告制度,规范并落实操作流程。

第二节 五级实验诊断报告体系的建立及意义

随着现代化检测技术的引入、推广和更新,实验诊断项目的种类和复杂性日益增加,许多实验项目背后的重要意义可能被临床医生所忽视。对于承担医院大部分检验项目的检验科来说,仅将单一检测数据以传统的数据报告模式回报给临床医生或患者及其家属,已不能满足临床诊疗的需求。为了使繁杂的检测数据所涉及的临床意义尽可能以准确、及时、明了的方式展现出来,让临床医生用较短的时间收获较多的信息,或者让患者及其家属能够理解实验(或检验)诊断结论等,将实验诊断报告模式分为五级,可解决涉及各个临床学科的复杂问题(图4-1)。一级:检测报告,将检验结果在尽可能保证其准确性和稳定性的条件下,尽快地直接回报给临床医生(门诊患者常是自取),这是目前传统的、普遍采用的检验报告模式。二级:直接检验诊断报告,通过形态学观察并结合特征性的检测,可直接确认细菌类、真菌类、寄生虫类等的病原学检验结果或异常细胞等,给出结论性的描述。三级:分项检验诊断报告,将与某一类检测指标相关的所有结果进行分析、归纳和总结,给出结论性的描述。四级:综合检验诊断报告,将与某一种疾病诊断相关的所有检测结果进行分析和归纳;或将疾病的诊断、鉴别诊断和并发症判断等相关的多器官、多系统的检测结果进行综合分析和归纳,给出结论性的描述。五级:动态变化检验诊断报告,将与疾病诊断、治疗和预后相关的检测指标随时间变化的曲线描绘出来,直观反映病理变化过程,并进行分析和归纳、总结,给出结论性的描述。实验诊断报告内容主要针对各检测项目的数量变化、形态异常、成分改变、病原体,以及机体的生理状态、病理生理、生化代谢、免疫调节与反应等进行分析、总结和描述。例如,对临床上怀疑乙型病毒性肝炎的患者,不仅应检验其乙肝病毒相关的抗原、抗体水平,还可包括病毒载量、基因类型、耐药情况以及肝功能状态和与肝功能直接相关的蛋白质代谢、糖代谢、脂代

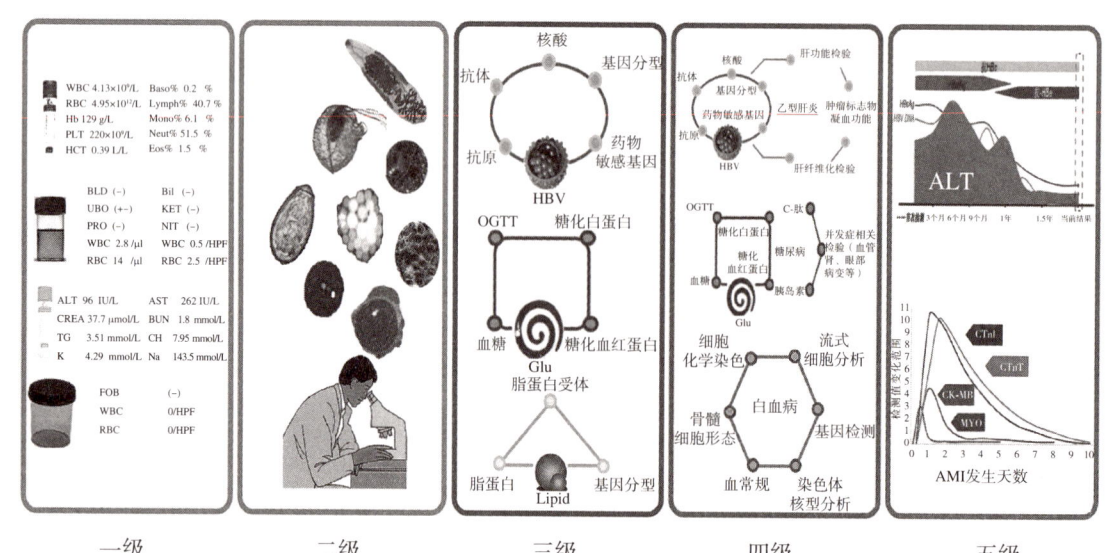

图 4-1 五级检验诊断报告内容

谢、凝血因子，甚至还包括疾病发展相关的肝硬化和肿瘤标志物等。实验诊断报告不仅提供疾病诊断的直接依据，而且为疾病的转归、用药、预后等提供证据。

一、建立实验诊断报告体系具有重要意义

1. 真正实现由为标本负责向为患者负责的转变。
2. 完善检验医学分析后知识体系。实验诊断报告将检验医学知识与临床医学内容相结合，将技术检测与结果分析相结合，充分发挥了检验医学知识服务的主动性与积极性，体现了学科体系特点，提升了分析后知识服务内涵。
3. 满足新时代对检验医学的需求。随着检验医学向个体化、精细化发展。检验项目之多，所包含信息量之大，使已负荷过重的临床医生没有时间深入、系统地了解检验结果背后的病理意义，五级实验诊断报告将复杂零散的检验信息进行系统的分析与描述，使临床医生能从繁杂的数据中解脱出来，提高诊疗效率，更好地开展临床诊疗工作（图4-2）。

图4-2 建立实验诊断报告体系的重要意义

4. 提高检验医学人才知识服务能力。出具实验诊断报告要求检验医师能够从复杂、大量的检验信息中抽提关键要素，进行合理有效的分析、归纳、总结。这就对检验医师的知识服务能力提出了更高的要求。实验诊断报告体系的建立与发展为专业人才培养提出了更高、更全面的要求，建立了人才培养新模式，将有效促进检验人才知识服务能力的提升。

二、五级实验诊断报告模式

五级实验诊断报告模式及内容举例如下。

1. 一级 检测数据报告。

×××××医院外周血细胞检验报告单

姓名：×××	样本号：×××	病区：心脏内科一病区	病床号：××
性别：×	病历号：××××	科室：心脏内科	标本种类：静脉血
年龄：××	送检医师：×××	临床诊断：×××	备注：

序号	检测项目	英文简称	结果	单位	参考区间
1	白细胞计数	WBC	4.50	×10^9/L	3.5～9.5
2	红细胞计数	RBC	1.86	×10^{12}/L	↓ 3.80～5.10
3	血红蛋白浓度	Hb	63	g/L	↓ 115～150
4	血细胞比容	HCT	18.0	%	↓ 35.0～45.0
5	平均红细胞体积	MCV	96.8	fl	82.0～100.0
6	平均红细胞血红蛋白含量	MCH	33.8	pg	27.0～34.0
7	平均红细胞血红蛋白浓度	MCHC	350	g/L	316～354
8	红细胞体积分布宽度	RDW	28.4	%	↑ <14.9
9	血小板计数	PLT	44	×10^9/L	↓ 125～350
10	平均血小板体积	MPV	7.8	fl	7.7～13.0
11	血小板比容	PCT	0.03	%	↓ 0.18～0.22
12	血小板体积分布宽度	PDW	18.4	%	↑ <17.2
13	中性粒细胞百分数	Neut%	13.5	%	↓ 40.0～75.0
14	淋巴细胞百分数	Lymph%	35.9	%	20.0～50.0
15	单核细胞百分数	Mono%	50.3	%	↑ 3.0～10.0
16	嗜酸性粒细胞百分数	Eos%	0.1	%	↓ 0.4～8.0
17	嗜碱性粒细胞百分数	Baso%	0.2	%	0～1.0
18	中性粒细胞计数	Neut#	0.6	×10^9/L	↓ 1.8～6.3
19	淋巴细胞计数	Lymph#	1.6	×10^9/L	1.1～3.2
20	单核细胞计数	Mono#	2.3	×10^9/L	↑ 0.1～0.6
21	嗜酸性粒细胞计数	Eos#	0	×10^9/L	↓ 0.02～0.52
22	嗜碱性粒细胞计数	Baso#	0	×10^9/L	0～0.06

采样时间：××.××.×× ××：×× 收样时间：××.××.×× ××：××
检验时间：××.××.×× ××：×× 报告时间：××.××.×× ××：××
检验者：××× 审核者：×××
医院地址：××××× 联系电话：×××××××

2. 二级 直接检验诊断报告。

××××× 医院临床微生物学实验诊断报告

姓名：×××	就诊类型：住院	住院/门诊号：×××	病床号：××
性别：女	样本类型：脑脊液	申请科室：神经外科	临床诊断：中枢神经系统感染？
年龄：60岁	样本编号：×××	申请医师：×××	医嘱申请项目：墨汁染色

一、检测结果
1．样本外观：浑浊。
2．镜检结果：墨汁染色阳性（+），可见大量酵母样孢子，宽厚荚膜。见右图。
二、检验诊断/结论
1．结合临床，疑似隐球菌中枢神经系统感染。
2．诊疗建议：两性霉素B+氟胞嘧啶，2周后改为氟康唑或伊曲康唑。

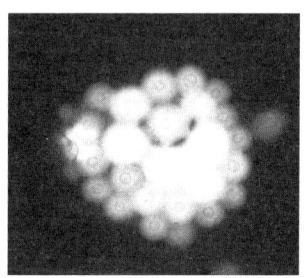

采样时间：××.××.××：××	收样时间：××.××.××：××
检验时间：××.××.××：××	报告时间：××.××.××：××
检验者：×××	审核者：×××
医院地址：××××	联系电话：×××××

3. 三级 分项检验诊断报告。

××××× 医院检验科血液学实验诊断报告

姓名：×××	就诊类型：住院	住院/门诊号：×××	床号：5
性别：女	样本类型：外周血+骨髓	申请科室：血液科	临床诊断：贫血待查？慢性非萎缩性胃炎
年龄：39岁	样本编号：003	申请医师：×××	病史：慢性胃炎10余年
医嘱申请项目：外周血细胞检验+骨髓细胞检验+铁代谢试验+血清叶酸、维生素B_{12}+免疫功能及自身抗体检测			

（1）细胞形态学检验诊断
1）外周血细胞检验诊断：血红蛋白47 g/L，红细胞$2.90×10^{12}$/L；小细胞低色素性贫血，红细胞平均体积69.0 fl，红细胞平均血红蛋白量16.2 pg，红细胞平均血红蛋白浓度235 g/L，红细胞分布宽度SD 50.4 fl及CV 20.1%；白细胞$4.32×10^9$/L；血小板正常，血小板$245×10^9$/L；图4-3A、图4-3B示成熟红细胞大小不一，部分红细胞中心浅染区扩大。
结论：重度小细胞低色素不均一性贫血，建议结合临床及铁代谢试验等进一步明确诊断。
2）骨髓细胞形态学检验诊断：骨髓有核细胞增生活跃。粒系以中、晚期细胞为主。红系以中、晚幼红细胞居多，部分幼红细胞体积小，核固缩；胞质量少，呈灰蓝色，边缘不整齐；可见双核、畸形核及炭核幼红细胞。成熟红细胞大小不一，部分红细胞中心浅染区扩大（图4-4A、图4-4B）。全片巨核细胞153个，血小板成堆可见。铁染色：细胞内铁（-），细胞外铁（-）。
结论：缺铁性贫血，请结合临床，进一步查明贫血的病因。

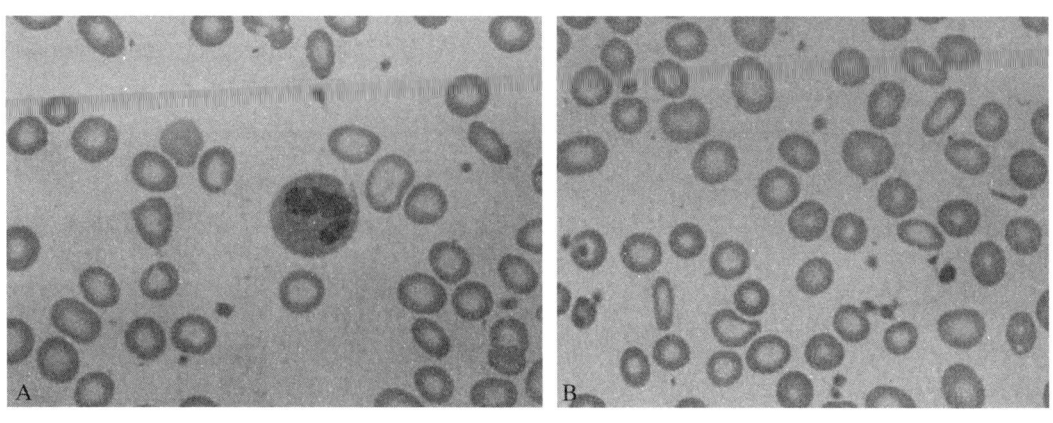

图 4-3 外周血涂片（瑞氏染色，×1000）

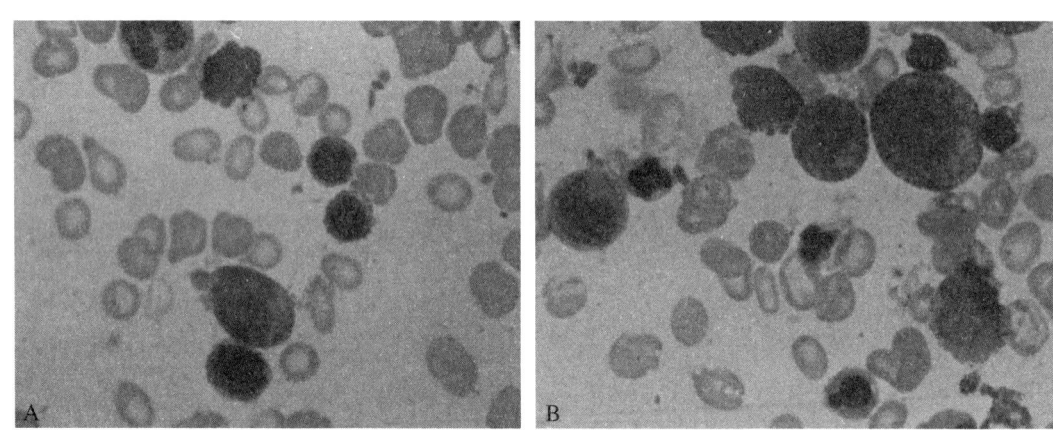

图 4-4 骨髓涂片（瑞氏染色，×1000）

（2）临床化学与免疫学试验结果

序号	项目	结果	参考区间	单位	检测方法
1. 铁代谢试验及血清叶酸、维生素 B_{12} 检测					
（1）	血清铁	1.70 ↓	6.60～26.00	μmol/L	比色法
（2）	总铁结合力	76.70 ↑	45.00～75.00	μmol/L	比色法
（3）	血清铁蛋白	2.10 ↓	30.00～400.00	ng/ml	化学发光法
（4）	血清叶酸	8.08	3.10～17.50	ng/ml	化学发光法
（5）	维生素 B_{12}	381.00	191.00～663.00	pg/ml	化学发光法
2. 免疫功能与自身抗体检测					
（1）	血清补体 C_3	0.83	0.80～1.60	g/L	比浊法
（2）	血清补体 C_4	0.17	0.16～0.38	g/L	比浊法
（3）	血清 C 反应蛋白	3.62	0.00～8.00	mg/L	比浊法
（4）	血清抗核抗体	阴性	阴性		间接免疫荧光法
（5）	抗人球蛋白试验	阴性	阴性		微柱凝胶法

3. 检验诊断/结论：重度缺铁性贫血，请结合临床及其他检查进一步明确贫血的病因

采样时间：2016.08.15 08：25　　收样时间：2016.08.15 09：00　　检测时间：2016.08.15 10：00
报告时间：2016.08.16 09：20　　检测者：×××　　　　　　　　报告（审核）者：×××
医院地址：××××××　　　　联系电话：×××××××××

4. 四级 综合检验诊断报告。

×××××医院检验科临床血液学实验诊断报告

姓名：×××	病历号：×××	样本种类：EDTA/肝素抗凝静脉血和骨髓	样本编号：×××
性别：男	科别：内科	临床诊断：皮肤、牙龈出血待查 就诊类型：×××	住院/门诊号：×××
年龄：35岁	申请医生：×××	医嘱申请项目：血液病检验整合诊断	病房：×××床号：×××

(1) 临床病史：患者牙龈出血、发现皮肤瘀斑7 d，发热2 d；外院检查外周血白细胞（WBC）$15×10^9$/L，血红蛋白（Hb）100 g/L，血小板（PLT）$35×10^9$/L；未经任何治疗来我院。既往有牛皮癣30年，曾用多种外用药，药名不详。

(2) 分项实验诊断报告

1) 血细胞形态学检验诊断

a. 外周血：WBC $18×10^9$/L，Hb 95 g/L，PLT $24×10^9$/L。WBC增高，异常早幼粒细胞占46%；轻度贫血，红细胞形态大致正常；PLT显著减少。

结论：初步诊断急性早幼粒细胞白血病。

b. 骨髓：骨髓增生明显活跃，以多颗粒早幼粒细胞增生为主，占82.0%，其胞体呈圆或椭圆形，部分细胞呈不规则形；细胞核呈圆或椭圆形，部分细胞可见扭曲或折叠；核染色质较细致，核仁0~2个；胞质量丰富，呈灰蓝色，可见内外浆，细胞浆中可见大量粗大的紫红色颗粒，奥氏小体易见。粒系其他细胞显著减少，总计占10%。红系细胞受抑制，仅见少数中晚幼红细胞，占3%；成熟红细胞形态正常。成熟巨核细胞全片见3个，血小板难见。成熟淋巴细胞占4%。

结论：急性早幼粒细胞白血病。

c. 细胞化学染色：① 髓过氧化物酶（MPO）染色示异常细胞+3%，++15%，+++82%。② 氯乙酸酯酶（CAE）染色：+18%，++46%，+++36%。

结论：MPO和CAE染色结果符合急性早幼粒细胞白血病特点。

2) 骨髓流式细胞免疫表型分析：异常细胞占骨髓全部有核细胞的80.67%，表达CD13、CD33、cMPO、CD64、CD9；部分表达CD117（64.8%）、CD56（39.78%）；不表达CD34、HLA-DR、CD65、CD15、CD11b，符合异常早幼粒细胞免疫表型。

结论：符合急性早幼粒细胞白血病免疫表型。

3) 细胞遗传学实验诊断

核型：91<4n>，XXYY，del (2)(q31)，-9，del (11)(p12)，der (15) t (15;17)(q24;q21) x2，ider (17)(q10) t (15;17) x2 [20]

染色体核型为克隆性异常男性核型，染色体数目异常为近四倍体改变，结构异常累及2号染色体长臂部分丢失，9号染色体单体，11号染色体短臂部分丢失，t (15;17)易位，易位后的异常17号染色体又发生等臂易位（衍生等臂17号染色体）。

结论：伴t (15;17)(q24;q21)易位的克隆性异常染色体核型。

4) 分子遗传学检验诊断

a. 36种白血病融合基因筛查：*PML-RARA* S型融合基因阳性。

b. *PML-RARA*融合基因定量：基因表达量 *PML-RARA/ABL1*=135.7%。

c. 58种血液肿瘤基因突变筛查：*FLT3-ITD*突变阳性，突变型占全部等位基因比例的33%。

结论：送检样本中 *PML-RARA* S型融合基因阳性、*FLT-ITD* 突变阳性。根据2008年及2017年修订的WHO造血与淋巴组织肿瘤分类标准及文献报道，*PML-RARA* 融合基因为APL的特征性突变之一，提示对全反式维甲酸和砷剂治疗敏感。

(3) 检验诊断/结论

t (15;17)(q24;q21)/*PML-RARA* S型融合基因阳性，伴 *FLT3-ITD* 突变和克隆性异常染色体核型的急性早幼粒细胞白血病。可能患者的部分肿瘤细胞携带 *FLT3-ITD* 突变，同时也存在细胞遗传学水平的克隆异质性现象，治疗后注意追踪染色体及基因克隆演变。

采样时间：×.×.×.×:××	收样时间：×.×.×.×:××
检测时间：×.×.×.×:××	报告时间：×.×.×.×:××
检测者：×××	报告（审核）者：×××
医院地址：×××××××	联系电话：×××××××

5．五级 动态变化检验诊断报告。

××××医院检验科免疫学实验诊断报告

姓名：×××	病历号：×××	样本种类：××××	样本编号：×××
性别：男	科别：×××	临床诊断：乙型肝炎	住院/门诊号：××××
年龄：45 岁	申请医师：×××	医嘱申请项目：动态实验诊断	病房：×× 床号：××

序号	项目名称	英文缩写	结果	单位	参考区间	检测方法
血清乙型肝炎标志物						电化学发光
1	乙肝表面抗原	HBsAg	15.8 阳性	COI	阴性：<1	
2	乙肝表面抗体	抗-HBs	0.33 阴性	IU/L	阴性：<10	
3	乙肝 e 抗原	HBeAg	0.65 阴性	COI	阴性：<1	
4	乙肝 e 抗体	抗-HBe	0.76 阳性	COI	阴性：>1	
5	乙肝核心抗体	抗-HBc	0.05 阳性	COI	阴性：>1	
血清乙型肝炎病毒核酸检测						荧光定量 PCR
1	乙型肝炎病毒核酸	HBV-DNA	小于检测限	IU/ml	$<1.0\times10^2$	
肝功能试验						2400 生化流水线
1	丙氨酸氨基转移酶	ALT	34.7	U/L	9~50（男）	
2	天冬氨酸氨基转移酶	AST	24.8	U/L	15~40（男）	
3	总胆红素	TBil	15.3	μmol/L	5~21	
4	结合胆红素	CBil	4.5	μmol/L	<7	
5	γ-谷氨酰转肽酶	γ-GT	15	IU/L	10~60（男）	
6	白蛋白	ALB	47.0	g/L	40~55	
7	球蛋白	Glo	26.6	g/L	20~40	
8	白蛋白/球蛋白	A/G	1.77		1.2~2.4	

HBV 标志物动态监测结果：

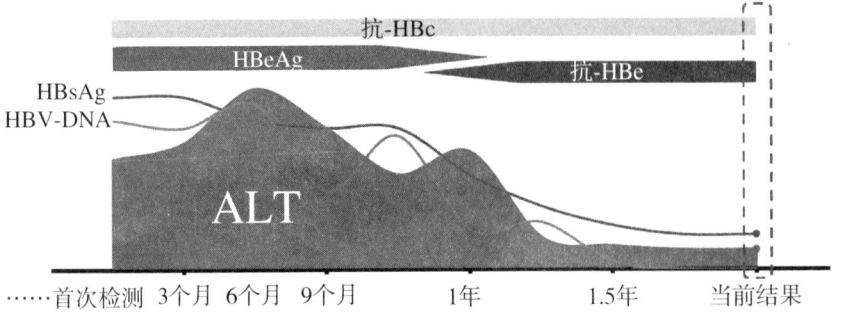

检验诊断/结论：

1．慢性乙型肝炎病毒感染，动态监测显示当前乙肝病毒无/低水平复制。
2．肝功能试验无异常，建议定期随访。

采样时间：××.××.××：××	收样时间：××.××.××：××
检测时间：××.××.××：××	报告时间：××.××.××：××
检测者：×××	报告（审核）者：×××
医院地址：××××××××	联系电话：××××××××

（张　曼）

第二篇

临床疾病的实验诊断

第五章

血液系统疾病的实验诊断

血液系统疾病是指原发或主要累及造血器官和血液系统的一类疾病，依据病变所涉及的血细胞，一般分为红细胞疾病（例如各类贫血）和白细胞疾病（例如各种急、慢性白血病）。患者常出现血液和（或）骨髓中细胞的数量、形态、结构、功能、免疫表型、染色体及基因异常或血浆成分的改变。只有通过对患者的各项检验结果进行综合分析，并采取适当的实验诊断策略，才能做出及时、正确的血液系统疾病的实验诊断。

第一节 贫 血

贫血（anemia）是指外周血中红细胞数量（RBC）、血红蛋白浓度（Hb）及血细胞比容（HCT）低于相同性别、年龄、地区的参考区间下限，其中以 Hb 减低最具诊断意义，RBC 或 HCT 不一定能准确地反映贫血是否存在及贫血的严重程度。贫血是最常见的血液系统疾病，但是很多情况下只是疾病的临床表现之一，寻找贫血的病因至关重要。因此，当患者疑为贫血时，首先要通过外周血细胞常规检验（blood routine test，BRT），简称血常规或血象，包括全血细胞计数和外周血细胞形态学检查，确定患者是否存在贫血以及贫血的严重程度，并对贫血进行初步的形态学分类；然后再结合临床及其他实验室检查明确贫血的病因，从而有效地治疗和预防贫血的再发生。

案例 5-1

女性，65 岁。近 1 年开始间断不规则阴道出血，时有下腹疼痛，未予诊治。半年前开始出现乏力、活动耐力下降，近 1 月加重，伴心悸、气促、面色苍白。无咳嗽、咳痰、喘憋，夜间可平躺入睡。发病以来饮食可，二便如常。查体：BP 130/75 mmHg，HR 105 次/分，重度贫血貌，指甲平坦，全身浅表淋巴结未触及肿大，双下肢不肿。全血细胞计数：WBC 7.2×10^9/L，RBC 4.18×10^{12}/L，Hb 69 g/L，HCT 24.5%，MCV 58.6 fl，MCH 16.4 pg，MCHC 280.0 g/L，RDW 19.8%，PLT 299×10^9/L。血细胞形态：红细胞大小不均，以小细胞为主，可见大量低色素性红细胞。白细胞及血小板形态大致正常。

问题：
1. 患者的血常规检查结果有何异常？
2. 患者的初步诊断是什么？
3. 为明确诊断，下一步应该完善哪些实验室检查？

一、贫血的检验项目与应用

贫血的检验项目较多，涉及的技术复杂，应用范围广泛，详见第十八章。本节主要阐述常用贫血检验项目的主要目的及其临床应用。

1. 全血细胞计数

【目的】计数各种血细胞的数量及相关参数，特别是红细胞参数，用于判断是否存在贫血、贫血的严重程度以及贫血的形态学分类。

【应用】全血细胞计数（complete blood count，CBC）中的红细胞参数（表5-1）与贫血实验诊断密切相关。当RBC、Hb和HCT三项结果确定存在贫血时，结合MCV、MCH、MCHC和RDW的数值变化对贫血进行初步分类，有助于进一步选择检验项目、明确病因和疗效评估。

表5-1 中国成年人群静脉血全血细胞计数参考区间*

分析参数	英文缩写（英文全称）	参考区间 男性	参考区间 女性	报告单位
红细胞计数	RBC（red blood cell count）	4.3～5.8	3.8～5.1	$\times 10^{12}$/L
血红蛋白浓度	Hb（hemoglobin）	130～175	115～150	g/L
血细胞比容	HCT（hematocrit）	40.0～50.0	35.0～45.0	%
平均红细胞体积	MCV（mean corpuscular volume）	82～100	82～100	fl
平均红细胞血红蛋白含量	MCH（mean corpuscular hemoglobin）	27～34	27～34	pg
平均红细胞血红蛋白浓度	MCHC（mean corpuscular hemoglobin concentration）	316～354	316～354	g/L
红细胞体积分布宽度	RDW（red blood cell volume distribution width）	<14.9	<14.9	%
白细胞计数	WBC（white blood cell count）	3.5～9.5	3.5～9.5	$\times 10^9$/L
血小板计数	PLT（platelet count）	125～350	125～350	$\times 10^9$/L

* 源自中华人民共和国卫生行业标准（WS/T 405-2012）：血细胞分析参考区间

2. 外周血细胞形态学检查

【目的】显微镜下观察血细胞形态，主要是确认红细胞形态是否有异常，并结合CBC相关红细胞参数，初步判断贫血病因，选择进一步的实验室检查项目。

【应用】通过外周血细胞形态学（peripheral blood morphology，PBM）检查，可观察到不同类型贫血时红细胞形态变化，特别是出现一种或多种异常形态红细胞（彩图5-1、彩图5-2、彩图5-3、彩图5-4），是诊断某些贫血的重要依据。例如，缺铁性贫血（iron deficiency anemia，IDA）时，可见低色素性红细胞增多；溶血性贫血时，可见嗜多色性红细胞增多。同时，结合其他血细胞形态异常也具有一定意义，如大细胞性贫血伴有中性粒细胞核右移，多提示为巨幼细胞贫血的可能性较大。

3. 网织红细胞计数

【目的】计数外周血中网织红细胞（reticulocyte，RET）的数量，或测定网织红细胞血红蛋白含量（reticulocyte hemoglobin content，CHr）等，可反映贫血时骨髓红系细胞的造血状态与增生能力。

【应用】RET 是尚未完全成熟的红细胞,胞质内残留有多少不等的核糖体、核糖核酸等嗜碱性物质,经新亚甲蓝或煌焦油蓝活体染色后,形成丝网状或点粒状结构(彩图 5-5)。RET 在外周血中 1~2 d 后转变为成熟红细胞,可敏感反映骨髓红系细胞造血状态与增生能力。RET 在外周血中数量较少,生理状态下仅占红细胞的 0.5%~2.0%。若贫血患者 RET 增多,提示骨髓红系增生活跃(如溶血性贫血);反之,则表明骨髓红系造血功能减低(如再生障碍性贫血)。CHr 减低可敏感反映红细胞内血红蛋白合成的变化,可用于判断早期铁缺乏。

4. 常用铁代谢试验

【目的】检测血清中反映机体铁代谢的相关指标,例如血清铁蛋白(serum ferritin,SF)、血清铁(serum iron,SI)、总铁结合力(total iron-binding capacity,TIBC)、转铁蛋白饱和度(transferrin saturation,TS)和可溶性转铁蛋白受体(soluble transferrin receptor,sTfR),用于铁缺乏、缺铁性贫血以及铁负荷过多的诊断及鉴别诊断。

【应用】生理状况下,SI 仅与约 1/3 的转铁蛋白结合,血清中未被铁结合的转铁蛋白在体外可与加入的铁完全结合而呈饱和状态,这种最大的铁结合量,称为 TIBC,它反映了血清中能与铁结合的所有转铁蛋白的总量。SI 与 TIBC 的比值称为 TS。铁蛋白是体内铁的贮存形式之一,血清或血浆中含有微量铁蛋白,SF 与体内铁的贮存量相关,是判断机体是否缺铁或铁负荷过多的重要标志。sTfR 是幼红细胞膜表面的转铁蛋白受体经水解脱落到血液中的一个片段,与转铁蛋白受体数量成正比,是反映红细胞内缺铁的指标。几种铁代谢指标在常见疾病中的变化特点见表 5-2。

表 5-2 常用铁代谢检验指标在部分疾病或病理状态中的变化特点

疾病	SF	SI	TIBC	TS	sTfR
缺铁性贫血	减低	减低	增高	减低	增高
炎症性贫血	正常/增高	减低	减低	减低	正常
地中海贫血(珠蛋白生成障碍性贫血)	正常	正常	正常	正常	正常
铁粒幼细胞贫血	增高	增高	减低	增高	减低
反复输血	增高	增高	减低	增高	不定
血色病	增高	增高	减低	增高	不定

注:"正常"即在参考区间内

基础回顾

铁代谢的平衡与紊乱

正常情况下,人体铁的摄入、利用和排泄处于动态平衡中,任何因素破坏了这种平衡就会发生铁代谢的紊乱。机体每日所需的大部分铁由铁的再循环所提供,即通过巨噬细胞吞噬衰老死亡的红细胞来完成。每天仅有少量铁(约 1 mg)通过尿液、粪便和汗液排出,育龄女性每月因月经丢失铁 15~30 mg,这些可由食物中的铁予以补充。但是,当存在铁的丢失(急慢性失血)、需求量增加或吸收障碍时,即可导致机体处于铁缺乏状态,此时首先动员体内的储存铁合成血红蛋白,如果仍然不能得到及时补充,一旦储存铁消耗殆尽,就会发生红细胞内缺铁以及缺铁性贫血。

5. 血清叶酸与维生素 B_{12}

【目的】测定血清叶酸（或红细胞内叶酸）及维生素 B_{12} 含量，用于大细胞性贫血的病因诊断和鉴别诊断。

【应用】叶酸（folic acid，FA）与维生素 B_{12}（vitamin B_{12}，Vit B_{12}）是合成 DNA 重要的辅酶，参与核酸代谢过程。缺乏叶酸和 Vit B_{12} 或其利用障碍时，可导致骨髓造血细胞 DNA 合成受阻，核分裂减慢而致胞体增大，引起巨幼细胞贫血（megaloblastic anemia，MA）。通过检测血清叶酸与 Vit B_{12} 含量变化，可以明确巨幼细胞贫血的病因；但一些细胞毒性化疗药物所致的巨幼细胞贫血，叶酸与 Vit B_{12} 含量可不减低或增高。

6. 骨髓细胞形态学检查

【目的】显微镜下观察骨髓涂片中各种血细胞的形态和比例，有助于明确贫血的类型及病因，如再生障碍性贫血（aplastic anemia，AA）、白血病性贫血等必须依赖骨髓检查才能明确诊断。

【应用】通过骨髓细胞形态学（bone marrow morphology，BMM）检查（简称骨髓象），可观察到不同类型贫血时骨髓细胞形态的变化，结合全血细胞计数、外周血细胞形态学检查及铁代谢、叶酸与维生素 B_{12} 含量或溶血相关试验等，一般可以对常见血液系统疾病相关贫血（例如再生障碍性贫血、巨幼细胞贫血、缺铁性贫血、白血病性贫血等）做出病因诊断。某些类型的贫血会出现特征性的骨髓形态学改变，可作为病因诊断的重要依据。例如，巨幼细胞贫血时，骨髓红系细胞增生，三系造血细胞（粒系、红系、巨核系）均出现巨幼变；再生障碍性贫血时，三系造血细胞增生减低，而非造血细胞数量增多。根据骨髓有核细胞增生程度，可以将贫血分为增生性贫血和增生减低性贫血。前者指骨髓有核细胞增生活跃，红系代偿性增生，如溶血性贫血、缺铁性贫血、巨幼细胞贫血等；后者指骨髓增生减低，红系增生不足，如再生障碍性贫血以及某些感染、肿瘤等导致的继发性贫血。

7. 骨髓铁染色

【目的】检查骨髓的"细胞内铁"和"细胞外铁"，判断有无铁缺乏或铁过载，用于诊断铁代谢障碍性贫血，例如缺铁性贫血、铁粒幼细胞贫血、骨髓增生异常综合征等。

【应用】骨髓中存储于幼红细胞外的铁，称为"细胞外铁"，一般以含铁血黄素的形式存在于骨髓小粒和巨噬细胞中。幼红细胞内的铁称为"细胞内铁"，含铁粒的幼红细胞称为铁粒幼红细胞（sideroblast）。如果 5 个或以上的铁颗粒围绕幼红细胞核周 1/3 以上呈环状分布，称为环形铁粒幼红细胞（ring sideroblast，RS）。含铁颗粒的成熟红细胞，称为铁粒红细胞。正常骨髓中没有铁粒红细胞和环形铁粒幼红细胞。铁染色用于鉴别缺铁性贫血与铁粒幼细胞贫血，前者骨髓细胞外铁减少甚至缺如，细胞内铁减少；后者细胞外铁和细胞内铁均增加。炎症性贫血时，细胞外铁正常或增高，但铁粒幼红细胞减少，提示存在铁利用障碍。骨髓增生异常综合征（myelodysplastic syndrome，MDS）伴环形铁粒幼红细胞增多（MDS-RS）的患者，铁粒幼红细胞明显增多，并且环形铁粒幼红细胞占幼红细胞的 15% 以上，可见铁粒红细胞。

8. 溶血筛查试验

【目的】红细胞寿命测定有助于判断是否存在溶血，血浆游离血红蛋白（free hemoglobin，FHb）、血清结合珠蛋白（haptoglobin，Hp）是判断血管内溶血的指标。尿含铁血黄素试验（urine hemosiderin test）又称尿 Rous 试验，对判断慢性血管内溶血具有重要意义。

【应用】红细胞寿命缩短或破坏增加，超过骨髓造血的代偿能力，即发生溶血性贫血。当溶血发生在血管内时，红细胞在血液循环中被破坏，血浆中 FHb 增加，如果超过了 Hp 的结合能力，即可检测出 FHb 的水平增高，而 Hp 因为被消耗而导致减低甚至为 0。血液中的 FHb 随尿排出，出现血红蛋白尿（hemoglobinuria），部分 Hb 被肾小管上皮细胞吸收、分解，以含铁血黄素的形式沉积于细胞内，而后细胞脱落到尿液中，尿含铁血黄素试验呈阳性，并可持续一

段时间。在溶血初期,虽然有血红蛋白尿,但是肾小管上皮细胞内尚未形成含铁血黄素颗粒,或者含铁血黄素颗粒没有脱落到尿液中,此时本试验呈阴性。

9. 免疫性溶血试验

【目的】抗球蛋白试验(Coombs test)、冷凝集素试验(cold agglutinin test,CAT)及冷热双相溶血试验(Donath-Landsteiner test,D-L 试验),可检测结合在患者红细胞膜上的自身抗体或补体,以及血清中游离的自身抗体,辅助诊断免疫性溶血性贫血。

【应用】免疫性溶血性贫血是由于机体免疫功能异常或其他外界因素导致的自身抗体和(或)补体吸附于红细胞表面,导致红细胞破坏而发生的病理性溶血反应。包括自身免疫性溶血性贫血(autoimmune hemolytic anemia,AIHA)、新生儿同种免疫溶血病(alloimmune hemolytic disease of the newborn)、溶血性输血反应(hemolytic transfusion reaction),以及药物诱发的免疫性溶血等。溶血试验中以抗球蛋白试验应用最为广泛,分为直接和间接抗球蛋白试验。直接抗球蛋白试验是检测红细胞膜上是否结合不完全抗体,而间接抗球蛋白试验是检测血清中是否存在不完全抗体。直接抗球蛋白试验阳性一般见于 AIHA、新生儿同种免疫溶血病、药物诱发的免疫性溶血等。间接抗球蛋白试验主要用于诊断新生儿同种免疫溶血病,尤其是 Rh 血型不合时呈强阳性,并可持续数周到数月。冷凝集素是一种冷抗体型的红细胞自身抗体,在低温状态下可使自身红细胞、O 型红细胞或与受检者血型相同的红细胞发生凝集,故 CAT 阳性用于诊断冷凝集素综合征,即冷抗体型自身免疫性溶血性贫血。D-L 试验对于辅助诊断阵发性冷性血红蛋白尿具有一定价值。

10. 红细胞膜缺陷诊断试验

【目的】筛查或诊断红细胞膜缺陷所致的溶血性贫血。主要包括红细胞渗透脆性试验(erythrocyte osmotic fragility test)、红细胞孵育渗透脆性试验、伊红-5'-马来酰亚胺(eosin-5'-maleimide,EMA)结合试验、红细胞膜蛋白电泳分析(erythrocyte membrane protein group electrophoresis),以及红细胞及粒细胞表面 CD55、CD59 表型分析。

【应用】红细胞膜缺陷所致的溶血性贫血包括遗传性和获得性两大类,前者主要发生在血管外,包括遗传性球形红细胞增多症(hereditary spherocytosis,HS)、遗传性椭圆形红细胞增多症(hereditary elliptocytosis,HE)、遗传性口形红细胞增多症、遗传性棘形红细胞增多症等;后者发生在血管内,包括阵发性睡眠性血红蛋白尿症(paroxysmal nocturnal hemoglobinuria,PNH)。HS 和 HE 患者血液中球形红细胞或椭圆形红细胞比例增高(常 > 20%),对低渗盐水的抵抗力差,因此红细胞渗透脆性增高。但是该试验敏感性较差,对于轻型患者,可将红细胞先置于 37℃孵育 24 小时,再进行渗透脆性试验(红细胞孵育渗透脆性试验)。EMA 结合试验对于遗传性红细胞膜缺陷的诊断具有很高的敏感性和特异性,HS 和 HE 患者红细胞与 EMA 结合量减少,流式细胞术测定其平均通道荧光强度(mean channel fluorescence intensity)减低。红细胞膜蛋白电泳分析可对红细胞膜蛋白进行定性或定量分析,为遗传性红细胞膜缺陷的诊断和鉴别诊断提供重要依据。红细胞膜蛋白基因检测通过荧光定量 PCR 或二代测序技术,可直接检测出导致红细胞膜蛋白缺陷的突变基因,实现精准诊断。PNH 是一种后天获得性基因突变所致的造血干细胞克隆性疾病,其异常血细胞膜表面缺乏糖化磷脂酰肌醇(GPI)锚连接蛋白如 CD55、CD59,可利用流式细胞术检测缺乏这些膜蛋白的异常细胞。由于 CD55 和 CD59 存在于所有系列的血细胞中,因此将这两种蛋白的缺失作为 PNH 克隆的标记。另外,还可检测白细胞荧光标记气单胞菌溶素前体的变异体(FLAER),与传统的 CD55、CD59 相比,FLAER 对检测微小 PNH 克隆非常敏感。流式细胞术检测 GPI 相关锚蛋白缺失,敏感性和特异性较强,是目前诊断 PNH 的"金标准"。

11. 红细胞酶缺陷诊断试验

【目的】筛查或诊断红细胞酶缺陷所致的溶血性贫血。常用试验有高铁血红蛋白还原试验（methemoglobin reduction test，MHb-RT）、葡萄糖-6-磷酸脱氢酶（glucose-6-phosphate dehydrogenase，G6PD）和丙酮酸激酶（pyruvate kinase，PK）的荧光斑点试验和活性测定。

【应用】红细胞酶缺陷所致溶血中最常见的是 G6PD 和 PK 缺乏症，前者导致戊糖旁路代谢障碍，后者引起糖酵解途径异常。G6PD 缺乏症患者的高铁血红蛋白还原率显著降低，G6PD 荧光斑点试验阳性，G6PD 活性降低。G6PD 活性测定的灵敏度高、特异性强，可作为 G6PD 缺乏症的确诊试验。PK 缺乏时，PK 荧光斑点试验阳性，但需 PK 活性定量测定予以确诊。白血病、MDS 以及再生障碍性贫血等也可继发 PK 缺陷。

12. 异常血红蛋白诊断试验

【目的】用于珠蛋白合成异常所致溶血性贫血的诊断和鉴别诊断。常用试验包括血红蛋白电泳（hemoglobin electrophoresis，HEP）、胎儿血红蛋白（fetal hemoglobin，HbF）、不稳定血红蛋白试验等。

【应用】血红蛋白（Hb）是由珠蛋白和亚铁血红素分子组成。成人 Hb 包括 HbA、HbA$_2$ 和 HbF 三种，由一对 α 链与一对非 α 链（β、γ、δ）组成，分别为 HbA（α$_2$β$_2$）、HbA$_2$（α$_2$δ$_2$）和 HbF（α$_2$γ$_2$）；成人以 HbA 为主，占 97% 以上。若珠蛋白合成基因缺陷，引起珠蛋白肽链分子结构异常或珠蛋白合成减少甚至缺乏，即导致血红蛋白病（hemoglobinopathy）。血红蛋白病可分为异常血红蛋白病和地中海贫血两大类，含有异常珠蛋白肽链的 Hb 称为异常 Hb，现已发现 600 余种，可引起几十种异常 Hb 病。一种或几种珠蛋白肽链的合成减少或缺乏，其他几种肽链过剩或代偿性增多，导致珠蛋白肽链比例失去平衡，多余的未配对链沉淀，破坏骨髓中的红细胞前体以及血液循环中的红细胞造成溶血，称为地中海贫血（thalassemia），或珠蛋白生成障碍性贫血。珠蛋白合成异常将不同程度地影响红细胞的形态、功能等，造成骨髓无效造血、红细胞寿命缩短而导致贫血。HEP 一般是血红蛋白病诊断的首选试验，可检出异常血红蛋白区带或者发现各种血红蛋白比例异常；必要时再检测 HbF、不稳定血红蛋白试验等，准确诊断需要做珠蛋白基因检测。

 知识拓展

地中海贫血的筛查

血红蛋白病高发于热带或亚热带地区，如地中海国家、印度次大陆、中东、北非和东南亚。在我国，α 地中海贫血、β 地中海贫血和 α/β 地中海贫血的总体患病率分别为 7.88%、2.21% 和 0.48%，主要集中在海南省、广东省、广西壮族自治区等。新生儿地中海贫血筛查主要使用高效液相色谱、毛细管电泳或等电聚焦电泳分离和测量血红蛋白组分来实现。正常新生儿的 Hb 组分约为 HbF 占 80%、HbA 占 20%、HbA$_2$ 非常低或检测不到。所有类型的 α 地中海贫血在出生时都会形成 γ 四聚体（Hb Bart's），是理想的筛查指标；HbA 缺失或极低水平是筛查 β 地中海贫血的常用指标。另外，有文献报道，HbA$_2$/HbA 对于 β 地中海贫血具有更高的诊断效率，对于能检测出 HbA$_2$ 含量的新生儿，采用 HbA$_2$/HbA > 1.4 为临界值，诊断 β 地中海贫血的灵敏度和特异性均超过 90%。

二、贫血的实验诊断策略

贫血的发病机制复杂，实验诊断在贫血的临床诊疗中发挥着重要的作用。首先需要确定患者存在贫血，对贫血进行初步的形态学分类，因此全血细胞计数（CBC）、外周血细胞形态学

检查以及网织红细胞计数是最基本的实验室检查项目。为了明确贫血的病因，进一步选择其他检验项目，如铁代谢检查、血清叶酸与维生素 B_{12}、骨髓细胞形态学检查、溶血性贫血相关检查等，最终根据不同病因明确治疗方案。

（一）贫血的诊断及严重程度

严格定义的贫血是指全身循环血液的红细胞总量低于参考区间下限的临床综合征，但由于全身循环血液中红细胞总量的测定难度较大，所以临床上一般通过全血细胞计数（CBC）的 RBC、Hb 和 HCT 三项参数进行判断，其中以 Hb 最为重要。根据中国人群及地理与环境特点，一般在海平面地区，成年男性 Hb < 120 g/L、成年女性 Hb < 110 g/L、孕妇 Hb < 100 g/L，即可诊断贫血。使用 RBC、Hb 和 HCT 三项参数判断有无贫血，必然存在一些问题，需要引起临床医生注意。①由于不同地区或人群 RBC、Hb 和 HCT 参考区间的差异，判断贫血的标准有所不同。表 5-1 虽然为新近发布的国家行业标准，但低于其下限时，临床并未诊断为贫血，可暂时作为早期减低判断，应注意监测和定期观察。②假性贫血：由于血浆量增加导致血液稀释，使 Hb、RBC、HCT 相对下降，可见于妊娠、充血性心力衰竭、脾大、低白蛋白血症、巨球蛋白血症等。③漏诊贫血：贫血伴血液浓缩时，Hb、RBC、HCT 下降相对不明显，甚至处于参考区间内，可能导致贫血漏诊，见于急性失血性贫血早期、大面积烧伤、严重脱水等。

依据 Hb 的水平判断贫血严重程度标准：轻度贫血 Hb > 90 g/L ~ 参考区间下限；中度贫血 Hb 61 ~ 90 g/L；重度贫血 Hb 31 ~ 60 g/L；极重度贫血 Hb ≤ 30 g/L。

（二）贫血的形态学分类

根据 MCV、MCH、MCHC 和 RDW 可对贫血进行形态学分类（表 5-3、表 5-4），这种方法有助于初步判断贫血类型，为进一步的病因诊断提供方向。但是，MCV 和 RDW 只能反映红细胞的平均体积或者体积的均一性，很多情况下 MCV 和 RDW 正常并不能代表红细胞形态即正常，所以最好同时观察外周血涂片中红细胞的形态变化。全面掌握红细胞的形态特点，对于贫血的鉴别诊断和进一步实验室检查具有重要价值。

表 5-3 贫血的形态学分类（1）

贫血类型	MCV	MCH	MCHC	常见疾病
大细胞性贫血	升高	升高	正常或升高	巨幼细胞贫血、溶血性贫血、骨髓增生异常综合征等
正细胞性贫血	正常	正常	正常	急性失血性贫血、溶血性贫血、继发性贫血、再生障碍性贫血等
单纯小细胞性贫血	减低	减低	正常	炎症性贫血、缺铁性贫血等
小细胞低色素性贫血	减低	减低	减低	缺铁性贫血、地中海贫血、炎症性贫血等

表 5-4 贫血的形态学分类（2）

贫血类型	MCV	RDW	常见疾病
大细胞均一性贫血	升高	正常	再生障碍性贫血等
大细胞不均一性贫血	升高	升高	巨幼细胞贫血等
正细胞均一性贫血	正常	正常	急性失血性贫血、再生障碍性贫血等
正细胞不均一性贫血	正常	升高	溶血性贫血等
小细胞均一性贫血	减低	正常	炎症性贫血等
小细胞不均一性贫血	减低	升高	缺铁性贫血、地中海贫血等

(三)贫血的病因诊断

根据贫血的病因和发病机制将贫血分为三大类:红细胞生成减少、红细胞破坏过多和红细胞丢失过多(表5-5)。在对贫血进行初步诊断及形态学分类的基础上,进一步选择有针对性或特异性高的检验项目,对大多数类型的贫血,可以明确具体的病因;对一些疑难或少见类型,可结合更多复杂或高技术检验项目,例如蛋白质组学或基因组学方面的试验,并结合患者的临床状况,通常可明确诊断。对贫血的诊断并不困难,重要的是查找贫血的病因,需仔细询问现病史、家族史、既往病史,关注重要体征(肝、脾、淋巴结肿大等),根据初步判断来选择检验项目,依据实验诊断结果进行符合性或支持性诊断。例如,某女性患者的血液常规检验(CBC与血细胞形态检验)提示为小细胞低色素不均一性贫血,询问病史有长期下腹隐痛、月经出血过多,提示慢性失血,铁代谢试验明确为铁缺乏,由此诊断为缺铁性贫血;但至此诊断并未终结,妇科检查发现患者有子宫肌瘤,这才是引起长期月经出血过多并导致缺铁性贫血的原因。此外,对贫血的严重性也不能停留在对贫血的有无和轻重程度的判断。贫血的严重性取决于引起贫血的病因。例如,早期的结肠癌或白血病患者的贫血可能是轻度的,而钩虫病或痔出血引起的贫血则可能是重度的,但前者的严重性远远超过后者。

表 5-5 贫血的病因及发病机制分类

病因及发病机制	常见贫血类型
红细胞生成减少	
骨髓干细胞损伤或异常	再生障碍性贫血、骨髓增生异常综合征
骨髓被异常组织侵害	白血病、骨髓纤维化、多发性骨髓瘤
造血物质缺乏或利用障碍	缺铁性贫血、巨幼细胞贫血
红细胞破坏过多	
红细胞内在缺陷	遗传性球形红细胞增多症、地中海贫血、G6PD缺乏、阵发性睡眠性血红蛋白尿等
红细胞外在因素	自身免疫性溶血性贫血、微血管病性溶血性贫血,以及各种物理、化学、生物因素引起的溶血性贫血
红细胞丢失过多	各种急、慢性失血

三、主要贫血的实验诊断

临床主要的一些贫血类型一般可查到明确的病因,例如缺铁性贫血、巨幼细胞贫血、再生障碍性贫血和常见溶血性贫血等。其他原因例如感染、炎症、肿瘤、肝病、肾病、内分泌疾病等引起的继发性贫血的实验诊断较为复杂,不在此论述。

(一)缺铁性贫血

铁缺乏是引起贫血最常见的原因。当机体铁摄入不足、吸收不良、需求增加、转运障碍、丢失过多、利用障碍等因素导致机体铁代谢失衡,均可能发展为缺铁性贫血(iron deficiency anemia,IDA)。铁缺乏呈阶段性发展,最早是体内储存铁被消耗殆尽,称为储存铁缺乏期;随着病情的发展,红系细胞内发生缺铁,称为缺铁性红细胞生成期;最后才发生IDA。铁缺乏症是上述三个阶段的总称,前两个阶段虽有铁缺乏,但并未出现贫血。IDA主要通过血象、骨髓象和铁代谢三方面进行实验诊断,其中铁代谢检查对于小细胞低色素性贫血的鉴别诊断具有重要价值（图5-1）。

1. 血象 ①储存铁缺乏期：CBC红细胞参数基本正常，红细胞形态正常。②缺铁性红细胞生成期：RBC、Hb正常，MCV开始变小，RDW轻度升高。③IDA期：Hb、MCV、MCH、MCHC减低，RDW显著上升，呈典型的小细胞低色素性贫血。由于红细胞体积较小，血红蛋白合成障碍，Hb比RBC减低更为显著，有时RBC可正常。血涂片可见红细胞明显大小不均，以小细胞为主，红细胞中心淡染区扩大，严重时可见大量环形红细胞。网织红细胞数量多正常。白细胞计数一般变化不大，钩虫病者可伴嗜酸性粒细胞增多。血小板可升高，多见于因慢性失血发生贫血的患者。

2. 骨髓象 ①骨髓有核细胞增生明显活跃。②红系增生明显，常大于30%，以中幼和晚幼红细胞为主。幼红细胞体积小，核染色质致密、深染，胞质量少、嗜碱性强，边缘不整齐，呈"核老浆幼"现象（彩图5-6）。成熟红细胞形态同外周血。③粒细胞系相对减少，各阶段细胞比例及形态大致正常。④粒红比值减低。⑤淋巴、单核细胞数量及形态无明显改变。⑥巨核细胞系无明显变化，血小板数量及形态多正常。⑦骨髓铁染色：细胞外铁减少；铁粒幼红细胞减少，常<15%。由于骨髓采集不便，虽然骨髓铁染色作为判断铁缺乏的"金标准"，但对IDA诊断并非必须。

3. 铁代谢试验 ①储存铁缺乏期：血清铁蛋白（SF）减低，血清总铁结合力（TIBC）和转铁蛋白饱和度（TS）正常。②缺铁性红细胞生成期：储存铁耗尽后，在铁供给不足的情况下，机体继续生成红细胞，SF和TS减低，TIBC升高，血清可溶性转铁蛋白受体（sTfR）增高。③缺铁性贫血：血清铁（SI）、SF、TS均减低，TIBC升高，血清可溶性转铁蛋白受体（sTfR）增高。

4. 鉴别诊断 ①炎症性贫血：多为正细胞或小细胞性贫血，SF正常或升高，SI、TIBC和TS均减低，sTfR正常。骨髓铁粒幼红细胞数量减少，细胞外铁增多，提示铁利用障碍。②地中海贫血（珠蛋白生成障碍性贫血）：常有贫血家族史，外周血涂片中有时可见靶形红细胞。血红蛋白电泳异常，如HbA减少而HbF、HbA_2增高或者出现HbH区带等。铁代谢指标多正常。③MDS伴环形铁粒幼红细胞增多：骨髓铁染色显示细胞外铁显著增加、环形铁粒幼红细胞>15%。SI、TS、SF均增高。

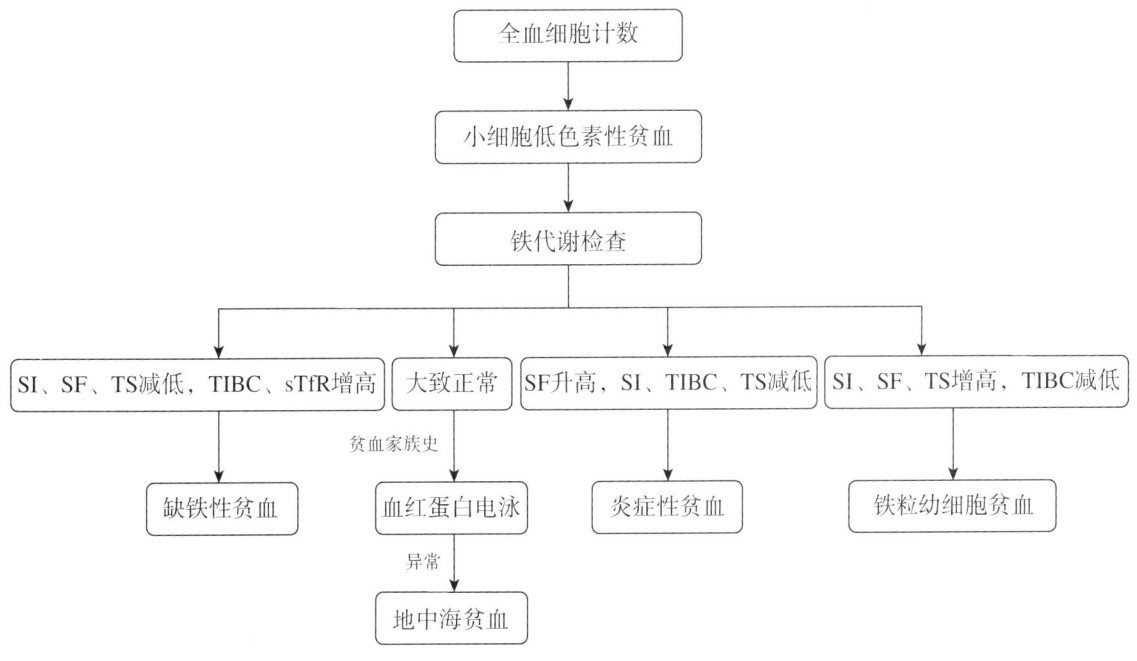

图5-1 缺铁性贫血的实验诊断思路

（二）巨幼细胞贫血

巨幼细胞贫血（megaloblastic anemia，MA）是由于脱氧核糖核酸（DNA）合成障碍所引起的一种大细胞性贫血，常由于缺乏叶酸和（或）维生素 B_{12} 引起，也可由药物所致。MA 的特征是骨髓中三系造血细胞出现巨幼变。对于大细胞性贫血的患者，应检测血清叶酸和维生素 B_{12} 水平，必要时结合骨髓细胞学检查，即可诊断巨幼细胞贫血（图 5-2）。

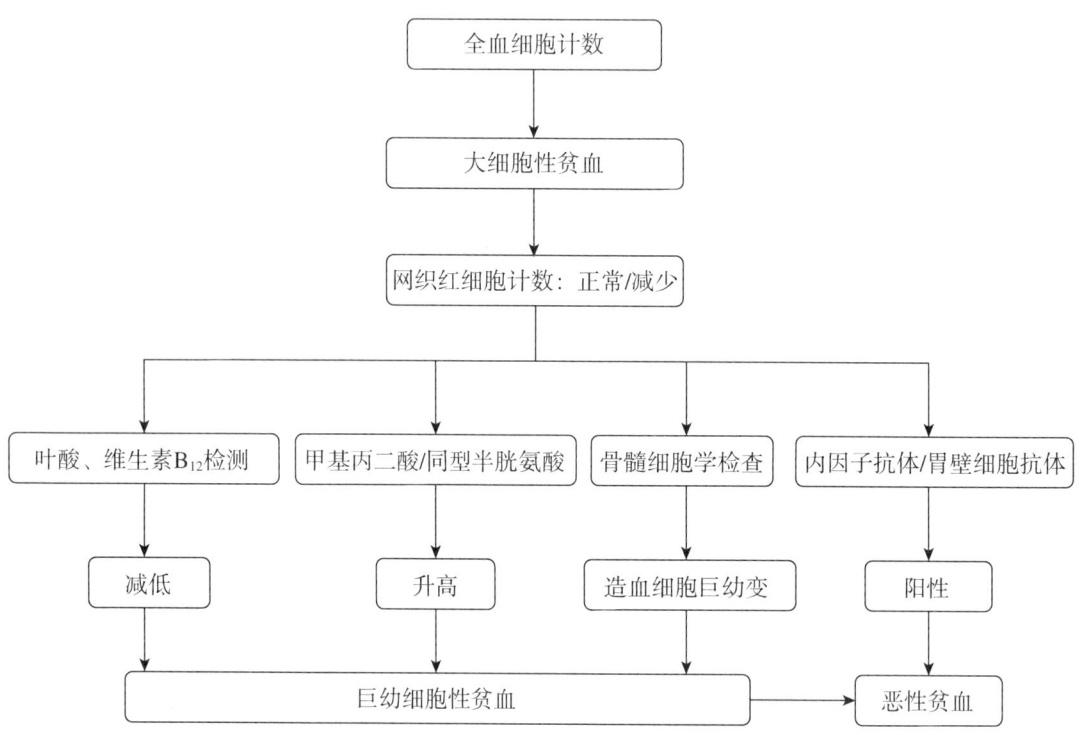

图 5-2 巨幼细胞贫血的实验诊断思路

1. 血象 ① RBC 和 Hb 下降不平行，以 RBC 下降为主。MCV 明显增高，多大于 110 fl。②红细胞大小不均，易见大的卵形红细胞，严重者红细胞内偶见豪 - 乔小体或卡波环。③ WBC 正常或减少，有时伴中性粒细胞核右移，可见巨大的多分叶核中性粒细胞（彩图 5-7A）。④ PLT 正常或减少，可见巨大血小板。⑤网织红细胞绝对计数正常或减少。

2. 骨髓象 ①骨髓有核细胞增生明显活跃。②红系增生明显，多大于 40%，以早幼及中幼红细胞增多为主。幼红细胞可见巨幼变（比例 > 10%），其胞体大，核染色质疏松，胞质较胞核更成熟，呈"核幼浆老"改变（彩图 5-8）。另外，可见核畸形、核碎裂及多核巨幼红细胞，幼红细胞内可见豪 - 乔小体。以中幼和晚幼红细胞为主。成熟红细胞形态同外周血。③粒系相对减少，可见巨大的中性晚幼粒细胞及杆状核粒细胞，成熟中性粒细胞核分叶过多。④粒红比值减低。⑤淋巴、单核细胞数量及形态无明显改变。⑥巨核细胞数量正常或减少，可见胞体增大或核分叶过多（5 叶以上）。当 MA 患者补充叶酸或者维生素 B_{12} 后，骨髓巨幼变细胞可在 48 h 内即完全消失，因此骨髓检查要在治疗前进行。

3. 叶酸、维生素 B_{12} 检验 检测血清叶酸和维生素 B_{12} 是判断 MA 病因的重要依据，但是会受饮食、治疗等方面的影响。此时，可结合其他代谢物的检测如血清甲基丙二酸（MMA）和同型半胱氨酸（HCY）来间接判断是否存在叶酸和维生素 B_{12} 缺乏。叶酸缺乏时 MMA 水平正常，而 HCY 升高；维生素 B_{12} 缺乏时二者全部升高。

4. 内因子抗体 恶性贫血患者体内存在内因子抗体，会干扰维生素 B_{12} 检测而导致其假性正常，从而导致临床漏诊。对于可疑患者，应检测内因子抗体和胃壁细胞抗体，对于及时诊断具有重要意义。

（三）溶血性贫血

溶血性贫血（hemolytic anemia，HA）是由于某些自身或外在因素导致红细胞寿命缩短、破坏增多，并且超过骨髓的代偿能力而引起的一类贫血。溶血性贫血的实验诊断策略是首先选择筛查试验，确定是否存在溶血以及判断溶血的部位，然后通过诊断试验查找溶血性贫血的病因（图5-3）。

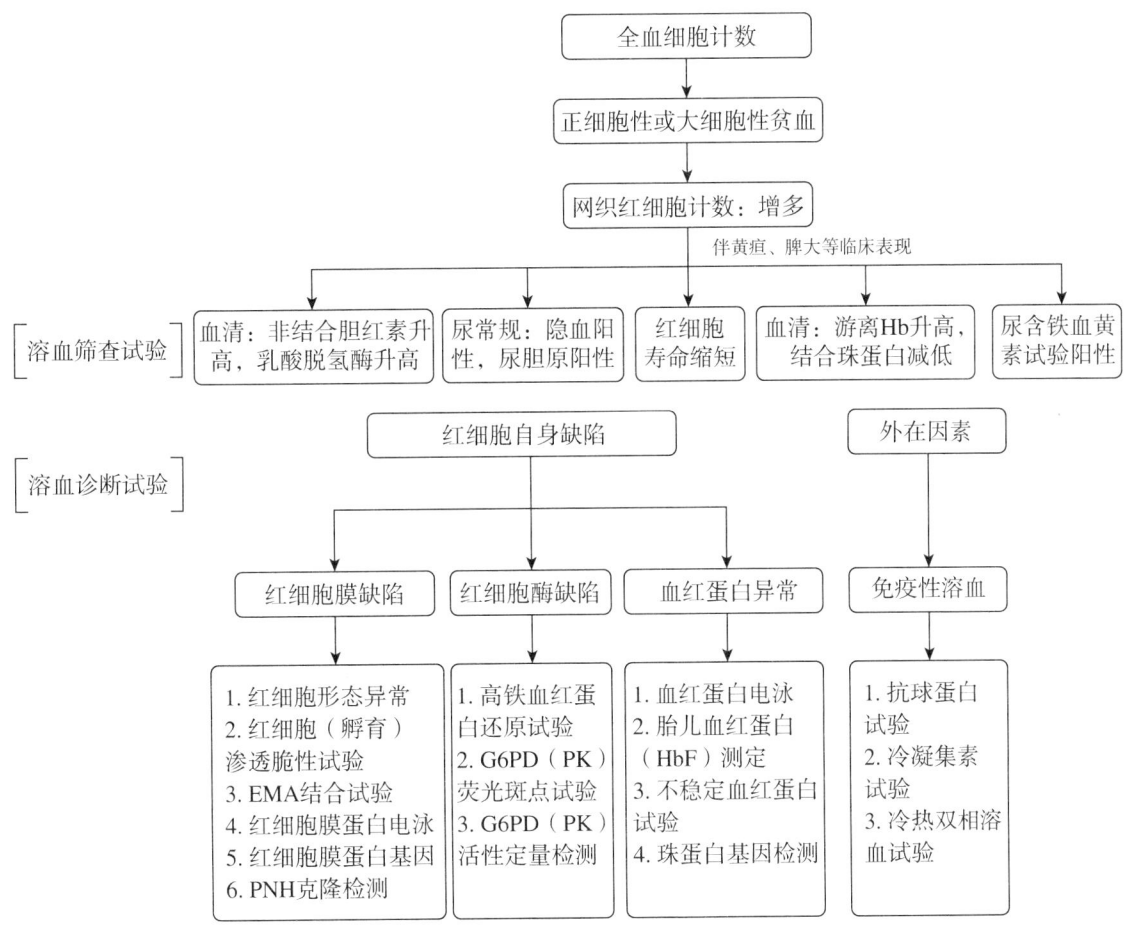

图5-3 溶血性贫血的实验诊断思路

1. 血象 ①多为正细胞性贫血或大细胞性贫血。②红细胞大小不均，易见嗜多色性红细胞、嗜碱性点彩红细胞、裂片红细胞等，可见有核红细胞。③网织红细胞明显增多，可达到30%以上。④WBC正常或增多，有时见中性粒细胞核左移。⑤血小板数量可反应性增多。

2. 骨髓象 ①骨髓增生明显活跃；②红系增生明显，幼红细胞常＞40%，以中、晚幼红细胞增高为主，细胞形态无明显异常；③粒系细胞相对减低，其各阶段细胞比例及形态大致正常；④粒红比值明显减低甚至倒置；⑤淋巴、单核细胞数量及形态无明显改变；⑥巨核细胞正常或增多。

3. 溶血筛查试验 常用筛查试验包括全血细胞计数、网织红细胞计数、尿常规以及生化检查等。贫血伴网织红细胞数量增多，生化检查血清总胆红素、非结合胆红素升高，乳酸脱氢酶活性增强。尿液检查尿胆原阳性，尿胆红素阴性，出现以上异常结果时提示存在溶血性贫血。另外，血管内溶血时还可见血浆游离血红蛋白升高、结合珠蛋白减低；尿隐血阳性（血红蛋白尿），慢性溶血时尿含铁血黄素试验可呈阳性。

4. 主要溶血性疾病

（1）自身免疫性溶血性贫血（autoimmune hemolytic anemia，AIHA）：机体产生抗红细胞膜抗原的自身抗体所引起红细胞破坏而导致的贫血，原发或继发于感染、肿瘤、自身免疫性疾病等。根据自身抗体血清学特点分为温抗体型、冷抗体型和温冷抗体混合型，以温抗体型最为常见。①温抗体型 AIHA：红细胞与自身抗体结合，在通过脾时被巨噬细胞 Fc-γ 受体识别，部分细胞膜被吞噬形成球形红细胞，其变形能力较差，容易被脾血窦捕获而遭到破坏。温抗体型 AIHA 以血管外溶血为主，严重溶血或红细胞表面存在补体膜攻击复合物时，可出现血管内溶血。由于患者产生的红细胞抗体是一种不完全抗体，使红细胞致敏但不凝集。抗球蛋白试验（Coombs 试验）的试剂中含有完全抗体，可与红细胞表面或血清中的不完全抗体结合，从而使红细胞发生凝集，是诊断 AIHA 的重要依据。常规抗球蛋白试验通常只能检测抗 IgG 和抗补体 C3d 两种抗体，而无法检测抗 IgA 和抗 IgM 抗体，因此抗球蛋白试验阴性并不能排除 AIHA 的诊断。②冷凝集素综合征：冷凝集素是冷抗体型的红细胞自身抗体，是一种 IgM 型的完全抗体，在低温状态下可使红细胞发生凝集，并活化补体，发生血管内溶血。冷凝集素试验阳性有助于诊断，另外，直接抗球蛋白试验可见抗 C3d 或 IgM 抗体阳性。③阵发性冷性血红蛋白尿：患者体内存在一种双相溶血素（冷热溶血素），它是一种 IgG 型抗体。在 0～4℃时，溶血素与红细胞结合并吸附补体，但不发生溶血；当温度升高至 30～37℃时补体被激活，产生膜攻击复合物，引发红细胞破坏而导致血管内溶血。患者多于受寒后急性发作，除了冷热双相溶血试验阳性，直接抗球蛋白试验抗 C3d 抗体也可呈阳性。

（2）阵发性睡眠性血红蛋白尿症（paroxysmal nocturnal hemoglobinuria，PNH）：是一种获得性造血干细胞克隆性疾病，由于干细胞磷脂酰肌醇聚糖 A 类（PIG-A）基因发生突变，引起糖化磷脂酰肌醇（GPI）锚合成障碍，细胞膜表面锚连接蛋白缺失；其血细胞膜对补体异常敏感而被破坏，呈慢性血管内溶血，时有急性发作。蔗糖溶血试验、酸溶血试验（又称 Ham 试验）、尿含铁血黄素试验均可呈阳性。利用流式细胞术检测外周血红细胞及中性粒细胞表面 GPI 锚链接蛋白（CD55/CD59）的缺失具有更高的灵敏度和特异性，是诊断 PNH 的"金标准"。另外，还可检测白细胞（中性粒细胞及单核细胞）荧光标记嗜水气单胞菌溶素前体的变异体（FLAER），与传统的检测 CD55、CD59 相比，FLAER 对微小 PNH 克隆非常敏感，且不受输血和溶血的影响。

（3）红细胞膜缺陷性贫血：①遗传性球形红细胞增多症（hereditary spherocytosis，HS）。外周血球形红细胞＞20%，Coombs 试验阴性，红细胞渗透脆性试验及红细胞孵育渗透脆性试验可见红细胞脆性增高。另外，伊红 -5'- 马来酰亚胺（eosin-5'-maleimide，EMA）结合试验对于 HS 的诊断具有较高的敏感性和特异性，可作为遗传性红细胞膜缺陷的筛查试验。②遗传性椭圆形红细胞增多症（hereditary elliptocytosis，HE）。外周血椭圆形红细胞＞25%，红细胞渗透脆性试验亦可见增高。红细胞膜蛋白电泳分析和红细胞膜蛋白基因检测是诊断红细胞膜缺陷性贫血的直接证据，但是价格昂贵，需要特殊设备，因此无法在常规实验室开展。

（4）红细胞酶缺陷性贫血：①遗传性葡萄糖 -6- 磷酸脱氢酶（G6PD）缺乏症。是最常见的遗传性红细胞酶缺陷，筛查试验可见高铁血红蛋白还原率降低、G6PD 荧光斑点活性减低。G6PD 活性定量检测是最可靠的方法，具有诊断价值。②遗传性丙酮酸激酶（PK）缺乏症。PK 荧光斑点试验与定量检测 PK 活性分别为初筛试验和确诊试验，均可见 PK 活性减低。

（5）地中海贫血：又称珠蛋白生成障碍性贫血，以 α 和 β 地中海贫血最为常见。血象呈小细胞性贫血，红细胞大小不均，可见靶形红细胞、泪滴形红细胞等异常形态红细胞增多。血红蛋白电泳可见血红蛋白各成分比例异常（HbF 或 HbA_2 增高），或者发现异常血红蛋白

(HbH 或 Hb Bart's），确诊需要做珠蛋白基因检测，能够发现轻型或静止型地中海贫血。

（四）再生障碍性贫血

再生障碍性贫血（aplastic anemia，AA）是一组由物理、化学、生物因素或者不明原因所致的骨髓造血功能衰竭，以造血干细胞及造血微环境损伤、骨髓脂肪化为主要特征，骨髓无异常细胞浸润及网状纤维增生。

1. 血象 全血细胞减少，通常为正细胞正色素性贫血，网织红细胞绝对计数减少。中性粒细胞数量减少最为显著，淋巴细胞比例相对增高，血细胞形态大致正常。

2. 骨髓象 多部位穿刺骨髓增生减低或重度减低，造血细胞（红系、粒系、巨核系）减少，非造血细胞包括淋巴细胞、浆细胞、肥大细胞和网状细胞增多，可见非造血细胞团（彩图5-9）。

3. 骨髓活检 骨髓增生减低，造血组织与脂肪组织容积比降低（＜0.34）。造血细胞减少（尤其是巨核细胞），非造血细胞相对增加，并可见间质性水肿、出血甚至液性脂肪坏死，网硬蛋白不增加。

4. 其他检查 骨髓铁染色可见细胞外铁和细胞内铁均增加；体外造血干/祖细胞培养细胞集落明显减少或缺如；骨髓 $CD34^+$ 细胞比例减低；中性粒细胞碱性磷酸酶（NAP）活性增高。

思 考 题

1. 简述缺铁性贫血、巨幼细胞贫血、再生障碍性贫血的骨髓象特点。
2. 简述缺铁性贫血的常见铁代谢指标的变化。

（邢　莹）

第二节　白细胞良性疾病

白细胞良性疾病是一个相对概念，通常指造血与淋巴组织肿瘤（又称血液肿瘤）以外的白细胞疾病。这类疾病往往是由于原发病所导致的白细胞继发性改变，一般去除原发病后可恢复。本节论述几种常见的白细胞良性疾病的实验诊断。

案例 5-2

女性，72 岁，于心外科行主动脉瓣置换术。术后第 1 天，白细胞计数 $10.9 \times 10^9/L$（中性粒细胞占 70%），之后逐渐增加到 $43 \times 10^9/L$；术后第 5 天，白细胞计数达到 $50 \times 10^9/L$，中性粒细胞占 84%。因白细胞增多，术后第 1～7 天使用抗生素治疗。术后第 7 天白细胞数量缓慢下降，并于第 12 天降至 $20 \times 10^9/L$。整个治疗期间，伤口无感染，外周血、尿液的病原体培养均为阴性。

问题：
1. 患者术后白细胞增多的原因可能有哪些？
2. 当患者术后首次发现白细胞增多时，如何进行鉴别诊断？

一、白细胞良性疾病的检验项目与应用

白细胞良性疾病的常用检验项目主要是全血细胞计数和外周血细胞形态学检查，必要时加做外周血细胞免疫表型分析、骨髓细胞形态学检查，少数病例需要通过相关的病原学检验而明确病因。其他详见第十八章相关内容。

1. 全血细胞计数

【目的】计数各种血细胞的数量及测定相关参数，特别是白细胞参数，判断有无白细胞的数量、种类、相对百分比异常及异常白细胞提示信息。

【应用】全血细胞计数（CBC）的参数较多，其中11项为白细胞参数（表5-6），包括白细胞计数（WBC）、5种白细胞绝对计数和百分数。当白细胞数量、种类、百分比异常及出现异常白细胞时，血细胞分析仪常显示异常提示信息，有助于检验人员及时查明异常的原因，并采取复检措施，避免误诊或漏诊。

表5-6 中国成年人群静脉血白细胞计数参考区间 *

分析参数	英文缩写（英文全称）	参考区间	报告单位
白细胞计数	WBC（white blood cell count）	3.5～9.5	$\times 10^9$/L
中性粒细胞计数	Neut#（neutrophil count）	1.8～6.3	$\times 10^9$/L
嗜酸性粒细胞计数	Eos#（eosinophil count）	0.02～0.52	$\times 10^9$/L
嗜碱性粒细胞计数	Baso#（basophil count）	0～0.06	$\times 10^9$/L
淋巴细胞计数	Lymph#（lymphocyte count）	1.1～3.2	$\times 10^9$/L
单核细胞计数	Mono#（monocyte count）	0.1～0.6	$\times 10^9$/L
中性粒细胞百分数	Neut%（neutrophil percent）	40～75	%
嗜酸性粒细胞百分数	Eos%（eosinophil percent）	0.4～8.0	%
嗜碱性粒细胞百分数	Baso%（basophil percent）	0～1.0	%
淋巴细胞百分数	Lymph%（lymphocyte percent）	20～50	%
单核细胞百分数	Mono%（monocyte percent）	3～10	%

* 源自中华人民共和国卫生行业标准（WS/T 405-2012）：血细胞分析参考区间

2. 外周血细胞形态学检查

【目的】显微镜下观察血细胞形态，主要是确认白细胞形态是否有异常，并结合CBC相关白细胞参数，初步判断与白细胞形态异常相关的疾病。

【应用】通过外周血细胞形态学（PBM）检查，可观察到不同类型白细胞数量和形态异常的相关变化，例如中性粒细胞出现中毒颗粒、空泡变性、杜勒小体（Döhle body）、核固缩、核碎裂、大小不均等中毒性改变（彩图5-7B、彩图5-10、彩图5-11）和反应性淋巴细胞（以前称异型淋巴细胞）增多（彩图5-12）等，常见中性粒细胞核左移，即中性杆状核粒细胞增多（>5%）或出现未成熟粒细胞（例如晚幼粒、中幼粒、早幼粒等细胞），对细菌或病毒感染所致的类白血病反应、传染性单核细胞增多症等有诊断与鉴别诊断意义。

3. 骨髓细胞形态学检查

【目的】显微镜下观察骨髓涂片中各种血细胞的形态和比例，特别是粒系、单核系、巨核系和淋巴系细胞的百分比和形态学变化，并除外有无白血病或淋巴瘤等血液肿瘤，有助于明确白细胞增多或减少的病因或类型等，例如类白血病反应、中性粒细胞减少症等。

【应用】当外周血白细胞增高或出现未成熟白细胞时，若属于类白血病反应，常见外周血白细胞异常相关的变化，例如，出现中性粒细胞中毒性改变、未成熟粒细胞比例增高等，但无急、慢性白血病等形态学异常。部分寄生虫或细菌、真菌感染患者，可在单核-巨噬细胞内查到病原体，例如弓形虫、利什曼原虫、马尔尼菲青霉菌、荚膜组织胞浆菌等，十分有助于明确诊断。对于中性粒细胞减少症，外周血中性粒细胞显著减低，甚至缺如，骨髓则可见粒系细胞分化、成熟障碍等异常。一般传染性单核细胞增多症的骨髓涂片中反应性淋巴细胞较少或无。

4. EB 病毒感染相关检验

【目的】EB 病毒（Epstein-Barr virus，EBV）是传染性单核细胞增多症（infectious mononucleosis，IM）的病原体，也与鼻咽癌、伯基特淋巴瘤（Burkitt lymphoma）的发生有密切相关性。EBV 感染后，可通过检测血清嗜异性抗体、抗 EBV 特异性抗体或 EBV 脱氧核糖核酸（EBV-DNA），提供 IM 的实验诊断与监测。

【应用】EBV 感染常用检验项目：①嗜异性凝集试验（heterophil agglutination test）。患者血清中 IgM 型嗜异性抗体能与动物红细胞结合而发生凝集，IM 发病第 1 周阳性率 75%，第 2 周后阳性率 90%～95%。② EBV-特异性抗体。抗病毒壳抗原（viral capsid antigen，VCA）IgM 抗体（VCA-IgM）在 IM 早期出现，发病时达峰值，持续 4～8 周后消失；VCA-IgG 阳性后持续终生，新近感染时滴度比初期高 4 倍以上有意义；还可以结合抗早期抗原（early antigen，EA）抗体和抗 EB 核心抗原（Epstein-Barr nuclear antigen，EBNA）抗体综合分析。③ EBV-DNA 是早期诊断 EBV 感染和监测 EBV 负荷的重要标志物。

二、白细胞良性疾病的实验诊断策略

白细胞良性疾病的实验诊断首先需要了解患者血象，即通过血液常规检验了解外周血细胞的总体变化，特别是白细胞的数量改变、类型及比例变化和有无形态学异常，对于常见感染性疾病和大部分有明确原发病（非血液系统疾病）的患者，血象所反映的白细胞变化已足够，但对于某些需要明确病因的疾病，例如感染性疾病、传染性疾病等，仍需要进一步的病原学、免疫学和分子生物学检验等，需要和血液肿瘤鉴别的病理变化，例如类白血病反应等，骨髓穿刺涂片细胞学检查是首选，必要时对异常白细胞的免疫表型分析，甚至细胞或分子遗传学检验，才能明确诊断。

三、常见白细胞良性疾病的实验诊断

白细胞良性疾病在临床上比较常见，尤其是类白血病反应（leukemoid reaction，LR）。LR 与多种原发病相关，血液学实验诊断需要与患者的病史、临床表现、家族史和用药等密切结合，特别应注意和造血与淋巴组织肿瘤鉴别，避免误诊和漏诊。

1. 类白血病反应（LR） 是指某些因素（如感染、炎症、肿瘤、中毒等）刺激机体造血组织引起的一种类似白血病的血液学改变，通常认为是一种暂时性的白细胞增生反应。LR 诊断标准：①外周血 WBC 显著增高（WBC $> 50 \times 10^9$/L），和（或）外周血涂片中出现未成熟白细胞，甚至原始细胞；②骨髓象无急、慢性白血病改变，增高的白细胞不具克隆性（可通过免疫表型或遗传学分析排除）；③存在引起 LR 的病因，包括严重感染、中毒、恶性实体肿瘤、急性溶血、大出血、自身免疫性疾病、服用某些药物等，针对病因治愈后白细胞数量和形态恢复正常。关于 LR 诊断的 WBC 标准是 $> 50 \times 10^9$/L，但国内外文献中也有降至 $> 30 \times 10^9$/L

者。由于白细胞数量变化不是最主要的，因此外周血细胞形态学查到未成熟白细胞增多，才更具诊断意义。在实验诊断 LR 前，必须除外真正的白血病，特别是慢性中性粒细胞白血病和慢性髓系白血病，除骨髓细胞学检验外，细胞与分子遗传学检验应无染色体或基因相关异常。

LR 分类方法不一，有急性和慢性的分类，最常用的分类方法是根据增生细胞的类型进行分类：①中性粒细胞型。此型最常见，白细胞常显著增多，外周血可出现不同阶段的未成熟中性粒细胞，类似慢性髓系白血病或急性髓系白血病，常见于肺癌、急性肾小球肾炎、严重播散性结核、急性复合感染等。②淋巴细胞型。外周血淋巴细胞明显增高，可见原淋巴细胞和幼淋巴细胞，类似慢性或急性淋巴细胞白血病，常见于百日咳、疱疹性皮炎、粟粒性结核等。③单核细胞型。外周血单核细胞明显增高，类似急性单核细胞白血病，常见于严重结核、痢疾等。④嗜酸性粒细胞型。外周血嗜酸性粒细胞增多，可出现未成熟嗜酸性粒细胞，常见于寄生虫病、变态反应性疾病、药物过敏等。⑤幼红幼粒细胞型。常见于溶血性贫血、髓外造血等疾病。

2. 中性粒细胞减少症和粒细胞缺乏症 中性粒细胞减少症（neutropenia）是指外周血中性粒细胞计数，成年人 $< 2.0 \times 10^9/L$；10～12 岁儿童 $< 1.8 \times 10^9/L$；< 10 岁儿童或婴幼儿 $< 1.5 \times 10^9/L$。明确诊断时主要依赖于血象和骨髓象检验，并结合临床除外恶性血液病、再生障碍性贫血等。当外周血中性粒细胞计数重度减少，即 $< 0.5 \times 10^9/L$ 时，称为粒细胞缺乏症（agranulocytosis）。

中性粒细胞减少症需多次全血细胞计数才可以明确诊断，但查明减少的病因更有助于治疗。中性粒细胞减少症的病因主要包括骨髓中性粒细胞生成减少、无效造血、成熟障碍，血循环中中性粒细胞清除或利用加速、循环池交换至边缘池增多等。中性粒细胞减少症以获得性减少为主，免疫性中性粒细胞减少症也不少见。感染是急性中性粒细胞减少的主要病因，而一部分患者属于特发性中性粒细胞减少或药物诱发的中性粒细胞减少。中性粒细胞抗体和粒细胞动力学检测对寻找病因有一定意义，骨髓细胞学检查可以了解粒细胞的增殖及成熟状况，排除有无血液病及肿瘤转移等。

微整合

基础回顾

中性粒细胞与炎症

中性粒细胞是循环中最丰富的白细胞，被认为是免疫系统先天防御的第一道防线。它们在检测到病原体后，通过吞噬作用和细胞内降解，释放颗粒，形成中性粒细胞胞外诱捕网（neutrophil extracellular trap，NET），捕获并消灭入侵的微生物。中性粒细胞也作为炎症介质参与炎症反应，经典观点是中性粒细胞构成了具有独特功能的终末分化细胞的同质群体。然而，越来越多的研究证据表明，中性粒细胞表现出很大的表型异质性和功能多样性，认为中性粒细胞是炎症和免疫反应的重要调节剂。

3. 传染性单核细胞增多症（infectious mononucleosis，IM） 是由 EBV 引起的感染性疾病，临床有发热、咽峡炎和淋巴结肿大三联征典型表现，12～25 岁青少年为好发人群。IM 的特征性血液学表现是外周血 WBC 增高，可达 $(30～50) \times 10^9/L$，单个核细胞（淋巴细胞、单核细胞和反应性淋巴细胞）可 $> 50\%$ 以上，而且反应性淋巴细胞（以前称异型淋巴细胞）常 $> 10\%$。骨髓象一般无明显变化，骨髓中反应性淋巴细胞（reactive lymphocyte）可增高，但明显低于外周血。血液嗜异性凝集试验是 IM 的诊断性试验之一，患者血清中 IgM 型嗜异性抗体滴度＞1∶40 阳性反应，但 IM 患者仍有一部分呈假阴性或假阳性，甚至约 10% 的 12 岁以下儿童患者始终阴性。因此，常需要检测 EBV 特异性抗体联合诊断 IM，抗病毒壳抗原 IgM 抗体（VCA-IgM）早期阳性、VCA-IgG 滴度＞1∶160 有诊断意义；EBV-DNA 更有助于早期诊断 EBV 感染和监测 EBV 负荷。反应性淋巴细胞（彩图 5-12）属于病毒感染所致的淋巴细胞母细胞化过程中产生的形态改变，但并非仅出现在 EBV 感染，还可见于巨细胞病毒、流行性出血热病毒、风疹病毒、肝炎病毒、流感病毒等感染。由于反应性淋巴细胞形态变化较大，有时可与淋巴细胞白血病或淋巴瘤细胞混淆，应注意鉴别，必要时可应用流式细胞术分析其免疫表型，并确定无克隆性增生。若为克隆性淋巴细胞增生，则多为淋巴系肿瘤。

> **知识拓展**
>
> **肿瘤相关白细胞增多**
>
> 肿瘤相关白细胞增多（tumor-related leukocytosis，TRL）是恶性肿瘤患者临床过程中偶尔出现的一种副肿瘤综合征。据文献报道，TRL 与某些实体癌的较高复发率和不良预后有关。在部分肺癌患者中发现了粒细胞集落刺激因子 G-CSF、粒细胞-巨噬细胞集落刺激因子 GM-CSF 和白细胞介素-6 的自主产生，且主要与非小细胞肺癌有关，如果肺癌患者发生肿瘤相关白细胞增多现象，可能提示预后不佳。

思 考 题

1. 类白血病反应与慢性髓系白血病的实验检查结果有何不同？
2. 传染性单核细胞增多症的主要血液学特点有哪些？

（钟　宁）

第三节　造血与淋巴组织肿瘤

造血与淋巴组织肿瘤（haematolymphoid tumor）常简称血液肿瘤，是主要涉及外周血、骨髓和淋巴结等造血组织的肿瘤性病变，主要包括髓系肿瘤（myeloid neoplasm）和淋巴系肿瘤（lymphoid neoplasm）两大类，其他类型肿瘤相对少见。近年来，随着血液疾病发病机制研究的不断深入与实验检查技术的飞速发展，由形态学（morphology，M）、免疫学（immunology，I）、细胞遗传学（cytogenetics，C）和分子遗传学（molecular genetics，M）共同组成的 MICM 检验已经成为血液肿瘤诊疗的标准流程。通过复杂而全面的 MICM 检测，可以对血液肿瘤细胞的数量、形态、所属系列、分化程度、免疫表型、染色体畸变、融合基因与基因突变等进行检查，结合患者的临床表现与其他检查结果，实现组织-细胞-免疫表型-染色体-基因水平的精准诊断与分型，为后续治疗方案制订、疗效评估与预后监测提供依据。特别是在实验精准诊断的基础上，相应分子靶向药物与细胞疗法的研发与应用，已成为肿瘤治疗的最新发展趋势。

案例 5-3

女性，31岁。1周前开始出现发热，体温最高达39.1℃，咳嗽、咳白痰，伴乏力，活动明显减少，无鼻衄等。查体：T 38.5℃，BP 107/74 mmHg，HR 114次/分。贫血貌。皮肤黏膜未见出血点。全身浅表淋巴结未触及肿大。胸骨压痛阳性。双肺呼吸音清，未闻及明显干/湿啰音。心律齐，各瓣膜听诊区未闻及病理性杂音。肝脾肋下未及。血常规：WBC 166.58×10^9/L，Hb 79 g/L，PLT 51×10^9/L。血细胞形态学检查：可见大量原始细胞，占30%；成熟粒细胞少见，红细胞大小不均，血小板散在可见。骨髓涂片：骨髓增生极度活跃，原始粒细胞占93%。

问题：
1. 患者的初步诊断是什么？诊断依据是什么？
2. 为明确诊断，下一步应该完善哪些实验检查？
3. 完整的"MICM"是什么？该患者还需要做哪些检查？

一、造血与淋巴组织肿瘤的检验项目与应用

WHO于2001年提出的分类方案中就已明确，造血与淋巴组织肿瘤主要通过形态学、免疫学、细胞遗传学及分子生物学检验并结合临床进行诊断。形态学主要包括外周血、骨髓细胞形态学检验和骨髓活检，广泛应用在血液肿瘤的筛查、诊断、疗效评估与预后监测中，具有重要临床价值。在此基础上，以流式细胞术为主的细胞免疫表型分析及染色体核型分析、基因测序等细胞和分子遗传学检测，则可以进一步明确肿瘤的分类与分型，并为治疗方案的选择和预后风险评估提供必要信息。上述方法和技术的临床应用已逐步发展成为专业的系统性检验流程，对血液肿瘤的精确诊断与规范化治疗具有重要意义。

（一）形态学检查

1. 全血细胞计数（CBC）

【目的】CBC是临床上广泛应用的血液肿瘤检查项目，通过计数外周血中红细胞、白细胞及血小板数量并检测血细胞形态学相关参数，为疾病的筛查、初步诊断或治疗提供依据。当其提示异常结果时，通常需要进行血细胞形态学检查等进一步明确诊断。

【应用】全血细胞计数报告参数主要分为三大类：①白细胞参数，包括白细胞计数（WBC）及5种成熟白细胞分类计数的绝对值和百分比。当其数量或比例出现异常，尤其提示未成熟白细胞时，通常应进行进一步形态学检查以明确是否存在恶性肿瘤细胞。②红细胞参数，包括RBC、Hb、HCT、MCV、MCH、MCHC和RDW，为贫血诊断及形态分类提供依据。血液肿瘤早期多为轻至中度的正细胞正色素性贫血，外周血涂片可见有核红细胞。③血小板参数，包括PLT、MPV、PCT、PDW，白血病及进展至骨髓侵犯的淋巴瘤可见PLT减少，而骨髓增殖性肿瘤（myeloproliferative neoplasm，MPN）早期多可见PLT增多。CBC提供了外周血三系细胞的数量、组成及形态信息，为进一步的形态学及分子检测提供基础，对血液肿瘤的筛查及诊断十分重要，同时也是治疗方案制订及疗效评估的重要依据。

2. 外周血细胞形态学检查

【目的】外周血细胞形态学检查是通过外周血涂片染色显微镜法检查外周血细胞的数量、

形态及胞内成分变化,特别是判断白细胞形态异常、原始及未成熟白细胞所占比例、是否有异常白细胞(例如白血病性原始细胞、淋巴瘤细胞)出现等。同时,红细胞及血小板的形态学改变也有助于判断血液肿瘤的类型、病变程度及是否有并发症。

【应用】当血涂片白血病性原始细胞(leukemic blast,LB)≥20%时(应至少计数200个白细胞),结合患者临床表现,可初步诊断急性白血病(acute leukemia,AL),但仍需更进一步检验。若LB>1%,但<20%时,提示AL或骨髓增生异常综合征(myelodysplastic syndrome,MDS)等其他血液肿瘤可能,必须要进行更多的试验以明确诊断。原始及幼稚白细胞增多常见于AL,而以幼稚及成熟白细胞增多为主则多见于MDS、MPN和成熟淋巴系肿瘤中。AL常并发贫血及PLT减少;MPN早期常见PLT增多;MDS则可见多系细胞发育异常,例如中性粒细胞核分叶不良、PLT减少伴巨大血小板。

3. 骨髓细胞形态学检查(bone marrow morphology,BMM)

【目的】骨髓细胞形态学检查又称骨髓象,是通过骨髓液穿刺涂片,显微镜检查骨髓有核细胞增生程度(表5-7),各系各阶段细胞形态、数量及是否存在异常细胞(例如肿瘤细胞、寄生虫、微生物等)。BMM直观地反映骨髓造血情况,对绝大部分血液肿瘤的诊断、治疗具有重要的临床价值。约80%的血液系统疾病可通过BMM得以确诊或提供重要线索,特别是AL、MDS、MPN和淋巴系肿瘤等血液肿瘤。此外,BMM也可用于血液肿瘤的疗效观察、预后评估、复发监测等。

表 5-7 骨髓有核细胞增生程度判断

骨髓增生程度	成熟红细胞:有核细胞	常见原因
增生极度活跃	1:1	各类型白血病
增生明显活跃	10:1	各类型白血病、增生性贫血等
增生活跃	20:1	正常骨髓、某些贫血等
增生减低	50:1	慢性再生障碍性贫血、血液肿瘤化疗后等
增生极度减低	300:1	急性再生障碍性贫血、血液肿瘤化疗后等

【应用】在骨髓象中,若原始或幼稚细胞增生明显,≥20%时(至少计数500个有核细胞),结合血象和临床表现可诊断AL;骨髓象以幼稚及成熟白细胞增生为主多见于慢性血液肿瘤,例如MDS、MPN等。不同种类及不同阶段的白细胞异常增生可为白血病分类与分型提供依据。一些典型形态学表现可以直接诊断某些急性髓系白血病及其亚型,例如,急性早幼粒细胞白血病细胞胞质内的柴捆状奥氏小体(Auer rod,又称棒状小体)。当血液中肿瘤细胞异常增生时,其他系列细胞增生相对受到抑制,如红系及巨核系细胞的分裂分化受抑制,常出现贫血及血小板减少。但急性红系白血病时,红系可以增生明显活跃,巨核细胞明显减少。MDS可见三系细胞发育异常(dysplasia),MPN早期可有巨核细胞增生、血小板增多等。

4. 骨髓活检(bone marrow biopsy,BMB)

【目的】骨髓活检又称骨髓病理学检查,是以骨髓组织切片进行的骨髓细胞及组织形态检查,观察造血组织、骨质与间质的结构和空间定位,更全面地反映造血细胞增生程度以及脂肪组织、纤维组织等的比例,主要用于血液肿瘤伴发骨髓纤维化、MPN、多发性骨髓瘤、骨髓增生减低、骨髓穿刺时出现"干抽"的病例。骨髓组织切片还可用于免疫组织化学染色、原位杂交或原位聚合酶链反应。

【应用】BMB在血液肿瘤的诊断中多起辅助作用,与骨髓细胞涂片互为补充,二者常需同步进行以明确诊断及预后。例如,MDS患者穿刺涂片提示多系血细胞发育异常,但骨髓活检可见幼稚前体细胞异常定位（ALIP）、间质支架紊乱、间质纤维增生及脂肪结构破坏等。在 MPN、MDS 和 AL 伴骨髓纤维化的病例中，BMB 是诊断必不可少的手段。BMB 对于多发性骨髓瘤、霍奇金淋巴瘤及非霍奇金淋巴瘤等一些可导致骨髓局灶病变的疾病，可提供诊断、治疗及预后评估的更多信息。

（二）血细胞化学染色

【目的】通过细胞化学染色（cytochemistry stain）可对细胞内的蛋白质、酶类、糖类、无机盐等化学物质做定位或定性分析，鉴别形态学上难于识别的原始或幼稚细胞类型，对血液肿瘤的诊断、分型及鉴别诊断等有一定价值。

【应用】临床上常用细胞化学染色项目包括：①髓过氧化物酶（myeloperoxidase，MPO）染色。MPO 特异性存在于粒系及单核系细胞中。②酯酶（esterase）染色。萘酚 AS-D 氯乙酸酯酶（naphthyl AS-D chloroacetate esterase，CAE）是粒系细胞所特有，又称特异性酯酶（specific esterase，SE）；α-乙酸萘酚酯酶（α-naphthyl acetate esterase，NAE）存在于多种细胞中，又称非特异性酯酶（non-specific esterase，NSE）；α-丁酸萘酚酯酶（α-naphthyl butyrate esterase，NBE）又称单核细胞性酯酶。③过碘酸-雪夫（PAS）反应，用于糖原染色。④铁染色（IS）。MPO 阳性提示髓系分化，尤其是早幼粒细胞白血病呈强阳性，常用于鉴别急性髓系白血病（acute myeloid leukemia，AML）与急性淋巴细胞白血病（acute lymphoblastic leukemia，ALL）；NSE 和 NBE 阳性但能被氟化钠抑制提示单核系分化，多见于急性单核细胞白血病；PAS 反应呈粗颗粒或块状阳性多见于幼红细胞和白血病性原淋与幼淋巴细胞，分别见于急性红系白血病与 ALL；骨髓幼红细胞 IS 阳性，出现环形铁粒幼细胞 > 15%，常见于 MDS 伴铁粒幼红细胞增多。

（三）免疫表型分析

1. 多参数流式细胞术（multiparameter flow cytometry，MFC）

【目的】多参数流式细胞术运用荧光标记的多种抗体，对骨髓或外周血中各种血液肿瘤细胞的免疫表型（immunophenotype）进行检测，进而对细胞的系列归属、分化程度和抗原表达谱进行判断，为恶性血液病的诊断、分型提供依据。此外，结合多种单克隆抗体的 MFC 有助于血液肿瘤治疗过程中微小残留病（minimal residual disease，MRD）的监测，是疾病治疗评估、预后监测及治疗靶点筛查中必不可少的实验检查项目。

【应用】MFC 可以对肿瘤细胞上的多种抗原表达状况进行高通量分析，包括表达量异常、异质性表达、跨系表达等多种免疫表型异常变化。① AL/淋巴瘤的亚型诊断：各种血液肿瘤细胞分化程度与系列来源不同，其抗原表达谱也存在差异，由此可以确定 AML 和 MPN、骨髓增生异常综合征/骨髓增殖性肿瘤（MDS/MPN）、MDS 转化为 AL 时的免疫表型。②成熟淋巴细胞肿瘤（MLN）的诊断：在慢性淋巴细胞白血病（CLL）、套细胞淋巴瘤、毛细胞白血病的诊断中，免疫表型分析可以用于与反应性淋巴细胞增多症鉴别。③ MRD 检测：MRD 是指恶性血液病经治疗达到血液学完全缓解后体内残存的通过形态学无法检查到的微量肿瘤细胞状态，流式细胞术（FCM）通过分析是否存在白血病相关免疫表型（leukemia-associated immunophenotype，LAIP）等方法以判断疗效，灵敏度可达 $10^{-4} \sim 10^{-5}$。④判断预后：一些研究表明，CD7、CD9、CD11b、CD14、CD56 和 CD34 表达可能与 AML 预后差相关。

2. 免疫组织化学（immunohistochemistry，IHC）染色

【目的】免疫组织化学染色使用酶标记的抗体对骨髓组织病理切片进行染色，可原位检测血液肿瘤细胞的免疫表型，判断肿瘤细胞的系列与分化阶段，为疾病诊断提供辅助信息。

【应用】IHC 染色可对细胞表面或胞内抗原进行定位和定性分析，一般一张标本可检测

1～2种抗原，对血液肿瘤原始细胞的异常分布（如MDS）、原始细胞比例计数（如$CD34^+$细胞）、淋巴瘤骨髓浸润（如$CD19^+$细胞）有意义。

（四）遗传学检验

除形态学和免疫表型检验外，细胞与分子遗传学检验为血液肿瘤诊断提供重要依据。WHO提出，如果条件允许，特别是在治疗前，每一例血液肿瘤患者都应做细胞与分子遗传学检验，确定其有无异常。在治疗过程中，若发现有新的染色体或基因异常，往往预示着患者病情的转化、发展及对某些药物或治疗手段的抵抗等。

1. 细胞遗传学（cytogenetics）检验

【目的】细胞遗传学检验主要是通过对血液肿瘤细胞染色体核型（chromosome karyotype）分析，即染色体数量增减和结构畸变的检查、染色体易位所致融合基因检验等，辅助部分血液肿瘤的诊断、分类、判断预后、监测疗效或复发，诊断结果对进一步探索发病机制及治疗具有重要价值，例如，伴随t（15；17）的患者，可采用全反式维甲酸靶向治疗。荧光原位杂交（fluorescence in situ hybridization，FISH）技术检测染色体易位所致血液肿瘤融合基因等也应用较多。

【应用】血液肿瘤染色体分析一般采用骨髓细胞的染色体核型，除骨髓穿刺，肝素抗凝的血液或淋巴结穿刺液及活检标本，胸腔积液、腹水及羊水等体液标本均可用于染色体分析。还可通过光谱染色体核型分析（spectral karyotyping，SKY），检测更为复杂的染色体数量和结构畸变。细胞遗传学检验用于血液肿瘤的分类，尤其是对部分髓系肿瘤具有诊断意义，例如慢性髓系白血病（CML）、AML伴重现性遗传学异常，包括重现性染色体易位和融合基因等；检出克隆性染色体异常有助于血液肿瘤的诊断和疾病机制研究，并作为独立的预后判断指标（例如AML伴单体核型预后差）；也是监测血液肿瘤的细胞遗传学缓解或复发的标志，以及判断骨髓移植成功与否的标志。由于染色体制备有技术难度且周期长，不能及时用于临床疾病的诊治，可同时使用多种手段，例如FISH。

2. 分子遗传学（molecular genetics）检验

【目的】分子遗传学检验主要是通过对血液肿瘤的融合基因、突变基因或重排等改变进行分析，辅助血液肿瘤的诊断、分型、预后判断、疗效评估、MRD的监测及个体化治疗等。

【应用】分子遗传学与细胞遗传学检验相互补充，但其所涉及的血液肿瘤发生的病理机制更为深入、直接和广泛。部分肿瘤具有重现性基因异常，可用于肿瘤分类诊断的依据。对于初诊患者不知其可能存在的分子遗传学异常时，常通过一组融合基因或基因突变等项目进行筛查，避免漏检。

由于染色体易位所产生的融合基因或一些特异性基因突变是血液肿瘤细胞最重要的标志之一，检测这些基因比染色体分析的速度快，敏感度也大大提高；一些患者未能检出特异的染色体异常，却可检出相应的融合基因，临床诊断中可以与细胞遗传学诊断相配合。在一些病例，实时聚合酶链反应（RT-PCR）和（或）FISH可以检测一些低频率、最初的染色体分析中不能观察到的基因异常。大量的基因突变可以通过基因测序、等位基因特异PCR（allele-specific PCR）和其他技术检测，包括一些重要的髓系肿瘤诊断和预后标志物。血液肿瘤相关基因在部分医院逐步被列为常规检测项目，但成本高，对于部分初诊基因不易确定患者，可以与形态学、免疫表型相结合，选择恰当的融合基因或突变基因检测。

二、造血与淋巴组织肿瘤的实验诊断策略

造血与淋巴组织肿瘤按照肿瘤发生的细胞系列主要可分为髓系与组织细胞/树突肿瘤和淋巴系统肿瘤。血液肿瘤的种类很多、分类复杂，只有详细了解各类肿瘤的病理变化特征，并采取正确的实验诊断策略，综合病史及临床表现等，才能准确地诊断与分类，并做出有效的治疗决策。

（一）造血与淋巴组织肿瘤的分类

自认识到血液肿瘤以来，已经有多种分类或分型方案。1976年，法、美、英（FAB）三国血液学家组成的协作组在传统形态学的基础上结合细胞化学染色，制订了FAB分型方案；随后，综合病因、致病机制、临床表现、细胞形态、免疫表型、遗传特征和治疗、预后等疾病要素，2008年，世界卫生组织（WHO）制定了最规范的《造血与淋巴组织肿瘤分类》方案（第4版），是近年来临床实验诊断的指南。随后，WHO于2016年提出的修订分类方案，对WHO的2008版进行了部分调整和更新；而2022年发布的第5版《WHO造血淋巴肿瘤分类》首次基于统一的数据库，增加了分子定义的疾病类型和亚型的数量，对血液肿瘤进行整体的分类更新。本章涉及的造血与淋巴组织肿瘤的分类及实验诊断等主要参考2022年出版的第5版WHO分类方案，下面主要论述造血与淋巴组织肿瘤及其不同亚类（或亚型）。

1. 髓系与组织细胞/树突肿瘤（myeloid and histiocytic/dendritic neoplasm） 主要类型包括：①克隆性造血（clonal hematopoiesis，CH）；②骨髓增殖性肿瘤（myeloproliferative neoplasm，MPN）；③肥大细胞增多症（mastocytosis）；④骨髓增生异常综合征（myelodysplastic syndrome，MDS）；⑤骨髓增生异常综合征/骨髓增殖性肿瘤（MDS/MPN）；⑥急性髓系白血病（acute myeloid leukemia，AML）；⑦继发性髓系肿瘤（secondary myeloid neoplasm）；⑧伴嗜酸性粒细胞增多和酪氨酸激酶基因融合的髓系/淋系肿瘤（myeloid/lymphoid neoplasm with eosinophilia and tyrosine kinase gene fusions）；⑨混合表型或系列不明的急性白血病（acute leukemia of mixed or ambiguous lineage）；⑩组织细胞/树突状细胞肿瘤（histiocytic/dendritic cell neoplasm），比较少见；⑪髓系肿瘤易感的遗传性肿瘤综合征（genetic tumor syndromes with predisposition to myeloid neoplasia）。

2. 淋巴系统肿瘤（lymphoid neoplasm） 主要包括成熟B细胞、T细胞和NK细胞淋巴增殖性疾病和淋巴瘤（lymphoid proliferations and lymphoma），前体细胞肿瘤包括前体B细胞肿瘤和前体T细胞肿瘤。可通过实验诊断的成熟B细胞肿瘤主要包括单克隆B细胞增多症、慢性淋巴细胞白血病/小淋巴细胞淋巴瘤、毛细胞白血病、淋巴浆细胞淋巴瘤、大B细胞淋巴瘤、套细胞淋巴瘤、滤泡性淋巴瘤、Burkitt淋巴瘤等，以及部分浆细胞肿瘤，如浆细胞骨髓瘤。可通过实验诊断的成熟T细胞和NK细胞肿瘤主要包括T幼淋巴细胞白血病、T大颗粒淋巴细胞白血病、NK大颗粒淋巴细胞白血病、成人T细胞白血病/淋巴瘤、侵袭性NK细胞白血病、间变性大细胞淋巴瘤等。绝大部分成熟淋巴细胞肿瘤与霍奇金淋巴瘤通常需要组织病理学诊断。

（二）髓系肿瘤的实验诊断策略

髓系肿瘤（myeloid neoplasm，MN）的实验诊断主要依赖于肿瘤细胞的形态学（血象、骨髓象和骨髓活检等）、细胞化学和免疫表型特征，从而确定其肿瘤细胞的系列类型和分化、成熟程度。诊断和分类的标准主要基于治疗前（包括生长因子治疗）标本所获得的结果，血液、骨髓或其他相关组织中肿瘤细胞百分率和MICM特征，并由此作为治疗方案、危险分层的依

据，而且可对其预后建立一个基准，作为疗效或复发监测的重要手段。

1. 克隆性造血（CH） 泛指在没有无法解释的细胞减少、血液肿瘤或其他克隆性疾病的情况下，具有遗传学突变特征的造血干/祖细胞获得适应性选择优势和竞争性扩增优势，造血分化形成携带与母代细胞同样突变印记的终末成熟细胞的表现。CH 的发生率随年龄增加而升高，包括潜质未定的克隆性造血（clonal hematopoiesis of indeterminate potential，CHIP）和意义未明的克隆性血细胞减少症（clonal cytopenia of undetermined significance，CCUS）。

2. 骨髓增殖性肿瘤（MPN）和骨髓增生异常综合征（MDS） 两者均属于慢性骨髓造血干细胞克隆性疾病，但 MPN 表现为骨髓一系或多系髓系细胞（包括粒系细胞、红系细胞、巨核系细胞）明显增生，可表现为外周血粒细胞、红细胞和血小板量增多；而 MDS 则同时表现为造血细胞增生的无效造血（ineffective erythropoiesis），骨髓增生活跃或明显活跃伴细胞发育异常（dysplasia），外周血一系或多系血细胞减少。MPN 和 MDS 的共同血液学特征是外周血或骨髓的原始细胞（主要是原粒细胞）< 20%，以幼稚和成熟的髓系细胞异常增生为主，但 MPN 的细胞形态类似正常细胞，而 MDS 的细胞发育异常（或病态造血）特征更为显著；在疾病后期，MPN 和 MDS 均可能转化为 AL。因此，MPN 和 MDS 的实验诊断策略基本类似（图 5-4）。

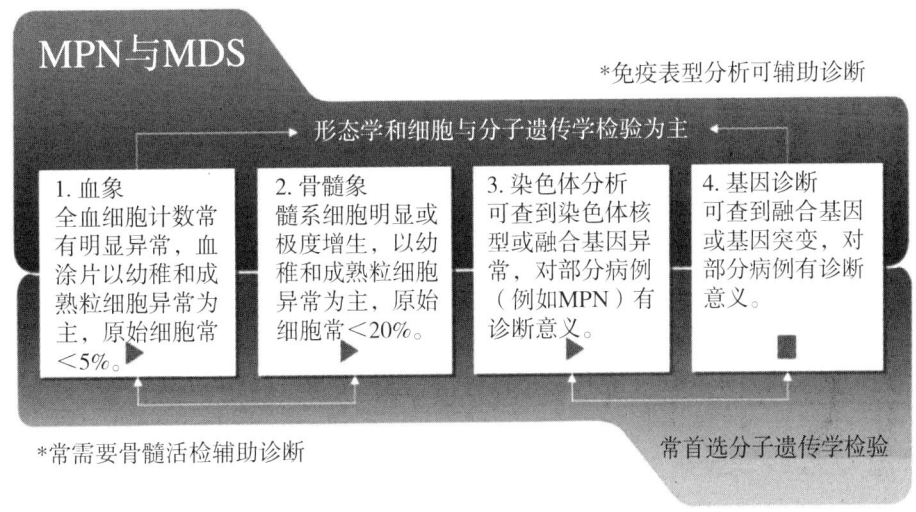

图 5-4 MPN 与 MDS 的实验诊断策略
MPN：骨髓增殖性肿瘤；MDS：骨髓增生异常综合征

3. 急性髓系白血病 急性白血病（AL）是造血与淋巴组织的急性恶性克隆性疾病，其特征是骨髓与外周血中不成熟的造血细胞大量增殖并蓄积于骨髓和外周血，抑制正常造血，可引起患者贫血、出血、感染和白血病细胞广泛浸润肝、脾、淋巴结等组织器官。AL 患者如不及时治疗，平均生存期仅 3 个月。经过目前综合治疗，多数 AL 患者可获得长期缓解，甚至治愈。AML 是 AL 的典型代表。最新 2022 年 WHO 对 AML 的分类更强调分子遗传学异常的确诊价值，将 AML 分为 AML 伴定义遗传异常（AML with defining genetic abnormality，AML-DGA）和分化定义 AML（AML defined by differentiation）两大类，其中，AML-DGA 的确诊已无需外周血或骨髓原始细胞 ≥ 20% 的界值要求（AML 伴 *BCR::ABL1* 融合基因和 AML 伴 *CEBPA* 基因突变除外）。

AML 主要采取 MICM 综合实验诊断策略（图 5-5），对白血病性原始细胞的所属系列、分化发育阶段、表型异常、染色体核型与融合基因及突变基因进行精准分析，这特别有助于 AML 患者的个体化治疗，例如化疗、靶向治疗、免疫治疗、造血干细胞移植等。在 AML 的实验诊断中，涉及多种髓系原始细胞的计数。髓系原始细胞，包括原粒细胞（myeloblast）、原单核细胞（monoblast）和原巨核细胞（megakaryoblast）的百分率，一般以显微镜下血液或骨髓涂片分类计数为准，CD34免疫组化染色虽然有助于识别，但一些髓系肿瘤的原始细胞并不表达CD34；而FCM计数骨髓原始细胞百分率容易受到骨髓采集时血液稀释（hemodilution）的影响，也不能替代骨髓涂片形态学计数。此外，由于原单核细胞与幼单核细胞（promonocyte）在形态学上很难区别，幼单核细胞也被视为原单核细胞的等同细胞（monoblast equivalents）计数；在急性早幼粒细胞白血病时，异常早幼粒细胞（abnormal promyelocyte）也被视为原粒细胞的等同细胞计数；原红细胞（proerythroblast）一般不包括在原始细胞计数中，但在急性红系白血病时可作为原始细胞的等同细胞计数。

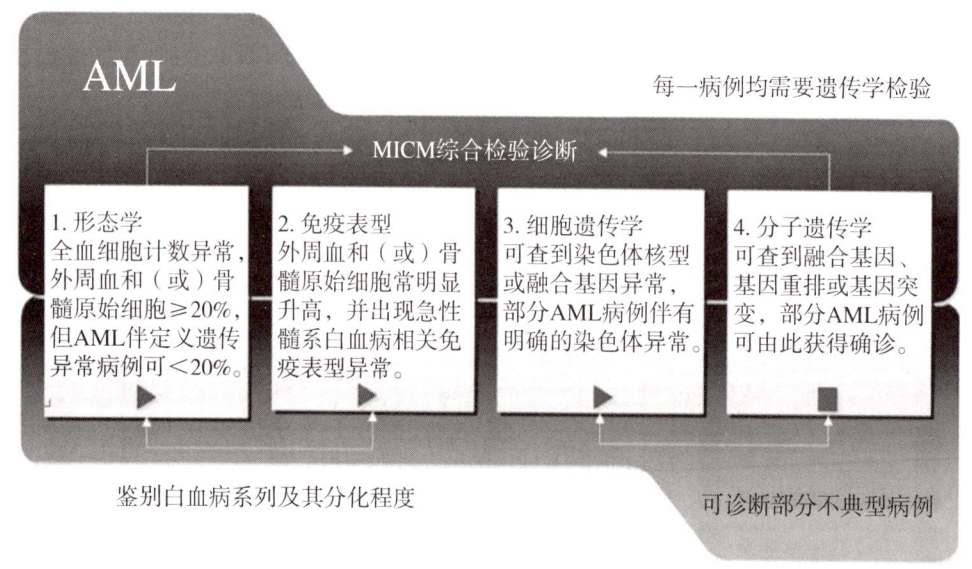

图 5-5　急性髓系白血病（AML）的实验诊断策略

4. 混合表型或系列不明急性白血病（acute leukemia of mixed or ambiguous lineage，ALMAL）最新 2022 年 WHO 分类将系列不明急性白血病（acute leukemia of ambiguous lineage，ALAL）和混合表型急性白血病（mixed-phenotype acute leukemia，MPAL）均归在 ALMAL 中，主要是因为这两者的临床和免疫表型特征有重叠，且它们也具有共同的分子学致病机制。其中，ALAL 又分为 ALAL 伴定义遗传异常和免疫表型定义 ALAL 两大类。例如，MPAL 伴 *BCR::ABL1* 融合基因；MPAL-B/髓系；MPAL-T/髓系。

（三）淋巴系统肿瘤的实验诊断策略

淋巴系统肿瘤中，前体细胞肿瘤包括前体 B 细胞肿瘤和前体 T 细胞肿瘤。形态学和免疫表型检验可以诊断 B-ALL（B 淋巴母细胞白血病/淋巴瘤）和 T-ALL（T 淋巴母细胞白血病/淋巴瘤），细胞遗传学和分子遗传学可以进一步分类绝大部分类型。采取 MICM 综合实验诊断策略进行精准分析，更有助于个体化治疗。

以 B 细胞增生为主的肿瘤样病变和以 T 细胞增生为主的肿瘤样病变的病例，需要综合多种信息，包括组织学、血液学、免疫学和临床症状等，才能进行诊断。成熟淋巴系肿瘤（mature lymphoid neoplasm，MLN）是成熟 B 细胞、T 细胞或自然杀伤细胞（natural killer cell，NK cell）的克隆性肿瘤，主要是在外周淋巴组织（滤泡间、滤泡和滤泡周围）所发生的成熟 B 细胞、T 细胞或 NK 淋巴瘤/白血病等。由于 T 细胞和 NK 细胞肿瘤密切相关，并共有一些免疫表型和功能特性，所以这两类肿瘤的分类被归为一大类。

T细胞和B细胞肿瘤在许多方面具有正常T细胞和B细胞分化阶段的免疫表型特征，但又存在差别。因此，可在一定程度上根据相应的正常淋巴细胞分化阶段进行MLN的分类诊断。由于大多数MLN处于同一发病阶段，特别是仅局限于淋巴结时，在骨髓和（或）外周血淋巴瘤细胞的数量较少，很难通过血液或骨髓检查进行实验诊断。只有当淋巴瘤浸润骨髓和（或）外周血时，例如慢性淋巴细胞白血病/小淋巴细胞淋巴瘤、Burkitt淋巴瘤、白血病型非结节型套细胞淋巴瘤；通过多色流式细胞术对骨髓、外周血、淋巴结和脾等相关组织细胞进行免疫表型和细胞克隆性分析，例如恶性B细胞的表面免疫球蛋白（sIg）轻链限制性表达（当κ/λ > 3∶1或 < 0.3∶1），克隆性染色体异常等，可以为淋巴瘤诊断和鉴别诊断提供有力支持。

浆细胞肿瘤和伴有M蛋白的其他疾病，多种类型的病变原发于骨髓，例如浆细胞骨髓瘤、淋巴浆细胞淋巴瘤等，骨髓或外周血可查到骨髓瘤细胞，通过细胞形态学检查，并结合免疫表型及遗传学检验等，可进一步明确诊断与分型。

三、主要造血与淋巴组织肿瘤的实验诊断

在造血与淋巴组织肿瘤（血液肿瘤）中，MPN、MDS、AML、混合表型或系列不明急性白血病、前体淋巴细胞肿瘤、MLN和浆细胞肿瘤较为常见，应基于MICM相关检验项目的实验诊断策略，结合患者临床，一般可对典型病例做出实验诊断结论。

（一）骨髓增殖性肿瘤

骨髓增殖性肿瘤（myeloproliferative neoplasm，MPN）是造血多功能干细胞克隆性增殖引起的一组疾病，表现为骨髓一系或多系髓系细胞明显增生，常见为一种或多种血细胞质和量的异常、脾大、出血倾向及血栓形成等。MPN发病初期表现为骨髓造血细胞增生活跃，外周血中粒系、红系以及血小板数量升高。随着疾病的进展，MPN最终出现骨髓衰竭，或转化为急性白血病。2022年WHO将MPN分为8个亚类。以下主要论述常见MPN的实验诊断。

1. 慢性髓系白血病（chronic myeloid leukemia，CML） 又称慢性粒细胞白血病，是一种原发于骨髓异常多能造血干细胞的MPN，与特异性定位于费城染色体（Ph染色体）上的 *BCR::ABL1* 融合基因及其所编码的具有酪氨酸激酶（tyrosine kinase，TK）活性的异常蛋白密切相关。CML可发生于任何年龄，但以中年居多。全世界的发病率为每年（1～2）/10万。CML起病隐匿、进展缓慢。按自然病程可分为三期。早期为慢性期（chronic phase，CP），慢性期者早期多无症状，20%～40%的患者常因在体检时发现白细胞增高而被偶然发现，也可出现疲乏、乏力、消瘦、早饱感、腹胀，脾大和面色苍白是其突出的体征；晚期可急性变，转化为急性白血病，称为原始细胞期（blast phase，BP）；从CP向BP转化的过程称为加速期（accelerated phase，AP）。通过酪氨酸激酶抑制剂（tyrosine kinase inhibitor，TKI）靶向治疗和精细化监测，疾病进展至晚期的发生率降低，CML的患者10年总生存率为80%～90%。少部分患者仍可从CP向BP转化，最终发展为AL。*ABL1* 激酶突变和（或）额外的细胞遗传学异常引起的耐药以及进展为BP是疾病的关键属性。

（1）CML-慢性期

血象：①WBC显著增高，可在（10～1000）×10^9/L。粒系细胞百分率显著增高，以晚幼和杆状核粒细胞为主，原粒细胞通常 < 2%，伴嗜碱性粒细胞和（或）嗜酸性粒细胞增多；单核细胞 < 3%。粒系细胞形态类似正常，易见退行性变、核变性及胞核与胞质发育不平行等形态学异常；②RBC、Hb常不减低；③PLT正常或明显增高，甚至可达1000×10^9/L。

骨髓象：①骨髓增生明显或极度活跃，粒系细胞极度增生，以中晚幼和杆状核粒细胞明显增多，原粒细胞及早幼粒细胞轻度增多，原粒细胞 < 10%，细胞形态学变化与外周血类似（彩图 5-13）；②嗜碱性粒细胞和（或）嗜酸性粒细胞常明显增多，嗜碱性粒细胞有时可高达 15% 以上；③ 40% ~ 50% 的患者巨核细胞增多，以成熟巨核细胞为主，易见微小巨核细胞和 PLT 增多。

中性粒细胞碱性磷酸酶（NAP）染色：阳性率显著减低甚至为零，但可因病情进展到急变期或感染而升高，也可因治疗缓解此酶活性增高。

染色体与基因检测：95% 以上的病例在诊断时可检出 Ph 染色体，即 t（9；22）(q34.1；q11.2) 异常核型；分子生物学技术（例如 FISH、RT-PCR）可检出 9 号染色体长臂上的 *ABL1* 基因易位于 22 号染色体 *BCR* 基因，并在断点处形成的 *BCR::ABL1* 融合基因，转录为 *BCR::ABL1* mRNA，翻译成融合蛋白 BCR-ABL；由于 *BCR* 断裂点差异，可形成具有酪氨酸激酶活性的不同分子量的编码蛋白，典型的为分子量是 210 kD 的融合蛋白（p210），少数为 p190 BCR-ABL 或 p230 BCR-ABL。约 5% 的病例由于变异易位，可无 Ph 染色体，但可查到 *BCR::ABL1* 融合基因。

根据典型的血象、骨髓象变化，NAP 减低或阴性并伴有明显脾大，可初步诊断 CML，查到 Ph 染色体或 *BCR::ABL1* 融合基因可确诊。

(2) CML- 加速期

CML- 加速期（CML-AP）诊断标准：①进行性 WBC 增高或脾大；②对治疗无反应或非治疗引起的持续性 PLT < 100×10^9/L 或增高（PLT > 1000×10^9/L）；③外周血嗜碱性粒细胞 ≥ 20%；④外周血或骨髓中原始细胞占有核细胞 10% ~ 19%；⑤治疗过程中出现 Ph 染色体外的克隆演变。

随着 TKI 治疗和仔细的 CML 监测，进展到原始细胞期的 CML（CML-BP）的发生率有所降低；其中，来自 *ABL1* 激酶突变和（或）额外的细胞遗传学异常，以及 BP 的发展代表了关键的疾病属性。因此，在 2022 年 WHO 分类中，CML 分期偏向于强调与 CP 进展和 TKI 耐药性相关的高危特征，而省略了 CML-AP。

(3) CML- 原始细胞期

CML- 原始细胞期（CML-BP）诊断标准：①外周血或骨髓中髓系原始细胞占有核细胞 ≥ 20%；②原始细胞髓外增殖；③外周血或骨髓中原始淋巴细胞增多，但增加多少尚未确定。满足以上任何一项或一项以上都可诊断为 CML-BP。

(4) CML-CP 的 TKI 治疗监测：TKI 治疗使 CML-CP 转化为慢性病，但 TKI 治疗的成败取决于患者是否依据实验诊断结果正确选择靶向药物，是否严格、定期监测疗效并调整药物。2020 年《慢性髓性白血病中国诊断与治疗指南》推荐 TKI 治疗期间应定期监测血液学、细胞遗传学及分子学反应，定期评估患者 TKI 治疗耐受性（表 5-8）；其中，国际标准（IS）的定量 PCR（Q-PCR）检测 BCR-ABL 转录本（%）是目前国际监测 *BCR::ABL1* 的指标。治疗达到最佳反应可继续原有 TKI 治疗；治疗失败以及警告的患者在评价治疗依从性、患者的药物耐受性、合并用药的基础上及时行 *BCR::ABL* 激酶区突变检测，适时更换其他 TKI。

表 5-8　一线 TKI 治疗 CML-CP 患者治疗反应评价标准

时间	最佳反应	警告	失败
3 个月	达到 CHR 基础上 • 至少达到 PCyR（Ph$^+$ 细胞 ≤ 35%） • BCR-ABL^{IS} ≤ 10%	达到 CHR 基础上 • 未达到 PCyR（Ph$^+$ 细胞 36% ~ 95%） • BCR-ABL^{IS} > 10%	• 未达到 CHR • 无任何 CyR（Ph$^+$ 细胞 > 95%）

续表

时间	最佳反应	警告	失败
6个月	• 至少达到CCyR，（Ph⁺细胞=0） • BCR-ABL^{IS} ≤ 1%	• 达到PCyR但未达到CCyR（Ph⁺细胞1%~35%） • BCR-ABL^{IS} > 1%~10%	• 未达到PCyR（Ph⁺细胞>35%） • BCR-ABL^{IS} > 10%
12个月	BCR-ABL^{IS} ≤ 0.1%	BCR-ABL^{IS} > 0.1%~1%	• 未达到CCyR（Ph⁺细胞>0） • BCR-ABL^{IS} > 1%
任何时间	稳定或到达MMR	Ph⁺细胞=0，出现-7或7q-（CCA/Ph⁻）	丧失CHR或CCyR或MMR[a]，出现伊马替尼或其他TKI耐药性突变，出现Ph染色体基础上其他克隆性染色体异常

注：参考2020年《慢性髓性白血病中国诊断与治疗指南》。CHR：完全血液学缓解；CyR：细胞遗传学反应；PCyR：部分细胞遗传学反应；CCyR：完全细胞遗传学反应；MMR：主要分子学反应；IS：国际标准化；CCA/Ph⁻：Ph⁻染色体的克隆性染色体异常；[a] 连续两次检测明确丧失MMR并且其中一次BCR-ABL^{IS} ≥ 1%。

2. BCR::ABL1阴性骨髓增殖性肿瘤 包括真性红细胞增多症（polycythemia vera，PV）、原发性骨髓纤维化（primary myelofibrosis，PMF）、原发性血小板增多症（essential thrombocythemia，ET）、慢性中性粒细胞白血病（chronic neutrophilic leukaemia，CNL）和慢性嗜酸性粒细胞白血病（chronic eosinophilic leukaemia，CEL）。前三类（PV、PMF和ET）基于外周血、骨髓形态学及分子学检测等进行综合分析，以明确诊断，任一单独的参数都不具备足够的诊断特异性；其中涉及常见的分子JAK2（janus kinase 2），是一种细胞内非受体酪氨酸激酶，是JAK家族中的一员，基因位于染色体9p24。获得性体细胞JAK2基因突变在一些BCR::ABL1阴性MPN的发病机制中起着关键作用，最常见的是JAK2 V617F突变，即JAK2蛋白的第617位缬氨酸被苯丙氨酸替代，从而导致了骨髓对一些细胞因子的异常反应，例如对红细胞生成素（erythropoietin，EPO）过度敏感，诱导异常造血细胞克隆生成等。最新研究显示，JAK2 V617F突变见于约90%的PV患者，约50%的PMF和ET患者也存在这种独特的基因突变。在一些PV患者缺乏JAK2 V617F突变，但JAK2 exon 12突变可被查到。在一小部分PMF和ET病例，MPL W515L或W515K突变（MPL W515K/L）可检测到。在多数JAK2/MPL野生型ET患者中，存在钙网蛋白（CALR）的突变，同样PMF中，同样存在CALR基因突变，CALR突变以52-bp的缺失突变（1型突变）或5-bp的插入突变（2型突变）最为常见。JAK2、CALR和MPL等MPN致病基因突变已是MPN的主要诊断标准之一，但最常见的JAK2基因突变并非对MPN特异，也可见于一些MDS/MPN或少数AML。

（1）真性红细胞增多症（PV）：红细胞生成增多不依赖于正常红系细胞造血调节，表现出血红蛋白浓度和（或）血细胞比容升高，几乎所有（90%以上）病例都携带JAK2 V617F或JAK2 exon 12突变，从而导致不仅红系细胞，而且粒细胞和巨核细胞也显著增生。骨髓活检有与年龄相关的红系、粒细胞和巨核细胞三系明显增生，但血清EPO减低。PV分为三期。①红细胞及血红蛋白增多期：病程可持续数年，仅有红细胞及血红蛋白增多；②骨髓纤维化期：此期血象处于正常代偿阶段；③贫血期：出现巨脾、髓外造血和全血细胞减少。少数可转化为AL。患者骨髓穿刺易导致"干抽"，骨髓活检有明显纤维化是诊断的重要依据之一。

（2）原发性骨髓纤维化（PMF）：即特发性骨髓纤维化，是一种克隆性MPN，骨髓中异常巨核细胞和粒细胞显著增生，纤维化期与成纤维细胞的多克隆增加相关，导致继发性网状纤维和（或）胶原纤维增生性的骨髓纤维化、骨硬化和髓外造血（extramedullary hematopoiesis，EMH）。PMF从最初的纤维化前/早期发展至明显纤维化期，骨髓从增生明显活跃伴无或很少的网状纤维转化为明显的网状纤维或胶原纤维化，而且常有骨硬化症，存在巨核细胞增生和不

典型巨核细胞。在明显纤维化期，外周血可见幼粒幼红细胞增多（leukoerythroblastosis）伴泪滴形红细胞（teardrop-shaped red cell）增多，贫血和血清乳酸脱氢酶水平增高；EMH 导致肝大、脾大。PMF 更常发生白血病转化，纤维化期 PMF 患者无白血病生存期比纤维化前期 PMF 患者短。

（3）原发性血小板增多症（ET）：即特发性血小板增多症，也属于慢性 MPN，其特征是外周血血小板持续增多，血小板计数 ≥ 450×10^9/L，骨髓活检示巨核细胞高度增生，胞体大、核过分叶的成熟巨核细胞数量增多，粒系或红系无显著增生或左移，有时伴轻至中度纤维组织增多。临床有血栓和栓塞、出血。

（4）慢性中性粒细胞白血病（CNL）：以骨髓和外周血成熟中性粒细胞克隆性增殖为特征的 MPN，发病率极低，常见于中老年人，也属于 *BCR∷ABL1* 阴性的 MPN 之一，超过 60% 患者发生 *CSF3R* 突变。具体诊断标准如下：①外周血中性粒细胞持续增多，白细胞计数 ≥ 25×10^9/L，中性杆状及分叶核粒细胞 ≥ 80%，幼稚粒细胞 < 10%，原始粒细胞极少见，单核细胞 < 1×10^9/L，无粒细胞发育异常。②骨髓增生明显活跃，中性粒细胞增殖（包括数量和比例），中性粒细胞成熟表现正常，原始粒细胞 < 5%。③不符合 WHO 标准的 *BCR∷ABL1* 阳性 CML，PV、ET、PMF。④无 *PDGFRA*、*PDGFRB* 或 *FGFR1* 重排，或 *PCM1-JAK2* 融合基因。⑤有 *CSF3R T618I* 突变，或近 90% 的患者细胞遗传学正常，其余病例可有克隆性遗传学异常，包括 +8、+9、+21、del（11q）及（12p）；或其他激活的 *CSF3R* 突变；或无 *CSF3R* 突变，持续中性粒细胞增多（至少 3 个月），脾大或无明确的反应性中性粒细胞增多原因。

（5）慢性嗜酸性粒细胞白血病（CEL）：以形态异常的嗜酸性粒细胞和嗜酸性前体细胞持续克隆增殖为特征，最终导致血液和骨髓中嗜酸性粒细胞持续增多的一种多系统疾病。具体诊断标准如下：①有嗜酸性粒细胞增多（嗜酸性粒细胞绝对计数 > 1.5×10^9/L），持续时间大于 4 周；②不符合 WHO 标准的 *BCR∷ABL1* 阳性 CML，PV、ET、PMF、CNL、慢性粒单核细胞白血病、不典型 CML；③无 *PDGFRA*、*PDGFRB* 或 *FGFR1* 重排，无 *PCM1∷JAK2*、*ETV6∷JAK2* 或 *BCR∷JAK2* 融合基因；④骨髓形态异常，可见巨核细胞或红系发育异常，骨髓原始细胞比例 < 20%，无 inv（16）(p13.1q22)/t（16；16）(p13；q22)、无其他 AML 的诊断特征；⑤有克隆性染色体或分子遗传学异常。

（二）骨髓增生异常综合征

骨髓增生异常综合征（myelodysplastic syndrome，MDS）是一组克隆性造血干细胞疾病。骨髓和（或）外周血细胞发育异常（dysplasia）的程度和血细胞减少是诊断与分类 MDS 的主要依据，细胞与分子遗传学检验对部分病例有诊断意义。

1. MDS 的分类及其特征 1976 年和 1982 年，法、美、英（FAB）三国血液学协作组提出了最早的基于细胞形态学的 MDS 分类方案，2022 年 WHO 对 MDS 进行了重新命名和分类，分为 MDS 伴定义遗传异常和形态定义 MDS 两类（表 5-9）。

表 5-9 MDS 分类与特征

疾病类型	原始细胞	细胞遗传学	基因突变
MDS 伴定义遗传异常			
MDS 伴低原始细胞和孤立性 5q-（MDS-5q）	< 5%（骨髓）以及 < 2%（外周血）	单独 5q-，或伴有除 7 号单体或 7q- 外的 1 个其他异常	
MDS 伴低原始细胞和 *SF3B1* 突变 [a]（MDS-*SF3B1*）	< 5%（骨髓）以及 < 2%（外周血）	无 5q-、7 号单体或复杂核型	*SF3B1*

续表

疾病类型	原始细胞	细胞遗传学	基因突变
MDS 伴 TP53 双等位基因失活（MDS-biTP53）	<20%（骨髓和外周血）	多数患者为复杂核型（>3）	2个或2个以上 TP53 突变，或1个突变同时有 TP53 拷贝数丢失或 cnLOH* 的证据
形态定义 MDS			
MDS 伴低原始细胞（MDS-LB）	<5%（骨髓）以及<2%（外周血）		
MDS，低增生性[b]（MDS-h）	<5%（骨髓）以及<2%（外周血）		
MDS 伴原始细胞增多（MDS-IB）			
MDS-IB1	5%~9%（骨髓）或 2%~4%（外周血）		
MDS-IB2	10%~19%（骨髓）或 5%~19%（外周血）或有奥氏小体		
MDS 伴纤维化（MDS-f）	5%~19%（骨髓）；2%~19%（外周血）		

注：MDS 为骨髓增生异常综合征；[a] 环形铁粒幼细胞≥15%可替代 SF3B1 突变。可接受的相关术语：MDS 伴低原始细胞和环形铁粒幼细胞。[b] 根据定义，年龄调整后骨髓细胞量≤25%；* cnLOH 为拷贝数中性的杂合性丢失

2. MDS 的血细胞发育异常形态学特点 判断有无血细胞发育异常是诊断和分类 MDS 的基础，主要通过观察骨髓和血涂片红系、粒系和巨核系细胞的发育异常形态学改变，判断某一系或多系发育异常的血细胞≥10%，对于 MDS 诊断有重要意义。最新 WHO 版本，发育异常系列的数量往往是动态的，它代表了克隆演化的临床和表型表现，因此，是否区分单系和多系发育异常是可选的。

（1）红系细胞发育异常（dyserythropoiesis）。①外周血中大红细胞增多，可见到巨大细胞（直径>2个正常红细胞）、有核红细胞；②骨髓幼红细胞核出芽、核间桥、核分叶过多、核碎裂、双核或多核和类巨幼样变（megaloblastoid change）。细胞质改变，可见环形铁粒幼细胞增多、胞质空泡变性和 PAS 染色阳性。

（2）粒系细胞发育异常（dysgranulopoiesis）。①细胞大小：胞体小或异常增大（达正常中性分叶核粒细胞2倍）。②细胞核：核分叶不良（假性 Pelger-Huët 畸形）或不规则分叶过多（irregular hypersegmentation）；核棒槌小体增多（4个以上）；异常染色质凝集（大块状、有亮区分隔）。③细胞质：胞质中颗粒减少甚至缺乏，或出现粗大颗粒（假性 Chediak-Higashi 颗粒）。原始或幼稚细胞质中出现奥氏小体。

（3）巨核细胞发育异常（dysmegakaryocytopoiesis）：外周血可见巨大或畸形血小板。骨髓中微小巨核细胞（micromegakaryocyte），各种大小的巨核细胞中出现一个或多个分离的无分叶细胞核（圆形核）。骨髓活检切片比涂片中更容易观察到巨核细胞发育异常。

3. MDS 实验诊断标准

（1）血象：一系或多系血细胞持续性（≥6个月）减少，应注意除外反应性血细胞减少（reactive cytopenia）；可见一系或多系血细胞发育异常。

（2）骨髓象：骨髓增生活跃或明显活跃，原始细胞可增多，但<20%；一系或多系血细

胞发育异常（≥10%每一系造血细胞），应注意除外反应性血细胞发育异常。低增生性MDS（MDS-h）被列为一个独特的MDS类型，骨髓中原始细胞＜5%及外周血原始细胞＜2%。

(3) 骨髓活检：对疑似MDS的患者均应做骨髓活检。MDS的细胞增生程度不一，在MDS-IB型可见原始细胞聚集，即3～5个原粒细胞或早幼粒细胞或＞5个的原始细胞群（clusters of blasts），又称为不成熟前体细胞异常定位（abnormal localization of immature precursor，ALIP），是MDS的重要病理学诊断依据。骨髓活检还有助于观察微小巨核细胞增多和骨髓网状纤维增加，对诊断低增生性MDS、再生障碍性贫血、骨髓纤维化和除外转移性肿瘤有价值。

(4) 细胞化学：铁染色可见外铁和内铁增多，铁粒红细胞、铁粒幼红细胞和环形铁粒幼红细胞增多，多见于MDS伴低原始细胞和$SF3B1$突变型（MDS-$SF3B1$），环形铁粒幼细胞≥15%可替代$SF3B1$突变。

(5) 免疫表型分析：IHC有助于准确计数CD34阳性细胞或巨核细胞（CD41/61），观察原始细胞聚集与分布、骨髓纤维化或脂肪化程度。流式细胞分析可准确了解原始细胞群的免疫表型，发现MDS表型异常并有助于MDS诊断。流式细胞计数CD34阳性原始细胞数量与常规涂片形态学或免疫组织化学染色计数有良好的相关性。然而，由于骨髓纤维化或骨髓标本稀释，流式细胞计数CD34阳性原始细胞还不能替代涂片形态学或免疫组织化学染色。

(6) 细胞或分子遗传学检验：主要用于评价MDS患者的预后。约有90%的MDS患者有克隆性细胞遗传学和（或）基因异常。对疑为MDS病例，传统的染色体核型分析属于必查项目之一，并作为染色体核型异常的确定技术，而FISH或测序技术还不能作为确诊的手段。MDS伴低原始细胞和孤立性5q-（MDS-5q）可以通过细胞遗传学异常确诊。全基因组或靶向基因测序研究揭示MDS受累基因达60个，但最常见突变基因有$SF3B1$、$TET2$、$SRSF2$、$ASXL1$、$DNMT3A$、$RUNX1$、$U2AF1$、$TP53$和$EZH2$。环形铁粒幼细胞常与$SF3B1$突变基因相关。若有核红细胞中环形铁粒幼细胞＜15%，但$SF3B1$突变存在，则仍可诊断MDS-$SF3B1$；反之，如果$SF3B1$突变阴性，则环形铁粒幼细胞需≥15%才能做出MDS-$SF3B1$的诊断。双等位基因$TP53$（bi$TP53$）改变可能包括多个突变或一个突变伴另一个等位基因的缺失。这种"多重打击"突变状态导致肿瘤细胞克隆缺乏任何残留的野生型p53蛋白。在7%～11%的MDS中可以检测到任何类型的致病性$TP53$改变；其中，约2/3的患者有多个$TP53$打击，与双等位基因$TP53$改变一致，超过90%的MDS-bi$TP53$患者具有复杂核型。

（三）急性髓系白血病

急性髓系白血病（acute myeloid leukemia，AML）是由于外周血、骨髓或其他组织中的髓系原始细胞克隆性增生所致的髓系肿瘤，是一种临床异质性肿瘤。随着AML分子遗传与临床研究进展，2022年WHO将AML重新进行分类。既往诊断AML的主要标准中为外周血或骨髓中原始细胞百分率≥20%，新的分类主要包括两大类：①AML伴定义遗传异常，有明确的分子遗传异常（表5-10），其实验诊断已无需外周血或骨髓中原始细胞百分率≥20%的临界值要求，但AML伴$BCR::ABL1$融合基因和AML伴$CEBPA$基因突变除外。②分化定义AML，根据细胞分化程度将缺乏定义遗传异常的AML病例归为此类，具有实用性、预后和可能治疗意义（表5-10）。AML初诊时应在化疗或放疗前采集标本检测。以下按照2022年WHO的分类方案（表5-10）及诊断标准，根据MICM特点，阐述主要类型AML的实验诊断。

表 5-10　2022 年 WHO 急性髓系白血病（AML）分类方案

序号	AML 伴定义遗传异常	分化定义 AML
1	急性早幼粒细胞白血病伴 *PML::RARA* 融合基因	AML 微分化型
2	AML 伴 *RUNX1::RUNX1T1* 融合基因	AML 未成熟型
3	AML 伴 *CBFB::MYH11* 融合基因	AML 成熟型
4	AML 伴 *DEK::NUP214* 融合基因	急性嗜碱性粒细胞白血病
5	AML 伴 *RBM15::MRTFA* 融合基因	急性粒单核细胞白血病
6	AML 伴 *BCR::ABL1* 融合基因	急性单核细胞白血病
7	AML 伴 *KMT2A* 基因重排	急性红系白血病
8	AML 伴 *MECOM* 基因重排	急性巨核细胞白血病
9	AML 伴 *NUP98* 基因重排	
10	AML 伴 *NPM1* 基因突变	
11	AML 伴 *CEBPA* 基因突变	
12	骨髓增生异常相关 AML	
13	AML 伴其他定义遗传异常	

1. AML 伴定义遗传异常（AML with defining genetic abnormality，AML-DGA）　AML-DGA 具有明确结构染色体易位并形成特异性融合基因，发生重排或突变，临床表现独特、疗效一般较好，部分预后较差；除了具有特征性形态学表现和免疫表型特点外，高灵敏度的可测量 MRD 及分子遗传学改变在临床中显得非常重要，是当前临床实践中影响患者管理和治疗决策的重要因素。虽然 AML-DGA 无需外周血或骨髓中原始细胞百分率 ≥ 20% 的诊断临界值要求，但大部分患者的原始细胞仍显著升高，少数患者原始细胞 < 20%。

（1）急性早幼粒细胞白血病（APL）伴 *PML::RARA* 融合基因（acute promyelocytic leukaemia with *PML::RARA* fusion，APL-*PML::RARA*）：占全部 AML 的 5%～8%，可见于各种年龄，但成年患者居多，常并发弥散性血管内凝血。APL-*PML::RARA* 的主要实验诊断特征：①形态学。颗粒增多的异常早幼粒细胞胞质中充满密集的，甚至融合的粗大颗粒，染成鲜艳的粉红色、红色或紫色，称粗颗粒型 APL；APL 细胞核大小和形状多不规则，常呈肾形或者双叶形；细胞质中有大量粗大颗粒，使细胞核与细胞质的边界不清；在大部分病例中，异常早幼粒细胞胞质中含有柴捆状奥氏小体，常称柴捆细胞（faggot cell）（彩图 5-14）。细颗粒型 APL 型：异常早幼粒细胞胞质中充满细小的尘埃样颗粒，或颗粒明显减少甚至在光学显微镜下难以分辨，类似急性单核细胞白血病，但仍易见奥氏小体及两叶形细胞核。细胞化学染色：在所有 AML 中，APL-*PML::RARA* 的 MPO 阳性最强。原 FAB 分类为 AML-M3。②免疫表型。低表达或不表达 HLA-DR、CD34，均一性高表达 CD33，不均一性表达 CD13。多数病例可表达 CD117。粒细胞分化标志 CD15 和 CD65 为阴性或弱表达，常见表达 CD64。③遗传学。常见 t(15；17)(q22；q12) 染色体核型异常和 *PML::RARA* 融合基因阳性；也可见其他变异型，例如 t(11；17)(q23；q21)；*PLZF::RARA*。

（2）AML 伴 *RUNX1::RUNX1T1* 融合基因（AML with *RUNX1::RUNX1T1* fusion，AML-*RUNX1::RUNX1T1*）：*RUNX1* 基因位于染色体 21q22，*RUNX1T1* 又称 *ETO* 基因，位于染色体 8q22。t(8；21)(q22；q22.1)，经染色体断裂、重排，形成 *RUNX1::RUNX1T1*（AML1-*ETO*）融合基因。AML-*RUNX1::RUNX1T1* 占 AML 的 5%～12%，年轻患者居多，易并发髓系肉瘤。主要实验诊断特征：①形态学。血液或骨髓中原粒细胞显著增多。原粒细胞体积较大，但大小不一；细胞核核周清晰，核凹陷处淡染，核仁 1～2 个；细胞质丰富、嗜碱性强、常见奥氏小体和大量细小密集的嗜天青颗粒（彩图 5-15），少数原粒细胞可含有粗大颗粒（假性 Chédiak-

Higashi 颗粒）。早、中、晚幼粒细胞和成熟粒细胞有不同程度发育异常，成熟粒细胞可有核分叶不良（假性 Pelger-Huët 畸形）和（或）胞质染色异常（如中性粒细胞胞质呈均质性粉红色）。②免疫表型。大多数病例的原始细胞表达 CD34 和 MPO、HLA-DR、CD13，CD33 相对弱表达，伴有粒系细胞分化成熟抗原，如 CD15 和（或）CD65 表达，一些原始细胞可共表达 CD34 和 CD15。这些白血病细胞常表达 CD19、CD56 和末端脱氧核苷酸转移酶（TdT）弱表达。③遗传学。染色体核型 t（8；21）(q22；q22.1) 和（或）*RUNX1::RUNX1T1* 融合基因阳性。一部分表达 CD56 和有 *KIT* 基因突变的病例，提示预后较差。

(3) AML 伴 *CBFB::MYH11* 融合基因（AML with *CBFB::MYH11* fusion，AML-*CBFB::MYH11*）：通常表现为单核细胞和粒细胞的分化并伴有骨髓异常嗜酸性粒细胞增多，相当于原来 FAB 分型的 AML-M4E$_O$。发病率占全部 AML 的 10%~12%，年轻患者居多，可以髓系肉瘤为首发或复发时的唯一表现。主要实验诊断特征：①形态学。粒系和单核系原始细胞显著增多，可见奥氏小体；骨髓中异常嗜酸性粒细胞增多（常 >5%），其特征是幼稚嗜酸性细胞嗜酸性颗粒粗大、颜色深紫红色、颗粒密集分布，成熟嗜酸性粒细胞核分叶不良（彩图 5-16）。CAE 染色：异常嗜酸性粒细胞阳性（正常嗜酸性粒细胞阴性）。②免疫表型。多数病例的白血病细胞免疫表型复杂，原始细胞高表达 CD34 和 CD117，以及粒细胞分化抗原（CD13、CD33、CD15、CD65，MPO）和单核系细胞抗原（CD14、CD4、CD11b、CD11c、CD64、CD36 和溶菌酶）。③遗传学。inv（16）(p13.1q22) 或 t（16；16）(p13.1；q22) 染色体核型异常和（或）*CBFB::MYH11* 融合基因阳性。

(4) 其他 AML-DGA：具有特征融合基因 *DEK::NUP214* 和 *RBM15::MRTFA*（旧称 *RBM15::MKL1*）的诊断标准基本保持不变，而 AML 伴 *BCR::ABL1* 需同时具有定义遗传异常和 ≥20% 的原始细胞才能确诊，主要是为了避免与 CML 混淆，但与 CML-BP 区分较难，需要更多证据支持。AML-DGA 基因重排部分，包括三种类型，分别是 *KMT2A*、*MECOM* 和 *NUP98*。研究表明，无论原始细胞高于或低于 20%，这些患者具有相似的临床特征。AML 伴 *NPM1* 突变的患者，无论原始细胞比例多少都可以诊断。而 AML 伴 *CEBPA* 突变包括了双等位基因突变（bi*CEBPA*）以及位于碱性亮氨酸拉链区的单突变（smbZIP-*CEBPA*）两种突变类型，其诊断需原始细胞 ≥20%。bi*CEBPA* 与 smbZIP-*CEBPA* 相关的 AML 预后良好。

(5) 骨髓增生异常相关 AML（AML，myelodysplasia-related，AML-MR）：可为原发或由 MDS、MDS/MPN 的转化，原始髓系细胞比例 ≥20%，并具有与 MDS 相关的特定细胞遗传学和分子异常（具体见表 5-11）。除需关注特定的细胞遗传学改变外，还应注意一组特定的基因突变，*ASXL1*、*BCOR*、*EZH2*、*SF3B1*、*SRSF2*、*STAG2*、*U2AF1*、*ZRSR2*，超过 95% 的该类患者中存在上述特异性基因突变。此外，诊断 AML-MR 需要存在以上一种或多种细胞遗传学或分子异常，和（或）MDS 或 MDS/MPN 病史。

表 5-11 AML 骨髓增生异常相关的细胞遗传学和分子异常

亚型	定义
定义细胞遗传异常	复杂核型（≥3 个异常） 5q 缺失或由于不平衡易位导致 5q 缺失 7 号染色体单体、7q 缺失或由于不平衡易位导致 7q 缺失 11q 缺失 12p 缺失或由于不平衡易位导致 12p 缺失 13 号染色体单体或 13q 缺失 17p 缺失或由于不平衡易位导致 17p 缺失 17q 等臂染色体 idic（X）(q13)
定义体细胞突变	*ASXL1*、*BCOR*、*EZH2*、*SF3B1*、*SRSF2*、*STAG2*、*U2AF1*、*ZRSR2*

2. 分化定义 AML（AML defined by differentiation） 主要依赖于白血病细胞的形态学、细胞化学和免疫表型特征确定白血病细胞的系列和对分化程度进行分类。需符合骨髓和（或）血涂片原始细胞≥20%（急性红系白血病除外），并不符合 AML 伴定义遗传异常、不符合混合表型 AL、不符合细胞毒药物治疗后髓系肿瘤及无骨髓增殖性肿瘤病史，是诊断的主要标准。由于 CD34 阳性是白血病性原始细胞的重要标志之一，当骨髓涂片有核细胞减少时，骨髓活检切片免疫组织化学染色 CD34 阳性细胞数量≥20%，也可做出 AML-DD 诊断。由分化定义 AML 各亚型的流行病学调查数据主要来源于先前的 FAB 分类方案，多数亚型的分类也与其类似，但并非可以直接用于 WHO 的分类系统。

（1）AML 微分化型（AML with minimal differentiation）：用形态学和光学显微镜细胞化学不能提供髓系分化证据，但通过免疫标志和（或）超微结构检验（包括超微细胞化学）可以证实原始细胞髓系特征的 AML。相当于原 FAB 分类的 AML-M0。本病发病率约占所有 AML 的 5% 以下，大多数患者为婴儿或老年人。主要实验诊断特征：①形态学。外周血和（或）骨髓原始细胞≥20%；细胞核圆形或轻微不规则、细胞核染色质弥散、核仁 1～2 个。也可见胞体较小的原始细胞、胞质量少、核染色质凝聚、核仁不明显。细胞化学染色：原始细胞 MPO、苏丹黑 B（SBB）和 CAE 阴性；α-NAE 和 α-NBE 阴性或弱阳性。超微细胞化学染色：MPO 和 CAE 阳性。②免疫表型。原始细胞通常表达早期造血细胞相关抗原（如 CD34、CD38 和 HLA-DR）和 CD13 和（或）CD117，大约 60% 病例 CD33 阳性，缺乏髓系和单核系细胞成熟相关抗原表达。流式细胞术或免疫组化中可有部分原始细胞 MPO 阳性。大约 50% 的病例 TdT 阳性。部分病例表达 CD7，缺乏其他淋巴系相关免疫标志。③遗传学。无特异染色体异常，但常见复杂核型改变。

（2）AML 未成熟型（AML without maturation）：骨髓原始细胞比例显著增高，但缺乏向中性粒细胞分化成熟的显著标志，成熟粒细胞＜10%（骨髓有核细胞），原始细胞的髓系性质可通过 MPO 或 SBB 阳性（阳性率≥3%），或有奥氏小体确认。相当于原 FAB 分类的 AML-M1。本病发病率占 AML 的 5%～10%，患者大多数为成年人。主要实验诊断特征：①形态学。血液或骨髓原始细胞有明显的原粒细胞特征，可含有嗜天青颗粒和（或）有奥氏小体（彩图 5-17）。②免疫表型。原始细胞表达一个或更多的髓系相关抗原如 CD13、CD33、CD117、CD34 和 HLA-DR，一般不表达成熟粒系标志如 CD15 和 CD65 或单核系标志如 CD14 和 CD64，部分病例可表达 CD11b，最重要的标志是一部分原始细胞 MPO 阳性。原始细胞不表达 B 和 T 相关淋巴系特异标志。约 1/3 病例 CD7 阳性。③遗传学。无特异性染色体或基因异常。

（3）AML 成熟型（AML with maturation）：骨髓或外周血原始细胞≥20%，并有粒系细胞的成熟特征（骨髓粒系细胞的成熟细胞≥10%），但骨髓单核系细胞＜20%。相当于原 FAB 分类的 AML-M2。本病发病率占 AML 的 30%～45%，易见于青年和老年人。主要实验诊断特征：①形态学。血液或骨髓中原粒细胞增多，包括无或有嗜天青颗粒的原始细胞两类，奥氏小体常见；成熟粒细胞≥10%，并伴有不同程度发育异常（彩图 5-18），嗜酸性粒细胞常增多，部分病例嗜碱性粒细胞和（或）肥大细胞增多。②免疫表型。部分原始细胞常表达 CD34 和（或）CD117、HLA-DR；大多数原始细胞表达髓系相关抗原 CD13、CD33 伴成熟粒细胞标志抗原，例如 CD11b、CD15 和 CD65；一般不表达单核系的标志，例如 CD14 和 CD64（彩图 5-19）。③遗传学。伴嗜碱性粒细胞增多病例可有 12p11-p13 缺失和易位或 t（6；9）(p23；q34)。

（4）急性嗜碱性粒细胞白血病（acute basophilic leukaemia，ABL）：ABL 是一种主要向嗜碱性粒细胞分化的急性白血病。这是一种非常罕见的疾病，报告的病例相对很少，在所有 AML 中占不到 1%，预后较差。

（5）急性粒单细胞白血病（acute myelomonocytic leukaemia，AMML）：同时有中性粒细

胞系和单核系早期细胞增生，外周血或骨髓中原始细胞（包括幼单核细胞）≥ 20%（彩图 5-20），骨髓涂片中性粒细胞及其早期细胞之和与单核细胞及其早期细胞之和分别 ≥ 20%，外周血单核细胞计数通常 ≥ 5×10^9/L。此型相当于原 FAB 分类的 AML-M4。本病占 AML 的 15% ~ 25%，患者多见于中老年人。主要实验诊断特征：①形态学。粒系和单核系两系同时增生；粒系和单核系原始细胞中可见奥氏小体。细胞化学染色：原始细胞 MPO 阳性，原粒细胞比原单核细胞活性更强，但二者也可为阴性。原单核细胞、幼单核细胞和单核细胞都呈现较强的 NSE 阳性，有时可能弱阳性或阴性；若符合单核系细胞形态学特点，即使 NSE 阴性也不能排除诊断。通过 NSE 和 SE 或 MPO 双染色可显示双阳性细胞。②免疫表型。原始细胞表达 CD34 和（或）CD117，大多数 HLA-DR 阳性，大约 30% 表达 CD7；髓系原始细胞表达如 CD13、CD33、CD65 和 CD15；单核系细胞表达 CD4、CD11b、CD11c、CD14、CD36 和 CD64；共表达 CD15 和高表达 CD64 是单核细胞分化的特异性免疫标志。③遗传学。无特异性染色体或基因异常。

（6）急性原单核细胞和单核细胞白血病（acute monoblastic and monocytic leukaemia，AMoL）：骨髓或外周血原始单核和（或）幼稚单核细胞之和 ≥ 80%，中性粒细胞系细胞 < 20%。相当于原 FAB 分类的 AML-M5。AMoL 包括急性原单核细胞白血病（acute monoblastic leukaemia）和急性单核细胞白血病（acute monocytic leukaemia）两个亚型，前者单核系中原单核细胞 ≥ 80%，常见于年轻患者；后者单核系中主要为幼单核细胞，常见于成年患者（彩图 5-21）。两型 AMoL 的发病率占所有 AML 的 8% ~ 14%。临床常有出血、髓外（皮肤、牙龈等）浸润等。主要实验诊断特征：①形态学。原单核细胞胞体较大且常伴有伪足形成，胞质嗜碱性强并可有散在的嗜天青颗粒和（或）空泡，细胞核通常圆形、染色质细致、有 1 个或多个大而明显的核仁。幼单核细胞核不规则、明显扭曲或折叠、胞质嗜碱性较弱，有时颗粒更大而明显，可见空泡。原、幼单核细胞质中可见奥氏小体。细胞化学染色：在大多病例中原单核细胞和幼单核细胞 NSE 强阳性，但高达 10% ~ 20% 的原单核细胞白血病 NSE 可呈阴性或弱阳性。NSE 阳性伴氟化钠抑制试验阳性和 NBE 阳性更有助于确定单核系细胞。原单核细胞 MPO 多为阴性，幼单核细胞 MPO 呈弥散阳性。②免疫表型。原、幼细胞可表达 CD34 和 CD117，几乎所有病例 HLA-DR 阳性；可同时表达 CD13、CD15 和 CD65，高表达 CD33；一般至少表达两种单核系分化的标志，如 CD4、CD11b、CD11c、CD14、CD36、CD64 和 CD68。通常原单核细胞白血病很少表达 MPO，而单核细胞白血病 MPO 可阳性。部分病例可有 CD7 和（或）CD56 异常表达。NSE 阴性的 AMoL 可通过免疫表型分析确认单核系细胞。③遗传学。无特异性染色体或基因异常。

（7）急性红系白血病（acute erythroid leukemia，AEL）：骨髓涂片有明显红系细胞发育异常，根据是否存在显著的髓系细胞分为红白血病（erythroleukemia，EL）和纯红系白血病（pure erythroid leukemia，PEL）。最新 WHO 已去除了该分类，仅保留了 PEL。PEL 是独特的 AML 类型，指骨髓红系早期细胞呈肿瘤性增生，红系前体细胞 ≥ 80%，其中原红细胞 ≥ 30%，但原粒细胞无明显增多，也存在有核红系 < 80% 的病例，但具有双等位基因 *TP53* 改变。

（8）急性巨核细胞白血病（acute megakaryoblastic leukemia，AMegL）：骨髓原始细胞 ≥ 20%，这些原始细胞至少 50% 为巨核系细胞（彩图 5-22）。原巨核细胞显著增多。此型相当于原 FAB 分类的 AML-M7。由于原巨核细胞形态学特征不明显，常需要通过免疫表型分析确认，巨核细胞 CD41 和（或）CD61 表达阳性，CD36 也是特征性阳性。此外，在一些患者中，由于广泛的骨髓纤维化可造成"干抽"，此时骨髓原始细胞比例可根据骨髓活检或 CD41 和（或）CD61 的 IHC 计数，且胞浆比膜表面更加特异和敏感。AMegL 比较少见，仅占全部 AML 的 3% ~ 5%。

(四)混合表型或系列不明的急性白血病

在 2022 年第 5 版 WHO 分类中,依据特定遗传学异常和仅基于免疫表型定义的 ALAL/MPAL 包括定义遗传异常 ALAL 和免疫表型定义 ALAL 两大类,其中后者包括 5 类,分别为 MPAL, B/髓系;MPAL, T/髓系;MPAL, 罕见类型;ALAL, 非特指型;急性未分化白血病。

混合表型急性白血病(mixed phenotype acute leukemia, MPAL)表达两个或两个以上系列抗原。MPAL 在 AL 中占不到 4%,成人患者多见。MPAL 的主要实验诊断特征:①形态学。可见两种形态的原始细胞(≥20%),一群类似原淋巴细胞,另一群类似原粒细胞。②免疫表型。流式细胞分析是诊断 MPAL 的确认方法,通常是原始细胞表达淋巴系(T/B 细胞系)和髓系特异性抗原。MPAL 包括 B 系和髓系(B/MY)、T 系和髓系(T/MY)两类。髓系抗原:MPO(特异性标志)、CD13、CD33 或 CD117 阳性,或单核细胞分化(≥2 个标记表达:NSE、CD11c、CD14、CD64 或溶菌酶)。T 细胞系:cCD3(特异性标志)或 mCD3、CD2、CD5 和 CD7 阳性。B 细胞系:需要多种抗原确认;分为两种情况——CD19 高表达伴至少 CD79a、CD22 和 CD10 一项高表达;CD19 低表达伴至少 CD79a、CD22 和 CD10 两项高表达。③遗传学。可检测到明确的遗传异常:定义遗传异常病例有 MPAL 伴 *BCR::ABL1* 融合基因;MPAL 伴 *KMT2A*、*ZNF384* 和 *BCL11B* 重排。

(五)前体淋巴细胞肿瘤

在淋巴系统肿瘤中,前体 B 细胞肿瘤和前体 T 细胞肿瘤均属于前体细胞肿瘤。前体 B 细胞肿瘤包括 B 淋巴母细胞白血病/淋巴瘤(B-LBL),前体 T 细胞肿瘤包括 T 淋巴母细胞白血病/淋巴瘤(T-LBL)。急性淋巴细胞白血病(ALL)是淋巴母细胞淋巴瘤(lymphoblastic lymphoma, LBL)的骨髓和(或)外周血浸润阶段,实际上是与 LBL 属同一疾病的不同阶段。当以淋巴结等组织器官受累为主,表现为肿块,骨髓和(或)外周血中无或仅有少量淋巴母细胞时,应诊断为 LBL;若骨髓和(或)外周血原淋巴细胞≥20%,则诊断为 ALL。少数病例既有明显肿块,又有骨髓和(或)外周血的明显受累,难以确定何者在先或为主。目前,2022 年 WHO 的 ALL/LBL 分类方案为主流,分为 B-ALL 和 T-ALL(表 5-12),FAB 分类已经较少用,以前的 ALL-L3 型已归为成熟 B 细胞肿瘤内的 Burkitt 淋巴瘤/白血病。

表 5-12　2022 年 WHO 淋巴母细胞白血病/淋巴瘤分型

前体 B 细胞肿瘤	前体 T 细胞肿瘤
B-ALL/淋巴瘤	T-ALL/淋巴瘤
B-ALL/淋巴瘤,非特指型(B-ALL, NOS)	T-ALL,非特指型(T-ALL, NOS)
B-ALL/淋巴瘤伴高二倍体	早期前体 T 原淋巴细胞白血病(ETP T-ALL)
B-ALL/淋巴瘤伴低二倍体	
B-ALL/淋巴瘤伴 21 号染色体内扩增(iAMP21)	
B-ALL/淋巴瘤伴 *BCR::ABL1* 融合基因	
B-ALL/淋巴瘤伴 *BCR::ABL1* 样特征	
B-ALL/淋巴瘤伴 *KMT2A* 重排	
B-ALL/淋巴瘤伴 *ETV6::RUNX1* 融合基因	
B-ALL/淋巴瘤伴 *ETV6::RUNX1* 样特征	
B-ALL/淋巴瘤伴 *TCF3::PBX1* 融合基因	
B-ALL/淋巴瘤伴 *IGH::IL3* 融合基因	
B-ALL/淋巴瘤伴 *TCF3::HLF* 融合基因	
B-ALL/淋巴瘤及伴其他定义遗传异常	

注:B-ALL 为急性 B 淋巴细胞白血病;T-ALL 为急性 T 淋巴细胞白血病

1. 急性 B 淋巴细胞白血病（B-ALL）/淋巴瘤　是一种定向于 B 细胞系的淋巴母细胞的肿瘤，包含 B-ALL/淋巴瘤，非特指型（B-ALL，NOS）在内的 13 种类型（表 5-12）。B-ALL 可根据形态学和免疫表型诊断。而随着细胞遗传学计数等进一步提高及深入，需要对 B-ALL 进行分子遗传亚型分类，2022 年版 WHO 的主要变化，是根据染色体数目变化以及染色体重排或其他遗传因素进行细分类，而 B-ALL，NOS 是经过全面检测后分出特定遗传学异常后剩余的病例。

急性 B 淋巴细胞白血病/淋巴瘤，非特指型（B-ALL，NOS）患者为急性发病，常有贫血、中性粒细胞和血小板减少伴肝、脾、淋巴结肿大。儿童 B-ALL 预后良好，但成年人较差。儿童的总完全缓解率＞95%，成年人仅 60%～85%。主要实验诊断特征：①形态学。在骨髓或血涂片中，原淋巴细胞形态变化多样，明显大小不均（彩图 5-23）。细胞化学染色对 ALL 的诊断有参考价值：原淋巴细胞 MPO 阴性；PAS 染色原淋巴细胞可呈粗颗粒状阳性；NSE 染色在高尔基区可有点状阳性，但不受氟化钠抑制。②免疫表型。原淋巴细胞几乎都表达 B 淋巴细胞标志——CD19、CD79a、CD22 和 HLA-DR；虽然这些标志无一个特异，但均呈阳性或高表达时，则支持 B 淋巴系列；大多数病例原淋巴细胞 CD10 阳性，表达 mCD22、CD24、PAX5 和 TdT；CD20 和 CD34 的表达程度不一；CD45 可阴性（彩图 5-24）。髓系相关抗原 CD13 和 CD33 也可阳性，但这些髓系标志物阳性并不能排除 B-ALL。在组织切片中，CD79a 和 PAX5 常用于显示 B 淋巴细胞的分化程度。但是，CD79a 在一些 T-ALL 时也可有表达。PAX5 通常被认为是在组织切片中最敏感和最特异的 B 淋巴系的标志物，但是在 AML 伴 t（8；21）也有表达。用抗 MPO 抗体组化染色阴性，一般可以排除 AML 和 B/髓系 MPAL。③遗传学。细胞遗传学可见 6q、9p 和 12p 缺失。几乎所有 B-ALL 均有 IgH DJ 克隆性基因重排。

ALL 伴定义遗传异常：B-ALL/LBL 伴定义遗传异常包括染色体平衡易位、融合基因及染色体倍体异常等。许多染色体异常与 B-ALL 和临床或免疫表型特征相关，并有重要的预后意义。2022 年 WHO 分类中的 ALL 伴定义遗传异常类型见表 5-12。其中，在最新的 WHO 中，B-ALL 伴 *TCF3::HLF* 融合为新增加类型，比较罕见，其特征为具有高侵袭性。另外，B-ALL 伴其他定义遗传异常，这些包括 B-ALL 伴 *DUX4*、*MEF2D*、*ZNF384* 或 *NUTM1* 重排，伴 *IG::MYC* 融合以及 *PAX5alt* 或 *PAX5p.P80R* 异常。

2. 急性 T 淋巴细胞白血病（T-ALL）/淋巴瘤　是前体 T 细胞肿瘤，包括 T-ALL/淋巴瘤，非特指型（T-ALL，NOS）和早期前体 T 原淋巴细胞白血病（early T-cell precursor lymphoblastic leukemia，ETP T-ALL）。ETP T-ALL 表现出与正常前体 T 细胞早期阶段对应的基因表达特征，并表现出独特的免疫表型，包括干细胞和（或）髓系标志物的表达。

T-ALL/淋巴瘤，非特指型（T-ALL，NOS）：占儿童 ALL 的 15%、成人 ALL 的 25% 左右。T-ALL 的 WBC 常增多和肝、脾、淋巴结肿大。主要实验诊断特征：①形态学。T-ALL 在形态学上与 B-ALL 难以区分，部分病例可见原始细胞核不规则或有折叠（彩图 5-25）。在骨髓活检易见有丝分裂象。②免疫表型。原始细胞通常表达 TdT，不同程度表达 CD1a、CD2、CD3、CD4、CD5、CD7 和 CD8，其中 CD7 和 CD3 常表达，但只有 CD3 具有系列特异性。CD4 和 CD8 在原始细胞常共表达；CD10 可阳性，但对于 T-ALL 并不特异。除 TdT 外，早期 T 原淋巴细胞的特异标志物 CD99、CD34 和 CD1a，CD99 最为有用。③几乎所有 T-ALL 均有 TCR 克隆性基因重排。50%～70% 的患者存在染色体核型异常，约 30% 的 T-ALL 存在 del（9p）。尽管对 T-ALL 遗传背景的理解取得了重大进展，但目前还没有足够的证据确定具有临床相关性的 T-ALL 伴定义遗传异常。

3. 原始 NK 淋巴细胞白血病/淋巴瘤　在 WHO 2016 年版被认为是暂定类型（临时病种），在 WHO 第 5 版中不再列为单独类型。原因为缺乏明确可靠的诊断标准，缺乏表达 NK 细胞相关抗原如 CD94 和 CD161 的可靠信息，并与其他肿瘤类型在形态和免疫表型上重叠，

如原始浆细胞样树突状细胞肿瘤、CD56+T-ALL，CD56+ 急性髓系白血病和 CD56+ 急性未分化白血病，故不做详细介绍。

（六）成熟淋巴系肿瘤

在成熟淋巴系肿瘤（MLN）中，成熟 B 细胞肿瘤较为多见，慢性淋巴细胞白血病/小淋巴细胞淋巴瘤（CLL/SLL）通过骨髓和（或）外周血可以明确诊断，更多的 MLN 则需要组织病理学等检查才能明确诊断。

慢性淋巴细胞白血病/小淋巴细胞淋巴瘤（CLL/SLL）发病绝大多数是 50 岁以上老年人，欧美人群的中位发病年龄在 70～75 岁，而中国的中位发病年龄为 65 岁，在西欧和北美各国发病率较高，亚洲较低。患者起病隐匿，进展缓慢，早期可无症状，随疾病进展可有疲乏、盗汗、消瘦、感染、贫血及出血等表现，全身淋巴结肿大为其突出体征，轻至中度脾大，肝轻度肿大。主要实验诊断特征：①形态学。外周血单克隆 B 淋巴细胞计数 $\geq 5 \times 10^9$/L。外周血涂片特征性表现为胞体小的、形态成熟的淋巴细胞显著增多（常 > 50%），细胞核形不规则、核深切迹或核裂隙、核染色质不规则聚集、胞质中可见空泡等异常改变，涂抹细胞多见。骨髓涂片提示有核细胞增生极度或明显活跃，淋巴系细胞显著增多 > 40% 甚至高达 90% 以上，细胞形态特点同外周血（彩图 5-26）；可见少量幼稚淋巴细胞，通常 < 2%。幼稚淋巴细胞数目增多常与疾病进展相关；当外周血幼稚淋巴细胞大于 55% 时，可诊断为 B- 幼稚淋巴细胞白血病。②免疫表型。淋巴细胞源于 B 系，$CD19^+$、$CD5^+$、$CD23^+$、$CD200^+$、$CD10^-$、$FMC7^-$、$CD43^+$；表面免疫球蛋白（sIg）、CD20、CD22 及 CD79b 的表达水平低于正常 B 细胞（dim）；一般不表达 CD10。多色流式细胞术（MFC）确认 B 细胞克隆性，即 B 细胞表面限制性表达 κ 或 λ 轻链（κ：λ > 3：1 或 κ：λ < 0.3：1），或 > 25% 的 B 细胞 sIg 不表达。③遗传学。采用 FISH 技术可以发现约 80%CLL 患者存在细胞遗传学异常。需检测 del（13q14）、+12、del（11q22.3）（*ATM* 基因缺失）、del（17p13）（*TP53* 基因缺失）等。④与其他 B 细胞淋巴瘤/白血病，例如毛细胞白血病（HCL）、淋巴浆细胞淋巴瘤/瓦尔登斯特伦巨球蛋白血症（LPL/WM）、套细胞淋巴瘤（MCL）、滤泡淋巴瘤（FL）和边缘区淋巴瘤（MZL）等，可以通过免疫表型、免疫组化染色和基因突变分析等鉴别诊断。

（七）浆细胞肿瘤

浆细胞肿瘤包括单克隆丙种球蛋白病、伴有单克隆免疫球蛋白沉积的疾病、重链病和浆细胞肿瘤。在亚分类中，与肾病相关的单克隆免疫球蛋白病（MGRS）、冷凝集素病（CAD）、TEMPI 综合征（以毛细血管扩张、促红细胞生成素升高和红细胞增多、单克隆丙种球蛋白病、肾周积液和肺内分流为特征）和 AESOP 综合征（淋巴结肿大和覆盖浆细胞瘤的广泛皮肤斑块）是 2022 年版 WHO 新增加的分类。

浆细胞骨髓瘤（plasma cell myeloma，PCM）是源于骨髓中大量增生单克隆浆细胞并与血清和（或）尿液中出现 M 蛋白相关的多灶性浆细胞肿瘤，又称为多发性骨髓瘤（multiple myeloma，MM），是恶性浆细胞病中最常见的一种，占所有恶性肿瘤的 1%，血液肿瘤的 10%～15%，主要见于中、老年患者。由于骨髓瘤浆细胞分泌破骨活性因子促进破骨细胞的溶骨活性增加，抑制成骨细胞，减少骨形成，从而引起广泛性溶骨性骨质破坏，出现骨痛甚至病理性骨折和高钙血症。由于正常免疫球蛋白含量减少、免疫功能缺陷等常伴反复感染。骨髓瘤细胞浸润骨髓，抑制正常造血细胞增殖，破坏骨髓微环境从而出现不同程度贫血、血小板减少等。由于 M 蛋白与血浆某些凝血因子（纤维蛋白原，凝血酶原，V、Ⅶ因子等）形成复合物或附着在血小板表面而阻碍了正常的止血和凝血过程，患者常可见皮肤黏膜甚至组织器官出血。高异常免疫球蛋白导致高黏滞综合征，肾受累常与单克隆免疫球蛋白轻链、高钙血症、高

尿酸血症和高黏滞综合征等有关。

(1) 形态学：①血象。正细胞正色素性贫血，血片中易见红细胞缗钱状形成（erythrocyte rouleau formation），白细胞计数正常或减低，血涂片可见少量骨髓瘤细胞（异常浆细胞），一般<5%；若外周血浆细胞比例>20%，或外周血浆细胞绝对值>2.0×10^9/L，则为继发浆细胞白血病；PLT 可正常或减低。②骨髓象。骨髓增生活跃或明显活跃，骨髓瘤细胞一般>10%，可高达70%~90%。骨髓瘤细胞形态呈多样性，大小悬殊，常成群簇集；胞核常呈不规则形，可见双核或多核者；核染色质呈粗网状或不规则排列，易见核仁，核旁淡染区（初浆区）多消失；胞质中有较多空泡，呈灰蓝色（彩图5-27）。IgA 型骨髓瘤时，由于骨髓瘤细胞胞质中充满富含糖原的异常 IgA，瑞氏染色后胞质可呈红色火焰状，称为"火焰细胞"（flame cell）。另外，骨髓瘤细胞胞质中可见病理性球蛋白形成的樱桃红色的球形包涵体（Russell bodies）和葡萄状排列的蓝色空泡（Mott 细胞）等。③骨髓活检。当骨髓容量30%被异常浆细胞浸润，基本可明确骨髓瘤诊断。在骨髓活检中，免疫组化，如 CD138 同 κ、λ 轻链染色可定性浆细胞，并确认有无单克隆浆细胞增生。

(2) 免疫表型：骨髓瘤细胞通常表达 CD79a、CD38，CD138 高表达，半数以上的病例 CD56 阳性。通常细胞质中限制性表达单一类型轻链 κ 或 λ。用 CD19 和 CD56 双染色可区分 B 淋巴细胞和骨髓瘤细胞，前者 CD19$^+$ 和 CD56$^-$，后者 CD19$^-$ 和 CD56$^+$。

(3) 血清蛋白成分异常：>90% 的病例可在血清蛋白电泳（serum protein electrophoresis，SPE）时出现一高含量的异常单克隆蛋白（monoclonal protein）区带，即 M 蛋白或称为 M 成分。M 蛋白可出现在 γ 区（IgG、IgM）、β 或 α_2 区（IgA），取决于单克隆免疫球蛋白的类型。免疫固定电泳（immunofixation electrophoresis，IFE）可对 M 蛋白进行免疫球蛋白（Ig）或轻链分类，多为单克隆性异常 Ig 和（或）轻链增多（图20-1、图20-2）。结合血清免疫球蛋白类型，可将 PCM 分为 IgG 型、IgA 型、IgD 型、IgE 型、IgM 型、轻链型、双克隆型及不分泌型等，进一步根据 M 蛋白的轻链型分为 κ 型和 λ 型。其中 IgG 型最常见，约占 70%；IgA 型约占 25%；IgD 型及轻链型较少，其他型罕见。由于骨髓瘤细胞能分泌 β_2 微球蛋白，使血清 β_2 微球蛋白增高，如果肾功能正常，其增高的水平与全身瘤细胞的总量具有相关性。

(4) 轻链尿：骨髓瘤细胞合成和分泌大量的异常 Ig，且轻链与重链的合成比例失衡，过多生成的轻链可自肾小球基底膜滤过而从尿液中排出，即为轻链尿或称本-周蛋白尿（Bence-Jones protein urine，B-J 蛋白尿）。约80%的 PCM 患者可见轻链尿，尿液蛋白电泳也可见到 B-J 蛋白，由于单克隆浆细胞仅合成一种轻链（κ 或 λ 链），故轻链尿仅为一种轻链，通过尿液免疫电泳分析可区分 κ 链或 λ 链。

(5) 浆细胞骨髓瘤的诊断标准：参考2014年国际骨髓瘤工作组（International Myeloma Working Group，IMWG）指南，中国多发性骨髓瘤诊治指南（2020年修订）仍将 PCM 分为有症状和无症状两类，并提出了诊断标准。有症状（活动性）PCM：①血清和（或）尿中有单克隆 M 蛋白 [无血、尿 M 蛋白量的限制，如未检测出 M 蛋白（诊断不分泌型 MM），则需骨髓瘤单克隆浆细胞≥30%或活检为浆细胞瘤]；②骨髓克隆性浆细胞增多≥10%和（或）组织活检证明有浆细胞瘤；③骨髓瘤引起的相关表现——靶器官损害表现，包括高钙血症、肾功能损坏、贫血、溶骨性破坏等；无靶器官损害表现，但出现以下1项或多项指标异常，包括骨髓单克隆浆细胞比例≥60%、受累/非受累血清游离轻链比≥100%、MRI 检查出现>1处 5 mm 以上局灶性骨质破坏。无症状（冒烟型）PCM：①血清单克隆 M 蛋白≥30 g/L、24 h 尿轻链≥0.5 g；②骨髓单克隆浆细胞比例10%~59%；③无相关的器官及组织的损害。

微整合

基础回顾

造血系统疾病及特点

造血系统包括血液、骨髓、脾、淋巴结及全身各处的淋巴和单核-吞噬细胞组织。而血液由液体成分和细胞成分组成。其中，液体成分主要为血浆，包含各种具有特殊功能的蛋白及其他化学成分；而细胞成分包括红细胞、各类白细胞及血小板。因此，造血系统病理生理及血浆成分发生异常的疾病均属于造血系统疾病。血液不是一个特定的器官，它是以液体状态形式在体内循环，灌注每一个器官的微循环。因此，血液与人体的各种组织相互依存、相互影响，当血液或造血器官发生病理变化时，各个组织器官可能出现相应的症状或体征，同样，当各个组织器官发生疾病时，可能产生血液或造血器官的异常表现。造血系统疾病的主要特点：①主要发生在造血组织；②继发血液学改变很常见；③实验检查是疾病的主要确诊手段。

知识拓展

急性髓系白血病预后和分层因素

AML 不良预后因素包括年龄 ≥ 60 岁，此前有 MDS 或 MPN 病史，治疗相关性/继发性 AML，高白细胞血症（WBC ≥ 100×10^9/L），合并中枢神经系统白血病，合并髓外侵犯（除外肝、脾、淋巴结受累）。根据初诊时细胞遗传学和分子遗传学的改变进行 AML 遗传学预后分层，预后危险度分别为预后良好、预后中等、预后不良 [表 5-13，参考中国成人急性髓系白血病（非急性早幼粒细胞白血病）诊疗指南（2021 年版）]。而 AML 的治疗方案主要依据患者对治疗的耐受性、遗传学危险度分层级治疗后疗效进行动态调整。

表 5-13　急性髓系白血病患者的预后危险度分级

预后等级	细胞遗传学	分子遗传学
预后良好	inv(16)(p13;q22) 或 t(16;16)(p13;q22) t(8;21)(q22;q22)	*NPM1* 突变但不伴有 *FLT3-ITD* 突变，或者伴有低等位基因比 *FLT3-ITD* 突变[a] *CEBPA* 双突变
预后中等	正常核型 t(9;11)(p22;q23) 其他异常	inv(16)(p13;q22) 或 t(16;16)(p13;q22) 伴有 *C-Kit* 突变[b] t(8;21)(q22;q22) 伴有 *C-Kit* 突变[b] NPM1 野生型但不伴有 *FLT3-ITD* 突变，或者伴有低等位基因比 *FLT3-ITD* 突变[a]（不伴有遗传学预后因素） *NPM1* 突变伴有高等位基因比 *FLT3-ITD* 突变[a]
预后不良	单体核型 复杂核型（≥3 种），不伴有 t(8;21)(q22;q22)、inv(16)(p13;q22) 或 t(16;16)(p13;q22) 或 t(15;17)(q22;q12)	*TP53* 突变 *RUNX1*（*AML1*）突变[c] *ASXL1* 突变[c] *FLT3-ITD* 突变[ac]

预后等级	细胞遗传学	分子遗传学
	–5	
	–7	
	5q–	
	–17 或 abn（17p）	
	11q23 染色体易位，除外 t（9；11）	
	inv（3）(q21q26.2) 或 t（3；3）(q21；q26.2)	
	t（6；9）(p23；q34)	
	t（9；22）(q34.1；q11.2)	

注：[a] 低等位基因比为＜0.5，高等位基因比为≥0.5。如没有进行 *FLT3* 等位基因比检测，*FLT3-ITD* 阳性应按照高等位基因比对待。[b] *C-Kit D816* 突变对 t（8；21）(q22；q22)、inv（16）(p13；q22) 或 t（16；16）(p13；q22) 患者预后具有影响，其他的突变位点对预后没有影响，仍归入预后良好组。[c] 这些异常如果发生于预后良好组时，不应作为不良预后标志。单体核型：两个或两个以上常染色体单体，或一个常染色体单体合并至少一个染色体结构异常。*DNMT3a*、RNA 剪接染色质修饰基因突变（*SF3B1*、*U2AF1*、*SRSF2*、*ZRSR2*、*EZH2*、*BCOR*、*STAG2*）在不同时伴有 t（8；21）(q22；q22)、inv（16）(p13；q22) 或 t（16；16）(p13；q22) 或 t（15；17）(q22；q12) 时，预后不良

思 考 题

1. 简述不同类型急性白血病细胞化学染色特点及区别。
2. 简述各类 AML 伴定义遗传异常的形态学及遗传学特点。

（贺鹏程）

第六章

出血与血栓性疾病的实验诊断

生理状况下，机体的各种止血与抗凝血及纤维蛋白溶解（纤溶）功能等处于动态平衡，既不会发生出血也不会形成血栓。但当某些因素（如感染、自身免疫、血管损伤、遗传变异、肿瘤、药物等）导致血管壁、血小板、凝血因子、抗凝物质、纤溶成分和血流状态等发生异常改变时，可导致出血（hemorrhage）或血栓形成（thrombosis）。由于出血与血栓性疾病的发病机制较为复杂，涉及止血和凝血相关的多种因素，因此应根据临床情况从细胞、分子和基因等多个方面进行及时的精准诊断，从而为出血与血栓性疾病的诊治、监测和预防提供可靠支撑。

第一节 出血性疾病

出血性疾病（hemorrhagic disease）简称出血病，是指由于先天或获得性因素导致患者血管内皮、血小板、凝血、抗凝血或纤维蛋白溶解等系统缺陷或异常，从而引起的一组以自发性出血、轻度损伤后过度出血或出血不止为特征的一类疾病。此类疾病一般有如下特征：①既往或近期有反复出现、不易解释的自发性出血、轻度损伤后过度出血或出血不止的病史；或患者术中、术后发生无法解释的手术创面弥漫性出血，出血的程度及频度与局部损害范围多不成比例。②多数患者可发现肯定的止血筛查试验异常，与止血有关的诊断试验可进一步确定其止血机制缺陷或异常。③一般止血治疗效果较差，常需采用一些特殊治疗方法，如补充凝血因子等。④先天或遗传性因素在此类疾病的病因中占有一定的比例。

案例 6-1

男性，2岁。跌倒后关节胀伴疼痛2周。患者2周前跌倒后出现关节肿胀伴疼痛，不伴发热、紫癜、瘀斑等。既往：无特殊。查体：BP 110/70 mmHg，HR 78次/分，双膝关节肿胀，压痛，双下肢不肿。发病以来饮食可，二便如常。全血细胞计数：WBC 6.0×10^9/L，RBC 4.18×10^{12}/L，Hb 125 g/L，PLT 340×10^9/L。凝血功能检查：凝血酶原时间（PT）11.5 s，活化部分凝血活酶时间（APTT）82.5 s，凝血酶时间（TT）16.5 s。

问题：
1. 患者的凝血功能检验结果有何异常？
2. 患者的初步诊断是什么？
3. 为明确诊断，下一步应该完善哪些实验室检查？

一、出血性疾病的检验项目与应用

生理性止血过程主要可分为初期止血、血液凝固和纤维蛋白溶解三个阶段。初期止血（primary hemostasis）主要与血管内皮细胞功能和血小板数量及功能有关；血液凝固（blood coagulation）涉及多种凝血因子（coagulation factor）的活化与相互作用、各种抗凝物质（anticoagulant）对凝血功能的调节；血液凝固后继发纤溶系统活化，使形成的栓子最终溶解。出血性疾病的检验项目根据生理止血过程设计，通过筛查各阶段可能导致出血的因素，并进一步应用诊断试验以明确何种止凝血成分存在缺陷或异常。

（一）常用出血性疾病筛查试验

1. 初期止血筛查试验

（1）血小板计数（platelet count，PLT）

【目的】血小板计数用于筛查出血病患者是否由血小板数量异常所致。

【应用】用于各种血小板减少导致出血的诊断与鉴别诊断。目前，国内多数文献或指南采用 PLT < 100×10^9/L 作为阈值以判断是否为血小板减少症（thrombocytopenia）。由于血小板计数受多种因素影响，诊断血小板减少症时至少需要检查 PLT 两次以上，并同时在血涂片中观察血小板数量及形态是否与 PLT 符合后才能确定。

（2）出血时间（bleeding time，BT）

【目的】出血时间是指皮肤毛细血管被刺破后自然出血到自然止血所需的时间，用于判断血管壁结构与功能或血管壁与血小板间相互作用有无异常。

【应用】BT 能较敏感反映初期止血功能，BT 延长常见于血管内皮细胞功能缺陷以及血小板数量及质量异常，如血管性血友病、血小板减少症及血小板功能缺陷病。由于 BT 属于有创试验，且操作不易标准化，近年来临床应用逐渐减少。

（3）血小板功能分析仪（platelet function analyzer，PFA）检测

【目的】采用一种专用的血小板功能分析仪模拟体内血管壁与血小板相互作用的环境，检测血小板栓子形成后封闭创口所需要的时间（封闭时间），用于筛查血小板功能异常及血管性血友病因子（von Willebrand factor，vWF）缺陷。

【应用】PFA 检测较 BT 对初期止血缺陷有较高的灵敏度和特异度，如对血管性血友病（von Willebrand disease，vWD）、血小板无力症（Glanzmann thrombasthenia，GT）等疾病进行筛查时，PFA 有较好的鉴别诊断价值。此外，PFA 检测还可用于常用抗血小板药的疗效监测。

2. 凝血功能筛查试验

（1）凝血酶原时间（prothrombin time，PT）

【目的】凝血酶原时间是通过体外模拟人体外源性凝血途径的活化条件测定血浆凝固所需的时间，主要用于外源性凝血途径所涉及凝血因子及相关异常的筛查。

【应用】PT 长短变化主要与血浆 FⅦ、FX、FV、凝血酶原和纤维蛋白原的质与量有关，当存在影响这些因子合成、消耗或抑制其活性的因素时，PT 均可出现延长，如肝病、维生素 K 缺乏症时出现的外源途径凝血因子合成减少、先天性外源途径凝血因子缺乏症所致的 PT 显著延长等。在弥散性血管内凝血（disseminated intravascular coagulation，DIC）的中晚期，凝血因子被大量消耗，纤溶活性继发亢进，纤维蛋白降解产物（fibrin degradation product，FDP）生成增多而阻止、抑制纤维蛋白聚合，使 PT 明显延长。因此，临床上将 PT 作为手术前或疑为出血性疾病的筛查试验和 DIC 诊断试验之一。

(2) 活化部分凝血活酶时间（activated partial thromboplastin time，APTT）

【目的】活化部分凝血活酶时间是通过体外模拟人体内源性凝血途径的活化条件测定血浆凝固所需的时间，主要用于内源性凝血途径所涉及凝血因子及相关异常的筛查。

【应用】APTT 长短的变化主要与血浆 FⅫ、FⅪ、FⅨ、FⅧ的质与量有关，当存在影响这些因子合成、消耗或抑制其活性的因素时，APTT 均可出现延长，如血友病患者的 FⅨ 或 FⅧ 活性显著减低、部分血管性血友病的 FⅧ稳定性下降、DIC 时内源凝血因子大量消耗和 FDP 增加、肝素样抗凝物和狼疮抗凝物增多等，均可导致 APTT 延长。因此，临床上将 APTT 作为手术前、疑为出血性疾病（尤其是血友病）以及异常抗凝物的筛查试验和 DIC 诊断试验之一。

(3) 凝血酶时间（thrombin time，TT）

【目的】在血浆中加入凝血酶后到血浆发生凝固的时间称为凝血酶时间，主要用于筛查肝素或类肝素等抗凝物以及纤维蛋白原含量和功能异常等。

【应用】TT 延长主要与肝素或类肝素物质增多、血浆纤维蛋白原含量减低和功能异常有关；纤溶系统功能亢进时，FDP 显著增多，TT 延长。

3. 纤溶亢进筛查试验

(1) 血浆纤维蛋白降解产物

【目的】血浆纤维蛋白降解产物（FDP）水平增加是体内纤溶亢进的标志之一，常用于筛查纤溶亢进相关疾病或病理状态。

【应用】血浆纤维蛋白原、可溶性纤维蛋白单体和纤维蛋白多聚体、交联纤维蛋白均可被纤溶系统降解成 FDP，故血浆 FDP 含量升高可间接反映纤溶亢进，但不能区别原发性或继发性纤溶亢进。DIC（继发性纤溶亢进症）时，血浆 FDP 显著增高；某些严重肝病、肿瘤所致原发性纤溶亢进症，FDP 也可见显著增高。

(2) 血浆 D-二聚体（D-dimer，DD）

【目的】D-二聚体是纤溶酶降解交联纤维蛋白（cross-linked fibrin，CLF）后生成的特异性降解产物，作为生物标志物常用于筛查继发性纤溶亢进相关疾病或病理状态。

【应用】血浆 DD 升高见于继发性纤溶亢进，如 DIC、深静脉血栓形成（deep vein thrombosis，DVT）和肺栓塞（pulmonary embolism，PE）等；联合检测 FDP 和 DD，可以判断纤溶系统活化状态，鉴别原发性与继发性纤溶亢进症。当原发性纤溶亢进时，由于无血栓形成，仅血浆 FDP 增高，DD 一般不增高。当继发性纤溶亢进时，由于纤维蛋白大量形成，血浆 FDP 和 DD 均显著升高。因此，当血浆 DD 低于临界值（阴性）时，有助于在中、低危静脉血栓风险患者中排除新发血栓。在各种血栓性疾病或血液高凝状态时，血浆 DD 有不同程度升高，可作为凝血活化的筛查试验，但疾病特异性较低。

4. 血栓弹力图（thromboelastogram，TEG）试验

【目的】血栓弹力图是用血栓弹力仪描绘血液在体外凝固过程中形成的特殊图形，通过图形变化反映血液凝固的动态过程及其所涉及的相关因素，常用于筛查总体凝血功能。

【应用】通过 TEG 试验的各项参数（如反应时间、凝固时间、角度、最大振幅、综合凝血指数、30 分钟纤溶率等）变化，筛查凝血过程中凝血因子、血小板和抗凝血与纤溶物质浓度及功能改变，判断是否存在导致患者出血倾向或出血性疾病的风险因素或病理过程，然后再通过诊断试验进一步查明原因。

（二）常用出血性疾病诊断试验

1. **血管性血友病（von Willebrand disease，vWD）诊断相关试验**　血管性血友病以发现此病的芬兰医生 Eric Adolf von Willebrand 的名字命名，故又称 von Willebrand 病。vWD 是由于患者血浆内的血管性血友病因子（von Willebrand factor，vWF）缺乏或分子结构异常而导致

的一类获得性或遗传性出血病。因此，vWD 的诊断主要依赖对 vWF 的含量、功能或结构的检测。

(1) 血管性血友病因子抗原含量

【目的】检测血浆 vWF 抗原（vWF antigen，vWF：Ag）含量主要是了解内皮细胞合成与分泌 vWF 是否正常，常作为 vWD 的首选诊断试验。

【应用】当血管内皮细胞损伤、受刺激以及机体处于应激状态时释放 vWF，导致血浆 vWF：Ag 升高，以维持初期止血能力。vWD 分为 3 型，其中 1 型和 3 型 vWD 的血浆 vWF：Ag 减低。

(2) vWF 功能分析：在生理状况下，绝大部分 vWF 由内皮细胞合成，其余可由巨核细胞生成。vWF 在止血过程中主要的功能包括：①介导血小板膜糖蛋白 Ⅰb-Ⅸ（GPⅠb-Ⅸ）复合物与内皮下胶原结合，使血小板黏附在血管损伤部位；②与凝血因子Ⅷ（FⅧ）结合，具有稳定 FⅧ的载体作用。

【目的】通过功能试验明确 vWF 缺陷的原因，并结合 vWF：Ag 含量对 vWD 进行分型。

【应用】血浆 vWF 的功能试验较多，且检测复杂，通常包括 vWF 瑞斯托霉素辅因子（vWF Ristocetin cofactor，vWF：RCo）、瑞斯托霉素诱导的血小板凝集（Ristocetin-induced platelet agglutination，RIPA）、vWF 的胶原结合能力（vWF collagen binding capacity，vWF：CB）和 vWF 的 FⅧ结合能力（vWF FⅧ binding capacity，vWF：FⅧB）等试验，检测结果主要对 2 型 vWD 的亚型诊断有意义，相关内容见本节常见出血性疾病实验诊断的 vWD 部分。

(3) 血管性血友病因子多聚体分析

【目的】应用十二烷基硫酸钠琼脂糖凝胶电泳，可将血浆 vWF 分子的不同大小多聚体分离，从而判断 vWD 患者何种多聚体缺乏，进而对 vWD 进行分型。

【应用】vWF 在血液循环中以各种不同大小的多聚体形式存在，分子量 50 万～2000 万道尔顿。不同类型 vWD 患者有不同分子量大小的 vWF 多聚体缺陷，对 vWD 的分型具有确诊意义，相关内容见本节常见出血性疾病实验诊断的 vWD 部分。

2. 血小板病诊断相关试验

(1) 血小板聚集试验

【目的】采用诱导剂激活血浆中的血小板使其发生聚集，在血小板聚集仪上检测血小板聚集过程中透光度或电阻抗的变化，并观察所描记的聚集曲线，了解血小板对不同诱导剂的聚集反应强度，评价血小板聚集功能有无缺陷。

【应用】通常用二磷酸腺苷（ADP）、胶原、肾上腺素、花生四烯酸和瑞斯托霉素等作为诱导剂检测血小板的聚集率（反应强度），并以此作为判断血小板聚集功能缺陷症的依据。血小板无力症：表现为除了瑞斯托霉素可诱导血小板凝集外，上述几种诱导剂均不能诱导血小板聚集或聚集率明显减低。巨血小板综合征：表现为除了瑞斯托霉素不能诱导血小板凝集外，上述几种诱导剂均能诱导血小板聚集。

(2) 血小板膜表面糖蛋白（glycoprotein，GP）

【目的】血小板膜糖蛋白是血小板功能的分子基础，其种类较多，包括质膜和颗粒膜糖蛋白两大类。常用流式细胞术检测血小板膜表面的各种 GP 含量（参考区间见表 6-1），可用于诊断血小板功能缺陷症或检测血小板活化水平。

【应用】血小板膜 GP 检测是血小板功能缺陷病的诊断试验之一，如巨血小板综合征 GPⅠb-Ⅸ-Ⅴ复合物、血小板无力症 GPⅡb/Ⅲa 复合物缺陷或显著减低，血小颗粒缺陷症的 CD62P 缺乏。

表 6-1 血小板膜糖蛋白平均分子数的参考区间

GP 种类与 CD 分子	静止血小板（分子数）	TRAP 活化血小板（分子数）
GP I b（CD42a）	25000 ~ 43000	6000 ~ 22000
GP IIb/IIIa（CD41a）	30000 ~ 54000	46000 ~ 80000
GP IIIa（CD61）	42000 ~ 60000	52000 ~ 80000
CD62P（GMP-140）	< 500	> 10000

TRAP：thrombin receptor activating peptide，凝血酶受体活化肽

（3）血小板自身抗体

【目的】由于机体免疫反应异常产生针对血小板骨架蛋白或膜糖蛋白的血小板自身抗体（autoantibody），导致血小板破坏增加或生成障碍，使循环血小板显著减少。检测血清中血小板自身抗体可用于明确或除外免疫性血小板减少症。

【应用】血小板自身抗体可分为特异性自身抗体、药物相关自身抗体和抗同种血小板抗体等。血小板自身抗体阳性有助于对自身免疫性血小板减少症的诊断与治疗。原发免疫性血小板减少症（primary immune thrombocytopenia，ITP）患者血小板自身抗体检测的总阳性率一般为 50% ~ 70%；检出抗血小板膜糖蛋白自身抗体对诊断 ITP 有较高的特异性。少数患者应用某些药物（如奎宁、青霉素、氨苄西林、肝素等）后可产生药物相关的自身抗体，导致药物免疫血小板减少。输血可导致产生同种抗体，使血小板破坏增多，血小板减少。

3. 凝血因子缺陷病诊断相关试验

（1）凝血交叉试验

【目的】当 PT、APTT 延长，疑为凝血因子缺乏时，加入正常混合血浆后再检测 PT 或 APTT，称为交叉实验；可以简便、快速明确是否有凝血因子缺乏。

【应用】当 PT 或 APTT 不明原因延长时，凝血交叉试验可以快速查明原因。若患者血浆与正常人血浆 1:1 混合一定时间后，检测结果恢复到参考区间或接近，提示 PT 或 APTT 延长是由于凝血因子缺乏所导致；反之，若不能恢复，则可能存在生理/病理性抗凝物质。

（2）单个凝血因子促凝血活性

【目的】当凝血筛查试验提示异常时，如 PT、APTT 或 TT 延长，需明确是何种凝血因子异常时，或疑为轻型或亚临床型凝血因子缺陷时，可直接测定单个凝血因子的促凝血活性，如 F VIII 的凝血活性（coagulation activity）表示为 F VIII：C；活性高低以相当于对照血浆凝血因子活性的百分率表示。

【应用】单个凝血因子的促凝血活性是先天性凝血因子缺陷症诊断的重要依据，并可据此对其分型，也可作为患者凝血因子制剂补充治疗后的疗效判断指标。一般情况下，先天性凝血因子缺陷多为单个凝血因子的缺陷，后天性凝血因子缺陷常为多个凝血因子的缺陷。血浆 F VIII：C 降低是肝病导致 DIC 诊断的重要指标。

（3）血浆纤维蛋白原（fibrinogen，FIB）

【目的】纤维蛋白原是血浆中含量最高的凝血因子，也是凝血酶和纤溶酶的共同底物，凝血酶活性增强会促进 FIB 转变为纤维蛋白，纤溶酶活性增强会促进对 FIB 的降解，而 FIB 合成不足可导致血浆中的 FIB 浓度降低。由于 FIB 含量或功能异常均可导致凝血障碍，因此 FIB 是出血性疾病诊治中常用的筛查指标。

【应用】血浆 FIB 减低在临床出血性疾病中比较常见，如严重肝实质损伤，如肝硬化、酒精中毒等导致合成减少；DIC 时，纤溶活性继发亢进，导致 FIB 直接被降解而减低，故 FIB 被作为 DIC 的诊断试验之一。先天性低或无纤维蛋白原血症、异常纤维蛋白原血症比较少见。

二、出血性疾病的实验诊断策略

出血性疾病可分为遗传性和获得性两大类。遗传性出血病多自幼发病，且常有家族史，如血小板无力症、血管性血友病、血友病等。获得性出血病常继发于其他疾病，且多为成年发病，如原发免疫性血小板减少症、肝病出血、DIC 等。根据出血的临床表现可以初步判断出血的原因。患者临床表现以皮肤及黏膜出血为主，表现为瘀点与体表紫癜、鼻出血、牙龈出血，成年妇女常有月经过多，常为初期止血缺陷所致。若患者临床表现以迟缓性再发的渗血与深部组织血肿形成为主，如关节腔出血、内脏出血、小型手术或轻度外伤后渗血不止等，多为凝血因子缺陷所致。

出血性疾病的实验诊断一般应遵循以下原则：①密切结合病史、家族史和临床表现，有目的性地选择筛查与诊断试验；②实验项目应从常用、简便试验开始，有必要时再使用技术要求高、较复杂的试验；③对部分已认识较深入的疾病，可从细胞、分子、基因水平进行全面检验，最终再做出实验诊断结论；④出血性疾病的发病机制较为复杂，各种试验的灵敏度、特异性均有差别，所反映的病理变化既不相同又可能有交叉，有时需要多次、定期复查并排除一些相关疾病或药物的干扰，不应仅根据某一项实验或某一次检验就做出诊断，有些实验结果还需通过动态观察进行分析。

（一）常用筛查试验结果的综合分析

通过常用出血性疾病筛查试验进行综合分析（表 6-2），初步判断可能属于哪一类出血性疾病；如果疑为凝血因子缺陷症及其相关疾病，可以根据 PT、APTT 和 TT 三项筛查试验结果初步查明可能为何种凝血因子缺乏（表 6-3）；对于常见类型出血性疾病，根据各项筛查试验结果可初步诊断（表 6-4）；对临床有出血性疾病表现的可疑患者，选择 5 种检验项目作为常规组合（图 6-1），可以快速判断出血可能涉及的止血缺陷因素，然后再进一步通过诊断试验实现确诊。

表 6-2 常用筛查试验对出血性疾病的初步分类

试验名称	血管性疾病	血小板病	凝血因子缺陷	异常抗凝物增多	纤溶亢进
BT	P/N	P/N	N	N/P	N/P
PLT	N	D/N	N	N	N
PT	N	N	P/N	P/N	P/N
APTT	N/P	N	P/N	P/N	P/N
TT	N	N	N/P	P	P
FDP	N	N	N	N	I

注：P 为延长；N 为正常；D 为降低；I 为增高

表 6-3 三种筛查试验联合判断凝血因子缺乏症等所致出血

凝血酶原时间（PT）	活化部分凝血活酶时间（APTT）	凝血酶时间（TT）	临床出血性疾病或出血原因
N	N	N	FXIII缺陷、α_2抗纤溶酶缺陷、凝血因子的亚临床和轻度缺陷、初期止血异常
P	N	N	FVII缺陷

续表

凝血酶原时间（PT）	活化部分凝血活酶时间（APTT）	凝血酶时间（TT）	临床出血性疾病或出血原因
N	P	N	FⅧ、FⅨ、FⅪ、FⅫ缺陷，血管性血友病、因子抑制物、狼疮抗凝物
P	P	N	FⅡ、FⅤ、FⅩ缺陷症和抗磷脂综合征
P	P	P	异常抗凝物，如肝素和FDP增多、纤维蛋白原缺乏或分子结构异常、多发性骨髓瘤、巨球蛋白血症、DIC

注：P 为延长；N 为正常

表 6-4 常见出血性疾病的筛查试验结果比较

出血性疾病	BT	PLT	PT	APTT	TT	FDP
血管性紫癜	N/P	N	N	N	N	N
原发免疫性血小板减少症	P/N	D	N	N	N	N
血小板无力症	P	N	N	N	N	N
血友病 A	N	N	N	P	N	N
血管性血友病	P/N	N	N	P/N	N	N
FⅦ缺陷	N	N	P	N	N	N
FⅩ缺陷	N	N	P	P	N	N
弥散性血管内凝血（DIC）	P	D	P	P	P	I
肝硬化	P/N	D	P	P	P/N	N/I

注：P 为延长；N 为正常；D 为降低；I 为增高

（二）根据临床出血病因选择检验项目

1. 初期止血缺陷　多由血管壁、血管内皮细胞、血小板数量与功能异常导致的皮肤与黏膜出血。

（1）血管壁与血管内皮细胞异常导致的出血：该类出血临床上并不少见，主要检验项目、名称及异常提示见表 6-5。由于血管及其内皮细胞的功能与血小板、凝血与纤溶功能密切相关，故其检验项目的意义互相交叉及重叠较多，在评价时应综合分析。

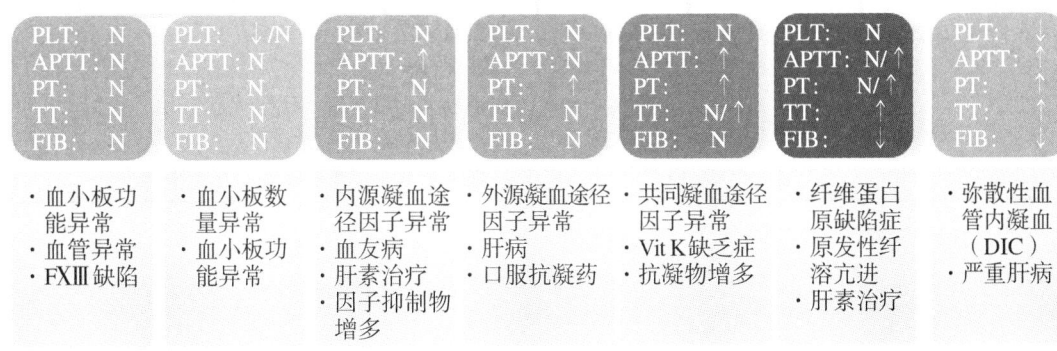

图 6-1　5 项组合试验筛查出血性疾病的实验诊断策略
N：正常（在参考区间内）；↓：降低或缩短；↑：增高或延长

表 6-5　血管异常导致出血的检验项目及主要异常提示

检验目的	检验项目	主要异常提示
血管结构与功能	毛细血管脆性试验	血管脆性与通透性，血小板数量与功能
	甲襞毛细血管镜检查	毛细血管襻形态、数量、结构、血流状态及对各种刺激的反应
血管壁与血小板	出血时间	血管收缩能力，血管内皮细胞与血小板互相反应能力，血小板数量与功能
血管内皮功能	vWF 抗原测定	vWF 抗原含量
	vWF 多聚体分析	vWF 多聚体种类与含量、结构
	vWF 免疫电泳	vWF 多聚化程度
	vWF 瑞斯托霉素辅因子、与胶原和 FⅧ结合能力	vWF 功能
	血栓调节蛋白（TM）	内皮细胞合成 TM 的功能及质量
	6-酮-前列腺素 Fα 抗原	内皮细胞前列环素（PGI_2）合成能力及其代谢
	内皮素（ET）测定	内皮细胞合成、释放内皮素的能力
	阿司匹林耐量试验	血管壁合成 PGI_2 的能力，PGI_2-TXA_2（血栓烷 A_2）平衡状态

（2）血小板异常导致的出血：血小板的数量、功能与糖蛋白分子等异常均可成为临床出血的原因。与止血相关的血小板功能主要有黏附、聚集、释放及促凝血作用。与血小板异常相关的主要检验项目、名称及主要异常提示见表 6-6、表 6-7，但表中部分试验并非常用项目，仅在必要时使用。一般情况下，当疑为血小板因素导致出血时，若 PLT 和形态均正常，可首选血小板聚集试验，然后再根据异常聚集试验结果有针对性地选择血小板膜糖蛋白等诊断试验，以明确血小板功能缺陷的病因，必要时可选择相关基因检查；若 PLT 减少和（或）形态异常，可首选血小板自身抗体检测和骨髓细胞学检验，以确定是否为免疫与非免疫性血小板减少症，必要时再选择其他试验以明确诊断。

表 6-6　血小板数量及形态异常导致出血的检验项目及主要异常提示

检验目的	检验项目	主要异常提示
血小板数量与功能	毛细血管脆性试验	血小板数量与功能
	血块收缩试验	血小板数量与血块收缩功能
血管壁与血小板相互作用	出血时间	血管内皮细胞与血小板互相作用能力，血小板数量与功能
血小板数量	血小板计数	血小板数量改变
	网织血小板计数	血小板生成及代谢速率
	血小板自身抗体	血小板减少原因
血小板形态及生成	外周血血小板显微及超微结构观察	血小板数量、大小、形态异常
	外周血血小板平均体积测定	血小板大小及年龄、代谢状态
	血小板生存时间测定	血小板生成及转换速率
	骨髓涂片及活检	巨核细胞数量、形态及血小板生成状况

表 6-7　血小板功能异常导致出血的检验项目及主要异常提示

检验目的	检验项目	主要异常提示
聚集功能	常用诱导剂聚集试验（胶原、ADP、肾上腺素、花生四烯酸等）	血小板对不同诱导剂的反应
	某些特殊诱聚剂聚集试验（瑞斯托霉素、血小板激活因子）	同上
	血栓弹力图最大振幅（MA）值	同上
	血小板膜糖蛋白（GPⅡb-Ⅲa）	与血小板聚集相关糖蛋白
黏附功能	血小板膜糖蛋白（GPⅠb-Ⅸ-Ⅴ）	与血小板黏附相关蛋白
释放功能	ATP 释放实验	血小板 ATP 含量及释放能力
	血小板 5-羟色胺（5-HT）含量测定	血小板 5-HT 含量及释放能力
	血浆 β-血小板球蛋白（β-TG）测定	血小板 β-TG 含量释放能力与活化水平
	血浆第 4 因子（PF4）测定	PF4 含量及释放能力与活化水平
	血浆凝血酶敏感蛋白（TSP）测定	血小板 TSP 含量及释放能力
	血小板 α 颗粒膜蛋白（P-选择素）测定	血小板活化程度
促凝血功能	血小板第 3 因子（PF3）有效性测定	血小板凝血活性

2. 二期止血缺陷　二期止血或血液凝固缺陷导致的出血主要涉及凝血因子、病理性抗凝物质和纤维蛋白溶解异常。在初期止血筛查试验均无明显异常的情况下，选择 PT、APTT、TT 和 FDP 四项筛查试验，通常可初步明确引起出血的病因或出血性疾病（表 6-3、表 6-4）。进一步检测单个凝血因子促凝血活性或含量，对于确诊出血性疾病和分型是必要的；对一些疑难病例，如血友病，必要时还需进行基因诊断。病理性抗凝物质，如凝血因子抑制物、类肝素抗凝物的检测可明确异常抗凝物增多导致的出血（表 6-8）。

表 6-8　常见病理性抗凝物质检测及意义

检验目的	检验项目	主要异常提示
病理性抗凝物筛查	复钙交叉试验	病理性抗凝物
肝素及类肝素抗凝物筛查与确认	TT 及甲苯胺蓝纠正试验 蕲蛇毒时间 血浆肝素定量测定	肝素及类肝素抗凝物增多 肝素不敏感，可以用于鉴别 TT 延长原因 肝素绝对浓度
血友病患者是否存在因子抑制物	血浆 FⅧ/Ⅸ抑制物测定	血友病患者 FⅧ/Ⅸ抑制物形成或获得性血友病

3. 基因诊断　遗传性出血性疾病，多为单基因遗传病，基因诊断可以明确患者的致病原因；更有意义的是基因诊断可以发现家族中的致病基因携带者，在其妊娠早/中期，实施产前诊断，避免患儿出生。以血友病 A 为例，下面简要阐述基因诊断在遗传性出血病防治中的重要意义。

血友病 A 的基因诊断主要分为：①直接检测致病基因；②通过检测 FⅧ基因内、外多个高信息量位点的基因多态性，进行遗传连锁分析，通过分析受检者是否携带致病基因的染色体来判断其是否与疾病相关。血友病（尤其是血友病 A）的基因诊断，是所有凝血因子基因诊断中较为复杂的；而且血友病的危害又是所有凝血因子缺陷症中最为严重的。阐明血友病家族中的遗传状态，避免患儿出生，对于优生优育及全民族健康素质的提高均有重要意义。

三、主要出血性疾病的实验诊断

（一）原发免疫性血小板减少症

原发免疫性血小板减少症（ITP）是一种获得性出血性疾病，既往也称特发性血小板减少性紫癜。患者血小板特异性自身抗体致敏的血小板被单核-吞噬细胞吞噬并过度破坏，引起血小板减少，故ITP属自身免疫性疾病。患者以皮肤黏膜出血为主，严重者可有内脏出血，甚至颅内出血；部分患者仅有血小板减少，无出血症状；一般没有脾大。ITP可分为急、慢性两型。急性型常见于儿童，慢性型常见于成人。

实验诊断特征：①至少2次PLT明显减少，血小板形态常有明显异常，可见大血小板、畸形血小板等；但其他血细胞形态无异常。②骨髓巨核细胞正常或增多，有成熟障碍。急性型患者以幼稚型增多为主，慢性型患者以颗粒型巨核细胞增多为主，但产生血小板的巨核细胞显著减少或缺乏。③血小板自身抗体阳性，尤其是血小板抗原特异性自身抗体，如抗血小板膜糖蛋白的特异性抗体（如抗GPⅡb-Ⅲa、GPⅠb-Ⅸ自身抗体）阳性，可鉴别免疫性与非免疫性血小板减少，有助于ITP诊断。④排除其他继发性血小板减少症和假性血小板减少症。

（二）血小板无力症

血小板无力症（Glanzmann thrombasthenia，GT）属于常染色体隐性遗传性血小板功能缺陷中最常见的疾病，患者常自幼有出血症状，多表现为皮肤、黏膜中度或重度出血，成年女性有月经过多。由于血小板膜GPⅡb/Ⅲa基因缺陷，使患者血小板膜上GPⅡb/Ⅲa分子数量减少、缺乏或分子结构异常，导致血小板聚集功能不良而引起出血。此外，一些疾病可导致获得性GT，如多发性骨髓瘤、急性早幼粒细胞白血病、骨髓增生异常综合征等，在诊断时应注意鉴别。

主要实验诊断特征：①PLT正常，在未抗凝的血涂片上血小板呈散在分布。②血小板功能缺陷：BT延长，血块收缩不良或正常。以ADP、肾上腺素、胶原、花生四烯酸作诱导剂均不能诱导患者血小板聚集或聚集功能减低，但瑞斯托霉素诱导的血小板凝集正常。③血小板膜糖蛋白分析：是本病的诊断试验。根据血小板膜GPⅡb-Ⅲa分子缺陷的程度可将GT分为三型，Ⅰ型：GPⅡb-Ⅲa阳性血小板<5%，血小板膜表面低于5000个分子；Ⅱ型：GPⅡb/Ⅲa阳性血小板占10%~20%，血小板膜表面5000~20000个分子；变异型：血小板膜GPⅡb/Ⅲa阳性血小板占50%以上，血小板膜表面约50000个分子，但分子结构缺陷，活化血小板不能与纤维蛋白原等黏附蛋白结合而发生黏附、聚集。纯合子患者通过GPⅡb/Ⅲa分子检查即可确诊，杂合子携带者一般无出血，但其血小板膜GPⅡb/Ⅲa分子数约减少至参考区间的一半。GT患者的血小板膜GPⅡb/Ⅲa缺陷，但GPⅠb/Ⅸ/Ⅴ正常；而巨血小板综合征患者的血小板膜GPⅡb/Ⅲa正常，但GPⅠb/Ⅸ/Ⅴ缺陷；两者可以此鉴别。

（三）血管性血友病

血管性血友病（vWD）是临床上一种最常见的遗传性出血性疾病。患者血管性血友病因子（vWF）基因突变，导致血浆vWF含量减少或质量异常。vWF异常可导致血浆FⅧ：C减低、血小板黏附功能障碍。患者有或无家族史，常有自发性出血或创伤、手术时出血增多，但以皮肤、黏膜出血为主，严重者内脏出血，而关节、肌肉出血少见。

实验诊断特征：①筛查试验，全血细胞计数正常，随患者病情不同，BT和APTT可延长或正常，FIB、PT、TT正常。对筛查结果正常或仅有APTT延长且可被正常血浆纠正者，应做诊断试验。②诊断试验，主要包括血浆vWF抗原测定（vWF：Ag）<30%（U/dl）、血浆

vWF 瑞斯托霉素辅因子活性（vWF：RCo）＜ 30%（U/dl）和血浆 F Ⅷ：C ＜ 30%（2N 和 3 型 vWD）；3 项试验的结果可以用于 vWD 的初步诊断。进一步的试验可以有助于分型诊断，包括血浆 vWF 多聚体分析、瑞斯托霉素诱导的血小板凝集（RIPA）、血浆 vWF 胶原结合试验（vWF：CB）和血浆 vWF 与 F Ⅷ 结合活性（vWF：F Ⅷ B）。各型特征见表 6-9。

表 6-9 vWD 的诊断与分型

vWD 类型	vWF：Ag	F Ⅷ：C	RIPA	vWF：RCo	vWF：RCo/vWF：Ag	vWF 多聚体分析
1	↓	↓	↓	↓	＞ 0.6	多聚体条带正常，但量减少
2A	↓/N	↓/N	↓	↓	＜ 0.6	大和中等大小多聚体减少
2B	↓/N	↓/N	↑	↓/N	＜ 0.6	大的多聚体通常减少
2M	↓	↓/N	↓	↓	＜ 0.6	多聚体正常，卫星条带可异常
2N	N	↓	N	N	＞ 0.6	多聚体正常
3	↓↓	↓↓	↓↓	↓↓	不能检测	所有多聚体均减少
血小板型	↓/N	↓/N	↑↑	↓		大的多聚体减少

注：↓ 为减低；↑ 为增高；N 为正常

（四）血友病

血友病（hemophilia）是一种 X 染色体连锁的隐性遗传性出血性疾病，可分为血友病 A 和血友病 B，A 和 B 两型分别为 F Ⅷ 和 F Ⅸ 质或量的异常所致。血友病 A 和 B 的发病率之比约为 16：3。患者几乎均为男性，女性纯合子型可发病，但极少见。患者临床表现为自发性或轻微外伤后出血难止，出血常发生于负重的关节、负重的肌肉群内，尚可发生内脏出血或致命的颅内出血。反复关节腔出血是本病的重要特征。

实验诊断特征：①筛查试验。BT、PLT、PT、TT 和 FIB 正常。重型患者 APTT 明显延长，患者血浆中加入一半正常血浆后可使延长的 APTT 恢复正常；轻型患者 APTT 可稍延长或正常。②诊断试验。血友病 A、B 患者分别为 F Ⅷ：C 与 F Ⅸ：C 减低或缺乏，按 F Ⅷ：C/F Ⅸ：C 减低的程度可将血友病分为重型（＜ 1%）、中型（1% ～ 5%）、轻型（5% ～ 40%）三种。促凝血活性检测时，应除外 F Ⅷ 和 F Ⅸ 的抑制物。若鉴别是否为分子结构异常，可检测 F Ⅷ：C 和 F Ⅸ：C 的抗原含量。③ vWF 分析。vWF 抗原及活性和 vWF 多聚体正常。血友病 A 患者的 F Ⅷ：C/vWF：Ag 比值显著降低。④血友病的基因诊断可通过直接基因检测和遗传连锁分析（间接诊断）诊断。*F8* 基因全长为 186 kb，定位于 Xq28；可导致血友病 A 的 *F8* 基因突变的种类较多，主要是基因点突变、缺失、插入和倒位等。*F9* 基因全长为 34 kb，定位于 Xq26.3-27.2；可导致血友病 B 的 *F9* 基因突变包括基因点突变、缺失、插入等，但多为单个碱基突变。基因诊断可以发现 *F8*/*F9* 基因缺陷，为遗传咨询提供重要依据。

（五）维生素 K 依赖凝血因子缺乏症

维生素 K（vitamin K，Vit K）依赖凝血因子（包括 F Ⅱ、F Ⅶ、F Ⅸ、F Ⅹ）缺乏症是临床上最常见的由于正常凝血因子合成不足所致的有明显出血倾向的疾病，也是临床上常见的复合性凝血因子缺陷症。Vit K 参与 γ- 谷氨酰羧基化反应，可将谷氨酸残基转变为 γ- 羧基谷氨酸（Gla）残基；Gla 是 Vit K 依赖凝血因子或抗凝血蛋白所特有的分子结构。当 Vit K 缺乏时，γ- 谷氨酰羧基化反应受阻，凝血因子 F Ⅱ、F Ⅶ、F Ⅸ、F Ⅹ 的 Gla 含量降低，引起这些凝血因子的活性下降，导致凝血功能障碍。Vit K 缺乏的原因包括摄入不足、肠道吸收不佳、肝转化不利以及内源性 Vit K 生成不足。口服 Vit K 拮抗剂，例如香豆素类抗凝药，它们有与 Vit K 类似的结构，通过竞争性抑制，可干扰 Vit K 依赖凝血因子的合成。

主要实验诊断特征：①筛查试验。APTT 和 PT 延长为主，TT 正常；但 Vit K 依赖凝血因子活性需下降到正常人 30%～35% 以下才有可能出现 APTT 和 PT 的延长。②诊断试验。直接检测血浆 Vit K 浓度，或测定血浆中 4 个 Vit K 依赖凝血因子活性。

（六）肝病出血

肝病时，由于多种因素的影响，患者常见出血，以皮肤和黏膜出血多见。严重肝病引起获得性凝血因子异常，患者常伴有凝血障碍。约 80% 以上的肝病患者具有 1 项或 1 项以上的血浆凝血因子异常。肝病出血的发生率及其严重程度与肝细胞受损及功能异常的程度成正相关。

主要实验诊断特征：① PLT 减少。由于骨髓造血功能受抑制、产生血小板自身抗体、继发性脾大等因素，血小板可呈中至重度减少。②凝血因子合成减少。纤维蛋白原、F Ⅱ、F Ⅴ、F Ⅶ、F Ⅸ、F Ⅹ减少，导致血液促凝活性减低。F Ⅷ可能由肝间质等单核-吞噬细胞合成，肝病时 F Ⅷ：C 增高。③抗凝血蛋白合成减少。抗凝血酶（AT）、蛋白 C（PC）、蛋白 S（PS）活性与含量减低。④纤溶系统异常。内皮细胞合成与释放组织型纤溶酶原激活物和尿激酶型纤溶酶原激活物增多，血浆纤溶酶活性相对增强，出现原发性纤溶亢进，使纤维蛋白原降解，生成 FDP 增多。⑤循环抗凝物增多。肝细胞合成的肝素酶减少，对血浆肝素和类肝素灭活能力减低，使其血浆浓度升高。

微整合

基础回顾

血液凝固机制

血液凝固是机体生理止血非常重要的一环，是凝血酶作用于纤维蛋白原，使其生成纤维蛋白，使血液从液体状态转变为凝胶状态的过程。目前已知，参与血液凝固过程的蛋白质是凝血因子，目前发现了 14 个，包括 12 个经典途径的凝血因子以及 2 个激肽系统的因子。1964 年，有学者提出来血液凝固机制的瀑布学说。据此，将凝血过程分为外源凝血途径、内源凝血途径和共同途径。外源凝血途径是指从组织因子释放入血到 FX 被活化的过程。内源凝血途径是指从 FⅫ 的激活到 FX 被活化的过程。共同凝血途径是指 FX 的激活到纤维蛋白形成的过程。内源、外源两条凝血途径是互相密切关联的，并非完全独立。

知识拓展

抗凝血系统的进展

生理状态下，机体的抗凝血系统主要由抗凝血酶系统和蛋白 C 系统构成，发挥抗凝机制。近些年，人们又发现了另一种途径的抗凝物——组织因子途径抑制物（tissue factor pathway inhibitor，TFPI）。该物质主要作用是调节 TF-FⅦa 参与的凝血过程，是对外源性凝血途径的抑制机制。TFPI 可以直接抑制 FXa，并与其结合形成复合物，在 Ca^{2+} 存在条件下抑制 TF/FⅦa 复合物。

思 考 题

1. 简述血友病和血管性血友病的鉴别要点。
2. 简述原发免疫性血小板减少症的实验诊断特点。
3. 简述肝病出血的实验诊断特征。

（屈晨雪）

第二节 血栓性疾病

血栓形成（thrombosis）是血液在血管内发生异常凝固的过程，所形成的血凝块称为血栓（thrombus），血栓脱落成为栓子（embolus），栓子随血循环流动阻塞另一部位的血管称为栓塞（embolism）。血栓形成和栓塞可发生于体循环和肺循环的各级血管中，引起血流淤滞或血循环完全停止，导致组织器官功能障碍和器质性病变，严重者可造成残疾或死亡。诱发血栓形成的风险因素可分为三类，包括血流紊乱（血流缓慢、形成湍流或灌注障碍）、血管壁损伤（结构破坏或功能异常）和血液成分异常（凝血活化或抗凝、纤溶缺陷），称为"血栓形成三要素"。根据发生部位，血栓性疾病可分为动脉血栓、静脉血栓和心房内血栓。不同类型血栓性疾病在风险诱因、病理机制和治疗原则方面存在显著差异。

案例 6-2

男性，21岁。就诊时左侧下肢肿胀，呈凹陷性水肿，在股三角区可扪及股静脉充满血栓的条索状物。Wells评分为高度可能性。多普勒加压超声血流显像示股静脉无血流信号，实验检查血浆 D-二聚体 6.5 mg/L（参考区间 < 0.5 mg/L）。病史：患者19岁时曾发生左下肢腘静脉血栓。家族史：患者母亲有肺栓塞病史。对患者本人、父亲、母亲、舅舅进行抗凝血蛋白检测，结果显示，患者游离蛋白 S 抗原含量（FPS：Ag）16.5%（参考区间 70% ~ 140%），父亲 89.7%，母亲 29.1%，舅舅为 48.2%，抗凝血酶活性和蛋白 C 活性均正常。临床诊断为遗传性蛋白 S 缺乏症。

问题：
1. 遗传性静脉血栓栓塞症的病理机制是什么？
2. 如何初步筛选出疑似遗传性易栓症患者？
3. 如何选择易栓症检验项目？

一、血栓性疾病的检验项目与应用

血栓形成是多源头、多因素、多系统功能紊乱的病理过程，涉及血管内皮、血小板、凝血、抗凝血、纤溶、病理性抗体以及基因突变等各个方面，相关检验涵盖血管内皮损伤标志物（如血管性血友病因子、凝血酶调节蛋白）、血小板功能分析（如血小板聚集率、血栓弹力图-血小板图）、凝血活化标志物（如凝血酶原片段1+2、凝血酶-抗凝血酶复合物、纤维蛋白肽A、纤维蛋白单体）、抗凝血蛋白（如蛋白 C、蛋白 S、抗凝血酶）、纤溶活化标志物（如纤维

蛋白降解产物、D-二聚体、组织型纤溶酶原激活物-激活物抑制物复合物、纤溶酶-α₂纤溶酶抑制物复合物）和病理性抗体（如狼疮抗凝物、肝素诱导的血小板减少症抗体）等。

（一）易栓症诊断试验

1. 血浆蛋白 C 活性（protein C activity，PC：A）

【目的】检测血浆蛋白 C 活性，辅助诊断易栓症，分析疾病成因。

【应用】蛋白 C（protein C，PC）是维生素 K 依赖性抗凝血蛋白，主要由肝合成。在微血管和小血管的内皮细胞表面，凝血酶-凝血酶调节蛋白复合物可将 PC 快速激活为活化蛋白 C（activated protein C，APC）；在大血管内皮细胞表面，内皮细胞蛋白 C 受体使 PC 活化为 APC；APC 主要抗血栓功能是通过裂解 FⅤa 和 FⅧa 以抑制凝血效应。在中国遗传性易栓症人群中，遗传性 PC 缺乏症的发生率较高，为常染色体显性或隐性遗传，患者常在合并（甚至未合并）其他血栓风险诱因的情况下发生静脉血栓。检测血浆 PC：A 是辅助诊断遗传性 PC 缺乏症的重要方法，联合 PC 抗原检测还可做进一步分型。导致血浆 PC：A 水平降低的获得性原因包括：合成减少（如肝病和肠梗阻）、消耗性减少（如静脉血栓急性期、脓毒症、DIC、急性呼吸窘迫综合征、恶性肿瘤）、妊娠期以及口服华法林。无论遗传性还是获得性 PC 缺乏，均可造成凝血-抗凝血调控紊乱，使血液促凝趋势增强。

2. 血浆总蛋白 S 活性（total protein S activity，TPS：A）和游离型蛋白 S 抗原含量（free protein S antigen，FPS：Ag）

【目的】检测血浆总蛋白 S 活性和（或）游离型蛋白 S 抗原含量，辅助诊断易栓症，分析疾病成因。

【应用】蛋白 S（protein S，PS）是维生素 K 依赖性抗凝血蛋白，主要由肝合成。作为 APC 的辅因子，其主要生物学功能是加速 APC 对 FⅤa 和 FⅧa 的灭活作用。在血浆中，60% 的 PS 与补体 C4 结合蛋白（C4bp）结合并失去了 APC 辅因子活性；40% 为游离型 PS（free protein S，FPS），具备 APC 辅因子功能。在中国遗传性易栓症人群中，遗传性 PS 缺乏症发生率较高，为常染色体显性或隐性遗传，患者常在无明显血栓诱因的情况下发生严重的静脉或动脉血栓，检测血浆 FPS：Ag 和（或）TPS：A 是辅助诊断遗传性 PS 缺乏症的重要方法，二者联合可做进一步分型。导致血浆 FPS：Ag 和（或）TPS：A 水平降低的获得性原因包括：合成减少（如肝病和肠梗阻）、消耗性减少（如静脉血栓急性期、脓毒症、DIC、急性呼吸窘迫综合征、恶性肿瘤、自身免疫性疾病或 HIV 感染）、丢失过多（如肾病综合征）、妊娠期、新生儿、雌激素治疗、口服避孕药以及应用华法林。无论遗传性还是获得性 PS 缺乏，均可造成凝血-抗凝血机制严重紊乱，使血液促凝趋势显著增强。

3. 血浆抗凝血酶活性（antithrombin activity，AT：A）

【目的】检测血浆抗凝血酶活性，辅助诊断易栓症，分析疾病成因，鉴别肝素抵抗现象。

【应用】抗凝血酶（antithrombin，AT）主要由肝合成，在血管内皮细胞、巨核细胞也可少量生成。AT 通过与凝血酶和 FXa 等活化的凝血因子共价结合，使之失去凝血活性。在中国遗传性易栓症人群中，遗传性 AT 缺乏症的发生率较高，为常染色体显性或隐性遗传，患者常在合并（甚至未合并）其他血栓风险诱因的情况下发生静脉血栓（亦可见动脉血栓），检测血浆 AT：A 是辅助诊断遗传性 AT 缺乏症的重要方法，联合 AT 抗原检测和功能试验还可做进一步分型。导致血浆 AT：A 降低的获得性原因包括：合成减少（如肝硬化、重症肝炎、肝癌晚期、急性肝衰竭及营养不良）、消耗性减少（如脓毒症、DIC、静脉血栓急性期、恶性肿瘤、外科手术后、重度先兆子痫和口服避孕药）以及丢失过多（如肾病综合征、高血压所致慢性肾功能不全、渗出性胃肠疾病、大面积烧伤和多发性创伤失血）。无论遗传性还是获得性 AT 缺乏，均可造成凝血-抗凝血机制紊乱，血液促凝趋势增强。此外，AT 是肝素类药物（普通肝素、低分子肝素和磺达肝癸钠）的作用靶点，药物分子上的戊糖结构能与 AT 的赖氨酸残基结合，使 AT 的精氨酸反应中心发生构象改变，更易与活化的凝血因子结合，从而增强 AT 的抗凝活性，血浆 AT：A＞80% 时肝素类药物可发挥正常的抗凝功能。当血浆中 AT 出现遗传性或获得性缺乏时，肝素类药物的抗凝疗效往往无法达到预期，AT：A 为 50%～60% 时药物抗凝效果减低，AT：A＜30% 时药物无法发挥抗凝效果。

4．遗传性易栓症相关基因

【目的】检测遗传性易栓症相关基因，辅助临床诊断，分析疾病成因。

【应用】遗传性易栓症相关基因缺陷大致分为四类：①导致蛋白抗凝血功能缺失的基因突变，如抗凝血酶基因（SERPINC1）、蛋白 C 基因（PROC）、蛋白 S 基因（PROS1）和凝血酶调节蛋白基因（THBD）变异，可造成抗凝血系统功能减弱；②导致蛋白促凝功能增强的基因变异，如凝血酶原基因（F2）、因子 V 基因（F5）、因子 Ⅷ（F8）、凝血因子 Ⅺ（F11）以及血管性血友病因子（vWF）相关基因变异，可造成血液促凝趋势增强；③纤溶系统基因功能异常，如纤溶酶原激活物抑制物 -1 基因（PAI-1）4G/5G，可导致纤溶系统功能抑制；④其他可间接影响凝血过程的基因变异或表观遗传学改变，如高 DNA 甲基化水平可引起多种抗凝因子沉默。需注意，遗传因素和环境暴露之间可有多种相互协同与影响模式，因此，遗传学分析仅能部分解释静脉血栓栓塞症（VTE）的先天性成因，评估时仍需结合患者临床资料和家系背景做综合分析。

（二）血栓风险标志物

1．血管性血友病因子抗原含量（von Willebrand factor antigen，vWF：Ag）

【目的】检测血管性血友病因子抗原含量，评估血管内皮损伤和血栓形成风险，预测疾病转归。

【应用】血浆中的血管性血友病因子（vWF）主要由血管内皮细胞合成，其水平受多种因素调控，能反映各种病理生理因素对血管内皮细胞功能的影响，当内皮细胞损伤或受到刺激后，vWF 形成超大型多聚体并迅速释放入血液循环，在高血流剪切应力环境下发生可逆性构象改变并介导血小板黏附过程。vWF：Ag 是灵敏反映血管内皮损伤的生物标志物，血浆 vWF：Ag 水平增高见于稳定性心绞痛、急性冠脉综合征、非瓣膜病房颤、缺血性脑卒中、静脉血栓栓塞症、血栓性血小板减少性紫癜以及严重感染性疾病。此外，vWF 是 F Ⅷ 的载体蛋白，避免 F Ⅷa 被活化蛋白 C 过度灭活，血浆中高水平的 vWF 多伴随 F Ⅷ 活性增高，二者联合检测可提高临床评估血栓风险的准确性。

2．凝血酶调节蛋白（thrombomodulin，TM）

【目的】检测血浆可溶性凝血酶调节蛋白抗原含量（soluble thrombomodulin antigen，sTM：Ag），评估血管内皮损伤，预测血栓形成风险。

【应用】凝血酶调节蛋白是一种单链跨膜糖蛋白，主要分布在血管内皮细胞膜表面，具有 5 个发挥不同生物学功能的结构域。血管内皮细胞表面 TM 的主要抗凝机制是通过其表皮生长因子样结构域与凝血酶 1：1 结合形成复合物，进而加速 PC 的激活，促进其对 FVa 和 FⅧa 的灭活。当血管损伤时，内皮细胞表面的 TM 结构发生破坏并脱落到血浆中，最终经肾排到尿液中。因此，游离于血浆中的可溶性 TM（sTM）是一类结构不完整的 TM 片段，血浆中 sTM：Ag 水平增高提示血管损伤，见于静脉血栓栓塞症急性期、急性缺血性脑卒中、脓毒症、DIC、急性呼吸窘迫综合征以及糖尿病合并血管病变。当急性肾损害时，由于清除障碍，血浆中 sTM：Ag 可见蓄积性增高。

3．凝血酶 - 抗凝血酶复合物（thrombin-antithrombin complex，TAT）

【目的】动态监测血浆凝血酶 - 抗凝血酶复合物浓度，评估血液高凝状态，指导血栓预防和治疗，预测疾病转归。

【应用】血浆 TAT 是凝血酶与抗凝血酶以 1:1 形成的共价复合物，其血浆水平显著增高提示凝血酶大量形成，多见于凝血系统异常激活、高凝状态和血栓形成急性期，可作为预测血栓风险和疾病转归的参考指标。在静脉血栓栓塞症、动脉血栓性疾病（如缺血性脑卒中、急性冠脉综合征、周围动脉疾病）、DIC 以及颅脑创伤凝血病时，血浆中 TAT 水平持续增高是疾病发展的重要标志。在恶性肿瘤患者中，血浆中高水平 TAT 提示血栓风险及病情恶化。健康孕妇血浆 TAT 浓度随孕周逐渐上升并伴随妊娠期始终，在病理妊娠时（如重度先兆子痫），血浆 TAT 水平进行性显著增高，预警不良临床结局。

4. 血小板活化标志物

【目的】血小板活化水平增加是动脉血栓形成的重要促进因素，血小板活化标志物包括血小板膜糖蛋白 Ⅱb-Ⅲa（GPⅡb-Ⅲa）、P 选择素（CD 62p 或 GMP-140）以及尿液 11-脱氢血栓烷 B_2（11-dehydro-thromboxane B_2，11-DH-TXB_2）等。血小板活化标志物能特异性反映血小板的活化程度，可作为监测动脉血栓栓塞性疾病发生风险和病情评估的辅助手段。

【应用】血小板活化后具有多种复杂的生理止血功能，主要包括黏附（adhesion）、聚集（aggregation）、释放反应（release reaction）、促凝血（procoagulation）和血块收缩（clot retraction）等；血小板过度活化会加剧血液促凝趋势，增加血栓形成的风险。①血小板膜 GPⅡb-Ⅲa 作为纤维蛋白原的受体，是介导血小板聚集的重要分子。当血小板过度活化时，GPⅡb-Ⅲa 由开放管道系统及 α 颗粒膜转向膜外，使血小板膜表面的 GPⅡb-Ⅲa 分子数增多并发生构象改变，结合纤维蛋白原的能力增强，进而促进血小板栓子形成。②P 选择素（P-selectin）亦称为颗粒膜蛋白 140（granular membrane protein-140，GMP-140）或 CD 62P，表达在静息血小板 α 颗粒膜上。血小板活化时 α 颗粒膜与质膜融合，P 选择素暴露于血小板表面，因此循环血小板膜上 P 选择素表达增加是血小板活化的特异性标志，多见于急性冠脉综合征、急性缺血性脑卒中、外周动脉疾病、糖尿病及高血压。P 选择素亦存在于内皮细胞 Weibel-Palade 小体，内皮细胞激活时，P 选择素表达在细胞质膜上，可介导血小板和内皮细胞与中性粒细胞和单核细胞间的相互作用，后两者在其 P 选择素糖蛋白配体 1（P-selectin glycoprotein ligand 1，PSGL-1）与 P 选择素相互作用的介导下，在活化内皮细胞上滚动并聚集于血管受损处，加剧血管炎性损伤和凝血活化。③ TXA_2 是由花生四烯酸（arachidonic acid，AA）通过环氧酶-1（cyclooxygenase-1，COX-1）、血栓素合成酶（thromboxane synthase）转化而来。血小板激活后会分泌大量能使血管收缩以及血小板聚集的 TXA_2。TXA_2 的血浆半衰期短，在短时间内水解成血栓烷 B_2（thromboxane B_2，TXB_2），并通过 11-脱氢酶（11-dehydrogenase）转化为不易降解的 11-脱氢血栓烷 B_2（11-dehydro-thromboxane B_2，11-DH-TXB_2），最终经肾排泄，因此尿中 11-DH-TXB_2 可作为反映血小板活化的生物标志物。

5. 纤溶系统活化分子标志物 纤维蛋白溶解系统（fibrinolytic system）简称纤溶系统，纤溶是指纤溶酶原（plasminogen，PLG）激活后转变为纤溶酶（plasmin），进而降解纤维蛋白（原）的过程。生理状态下，纤溶活性维持在一定水平，并与血管内皮系统和凝血系统保持动态平衡，对维持血管畅通、防止出血或血栓形成具有重要作用。

【目的】检测血浆纤溶系统活化标志物，鉴别纤溶亢进类型，评估低纤溶状态所致的血栓风险，监测继发性血栓病的病情转归。

【应用】①血浆中的 PLG：主要由肝合成，是一种单链糖蛋白，其主要功能是在各种纤溶酶原激活剂的作用下转变为纤溶酶，在肝病、DIC、脓毒症、恶性肿瘤时含量减低。②血浆组织型纤溶酶原激活物（tissue-plasminogen activator，t-PA）和纤溶酶原激活物抑制物-1（plasminogen activator inhibitor 1，PAI-1）：二者主要由血管内皮细胞合成，t-PA 与 PAI-1 在血浆中多以复合物形式存在，仅有少量处于游离状态而发挥纤溶活性调节作用；当 t-PA 释放减少或 PAI-1 增多时可导致血栓形成风险增加。t-PA 与 PAI-1 以 1∶1 形成组织型纤溶酶原激活物 - 激活物抑制物复合物（tissue plasminogen activator-plasminogen activator inhibitor complex, tPAI·C）可用于评估纤溶激活状态。③ α_2- 纤溶酶抑制物（α_2-plasmin inhibitor，α_2-PI）可迅速与纤溶酶 1∶1 结合形成无活性的纤溶酶-α_2 纤溶酶抑制物复合物（plasmin-α_2-plasmin inhibitor complex，PIC）。α_2-PI 的主要功能是参与调节纤溶活性，α_2-PI 增高时导致纤溶活性降低，见于静脉或动脉血栓形成、恶性肿瘤等；PIC 增高提示纤溶活性增强，联合血栓弹力图、D- 二聚体、纤维蛋白原等指标，可用于鉴别纤溶亢进类型、辅助诊断早期 DIC、指导抗栓治疗以及评估血栓风险。

6. 狼疮抗凝物（lupus anticoagulant，LAC）

【目的】检测血浆狼疮抗凝物，评估血栓发生或复发风险，指导临床治疗。

【应用】LAC 是一种自身抗体，多数为 IgG 型，少数为 IgM 型。LAC 通过与磷脂或磷脂-蛋白复合物结合，激活内皮细胞、单核细胞、中性粒细胞以及血小板，干扰各种依赖磷脂的凝血与抗凝蛋白，引发病理性高凝状态。LAC 阳性病例多为成年女性患者，男性患者相对少见（女/男约为 9∶1）。LAC 阳性常见于抗磷脂综合征等自身免疫性疾病、病理妊娠、不孕症、血栓性疾病（包括特发性静脉血栓、上肢深静脉血栓形成和心、脑血管缺血性疾病）；在感染性疾病、肝炎、实体肿瘤、白血病、真性红细胞增多症以及使用某些药物（氯丙嗪、普鲁卡因胺、奎尼丁、肼屈嗪、苯妥英钠、干扰素和可卡因等）的患者血浆中可短暂出现 LAC。在体外试验中，LAC 能干扰依赖磷脂的凝血过程，使 APTT 假性延长。LAC 检测包括筛选试验、混合试验和确诊试验，检测方法均基于血浆凝固反应，由于影响凝血试验的因素较多，且 LAC 本身具有高度异质性，尚无任何一种试验可检出全部 LAC，因此需选择不同原理的实验方法做联合检测，如联合应用稀释的蝰蛇毒时间（dilute Russell viper venom time，dRVVT）和硅土凝固时间（silica clot time，SCT）以提高诊断灵敏度和特异性。

7. 肝素诱导的血小板减少症抗体（heparin induced thrombocytopenia antibody，HIT-Ab）

【目的】检测肝素诱导的血小板减少症抗体，鉴别诊断或辅助诊断 HIT。

【应用】肝素诱导的血小板减少症（HIT）是一种由抗体介导的肝素不良反应，患者多表现为血小板数量降低伴高凝状态，严重者可引发静、动脉血栓栓塞甚至死亡。HIT 的发生机制：血小板被肝素激活后释放血小板第 4 因子（platelet factor 4，PF_4），并与肝素结合形成 PF_4- 肝素复合物（PF_4-H），经血中免疫细胞吞噬 PF_4-H 后产生应答，产生 HIT 抗体（HIT-Ab），主要为 IgG。HIT-Ab 与 PF_4-H 结合形成 IgG-PF_4-H 复合物，进而与血小板表面特异性 IgG 受体（Fcγ Ⅱ A）结合，导致血小板强烈活化和聚集。同时，单核细胞受 IgG-PF_4-H 刺激释放组织因子，激活凝血途径引发高凝状态。HIT-Ab 检测可分为功能分析试验和免疫学试验。功能分析试验是一类用疑诊患者血浆诱导正常血小板活化的检测技术，能间接判断 HIT-Ab 的存在，包括 5- 羟色胺释放试验（serotonin release assay，SRA）、肝素诱导的血小板活化试验（heparin induced platelet activation assay，HIPA）等，具有灵敏度高、特异度强等优点，但缺点是成本高、耗时长且不易标准化，很少用于临床。免疫学试验是一类直接将 HIT-Ab 作为检测靶标的高灵敏度方法，包括微粒凝集法、侧流免疫分析、酶联免疫吸附试验和化学发光法，这些试验灵敏度高且有标准化质控体系，是辅助临床诊断的主要工具。基于免疫学原理的 HIT-Ab 试验包括混合抗体（IgG、IgM 和 IgA）检测和 IgG 特异性抗体检测，两种试验均有很高的诊断灵敏度，可进行排除诊断；阳性结果结合验前概率评分可辅助确诊 HIT。

二、血栓性疾病的实验诊断策略

血栓性疾病的临床诊断依赖影像学检查，如多普勒加压超声、CT 肺动脉造影、核素肺通气/灌注（V/Q）显像等。对于住院患者和特定门诊患者的静脉血栓风险评估多采用血栓风险评分量表。实验检测主要应用于疾病初筛、辅助诊断、风险评估和药物监测等方面。

（一）风险评分量表

临床上，对于潜在的血栓风险患者主要采用血栓风险评分量表进行评估和初筛，此类评分工具涵盖主要的血栓风险要素并进行权重赋值，从而实现对患者的危险度分层（如低危、中危和高危），指导临床进行有针对性的抗凝预防或物理预防。常用的静脉血栓风险评分量表有 Caprini 评分（适用于外科患者）、Padua 评分（适用于非手术患者）和 Khorana 评分（适用于接受化疗的门诊肿瘤患者）等。

（二）实验诊断

在血栓性疾病的诊断、治疗和预防过程中，应基于诊疗目的、适应证人群以及验前规则选择适宜的实验指标，检测数据应结合患者的病史、家族史以及临床资料做综合分析。对于无明确诱因的高凝状态和静脉血栓患者，应系统排查隐匿性疾病，包括（但不限于）恶性肿瘤、抗磷脂综合征、炎症性肠病以及肾病等。对于年龄较轻、多次静脉血栓病史、有静脉血栓家族史的静脉血栓患者，还应结合患者的个体特征进行遗传性易栓症筛查。对于仍无法明确病因的血栓患者（特发性静脉血栓），应密切随访和监测，动态调整治疗和预防措施。

1. 筛查试验

（1）静脉血栓栓塞症：对于疑诊深静脉血栓形成（DVT）和急性肺血栓栓塞症（PTE）患者，D-二聚体（DD）检测结合验前评分（如 Wells 评分或简化版 Wells 评分）有高度诊断灵敏度和极佳的阴性预期值。对于疑诊 DVT 患者，Wells 评分为低度可能性时，行 DD 检测，如结果阴性可排除血栓，阳性者做进一步超声检查；对于疑诊 PTE 患者，如血流动力学稳定，Wells 评分为低度可能性时，行 DD 检测，结果阴性者排除血栓，阳性者行影像学检查（如 CT 肺动脉造影）。需注意，在临床上有多种原理不同的 DD 检测方法，且各种方法间没有统一标准，诊断灵敏度和特异度差异很大。

（2）肝素诱导的血小板减少症：HIT 发病率低，但临床后果严重，因此及早识别 HIT 是实施有效救治的关键。在住院患者中，由于各种原因所致的血小板减少症和肝素暴露普遍存在，使疑诊 HIT 患者明显多于确诊患者。对于疑诊 HIT 患者，HIT-Ab 检测结合 4Ts 评分（4Ts HIT score）有高度诊断灵敏度和极佳的阴性预期值。4Ts 评分（表 6-10）为低度可能性可排除 HIT。4Ts 评分为中、高度可能性患者应检测 HIT-Ab；如混合抗体或 IgG 特异性抗体呈阴性，可排除 HIT；如混合抗体呈阳性，则高度怀疑 HIT；如 IgG 特异性抗体呈阳性，可确诊。

表 6-10 HIT 的验前评分（4Ts 评分）

评分要素	2 分	1 分	0 分
血小板减少的数量特征（thrombocytopenia）	同时具备下列两者：血小板减少超过 50%；最低值 ≥ 20×10^9/L	具备下列两者：血小板减少 30%~50%；最低值在（10~19）×10^9/L	具备下列两者之一：血小板减少不超过 30%；最低值 < 10×10^9/L

续表

评分要素	2分	1分	0分
血小板减少的时间特征（timing of onset）	具备下列两者之一：使用肝素 5～10 天；再次接触肝素 ≤ 1 天（在过去 30 天内曾接触肝素）	具备下列两者之一：使用肝素 > 10 天；使用肝素 ≤ 1 天（在过去 31～100 天曾接触肝素）	使用肝素 < 5 天（近期未接触肝素）
血栓形成特征（thrombosis）	新形成的静、动脉血栓；皮肤坏死；肝素负荷剂量后的急性全身反应	进展性或再发生的血栓形成，皮肤红斑；尚未证明的疑似血栓形成	无
其他导致血小板减少的原因（other cause of thrombocytopenia）	没有	可能有	确定有

注：总分为 8 分，分为低度可能性（≤ 3 分）、中度可能性（4～5 分）、高度可能性（6～8 分）

2. 辅助诊断试验 血栓成因高度复杂，遗传学因素和获得性因素常叠加出现，医生应全面梳理风险诱因，推导血栓发生机制，为疾病诊断提供依据。需注意，辅助诊断过程应充分考虑患者个体特征和病理机制，循序渐进，合理使用检测资源。

（1）抗凝血蛋白检测：遗传性易栓症是凝血、抗凝血或纤维蛋白溶解系统因基因缺陷导致功能异常，进而引发病理性高凝状态或血栓形成。易栓症患者终生携带血栓风险，常在合并其他风险诱因甚至无明显诱因的情况下发生血栓栓塞（多为静脉血栓，少数为动脉血栓），且复发率高。对疑诊遗传性易栓症患者进行实验检查前，应先进行临床特征、病史和家族史的临床初筛，对初筛阳性患者进行系统性检测。遗传性易栓症患者主要临床特征包括低龄发病（< 50 岁，多数患者在 15～40 岁）、少见栓塞部位（如颅内静脉窦血栓、门静脉血栓、肠系膜静脉和肾静脉等）、复发性病理妊娠（如习惯性流产、胎儿生长受限、死胎及妊娠期发生 ≥ 1 次的 VTE）、特发性 VTE（排除了获得性血栓诱因）以及口服华法林造成栓塞（如浅表静脉血栓栓塞、皮肤坏死或血栓负荷加重）等。疑诊患者符合上述病史特征的任何一项时，均应进行遗传性易栓症检查。父系或母系中有同样缺陷的家属或曾发生特发性静脉血栓等也提示可能有遗传风险。

在中国人群中，抗凝血蛋白（抗凝血酶、蛋白 C 和蛋白 S）缺陷率最高，因此对疑诊患者宜首先进行抗凝血蛋白活性和（或）含量检测，以辅助诊断和鉴别易栓症类型。进行抗凝血蛋白检查前，应充分考虑患者使用抗凝药的情况，避免抗凝药对检测结果的干扰。例如，抗凝血酶是肝素的作用靶点，肝素治疗可能干扰抗凝血酶活性水平，因此抗凝血酶活性检测宜在停用肝素至少 24 小时后进行。蛋白 C 和蛋白 S 是维生素 K 依赖的抗凝血蛋白，服用华法林可使血浆蛋白 C 和蛋白 S 活性显著降低，因此蛋白 C 和蛋白 S 活性检测宜在华法林停药至少 2～4 周后进行（可通过 INR 评估华法林残留抗凝效应）。此外，一些获得性因素可导致抗凝血蛋白缺乏，如合成不足、消耗性减少或丢失过多。由于血浆中抗凝血蛋白活性易受临床因素影响，因此不应仅凭一次检测结果确定是否存在遗传性缺乏，宜择期进行重复检测。

（2）遗传性易栓基因检测：当确认有抗凝血蛋白缺乏时，如条件允许，可考虑做相关基因检测，如 *SERPINC1* 基因、*PROC* 基因和 *PROS1* 基因等。如未发现抗凝血蛋白异常，应根据临床资料及相关凝血试验数据选择适当的分子检测手段，检查其他基因缺陷，包括（但不限于）凝血酶调节蛋白（*THBD*）、凝血因子Ⅺ（*F11*）、血管性血友病因子（*vWF*）、纤溶酶原激活物抑制物-1（*PAI-1*）、叶酸（*MTHFR*）相关基因变异等，为选择治疗方案和制订长期预防策略提供依据。对高加索血统的疑诊患者，在必要时可检测凝血酶原（*F2* G20210A）和因子Ⅴ（*F5* Leiden）基因变异。对于来自非洲的疑诊患者，在必要时可检测因子Ⅷ（*F8*）

基因变异。

(3) 狼疮抗凝物检测：LAC 是造成静脉、动脉血栓栓塞症的重要风险。血浆 LAC 检测呈阳性，提示患者血栓发生（复发）风险增加。对于特发性的静脉、动脉血栓栓塞患者，LAC 可能是诱发血栓形成的重要驱动因素。临床考虑对血栓患者或疑似风险患者进行 LAC 检测时，应进行验前评分，对其中符合中度和高度可能性标准的患者实施 LAC 检测，以提高阳性检出率，避免过度检查（表 6-11）。

表 6-11 狼疮抗凝物检测前的临床可能性评估标准

临床可能性	评价标准
高度	符合任意一项：< 50 岁的无明显诱因的静脉血栓、无法解释的动脉血栓栓塞、少见部位发生血栓形成、习惯性流产、血栓形成或病理妊娠（死胎、胎儿发育迟滞）合并自身免疫性疾病的患者（包括系统性红斑狼疮、类风湿性关节炎、自身免疫性血小板减少症和自身免疫性溶血性贫血）
中度	偶然发现的无症状患者的 APTT 延长、复发性早期习惯性流产、无明显诱因的年轻静脉血栓患者
低度	发生静脉血栓或动脉血栓栓塞的老年患者

3．风险评估试验 是早期识别血栓风险、危险度分层和指导临床实施血栓防治的重要方法。需注意，应根据诊疗目的、适应证人群选择合理的检验项目和实验方法，并制定相应的风险评估的临界值。

(1) D- 二聚体：对于静脉血栓高风险患者（如恶性肿瘤、创伤、外科术后、长时间制动等），动态监测 DD 有助于评估高凝状态发展趋势、危险度分层。在动脉血栓患者中，高水平 DD 常用于预警动脉缺血事件，如下肢动脉硬化闭塞症患者在短期内发生心脏缺血事件、缺血性脑卒中患者发生再梗死等。在严重感染患者中，细胞炎性因子风暴导致凝血紊乱，血浆 DD 持续增高的患者更易发生血栓（如肺微血管血栓、静脉血栓栓塞、动脉血栓等），并与疾病严重程度和死亡风险显著相关。

(2) 血管性血友病因子抗原含量：稳定性心绞痛患者血浆 vWF：Ag 水平增高提示冠状动脉斑块造成的血管损伤加重。急性冠脉综合征患者血浆 vWF：Ag 水平显著增高提示粥样斑块破裂所致的严重血管内皮损伤，持续增高则预警不良临床结局。非瓣膜病房颤患者血浆 vWF：Ag 水平有不同程度增高，其中持续性和永久性房颤最为显著，可用于预测血栓发生（复发）风险（如缺血性脑卒中和静脉血栓）。在多种临床情况下（如恶性肿瘤、亚临床和严重甲状腺功能亢进、慢性肝病、严重感染、慢性心力衰竭及妊娠期等），血中 vWF：Ag 水平的增高是增加 VTE 风险的独立因素。需注意，不同 ABO 血型人群的血浆 vWF：Ag 水平有显著差异，非 O 型血人群比 O 型血人群偏高约 25%，进而导致非 O 型血人群的血浆 FⅧ水平亦明显高于 O 型血人群（vWF 是 FⅧ的载体蛋白），可作为 VTE 的潜在风险。此外，临床严重感染引起的广泛内皮损伤和功能障碍是严重脓毒症相关凝血紊乱的重要病理基础。感染急性期患者血浆中高水平的 vWF 通过血小板吸引或直接结合等方式募集白细胞，活化的中性粒细胞或中性粒细胞胞外诱捕网（neutrophil extracellular trap，NET）的释放可抑制 vWF 裂解酶（ADAMTS13）的活性，血小板 - 中性粒细胞聚集体和 NET 则为 vWF 的蓄积提供支架结构。最终血中 vWF 高度表达和病理性蓄积以及与 ADAMTS13 间的比例失衡加剧了脓毒症患者的高凝状态和微血栓形成趋势，并与不良临床结局密切相关。因此，动态监测血浆 vWF：Ag 水平可辅助评估脓毒症患者血栓风险、病情严重程度以及预测疾病转归。

(3) 凝血酶 - 抗凝血酶复合物和凝血酶调节蛋白：血浆中凝血酶的生成量是评估血液高凝

状态的最佳视角，但由于凝血酶的半衰期非常短，无法直接进行检测，因此血浆 TAT 是反映凝血酶生成趋势的敏感标志物，其血浆含量增高提示存在持续凝血活化，在静脉、动脉血栓性疾病中，TAT 都是反映病理性高凝状态以及不良临床转归的标志物。TM 作为大分子量跨膜糖蛋白，广泛分布于血管内皮细胞膜表面，具有抗凝、抗炎、免疫调控、细胞迁移等重要的生物功能，对维持人体组织器官正常功能具有重要意义，当血管内皮细胞损伤时，TM 发生结构破坏并脱落入血，通过检测其血浆含量可辅助评估疾病发展趋势和血栓风险。在临床实践中，根据诊疗目的不同，TAT 和 TM 宜与其他血栓标志物做联合评估，并制定相应的临界值。在解读 TAT 和 TM 的临床意义时，应基于患者临床背景进行分析，且动态监测优于单次检测。

三、主要血栓性疾病的实验诊断

（一）静脉血栓栓塞症

静脉血栓栓塞症（VTE）是一种由环境暴露和遗传风险相互作用引起的多因素疾病。VTE 形成过程以凝血系统异常活化为基础，患者多有严重的或进行性高凝状态，VTE 栓子的纤维蛋白负荷通常高于动脉血栓。导致 VTE 形成的诱因繁多，但症状不典型，甚至在发病初期也常因症状不典型而漏诊。VTE 包括深静脉血栓形成（deep venous thrombosis，DVT）和肺血栓栓塞症（pulmonary thromboembolism，PTE），二者是同一疾病的不同阶段，在发病机制上相互关联，风险因素几乎一致。同时，由于患者个体差异大，并且原发病、合并症、药物、手术及卧床等风险因素可叠加出现，还可能存在遗传学风险，使 VTE 的防治变得非常复杂。易栓症是指机体在遗传性、获得性（病理性、生理性或药物等）因素影响下，血液止血各系统间功能失衡，产生高凝状态或血栓形成倾向。根据病因，易栓症可分为遗传性和获得性，二者在人群特征、临床过程以及防治策略方面显著不同。遗传性易栓症患者常在合并风险因素或无明显诱因的情况下发生血栓栓塞，且复发率高，许多患者终生携带血栓风险，需长期进行风险评估和（或）药物预防。遗传性易栓症多导致静脉血栓（包括 DVT、PTE 以及其他少见部位血栓），少数患者亦可发生动脉血栓栓塞。

1. 获得性易栓症 导致获得性易栓症的风险因素繁多，形成机制不同，临床过程差异很大，因此，在诊疗过程中应充分了解患者的血栓病史、血栓家族史以及个体特征（如高龄、肥胖、吸烟等），并结合临床资料做综合分析。获得性易栓症的相关风险因素包括生理性、病理性和医源性三类。生理性风险因素主要指妊娠和产褥期；病理性风险因素涉及可能产生和加重血流淤滞、血管内皮损伤和血液促凝趋势的因素或疾病，包括（但不限于）创伤、长时间制动、癌症、抗磷脂综合征、肾病综合征、重度感染、炎症性肠病、慢性心力衰竭、骨髓增殖性疾病、慢性阻塞性肺疾病、阵发性睡眠性血红蛋白尿症以及严重甲状腺功能亢进等；医源性风险因素包括口服避孕药、激素替代治疗、肿瘤治疗（如化疗和靶向治疗）、肝素诱导的血小板减少症、手术及中心静脉置管等。对于获得性易栓因素，应结合患者的临床特征选择相应的风险评估工具（如 Caprini 评分、Padua 评分、Khorana 评分或 4Ts 评分等）、实验检查（如 DD、vWF: Ag、LAC、TAT 等）和（或）影像学检查等，进行血栓形成危险度分析或辅助诊断，持续评估患者血栓发生或复发风险，指导临床进行治疗、控制或预防。对于疑诊 VTE 患者，应迅速进入诊断流程，根据临床情况采用临床评分（如 Wells 评分）、DD 和影像学检查等进行鉴别诊断或确诊。

2. 遗传性易栓症 当确诊的静脉血栓患者存在低龄发病、少见的栓塞部位、多次血栓病史、复发性病理妊娠、特发性 VTE、口服华法林造成栓塞或明确的血栓家族史等特征时，应尽快启动遗传性易栓症相关实验检查。在检查前，需充分了解是否存在获得性易栓因素，避免临床误诊和过度治疗。遗传性易栓症具有明显的人群差异，在中国人群中，蛋白C、蛋白S和抗凝血酶缺乏症是主要的遗传性易栓症类型，均为常染色体显性或隐性遗传；在高加索人群中，*F5* Leiden 突变、*F2* G20210A 突变是主要缺陷类型（但在中国人群中极为罕见）。因此，在对遗传学检测设计、遗传分析及数据解读时，应密切结合本地人群的遗传学特点。需注意，由于遗传因素和环境暴露之间可有多种相互协同与影响模式，因此对基因变异数据的解读，应基于患者的临床资料、蛋白水平、凝血功能试验和家系背景做综合分析。

PC 是一种由 *PROC* 基因编码的抗凝蛋白，*PROC* 基因 c.565C＞T（p.Arg147Trp, rs146922325）和 c.574_576del（p.Lys150del, rs199469469）是中国患者的热点突变，分为两个亚型，Ⅰ型为 PC 含量和活性均减低，Ⅱ型为 PC 含量正常而活性降低（表 6-12）。

表 6-12　遗传性 PC 缺乏症分型

类型	PC 抗原含量	PC 活性	
		凝固法	发色底物法
Ⅰ	↓	↓	↓
Ⅱa	正常	↓	正常
Ⅱb	正常	↓	↓

PS 是一种由 *PROS1* 基因编码的抗凝蛋白，*PROS1* 基因 c.200A＞C（p.Glu67Ala）、c.1681C＞T（p.Arg561Trp）和 c.1680T＞A（p.Tyr560X）是中国患者的热点突变，分为三种亚型，Ⅰ型为 TPS 含量以及 FPS 含量/活性均减低；Ⅱ型为 TPS 和 FPS 含量均正常，FPS 活性减低；Ⅲ型为 TPS 含量正常，FPS 含量和活性均减低（表 6-13）。

表 6-13　遗传性 PS 缺乏症分型

类型	TPS 抗原含量	FPS 抗原含量	FPS 活性
Ⅰ	↓	↓	↓
Ⅱ	正常	正常	↓
Ⅲ	正常	↓	↓

AT 是 *SERPINC1* 基因编码的抗凝蛋白，*SERPINC1* 基因 c.883G＞A（p.Val295Met, rs201381904）和 c.881G＞T（p.Arg294Leu, rs587776397）是中国患者的热点突变，分为两个亚型，Ⅰ型为 AT 含量和活性均减低，Ⅱ型为 AT 含量正常或轻度减低但功能缺陷（表 6-14）。

表 6-14　遗传性 AT 缺乏症分型

类型	AT 凝血酶灭活活性	AT 肝素结合活性	AT 抗原含量	AT 交叉免疫电泳
Ⅰ（含量与活性减低）	↓	↓	↓	正常
Ⅱ-RS（活性位点缺陷）	↓	正常	正常	正常
Ⅱ-HRS（肝素结合部位缺陷）	正常	↓	正常	异常
Ⅱ-PE（多效性缺陷）	↓	↓	↓	异常

（二）动脉血栓性疾病

动脉粥样斑块破裂是导致动脉血栓形成的病理基础。在动脉血栓形成过程中，斑块破裂造成的血管内皮严重损伤和斑块内组织因子大量释放，使血小板和凝血两个系统均发生明显活化并相互影响，血小板黏附聚集于斑块破损表面，形成较大规模的血小板栓子，而持续的凝血活化导致血小板栓子表面形成并覆盖大量纤维蛋白凝块，两类栓子迅速融合，最终构成混合血栓。因此，抗血小板联合抗凝用药是动脉血栓性疾病（如急性冠脉综合征、脑血栓形成、周围动脉闭塞）治疗和二级预防的重要方式。动脉血栓性疾病常用的止凝血试验包括 DD 和 vWF：Ag（预警心、脑血管缺血事件）、血小板功能试验（监测阿司匹林、氯吡格雷或替格瑞洛的安全性和有效性）、APTT 或 ACT（监测普通肝素、比伐芦定或阿加曲班的安全性和有效性）、anti-F Ⅹ a（监测低分子肝素、利伐沙班等的血药浓度）、PT（监测利伐沙班、艾多沙班的安全性）和 INR（监测华法林的安全性和有效性）。在药效不稳定时，可根据患者病情、给药情况、药代动力学以及个体特征酌情检查药物代谢基因，如 *CYP2C19* 基因评估氯吡格雷、*CYP2C9* 基因和 *VKORC1* 基因评估华法林。需注意，基因检测结果应结合患者临床资料、血药浓度以及凝血功能试验做综合分析。

（三）心房内血栓性疾病

心房内血栓通常分为两类，其一是来自于身体其他部位的脱落血栓，其二是心房内原位血栓形成。右心回收来自于全身静脉系统的血液，因此右心血栓多由静脉系统血栓脱落而来（偶见右心房内形成血栓），相关危险因素与 VTE 相同。左心的血液为肺循环交换过后的新鲜动脉血，主要是原位血栓形成，常见危险因素包括介入操作因素（如起搏器植入、人工瓣膜置换术后）和遗传性或获得性因素导致的心脏或瓣膜结构 / 功能改变（如心房颤动、风湿性心脏病）。左心房内原位形成血栓的患者常同时存在严重血管内皮损伤（包括心肌内膜损伤）、血流动力学异常（局部或全身性血流淤滞）以及血液促凝成分增加（凝血、血小板系统异常活化）等多方面的功能异常，一旦心房内栓子脱落，多导致脑栓塞，致残、致死率高。因此，对于存在左心房内血栓风险的患者，不但需要动态观察和风险预测，更要实施长期且充分的抗凝预防，常用的止凝血试验包括 DD、vWF：Ag、INR、APTT、PT 或 anti-F Ⅹ a 等。

（四）抗磷脂综合征

抗磷脂综合征（antiphospholipid syndrome，APS）是一种非器官特异性自身免疫性疾病，临床表现为反复动脉或静脉血栓形成、习惯性流产、免疫性血小板减少和获得性功能异常等；极少数患者可发生灾难性抗磷脂综合征（catastrophic APS，CAPS），表现为感染或手术后各级血管内弥漫性血栓形成以及多器官缺血坏死。APS 多继发于系统性红斑狼疮或其他自身免疫性疾病，亦偶见原发性 APS，无论原发性或继发性，其临床表现及实验诊断并无差别。APS 的实验诊断的依据是抗磷脂抗体（antiphospholipid antibody，APL）。APL 主要包括抗心磷脂抗体（anti-cardiolipin antibody，ACA）、抗 β_2 糖蛋白 1（β_2-glycoprotein 1，β_2GP1）抗体和狼疮抗凝物（lupus anti-coagulant，LAC）；ACA（IgG 和 IgM）的诊断敏感性高但特异性差，抗 β_2GP1 抗体（IgG 和 IgM）的诊断特异性高但敏感性差，而 LAC 则多采用 dRVVT 和 SCT 联合检测以避免漏检。为提高诊断性能，对于疑诊 APS 的患者，上述指标宜进行联合检测。

APS 诊断标准需至少满足以下 1 项临床标准和 1 项实验室标准。

临床标准：①血栓形成，包括任何器官或组织发生 > 1 次的动脉、静脉或小血管血栓。②妊娠并发症，包括妊娠 10 周前 ≥ 3 次不明原因的自发性流产、妊娠 10 周后 > 1 次不明原因的胎儿死亡，或妊娠 34 周前的子痫、先兆子痫或胎盘功能不全致胎儿早产 1 次。

实验室标准：间隔12周且≥2次检出①血浆狼疮抗凝物；②中～高滴度IgG、IgM类抗心磷脂抗体；③IgG、IgM类抗β_2糖蛋白1抗体。

（五）血栓性血小板减少性紫癜

血栓性血小板减少性紫癜（thrombotic thrombocytopenic purpura，TTP）是一种严重的以微血管内广泛血小板血栓形成为特征的血栓性微血管病，其主要临床特征包括微血管病性溶血性贫血（红细胞受机械性损伤所致）、血小板消耗性减少、神经精神症状、发热、肾受累，以及心肌、肺、腹腔内脏器微血管受累所引起的相应症状等。TTP的发病机制主要涉及血管性血友病因子（vWF）的裂解酶（ADAMTS13）活性明显下降，也与血管内皮细胞vWF大量释放、补体及血小板异常活化有关。血浆中ADAMTS13活性缺乏导致内皮细胞异常释放的超大分子vWF多聚体（UL-vWF）不能及时降解，而UL-vWF通过诱导血小板黏附聚集过程，导致微血管内广泛形成血小板血栓，进而导致微血管病性溶血，引起相应器官缺血、缺氧和功能障碍等临床症候群。根据ADAMTS13缺乏机制不同，TTP分为遗传性TTP（cTTP，又称为Upshaw-Schulman综合征）和免疫性TTP（iTTP）；cTTP是*ADAMTS13*基因突变导致血浆ADAMTS13活性缺乏所致，常在感染、炎症或妊娠等促发因素下发病。iTTP是因患者体内产生抗ADAMTS13的自身抗体，抑制ADAMTS13活性或与ADAMTS13结合形成抗原-抗体复合物而加速ADAMTS13在体内清除所致；iTTP多无明确原因（即原发性），也可能继发于感染、药物、肿瘤、自身免疫性疾病、造血干细胞移植等。iTTP是最常见的临床类型，约占TTP总例数的95%；cTTP较为少见，仅占总例数的5%，但在儿童和孕妇患者中cTTP可占到25%～50%。

TTP的实验检查主要包括：①全血细胞计数（CBC）及血涂片检查，可见不同程度血红蛋白含量减低、外周血涂片中碎片红细胞、网织红细胞比例增高，血小板计数显著下降等。②生化检查可见非结合胆红素升高、血清乳酸脱氢酶明显升高、血尿素氮及肌酐不同程度升高等。③血浆ADAMTS13活性及抑制物或IgG抗体测定：血浆ADAMTS13活性<10%，其中iTTP患者ADAMTS13活性显著降低且检出ADAMTS13抑制物或IgG抗体；cTTP患者不存在ADAMTS13抑制物或IgG抗体，对疑似cTTP患者可进行*ADAMTS13*基因突变检测。④凝血试验：APTT、PT及FIB多正常。⑤溶血相关试验：红细胞直接抗人球蛋白试验阴性，在部分继发于免疫性疾病的患者中可为阳性，血浆游离血红蛋白增加、血清结合珠蛋白下降。⑥其他：乙型肝炎病毒、丙型肝炎病毒、人类免疫缺陷病毒血清学试验，必要时可检查甲状腺功能、抗核抗体谱、狼疮抗凝物以及抗磷脂抗体。

（六）弥散性血管内凝血

弥散性血管内凝血（disseminated intravascular coagulation，DIC）不是一种独立的血栓性疾病，而是在原发疾病基础上诱发的严重凝血紊乱，导致微血管广泛损害，凝血系统异常活化，全身微血管血栓形成、凝血因子大量消耗并继发纤溶亢进，最终以出血及微循环衰竭为特征的临床综合征。导致DIC的主要基础疾病或诱因包括：严重感染、恶性肿瘤、病理妊娠、手术及外伤等。DIC早期为高凝状态期，临床症状不典型，也可表现血栓栓塞、休克；消耗性低凝期以广泛、多部位出血为主要临床表现；继发性纤溶亢进期：出血更加广泛且严重，常出现难以控制的内脏出血；脏器衰竭期可表现肝衰竭、肾衰竭，而呼吸循环衰竭是导致患者死亡的常见原因。

DIC的实验检查包括：①反映凝血因子消耗的试验，如PT、APTT、FIB以及血小板计数；②反映纤溶系统活化的试验，包括FDP、DD、血浆鱼精蛋白副凝固试验（3P试验）。中国弥散性血管内凝血诊断积分系统（CDSS）如表6-15所示。

表 6-15　中国弥散性血管内凝血诊断积分系统（CDSS）

积分项	分数
存在导致 DIC 的原发病	2
临床表现	
不能用原发病解释的严重或多发出血倾向	1
不能用原发病解释的微循环障碍或休克	1
广泛性皮肤、黏膜栓塞，灶性缺血性坏死、脱落及溃疡形成，不明原因的肺、肾、脑等脏器功能衰竭	1
实验指标	
血小板	
非恶性血液病	
$\geq 100 \times 10^9/L$	0
$80 \sim < 100 \times 10^9/L$	1
$< 80 \times 10^9/L$	2
24 h 内下降 $\geq 50\%$	1
恶性血液病	
$< 50 \times 10^9/L$	1
24 h 内下降 $\geq 50\%$	1
D- 二聚体	
< 5 mg/L	0
$5 \sim < 9$ mg/L	2
≥ 9 mg/L	3
PT 及 APTT 延长	
PT 延长 < 3 s 且 APTT 延长 < 10 s	0
PT 延长 ≥ 3 s 或 APTT 延长 ≥ 10 s	1
PT 延长 ≥ 6 s	2
纤维蛋白原	
≥ 1.0 g/L	0
< 1.0 g/L	1

注：非恶性血液病，每日计分 1 次，≥ 7 分时可诊断为 DIC；恶性血液病，临床表现第一项不参与评分，每日计分 1 次，≥ 6 分时可诊断为 DIC

知识拓展

HIT 的临床特征

多数 HIT 患者在肝素给药后第 5～10 天出现血小板计数下降，即经典型 HIT；少数患者由于在过去 100 天内（特别是 30 天内）曾经使用肝素类药物，血液中存在 HIT 抗体，再次接触肝素时迅速引发免疫反应，血小板计数多在 24 小时内降低，为速发型 HIT。患者在 HIT 确诊后的 4～6 周均有血栓形成风险，在静脉、动脉和微血管均可发生血栓，但静脉血栓最为常见（包括下肢深静脉血栓及肺栓塞、中央静脉置管相关的上

肢静脉血栓、肾上腺静脉血栓、肠系膜静脉血栓、颅内静脉窦血栓及浅表静脉血栓等）。另一方面，HIT 相关动脉血栓常累及冠状动脉、颅内动脉、主动脉、肠系膜动脉、肾动脉以及肢体动脉，在白外周损伤、低血压者也腔内血栓形成。总体上，HIT 患者发生静、动脉血栓之比约为 4∶1。

微整合

基础回顾

肺血栓栓塞症的排除诊断

对于血流动力学稳定的疑诊肺血栓栓塞症（PTE）患者，应迅速进行临床可能性评估（如 Wells 评分），对评分为低、中度临床可能性的患者行 D- 二聚体检测。如 D- 二聚体阴性，排除 PTE；如阳性，则行 CT 肺动脉造影（CTPA）检查以实现确诊或鉴别诊断。

由于血浆 D- 二聚体对于 PTE 具有高诊断灵敏度和极佳的阴性预测值，联合 Wells 评分对 PTE 排除诊断有效且安全，已作为经典模式被主流临床指南推荐。此外，许多临床病理生理因素可引起凝血活化并使血浆 D- 二聚体浓度增高，从而导致 D- 二聚体对 PTE 诊断的特异性不足。因此，对于 D- 二聚体增高的疑诊患者，需结合临床资料和影像学检查做进一步分析。

思 考 题

1. 简述 D- 二聚体对静脉血栓栓塞症的排除诊断意义。
2. 简述中国人群的遗传性易栓症主要检查项目和注意事项。

（门剑龙）

第三节　抗栓与溶栓治疗的实验监测

抗栓与溶栓是临床预防和治疗血栓性疾病的常用的手段。抗栓治疗，即抗血栓治疗，多为使用药物抵抗血栓形成；溶栓治疗是使用药物溶解血栓，达到使血管再通的目的。在抗栓与溶栓治疗中，若使用的药物不恰当或剂量不足，则难以达到预期的抗栓或溶栓效果；但用药过量，常可引起出血等并发症。如何正确使用抗栓或溶栓药物的种类、时机、剂量和给药时间，除了考虑患者的临床情况外，还需要选择一些客观的检验项目或指标，根据药物引起的实验结果变化，对抗栓与溶栓治疗过程进行有效实验监测，才能确保抗栓与溶栓治疗安全、有效。

案例 6-3

女性，72岁。心房纤颤10余年。长期口服华法林，定期进行抗凝监测。今日进行凝血功能检查，结果如下：PT 24.5 s，INR 2.20，APTT 36.5 s，TT 16.5 s。

问题：
1. 患者的凝血功能检查结果有何异常？
2. 根据该结果，患者是否需要调整用药？

一、抗栓与溶栓治疗监测的检验项目与应用

根据患者病情需要，通常选择必要的抗栓与溶栓治疗药物，不同药物所引起的血栓与止血改变的差异较大，可选择相关的或特异的检验项目监测。

1. 常用抗血小板治疗监测试验 抗血小板治疗监测试验较多，如血小板聚集试验（包括血浆光学法和全血阻抗法）、血栓弹力图试验、全血快速血小板聚集试验（VerifyNow 现场快速试验）、血小板功能分析仪检测（PFA）、血小板血管舒张剂刺激磷蛋白（vasodilator stimulated phosphoprotein，VASP）检测和血小板 P 选择素（P-selectin）检测等，目前以前两项试验应用较多。

（1）光学法血小板聚集试验

【目的】应用光学透射法聚集试验（light transmission aggregometry，LTA）原理的血小板聚集仪检测不同诱导剂，如 ADP、花生四烯酸（arachidonic acid，AA）体外诱导血小板发生聚集的百分率，监测抗血小板药物（如阿司匹林、氯吡格雷）对血小板聚集功能抑制的程度。

【应用】血小板聚集试验方法较多，但 LAT 应用最为广泛，是评价血小板功能的"金标准"，特别是在抗血小板治疗中监测血小板反应多样性（variability of platelet response，VPR）的应用较多。VPR 是指不同个体对抗血小板药物治疗反应存在的差异性。

（2）血栓弹力图（thromboelastogram，TEG）试验

【目的】血栓弹力图是在体外描绘血液在凝固过程中动态变化的图像，可反映血液的凝血状态和纤溶功能。在检测时加入血小板激活剂（如 ADP、AA），可以观察抗血小板药物（如阿司匹林、氯吡格雷）对血小板聚集的抑制率。

【应用】在抗血小板药物（如阿司匹林、氯吡格雷）应用后，若血小板 AA/ADP 抑制率≥50% 可认为血小板对药物的反应性达标，反之，则可能存在残留血小板高反应性（high platelet reactive，HPR）或对药物的低反应性，有助于及时查明原因并调整药物剂量或种类等。

2. 常用抗凝治疗的监测试验 抗凝治疗可预防血栓的形成和防止已形成的血栓相关伸延和扩大，防止栓塞并发症。目前应用及研究较多的抗凝剂有普通肝素（unfractionated heparin，UFH）和口服抗凝药两类。肝素包括 UFH 和低分子量肝素（low molecular weight heparin，LMWH）；口服抗凝药主要有传统的香豆素类抗凝药（如华法林）和直接抗凝药（如利伐沙班、达比加群酯）。由于不同药物抗凝机制的差异，对凝血系统的影响需要通过不同的试验进行监测。

（1）血浆肝素定量试验

【目的】检测血浆中游离肝素抗 FXa 或抗 FⅡa 活性，可定量血浆肝素的浓度，及时了解和调整肝素抗凝治疗的剂量。

【应用】一般情况下，根据患者不同病情，维持一定浓度的血浆肝素（抗 FXa 0.3～0.7 U/ml

可取得较好的疗效。但由于肝素清除速度的差异，可导致血浆普通肝素浓度与APTT或凝血酶时间（TT）延长之间不一致。

(2) 活化部分凝血活酶时间

【目的】肝素可促进血浆抗凝血酶（AT）灭活FⅡa和FXa，引起血浆活化部分凝血活酶时间（APTT）延长。检测APTT延长的程度，可以了解血浆肝素的含量及其对凝血功能的影响。

【应用】普通肝素治疗时，APTT明显延长，但由于不同实验室所用APTT试剂对肝素抗凝效应的敏感度不同，不同肝素浓度引起APTT延长的程度可有明显差异。用APTT监测肝素治疗时，一般采取治疗用肝素校准APTT，如抗FXa 0.3～0.7 U/ml对应APTT 56～78 s。若使用LMWH，则APTT延长不明显，其原因是LMWH以抗FXa为主。

(3) 活化凝血时间

【目的】全血中加入高岭土（或硅藻土）和脑磷脂混合物激活FⅫ，观察血液在试管中凝固的时间，称为活化凝血时间（activated clotting time，ACT）。ACT主要用于心肺转流术中指导大剂量普通肝素的用量，避免导致出血或抗凝不足。

【应用】在血液中普通肝素浓度为1～5 U/ml时与ACT有较好相关性，可作为体外循环、冠状动脉旁路移植术和经皮冠状动脉介入治疗（percutaneous coronary intervention，PCI）时的抗凝监测指标。

(4) 凝血酶原时间

【目的】口服香豆素类抗凝药，如华法林（warfarin），可抑制维生素K依赖的凝血因子（Ⅱ、Ⅶ、Ⅸ、Ⅹ）的合成，从而导致凝血酶原时间（PT）显著延长。检测服用华法林患者PT延长的程度，可监测药物用量及其对凝血功能的影响。

【应用】WHO推荐PT检测结果以国际标准化比值（international normalized ratio，INR）报告用于监测华法林。INR是患者血浆与对照血浆PT之比的ISI（international sensitive index，国际敏感度指数）次方；ISI在PT试剂出厂时标定。由于个体差异，每个华法林用药者均需监测。患者在服用华法林过程中应维持INR在一定范围，使药物在降低凝血功能的同时，又不引起出血，同时避免因抗凝不足而形成血栓。

3. 溶栓治疗的监测试验 溶栓治疗是使用药物溶解血栓，使血栓栓塞的血管再通。溶栓药的种类较多，目前常用的是第三代溶栓药，包括组织型纤溶酶原激活物（t-PA）突变体（如替奈普酶）或重组人组织型纤溶酶原激酶衍生物（如瑞替普酶）。当t-PA激活纤溶酶原转化为纤溶酶后，溶解纤维蛋白或纤维蛋白原（FIB），但有部分患者出现出血或再栓塞并发症，必要时也应通过实验监测。

【目的】通过多项检测纤溶活性的相关试验，如血浆纤维蛋白原、纤溶酶原、纤维蛋白降解产物（FDP）、凝血酶时间（TT）等，评价纤溶系统活性及出血风险。

【应用】使用溶栓药时，应避免溶栓治疗过程中FIB过低导致出血；若血浆FIB降低至< 1.0 g/L时，可致PT、APTT和TT显著延长；若FIB < 0.6 g/L时，则血液不能凝固。纤溶酶原过低，提示消耗显著增多；纤维蛋白降解产物（FDP）过高，提示纤溶活性亢进。

二、抗栓与溶栓治疗的实验监测策略

抗栓与溶栓治疗监测需基于药效学特点和临床要求，药物需满足以下特点才能进行有效监测：①不同个体间药物代谢变异大，在治疗初始时需要为患者确定给药剂量；②药物作用在体内不稳定，可因药物之间或药物与食物之间等因素相互作用而发生改变；③监测试验结果稳定，与药物浓度或效应有良好关系；④药物浓度或效应与临床不良事件（血栓或出血）密切相关，可确定一个明确的治疗区间；⑤监测试验作为调整药物剂量的基础，已被证明可防止临床不良事件发生。根据上述要求，应按以下几点进行实验监测。

1. 监测对象 对于血栓形成高风险患者、经皮冠状动脉介入治疗（PCI）手术后或抗血小板治疗策略调整者，都应进行监测。如：①血小板功能监测有助于提升抗血小板药物疗效及用药安全性。大量临床研究数据显示，在抗血小板治疗过程中，残留的血小板高反应性（HPR）与临床缺血事件（包括支架内狭窄）的再发生密切相关。血小板功能监测是建立在血小板数量正常的基础上，如血小板数量 $< 50 \times 10^9/L$，功能监测的价值尚缺少研究与临床试验数据支持。②抗凝药（如华法林和普通肝素）的治疗范围窄，需通过凝血相关试验进行监测；LMWH 和纤维蛋白溶解药物治疗时，在一些特殊病理生理情况下需要监测；新型的口服抗凝药不需常规实验监测，仅在特殊情况下或特定患者需通过监测评价用药后效果或个体反应。

2. 采血时机 由于不同的抗血小板或抗凝血药物在体内达到稳定浓度的时间不同，因此血小板或凝血功能监测的采血时机应有所区别。如氯吡格雷和阿司匹林在稳定给药至少 5 d 后采血；华法林在给药后至少 2～3 d 后采血。

3. 监测频率 不同抗栓或溶栓药物实验监测每次所间隔的时间也有明显差别，如：①接受长期抗血小板治疗的患者，可每 3～6 个月监测 1 次血小板功能；在治疗策略调整时，应增加监测频率；单次孤立的血小板功能监测结果，对制订抗血小板治疗策略的帮助作用较小，应结合服药前的基础值或定期监测动态变化进行分析。②华法林在开始用药 2～3 d 后，应每日监测 INR，达到治疗目标后并维持 2～3 d；以后每 7～14 d 监测 2～3 次；当 INR 稳定后，可以每 4 周监测 1 次；如果药物剂量调整，则重复上述用药监测频率。

4. 监测试验结果解释 实验结果分析与评价是监测的重点，由于不同试验的方法学特点和影响因素不同，应分别关注不同环节。血小板功能监测报告应包含所选择的方法、诱导剂种类、浓度以及所监测药物等，并由临床和医学实验室共同制订适合药物治疗的监测范围，如阿司匹林抗血小板治疗监测报告内容应包括：药物作用靶点 - 血栓烷 A_2、检测方法 -LTA；诱导剂 - 花生四烯酸 20 mg/L、监测范围 -5 min 最大聚集率。

5. 监测试验结果的临床应用 在患者用药前应充分评估血栓风险；结合患者病情及监测试验结果分析当前药物疗效，是否需要调整药物剂量或种类。如监测抗血小板药物使用后残留血小板高反应性（HPR），应结合临床对患者进行药物调整。

6. 患者出血风险评估 抗栓或溶栓治疗药物过量或结合其他因素（如一些药物会增强抗凝药物或抗血小板药物的效应），均有可能导致血小板功能或凝血功能过度抑制而引起出血。在抗栓或溶栓治疗过程中，若患者有出血倾向或症状（如胃肠道出血、血尿等），应及时检测血小板、凝血或纤溶功能，防范大出血风险，指导临床调整治疗方案。

三、常见血栓病抗栓与溶栓治疗的实验监测

（一）急性冠脉综合征

急性冠脉综合征（acute coronary syndrome，ACS）是以冠状动脉继发性完全或不完全闭塞性血栓形成为病理基础的一组临床综合征，包括急性 ST 段抬高性心肌梗死（ST segment elevation myocardial infarction，STEMI）、急性非 ST 段抬高性心肌梗死（non ST segment elevation myocardial infarction，NSTEMI）和不稳定型心绞痛（unstable angina，UA），患者通常需要抗栓或溶栓治疗，特别是 PCI 的围术期均为血栓事件的高发阶段，实验监测是保证治疗有效、安全的重要措施。

1. 抗血小板治疗　尽早、充分、持久的抗血小板治疗对于控制 UA/NSTEMI 患者的疾病进展及预后具有重要意义。对于 STEMI 患者，无论是否接受早期再灌注治疗，尽早和充分使用抗血小板药物均可改善预后。对于二级预防患者，阿司匹林联合氯吡格雷双联抗血小板治疗可使心血管死亡、再梗死和卒中等主要复合终点事件的相对危险度显著降低。血小板功能对双联抗血小板治疗监测具有重要价值，其流程见图 6-2。以 ADP 和花生四烯酸为诱导剂，LTA 检测血小板最大聚集率（maximal aggregation rate，MAR）是否达到治疗范围（表 6-16），并结合血栓弹力图（TEG）、血管扩张剂刺激磷蛋白（VASP）、血小板功能分析仪（PFA）检测和全血现场快速试验（VerifyNow）等试验，指导对氯吡格雷给药后有残留血小板高反应性的患者选择性进行 *CYP2C19* 基因型检测，以判断是否需要更换新型抗血小板药物。不推荐 *CYP2C19* 基因型检测作为常规检测。

2. 肝素抗凝治疗　普通肝素（UFH）主要通过其戊多糖序列与抗凝血酶（antithrombin，AT）结合，介导 AT 活性部分构象改变，加速 AT 对凝血酶（Ⅱa）、FXa 等活化凝血因子的灭活。UFH 是最常用的 PCI 围术期抗凝药物，一般在静脉注射 UFH 70～100 U/kg 抗凝治疗期间，APTT 或 ACT 为对照值的 1.5～2.0 倍（APTT 50～70 s，ACT 250～300 s）。低分子量肝素（LMWH）是由 UFH 直接分馏或降解后的小分子片段，其平均分子量为 UFH 的 1/3。LMWH 同样与 AT 结合，主要灭活 FXa。LMWH 一般不需要 APTT 或 ACT 监测，但对于一些特殊病例，如体重小于 50 kg 的患者、孕妇、肾衰竭及有高度出血风险患者等，需进行实验监测，以确保治疗的安全性和有效性。

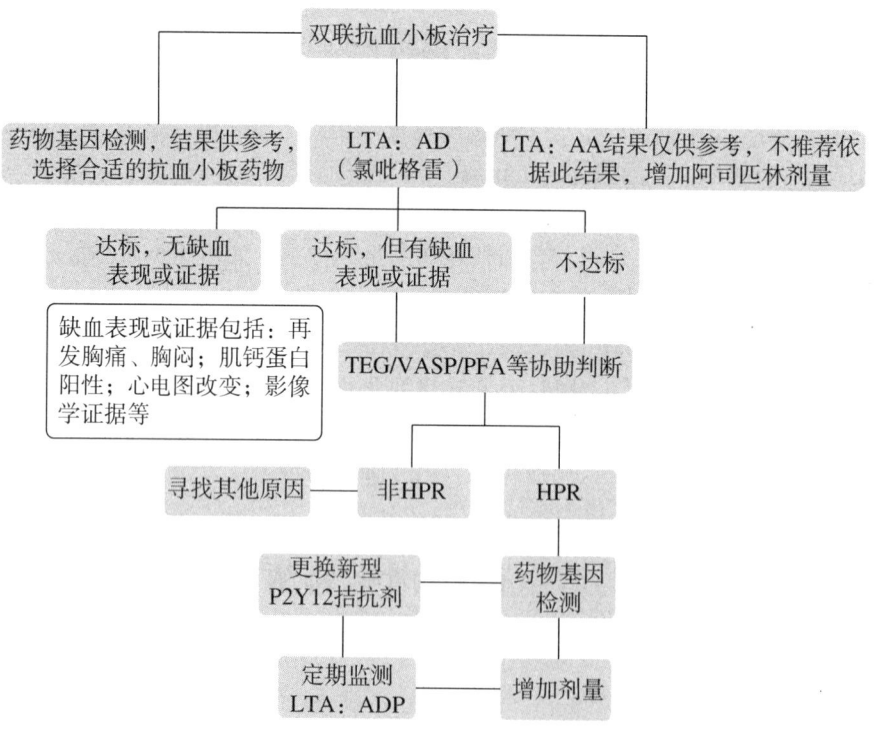

图 6-2　ACS 双联抗血小板治疗监测流程

表 6-16　几种血小板功能监测试验的临床应用

项目	LTA	TEG	VASP	VerifyNow	PFA-100/200
结果报告方式	诱聚剂浓度及最大聚集率（MAR）	最大振幅（MA-ADP）	血小板反应指数（PRI）	血小板反应单位（PRU）	封闭时间：s
治疗范围	5 μmol ADP：MAR < 50%；20 μmol ADP：MAR < 60%	31 ≤ MA-ADP ≤ 47	16 ≤ PRI < 50	85 ≤ PRU ≤ 208	暂无
监测意义	MAR 大于治疗范围提示血栓风险升高	MA-ADP < 31 提示出血风险；> 47 提示血栓风险	PRI < 16 提示出血风险；≥ 50 提示血栓风险	PRU < 85 提示出血风险；> 208 提示血栓风险	暂无

在肝素治疗过程中，维持血浆抗凝血酶活性（AT：A）在 > 80% 可使肝素发挥有效抗凝作用；当 AT：A < 70% 时，肝素抗凝效果减低；AT：A < 50% 时肝素基本失效。此外，肝素类药物（特别是 UFH）治疗后第 5～15 d 时，少数患者的血小板数量可减少，应连续监测血小板数量变化，并查明血小板减少的原因。若在肝素治疗期间血小板持续性减少，特别是减少的程度与未用药之前相比大于 30%～50% 或伴有血栓形成的患者，应及时检测血浆 HIT 抗体，并结合临床，除外肝素诱导的血小板减少症（heparin-induced thrombocytopenia，HIT）。一旦确诊 HIT，应立即停用肝素。

3. 溶栓治疗　目前，溶栓治疗多采用第三代溶栓药物，如阿替普酶、替奈普酶等，此类药物优点是血管开通率高，临床应用方便，而且对循环血液纤维蛋白原的消耗显著低于链激酶、尿激酶。对少数有并发出血倾向的患者，可监测血浆 FIB、FDP、TT 等指标。一般认为在溶栓治疗过程中维持血浆 FIB 在 1.25～1.5 g/L、FDP 在 300～400 mg/L、TT 延长在参考区间上限的 1.5～2.5 倍较为适宜。

此外，实验监测冠状动脉栓塞血管再通或心肌再灌注也十分重要。在溶栓药使用前后，发病 8～24 h，每隔 2～4 h 监测血清肌酸激酶同工酶（CK-MB）和肌钙蛋白含量变化。若肌钙蛋白峰值提前至发病 12 h 内、CK-MB 峰提前到 14 h 内，表明血管持续再通；若峰值延迟至发病 18 h 后，则表明心肌未恢复血流灌注。

（二）静脉血栓栓塞性疾病

静脉血栓栓塞症（venous thromboembolism，VTE）是指血液在深静脉腔内异常凝固，阻塞静脉管腔，引起相应的临床综合征，包括深静脉血栓形成（DVT）和肺血栓栓塞症（PTE）。抗凝治疗可以有效抑制 VTE 血栓蔓延，有利于血栓溶解和管腔再通，降低 PTE 的发生率和病死率。然而，由于多种原因所致，对于 VTE 患者的抗凝治疗可能存在抗凝不足或抗凝过度的现象，实验监测对改善抗凝治疗的疗效，特别是个体化抗凝治疗有指导或辅助意义。

1. 肝素抗凝治疗　目前通常经静脉给药，多首先静脉给予普通肝素 80 U/kg 负荷剂量，后以 18 U/(kg·h) 静脉泵入，每 4～6 h 根据 APTT 调整剂量，使其延长至参考区间的 1.5～2.5 倍；治疗达到稳定水平后，可改为每日测定 1 次 APTT。LMWH、AT：A 和血小板数量的监测同 ACS。

2. 华法林抗凝治疗　华法林通过竞争性拮抗维生素 K 而减少凝血因子 Ⅱ、Ⅶ、Ⅸ、Ⅹ 的合成，从而发挥抗凝作用。凝血因子 Ⅶ、Ⅸ、Ⅹ、Ⅱ 的半衰期分别为 6 h、24 h、40 h 和 60 h，故服药后 2～3 d 才开始发挥抗凝作用，4～5 d 后达到最大疗效，停药 2～5 d 后其抗凝作用才完全消失。实验监测华法林的抗凝治疗效果需要能反映凝血因子Ⅱ、Ⅶ、Ⅸ、Ⅹ水平的试验，而凝血酶原时间（PT）长短变化主要受凝血因子Ⅶ、Ⅹ、Ⅱ的影响，因此是监测华法林的主要试验。WHO 推荐用 PT 的国际标准化比值（INR）报告方式监测华法林的抗凝强度，当 INR 在 2.0～3.0 时，口服华法林患者的出血和血栓栓塞危险均最低。在应用华法林治疗过程中，需要定期监测 INR 并根据其数值调整剂量，其监测频率视患者具体情况而定。治疗初期，至少应每 3～5 d 检测一次，当 INR 达到目标范围、华法林剂量相对固定后，每 4 周检测一次即可。有研究表明，中国患者服用华法林出血风险高，宜采用较低的 INR，但这一观点尚缺乏大型临床研究证据。

3. 新型的口服抗凝药治疗　目前国内很多地区 VTE 的长期院外治疗仍以口服华法林为主，但由于华法林存在起效慢、不能根据剂量预测抗凝强度、容易受食物或其他药物影响、需要监测 INR、出血风险高等不足，其临床应用受到了一些限制。近年来，直接口服抗凝药（亦称非维生素 K 拮抗口服抗凝药）逐渐在临床普及，此类药物无须常规性监测抗凝强度，除非存在肾功能不全、高龄、低体重等特殊情况，一般无须调整剂量。直接抗凝药主要分为直接凝血酶抑制剂和 FXa 抑制剂两类。目前临床上较为常用的直接凝血酶抑制剂有达比加群酯等；FXa 抑制剂主要为利伐沙班、阿哌沙班、艾多沙班等，其对于 DVT 抗凝治疗的有效性及安全性均不劣于甚至优于传统抗凝药。

虽然这些直接口服抗凝药不需常规监测，但检测药物是否过量或药物残留仍有临床意义。如昏迷且需急诊手术的患者需要明确是否在服用抗凝药，肾功能突然恶化的患者需要判断体内抗凝药是否蓄积。一般而言，利伐沙班与某些类型的 PT 相关性较好，APTT 和 TT 对于利伐沙班敏感不足。当服用利伐沙班患者的 PT 明显延长时，通常提示药物可能过量。PT 对达比加群酯不敏感，APTT 中度敏感，TT 极度敏感，当 APTT 明显延长时，常提示达比加群酯可能过量，此时应进行药物浓度定量检测，以明确是否药物过量。

微整合

基础回顾

阿司匹林的抗血小板机制

阿司匹林又称为乙酰水杨酸，是血小板环氧化酶通路的抑制剂。目前认为，阿司匹林通过乙酰化环氧化酶 529 位的丝氨酸，改变血小板膜上花生四烯酸的代谢过程，不可逆地阻断内过氧化物（前列腺素 H_2、前列腺素 G_2）的产生，减少最终产物血栓烷 A_2 生成。血栓烷 A_2 具有促进血小板聚集的功能。因此，阿司匹林最终抑制了血小板聚集作用，达到抗血小板治疗效果。阿司匹林主要用于冠心病和心肌梗死一级、二级预防和治疗，也用于脑卒中和短暂性脑缺血发作患者预防一级心源性脑梗死。

知识拓展

抗凝药的发展

抗凝药是一组抑制血液凝固、阻止凝血因子活化及血栓形成的药物。这类药物类型多样且抗凝机制各不相同，因此临床适应证也不尽相同。抗凝药根据给药途径主要分为胃肠外给药和口服给药两大类。经胃肠外抗凝药有普通肝素、低分子量肝素、磺达肝癸钠、比伐芦定和阿加曲班等；口服抗凝药主要包括华法林、达比加群酯、利伐沙班等。后两者是近十几年内出现的新型口服抗凝药，其中达比加群酯是直接FIIa抑制剂，利伐沙班是直接FXa抑制剂。

思 考 题

1. 简述华法林抗凝时的实验监测指标及其应用。
2. 简述抗血小板治疗的实验监测指标及其临床应用。

（屈晨雪）

第七章 泌尿系统疾病的实验诊断

第七章数字资源

泌尿系统疾病主要包括肾、输尿管、膀胱、尿道及相关的血管性疾病等。泌尿系统疾病的病因复杂,包括免疫性、感染性、肾血管性、肿瘤性、中毒性及外伤性因素。此外,多种全身性疾病,如糖尿病、高血压、系统性红斑狼疮等也可导致肾病。实验诊断可通过尿液常规分析和血液及尿液的一些特殊检验,特别是一些反映肾功能和肾损伤的试验,直接或间接为泌尿系统疾病的诊治与监测等临床决策提供支持或协助。

第一节 肾小球疾病

肾小球疾病(glomerular disease)是多种原因所致的、主要累及双肾肾小球的一组疾病,其主要临床表现为蛋白尿、血尿、水肿、高血压和肾功能损害等,可分遗传性、原发性、继发性三类。遗传性肾小球疾病为遗传所致;原发性肾小球疾病的病因常不明确;继发性肾小球疾病常有明确的疾病造成的肾小球损害。原发性肾小球疾病占肾小球疾病的大多数,多数肾小球肾炎是免疫介导的炎症疾病,涉及感染因素和炎症介质(如补体、细胞因子等)参与,从而导致肾小球损伤。实验诊断则主要围绕感染、免疫、肾小球损伤及其相关因素进行检测、评估与监测。

案例 7-1

男性,10岁。主因"咳嗽、间断发热10余天"收入院;患者10余天前无明显诱因出现发热伴咳嗽。查体:体温37.6℃,脉搏105次/分,呼吸21次/分,血压107/68 mmHg。全身浅表淋巴结未触及肿大,扁桃体红肿,无其他异常体征。门诊查尿常规示:尿蛋白(+),尿隐血(++),尿红细胞25~30个/HPF;全血细胞计数WBC 13.18×10^9/L,中性粒细胞76.40%。

问题:
1. 患者的实验检查结果有何异常?
2. 结合临床症状及实验检查,该患者的初步诊断是什么?
3. 为明确诊断,下一步应该完善哪些实验检查?

一、肾小球疾病的检验项目与应用

（一）尿常规试验

【目的】尿常规试验（urine routine test，URT）又称尿液分析（urinalysis），临床简称尿常规，主要通过对尿液物理特性（尿量、颜色、透明度、气味和比重等）、酸碱度（pH）、化学成分（蛋白质、葡萄糖、酮体、胆红素、尿胆原、隐血、亚硝酸盐和维生素 C 等）和尿有形成分（红细胞、白细胞、上皮细胞、管型、结晶等）等的快速检验，筛查或初步诊断泌尿系统及其相关疾病与病理状态。成年人尿常规试验项目及参考区间见表 7-1。

表 7-1　成年人尿常规试验项目及参考区间

序号	中文名称	英文名称	检验方法	参考区间
1	尿量	urine volume	体积测量法	1000～2000 ml/24 h
2	颜色	color	肉眼观察法	新鲜尿为淡黄色
3	透明度	pellucidity	肉眼观察法	透明
4	气味	odor		新鲜尿有微弱芳香味
5	比重	specific gravity，SG	折射计法	晨尿：1.015～1.025；随机尿：1.003～1.035
6	酸碱度	pH	干化学法	晨尿：5.5～6.5；随机尿：4.5～8.0
7	蛋白质	protein，PRO	干化学法	阴性（＜100 mg/L）
8	葡萄糖	glucose，GLU	干化学法	阴性（＜2.0 mmol/L）
9	酮体	ketone body，KET	干化学法	阴性（＜50 mg/L）
10	胆红素	bilirubin，BIL	干化学法	阴性（＜4 μmol/L）
11	尿胆原	urobilinogen，URO	干化学法	阴性或弱阳性（0～20 μmol/L）
12	隐血	occult blood，OB	干化学法	阴性
13	白细胞酯酶	Leukocyte esterase，LEU	干化学法	阴性
14	亚硝酸盐	nitrite，NIT	干化学法	阴性
15	维生素 C	vitamin C，Vit C	干化学法	阴性（＜100 mg/L）
16	红细胞	red blood cell，RBC	①离心镜检法 ②微量计数板计数法	①0～3 个/HPF ②男性＜4 个/ml，女性＜9 个/ml
17	白细胞	white blood cell，WBC	①离心镜检法 ②微量计数板计数法	①0～5 个/HPF ②男性＜5 个/ml，女性＜14 个/ml
18	鳞状上皮细胞	squamous epithelial cell	离心镜检法	男性：偶见，女性：0～5 个/HPF
19	尿路上皮细胞（移行上皮细胞）	urothelial cell (transitional epithelial cell)	离心镜检法	偶见

续表

序号	中文名称	英文名称	检验方法	参考区间
20	肾小管上皮细胞	renal tubular epithelial cell	离心镜检法	无
21	透明管型	hyaline cast	离心镜检法	无或偶见 /LPF
22	颗粒管型	granular cast	离心镜检法	无
23	细胞管型	cellular cast	离心镜检法	无

注：HPF 为显微镜高倍视野；LPF 为显微镜低倍视野

【应用】在临床疑为泌尿系统及其相关疾病时，可选择 URT。原发性肾小球疾病特别是肾小球肾炎，常见血尿，多为无痛性、全程血尿，而且可呈持续性或间发性。肾性血尿可为单纯性血尿，也可伴有蛋白尿或管型尿，特别是红细胞管型有助于诊断。

1. 血尿（hematuria） 是指尿中含有一定量的红细胞。每升尿液中含血量 ≥ 1 ml 时，尿液呈淡红色，称为肉眼血尿；出血量多时尿液成鲜红或暗红色，浑浊外观，甚或有血凝块。如尿液外观变化不明显，离心沉淀后，镜检红细胞 ≥ 3 个 /HPF，称为镜下血尿（microscopic hematuria）。无症状镜下血尿可见于轻微病变性肾小球肾炎、IgA 肾病、非 IgA 系膜增生性肾小球肾炎、轻度肾小球异常等。血尿常见于泌尿系统炎症，如急性肾小球肾炎、肾盂肾炎及膀胱炎、泌尿系结石、结核、肿瘤、外伤等；也可见于血液系统疾病，如血友病、血小板减少性紫癜等；临床常见抗凝血药，如香豆素类抗凝药、普通肝素使用过量时可出现血尿。临床可通过简单的"尿三杯试验"鉴别血尿的来源，尿道出血时血尿以第一杯为主，膀胱出血时血尿以第三杯为主，肾或输尿管出血时三杯均有血尿。尿液红细胞形态检验有助于鉴别血尿来源。

2. 蛋白尿（proteinuria） 健康人尿液蛋白质定性试验阴性，定量 < 0.1 g/L。当定性试验阳性或定量超过 0.1 g/L 时称为蛋白尿。干化学法测定蛋白尿的半定量结果分别报告为阴性（negative，Neg）、+（0.3 g/L）、++（1.0 g/L）、+++（5 g/L）。由于肾小管对蛋白质有较高重吸收率，所以尿液中仅有微量蛋白质，尿液中出现蛋白质含量异常是肾病的重要指标。产生蛋白尿的原因很多，根据蛋白尿产生的机制可分为生理性蛋白尿和病理性蛋白尿，病理性蛋白尿又分为肾前性、肾性、肾后性蛋白尿，可结合不同疾病分析其原因。

3. 管型尿 管型（cast）是尿液中的蛋白质、细胞及细胞碎片等物质在肾小管、集合管内凝固形成的圆柱体，对肾病的诊断与鉴别有重要的临床意义，尿液中常见的管型及临床意义见表 7-2。

表 7-2 尿液中常见的管型及临床意义

序号	中文名称	英文名称	临床意义
1	透明管型	hyaline cast	健康人无或偶见，在碱性尿液中可溶解消失，剧烈运动、发热、麻醉、心功能不全时尿中可出现。急慢性肾小球肾炎、急性肾盂肾炎、肾病综合征、原发性高血压病、肾动脉硬化、肾衰竭等患者尿中可显著增多（彩图 7-1）
2	红细胞管型	erythrocyte cast	提示肾小球出血，主要见于急性肾小球肾炎活动期、狼疮性肾炎、亚急性感染性心内膜炎累及肾，也可见于急性肾小管坏死等（彩图 7-2）
3	白细胞管型	leukocyte cast	主要见于肾间质病变，如急性肾盂肾炎、肾脓肿、狼疮性肾炎、急性肾小球肾炎甚或肾病综合征等
4	肾小管上皮细胞管型	renal tubular epithelial cell cast	主要见于急性肾小管坏死、病毒性疾病（如巨细胞病毒感染）、重金属及药物中毒（如水杨酸）和肾移植排斥反应

续表

序号	中文名称	英文名称	临床意义
5	混合性细胞管型	mixed cell cast	同一管型中同时含有不同种类的细胞，如白细胞/肾小管上皮、红细胞/白细胞等，可见于各种肾小球疾病
6	颗粒管型	granular cast	由变性细胞分解产物等崩解产生的大小不等的颗粒聚集于T-H蛋白基质中形成，提示肾有实质性病变。常见于急慢性肾小球肾炎、肾病综合征、肾小球硬化症、药物中毒等，但发热和剧烈运动后也可偶见（彩图7-3、彩图7-4）
7	宽大管型或肾衰竭管型	broad cast or renal failure cast	提示预后不良。宽大管型也可出现于急性肾功能不全多尿期，但随着肾功能改善可逐渐减少和消失（彩图7-5）
8	蜡样管型	waxy cast	提示肾小管严重坏死或肾单位慢性损害。多见于慢性肾小球肾炎晚期、慢性肾衰竭、肾淀粉样变性病、肾移植慢性排斥反应、恶性高血压等。蜡样管型出现表明肾病严重，预后较差（彩图7-6）
9	脂肪管型	fatty cast	多与大量蛋白尿相关，是肾病综合征特点之一
10	血红蛋白管型	hemoglobin cast	若管型中红细胞全部破坏，基质呈棕红色均质状；常见于血型不符的输血反应、溶血反应、急性肾小管坏死、肾移植术后排斥反应。血红蛋白管型与肌红蛋白管型仅从形态上不能分开
11	细菌管型或真菌管型	bacterial cast or fungus cast	管型基质中含大量细菌或真菌，常见于肾的细菌或真菌感染

研究表明，管型体积越大、越宽，提示肾损伤越重。然而，当肾病发展到后期，无交替使用的肾单位，肾小管和集合管的浓缩稀释功能完全丧失后，则不能形成管型。所以，管型的消失应结合临床综合分析，从而判断是疾病好转抑或恶化。

（二）尿红细胞的形态检查

【目的】若尿常规试验筛查有血尿或尿有形成分分析仪检测提示均一性、非均一性或混合性血尿时，需结合普通光学或相差显微镜，主要观察尿中红细胞的形态异常变化，可辅助判断血尿的来源部位，即肾性与非肾性血尿。

【应用】肾性血尿中的红细胞在普通或相差显微镜下呈现多种畸形状态：①棘红细胞（彩图7-7），即红细胞大小不等，边缘或中心部位带有一个或多个大小不等的棘状突起，或出现伪足，似芽孢，中心呈口形、靶形、不规则形；②环形红细胞，以中心呈圆形空心的面包圈环状为主，也可见中心呈三角形、十字形、古币形等空心环状或靶形环状等；③锯齿状红细胞，细胞边缘出现数量多、大小和高低不等的突起，呈锯齿状、车轮状，多伴有中心淡染区扩大；④小红细胞，胞体小，外膜增厚，折光增强。肾小球性损害引起的血尿，自动尿分析仪常提示为非均一性红细胞血尿或混合性血尿。非均一性血尿显微镜下观察，70%以上的红细胞大小不等，形态呈多形性，如小红细胞、棘红细胞、环形红细胞及锯齿状红细胞等。非均一性红细胞血尿与肾活检的诊断符合率可达96.6%。混合性血尿是指尿液中含有均一性和非均一性两类红细胞。依据哪一类红细胞超过50%，又可分为以均一性红细胞为主，还是以非均一性红细胞为主的血尿。非肾性血尿的红细胞形态基本正常（彩图7-8）。

（三）病原学试验

1. 血清抗链球菌溶血素O

【目的】A组溶血性链球菌感染后，可产生链球菌溶血素O（streptolysin O，SO）等外毒素，SO 具有溶解血细胞的作用，而且抗原性强，可刺激机体产生抗链球菌溶血素 O 抗体（anti-streptolysin O，ASO）。ASO 在 A 组溶血性链球菌感染后 1～3 周至病后数月到 1 年内可在患者血清中检出。血清 ASO 滴度增高，表明患者近期 A 组溶血性链球菌有感染。

【应用】A 组溶血性链球菌感染后的变态反应性疾病，如急性肾小球肾炎、风湿性疾病等 ASO 滴度常显著增高，有助于诊断。此外，ASO 增高见于 A 组溶血性链球菌感染性菌血症、心内膜炎、脑膜炎、皮肤软组织感染，以及急性咽炎或扁桃体炎等上呼吸道感染等。

2. 血清补体

【目的】血清总补体（complement，C）活性和主要补体成分，例如补体成分 C3（complement 3，C3）的定量检测可用于观察机体的免疫功能，辅助免疫性疾病的诊断和治疗等。

【应用】血清 C3 检测在急性肾小球肾炎的肾小球损伤中起关键作用，链球菌感染后肾小球肾炎患者发病初期血清总补体和 C3 水平降至参考区间的 50% 左右，一般可在 2 个月内恢复。

3. 细菌分离培养与鉴定

【目的】通过细菌培养了解原发性肾小球肾炎的病因。

【应用】当患者出现呼吸道感染，如急性咽炎和急性扁桃体炎；或皮肤软组织感染，如丹毒、链球菌脓皮病及其他感染；此外，出现咽痛、高热伴有畏寒或寒战等溶血性链球菌感染症状时，应进行血培养和咽部分泌物培养。

（四）肾功能试验

1. 血清肌酐（serum creatinine，Scr）

【目的】肌酐为肌酸的代谢产物，血清肌酐包括内生肌酐与外源性肌酐，内生肌酐是由肌肉所含的磷酸肌酸经水解代谢而产生，不受食物影响；外源性肌酐来自肉类食物。由于肌酐分子量小，不与血浆蛋白结合，可自由通过肾小球，一般不被肾小管重吸收和排泄，测定血清肌酐可了解肾小球的滤过功能。

【应用】血清肌酐浓度增高见于各种因素引起的肾小球滤过功能减退，但对其早期诊断并不敏感；当肾小球清除率降低到正常的 50% 时，血清肌酐浓度仍可正常；当减低到正常的 1/3 时，Scr 才明显上升。

2. 内生肌酐清除率（creatinine clearance rate，Ccr）

【目的】健康人如在严格控制饮食和肌肉活动相对稳定时，血肌酐的生成量、尿排出量基本恒定；血肌酐的变化主要受内源性肌酐的影响，而且所产生的肌酐大部分从肾小球滤过后，不被肾小管重吸收，排泌量很少。内生肌酐清除率是指肾单位在一定时间内把若干毫升血液中的内生肌酐全部清除出去，通过测定血清与尿液肌酐浓度、尿量/每分钟，并校正体表面积后计算得到，可代替肾小球滤过率（glomerular filtration rate，GFR）。Ccr 是判断肾小球滤过功能的敏感指标之一。

【应用】GFR 是最好的肾功能评估指标，但是临床上无法对 GFR 水平进行直接的检测。通过 Ccr 试验可以比较准确地反映 GFR，但 Ccr 试验涉及患者准备工作，影响因素多，且需要 24 h 收集尿量，临床应用受到限制。成人 Ccr 的参考区间为 80～120 ml/min，40 岁后随年龄增加逐渐降低，70 岁时约为青壮年的 60%。根据 Ccr 可将肾功能分期，评估肾功能受损程度。由于 Ccr 的检测要求较高及其局限性，临床也采用估算公式获得估算 GFR（eGFR），但与真实 GFR 有一定误差，仅供参考。

3. 血清尿素（serum urea，Sur）

【目的】尿素是蛋白质代谢的终产物之一。血清尿素主要由肾小球滤过排出，测定血清尿素可了解肾小球的滤过功能。

【应用】各种因素引起的肾小球滤过功能损伤，如原发性肾炎、肾盂肾炎、间质性肾炎等均可致 Sur 增高。Sur 对早期肾功能变化诊断不敏感，当 GFR 降低至 50% 以下时，Sur 才开始升高。

4. 血清半胱氨酸蛋白酶抑制剂 C

【目的】血清半胱氨酸蛋白酶抑制剂 C 又称胱抑素 C（cystatin C，Cys C），分子量小（13000 Da），由体内有核细胞恒定产生，能自由通过（滤过）肾小球滤过膜，且肾小管近曲小管上皮细胞全部吸收后分解，尿中排出量极少，是一种理想的反映肾小球滤过率的内源性标志物。血清 Cys C 的敏感性和特异性均优于内生肌酐清除率、血清肌酐和尿素，推荐血清 Cys C 作为判断肾小球滤过功能的首选指标。

【应用】Cys C 在血液中的浓度随肾小球滤过率变化而变化。血液 Cys C 浓度升高，提示肾功能受损，肾小球滤过率下降。肾衰竭时，肾小球滤过率显著下降，Cys C 在血液中浓度可增加十余倍。由于 Cys C 的高敏感性，也常被用于糖尿病、高血压肾病的肾功能早期损伤诊断；肾移植后肾功能恢复情况评估；血液透析的肾功能改变监测；老年、儿科患者肾功能评价；肿瘤化疗中肾功能的监测等。当肾小球滤过率正常，肾小管功能损伤时，Cys C 在肾小管吸收并迅速分解的过程将会受到抑制，其在尿中浓度可高达 100 多倍。

（五）尿蛋白分析

1. 24 h 尿蛋白定量（24-hour urinary protein quantity，24 h UPQ）

【目的】若尿常规试验有蛋白尿，需进一步做 24 h 尿蛋白定量，以准确判断尿蛋白的含量。由于留取 24 h 尿不方便，临床也常用尿蛋白 - 肌酐比值（urinary protein-creatinine ratio）替代 24 h-UPQ。

【应用】健康人尿中蛋白含量甚微，一般成人 24 h-UPQ > 150 mg/24 h 或 > 100 mg/L 为蛋白尿。尿蛋白的持续增多不仅是肾损害的标志，也是肾功能减退的危险因素。按照 24 h-UPQ 分类：< 0.5 g/24 h 为轻度蛋白尿；0.5 ~ 2.0 g/24 h 为中度蛋白尿；> 2.0 g/24 h 为重度蛋白尿。PCR 与 24 h-UPQ 有一定相关性：PCR < 20 g/gCr 相当于 24 h-UPQ < 0.15 g；PCR120 g/gCr 相当于 24 h-UPQ 1.0 g；PCR 400 g/gCr 相当于 24 h-UPQ 3.5 g。

2. 尿微量白蛋白

【目的】生理状况下，带负电荷、分子量为 69 kD 的白蛋白几乎不能通过肾小球滤过屏障，即使少量滤入原尿，也可被肾小管重吸收。当肾小球受损时，即使早期的轻微受损，也可导致白蛋白在尿中的漏出量增加，出现微量白蛋白尿（microalbuminuria）。微量白蛋白尿是指在无尿路感染和心力衰竭的情况下，尿中有少量白蛋白存在，通常尿常规半定量试验不易检出（< 100 mg/L），或定量在 20 ~ 200 μg/min 或 30 ~ 300 mg/24 h 的亚临床范围，提示患者已经有早期肾损伤。

【应用】尿微量白蛋白测定常用定时尿，计算每分钟白蛋白排泄率（albumin excretion rate，AER）；随机尿标本需同时测定尿液肌酐（Ucr）的含量，Ucr 以每毫克白蛋白与每毫摩尔肌酐的比值（albumin creatinine ratio，ACR）表示，可避免受尿量的影响。国际上及我国肾病相关协会均已将 ACR 与 GFR 作为肾病早期筛查及诊断的重要指标。健康人一般 AER ≤ 20 μg/min，≤ 30 mg/24 h。ACR 男性 ACR < 2.0 mg/mmol，女性 ACR < 2.8 mg/mmol。糖尿病肾病发生肾小球微血管病变早期即可出现 ACR 升高。

3. 尿蛋白电泳

【目的】蛋白尿有多种病因，尿蛋白定性或定量检测只能判断蛋白的排出量及评估病情的轻重。尿蛋白电泳（electrophoresis）可对尿蛋白组分进行分析，确定尿蛋白的类型，有助于病因的确定和预后判断。持续性蛋白尿患者均应做尿蛋白电泳，以协助临床医生判断肾损伤的部位。

【应用】通过十二烷基硫酸钠-聚丙烯酰胺凝胶电泳（sodium dodecyl sulfate-polyacrylamide gel electrophoresis，SDS-PAGE），可将尿蛋白按分子量大小分离。尿蛋白分为低分子量蛋白（α_1微球蛋白、β_2微球蛋白、视黄醇结合蛋白、溶菌酶等），中分子量蛋白（主要是白蛋白、转铁蛋白等）和高分子量蛋白（主要是γ球蛋白、α_2巨球蛋白等），可用来鉴别诊断肾小球性蛋白尿、肾小管性蛋白尿或混合性蛋白尿。①肾小球性蛋白尿（glomerular proteinuria）：反映肾小球滤过功能损伤，以中、高分子量蛋白为主；常见于急性肾小球肾炎、慢性肾小球肾炎早期、肾病综合征、狼疮性肾炎、糖尿病肾病、肾小球动脉硬化等。肾小球性蛋白尿24 h尿蛋白定量常≥2 g。②肾小管性蛋白尿（tubular proteinuria）：反映肾小球滤过功能正常，而肾小管重吸收功能受损或功能紊乱，尿中以低分子量蛋白为主；多见于急性肾盂肾炎、肾移植、肾小管性酸中毒、肾间质病变、Fanconi综合征、胱氨酸症、重金属及某些药物中毒等。③混合性蛋白尿（mixed proteinuria）：肾小球和肾小管均受损，尿中同时存在低、中、高分子量蛋白，常见于慢性肾炎晚期、尿毒症、急性肾衰竭、严重间质性肾炎等。

二、肾小球疾病的实验诊断策略

（一）原发性肾小球疾病

原发性肾小球疾病（primary glomerular disease，PGD）是由多种因素引起的一组肾小球疾病，主要分为急性肾小球肾炎、急进性肾小球肾炎、慢性肾小球肾炎和隐匿性肾小球肾炎四型。原发性肾小球疾病的实验诊断主要通过尿液常规检验了解血尿的来源（是否为肾性血尿？）、肾损伤的程度（尿蛋白的含量及种类）、肾小球功能异常的程度（血清肌酐、尿素等），并通过病原学和免疫学相关试验了解肾小球损伤的机制，这有助于后续的临床诊治。

1. 急性肾小球肾炎（acute glomerulonephritis，AGN） 多由感染所诱发的免疫反应所致，目前认为β溶血性链球菌诱发免疫反应后可通过循环免疫复合物（circulating immune complex，CIC）沉积于肾小球基底膜，或已植入肾小球的抗原与循环中的特异抗体结合形成原位CIC致病。其证据是：①前驱链球菌感染后的潜伏期相当于感染后机体产生免疫反应的时间；②疾病早期CIC阳性，血清补体下降；③免疫荧光IgG、C3呈颗粒样在肾小球系膜区及毛细血管袢沉积。CIC激活补体系统，补体在炎性细胞介导下，参与并引起肾小球基底膜损伤和通透性的改变。急性肾小球肾炎实验诊断路径详见图7-1。

2. 慢性肾小球肾炎（chronic glomerulonephritis，CGN） 可发生在任何年龄，以中青年为主，男性多见。起病隐匿，临床表现呈多样性，可有一段无症状期；可有不同程度的蛋白尿、血尿及管型尿。病程长，进展缓慢，多数患者有不同程度的腰酸、疲乏、水肿、高血压及肾功能损害。该病较顽固，反复发作，迁延不愈，最终可导致肾衰竭，预后差。慢性肾炎临床表现多样，实验诊断特点取决于其病理类型：包括系膜增生性肾小球肾炎（包括IgA和非IgA系膜肾小球肾炎）、系膜毛细血管性肾小球肾炎、膜性肾病及局灶性节段性肾小球硬化，其中非IgA系膜增生性肾小球肾炎可由毛细血管性肾小球肾炎（急性肾炎）转化而来。病情进一步发展至后期，各种类型病理改变均可进展到肾小球硬化，正常肾单位不断减少，肾间质纤维组织增生，疾病晚期肾皮质变薄，肾萎缩变小，最后发展成硬化性肾小球肾炎。

（二）继发性肾小球疾病

1. 需要判断原发疾病是否已经造成了肾的损害。根据尿液常规试验，包括对尿液一般性状、常见化学成分和尿液中有形成分（如细胞、管型、结晶）的检查，可以初步判断有无肾损

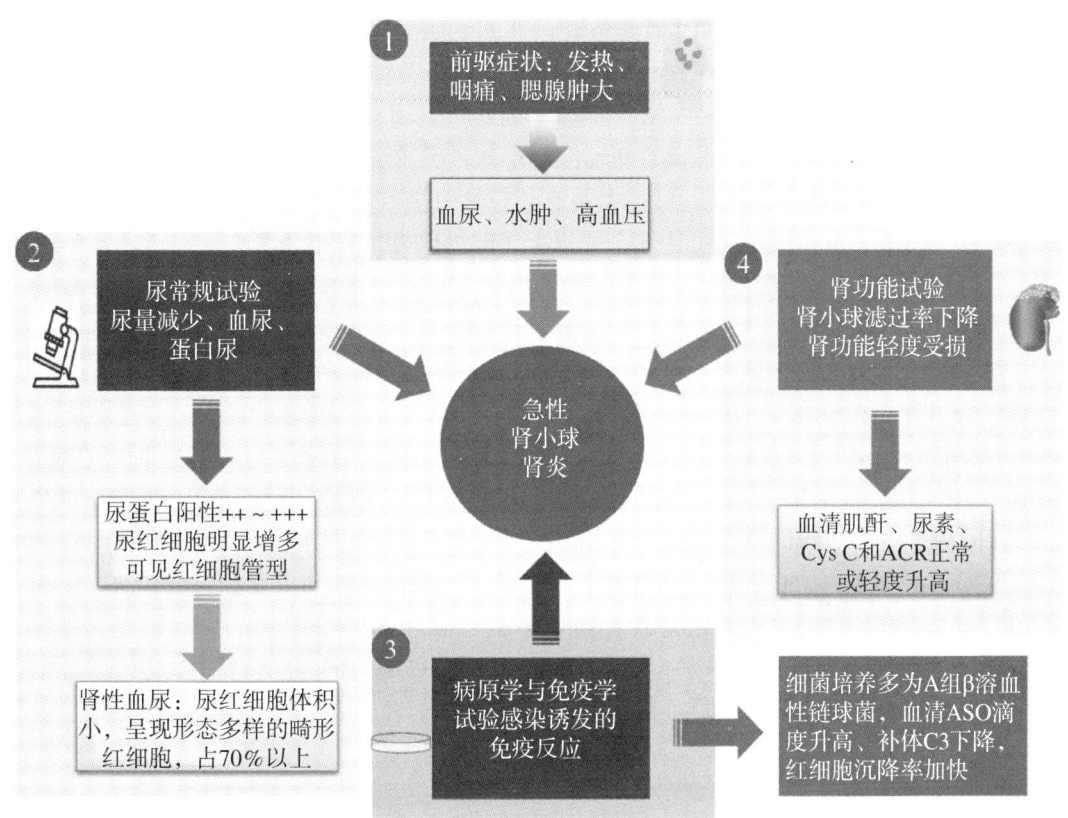

图 7-1　急性肾小球肾炎实验诊断路径

害。对于蛋白尿，通过测定蛋白的含量可反映肾的受损程度。出现血尿时，应进行尿红细胞形态分析，判断血尿的来源，帮助鉴别肾小球疾病和非肾小球疾病。通过定期检查尿液的微量白蛋白、α_1 或 β_2 微球蛋白、视黄醇结合蛋白、N-乙酰-β-D-氨基葡萄糖苷酶（NAG）等，以便早期发现肾小球及肾小管的损害，及时采取必要的干预治疗，以控制疾病发展。

2．发现泌尿系统有损伤后，要进一步明确其病因。自身抗体的筛查可以帮助诊断自身免疫性肾病；肝炎病毒的抗原、抗体及核酸的检测可帮助诊断病毒性肝炎相关性肾损害；糖代谢试验及胰岛功能的监测可帮助诊断糖尿病肾病。

3．肾损伤进入慢性期，必须密切观察肾功能的变化。内生肌酐清除率是判断肾小球滤过功能较敏感的试验之一，血清肌酐、尿素测定对肾功能不全的早期诊断并不敏感。血清胱抑素C水平受机体代谢因素的影响较小，其敏感性和特异性优于肌酐和尿素，被推荐为判断肾小球滤过功能的较理想指标。视黄醇结合蛋白可以反映近端肾小管的损害程度；尿浓缩-稀释试验、尿渗量测定可反映远端肾小管功能等。

三、常见肾小球疾病的实验诊断

（一）原发性肾小球疾病

1. 急性肾小球肾炎（AGN）　患者在链球菌感染 1～3 周后急性起病，可出现血尿、蛋白尿、高血压、水肿、少尿等急性肾炎综合征的临床表现。实验结果可出现肾小球源性血尿、蛋白尿、红细胞管型、血清抗链球菌溶血素O升高，补体下降。若这些病理变化两个月内恢复正常，基本可以诊断 AGN；同时根据患者近期如无相关肾毒性药物使用史，自身抗体检测阴性，且无皮疹、关节肿胀及不明原因发热等可排除相关继发性因素，考虑为原发性。免疫病理检查可见 IgG 及 C3 呈粗颗粒状沿肾小球毛细血管壁和（或）系膜区沉积。此外，还需与 IgA 肾病、急进性肾小球肾炎、系膜毛细管性肾小球肾炎及继发性肾小球肾炎相鉴别。

2. 慢性肾小球肾炎（CGN） 可根据曾有"急性肾炎"病史或尿液检验异常，如蛋白尿、血尿，伴或不伴水肿及高血压病史达 3 个月以上，除外继发性肾小球肾炎及遗传性肾小球肾炎后，临床可诊断为 CGN。慢性肾病往往起病隐匿，早期肾功能受损可出现微量白蛋白尿。检测肾小球滤过率（GFR）可对肾功能进行估算，是慢性肾小球病诊断的重要环节；血清肌酐临床上常用于慢性肾小球疾病筛查，尿和血肌酐的检测不够敏感。对于慢性肾病高风险人群，可根据血肌酐浓度用公式估算 GFR（eGFR），有较早期的 Cockcroft-Gault 公式、适合于中国人的简化 MDRD 和 EPI 公式。根据其估算值（eGFR）可将慢性肾病进行病情分期和危险分层。应用内生肌酐清除率（Ccr）可以对肾小球功能有无损害及其程度进行分级：①健康成人 Ccr 的参考区间为 80～120 ml/min；②＜ 80 ml/min 提示肾小球滤过功能减退；③ 51～70 ml/min 表明轻度损害；④ 31～50 ml/min 为中度损害；⑤＜ 30 ml/min 为重度损害；11～20 ml/min 为早期肾功能不全，提示慢性肾炎患者预后不良；⑥ 5～10 ml/min 为晚期肾功能不全；⑦＜ 5 ml/min 为终末期肾功能不全。若联合肌酐和 Cys C 简化的 GFR 评估公式，可更准确地对慢性肾病患病率及不良预后风险进行评估。

（二）继发性肾小球疾病

1. 狼疮性肾炎（lupus nephritis） 是由系统性红斑狼疮（systemic lupus erythematosus，SLE）引起的肾小球肾炎，多见于青年女性，属于自身免疫性疾病，肾活检均可见肾小球病变。主要实验诊断特征 ①尿液与肾功能异常：镜下血尿多见，肉眼血尿发生率约 6.4%，部分患者还会出现脓尿和管型尿。血尿、脓尿和管型尿在一定程度上可反映肾病变的活动性，少数患者还出现肾小管功能障碍，表现为肾小管性酸中毒及钾代谢紊乱，15%～50% 的狼疮性肾炎患者存在高血压，伴有肾功能损害，严重者表现为少尿、高血压、肾功能进行性减退。②溶血性贫血伴白细胞和（或）血小板减少。③自身免疫异常：抗核抗体（ANA）是 SLE 的特征性抗体，阳性率高达 98%。抗双链 DNA（dsDNA）抗体阳性率可达 40%～90%，高滴度抗 dsDNA 抗体是 SLE 活动的标志；抗 Sm 抗体阳性率为 20%～76%，对 SLE 诊断也具有较高特异性。低补体血症，C3 和 C4 同等程度下降，或 C4 下降更显著；其他自身抗体如抗 SSA 抗体、抗 SSB 抗体、抗组蛋白抗体、抗磷脂抗体、抗红细胞抗体、抗淋巴细胞抗体等可阳性，同时伴有球蛋白升高、C 反应蛋白升高、红细胞沉降率加快等。

2. 紫癜性肾炎（purpura nephritis） 是指过敏性紫癜引起的肾损害，约 40% 的患者有肾小球损害。主要实验诊断特征：①血尿和蛋白尿，有的仅为无症状尿检异常。如蛋白丢失过多，亦可出现肾病综合征的表现；如血尿、蛋白尿长期持续存在，亦可伴有肾功能减退，最后导致慢性肾衰竭。②其他异常：早期可有嗜酸性粒细胞增加；血清 IgA 可增高但无特异性；活动期血循环免疫复合物多增高。严重病例可有内生肌酐清除率下降和血尿素、肌酐升高；表现为肾病综合征者可有血清白蛋白降低和胆固醇增高。

3. 糖尿病肾病（diabetic nephropathy，DNP） 是由糖尿病引起的肾结构和功能损伤，根据肾小球的病变程度和肾功能试验结果变化，糖尿病发展至糖尿病肾病可分为五期：Ⅰ期为糖尿病初期，无蛋白尿，肾小球滤过率增高；Ⅱ期为早期肾小球病变期，可出现间歇性微量白蛋白尿，肾功能试验多正常；Ⅲ期为早期糖尿病肾病期，持续出现微量白蛋白尿（尿白蛋白 30～300 mg/24 h），肾功能试验可大致正常；Ⅳ期为临床糖尿病肾病期，出现大量白蛋白尿（＞ 300 mg/24 h），24 h 尿蛋白总量＞ 0.5 g，肾功能减退，内生肌酐清除率下降，血清肌酐和尿素轻至中度升高；Ⅴ期为尿毒症期，肾功能严重受损，大多数肾单位闭锁，尿蛋白排量减少，肌酐清除率可低于 10 ml/min，血清肌酐和尿素浓度极度升高。由于糖尿病肾病病程的差异，患者的临床表现不一，包括轻度无症状性微量白蛋白尿、肾病综合征和进行性肾衰竭。当出现亚临床性蛋白尿（微量白蛋白尿）时，若开始积极治疗并严格控制血糖和血压可延缓疾病的进展。

（三）肾病综合征

肾病综合征（nephrotic syndrome，NS）分为原发性和继发性两大类，多种不同病理类型的肾小球疾病均可引起，其诊断标准是：① 24 h 尿蛋白超过 3.5 g；②血浆白蛋白低于 30 g/L；③水肿；④血脂升高。其中，①②两项为诊断所必需。NS 的主要实验诊断特点 ①尿液蛋白质异常：由于肾小球毛细血管壁电荷屏障和分子屏障破坏，血浆蛋白大量进入尿液中，产生大量蛋白尿，24 h 尿蛋白超过 3.5 g，多以白蛋白为主，球蛋白也可明显增加。尿沉渣中几乎无细胞成分和管型。②低蛋白血症：由于尿中蛋白大量丢失，导致低蛋白血症。血清总蛋白和白蛋白显著减低（分别低于 60 g/L 和 30 g/L），一些低分子量的蛋白，如转铁蛋白、α_1 球蛋白大量丢失。然而，一些分子量较高的蛋白质，尤其是一些急性相蛋白，如纤维蛋白原、球蛋白等合成增加，血浆中浓度增高。③高脂蛋白血症：由于血浆蛋白丢失、脂代谢异常，血浆极低密度脂蛋白（VLDL）、低密度脂蛋白（LDL）和脂蛋白（a）升高，高密度脂蛋白（HDL）降低或变化不大；血浆总胆固醇（TC）、胆固醇酯（CE）和磷脂（PL）增高，三酰甘油（TG）可增高。脂蛋白异常与蛋白尿或低蛋白血症的严重程度相关。④血液高凝状态：血浆白蛋白减少，大分子球蛋白及纤维蛋白原增高，高脂蛋白血症，血液浓缩和血液抗凝物质如抗凝血酶、蛋白 C、蛋白 S 从尿中大量丢失，凝血与血小板功能亢进，导致血栓形成及血栓栓塞危险性增大。10%～40% 的 NS 患者发生肾静脉血栓，血浆和尿液的纤维蛋白降解产物（FDP）和 D-二聚体增高。

基础回顾

肾小球有效滤过压

肾小球有效滤过压是指促进超滤的动力和对抗超滤的阻力之间的差值，动力包括肾小球毛细血管静水压和肾小囊内超滤液胶体渗透压，阻力包括肾小球毛细血管内的血浆胶体渗透压和肾小囊内的静水压。肾小球有效滤过压在尿液生成过程中有着非常重要的作用。

肾小球有效滤过压 =（肾小球毛细血管静水压 + 囊内液胶体渗透压）-（血浆胶体渗透压 + 肾小囊内压）。

知识拓展

经皮肾穿刺活检术

经皮肾穿刺活检术（percutaneous renal biopsy）是在超声或计算机体层摄影引导下，通过穿刺针经皮刺入活体的肾内，取少量肾组织，以明确肾病变的病理诊断的方法。经皮肾穿刺活检术对肾脏疾病诊断、治疗和预后判断有重要的意义。

(1) 明确诊断：活检标本可进行普通光学显微镜检查、免疫荧光检查和电镜检查，结合其临床资料、实验室和病理检查结果，可以明确患者的临床诊断。

(2) 指导治疗：明确患者肾病理的性质和病变情况，对指导临床医师确定疾病治疗有重要意义。

(3) 预后评估：根据组织病理分型，可以更为准确地评价患者肾脏疾病的预后和疾病的发展趋势。

思 考 题

1. 肾病综合征的诊断标准是什么？
2. 简述继发性肾小球疾病的实验诊断策略。

（郑　磊　冯厚梅　闫立志）

第二节　肾小管疾病

肾小管疾病（renal tubular disorder，RTD）是一组以特异或普通的肾小管功能障碍为主要特征的肾病，临床主要表现为低分子量蛋白尿、肾性糖尿或氨基酸尿、电解质紊乱及酸中毒，可伴或不伴肾小球滤过功能异常等。RTD 可分为遗传性和获得性两大类。遗传性 RTD 多由某些特定基因突变引起；获得性 RTD 常与感染、中毒、免疫、内分泌或代谢异常等有关。

案例 7-2

女性，42 岁，因四肢乏力、无法行走就诊，自述诊断干燥综合征 5 年余。入院查体显示双下肢肌力 0 级；血液生化常规检测：K^+ 1.42 mmol/L、Na^+ 125 mmol/L、Cl^- 115 mmol/L、Ca^{2+} 1.4 mmol/L；血气分析：pH 7.18、HCO_3^- 12.0 mmol/L；尿常规试验：pH 6.65。抗 SSA、抗 SSB 自身抗体阳性。经一系列其他相关检验和影像学检查，并结合临床表现，诊断患者为肾小管性酸中毒。

问题：
1. 什么是肾小管性酸中毒？
2. 肾小管性酸中毒常见的临床表现有哪些？

一、肾小管疾病的检验项目与应用

肾小管具有重吸收和分泌功能。近端肾小管是重吸收的主要部位，Na^+ 通过 Na^+-K^+-ATP 酶主动重吸收，主要阴离子 HCO_3^- 和 Cl^- 随 Na^+ 一起转运；葡萄糖和氨基酸全部被重吸收。有机酸、尿酸、药物（如抗生素和造影剂）多数在肾小管重吸收，随后分泌到肾小管腔中随尿液排出。髓袢在逆流倍增过程中（即在髓质渗透压梯度形成中）起重要作用，维持髓质的高张及尿液的浓缩和稀释。远端肾小管可重吸收 Na^+，排出 K^+，分泌 H^+ 和 NH_4^+，是调节尿液最终成分的主要场所。

（一）肾小管损伤试验

肾小管损伤试验主要包括尿低分子量蛋白检测和尿酶检测。尿中低分子量蛋白泛指分子量为 5～40 kD 的蛋白质，因其分子量较小，几乎全部从肾小球滤过，绝大多数被近曲小管重吸收、分解，仅少量从尿中排出。肾小管功能障碍时，尿低分子量蛋白排出增加，故低分子量蛋白尿也被称肾小管性蛋白尿，多用于肾小管早期损伤的实验诊断。

1. α_1 微球蛋白（α_1-microglobulin，α_1-MG）

【目的】α_1 微球蛋白是肝细胞和淋巴细胞产生的一种糖蛋白，属于低分子量蛋白。α_1-MG 在血浆中可游离存在或与白蛋白、IgA 结合存在，仅游离 α_1-MG 可自由通过肾小球滤过膜，并在近曲小管被重吸收和代谢，尿中排量甚微。尿中 α_1-MG 的排出量主要取决于肾小管重吸收功能，较少受肾外因素影响，是较特异的肾功能损伤的诊断指标。

【应用】影响 α_1-MG 的肾前性因素较少，肾小管对 α_1-MG 重吸收障碍先于 β_2 微球蛋白（β2-microglobulin，β_2-MG），α_1-MG 在酸性尿中的稳定性较好，很少受尿液 pH 及温度变化的影响，其稳定性优于尿 β_2-MG，且不受恶性肿瘤的影响，故其浓度测定的准确性和重复性较好，对近曲小管和肾小球滤过功能早期损伤的诊断灵敏度比 β_2-MG 高，比 β_2-MG 更能反映肾早期病变。运动、发热时尿中排出量可增加，尿液检测时应以在安静状态为宜。①血清 α_1-MG：当肾小球滤过功能减低时，血清 α_1-MG 可因潴留而升高。当内生肌酐清除率（Ccr）减低时，α_1-MG 先于 β_2-MG 和血清肌酐（Scr）升高。若血清和尿液 α_1-MG 均升高，则提示肾小球滤过功能和肾小管重吸收功能均受损。肝实质病变，如重症肝炎、肝坏死等可因 α_1-MG 合成减少而使血清 α_1-MG 降低。②尿 α_1-MG：肾小管重吸收功能损伤时，尿 α_1-MG 升高；不论是否同时存在微量白蛋白尿，若 α_1-MG 明显增加，均可诊断为肾小管损伤。

2. β_2 微球蛋白（β_2-microglobulin，β_2-MG）

【目的】生理状况下 β_2-MG 的合成率及从细胞膜上的释放量相当恒定，β_2-MG 可以从肾小球自由滤过，99.9% 在近端肾小管重吸收并降解，尿中含量很低。尿中 β_2-MG 含量增加是反映肾近端小管受损的较灵敏和特异的指标。

【应用】β_2-MG 是一种分子量为 11.8 kD 的小分子蛋白质，是人类白细胞抗原（HLA）的轻链，主要由淋巴细胞产生，血液中含量甚微，病理情况下肿瘤细胞也具有较强的合成能力。β_2-MG 在酸性尿中不稳定，易分解，标本采集后应及时送检。应同时检测血 β_2-MG 和尿 β_2-MG，综合分析结果。

（1）血清 β_2-MG 升高：①肾小球滤过功能受损，β_2-MG 潴留于血液中而升高，内生肌酐清除率低于 80 ml/min 时即可出现，此时血清肌酐浓度仍处于参考区间内，故在评价肾小球滤过功能方面，β_2-MG 比血清肌酐浓度变化的灵敏度更高。②肾移植术后监测：判断肾移植的排斥反应，无排斥反应时，β_2-MG 不高；发生急性肾排斥反应时，由于排斥引起淋巴细胞增多，β_2-MG 合成增多，同时由于肾功能下降，血清 β_2-MG 常升高。若应用免疫抑制剂可影响淋巴细胞的合成，致使 β_2-MG 增加不明显，因此需要与其他指标综合分析。

（2）尿 β_2-MG 升高：当血中 β_2-MG 浓度超过肾小管重吸收阈值（5 mg/L）时，可出现非肾小管重吸收功能受损的 β_2-MG 尿。当血液 β_2-MG < 5 mg/L，尿 β_2-MG 增高时才有意义，表明近曲肾小管重吸收功能受损，多见于肾小管炎症、肾小管间质性肾病、各种原因导致的急性肾小管损伤、肾移植后早期急性排斥反应、先天性肾小管疾病。

（3）恶性肿瘤的辅助诊断：在恶性肿瘤时，由于 β_2-MG 合成增加，可见到不同程度的血或尿 β_2-MG 升高。系统性红斑狼疮活动期，造血系统恶性肿瘤，如慢性淋巴细胞性白血病、多发性骨髓瘤、B 淋巴细胞增殖性肿瘤时，血和尿 β_2-MG 均明显增多。

（4）鉴别上、下尿路感染：上尿路感染时，尿 β_2-MG 可增高；下尿路感染时，由于无肾小管损伤，尿 β_2-MG 不升高。

3. 视黄醇结合蛋白（retinol-blinding protein，RBP）

【目的】视黄醇结合蛋白是主要由肝细胞合成的一种小分子量的亲脂载体蛋白，在维生素 A 的代谢中起重要作用，是维生素 A（视黄醇）的转运蛋白。RBP 广泛分布于人体血液、脑脊液、尿液及其他体液中。血液中 RBP 主要以视黄醇、前白蛋白结合的复合物形式存在，转运体内 90% 的视黄醇至机体组织，当复合物中视黄醇与靶细胞结合后，复合物解体，RBP 与前白蛋白分离，自肾小球滤出，并在肾小管重吸收、分解代谢，仅有少量从尿中排出。

【应用】

（1）当肾小球滤过率下降，RBP 的滤过率也相应减少，血液中 RBP 蓄积而浓度增高。当近曲小管损伤，重吸收功能障碍时，RBP 在尿液中的排泄量明显增加，尿 RBP 增高。故 RBP 是肾脏疾病早期诊断和疗效观察的敏感指标。

（2）RBP 在肝内合成，当肝受各种因素损害后，RBP 的合成降低，血液中 RBP 水平下降。RBP 的半衰期较前白蛋白更短，能更早期敏感地反映肝的合成功能与分解代谢的变化，除用于肝功能早期损害，还可用于营养状况和胃肠外营养供给功效的监测，营养不良时 RBP 浓度明显下降。

4. 尿 N- 乙酰 -β-D- 氨基葡萄糖苷酶（N-acetyl-β-D-glucosaminidase，NAG）

【目的】N- 乙酰 -β-D- 氨基葡萄糖苷酶是广泛分布于各种组织细胞中的一种高分子量（约 140 kD）的溶酶体酶。在近端肾小管的上皮细胞中含量最为丰富，远远高于输尿管和下尿道，不能被肾小球滤过，尿中 NAG 增高主要见于近曲小管损伤时的释放，尿 NAG 活性是肾小管功能损伤的敏感指标之一。

【应用】尿 NAG 活性增高主要用于诊断早期肾损伤，正常情况下 NAG 不能通过肾小球滤过膜，当肾小球病变时，尿 NAG 可升高。在使用此指标诊断肾小管病变时，应首先排除肾小球病变。尿 NAG 与 α_1-MG、β_2-MG 联合检测、综合判断更有价值。①肾小管毒性损伤：氨基糖苷类抗生素、顺铂等抗癌药、重金属（镉、汞等）引起肾小管毒性损伤时，尿 NAG 活性显著升高，早于尿蛋白和管型的出现，甚至早于肾功能改变。②糖尿病肾病、高血压肾病：患者出现肾病的早期即可有肾小管损伤，尿 NAG、α_1-MG 等肾小管损伤标志物的变化甚至早于尿微量白蛋白的出现，三者联合检测对早期发现糖尿病、原发性高血压、妊娠高血压疾病诱发的肾病有意义。③泌尿系感染：泌尿系感染引起肾小管间质性肾病时，尿 NAG 活性显著增高。可用于鉴别诊断上、下尿路感染，上尿路感染时尿 NAG 升高，下尿路感染时无明显增加。④肾移植监测：肾移植后出现排斥反应时，尿 NAG 活性增高，且常早于尿蛋白、尿管型或血尿的出现。

（二）肾小管功能试验

1. 尿浓缩 - 稀释试验

【目的】远端肾单位包括髓袢、远端小管、集合管，在复杂的神经 - 体液因素的调节下，实现肾对水的平衡调节，即由肾的浓缩和稀释功能来完成。在日常或特定的饮食条件下，观察尿量和尿比重变化，用以评价肾浓缩和稀释功能的方法，称为浓缩 - 稀释试验（concentration dilution test），又称为莫氏试验（Mosenthal test），可用来检测肾小管的浓缩与稀释功能。

【应用】浓缩 - 稀释试验方法：正常饮食与饮水，晨 8 时将尿排空弃去，然后每隔 2 小时至晚 8 时各留尿 1 次，自晚 8 时至次晨 8 时再留尿 1 次，共 7 份；分别准确测量尿量和尿比重。成年人浓缩 - 稀释试验的参考区间：24 h 尿量为 1000 ~ 2000 ml；夜尿量（晚 8 时至次

晨 8 时) < 750 ml；昼夜尿量之比为 (3 ~ 4) : 1；日间各次的尿比重因尿量不同有变化，可波动在 1.002 ~ 1.020，最高尿比重与最低尿比重之差 > 0.009；尿液最高比重应在 1.020 以上。①多尿 (> 2500 ml) 和尿比重减低，夜尿增多，或比重固定在 1.010，表明肾小管浓缩功能较差，可见于慢性肾炎、慢性肾盂肾炎、慢性间质性肾炎、痛风性肾损害、急性肾衰竭多尿期等。夜尿增多、各次尿比重最高不超过 1.018，最高与最低尿比重之差 < 0.009，提示肾小管浓缩与稀释功能受损较重。尿崩症时，尿量显著增多，> 4 L/24 h，尿比重均低于 1.006。②少尿和尿比重增高多见于血容量不足的肾前性少尿。

2. 尿渗量

【目的】渗量或渗透压 (osmolality, Osm) 是指溶液中全部溶质的总数量，而与微粒的种类和性质无关。每公斤水所含各种溶质颗粒 (离子或分子) 的总摩尔数即渗摩尔数量，单位 [mOsm/(kg·H$_2$O)]。尿渗量 (urine osmolality, UOsm) 或尿渗透压指尿中全部溶质的微粒总数量。尿比重和尿渗量都能反映尿中溶质的含量，但前者易受溶质微粒大小和分子量的影响，如蛋白质、葡萄糖等均可使尿比重增高；而尿渗量受溶质离子数量的影响。如果两种溶液的渗量相同，无论它们内含的成分是否相同，都具有相同的渗透压。例如，1 mmol/L 的葡萄糖的渗量为 1 mOsm/(kg·H$_2$O)，1 mmol/l 氯化钠溶解后解离出 Na$^+$ 和 Cl$^-$，其渗量为 2 mOsm/(kg·H$_2$O)。因此，不能离子化的物质如蛋白质、葡萄糖等对尿渗量影响小，故测量尿渗量能更准确地反映肾小管浓缩 - 稀释功能。

【应用】尿渗量检测一般包含两种。①禁饮尿渗量：常用于尿量基本正常或增多的患者。晚餐后禁饮水 8 h，送晨尿检验；同时空腹采肝素抗凝静脉血测定血浆渗量。②随机尿尿渗量：常用于尿量减少的患者。尿渗量参考区间：禁饮尿渗量 600 ~ 1000 mOsm/(kg·H$_2$O)，平均值 800 mOsm/(kg·H$_2$O)；血浆渗量为：275 ~ 305 mOsm/(kg·H$_2$O)，平均值 300 mOsm/(kg·H$_2$O)。尿 / 血浆渗量 (UOsm/POsm) 比值：(3 ~ 4.5) : 1。临床应用：尿渗量在 300 mOsm/(kg·H$_2$O) 左右时，即与血浆渗量接近，称为等渗尿；< 300 mOsm/(kg·H$_2$O) 为低渗尿。等渗尿提示肾小管浓缩功能严重受损，见于慢性肾盂肾炎、慢性肾小球肾炎、阻塞性肾病、多囊肾和尿酸性肾病等。低渗尿表明肾小管浓缩功能丧失，但稀释功能仍存在，见于尿崩症等。一次性尿渗量检测用于鉴别肾前性、肾性少尿：肾前性少尿时，如急性肾小球肾炎早期，肾小管浓缩功能正常，故 UOsm、UOsm/POsm 正常或增高。肾小管坏死所致少尿时，UOsm、UOsm/POsm 减低，接近等渗尿。

二、肾小管疾病的实验诊断策略

RTD 可表现为：①肾酸化功能障碍，出现高血氯性代谢性酸中毒，碱性尿；②肾浓缩功能受损，出现多尿、尿崩症、失水及低渗尿等；③肾小管重吸收功能障碍，出现血浆电解质减低、尿糖、低分子蛋白 (例如白蛋白、β$_2$ 微球蛋白、α$_1$ 微球蛋白) 尿等。肾小管疾病起病隐匿，早期尿液检验和临床症状常无特异性，肾小管具有调节水、电解质平衡的重要作用，故电解质紊乱和酸碱平衡失调是肾小管疾病的重要诊断线索之一。其他检验肾小管功能的实验参数出现异常，结合患者的临床表现综合分析，即可对肾小管疾病做出合理诊断。肾小管性酸中毒的生化特点以代谢性酸中毒、反常性碱性尿为主，患者共同的临床特点为血氯增高、低血钾 (部分类型有高血钾)、酸中毒、碱性尿。因此，对低血钾、乏力或软瘫、多尿、高血氯性酸中毒伴尿 pH 升高者，都应警惕肾小管性酸中毒，进行相应的实验检查，排除或确定诊断。

三、常见肾小管疾病的实验诊断

（一）急性肾小管坏死

急性肾小管坏死（acute tubular necrosis，ATN）为急性肾损伤（acute kidney injury，AKI）或急性肾衰竭（acute renal failure，ARF）最常见的一种类型，是各种因素引起的肾组织缺血和（或）中毒性损害，导致肾小管上皮细胞变性、坏死，肾小球滤过率（GFR）急剧降低所致的临床综合征，一般表现为水、电解质与酸碱平衡失调，进行性氮质血症和相关的一系列症状；中、重度急性肾小管坏死患者不仅出现严重肾损伤，而且常合并一种或多种并发症，有时可危及生命。

ATN 的病因主要有急性肾缺血、急性肾毒性损害、血管内溶血、某些感染等。以上因素可单独或同时存在。肾毒性损害主要为外源性肾毒性，如药物（例如抗生素）、重金属和化学毒物及生物毒等。典型的 ATN 分为少尿期、多尿期和肾功能恢复期三个阶段。

1. 少尿期 典型的为 7~14 d，也可短至几天，长至 4~6 周。肾小球滤过率保持在低水平，许多患者出现少尿（< 400 ml/d）。

（1）尿液异常：尿液外观多浑浊，尿色深，尿蛋白多为 +~++，以中、小分子蛋白为主。出现棕色尿，尿沉渣中可见较多肾小管上皮细胞或肾小管上皮细胞管型、棕色颗粒管型，提示肾小管坏死；肾小管肾炎或血管炎时，出现蛋白尿、血尿，红细胞、白细胞、颗粒管型和红细胞管型；间质性肾炎时，尿中可有较多嗜酸性粒细胞；急性高尿酸血症肾病时，尿沉渣中有大量尿酸结晶。

（2）肾功能显著异常：肾小球滤过功能急剧降低，血清肌酐（Scr）和尿素迅速增高，平均 48 h 内增加 Scr > 26.5 mmol/L，尿量 < 0.5 ml/(kg·h)，且持续时间 > 6 h。尿比重持续 < 1.010，尿渗透压 < 350 mOsm/(kg·H_2O)，尿钠多为 40~60 mmol/L，尿肌酐-血肌酐比值小于 20∶1。

（3）酸中毒与电解质紊乱：由于肾排酸能力减弱与机体高分解代谢，血液 pH 常小于 7.35，碳酸氢盐浓度减低，二氧化碳结合力降至 13~18 mmol/L；高血钾症最为常见，严重者每日血钾上升可达 1 mmol/L 以上，血钾可高达 7.0 mmol/L；由于水潴留过多常导致稀释性低钠血症，血钠浓度多低于 125 mmol/L；出现低钙血症，血磷和血镁浓度增高。

2. 多尿期 当尿量持续增加，超过 400 ml/d 时，提示肾功能开始恢复，进入多尿期。在多尿早期，肾小球滤过率仍较低，血清肌酐及尿素下降不明显，代谢性酸中毒及电解质紊乱仍较重。在多尿后期，尿量在 2000 ml/d 以上时，肾功能才开始恢复。

3. 恢复期 一般发病 1 个月以后可进入恢复期，肾功能明显恢复，尿量逐渐接近正常或偏多，血尿或蛋白尿、管型尿逐渐消失，血肌酐、尿素浓度基本降至参考区间，血液 pH 恢复正常，电解质紊乱基本得到纠正。肾小球滤过功能一般要 3~12 个月才能完全恢复，故在恢复早期，肌酐清除率仍然偏低。部分病例肾小管功能恢复较慢，甚至出现永久性损伤，可表现为尿浓缩功能不全，尿比重、尿渗量偏低，尿中 α_1 微球蛋白、β_2 微球蛋白、NAG 增高等。

（二）肾小管性酸中毒

肾小管性酸中毒（renal tubular acidosis，RTA）是由各种因素导致肾酸化功能障碍而产生的一种临床综合征，其共同特征为肾小管的泌 H^+ 或重吸收 HCO_3^- 障碍，使血中 HCO_3^- 下降。该病按病因可分为原发性和继发性，原发性多为先天遗传性基因缺陷所致，继发性可继发于多种肾病、结缔组织病（胶原性疾病）及药物性肾损害。肾小管性酸中毒的诊断：典型 RTA 的共同特点是血液 pH 减低、阴离子间隙（AG）正常、肾小管稀释功能障碍、尿液碳酸氢盐增多、尿 pH 偏碱，但肾小球滤过功能正常。

临床上按部位和机制分为 4 型：远端肾小管性酸中毒（Ⅰ型）、近端肾小管性酸中毒（Ⅱ型）、混合型肾小管性酸中毒（Ⅲ型）、高血钾性肾小管性酸中毒（Ⅳ型）。

1. 远端肾小管性酸中毒（distal renal tubular acidosis，dRTA） 主要由远端肾小管酸化功能（泌 H^+）障碍引起。继发性可见于干燥综合征、系统性红斑狼疮、肝炎病毒感染和肾盂肾炎等；肾毒性药物（例如马兜铃酸）也是重要病因。

（1）低血钾性远端肾小管性酸中毒：出现 AG 正常的高血氯性代谢性酸中毒，尿可滴定酸和 NH_4^+ 减少、尿 pH > 5.5，低钾血症，伴有高尿钙、低血钙、高尿磷、低血磷等，多考虑低血钾性远端肾小管性酸中毒。

（2）高血钾性远端肾小管性酸中毒：AG 正常的高血氯性代谢性酸中毒、轻中度肾功能不全、高钾血症不能用肾小球功能障碍解释，血醛固酮、肾素降低、尿 NH_4^+ 减少、尿 pH > 5.5，多考虑高血钾型远端肾小管性酸中毒。

2. 近端肾小管性酸中毒（proximal renal tubular acidosis，pRTA） 主要由近端肾小管重吸收 HCO_3^- 功能障碍导致。出现 AG 正常的高血氯性代谢性酸中毒，低血钾、高尿钾、尿 HCO_3^- 增多等，多考虑 pRTA。

3. 混合型肾小管性酸中毒 同时存在 Ⅰ 型和 Ⅱ 型 RTA，故高血氯性代谢性酸中毒明显，尿 HCO_3^- 增多和尿 NH_4^+ 减少更加明显，症状较严重。

4. 高血钾性肾小管酸中毒 主要由于醛固酮分泌绝对不足或相对减少，导致集合管排出 H^+ 及 K^+ 同时减少。AG 正常的高血钾、高血氯性代谢性酸中毒，继发性患者多伴有轻中度肾功能不全，血醛固酮降低或正常、尿 NH_4^+ 减少、尿 pH > 5.5，多考虑高血钾性肾小管性酸中毒。

（三）Gitelman 综合征

Gitelman 综合征（Gitelman syndrome，GS）是一种常染色体隐性遗传的失盐性肾小管疾病。现已明确 GS 的病因是编码位于肾远曲小管的噻嗪类利尿药敏感的钠-氯共同转运体（NCCT）蛋白基因 *SLC12A3* 发生功能缺失、突变导致 NCCT 的结构和（或）功能异常，从而引起肾远曲小管对钠、氯重吸收障碍，导致低血容量、肾素-血管紧张素-醛固酮系统（RAAS）激活、低血钾和代谢性碱中毒等一系列病理生理改变和临床表现。GS 患者症状缺乏特异性，临床诊断更多依赖于实验诊断，典型患者临床表现为"五低一高"和代谢性碱中毒，即低血钾、低血镁、低血氯、低尿钙、偏低的血压和 RAAS 活性增高。目前，最常用的基因检测方法为 *SLC12A3* 基因直接测序法，二代测序技术、多重连接探针扩增技术（MLPA）也逐渐用于 Gitelman 综合征的诊断。

微整合

基础回顾

肾小管的组成和功能

肾小管是一条细长的单层上皮性小管，近端连接肾小囊，远端连接集合管，具有重吸收和排泌功能。肾小管分为近端肾小管、髓袢和远端肾小管。近曲小管（近端小管曲部）是肾小管重吸收的重要部分，重吸收几乎所有的葡萄糖、氨基酸、蛋白质和大部分水、离子（K^+、Na^+、Cl^-）和尿素，还向腔内分泌 H^+、NH_3、肌酐和马尿酸等，还能转运和排出酚红、青霉素等药物。髓袢主要包括降支细段、升支细段和升支粗段。髓袢降

支的功能是重吸收水，髓袢升支的功能主要是重吸收溶质（逆流倍增作用），髓袢在髓质渗透压梯度形成中起重要作用。远曲小管（远端小管曲部）是离子交换和分泌的重要部分，有吸收水、Na^+和排出K^+、H^+、NH_3的作用，并受醛固酮和抗利尿激素调节，参与调节尿液浓缩和稀释。

思 考 题

1. 简述肾小管性酸中毒的分型。
2. 肾小管损伤常用的实验室指标有哪些？

（潘　琳）

第三节　泌尿系感染

泌尿系感染（urinary tract infection，UTI）是指各种病原微生物在尿路中生长、繁殖而引起的尿路感染性疾病，病原体可包括细菌、真菌、支原体、衣原体、病毒等。多见于育龄期妇女、老年人、免疫力低下及尿路畸形者。根据感染发生的部位可分为上尿路感染（主要是肾盂肾炎）和下尿路感染（主要是膀胱炎）。根据有无尿路功能或结构的异常，可分为复杂性、非复杂性尿路感染。复杂性尿路感染是指伴有尿路引流不畅、结石、畸形、膀胱输尿管反流等结构或功能的异常，或在慢性肾实质性疾病基础上发生的尿路感染；不伴有上述情况者称为非复杂性尿路感染。根据发作频次，又可分为初发/孤立发作尿路感染和反复发作性尿路感染。反复发作性尿路感染指1年发作≥3次或半年发作≥2次；发作频次达不到上述情况，为初发/孤立发作尿路感染。

案例 7-3

王某，男性，65岁，2天前出现尿频、尿急、尿痛、腰痛伴发热。既往史：30年前因骑跨伤导致下尿路狭窄，间断发作尿频、尿急、尿痛，有时伴腰痛、发热，每年发作1~2次。本次发病以来饮食尚可。查体：T 38.9℃，P 120次/分，R 20次/分，BP 120/80 mmHg，急性热病容，下腹部轻压痛，双肾区叩痛（+），双下肢不肿。实验检查结果：血常规 Hb 132 g/L，WBC 18.9×10⁹/L，中性分叶核粒细胞86%，中性杆状核粒细胞5%，淋巴细胞9%；尿蛋白（+）；尿沉渣镜检：WBC 20~30个/HPF，RBC 8~10个/HPF，可见白细胞、脓细胞和白细胞管型。

问题：
1. 根据上述资料，该患者的初步诊断是什么？
2. 为明确诊断，下一步应该完善哪些实验检查项目？

一、泌尿系感染的检验项目与应用

1. 尿液常规试验

【目的】检测尿液外观（量、颜色、性状、浊度）、比重、感染相关的化学成分和细胞、管型、结晶等有形成分的变化，辅助诊断泌尿系感染或判断疾病程度及评估治疗效果。

【应用】当泌尿系统受到病原菌感染时，可见血尿、脓尿或浑浊尿等异常外观，隐血和亚硝酸盐检查可呈阳性。显微镜检查可见白细胞，甚至脓细胞（成堆的破坏、变性粒细胞）（彩图 7-9）和吞噬细胞增多，红细胞增多不如白细胞显著，也可见细胞管型和颗粒管型等。

2. 尿液涂片细菌检查

【目的】正常情况下，从肾分泌出来的尿液是无菌的，但尿液流经尿道及尿道口时会被其所在的正常菌群污染，包括草绿色链球菌、肠球菌、奈瑟菌（不包括淋病奈瑟菌）、分枝杆菌（不包括结核分枝杆菌）、类杆菌及其他常见菌。为了发现泌尿系细菌感染，减少可能的污染，必须严格规范尿液标本的采集流程。若无菌中段尿直接涂片镜检有大量细菌，可以协助泌尿系细菌感染的诊断。

【应用】尿液涂片细菌检查，应留取中段尿标本，置于无菌容器内，及时送检。在膀胱炎、肾盂肾炎等疾病时，尿液涂片革兰氏染色后观察常可见革兰氏阳性球菌或革兰氏阴性杆菌。

3. 尿液标本菌落计数

【目的】对尿液标本中的细菌进行菌落计数。正常情况下，从肾分泌出来的尿液是无菌的。尿液标本采集过程中，尿液流经尿道及尿道口时会被尿道及尿道口的正常菌群污染。为了更好地从泌尿道中发现细菌并减少可能的污染，必须要注意严格、规范地收集尿液标本，并在培养时进行菌落计数。

【应用】不同来源的尿液标本（如中段尿、导尿、耻骨穿刺及透析）中的细菌数量不但具有不同的临床意义，而且与进一步采取的检验操作（如仅报告菌落数、革兰氏染色特征、鉴定及药敏试验）直接相关。

4. 尿液细菌培养与鉴定

【目的】尿液细菌培养与分离鉴定是对泌尿系感染的诊断性试验，对疾病的诊断与治疗有决定意义。

【应用】尿液中常见病原体：细菌中 80% 为革兰氏阴性杆菌，其中以大肠埃希菌最为常见，占泌尿系感染的 70% 以上，其次为变形杆菌、铜绿假单胞菌、克雷伯菌、肠杆菌、沙雷菌、产气杆菌、沙门菌等；约 20% 为革兰氏阳性菌，其中以肠球菌为多见，其次为葡萄球菌、粪链球菌、结核分枝杆菌。其他病原体有支原体、衣原体、真菌等。

5. 1 h 尿液有形成分排泄率

【目的】1 h 尿液有形成分排泄率试验，是准确计数 3 h（采集上午 6 时—9 时）内尿液有形成分的数量，再换算为 1 h 的排出量。因留取定时尿液定量计数，能更准确地反映泌尿系感染的状况。

【应用】急、慢性肾炎患者 1 h 红细胞、管型排泄率显著增高；泌尿系感染患者 1 h 白细胞排泄率增高。治疗有效后排泄率降低或恢复至参考区间，有助于动态观察患者病情。

6. 肾功能试验

【目的】检测血清肌酐、尿素、血胱抑素 C、内生肌酐清除率、血及尿 β_2 微球蛋白、尿浓缩 - 稀释试验、尿渗量等，评估泌尿系感染时对肾功能的影响。

【应用】泌尿系感染反复发作，损伤肾小球和（或）肾小管时，可出现肾功能改变。例如，慢性肾盂肾炎时，肾功能受损可出现肾小球滤过率下降，血肌酐和尿素升高、肾小管浓缩 - 稀释功能下降等。

7. 尿 N-乙酰-β-D-氨基葡萄糖苷酶

【目的】检测尿 N-乙酰-β-D-氨基葡萄糖苷酶（NAG）活性，可较敏感反映泌尿系感染的肾小管功能受损状况。

【应用】急、慢性肾盂肾炎可有肾小管上皮细胞受累，单纯性膀胱炎尿 NAG 不增加；而有肾小管损伤的感染尿 NAG 升高。所以，尿 NAG 检测可用于尿路感染的定位判断，对早期上尿路感染有辅助诊断意义。

8. 血常规试验及红细胞沉降率

【目的】血液常规检查是计数红细胞、白细胞及血小板的数量和测量血细胞相关形态学参数的检查项目，可用于泌尿系感染的辅助筛查。红细胞沉降率是指红细胞在一定条件下沉降的速率，简称血沉。病理情况下主要受血液组成的影响，球蛋白、纤维蛋白原增加可使血沉加快；红细胞减少时血沉加快；球形红细胞增多血沉减慢。

【应用】急性肾盂肾炎时，白细胞总数可轻至中度增高，以中性粒细胞增高为主并可伴有核左移。慢性肾盂肾炎时，可有轻至中度贫血，血小板数量也减少。红细胞沉降率加快。

二、泌尿系感染的实验诊断策略

根据患者的临床表现，首先进行尿液检查，包括尿常规、尿沉渣、尿液涂片细菌检查和细菌培养等，其中尿液细菌培养可明确诊断尿路感染，其次还可进行血常规试验、肾功能试验、红细胞沉降率等判断病情。实验诊断路径见图 7-2。

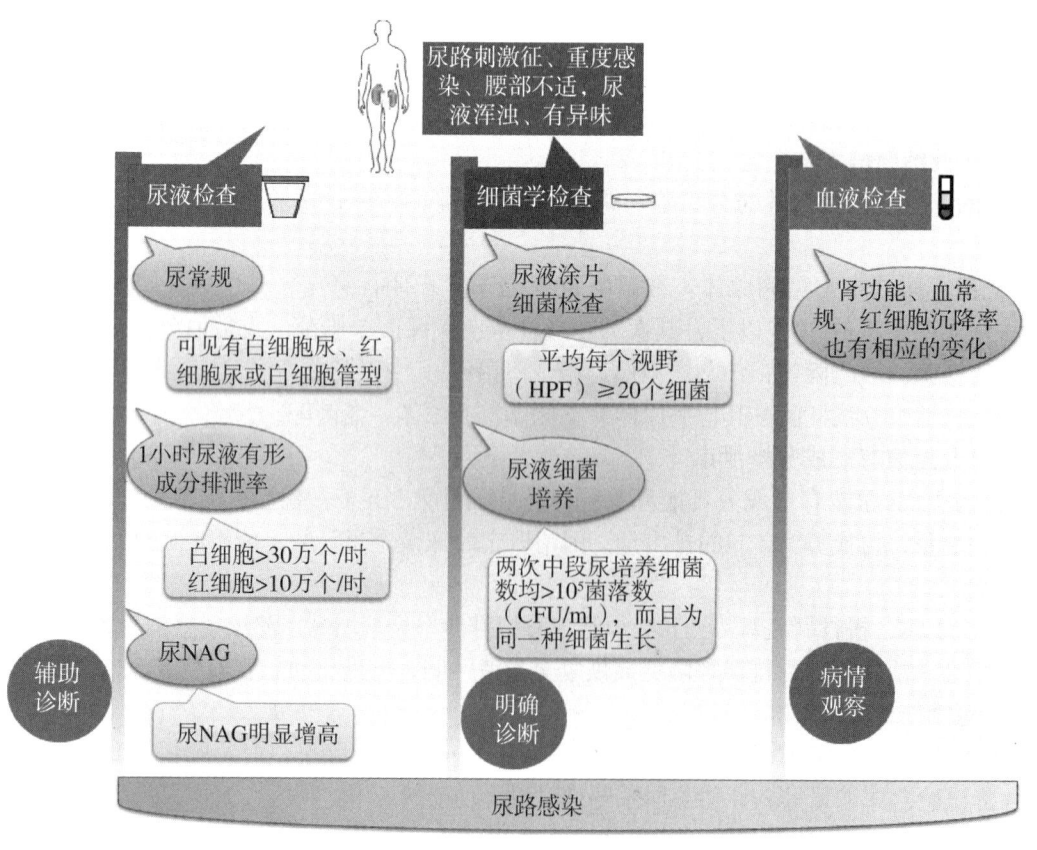

图 7-2　泌尿系感染的实验诊断路径

（一）尿液检查

1. 尿液常规试验 尿路感染患者新鲜尿液常浑浊，可有异味。慢性肾盂肾炎可表现为尿比重和尿渗透压下降，甚至出现肾性尿糖、肾小管性酸中毒。

尿路感染患者可出现白细胞增多、血尿和微量蛋白尿等，尿液常规检查白细胞酯酶阳性率较高，尿沉渣中白细胞或脓细胞显著增多，尿沉渣镜检白细胞 > 5 个 /HPF，称为白细胞尿，部分可出现白细胞管型，对尿路感染诊断意义较大；部分患者有镜下血尿，尿沉渣镜检红细胞数多为 3～10 个 /HPF，呈均一性红细胞尿，极少数急性膀胱炎患者可出现肉眼血尿；有轻至中度蛋白尿，一般以低分子量蛋白为主。

亚硝酸盐还原试验阳性，其原理为大肠埃希菌等革兰氏阴性杆菌可使尿内硝酸盐还原为亚硝酸盐，此法诊断尿路感染的敏感性 70% 以上，特异性 90% 以上，可作为尿路感染的筛查试验。阳性常见于大肠埃希菌等革兰氏阴性杆菌引起的尿路感染，一般仅用于筛查。

2. 其他试验 1h 尿液有形成分排泄率试验：主要应用是定量计数细胞，比尿常规试验白细胞和红细胞检测更有意义。尿 NAG 上升，可鉴别诊断上尿路感染与单纯性膀胱炎。

（二）细菌学试验

1. 尿液涂片细菌检查 清洁的中段尿沉渣涂片，革兰氏染色后用油镜观察，或不染色则用高倍镜（较暗视野）观察，如平均每个视野 ≥ 20 个细菌（包括活动或不活动的），即为有意义的细菌尿，提示尿路感染。本法设备简单、操作方便，符合率可达 90% 以上；可初步确定是杆菌或球菌、是革兰氏阴性还是革兰氏阳性细菌，对及时选择有效抗生素有重要参考价值。

2. 尿液标本菌落计数 尿液细菌培养一般以每 ml 菌落形成单位（colony forming unit, CFU）报告，指每 ml 尿液中的细菌等微生物的群落总数。当检出同一种细菌时，革兰氏阴性杆菌 ≥ 10^5 CFU/ml 可认为是病原菌，一般认为一次培养在每毫升尿液含有的细菌数量为 10^5 CFU/ml，诊断准确率为 80%，两次检出同一细菌 > 10^5 CFU/ml，诊断准确率为 91%，三次为 95%。革兰氏阴性杆菌在 10^4～10^5 CFU/ml 时为可疑，应重复检查；革兰氏阴性杆菌 < 10^4 CFU/ml 时视为外源的污染菌；革兰氏阳性球菌 ≥ 10^5 CFU/ml，则视为病原菌。

3. 尿液细菌培养 尿液细菌培养和菌落计数对诊断有决定意义，可采用清洁中段尿、导尿及膀胱穿刺尿做细菌培养，其中耻骨上膀胱穿刺尿细菌定性培养，若有细菌生长，是诊断泌尿系感染的金标准。

多种微生物侵入尿路均可以引起泌尿系感染，例如细菌、真菌、衣原体和某些病毒等。最常见的病原体是革兰氏阴性杆菌，如大肠埃希菌。凝固酶阴性葡萄球菌（柠檬色和白色葡萄球菌）多见于性生活活跃期女性，极少数为两种以上细菌混合感染，厌氧菌感染较为罕见。

（三）血液检验

1. 肾功能试验 泌尿系感染致肾功能受损时可出现肾小球滤过率下降，血肌酐、血尿素及血胱抑素 C 升高等。血 NAG 活性测定可反映肾实质病变，尤其是急性损伤和活动期病变更敏感，用于早期肾损伤的监测和病情观察。

2. 血常规试验及红细胞沉降率 见泌尿系感染的检验项目与应用。

三、常见泌尿系感染疾病的实验诊断

常见泌尿系感染性疾病主要包括膀胱炎、肾盂肾炎、无症状性菌尿，复杂性尿路感染则少见。

(一)膀胱炎

膀胱炎占尿路感染的 60% 以上。主要表现为尿频、尿急、尿痛、排尿不适、下腹部疼痛等，部分患者伴有排尿困难。一般无全身感染症状，少数患者出现腰痛、发热，但体温常不超过 38.0℃。如患者体温＞38.0℃，应考虑上尿路感染。尿液常浑浊，并有异味，约 30% 可出现血尿。致病菌多为大肠埃希菌，约占 75% 以上。

(二)肾盂肾炎

肾盂肾炎是常见的泌尿系感染性疾病，通常是由细菌沿尿道上行膀胱、输尿管至肾盂而引起感染。此外，血行感染、淋巴道感染或肾邻近器官感染时的细菌直接侵入也可引起肾盂肾炎。肾盂肾炎可分为急性和慢性两种。

1. 急性肾盂肾炎 可发生于各年龄段，育龄女性最多见。临床表现与感染程度有关，通常起病较急。主要表现为尿频、尿急、尿痛、排尿困难、下腹部疼痛、腰痛等。腰痛程度不一，多为钝痛或酸痛。部分患者下尿路症状不典型或缺如。全身感染症状明显，可有发热、寒战、头痛、全身酸痛、恶心、呕吐等，体温多在 38.0℃以上，多为弛张热，也可呈稽留热或间歇热。可发现一侧或两侧肋脊角或输尿管点压痛和（或）肾区叩击痛。

部分患者出现革兰氏阴性杆菌败血症。急性肾盂肾炎时，肾功能变化不大。当病程超过半年以上，肾形态和功能均发生改变时，表明已处于慢性肾盂肾炎阶段，患者尿比重减低、肾浓缩功能减退、夜尿增多、血清肌酐和尿素增高，甚至可发展为慢性肾衰竭，导致肾功能呈尿毒症时的改变。

2. 慢性肾盂肾炎 临床表现复杂，全身及泌尿系统局部表现均可不典型。一半以上患者可有急性肾盂肾炎病史，后出现程度不同的低热、间歇性尿频、排尿不适、腰部酸痛及肾小管功能受损表现，如夜尿增多等。病情持续可发展为慢性肾衰竭。急性发作时患者症状明显，类似急性肾盂肾炎。慢性肾盂肾炎的肾功能受损时可出现低比重尿、肾小球滤过率下降、血肌酐升高等；出现慢性肾衰竭时，尿蛋白可增加，可见颗粒管型、肾小管上皮细胞管型、蜡样管型和肾衰竭管型。

(三)无症状性细菌尿

无症状性细菌尿是指患者有真性细菌尿，而无尿路感染的症状，可由症状性尿路感染演变而来或无急性尿路感染病史。

致病菌多为大肠埃希菌，患者可长期无症状，尿常规可无明显异常，但尿培养有细菌生长，也可在病程中出现急性尿路感染症状。

微整合

基础回顾

尿液的形成过程

尿液由肾生成，通过输尿管、膀胱及尿道排出体外。肾单位是肾泌尿活动的基本功能单位。肾单位包括肾小球与肾小管两部分，肾单位与集合管共同完成泌尿功能。当体内血液流经肾小球毛细血管时，其中的细胞、大分子蛋白质和脂类等胶体被截留，其余成分则经半透膜滤过，进入肾小囊腔形成原尿。原尿通过肾小管时，大部分水、电解质、葡萄糖、氨基酸、乳酸及肌酸、部分硫酸盐、尿酸等物质又重新被吸收回血；肾小管也分泌一些物质进入尿中；肾小管滤过的原尿经过肾小管和集合管的重吸收和排泌、浓缩与稀释作用成为终尿排出体外。因此尿液的生成，包括肾小球滤过、肾小管的重吸收和排泌三个过程。

知识拓展

细菌感染与肾结石形成存在一定关联

当存在产脲酶细菌（如奇异变形杆菌等）所致尿路感染时，常易形成磷酸镁铵结石。肠道菌群的改变也会影响肾结石的形成。有研究显示，肠道中的产甲酸、草酸杆菌通过利用草酸作为自身唯一能量来源，减少了机体肠源性草酸吸收，进而降低了尿草酸水平；当肠道菌群紊乱，该菌群数量大幅减少时，草酸钙结石的发生风险升高。

思 考 题

1. 在泌尿系感染诊断中，尿沉渣显微镜检查的意义是什么？
2. 泌尿系感染与肾功能损伤有何关联？如何通过实验诊断进行判断？

（卢怀民）

第八章

感染性疾病的实验诊断

第八章数字资源

感染性疾病（infectious disease）是临床常见病，人体各组织器官在一定条件下都有可能因病原体入侵而引起感染。当前感染性疾病主要以条件致病性病原体（pathogen）感染和医院感染为主；过去高度流行的一些感染性疾病，如白喉、天花、鼠疫、脊髓灰质炎等几乎绝迹或偶有散发；虽然我们对淋病、梅毒、结核病、艾滋病（AIDS）等感染性疾病不断采取防控措施，但其仍存在增加的风险和趋势；随着人民生活水平的不断提高，我国采取多种预防免疫措施，但由于病毒性肝炎感染基数较大，目前其仍是困扰人民生活的主要疾病之一。

一些新病原体导致的传染性疾病使得公共卫生体系不断面临新的挑战，例如中东呼吸综合征（Middle East respiratory syndrome，MERS）冠状病毒的出现曾导致了 MERS 的暴发；禽流感病毒（avian influenza virus，AIV）也曾引起禽流感的多次流行；猪链球菌（Streptococcus suis，S.suis）感染及肠道病毒 71 型（enterovirus 71，EV71）和 A 组柯萨奇病毒（Coxsackie virus A，CoxA）、埃可病毒（Echo virus，ECHO）的某些血清型可引起手足口病，导致死亡的病例也陆续出现。此外，由于抗生素的不当使用，导致广泛多重耐药病原体感染增多，如泛耐药结核分枝杆菌等，给临床治疗造成极大困难。对于这些感染性疾病，不断进步的防控手段已经初见成效。例如，尽管新型冠状病毒在世界范围内流行，但新冠疫苗的快速应用使得疾病被有效控制。此外，快速的实验诊断手段，尤其是基因诊断的快速应用也为治疗与防控提供了有效的指导。

感染性疾病的常见病原体有细菌、病毒、真菌、寄生虫和支原体、衣原体、螺旋体等。临床实验室采用多种先进的实验技术和方法检验病原体及其组分（如抗原、核酸）、病原体对药物的敏感性或耐药性、人体针对病原体入侵的反应（如抗体）等，可为临床及时、有效地诊断、治疗、预防和控制感染性疾病提供科学依据。

第一节　常见感染与脓毒症

感染（infection）是指细菌、病毒、真菌、寄生虫等病原体侵入人体所引起的局部组织和（或）全身性炎症反应。脓毒症（sepsis）则是由感染所致的临床急重症，其本质是由于宿主对感染的反应失调而导致的危及生命的器官功能障碍；临床认为感染后患者序贯器官衰竭评分（SOFA）≥ 2 分即为脓毒症的临床诊断标准，此类患者住院病死率超过 10%。脓毒症休克（sepsis shock）是指在脓毒症的基础上出现的极其严重的循环障碍和细胞代谢异常，相比单纯脓毒症有着更高的死亡风险。临床上脓毒症休克的诊断标准为：在明确诊断脓毒症的基础上，出现持续性低血压，经充分液体复苏后仍需要使用血管升压药维持平均动脉压（MAP）≥ 65 mmHg，且血清乳酸水平 > 2 mmol/L。临床常见感染及脓毒症，其主要病因还是基于病原体的感染，检验项目也主要用于诊断感染和感染反应。

> **案例 8-1**
>
> 男性，75岁，忽然出现寒战高热，心悸、气促，入院查体后：T 39.8℃，P 115次/分，BP 80/50 mmHg，四肢湿冷，心肺未见异常，肛门周围红肿。实验室检查发现：白细胞计数 20×10^9/L，中性粒细胞占比85%，淋巴细胞占比15%。经过一系列检查和评估，临床初步判断患者为脓毒症休克，并给予患者积极治疗，补充血容量，改善组织灌注，纠正患者休克。
>
> 问题：
> 1. 脓毒症休克的临床确诊依据有哪些？
> 2. 为明确诊断，应进行哪些实验室检查？
> 3. 需要与哪些疾病进行鉴别诊断？

一、感染的检验项目与应用

（一）感染筛查试验

1. 血常规检验

【目的】血常规检验包括全血细胞计数（complete blood count，CBC）和血细胞形态学检查，通过检测各种血细胞数量与形态学变化，辅助诊断与鉴别各种病原体感染。

【应用】各种病原体导致的感染均可引起一定程度的血细胞变化：多数细菌感染常引起中性粒细胞数量增多及异常形态学变化，例如中性粒细胞中毒性改变、核左移等；部分细菌如伤寒、副伤寒沙门菌及一些病毒和疟原虫等感染可引起白细胞数量减低；病毒和一些杆菌（例如结核分枝杆菌、布鲁氏菌、百日咳鲍特菌等）感染可导致淋巴细胞和（或）反应性淋巴细胞数量增多等；寄生虫感染常导致嗜酸性粒细胞和（或）单核细胞增多等。

2. 血清学标志物检测

（1）血清C反应蛋白（C-reactive protein，CRP）

【目的】C反应蛋白是机体的一种重要急性时相反应蛋白，由肝合成并释放入血；由于能与肺炎链球菌菌体多糖"C"起反应，因而得名C反应蛋白，是目前临床广泛应用于全身炎性反应和感染检测的急性期标志物。在急性期反应时，肝细胞在白细胞介素-6（interleukin-6，IL-6）等细胞因子诱导下大量合成CRP。检测血清CRP含量变化，或联合血常规、生化指标检测，有助于快速判断感染的类型或程度。

【应用】血清CRP的参考区间一般＜ 8.0 mg/L。①急、慢性感染的筛查：在各种急、慢性细菌感染性疾病发生时，血清CRP明显升高。血清CRP为10～50 mg/L时多为轻度炎症，如局部细菌感染；CRP 50～100 mg/L时，表明炎症反应较重；CRP＞100 mg/L时，提示炎症反应严重，而且常为细菌感染。②细菌与病毒感染的鉴别：细菌感染时，CRP显著升高，病毒感染时不升高或仅有轻度升高（一般＜ 50 mg/L）。③监测治疗和判断预后：CRP升高的急性炎症可选用抗生素治疗，尤其是对缺乏病原学诊断的高危患者较为重要；当CRP降至参考区间时，可停用抗生素治疗。CRP持续升高，表明炎症依然存在，预后较差。④联合检测：新生儿脓毒症——CRP/白蛋白比值（CRP-to-albumin ratio，CAR）和CRP-PLT（血小板计数）

联合检测，可作为新生儿脓毒症发生和严重程度的独立预测因子，且其对脓毒症的预测价值明显优于 CRP 单独使用。

> **微整合**
>
> **基础回顾**
>
> **超敏 C 反应蛋白**
>
> 超敏 C 反应蛋白（hs-CRP）是特指临床上通过借助超敏感检测技术明确其血浆浓度的一种 C 反应蛋白，又称为高敏 C 反应蛋白，本质上其与 C 反应蛋白为同一种物质。但与 C 反应蛋白不同的是，其检测灵敏度更高，参考区间一般是 0～10 mg/L。其次，其临床应用的方面也稍有不同，超敏 C 反应蛋白的临床指导作用主要表现在心血管疾病、新生儿细菌感染、肾移植等方面，是心血管事件危险最强有力的预测因子之一。

(2) 血清降钙素原（procalcitonin，PCT）

【目的】降钙素原是一种由甲状腺滤泡旁细胞释放的无激素活性的降钙素前肽物质。细菌内毒素在诱导 PCT 产生过程中起到至关重要的作用。PCT 不仅是鉴别细菌感染和非细菌感染的重要检测项目，其水平的升高更与感染及炎症反应的严重程度成正相关，其浓度升高常提示脓毒症患者病情严重，浓度的大幅下降则表明患者预后良好，同时也可作为脓毒症早期诊断的标志物之一。

【应用】①判断疾病预后：当严重的细菌、真菌、寄生虫感染，脓毒症和脓毒症休克时，血中 PCT 水平显著升高，并与感染的严重程度和预后相关，且能反映抗感染治疗的疗效。②联合检测：对诊断脓毒症而言，PCT 优于 IL-6、CRP 等标志物，联合检测诊断价值常优于各检测项目单独检测。③感染性疾病的治疗监测：当 PCT < 0.1 ng/ml 时，可排除细菌感染；PCT 为 0.1～0.25 ng/ml 时，可暂不进行抗感染治疗；PCT 为 0.25～0.5 ng/ml 时，推荐使用抗生素治疗；PCT > 0.5 ng/ml 时，强烈建议使用抗生素治疗。

(3) 血清淀粉样蛋白 A（serum amyloid A，SAA）

【目的】血清淀粉样蛋白 A 是一种由肝细胞产生的非特异性急性时相反应蛋白，在细菌和病毒感染中显著升高，根据其升高的程度或与其他检测项目联合运用，可以提示细菌性或病毒性感染，敏感性高但特异性低。

【应用】血液中 SAA < 10 mg/L 时，提示感染的风险较低；血液中 SAA ≥ 10 mg/L 时，提示感染事件风险增加。动态观察 SAA 水平变化，12～24 小时复检，SAA 水平持续高于 10 mg/L 而低于 100 mg/L，病毒感染可能性大。SAA 在细菌感染急性期的水平显著升高；若持续高于 100 mg/L，强烈提示处于细菌感染的急性期。SAA 对新生儿败血症的诊断具有较高的阴性预测价值。大于 500 mg/L 提示细菌或病毒感染病情严重；用于预后评估：抗生素治疗 24 小时后 SAA 下降 30%，可判断治疗有效，下降幅度越大，提示预后良好。

(4) 白细胞介素 -6

【目的】白细胞介素（interleukin，IL）家族是一类重要的炎症细胞因子，在机体免疫调节中发挥重要作用。其中 IL-6 是由 T 淋巴细胞产生的一种促炎性细胞介质，在感染过程中诱导多种细胞合成和分泌急性期蛋白，促进中性粒细胞的产生和活化，并参与促进炎症过程。IL-6 在炎症发生后升高较早，感染后 3 h 即可达到高峰，是脓毒症早期诊断的有效指标。

【应用】①脓毒症早期诊断：脓毒症患者血清 IL-6 水平在感染早期迅速升高。IL-6 >

7 pg/ml，表明存在炎症或其他感染；IL-6 在 7～150 pg/ml，表明存在轻微炎症或感染；IL-6 在 150～250 pg/ml 提示一般细菌感染或全身性炎症反应；IL-6 > 250 pg/ml 提示可能是脓毒症；IL-6 > 1000 pg/ml 提示可能是严重脓毒症。②脓毒症患者预后监测指标：中性粒细胞与淋巴细胞比值（NLR）联合 IL-6 评估脓毒症患者预后，NLR 联合 IL-6 可显著提高脓毒症 28d 病死率的预测价值。IL-6 高于 1000 pg/ml 表明预后不佳。

(5) 肝素结合蛋白（heparin-binding protein，HBP）

【目的】肝素结合蛋白：也被称为天青杀素或阳离子抑菌蛋白（CAP37），是唯一存在于中性粒细胞颗粒中的可分泌蛋白质，因具有较强的肝素结合能力而得名。当机体受到细菌感染后，细菌蛋白或感染部位产生的趋化因子白细胞介素 -8（IL-8）与中性粒细胞表面的 $β_2$ 整合素交联，中性粒细胞被激活，分泌小泡迅速出胞，释放出 HBP。HBP 在预测危重患者脓毒症进展时具有较高的敏感性和特异性，HBP 监测有利于肺移植后感染的早期诊断。

【应用】HBP 作为一种新型生物标志物，在脓毒症早期诊断、严重程度和预后评估中表现良好，对于细菌感染早期诊断、感染性疾病疗效监测及预后判断等方面也有较高价值。①可作为早期诊断脓毒症的有效指标：出现细菌感染循环中最早升高的标志物之一，局部或轻微的细菌感染也可导致 HBP 迅速升高；②细菌感染的鉴别诊断：细菌感染 HBP 水平升高，非细菌感染 HBP 水平不升高；③判断脓毒症患者预后：脓毒症患者血清 HBP 水平明显升高，且随脓毒症严重程度的增加而升高，对脓毒症患者的预后有较好的预测价值。

(6) 中性粒细胞载脂蛋白（human neutrophil lipocalin，HNL）

【目的】中性粒细胞载脂蛋白是载脂蛋白家族的一个重要成员，属于中性粒细胞脱颗粒的产物，是一种新型炎症标志物，当机体受多种因素影响出现细菌感染时，体内免疫反应系统激活导致大量中性粒细胞生成，并进一步包裹吞噬病原菌，出现中性粒细胞载脂蛋白脱落。

【应用】①早期诊断：中性粒细胞载脂蛋白峰值出现较早，在早期细菌感染诊断中有重要的临床意义。②指导临床抗生素使用：动态监测脓毒症患者血清 HNL 水平，可有效避免患者非必要的抗生素暴露，提高脓毒症治疗效果。根据 HNL 水平指导抗生素的应用：当 HNL ≤ 80 μg/L 时，不建议使用抗生素抗感染治疗；当 80 μg/L < HNL ≤ 100 μg/L 时，结合患者临床表现考虑开始应用抗生素治疗；当 HNL > 100 μg/L 时，确定存在感染，行抗生素抗感染治疗；当 HNL > 150 μg/L 或较前一峰值升高时，行抗生素联合治疗或更换治疗方案；当 HNL 水平降低 80% 且为 80～100 μg/L 时，减少抗生素使用剂量和种类，且于治疗 48 h 后测量 HNL 水平，若降至 80 μg/L 以下则停用抗生素，若仍 ≥ 80 μg/L 则继续使用抗生素，总使用时间不超过 14 天。

> **知识拓展**
>
> ### Presepsin——儿童脓毒症诊断指标
>
> 血清 Presepsin 又称可溶性白细胞分化抗原 CD14 亚型（sCD14-ST）。CD14 是由单核细胞产生的一种糖蛋白，是革兰氏阴性菌内毒素脂多糖（lipopolysaccharide，LPS）和脂多糖结合蛋白（lipopolysaccharide binding protein，LBP）的高亲和受体，通过与 LPS 或 LPS-LBP 复合物结合，激活炎症反应并在脓毒症的发生发展中起关键作用。Presepsin 作为 sCD14 在血浆中被蛋白酶裂解，由 N 端相对分子质量为 13000 的片段构成。目前研究认为，Presepsin 可能通过直接作用于 T 细胞和 B 细胞，从而调节细胞免疫和体液免疫，并在儿童脓毒症预后评估方面具有显著优势，作为诊断儿童脓毒症及评估预后的潜在生物标志物之一。此外，由于儿童脓毒症也以细菌多见，降钙素原（PCT）、C 反

应蛋白（CRP）、白细胞介素-6（IL-6）、sCD14-ST（Presepsin）等生物标志物在儿童脓毒症细菌感染的诊断及严重程度评估中具有重要作用。目前，临床常将Presepsin联合NGAL，或PCT、IL-6等指标，提高儿童脓毒症诊断及病情评估的能力。

（二）系统与器官功能试验

【目的】各种病原体感染，特别是较为严重的感染，常可导致机体单一或多系统与器官功能障碍，甚至衰竭等，通过常规凝血试验与血小板计数、肝肾功能试验和血气分析等，可初步评价严重感染，特别是感染所致脓毒症时机体的止血和凝血功能、肝肾功能和呼吸功能。例如，检测血浆凝血酶原时间（PT）、活化部分凝血活酶时间（APTT）、纤维蛋白原（FIB）和血小板数量（PLT），可反映感染所致的止血功能变化，评价全身性器官功能障碍。

【应用】严重感染时可导致机体止血与凝血功能紊乱，血浆凝血酶原时间（PT）、活化部分凝血活酶时间（APTT）延长，纤维蛋白原（FIB）下降，血小板数量（PLT）降低，脓毒症休克时可并发DIC，严重者危及生命。脓毒症时机体出现器官功能障碍，例如，早期呼吸功能衰竭会出现低氧血症；肝肾功能异常，可出现血清酶、胆红素、肌酐等升高；脓毒症休克时出现代谢性酸中毒、血浆乳酸升高等。

（三）细菌学试验

1. 病原体检查

【目的】通过标本直接涂片显微镜检查，可以快速筛查感染致病菌，借助分离培养与鉴定，及时、准确地明确感染病原体。

【临床意义】各种细菌的病原学试验的快速、合理与综合运用，有助于临床抗菌治疗、监测及预防等的临床决策制订，及时、有效地防治感染，避免严重的并发症发生。

（1）细菌形态学检查：借助显微镜通过不染色法（压滴法、悬滴法）或染色法[革兰氏染色（Gram stain）、抗酸染色（acid-fast stain）、墨汁染色]观察细菌运动情况及形态学特征，具体方法及应用参见第二十二章第一节。

（2）细菌分离培养：最新的《中国脓毒症/脓毒症休克急诊治疗指南（2018）》肯定了将微生物培养（至少包括两组血培养）补充为疑似脓毒症或脓毒症休克患者在不显著延迟启动抗菌药物治疗的前提下的辅助筛查指标，通过增菌培养或分离培养，检出细菌并根据纯培养细菌的菌落特点、染色形态、质谱分析、生化反应、血清学和分子生物学试验，对菌种做出初步报告，具体培养方法参见第二十二章第一节。

2. 抗微生物药物敏感试验（antimicrobial susceptibility test，AST）

【目的】抗微生物药物敏感试验简称药敏试验，是测定抗菌药物在体外抑菌或杀菌能力的试验；以AST的最低抑菌浓度（MIC）或抑菌圈直径（mm）的数值作为判断依据，可为临床提供感染致病菌对多种抗菌药物的敏感（susceptible，S）、中介（intermediate，I）、剂量依赖型敏感（susceptible-dose dependent，SDD）、耐药（resistant，R）和非敏感（non susceptible，NS）程度的不同等级的AST报告。此外，AST还可将微生物群体分为有或无获得性耐药的MIC值或抑菌圈直径，作为群体敏感性的上限，定位流行病学界值（epidemiological cut-off value，ECV）；并根据ECV值，将抗菌药物评估中未获得耐药机制或无敏感性下降的菌株定义为野生型（wild-type，WT）；而获得了耐药机制或存在敏感性下降的菌株，定义为非野生型（non-wild-type，NWT）。

【临床意义】通过AST，可预测抗菌药物的疗效；提供靶向治疗或经验用药的选药依据；

发现或提示细菌耐药机制的存在；监测细菌的耐药性，分析耐药菌的变迁，掌握耐药菌感染的流行病学特点，用以编写抗菌药物使用指南，控制和预防耐药菌感染的发生和流行以及新药研究等。

AST结果报告的含义 ①敏感：是指当对感染部位使用推荐剂量时，MIC小于等于敏感折点或抑菌圈直径大于等于敏感折点的菌株，通常可被抗菌药物所达到的浓度水平所抑制，产生可能的临床疗效。②中介：当抗菌药物MIC值或抑菌圈直径接近血液和组织中通常可达到的浓度，和（或）疗效低于敏感菌株。该分类意味着采用高于常规剂量治疗时或在药物生理浓集的部位，临床治疗可能有效。该分类同样可作为测试方法固有变异的"缓冲域"，以防止由微小、不可控的技术因素导致的重大偏差，尤其对那些毒性范围较窄的药物。③剂量依赖型敏感：指分离株对抗菌药物的敏感性依赖于用药的剂量。当某种药物对菌株的MIC或抑菌圈直径在SDD范围时，临床可通过提高剂量和（或）增加给药频率等修正给药方案，达到临床疗效。④耐药：当抗菌药物浓度对分离株的MIC值高于或抑菌圈直径小于耐药折点的菌株，使用常规治疗方案，该药在感染部位所达到的浓度不能抑制细菌的生长，和（或）被测菌株获得特殊耐药机制，以及治疗性研究显示该药临床疗效不确切。⑤非敏感：由于没有耐药菌株或耐药菌株罕见，此分类特指仅有敏感折点的分离株。分离株的MIC值高于或抑菌圈直径低于敏感折点时，应报告非敏感。

3. 细菌特殊耐药性试验

【目的】因抗微生物药物的长期、广泛应用，新型耐药菌株不断出现，特别是多耐药、泛耐药株的流行，给临床抗菌治疗带来极大困难。通过一些细菌特殊耐药性试验，可检测到一些细菌的耐药酶类和耐药菌株。

【临床意义】细菌耐药性试验结果有助于临床选择更有效的治疗方案和抗菌药物，正确、及时地控制或治愈感染（用于检测耐药菌及其耐药酶的特殊方法参见第二十二章第一节）。

4. 细菌感染免疫学试验

【目的】主要通过检测某些细菌感染后刺激机体产生的特异性抗体，协助疾病的诊断、监测等。

【临床意义】不同细菌感染后的血清特异性抗体检测的意义有差别。一般情况下，进行双份血清抗体滴度检测，即恢复期比急性期抗体的滴度增加4倍及以上有诊断意义。例如 ①肥达试验（Widal test）：用已知伤寒、副伤寒沙门菌的菌体抗原（O抗原）和鞭毛抗原（H抗原），检测受检血清中有无相应抗体，阳性可辅助诊断伤寒、副伤寒沙门菌引起的肠热症。②血清幽门螺杆菌（*Helicobacter pylori*，HP）抗体：包括抗HP菌体或脲酶的抗体，是较为常用的无创性诊断HP感染的辅助手段之一。③布鲁氏菌抗体：布鲁氏菌感染后机体可产生特异性IgM和IgG抗体，血清布鲁氏菌抗体检查对布鲁氏菌病的诊断有意义，特别是对慢性期的患者，既有助于诊断，也能确定有无复发。④嗜肺军团菌抗体：军团菌病是由革兰氏染色阴性的嗜肺军团菌引起的一种以肺炎为主的全身性疾病。军团菌肺炎病情较重，但缺乏特异的临床表现，且军团菌的分离培养较为困难，故嗜肺军团菌抗体阳性是诊断军团菌肺炎的重要依据。⑤其他：结核分枝杆菌、A组溶血性链球菌等抗体的应用见相关章节。

5. 细菌感染的分子诊断

【目的】在DNA或RNA水平上对细菌感染进行分子诊断（molecular diagnosis）的主要技术包括核酸扩增技术（PCR）、核酸分子杂交和生物芯片技术等，能够检测不能培养或生长缓慢的细菌，通过基因测序进行菌种鉴定、亚型分析、判断疾病的预后；通过核酸定量检测判断疾病严重程度；通过细菌耐药性检测判断治疗效果，了解相应药物的耐药机制，这对感染的治疗与流行病学调查均有临床意义。

【临床意义】细菌感染的分子诊断应用较广泛，例如 ①淋病奈瑟菌（*Neisseria gonorrhoeae*）：

快速诊断和流行病学调查。②结核分枝杆菌（*Mycobacterium tuberculosis*，MTB）：可通过 PCR 技术扩增 MTB 特异靶序列 DNA 和抗 MTB 药物耐药基因，准确测定 MTB-DNA 拷贝数量。此外，噬菌体扩增技术能快速、准确地检出 MTB，近年来备受关注。分子诊断可以早期、快速检测 MTB，并可区分 MTB 与其他分枝杆菌，也可用于疫情监测和抗结核的疗效评价。③幽门螺杆菌（*Helicobacter pylori*，HP）的全基因序列已经测出，PCR 扩增所选靶序列主要有尿激酶 A、B、C 和 16S rRNA 基因序列。16S rRNA 是划分种系的重要依据，与尿激酶基因相比具有更高的特异性，可达 100%。④肠出血性大肠埃希菌（*enterohemor-rhagic Escherichia coli*，EHEC）的一些菌株，如 EHEC O157：H7 是近年来新出现的危害严重的肠道致病菌。EHEC O157：H7Sakai 菌株能产生两个志贺毒素 Stx1 和 Stx2，并带有两个质粒 pO157 和 pOSAK1，可用于 O157：H7 的早期诊断和流行病学调查。⑤霍乱弧菌（*Vibrio cholerae*）：可鉴定霍乱弧菌，并能确定菌属和菌株。

（四）病毒学试验

病毒（virus）感染性疾病非常常见，通常引起的疾病有病毒性肝炎、流行性感冒、急性胃肠炎、风疹、流行性腮腺炎、狂犬病、尖锐湿疣、艾滋病等，严重急性呼吸综合征（SARS）及人感染禽流感等是近年来新出现的传染病。病毒感染的实验诊断技术主要包括 ①病毒的形态学检查：光学显微镜下可以观察到大型的病毒（如痘病病毒）和病毒感染的宿主细胞的胞质内或胞核内出现的包涵体，根据包涵体的特点做出诊断。电子显微镜可直接观察到病毒颗粒，但临床上较少应用。②病毒培养：病毒不能在人工培养基上生长，只有在活细胞或动物体内才能分离培养。病毒分离培养需要的条件较高、时间较长，不能满足临床需要，因此大多数实验室不开展此项技术。③病毒抗原或抗体检测：用免疫荧光、化学发光或免疫酶技术检测标本中的特异性病毒抗原或抗体，如血清中的乙型肝炎病毒表面抗原（HBsAg）和表面抗体等（详见本章第二节）。

1. 病毒感染免疫学试验

【目的】通过检测标本中某些病毒的抗原及刺激机体产生的特异性抗体，协助疾病的诊断和监测等。

【应用】病毒感染机体后所产生的特异性 IgM 和 IgG 抗体的检测，对一些病毒性感染性疾病的诊断有意义。不同病毒抗体检测的意义有所差异。一般情况下，IgM 抗体阳性提示现症感染或急性感染；IgG 抗体阳性提示感染过，双份血清抗体滴度 4 倍或以上升高有诊断意义。例如：流行性乙型脑炎病毒，简称乙脑病毒，是流行性乙型脑炎（简称乙脑）的病原体；人类轮状病毒（human rotavirus，HRV）是引起腹泻的主要病原体，A 组 HRV 感染主要引起婴幼儿腹泻，B 组 HRV 感染引起成人腹泻；汉坦病毒（hantaan virus）可引起肾综合征出血热（hemorrhagic fever with renal syndrome，HFRS），又称流行性出血热。以上这几种病毒感染后机体可产生特异性 IgM 和 IgG 抗体，阳性有助于辅助诊断。其他病毒如单纯疱疹病毒、巨细胞病毒、风疹病毒和 EB 病毒抗体的意义分别参见第十六章第三节和第五章第二节。

2. 病毒感染的分子诊断

【目的】应用分子生物学技术，例如聚合酶链反应（PCR）和分子杂交等技术检测病毒的特异性核酸片段或标本中病毒的载量，对临床病毒感染的诊断和治疗效果的动态观察有重要意义。通过对病毒的基因分型及其同源性分析，可为流行病学调查、疫苗研制、感染预防等提供科学依据。

【应用】临床上应用分子诊断较多的病毒包括乙型肝炎病毒（hepatitis B virus，HBV）、人类免疫缺陷病毒（human immunodeficiency virus，HIV）、流感病毒（influenza virus，IV）、人类乳头瘤病毒（human papillomavirus，HPV）等。

(1) 乙型肝炎病毒：HBV-DNA 是反映 HBV 复制和传染性的直接标志，慢性乙型肝炎感染患者的血清，HBV-DNA 可持续阳性。定量检测 HBV-DNA，即病毒载量，可以反映病毒复制水平及传染性的强弱，主要用于慢性 HBV 感染的诊断、治疗适应证的选择及抗病毒疗效判断。基因分型将 HBV 分为 8 个基因型（A～H），我国以 B、C 型为主。耐药基因检测在应用核苷（酸）类药物进行抗病毒治疗过程中，如拉米夫定（Lamivudine）应用治疗 6～9 个月以上，在 HBV-DNA 多聚酶 C 区，可出现 YMDD（酪氨酸、蛋氨酸、门冬氨酸、门冬氨酸）变异而产生耐药性。HBV-DNA 检测阳性结果表明血液中存在大量 HBV，具有高度传染性，但阴性结果并不能排除 HBV 感染。定量检测需注意拷贝数越高，复制量越大，病毒活性越高，但不一定与疾病严重程度有关。HBV-DNA 可出现在抗体产生之前，可用于献血员的筛查。

(2) 甲型流感病毒：流感病毒属于正黏病毒科，根据其核蛋白及基质蛋白的不同分为甲（A）、乙（B）、丙型（C）。甲、乙、丙三型流感病毒均可使人患病，但甲型流感的致病力最强且容易引起大流行。根据甲型病毒表面的血凝素（HA，16 个亚型）和神经氨酸酶（NA，9 个亚型）蛋白的不同可将甲型流感病毒分为 144 种亚型。所有的甲型流感病毒均对禽致病，例如高致病禽流感 H5N1、H7N7 及 H7N9 等。感染人的甲型流感病毒主要亚型有：新型 H1N1，季节性 H1N1，季节性 H3N2、H1N2、H5N1、H7N9 等。分子诊断可以从呼吸道标本中直接检测病毒的核酸，该技术具有简便、快速、灵敏、特异性强等特点，既可以快速准确地做出实验诊断，还可以区分病毒的不同亚型。目前被广泛应用于流感病毒基因的检测和分子流行病学调查等。

(3) 人类乳头瘤病毒：HPV 的基因组是一个双链共价闭合的 DNA 分子，按功能分为 3 个编码区：早期区（E 区）、晚期区（L 区）和上游调节区（URR）。每区含有一系列可编码的开放阅读框架（ORF），编码产生功能不同的多种病毒蛋白，目前已知的 HPV 有 100 余种。目前诊断 HPV 感染主要依赖于 HPV-DNA 检测，可用于 HPV 的诊断和分型。

(五) 真菌学试验

真菌感染性疾病是常见病，包括浅部真菌感染（如甲癣、股癣、手癣等）及深部真菌感染（如真菌肺炎、真菌脑膜炎、真菌血症等）。检查真菌的方法有直接涂片、分离培养及分子诊断等方法。与传统的形态、培养及表型鉴定相比，分子诊断技术大大缩短了真菌感染诊断所需时间，同时提高了敏感性和特异性，且操作简便、易于重复。分子诊断方法大多在培养的基础上进行病原真菌分子鉴定，也有报道称某些分子生物学技术可直接从液体培养瓶，甚至临床样本中直接进行病原真菌的检测。

1. 直接涂片显微镜检查

【目的】通过标本直接涂片，不染色或染色后显微镜观察真菌菌丝和孢子，直接做出诊断。

【应用】①不染色镜检阳性有诊断意义，如浅部真菌病、隐球菌病、皮肤黏膜假丝酵母菌病等；可以确定某些致病性真菌属或种，如皮肤癣菌、曲霉菌等。阴性结果不能排除真菌感染；镜检的敏感性随标本类型、数量、采集时间和质量等有所不同。②染色镜检能快速报告病原体或菌丝的形态与结构、数量，对临床及时诊断和治疗有重要意义。染色镜检可见新生隐球菌（墨汁负染法）、卡氏肺孢菌（彩图 8-1）（六胺银染色）或曲霉菌等，以及真菌孢子、菌丝、假菌丝。

2. 分离培养与鉴定

【目的】标本接种在合适的培养基，在一定条件下真菌生长、繁殖，根据其菌落特征及菌丝、孢子形态，生化试验等鉴定真菌菌种。

【应用】分离培养后可初步报告真菌的种类，如酵母菌、曲霉、毛癣菌、毛霉、根霉等，或报告到种的水平。准确鉴定真菌的种类，例如白念珠菌、新生隐球菌、烟曲霉、红色毛癣菌等，对临床诊断、治疗、流行病学调查和预防控制感染有重要意义。

3. 真菌感染免疫学试验

【目的】应用乳胶凝集试验、免疫荧光试验和酶联免疫吸附试验等免疫学试验，可以检测标本中的真菌抗原、抗体等，有助于真菌感染的辅助诊断。

【应用】乳胶凝集试验检测血清或脑脊液中新生隐球菌荚膜多糖抗原，有助于新生隐球菌感染的诊断，其特异性和敏感度可达到90%以上。间接免疫荧光法检测白念珠菌芽管抗体，有助于侵袭性白念珠菌感染的辅助诊断及疗效监测。

4. G试验与GM试验

【目的】G试验是通过检测真菌细胞壁成分中的 (1,3)-β-D-葡聚糖以诊断真菌感染，GM试验是检测曲霉菌细胞壁的主要成分——半乳糖甘露聚糖的β-D-半乳呋喃糖苷。G试验与GM试验阳性可用于部分真菌的鉴定。

【应用】曲霉菌、假丝酵母菌、镰刀菌等多种病原菌感染时，血液及体液中 (1,3)-β-D-葡聚糖含量增高（浅部真菌感染无类似现象），G试验阳性具有较高的特异性。曲霉菌生长时，半乳甘露聚糖从菌丝释放，GM试验阳性对曲霉菌感染诊断的特异性较高。

（六）其他病原学试验

其他病原体，包括寄生虫、螺旋体、支原体、衣原体和立克次体等的病原学试验可参见本章常见寄生虫病、性传播疾病相关内容，了解其检验项目与应用。

二、感染的实验诊断策略

感染性疾病按其特征可分为：隐性感染（亚临床感染）、潜伏感染、显性（急性、慢性、全身、局部）感染和带菌（病毒）状态。当前，各种病原微生物变异所出现的新亚型、不典型菌株及耐药株等已成为主要的病原体，而且感染多由机体免疫防御能力下降而引起，例如结核分枝杆菌、卡氏肺孢菌、沙门菌（引起败血症）等；而且内源性感染与条件致病菌增加，常见的内源性感染主要由肠道菌群和口咽部菌群所引起。

1. 感染的实验诊断目的　筛查患者有无感染，可能是何种病原体感染，确定感染的病原体是属于细菌、病毒、真菌、寄生虫还是其他病原体及其种属、分型、株；并提供抗感染治疗的依据，例如药敏试验结果（敏感、中介还是耐药）、是否存在耐药株。此外，还需要对感染患者血液细胞数量、种类、病理变化和功能，特别是免疫功能（包括免疫细胞亚群、免疫球蛋白、特异性抗体和细胞因子等）做出评价；对肝肾功能、呼吸功能和凝血功能等重要系统、器官功能也需要了解，这有助于支持抗感染治疗与辅助治疗，避免患者发生感染并发症。

2. 病原学试验标本的影响　感染病原学试验成功与否的关键之一是临床对标本的选择、采集和转运，错误的实验诊断结果绝大多数是由于标本的不恰当选择、不规范采集或转运过程失控，从而导致标本质量不合格。标本采集的首要问题是不能被污染（来自患者的正常菌群、操作者正常菌群、环境菌群的污染）；采集的时机应选择在使用抗菌药物前；对已经使用抗菌药物者，停药后采集；不能停药者在血药浓度最低时采集。临床病原学实验室应拒收质量不合格的标本，以保证合格标本获得正确的检验结果。

3. 感染的实验诊断流程　一般按以下5种试验先后顺序进行，但不同标本会有差别。例如，痰的细菌学试验常需要先涂片，显微镜检查后确定标本是否合格，再进行分离培养与鉴定；若是检测呼吸道病毒感染，可以直接进行病毒核酸检测。①直接涂片镜检：不染色镜检适合于观察病原体的运动、生长和形态，对螺旋体和真菌等有诊断意义；染色标本适合于观察病原体的染色、形态、结构和排列等，对细菌、真菌和寄生虫及某些病毒包涵体等引起的疾病有诊断意义，特别适合生理性无菌的液体标本。②病原体分离培养与鉴定：适合于细菌、真菌和少数病毒，是诊断其感染性疾病的"金标准"。③病原体抗原检测：细菌抗原检测在一些无菌或很少其他微生物标本的检查中有意义，例如脑脊液脑膜炎奈瑟菌、痰结核分枝杆菌等。病毒抗原检测有助于病毒的早期诊断，例如肝炎病毒、轮状病毒、巨细胞病毒、呼吸道病毒、HIV 等。真菌抗原检测，例如 G 试验、隐球菌和曲霉抗原检测有重要意义，隐球菌抗原还可作为确诊依据。④病原体抗体检测：细菌特异性抗体检出有一定的诊断意义，但特异性不如细菌直接检出或分离培养与鉴定。病毒抗体检测对急性、慢性病毒感染有意义，特别是 IgM 抗体阳性或双份血清试验更有诊断价值。真菌抗体检测一般有筛查意义，但敏感度和特异性较低，念珠菌抗体与抗原联用，可以提高灵敏度。⑤病原体核酸检测：对一些细菌、病毒和真菌鉴定、耐药基因和流行病学调查有重要意义；病毒核酸的定量检测还可用于判断病毒的活动性、病毒载量和监测抗病毒疗效等。

三、常见系统感染与脓毒症的实验诊断

（一）血液与循环系统感染

原发性血液及循环系统病原体感染少见，临床上多继发于其他疾病，如化脓性疾病、急慢性白血病、粒细胞减少症、淋巴瘤、骨髓瘤等血液系统病、艾滋病、呼吸道感染、肝病和糖尿病，或者长期输液、导管介入治疗、血液透析、骨髓移植等导致的感染。血液与循环系统感染包括血流感染（bloodstream infection）和导管相关性血流感染、菌血症（bacteremia）、真菌血症（fungemia）、病毒血症（viremia）、骨髓炎、心内膜炎、静脉炎、淋巴感染等；涉及的病原体主要包括细菌、病毒、真菌和寄生虫等。

1. 标本采集　①对继发感染及出现不明原因的发热、皮疹、肝脾大、关节痛、昏迷、休克等，应考虑做血液或骨髓液的病原体检查。②体温超过38℃时，在抗菌药物使用前、发热初期或高峰时或寒战后立即采血。③采血频率：成人患者24小时内，应从不同部位采血3次，送检3套血培养。最低要求是24小时内送检2套（每套包括需氧、厌氧各1瓶，累计共4瓶）。怀疑急性细菌性心内膜炎患者，3套同时采集；怀疑亚急性细菌性心内膜炎者，每次间隔时间≥15分钟。婴幼儿24小时内1套即可。④采血量：成人每次采血8~10 ml，最低不能少于5 ml；婴幼儿为1~3 ml，不能低于0.5 ml。⑤标本送检：采血后立即注入血培养瓶，立即送检。不能立即送检时，室温保存，24小时内送检。怀疑导管相关性血流感染，可以送检导管标本；也可以经皮、经导管同时采集血液标本进行血培养检查。采血时，将采血时间准确记录在培养瓶或检查单上，精确到分钟，以便于阳性报警时间（time to positivity，TTP）、差异报警时间（differential time to positivity，DTTP）等参数的计算。

2. 结果报告　血培养阳性结果报告分为3级，首次报告增菌和直接涂片染色镜检的结果，同时做药敏试验。第二次报告细菌初步鉴定结果及初步药敏试验结果；最后报告最终鉴定结果及标准药敏试验结果。阴性时3天发出初步报告，5~7天发出正式报告。可以报告 TTP、DTTP。导管培养应报告半定量、定量结果。

3. 常见感染病原体　①细菌类（培养）：病原体种类很多，常和局部感染病原体有相关性。常见葡萄球菌、链球菌和肠球菌属、肠杆菌科细菌、铜绿假单胞菌、流感嗜血杆菌等。②真菌类：酵母菌、白念珠菌是常见病原体（培养），马尔尼菲篮状菌（外周血或骨髓涂片）亦可见。③寄生虫类：可见疟原虫（血涂片）、丝虫（血涂片）、利什曼原虫利-杜小体（骨髓涂片）、弓形体（骨髓涂片）、锥虫等。④病毒类：一般多用非培养技术（抗原、抗体和核

酸）检测，例如各种肝炎病毒（HAV、HBV、HCV）、人免疫缺陷病毒（HIV）、巨细胞病毒（CMV）和 EB 病毒（EBV）等。局部持续性感染也可形成病毒血症，如 HBV、HCV。

4. 应注意的问题 ①血培养阳性结合临床表现和其他检查结果，对脓毒症、血流感染、感染性心内膜炎、骨髓炎等有确诊价值。局部感染并发血流感染时，也可用于确定局部感染的致病病原体。②导管相关性血流感染的诊断阈值：一般以每毫升或导管的菌落形成单位（colony formation unit，CFU）报告。导管半定量培养：15 CFU/ 导管；定量培养 100 CFU/ml 或 1000 CFU/ml（未统一）。③区分污染和感染：此点最重要，包括菌种信息、多瓶多套生长情况、浓度和报警时间、感染源病原体信息等都可以提供病原学证据；同时结合临床，最后做出诊断。

（二）泌尿系统感染

参见第七章第三节。

（三）消化系统感染

参见第九章第五节。

（四）呼吸系统感染

参见第十章第一节、第三节。

（五）神经系统感染

参见第十五章第二节。

（六）生殖系统感染

参见第十六章第一节。

（七）外科与创伤感染

外科与创伤感染包括需要外科介入的感染，如脓肿、外伤感染、Ⅰ类手术切口部位感染。需要注意皮肤原发性感染，如原发性的病毒性感染、皮肤癣菌所致感染。严重感染可继发菌血症和脓毒症等。

1. 标本采集　一般情况下针对细菌进行检查，特殊情况下要考虑病毒、真菌等。对手术切口、各种窦道或创伤化脓性感染标本、闭合性脓肿标本等应采取有针对性的标本采集方法。

2. 结果报告　分离出可能致病的病原体时报告种属名称及药敏试验结果。

3. 常见病原体　细菌类：金黄色葡萄球菌、化脓链球菌等 β 溶血链球菌是常见病原体。皮肤因外伤、手术等有损伤时，局部原来的正常定植菌可导致感染。膈下，尤其是会阴部位还包括肠道定植菌。封闭脓肿、深部创伤要考虑厌氧菌。特殊病原包括放线菌、奴卡菌、麻风分枝杆菌（地域性）、炭疽芽孢杆菌（职业相关）、红斑丹毒丝菌（职业相关）。病毒类：单纯疱疹病毒、水痘带状疱疹病毒等。真菌类：皮肤癣菌、酵母菌、申克孢子丝菌、毛霉菌等。

4. 应注意的问题　①阳性结果结合临床表现和其他检查结果，确诊相应感染性疾病。注意排除定植和污染。皮肤有正常定植菌。结果判断时要排除定植菌的污染。②检测时注意观察标本的颜色、黏稠度和气味等，以利于初步推测感染细菌的种类。如脓液为蓝绿色，推测可能是铜绿假单胞菌感染；脓液有黄色的"硫黄样颗粒"，放线菌感染的可能性大；脓液或分泌物有恶臭，疑为厌氧菌感染。局部组织产生大量气体，组织肿胀和坏死，皮下有捻发音，是产气荚膜梭菌感染。③脓液涂片检查：见到革兰氏阳性粗短大杆菌，两端钝圆，可能是产气荚膜梭菌；抗酸染色菌体部分呈阳性疑为奴卡菌；革兰氏阴性杆菌呈两端钝圆、多形性、着色不均

匀、有空泡，可能是脆弱类杆菌。④封闭囊腔的脓液：建议做增菌培养、厌氧菌培养。

（八）脓毒症

脓毒症（sepsis）是指由于机体对感染的反应失调导致的危及生命的器官功能障碍。脓毒症的实验诊断主要是对患者的系统与器官功能障碍或衰竭的评估，并通过病原学试验明确导致感染的病原体，对治疗脓毒症有十分重要的临床意义。脓毒症的实验诊断项目较多，感染筛查可用血常规+CRP+PCT 三项组合试验；病原学试验项目根据患者具体病情选择，但一般血培养是首选；系统与器官功能试验主要选择凝血常规试验、肝肾功能试验和血气分析。脓毒症器官衰竭时普遍采用序贯性器官功能衰竭评分（sequential organ failure assessment，SOFA），详见表8-1。当 SOFA 评分≥2 时可以认为患者出现器官衰竭。因此，脓毒症=感染+SOFA 评分≥2。由于 SOFA 评分操作比较复杂，临床上可以使用床旁快速 SOFA（quick SOFA，qSOFA）标准识别重症患者。qSOFA 有3项标准：呼吸频率≥22 次/分、意识改变，以及收缩压≤100 mmHg。qSOFA 标准中符合至少2项，应进一步评估患者是否存在脏器功能障碍。

表8-1　脓毒症的序贯器官功能衰竭估计评分（SOFA）

系统	检测项目	0	1	2	3	4	得分
呼吸	PaO$_2$/FiO$_2$（kPa） 呼吸支持（是/否）	≥53.33	40~53.33	26.67~40	13.3~26.67 且 是	<13.33 且 是	
凝血	血小板（×10^9/L）	≥150	10~150	51~100	21~50	<20	
肝	胆红素（μmol/L）	<20	20~32	33~101	102~204	≥204	
循环	平均动脉压（mmHg）	≥70	<70				
	多巴胺剂量（μg/kg/min）			<5 或	>5 或	>15 或	
	肾上腺素剂量（μg/kg/min）				≤0.1 或	>0.1 或	
	去甲肾上腺素剂量（μg/kg/min）				≤0.1	>0.1	
	多巴酚丁胺（dobutamine） （是/否）			是			
神经	GCS 评分	15	13~14	10~12	6~9	<6	
肾	肌酐（μmol/L） 24小时尿量（ml/24 h）	<110	110~170	171~299	300~440 <500	>440 <200	

注：①每日评估时应采取每日最差值；一般分数越高，预后越差；②GCS 评分为3~15分，分数越高代表神经功能越好；③儿茶酚胺类药物给药剂量单位为 μg·kg^{-1}·min^{-1}，给药至少1h

思 考 题

1. 临床常用反映机体感染性疾病的血清学试验项目有哪些？其临床意义是什么？
2. 脓毒症和脓毒症休克患者的临床确诊依据是什么？
3. 药敏试验如何指导临床医生诊治感染性疾病？
4. 男性，34岁，反复高热3天伴寒战，T 40℃；P 100次/分；R 25次/分；BP 81/45 mmHg，急性面容，两肺呼吸音清，肝区轻叩痛。实验室检查：白细胞计数 5.7×10^9/L，其中 N 占比 85%；CRP 116 mg/L；PCT 49.73 μg/L；Scr 153 μmol/L；CK-MB <0.30 U/L；B 超及 CT 显示肝脓肿。
   (1) 该患者可能诊断为什么疾病？
   (2) 若该疾病恶化可能进展为什么？其诊断标准是什么？

（关秀茹）

第二节 病毒性肝炎

病毒性肝炎（virus hepatitis）主要是由 5 种类型肝炎病毒引起的、以肝细胞的炎症、坏死为主要表现的感染性疾病。肝炎病毒可分为甲型、乙型、丙型、丁型、戊型等，其感染人体后临床表现基本相似。其他病毒如巨细胞病毒、EB 病毒等，也可引起肝的炎症，但各有特点，故不包括在病毒性肝炎内。

案例 8-2

男性，40 岁。1 周来自觉明显乏力，食欲缺乏，恶心，呕吐 2 次，呕吐物为胃内容物。尿黄如浓茶色，排便少，无异常。自觉轻度畏寒，皮肤巩膜中度黄染。B 超显示肝大。亲属中无肝炎患者，少量饮酒。血清乙型肝炎标志物检验：HBsAg（+），HBsAb（-），HBeAg（+），HBeAb（-），HBcAb（+），HBV-DNA $5.0×10^5$ IU/ml。肝功能试验：ALT 1230 U/L，AST 432 U/L，TBil 105 μmol/L，DBil 63 μmol/L。

问题：

根据病史及相关检验结果，对患者的初步诊断及诊断依据是什么？

一、病毒性肝炎的检验项目与应用

各种类型的病毒性肝炎的检验项目主要包括应用免疫学试验检测患者血清中相应肝炎病毒的抗原和抗体，以及采用分子生物学技术检测肝炎病毒的核酸。

1. 肝炎病毒抗原

【目的】检测患者血清、粪便等标本中的病毒特异性抗原，用于确诊肝炎病毒的感染。

【应用】肝炎病毒感染人体后，病毒颗粒的一些蛋白质成分具有抗原性，可通过免疫学方法检测出来。有些病毒可以产生多种抗原，例如乙肝病毒（hepatitis B virus，HBV）的包膜表面具有前 S1 抗原、前 S2 抗原和表面抗原（HBsAg），病毒的核心部分具有核心抗原（HBcAg）和 e 抗原（HBeAg），这几种抗原中的 HBsAg 和 HBeAg 作为临床常规检测。只要检出肝炎病毒的抗原，则表明患者感染了肝炎病毒。另外，某些肝炎病毒（例如 HBV）的抗原定量检测及其动态观察，可以作为预测其是否由急性肝炎转为慢性肝炎的判断依据。

2. 肝炎病毒抗体

【目的】检测患者血清中的 IgM、IgG 型等抗体，用于辅助判断肝炎病毒是处于现症或近期感染，还是既往感染，以及判断肝炎病毒疫苗接种的效果。

【应用】血清 IgM 抗体检测用于急性肝炎的早期诊断及预后判定。抗肝炎病毒的 IgM 是病毒感染后早期产生的抗体，患者血清中 IgM 抗体阳性提示存在现症感染，表明机体处于病毒感染的急性期；乙肝或丙肝患者如果 IgM 抗体持续阳性不转阴性，提示可能转为慢性肝炎。血清抗肝炎病毒的 IgG 抗体检测用于病毒既往感染的诊断。IgG 产生较 IgM 型抗体晚，但可长期存在于患者血液中，是既往感染的标志，其阳性也可见于急性肝炎恢复期或慢性肝炎。可以通过检测抗病毒 IgG 抗体对病情进行监测，观察其动态变化，恢复期血清抗体滴度高于急性期 4 倍以上有诊断意义，但应结合流行病学和临床表现进行分析。若仅检测抗体，更应结合其他资料判定临床意义。接种肝炎疫苗后，如果抗体阳性并达到一定滴度，可判断为免疫接种成功。

3. 肝炎病毒核酸

【目的】检测患者血清、粪便等其他体液标本中的病毒特异的 DNA 或 RNA，用于确诊肝炎病毒的感染和监测抗病毒性肝炎的疗效等。

【应用】常见的 5 种肝炎病毒中，除乙肝病毒为 DNA 病毒外，其余皆为 RNA 病毒。在感染早期，抗体产生之前可以检测到病毒的核酸。标本中病毒的核酸阳性是感染的直接证据。例如，乙肝病毒 DNA 和丙肝病毒 RNA 定量检测可反映病毒的复制程度，指导制订抗病毒治疗方案及监测抗病毒疗效；丙肝病毒基因分型可用于预测治疗反应、指导抗病毒治疗的时间和剂量，以及流行病学研究；慢性乙肝治疗过程中 HBV-DNA 重新升高需要检测核苷类似物的耐药位点以指导药物选择。丁型肝炎和戊型肝炎病毒 RNA 检测有助于发现 HDV 或 HEV 活动性感染。

二、病毒性肝炎的实验诊断策略

病毒性肝炎的诊断主要依据临床表现、肝功能试验以及病原学试验等结果综合判断。

（一）临床表现应符合肝炎特点

各型病毒性肝炎的临床表现相似，患者一般表现为疲乏、食欲缺乏、呕吐、肝区压痛，部分病例出现皮肤巩膜黄染、尿色加深、肝脾大等症状，但也可以出现无症状感染。甲型肝炎和戊型肝炎主要经消化道途径传播，主要表现为急性肝炎；乙型肝炎、丙型肝炎和丁型肝炎主要经输血、性接触、母婴垂直传播等途径感染，除引起急性肝炎外，大部分表现为慢性肝炎，部分病例可发展为肝硬化、重症肝炎或肝癌。

（二）肝功能试验

肝功能试验主要用于判断肝的受损程度。急性肝炎通常出现血清转氨酶，主要包括丙氨酸氨基转移酶（alanine aminotransferase，ALT）和天冬氨酸氨基转移酶（aspartate aminotransferase，AST）迅速升高和胆红素升高。转氨酶达峰值后缓慢下降，一般 3～5 周后降至正常；慢性肝炎时 ALT、AST 可持续或反复升高。ALT 结合于细胞的微粒体膜上，AST 主要位于线粒体内，AST/ALT 的参考值约为 0.87。当肝细胞轻度病变时，主要表现为 ALT 的升高，AST/ALT 比值下降。当肝细胞损害严重甚至坏死时，AST 会释放出来，AST/ALT 显著上升，比值越高提示肝损伤越严重。当出现肝衰竭时，肝细胞大量坏死，ALT 可快速下降而胆红素升高，两者变化相反，出现"胆酶分离"现象。

（三）病原学试验

病原学试验主要用于确定肝炎病毒感染的类型。病原学试验是针对肝炎病毒的标志物，例如抗原、抗体及核酸等进行检测。临床上经常用于检测不同肝炎病毒的标志物种类有所区别，针对甲肝和戊肝病毒主要检测抗体；针对乙肝病毒则抗原、抗体是最为常见的检测指标，其 DNA 的检测已广泛用于诊断及疗效监测；针对丙肝病毒主要检测其抗体和 RNA；丁肝多与乙肝重叠感染，当治疗稳定的 HBV 感染出现难解释的临床变化，需要进行 HDV 抗体或核酸检测。

1. 甲型肝炎 甲型肝炎病毒（hepatitis A virus，HAV）属于 RNA 病毒，引起的甲型肝炎属于急性肝炎，主要经过粪-口途径传播，可造成暴发或散发流行，潜伏期短，发病较急，一般不转为慢性，也无慢性携带者。除暴发性甲肝外，多数甲型肝炎属于自限性疾病，预后较好。甲型肝炎的检验项目主要包括 HAV 核酸（HAV-RNA）、抗原（HAV Ag）和抗体（包括 HAV-IgG 和 HAV-IgM），实验诊断策略见图 8-1。

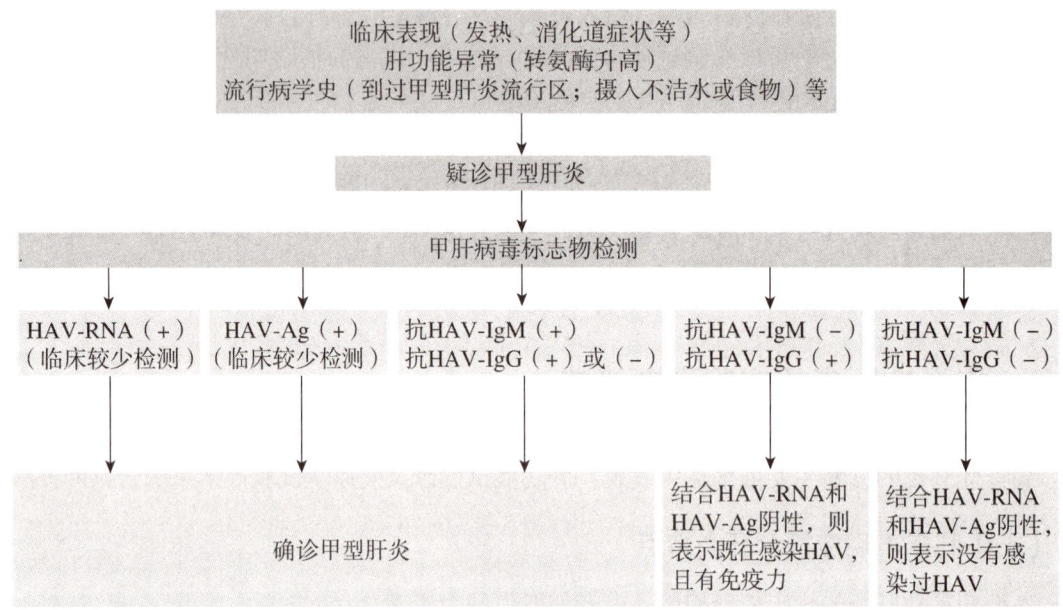

图 8-1　甲型肝炎实验诊断路径

2. 乙型肝炎　乙型肝炎病毒（hepatitis B virus，HBV）感染人体后，临床表现较复杂，呈现为不同的发展和结局。HBV 引起的乙型肝炎主要经过血液途径传播，围产期和儿童期急性感染大多数转为慢性肝炎，而成人期急性感染大多数可以恢复。根据 HBV 的主要标志物，包括血液 HBV 表面抗原（HBsAg）、HBV e 抗原（HBeAg）和 HBV 核酸（HBV-DNA），可以对慢性乙型肝炎初步分类，其实验诊断策略见图 8-2。

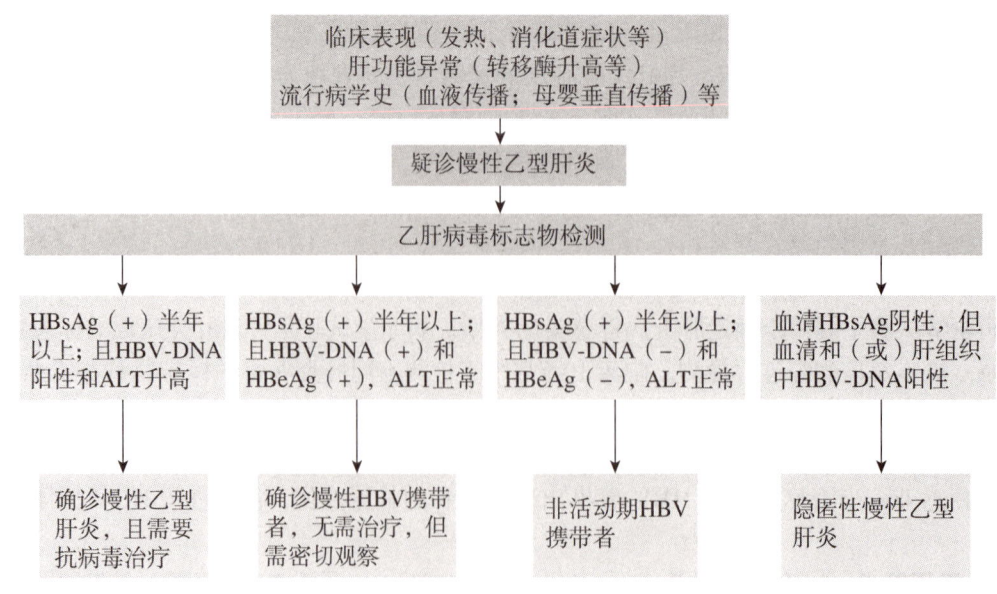

图 8-2　慢性乙型肝炎实验诊断路径

3. 丙型肝炎 丙型肝炎病毒（hepatitis C virus，HCV）感染人体后，表现为急性、慢性肝炎。HCV 引起的丙型肝炎主要经过血液途径传播。HCV 的初发感染比较隐匿，大多数呈亚临床经过，20%～30% 的感染者呈急性肝炎表现，病程一般 7～8 周，一部分患者体内的 HCV 可完全被清除而达到临床痊愈；少数患者可同时或重叠其他肝炎病毒（如 HBV）感染，引起重症肝炎；另一部分患者可转为慢性感染。40%～60% HCV 感染者转为慢性丙型肝炎，一部分为转氨酶不升高的 HCV 携带者。根据 HCV 的主要标志物，包括血清抗 HCV 抗体（抗 HCV）和 HCV 核酸（HCV-RNA），可以诊断丙型肝炎并指导治疗，其实验诊断策略见图 8-3。

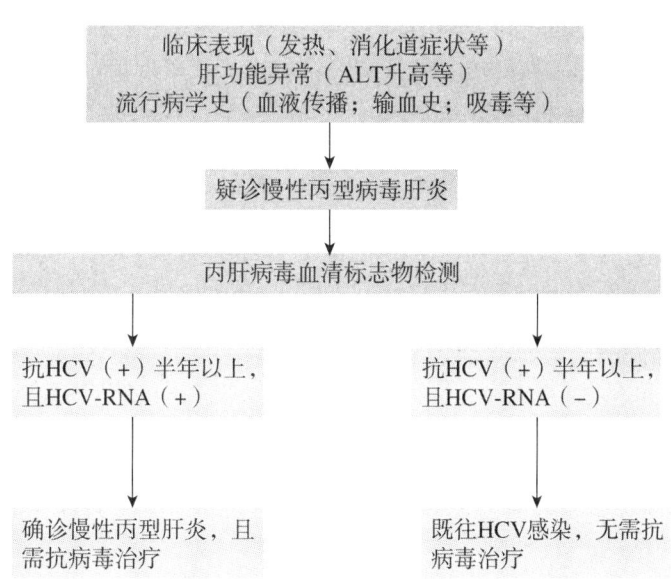

图 8-3 慢性丙型肝炎实验诊断路径

4. 丁型肝炎 丁型肝炎病毒（hepatitis D virus，HDV）常与 HBV 同时感染人体，感染途径类似 HBV 感染，大部分是在 HBV 感染的基础上引起重叠感染。当 HBV 感染结束时，HDV 感染也随之结束。所以，慢性丁型肝炎实验诊断策略类似慢性乙型肝炎。

5. 戊型肝炎 戊型肝炎病毒（hepatitis E virus，HEV）感染人体后，可表现为急性黄疸性肝炎、急性无黄疸性肝炎、重型肝炎（肝衰竭）和急性淤胆性肝炎，而表现为慢性肝炎者极少见。HEV 主要经过粪-口途径传播，水源传播可造成暴发流行。戊型肝炎为自限性疾病，一般预后较好；但重型肝炎（肝衰竭）多见于孕妇，病死率可达 5%～25%。根据 HEV 的主要标志物，包括血清 HEV 抗原（HEV-Ag）、HEV 的 IgM 和 IgG 型抗体（HEV-IgM、HEV-IgG）和 HEV 核酸（HEV-RNA），可诊断慢性戊型肝炎，其实验诊断策略见图 8-4。

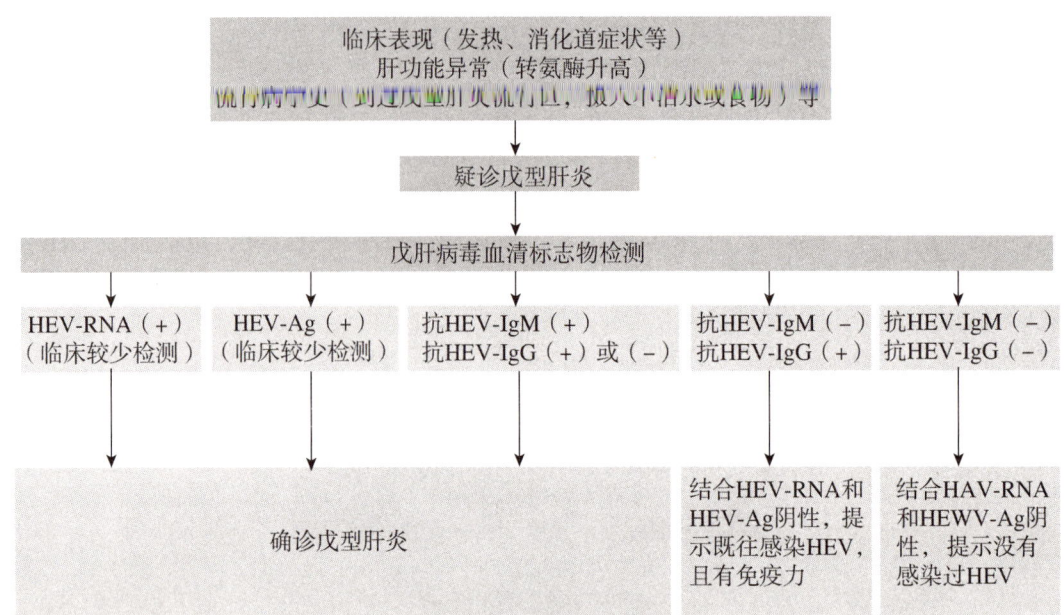

图 8-4 戊型肝炎实验诊断路径

微整合

基础回顾

乙肝的传播

乙肝可经母婴、血液和性接触传播。在我国实施新生儿乙型肝炎疫苗免疫规划前，乙肝以母婴垂直传播为主，多发生在围生期，通过乙肝阳性母亲的血液和体液传播。母亲的乙肝病毒 DNA 水平与新生儿感染乙肝风险密切相关。成人主要经血液和性接触传播。有注射毒品史、应用免疫抑制剂治疗的患者、既往有输血史、接受血液透析的患者、丙肝感染者、HIV 感染者、有接触血液或体液职业危险的卫生保健人员、囚犯，以及未接种乙型肝炎疫苗的糖尿病患者等均有较高的乙肝感染风险。乙肝也可经破损的皮肤或黏膜传播，如纹身、扎耳环孔、共用剃须刀和牙具等。与乙肝感染者发生无防护的性接触，特别是有多个性伴侣者，其感染乙肝的危险性高。

三、病毒性肝炎的实验诊断

病毒性肝炎的诊断主要包括两个部分：病原学诊断和临床诊断，其中病原学诊断对确诊病毒感染引起的肝炎有决定性作用，而病原学诊断主要依赖病毒标志物的实验检查。

（一）甲型肝炎

HAV 感染引起甲型肝炎。HAV 属于 RNA 病毒。HAV 分为 4 个基因型，变异较小，但血清型只有 1 个，各地 HAV 无抗原性差别。HAV 感染后，机体可产生特异性抗体并获得持久免疫力，再次发病者少见。甲型肝炎发病有明显的流行性，可暴发或散在发病，病程较规律，可分为潜伏期、症状期和恢复期。潜伏期一般 15～50 天，平均 28 天。HAV 感染后，在患者血清转氨酶（ALT）升高前的 5～6 天，病毒已经存在于患者的血液和粪便中。发病 2～3 周后,随着血清中特异性抗体的产生,血清和粪便的病毒量减少,传染性逐渐消失。HAV 感染的患者大多表现为亚临床或隐性感染,仅少数人表现为轻型无黄疸型或急性黄疸型肝炎,一般预后较好,多数在 2 个月左右就可治愈。主要实验诊断特征如下。

1. HAV 抗原 血清 HAV-Ag:具有确诊甲型病毒性肝炎的价值。HAV-Ag 阴性时,可能是病毒血症期已过,病毒在血中消失,此时应检查抗 HAV 抗体,以协助诊断。

2. 抗 HAV-IgM 用于 HAV 早期感染的诊断。抗 HAV-IgM 是感染 HAV 后的早期抗体,感染 HAV 1 周后就能产生,绝大多数患者在就诊时即可查到,在发病后 2 周可达 100%,一般在血中持续存在 2～6 个月。血清抗 HAV-IgM 阳性表明机体 HAV 急性感染,它是早期诊断甲型病毒性肝炎的特异性指标;阴性时一般可以除外 HAV 的现症感染。

3. 抗 HAV-IgG 用于 HAV 既往感染的诊断。抗 HAV-IgG 的产生较 IgM 型抗体稍晚,一般在感染 HAV 约 10 天后血清即可出现,2～5 个月后达高峰,以后有所降低,但可长期存在于血液中。高滴度 IgG 型抗体对诊断 HAV 感染有参考价值;低滴度是既往感染 HAV 的标志。可用抗 HAV-IgG 对病情进行监测,观察抗 HAV-IgG 动态变化,恢复期血清抗体滴度高于急性期 4 倍以上有诊断意义,但应结合流行病学和临床表现进行分析。若仅检查抗体,更应结合其他资料判断临床意义。目前已有 HAV 疫苗,接种后抗体阳性率达 90% 以上。

4. HAV 核酸 用于确认 HAV 病毒复制和现症感染。HAV 基因组为单股正链 RNA,全长约 7.5kb,由 5'末端非编码区(5'NCR)、开放读码框架(ORF)和 3'末端非编码区(3'NCR)组成。根据 HAV 核苷酸序列,可以将其分为 Ⅰ～Ⅶ 基因型,感染人类的有 Ⅰ、Ⅱ、Ⅲ 及 Ⅶ 型,我国以 Ⅰ 型为主。HAV 分子检测方法主要包括核酸分子杂交与反转录 PCR。RT-PCR 检查血清、血浆或粪便中 HAV-RNA 具有高灵敏度,比检测 HAV-Ag 更灵敏。HAV-RNA 阳性对诊断 HAV 感染具有特异性,特别是对早期诊断意义更大,适合于有迁延过程的甲型肝炎以及急性感染的诊断。

(二)乙型肝炎

HBV 引起乙型肝炎。HBV 属于肝 DNA 病毒科的病毒之一,又称 Dane 颗粒,是乙型病毒性肝炎的病原体。完整的具有感染性的 HBV 颗粒直径 42 nm,分为核心和外壳两部分。核心中含有双股 DNA、DNA 聚合酶和核心蛋白,即 HBV 核心抗原(HBcAg)。外壳(外膜)为脂蛋白,即外壳蛋白,内含 HBV 表面抗原(HBsAg)。血中除有完整的 HBV 外,还可有小球形和管形颗粒,它们均是装配完整病毒过程中过剩的外壳,不含 DNA,其成分为 HBsAg。HBV 基因编码区包括 S、C、P、X。S 区表达的是 HBV 的外壳蛋白,产物依次是前 S1 抗原、前 S2 抗原和 HBsAg。C 基因编码表达产物是 HBV 核壳的核心蛋白,它可分为 C 基因和前 C 基因,其产物分别是 HBcAg 和 HBV 的 e 抗原(HBeAg)。HBcAg 是病毒核衣壳的组分,一般技术无法在血清中检出。HBeAg 不属于病毒的结构蛋白,合成后分泌至病毒颗粒外,病毒复制时在血清中出现。P 区编码表达产物是 DNA 聚合酶(DNA-P)。X 区编码表达的产物是 HBxAg,因产生的蛋白质尚未确定,故称 X 区。HBV 感染后,机体免疫系统可产生针对各种病毒抗原的特异性抗体。HBV 主要通过围产期传播(分娩)、医源性传播(输血、注射、手术、牙科操作等)、性传播(精液、阴道分泌物)和密切接触传播。HBV 感染可散发或地方性流行,无季节和地域性,可急性发病、无症状带病毒、持续带病毒感染、症状不明显和迁延不愈形成慢性乙型病毒性肝炎等。HBV 感染后,机体可产生针对不同 HBV 抗原的抗体,例如抗 HBsAg 抗体(HBsAb)、抗 HBcAg 抗体(HBcAb),后者又可分为 IgG 型抗体(HBcAb-IgG)和 IgM 型抗体(HBcAb-IgM)。

HBV 感染后,转归比较复杂,可以为无症状带病毒者。发病有潜伏期、急性期和恢复期,还可转为慢性肝炎(迁延型或活动型)、肝炎后肝硬化、原发性肝癌及病后带病毒者等。乙肝

血清学指标组合模式有较大的变异性，变异模式较多，可使临床表现较为复杂。血清中各种 HBV 抗原与抗体的检测对乙型肝炎的诊断与监测的主要临床意义见表 8-2。

表 8-2　HBV 感染的血清标志物检测常见结果分析

乙型肝炎病毒标志物常见模式						临床意义或结果解释
HBsAg	HBsAb	HBeAg	HBeAb	HBcAb IgG	HBcAb IgM	
-	-	-	-	-	-	无 HBV 感染，未接种疫苗；不能排除潜伏期感染
-	+	-	-	-	-	既往感染或疫苗接种者，有免疫力
-	+	-	-	+	-	HBV 感染后恢复，有免疫力
-	+	-	+	+	-	HBV 感染后恢复，有免疫力
+	-	-	-	+	-	HBV 携带或 HBeAg 变异
+	-	-	+	+	+/-	急性 HBV 感染血清转换；慢性 HBV 携带者或慢性乙肝活动期（小三阳）
+	-	+	-	+	+/-	急性或慢性 HBV 感染；病毒复制活跃，传染性强（大三阳）
-	-	-	-	+	-	既往感染
-	-	-	+	+	-	既往感染或感染恢复期；初次发现建议定期监测，多年稳定者可视为正常

1．乙型肝炎病毒表面抗原（hepatitis B virus surface antigen，HBsAg）　存在于感染者的血液、体液和分泌液中，一般与 HBV 同时存在，所以它是判断 HBV 感染的特异性血清标志物之一。血清中检测到 HBsAg，表明患者感染了 HBV。①急性乙型肝炎的潜伏期或急性期，绝大多数乙型肝炎患者发病后 1～4 个月均为血清 HBsAg 阳性，但约有 5% 的急性乙型肝炎和少数慢性乙型肝炎患者血清 HBsAg 为阴性，这些患者只有通过抗 HBc-IgM 或 HBV-DNA 等检测才能确诊。②HBV 所致的慢性肝病、迁延性和慢性活动性肝炎、肝炎后肝硬化或原发性肝癌等血清 HBsAg 多为阳性。③血清 HBsAg 持续阳性超过 6 个月以上，在短期内机体清除病毒的可能性较低，一般称为 HBsAg 携带者状态（HBsAg carrier status），但应进一步做其他检查。④HBsAg 的定量分析：血清 HBsAg 含量变化是急性乙型肝炎预后的最好标志，在病程中间隔 3 周的两次血清检测 HBsAg 浓度减低一半以上，表明患者能够消除 HBV 而恢复健康；反之，则发展为 HBsAg 携带者状态，并且与发展为慢性乙型肝炎有关。急性乙型肝炎发病时，患者血清中通常可检测到 HBsAg 的浓度为（30～300000）μg/L，平均值为 40000 μg/L，与慢性肝炎类似。HBeAg 阳性的慢性乙型肝炎比阴性的患者具有更高的 HBsAg 浓度，无症状 HBsAg 携带者状态的血清 HBsAg 浓度平均为 8000 μg/L。

2．乙型肝炎病毒核心抗原（hepatitis B virus core antigen，HBcAg）　是 HBV 的核心蛋白，往往与核酸在一起，具有传染性。它在肝细胞核内复制后移入细胞质，再被由细胞质合成的 HBsAg 包被形成完整的病毒进入血液中。血清中检出 HBcAg 是 HBV 复制的佐证。但因为 HBcAg 存在于 HBV 的核心中，外包 HBsAg，而 HBsAg 较 HBcAg 多万倍以上，装配 HBV 后往往剩余 HBsAg，而无多余的 HBcAg；又因 HBcAg 的抗原性很强，能产生高效价的 HBcAb，两者有很强的亲和力，在血清中形成免疫复合物后很快被清除，所以用一般方法在血清中查不到 HBcAg，但用特殊试验仍可查出。

3．乙型肝炎病毒 e 抗原（hepatitis B virus e antigen，HBeAg）　是 HBV 核心颗粒中的

一种可溶性蛋白质，具有抗原性。它存在于 HBV 颗粒内，与 HBV 有伴随关系。血清中检出 HBeAg 表明体内存在 HBV，并且有完整的 HBV 复制，肝细胞有进行性损伤，病情处于急性期，具有高度传染性。HBeAg 存在于 HBsAg 阳性者的血液中，出现时间稍晚于 HBsAg；HBsAg 滴度越高，HBeAg 的阳性率也越高；HBsAg 阴性者很少有 HBeAg 阳性。HBeAg 在血清中存在的时间短，为 3～6 周。急性乙型肝炎患者血清 HBeAg 转为阴性，通常与血清氨基转移酶活性下降和恢复期开始有关。在慢性活动性肝炎和 HBsAg 携带者中，HBsAg、HBeAg、HBcAb 均可为阳性，这种"三阳"患者具有高度传染性，且较难转阴性。HBeAg 单项阳性者很少见。若持续阳性超过 12 周，表明 HBV 感染转为慢性，提示急性转为慢性活动性肝炎。HBeAg 阳性转为 HBeAb 阳性时，一般表明病情好转或恢复。孕妇阳性可引起垂直传播，致 90% 以上的新生儿呈阳性。

4. 乙型肝炎病毒表面抗体（hepatitis B virus surface antibody，HBsAb） 是患者对 HBsAg 所产生的一种抗体，它对 HBsAg 有一定的中和作用，是一种保护性抗体，抗体可阻止 HBV 穿过细胞进入新的肝细胞，提示机体对乙肝病毒有一定程度的免疫力。HBsAb 一般在急性乙型肝炎发病后 3～6 个月才出现，80%～90% 的患者在病毒消除后血清中可以检测到 HBsAb，但有时可延迟出现，一旦出现常可持续多年。极少的急性乙型肝炎病例可以同时检测到 HBsAb 和 HBsAg 阳性，这属于血清学不典型的乙型肝炎，HBsAb 可能在发病前已经是阳性，也可能是双重感染或再感染两种不同血清型的 HBV。成功进行乙型肝炎疫苗免疫接种的大多数人均可出现 HBsAb。HBsAg 消失、HBsAb 出现提示 HBV 感染痊愈，失去传染性，并对相同血清型的 HBV 再感染具有免疫力。

5. 乙型肝炎病毒核心抗体（hepatitis B virus core antibody，HBcAb） 由于 HBcAg 的抗原性很强，感染后免疫反应出现最早，继之产生高滴度的 HBcAb。HBcAb 不是保护性抗体，能影响杀伤性 T 细胞对靶抗原的攻击作用，主要为 IgM 和 IgG 两型抗体。①抗 HBc-IgM：是机体感染 HBV 后，在血清中出现最早的特异性抗体，常继 HBsAg 和 HBeAg 阳性后出现在血液中，2～3 周即可达到高峰，可保持半年左右或更长时间。急性乙型肝炎时，抗 HBc-IgM 滴度显著升高，是近期感染 HBV、HBV 复制和传染性强的重要的血清标志物。恢复或康复时，抗 HBc-IgM 滴度逐渐降低，甚至消失；如持续不降和保持高滴度，提示转为慢性肝炎。慢性活动性肝炎时，抗 HBc-IgM 可持续低滴度阳性。检查抗 HBc-IgM 对 HBsAg 阴性的急性乙型病毒性肝炎更有意义。在无症状的献血者血清中，单独查到抗 HBc-IgM 阳性而无其他 HBV 血清学阳性结果可能为假阳性；若 HBV-DNA 阳性则为新近感染。②抗 HBc-IgG：在急性乙型肝炎病程中出现较晚，在感染的恢复期和慢性持续性感染时均为阳性是感染过 HBV 的标志物。抗 HBc-IgG 对机体无保护作用，其阳性可持续数十年甚至终生。单项抗 HBc-IgG 阳性时，应注意随访观察，经输血或胎盘可以被动获得抗 HBc-IgG。

6. 乙型肝炎病毒 e 抗体（hepatitis B virus e antibody，HBeAb） 是患者或携带者经 HBeAg 刺激后所产生的一种特异性抗体，常于 HBeAg 后出现于血液中。HBeAb 检出表明 HBV 复制减少，传染性降低，病情好转，预后良好。也有少数患者的 HBV-DNA 整合在宿主肝细胞的 DNA 上，虽然 HBeAg 消失并转为 HBeAb 阳性，但病情尚未好转，仍具有高度传染性，此时应检查 HBV-DNA 更为可靠。HBeAb 不是保护性抗体，出现后不能保证 HBeAg 被清除。

7. 乙型肝炎病毒表面抗原蛋白前 S1（Pre-S1）、前 S2（Pre-S2） 是 HBV 表面抗原成分，为 HBV 侵入肝细胞的主要结构成分。抗 Pre-S1、抗 Pre-S2 是 HBV 的中和抗体。Pre-S2 阳性提示 HBV 复制异常活跃，有传染性。抗 Pre-S2 阳性见于乙型急性期及恢复早期，提示预后较好。

8. HBV-DNA HBV 基因组由一个不完全的双链 DNA 组成，分子量约 1.6×10^6 Da，基因组长度只有 3.2 kb，结构基因与调节基因序列之间重叠，甚至结构基因序列之间重叠，因此

HBV-DNA 序列的利用率很高。HBV-DNA 基因组负链 DNA 核苷酸序列上确定 6 个开放读码框架（ORF），包括 S、C、P、X 区，以及前-前-S 和前-X，前 4 个为早已确认的基因，分别编码 HBV 的结构蛋白-S、C、P、X 蛋白；而前-前-S 和前-X 为新发现的新的编码基因，编码蛋白功能有待进一步研究。

HBV 分子检测主要检测 HBV-DNA，是反映病毒复制和传染性的直接标志物。阳性结果表明血液中存在大量 HBV，具有高度传染性，但阴性结果并不能除外 HBV 感染。定量检测需注意拷贝数越高，复制量越大，病毒活性越高，但不一定与疾病严重程度有关。HBV-DNA 可出现在抗体产生之前，所以可以用于献血员的筛查。

9. HBV-RNA HBV-RNA 可在慢性乙型肝炎患者的外周血清中被检测到，且被检测到的 HBV-RNA 主要为前基因组 RNA（pregenomic RNA，pgRNA），并以病毒样颗粒的形式存在。因为血清中的 pgRNA 是由 cccDNA 直接转录形成的，所以 pgRNA 的水平可直接反映 cccDNA 的转录活性，并间接反映 cccDNA 的拷贝数。HBVpgRNA 可能是核苷（酸）类似物治疗安全停药及停药后慢性乙型肝炎复发的监测指标。HBV-RNA 拷贝数在 HBV 不同感染阶段变化较大，可用于区分 HBV 感染的不同自然史。

（三）丙型肝炎

HCV 引起丙型肝炎。HCV 为线状单股正链 RNA 病毒，是丙型病毒性肝炎的病原体。

HCV 最初从输血后黄疸性肝炎患者的血清中检出，曾称为输血后肝炎、非甲非乙型病毒性肝炎。HCV 的传染方式与 HBV 相同，主要是经输血、注射感染，也能通过性接触和母婴垂直传染。急性丙型病毒性肝炎易转为慢性，发展为肝硬化的比例也较高，部分可恶变。丙型病毒性肝炎常与非肠道传染的乙、丁和庚型病毒性肝炎重叠感染，从临床表现上较难与以上几种病毒性肝炎鉴别，主要依靠实验诊断。抗 HCV 抗体与 HCV 核心抗原检测的主要临床意义见表 8-3。

表 8-3 抗 HCV 抗体与 HCV 核心抗原检测的临床意义

抗 HCV 抗体	HCV 核心抗原	临床意义
阴性	阴性	未感染
阳性	阳性	活动性感染（急性或慢性）
阴性	阳性	①早期感染；②免疫受损患者的慢性感染
阳性	阴性	①感染消退；②慢性感染，伴有轻微或间歇性病毒血症；③假阳性；④"被动"获得的抗体

1. HCV 核心抗原 HCV 核心 Ag 检测阳性：①可缩短 HCV 检测窗口期，早期发现 HCV 感染，从而采取早期治疗措施；②可鉴别自发病毒清除与慢性 HCV 感染患者；③高危人群筛查：血透人群，吸毒人群，免疫功能抑制无法产生抗体的患者，如 HIV 感染者等；④HCV 现症感染的诊断，与 HCV-RNA 良好相关；⑤患者病情监测及抗病毒治疗预后及疗效监测。

2. 抗 HCV 抗体 属非保护性抗体，一般在发病较长时间后才能检出，急性期的阳性率仅为 50%，所以对诊断急性丙型肝炎有一定的局限性，常用于献血者的筛选。抗 HCV-IgG 阳性可作为慢性丙型肝炎有无活动的指标，也是干扰素治疗无效的指标，但阴性并不表明病毒复制停止。抗 HCV-IgG 一旦出现，可持续存在。

3. HCV-RNA HCV 基因组为线状单股正链 RNA，整个基因组只含有一个开放读码框架，它编码多种结构和非结构蛋白，其羧基端具有螺旋酶/三磷酸核苷酶活性，氨基端有蛋白酶活性。NS5B 蛋白是 RNA 依赖的 RNA 聚合酶，为 HCV 复制所必需的酶，因此也成为抗病毒治疗的重要靶位。HCV 具有自发产生高变异株的能力，极易变异，目前已确定可以分为 6 个基因型及 50 多个基因亚型。6 个基因型分别为 1～6 型，亚型常见有 1a、1b、2b、3c 等。基因 1 型为全球分布，占感染者的 70% 以上。由于 HCV 病毒目前尚未分离培养成功，因此确认病毒确切存在于体内的唯一方法是检测样品中的 HCV-RNA，尤其是在感染早期体内抗体产生之前。

（1）HCV-RNA：HCV-RNA 阳性是 HCV 感染的直接证据，表明存在活动性感染，且有传染性。HCV 感染后，在血清中抗 HCV 抗体出现和转氨酶升高之前病毒载量已达高峰，当血清中抗体出现后，病毒水平显著降低。因 HCV-RNA 比抗 HCV 抗体出现早，故可用于早期诊断及献血员的筛查。血清抗 HCV 抗体阳性，HCV-RNA 阴性，提示 HCV 已被清除或处于极低水平，应进行随访观察。因此，HCV-RNA 也可作为判断预后和疗效的指标。

（2）HCV 基因分型：可用于预测治疗反应、指导抗病毒治疗的时间和剂量，以及流行病学研究。

（四）丁型肝炎

HDV 引起丁型肝炎。HDV 是缺陷型 RNA 病毒，无包膜，它不能单独存在于肝细胞内，必须依赖嗜肝 HBV 提供包膜蛋白完成包装，成为完整的 HDV，才能生存和寄生于宿主肝细胞内。HDV 与 HBV 形成专性共生体，只有感染了 HBV 才能使 HDV 复制，故一般都是 HBV 和 HDV 共同感染，或 HDV 继发于 HBV 感染。因此，丁型病毒性肝炎患者的肝损伤比单纯 HBV 感染的患者更重。

1. HDV 抗原（HDV-Ag） 主要存在于受感染的肝细胞核和胞质内，在血清中出现较早，但持续时间仅 1～2 周，如检测不及时，往往呈阴性。但在慢性 HDV 感染中，HDV-Ag 可呈波动性地反复阳性，因此，检出血清和（或）肝内 HDV-Ag 阳性可诊断为 HDV 急性或慢性感染。血清学可检出部分 HDV 感染的患者，尚有相当一部分患者只有从肝组织检测 HDV-Ag 才能确诊。慢性 HDV 感染时，由于血清中抗 HDV 抗体滴度高，HDV-Ag 多以免疫复合物形式存在，用酶联免疫法或放射免疫法检测 HDV-Ag，可呈假阴性。HDV-Ag 与 HBsAg 同时阳性，表示丁型和乙型肝炎病毒同时感染，患者可迅速发展为慢性或急性重症肝炎。急、慢性丁型病毒性肝炎患者血清 HBsAg 通常为阳性。

2. 抗 HDV 抗体 丁型肝炎病毒抗体分为抗 HDV-IgM 和抗 HDV-IgG。①抗 HDV-IgM 阳性：出现于 HDV 感染的急性期，且时间短暂，一般持续 2～20 周，可用于早期诊断。高滴度抗 HDV-IgM 是诊断急性丁型肝炎的标志，尤其是在 HBV 同时感染时，抗 HDV-IgM 往往是唯一可检出的 HDV 感染的血清标志物，而且 HDV 持续感染的活动期可检测到抗 HDV-IgM。②抗 HDV-IgG 阳性：一般只能在 HBsAg 阳性的血清中测得，是诊断丁型肝炎的可靠指标，即使 HDV 感染终止后仍可保持多年。

3. HDV-RNA HDV-RNA 阳性是诊断 HDV 感染的直接证据，急性丁型肝炎时可呈短暂或持续阳性，可在抗体产生之前检测到病毒 RNA，慢性丁型肝炎时呈阳性。

（五）戊型肝炎

HEV 为单股正链 RNA 病毒，是戊型病毒性肝炎的病原体。最近发现，HEV 的非结构区基因序列与风疹病毒相似，因此，有人建议将其归为风疹病毒科。流行病学和传染病规律类似 HAV，经粪-口途径感染，潜伏期 2～9 周，HEV 进入胃肠道后入血，并侵入肝复制，病毒释放入血和胆汁并排入粪便。发病时症状一般较重，表现为暴发性黄疸性肝炎的比例较高，死亡率较高。HEV 感染一般无慢性过程，也无慢性 HEV 携带者。

1. HEV 抗原　HEV 感染者的粪便或胆汁中可查出 HEV-Ag，HEV-Ag 阳性者可诊断为戊型肝炎。戊型肝炎患者粪便的阳性率仅为 21% 左右。

2. 抗 HEV 抗体　抗 HEV 抗体主要有抗 HEV-IgM 和抗 HEV-IgG 两型。抗 HEV-IgM 阳性提示现症或近期感染，在发病 3 个月内的阳性率较高。戊型肝炎患者血清中抗 HEV-IgM 的阳性率达 95%。抗 HEV 抗体应为戊型肝炎重要的诊断依据，但确诊时仍需要结合流行病学和临床表现，并排除甲型肝炎等。抗 HEV-IgG 出现较晚，但持续时间可很长，阳性表明 HEV 感染，但无法确定感染的时间；阴性提示无 HEV 感染或抗体水平极低。抗 HEV-IgG 应结合抗 HEV-IgM 检查结果分析其意义：①抗 HEV-IgG 阴性、抗 HEV-IgM 阳性，表示为 HEV 感染早期、急性期；②抗 HEV-IgG 阳性、抗 HEV-IgM 阳性，表示为 HEV 现症感染期或恢复期早期；③抗 HEV-IgG 阳性、抗 HEV-IgM 阴性，表示为 HEV 既往感染或恢复后期。

抗 HEV-IgG 与抗 HEV-IgM 基本上同时出现，故同时检测该两种抗体有助于戊型肝炎的诊断。

3. HEV-RNA　HEV 为单股正链 RNA 病毒，长约 7.5kb，包括 3 个开放读码框架，组成包括结构区及非结构区。血清、胆汁、粪便中检出 HEV-RNA 是诊断急性戊型肝炎最特异的指标，急性期患者血清的阳性率为 70% 左右。

知识拓展

乙肝疫苗接种纳入国家免疫规划

中国是乙型肝炎高流行区，20 世纪 90 年代初，我国专家提出和强调乙肝疫苗接种的重要性。1992 年，我国正式将乙肝疫苗接种纳入计划免疫管理，同时颁布了《全国乙肝疫苗免疫接种实施方案》。2002 年，又将乙肝疫苗纳入国家免疫规划，免费为新生儿提供乙肝疫苗接种，并要求新生儿出生后 24 小时内接种乙肝疫苗。

2006 年，原卫生部组织开展了全国乙肝血清流行病学调查，结果显示，出生儿童 HBsAg 阳性率从 1992 年的 9.67% 降至 2005 年的 0.96%，降幅达 90%。2012 年 5 月，我国通过 WHO 西太区验证，并提前实现了到 2017 年将 5 岁以下儿童 HBsAg 携带率控制在 2% 以下的目标。

近年来，我国新生儿乙肝疫苗接种率持续保持在 95% 以上，儿童感染率逐年显著下降。2014 年，第四次全国乙肝血清学调查显示，全国 1~4 岁儿童 HBsAg 阳性率为 0.3%，较 2006 年下降超 6 成。

思 考 题

1. 简述 HBV 的抗原、抗体系统。
2. 简述乙肝五项常见模式及结果解释。
3. 一位中年男性，隐匿起病，慢性病程，病情逐渐进展。6 年前体格检查发现 HBsAg 阳性，ALT 升高，无不适主诉，未予诊治。3 年前开始出现乏力、尿黄，休息治疗后症状缓解，劳累后反复出现上述症状，未定期复诊。半月前劳累后又出现乏力、尿黄，伴腹胀，双下肢水肿。实验检查转氨酶及胆红素升高，ALB 35.6 g/L。B 超：慢性肝损害、脾大。其母亲因"乙肝肝硬化，上消化道大出血"去世，1 个弟弟患有乙肝。

(1) 根据患者情况分析，临床初步诊断是什么？
(2) 如何通过实验指标变化帮助临床判断慢性活动性肝炎？

（曹颖平）

第三节　性传播疾病

性传播疾病（sexually transmitted disease，STD）简称性病，指通过性行为直接或间接接触而传播的一类感染性疾病。性传播疾病不仅侵犯性器官，还侵犯性器官附近的淋巴结、皮肤黏膜，甚至经血液循环累及全身的组织器官，一些性病还可以经输血、器官捐献途径或母婴垂直传播。STD 有 20 余种，包括：①细菌性 STD，如淋病、梅毒和细菌性阴道病等；②病毒性 STD，如尖锐湿疣、生殖器疱疹、艾滋病；③沙眼衣原体和解脲支原体某些血清型引起的生殖系统感染。广义划分，也可将生殖器念珠菌病、阴道毛滴虫病、阴虱病、疥疮、传染性软疣、乙型肝炎、股癣，以及 B 组链球菌、人型支原体及巨细胞病毒感染等列为性病范畴。我国于 2013 年正式实施的《性病防治管理办法》中规定了梅毒、淋病、生殖道沙眼衣原体感染、尖锐湿疣和生殖道疱疹为重点防治的性病，2021 版《中国艾滋病诊疗指南》规定了 HIV 感染诊断方法。其他性病诊断可参考中国 CDC 联合中华医学会于 2014 年发布的《梅毒、淋病、生殖器疱疹、生殖道沙眼衣原体感染诊疗指南》《淋病诊断行业标准（WS 286—2019）》《2016 非淋球菌性尿道炎病原学诊断专家共识》。下面介绍常见的几种性病的实验诊断。

案例 8-3

男性，35 岁，因阴茎肿痛、痒感及流脓来诊。患者 7 天前有冶游史。

问题：
1. 患者疑似诊断是什么？
2. 如何选择相应实验检测手段以明确诊断？

一、淋病

淋病（gonorrhea）是由淋病奈瑟菌（Neisseria gonorrhoeae，NG）引起的性病，是最常见的性传播疾病之一。NG 为革兰氏阴性双球菌，无芽孢，无鞭毛。NG 表面有三类抗原，分别为 Por、Opa、Rmp 蛋白。目前已知人是淋球菌的唯一天然宿主，患者是传播淋病的主要传染源。淋病的主要传播途径是性接触，但亦可通过污染的衣物、毛巾等间接感染。淋病的临床表现以尿道炎、宫颈炎多见，典型症状为排尿困难、尿频、尿急、尿痛、排出黏液或脓性分泌物等。淋病也可侵犯其他器官，如眼、咽部、直肠和盆腔等，或经血行播散性感染，引起关节炎、肛周炎、败血症、心内膜炎或脑膜炎。主要实验诊断项目如下（图 8-5）。

1. 直接涂片镜检　采集尿道口脓性分泌物、阴道分泌物、宫颈分泌物等样本涂片，革兰氏染色后显微镜检查，可见白细胞内、细胞外大量革兰氏染色阴性双球菌。0.6～0.8 μm 呈卵圆形、肾形成对排列，凹面相对，直接涂片检查对男性淋病的诊断具有一定的价值。但对女性患者或其他来源样本仅作为参考，由于女性阴道和直肠有许多正常菌群寄居，故对涂片所见的结果必须由培养结果证实后方可报告。新生儿结膜分泌物见到胞内、胞外大量革兰氏阴性双球

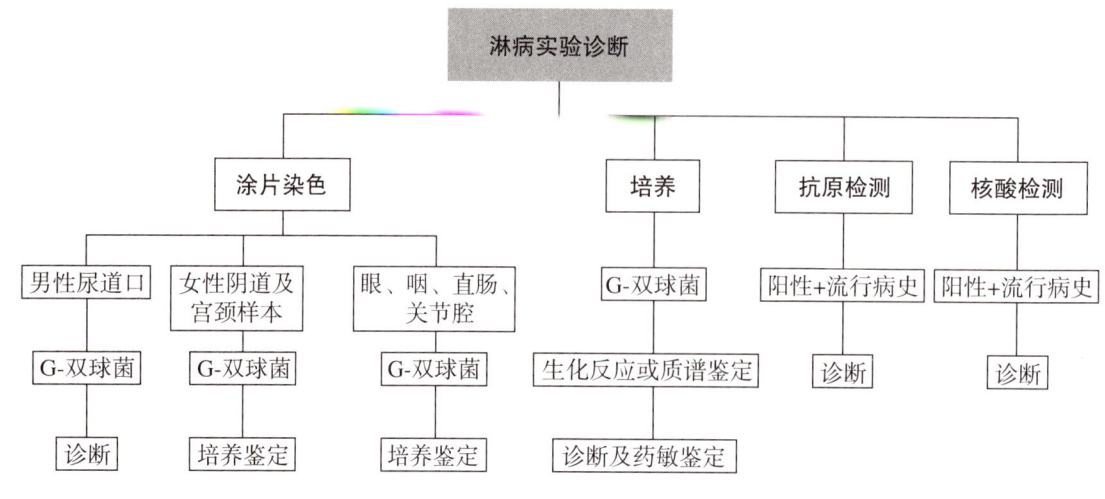

图 8-5　淋球菌感染的实验诊断策略

菌可初步诊断为淋球菌性结膜炎。

2. 分离培养、鉴定及药敏试验　取尿道或宫颈分泌物培养出淋病奈瑟菌，临床可以明确诊断为淋病。淋球菌培养是诊断的重要佐证，对症状轻微或无症状的男性、女性患者都是比较敏感的方法，只要培养结果为阳性即可确诊。需注意淋球菌抵抗力差，在干燥、低温及高热环境易死亡，样本采集后应立即送往实验室或使用产 CO_2 的培养基常温送检，不可在冰箱保存。规范样本采集和送检是诊断淋病的关键。培养的 NG 可以用于药敏鉴定和分子分型等，一般推荐对头孢曲松联合阿奇霉素治疗失败者进行菌株分离及药敏试验。

3. NG 抗原试验　以免疫学方法检测男性尿道分泌物的淋球菌抗原，与直接涂片阳性的意义一致。原理包括针对 Por 的荧光抗体直接染色法、颗粒凝集法与胶体金法。

4. 分子生物学试验　检测 NG 的特异 DNA 片段或 mRNA，阳性有诊断意义；也可以用于监测治疗效果，若要了解该细菌是否为活菌，则推荐检测 mRNA。此方法常与其他常见性病病原同时检测，用于诊断或鉴别诊断。

二、非淋菌性尿道炎

非淋菌性尿道炎（nongonococcal urethritis，NGU）主要是指由沙眼衣原体（chlamydia trachomatis，Ct）、生殖支原体（Mycoplasma genitalium，Mg）和解脲支原体（Ureaplasma urealyticum，Uu）通过性接触引起的泌尿生殖系统感染，且排除淋病奈瑟菌感染。目前认为非淋球菌造成的尿道炎中，35%～50% 与衣原体感染相关，20%～40% 与支原体相关。沙眼衣原体是专门寄生在细胞内、具有独特的发育周期的原核细胞型微生物，是引起成人最常见的泌尿生殖系统感染的病原微生物，沙眼衣原体感染还可引起性病性淋巴肉芽肿。近年来，Ct 引起的非淋菌性尿道炎发病率呈上升趋势。

支原体是一类无细胞壁、形态上具有高度多形性，能通过除菌滤器，可在人工培养基中生长繁殖的最小的原核细胞微生物，由于其能够形成丝状与分枝状，故称为支原体。支原体科分为支原体属和脲原体属，泌尿生殖道支原体存在无症状携带，以解脲支原体为主。NGU 病原相关的实验诊断如下（图 8-6）。

1. 直接涂片镜检　在沙眼衣原体的独特发育周期中，可观察到两种不同的结构：原体（elementary body）和始体（initial body）；原体具有感染性，始体或称网状体（reticulate

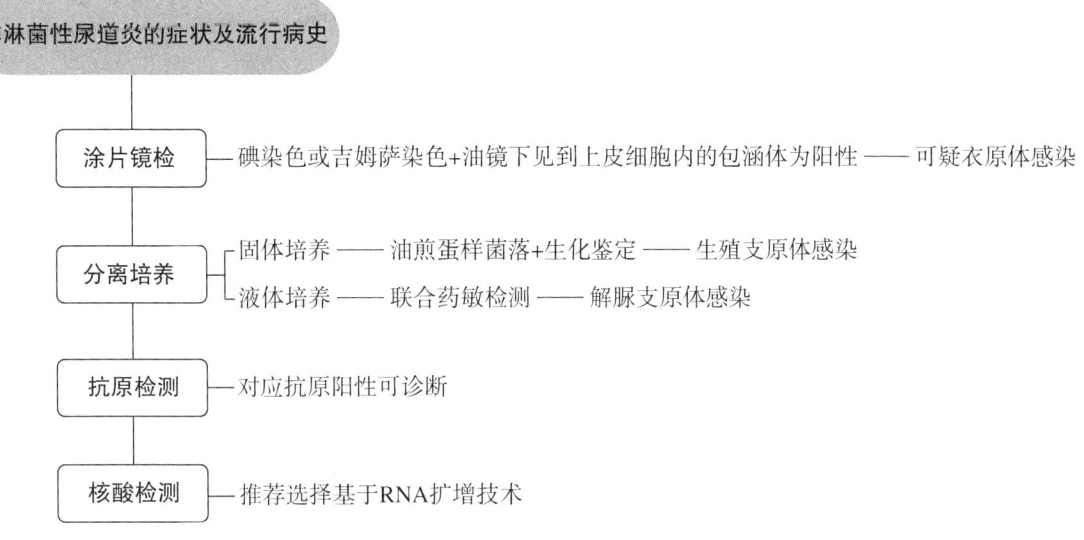

图 8-6　非淋菌性尿道炎的实验诊断策略

body），为宿主细胞内的繁殖方式，无感染性。大量原体和始体聚集在细胞内形成包涵体。标本直接涂片、碘染色或吉姆萨染色后油镜下见到上皮细胞内的包涵体为阳性，结合临床可诊断沙眼衣原体感染。

2. 分离培养与鉴定

（1）沙眼衣原体：细胞培养是诊断和鉴定沙眼衣原体感染的金标准，但不易操作且易被污染，培养后样本可用于分型诊断，该方法基本不用于临床。沙眼衣原体至少有 18 个血清型，其中 D～K 型能引起泌尿生殖系统感染，L1、L2、L3 型引起性病淋巴肉芽肿，A、B、Ba、C 型引起沙眼。

（2）支原体培养：可取尿道分泌物、尿液、前列腺液、精液、宫颈分泌物等标本培养，并根据生化反应和典型的菌落特点进行初步鉴定，是目前医疗机构进行解脲支原体和人型支原体检测的主要手段，较多的是应用液体培养基培养并联合支原体药敏试验。

3. 免疫学试验　用直接免疫荧光抗体染色检测上皮细胞内的衣原体抗原，或用 ELISA 法检测标本中的衣原体可溶性抗原，也可用胶体金免疫层析技术进行衣原体抗原快速检测。支原体感染中 Uu 和 Mg 的免疫学试验主要用于培养后的进一步鉴定，在临床工作中进行诊断意义不大，因 Mg 与肺炎支原体有很多交叉反应，较多用分子生物学技术进行检测。

4. 分子生物学试验　采用核酸探针分子杂交法、PCR 方法或 RT-PCR 方法检测解脲支原体、人型支原体、生殖支原体或沙眼衣原体的特异性核酸片段。基于 16S rRNA 的检测技术包括 SAT（simultaneous amplification and testing），是基于 TMA（transcription mediated amplification）恒温扩增技术发展起来的一项最新核酸检测技术，起始靶标与扩增产物均为 RNA，从 RNA 到 RNA 的循环扩增过程，由于 RNA 在环境中极易降解，可有效避免扩增产物的污染，降低核酸扩增实验室的要求。可以联合用于淋球菌、衣原体、支原体感染诊断，适用的样本类型包括男性尿道拭子、女性宫颈拭子和尿液。分子检测的优点为无创、方便、敏感度和特异性高，但应注意采样质量、实验室和操作人员管理，避免假阴性或假阳性，优先推荐选用有内参的试剂。

案例 8-4

男性，65岁，雪天滑倒后右髋部骨折2小时，来诊。术前八项结果：梅毒抗体（TP-Ab）阳性，患者否认输血及血制品史，否认冶游史。

问题：
进一步选择哪些实验检测以明确诊断？

三、梅毒

梅毒（syphilis）是由梅毒螺旋体（*treponema pallidum*，TP）引起的性传播疾病。人是TP的唯一传染源，主要通过性接触传播。TP感染可以引起多组织或器官临床表现。TP可以通过胎盘传染给胎儿，引起新生儿先天梅毒，或导致死胎、流产、早产。获得性梅毒分为三期，①一期梅毒：主要为TP侵入外生殖器后，经过潜伏期，在外生殖器形成丘疹，最后出现硬下疳，无痛性溃疡，表面少量浆液分泌物中有大量螺旋体，传染性强。1~2个月后下疳愈合，梅毒血清学试验通常为阳性。②二期梅毒：螺旋体由淋巴系统进入血液循环，引起皮肤、黏膜、骨骼、内脏、心血管及神经损害。全身出现多种梅毒疹及广泛的无痛性淋巴结肿大。在梅毒疹及淋巴结中有大量螺旋体。梅毒血清学试验通常为阳性。③三期梅毒或晚期梅毒：全身各处可出现树胶肿，局部愈合后留有萎缩性瘢痕。侵犯内脏，导致心血管梅毒、神经梅毒、骨梅毒、眼梅毒等，严重的可危及患者生命。主要实验诊断项目如下（图8-7）。

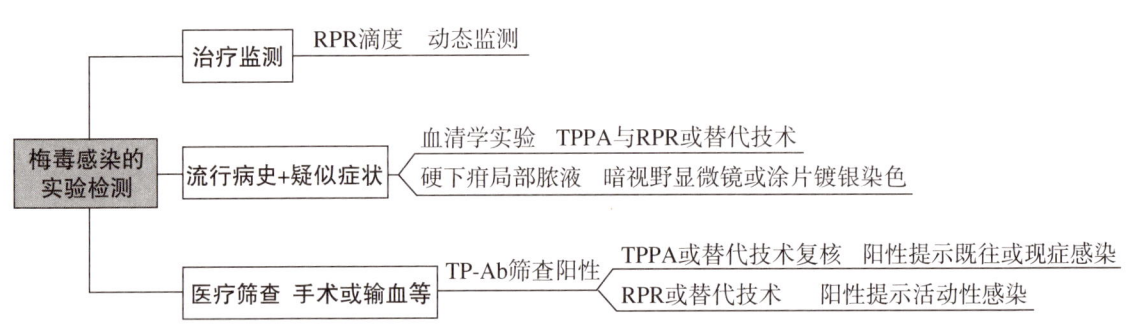

图8-7 梅毒感染的实验诊断策略

1. 直接涂片镜检

（1）暗视野显微镜：取下疳分泌物、梅毒疹、病灶渗出物或局部淋巴结穿刺液，采用暗视野显微镜观察梅毒螺旋体的典型形态和运动方式。该方法可诊断早期现症感染，但由于梅毒螺旋体离体后很快失去活力，或受到患者用药、运输条件或检测人员经验等制约，实际检出率不高。未检测到梅毒螺旋体，并不能排除患梅毒感染的可能。

（2）涂片染色镜检：梅毒螺旋体革兰氏染色不易着色，推荐采用镀银染色法或直接免疫荧光染色法观察病损组织、分泌物或体液中的螺旋体。

2. 免疫学试验

（1）非梅毒螺旋体血清学试验：针对机体组织破坏后暴露的类脂质抗原，或者螺旋体表面的类脂质产生的非特异性抗类脂抗原的抗体（反应素）。检测方法包括：性病研究实验室（venereal disease research laboratory，VDRL）试验、快速血浆反应素（rapid plasma reagent，RPR）试验、甲苯胺红不加热血清反应素试验（toluidine red unheated serum test，TRUST）。临床最常用的是 RPR 和 TRUST。① VDRL 试验：是经典的梅毒感染反应素试验，在梅毒螺旋体感染后 4～6 周出现阳性（阳性率为 70%～75%），二期梅毒通常呈持续阳性（阳性率可达 99%），晚期梅毒阳性率减低。VDRL 试验适用于神经性梅毒的脑脊液检查，特异性高但敏感性低，阴性并不能除外神经性梅毒。VDRL 试验有一定的假阳性，可见于结缔组织病、传染性单核细胞增多症、发热性疾病、丙型肝炎等，该试验很少用于临床。② RPR 与 TRUST 是 VDRL 试验的改良版，检测比 VDRL 试验更为简单、快速，且适合于自动化检测，临床应用较多，对样本进行梯度稀释后可半定量，用于治疗效果监测；但感染不足 2～3 周，该试验可为阴性，应于感染 4 周后复查。治愈后的梅毒患者该试验结果转阴。

(2) 梅毒螺旋体血清学试验：检测患者血中针对梅毒螺旋体特异性抗原蛋白（Tp17、Tp37、Tp47）产生的特异性抗体，包括 IgM 抗体与 IgG 抗体。检测方法包括：荧光密螺旋体抗体吸收（fluorescent treponemal antibody absorption，FTA-ABS）试验、梅毒螺旋体血凝试验（treponema pallidum hemagglutination assay，TPHA）、梅毒螺旋体明胶颗粒凝集试验（treponema pallidum particle agglutination TPPA）、梅毒酶联免疫吸附试验（TP-ELISA）与化学发光免疫分析（CLIA）。

梅毒免疫层析法是梅毒特异性抗体的快速试验，梅毒螺旋体免疫印迹试验被认为是梅毒确诊试验，但在临床较少使用。FTA-ABS 具有高度的特异性和敏感性，在一期阳性率为 85%～95%，二期达 100%，三期仍可达 98% 以上，假阳性率<1%。FTA-ABS 试验阴性一般可除外梅毒，可以分别针对 IgG 抗体和 IgM 抗体类型，但对实验人员要求较高，且需要配备荧光显微镜与暗室。TPHA/TPPA 的特异性和敏感性与 FTA-ABS 试验接近，一般作为临床诊断梅毒的确诊实验，但仍需与临床结合才能确诊。TP-ELISA 或 CLIA 可作为梅毒血清学诊断试验的首选方法，其检测使用生物工程抗原，可结合样本中的 TP 总抗体，筛查试验成本较低，且易于自动化。梅毒初筛试验多与乙肝、丙肝、艾滋病筛查试验联合应用，筛查试验阳性，需应用 TPHA/TPPA 进行确认，后者使用梅毒螺旋体综合抗原，特异性较好。TP 特异性抗体 IgG 在治愈后可长期阳性，应结合非梅毒螺旋体血清学试验 RPR/TRUST 进行诊断和治疗。需注意 TP 特异性抗体以及 RPR/TRUST 的影响因素多，孕妇、老人、自身免疫性疾病患者及肿瘤患者等可能出现非特异性反应，应结合临床做好鉴别诊断。

3. 分子生物学试验 梅毒螺旋体核酸检测对感染的辅助诊断有一定意义，阳性结果需结合临床才能做出诊断，阴性应结合血清学试验综合判断。

案例 8-5

男性，28 岁，同性恋 3 年，有多个同性伴侣。近 1 周自觉乏力，畏寒，胸部、四肢可见点状皮疹。

问题：

1. 此患者疑似诊断是什么？应立即进行哪项检查？
2. 如该患者 HIV 初筛试验阳性，应进行哪些实验检查以明确诊断？
3. 5 年后患者随访，检测 $CD4^+$ T 淋巴细胞为 168 个 /μl，应同时完成哪项必要检测以启动抗病毒治疗？

四、获得性免疫缺陷综合征

获得性免疫缺陷综合征（acquired immunodeficiency syndrome，AIDS）是由人类免疫缺陷病毒（human immunodeficiency virus，HIV）感染引起的一种综合征，简称艾滋病。HIV 属逆转录病毒。HIV 感染通过多种机制引起 CD4 阳性 T 淋巴细胞死亡，导致免疫功能下降及免疫系统失衡，突出特点是 CD4 阳性 T 淋巴细胞计数减少，晚期患者可能小于 30 个 /μl，感染者出现反复、多发病原体感染，尤其以机会性病原体感染为主，以及免疫相关肿瘤等综合临床表现。HIV 传播途径主要有性接触传播、血液传播（包括应用血液制品、输血、共用被 HIV 污染的注射器具、手术器械等）和母婴垂直传播。自 1981 年首次发现 AIDS 和 1983 年首次分离出 HIV 以来，AIDS 已在全球蔓延。在全球范围 AIDS 多数由 HIV-1 型引起，HIV-2 型主要在西非地域流行，但近年 HIV-2 型在我国检出率升高。

HIV 感染者发展为 AIDS 的进程　①急性感染期：HIV 初次感染后，血液中的 CD4$^+$ T 淋巴细胞减少，并可自外周血中查到 HIV P24 抗原，约 70% 在感染后 2～4 周开始出现发热等自限性症状，数周后症状减轻或消失；②无症状潜伏期：一般为 6 个月至 10 年，患者血液中 HIV-RNA 的拷贝数较低，CD4$^+$ T 淋巴细胞逐渐减少；③艾滋病相关综合征（AIDS-related complex，ARC）：患者出现各种并发症，全血淋巴细胞计数常减少，CD4$^+$ T 淋巴细胞低于 400 个 /μl，CD4/CD8 比值倒置；④ AIDS 期：CD4$^+$ T 淋巴细胞低于 200 个 /μl。患者出现各种严重的并发症，如卡氏肺孢子菌肺炎、卡波西肉瘤（Kaposi 肉瘤）、淋巴瘤等，进入 AIDS 期后患者 5 年内死亡率可达 90%。

HIV 感染的实验诊断如下（图 8-8）。

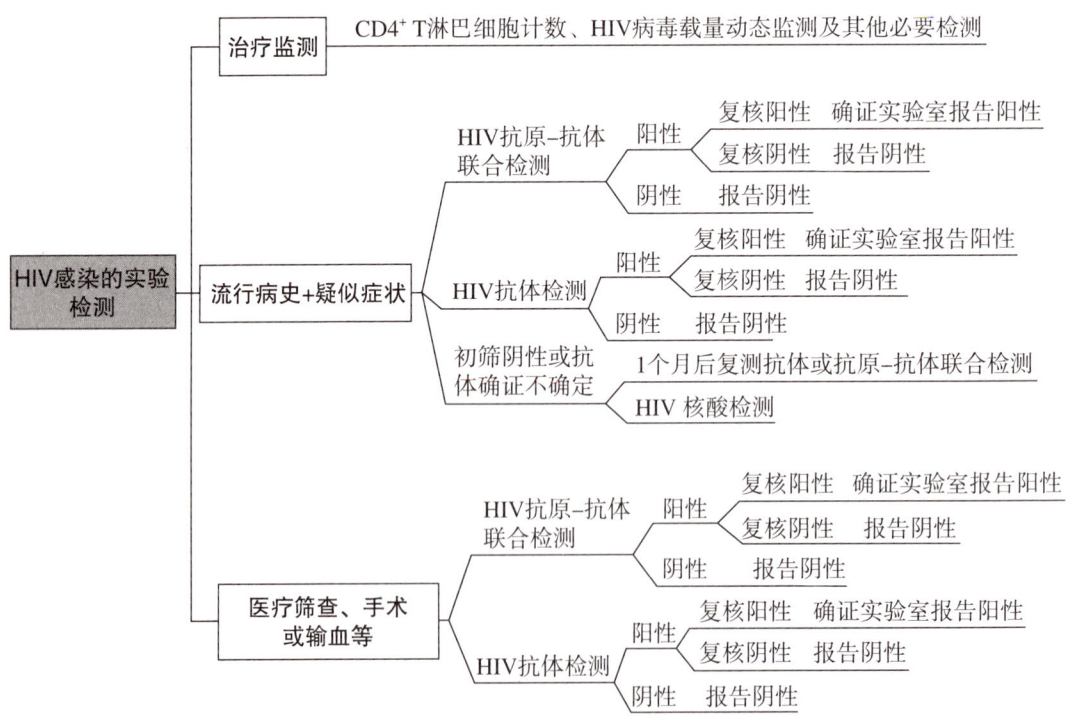

图 8-8　常用 HIV 感染的实验诊断策略

1. HIV 分离、培养与鉴定　HIV 分离培养最常用的方法是使用外周血单核细胞共培养，培养后的病毒用于定量分析、分子分型、核酸测序及相关生物特征研究等。HIV 培养对实验条件和操作技术要求较高，很少应用于临床实验室的常规检测。

2. 免疫学试验

（1）HIV 抗原检测：HIV 病毒衣壳蛋白 P24 抗原在 HIV 感染早期出现，一般在病毒进入体内 1～2 周，与病毒核酸同时出现，此时尚未出现抗 -HIV 抗体，临床也称为抗体"窗口期"。ELISA 或化学发光试剂在 HIV 感染 2 周后可检测到 P24 抗原，阳性提示病毒复制活跃。HIV 感染的急性期和晚期 P24 抗原均为阳性，但当疾病进入 AIDS 期，当 $CD4^+$ T 淋巴细胞处于耗竭状态，P24 抗原可能转阴。当前临床普遍使用的 HIV "四代"检测试剂，是将 P24 抗原的检测与 HIV-1 型抗体检测和 HIV-2 型抗体检测联合，将检测"窗口期"缩短，减少急性感染期导致的病原传播和避免经血传播。

（2）HIV 特异性抗体检测：HIV-1/2 抗体筛查方法包括酶联免疫吸附试验（ELISA）、化学发光或免疫荧光试验、快速试验（斑点 ELISA 和斑点免疫胶体金或胶体硒、免疫层析等）等。抗体补充试验方法为抗体确证试验（免疫印迹试验，条带 / 线性免疫试验和快速试验）。筛查试验呈阴性反应可出具 HIV-1/2 抗体阴性报告，见于未被 HIV 感染的个体，但窗口期感染者筛查试验也可呈阴性反应。若呈阳性反应，用原有试剂双份（快速）/ 双孔（化学发光试验或酶联免疫试验）或两种试剂进行重复检测，如均呈阴性反应，则报告为 HIV 抗体阴性；如一阴一阳或均呈阳性反应，需进行补充试验。

抗体补充试验：抗体确证试验无 HIV 特异性条带产生，报告 HIV-1/2 抗体阴性；出现条带但不满足诊断条件的报告不确定，可进行核酸定性检测或 2～4 周后随访，根据核酸检测或随访结果进行判断。临床多用抗原 - 抗体联合检测的"四代"检测试剂。普通人群的抗体筛查试验阴性时，可排除 HIV 感染的可能性。对有 HIV 接触史的高危人群应慎重，多次复查呈阴性并结合其他有关检查无阳性指征时，才可能除外 HIV 感染。

免疫印迹（Western blot，WB）试验作为抗体确证试验之一。选择 HIV 外膜蛋白抗体的免疫印迹试验，当出现两条 env 带（gp160，gp120，gp41），或一条 env 带加一条 p24 带时，方可确诊 HIV 感染。抗体确证试验在 HIV 感染早期、HIV-2 感染、某些自身免疫性疾病、新近注射破伤风类毒素时，结果也可受到影响。

3. HIV 核酸检测 采用核酸杂交法、RT-PCR 技术检测 HIV 的 RNA，定性检测可以辅助诊断 HIV 感染、监测耐药位点。用实时荧光定量 PCR 技术可以定量检测标本中 HIV 的载量，对监测 HIV 感染者病情的进展和评价抗 HIV 药物治疗效果有意义。

4. HIV 感染的其他试验 ① $CD4^+$T 淋巴细胞技术：$CD4^+$T 淋巴细胞是 HIV 感染最主要的靶细胞，HIV 感染人体后，出现 $CD4^+$T 淋巴细胞进行性减少，$CD4^+/CD8^+$T 淋巴细胞比值倒置，细胞免疫功能受损。目前，$CD4^+$T 淋巴细胞亚群常用的检测方法为流式细胞术，可直接获得 $CD4^+$T 淋巴细胞数绝对值，或通过白细胞分类计数后换算为 $CD4^+$T 淋巴细胞绝对数。$CD4^+$T 淋巴细胞计数的临床意义：了解机体免疫状态和病程进展、确定疾病分期、判断治疗效果和 HIV 感染者的临床并发症。$CD4^+$T 淋巴细胞检测频率：需根据患者的具体情况由临床医师决定。在治疗前进行 1 次检测，启动治疗 3 个月后进行 1 次检测，治疗后 2 年以内每 3～6 个月检测 1 次。②结核分枝杆菌感染检查：痰涂片查抗酸杆菌、结核分枝杆菌培养或血清学检查结核杆菌抗体，监测有无并发结核病。③梅毒血清学试验（RPR 或 VDRL）：HIV 感染者感染梅毒的危险性增高。血清学诊断对梅毒的检查有重要临床价值，但 HIV 感染者抗体产生可能异常，HIV 感染并发梅毒后，梅毒血清学试验可能呈阴性，而且经抗梅毒治疗后可能失去 FTA-ABS 反应性，特别是患者 $CD4^+$T 淋巴细胞减低时更易出现。④弓形虫 IgG 抗体检测：无弓形虫脑病病史但 $CD4^+$T 淋巴细胞数 < 200 个 /μl 且弓形虫 IgG 抗体阳性者应给予预防用药。⑤ CMV DNA：CMV 感染是 HIV/AIDS 患者最常见的疱疹病毒感染，可分为 CMV 血症和器官受累的 CMV 病。CMV 可侵犯患者多个器官系统，包括眼、肺、消化系统、中枢

神经系统等,其中,CMV视网膜脉络膜炎是患者最常见的CMV感染,对于CD4$^+$T淋巴细胞计数<200个/μl的患者,可定期检查眼底,80%的CMV视网膜炎患者玻璃体液中可检测到CMV DNA,确诊依赖于眼底镜检查。

五、生殖器疱疹

生殖器疱疹(genital herpes)主要是由单纯疱疹病毒(herpes simplex virus,HSV)2型(herpes simplex virus type-2,HSV-2)感染引起。HSV属于α疱疹病毒亚科,单纯疱疹病毒属。HSV为有包膜的DNA病毒,分为两个血清型,即HSV-1和HSV-2。HSV-2感染的典型症状是生殖器疱疹。有症状的生殖器HSV感染约有85%是由HSV-2引起。约15%是由HSV-1引起,生殖器疱疹的复发率高,症状一般较轻,可作为传染源将病毒传播给性伴侣。主要实验诊断如下:

1. 直接涂片显微镜观察 可疑感染部位标本直接涂片经吉姆萨染色后镜检,可见到多核巨细胞和胞核内嗜酸性包涵体,但它不仅限于HSV感染,因此不可以此为诊断依据。

2. 病毒分离培养 病毒分离、培养与鉴定是确诊的重要依据。用拭子采集可疑部位样本进行HSV分离培养。在疑似播散性感染患者,可采集外周血的淋巴细胞进行HSV的分离培养。再对培养上清液进行病毒鉴定及分子生物学鉴定等,临床较少应用。

3. 免疫学试验 标本涂片后用单克隆抗体直接免疫荧光技术或免疫酶技术检测HSV特异抗原,阳性结果可结合临床诊断。血清抗体检测:目前应用的是检测HSV-2抗体,HSV-2 IgM抗体阳性可诊断为原发或复发感染。在无病毒复发感染时,HSV-2 IgG抗体滴度波动较大,可达4倍以上,难于用作诊断复发感染。

4. 分子生物学试验 应用PCR技术或核酸杂交检测HSV-DNA,可用于病毒的鉴定,其敏感性和特异性较高,但阳性结果应结合临床诊断。

六、尖锐湿疣

尖锐湿疣(condyloma acuminatum)又称生殖器疣(genital wart),为一种常见的性传播疾病,其病原体为人乳头瘤病毒(human papilloma virus,HPV),通过直接性接触传染,也可以通过间接接触,如公用浴盆、浴巾、手巾等感染。HPV衣壳由72个壳微粒组成。病毒基因组是双股环状DNA。HPV有100多个型,其中HPV-6、HPV-11等型可引起尖锐湿疣,以HPV-6型为主。高危型HPV尤其是HPV-16、HPV-18型慢性感染被认为与宫颈癌和宫颈上皮内瘤变的发生密切相关。典型的尖锐湿疣根据病史和临床表现即可做出诊断,组织学变化可由宫颈上皮的不典型增生至原位癌,严重者可发展为浸润癌。不典型的临床表现需要实验检查进一步确诊。常用临床诊断为基于多重RT-PCR或基于基因芯片技术的人乳头瘤病毒分型检测。

主要实验诊断特征 ①病理组织学检查:见到表皮过度角化、有大量空泡细胞,对临床诊断有参考价值。②免疫学试验:可采用免疫组化技术等方法检测病变组织中的HPV抗原。③分子生物学试验:主要是检测病变组织中的特异性HPV-DNA。核酸杂交法或多重PCR方法可检测HPV不同类型,例如HPV-6型、HPV-11型等的特异性DNA片段,对HPV感染有诊断意义;或用PCR法及免疫组化技术等检测病变组织中的HPV核酸与抗原,有助于诊断与鉴别诊断。

> **知识拓展**
>
> **HIV 抗体确证试验**
>
> 最常用的 HIV-1 抗体确证试验是免疫印迹（Western blot，WB）试验，是根据硝酸纤维素条膜特异性 HIV 抗原位置上出现的带型来判断 HIV 抗体为阳性、阴性或不确定。结果判断标准如下。
>
> 1. HIV-1 抗体阳性（+），需符合以下标准之一：①至少有 2 条 env 带（gp41 和 gp160/gp120）出现，或至少 1 条 env 带和至少 1 条 gag 或 pol 带同时出现；②符合国家批准的 HIV 抗体确证试剂盒提供的阳性判定标准。
>
> 2. HIV-1 抗体阴性：没有条带；零星条带。
>
> 3. HIV 抗体不确定（或可疑）：在某些情况下，样品显示不典型的 HIV 反应性条带图谱，既不能确定为阳性也不能确定为阴性，称为 HIV 抗体确证试验不确定或可疑阳性。
>
> 以下原因可能导致确证试验不确定结果的出现：① HIV-1 急性感染后，抗体刚出现，仅显示 gp160 或 120，或 P24、P31、P55 带；此时，ELISA 往往已显示阳性反应；②非特异反应，如在高丙球蛋白血症、某些病毒性疾病及寄生虫感染、自身免疫性疾病等情况下可出现该现象；③极少数晚期艾滋病患者；④试剂与宿主细胞成分发生交叉反应；⑤样本污染。此时，受检者必须进行随访，通常为每 3 个月 1 次，共随访 2 次。

思 考 题

1. 男性尿道口脓液样本进行细菌涂片染色发现 G- 双球菌可诊断淋球菌感染，为什么对女性患者宫颈样本、口咽部样本涂片发现 G- 双球菌时不具有诊断价值？
2. RPR 试验为什么可以用作感染者治疗监测？
3. HIV 感染晚期可能发生 HIV 筛查试验及抗体确证试验阴性的情况，为什么？

（赵秀英）

第四节 结 核 病

结核分枝杆菌（*Mycobacterium tuberculosis*，MTB）简称结核杆菌，是引起结核病（tuberculosis，TB）的病原菌。结核杆菌可侵犯全身所有器官，以肺组织为主，肺结核占所有结核病的 80%～90%。全球大约四分之一的人口感染了结核杆菌并长期处于潜伏感染状态，这其中 5%～10% 的人可能会在人生中某一时刻进展为活动性结核病。当机体免疫功能降低，如营养不良、吸毒、罹患肿瘤、感染 HIV 等时，潜伏感染发展为活动性结核病的概率大为提高。结核病可以预防，而且绝大多数结核病患者通过合适的药物和标准的疗程是可以治愈的，但若得不到有效的抗结核药物治疗，约三分之二的结核病患者将危及生命。

结核杆菌随呼吸道分泌物形成的飞沫排放到空气中传播，也可通过尘埃、消化道传播。结核病的发生主要是结核杆菌致病性与宿主免疫力相互制约、相互拮抗的结果，当宿主免疫功能降低时，经呼吸道或消化道侵入的结核杆菌在肺部或肠壁形成病灶，继而沿淋巴管进入血流，通过血行播散侵犯各脏器。肺结核早期或轻症患者可无明显症状，随着病变进展，可出现咳嗽、咳痰、痰中带血、盗汗、午后低热（37～38℃）、乏力等。结核病预防和治疗的关键是早期诊断和早期治疗。

案例 8-6

男性，31岁。因"头、胸、臀部包块1+月"入院，1+月前无明显诱因出现头、胸、臀部包块，触之有波动感，质软，无疼痛，皮温升高，盗汗及明显呼吸困难。患病以来体重近2月减少13 kg。CT胸部普通扫描：肺多发结节、团块、条索及实变影，部分内见空洞影，左肺为著，部分小叶间隔增宽；双侧胸膜增厚、粘连，双侧胸腔少量积液，局部包裹，左肺下叶部分肺组织受压不张。实验检查：B型钠尿肽前体2161 ng/L，白蛋白26.1 g/L，血红蛋白88 g/L，白细胞计数11.25×10^9/L，中性分叶核粒细胞89.7%，结核抗体（-），红细胞沉降率68 mm/L。

问题：
1. 患者的初步诊断是什么？为明确诊断，应该完善哪些实验检查？
2. 为进一步指导用药，应完善哪些实验检查？

一、结核病的检验项目与应用

（一）涂片显微镜检查

【目的】标本直接涂片或集菌涂片、抗酸染色或金胺"O"荧光染色镜检，用于筛查抗酸杆菌。

【应用】痰涂片检查结果是诊断肺结核的一项重要检测，多次涂片检查转阴是化疗效果评价的重要指标。直接显微镜检查技术简单、操作简便、价格低廉、报告快速，尤其适合含菌量高的标本检查，如空洞型肺结核患者痰标本。以培养法为标准，3份痰标本镜检诊断肺结核的敏感性约为70%。该技术的缺点是灵敏度低，检出限为5000条菌/ml，涂片阳性检出率常低于30%，并且无法区分结核分枝杆菌与非结核分枝杆菌、活菌与死菌、抗结核药物敏感株与耐药株。镜检阳性仅表明标本中存在抗酸杆菌，不能诊断结核病；阴性结果由于涂片检查法的灵敏度低，不能排除标本中没有抗酸杆菌。

（二）分离培养与鉴定和药物敏感试验

【目的】结核杆菌培养分为固体培养法（采用酸性改良罗氏培养基）和液体培养法（使用分枝杆菌快速培养仪）。通过肉眼观察或代谢产物的自动化检测，鉴定标本中是否存在结核杆菌，获得纯培养物进行抗微生物药物敏感试验（AST），获知结核杆菌对特定抗结核药物的AST结果。

【应用】结核杆菌分离培养是结核病确诊最可靠的方法，是结核病实验诊断的"金标准"，其特异性＞98%。该技术的缺点是实验室生物安全级别高、操作复杂、报告周期长。固体培养需要2～6周获得肉眼可见菌落，培养周期56天；液体培养法虽比固体培养法灵敏度高、培养周期短（一般培养 4～11 天报阳，培养周期 42 天），但更易污染。以最终临床诊断、病理学/细胞学一致性或微生物学确认为标准，胸腔积液、胸膜组织、尿液、脑脊液、腹水、心包积液的诊断灵敏度分别为 23%～58%、40%～58%、80%～90%、45%～70%、45%～69%、50%～65%。开展药物敏感试验（DST）和耐药性监测，对了解结核杆菌的耐药状况、指导临床治疗、有效控制耐药结核病的流行具有十分重要的意义。表型 DST 是识别耐药结核杆菌的金标准，它能检测到低至 1% 的耐药突变菌，是目前可用的最灵敏的方法。

（三）分子生物学试验

分子生物学试验是直接以结核杆菌的种属特异性基因和耐药相关基因为检测对象，采用分子生物学技术，对结核杆菌及其耐药相关突变进行早期快速鉴定。

1. 实时荧光定量 PCR 法

【目的】选择目标基因序列 MPB 蛋白基因、TB IS*6110*、TB IS*1081* 等，应用 real-time PCR（RT-PCR）技术，定性检测 TB-DNA，辅助诊断结核杆菌感染。

【应用】RT-PCR 对结核杆菌检测具有敏感度、特异度高及方便快速等优点。对于涂片镜检阳性标本，RT-PCR 敏感度为 95%～96%，特异度为 100%；涂片镜检阴性标本敏感度降低，为 48%～53%，特异度为 96%～99%。以最终临床诊断为参考标准，RT-PCR 诊断呼吸道标本（痰、肺泡灌洗液）的敏感度为 58%，特异度为 99%，诊断非呼吸道标本（胸腔积液、腹水、尿液、脑脊液等）的敏感度约为 45%，特异度约为 98%。不同体液样本或组织，RT-PCR 检出率差异显著。需要注意的是，核酸检测不能取代抗酸杆菌显微镜检查和培养，临床医师要综合参考结核杆菌 PCR 检查、传统微生物学检查及其他临床检查进行综合判断。此外，部分临床标本中存在 PCR 抑制剂，降低了核酸检测灵敏度，可能出现假阴性结果。TB-DNA 核酸检测不能区分死菌或活菌，不能用于评估结核治疗的效果。

2. 结核分枝杆菌 - 利福平耐药 RT-PCR 技术

【目的】结核分枝杆菌 - 利福平耐药 RT-PCR 技术（Xpert MTB/RIF）是一种半巢式实时定量 PCR 体外诊断技术，超声裂解自动抽提 TB-DNA，扩增 *rpoB* 基因，用于诊断结核病和利福平耐药结核病。

【应用】Xpert MTB/RIF 操作简单，生物安全要求低，2 小时内直接从待测标本中检测是否含有结核杆菌及对利福平的耐药性。Xpert MTB/RIF 灵敏度及特异性高，检测限为 112.6 CFU/ml，目前推荐其作为诊断可疑耐多药结核菌（MDR-TB）、HIV 合并结核感染的首选检测方法。Xpert MTB/RIF 可以大大减少不必要的经验性治疗。对疑似肺外结核患者的肺外标本如脑脊液、淋巴结或其他组织，推荐 Xpert MTB/RIF 作为检测方法；对于痰涂片阴性的患者，推荐 Xpert MTB/RIF 作为后续检测方法。利福平耐药约 95% 的菌株是由于其 *rpoB* 基因发生了突变，其余约 5% 的菌株是由于其 *rpoB* 基因区域之外的突变导致，因此该方法不能检出所有利福平耐药菌株，同时 Xpert 检测会出现与药敏试验表型检测不相符合的假阳性结果。此法不能完全取代传统的涂片和培养技术。Xpert MTB/RIF Ultra 是 2017 年 WHO 推荐的新一代检测技术，其具有更高的灵敏度（15.6 CFU/ml），对低含菌量标本的检测性能大大提高。

3. RNA 实时荧光恒温扩增检测（simultaneous amplification and testing，SAT）

【目的】应用 RNA 实时荧光恒温扩增检测技术检测结核杆菌特异的 16S rRNA，鉴定结核杆菌感染。

【应用】TB-RNA 可特异性检测标本中存活状态的结核杆菌，区分死菌、活菌，有效避免死菌或治愈成功患者体内结核杆菌 DNA 核酸片段残留对检测结果的干扰，广泛应用于治疗效果评估、结核病诊断、肺外结核病诊断等。结核杆菌特异 16S rRNA 半衰期短，仅存在于活菌，TB-RNA 检测对标本运输、前处理时效性要求高，前处理不及时容易导致假阴性结果。

4. 线性探针检测（line-probe assay，LPA）

【目的】通过 PCR+ 分子杂交技术快速检测结核杆菌对异烟肼、利福平、乙胺丁醇等多种抗结核药物的耐药性。

【应用】线性探针杂交技术对异烟肼、利福平的诊断灵敏度分别为 91%、96%，特异性分别为 99%、98%，对二线药物的诊断灵敏度为 50%～86%，特异性为 87%～99%。LPA 可同时检测异烟肼和利福平耐药基因突变，用于诊断耐多药结核病（MDR-TB），其优点为所需时间短，仅 6 h 内完成检测，方法较为简单。值得注意的是，此法不能取代常规的培养和药物敏感试验，目前仅推荐用于痰涂片阳性的标本检测。

5. PCR 探针熔解曲线法

【目的】采用多色探针熔解曲线方法检测结核杆菌在利福平、异烟肼、乙胺丁醇和氟喹诺酮类药物常见耐药决定区域的突变，以辅助结核病的临床诊断。

【应用】PCR 探针熔解曲线法操作简便、快速，闭管检测不会交叉污染或造成实验室污染，只需 1 台通用的荧光定量 PCR 仪，无需繁琐的杂交、显色过程，整个检测过程只需 2～3 h，可较全面地了解耐药基因突变信息，辅助诊断 MDR-TB。该方法的缺点是不能详细报告具体的突变类型。

知识拓展

高通量宏基因组测序技术与结核诊断

宏基因组二代测序（metagenomic next-generation sequencing，mNGS）技术直接针对样本中所有核酸进行无偏性测序，结合病原微生物数据库及特定算法，检测样本中含有的可能病原微生物序列。随着该技术的社会经济成本不断降低和技术的不断完善，已逐渐从科研走向临床应用，成为临床疑难和未知病原微生物检验的重要手段。mNGS 诊断结核病的敏感度、特异度和阳性预测值显著高于涂片镜检，对结核性脑膜炎具有极高的诊断价值。

（四）免疫学试验

1. 结核菌素皮肤试验

【目的】结核菌素纯蛋白衍生物（purified protein derivative，PPD）皮内注射，48～72 h 后，检查注射部位变化，辅助诊断结核感染。

【应用】儿童、老年患者、免疫功能受损患者，辅助诊断价值大；但操作繁琐、结果时间周期长，与卡介苗接种、非结核分枝杆菌有交叉反应。

2. 结核杆菌抗体检测

【目的】采用胶体金、ELISA、蛋白芯片检查结核杆菌 IgG 抗体，辅助诊断结核感染。

【应用】结核抗体检查是鉴定结核感染的一项重要辅助检查手段。检测血清（脑脊液、胸腔积液）等体液样本中的结核 IgG 抗体，方法简便、快速。肺结核患者血清抗体阳性率为 80%～90%。免疫缺陷的患者阴性结果不能排除结核病。该试验不能区分近期感染、既往感染还是潜伏感染。阴性结果提示未感染过结核杆菌。结核抗体阳性者对于活动性结核的辅助诊断，需结合临床表现和其他实验检测结果进行综合判断。

3. 结核杆菌抗原检测

【目的】采用 ELISA、胶体金方法直接检测体液样本中结核杆菌外分泌特异性抗原。

【应用】快速得知是否感染结核杆菌，准确度高，可在多种体液样本中（尿液、脑脊液等）检测到特异性抗原。仅适用于检测结核杆菌外分泌抗原。

4. γ干扰素（IFN-γ）释放试验

【目的】人体初次感染 MTB 后，体内会存在致敏淋巴细胞，效应 T 细胞在体外再次被 MTB 抗原刺激时，致敏的淋巴细胞迅速活化为效应淋巴细胞，释放 IFN-γ，其水平可以作为结核感染辅助诊断的一项指标。在细胞分泌的 IFN-γ 扩散稀释前，通过酶联免疫斑点试验（enzyme-linked immunospot assay，ELISPOT assay），显色活化淋巴细胞，检测对结核杆菌反应的效应 T 细胞数量，简称为 T-SPOT。

【应用】γ干扰素释放试验用于诊断结核菌感染的敏感性高，不受大多数非结核分枝杆菌及卡介苗的影响。阴性预测值高，阴性结果排除结核病的可能性大。标本为外周血，取材方便，在肺外结核诊断方面具有一定应用价值。缺点是该试验不能区分潜伏性结核还是活动性结核，也不能区分是近期感染还是远期感染，不能监测治疗效果。此外，在小于 5 岁儿童、使用激素或免疫抑制剂患者等特定人群中，敏感性低，阴性结果不能排除结核感染。

> **微整合**
>
> **基础回顾**
>
> **结核杆菌免疫应答**
>
> 结核杆菌进入人体后，诱导机体产生抗感染的细胞免疫，也能产生抗结核杆菌的抗体反应。一般认为细胞免疫反应与体液免疫反应在结核感染时可发生分离现象，即活动期细胞免疫功能低下，抗体效价升高；恢复期或稳定期，细胞免疫功能升高，而抗体效价降低。

二、结核病的实验诊断策略

快速、准确的诊断与有效、及时的治疗是结核病防治的基础；病原学诊断，以及药物敏感试验是结核病控制的关键。

通常，疑似结核病患者的实验诊断包括：采用标本直接涂片显微镜检查，进行快速、初步诊断；和（或）自动化核酸检测进行快速病原学诊断；采用分离培养技术，进行结核杆菌的分离、菌种鉴定；和（或）探针熔解曲线、线性探针杂交等技术进行快速分子药敏试验，包括氟喹诺酮类药物和二线可注射药物；对一线和二线抗结核药物（固体法或液体法）进行药物敏感试验。可按图 8-9 的流程选择实验检查项目，明确结核杆菌感染，并对感染病原菌耐药性进行评估，准确及时制订化疗方案。

三、结核病的实验诊断

活动性结核按照病变部位分为肺结核（pulmonary tuberculosis，PTB）和肺外结核（extra-pulmonary tuberculosis，EPTB）。结核的诊断是以病原学（包括细菌学、分子生物学）检查为主，结合流行病学史、临床表现、胸部影像、相关辅助检查及鉴别诊断等，进行综合分析做出判断。以病原学结果作为确诊依据。

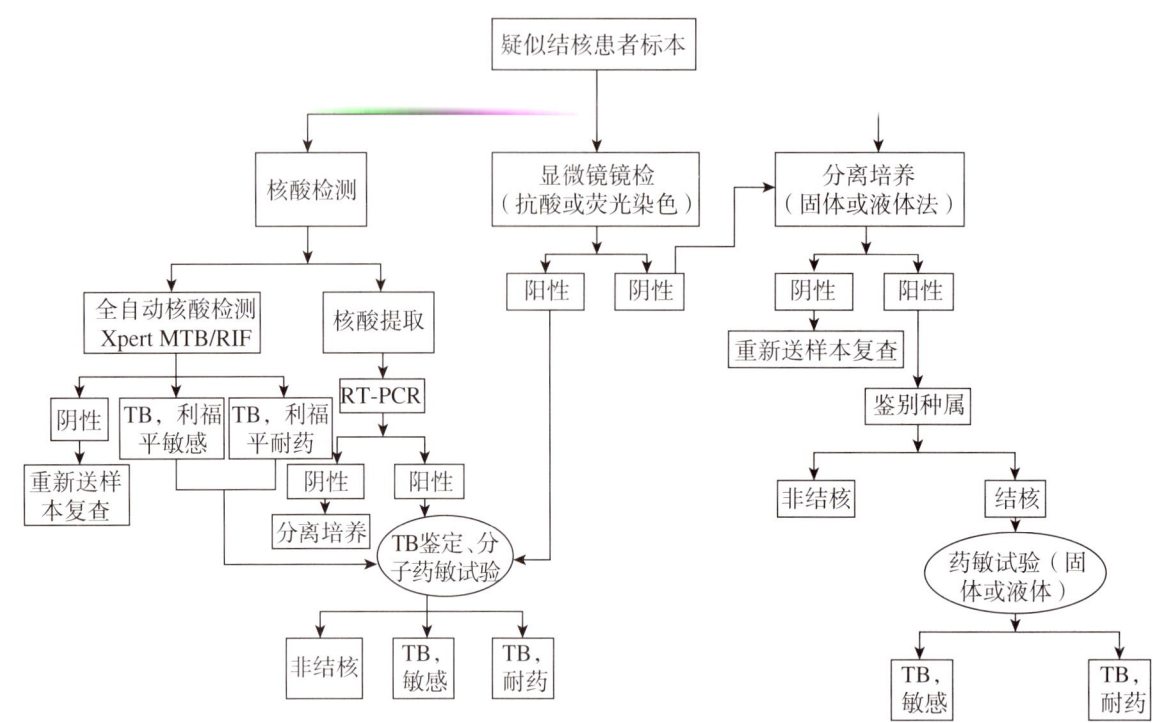

图 8-9 结核病原学实验诊断流程

（一）肺结核

肺结核（PTB）是由结核分枝杆菌感染肺组织引起的慢性呼吸道传染病。肺结核的分型和分期 ①肺结核分型：原发型肺结核、血行播散型肺结核、继发型肺结核和结核性胸膜炎；②肺结核分期：进展期（痰菌检验转阳性）、好转期（痰菌检验转阴性）和稳定期（1个月查1次，达6个月以上痰菌检验持续转阴性）。

主要实验诊断特征：一般可以按照图 8-9 的实验诊断路径进行诊断。痰、肺泡灌洗液、胸腔积液、肺组织标本的结核杆菌检出阳性，特别是结核杆菌培养阳性有诊断意义。采集痰、肺泡灌洗液等呼吸道标本进行抗酸染色或荧光染色的显微镜检查、结核杆菌培养和核酸检测。多种实验检测技术包括细菌学、免疫学和分子生物学的综合运用并结合临床，才能明确肺结核诊断。所有疑似肺结核患者均应采集痰标本检测结核杆菌，连续多次送检有利于提高检出率。儿童患者容易将结核杆菌吞入胃中。儿童肺结核的诊断，除痰液病原学检查外，还要重视胃液病原学检查。

（二）肺外结核

肺外结核是指结核病变发生在肺以外的器官和部位，如淋巴结、骨、关节、泌尿生殖系统、消化道系统、中枢神经系统等部位。

主要实验室诊断特征：怀疑肺外结核患者宜采集相应感染部位的体液标本，如腹水、关节液、尿液、脑脊液等，进行结核杆菌涂片镜检、分离培养和核酸检测，阳性结果用于明确诊断，同时体液样本进行细胞学、生化检测，评估感染严重程度。当体液检查结果无法明确诊断，可以采集相应部位组织标本进行病原学和病理学检查。

思 考 题

1. 简述结核分枝杆菌常见微生物学、分子生物学和免疫学诊断技术。
2. 简述肺结核实验检查策略。

（应斌武）

第五节　新发传染病

新发传染病（emerging infection disease，EID）是指由未知病原体、变异病原体或已知病原体在控制后又重新流行，并对人类健康造成威胁的传染病。新发传染病约75%为人畜共患病，病原体多以病毒与细菌等为主。病原体在传播过程中发生变异，使得新发病原体适宜在人群中传播。新发传染病的流行具有传播速度快、传播方式复杂、传染性强、流行范围广等特点。对新发传染病的认识不足及缺乏数据资料评估，常造成人们对其流行趋势判断与采取控制措施相对滞后的情况，最终导致新发传染病在个别区域流行或大范围暴发。

一、新发传染病的检验项目与应用

最早用于病毒鉴定的组织细胞培养技术与病原形态观察等技术存在检测周期长、灵敏度低等缺点。近年来随着分子生物学技术发展迅猛，基因芯片、深度测序等技术应运而生。这些技术在新发传染病暴发初期致病因子的鉴定中发挥了决定性作用。随着新发传染病发病种类及发病率的增加，准确、便捷、快速的病原体检测手段逐渐成为临床诊断及鉴别诊断、疾病防控的新需求。实验诊断方法主要包括常规试验、分子生物学技术检测病原体核酸、免疫学试验检测患者体内相应病原体的抗原和抗体等。

（一）常规试验

【目的】血常规试验、血生化试验、凝血试验，以及其他感染性筛查试验等用于辅助诊断各种病原体感染。

【应用】新发传染病的感染均可导致一定程度的血液学指标改变，如新型冠状病毒感染（COVID-19）患者的诊疗过程中，外周血淋巴细胞计数及D-二聚体等凝血指标对于临床分型及病情评估具有重要意义。

（二）核酸检测

【目的】常用检测手段为核酸PCR检测和基因测序，以检测新发病原体及病原体基因突变，并作为疾病确诊依据。

【应用】基于基因探针法的荧光PCR技术，将所设计的探针与特异性扩增产物结合，以检测特定病原体。当存在新发或罕见病原体不能检测出，或无病原体核酸序列信息依据时，高通量测序技术弥补了这些不足。但在取样质量不佳时，可能出现假阴性结果，此时应反复多次取样，以作为病原体感染的确诊依据。同时应注意各操作环节，避免假阳性结果对诊断的影响。

（三）抗原检测

【目的】 通过检测患者体内病原体抗原以辅助诊断新发传染病病原体的感染。

【应用】 针对病原体较为保守的抗原片段制备单克隆抗体，用于可疑感染者相关抗原的检测，抗原与单克隆抗体特异性结合，具有较高的灵敏度，对于新发传染病的辅助诊断有重要意义。对于新发传染病，获得保守的抗原片段往往需要较长周期，在疾病暴发初期并不能即刻投入使用。

（四）抗体检测

【目的】 检测患者血清中 IgM、IgG 等抗体，可用于辅助诊断新发传染病的病原体的感染，还可作为判断疗效及预后的指标。

【应用】 病原体感染机体后产生的 IgM、IgG 抗体，对病原体的诊断有重要意义；其中 IgM 抗体阳性提示现症感染或新近感染，IgG 多为既往感染或病情进入恢复期，IgM、IgG 抗体的联合检测不仅可以辅助病原体诊断，还可作为判断疗效和预后的指标。

（五）病毒培养

【目的】 常用实验动物、家禽以及体外培养的组织和细胞进行人工病毒培养。病毒培养是实验病毒研究及制备疫苗和特异性诊断试剂的基本条件。

【应用】 动物培养病毒主要用于病原学检查、传染病的诊断、疫苗生产及疫苗效益检验等。家禽培养接种在基层生产中应用相当广泛，常用在家禽传染病的诊断、病毒病原性的研究以及生产诊断抗原和疫苗等方面。体外组织细胞培养，因离体活组织细胞不受机体免疫力影响，很多病毒易于生长。细胞培养是病毒研究、疫苗生产和病毒性疾病诊断的良好方法，但由于成本和技术水平要求很高，操作复杂，在基层医疗机构一般难以开展。

二、新发传染病的实验诊断策略

新发传染病的诊断主要依据患者临床表现、流行病史、影像学检查等，并结合实验诊断的筛查与确诊试验结果而明确诊断。

（一）临床表现及流行病学特征

新发传染病的临床表现常复杂多样。例如，严重急性呼吸综合征属于呼吸系统传染性疾病，除表现为发热、干咳、呼吸困难、肺组织严重损伤外，还可累及消化道、心脏及其传导系统。埃博拉病毒感染会引起严重的出血热表现。另外，传染性疾病诊断中一个重要环节就是调查流行病史，询问疑似感染者的接触史、是否到过疫区等信息。例如，登革热主要通过伊蚊叮咬传播，流行地区主要在热带和亚热带，具有雨季发病等流行病学特点。新型冠状病毒主要是与感染者直接或间接接触传播。

（二）非病原学试验

血常规、尿常规、凝血功能试验与肝肾功能试验等反映患者器官功能损伤的情况，可以辅助诊断疾病。例如，严重急性呼吸综合征感染的病程初期到中期白细胞计数通常正常或下降，淋巴细胞则常减少，T 细胞亚群显著异常，肝功能指标不同程度升高。埃博拉出血热会表现为出、凝血功能和肝肾功能的指标异常。

(三)病原学试验确定感染病原体

除了常规试验,病原学试验主要是进行病毒核酸物质检测以及病毒培养,明确感染的病原体,并进行病毒抗原-抗体检测。可按图 8-10 的流程选择实验诊断项目,对患者器官功能状况等做出评估,有助于及时诊治与监测疗效。

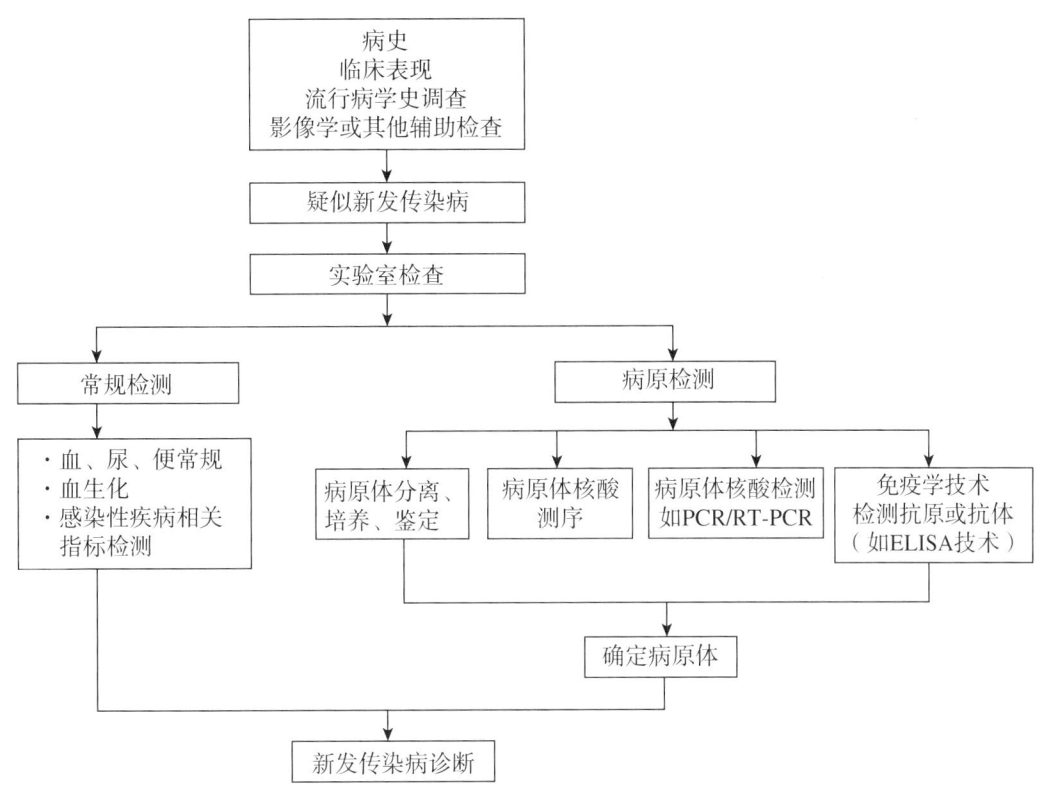

图 8-10　新发传染病实验诊断流程

三、新发传染病的实验诊断

(一)新型冠状病毒感染

新型冠状病毒感染(corona virus disease 2019,COVID-19)是由新型冠状病毒(SARS-CoV-2,以下简称新冠病毒)引起的感染性疾病。新冠病毒属于 β 属 B 系冠状病毒,其基因组为单股正链 RNA,全长约 29.9 kb,直径 60～140 nm。传染源主要是新冠病毒感染者。传播途径主要为经呼吸道飞沫和密切接触传播,在相对封闭的环境中也可经气溶胶传播,接触被病毒污染的物品后也可能造成感染。人群普遍易感,部分老年人和有慢性基础疾病者预后较差。新型冠状病毒感染的主要临床表现为发热、咽干、咽痛、咳嗽、肌肉酸痛等,少数患者伴有鼻塞、流涕、腹泻、味觉和嗅觉减退或丧失、结膜炎等症状。重症患者多在 1 周后出现呼吸困难和低氧血症,严重者可快速进展为急性呼吸窘迫综合征、脓毒症休克、代谢性酸中毒和出凝血功能障碍等。

主要实验诊断特征如下。

1. 病原学检测　①通常采集呼吸道标本进行新冠病毒核酸的荧光定量聚合酶链反应

(PCR)。②病毒全基因组测序。病毒全基因组测序可以监测病毒基因组突变，为新冠病毒核酸检测试剂、疫苗研发策略的改变提供实验数据，同时也为流行病学调查溯源工作提供支持。③病毒分离培养。从呼吸道和粪便等标本中分离、培养新冠病毒。一般由具有新冠病毒分离培养资质的省级疾控机构开展病毒分离培养工作。

2. 免疫学检测 ①抗原检测。采用免疫荧光法和胶体金法检测呼吸道标本中的病毒抗原，检测速度快，病毒抗原检测阳性支持诊断，但阴性不能排除。②抗体检测。新冠病毒特异性 IgM 抗体、IgG 抗体，发病 1 周内阳性率均较低。恢复期 IgG 抗体水平为急性期 4 倍或以上升高有回顾性诊断意义。血清抗体检测作为新冠病毒核酸检测的补充检测，也用于评估疫苗接种后诱发的免疫反应。

3. 一般检测 发病早期，外周血白细胞总数正常或减少，可见淋巴细胞计数减少，部分患者可出现肝酶、乳酸脱氢酶（LDH）、肌酶、肌红蛋白、肌钙蛋白和铁蛋白增高。部分患者降钙素原（PCT）正常，C 反应蛋白（CRP）和红细胞沉降率升高。重型、危重型病例可见外周血淋巴细胞进行性减少，D-二聚体升高，炎症因子升高。

（二）严重急性呼吸综合征

严重急性呼吸综合征（severe acute respiratory syndrome，SARS）又称传染性非典型肺炎（infectious atypical pneumonia），是由 β 冠状病毒的 B 系 SARS 冠状病毒（SARS-CoV）所引起的急性呼吸系统传染病。新型冠状病毒与 SARS-CoV 相似性为 70%，SARS-CoV 可以通过呼吸道标本、粪便、尿液和其他体液进行传播。人群普遍易感，但儿童患者的症状更轻。其典型临床表现是以病毒性呼吸系统疾病起病，包括发热、乏力、干咳、腹泻和淋巴细胞减少，随后快速进展为呼吸窘迫的非典型肺炎，总死亡率为 10% 左右。

主要实验诊断特征 ①病原学检查：SARS-CoV 可以在 Vero 和恒河猴胚肾细胞中生长，2～6 天出现细胞病变效应，需要在生物安全防护 3 级实验室内进行。分离到病毒后，应以 RT-PCR 或免疫荧光法鉴定。也可利用 RT-PCR 检查患者血液、呼吸道分泌物、粪便等标本，以作为诊断指标。②病毒免疫学检测：采用单克隆抗体技术检测样本中的特异性抗原，特异性和敏感性超过 90%，可用于早期诊断。利用酶联免疫吸附试验（ELISA）和免疫荧光试验（IFA）检测血清中 SARS-CoV 特异性抗体，以监测疾病发展，对 IgG 的特异性和敏感性也超过 90%。③一般检测：病程初期到中期白细胞计数正常或下降，淋巴细胞绝对值常减少，部分患者血小板减少。T 淋巴细胞亚群以 $CD4^+$ 亚群减少明显。丙氨酸氨基转移酶（ALT）、LDH 及其同工酶均有不同程度升高。血气分析可见血氧饱和度降低。

（三）中东呼吸综合征

中东呼吸综合征（Middle East respiratory syndrome，MERS）是一种由 β 冠状病毒的 C 系 MERS 冠状病毒（MERS-CoV）引起的新发传染病。新型冠状病毒与 MERS-CoV 相似性为 40%，SARS-CoV 与 MERS-CoV 相似性为 55%。主要区别在于 SARS-CoV 受体为血管紧张素转换酶 2（ACE2），表达该受体的细胞主要位于人的肺部组织，而人的上呼吸道组织分布很少。MERS-CoV 受体为二肽基肽酶 4（dipeptidyl peptidase 4，DPP4，也称为 CD26）。该受体与 ACE2 类似，主要分布于人深部呼吸道组织。MERS-CoV 的进化起源可能来自蝙蝠，但目前认为其传播给人的动物来源是其中间宿主——骆驼。中东与部分非洲地区的单峰驼中有更高的 MERS-CoV 血清和病毒阳性率，沙特阿拉伯出现了多起散发的 MERS-CoV 人群感染，以及人与人传播。MERS-CoV 主要感染有基础疾病的成人患者，大多为临床重症病例。在儿童中偶有发现，为接触成人患者引起的无症状感染。典型临床症状是以发热和咳嗽为主的病毒性感染起病，随后几天内即可进展为呼吸恶化的肺炎。严重的并发症包括肾衰竭、急性呼吸窘迫综合征并伴有休克和少见的神经系统疾病，胃肠道症状较为常见，并伴有淋巴细胞减少和其他的血液学异常。总死亡率约为35%。

主要实验诊断特征 ①病原学检查：MERS-CoV最早从LLC-MK2和VeroB4细胞中分离出来，现于Caco-2细胞中分离更为成功。呼吸道标本（咽拭子、鼻拭子、鼻咽或气管抽取物、痰或肺组织）中检出MERS-CoV RNA可确诊。②一般检查：外周血白细胞总数一般不高，可伴有淋巴细胞减少；部分患者血清肌酸激酶（CK）、天冬氨酸氨基转移酶（AST）、ALT、LDH、肌酐（CRE）等升高。

（四）埃博拉出血热

埃博拉出血热（Ebola hemorrhagic fever，EHF）是一种严重的出血性疾病，是由丝状病毒科埃博拉病毒（Ebola virus，EBOV）感染引起的病毒性出血热。EBOV为不分节段的单股负链RNA病毒，分4个亚型，即埃博拉-扎伊尔型（EBO-Z）、埃博拉-苏丹型（EBO-S）、埃博拉-莱斯顿型（EBO-R）和埃博拉-科特迪瓦型（EBO-CI）。不同亚型具有不同的特性，EBO-Z和EBO-S对人类和非人类灵长类动物的致病性和致死率很高；EBO-R对人类不致病，对非人类灵长类动物具有致死性；EBO-CI对人类有明显的致病性，但一般不致死，对黑猩猩的致死率很高。EBOV是毒力极强的病原体，病毒通过与患者直接接触而传播。典型症状和体征包括突起发热、极度乏力、肌肉疼痛、头痛和咽喉痛。随后会出现呕吐、腹泻、皮疹、肾和肝等多器官功能衰竭、出血和弥散性血管内凝血。

主要实验诊断特征 ①病毒核酸与抗体检测：EBOV是高度危险的病原体，必须在专门的实验设施内（生物安全防护4级实验室）进行病毒分离与鉴定，一般实验室难以实现。通过RT-PCR检测血液标本EBOV-RNA阳性可确诊EBOV感染；应用免疫学试验，例如酶联免疫吸附试验（ELISA）检测EBOV特异性IgM、IgG抗体或抗原，是诊断EBOV感染最为常用的实验诊断项目。患者血液中的病毒特异性IgM抗体在发病后2～9天出现，持续存在到发病后1～6个月；IgG抗体在发病后6～18天出现，持续存在到发病后2年以上。对于部分急性期血清中特异性抗体滴度很低的患者，应同时进行病毒抗原或核酸的检测。②其他相关试验：在疾病早期出现白细胞减少，有时在疾病晚期可中度升高。血小板计数在出血期下降明显。剧烈呕吐和腹泻时可出现低血钾，肝功能及肾功能指标与肝肾衰竭程度相关。凝血因子参数异常包括纤维蛋白降解产物增加、凝血酶原及部分凝血活酶时间延长，典型疾病晚期出现弥散性血管内凝血并与多器官衰竭相关。

（五）人感染高致病性禽流行性感冒

人感染高致病性禽流行性感冒（highly pathogenic avian influenza）简称人禽流感，是指感染高致病性禽流感病毒后引起的急性呼吸道传染病。禽流感病毒属于正黏病毒科，为单负链RNA病毒。禽流感病毒除感染禽类动物外，还可感染人等其他哺乳动物。主要经呼吸道传播，密切接触感染的禽类及其分泌物、排泄物，以及直接接触病毒毒株会被感染。目前，可感染人的禽流感病毒亚型主要为H5N1、H7N9、H9N2、H7N7、H7N2、H7N3、H5N6、H10N8等。其中H5、H7被认为是高致病性的，被感染患者病情重、病死率高。禽流感起病急，早期症状与流感相似，最常见的临床表现是眼结膜炎和持续高热，其他有流涕、鼻塞、咳嗽、咽痛、全身疼痛，部分患者可有恶心、腹痛、腹泻稀水样便等消化道症状。在流行过程中本病临床表现差异较大，可显示为无症状感染、轻症感染及严重的致死性感染。

主要实验诊断特征 ①病原学试验：采集呼吸道分泌物，应用荧光定量PCR方法检测禽流感病毒核酸。一旦发现禽类大量死亡，可用核酸检测技术进行早期快速测试，或可以从患者呼吸道标本中分离禽流感病毒，采用血凝抑制试验进行病毒鉴定。②病毒免疫学检测：利用呼吸道标本，采用免疫荧光法，检测甲型流感病毒核蛋白抗原（NP）及禽流感病毒H亚型抗原，发病初期和恢复期双份血清抗禽流感病毒抗体滴度有4倍以上升高，有回顾性诊断意义。③一般检查：全血细胞计数为（2.0～18.3）×10⁹/L，淋巴细胞比例降低，血小板正常。血清生化检测部分患者表现为ALT、AST升高及BUN的改变等。骨髓细胞学检查：有核细胞增生活跃，呈现反应性组织细胞增生伴吞噬血细胞现象。

（六）登革热

登革热（dengue）是由黄病毒科黄病毒属登革病毒（dengue virus，DENV）引起的急性传染病。病毒为直径约50 nm的二十面立体有包膜病毒颗粒，由单股正链RNA核酸链和衣壳蛋白组成。登革热患者、隐性感染者和登革病毒感染的非人灵长类动物，以及带毒的媒介伊蚊是传染源，主要通过埃及伊蚊或白纹伊蚊叮咬传播。该病广泛流行于全球热带及亚热带的60多个国家和地区。登革病毒感染后可导致隐性感染、登革热及登革出血热，严重者可导致重症出血热或登革热休克综合征。典型的登革热临床表现为起病急骤，高热，头痛，肌肉、骨关节剧烈酸痛，部分患者出现皮疹、出血倾向、淋巴结肿大、白细胞计数减少、血小板减少等。

主要实验诊断特征如下。

1. 病原学试验 DENV的分离培养主要是通过将疑似感染者的血清或组织样本接种于易感动物（白纹伊蚊或新生乳鼠）或易感细胞（C6/36、Vero、BKH-21）中进行分离培养。采集急性期患者血液样本，进行RT-PCR扩增，对DENV进行定性或定量检测，同时可区分不同的血清型。与常规RT-PCR相比，qRT-PCR具有更高的灵敏度，更适用于登革病毒的早期诊断，在发病第2天即可在血中检测到DENV核酸。

2. 病毒免疫学检测 急性发热期可应用登革热抗原（NS1）检测早期诊断，从发热的第1天开始，人体内即可出现NS1抗原，并持续存在9天。血清中特异性IgM抗体阳性有助于登革热的早期明确诊断。若在患者的血清中检出登革病毒抗原，双份血清恢复期抗体滴度比急性期升高4倍以上，亦可作为明确诊断依据。

3. 一般检测 ①出凝血功能试验：患者可见纤维蛋白原减少，凝血酶原时间和部分凝血活酶时间延长，重症病例的凝血因子Ⅱ、Ⅴ、Ⅶ、Ⅸ和Ⅹ减少。②全血细胞计数异常：患者白细胞总数减少，多数病例早期开始下降，病程第4～5天降至最低点，白细胞分类计数以中性粒细胞下降为主；多数病例有血小板减少，最低可降至$10×10^9$/L以下。③其他检测：患者尿液与肾功能异常，尿液可见少量蛋白质、红细胞等，可有管型出现；血清尿素和肌酐升高。肝功能异常，超过半数患者血清转氨酶、乳酸脱氢酶升高，白蛋白降低。部分患者电解质紊乱，可出现低钾血症等。部分患者有心肌损伤，CK/CK-MB、BNP、肌钙蛋白升高。

（七）寨卡病毒病

寨卡病毒病是由寨卡病毒（Zika virus）引起的一种自限性急性传染病。寨卡病毒属于黄病毒科黄病毒属，是一种基因组大小约11 kb的正链RNA病毒，于1947年首次在乌干达恒河猴中发现。根据基因型将寨卡病毒分为非洲型和亚洲型。带病毒的伊蚊叮咬是本病最主要的传播途径，其中主要是埃及伊蚊，白纹伊蚊、非洲伊蚊和黄头伊蚊也可传播该病毒；此外，亦可通过母婴垂直传播（包括宫内感染和分娩时感染）、血源传播和性传播。寨卡病毒感染者中，只有约20%会表现轻微症状，典型的症状包括急性起病的低热、斑丘疹、关节疼痛（主要累及手、足小关节）、结膜炎，其他症状包括肌痛、头痛、眼眶痛及乏力。另外，少见的症状包括腹痛、恶心、呕吐、黏膜溃疡和皮肤瘙痒。症状通常较温和，持续不到1周，需要住院治疗的严重病情并不常见。有报道称寨卡病毒病可能会造成神经和自身免疫系统并发症。世界卫生组织（WHO）认为新生儿小头畸形、吉兰-巴雷综合征（急性特发性多神经炎）可能与寨卡病毒感染有关。

主要实验诊断特征 ①病原学试验：寨卡病毒可通过将感染病例的血清、尿液或精液标本接种到非洲绿猴肾细胞（Vero）或 Vero E6 细胞中分离培养获得。血液、尿液和唾液等经 RT-PCR 技术检测，若病毒核酸阳性亦可确诊。半数患者发病 7 天内，如果检测到外周血清中寨卡病毒 RNA 阳性可以诊断，但由于窗口期比较短（3~7 天），即病毒血症期短，因此阳性窗口期之外的阴性结果不能除外感染。②病毒免疫学检测：由于寨卡病毒与登革热、西尼罗河病毒和黄热病等其他黄病毒会发生交叉反应，因此通过血清学试验做出诊断可能较为困难。③部分病例可有白细胞和血小板减少。

（八）人类猴痘病毒病

人类猴痘病毒病是由猴痘病毒（Monkeypox virus，MPXV）引起的症状和体征类似天花的人兽共患传染病。MPXV 属于痘病毒科脊椎动物痘病毒亚科正痘病毒属成员，是一种有囊膜的线性双链 DNA（dsDNA）病毒。这种病毒可经与动物直接接触后传染给人，也可以在人与人之间传播。传染途径主要包括飞沫传播，或直接接触血液、体液、皮肤损伤及受病毒污染的物品传播等。人类猴痘病毒病主要的临床表现与天花相似，但症状较轻，主要表现为发热、头痛、乏力，皮疹经过斑疹、丘疹、疱疹、脓疱、结痂后留有瘢痕，数量多少不等。此外，还可造成淋巴结病，以腹股沟淋巴结群为主。

主要实验诊断特征 ①病原学检测：PCR 技术是目前检测猴痘病毒常用的诊断方法之一，从患者皮损标本中检测出猴痘基因组 DNA 片段的敏感性可达 90% 以上，血液、鼻咽拭子、精液、尿液、唾液及肛拭子等也可检测到猴痘病毒；猴痘病毒可在多种细胞中培养，如 Vero、A549 132、HAP1、Hela、RK-13 细胞，在感染细胞的细胞质中可见典型的包涵体。②病毒免疫学检测：由于正痘病毒之间广泛的抗体交叉反应，抗体检测不应单独用于猴痘病毒的诊断。正痘病毒可产生血凝素（HA）抗原，可通过鸡红细胞吸附或凝集试验进行，但此方法并不作为常用的诊断方法。

微整合

基础回顾

病毒感染的免疫过程

病毒感染人体后，可引起免疫反应。首先引起的是非特异性免疫，这种免疫反应天然存在于人体，针对一切入侵的异体物质（包括微生物）。这包括病毒入侵部位的屏障作用，吞噬细胞的吞噬作用，体液中的抗微生物物质，在病毒侵入和感染早期（尤其是特异性免疫反应尚未形成前）时，对防止病毒入侵、杀灭和清除病毒、终止感染起着主要的免疫作用。病毒感染后，人体还能产生特异性免疫反应。有抗原性的异体物质（包括微生物）进入人体，经过诱导期（约 1 周）后，引起针对该种异体物质特有的免疫反应。特异性免疫反应有体液免疫反应（人体 B 淋巴细胞受抗原刺激产生的特异性抗体反应）和细胞免疫反应 [人体受抗原刺激后，免疫活性细胞如 T 淋巴细胞、NK 细胞（自然杀伤细胞）等产生的免疫反应]。病毒引起的特异性抗体有中和抗体、补体结合抗体和血凝抑制抗体。上述抗体可清除细胞外及体液中的病毒并防止病毒侵入健康细胞。因此，检测特异性抗体的血清学方法（如中和试验、补体结合试验及血凝抑制试验）才可作为病毒性疾病的特异性诊断方法。

> **知识拓展**
>
> **新冠病毒核酸的荧光定量 RT-PCR 检测阳性病例判读标准**
>
> 检测机构所选用的新冠病毒核酸检测试剂应针对新冠病毒基因组中开放读码框 1ab（open reading frame 1ab，ORF1ab）和核衣壳蛋白（nucleocapsid protein，N）基因。人体标本检测原则上选择含内源性内参的核酸检测试剂。
>
> 临床实验室确认阳性病例需满足以下两个条件中的一个：①一份标本中新冠病毒 2 个靶标：ORF1ab、核衣壳蛋白（N）基因荧光定量 RT-PCR 检测结果均为阳性。如果出现单个靶标阳性的检测结果，则需要重新检测或重新采样复核。②两种标本 RT-PCR 同时出现单靶标阳性，或同种类型标本两次采样检测中均出现单个靶标阳性的检测结果，可判定为阳性。

思 考 题

简述新发传染病常用实验诊断方法。

（赵　艳　张鑫桐）

第六节　常见寄生虫病

寄生虫病（parasitic disease）是寄生虫（parasite）侵入人体而引起的疾病。因寄生虫种类和寄生部位不同，引起的病理变化和临床表现各异。寄生虫侵入人体后是否发病主要取决于侵入体内的寄生虫数量、毒力以及宿主（host）的免疫力。寄生虫病的病理变化主要包括虫体对宿主组织、器官的机械性损伤，虫体分泌的毒素或酶引起的组织坏死，以及宿主对虫体的免疫反应引起的嗜酸性粒细胞和其他炎性细胞的浸润，甚至形成嗜酸性粒细胞性脓肿和以炎性细胞包裹虫体为主要特征的嗜酸性粒细胞性肉芽肿等。

案例 8-7

女性，43 岁，因"反复上腹痛半年，头晕、心悸、黑便 3 d"入院。自述几日前有田间务农和疫水接触史。

实验检查：入院当天全血细胞计数 WBC 4.92×10^9/L，Hb 78 g/L，PLT 362×10^9/L，嗜酸性粒细胞 15.9%，比例增高。粪便集卵检查：未见寄生虫卵。骨髓象检查：红细胞系统各个阶段细胞增生活跃，以晚幼红细胞增生为主，胞体较小；成熟红细胞大小不均，多数胞体较小，中央淡染区明显扩大。经铁染色，细胞外铁（-）。胃镜显示，十二指肠降部可见纤细虫体一条，长 1.2 cm。

问题：
1. 根据上述提示，该患者可能诊断为什么疾病？
2. 诊断该疾病的主要依据是什么？

一、寄生虫病的检验项目与应用

用于寄生虫病诊断的检验项目较多，一般可从常规筛查试验和特异性诊断试验两个层面选择。

1. 血液、尿液和粪便常规检验

【目的】通过全血细胞计数、血涂片检查、尿沉渣检查和粪便涂片检查，可以发现由寄生虫感染所致的贫血等，主要表现为红细胞、白细胞和血小板数量及形态异常，尤其是嗜酸性粒细胞数量升高等；血涂片、尿沉渣和粪便涂片可以发现或疑似寄生虫感染的改变，可协助部分寄生虫病的筛查与诊断。

【应用】血常规检验可用于血液寄生虫（例如疟原虫、弓形虫）和其他寄生虫病的初步筛查。例如，钩虫感染患者常表现为小细胞低色素性贫血伴嗜酸性粒细胞数量增加，若有钩虫感染的流行病史、临床表现时，可在血常规和血涂片检查的基础上做粪便钩虫检查。一些血细胞分析仪还可以通过特征性散点图和报警信息分析提示疟原虫感染，有助于通过诊断试验进一步检查并确认。血涂片主要用于血液寄生虫检查，而尿沉渣和粪便涂片检验则主要用于泌尿生殖系统寄生虫（例如阴道毛滴虫）、肠道寄生虫（例如蛔虫、阿米巴原虫）的发现或疾病诊断。

2. 病原体检测

【目的】用显微镜直接检查或经染色后观察送检标本中是否存在寄生虫的成虫、幼虫、虫卵、包囊或其他在患者体内发育周期中存在的特征形态，感染量较低时也可经寄生虫体外培养或动物接种后再行病原学检查，若查见各种形态的病原体即为阳性，可作为确诊寄生虫感染的方法之一。

【应用】血液或骨髓标本涂片染色检查疟疾的疟原虫、丝虫病的微丝蚴、弓形虫病的弓形虫、黑热病的利-杜小体等；粪便标本检查蠕虫卵（改良加藤厚涂片法）、肠道原虫的滋养体（生理盐水直接涂片法）和胞囊（碘液染色法）、蛲虫卵（透明胶纸法）；阴道分泌物检查阴道毛滴虫等。若找到病原体或肉眼观察到寄生虫的成虫、幼虫等，例如蛔虫、蛲虫、绦虫节片等，均可确诊。

3. 免疫学试验

【目的】通过免疫血清学试验检查患者血液、体液、分泌物等标本中寄生虫特异性抗原或抗体（IgG、IgM、IgE），除辅助诊断寄生虫感染外，对流行病学调查等也有一定的意义。

【应用】目前常用的血清学试验有间接红细胞凝集试验（IHA）、间接免疫荧光技术（IFT）及酶联免疫吸附试验（ELISA）等。这些方法既可用于检测宿主的特异性抗体，也可检测虫体循环抗原或排泄抗原，以协助早期寄生虫病诊断及疗效评价。例如，机体感染血吸虫后早期，IgM、IgE 抗体阳性，有诊断意义。一般而言，IgG 抗体阳性提示机体处于感染的恢复期或存在既往感染，血清特异性 IgM 抗体阳性提示急性感染。此外，特异性 IgG 抗体的动态变化，如双份血清 IgG 滴度 4 倍以上增高或单份血清 IgG 滴度 ≥ 1∶512，对急性期和恢复期的诊断也有一定价值。

4. 分子生物学试验

【目的】采用 PCR 技术检测患者标本中的寄生虫病原体的 DNA，以协助诊断寄生虫病。

【应用】近年来，应用 PCR 技术对患者痰液、支气管肺泡灌洗液、血液标本中的肺孢子虫 DNA 进行检测，应用 PCR 技术和 DNA 杂交技术检测弓形虫 DNA，利用利什曼原虫微环 kDNA 序列设计的引物做 DNA 探针诊断黑热病，均取得了较好的效果。PCR 检测方法可以直接检测血液，还可以检测滤纸干血斑上的疟原虫 DNA，具有良好的特异性和稳定性。

> **知识拓展**
>
> ### PCR-RFLP 技术
>
> 随着技术进步和科技发展，PCR 技术作为分子检验领域的金标准，因其有特异性强、灵敏度高、检测速度快等特点，已成为寄生虫病原体检测和鉴定的一种强有力的工具，并在近年 PCR-RFLP 等多种新型 PCR 技术相继问世的影响下，也为寄生虫的基因分型、分类鉴定、分子流行病学调查提供了可靠手段。
>
> 聚合酶链反应连接的限制性片段长度多态性（polymerase chain reaction linked restriction fragment length polymorphism，PCR-RFLP）：采用 PCR 技术扩增出等位特异性的 DNA 区域，酶切后根据获得的限制性片段长度多态性判断不同等位基因的特异性。尽管 PCR-RFLP 存在受种属特异性限制、样品纯度要求较高等缺点，但其快速、简便、成本低，只需将微量的 DNA 扩增、无组织器官特异性、无放射性污染等优点也使得其成为理想的寄生虫分型鉴定、诊断的工具，目前已逐步应用于疟原虫的分类诊断中。

二、寄生虫病的实验诊断策略

寄生虫病的诊断主要依靠实验检查，但还须结合流行病学资料（如血吸虫病有疫水接触史、肺吸虫病有吃不熟的石蟹史等）、临床表现及影像学检查（超声检查、CT 检查）等协助诊断。寄生虫感染（parasitic infection）的实验诊断包括病原体检查、免疫学检查和分子生物学检查等。病原体检查是确诊寄生虫感染的主要依据，但在感染早期、轻度感染、隐性感染、单性感染（仅有雄虫感染）或某些寄生虫感染后寄生的部位特殊而难以查出病原体时，临床诊断较困难；免疫学检查应用不同的免疫学方法检测特异性抗原或抗体，对流行病学调查等有重要意义。检测病原体十分困难时，还可应用 PCR 技术检测寄生虫基因组特异性 DNA 片段等。因此，根据临床疾病的不同时期和情况，应选择相应的实验检测技术和方法，并结合临床表现和其他辅助诊断技术，对疾病进行综合判断。

三、常见寄生虫病的实验诊断

寄生虫病的种类较多，由于寄生虫在人体肠道内寄生而引起的疾病统称为肠道寄生虫病。常见的肠道寄生虫有肠道蠕虫类和原虫类。常见肠道蠕虫包括蛔虫、钩虫、蛲虫、绦虫、肝吸虫和鞭虫等。常见肠道原虫包括阿米巴、贾第虫、滴虫等。粪便中寄生虫卵及原虫的检查是常用于诊断肠道寄生虫病的方法和重要依据。一些寄生虫病的病原体可在血液和血细胞内寄生，并可通过血液、骨髓检验等方法检出。常见的血液寄生虫有疟原虫、弓形虫、利什曼原虫、微丝蚴等，分别引起疟疾、弓形虫病、黑热病和丝虫病。临床常采用骨髓涂片和厚、薄血涂片等方法查到血液寄生虫病原体即可作为确诊依据。下面简述几种重要寄生虫病的实验诊断。

（一）钩虫病

钩虫病（hookworm disease）是由钩虫（hookworm）寄生于人体小肠引起的肠道寄生虫病。患者常有明显的消化道症状，并于发病前曾有赤脚下田劳作的疫水或粪水接触史。临床上常表现为钩蚴性皮炎或肺炎、缺铁性贫血、肠功能紊乱、营养不良、异嗜症（喜吃生米、生豆、土块、瓦块、毛皮、木炭等）和消化道出血等症状，严重者可致心功能不全及儿童生长发育障碍，诊断时应结合流行病学史、临床表现及实验检查结果予以诊断。主要实验诊断特征：①患者粪便中检查出钩虫卵即可确诊。改良加藤法进行虫卵计数，可提高检出率，并可用于疗效判断；饱和盐水漂浮法检出率最高；钩蚴培养法可鉴别虫种。②血液常规检验：钩虫感染者可有慢性失血所致的小细胞低色素性贫血，白细胞总数和嗜酸性粒细胞在感染初期增加，后期由于严重贫血而逐渐降低。

（二）疟疾

疟疾（malaria）是经蚊虫叮咬或输入带疟原虫者的血液而引起疟原虫感染的虫媒传染病。寄生于人体的疟原虫共有4种，包括间日疟原虫、三日疟原虫、恶性疟原虫和卵形疟原虫，分别引起间日疟、三日疟、恶性疟及卵形疟。在我国流行的主要是间日疟和恶性疟，其他两种少见。患者主要表现为全身发冷、发热、多汗，周期性规律发作，长期多次发作后，可引起贫血和脾大，严重者还可以引起疟疾性脑病，危及生命。主要实验诊断特征 ①外周血涂片（薄血膜或厚血膜）：血涂片疟原虫显微镜检查是WHO推荐疟疾诊断的金标准，若厚涂片查到疟原虫即可确诊。瑞氏染色可查到疟原虫滋养体、配子体和裂殖体，用以鉴别疟原虫种类。血涂片找疟原虫时，应当在患者寒战发作时采血，此时原虫数量较多、容易找到。通常使用厚血涂片检查，需要时应多次重复查找。若临床高度怀疑而血涂片检查多次阴性，可做骨髓穿刺涂片查找疟原虫（阳性率较血涂片高）。②疟原虫核酸：PCR检测除了可以直接检测血样中的疟原虫DNA外，还可以检测滤纸干血斑上的疟原虫。DNA探针检测疟原虫DNA具有良好的特异性和稳定性。③抗疟原虫抗体：一般在感染后2～3周出现，4～8周达高峰，以后逐渐下降。现已应用的有间接血凝试验、胶体金法、间接免疫荧光试验与酶联免疫吸附试验等方法，阳性率可达90%，一般用于疑似病例筛查、流行病学调查和监测人群抗疟原虫抗体水平及暴露风险，也可用于评价影响人体血清抗体阳性的相关因素。此外，疟原虫重组抗原的使用也可用于疟原虫近期暴露的识别和虫种的鉴定。

（三）弓形虫病

弓形虫病（toxoplasmosis）是由刚地弓形虫（*Toxoplasma gondii*）感染所致的一种人兽共患疾病。母体妊娠时感染可传给胎儿，引起胎儿先天性弓形虫病，常导致胎儿畸形，且病死率高，是引起出生缺陷的主要因素之一，因此临床常将弓形虫感染作为孕妇产前筛查的项目之一。成人感染一般多为无症状带虫状态，当机体免疫功能受损时，隐性感染可活化，导致重症弓形虫病，常见于恶性淋巴瘤、白血病、艾滋病、肿瘤的放化疗等。刚地弓形虫感染后，机体可产生特异性抗体，血清学试验检测患者血清中的弓形虫特异性抗体有一定的临床诊断价值。主要实验诊断特征：①患者血液、体液或穿刺液等涂片或病理切片染色镜检发现弓形虫的滋养体或包囊，结合流行病学史、临床表现即可确诊。②免疫学检查分为IgM、IgG抗体检测和患者血清循环抗原（CAg）检测。一般而言，血清特异性IgM抗体阳性提示急性感染，对早期诊断弓形虫病有意义。检测特异性IgG抗体的动态变化对慢性感染或既往感染诊断也有一定价值。孕前检查孕妇IgG抗体阳性，提示已获保护性免疫；若孕前检查孕妇血清抗体为阴性，而孕期呈阳性，则胎儿有感染弓形虫的危险，孕妇应自妊娠之日起每6周复查一次，如果抗体滴度逐渐升高，胎儿感染的危险性增大。③采用荧光PCR技术检测弓形虫特异性DNA片段对弓形虫病的诊断具有高度特异性、敏感性。

弓形虫检查的应用——TORCH 筛查

TORCH 是一类可导致先天性宫内感染及围产期感染而引发围产儿畸形的病原体，其中，TO（*Toxoplasma*，Tox）代表弓形虫；R（rubella virus，RV）是风疹病毒；C（cytomegalovirus，CMV）是巨细胞病毒；H（herpes simplex virus，HSV）是单纯疱疹病毒。通过检测母体血清相关病原体 IgM、IgG 含量，确定母体是否存在现症感染，目前 TORCH 筛查已被作为优生优育检查项目用于产前诊断。

（四）血吸虫病

血吸虫病（schistosomiasis）是由血吸虫寄生于人体内所引起的寄生虫病。在我国主要以日本血吸虫（*Schistosoma japonicum*）寄生于人和哺乳动物体内所引起的日本血吸虫病为主，是危害人类健康的五大寄生虫病之一。根据临床病程分为急性、慢性、晚期血吸虫病。鉴于钉螺是其唯一中间宿主，因此绝大多数患者发病前均曾有疫水接触史或居住在流行区或曾到过流行区（有多次疫水接触史）。患者以发热、肝大及周围血液嗜酸性粒细胞增多为主要特征，伴有肝区压痛、脾大、咳嗽、腹胀及腹泻等症状，无症状或间或有腹痛、腹泻或脓血便。多数伴有以左叶为主的肝大，少数伴脾大。严重者可出现肝纤维化门脉高压综合征而丧失劳动力，甚至危及生命。主要实验诊断特征：①病原学检查通过粪便检验找到血吸虫虫卵或毛蚴，或直肠活检发现血吸虫虫卵，结合流行病学史、临床表现即可确诊。②免疫学试验：常用环卵沉淀试验（circumoval precipitin test，COPT）、酶联免疫吸附试验（ELISA）、间接血凝试验（IHA）等方法检查 IgM、IgG、IgE 抗体。环卵沉淀反应阳性是宿主体内存活日本血吸虫卵的指征，也可作为疗效观察的指标。患者 COPT 阳性率为 94.1%～98.6%，有早期诊断价值。患者好转后环卵沉淀反应下降，但转阴时间较长。治疗后 1 年转阴率仅达 27% 左右，治疗后 2 年转阴率为 40% 以上，治疗后 4 年转阴率为 80% 以上。若血吸虫病患者距末次治疗时间已 3～5 年，而 COPT 环沉率 ≥ 3%，可结合临床表现考虑给予再治疗。ELISA 特异性和灵敏度较高（95%～100%），假阳性率为 2.6%，可区分抗体的类型。血吸虫感染早期时，IgM、IgE 抗体阳性，有诊断意义。IgG 抗体阳性提示处于感染的恢复期或既往有感染史，可持续数年。

（五）囊虫病

囊虫病（cysticercosis）是链状带绦虫（*Taenia solium*）（又称猪带绦虫）的幼虫（囊尾蚴，俗称囊虫）寄生于人体皮下、肌肉、眼部、脑部等组织和器官所引起的严重的寄生虫病。猪带绦虫卵经口食入后到胃中在胃酸刺激下孵化出六钩蚴，到达十二指肠下段钻入肠壁，随尾蚴数量、寄生部位及人体反应而异。根据囊尾蚴的寄生部位分为皮肌型囊尾蚴病、眼囊尾蚴病与脑囊尾蚴病三种，常可产生皮下结节、肌无力、失明、癫痫甚至死亡等严重后果。主要实验诊断特征 ①病原学检查：粪便检验找到绦虫节片或绦虫卵有诊断意义，手术切除的结节组织经囊尾蚴孵化试验、压片法也可查见囊尾蚴。②血清学试验：血清学试验检测囊虫的特异性 IgG 抗体可作为临床筛查或辅助诊断，常用 ELISA 法和间接血凝试验（IHA）等。ELISA 的阳性率可达 90%，特异性达 99%，临床应用较广，但应注意与棘球蚴感染有交叉反应；间接血凝试验的阳性率达 82%，其特异性也较高。当患者有相应的临床表现时，在排除其他与之鉴别的疾病且血清和脑脊液中特异性 IgG 抗体均为阳性，或用 ELISA、IHA 两种试验检查特异性

IgG 抗体均为阳性的情况下，结合头颅 CT（或 MRI）显像和病史，可诊断囊虫病。人感染囊尾蚴后，体内产生的抗体在体内持续时间较长，有时甚至达 10 年以上，所以测抗体只能证实机体曾感染过囊尾蚴；而循环抗原的检测既可判定现症患者，又可评价治疗的近期效果，故提倡对猪囊尾蚴循环抗原的检测。③ PCR 技术：对诊断脑囊尾蚴病具有重要意义，通过设计高灵敏度和特异性高的 DNA 探针鉴别绦虫种属。④体液细胞学检查：脑囊尾蚴病发生时，脑脊液中嗜酸性粒细胞增多。

思 考 题

1. 寄生虫感染时，血常规检查结果异常表现有哪些？
2. 请描述患者血清学检测中特异性抗体阳性的临床意义。
3. 女性，38 岁，浙江宁波人，农民，已婚。主诉白带增多、腰酸、阴部瘙痒伴有腥臭味。月经周期正常，经血量较多。经妇科检查，外阴部有红肿，子宫颈周围糜烂Ⅱ度。阴道涂片检查，可见大量阴道毛滴虫；染色片查见革兰氏阳性球菌和阴性杆菌、红细胞（+）、白细胞（脓细胞）（++）、上皮细胞（+）。遵医嘱经口服甲硝唑（灭滴灵）合并使用栓剂一个疗程后，症状获得好转。

（1）该患者诊断为何种疾病？
（2）临床诊治的依据是什么？应完善哪些检查？

（关秀茹）

第九章

消化系统疾病的实验诊断

第九章数字资源

消化系统（digestive system）由消化道和消化腺两大部分组成。消化道是自口腔、咽喉，经食管、胃、小肠、大肠至肛门的连续性腔道；消化腺主要包括唾液腺、胃腺、肝、胆囊、胰腺及肠腺。消化系统的基本生理功能是摄取、转运、消化食物和吸收营养、排泄废物并防御外来的侵害。消化系统疾病的实验诊断主要是通过肝功能（包括胆囊功能）试验、胰腺功能试验、腹水和粪便常规检验、消化系统相关的病原学与免疫学试验等，指导、支持或辅助消化系统疾病的诊断、鉴别诊断、疗效监测及预后判断等。本章主要论述常见消化系统疾病，包括肝硬化、非病毒性肝炎（病毒性肝炎在感染性疾病相关章节论述）、胰腺炎、消化道出血和腹泻的实验诊断。

第一节　肝　硬　化

案例 9-1

男性，45岁。因吃硬食后感到上腹部不适，呕出鲜红色液体数口，出现面色苍白、意识不清而就诊。5年前患者体检发现乙肝表面抗原阳性，肝功能正常，未经正规治疗。近半年来患者自觉乏力，食欲缺乏，有时出现牙龈出血和鼻出血。近1个月来感腹胀，尿量减少，双下肢水肿。患者否认其他病史及家族史。入院查体：一般状况差，面色晦暗，面部及上胸部可见蜘蛛痣，皮肤及巩膜黄染。腹部膨隆，腹软无压痛，肝脾触诊不满意，移动性浊音阳性，肠鸣音3~4次/分、正常、无亢进，双下肢水肿；体温、脉搏、呼吸及血压无异常。心肺无明显异常。

问题
1. 该病例的初步诊断是什么？
2. 该病例的诊断依据是什么？应进一步做哪些相关实验检查？

肝硬化（cirrhosis of liver）的病因较多，以慢性病毒性肝炎和酒精中毒所致的肝硬化为主。肝硬化患者肝组织弥漫性纤维化，形成假小叶和再生结节，有多器官、多系统受累和肝功能损害，腹水，晚期常出现多种严重并发症，重者危及生命。肝硬化通常起病隐匿，病程发展缓慢，可分为肝功能代偿期和失代偿期。代偿期肝硬化的肝功能试验等大多无异常或仅轻度异常；失代偿期则出现明显的肝功能受损或衰竭，血细胞减少症和止凝血功能异常，内分泌功能紊乱、免疫功能异常、电解质和酸碱平衡紊乱等。

一、肝硬化的检验项目与应用

（一）肝功能试验

依据肝生理功能和生化反应，肝功能试验主要分为血清蛋白、血清酶、胆红素与胆汁酸检测等实验诊断项目。

1. 血清白蛋白和前白蛋白

【目的】血清总蛋白（total protein，TP）主要为前白蛋白、白蛋白（albumin，Alb）与球蛋白（globulin，Glo）的总和。前白蛋白和白蛋白全部由肝合成，主要用于反映肝合成功能。前白蛋白反映肝合成与分泌蛋白质功能比白蛋白更敏感，近年来逐渐开始应用于临床。

【应用】肝硬化失代偿期患者由于肝合成蛋白功能障碍，引起蛋白减少，血清总蛋白减低，以白蛋白减少为主，出现白蛋白/球蛋白（A/G）比值倒置，白蛋白水平与肝功能损害程度成正比，与有功能性肝细胞数量成正比。若白蛋白持续低于 30 g/L，A/G 比值明显倒置则预后较差；若白蛋白低于 25 g/L，容易出现水肿或腹水。血清蛋白电泳时，各组分发生显著改变，白蛋白显著减低；α_1 球蛋白、α_2 球蛋白减低，β、γ 球蛋白明显升高，常见 β 到 γ 区带连成一片，称为 β-γ 桥。

2. 血清转氨酶

【目的】转氨酶是细胞内多种氨基转移酶的简称，常用于反映肝细胞膜通透性变化的是丙氨酸氨基转移酶（alanine aminotransferase，ALT）和天冬氨酸氨基转移酶（aspartate aminotransferase，AST）。ALT 主要存在于肝、肾、心脏和骨骼肌等部位，在肝细胞主要存在于细胞质中。AST 主要存在于心脏、肝、骨骼肌和肾等部位，在肝细胞主要存在于线粒体内。转氨酶属于细胞内功能酶，肝细胞坏死或肝细胞膜通透性改变时，酶进入血液致使血清酶活性增加，成为肝细胞损伤的标志物，可反映肝细胞损伤及损伤程度。ASTm 同工酶反映肝细胞损伤的严重程度。

【应用】在肝硬化静止期，由于无肝细胞继续损坏，转氨酶可在参考区间内或轻度增高。肝硬化活动期，血清转氨酶可有轻中度增高，多在 100～300 U/L，并伴有其他肝功能受损的表现。胆汁性肝硬化时，转氨酶活性较高，与黄疸程度大致平行。如果肝硬化时肝细胞坏死严重，AST 升高程度可超过 ALT，通常 AST/ALT＞1.44 以上。

3. 血清 γ-谷氨酰转肽酶

【目的】γ-谷氨酰转肽酶（γ glutamyl transferase，GGT/γ-GT）：75% 以上存在于肝细胞微粒体，参与谷胱甘肽代谢，是反映慢性肝细胞损伤及其病变活动的敏感指标。

【应用】血清中的 γ-GT 主要来自肝、胆，在肝中 γ-GT 广泛分布于肝细胞的毛细胆管一侧和整个胆管系统，因此当肝硬化造成胆道梗阻时，血清中 γ-GT 增高。

4. 血清碱性磷酸酶

【目的】碱性磷酸酶（alkaline phosphatase，ALP）广泛存在于机体各组织器官内，含量以肝最多，其次为肾、胎盘、小肠和骨骼等。ALP 经肝胆系统排泄，当 ALP 生成增多或排出受阻时，均可使血液中 ALP 发生变化。血清 ALP 是肝硬化时反映胆道梗阻的指标。

【应用】肝硬化造成胆道梗阻时，血清 ALP 明显增高，且与血清胆红素升高相平行。

5. 血清胆碱酯酶

【目的】胆碱酯酶（cholinesterase，ChE）：胆碱酯酶主要在肝合成，合成后立即释放入血，随着肝的炎症改变和纤维化程度加重，血清 ChE 活性降低。血清 ChE 检测主要用于诊断肝病和有机磷中毒等。

【应用】血清 ChE 在肝硬化失代偿期时活力常明显下降,其下降程度与血清白蛋白相平行。ChE 反映肝储备能力,若明显降低,提示预后不良。若治疗有效,结果回升。

6. 血清胆红素

【目的】血清胆红素(bilirubin,Bil)包括总胆红素(total bilirubin,TBil)、非结合胆红素(unconjugated bilirubin,UBil)与结合胆红素(conjugated bilirubin,CBil),TBil 是 UBil 与 CBil 之和。肝细胞损伤时,血清胆红素增高的幅度反映肝细胞损害的严重程度。

【应用】肝硬化时,肝细胞受到损害,肝功能减退,肝不能完全将 UBil 转化为 CBil;同时肝内胆管受压引起了排泄障碍,CBil 也不能完全排到胆道,导致胆红素在肝细胞中的摄取与排泄均存在障碍,表现为血清 TBil、UBil 与 CBil 均升高。CBil 增高后经肾排出,使尿胆红素试验呈阳性;此外,由于经肠道吸收的粪胆原增加,导致肾排出的尿胆原增多,故尿中尿胆原试验呈强阳性。

7. 血清总胆汁酸

【目的】胆汁酸(bile acid,BA)是胆汁的主要成分,是消化、吸收生理功能所必需的物质。血清总胆汁酸(total bile acid,TBA)不仅可用于肝胆疾病的实验诊断,还能反映病情和评估疾病的预后。

【应用】当肝细胞损伤或胆道阻塞时都可引起胆汁酸代谢障碍。肝硬化时,由于肝细胞损伤、胆道梗阻及门脉系统分流等,出现血清 TBA 增高。

(二)肝纤维化试验

1. 血清Ⅲ型前胶原氨基末端肽

【目的】在Ⅲ型胶原生成初期,首先生成前胶原,前胶原受到肽酶切割分离,成为Ⅲ型胶原和Ⅲ型前胶原氨基末端肽(amino terminal of procollagen type Ⅲ peptide,PⅢP),从组织进入血液。通过检测血液中的 PⅢP 可以反映机体胶原的代谢情况及组织内纤维化程度。

【应用】血清 PⅢP 是实验诊断肝纤维化和早期肝硬化的良好指标,它能准确反映肝纤维化程度、活动性及肝的组织学改变。伴有肝硬化的原发性肝癌,血清 PⅢP 明显增高;肝硬化晚期由于Ⅲ型胶原合成减少,Ⅰ型胶原合成增多,故晚期患者Ⅰ型胶原增多,PⅢP 降低或正常。

2. 血清Ⅳ型胶原及其分解片段

【目的】Ⅳ型胶原(type Ⅳ collagen,C-Ⅳ)存在于肝内静脉血管区,中央静脉周围,沿窦状隙分布,是肝基底膜的主要成分。7S 片段是 C-Ⅳ氨基末端的四聚体,NC 片段是 C-Ⅳ羧基末端的二聚体。血清 7S、C-Ⅳ和 NC 片段从基膜降解而来,不是胶原合成产生的,是反映胶原降解的主要指标。在肝纤维化早期已有 C-Ⅳ沉积,故血清 C-Ⅳ及其产物的增加是肝纤维化早期的表现。

【应用】肝纤维化早期血液中 PⅢP、7S 和 NC 片段含量均增加,以 7S 和 NC 片段更为明显;7S 和 NC 片段含量反映肝细胞坏死和纤维化发展趋势方面优于 PⅢP,C-Ⅳ合成增多是肝纤维化的早期表现之一。

3. 血清透明质酸

【目的】透明质酸(hyaluronic acid,HA):由肝内间质细胞合成。在肝纤维化时,血清 HA 增高是由星状细胞合成增加和肝血窦内皮细胞受损对血清 HA 摄取和降解减少所致。

【应用】肝硬化晚期,影响门-腔静脉分流,进入肝内需要清除的 HA 减少,增加了血中 HA 的浓度。HA 增高反映活动性肝纤维化及肝功能不良,优于肝功能常规检测。

4. 血清层粘连蛋白

【目的】层粘连蛋白(laminin,LN):是构成细胞间质的一种非胶原糖,在肝内主要由内皮细胞及贮脂细胞合成，与胶原一起构成基底膜的成分；其生物学功能是细胞黏着于基质的介质，并与多种基底膜成分结合，调节细胞生长和分化。

【应用】血清 LN 水平常与 IV 型胶原、HA 等变化相平行，但对肝纤维化，尤其门脉高压诊断更敏感。

5．血清单胺氧化酶

【目的】单胺氧化酶（monoamine oxidase，MAO）：是一种含铜的酶，分布在肝、肾、胰腺等组织，在肝来源于线粒体。MAO 可加速胶原纤维的交联，血清 MAO 活性与体内结缔组织增生成正相关，临床常用于观察肝纤维化程度。

【应用】80% 以上的重症肝硬化患者及伴有肝硬化的肝癌患者血清 MAO 活性增高，但对早期肝硬化反应不敏感。

6．血清脯氨酰羟化酶

【目的】脯氨酰羟化酶（prolyl hydroxylase，PH）：是胶原纤维合成酶，能将胶原 α 肽链上的脯氨酸羟化为羟脯氨酸。在脏器发生纤维化时，PH 在该脏器的活性增加；当肝纤维化时，肝胶原纤维合成亢进，血清中 PH 增高，因此，血清 PH 活性可以作为检测肝纤维化的指标之一。

【应用】肝硬化时 PH 活性明显增高。原发性肝癌因大多伴有肝硬化，PH 活性亦增高。当肝细胞坏死加重伴胶原合成亢进时，PH 活性增高；如慢性中重度肝炎时因伴有明显肝细胞坏死及假小叶形成，PH 活性增高。

（三）腹水检验

【目的】健康人腹腔仅有少量液体（< 100 ml）起润滑作用，这些液体无色、无味、清澈、透明，久置不凝固。在多种病理情况下，腹腔可出现较多的液体，称腹水（ascites）或腹腔积液（peritoneal effusion），往往伴有肝大和黄疸。肝硬化所致肝功能受损、低蛋白血症常导致出现腹水，一些炎症、感染、肿瘤、肾病等也可出现腹水。通过穿刺获取腹水并进行相关检验，包括常规检验、生物化学检验、免疫学检验和病原学试验等，可确定腹水的性质和鉴别产生腹水的原因。

【应用】①鉴别漏出液（transudate）或渗出液（exudate）。通过多项检验结果可明确，对原发疾病的诊断与鉴别有意义（表 9-1）。②腹水细胞成分变化。白细胞：无并发症的肝硬化患者白细胞一般 $< 100 \times 10^6$/L，约 90% 的自发性细菌性腹膜炎白细胞常 $> 500 \times 10^6$/L，而且以中性粒细胞增多为主（彩图 9-1）。嗜酸性粒细胞增多（> 10%），最常见于腹膜透析、充血性心力衰竭、血管炎、淋巴瘤、寄生虫感染（如包虫病）。红细胞：大量出现可见于出血性渗出液、恶性肿瘤、结核等。间皮细胞：增多表明腹膜受到刺激或损伤，如结核病并发积胀、慢性恶性积液等。浆细胞：出现见于慢性炎症和肿瘤。恶性肿瘤细胞：腹水细胞学检验可以区分鳞癌、腺癌（彩图 9-2）和未分化癌，间皮瘤和淋巴瘤等。③病原体检验：漏出液一般无细菌。渗出液尤以脓性者通常可发现细菌，常见大肠埃希菌、葡萄球菌、肺炎球菌、产气荚膜杆菌及铜绿假单胞菌，这些腹水以细菌培养及鉴定为主要检测手段；对于怀疑为结核分枝杆菌引起的结核性腹膜炎，临床常用抗酸染色涂片及结核菌核酸 PCR 检测方法，但经常出现假阴性结果，需要多次采集检测。寄生虫病有时可见虫体。

表 9-1　腹腔渗出液和漏出液的鉴别要点

鉴别要点	漏出液	渗出液
原因	多为非炎症因素所致	多为炎症、感染和肿瘤所致
外观	淡黄、透明或微浊	可为黄色、血性、乳糜等，多浑浊
凝固性	不易凝固	易自发性凝固
pH	多 > 7.4	多 < 6.8
比重（比密）	多 < 1.015	多 > 1.015
黏蛋白定性	多为阴性	多为阳性
总蛋白定量	多 < 25 g/L	多 > 30 g/L
蛋白电泳	以白蛋白为主，球蛋白比例低于血浆	电泳谱与血浆相似
积液总蛋白/血浆总蛋白比值	多 < 0.5	多 > 0.5
葡萄糖定量	常 > 3.3 mmol/L	常 < 3.3 mmol/L
氯化物定量	多同血浆水平	常低于血浆水平
乳酸脱氢酶（LD）	多 < 200 U/L	多 > 200 U/L
积液LD/血浆LD比值	一般 < 0.6	一般 > 0.6
细胞总数	常 < 100×10^6/L	常 > 500×10^6/L
有核细胞分类	淋巴细胞及间皮细胞为主	急性感染以中性粒细胞为主，慢性感染以淋巴细胞为主
病原体	无	可找到致病菌或寄生虫等

（四）血氨测定

【目的】氨是一种对人体有害的物质，肝是其主要的代谢场所，正常人血液中含有微量游离氨。血液中氨在肝转变成尿素或其他含氮化合物后由肾排出体外，或形成铵盐随尿排出。血氨的来源增加和去路减少，都会引起血氨增高。血氨增高可影响神经元的功能和神经细胞的新陈代谢。

【应用】血氨增高：见于肝性脑病、肝昏迷、肝硬化。血氨浓度的检测有助于肝性脑病、重型肝炎、肝硬化及某些先天性、代谢性疾病的诊断、治疗和预后。重视血氨检测，血标本久置会使血氨急剧增高，故标本采集后应立即送检并及时检测。

（五）凝血功能试验

见第六章第一节。

基础回顾

肝硬化的早期改变

肝硬化是临床常见的慢性进行性肝病，由一种或多种病因长期或反复作用形成的弥漫性肝损害。在我国大多数为乙型肝炎后肝硬化，少部分为酒精性肝硬化和血吸虫性肝硬化。病理组织学上有广泛的肝细胞坏死、残存肝细胞结节性再生、结缔组织增生与纤维隔形成，导致肝小叶结构破坏和假小叶形成，肝逐渐变形、变硬而发展为肝硬化。早期由于肝代偿功能较强可无明显症状，后期则以肝功能损害和门脉高压为主要表现，并有多系统受累，晚期常出现上消化道出血、肝性脑病、继发感染、脾功能亢进、腹水、癌变等并发症。

二、肝硬化的实验诊断策略

肝硬化的实验诊断策略包括确定有无肝硬化、寻找肝硬化的病因、肝功能分级及确定并发症，详见图9-1。

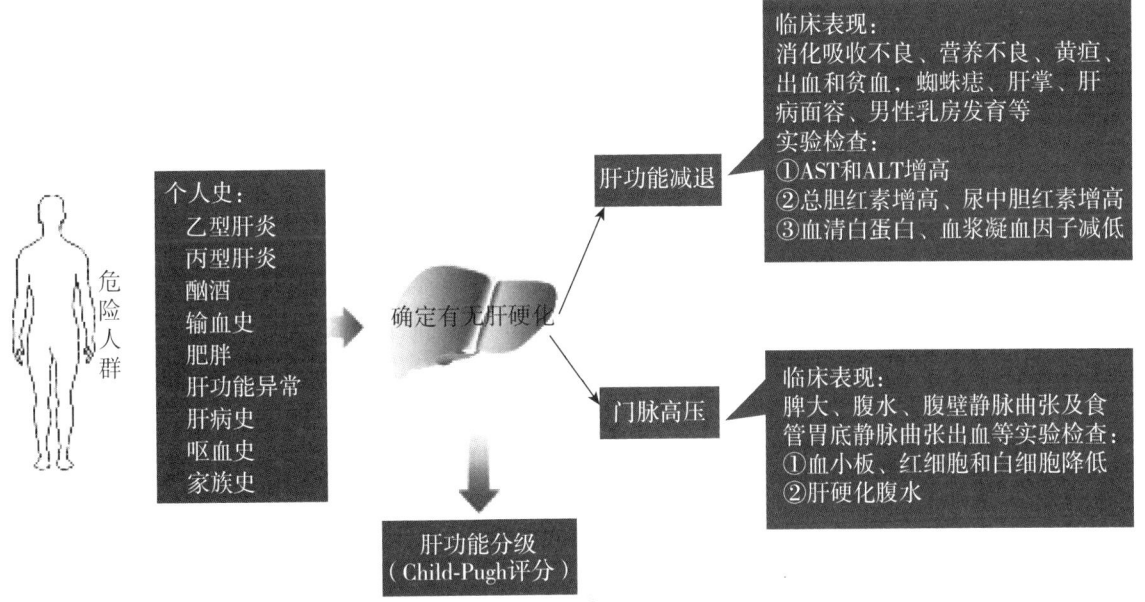

图9-1　肝硬化实验室诊断策略

1．确定有无肝硬化　①肝功能减退：肝硬化代偿期肝功能大多正常或仅有轻度血清酶异常，失代偿期普遍发生异常，且异常程度与肝的储备功能减退程度相关；②门脉高压：主要由肝硬化引起。肝纤维化及再生结节对肝窦及肝静脉的压迫导致门静脉阻力升高是门静脉高压的使动因素。

2．寻找肝硬化病因　病毒性肝炎、慢性酒精中毒以及非酒精性脂肪性肝病等是肝硬化发生的主要病因。在我国以病毒性肝炎为主，欧美国家以慢性酒精中毒多见。

3. 肝功能评估 肝功能试验能够探测肝有无疾病、监测肝功能状态以及查明肝病原因、判断预后和鉴别发生黄疸的病因等。肝功能复杂，再生和代偿能力很强，某一试验只能反映肝功能的一个侧面，并且只能在肝损害达到一定程度才表现出异常。同时也要考虑各种肝外因素影响。目前尚无一种理想的肝功能试验能够完整、特异地反映肝功能全貌，只能根据患者的临床症状和体征，适当选择检验项目，从而对肝功能做出正确而全面的评价。

4. 肝功能试验的应用 ①疑为肝炎病毒感染时，选择血清肝炎病毒标志物和血清酶学检验。②了解肝细胞损伤程度，如酒精中毒、药物中毒时，选择血清酶学检验，如 AST 和 ALT 等。当轻度肝细胞损伤时，以 ALT 升高为主；当肝细胞严重损害时，以 AST 升高为主。当乙醇引起损伤时，以 γ-GT 升高为主。③反映肝的合成功能：选择白蛋白、白/球蛋白比（A/G）及胆碱酯酶（ChE）、总胆红素（TBil）、结合胆红素（CBil）、总胆汁酸（TBA）等。④黄疸的诊断与鉴别诊断：选择 TBil、CBil、ALP、γ-GT、TBA 等项目，并检测尿胆原、尿胆红素。⑤怀疑为肝纤维化时，除检验 ALT、AST、TBil、TP、A/G、血清蛋白电泳外，应检测肝纤维化血清标志物。⑥肝癌患者除检测一般肝功能外，还应检测甲胎蛋白等肿瘤标志物、γ-GT 及其同工酶、ALP 及其同工酶等。

5. 是否有并发症 肝硬化往往因并发症而危及生命，上消化道出血为肝硬化最常见的并发症，而肝性脑病是肝硬化最常见的死亡原因。疑为肝性脑病时，血氨浓度监测有助于肝性脑病及时诊断。

三、肝硬化的实验诊断

（一）肝功能异常

1. 血清蛋白异常 肝硬化由于肝合成蛋白功能障碍，引起蛋白减少，以白蛋白减少为主，白蛋白水平与肝功能损害程度成正比，γ球蛋白增高，A/G 比值减低或倒置。血清蛋白电泳时出现 β-γ 桥。

2. 血清酶异常 血清转氨酶常有轻度或中度升高，多在 100～300 U/L；慢性活动性肝炎和亚急性重症肝炎引起的大结节性肝硬化（坏死后肝硬化），转氨酶多有持续而较明显的升高；营养不良引起的小结节性肝硬化（门静脉肝硬化），转氨酶多不升高或仅轻度升高。酒精性肝炎时，转氨酶升高较显著，待演变成肝硬化时，转氨酶多数仅轻微升高或正常；胆汁性肝硬化时，转氨酶活性较高，与黄疸程度大致平行。肝硬化晚期，肝细胞坏死严重，线粒体内 AST（m-AST）也释放入血，通常 AST/ALT 显著升高。由于肝细胞合成功能障碍，ChE 合成下降。进行性肝硬化时，血清 γ-GT 活性可轻度上升；终末期由于肝细胞严重损伤，微粒体破坏，γ-GT 合成减少，血清 γ-GT 活性增高不明显。

3. 高胆红素血症 肝硬化时，由于胆红素摄取、结合、排泄障碍，血清总胆红素轻至中度升高，结合胆红素与非结合胆红素均可升高，但一般结合胆红素升高比非结合胆红素升高的幅度大。

4. 高胆汁酸血症 肝硬化时，肝对胆汁酸的代谢能力减低，血清总胆汁酸在肝硬化的不同阶段均增高，增高幅度一般高于慢性活动性肝炎，即使在肝硬化的晚期亦如此。当活动性肝病处于稳定期时，胆红素、转氨酶及碱性磷酸酶等可处于参考区间内，但血清 TBA 仍维持在较高水平。

5. 血清肝纤维化标志物增高 血清透明质酸、层粘连蛋白、Ⅲ型前胶原肽、Ⅳ型胶原可显著升高，其升高幅度与肝纤维化的活动性、相对严重程度、代偿能力等有关。

6. 血氨异常 肝硬化时氨未经肝解毒而直接进入体循环使血氨升高。生理状况下血氨浓度比较稳定，参考区间为 400～700 µg/L，肝硬化晚期并发肝性脑病和门-体分流性脑病时，血氨常增高。

（二）腹水

多种因素可引起腹水，约见于 75% 的患者。腹水一般为漏出液。当并发感染，如自发性腹膜炎、结核性腹膜炎等时，腹水可为渗出液。肝硬化并发肝癌时，腹水中可发现转移的癌细胞。

（三）出凝血功能异常

肝合成凝血因子减少，血浆凝血酶原时间（PT）、活化部分凝血活酶时间（APTT）、凝血酶时间（TT）、出血时间（BT）均可延长，血浆纤维蛋白原浓度明显减低，加之血小板减少、毛细血管脆性增加，患者易发生皮肤及黏膜、胃肠出血等。血小板数量减低较为显著，多 $< 50 \times 10^9$/L。

（四）免疫功能异常

血液 T 淋巴细胞数量可减少，CD3、CD4、CD8 细胞常平行下降。血清 IgG、IgA 水平可明显增高，尤以 IgG 增高显著。血清肝炎病毒标志物多为阳性，乙型肝炎病毒标志物的阳性率较高。部分患者可出现一些自身抗体，如抗核抗体、抗平滑肌抗体、抗线粒体抗体等。原发性胆汁性胆管炎（PBC）血清免疫球蛋白增加，特别是 IgM，90%～95% 以上的患者血清抗线粒体抗体阳性，其特异性可达 98%；约半数的患者抗核抗体阳性，主要是抗 GP210S 和 SP100 阳性，具有一定特异性。

（五）内分泌功能紊乱

肝细胞对雌激素的灭活作用减弱，雄激素、糖皮质激素等伴随减少。此外，肝细胞对醛固酮、抗利尿激素的灭能作用也减弱，引起继发性醛固酮、抗利尿激素增多症；水、钠潴留，引起患者水肿、促进腹水形成。

（六）电解质和酸碱平衡紊乱

患者可出现低钠血症、低钾血症、低氯血症，发生代谢性碱中毒或诱发肝性脑病。

知识拓展

肝硬化项目进展

高尔基体蛋白 73（GP73），又称高尔基体Ⅱ型跨膜蛋白，分子量 73 kD，恒定表达于正常肝的胆管上皮细胞，肝实质细胞很少或不表达。当肝出现炎症、损伤、肝纤维化等情况时，GP73 随慢性肝病的进程逐渐增加，在慢性肝病缓解后会回降。

思 考 题

1. 简述反映肝硬化时肝功能异常改变的主要特点。

2. 简述肝硬化的实验诊断路径。

（刘向祎）

第二节 非病毒性肝炎

根据致病因素的不同，肝炎分为病毒性肝炎和非病毒性肝炎。非病毒性肝炎一般没有传染性，可以由酒精、药物、脂肪、自身免疫和代谢异常等引起。

脂肪性肝病（fatty liver disease，FID）是以肝细胞脂肪过度贮积和脂肪变性为病理特征。药物性肝损伤（drug-induced liver injury，DILI）是由药物本身或者代谢产物对肝组织产生毒性损害引起的肝损伤。自身免疫性肝炎（autoimmune hepatitis，AIH）是由针对肝细胞的自身免疫反应所介导的肝实质炎症。非病毒性肝炎的病因比较复杂，涉及的检验项目较多，本节主要阐述非病毒性肝炎的检验项目的临床应用及实验诊断策略。

案例 9-2

患儿，女性，6岁9个月。10天前无明显诱因下出现皮肤黄、眼黄、尿色发黄，伴食欲缺乏。查体：肝肋下3cm，脾未扪及，全腹未扪及包块。心、肺、神经系统检查均无异常。无特殊药物或食物服用史。

实验检查：ALT 568.6 U/L，AST 423.5 U/L，GGT 105.8 U/L，ALP 292.2 U/L，白蛋白39.0 g/L，TBil 92.6 μmol/L，CBil 72.0 μmol/L。尿常规提示尿胆红素阳性。感染病毒血清标志物及常见病毒抗体均为阴性。血清甲胎蛋白、免疫球蛋白、补体、铜蓝蛋白、肾功能、血糖、血脂和电解质均未见异常。血常规、便常规检查未见异常。

问题：
1. 患者的初步诊断是什么？
2. 为明确诊断，下一步应该完善哪些实验检查？

一、非病毒性肝炎的检验项目与临床应用

（一）肝功能试验

1. 血清转氨酶

【目的】血清丙氨酸氨基转移酶（ALT）和天冬氨酸氨基转移酶（AST）主要存在于肝细胞中。轻中度肝细胞受损后，ALT和AST升高，并且ALT升高远大于AST；严重肝细胞损伤时，线粒体受损导致AST进入血液，此时AST升高明显。ALT和AST水平增高程度可以反映肝细胞损伤的程度。

【应用】非酒精性脂肪性肝病时，以ALT升高为主；而酒精性肝病时，由于乙醇代谢产物能够损伤线粒体，通常以AST升高为主，但很少超过500 U/L，ALT轻微升高，AST/ALT > 2是酒精性肝病的特点。DILI时，ALT和AST升高程度与肝细胞损伤程度相关。AIH时，血清AST和ALT活性升高，但升高的水平并不能精确反映肝内炎症情况。

2. γ-谷氨酰转肽酶

【目的】 乙醇可诱使肝细胞生成 γ-谷氨酰转肽酶（γ-glutamyl transpeptidase，GGT）。长期饮酒者，即使无肝损伤，也有半数人的 GGT 升高，戒酒后可逐渐恢复正常。血清 GGT 活性是反映酒精性肝损伤和观察戒酒的良好指标。

【应用】 酒精性肝损伤或酒精性肝硬化患者的 GGT 明显上升，可达参考区间的数十倍。AIH 时 GGT 水平基本正常或轻微升高，原发性胆汁性胆管炎（primary biliary cholangitis，PBC）以 ALP 和（或）GGT 明显升高为主要特征。

微整合

基础回顾

γ-谷氨酰转肽酶与酒精性脂肪肝

γ-谷氨酰转肽酶（GGT）在体内主要作用为参与谷胱甘肽的合成与分解代谢、氨基酸的转运和解毒，当机体暴露于氧化危险因素中，可诱导抗氧化反应，产生大量的 GGT，以增加谷胱甘肽的产量。GGT 水平对于酒精性脂肪肝具有诊断作用，其机制可能为酒精代谢中产生的大量自由基消耗谷胱甘肽，GGT 反应性增高以代偿合成更多的谷胱甘肽。GGT 对于鉴别酒精性脂肪肝与非酒精性脂肪肝具有重要的作用，持续性的 GGT 升高则可能预示着脂肪肝的加重和发生纤维化。

---

3. 血清碱性磷酸酶

【目的】 碱性磷酸酶（alkaline phosphatase，ALP）是一种由多基因编码的膜结合金属酶，广泛分布于肝、肾、骨骼等组织中。ALP 对干扰胆汁流动的肝内、外因素很敏感，对诊断胆道梗阻性疾病、骨代谢性疾病等有参考意义。

【应用】 AIH 患者 ALP 水平基本正常或轻微升高，ALP 急剧升高提示可能并发 PBC 或肝癌。

（二）免疫学试验

1. 自身抗体

（1）血清抗平滑肌抗体

【目的】 血清抗平滑肌抗体（anti-smooth muscle antibody，ASMA）是非组织特异性自身抗体（non-organ-specific autoantibody，NOSA），可与细胞骨架成分（微管、微丝、中间纤维）的不同蛋白反应。肌动蛋白（actin）是微丝组成成分之一，通常以单体 G-肌动蛋白和聚合物 F-肌动蛋白两种形式存在，而 F-肌动蛋白是平滑肌抗体的特异性靶抗原之一。

【应用】 血清 ASMA 能在超过 80% 的 1 型 AIH 患者体内检出，滴度较高，且常伴有抗核抗体阳性。高滴度的 ASMA，特别是高效价抗 F-肌动蛋白抗体对 1 型 AIH 诊断具有较高特异性。

（2）血清抗可溶性肝抗原/肝-胰抗原抗体

【目的】 可溶性肝抗原（soluble liver antigen，SLA）是一种可溶性胞质蛋白酶，与肝-胰抗原（liver pancreas antigen，LP）系同一种靶抗原，故将其相应抗体统称为抗可溶性肝抗原/肝-胰抗原抗体（anti-SLA/LP），与 AIH 发病的高危遗传等位基因 *HLA-DR3* 伴随出现，仅在 AIH 及 AIH 与 PBC 重叠综合征患者检测阳性，在病毒性肝炎及其他肝病中检测阴性。

【应用】 抗 SLA/LP 诊断 AIH 时特异性较高，并具有一定的预后预测价值，但敏感度较低，我国 AIH 患者中仅约 2.5% 呈阳性。

(3) 血清抗肝/肾微粒体抗体

【目的】抗肝/肾微粒体抗体（anti liver/kidney microsome antibody，anti-LKM）有 3 种亚型。抗 LKM-1 是 2 型 AIH 的标志性抗体，抗 LKM-2 只出现于由替尼酸引起的药物诱导性肝炎，抗 LKM-3 主要出现于一些慢性丁型肝炎患者，滴度较低。抗 LKM-1 的主要靶抗原为细胞色素 P450 2D6。

【应用】抗 LKM-1 抗体为 2 型 AIH 血清特异性自身抗体，在成人 AIH 患者中，抗 LKM-1 对 AIH 的敏感度较低，但在儿童 AIH 患者中敏感度相对较高（13%~38%）。2%~10% 的慢性丙型肝炎患者中也可检测到抗 LKM-1 抗体。

(4) 血清抗肝细胞溶质抗原Ⅰ型抗体

【目的】抗肝细胞溶质抗原Ⅰ型抗体（anti-liver cytosol antigen type Ⅰ antibody，anti-LC-1）是器官特异性自身抗体，识别的抗原存在于肝细胞的细胞溶质中。

【应用】在 30%~70% 的 2 型 AIH 患者的血清中可检测到抗 LC-1，约 10% 的 2 型 AIH 患者中抗 LC-1 是唯一可检测到的自身抗体，且抗 LC-1 与 AIH 的疾病活动度和进展有关。抗 LC-1 是诊断 2 型 AIH 的较特异性抗体，常与抗 LKM-1 同时出现。抗 LC-1 也常见于原发性胆汁性胆管炎、慢性乙型肝炎。慢性丙型肝炎、酒精性及非酒精性肝病、药物性肝损伤、遗传代谢性肝病和肿瘤患者也有检出。

(5) 血清抗核抗体

【目的】抗核抗体（antinuclear antibody，ANA）是一组将自身各种细胞成分作为靶抗原的自身抗体的总称。靶抗原可存在于细胞核、细胞质、细胞骨架或细胞分裂结构等部位。ANA 主要是 IgG，也有 IgM 和 IgA 型抗体，无器官和种属特异性。

【应用】70%~80% 的 AIH 患者 ANA 血清呈阳性，其荧光模式（核型）以核均质型多见。ANA 阳性对 1 型 AIH 有临床意义，检出率高，但特异性差。大约 50% 的 PBC 患者 ANA 阳性，核膜型（主要以 gp210 和 p62 为靶点）和核点型（以包括 sp100 在内的多个蛋白为靶点）对 PBC 具有高度特异性。特别是抗线粒体抗体阴性者，抗 gp210 抗体和抗 sp100 抗体诊断 PBC 的敏感度分别为 23% 和 25%，特异度分别为 99% 和 97%。

(6) 血清抗线粒体抗体

【目的】抗线粒体抗体（anti-mitochondrial antibodies，AMA）是一种针对细胞质线粒体内膜和外膜蛋白成分的自身抗体，无器官和种属特异性，主要是 IgG 型。AMA 的靶抗原是线粒体膜上的多种蛋白，共有 9 种亚型（M1~M9）。

【应用】PBC 患者血清生物化学指标特点是血清碱性磷酸酶、γ-谷氨酰转肽酶升高，免疫学特点是抗线粒体抗体阳性、血清 IgM 升高。抗线粒体抗体是诊断 PBC 的特异性标志物，尤其是 AMA-M2 亚型，高滴度的 AMA-M2 抗体对 PBC 诊断的敏感度和特异度高达 90%~95%。AMA 阳性也见于各种肝内及肝外疾病，如 AIH、慢性丙型肝炎、各种原因导致的急性肝衰竭、系统性红斑狼疮等，甚至是健康人群。

2. 血清免疫球蛋白

(1) 血清 IgG 和（或）γ-球蛋白

【目的】AIH 诊断标准中包括 γ-球蛋白（IgG）、ANA、ASMA、抗 LKM-1 水平等，因此，可通过血清 γ-球蛋白水平升高和出现某些自身抗体等综合分析，在排除其他疾病的基础上建立确诊和疑似诊断标准。

【应用】血清高 γ-球蛋白血症几乎见于每例 AIH 患者，以 IgG 升高最为明显，是 AIH 特征性的血清免疫学改变之一。血清 IgG 水平可反映肝内炎症活动程度，经免疫抑制治疗后可逐渐恢复正常。血清 IgG 不仅有助于 AIH 的诊断，而且对于监测治疗效果具有重要的参考价值，治疗后 IgG 水平可明显下降。

(2) 血清 IgG4

【目的】IgG4 相关性疾病（immunoglobulin G4-related disease，IgG4-RD）是累及全身各个器官的慢性、进行性炎症伴纤维化的疾病，主要包括 IgG4 相关自身免疫性胰腺炎、IgG4 相关硬化性胆管炎和 IgG4 相关自身免疫性肝炎等。

【应用】IgG 有 4 个亚类，IgG4 在 IgG 亚类中含量最少，仅占正常血清 IgG 的 3%～6%。血清 IgG4 大于临界值（> 1.35 g/L）可作为 IgG4-RD 血清学诊断标准之一，但在 AIH 中的诊断价值不明确。

二、非病毒性肝炎的实验诊断策略

（一）脂肪性肝病

脂肪性肝病又称脂肪性肝炎（fatty hepatitis），是以肝细胞脂肪过度贮积和脂肪变性为特征的病理综合征。临床上，根据有无长期过量饮酒分为酒精性肝病和非酒精性脂肪性肝病（现更名为代谢相关脂肪性肝病）。脂肪性肝病的诊断策略见图 9-2。

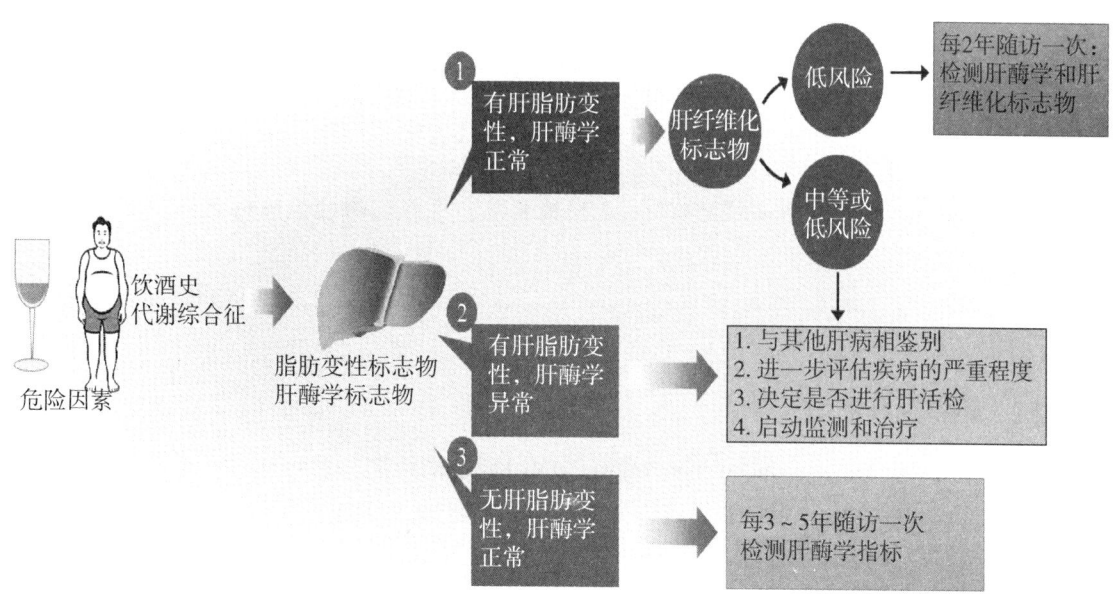

图 9-2 脂肪性肝病的诊断策略

1. 酒精性肝病（alcoholic liver disease，ALD） 是由于长期大量饮酒，乙醇及其代谢产物累积所致的慢性肝病。初期通常表现为单纯性脂肪肝，进而发展为酒精性肝炎、酒精性肝纤维化和酒精性肝硬化。ALD 的诊断思路：①长期饮酒史，一般超过 5 年，乙醇量男性 ≥ 40 g/d，女性 ≥ 20 g/d；或 2 周内大量饮酒史，乙醇量 > 80 g/d。② ALT、AST、GGT、血清总胆红素（TBil）和平均红细胞体积（MCV）等指标升高，其中 AST/ALT > 2、GGT 升高、MCV 升高为 ALD 的特点。禁酒后这些指标可明显下降，4 周内基本恢复正常。③临床表现：ALD 可无症状或有上腹胀痛、食欲缺乏、乏力、体重减轻、黄疸等。④影像学检查有典型表现。⑤排除嗜肝病毒现症感染以及药物、中毒性肝损伤和自身免疫性肝病。符合①②③和⑤或①②④和⑤即可诊断 ALD。仅符合①②和⑤可疑诊 ALD；符合①同时有病毒性肝炎现症感染证据者，可诊断为 ALD 伴病毒性肝炎。

2. 代谢相关脂肪性肝病（metabolic associated fatty liver disease，MAFLD） 是一种由胰岛素抵抗和遗传易感性密切相关的代谢功能障碍所引发的脂肪性肝病，以肝细胞脂肪变性为病理特征，也称非酒精性脂肪性肝病（non-alcoholic fatty liver disease，NAFLD）。MAFLD 与代谢综合征和 2 型糖尿病互为因果，共同促进心血管疾病、慢性肾病、肝硬化以及肝内和肝外恶性肿瘤的发病，成为 21 世纪全球第一大慢性肝病。通常以 ALT 升高为主，GGT 水平正常或轻度升高。部分患者血脂、尿酸、转铁蛋白和空腹血糖升高或糖耐量异常，疾病早期仅表现为单纯性脂肪肝，进展期可引起肝炎性损伤，造成肝纤维化，进一步可发展为肝癌。

> **知识拓展**
>
> **非酒精性脂肪性肝病的更名**
>
> 非酒精性脂肪性肝病（NAFLD）是由遗传易感、环境因素及宿主代谢紊乱之间相互作用形成的复杂性疾病。疾病进展和临床表现受年龄、性别、种族、饮食、肠道菌群、酒精摄入量、遗传易感和代谢状态等多种因素的影响。从 1980 年至今，一直使用排他性疾病诊断来命名与肥胖、糖尿病等代谢紊乱相关的 NAFLD，过分强调饮酒及其摄入量而忽视 NAFLD 的代谢相关病因及异质性。因此，2020 年 3 月，以澳大利亚悉尼大学 Jacob George 教授牵头的国际专家小组在 *Gastroenterology* 发布声明，提出以新命名"代谢相关脂肪性肝病"（metabolic associated fatty liver disease，MAFLD）取代 NAFLD。之后，来自 22 个国家的专家在 *Journal of Hepatology* 杂志上发表了 MAFLD 新定义共识声明。基于新的共识声明，如果肝活检组织学、影像学或血液生物标志物检查提示脂肪肝，同时合并超重/肥胖、2 型糖尿病、存在代谢功能障碍之一，即可诊断 MAFLD。

（二）药物性肝损伤

药物性肝损伤（drug-induced liver injury，DILI）是指使用一种或多种药物后，由药物本身或代谢产物对肝组织产生毒性损害或因异质性反应、过敏等引起的肝功能损伤。DILI 是最常见和最严重的药物不良反应之一，分为急性或慢性肝损伤，临床以急性药物性肝炎最为常见。

药物性肝损伤按受损靶细胞可分为肝细胞损伤型、胆汁淤积型、混合型和肝血管损伤型。DILI 的诊断属于排除性诊断，追述可疑用药史和排除其他肝损伤的病因对诊断至关重要。对于药物性肝炎的严重程度的评估，可通过肝功能试验、物质代谢试验（蛋白、脂肪及糖代谢）、血常规试验、尿常规试验、肾功能试验等做出判断，并监测药物性肝损伤后恢复的程度。

根据中华医学会发布的《药物性肝损伤基层诊疗指南》（2019 年），药物性肝损伤的诊断流程见图 9-3。

（三）自身免疫性肝炎

自身免疫性肝炎（autoimmune hepatitis，AIH）是一种由针对肝细胞的自身免疫反应所介导的肝实质炎症。AIH 临床特点包括：①血清氨基转移酶水平升高；ALT 和 AST 显著升高，ALP 和 GGT 正常或轻微升高；②高 IgG 或 γ-球蛋白血症；③血清自身抗体阳性；④肝组织学上存在中重度界面性肝炎等。

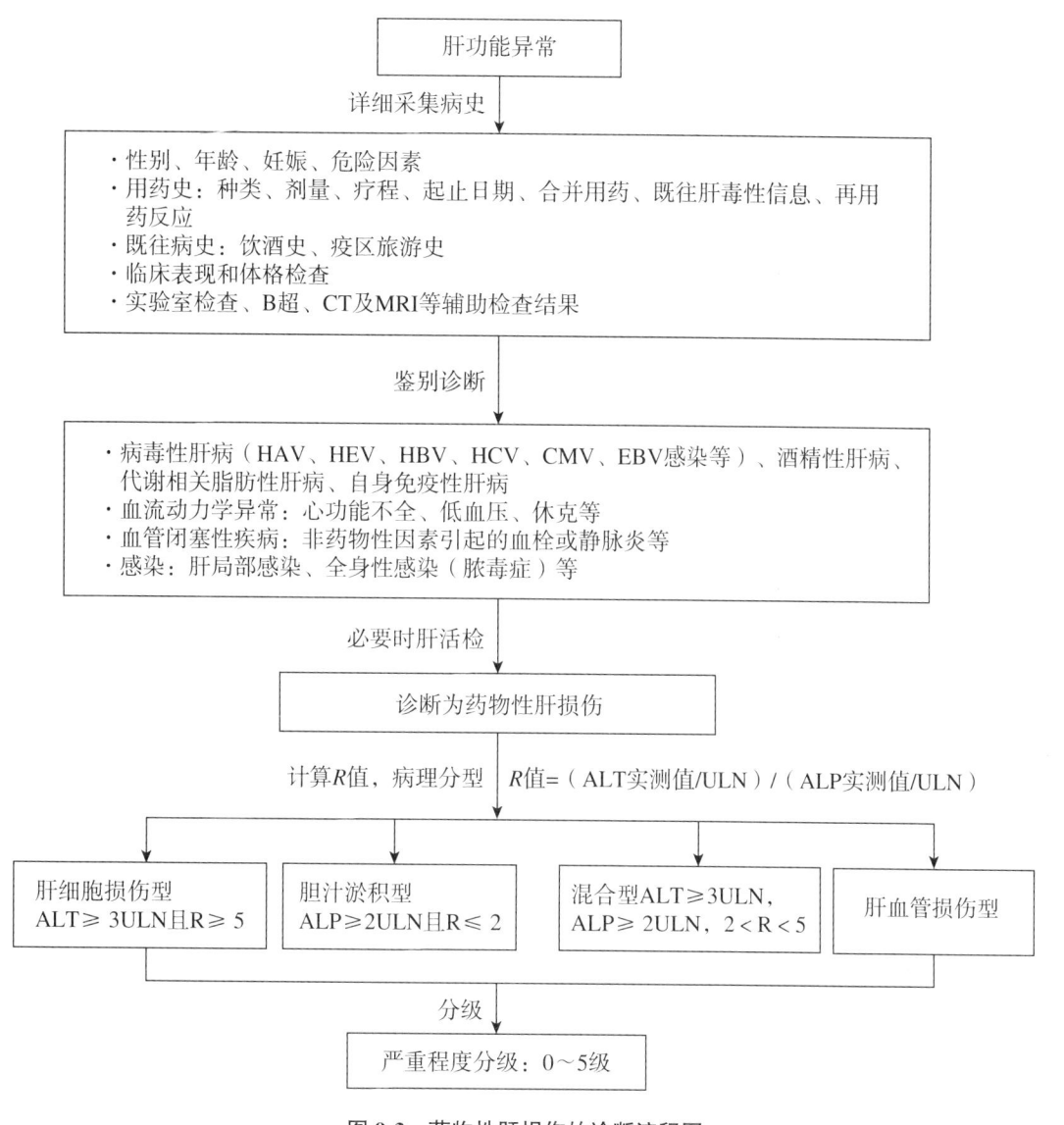

图 9-3 药物性肝损伤的诊断流程图
ULN：参考区间上限

大多数 AIH 患者血清中存在一种或多种高滴度的自身抗体，但这些自身抗体大多缺乏疾病特异性。低滴度阳性可见于各种肝病甚至正常人。AIH 可根据自身抗体的不同分为两型：以 ANA 和（或）ASMA 阳性为主，常见于成年人的 1 型 AIH，约占 AIH 病例的 90%；抗 LKM-1 和（或）抗 LC-1 阳性者多见于儿童的 2 型 AIH。

血清转氨酶水平正常或轻度异常与肝内轻微或非活动性病变可能不一致，也不能由此完全排除 AIH。病情严重或急性发作时，血清胆红素水平可显著升高。AIH 患者中血清 IgM 水平一般正常，IgG 和（或）γ-球蛋白升高是 AIH 特征性的血清免疫学改变之一，不仅有助于 AIH 的诊断，也可用于疗效监测。

根据中华医学会发布的《自身免疫性肝炎诊断和治疗指南》（2021）和《原发性胆汁性胆管炎的诊断和治疗指南》（2021），自身免疫性肝炎实验诊断策略见图 9-4；自身免疫性肝炎简化诊断标准见表 9-2；自身免疫性肝炎的鉴别诊断见表 9-3。

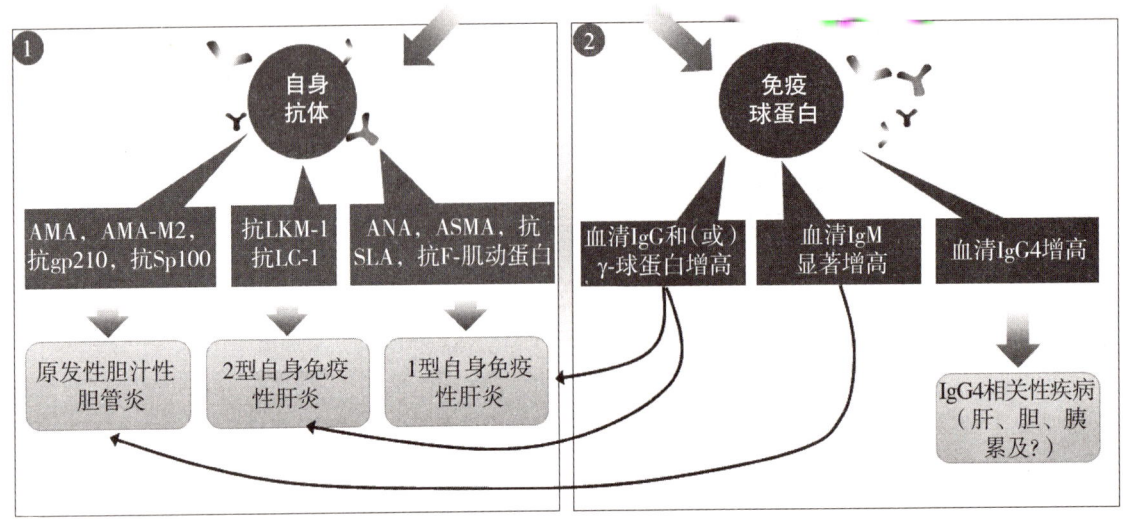

图 9-4 自身免疫性肝炎实验诊断策略

表 9-2 自身免疫性肝炎简化诊断标准（国际自身免疫性肝炎小组）

变量	标准	分值	备注
ANA 或 ASMA	≥1:40	1	相当于我国常用的 ANA 1:100 的最低滴度
ANA 或 ASMA	≥1:80	2	多项同时出现时最多 2 分
LKM-1	≥1:40	2	
SLA	阳性	2	
IgG	>正常值上限	1	
	>1.1 倍正常值上限	2	
肝组织学	符合 AIH	1	界面性肝炎、肝细胞玫瑰样花环、汇管区和小叶内淋巴-浆细胞浸润以及穿入现象被认为是特征性肝组织学改变，4 项中具备 3 项为典型表现
	典型 AIH 表现	2	
排除病毒性肝炎	是	2	

注：=6 分为 AIH 可能；≥7 分为确诊 AIH

表 9-3 自身免疫性肝炎的鉴别诊断

疾病	临床表现和实验检查	病理学表现
药物性肝损伤	药物史明确，停用药物后好转；血清氨基转移酶水平升高和（或）胆汁淤积表现	汇管区中性粒细胞和嗜酸性粒细胞浸润、肝细胞大泡脂肪变性、肝细胞胆汁淤积，纤维化程度一般较轻（低于 S2）
代谢相关脂肪性肝病	1/3 患者血清 ANA 可低滴度阳性，血清氨基转移酶轻度升高，胰岛素抵抗表现	肝细胞呈大泡脂肪变性、肝窦纤维化、汇管区炎症较轻
HCV 感染	抗-HCV 抗体和 HCV-RNA 阳性，血清 ANA 可低滴度阳性或 LKM-1 阳性，IgG 水平轻度升高	肝细胞脂肪变性、淋巴滤泡形成、肉芽肿形成
Wilson 病	血清铜蓝蛋白低，24h 尿铜升高，血清 ANA 可阳性，可有角膜色素环（K-F 环）阳性	存在肝细胞脂肪变性、空泡状核形成、汇管区炎症，可有大量铜沉着，可伴界面炎

思 考 题

1. 简述自身免疫性肝炎的临床特点。
2. 简述自身免疫性肝炎的实验诊断策略。

（李士军）

第三节 胰 腺 炎

胰腺主要分为内分泌腺和外分泌腺。外分泌腺又分为腺泡和腺管两部分，胰液主要由腺泡分泌、腺管排出。胰液中含有大量活化的胰酶，可消化糖、脂肪和蛋白质。

胰腺炎（pancreatitis）是指各种病因致胰酶激活，引起胰腺自身及其周围脏器的自身消化而导致的炎症性疾病。胆道疾病、酗酒、感染性疾病、胰管阻塞、腹部手术创伤、高脂血症、遗传等多种病理因素可引起胰酶在胰腺内提前激活，诱发胰腺炎症。实验诊断对胰腺炎的确诊有重要意义。

一、胰腺炎的检验项目与应用

1. 血清或尿液淀粉酶

【目的】淀粉酶（amylase，AMY）可催化淀粉分子中的 α-1,4 糖苷键水解及糖原水解，生成葡萄糖、麦芽糖及糊精。人 AMY 主要存于胰腺和唾液腺，其他一些组织（如肺、胆囊、胃、卵巢、睾丸等）的提取物也有一定的 AMY 活性。血中 AMY 主要来自唾液腺及胰腺。AMY 的分子量（5.5～6.0 kD）较小，可通过肾小球滤过膜出现在尿中。当唾液腺及胰腺损伤后，血液及尿液淀粉酶活性显著升高，尤其是疑为胰腺炎时，AMY 升高更为显著，发病 2 h 血清 AMY 升高，12～24 h 达高峰，可高于参考区间 20 倍左右，48 h 后开始下降，5 天左右降至参考区间。

【应用】血或尿淀粉酶活性作为一种胰腺外分泌功能试验，在急性胰腺炎的诊断和腹痛、腹肌紧张、恶心、呕吐等急腹症表现的鉴别诊断等方面具有重要的意义。肾的排泄功能可影响血或尿中 AMY 水平。血中 AMY 半衰期短（约 2 h），胰腺炎时血清 AMY 增高早，但持续时间很短；尿 AMY 水平增加晚，但持续时间长。由丁受肾浓缩与稀释功能影响，随机尿液 AMY 检测时，可同时检测尿肌酐（Cr），然后换算为尿总 AMY-尿肌酐比值。

2. 血清淀粉酶同工酶测定

【目的】血清 AMY 可分为胰腺淀粉酶（pancreatitis amylase，p-AMY）同工酶和唾液淀粉酶（salivary amylase，s-AMY）同工酶两种，约 1% 的人群中还存在巨型 AMY（m-AMY），多为正常 AMY 和免疫球蛋白形成的复合物。

【应用】血清 AMY 同工酶检测以 p-AMY 为主，主要诊断急性胰腺炎、慢性胰腺炎急性发作等，血液及胸腔积液、腹水中水平可明显升高。

3. 血清脂肪酶

【目的】脂肪酶（lipase，LIP/LPS）可水解长链脂肪酸甘油酯，水解成甘油和脂肪酸。血中 LPS 主要来源于胰腺，其次为胃、小肠、肺等，半衰期 7～14 h，比 AMY 长。LPS 可由肾小球滤过并由肾小管全部重吸收，因此健康人尿中几乎无 LPS 活性。血清 LPS 在急性胰腺炎

发病 4～8 h 活性开始升高，24 h 左右达高峰，可达 10 U/L，甚至 50～60 U/L，48～72 h 可恢复正常，随后可持续升高 7～14 天。

【应用】①血清 LPS 主要用于急性胰腺炎诊断和急腹症鉴别诊断，其特异性高于淀粉酶，持续升高时间比淀粉酶长，故可用于急性胰腺炎的后期诊断。急腹症时血清淀粉酶和脂肪酶活性正常。②慢性胰腺炎时，LPS 也可增高，但升高幅度不大。③ LPS 升高还可见于消化性溃疡穿孔、肠梗阻、急性胆囊炎等急腹症，脂肪组织破坏、肝炎、肝硬化有时也可升高，但升高幅度不大。④急慢性肾病时，血 LPS 也可升高。

4．尿液胰蛋白酶原 -2

【目的】胰蛋白酶原（trypsinogen，Try）占胰液总蛋白的 19%，主要有胰蛋白酶原 -1（trypsinogen-1，Try-1）和胰蛋白酶原 -2（trypsinogen-2，Try-2）两种形式。生理状况下 Try 主要存在于胰腺组织中，血液和尿液中的含量极低。当胰腺组织受损时，Try 大量释放入血液，从肾小球滤过，通过肾小管重吸收。肾小管对 Try-2 的重吸收率低于 Try-1，因此胰腺组织受损时，尿液 Try-2 浓度明显增高。

【应用】尿液 Try-2 主要用于急性胰腺炎诊断和急腹症鉴别诊断，增高主要见于①急性胰腺炎：发病后 6 h 尿中 Try-2 升高，一般持续阳性 7～10 d，平均升高幅度可达数百至数千倍，可作为急性胰腺炎的优先筛查项目。②其他胰腺疾病，如慢性胰腺炎、胰腺假性囊肿、胰腺癌时，可出现尿 Try-2 阳性。③在慢性肾衰竭、梗阻性胆石症胆囊炎、胃癌、胆道癌、肝癌和结肠直肠癌等疾病中也可见尿 Try-2 阳性。

5．血液基础生化试验

【目的】主要是了解肝肾功能、糖代谢、脂代谢、电解质等有无异常。

【应用】急性胰腺炎时，血清转氨酶、碱性磷酸酶、胆红素、肌酐、尿素、血糖等常见升高；电解质异常，尤其是血钙常见降低。

6．全血细胞计数

【目的】通过外周血白细胞总数与分类计数，辅助胰腺炎诊断与疗效监测。

【应用】急性胰腺炎时，外周血白细胞总数（WBC）常增高，并可见中性粒细胞百分比增高伴核左移。

案例 9-3

男性，26 岁，因进食辛辣食物后恶心、呕吐伴上腹疼痛 4 小时后就诊。中上腹疼痛且呈持续性加重，并向左侧腰背部放射，有压痛。体温、血压均正常，心率 92 次/分。心肺正常，肝区无叩击痛，肝浊音未见缩小，腹部肠鸣音弱。呕吐物均为胃内容物，无发热、黄疸、腹泻等其他不适反应。实验检查：尿淀粉酶显著增高。CT/影像检查提示胆囊壁光滑、胆总管未见扩张，胰腺肿大，周围可见不规则液暗区。

问题：
1. 患者可能的初步临床诊断是什么？有何依据？
2. 除尿淀粉酶，其他哪些实验项目还可作为明确诊断的进一步检查？

二、胰腺炎的实验诊断策略

根据病因和病程的长短，胰腺炎通常可分为急性胰腺炎（acute pancreatitis，AP）和慢性胰腺炎（chronic pancreatitis，CP）两种。临床表现、实验检查、影像学检查是胰腺炎诊断的三大依据，其中实验检查是必不可少的诊断要素。实验检查不仅用于胰腺炎的诊断、鉴别诊断，而且可以评估病情严重程度及预后。

（一）急性胰腺炎

急性胰腺炎（AP）指因胰酶异常激活对胰腺自身及周围器官产生消化作用而引起的、以胰腺局部炎性反应为主要特征，甚至可导致器官功能障碍的急腹症。AP病因众多，不同病因引起的急性胰腺炎的患者年龄、性别分布及疾病严重程度各不相同。在我国，胆石症仍是急性胰腺炎的主要病因，其次为高三酰甘油血症及过度饮酒。高三酰甘油血症性及酒精性急性胰腺炎更常发生于年轻男性患者，老年患者以胆源性居多。胰腺管堵塞、手术或创伤、内分泌与代谢障碍、感染、药物等也可诱发AP。AP的典型症状为急性发作的持续性上腹部剧烈疼痛，常向背部放射，伴有腹胀、恶心、呕吐，且呕吐后疼痛不缓解，部分患者可出现心动过速、低血压、少尿等休克表现，严重脱水和老年患者可出现精神状态改变。临床体征轻者仅表现为腹部轻压痛，重者可出现腹膜刺激征。大部分AP患者因突发性上腹部持续性剧痛就诊，伴有恶心、呕吐、发热等；若无器官衰竭和并发症，AP患者可以完全康复，预后较好。个别重症患者可继发脏器衰竭，死亡率较高，故AP发作后轻重程度的判定至关重要。实验检查常可快速协助临床初步诊断。血清淀粉酶（AMY）、脂肪酶（LPS）是首选实验诊断项目，结合白细胞计数、血脂、血钙、血糖、肝肾功能等基本生化指标可了解机体整体受损情况。还可以选择白细胞介素-6（interleukin-6，IL-6）、血液C反应蛋白（C-reactive protein，CRP）和Try-2等监控病情的进展，判断病情的严重程度及预后。急性胰腺炎实验诊断路径如图9-5。

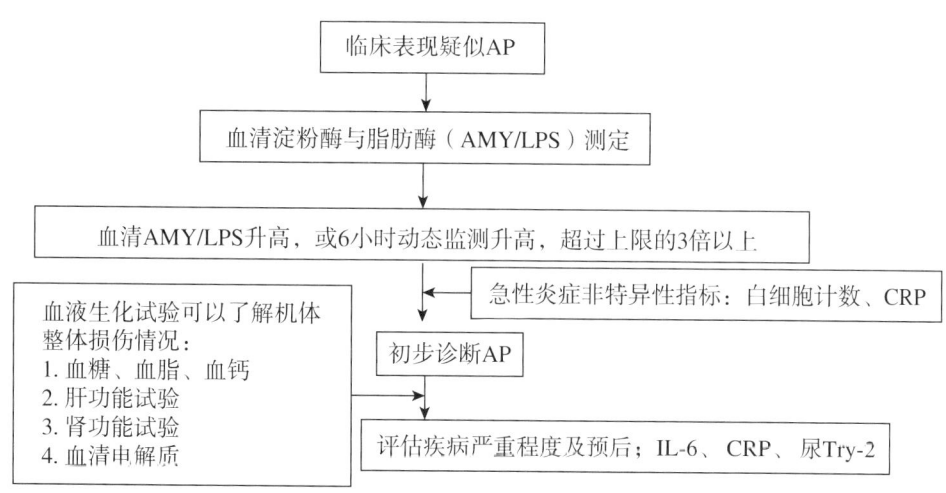

图9-5 急性胰腺炎的实验诊断路径

（二）慢性胰腺炎

CP是胰腺局部、节段性、弥漫性慢性进展性炎症，影响胰腺内、外分泌功能。胰腺纤维化病变引起胰腺不可逆损害。我国以胆管疾病长期存在为主要病因，其他病因如长期酗酒、胰腺先天性疾病、胰腺外伤或手术、急性胰腺炎致胆管狭窄、高钙血症、高脂血症、自身免疫性疾病等，出现持续性上腹痛、体重减轻、腹泻等症状应疑为本病，结合实验检查及影像学检查综合诊断，部分患者病因不明。AP经常性反复发作会导致慢性胰腺炎，也可以没有AP的启动，直接促进CP发生，表现为反复发作性或持续性腹痛、腹泻、消瘦、糖尿病等。CP从症状出现到确诊往往需要很长的时间，早期临床表现无特异性，病情迁延，发病机制不明。虽然实验检查对 CP 诊断意义不大，但可通过检测 AMY、LPS 及物质代谢试验，辅助评估胰腺功能。

三、胰腺炎的实验诊断

（一）急性胰腺炎的实验诊断

1. 胰腺酶活性升高

（1）血清 AMY：血 AMY 是诊断急性胰腺炎的基础指标，AP 起病后 6～12 h 开始升高，12～72 h 达高峰状态，高于上限的 3 倍可以确诊，但约 20% 的患者血 AMY 不高。AMY 越高，AP 的可能性越大，但不能反映病情轻重。轻症者持续 2～5 d 后逐渐降至正常水平，如果持续高水平达数周，提示炎症反复及合并并发症、胰管阻塞及癌肿。

（2）尿液 AMY：AP 起病后 12～24 h 才开始升高，48 h 达高峰，下降缓慢，1 周～2 周后恢复正常。对 AP 后期或恢复期患者有一定参考价值。

（3）血清 LPS：AP 起病后 24～48 h 开始升高，持续 7～10 d。其升高程度可达参考上限的 2 倍～50 倍，对就诊较晚、血 AMY 已经不高的患者有诊断价值。其他原因引起血清淀粉酶增高时，血清脂肪酶一般不增高。

（4）尿液 Try-2：AP 起病后 6 h Try-2 开始升高，持续 7～10 d，与疾病的严重程度成正相关。

2. 炎症反应明显

（1）血液白细胞常明显升高，以中性粒细胞增多为主，并伴有核左移。

（2）血液 CRP 升高：发病后第 2 d 升高，CRP > 120 mg/L 提示重症胰腺炎；发病 72 h 后，CRP > 150 mg/L 提示胰腺组织坏死可能。

（3）血清 IL-6：可反映体内炎症程度，动态测定如果逐渐升高提示预后不良。

3. 代谢功能异常

（1）三酰甘油升高：高血脂是 AP 的主要原因之一，三酰甘油超过 11.3 mmol/L 极易发生急性胰腺炎，同时三酰甘油升高又是 AP 引起代谢紊乱的并发症，两者形成恶性循环。

（2）血糖升高：由于胰腺内分泌功能受损，胰岛素释放减少所致。AP 患者持续空腹血糖 > 10 mmol/L，常提示胰腺坏死。

（3）水、电解质代谢紊乱：伴有严重呕吐症状的 AP 患者，常出现脱水、代谢性酸中毒，血钙、钠、镁减低。血钙发病 2 d 后开始下降，第 4～5 d 后较为显著，若降至 1.75 mmol/L 以下，提示预后不良。

4. 肝肾功能异常

（1）肝功能异常：肝是急性胰腺炎早期极易受损的器官之一，血清 ALT、AST、ALP、γ-GT、胆红素均增高，血清白蛋白下降。

（2）肾功能异常：AP 合并肾损伤比较常见，严重时可以导致急性肾衰竭，血清肌酐升高；出现蛋白尿、糖尿、管型尿等。

> **知识拓展**
>
> **CA19-9 与胰腺癌**
>
> 　　胰腺炎持续发作易诱发胰腺癌,少数胰腺炎患者血清肿瘤标志物 CA19-9 轻度升高,但 CA19-9 不是确诊胰腺癌的重要指标,只是提示。很多胰腺癌患者 CA19-9 并不高,因此胰腺癌患者的预后和 CA19-9 关系也不大。胰腺癌恶性程度高、进展快,总体预后很差,其中 65% 的胰腺癌患者在确诊 6 个月内死亡,5 年内总生存率不到 6%。定期体检、及时发现胰腺的早期肿瘤是影响预后的关键。早期胰腺癌患者的生存时间较长,随着肿瘤的进展,越是中晚期,胰腺癌患者生存期越短。
>
> 　　手术根治切除是目前唯一能根治胰腺癌的治疗方案,但 80% 以上的患者在诊断时,已经无法通过手术切除治愈。胰腺癌的预后与早期诊断、肿瘤大小、临床分期、胰腺癌的侵犯程度、远期是否转移,以及治疗方法是否得当密切相关。及早发现并进行根治性手术治疗,可以延长患者的生存期。

(二)慢性胰腺炎的实验诊断

1. 血清 AMY 轻、中度升高或不升高,尿 AMY 变化也不显著;急性发作时升高。
2. 血清 LPS 轻度升高,急性发作时显著升高,后期下降。
3. 血糖水平异常,早期内分泌功能不全出现糖耐量异常,后期出现空腹血糖增高。
4. 排便可有异常,多有脂肪泻,粪便中脂肪、肌纤维含量增高。
5. 少数患者血清肿瘤标志物 CA19-9 轻度升高,若 CA19-9 持续性升高 2 倍以上,应高度怀疑胰腺癌。

思 考 题

1. 如何通过实验检查评估急性胰腺炎病情的严重程度及预后?
2. 与淀粉酶相比,血清脂肪酶在急性胰腺炎的实验诊断上有何特点?

(徐文华)

第四节　消化道出血

　　消化道出血(alimentary tract hemorrhage)是常见的消化道系统疾病,可因消化道本身的炎症、溃疡、损伤、血管病变、肿瘤等因素引起,也可因消化系统相关器官的病变和全身性疾病累及消化道所致;其主要临床表现为呕血、黑便或便血。根据出血部位,可分为上、下消化道出血。消化道出血原因的诊断主要依靠影像学检查,但结合病史和体征,实验检查有助于消化道出血病因的诊断和鉴别诊断。

案例 9-4

男性，66岁，8 h前无明显诱因头晕、口渴，呕吐咖啡渣样物质约400 ml，伴恶心、上腹不适及乏力，排黑便一次，量约120 ml。查体：T 36.5℃，P 90次/分，R 19次/分，BP 100/60 mmHg。全身皮肤无黄染及出血点，无肝掌与蜘蛛痣。睑结膜苍白，巩膜无黄染。上腹部压痛（+），肠鸣音活跃。未见其他明显异常。全血细胞计数：RBC 3.2×10^{12}/L，Hb 86 g/L，WBC 9.6×10^9/L，中性粒细胞77%，淋巴细胞23%；尿常规正常，粪便隐血试验阳性；肝、肾功能试验，血脂、血糖未见异常。胃镜及X线检查支持十二指肠溃疡；HP检测阳性。腹部B超检查：肝胆胰脾肾大致正常。

问题：
1. 实验检查对该患者消化道出血的诊断有哪些临床意义？
2. 如何通过实验检查监测该患者消化道出血是否停止？

一、消化道出血的检验项目与应用

1. 粪便试验

【目的】包括粪便常规（一般性状检验和显微镜检验）和粪便隐血试验，可用于消化道出血的筛查及辅助诊断。

【应用】当消化道出血时，粪便颜色主要决定于出血量及其在肠道停留的时间，其次取决于出血部位的高低。当粪便常规检查发现黑便、鲜血便，或隐血试验阳性时，通常提示有消化道出血。临床应用时也可依靠隐血试验（免疫学方法）阴性，排除服用铁剂、铋剂及某些中药、动物血、肉类等食物后出现的隐血试验假阳性。

2. 全血细胞计数

【目的】通过全血细胞计数（CBC）检测有无贫血及判断贫血类型，辅助消化道出血诊断和病情监测。

【应用】轻度消化道出血时，一般不会引起贫血；但长期慢性出血（如消化道溃疡、肿瘤、钩虫感染等）可引起轻中度不均一性小细胞低色素性贫血；急性消化道大出血时，可致正细胞正色素性贫血。动态监测CBC有助于病情监测和预后估计。

> **知识拓展**
>
> **基于粪便检测的结直肠癌筛查**
>
> 结直肠癌是我国常见恶性肿瘤，早期诊断与治疗是改善结直肠癌患者预后、减轻人群疾病负担的关键所在。国内外研究结果显示，以粪便试验为主要手段的结直肠癌筛查能够降低结直肠癌的发病率和死亡率。目前基于粪便检测的方法包括粪便免疫化学测试（FIT）和多靶点粪便检测。FIT是目前应用最广泛的结直肠癌早期筛查技术，推荐筛查周期为1年1次。多靶点粪便检测是利用粪便DNA检测技术检测粪便中肠道肿瘤脱落细胞的特异性标志物，并与FIT相结合的检测方法。该方法提高了结直肠癌进展期腺瘤的筛查敏感性和特异性，但检测费用较高，推荐应用于无症状人群结直肠肿瘤早诊筛查，筛查周期为3年1次或1年1次。粪便检测阳性者应行肠镜检查，有异常发现时应取组织活检以明确诊断。

3. 肾功能试验

【目的】通过血清尿素、肌酐比值判断是否存在上消化道出血导致的肠源性氮质血症。

【应用】上消化道出血后，大量血液蛋白质的消化产物在肠道内被吸收，血中尿素浓度增高，称为肠源性氮质血症；下消化道出血后，蛋白质消化产物来不及被肠道吸收就被排出，故无氮质血症，可据此判断上消化道出血和下消化道出血。但需要结合肌酐的浓度，与急性肾衰竭所致的肾性氮质血症鉴别。正常情况下，血清尿素 / 肌酐（mg/dl）比值约为 20∶1，当比值 > 20（严重时比值可高达 40∶1），而肌酐水平基本正常时，一般支持上消化道出血。

二、消化道出血的实验诊断策略

临床上对消化道出血的诊断与鉴别诊断主要是通过实验检查、内镜与影像学检查等。实验诊断可按图 9-6 所示路径进行。

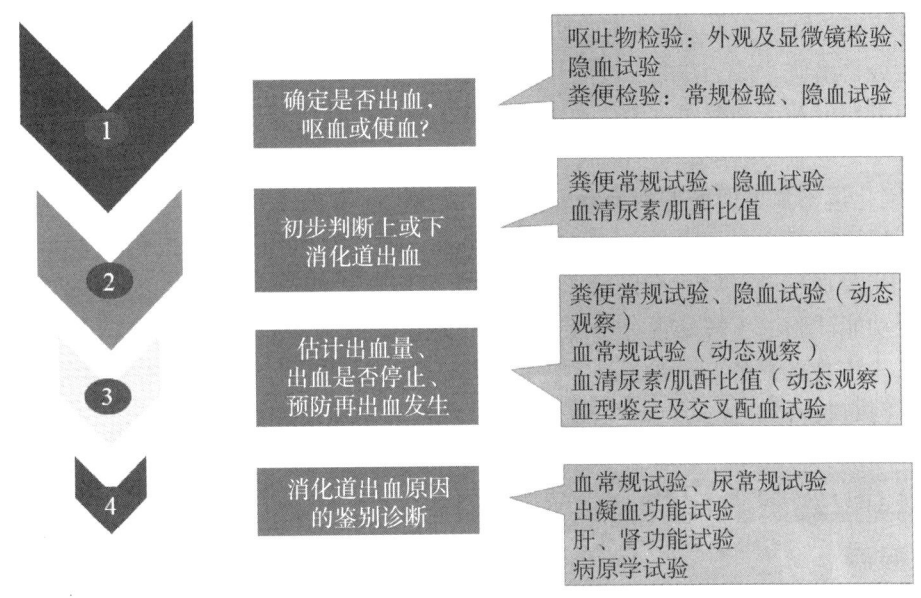

图 9-6　消化道出血的实验诊断路径

三、常见消化道出血的实验诊断

（一）上消化道出血

上消化道出血包括食管、胃、十二指肠、空肠上段，以及胰腺、胆道的出血，临床表现以呕血和黑便为主，常伴有血容量不足的临床表现。

1. 上消化道出血的初步确定

（1）呕吐物试验：性状主要取决于出血量及在胃内滞留的时间，出血量少、血液在胃内存留时间长，由于胃酸的作用，呈咖啡渣样棕黑色；出血量大时可呈暗红色或鲜红色，多含有胃内容物。隐血试验阳性。

（2）粪便试验：上消化道出血时，血中血红蛋白的铁与肠道内硫化物结合成硫化铁，粪便呈柏油样便（药物引起的黑色粪便一般呈灰黑色、无光泽）；但出血量大时，肠蠕动过快，可以仅为暗红色或鲜红色血便；而少量出血时，肉眼不见红色/黑色，而少量红细胞被消化，显微镜下也无从发现时，主要依赖隐血试验阳性进行判断。

(3) 血清尿素-肌酐比值：上消化道出血时，比值一般>20。

2. 出血量估计和出血是否停止的判断

(1) 全血细胞计数：急性大出血早期，由于应激性的血管收缩导致 RBC、Hb 和 HCT 暂时处于参考区间，而此时 WBC 迅速增高，可达 $20×10^9$/L；3~4 h 出现稀释性贫血，Hb、RBC 和 HCT 才下降，24~72 h 血液稀释到最大限度。出血 24 h 内网织红细胞即见增高，出血停止后逐渐降至正常。急性出血患者呈正细胞正色素性贫血，慢性失血则呈小细胞低色素性贫血。急性大出血患者应每 6 h 查一次全血细胞计数，直到患者状态稳定。如 RBC、Hb 及 HCT 持续下降，网织红细胞持续升高则应考虑继续出血或再出血。

(2) 血清尿素：如在补液和尿量足够的情况下，血清尿素持续升高或再次升高，应考虑继续出血或再出血。

(3) 粪便试验：由于肠道内积血需经数日才能排尽，不能以黑便或隐血阳性作为继续出血的指标。1 次出血后黑便/隐血试验阳性持续的天数受患者排便次数的影响，如每日排便 1 次，约 3 d 后粪便颜色恢复正常/隐血试验阴性。如黑便次数增多，粪质稀薄，隐血持续阳性则提示继续出血或再出血。

(4) 血型鉴定及交叉配血：消化道大出血时，为了稳定病情，预防再出血，建议所有患者都查血型并交叉配血 2 单位。当 Hb 低于 70g/L 或 HCT 低于 25% 时，需要紧急输血。

3. 上消化道出血原因的鉴别诊断 ①血常规试验：有助于发现是否可能导致消化道出血的血小板相关疾病、白血病。如有钩虫、血吸虫、蛔虫等寄生虫感染，嗜酸性粒细胞亦可明显增高。②出凝血功能试验：有助于了解是否有可能导致消化道出血的止血、凝血机制障碍等。③肝肾功能试验：了解是否有可能导致消化道出血的慢性肝病、肾病等。④病原学试验：通过标本涂片显微镜检验、分离培养与鉴定、免疫学与分子生物学试验等检测粪便等标本中相关病原体，例如致病菌、病毒与寄生虫（钩虫、血吸虫、钩端螺旋体）等。

微整合

基础回顾

消化道出血量与临床表现

消化道出血的临床表现取决于出血量、出血速度、出血部位及性质。上消化道出血的特征性表现是呕血与黑便；下消化道出血的主要表现为便血。呕血一般均为上消化道出血，但高位空肠出血偶尔也可表现为呕血；黑便一般为上消化道出血的表现，但当出血量少、肠道的运动缓慢，血液在肠道存留时间长时，右半结肠及低位小肠的出血也可表现为黑便。当上消化道出血量大于 1000 ml，速度快，约 4 h 排出时，也可以表现为暗红色甚至鲜红色便血。如粪便外观正常，仅粪便隐血试验阳性，出血量为 5~10 ml；出现黑便时出血量为 50~100 ml；呕血时出血量>250 ml；不引起全身症状的出血量<400 ml；引起全身症状的出血量>400 ml；出现休克时出血量>1000 ml。

（二）下消化道出血

下消化道出血最常见病因是大肠癌和大肠息肉，其次是肠道炎症性病变，包括肠伤寒、肠结核、溃疡性结肠炎、克罗恩病和坏死性小肠炎等，除无呕血外，其他临床表现与上消化道出血类似。主要表现为便血，直肠、肛门部病变，以便鲜红色血为特点，但当出血量少肠道运动缓慢（肠道内存留时间超过 14 h），右半结肠及低位小肠的出血也可表现为黑便，显微镜下多可见相对完整的红细胞，隐血试验阳性。与上消化道出血不同，血清尿素-肌酐比值多正常。出血量估计和出血是否停止的判断及出血原因的鉴别诊断同上消化道出血。

思 考 题

1. 叙述上消化道出血与下消化道出血的实验检测项目的区别。
2. 叙述消化道急性大出血时全血细胞计数的动态变化。

（唐 敏）

第五节 腹 泻

腹泻（diarrhea）是指排便次数明显增多（> 3 次 / 天），粪质稀薄，含水量增加（> 85%），可伴有黏液、脓血或未消化的成分（推荐使用布利斯托的粪便性状分型评分第 5 型及以上作为腹泻标准）。腹泻分类方法多样：按病理机制可分为分泌性、渗出性、渗透性和动力性；按病因则可分为器质性和功能性；按临床特点分为水样泻、脂肪泻和炎症性；按病程分为急性和慢性。

案例 9-5

男性，36 岁，腹痛、腹泻、发热 21 小时。发病前 5 小时在外就餐（夏季），疑不洁；此后出现下腹部阵发性绞痛，排便初为黄色稀水便，后转为脓血便，共解 10 余次，每次量 200 ~ 300 ml，伴里急后重，感恶心并呕吐胃内容物 3 次，呕吐为非喷射性，随后发热，体温最高 39℃，伴畏寒。入院查体：腹部平软，左下腹轻压痛，肠鸣音活跃。实验检查：全血细胞计数 WBC 15.4×10^9/L，中性粒细胞 89.2%，RBC 3.41×10^{12}/L，Hb 125 g/L，PLT 201×10^9/L。粪便常规试验：脓血便，白细胞满视野 /HPF，红细胞满视野 /HPF，吞噬细胞 0 ~ 1 个 /HPF，动力试验阴性；粪便培养：福氏志贺菌（F4a）。其他无明显异常。

问题：
1. 该患者腹泻属于哪一种病理类型腹泻？是小肠性还是结肠性腹泻？
2. 细菌性痢疾和阿米巴痢疾实验检查有哪些不同？

一、腹泻的检验项目与应用

1. 粪便常规试验

【目的】通过对粪便的一般性状、显微镜检查，初步筛查或辅助诊断腹泻的原因。

【应用】根据粪便的性状、组成粗略判断胃肠、胰腺、肝胆功能情况；了解消化道有无炎症、出血、寄生虫感染等情况。

渗透性腹泻：粪便渗透压超过血浆渗透压；粪便中含大量未经消化吸收的食物或药物，粪便总量一般＜1 L/d。分泌性腹泻：粪便渗透压与血浆渗透压相同，粪质呈水样，量大，无脓血，粪便量＞1 L/d。渗出性腹泻（炎症性腹泻）：粪便常含有渗出液和血液，结肠炎症多有肉眼黏液脓血便，粪便检查可见较多红细胞和白细胞，粪便量少，不超过0.8 L/d。动力性腹泻：粪便性状多为水样或稀烂，无黏液及脓血等渗出物。

2．病原体检查

【目的】主要通过粪便涂片显微镜检查、分离培养和鉴定、免疫学和分子诊断等方法，对病原体及其抗原、毒素和核酸等进行检查。血清学特异性抗体检测对确定病原体有辅助诊断意义。

【应用】检查粪便中致病菌等病原体，以提供防治肠道传染病的根据。粪便镜下查找虫卵及原虫1次敏感性为50%～70%，3次敏感性超过90%，而抗原检查敏感性超过90%。病毒和细菌毒素导致胃肠炎主要通过临床表现诊断。病毒也可通过免疫方法检测粪便中的相应抗原进行快速诊断；粪便培养是细菌感染的诊断金标准，患者出现高热、腹痛及痢疾等严重症状必须进行粪便培养。必要时还需进行相关毒素检查。

知识拓展

基质辅助激光解吸电离飞行时间质谱法

在腹泻的实验检测中，粪便中的微生物鉴定是做出正确诊断和治疗的前提。细菌传统的生化鉴定方法（包括血清学分型）准确、可靠，但步骤繁琐，检测周期较长。基质辅助激光解吸电离飞行时间质谱法（matrix-assisted laser desorption ionization time-of-flight mass spectrometry，MALDI-TOF MS）于20世纪90年代末开始成功用于细菌和真菌的鉴定，由于其检测效率高、准确性高、成本低而被广泛应用于病原体的快速鉴定。近年来，MALDI-TOF MS对细菌、真菌耐药性的检测潜力也逐步被发掘，它的应用加快了对细菌和真菌耐药性检测与分型的速度，其具有很大的应用前景。

3．全血细胞计数

【目的】了解腹泻时白细胞数量及种类，辅助诊断感染性与非感染性腹泻。

【应用】结合粪便检验，对感染性腹泻诊断和严重程度的判断有重要的价值。病毒感染时，白细胞计数不敏感、也不特异；当白细胞升高，中性粒细胞为主，并出现核左移，提示细菌感染，尤其志贺菌感染。寄生虫感染时，嗜酸性粒细胞可增多。

4．其他实验检查

【目的】了解是否有相关内分泌疾病，是否存在慢性感染、电解质紊乱和严重肾病，是否免疫力低下及是否存在导致免疫力低下的疾病（病毒性肝炎、艾滋病等）。

【应用】一些全身性疾病，如内分泌疾病（血清甲状腺激素、肾上腺皮质激素异常）、结缔组织疾病、尿毒症（肾功能异常）等也会引起腹泻；免疫力低下的患者如艾滋病患者等容易感染隐孢子虫等而出现腹泻（免疫功能下降、相关血清学检测异常）；而严重的腹泻也会导致水、电解质紊乱，以及溶血性尿毒症（电解质紊乱、肾功能异常）。因此，根据患者的具体情况，选择相应的检查有利于病因的确定，防治严重并发症。

二、腹泻的实验诊断策略

腹泻诊断通常首先依据病程长短区分急性、慢性腹泻（病程＞4 w，或间歇期在2～4 w内的复发性腹泻）；然后根据腹泻特点、伴随症状和粪便等初步检查，将其分为感染性或非感染性两大类；再进一步确定病变范围是全身性或局部性，小肠性或结肠性，器质性或功能性；在此基础上，针对可能相关的一组疾病进行必要的病原学、免疫学等检查，做出鉴别诊断和诊断。

> **微整合**
>
> **基础回顾**
>
> *消化系统功能*
>
> 人体的消化系统由食管、胃、小肠、结直肠及肛门组成，其中小肠全长为5～7 m，包括十二指肠、空肠和回肠；结直肠全长约1.3 m。三大营养物质在小肠上部基本上已吸收完毕，维生素B_{12}与胆盐主要在回肠吸收，结肠主要吸收水分和盐类、储存粪便，当直肠储存粪便达150 ml以上，便会刺激直肠下端肠壁内排便感受器，将粪便排出体外。生理情况下胃肠道参与机体水、电解质平衡，每24 h约有9 L水分和电解质进入小肠，其中2 L来自饮食，7 L来自消化道和肝胆胰分泌的消化液，小肠可吸收其中90%的水分，仅有1～2 L排至结肠，结肠又可吸收其中90%水分，最终仅有0.1～0.2 L水分随粪便排出。如水分的分泌和吸收发生紊乱，粪便中水分增加，即可造成腹泻。

三、常见感染性腹泻的实验诊断

（一）小肠性感染性腹泻

患者无里急后重，腹泻次数相对较少，每次粪便量较多。粪便多为水样便，颜色较淡，可含有脂肪而黏液少、恶臭；感染性小肠炎因细胞被消化，显微镜下白细胞数量不多（＜15个/HPF），且难以辨认。

1. 病毒性胃肠炎 大多由轮状病毒、诺如病毒等引起。病毒感染小肠绒毛上皮细胞，使受损肠绒毛变短，吸收面积减少，从而引起液体和盐分渗入肠腔。粪便呈蛋花汤样或水样，带酸臭味，因含胆汁减少，粪便颜色较淡，很少含有黏液和血液。可通过检测粪便上清液中病毒抗原、病毒RNA等进行确诊，也可以通过血清学特异性抗体检测协助诊断。全血细胞计数白细胞大多正常。

2. 霍乱 由霍乱弧菌导致。霍乱弧菌外毒素与小肠黏膜上皮细胞的刷状缘神经节苷脂紧密而不可逆地结合，促使细胞分泌功能增强，引起水和电解质大量分泌到肠腔。粪便为米泔样，可见黏液；涂片染色显微镜下可见革兰氏染色阴性的弧菌；粪便悬滴法检查可见水样便中的细菌呈穿梭样运动，制动试验阳性；还可用胶体金快速检测O_1和O_{139}群霍乱弧菌的抗原成分；所有怀疑霍乱患者的粪便，均应进行增菌后分离培养，粪便留取应在抗菌药使用之前，并尽快送实验室培养。脱水时患者可有血液浓缩，尿常规可见少量蛋白、管型等。

（二）结肠性感染性腹泻

患者多有腹痛腹泻和里急后重，每次排便量少。粪便颜色较深，多为胶冻状；显微镜下可见红细胞、白细胞等。

1. 细菌性痢疾 由志贺菌属肠杆菌导致。细菌侵入肠黏膜上皮细胞和固有层繁殖，同时释放内、外毒素，使肠黏膜出现炎症、坏死和溃疡。粪便多为黏液脓血便，显微镜下可见大量白细胞或成堆脓细胞，红细胞常少于白细胞或脓细胞，多分散存在且形态正常，如有巨噬细胞有助于诊断；确诊有赖于粪便培养，慢性病例还可做药敏试验以指导临床用药。急性期血液白细胞可轻至中度增高，以中性粒细胞为主。

2. 阿米巴痢疾 由溶组织阿米巴所致。滋养体为致病因子，其侵入肠壁，导致肠黏膜损伤、溃疡。粪便因血与坏死组织混合均匀呈果酱样，具有腐败腥臭味，显微镜下红细胞多于白细胞，多成堆存在并有残碎现象，涂片染色时可见较多嗜酸性粒细胞，可伴有夏科-莱登结晶；急性期粪便（保温及时送检）显微镜检查可见活动的滋养体，碘液涂片法可见包囊。全血细胞计数嗜酸性粒细胞可增多。

思 考 题

1. 请叙述腹泻的分类方法及不同病理性腹泻其粪便的特点。
2. 请叙述小肠性腹泻和结肠性腹泻的粪便特点。
3. 患者出现米泔样便，需要首先排除哪一种烈性传染性疾病？应进行哪些实验室检查？

（唐　敏）

第十章

呼吸系统疾病的实验诊断

第十章数字资源

呼吸系统疾病是临床常见的疾病之一。近年来，呼吸系统疾病的发病率明显增加，尤其是呼吸道感染性疾病，如急性上呼吸道感染、急性气管-支气管炎、慢性支气管炎、肺炎、肺结核及其所致的并发症等；此外，呼吸系统肿瘤如肺癌等也居各类肿瘤发病率之首。呼吸系统疾病谱较广，其实验诊断内容也较多。本章主要阐述急性上呼吸道感染、肺炎、支气管哮喘、呼吸衰竭和胸腔积液的实验诊断，肺结核和肺癌等分别在有关章节论述。

第一节 急性上呼吸道感染

案例 10-1

女性，51岁；汉族。主诉：发热8天。近8日反复发热，伴畏寒、寒战，最高体温39.3℃，无咽痛、无咳嗽和咳痰，偶有恶心、呕吐。2日前再因发热就诊于社区医院，自诉查全血细胞计数无异常（未见报告），给予退热药治疗，效果不佳来诊。实验检查：CRP 63 mg/L，WBC 6.13×10^9/L、中性粒细胞78.6%，予莫西沙星静滴2天，无缓解。今日再诊，体温：40.4℃；脉搏：101次/分；呼吸：20次/分；血压：100/56 mmHg；SPO_2：87%。予退热及对症治疗，完善血气检测，提示Ⅰ型呼吸衰竭，收入ICU继续诊治。入院检查：CRP 90 mg/L，WBC 5.33×10^9/L，中性粒细胞84.2%，淋巴细胞13.9%。

流行病史：家中养鸡，2周前曾宰杀并食用病鸡。同食同住者未见异常。

问题：
1. 患者有哪些实验检查异常？初步诊断是什么？
2. 为明确诊断，还应完善哪些实验检查？

急性上呼吸道感染（acute upper respiratory tract infection，AURTI）是外鼻孔至环状软骨下缘，包括鼻腔、咽或喉部炎症的通称，是呼吸道常见的急性传染病之一。AURTI 的主要表现为鼻炎、咽喉炎或扁桃体炎等，但低龄儿童、老年人及免疫缺陷患者的 AURTI 可能诱发支气管炎及肺炎，严重的可以引起 ARDS。70%～80% AURTI 由病毒感染引起，另有20%～30% 由细菌引起，也可能出现病毒与细菌混合感染。

一、急性上呼吸道感染的检验项目与应用

1. 血常规试验

【目的】血常规试验包括红细胞、白细胞、血小板数量和血细胞相关形态学参数（详见第十八章第一节），其中白细胞总数、中性粒细胞计数及百分比、淋巴细胞计数及百分比可用于鉴别病毒感染和细菌感染导致的 AURTI，以及指导临床初步诊断与治疗。

【应用】急性上呼吸道感染时，病毒感染者的白细胞计数正常或偏低，也可轻至中度增高，以淋巴细胞增高为主，可伴随反应性淋巴细胞（异型淋巴细胞）增多（＞5%）；细菌感染者，以中性粒细胞增高为主并可伴有核左移和（或）中毒性形态学变化。

2. 急性时相反应蛋白及细胞因子

【目的】辅助上呼吸道感染诊断，快速评估疾病程度及治疗有效性。

【应用】急性时相反应蛋白及细胞因子可以单独检测，也可以和血常规试验组合应用，有助于综合分析 AURTI 的性质与鉴别诊断。

(1) 全血或血清 C 反应蛋白（C-reactive protein，CRP）：C 反应蛋白是一种急性时相反应蛋白（acute phase response protein，APRP），在发生急性炎症、感染、组织损伤或坏死等病理状况数小时后，其血液浓度迅速升高，可用于辅助诊断急性时相反应（acute phase response）和鉴别病毒感染与细菌感染等。急性上呼吸道感染时，若为细菌感染，全血或血清 CRP 可明显增高；而病毒感染则不增高或增高不明显，是鉴别急性上呼吸道细菌与病毒感染的首选指标。

(2) 血清淀粉样蛋白（serum amyloid A protein，SAA）：是一种由肝细胞产生的急性时相反应蛋白，当机体发生感染或损伤时，可在 4~6 h 迅速升高，在治疗改善后迅速降至正常水平。在病毒感染时升高，常与 CRP 互补用于临床。

(3) 降钙素原（procalcitonin，PCT）：是降钙素的前体物质，仅在健康人的甲状腺滤泡细胞内少量表达，因此血清含量极低。细菌感染导致内毒素大量释放，致单核细胞、巨噬细胞、淋巴细胞、组织细胞等都可以分泌 PCT，在感染 2 h 后血液浓度即可以明显升高，抗生素有效治疗后血中的 PCT 下降；因此 PCT 是监测细菌感染和评估治疗效果，以及预后判断的重要标志物之一。在多脏器感染、脓毒症患者均可升高，当 G− 菌感染时 PCT 升高尤其明显。常与 CRP、白细胞介素 -6（IL-6）共同检测，评估感染的类型及监测治疗。

(4) 白细胞介素 -6：病原体感染后刺激单核 - 吞噬细胞，应激产生 IL-6，病毒感染早期可能 IL-6 升高，在感染中、后期，若 IL-6 持续升高，应关注感染重症化或急性呼吸窘迫综合征（ARDS）可能。

3. 病原学试验

【目的】通过对鼻拭子、咽拭子、痰液等标本分离培养进行抗原或核酸检测，明确感染的病原体类型，必要时提供抗生素药敏试验结果，便于临床抗菌药物治疗。

【应用】急性上呼吸道感染时，如全血细胞计数提示病毒感染，一般无须做病原体检测，因上呼吸道病毒感染仍以支持和对症治疗为主；对重症患者或需要鉴别诊断者可利用鼻或口咽拭子进行病原体抗原或核酸检测，阳性有助于诊断。如怀疑细菌感染，可进行细菌培养与鉴定，并进一步做抗菌药物敏感试验，指导临床用药。

(1) 病原体培养与鉴定：以拭子采集咽部或扁桃体表面脓液，快速送检，涂片染色及培养鉴定有助于疾病诊断。对扁桃体化脓性感染的样本，脓液涂片及染色镜检有助于指导初步用药。由于病毒培养周期较长，且生物安全要求高，不推荐用于临床常规检查。

(2) 抗原检测：常见的上呼吸病原体如甲型与乙型流感病毒抗原检测阳性，可辅助诊断疾

病。病毒抗原检测可采用胶体金法或免疫荧光法。抗原检测时效快，特异性高，但敏感性低于核酸检测，一般为手工操作，干扰因素较多。感染暴发流行期间，即使抗原检测阴性，也不能完全排除该病原感染。例如，新冠病毒抗原检测在新型冠状病毒感染的防控及诊疗中发挥了很好作用，但其敏感性较核酸检测低。早期或疑似患者抗原检测阴性时，核酸检测有助于诊断。

（3）核酸检测：核酸检测的敏感性和特异性高，且有助于进行病原体亚型鉴定或突变分析。目前主要包括实时荧光定量PCR/RT-PCR和实时荧光多重PCR。实时荧光PCR法可检测呼吸道标本（鼻拭子、咽拭子、鼻咽或气管抽吸物、痰）中的流感病毒核酸、SARS-CoV-2核酸等。也有组合或单独的用于检测呼吸道合胞病毒、鼻病毒、副流感病毒、腺病毒核酸的试剂。对于重症患者，检测下呼吸道（深部痰或气管抽取物）标本更加准确。

（4）血清学试验：IgG抗体水平恢复期比急性期呈4倍或以上升高有回顾性诊断意义。IgM抗体阳性提示近期感染，但检测敏感性较低且易受疫苗接种及患者自身疾病的干扰，产生非特异性反应，需结合临床和流行病史综合判断。

二、急性上呼吸道感染的实验诊断策略

AURTI的实验诊断一般可分为三种情况①初步诊断：患者有临床症状和（或）流行病学接触史，通过血常规试验及血清CRP，初步判断感染的性质，例如属于病毒感染或细菌感染。②疑似诊断：根据初步诊断结果，按病情进行病原体初筛试验，如涂片镜检、抗原筛查等，以快速明确或排除感染病原体。③确定诊断：根据疑似诊断结果，进一步完善病原学检测，例如细菌或真菌的分离培养与鉴定和进一步的抗微生物药敏试验，从而指导临床合理选用抗菌药物。对于疑似诊断为病毒感染时，可通过病毒抗原或核酸检测，以明确病毒感染的病原体。例如，甲型流感病毒或乙型流感病毒核酸检测（常用RT-PCR技术）阳性，结合临床，即可明确流感的诊断。急性上呼吸道感染的实验诊断路径见图10-1。

三、急性上呼吸道感染的实验诊断

1. 普通感冒　成人普通感冒主要由鼻病毒引起，其次为副流感病毒、呼吸道合胞病毒、冠状病毒、埃可病毒、柯萨奇病毒等。普通感冒季节性不明显，患者如无并发症，一般经5～7d可痊愈，文献不支持对普通感冒进行病原学鉴定。

2. 流行性感冒（influenza）　简称流感，是AURTI较为严重的感染；其病原体为流感病毒，分为甲、乙、丙三型，一般冬春季高发。甲型流感病毒又可分为不同亚型，例如H1N1、H3N2、H5N1、H7N9等亚型（其中的H和N分别代表流感病毒的血凝素和神经氨酸酶）。流感的主要实验诊断特征①血细胞计数与全血或血清CRP：白细胞计数一般不高或减低，淋巴细胞相对增高，重症病例WBC也可以升高。若合并细菌感染，WBC及中性粒细胞比例上升。全血或血清CRP一般不增高或增高不明显。②免疫学试验：上呼吸道标本的病毒抗原快速检测阳性，有助于流感的快速诊断（例如甲型流感病毒抗原检测一般20分钟可获得试验结果）。疾病初期（发病5d内）和恢复期（发病2～4w）双份血清抗流感病毒抗体滴度有4倍或以上升高，有助于回顾性诊断。③病毒RNA检测：对患者的鼻、咽分泌物等标本采用RT-PCR检测是流感的重要诊断试验，阳性结果结合临床即可明确流感病毒感染或进行亚型的诊断（例如甲型流感病毒H1N1、H5N1、H7N9）。④血液生化试验：部分患者可出现肌酸激酶、天冬氨酸氨基转移酶（AST）、丙氨酸氨基转移酶（ALT）、乳酸脱氢酶、

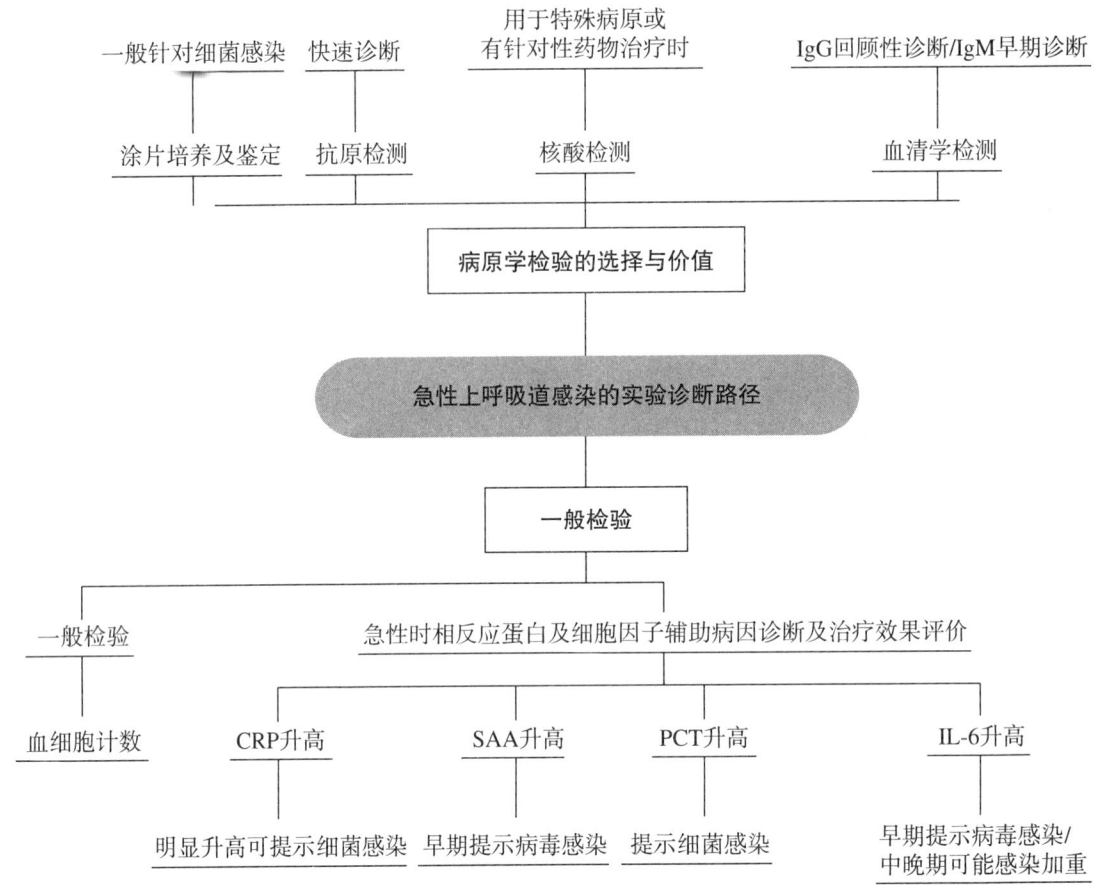

图 10-1 急性上呼吸道感染的实验诊断路径

肌酐等升高。

3. 新型冠状病毒感染 发病早期外周血 WBC 正常或减少，可见淋巴细胞计数减少，部分患者可出现 AST、ALT、乳酸脱氢酶、肌酸激酶、肌红蛋白、肌钙蛋白和铁蛋白增高。多数患者 CRP 和红细胞沉降率升高，降钙素原（PCT）正常。重型、危重型患者可见 D-二聚体升高、外周血淋巴细胞进行性减少、炎症因子升高。病原学检查：①采用 RT-PCR 检测方法。在鼻、口咽拭子、痰和其他下呼吸道分泌物、粪便等标本检测新型冠状病毒核酸。核酸检测会受到病程、标本采集、检测过程、检测试剂等因素的影响，为提高检测准确性，应规范采集标本，标本采集后尽快送检。②抗原检测：没有核酸检测敏感，但对急性感染的敏感度超过 80%，其敏感度与感染者局部病毒含量成正相关，对于传染性强的高病毒载量样本，抗原检测的阳性率高。一般情况，抗原阳性具有诊断价值。适合有发热、咳嗽等症状的人群快速分诊，随着无症状感染增多，尤其适合于有流行病史人群居家自测，或基层卫生机构快速诊断。如果阴性并且患者症状明显，除了连续做抗原，还需要到医院做核酸检测。③血清学试验：新型冠状病毒特异性 IgM 抗体、IgG 抗体阳性，发病 1 周内阳性率均较低。一般不单独以血清学实验结果作为诊断依据，需结合流行病学史、临床表现和基础疾病等情况进行综合判断（近期接种过新型冠状病毒疫苗者不作为参考指标）。

4. 细菌感染 白细胞计数与中性粒细胞增多，重者血涂片中可见中性杆状核粒细胞增多伴核左移现象和中性粒细胞中毒现象（出现胞浆中毒颗粒、空泡变性等），但并非 AURTI 的特异性病变，具有辅助诊断意义。全血或血清 CRP、PCT 或 IL-6 可有不同程度增高。取痰或咽拭子做细菌培养、鉴定其类型并进行药物敏感试验，可指导临床用药。AURTI 的致病菌以溶血性链球菌多见，其次为流感嗜血杆菌、肺炎链球菌和葡萄球菌等，常引起细菌性咽-扁桃体炎。

知识拓展

新型冠状病毒

新型冠状病毒（SARS-CoV-2）属于β属的冠状病毒，有包膜，颗粒呈圆形或椭圆形，直径60～140 nm。具有5个必需基因，分别编码核蛋白（N）、病毒包膜（E）、基质蛋白（M）和刺突蛋白（S）4种结构蛋白及RNA依赖性的RNA聚合酶（RdRp）。S蛋白通过结合血管紧张素转换酶2（ACE 2）辅助病毒感染细胞。

新型冠状病毒基因组会发生变异，某些变异会影响病毒生物学特性，如S蛋白与ACE 2亲和力的变化将会影响病毒入侵细胞、复制、传播的能力。世界卫生组织（WHO）提出的"关切的变异株"（variant of concern，VOC）有5个，分别为阿尔法（alpha）、贝塔（beta）、伽玛（gamma）、德尔塔（delta）和奥密克戎（omicron）。现有证据显示，omicron株传播力强于delta株，致病力有所减弱。

冠状病毒对紫外线和热敏感，56℃ 30 min、乙醚、75%乙醇溶液、含氯消毒剂、过氧乙酸和氯仿等脂溶剂均可有效灭活病毒，氯己定不能有效灭活病毒。

思 考 题

1. 简述新型冠状病毒病原的常用实验诊断技术。
2. 简述流感病毒所致上呼吸道感染的实验诊断策略。

（赵秀英）

第二节　支气管哮喘

支气管哮喘（bronchial asthma）简称哮喘，是气道的一种超敏反应（或变态反应）炎症性疾病。哮喘是世界上最常见的慢性疾病之一，全球约有3.58亿患者。在我国哮喘的患病率为0.5%～5.0%，且呈逐年上升趋势。哮喘是由多种细胞（嗜酸性粒细胞、肥大细胞、T淋巴细胞、中性粒细胞、平滑肌细胞及气道上皮细胞等）、炎症介质（组织胺、前列腺素等）和细胞因子共同参与的气道慢性炎症疾病。临床表现为反复发作的喘息、气促，伴或不伴胸闷或咳嗽等症状，同时伴有气道高反应性和可变的气流受限，随着病程延长可导致气道结构改变，即气道重塑。哮喘的发病机制尚未完全阐明，吸入性变应原是导致外源性哮喘的主要触发物。

案例 10-2

男性，30岁。3年前呼吸道感染后出现咳嗽、胸闷，治疗后好转。此后每次呼吸道感染或接触花粉后反复发作，并伴有喘鸣，应用抗炎药物及支气管舒张药后缓解，

2天前再次发作。体检：呼吸28次/分，口唇轻度发绀，双肺叩诊过清音，可闻及哮鸣音，心率120次/分，律齐。辅助检查示血清总IgE：358 KU/L（参考区间＜100 KU/L）；变应原特异性IgE：矮豚草、苍耳两种变应原阳性。全血细胞计数：嗜酸性粒细胞增多（12%）；诱导痰细胞计数可见较多嗜酸性粒细胞（4%）。

问题：
1. 患者的初步诊断是什么？
2. 支持初步诊断的实验检查依据是什么？
3. 进一步明确的检查是什么？

一、支气管哮喘的检验项目与应用

1. 血清总IgE和变应原特异性IgE

【目的】血清总IgE（total IgE antibody，tIgE）含量对于哮喘的诊断价值不大，但其增高程度可作为重症哮喘使用抗IgE抗体治疗及调整剂量的依据。变应原特异性IgE（specific IgE antibody，sIgE）增高是诊断哮喘的重要依据之一。血清sIgE增高，结合病史有助于病因诊断，且其水平高低可以反映哮喘患者过敏状态的严重程度。

【应用】①血清tIgE水平：很多因素会影响血清tIgE水平，可以使血清tIgE水平增高，如其他过敏性疾病，寄生虫、真菌、病毒感染，肿瘤和免疫性疾病等。过敏性疾病和非过敏性疾病两类个体的tIgE水平有很大重叠，因此很难界定tIgE的具体"正常"临界值，其水平增高诊断哮喘缺乏特异性，需要结合临床判断。②特异性变应原的确定：sIgE增高对特异性变应原的确定和哮喘的诊断具有重要价值。一般首先检测血清tIgE，tIgE升高，可通过sIgE检测寻找特异性变应原，包括吸入变应原（如尘螨、花粉、真菌等）、食物变应原（如鱼虾、蛋类、牛奶等）和感染变应原（如细菌、病毒、寄生虫等）及某些药物（如阿司匹林）等。特异性变应原检测结果与变应原皮试和支气管激发试验（branchial provocation test，BPT）之间的符合率可以高达80%左右；但后两种试验更能反映机体的整体情况，所以，特异性变应原检测不能完全取代后两种试验。

微整合

基础回顾

变应原特异性IgE

IgE是1966年发现的一类免疫球蛋白，主要由呼吸道和肠道上皮下的浆细胞分泌，是所有免疫球蛋白中血清浓度最低的类型，仅占血清总免疫球蛋白的0.002%。IgE包括非特异性IgE和变应原特异性IgE（sIgE），仅sIgE与Ⅰ型变态反应疾病相关。接触或吸入过敏原可诱导机体产生sIgE，与肥大细胞、嗜碱性粒细胞表面上高亲和力IgE受体（FcεRI）结合，形成致敏状态，当机体再次接触相同过敏原时，过敏原可结合并活化锚定在肥大细胞、嗜碱性粒细胞表面上sIgE，诱导组胺、白三烯等炎性介质释放，导致过敏性疾病和哮喘的发生。

2. 痰嗜酸性粒细胞计数

【目的】痰嗜酸性粒细胞计数可用于支气管哮喘辅助诊断和疗效监测。

【应用】大多数哮喘患者诱导痰中嗜酸性粒细胞计数增高（＞2.5%），且与哮喘症状相关。抗感染治疗后可使痰嗜酸性粒细胞计数降低。此外，诱导痰嗜酸性粒细胞计数可作为评价哮喘气道炎性指标之一，也是评估糖皮质激素治疗反应性的敏感指标。

3. 血常规试验

【目的】通过血常规试验观察嗜酸性粒细胞是否增多，可辅助诊断支气管哮喘。

【应用】部分支气管哮喘患者外周血嗜酸性粒细胞计数增高，可作为诱导痰嗜酸性粒细胞的替代指标，但是外周血嗜酸性粒细胞计数增高的具体计数值文献报告尚不统一。外周血嗜酸性粒细胞增高可以作为判定嗜酸性粒细胞型哮喘的临床表型，以及作为评估抗感染治疗是否有效的指标之一。

4. 血气分析（blood gas analysis）

【目的】血气分析可检测血液（通常用动脉血）的酸碱度（pH）、动脉血氧分压（PaO_2）、动脉血二氧化碳分压（$PaCO_2$）、动脉血氧饱和度（SaO_2），然后利用公式推算其他指标，由此来评价人体呼吸功能和酸碱平衡状态。血气分析主要是评估哮喘发作或加重时，是否影响患者呼吸功能和酸碱平衡状态及其异常的程度。

【应用】支气管哮喘严重发作时，患者可有缺氧，PaO_2 和 SaO_2 减低；过度通气使 $PaCO_2$ 下降，血液 pH 升高，出现呼吸性碱中毒。若气道严重阻塞，导致缺氧和 CO_2 潴留，$PaCO_2$ 升高，出现呼吸性酸中毒。

二、支气管哮喘的实验诊断策略

支气管哮喘患者的典型症状为发作性伴有哮鸣音的呼气性呼吸困难。对于有典型症状和体征的患者，除外其他疾病所引起的喘息、气促、胸闷及咳嗽，可做出初步临床疑似诊断；然后再通过可变气流受限的客观检查（包括支气管舒张试验、支气管激发试验、呼气流量峰值平均每日昼夜变异率或呼气流量峰值周变异率），才能明确诊断。支气管哮喘的实验诊断通常起到辅助诊断的作用，一般应首选血清 tIgE，显著升高者再通过 sIgE 检测寻找特异性变应原，阳性结果有助于发现哮喘病因；全血细胞计数和（或）痰嗜酸性粒细胞计数可观察是否有嗜酸性粒细胞增高，阳性结果有辅助诊断意义；动脉血气分析一般用于哮喘严重发作时对呼吸功能与酸碱平衡的评估。支气管哮喘的诊断策略如图 10-2 所示。

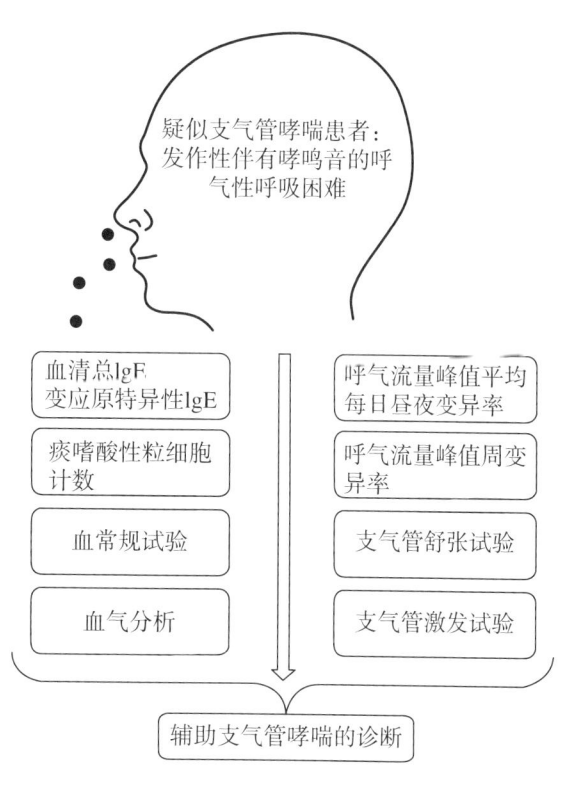

图 10-2　支气管哮喘的诊断策略

三、支气管哮喘的实验诊断

（一）引起支气管哮喘的主要因素

支气管哮喘与多基因遗传有关，各种特异性变应原是发病的诱发因素，个体过敏体质及外界环境的影响是发病的危险因素。一些环境因素等也是促发支气管哮喘的重要原因。

1. 特异性变应原确定 各种变应原是哮喘的诱发因素，包括室内外变应原、职业性变应原、药物及食物变应原等。在室内变应原中，尘螨最常见，真菌也是室内空气中常见的变应原之一。在室外变应原中，花粉与草粉最常见，其他还有动物毛屑、二氧化硫等各种特异和非特异性吸入物。职业性变应原常见的有谷物粉、面粉、木材、饲料、茶、咖啡豆、家蚕、鸽子、蘑菇、抗生素（青霉素、头孢霉素）、染料等。药物变应原常见的有阿司匹林、普萘洛尔（心得安）和一些非甾体抗炎药。食物变应原常见的有鱼、虾、蟹、蛋类、牛奶等。变应原体内试验或体外 sIgE 试验有助于明确特异性变应原，但只有 30%～40% 的支气管哮喘患者可以查到明确的变应原。

2. 促发因素 常见空气污染、吸烟、各种呼吸道病原体感染；气候变化，例如吸入冷空气、水雾滴等都可诱发哮喘发作。促发因素一般难以通过实验诊断明确。

（二）其他实验检查

血常规试验、痰嗜酸性粒细胞计数及血气分析等实验对哮喘的诊断无特异性，但有辅助诊断和监测的意义。

知识拓展

支气管哮喘的实验诊断进展

1. 基因诊断　近年来，有研究报道通过全基因组相关研究（GWAS）可鉴定哮喘易感基因位点，如 5q12、22、23，17q12～17，9q24 等。GWAS 的发展给哮喘的易感基因研究带来了革命性的突破。具有哮喘易感基因的人群是否发病受环境因素的影响较大，深入研究基因-环境相关作用将有助于揭示哮喘发病的遗传机制。

2. 炎症介质含量测定　通过测定痰液中炎症介质如细胞因子等的含量，有助于哮喘的辅助诊断和病情严重程度的评估。

思 考 题

1. 简述特异性变应原的主要类型。
2. 简述引起支气管哮喘的主要因素。

（崔丽艳）

第三节 感染性肺炎

肺炎（pneumonia）是终末气道、肺泡和肺间质的炎症，可由生物、物理、化学因素及自身免疫反应等因素所致。以生物因素导致的肺炎，尤其是感染性肺炎最为常见。感染性肺炎在临床上多表现为发热、咳嗽、咳痰，伴或不伴胸痛；严重的病例可伴有呼吸困难，甚至危及生命。感染性肺炎可按解剖、病因、感染来源等分类。按病因可分为细菌性、病毒性、真菌性、非典型病原体肺炎等，肺结核的相关内容参见第八章第四节；按感染来源分类可分为社区获得性肺炎（community acquired pneumonia，CAP）、医院获得性肺炎和呼吸机相关性肺炎（ventilator-associated pneumonia，VAP）。CAP 是指在医院外罹患的感染性肺炎，包括在院外获得感染、入院后发病的肺炎；医院获得性肺炎（hospital-acquired pneumonia，HAP）是指患者入院时不存在，也不处于潜伏期，入院 48h 或以后发生的肺炎。因此，感染性肺炎的实验诊断主要围绕感染反应、病原体等检测，为临床诊疗决策提供病原学依据和数据支持。

> **案例 10-3**
>
> 李某，女性，66 岁。
>
> 主因"发热、咳嗽 2 d"入院。患者无明显诱因出现发热，不伴寒战，家中测体温最高 39℃，发热无规律，咳嗽、咳白痰。既往：曾诊断"多系统萎缩 - 帕金森型"；皮质下动脉硬化性脑病 5 个月，未系统服药。查体：BP 130/75 mmHg，HR 104 次/分，体温 37.8℃，神清，双肺呼吸音粗，闻及少许湿啰音。全血细胞计数：WBC $16.4×10^9$/L，中性粒细胞 83.40%，淋巴细胞 11.30%，RBC $4.23×10^{12}$/L，Hb 115 g/L，PLT $299×10^9$/L。红细胞沉降率（ESR）45 mm/h，C 反应蛋白（CRP）67.5 mg/L，血清降钙素原（PCT）3.3 ng/ml。
>
> **问题：**
> 1. 患者的实验检查结果有何异常？
> 2. 患者的初步诊断是什么？
> 3. 为明确诊断，下一步应该完善哪些实验检查？

一、感染性肺炎的检验项目与应用

（一）感染反应筛查试验

【目的】 通过血常规试验和全血或血清 C 反应蛋白（CRP）、血清降钙素原（PCT）检测，初步判断感染的性质及程度。

【应用】 细菌感染性肺炎患者血液 WBC 及中性粒细胞比例升高，CRP 显著升高；感染严重时，血液 WBC 及中性粒细胞比例显著升高，且伴有核左移与中毒性形态学改变，血清 PCT 水平显著升高，并与感染的严重程度和预后相关。其他相关内容参见第八章第一节。

（二）病原学试验

1. 痰液常规检查

【目的】 通过对痰液的一般性状检验、直接涂片显微镜检验，初步筛查肺部感染的性质。

【应用】 痰液性状异常 ①黄色脓性痰：提示呼吸道有化脓性炎症，见于化脓性支气管炎、金黄色葡萄球菌肺炎、支气管扩张、空洞型肺结核等。肺脓肿时可呈浆液脓性痰，放置后可分为三层：上层为泡沫和黏液，中层为浆液，下层为脓细胞及组织碎片等。铜绿假单胞菌感染时可有黄绿色脓痰。②铁锈色痰：因痰中血红蛋白变性所致，可见于大叶性肺炎、肺梗死等。③棕褐色脓痰：见于阿米巴肺脓肿。④烂桃样灰黄色痰：见于肺吸虫病所致肺组织坏死。

来自肺部无唾液稀释的合格痰液标本涂片显微镜检验 ①白细胞：肺部化脓性感染时，痰中白细胞明显增多，以中性粒细胞为主，或可见成堆脓细胞。嗜酸性粒细胞增多见于支气管哮喘、过敏性支气管炎、肺吸虫病及热带嗜酸性粒细胞增多症等。肺结核患者痰中以淋巴细胞增生为主。②寄生虫和虫卵：阿米巴肺脓肿患者痰中可见溶组织阿米巴滋养体；肺吸虫病患者痰，尤其有脓血性痰时，多能查到肺吸虫卵。③肺孢子菌肺炎患者痰中可查到肺孢子菌，可以用银染色（silver stain）确认，但阳性率不高。④其他病原体：革兰氏染色可检出细菌、酵母菌；特殊染色可鉴别真菌、奴卡菌或放线菌等。

2. 支气管肺泡灌洗液检查

【目的】 灌洗液的病原生物学检查主要用于呼吸道感染的病因诊断。

【应用】 支气管肺泡灌洗液检查对于呼吸系统疾病的诊断和评估具有重要意义，将其检查结果结合患者临床资料和影像学报告共同分析，可以进一步提高对肺部疾病（尤其是获得性肺炎、间质性肺炎和肺癌）的诊断效能，还可监测肺移植后的同种异体排斥反应。支气管肺泡灌洗液的一般性状检查主要用于疾病的鉴别诊断，例如血性支气管肺泡灌洗液提示肺泡弥散性出血，牛奶样浑浊的支气管肺泡灌洗液提示肺泡蛋白沉积症。收集支气管肺泡灌洗液时，应将几份等量的温热盐水注入肺部的不同区域，然后在支气管镜的辅助下收集液体，并保证至少30%的回收量。

3. 病原体培养与鉴定

【目的】 通过对合格的痰标本和血液同时分离培养与鉴定和进一步的抗微生物药物敏感试验，获得病因诊断和针对性治疗依据。

【应用】 痰培养敏感性、特异性低（＜50%），同时做血培养有助于明确病因。然而，仅20%～30%的细菌性肺炎患者出现菌血症。常规培养阴性结果不能排除感染，应根据临床表现，进一步检测其他细菌、病毒或真菌。其他相关内容参见第八章第一节。

4. 核酸检测

【目的】 合格痰标本、支气管肺泡灌洗液等病原体核酸检测，可快速、准确地明确病因。

【应用】 下呼吸道标本病毒（如流感病毒、呼吸道合胞病毒）、肺炎支原体、肺炎衣原体、军团菌等核酸检测阳性，表明标本中存在相应病原体核酸物质，阴性结果不能排除假阴性或病原体数量低于检出限。由于军团菌广泛存在于环境或水中，标本受环境或水污染时可能出现假阳性结果。

5. 病原体抗原或抗体检测

【目的】 尿液、痰液、血清等标本中部分病原体抗原检测，可快速做出病因诊断。血清特异性抗体检测可用于病因的辅助诊断。

【应用】 病原体抗原、抗体的快速检测，特别是特异性抗原的快速检测，有助于快速确定感染性肺炎的病因，例如肺炎链球菌尿抗原检测；诊断成人链球菌肺炎灵敏度为50%～80%，特异性＞90%，且不受抗菌药物治疗的影响。军团菌尿抗原检测嗜肺军团菌血清1型的灵敏

度为 70%~90%，特异性约 99%。真菌性肺炎可结合（1,3)-β-D-葡聚糖、半乳糖甘露聚糖检测结果进行早期诊断。一般血清中抗体检测仅能作为辅助诊断，例如肺炎支原体血清特异性抗体检测，通常用来评价肺炎支原体现症感染或既往感染。

6．血气分析与血清电解质检测　主要用于急重症肺炎并发呼吸功能异常的评估，参见本章第四节。

二、感染性肺炎的实验诊断策略

由于流行病学、病原学存在差异，需根据感染来源区分社区获得性肺炎（CAP）和医院获得性肺炎（HAP）。CAP 感染与患者年龄相关，婴儿、儿童 80% 以上为病毒感染，5~14 岁学龄儿童细菌性肺炎以肺炎支原体和肺炎衣原体为主，成人 CAP 多为细菌感染，以肺炎链球菌感染最为常见，病毒感染低于 10%~20%。HAP 患者感染因医疗机构而异，以铜绿假单胞菌、肠杆菌科细菌、金黄色葡萄球菌、不动杆菌属、肺炎链球菌、厌氧菌、军团菌、流感嗜血杆菌等最为常见，常行血培养以及痰、支气管抽吸物、支气管肺泡灌洗液、保护性毛刷标本、肺组织革兰氏染色显微镜检查和培养。免疫功能低下患者感染性肺炎，除社区获得性和医院获得性肺炎常见病原体以外，还包括沙门菌属（非伤寒沙门菌）、脑膜败血伊丽莎白菌、产单核细胞李斯特菌、奴卡菌和其他需氧放线菌及马红球菌等。

分离培养是感染性疾病最常用的实验诊断技术，可以鉴定病原体并提供药物敏感试验结果。然而，除有些病原体难以培养外，呼吸道标本易受上呼吸道分泌物污染，影响诊断灵敏度和特异性。采用多种技术检测病原体，了解感染性肺炎的病原谱，有助于提高感染性肺炎的诊断效率。感染性肺炎的常见及少见的病原体见表 10-1。

表 10-1　感染性肺炎的常见及少见的病原体

疾病类型		常见病原体	少见病原体
细菌性肺炎		肺炎链球菌、金黄色葡萄球菌、流感嗜血杆菌、混合厌氧菌、拟杆菌属、梭杆菌属、消化链球菌属、普雷沃菌属、大肠埃希菌、肺炎克雷伯菌、肠杆菌属、沙雷菌属、铜绿假单胞菌、军团菌属	不动杆菌属、放线菌、芽孢杆菌属、卡他莫拉菌、胎儿弯曲菌、侵蚀艾肯菌、土拉热弗朗西丝菌、脑膜炎奈瑟菌、奴卡菌属、多杀巴斯德杆菌、变形杆菌属
病毒性肺炎	儿童	呼吸道合胞病毒、副流感病毒 1、2、3 型、A 型流感病毒	腺病毒 1、2、3、5 型、B 型流感病毒、鼻病毒、柯萨奇病毒、埃可病毒、麻疹病毒、汉坦病毒
	成人	A、B 型流感病毒，呼吸道合胞病毒、人类偏肺病毒，腺病毒 4、7 型	鼻病毒、肠道病毒、埃可病毒、柯萨奇病毒、EB 病毒、巨细胞病毒、水痘-带状疱疹病毒
真菌性肺炎		组织胞浆菌、球孢子菌、根霉、犁头霉、毛霉、银汉霉	曲霉菌、念珠菌
其他病原体		伯氏考克斯体、立克次体、肺炎支原体、鹦鹉热衣原体、沙眼衣原体、肺炎衣原体、结核分枝杆菌、脓肿分枝杆菌、堪萨斯分枝杆菌、鸟分枝杆菌复合菌群、似蚓蛔线虫、杰氏肺囊虫、粪类圆线虫	

三、常见感染性肺炎的实验诊断

(一)社区获得性肺炎

细菌性肺炎时,外周血白细胞及中性粒细胞升高伴核左移,CRP升高;感染严重者中性粒细胞可达90%以上,并有明显的中毒现象(中毒颗粒、空泡变性、Döhle小体等),血清PCT升高。病毒性感染、结核感染时,白细胞计数正常或偏低,淋巴细胞比例多升高;但某些病毒感染,如引起严重急性呼吸综合征(SARS)的新型冠状病毒感染可导致淋巴细胞明显减低。需住院治疗的CAP患者,在抗菌药物治疗之前做血培养,并采集痰标本行革兰氏染色显微镜检查、病原体分离培养与鉴定,分离出致病菌时需要进一步的抗微生物药物敏感试验。必要时,行肺炎链球菌尿抗原、嗜肺军团菌尿抗原检测,有助于早期诊断。采集支气管抽吸物或纤维支气管镜标本等进行特异性病原学检测,优于痰液标本,更容易获得病原学诊断。

(二)医院获得性肺炎

细菌性HAP患者常表现为外周血WBC升高伴核左移,但白细胞计数也可能正常,甚至减少。血清PCT检测有助于鉴别细菌性、病毒性肺炎,结合临床表现还可用于监测抗菌药物治疗效果。非侵入性操作采集的标本显微镜检查未见炎症细胞、培养未分离到致病菌具有很高的阴性预测价值。普遍认为开始或改变抗菌药物治疗前≥72h采集标本培养,且支气管抽吸物≥10^6细菌数/毫升(CFU/ml)、支气管肺泡灌洗液≥10^4CFU/ml或保护性毛刷标本≥10^3CFU/ml,具有诊断意义。活检组织培养、组织病理学检查可提高诊断灵敏度。真菌性HAP患者除局部标本直接涂片染色显微镜检查和培养外,还可用血清、支气管肺泡灌洗液检测半乳甘露聚糖、1-3β-D葡聚糖。

> **微整合**
>
> **基础回顾**
>
> **核左移**
>
> 核左移(shift to the left):外周血中杆状核粒细胞增多并出现晚幼粒细胞、中幼粒细胞,甚至出现早幼粒细胞时称为核左移,最常见于急性化脓性感染,也可见于急性中毒、急性溶血性疾病等。核左移伴白细胞增高称再生性核左移,表示骨髓造血旺盛,机体抵抗力强;核左移伴白细胞总数不增高或减低称退行性核左移,表示骨髓释放受到抑制,机体抵抗力差。
>
> 核左移根据其严重程度分为轻、中、重三级。①轻度核左移:仅见杆状核粒细胞>6%。②中度核左移:杆状核粒细胞>10%并有少量中性晚幼粒细胞、中性中幼粒细胞。③重度核左移(类白血病反应):杆状核粒细胞>25%,出现更幼稚的粒细胞如早幼粒细胞,甚至原粒细胞,常伴有明显的中毒颗粒、空泡、核变性等质的改变。

> **知识拓展**
>
> **宏基因组二代测序技术用于感染病原检测**
>
> 宏基因组二代测序（metagenomic next-generation sequencing，mNGS）技术通过对临床样本的 DNA 或 RNA 进行鸟枪法测序，可以无偏倚地检测多种病原微生物，包括病毒、细菌、真菌和寄生虫。
>
> 二代测序（NGS）在感染性疾病诊断领域中的优势在于其能检测到其他传统手段无法检测到的病原体。因此，NGS 可能在应用于临床疑难杂症或免疫抑制患者时更有意义。其他潜在应用还包括病原体的耐药基因检测、医院感染控制的监测，以及社区传染性疾病暴发的监测，但这些应用通常需要极高的覆盖深度。

思 考 题

1. 感染性肺炎的病原学检查有哪些？
2. 男性，57 岁，主因外伤入院治疗，于 5 d 后出现发热、咳嗽、咳痰等症状，全血细胞计数：WBC 15.2×10^9/L，中性粒细胞 88.40%，影像学提示肺部炎症。确诊细菌性社区获得性肺炎的实验诊断有哪些？

（郑 磊 冯厚梅）

第四节 呼吸衰竭

呼吸衰竭（respiratory failure，RF）是指各种原因引起的通气和（或）换气功能严重障碍，以致在静息状态下不能维持足够的气体交换，导致低氧血症伴（或不伴）高碳酸血症，进而引起一系列病理生理改变和相应临床表现的综合征。参与呼吸运动过程的任何一个环节异常，都可能导致呼吸衰竭。临床上常见的病因包括：①气道阻塞性病变，如慢性阻塞性肺疾病（chronic obstructive pulmonary disease，COPD）、哮喘急性加重时可引起气道痉挛、炎性水肿、分泌物阻塞气道等；②肺组织病变，如肺炎、肺气肿、严重肺结核、弥漫性肺纤维化、肺水肿、硅沉着病等；③肺血管疾病，如肺栓塞、肺血管炎等；④心脏疾病，如各种缺血性心脏疾病、严重心瓣膜疾病、心肌病、心包疾病、严重心律失常等；⑤胸廓与胸膜病变，如胸部外伤所致的连枷胸、严重的自发性或外伤性气胸、严重的脊柱畸形、大量胸腔积液、胸膜肥厚与粘连、强直性脊柱炎等；⑥神经肌肉疾病，如脑血管疾病、颅脑外伤、脑炎，以及镇静催眠剂中毒可直接或间接抑制呼吸中枢，脊髓颈段或高位胸段损伤（肿瘤或外伤）、脊髓灰质炎、多发性神经炎、重症肌无力、有机磷中毒、破伤风以及严重的钾代谢紊乱等，因呼吸动力下降而发生肺通气不足。

案例 10-4

男性，54 岁，因"发热 8 天伴胸闷、气促 4 d"入院。病程中反复高热，稍有咳嗽、咳痰。外院抗细菌感染 3 天病情无缓解，后出现胸闷、气促，难以平卧。入院时体温

40℃、BP 142/86 mmHg、HR 104 次/分、R 40 次/分。患者呼吸急促，口唇发绀，两肺底闻及湿啰音。外院胸部CT：两肺弥漫性病变伴有局部实变，入院时血气分析：pH 7.43、PaO_2 43 mmHg、$PaCO_2$ 33 mmHg、SaO_2 82%、PaO_2/FiO_2 175 mmHg。患者发病前有家禽接触史，入院后咽拭子结果提示H7N9病毒感染。予以有创机械通气（PEEP 8 cmH_2O，FiO_2 80%）、甲泼尼龙抗炎、奥司他韦抗病毒等综合治疗。病程中患者逐渐出现少尿、双下肢水肿及黑便，查体见巩膜黄染、眼睑苍白。实验检查：WBC $2.77×10^9$/L，N $2.03×10^9$/L、RBC $5.5×10^{12}$/L、Hb 87 g/L、Cr 258 μmol/L、Urea 25.1 mmol/L、ALT 257 U/L、AST 285 U/L、TBil 46.7 μmol/L、UBil 24.9 μmol/L，粪便隐血（+）。

问题：
1. 该患者胸闷、气促的主要原因是心源性还是肺源性？需要完善哪些检查来帮助鉴别？
2. 该患者呼吸衰竭是哪种类型？试述血气分析对判断呼吸衰竭病因的意义。
3. 患者出现贫血的主要原因是什么？

一、呼吸衰竭的检验项目与应用

1. 血气分析

【目的】辅助诊断呼吸衰竭，指导临床纠正酸碱失衡、电解质紊乱。动脉血气分析是评价机体组织氧和二氧化碳交换的金指标。

【应用】①急性呼吸衰竭：一般为动脉血氧分压（PaO_2）< 60 mmHg。当 PaO_2 < 40 mmHg 时，提示病情极严重且危及生命。②慢性呼吸衰竭：典型改变为 PaO_2 < 60 mmHg 和（或）动脉血二氧化碳分压（$PaCO_2$）> 50 mmHg。临床上以伴有 $PaCO_2$ > 50 mmHg 的Ⅱ型呼吸衰竭常见。代偿性呼吸性酸中毒时，$PaCO_2$ 升高，pH 7.35 ~ 7.45；失代偿性呼吸性酸中毒时，$PaCO_2$ 升高，pH < 7.35。

> **微整合**
>
> **基础回顾**
>
> **血气分析**
>
> 血气分析（blood gas analysis，BGA）是应用血气分析仪测定人体血液的氧分压（PO_2）、二氧化碳分压（PCO_2）和酸碱度（pH），能直接反映肺换气功能、氧合功能以及机体酸碱平衡状况，适用于低氧血症和呼吸衰竭、酸碱失衡等症状的诊断与鉴别诊断，在急性呼吸衰竭诊疗、外科手术、抢救与监护过程中发挥着至关重要的作用。随着临床需求和检测仪器的发展，一些血气分析仪将血气和电解质以及代谢物等分析结合在一起，成为多种组合的一体化自动分析仪。

2. 血液电解质

【目的】酸碱平衡失调常与电解质紊乱相伴随。临床上广泛使用的酸碱血气分析仪普遍具有测定电解质的功能。电解质测定与酸碱血气分析一起，可综合判断酸碱失衡和水、电解质平衡，并通过计算阴离子间隙判断三重酸碱失衡。

【应用】呼吸衰竭时，可严重抑制氧化代谢，使糖酵解增加，血乳酸增高，产生代谢性酸中毒。由于细胞能量不足，钠泵功能障碍，出现高钾血症等。随着病情加重，还可出现其他酸碱和电解质失衡，应结合临床、血气分析等进行综合分析。

3. 感染相关病原学试验

【目的】明确感染所致呼吸衰竭的病原体，以及时进行合理的抗感染治疗。

【应用】如呼吸衰竭合并肺部感染，应根据病情，取痰或咽拭子标本进行细菌和真菌培养及药敏试验，明确病原菌，以便进行合理的抗感染治疗，但应防止使用抗生素类药物不当所造成的酸碱平衡失调加重。疑似病毒所致的呼吸衰竭，可通过分子诊断和免疫学试验等，及早明确感染病毒的种类。

4. 血清 B 型利钠肽（BNP） 可用于鉴别诊断心源性的呼吸衰竭和肺源性的呼吸衰竭，前者 BNP 可显著升高，后者 BNP 则正常。

5. 系统与器官功能试验 呼吸衰竭时应监测肝、肾功能，止血、凝血和纤溶功能的变化。重症呼吸衰竭病例可并发多脏器功能衰竭，如肝、肾功能障碍，此时肝、肾功能试验明显异常，危重患者中还可以出现凝血试验异常，例如 PT、APTT 延长，D- 二聚体增高等。

二、呼吸衰竭的实验诊断策略

对疑似呼吸衰竭患者的实验诊断，主要依据血气分析结果，并结合临床进行诊断与分类。呼吸衰竭的实验诊断路径见图 10-3。

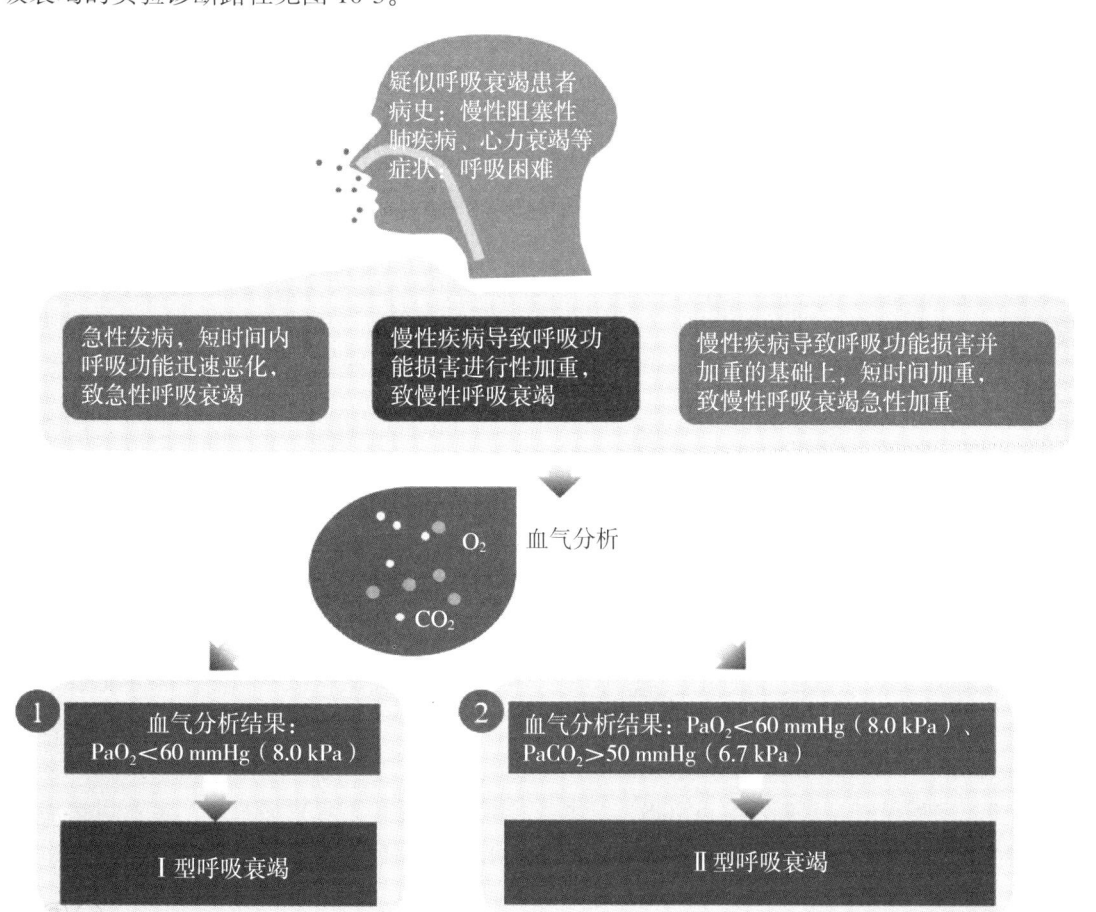

图 10-3 呼吸衰竭的实验诊断路径

三、呼吸衰竭的实验诊断

1. 呼吸衰竭的实验诊断特点 呼吸衰竭的实验诊断主要依赖于血气分析。随着检验技术的不断进步，现代血气酸碱分析除了经典的 pH、PaO_2 和 $PaCO_2$ 外，还包括由 PaO_2 和 $PaCO_2$ 计算的反映 O_2 和 CO_2 浓度的各项指标、电解质、血糖、乳酸、肌酐等各种代谢物。呼吸衰竭血气分析的主要特点是 $PaO_2 < 60$ mmHg（8.0 kPa），伴（或不伴）$PaCO_2 > 50$ mmHg（6.7 kPa）。呼吸衰竭由于缺氧，通过代偿、失代偿以及多脏器功能损害，其酸碱血气分析通常表现为二重或三重紊乱。常见的血气酸碱失衡类型有 ①呼吸性酸中毒合并代谢性酸中毒：因 CO_2 蓄积引起呼吸性酸中毒；同时由于缺氧，有机酸增多而致代谢性酸中毒，PaO_2 降低，$PaCO_2$ 升高，HCO_3^- 浓度降低，且与 $PaCO_2$ 升高无代偿关系，实际碳酸氢盐（AB）大于标准碳酸氢盐（SB），且均显著低于正常，pH 显著降低，高血钾，阴离子间隙（AG）增大。②呼吸性碱中毒合并代谢性碱中毒：慢性呼吸性酸中毒患者体内 HCO_3^- 浓度代偿性增高，如人工呼吸机使用不当，CO_2 排出过多，发生呼吸性碱中毒合并代谢性碱中毒；发生 PaO_2 降低，$PaCO_2$ 降低。HCO_3^- 浓度升高，pH 显著增高，低血钾，AG 可增大；血气与酸碱平衡紊乱临床常见，且预后不佳。③呼吸性酸中毒合并代谢性碱中毒：慢性肺源性心脏病患者，因长时间限制 NaCl 的摄入和应用髓袢或噻嗪类利尿药，或发生严重呕吐大量丢失 H^+、K^+ 和 Cl^-，发生呼吸性酸中毒合并代谢性碱中毒。血气分析表现为 $PaCO_2$ 和 HCO_3^- 均升高，其升高程度均超出代偿范围，pH 变化不大。

2. 呼吸衰竭的分类 ①根据动脉血气分析，呼吸衰竭分为Ⅰ型和Ⅱ型。Ⅰ型即缺氧型呼吸衰竭，血气分析特点是 $PaO_2 < 60$ mmHg（8.0 kPa），无高碳酸血症（$PaCO_2$ 减低或正常）。常见于肺泡纤维化、支气管哮喘、肺炎、肺水肿、急性呼吸窘迫综合征（ARDS）及肺不张等疾病。Ⅱ型即高碳酸性呼吸衰竭，血气分析特点是 $PaO_2 < 60$ mmHg、$PaCO_2 > 50$ mmHg（6.7 kPa），为通气衰竭，见于慢性阻塞性肺疾病（COPD）、重症支气管哮喘等。②根据呼吸衰竭发生的病程分为急性呼吸衰竭和慢性呼吸衰竭。急性呼吸衰竭是由于各种致病因素突发或者迅速发展，短时间内呼吸功能迅速恶化，引起通气或换气功能严重损害；见于 ARDS、急性气道阻塞、外伤等，若不及时抢救，可危及生命。慢性呼吸衰竭是由于慢性疾病导致呼吸功能损害进行性加重，经过较长时间发展为呼吸衰竭；如慢性阻塞性肺疾病、重症肺结核、肺间质纤维化、胸廓或神经肌肉病变等。慢性呼吸衰竭急性加重：在基础疾病如 COPD、哮喘等引起的慢性呼吸衰竭的基础上，发生呼吸系统感染或者气道痉挛等，短时间内 PaO_2 明显下降，$PaCO_2$ 明显上升。

知识拓展

呼吸衰竭实验诊断进展

1. **经皮无创血气监测技术的临床应用** 该监测技术无创，可以实时监测各种情况下患者组织中氧分压及二氧化碳分压水平以评估患者的氧合和通气功能。经皮无创血气监测技术可应用于麻醉术中监测、外周血管病变评估、脓毒症休克的早期预警、液体复苏策略的个体化制订以及液体复苏效果监测等。

2. **宏基因组二代测序（mNGS）技术在呼吸道病原体鉴定中的应用** 宏基因组二代测序技术可直接对临床样本的核酸进行高通量测序，从而鉴定出临床样本中病原微生物种类。该技术准确度及效率高、无需特异性扩增。能够用于 mNGS 检测的标本有痰液、胸腔积液、肺泡灌洗液、血液、肺组织等。在呼吸系统感染的病原学鉴定方面，尤其是对于未知病毒病原体的检测方面较传统的检测手段有显著优势。

3. N端脑钠肽前体（NT-proBNP）可用于评估重症患者预后 N端脑钠肽前体半衰期长、稳定性好并能够快速检测。NT-proBNP在早期心力衰竭诊断、心力衰竭疗效的监测和预后评估，以及急性呼吸困难的鉴别诊断等方面都有着重要临床应用价值。当与CURB-65评分或肺炎严重程度评分（PSI）相结合时，NT-proBNP水平显著提高了预测危重患者短期死亡率的准确性。

思 考 题

1. 呼吸衰竭时对各系统（器官）均有影响，请列举两例。
2. 当患者出现哪些临床表现时，应怀疑呼吸衰竭的可能？

（邱　骏）

第五节　胸腔积液

案例 10-5

男性，65岁，发热、畏寒、出汗、乏力、食欲缺乏、盗汗，胸痛、干咳和呼吸困难就医。体查：胸痛位于腋前线或腋后线下方，呈锐痛，随深呼吸或咳嗽加重，胸腔内有积液；疼痛侧胸廓稍凸，肋间隙饱满，呼吸音减弱。

问题：
1. 出现上述情况应该做哪些实验检查？
2. 胸腔积液抽出后需要做的酶学检查有哪些？
3. 为明确诊断，下一步应该完善哪些实验检查？

健康成人胸腔内有少量液体，一般在20 ml内，主要起润滑、保护脏器的作用。病理情况下，胸腔内有大量液体潴留，形成病理性胸腔积液（pleural effusion，PE），又称为胸水。根据产生的原因和性质不同，胸腔积液分为漏出液和渗出液。胸腔积液的实验诊断主要是确定积液的性质、查明病因、辅助呼吸系统相关疾病的临床诊断。

漏出液（transudate）为非炎性积液；其形成的主要原因为 ①血浆胶体渗透压降低：当血浆清蛋白低于25 g/L时，导致血管与组织间渗透压平衡失调，水分进入组织或潴留在浆膜腔而形成积液。常见于晚期肝硬化、肾病综合征、重度营养不良等。②毛细血管内流体静压升高，使过多的液体滤出，组织间液增多并超过代偿限度时流体进入浆膜腔形成积液。常见于慢性充血性心力衰竭、静脉栓塞。③淋巴管阻塞：常见于丝虫病或肿瘤压迫等，此时积液可呈乳糜样。前两种原因形成的漏出液多为浆膜腔积液同时伴有组织间液增多引起的水肿。

渗出液（exudate）为炎性积液，炎症时由于病原微生物的毒素、组织缺氧以及炎症介质作用使血管内皮细胞受损，导致血管通透性增加，以致血液中大分子物质如清蛋白、球蛋白、纤维蛋白原等及各种细胞成分都能渗出血管壁。渗出液形成的主要原因有 ①感染性：如化脓性细菌、分枝杆菌、病毒或支原体感染等；②非感染性：可由外伤、化学性刺激（血液、尿素、消化液等）引起，恶性肿瘤和风湿性疾病也可引起类似渗出性积液。渗出液常表现为单一浆膜腔积液，如结核性胸膜炎。

一、胸腔积液的检验项目与应用

1. 常规试验 通过对胸腔积液（PE）进行一般性状和显微镜检验，初步判断积液性质，辅助呼吸系统疾病的诊断。通过 PE 的颜色、透明度、比重、凝固性检查，细胞计数及有核细胞分类计数可初步判断出 PE 是渗出液或是漏出液。乳糜性 PE 中可查到微丝蚴；阿米巴性肺脓肿的 PE 中查到阿米巴滋养体。显微镜检查到疑似或明确的肿瘤细胞，对不明呼吸系统或相关疾病有诊断意义。

2. 生物化学试验 积液（PE）的 pH，黏蛋白定性，蛋白质、糖、氯化物和酶类等的检测。通过对胸腔进一步判断 PE 性质，临床符合率约为 60% 以上。蛋白质、糖、氯化物和酶类，特别是乳酸脱氢酶（LDH）等定量测定有助于判断 PE 性质。在怀疑结核性 PE 中，腺苷脱氨酶诊断的灵敏度和特异性可达 90% 左右；PE 与血清的溶菌酶（Lys）活性比值 > 1.0，多为结核性 PE；< 1.0 多见于恶性 PE。

3. 免疫学试验 炎症标志物：C 反应蛋白（CRP）与降钙素原（PCT）——一般渗出性积液 CRP 和 PCT 水平明显高于漏出性积液。γ 干扰素（interferon-γ，IFN-γ）——结核性积液 IFN-γ 可增高，对于诊断结核性胸膜炎具有重要的参考价值。癌胚抗原——当积液中 CEA 增高，积液 CEA/ 血清 CEA 比值 > 1 时，疑为癌性积液。

4. 病原学试验 腺苷脱氨酶（ADA）活性、溶菌酶（Lys）含量及活性：ADA 增高（> 45 U/L）对结核性胸膜炎有辅助诊断意义。PE 直接涂片革兰氏染色或抗酸染色、病原体分离培养与鉴定，可辅助呼吸系统感染的诊断。革兰氏染色显微镜检验与分离培养常查到致病菌，如肺炎链球菌、金黄色葡萄球菌、大肠埃希菌、脆弱类杆菌等，少数病例有厌氧菌生长。疑为结核性 PE 时，镜下找到抗酸杆菌有辅助诊断意义。

二、胸腔积液的实验诊断策略

胸腔积液（PE）的实验诊断需首先判断是漏出液还是渗出液，然后进一步查明其产生原因。发病机制与常见病因如表 10-2 所示。

表 10-2 漏出液与渗出液的发病机制及常见病因

类型	发生机制	常见病因
漏出液	毛细血管流体静压增高	静脉回流受阻、充血性心力衰竭、晚期肝硬化
	血浆胶体渗透压减低	血浆白蛋白明显减低的各种疾病
	淋巴回流受阻	丝虫病、肿瘤压迫等所致的淋巴回流障碍
	钠水潴留	充血性心力衰竭、肝硬化、肾病综合征
渗出液	微生物毒素、缺氧以及炎性介质	结核性或细菌性感染
	血管活性物质增高癌细胞浸润	转移性肺癌、乳腺癌、淋巴瘤、卵巢癌
	外伤、化学物质刺激	血液、胆汁、胰液和胃液等刺激，外伤

三、胸腔积液的实验诊断

胸腔积液（PE）的实验诊断需首先判断是漏出液还是渗出液，然后进一步查明其产生原因，可辅助查明呼吸系统及相关疾病的病因。漏出性与渗出性胸腔积液的鉴别，依据Light标准判断积液性质：①积液乳酸脱氢酶（LDH）＞200 U/L；②积液与血清LDH比值＞0.6；③积液蛋白与血清蛋白比值＞0.5。凡符合①②③任意一条，即可判断为渗出性胸腔积液；3条均不符合者为漏出性胸腔积液。其敏感度达99%，特异性达96%，优于其他指标。

（一）渗出性胸腔积液

渗出性胸腔积液的病因十分复杂：感染性疾病中主要是结核性胸膜炎和肺炎旁PE，由恶性肿瘤引起的PE多为胸膜转移。风湿免疫病如系统性红斑狼疮、风湿性关节炎等累及胸膜等也可引起PE。

1. 结核性胸腔积液 常由结核性胸膜炎所致。①常规试验：外观多为草黄色或深黄色，可为浑浊性，易凝固；20%左右为血性；显微镜检查：急性期以中性粒细胞为主，后期以淋巴细胞为主，间皮细胞计数常小于5%。②生化试验：LDH与蛋白定量等明确为渗出液。腺苷脱氨酶（ADA）水平升高（45 U/L）是结核性PE的显著特征，对结核性胸膜炎诊断的灵敏度和特异性达90%左右；当抗结核药物治疗有效时，ADA下降，也可作为判断抗结核疗效的观察指标。③免疫学试验：胸腔积液CRP升高（≥30 mg/L），血清CRP≥60 mg/L，或两者比值≥0.45，高度提示结核性胸膜炎。胸腔积液γ干扰素水平升高有助于结核性胸膜炎的辅助诊断。有研究表明：胸腔积液中γ干扰素＞3.7 U/ml，诊断结核性胸膜炎的敏感性和特异性可达到98%，但应排除脓胸的影响。PE结核分枝杆菌抗原与抗体检测特异性低。④病原学试验：PE涂片检查抗酸杆菌的阳性率较低（＜5%），分离培养结核分枝杆菌的阳性率为10%~20%，结合PE结核分枝杆菌核酸（TB-DNA）检测可提高阳性率。

2. 肺炎旁胸腔积液 多由细菌性肺炎、肺脓肿和支气管扩张合并感染等肺部炎症所致。①肺炎旁PE的主要实验诊断特征：早期可为无菌性浆液性渗出液，细胞分类以中性粒细胞为主；pH＞7.0，葡萄糖＞3.3 mmol/L，LDH＜500 U/L。随着病情加重，肺炎旁PE可为草黄色或脓性渗出液，白细胞增多，中性粒细胞总数＞10×10^9/L，pH＜7.0，葡萄糖＜2.2 mmol/L，LDH＞1000 U/L；PE降钙素原（PCT）常升高，并与病情严重程度相关。PE革兰氏染色可查到病原菌，分离培养可有需氧菌或厌氧菌生长，若PE有臭味时常提示厌氧菌感染。②需要插管引流的PE实验诊断指征：脓性积液、革兰氏染色阳性、细菌培养阳性；pH＜7.0、葡萄糖＜2.2 mmol/L、LDH＞血清参考区间上限3倍以上。

3. 恶性胸腔积液（malignant pleural effusion，MPE） 指原发于胸膜的恶性肿瘤（胸膜间皮瘤）或其他部位的恶性肿瘤转移至胸膜引起的胸腔积液。诊断MPE主要依据PE中查到恶性肿瘤细胞，PE的肿瘤标志物检测、染色体及DNA倍体的检测等也有利于MPE的辅助诊断。

（1）胸腔积液常规试验：早期为草黄色，后期转为血性，这种情况占50%~85%；若PE中红细胞＞100×10^9/L多为MPE。MPE中有核细胞数目相对较少，通常以成熟小淋巴细胞为主；若以中性粒细胞为主，MPE可能性小。

（2）胸腔积液肿瘤细胞学检查：经HE染色或瑞氏染色的PE细胞沉淀，显微镜检查可见成堆或散在分布的恶性肿瘤细胞，其中易见呈腺腔样排列的腺癌细胞。MPE中98%的癌细胞是转移性的，其中最常见的是原发性肺癌，其次是乳腺癌和其他转移癌，进行流式细胞DNA分析时，MPE常可查到多倍体或非整倍体。PE染色体核型检查可作为恶性胸腔积液的诊断指标之一，阳性率达 75% 左右，同时做染色体及 DNA 倍体分析，可大大提高诊断的灵敏度和特异性。

(3) 胸腔积液肿瘤标志物检测：目前临床上用于协助诊断 MPE 的肿瘤标志物主要有癌胚抗原（CEA）、细胞角蛋白 19（CYFRA21-1）等。胸腔积液的 CEA > 20 μg/L，PE 与血清 CEA 比值 > 1 时，应高度怀疑为 MPE。胸腔积液 CEA 对诊断 MPE 的灵敏度约为 57%，特异度及阳性预测值达 100%。在肺癌引起的 MPE 中，胸腔积液 CEA 对诊断肺腺癌的灵敏度和特异度最高，分别为 72.73%、100%，其阳性预测值及诊断符合率高达 100% 和 85%。MPE 中 CYFRA21-1 浓度常明显升高，当 PE 中 CYFRA21-1 高于 50 ng/ml 时，有助于 MPE 诊断，其诊断的敏感性和特异性约为 85%。CYFRA21-1 与 CEA 联合应用，诊断非小细胞肺癌符合率可达 88%。

（二）漏出性胸腔积液

漏出性胸腔积液主要分为以下两大类：由毛细血管内静水压增高引起的（以充血性心力衰竭最常见），还有缩窄性心包炎、上腔静脉阻塞等心源性 PE；由毛细血管内胶体渗透压降低引起的，如低蛋白血症、肝硬化、肾病综合征等肝、肾源性 PE。充血性心力衰竭引起的漏出性 PE，细胞数常 < 1×10^9/L，以淋巴细胞和间皮细胞为主。充血性心力衰竭患者 PE 的 B 型利钠肽（BNP）常升高，可以此作为心源性 PE 的诊断依据，并可与其他漏出性 PE 鉴别。

基础回顾

胸腔积液的形成

健康成人胸腔积液在 20 ml 以下，主要起润滑、保护脏器的作用。病理情况下，如胸膜毛细血管静压增加、胶体渗透压下降、胸腔内负压下降和胸腔内胶体渗透压增高均可导致胸腔液体增加，从而形成胸腔积液。根据产生的原因和性质不同，胸腔积液分为漏出液和渗出液。渗出液常见于胸膜或临近组织感染、原发性或转移性肿瘤及结缔组织病；漏出液常见于充血性心力衰竭、低蛋白血症等。

知识拓展

浆膜腔积液的分级检查

20 世纪 90 年代以来，浆膜腔检查发展到细胞学、生物化学、微生物学、免疫学、遗传学等多项优化组合检查。除了提供鉴别漏出液与渗出液的依据外，还提供鉴别良性和恶性、结核性和化脓性的依据，根据诊断需要将积液检查分为 3 级。

一级检查：颜色、透明度、比重、Rivalta 试验、酸碱度、总蛋白、细胞计数及分类、微生物学检查等。

二级检查：CRP、纤维蛋白降解产物、LDH、ADA、AMY、糖蛋白等。

三级检查：CEA、AFP、肿瘤特异性抗体、hCG、同工酶、蛋白质组分分析等。

思 考 题

1. 漏出液和渗出液产生的机制和原因分别是什么？
2. 浆膜腔积液常见的颜色变化及临床意义是什么？

（冯长梅）

第十一章

代谢与内分泌疾病的实验诊断

第十一章数字资源

新陈代谢是生命活动的基础,主要包括物质代谢和能量代谢,核心环节是物质合成代谢和分解代谢。合成代谢是营养物质进入人体内,参与众多化学反应,合成为较大的分子并转化为自身物质的反应过程;分解代谢是体内的糖原、蛋白质和脂肪等大分子物质分解为小分子物质的降解反应的变化过程。中间代谢指营养物质进入机体后,在体内合成和分解代谢过程中的一系列化学反应,如果中间代谢某一环节出现异常,则可引起代谢性疾病,如糖代谢、脂代谢和水、电解质代谢紊乱等。

代谢性疾病可分为遗传性代谢病和获得性代谢病。前者主要是基因突变引起蛋白质结构和功能紊乱,特异性酶催化反应消失、降低或(偶然地)升高,导致细胞和器官功能异常。后者可由环境因素引起,或遗传因素和环境因素相互作用所致,不合适的食物、药物、创伤、器官和精神疾病等因素是造成代谢紊乱的常见原因。

代谢性疾病常有其特有的症状和体征,因此病史询问和体格检查是提供诊断的首要线索,而代谢性疾病的确诊及病情评估、制订治疗方案及疗效监测等常依赖于实验诊断,包括各项物质代谢相关的正常或异常产物、各种代谢试验或相关的激素检测等。遗传性代谢病可以通过基因诊断确定致病原因。

内分泌系统由内分泌腺及其所分泌的激素(hormone)组成,激素随血液循环运送到相应的靶器官或靶细胞,调节其代谢或功能。一旦内分泌系统出现异常,如内分泌腺破坏、功能亢进、激素合成缺陷,使激素分泌过多或过少;或激素受体缺陷、激素抗体出现等使靶器官或靶细胞对激素的敏感性异常,导致多系统甚至全身代谢或功能失衡,引起内分泌疾病,例如糖尿病、高脂蛋白血症等。

内分泌疾病的实验诊断主要包括:①检测血液或体液中激素及其代谢物水平或转运蛋白的浓度;②对某些内分泌腺特有的生理功能、调节代谢的对象进行检测;③动态功能试验。此外,寻找代谢紊乱的证据对协助诊断内分泌系统疾病也十分重要,部分疾病还应检查自身抗体。

第一节 糖代谢疾病

糖是人体生命活动所需能量的主要来源,也是人体的主要组成成分之一。血液中的葡萄糖称为血糖。食物中的糖类物质在胃肠中经消化作用水解为葡萄糖后,经门静脉吸收入血为血糖的主要来源;空腹时,肝贮存的糖原可分解成葡萄糖入血;在禁食情况下,肝可通过糖异生将非糖物质转变成葡萄糖以补充血糖;另外,肝还可以将饮食中摄取的其他己糖转变为葡萄糖。血糖主要被组织细胞摄取利用和氧化分解供能;肝和肌肉等组织可将葡萄糖合成糖原贮存,并且可在肝转换为非糖物质或其他糖及糖类衍生物;当血糖浓度高于肾糖阈时

(9.0～10.0 mmol/L），经尿排出。人体有多种激素、酶和神经因素等参与糖代谢过程，维持血糖的来源和去路处于动态平衡，使血糖浓度维持在正常范围内。

糖代谢疾病是糖类物质及相关的酶、激素及受体异常和基因突变所致代谢异常的综合性疾病，最常见的有糖尿病和低血糖症。

一、糖代谢的检验项目与应用

（一）糖代谢项目

1. 血液葡萄糖

【目的】血液葡萄糖，简称血糖。反映的是瞬时血糖状态。血糖测定包括空腹血糖（fasting blood glucose，FBG）、餐后2小时血糖和随机血糖浓度，通过血糖测定可了解有无糖代谢紊乱。

【应用】空腹血糖是诊断高血糖症和低血糖症的实验指征，也可用于观察和评价糖尿病的治疗效果。在对糖代谢疾病进行诊治时首选血糖检测。血糖可用血浆、血清或全血测定，以空腹血浆检测为标准，血清更为方便，而使用快速血糖仪时多用全血。空腹血浆葡萄糖（fasting plasma glucose，FPG）的参考区间为3.9～6.1 mmol/L，FPG超过7.0 mmol/L时称为高血糖症（hyperglycemia），最常见于糖尿病（diabetes mellitus，DM），也可见于肝病、甲亢等其他疾病引起的血糖升高。FPG低于2.8 mmol/L称为低血糖症。如血细胞比容正常，血浆、血清血糖数值比全血血糖可升高15%，因此它们的参考区间不同，空腹静脉全血葡萄糖的参考区间为3.3～5.5 mmol/L。

血糖测定受饮食、取血部位和测定方法的影响；采用葡萄糖氧化酶法时需注意还原性物质，如谷胱甘肽、维生素C可干扰测定，使结果偏低；全血在室温下放置，血糖浓度每小时可下降5%～7%（约0.56 mmol/L），故需及时分离血浆或血清。

2. 口服葡萄糖耐量试验（oral glucose tolerance test，OGTT）

【目的】口服葡萄糖耐量试验是口服一定量的葡萄糖（常用75 g）后，间隔0.5 h、1 h、2 h、3 h测定血糖浓度，比较空腹血糖与4个时间点血糖的变化趋势，了解机体对葡萄糖代谢的调节功能。

【应用】①糖尿病筛选和诊断：WHO推荐OGTT作为诊断糖尿病的常规试验。OGTT主要用于诊断可疑糖尿病或血糖升高原因的鉴别，最常用OGTT 2 h血浆葡萄糖（plasma glucose，PG），简称OGTT 2 h-PG；②低血糖症的诊断：OGTT 5 h-PG主要诊断餐后低血糖，早期2型糖尿病及特发性功能性低血糖患者，常在服糖后2～4 h发生低血糖症状，血糖可低至2.5 mmol/L，但短时间内又恢复至服糖前水平。

急性疾病或应急情况时不宜进行OGTT；在试验过程中，受试者不应喝茶及咖啡、不吸烟、不做剧烈运动，试验前3 d摄入足量碳水化合物，试验前3～7 d停用可能影响糖代谢的药物。

3. 糖化血红蛋白A1c

【目的】糖化血红蛋白（glycated hemoglobin，GHb）是葡萄糖或其他糖与血红蛋白的氨基发生非酶促反应的产物，其中与葡萄糖结合的血红蛋白称糖化血红蛋白A1c（Hemoglobin A1c，HbA1c），占GHb的大部分。检测HbA1c主要用于监控糖尿病患者血糖水平的控制程度或诊断糖尿病。

【应用】①监控糖尿病患者血糖水平控制程度：由于红细胞在血液循环中的寿命约为120天，因此HbA1c含量变化可反映过去8～12周的平均血糖水平，是评估血糖控制情况可靠的实验诊断指标。糖尿病治疗中 HbA1c 的目标值为 < 7%。②糖尿病诊断标准之一：美国糖尿病协会（ADA）2010 年将 HbA1c ≥ 6.5% 作为诊断糖尿病的新标准。③预测血管并发症：由于 HbA1c 与氧的亲和力强，可导致组织缺氧，故长期 HbA1c 增高可引起组织缺氧而发生血管并发症。HbA1c > 10% 提示并发症严重，预后较差。

HbA1c 的检测结果受检测方法、贫血和血红蛋白异常疾病、红细胞转换速度以及年龄等诸多因素的影响。

4. 糖化白蛋白 葡萄糖与白蛋白也可通过非糖基化形成糖化白蛋白（glycated albumin，GA）。由于白蛋白在血中的半衰期为 17 ~ 19 d，故糖化白蛋白含量可以反映过去 2 ~ 3 周的血糖水平，为糖尿病患者近期病情监测的指标。

5. 尿糖 尿糖阳性是诊断糖尿病的重要指标。糖定性试验呈阳性的尿液称为糖尿，一般是指葡萄糖尿，偶见乳糖尿、戊糖尿、半乳糖尿等。当血中葡萄糖浓度大于肾糖阈（9.0 ~ 10.0 mmol/L）时，肾小球滤过的葡萄糖量超过肾小管重吸收能力时可出现糖尿。尿糖阳性提示血糖值超过肾糖阈。肾糖阈升高，即便血糖升高，尿糖也可能阴性，因而尿糖阴性不能完全排除糖尿病。肾糖阈降低时，虽然血糖正常，尿糖也可能阳性。

（二）胰岛 β 细胞功能试验

1. 血浆胰岛素（insulin）

【目的】胰岛素由胰岛 β 细胞分泌，血浆胰岛素含量可反映胰岛 β 细胞的分泌功能。

【应用】①鉴别糖尿病类型：1 型糖尿病和 2 型糖尿病晚期患者血浆胰岛素降低，2 型糖尿病早、中期患者可出现血浆胰岛素升高；②鉴别低血糖症的病因：低血糖时血浆胰岛素增高，多数为胰岛素瘤。

胰岛素测定受血清中胰岛素抗体和外源性胰岛素干扰。

2. 胰岛素释放试验

【目的】在口服葡萄糖耐量试验的同时测定空腹及服糖后不同时间血浆胰岛素水平，反映基础和葡萄糖介导的 β 细胞的胰岛素释放功能。健康人口服 75 g 无水葡萄糖后，血浆胰岛素在 30 ~ 60 min 上升至高峰，峰值为空腹时的 5 ~ 10 倍，3 ~ 4 h 恢复到空腹水平。

【应用】主要用于糖尿病类型的鉴别诊断和低血糖症的鉴别。1 型糖尿病胰岛素分泌减少，呈低水平曲线；2 型糖尿病呈低水平或延迟曲线。胰岛 β 细胞瘤表现为胰岛素分泌增多，呈高水平曲线。

3. 血清 C 肽释放试验

【目的】C 肽是胰岛素原在蛋白水解酶的作用下裂解而成的与胰岛素等量的小分子肽，血液中 C 肽与胰岛素水平成正相关，但不受胰岛素抗体和外源性胰岛素的干扰，而且 C 肽不被肝破坏，半衰期较胰岛素长，能更准确地反映胰岛 β 细胞生成和分泌胰岛素的功能。

【应用】①反映胰岛细胞的功能：因为 C 肽不受胰岛素抗体干扰，对接受胰岛素治疗的患者，可直接测定 C 肽浓度，以判断患者胰岛功能；②鉴别糖尿病类型：1 型糖尿病患者的血清 C 肽减低，高血糖刺激后基本无反应；2 型糖尿病患者的血清 C 肽含量基本正常或略高于参考区间，但服糖后峰时和峰值延迟；③鉴别低血糖原因：若 C 肽增高，多为胰岛素分泌过多所致；如 C 肽含量降低，则为其他因素所致；④血清 C 肽有助于胰岛 β 细胞瘤的诊断及胰岛素瘤手术效果的判断。胰岛素瘤患者血清 C 肽含量高，若手术后 C 肽含量仍高，说明有残留的瘤组织，若随访中 C 肽含量不断上升，提示肿瘤有复发或转移的可能。

4. 血浆胰岛素原

【目的】胰岛素原是胰岛素在体内的贮存形式，检测血浆胰岛素原有利于判断血浆胰岛素水平。

【应用】大多数胰岛 β 细胞瘤患者血浆胰岛素原增加；2 型糖尿病患者胰岛素原增加，并与心血管危险因子关联；妊娠期糖尿病有明显高浓度的胰岛素原。

（三）胰岛素相关自身抗体

【目的】胰岛素相关自身抗体主要包括胰岛素自身抗体（IAA）、胰岛细胞自身抗体（ICA）、谷氨酸脱羧酶自身抗体（GADA）、胰岛素瘤相关抗原 -2 自身抗体（IA-2A）。胰岛素相关自身抗体是胰岛细胞及其功能遭受破坏的重要标志。

【应用】1 型糖尿病主要由胰岛 β 细胞自身免疫损害导致胰岛素分泌不足而引起。① IAA 可在 1 型糖尿病的亚临床期和临床期出现，< 5 岁的患者 IAA 阳性率达到 90% ~ 100%。② ICA 主要见于 1 型糖尿病，起病初期阳性率高（在青少年阳性率可达 85%），随病程延长检出率下降。③ GADA 对 1 型糖尿病诊断灵敏度达到 70% ~ 90%，GADA 阳性可稳定数年，对成人迟发性自身免疫性糖尿病有更大的诊断价值；在目前发现的胰岛素相关自身抗体检测中，GADA 被认为是灵敏度和特异性最高的项目。④ IA-2A 存在于新诊 1 型糖尿病患者血清中，对 1 型糖尿病的发病机制研究、诊断分型及预测筛查等有重要价值。

1 型糖尿病以上几种自身抗体并不一定全部出现，联合检测能显著提高诊断的敏感性和特异性。

（四）糖尿病并发症相关指标

1. 血、尿酮体

【目的】酮体（ketone body）属于脂肪酸代谢产物，包括丙酮、乙酰乙酸和 β- 羟丁酸。血液与尿液中酮体增加，可用于糖尿病酮症酸中毒的诊断。

【应用】严重糖尿病患者的胰岛素缺乏，脂肪酸代谢增强，酮体生成增加，引起糖尿病酮症酸中毒（diabetic ketoacidosis，DKA），血液酮体增高，以 β- 羟丁酸增高为主；尿酮体阳性。

2. 血清乳酸

【目的】当组织缺氧时，葡萄糖经无氧酵解生成乳酸。若乳酸在血液中堆积，则引起高乳酸血症或乳酸中毒（lactic acidosis）。因此，血清乳酸含量主要用于乳酸酸中毒的诊断。

【应用】乳酸升高见于糖尿病酮症酸中毒、肾衰竭、呼吸衰竭、循环衰竭等缺氧和低灌注状态。乳酸酸中毒糖尿病性昏迷时，血清乳酸常超过 2 mmol/L。

3. 尿微量白蛋白

【目的】在肾小球早期轻微受损时，白蛋白在尿中的漏出量即可增加。因此，尿微量白蛋白含量可用于糖尿病肾病的早期诊断与监测。

【应用】微量白蛋白尿是糖尿病患者发生肾小球微血管病变的最早期指标之一，并可作为糖尿病肾病分期的重要参考。

案例 11-1

男性，15 岁，因"烦渴、多饮、多尿 3 年伴恶心、呕吐 2 日"入院。患者 3 年前因出现口渴、多饮、多尿，体重下降诊断为"1 型糖尿病"，治疗好转后出院，出院后一直未严格控制血糖。2 日前聚餐后出现恶心、呕吐，呕吐物为胃内容物，全腹部间断性疼痛，伴全身酸痛，遂急诊入院。查体：体温 37.2℃，心率 110 次 / 分，呼吸 22 次 / 分，血压 95/60 mmHg。神志清楚，反应稍弱，皮肤弹性尚好，口唇干燥。心肺腹无异常。实验检查：血糖 29 mmol/L，渗量 280.9 mOsm/L，血酮体 2.0 mmol/L，Na⁺ 127.2 mmol/L，Cl⁻ 101.3 mmol/L，K⁺ 5.85 mmol/L，血尿素氮 5.06 mmol/L，血肌酐 45.60 μmol/L。血气分析：pH 7.23，PaCO₂ 17.2 mmHg，PaO₂ 113 mmHg，HCO₃⁻ 12 mmol/L，BE −14.3 mmol/L。尿常规：尿糖 ++++，尿酮 ++。

问题：
1. 该患者的初步诊断及诊断依据是什么？
2. 若该患者发生昏迷，需与哪些疾病进行鉴别？

二、糖代谢疾病的实验诊断策略

（一）糖尿病早期筛查及诊断

糖尿病（diabetes mellitus，DM）是由胰岛素分泌不足和（或）胰岛素作用缺陷引起，以慢性高血糖为主要特征的代谢性疾病。早期筛查对其预防及早期诊断具有重要意义，下列人群应更加警惕：①肥胖症；②糖尿病家族史；③妊娠性糖尿病（GDM）史或分娩过超重婴儿的产妇；④高血压；⑤高脂蛋白血症及 HDL-C 降低者；⑥空腹血糖升高或葡萄糖耐量受损；⑦其他高风险人群。

糖尿病的实验诊断指标包括空腹血糖、随机血糖、餐后 2 h 血糖和 OGTT 等。了解胰岛素水平和胰岛细胞的功能，可选择血清胰岛素、C 肽、胰岛细胞抗体和胰岛素抗体等指标。糖尿病早期筛查首选试验包括血糖测定和口服葡萄糖耐量试验（OGTT），次选试验有：①胰岛素相关自身抗体检测；②血清胰岛素测定及胰岛素释放试验；③基因标志物，如 HLA 的某些基因型等。糖尿病早期筛查及实验诊断路径见图 11-1。

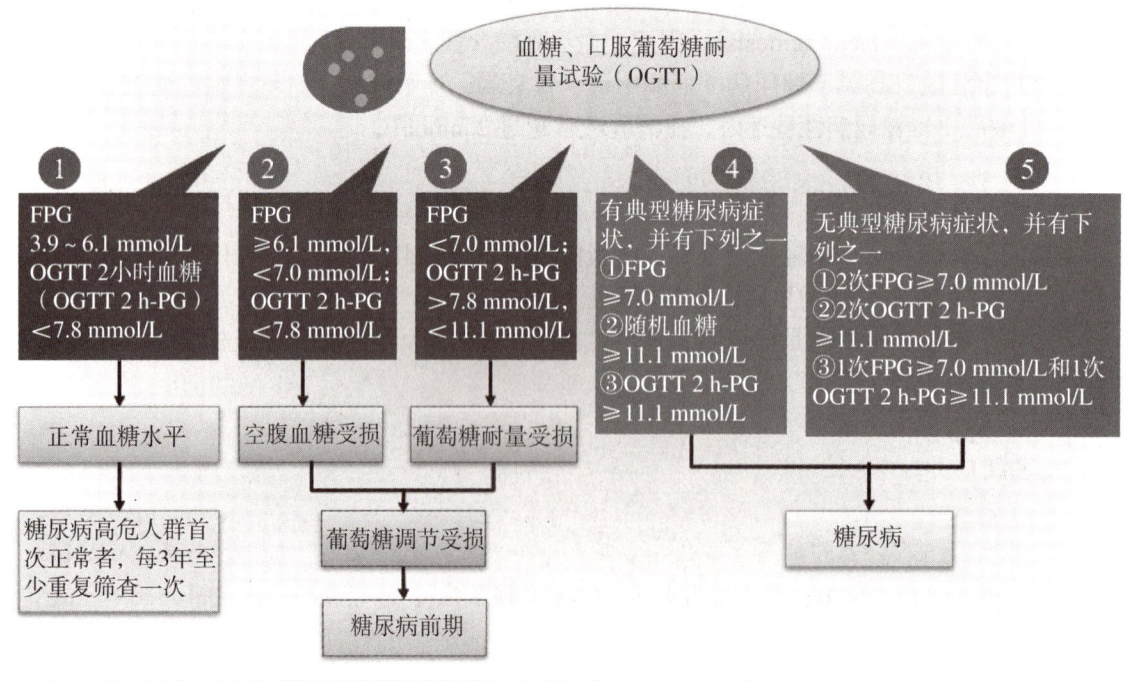

图 11-1　糖尿病早期筛查及实验诊断路径

（二）糖尿病并发症

1. 糖尿病急性并发症　糖尿病最常见的急性并发症包括糖尿病酮症酸中毒、高渗性非酮症糖尿病性昏迷、乳酸酸中毒糖尿病性昏迷。实验诊断首选检测血糖，为进一步鉴别诊断可检测血、尿酮体；血浆渗透压、血清乳酸、电解质和酸碱平衡等。常见糖尿病急性并发症的实验诊断路径见图 11-2。

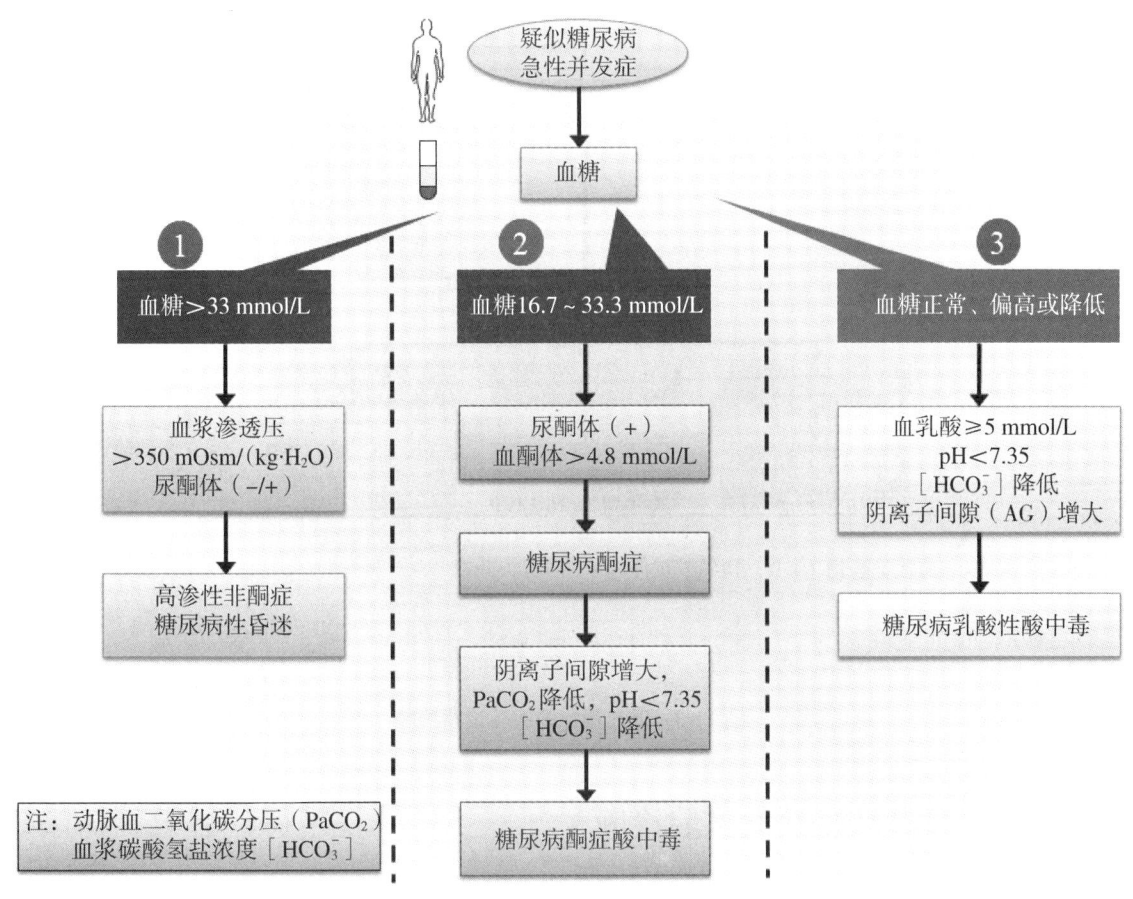

图 11-2　糖尿病急性并发症的实验诊断路径

2. 糖尿病慢性并发症　糖尿病慢性并发症累及多种组织器官，常见的有动脉粥样硬化及心、脑、肾病变，原发性高血压，眼底及神经系统的病变，根据临床需要检测血脂，肝、肾功能，尿微量白蛋白等。

（三）低血糖症

低血糖症（hypoglycemia）是由多种因素引起的血浆（或血清）葡萄糖浓度过低所致的一组临床综合征，而当血浆葡萄糖浓度升高后，症状和体征也随之消退。实验诊断应首先测定发作时血糖或空腹血糖，以确定有无低血糖症。低血糖症最常见的是药物性低血糖，尤以胰岛素、磺脲类等胰岛素促泌剂以及饮酒所致的低血糖多见，如无明显用药史或饮酒史等引起低血糖的线索时，需进一步确定是空腹性低血糖症还是反应性低血糖症，并确定其病因；可进一步测定空腹血糖、血清胰岛素和 C 肽、胰岛素抗体、胰岛素受体抗体等，必要时做 72 h 饥饿试验。低血糖症的实验诊断路径见图 11-3。

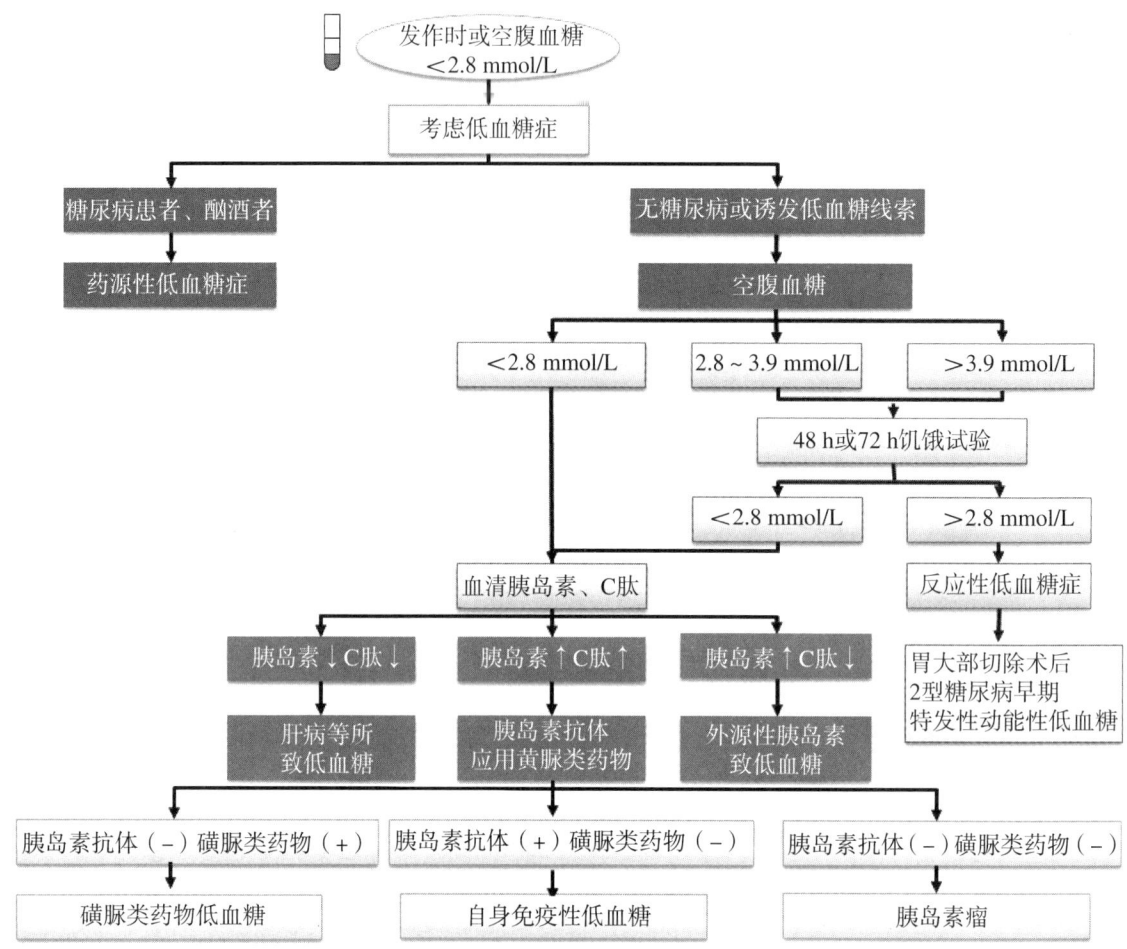

图 11-3 低血糖症的实验诊断路径

三、常见糖代谢疾病的实验诊断

(一) 糖尿病

糖尿病（DM）是一组由胰岛素分泌不足和（或）胰岛素作用低下引起的代谢性疾病。根据病因，WHO将其分为四类：① 1 型糖尿病（T1DM），由胰岛 β 细胞破坏和胰岛素绝对缺乏引起的糖尿病，但不包括已阐明病因的 β 细胞破坏所致的糖尿病类型；② 2 型糖尿病（T2DM），指从胰岛素抵抗为主伴胰岛素相对不足到胰岛素分泌不足为主伴胰岛素抵抗的一类糖尿病；③其他特殊类型糖尿病；④妊娠糖尿病（GDM）。

1. 糖尿病的主要临床表现

（1）代谢紊乱症候群：主要为"三多一少"，即多饮、多食、多尿和体重减轻，1 型患者表现较突出，2 型患者多数起病缓慢。

（2）并发症及合并症：①微血管并发症，包括糖尿病视网膜疾病、糖尿病肾病及糖尿病心肌病等；②大血管并发症，包括动脉粥样硬化及其引起的冠心病、缺血性或出血性脑血管病等；③糖尿病神经病变，包括多发性神经病变、单一神经病变及自主神经病变；④糖尿病皮肤病变；⑤糖尿病合并感染；⑥糖尿病酮症酸中毒、高渗性非酮症糖尿病昏迷；⑦反应性低血糖、围术期高血糖或无症状性高血糖；⑧糖尿病足。

2. 糖尿病及糖尿病前期的实验诊断 一般根据 1999 年 WHO 标准，如表 11-1 所示。

表 11-1 糖代谢分类及异常判断标准（WHO，1999）

糖代谢分类	FPG（mmol/L）	2 h-PG（mmol/L）
正常血糖（NPG）	< 6.1	< 7.8
空腹血糖受损（IFG）	6.1～7.0	< 7.8
糖耐量受损（IGT）	< 7.0	7.8～11.1
糖尿病（DM）	≥ 7.0	≥ 11.1

注：FPG 为空腹血浆葡萄糖；2 h-PG 为 2 h 血浆葡萄糖

糖尿病前期又称糖调节受损，包括空腹血糖受损（impaired fasting glucose，IFG）和糖耐量受损（impaired glucose tolerance，IGT），应定期进行随访和监测，以确定是否发展为糖尿病。对于有 1 型糖尿病家族史者可进行胰岛素相关自身抗体检测。

糖尿病诊断标准：①有糖尿病症状（多饮、多食、多尿和不明原因的体重下降），并有随机血糖 ≥ 11.1 mmol/L（200 mg/dl）（随机血糖指一天中任意时间血糖）。②或空腹血糖 ≥ 7.0 mmol/L（126 mg/dl）（空腹指至少 8 h 没有进食）。③或 75g 葡萄糖负荷后 2 h 血糖 ≥ 11.1 mmol/L（200 mg/dl）。

若患者无典型糖尿病症状，需择日重复测定血糖，以明确诊断；如复查结果未达到糖尿病诊断标准，应定期复查。

糖化血红蛋白（HbA1c）浓度与平均血糖正相关，近年来倾向将其作为筛查糖尿病高危人群和诊断糖尿病的一个指标。2010 年美国糖尿病学会（ADA）指南已将 HbA1c ≥ 6.5% 作为糖尿病诊断标准之一，但 HbA1c < 6.5% 也不能排除糖尿病，需进一步做糖耐量检查。WHO 目前未把 HbA1c 作为糖尿病的诊断指标，我国沿用 WHO 标准。

3. 糖尿病并发症的实验诊断

（1）动脉粥样硬化及心脑血管病：可进行血脂检验（本章第二节）及有关心脑血管疾病的其他试验。糖尿病控制不良者有不同程度的高三酰甘油血症、高胆固醇血症，而高密度脂蛋白胆固醇（HDL-C）常减低。并发血栓前状态或血栓病时，血小板活化水平增高，凝血因子活性增强，血浆纤维蛋白原显著增高；血浆中血栓形成分子标志物，如 D- 二聚体、凝血酶 - 抗凝血酶复合物（TAT）含量增高。

（2）糖尿病肾病：糖尿病控制不良者并发糖尿病肾病，会出现微量白蛋白尿、蛋白尿、肾功能减退，逐渐出现氮质血症，以至最终发展为尿毒症。可检测尿微量白蛋白、血清或尿液 β_2 微球蛋白、血清或尿液 α_1 微球蛋白、肾功能等。糖尿病肾病分为五期。Ⅰ期：肾小球滤过率（GFR）升高 25%～45%，尿白蛋白排泄率（urinary albumin excretion rate，UAER）和血压正常；Ⅱ期：GFR 仍升高，UAER 和血压多正常，可有间歇性升高；Ⅲ期：为微量蛋白尿期，出现持续微量白蛋白尿，UAER 为 30～300 mg/24 h、蛋白尿 > 0.5 g/24 h，或随机尿白蛋白 - 肌酐比值为 30～300 μg/mg；Ⅳ期：又称显性蛋白尿期，尿蛋白量明显增多，UAER > 300 mg/24 h，并可出现大量蛋白尿，血清尿素和肌酐升高；Ⅴ期：为终末期肾病期，UAER 降低，尿蛋白常无明显减少，常伴有高血压。

（3）糖尿病酮症酸中毒（diabetic ketoacidosis，DKA）：以高血糖、酮症和酸中毒为主要表现。多见于 1 型糖尿病，是糖尿病最常见的急性并发症，患者尿糖强阳性，可出现酮尿症、酮血症、电解质与酸碱平衡紊乱（代谢性酸中毒），血液 pH 和二氧化碳分压降低。DKA 合并高渗性非酮症糖尿病昏迷时，可出现"三高"现象，即血糖特别高（≥ 33.3 mmol/L）、血钠高（≥ 145 mmol/L）和血浆渗透压显著增高（≥ 350 mOsm/L）伴尿糖强阳性，但血液酮体正常或仅轻度升高、血液 pH 大多正常。DM 乳酸中毒时，血乳酸 > 2 mmol/L，血液 pH 降低。

（4）糖尿病继发感染：细菌感染可致菌血症或脓毒血症，可进行血培养。真菌性阴道炎

（念珠菌性阴道炎）为女性患者的常见并发症，阴道分泌物检查对诊断有意义。糖尿病合并肺结核的发生率比非糖尿病患者高，易扩展播散，痰涂片查抗酸杆菌或痰培养阳性有诊断意义，必要时可通过检测结核分枝杆菌的核酸确诊。糖尿病易并发泌尿系感染，以肾盂肾炎和膀胱炎最常见，尿培养阳性最具诊断价值，尿液常规检验可作为监测试验。

（二）低血糖症

低血糖症是一组多种因素引起的以血浆葡萄糖（血糖）浓度过低，临床上以交感神经兴奋和脑细胞供能不足为主要特点的综合征。一般以血浆葡萄糖浓度低于 2.8 mmol/L 作为低血糖症的实验诊断标准。

低血糖症主要临床特征：①交感神经兴奋，表现为出汗、颤抖、心悸、焦虑、饥饿、软弱无力、面色苍白和四肢冰冷等；②脑细胞供能不足，表现为精神不集中，思维和语言迟钝，头晕、嗜睡、视物模糊，也可有幻觉、躁动、易怒、行为怪异等精神症状。低血糖症可分为空腹（吸收后）低血糖症和餐后（反应性）低血糖症。空腹低血糖症主要病因是高胰岛素血症，餐后低血糖症是胰岛素反应性释放过多，多为功能性。

低血糖症的诊断依据是 Whipple 三联征：①低血糖症状；②发作时血糖低于 2.8 mmol/L；③供糖后低血糖症状迅速缓解。常见低血糖症包括胰岛素瘤、胰岛素自身免疫综合征、餐后低血糖症和药源性低血糖症等。

1. 胰岛素瘤 是器质性低血糖症最常见的原因，其中胰岛 β 细胞腺瘤约占 84%，常有胰岛素原、C 肽和胰岛素平行增加。

2. 胰岛素自身免疫综合征 患者血中有胰岛素自身抗体，有反常性低血糖症。低血糖发生在餐后 3～4 h，在低血糖发作期间，血浆游离胰岛素明显升高，血浆 C 肽受抑制，易检测到血浆胰岛素受体。

3. 餐后低血糖症 为餐后早期（2～3 h）和后期（3～5 h）低血糖症，可见于胃肠疾病患者；也可以是 2 型糖尿病发病前的一种现象。这类患者进餐后胰岛素的释放慢于血糖水平的升高，因此当血液中的胰岛素浓度达到高峰时，血糖水平已开始下降，从而发生低血糖反应。5 h 口服糖耐量试验（OGTT）可辅助诊断。

4. 药源性低血糖症 随着糖尿病患病率的增加，胰岛素制剂和磺脲类及非磺脲类促胰岛素分泌剂的应用增多，在严格控制高血糖过程中常可出现低血糖症。

知识拓展

胰岛素的发现

1921 年，加拿大医生 Frederick G. Banting 和助手 Charles Best 在生理学教授 John Macleod 的帮助下，发现犬胰导管结扎后的胰腺提取液可以降低去胰腺犬的高血糖，并改善糖尿病相关症状。随后，他们成功分离出胰岛素，并给一名 14 岁生命垂危的糖尿病患者进行两次注射治疗，病情明显好转。从此，糖尿病不再是一种"不治之症"——这是糖尿病胰岛素治疗史上的首个里程碑事件。1923 年，Banting 与 Macleod 因发现胰岛素共同获得诺贝尔生理学或医学奖。

胰岛素的发现开启了人类对糖尿病诊疗的新纪元，是 20 世纪最重要的生命科学发现之一。百年来挽救了无数生命，为人类健康作出了不可估量的贡献，并对内分泌学、蛋白质晶体学、代谢相关疾病等领域产生了深远的影响。

> **知识拓展**
>
> **妊娠合并高血糖状态的管理**
>
> 糖尿病合并妊娠以及妊娠糖尿病均与先兆子痫、大于胎龄儿、剖宫产及肩难产等母婴并发症有关,故整个妊娠期糖尿病控制对确保母婴安全至关重要。糖尿病妇女应在接受胰岛素治疗使血糖控制达标后才受孕。尽早对妊娠糖尿病(gestational diabetes mellitus,GDM)进行诊断,确诊后即按诊疗常规进行管理,应选用胰岛素控制血糖。务必使孕妇体重正常增长,密切监测胎儿情况和孕妇的血压、肾功能、眼底等。产后注意对新生儿低血糖症的预防和处理。GDM 患者应在产后 4~12 周筛查是否有永久性糖尿病。

> **微整合**
>
> **基础回顾**
>
> **糖尿病的分型及发病机制**
>
> 根据病因,糖尿病可分为四大类型,即 1 型糖尿病(T1DM)、2 型糖尿病(T2DM)、其他特殊类型糖尿病和妊娠糖尿病(GDM)。
>
> 1 型糖尿病由胰岛 β 细胞破坏导致胰岛素绝对缺乏引起,按病因和发病机制又分为免疫介导性糖尿病和特发性糖尿病;2 型糖尿病是以空腹及餐后高血糖为主要特征的代谢异常综合征,主要表现为胰岛素抵抗和胰岛 β 细胞功能减退;特殊类型糖尿病往往继发于其他疾病,主要包括:β 细胞功能缺陷性糖尿病、胰岛素作用遗传性缺陷糖尿病、胰腺外分泌性疾病所致糖尿病、内分泌疾病所致糖尿病等;妊娠糖尿病是指在妊娠期间发现的糖尿病,包括任何程度的糖耐量减低或糖尿病发作,妊娠糖尿病的发生与很多因素有关,多数患者在分娩后血糖将恢复至正常水平。

思 考 题

1. 简述糖代谢分类及异常判断标准。
2. 糖尿病的并发症有哪些?

(孙轶华)

第二节 脂代谢疾病

血脂(blood lipid)是血清中的总胆固醇(total cholesterol,TC)、三酰甘油(triglyceride,TG)、磷脂(phospholipid,PL)和游离脂肪酸(free fatty acid,FFA)等脂质的总称,与临床密切相关的主要是胆固醇和三酰甘油。脂质不溶于水,脂质与载脂蛋白(apolipoprotein,Apo)结合形成脂蛋白溶于血液后,才能被运输至组织进行代谢。

正常生理状态下，人体内脂质物质的合成、降解或转化维持动态平衡，在能量转换、物质运输、信息识别与传递等生命过程中发挥重要作用。脂代谢紊乱与动脉粥样硬化性心血管疾病（atherosclerotic cardiovascular disease，ASCVD）、代谢综合征和肥胖症等疾病的发生发展密切相关。脂代谢指标主要包括血脂、脂蛋白、载脂蛋白、脂质相关蛋白、酶和小分子等，常用于正常人群健康体检、风险评估、疗效评估及脂代谢异常疾病的诊断与鉴别诊断。

案例 11-2

女性，45 岁，主诉胸闷 3 年，反复发作胸痛 1 年。

临床诊断为冠心病、心绞痛；其父亲有冠心病，死于心肌梗死；母亲患高血压；兄有高脂血症，两个妹妹中一个有 TC 增高。体格检查：双侧上眼睑有扁平黄色瘤，手指、足跟肌腱处见结节状黄色瘤，两眼有明显的角膜弓。

血脂检测：TG 1.8 mmol/L，TC 8.9 mmol/L，HDL-C 1.1 mmol/L，LDL-C 7.0 mmol/L。心电图检查示心肌缺血。

问题：
1. 根据病史及相关检验结果，对患者的初步实验诊断及诊断依据是什么？
2. 如确定诊断，还需要进行哪些相关检查？

微整合

基础回顾

血液脂蛋白介绍

血液中各类脂蛋白的物理特性、主要成分、来源和功能如表 11-2 所示。

表 11-2 脂蛋白的分类、特性和功能比较

分类	密度（g/ml）	颗粒直径（nm）	主要成分	主要载脂蛋白	来源	功能
CM	< 0.950	80 ~ 100	TG	B48、A1、A2	小肠合成	小肠摄入的脂类转至其他组织
VLDL	0.950 ~ 1.006	30 ~ 80	TG	B100、E、Cs	肝合成转运	TG 至外周组织
IDL	1.006 ~ 1.019	25 ~ 30	TG、CH	B100、E	VLDL 中的 TG 经脂酶水解	属 LDL 前体
LDL	1.019 ~ 1.063	20 ~ 25	CH	B100	VLDL 和 IDL 中的 TG 经脂酶水解	胆固醇主要载体，经 LDL 受体介导外周组织利用
HDL	1.063 ~ 1.210	8 ~ 13	PL、CH	A1、A2、Cs	主要是肝和小肠合成	外周 CH 逆向转运回肝或组织再分布
Lp (a)	1.055 ~ 1.085	25 ~ 30	CH	Apo (a)、B100	肝合成后与 LDL 形成复合物	功能尚不完全清楚

注：CM，乳糜微粒；VLDL，极低密度脂蛋白；IDL，中间密度脂蛋白；LDL，低密度脂蛋白；HDL，高密度脂蛋白；Lp (a)，脂蛋白 (a)；TG，三酰甘油；CH，胆固醇；PL，磷脂

一、脂代谢的检验项目与应用

临床上血脂检测的基本项目为总胆固醇、三酰甘油、低密度脂蛋白胆固醇和高密度脂蛋白胆固醇。其他血脂项目如游离脂肪酸、载脂蛋白 A Ⅰ、载脂蛋白 B、脂蛋白（a）和小而密低密度脂蛋白胆固醇的临床应用价值也日益受到关注。

1. 总胆固醇

【目的】总胆固醇（total cholesterol，TC）主要包括游离胆固醇（free cholesterol，FC）和胆固醇酯（cholesterol ester，CE），指血液中各脂蛋白所含胆固醇之总和。检测 TC 可协助判断血脂危险因素及高脂血症的诊断与分型。

【应用】TC 对动脉粥样硬化性疾病的危险评估和预测价值不及 LDL-C 精准。TC 明显增高可见于原发性高胆固醇血症、肝肾疾病和多种代谢与内分泌疾病；TC 降低见于肝硬化、甲亢、艾迪森病等。

2. 三酰甘油

【目的】三酰甘油（triglyceride，TG）又称中性脂肪，是甘油的三脂肪酸酯。TG 水平受遗传和环境因素的双重影响，与种族、年龄、性别和生活习惯（如饮食、运动等）有关，TG 水平在个体内及个体间变异较大。高脂肪饮食后 TG 升高，一般餐后 2～4 h 达高峰，8 h 后基本恢复空腹水平。检测 TG 水平有助于高脂血症的诊断与分型，还有助于对 ASCVD 危险因素进行判断。

【应用】可根据 TG 升高的不同程度选择不同的治疗方式。TG 升高很可能是通过影响 LDL 或 HDL 的结构，从而导致动脉粥样硬化。调查资料表明，血清 TG 水平轻至中度升高者患冠心病危险性增加。当 TG 重度升高时，常可伴发急性胰腺炎。

3. 游离脂肪酸

【目的】脂肪酸是机体能量的主要来源，还参与脂质代谢、维持细胞膜完整，是前列腺素等重要化合物的前体。临床上将 10 个碳原子以上的脂肪酸称为游离脂肪酸（free fatty acid，FFA），又称非酯化脂肪酸，组成成分包括亚油酸、油酸以及软脂酸等，主要由存储于脂肪组织中的三酰甘油分解释放入血，在末梢组织以能源形式被利用。人体血清 FFA 浓度升高与代谢综合征、动脉粥样硬化、急性冠脉综合征、心力衰竭等疾病的发生发展密切相关。

【应用】血清中 FFA 浓度升高可导致胰岛素抵抗，大部分肥胖且伴有 2 型糖尿病的患者体内都存在胰岛素抵抗现象；血清 FFA 浓度升高，发生胰岛素抵抗，则患有 2 型糖尿病以及心血管疾病的风险将增加。

4. 低密度脂蛋白胆固醇

【目的】低密度脂蛋白（LDL）是富含胆固醇的脂蛋白，健康人空腹时血浆中胆固醇的三分之二与 LDL 结合。检测低密度脂蛋白胆固醇（low density lipoprotein cholesterol，LDL-C）可用于血脂危险因素的判断、对动脉粥样硬化性疾病的危险评估和预测。

【应用】LDL-C 增高是动脉粥样硬化发生、发展的主要危险因素。可采用 LDL-C 作为 ASCVD 危险性的评估指标。一般情况下，LDL-C 与 TC 相平行，但 TC 水平也受 HDL-C 影响，故最好采用 LDL-C 作为 ASCVD 危险性的评估指标。可将其用于他汀类药物治疗效果的判断。

5. 高密度脂蛋白胆固醇

【目的】高密度脂蛋白胆固醇（high density lipoprotein cholesterol，HDL-C）是体积最小的脂蛋白，含胆固醇低，蛋白量比例高（>50%），其主要的载脂蛋白为 ApoA Ⅰ、ApoA Ⅱ。HDL 的主要生理功能是从末梢组织把胆固醇运送到肝内进行代谢，排出体外，从而减少组织中胆固醇的沉积，维持细胞内胆固醇处于相对恒定的状态，起到对抗、限制动脉粥样硬化的发生、发展的作用。因此，HDL-C 主要用于脂代谢异常时血脂危险因素分析和高 HDL 血症诊断。

【应用】大量的流行病学资料表明，血清 HDL-C 水平与动脉粥样硬化性心血管疾病（ASCVD）发病危险成负相关，因此低 HDL-C 被用作动脉粥样硬化（AS）和冠心病发生风险评估指标。

6．脂蛋白（a）

【目的】脂蛋白（a）[lipoprotein (a)，Lp (a)] 是一种特殊的脂蛋白，由 LDL 样颗粒和 Apo (a) 组成，两者以二硫键共价结合。大量的研究报道显示，Lp (a) 是 ASCVD 和钙化性主动脉瓣狭窄的独立危险因素。

【应用】Lp (a) 增高提示可能具有致动脉粥样硬化作用，此外还可见于各种急性时相反应、肾病综合征、糖尿病肾病、妊娠和服用生长激素等。

7．载脂蛋白 A I

【目的】载脂蛋白 A I（apolipoprotein A I，ApoA I）用于血脂危险因素的判断，可反映脂蛋白颗粒的合成与分解代谢状况。

【应用】ApoA I 与 HDL-C 水平成明显正相关，其临床意义也大体相似。HDL 颗粒的蛋白质成分中 ApoA I 占 65%～75%，而其他脂蛋白中 ApoA I 极少，所以血清 ApoA I 可以反映 HDL-C 水平。

8．载脂蛋白 B

【目的】载脂蛋白 B（apolipoprotein B，ApoB）用于血脂危险因素的判断，可反映脂蛋白颗粒的合成与分解代谢情况。

【应用】血清 ApoB 主要反映 LDL 水平，与血清 LDL-C 水平成明显正相关，两者的临床意义相似。在少数情况下，可出现高 ApoB 血症而 LDL-C 浓度正常的情况，提示血液中存在较多小而密的 LDL（small dense low-density lipoprotein，sLDL）。当高 TG 血症时（VLDL 高），sLDL（B 型 LDL）增高。与大而轻的 LDL（A 型 LDL）相比，sLDL 颗粒中 ApoB 含量较多而胆固醇较少，故可出现 LDL-C 虽然不高，但血清 ApoB 增高的所谓"高 ApoB 血症"，它反映 B 型 LDL 增多。所以，ApoB 与 LDL-C 同时测定有利于临床判断。

9．小而密低密度脂蛋白胆固醇

【目的】根据颗粒直径和密度不同，将 LDL 分为大而轻 LDL（lbLDL）和小而密低密度脂蛋白（small dense low density lipoprotein，sdLDL）。sdLDL 更容易氧化，并且清除缓慢、更容易进入血管壁，促进泡沫细胞的形成，是 LDL 促进动脉粥样硬化发生发展的主要亚型。

【应用】体内高 sdLDL 或 sdLDL-C 水平与 ASCVD 的发生风险密切相关，检测血清中 sdLDL-C 水平可以用于预测和评估 ASCVD 风险。

10．垂直密度梯度离心脂蛋白亚组分测定

【目的】垂直密度梯度离心脂蛋白亚组分测定是利用超速离心方法，将脂蛋白按照密度进行分层，同时检测出血清中 HDL、LDL、VLDL、IDL、Lp (a)，以及高密度脂蛋白和低密度脂蛋白的亚组分（HDL2-3，LDL1-4）、低密度脂蛋白颗粒的密度模式（A 型，A/B 型，B 型）、残余脂蛋白胆固醇浓度（RLP-C）和低密度脂蛋白颗粒浓度（LDL-p）等多个脂蛋白及亚组分。可以用于预测冠心病风险，并可能成为用于筛查、风险评估和治疗的潜在目标。

【应用】血脂亚组分的型别和数量改变与心血管疾病风险和治疗选择密切相关，通过完整地分离血浆脂蛋白颗粒，对内部的胆固醇水平、体积、密度和型别进行综合分析，可能是评估 ASCVD 的脂质相关剩余风险的辅助手段。

二、血脂异常的实验诊断策略

血脂异常通常指血清中胆固醇和（或）TG 水平升高，也称高脂血症。实际上血脂异常也泛指包括低 HDL-C 血症在内的各种血脂异常。脂质代谢与 AS 间关系密切，其诊断方案和疗效评估在动脉粥样硬化等心血管疾病风险评估和健康体检中具有十分重要的应用价值。目前，我国血脂异常的标准主要参考《中国血脂管理指南（2023 年）》。

（一）高脂血症的实验诊断策略

1. 发现高脂血症 血脂异常及心血管病的其他危险因素主要通过临床常规检验或体检筛查检出。为了及时发现和检出血脂异常，血脂筛查的频率和检测指标建议如下：①< 40 岁成年人每 2~5 年进行 1 次血脂检测（包括 TC、LDL-C、HDL-C 和 TG），≥ 40 岁成年人每年至少应进行 1 次；② ASCVD 高危人群应根据个体化防治的需求进行血脂检测；③在上述人群接受的血脂检测中，应至少包括 1 次 Lp（a）的检测；④血脂检测应列入小学、初中和高中体检的常规项目；⑤家族性高胆固醇血症先证者的一级和二级亲属均应进行血脂筛查，增加家族性高胆固醇血症的早期检出率。

血脂检查的重点对象为：①有 ASCVD 病史者。②存在多项 ASCVD 危险因素（如高血压、糖尿病、肥胖、吸烟）的人群。③有早发脑血管疾病（CVD）家族史者（指男性一级直系亲属在 55 岁前或女性一级直系亲属在 65 岁前患 ASCVD），或有家族性高脂血症患者。④皮肤或肌腱黄色瘤及跟腱增厚者。

2. 高脂血症的诊断标准 首次检验发现血脂异常，应在 2~3 周内复查，若仍异常，则可确定诊断。

3. 确定高脂血症的类型 常用的有病因分类和临床分类两种，最实用的是临床分类。根据临床分类标准，高脂血症主要分为高胆固醇血症、高三酰甘油血症、混合型高脂血症以及低 HDL-C 血症。

4. 分析高脂血症的病因 主要包括原发性和继发性高脂血症。原发性高脂血症：常见病因包括遗传因素、饮食因素和血液中缺乏负离子（负氧离子）等。继发性高脂血症：某些原发性疾病在发病过程中导致脂代谢紊乱，进而出现高脂血症。继发性高脂血症的病因是多方面的，例如甲状腺功能减退、肾病综合征、药物（利尿药、甾体激素）、淤积性肝病、妊娠等可导致胆固醇升高；库欣综合征、慢性肾衰竭、药物（异维 A 酸、甾体激素、β 受体阻滞药）、糖尿病及胰岛素抵抗、妊娠等可导致 TG 升高。某些药物和疾病导致的继发性高脂血症患者，在原发性疾病治疗取得一定效果后，一部分的患者血脂水平可以恢复正常。

（二）低脂血症的实验诊断策略

1. 确定低脂血症 低脂蛋白血症的发病率较低，主要通过临床血脂检测检出。

2. 低脂血症的分类和常见病因

（1）低胆固醇血症：其发生受到年龄、性别、地区、种族和并存疾病等因素的影响。

（2）低 LDL 血症（低 β- 脂蛋白血症）：为常染色体显性遗传，血中低密度脂蛋白（LDL）降低，胆固醇含量低，乳糜微粒正常。该类患者心肌梗死发病率较低。

（3）无 LDL 血症：临床罕见，为常染色体隐性遗传。血中无 LDL，胆固醇含量低，杂合子患者除缺少 LDL 外，无其他症状；纯合子患者可并发其他疾病，如脂类吸收不良、智力低下、生长停滞等。主要原因是肝合成 ApoB 的能力低，所以缺少含有 ApoB 的脂蛋白。

（4）低 HDL 血症：血清高密度脂蛋白（HDL）低，易出现高 TG 血症，发生冠心病的危险性较大。

(4) 低 HDL 血症：临床罕见，常染色体隐性遗传，亦称 Tangier 病。该型患者血中几乎检测不到高密度脂蛋白胆固醇（HDL-C）（< 1%）、ApoA Ⅰ 和 ApoA Ⅱ，血浆总胆固醇（TC）和低密度脂蛋白胆固醇（LDL-C）也常降低，TG 正常或稍高。患冠心病和脾功能亢进的危险性较大。

（三）代谢综合征的实验诊断策略

1. 代谢综合征（metabolic syndrome，MS） 是一组以肥胖、高血糖（糖尿病或糖调节受损）、血脂异常[高三酰甘油血症和（或）低高密度脂蛋白胆固醇（HDL-C）血症]以及高血压等聚集发病，严重影响机体健康的临床症候群，是一组在代谢上相互关联的危险因素的组合。

2. 诊断标准 由于地域、人种、生理状况乃至生活习惯、饮食结构、文化方面的差异，2017 年，中华医学会糖尿病学分会根据我国人群特点，制订了适合中国人群的代谢综合征诊断标准：以下具备 3 项或更多项即可诊断代谢综合征。

(1) 腹型肥胖（即中心型肥胖）：腰围男性 ≥ 90 cm，女性 ≥ 85 cm。

(2) 高血糖：空腹血糖（FPG）≥ 6.1 mmol/L（110 mg/dl）或糖负荷后 2 小时血糖（2 h-PG）≥ 7.8 mmol/L 和（或）已确诊为糖尿病并治疗者。

(3) 高血压：血压 ≥ 130/85 mmHg 和（或）已确认为高血压并治疗者。

(4) 空腹血三酰甘油（TG）≥ 1.70 mmol/L。

(5) 空腹血高密度脂蛋白胆固醇（HDL-C）< 1.04mmol/L。

三、高脂血症的实验诊断与监测

（一）高脂血症

1. 诊断标准 TC > 6.2 mmol/L（240 mg/dl）为高胆固醇血症，TG > 2.3 mmol/L 为高三酰甘油血症。而 HDL-C < 1.0 mmol/L（40 mg/dl）为低 HDL-C 血症。首次检查发现血脂异常，应在 2~3 周内复查，若仍然属异常，则可确定诊断。

2. 1967 年，Frederickson 等用改进的电泳法分离血浆脂蛋白，将高脂血症分为五型，即 Ⅰ、Ⅱ、Ⅲ、Ⅳ、Ⅴ 型。1970 年，世界卫生组织（WHO）以临床表型为基础将高脂血症分为六型，将原来的 Ⅱ 型又分为 Ⅱa 和 Ⅱb 两型，如表 11-3 所示。

表 11-3 高脂蛋白血症 WHO 分型及特征

类别	脂蛋白变化	脂质			病因	冠心病风险	出现频率	血清静置试验
		TC	TG	TC/TG				
Ⅰ 型	CM ↑↑	正常或 ↑	↑↑↑	< 0.2	LPL 缺失；ApoC Ⅱ 缺失	低	低	上层乳浊 下层透明
Ⅱa 型	LDL ↑	↑↑↑	正常	> 1.6	LDL 受体异常	高	较高	透明
Ⅱb 型	LDL ↑ VLDL ↑	↑↑	↑↑	> 1.0	不明	高	较高	偶有浑浊

续表

类别	脂蛋白变化	脂质 TC	脂质 TG	脂质 TC/TG	病因	冠心病风险	出现频率	血清静置试验
Ⅲ型	IDL ↑	↑↑	↑↑	~1	ApoE 异常	较高	较低	浑浊，偶有乳浊
Ⅳ型	VLDL ↑	正常或↓	↑↑	0.6~1.6	不明	中等	高	浑浊
Ⅴ型	CM ↑ VLDL ↑	正常或↑	↑↑↑	<0.6	LPL 缺失	低	低	上层乳浊 下层浑浊

注：此种分型方法在临床诊治疾病过程中有重要意义，但缺点是过于复杂。从实用角度出发，血脂异常可进行简易的临床分型：①高胆固醇血症；②高三酰甘油血症；③混合型高脂血症；④低高密度脂蛋白血症

3. 按病因可以将其分为原发性高脂血症、继发性高脂血症和其他高脂血症，具体分类如图 11-4 所示。

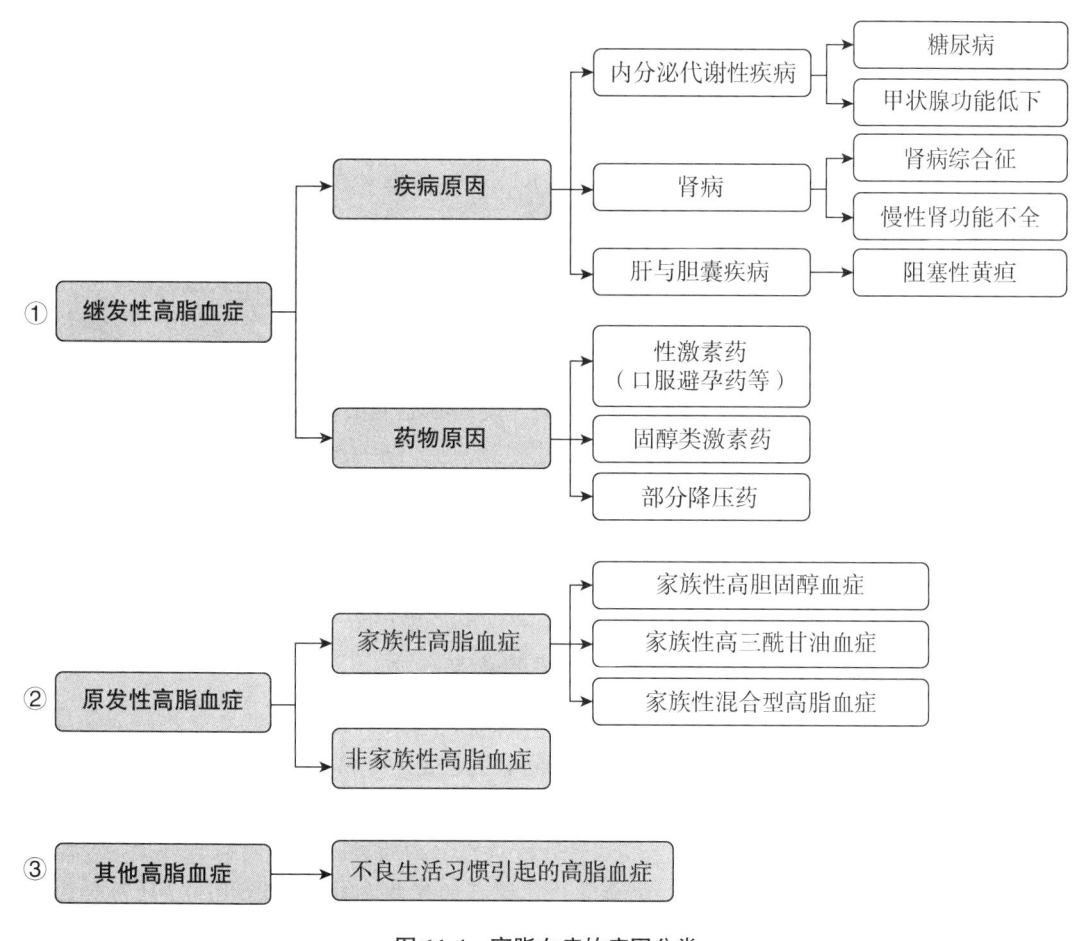

图 11-4　高脂血症的病因分类

（二）高脂血症治疗的实验监测

血脂异常治疗的宗旨是防控 ASCVD，降低心肌梗死、缺血性卒中或冠心病死亡等临床事件的发生。由于遗传背景和生活环境不同，个体罹患 ASCVD 危险程度显著不同，降脂治疗能使 ASCVD 患者或高危人群获益。

血脂异常尤其是 LDL-C 升高是导致 ASCVD 发生、发展的关键因素。推荐以 LDL-C 为首要干预靶点。将非 HDL-C 作为次要干预靶点，是考虑到高 TG 血症患者体内有残粒脂蛋

白升高，后者很可能具有致动脉粥样硬化的作用。非高密度脂蛋白胆固醇（non-high density lipoprotein cholesterol，non-HDL-C）是体内总胆固醇减去 HDL-C 后的剩余部分，能更全面地反映 LDL、IDL 及 VLDL 等的代谢变化。

1. 不同危险程度的人群，凡临床上诊断为 ASCVD 的患者均属极高危人群。而在非 ASCVD 人群中，需将其分为高危、中危或低危［参照《中国血脂管理指南（2023 年）》危险等级具体进行分级］，由个体心血管病发病危险程度决定需要降低 LDL-C 的目标值。不同危险人群需要达到的 LDL-C/ 非 HDL-C 目标值（非 HDL-C 目标值 =LDL-C+0.8 mmol/L）有很大不同，参见表 11-4。除积极干预胆固醇外，其他血脂异常也需进行干预。

表 11-4　降脂靶点的目标值

风险等级	LDL-C 推荐目标值
低危	< 3.4 mmol/L
中、高危	< 2.6 mmol/L
极高危	< 1.8 mmol/L，且较基线降低幅度 > 50%
超高危	< 1.4 mmol/L，且较基线降低幅度 > 50%

2. 三酰甘油在血脂干预监测中的应用

（1）血清 TG 的合适水平为 < 1.7 mmol/L。

（2）血清 TG ≥ 1.7 mmol/L 需要采用非药物干预措施，包括治疗性饮食、减轻体重、限制酒精摄入等。

（3）ASCVD 患者及高危人群接受中等剂量他汀类药物治疗后如血清 TG 水平 > 2.3 mmol/L，可考虑给予贝特类药物、二十碳五烯酸乙酯、高纯度 ω-3 脂肪酸等进一步降低 ASCVD 风险。

（4）血清 TG > 5.6 mmol/L 时，可采用贝特类药物、高纯度 ω-3 脂肪酸或烟酸类药物治疗，减少胰腺炎风险。

知识拓展

脂代谢疾病实验诊断进展

在血脂的检测中，除了常用的实验室检测指标，还有其他指标需要关注，如乳糜微粒（CM）——用于 I 型高脂血症的判断；非高密度脂蛋白胆固醇（非 -HDL-C）——国际上有血脂指南建议将非 -HDL-C 列为 ASCVD 一级预防和二级预防的首要目标；脂蛋白相关的磷脂酶 A2（Lp-PLA2）——是一个独立的检测指标，可以有效地了解 AS 斑块损伤程度及稳定性，可用以预测心脑血管栓塞疾病的发生和转归，Lp-PLA2 还可作为一个 AS 治疗的新靶点，降低体内 Lp-PLA2 水平和活性可能是治疗冠状动脉粥样硬化和预防心脑血管疾病的新的应用前景。

垂直梯度密度离心法、全自动血脂谱检测法和质谱技术检测脂质亚组分技术是目前美国和欧洲广泛用于定量测定血浆脂蛋白亚组分、胆固醇含量及脂蛋白颗粒浓度的检测体系。垂直梯度密度离心法检测的 LDL-C 能真实反映患者外周血中的脂质状态，不受饮食限制以及高 TG 血症的影响。因此，此方法在世界多个地区被推荐用于胰岛素抵抗、代谢综合征、糖尿病等复杂性血脂异常患者，以评估其患心血管相关疾病的风险或合理选择调脂药物。

临床上对于血脂异常及相关心血管疾病的风险评估、药物指导和干预等均与血浆

LDL 紧密相关。临床上对科学、准确检测 LDL 提出了更高的要求。VAP+ 血脂检测可避免因高 TG 时带来的 Friedwald 公式法（LDL-C=TC-HDL-C-TG/5）误差；同时，VAP+ 对 LDL-P 进行分析，明确颗粒型别，为临床提供新的实验室数据支持。但在中国本土，该技术仍需要在多地区开展多中心标准化的对比试验，确定参考区间和适用程度，以益于未来流行病学研究、调脂药物试验和临床应用的开展。

思 考 题

1. 简述高脂血症的分类。
2. 简述高脂血症的实验诊断策略。

（刘　娜）

第三节　骨代谢疾病

骨是人体最大的器官，其主要功能包括保护内脏器官、构成身体支架、储存矿物质等。骨的主要成分是无机物、有机基质和骨组织。骨的无机物包括矿物质和骨盐，占骨干重量的65%。矿物质主要有钙、磷、镁等。骨骼中矿物质含量与骨量和骨密度相关；骨盐主要由羟磷灰石结晶和无定形的磷酸氢钙组成。

骨的有机基质主要是蛋白质、Ⅰ型胶原、多糖类物质、骨钙素、骨磷酸等糖蛋白复合体。骨的有机基质在骨小梁和骨基质形成、骨生长和修复过程中供给营养、连接等方面均有重要作用。

骨组织由骨细胞、成骨细胞、破骨细胞和骨纤维组成。成骨细胞是成骨的主要功能细胞，在胶原合成、分泌和矿化过程中起关键作用。骨形成时，成骨细胞快速分泌未矿化的胶原，形成厚的类骨质层，同时部分成骨细胞被包埋于类骨质中并分化为骨细胞。在类骨质成熟的过程中，骨细胞调节局部矿物质离子浓度，诱发羟基灰石结晶形成并沉积于类骨质的空格中，完成骨的矿化。破骨细胞由间质细胞转化而来，主要促进骨盐溶解，同时与成骨细胞相互协调，共同维护骨代谢平衡。

骨代谢疾病指骨代谢平衡被破坏，引起骨基质和骨细胞代谢紊乱的疾病。骨代谢疾病主要包括骨质疏松症、骨软化症、骨性肾病、内分泌骨病等，以骨质疏松最常见。

案例 11-3

女性，69 岁。3 个月前开始出现双膝关节疼痛。无咳嗽、咳痰、喘憋，夜间可平躺入睡。发病以来饮食可，二便如常。既往病史：无。血钙 2.24 mmol/L，血磷 1.07 mmol/L，血 25-羟维生素 D_3 36.99 nmol/L，骨密度双能 X 线扫描显示骨密度降低。

问题：
1. 患者的检查结果有何异常？
2. 患者的初步诊断是什么？
3. 为明确诊断，下一步应该完善哪些实验检查？

一、骨代谢疾病的检验项目与应用

骨代谢疾病的实验检测项目包括三类：① 骨矿物质，主要指血清钙、磷、尿钙、磷。② 血清骨转换标志物（bone turnover marker，BTM），包括反映骨形成的标志物，有碱性磷酸酶、骨碱性磷酸酶、骨钙素、Ⅰ型前胶原、骨连接蛋白等；反映骨吸收的标志物，有耐酒石酸酸性磷酸酶、Ⅰ型前胶原交联降解产物、尿羟脯氨酸、尿吡啶酚等。③ 血清骨代谢调节激素，主要有甲状旁腺激素、降钙素、活性维生素D等。

（一）骨矿物质

1. 血清钙

【目的】血清钙由3部分组成：游离或离子钙，约占血钙总量的50%；蛋白结合钙，大部分与血浆白蛋白结合，只有少部分与血浆球蛋白结合，约占血钙总量的45%；复合结合钙，这部分钙与阴离子，尤其是磷酸盐、柠檬酸盐和重碳酸盐结合，约占血钙总量的5%。检测血钙水平对了解骨代谢及骨代谢紊乱性疾病有重要意义。

【应用】正常血钙水平对于骨矿化的完成具有关键作用。原发性甲状旁腺功能亢进、多发性骨髓瘤、骨折愈合期、恶性肿瘤骨转移、维生素D摄入过多可导致高钙血症。原发性甲状旁腺功能低下，骨软化症、维生素D缺乏可引起低钙血症。成年人血清总钙参考区间2.2 ~ 2.7 mmol/L，临床发现血钙异常时，应考虑血清蛋白、血液稀释或浓缩及其他因素的影响，并进行校正。校正公式：血清总钙修正值（mmol/L）= 血钙测定值（mmol/L）+ 0.02×[40 − 血清蛋白浓度（g/L）]。血清游离钙一般可估算为血清总钙的一半，也可用游离钙测定仪检测，其正常水平1.18 ± 0.05 mmol/L。

2. 血清磷

【目的】骨骼中的磷以无机磷盐的形式存在，血清磷浓度是骨矿形成和吸收的决定因素，血清磷为常见的骨代谢指标。

【应用】血清磷成年人参考区间为0.97 ~ 1.45 mmol/L，儿童为1.29 ~ 2.1 mmol/L。高磷血症多见于甲状旁腺功能减退、维生素D中毒、肾功能不全等。低磷血症见于甲状旁腺功能亢进症、维生素D缺乏等。血磷降低可刺激破骨细胞，促进骨的吸收，并可降低成骨细胞合成胶原及矿化的速率。

3. 尿钙

【目的】临床上常用24 h尿钙排出量或尿钙-肌酐比值反映尿钙排泄水平。通常24 h尿钙排出量大于7.5 mmol（300 mg）为高尿钙症；低尿钙症的判断需综合考虑钙摄入量、尿钙排出量和血钙水平等因素，目前尚无公认标准。

【应用】引起尿钙增加的常见原因包括：钙摄入过多、甲状腺功能亢进症、库欣综合征、肾小管性酸中毒、肿瘤骨转移或恶性骨肿瘤等。引起尿钙减少的主要原因有维生素D缺乏、代谢性碱中毒、佝偻病、骨软化症等。

4. 尿磷

【目的】临床上常用24 h尿磷排出量、尿磷-肌酐比值反映尿磷排泄水平。尿磷排出量受多种因素影响，主要包括来源于肠道、骨骼和软组织的磷含量，肾小球磷滤过率和肾小管磷重吸收等。理论不同年龄阶段肾磷阈值为0.87 ~ 1.32 mmol/L。

【应用】低磷血症患者的尿磷水平无减少，即提示不适当尿磷排泄增加，多见于甲状旁腺激素（PTH）分泌过多、成纤维细胞生长因子23（fibroblast growth factor-23，FGF-23）水平升高、范可尼综合征、低血磷性佝偻病或骨软化症等。

（二）骨转换标志物

1. 骨形成标志物

（1）血清骨钙素

【目的】骨钙素（osteocalcin，OC）由成骨细胞合成并分泌，不受骨吸收因素的影响。主要生理功能是维持骨的正常矿化速率，抑制异常的羟基磷灰石结晶形成，抑制软骨矿化速率。检测血清骨钙素浓度变化，可反映骨形成的情况。

【应用】OC 是反映骨代谢状态的一个特异和灵敏的标志物。骨更新速率越快，OC 越高，反之越低。OC 升高常见于儿童生长期、肾功能不全、骨髓炎、骨折、恶性肿瘤骨转移等。OC 降低常见于甲状旁腺功能减退、甲状腺功能减退、糖尿病、孕妇、使用糖皮质激素等。

（2）血清骨碱性磷酸酶

【目的】碱性磷酸酶（alkaline phosphatase，ALP）广泛存在于人体各组织器官中，肝中最多，依次为肾、胎盘、小肠、骨骼等。血清中约一半的碱性磷酸酶来源于成骨细胞合成的骨碱性磷酸酶（bone alkaline phosphatase，B-ALP），血清骨碱性磷酸酶可反映成骨细胞活性和评价骨形成状态。

【应用】血清 B-ALP 升高提示骨细胞活性增强或骨形成增加，多见于佝偻病、骨质疏松症、恶性肿瘤骨转移、肾病、变形性骨炎（Paget 病）。血清总 ALP 活性这一指标用于评价骨生长时，其特异性和敏感性均不理想，而 B-ALP 有较高特异性。

（3）血清 I 型前胶原肽

【目的】I 型前胶原肽（procollagen type I peptide）由成骨细胞合成并分泌，含 N—和 C—端延伸段，这些延伸段又称前肽，在形成纤维和释放入血时从 I 型前胶原上断裂下来，称为 I 型前胶原羧基前肽（carboxy-terminal propeptide of type I procollagen，PICP）和 I 型前胶原氨基前肽（amino-terminal propeptide of type I procollagen，PINP）。检测 PICP 和 PINP 可反映骨形成水平。

【应用】血清 I 型前胶原肽水平在一定范围内是反映成骨细胞活动和骨形成以及 I 型胶原合成速率的特异指标，但评估骨形成的敏感性不如 B-ALP，但在评价 $1,25\text{-}(OH)_2\text{-}D_3$ 代谢紊乱及替代治疗的疗效上，优于骨碱性磷酸酶和骨钙素。

2. 骨吸收标志物

（1）血清耐酒石酸酸性磷酸酶

【目的】耐酒石酸酸性磷酸酶（tartrate resistant acid phosphatase，TRAP）主要由破骨细胞分泌，是酸性磷酸酶的 6 种同工酶之一。当破骨细胞活性增强时，释放 TRAP 量增加。检测血 TRAP 水平，可反映破骨细胞活性和骨吸收状况。

【应用】血 TRAP 增高见于原发性甲状旁腺功能亢进、慢性肾功能不全、转移性骨癌、变形性骨炎、骨软化症等；血 TRAP 降低见于甲状旁腺功能减退、甲状腺功能减退。

（2）尿羟脯氨酸

【目的】羟脯氨酸（hydroxyproline，HOP）是体内胶原代谢的最终产物之一，尿中 50% 的 HOP 来自骨，还有一部分来自骨以外的各种胶原组织及饮食中胶原的破坏。尿 HOP 可反映骨吸收和转换程度。

【应用】尿 HOP 增高见于儿童生长期、甲状旁腺功能亢进、骨转移癌、慢性肾功能不全、畸形性骨炎、高转换的骨质疏松、佝偻病和软骨病。降低见于甲状腺功能低下、侏儒症。尿 HOP 只有 10% 来自骨 I 型胶原的降解，其特异性较差。

（3）尿 I 型胶原交联降解产物

【目的】当破骨细胞吸收骨基质时，胶原纤维降解，产生大小不等的游离吡啶交联物如吡

啶酚（pyridinoline，Pyr）、脱氧吡啶酚（deoxypyridinoline，D-Pyr），或与端肽结合的吡啶交联物如Ⅰ型胶原交联N末端肽（N-terminal telopeptide of type-Ⅰ collagen，NTX）和Ⅰ型胶原交联C末端肽（Carboxy-terminal telopeptide of type-Ⅰ collagen，CTX）。它们被释放入血液循环中，不经肝进一步降解而经肾以原形直接排泄到尿中，故可作为反映骨吸收的指标。当骨吸收增加时，这些指标释放到血液及随尿排泄量均增加。值得一提的是，常用的CTX有α-CTX和β-CTX两种，目前国际上多推荐β-CTX为首选骨吸收标志物。

【应用】尿Pyr和D-Pyr增高见于骨质疏松、甲状旁腺功能亢进和甲状腺功能亢进等。NTX和CTX增加可见于骨质疏松、骨软化、Paget骨病、原发性和继发性甲状腺功能亢进及其他伴有骨吸收增加性疾病。作为评价骨吸收的指标，D-Pyr比其他Ⅰ型胶原降解产物有更高的特异性和灵敏度。

（三）骨代谢调节激素

1. 血清甲状旁腺激素

【目的】甲状旁腺激素（parathyroid hormone，PTH）对骨的作用主要是使破骨细胞数量增多，促进骨质溶解，在肾中促进磷的排出及钙的重吸收，进而降低血磷，升高血钙。检测PTH主要用于了解钙、磷及骨代谢的调节机制有无异常。

【应用】PTH增加主要见于甲状旁腺功能亢进。骨质疏松、佝偻病、骨软化症、糖尿病、甲状旁腺癌等也见PTH升高。

2. 血清降钙素

【目的】降钙素（calcitonin，CT）和PTH共同调节钙磷代谢。对骨的作用主要为使破骨细胞活动减弱，成骨细胞活动增强，钙盐沉积增加，血钙下降。检测CT主要用于了解钙、磷及骨代谢的调节机制有无异常。

【应用】CT升高见于原发性甲状旁腺功能亢进、甲状腺髓样癌、慢性肾衰竭等；CT降低见于原发性甲状腺功能减退。CT可作为肿瘤标志物：血清CT浓度>100 ng/L见于绝大多数甲状腺髓样癌，并被认为是其早期诊断的重要标志之一。

3. 血清25-羟维生素D

【目的】维生素D（包括维生素D_3、D_2及代谢物）在肝转化成25-羟维生素D（25-OH-D），后者主要在肾进一步代谢生成1,25-二羟维生素D[$1,25-(OH)_2-D$]，调节钙、磷和骨代谢。$1,25-(OH)_2-D$与PTH协同作用，既加速破骨细胞的形成，增强破骨细胞的活性，促进溶骨，也通过促进肠道钙、磷的吸收，使血钙、血磷升高，有利于骨的钙化。由于$1,25-(OH)_2-D$的半衰期短、含量低，一般通过检测血清或血浆25-OH-D的含量反映机体维生素D的储备水平。

【应用】维生素D缺乏成为日益增长的公众健康问题，在世界范围内的"表观"健康人群中，维生素D缺乏非常普遍。血清25-OH-D水平可评估人体是否缺乏维生素D，维生素D减低时不利于肠道钙、磷吸收，减低可见于维生素缺乏导致的佝偻病、骨软化症和类固醇性骨质疏松症等。中国老年学会关于维生素D与成年人骨骼健康应用指南推荐标准：血清25-OH-D<30 nmol/L为维生素D缺乏；在一些人群中30~49.9 nmol/L为维生素D不足；几乎在所有人群中≥50 nmol/L为维生素D充足或适宜水平。

二、骨代谢疾病的实验诊断策略

骨代谢疾病是一类影响整个骨骼系统的全身代谢性疾病，骨代谢疾病的诊断需要有详细的病史和体检结果（包括骨骼放射学检查、骨密度测量和骨组织学检查），目前代谢性骨病主要依靠骨活检进行确诊，实验诊断的目的是查明骨代谢紊乱的病因，对制订治疗方案和疗效监测有重要意义。根据病史、临床症状等考虑骨代谢疾病时，可以首先检测血清钙、磷，再结合骨代谢的调控激素及 BTM 的变化综合分析，进行实验诊断，并制订治疗方案。骨代谢疾病血清钙、磷正常时实验诊断路径见图 11-5，血清钙、磷异常时实验诊断路径见图 11-6。

三、常见骨代谢疾病的实验诊断

（一）骨质疏松症

骨质疏松症（osteoporosis，OP）是最常见的代谢性骨病，以骨量减少、骨组织微结构破坏为特征，以骨骼脆性增加和易于骨折为表现的全身性疾病。

OP 在病因上可分为原发性和继发性两类。原发性骨质疏松症可分为：①绝经后骨质疏松症（Ⅰ型）；②老年性骨质疏松症（Ⅱ型）；③特发性骨质疏松症。继发性骨质疏松症是指基于已知病因的骨量损伤，包括内分泌疾病、某些结缔组织疾病、肿瘤、钙缺乏症、吸收不良、应用类固醇等。

骨质疏松症的诊断主要根据临床症状、病史、放射学检查、骨密度测量和骨组织学检查结果，其中骨密度测量是最主要的诊断依据。相关的实验检测可用于骨质疏松症的辅助诊断及治疗效果的监测。原发性骨质疏松症的实验诊断特点如下。

1. 血清钙、磷、镁多正常，并发骨折时可有血钙降低及血磷升高。

2. 血 PTH、维生素 D 等一般正常。

3. 骨代谢指标　Ⅰ型骨质疏松症的骨形成及骨吸收的指标均升高，Ⅱ型骨质疏松症的骨形成及骨吸收的指标有下降趋势。绝经后骨质疏松症引起的骨折患者耐酒石酸酸性磷酸酶（TRAP）和Ⅰ型胶原C端肽（CTX）水平均明显高于其他因素引起的骨折患者。长期制动可以使骨吸收加剧，骨吸收指标的增高也更加明显。

（二）骨质软化症与佝偻病

骨质软化症与佝偻病是指形成的骨基质不能正常完成骨矿化的一种代谢性骨病。佝偻病多见于婴幼儿及儿童，其病因和发病机制可有维生素 D 缺乏和磷酸盐缺乏。

维生素 D 缺乏者实验诊断特点：血清钙和（或）血清磷降低，ALP 升高，PTH 升高。营养性维生素 D 缺乏者 25-(OH)-D 下降，维生素 D 代谢异常，1,25-$(OH)_2$-D_3 水平降低；维生素 D 抵抗者 1,25-$(OH)_2$-D_3 水平升高。

（三）原发性甲状旁腺功能亢进症

原发性甲状旁腺功能亢进症，简称甲旁亢，是由于甲状旁腺增生或肿瘤引起的 PTH 合成与分泌过多所致的一种高钙血症和低磷血症，临床主要表现为反复发作的肾结石、多尿、高血压、便秘、乏力、精神改变、骨痛等，但不少患者常无症状，在体检时测定血钙而得以发现。原发性甲状旁腺功能亢进症的实验诊断特点如下。

1. **钙代谢紊乱**　①高钙血症：血钙持续增高，总钙 > 2.75 mmol/L，游离钙 > 1.32 mmol/L 可以确定为疑似病例。血清钙和尿钙升高是甲旁亢的重要标志，但并非特异。②尿钙增高：一般在血钙 > 2.87 mmol/L 时，尿钙才会明显增高，故尿钙增加不如血钙敏感。

2. **磷代谢紊乱**　血清无机磷明显降低。尿磷排出增高，常大于 800 mg/24 h；由于尿磷排出量受饮食等因素影响，其诊断意义不如尿钙。

3．血清 PTH 增高　PTH 增高是诊断甲旁亢的主要依据，血清含量 > 10 pmol/L 有诊断意义。

4．其他代谢异常　有骨病变的甲旁亢患者，血清 ALP 升高。可出现代谢性酸中毒。

5．肾功能异常　肾结石和高钙血症可明显影响肾功能，尿路梗阻引起尿路感染时可出现白细胞尿或脓尿，血清尿酸增高严重者可引起肾功能不全与尿毒症。

（四）Paget 病

Paget 病又称变形性骨炎，该病是骨重建异常所致的临床综合征，其病变特点是过多的破骨细胞失控后引起高速骨溶解，并导致成骨细胞增多和骨形成过多，生成的骨组织结构脆弱。骨盐及胶原的转换率显著增高，致使骨局限膨大、疏松，易于发生病理性骨折；骨周围血管增生或出现骨肉瘤。变形性骨炎的病变侵蚀广泛，全身骨骼均可受累。好发部位是股骨、胫骨、颅骨、脊椎的腰骶部及骨盆。Paget 病的实验诊断特点如下。

1．血钙、磷、镁一般正常，部分患者血钙升高，尿磷稍低。

2．血中骨源性碱性磷酸酶水平升高有助于本病的诊断，但正常时不能排除其患病的可能性。

3．Paget 病患者因其骨重建旺盛，尿羟脯氨酸排泄量可高达 2000 mg/d。尿羟脯氨酸也能反映骨重建活动的水平和本病的病变程度。

4．15%～20% 的患者因骨重建对钙的需求增加，血钙降低加速导致血 PTH 上升。

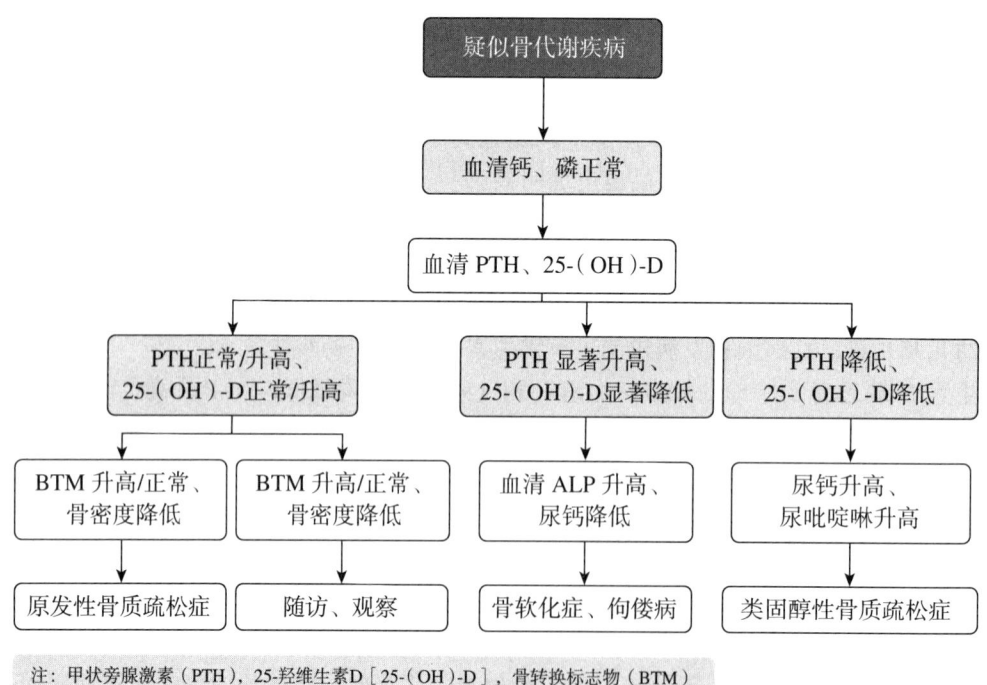

图 11-5　骨代谢疾病血清钙、磷正常时的实验诊断路径

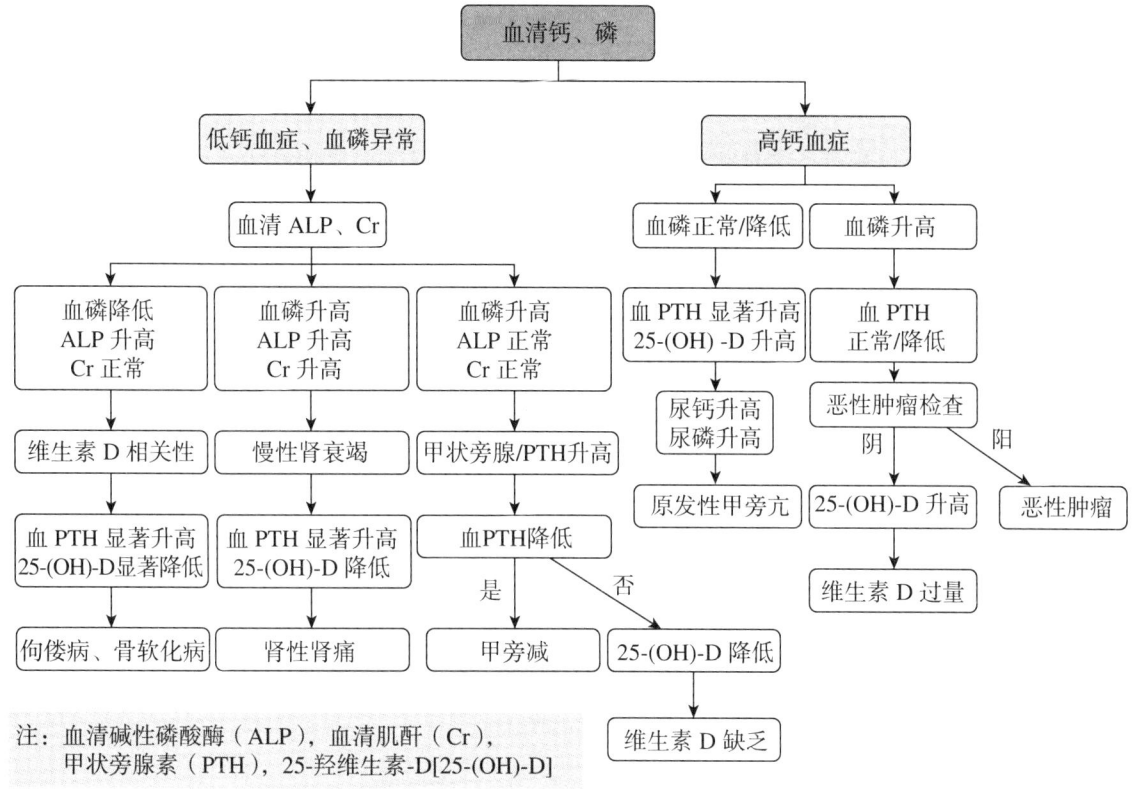

图 11-6　骨代谢疾病血清钙、磷异常时的实验诊断路径

微整合

基础回顾

骨代谢疾病

骨由骨矿物质、有机基质和骨组织组成，是体内钙磷的最大储库。在人一生中，骨通过成骨作用和溶骨作用不断与细胞外液进行钙磷交换，完成代谢更新。在骨骼生长时，血中钙磷等矿物沉积于骨组织，构成骨盐；在骨骼更新时，骨盐溶解，骨中钙磷释放入血。因此，骨的代谢影响着血中钙磷的浓度，而血中钙磷含量也影响骨的代谢。镁在一定程度上可置换骨中的钙，能够影响骨的代谢。维持骨的正常代谢调节激素是PTH、CT和活性维生素D，这些激素代谢发生紊乱可引起代谢性骨病。

正常成人体内的成骨和溶骨作用保持着动态平衡。反映骨形成的标志物主要是骨源性碱性磷酸酶、骨钙素和Ⅰ型前胶原羧基/氨基端前肽等。反映骨吸收的标志物主要有血抗酒石酸酸性磷酸酶、尿羟脯氨酸、尿羟赖氨酸糖苷、尿中胶原吡啶交联、Ⅰ型胶原交联羧基/氨基末端肽等。

常见的骨代谢异常导致的疾病包括骨质疏松症、骨软化症、佝偻病、骨硬化或过度钙化等疾病。

> **知识拓展**
>
> 骨代谢疾病实验诊断进展
>
> 随着人类寿命延长和老龄化社会的到来，骨质疏松症等骨代谢疾病已成为重要的健康问题，测量骨密度和骨代谢指标是从两个方面观察骨质情况的手段。2021年中华医学会骨质疏松和骨矿盐疾病分会讨论认为核因子-κB受体活化因子配体（receptor activator for nuclear factor-κB ligand，RANKL）和骨保护素（osteoprotegerin，OPC）、硬骨抑素（sclerostin）、白细胞介素（interleukin）、成纤维细胞生长因子23（fibroblast growth factor-23，FGF-23）等均可视作骨转换调节因子，但并非经典的骨转换生化标志物。

思 考 题

1. 引起低钙血症的原因有哪些？
2. 简述反映骨形成的标志物及其变化意义。
3. 常见骨代谢疾病的实验室诊断策略是什么？

（易　斌）

第四节　水、电解质与酸碱平衡紊乱

水、电解质与酸碱平衡紊乱是指维持细胞内环境稳定和细胞内外之间的水、电解质与酸碱失去平衡，各种生理生化过程的不能正常进行，严重威胁患者健康。其关键指标往往还是危急值指标。体液可分为细胞内液和细胞外液，分别占体液的55%和45%。细胞外液又可分为血浆和细胞间液，分别占细胞外液的25%和75%。体液中除水外，还有以溶解状态存在的带电荷的离子，即电解质。血液中重要的电解质有钾（K^+）、钠（Na^+）、钙（Ca^{2+}）、镁（Mg^{2+}）、氯（Cl^-）、碳酸氢盐（HCO_3^-）等。机体调节酸碱物质含量及其比例，维持血pH在参考区间内的过程称为酸碱平衡。病理情况下引起体内酸性或碱性物质过多，或者肺和肾功能损伤使调节酸碱平衡的功能发生障碍，可导致酸碱平衡紊乱，从而发生酸中毒或碱中毒。

> **案例 11-4**
>
> 男性，76岁。因咳嗽15年，心悸、气促6年，加重1周，以慢性支气管炎急性发作、阻塞性肺气肿、肺源性心脏病收入院。入院后予利尿治疗后查动脉血气和电解质，其实验室结果如下：pH 7.36，PaO_2 46.5 mmHg，$PaCO_2$ 60 mmHg，HCO_3^- 50 mmol/L，K^+ 3.48 mmol/L，Na^+ 138 mmol/L，Cl^- 97 mmol/L。
>
> 问题：
> 1. 根据病史及相关检验结果，患者的初步诊断是什么？
> 2. 诊断依据有哪些？

一、水、电解质与酸碱平衡紊乱的检验项目与应用

1. 钾离子

【目的】钾离子（potassium ion，K⁺）是细胞内液的主要阳离子。K⁺的主要功能是维持细胞内液容量、渗透压及酸碱平衡。血浆和血清钾存在一定差异，血清钾高 0.2 ~ 0.5 mmol/L，简称血钾，其浓度变化有助于判断有无钾平衡紊乱。血钾是急诊重要指标。

【应用】血钾参考区间 3.5 ~ 5.5 mmol/L，血钾是高钾和低钾血症的首选诊断指标，血钾 < 3.5 mmol/L 为低血钾症；血钾 > 5.5 mmol/L 为高血钾症。血钾过高（一般 > 7.0 mmol/L）和过低（一般 < 2.5 mmol/L）将危及患者生命，属于临床危急值，需要立即采取紧急的纠正措施。低于或高于参考区间的血清钾和血浆钾均属于危急值范围，溶血对结果影响很大。当需要判断血钾异常是否由于肾因素所致时，常需要检测 24 h 尿钾的排量，便于综合分析。

2. 钠离子

【目的】钠离子（sodium ion，Na⁺）是细胞外液主要阳离子，对保持细胞外液容量、调节酸碱平衡、维持正常血液渗透压和细胞生理功能有重要意义。检测血清、血浆或尿液中钠离子（Na⁺）浓度变化，可协助确定有无缺水和电解质平衡紊乱。

【应用】血钠参考区间 135 ~ 145 mmol/L，血钠 < 135 mmol/L 时称为低钠血症（hyponatremia），也是低渗性缺水的判断指标之一；血钠 > 150 mmol/L 时，称为高钠血症（hypernatremia），也是高渗性缺水的判定指标之一。当需要判断血钠异常是否由于肾因素引起，有时需要检测 24 h 尿钠的排量，便于综合分析。

3. 氯离子

【目的】氯离子（chloride ion，Cl⁻）是细胞外液最重要的阴离子，氯离子的摄入与排出常与钠离子伴随，血液 Cl⁻ 随 Na⁺ 而变化。检测血清或血浆 Cl⁻ 浓度，可协助确定有无氯离子伴随的电解质与酸碱平衡紊乱。

【应用】血氯参考区间为 96 ~ 108 mmol/L，超过参考区间上限或下限分别称为高或低氯血症。血氯异常应重点分析其导致异常的基础功能紊乱，例如，伴有碳酸氢根增高的代谢性碱中毒，都有相应的血氯降低。

4. 渗透压

【目的】渗量（osmolality，Osm）或渗透压是水溶液中溶质微粒对水产生的张力。血浆渗透压由其中的含水量和溶质量决定，血浆中主要渗透物质是钠、氯、葡萄糖和尿素。其测定有助于估计体液中水和电解质的平衡紊乱，以及了解是否有过多的有机酸、糖或乙醇代谢物的存在，协助判断缺水类型。测定常用冰点渗透压仪。

【应用】成人血浆渗透压参考区间为 275 ~ 300 mOsm/(kg·H₂O)（毫渗量/千克水）。血浆渗透压异常是水、电解质紊乱的标志之一，Na⁺ 是细胞外液中最重要的渗透活性颗粒，血浆渗透压的改变与 Na⁺ 浓度的高低密切相关，脱水时血浆渗透压升高，水过量时降低。血浆与尿液渗透压同时检测，有助于了解肾浓缩、稀释功能。

5. 血气分析 血液气体（简称血气）是指血液中所含的 O_2 和 CO_2。血液气体分析简称血气分析（blood gas analysis），是指通过血气分析仪测定血液（通常用动脉血）的酸碱度、氧分压、二氧化碳分压和血氧饱和度，然后利用公式推算其他酸碱平衡指标，由此来评价人体呼吸功能和酸碱平衡状态。

【目的】血气分析仪测定的参数包括血液 pH、动脉血氧分压（arterial partial pressure of oxygen，PaO₂）、动脉血二氧化碳分压（aterial partial pressure of carbon dioxide，PaCO₂）。根据这三项参数计算出参数：标准碳酸氢盐（standard bicarbonate，SB）、实际碳酸氢盐（actual bicarbonate，AB）、二氧化碳总量（total CO$_2$，TCO$_2$）、血氧饱和度（oxygen saturation，SO$_2$）、碱剩余（base excess，BE）、缓冲碱（buffer base，BB）、阴离子间隙（anion gap，AG）。通过血气分析各参数的变化，判断有无血液气体与酸碱平衡紊乱。

【应用】动脉血气分析检查的主要适应证：①各种病因所致心、肺功能受损所致呼吸困难，评价低氧血症的严重程度，及呼吸衰竭的类型；②不明原因呼吸困难，了解是否存在低氧血症及严重程度；③疑诊酸碱失衡的各种临床情况，尤其是存在呼吸、循环、代谢功能障碍的重症患者。血气分析参数较多，常需要结合参考区间综合判断，详见表 11-5。

表 11-5 血气分析的参数、参考区间与主要临床应用

序号	血气分析参数	参考区间	主要临床应用
1	酸碱度（pH）	7.35～7.45	7.35～7.45，酸碱平衡或可代偿酸碱平衡；>7.45 提示碱中毒；<7.35，提示酸中毒
2	动脉血氧分压（PaO$_2$）	75～100 mmHg	指血液中物理溶解氧的张力，反映缺氧程度及呼吸功能；当 <55 mmHg 时，提示呼吸功能衰竭；<30 mmHg 可危及生命
3	动脉血二氧化碳分压（PaCO$_2$）	35～45 mmHg	指动脉血中物理溶解的 CO$_2$ 的张力，反映肺泡的通气情况；通气不足 PaCO$_2$ 升高，反之 PaCO$_2$ 则降低
4	标准碳酸氢盐（SB）	22～27 mmol/L	指在标准条件下血浆中的 [HCO$_3^-$]；排除呼吸因素影响可反映 HCO$_3^-$ 的储备量，是反映代谢性酸碱平衡的指标
5	实际碳酸氢盐（AB）	22～27 mmol/L	是指血浆中 [HCO$_3^-$] 的实际含量，健康人 AB 约等于 SB，二者间的差别就是呼吸对 [HCO$_3^-$] 的直接影响
6	二氧化碳总量（TCO$_2$）	24～32 mmol/L	是血浆中各种形式存在的 CO$_2$ 的总量；呼吸性酸中毒或代谢性碱中毒时升高；呼吸性碱中毒或代谢性酸中毒时降低
7	动脉血氧饱和度（SO$_2$）	92%～99%	指氧合血红蛋白（HbO$_2$）占全部 Hb 的百分比，反映血液氧分压的大小。SaO$_2$ 降低：见于肺气肿等缺氧性肺部疾病、循环性缺氧、组织性缺氧等
8	碱剩余（BE）	-3～+3 mmol/L	指在标准条件下将 1 L 血液滴定到 pH 7.4 时所需之酸或碱的量（mmol）。需用酸滴定时为正值，称碱剩余；需用碱滴定时为负值，称碱不足。BE 为正值提示代谢性碱中毒，BE 为负值提示代谢性酸中毒
9	缓冲碱（BB）	45～54 mmol/L	是指全血中具有缓冲作用的阴离子总和。BB 增高为代谢性碱中毒或呼吸性酸中毒，BB 减低为代谢性酸中毒或呼吸性碱中毒
10	阴离子间隙（AG）	8～16 mmol/L	指血清中所测定的阳离子总数与阴离子总数之差。增大提示代谢性酸中毒；减小提示代谢性碱中毒

二、水、电解质及酸碱平衡紊乱的实验诊断策略

（一）水平衡紊乱

常见的是缺水和水中毒，后者在临床上较少发生。缺水的实验诊断策略如下；缺水的实验诊断流程见图 11-7。

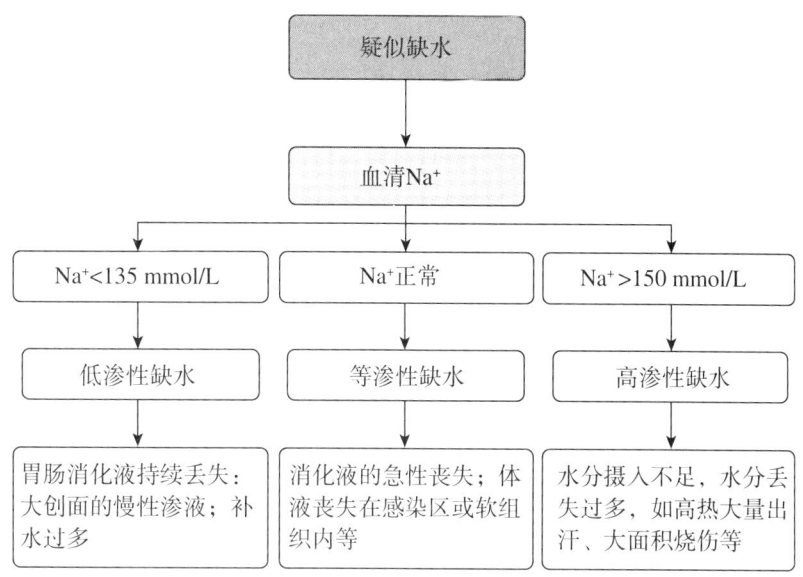

图 11-7　缺水的实验诊断流程

1. 初步判断是否存在缺水　根据临床病史和体征，如有无直立性低血压、心率变化、皮肤弹性改变等，结合血钠、血浆渗透压及尿钠水平，初步判断是否存在缺水。

2. 确定缺水类型　分析血钠浓度、血浆渗透压及尿钠改变的模式，血容量的改变可初步判断缺水类型，必要时检测尿渗透压、尿比重及肾素-血管紧张素-醛固酮等。

3. 分析导致缺水的因素　收集病史，包括患者的饮水情况、尿量、是否合并急性疾病或基础疾病恶化、是否有反复呕吐、肠梗阻、给予高浓度的肠内营养溶液，以及近期是否应用可能导致水、钠平衡紊乱的药物，如利尿药等，分析导致缺水的原因。

4. 缺水纠正的检测　纠正过程中动态监测血钠浓度、血浆渗透压及尿钠等指标，并根据指标变化及时调整治疗措施。

（二）电解质平衡紊乱

1. 确定血电解质水平的改变　检测血电解质浓度，结合疑似电解质平衡紊乱的临床表现，例如急性肾衰竭患者出现少尿、乏力、食欲缺乏；大量输入枸橼酸盐抗凝血后出现手足搐搦等，初步确定电解质平衡紊乱的类型。

2. 分析导致电解质平衡紊乱的病因　根据不同病因所致紊乱的病理生理状况，选择相应的实验诊断指标，以帮助确定原因。肾性原因如肾上腺功能减退、肾小管严重损害等。非肾性原因包括细胞外液稀释、分布异常、丢失过多、摄入减少、使用利尿剂、甲状旁腺功能受损、肾上腺皮质功能减退、抗利尿激素分泌过多等。

3. 电解质紊乱纠正的评估和检测　在治疗过程中，动态监测相关实验诊断指标。

4. 电解质平衡紊乱的实验诊断流程　疑似电解质紊乱时，首先检测血清电解质浓度，分析电解质紊乱原因。

（三）酸碱平衡紊乱

酸碱平衡紊乱可通过血气分析结果进行判断，但必须了解病史、原发病、给氧和通气、用药情况，结合电解质、糖、酮体等其他指标，以及肺、肾功能状况进行综合分析，动态观察，才能做出正确判断。血气分析已广泛应用于呼吸衰竭、昏迷、休克、严重外伤等危急重症患者的临床抢救、手术监控和疗效观察等，是急救和监护的重要实验指标。

1. 首选指标

(1) 血液酸碱度（pH）：① pH 正常，提示体内碱性物质平衡正常或存在轻度酸碱平衡紊乱代偿，以及存在强度相等的酸中毒或碱中毒；② pH 升高，提示体内碱性物质过多，有超出机体调节能力的失代偿性碱中毒；③ pH 降低，提示体内酸性物质过多，有超出机体调节能力的失代偿性酸中毒。

(2) 动脉血二氧化碳分压（$PaCO_2$）：是判断呼吸因素的重要指标，$PaCO_2 < 35$ mmHg，提示通气过度，存在呼吸性碱中毒；$PaCO_2 > 45$ mmHg，提示通气减少，存在呼吸性酸中毒。

(3) 实际碳酸氢盐（AB）和标准碳酸氢盐（SB）：AB 和 SB 是反映代谢因素的指标。① AB = SB 且同时升高，表示代谢性碱中毒，一般无呼吸因素存在；② AB = SB 且同时降低，表示代谢性酸中毒，一般无呼吸因素存在；③ AB > SB，提示 CO_2 潴留，多见于通气功能不足所致呼吸性酸中毒；④ AB < SB，提示 CO_2 排出过多，多见于通气过度所致呼吸性碱中毒。

2. 次选指标

(1) 碱剩余（BE）：在测定时排除了呼吸性因素的影响，只反映代谢因素的改变。BE 正值增加时，说明缓冲碱增加，提示代谢性碱中毒；BE 负值增加时，说明缓冲碱减少，提示代谢性酸中毒。

(2) 阴离子间隙（AG）：是判断代谢性酸中毒的有用指标，是早期发现代谢性酸中毒合并代谢性碱中毒、慢性呼吸性酸中毒合并代谢性酸中毒、呼吸性碱中毒合并代谢性酸中毒、混合性代谢性酸中毒及三重性酸碱失衡的有用指标。

3. 分析流程 血气分析时，首先观察 pH，若 pH、$PaCO_2$、HCO_3^- 和 AG 均正常，则为正常血气；若 pH 正常，$PaCO_2$、HCO_3^- 不正常，则为混合性酸碱平衡失调；若均不正常，很大可能为单纯性酸碱平衡失调。原发改变指标的判断，需结合病史，如慢性阻塞性肺疾病患者的原发改变指标通常是 $PaCO_2$。$PaCO_2$ 和 HCO_3^- 两者中一旦某一项确定为原发因素，另一项则为继发变化。单发性酸碱失衡，$PaCO_2$ 和 HCO_3^- 常同增、同减；若两者变化方向相反，常提示混合酸碱失衡。血气分析时通常需要判断是否存在呼吸衰竭：若 $PaO_2 < 60$ mmHg 且 $PaCO_2$ 正常或者下降，判断为 Ⅰ 型呼吸衰竭；若 $PaO_2 < 60$ mmHg 且 $PaCO_2 > 50$ mmHg，则为 Ⅱ 型呼吸衰竭。

4. 酸碱平衡紊乱的实验诊断流程 见图 11-8。

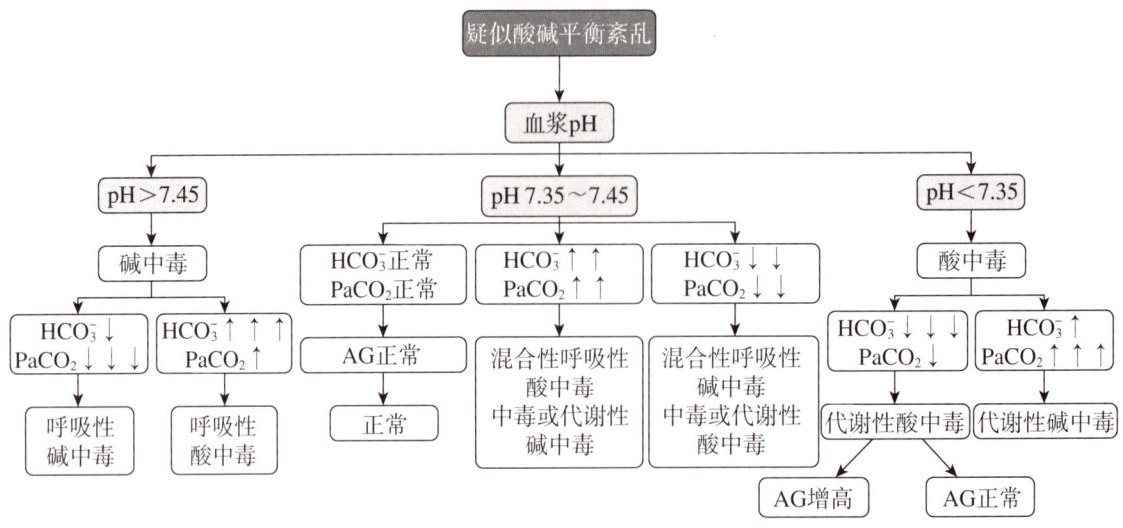

图 11-8 酸碱平衡紊乱的实验诊断流程

三、常见水、电解质及酸碱平衡紊乱的实验诊断

(一) 缺水

根据缺水和缺钠比例的不同,将缺水分为等渗性缺水、低渗性缺水和高渗性缺水。

1. 等渗性缺水 为临床上最常见的缺水类型。又称急性缺水。主要表现为水、钠成比例丢失,细胞外液减少。临床常伴有恶心、呕吐、厌食、乏力、少尿等,但不口渴,体征包括舌干燥、眼窝凹陷、皮肤干燥、松弛等。实验诊断特点:血清 Na^+、Cl^- 无明显降低,细胞外液渗透压也可保持正常。红细胞计数、血红蛋白量和血细胞比容增高;尿比重增高;动脉血气分析可判断有无酸中毒或者碱中毒存在。

2. 低渗性缺水 又称慢性缺水或者继发性缺水,失水少于失钠,血浆渗透压降低,细胞外液低渗,细胞外液移至细胞内,加之抗利尿激素分泌减少,肾不能多保留水分,细胞外液进一步丢失,特别是血浆容量减少。低渗性缺水时由于细胞外液渗透压降低,细胞外液水分向细胞内转移。症状有头晕、视物模糊,甚至站立性晕倒等。实验诊断特点:血钠 < 135 mmol/L、血浆渗透压降低、尿比重 < 1.010。细胞外液呈低渗状态,红细胞计数、血红蛋白量、血细胞比容、血肌酐增高。

3. 高渗性缺水 又称原发性缺水,失水多于失钠,血浆渗透压升高,细胞外液高渗,细胞内液外移,其结果是以细胞内缺水为主。症状有口渴、乏力、皮肤干燥,严重时有幻觉、谵妄,甚至昏迷等。实验诊断特点:血清 Na^+ > 150 mmol/L,细胞外液的渗透压升高,尿比重增高 > 1.010,伴红细胞计数、血红蛋白量、血细胞比容轻度升高。

(二) 电解质平衡紊乱

人体血浆中主要的阳离子是 Na^+、K^+、Ca^{2+} 和 Mg^{2+},对维持细胞外液的渗透压、体液分布和转移起决定性作用;细胞外液中主要阴离子以 Cl^- 和 HCO_3^- 为主,二者除保持体液的张力外,对维持酸碱平衡有重要作用。当任何一个电解质数量改变打破平衡时,即出现电解质平衡紊乱。

1. 钠平衡紊乱

(1) 低钠血症:原因有很多,可由钠减少或水增多引起,故钠平衡紊乱常伴有水平衡紊乱,可以分为肾性和非肾性两大病因。①肾性原因:肾排钠过多所致低钠血症,如肾上腺功能减退、肾小管严重损害、肾素生成障碍导致急慢性肾衰竭等,需要检测肾上腺功能、肾功能和肾素水平等。②非肾性原因:常见于继发性抗利尿激素大量分泌导致的稀释性低钠血症,如肝硬化大量腹水、心力衰竭时有效血容量减低等;使用排钠利尿药也常发生低钠血症;其他如慢性肠梗阻、反复呕吐、大创面烧伤(慢性渗液期)、大量浆膜腔积液引流等。因此,需要检测血抗利尿激素水平,检测分析呕吐物和引流物等。

(2) 高钠血症:分为浓缩性高钠血症和潴留性高钠血症。①浓缩性高钠血症最常见,临床上主要见于尿崩症、哮喘换气过度、气管切开以及大汗等;需要根据原发疾病检测,如尿崩症常伴随其他离子如钾、钙等异常,常出现水平衡紊乱;而过度换气需要检测酸碱平衡指标。②潴留性高钠血症主要是由钠排泄障碍引起,如慢性肾衰竭;或者肾小管对钠的重吸收增加,如肾上腺皮质功能亢进。可检测肾上腺相关的激素水平。

2. 钾平衡紊乱

(1) 低钾血症:血钾降低是诊断依据。常见临床表现:①最早是肌无力,还可有软瘫、腱反射减退或者消失;②可有恶心、呕吐、肠蠕动减弱等肠麻痹表现;③心脏受累主要表现为传

导阻滞或节律异常,典型的心电图表现为早期出现T波降低、变平或倒置,随后出现ST段降低、QT间期延长和U波。血钾过低是危急值,需要采取紧急措施纠正。实验诊断可为病因分析提供重要依据。低钾血症的发生机制及其相关的常见疾病见表11-6。

表11-6 低钾血症的发生机制及常见病因

发生机制	常见疾病
钾从消化道丢失过多	严重呕吐、腹泻、持续胃肠减压、肠瘘;应用大剂量泻药
钾从肾丢失过多	用大剂量排钾性利尿药,如呋塞米、依他尼酸等 急性肾衰竭多尿期、原发性醛固酮增多症、库欣综合征
钾在体内分布异常	代谢性碱中毒、用胰岛素超量、肌无力症
细胞外液稀释	心功能不全、肾性水肿、大量输入无钾盐液体等
钾摄入减少	长期低钾饮食、禁食或厌食

(2)高钾血症:高钾血症的临床表现无特异性,可有神智模糊、感觉异常和肢体软弱无力等。严重高钾血症有导致心搏骤停的危险,血钾浓度 > 6.5 mmol/L 为血液透析的指征。血钾浓度过高也是危急值,需要采取紧急处置措施,避免患者心搏骤停。实验诊断可为高钾血症病因分析提供重要参考价值,常见高血钾的发生机制及相关的常见疾病见表11-7。

表11-7 高钾血症的发生机制及常见病因

发生机制	常见疾病
肾功能障碍	急性肾衰竭少尿或无尿期,钾经肾排出减少。慢性肾衰竭、肾小管功能严重受损,钠与氢和钾的交换受阻,钾潴留体内
应用利尿药	长期应用保钾性利尿药,如螺内酯(安体舒通)、氨苯喋啶等
钾摄入过多	口服或静脉输入过多钾盐,输入过多长期库存血、含钾药物过度使用等
钾在体内分布异常 细胞内钾外移	严重溶血或组织创伤,细胞内钾大量释放入细胞外液,洋地黄中毒、代谢性酸中毒、烧伤、休克等;呼吸障碍引起组织缺氧和酸中毒,高渗使细胞内脱水

3. 血氯改变 血氯在体内的变化基本与血钠平行,但血氯水平多与碳酸氢盐水平成相反关系。因为氯和碳酸氢盐是细胞外液中的两种主要阴离子。血氯检测对于酸碱平衡紊乱判断和AG计算十分重要。

(1)血氯增高:可见于高钠血症、高氯性代谢性酸中毒、过量输注生理盐水、肾上腺功能亢进导致肾小管对NaCl重吸收增加等,伴有血钠升高。

(2)血氯减低:常伴有血钠降低,伴有碳酸氢盐水平上升。见于氯化钠异常丢失或摄入减少,如严重呕吐、腹泻、反复使用利尿药、长期限制氯化钠的摄入;肾上腺皮质功能减退,如Addison病;抗利尿激素分泌增多导致的稀释性低钠、低氯血症。

(三)常见酸碱平衡紊乱

依据复杂程度分为三大类:单纯性、二重混合型和三重混合型。

1. 单纯性酸碱平衡紊乱 共4种,即代谢性酸中毒、代谢性碱中毒、呼吸性酸中毒及呼吸性碱中毒,其主要实验诊断指标变化的共同特征是pH与酸或碱中毒一致,$PaCO_2$ 和 HCO_3^- 呈同向变化,原发指标改变更明显。

(1)代谢性酸中毒:常见病因 ①体内有机酸形成过多,如血糖或糖化血红蛋白异常、血酮体异常，提示紊乱原因是糖尿病酸中毒；如果出现乳酸升高伴肌肉酸痛且在剧烈运动时出现抽搐，则紊乱的原因是乳酸堆积。②体内酸排出不足：如果有水肿、蛋白尿，血肌酐升高、肾泌 H^+ 能力下降，紊乱原因为肾功能不全。③碱性物质丢失过多：如果粪便为水样、含脂肪滴等，或者剧烈呕吐等，提示紊乱原因为 HCO_3^- 丢失过多。主要实验诊断特点：原发性血 HCO_3^- 减少，动脉血 pH < 7.35，$PaCO_2$ 代偿性下降。如果血 HCO_3^- 低于正常水平，而 pH 仍在参考区间内，为代偿型代谢性酸中毒；如果酸性产物增加，并超过肺和肾的调节能力，血浆 pH 降至 7.35 以下者，称为失代偿型代谢性酸中毒。

(2) 代谢性碱中毒：常见病因为碱性物质摄入过多或酸性胃液丢失过多。严重呕吐、幽门梗阻、高位肠梗阻等导致丢失胃液太多，或肠液的 HCO_3^- 重吸收增多、用碱性药物过多等；还可见于甲状腺功能减低、放射治疗等。主要实验诊断特点：原发性 HCO_3^- 增多，动脉血 pH > 7.45，$PaCO_2$ 代偿性升高。若 pH 在参考区间内，为代偿性碱中毒；若 pH 升高，为失代偿性代谢性碱中毒。

(3) 呼吸性酸中毒：主要原因为 CO_2 排出减少或 CO_2 吸入过多。可见于支气管哮喘、慢性支气管炎、肺气肿、肺炎、肺梗死、呼吸中枢麻痹、呼吸骤停、心脏停搏等引起的酸中毒。主要实验诊断特点：原发性 H_2CO_3 潴留，$PaCO_2$ 升高和 pH < 7.35，血 HCO_3^- 代偿性升高。若 pH 仍在参考区间内，仅 $PaCO_2$ 和 TCO_2 升高为代偿型呼吸性酸中毒；若 H_2CO_3 浓度增加，血液 pH < 7.35，称为失代偿型呼吸性酸中毒。

(4) 呼吸性碱中毒：常见病因为血浆 H_2CO_3 减少，多由呼吸中枢兴奋、刺激呼吸、换气过度所致。可见于高热（各种感染）、高原缺氧、心力衰竭、癔症等。主要实验诊断特点：过度通气引起 $PaCO_2$ 下降和 pH > 7.45，血 HCO_3^- 代偿性下降。若 HCO_3^-/H_2CO_3 大于生理水平，而 pH 仍在参考区间内，属于代偿型呼吸性碱中毒；若 CO_2 排出过多，$PaCO_2$ 降低，pH > 7.45，即为失代偿型呼吸性碱中毒。单纯性酸碱平衡紊乱的类型及主要实验参数的改变比较见表 11-8，可以根据其变化做出快速判断。

表 11-8 单纯性酸碱平衡紊乱类型及实验参数的变化比较

酸碱平衡紊乱的类型	检验项目	代偿前变化	代偿后变化
代谢性酸中毒	pH	↓	N
	$PaCO_2$	N	↓
	HCO_3^-	↓	↓
	PaO_2	N	N
代谢性碱中毒	pH	↑	N
	$PaCO_2$	N	↑
	HCO_3^-	↑	↑
	PaO_2	N	↓
呼吸性酸中毒	pH	↓	N
	$PaCO_2$	↑	↑
	HCO_3^-	N	↑
	PaO_2	↓	↓
呼吸性碱中毒	pH	↑	N
	$PaCO_2$	↓	↓
	HCO_3^-	N	↓
	PaO_2	N	N

2. 二重混合型酸碱平衡紊乱　包括代谢性酸中毒合并呼吸性酸中毒、代谢性碱中毒合并呼吸性碱中毒、代谢性酸中毒合并呼吸性碱中毒、呼吸性酸中毒伴代谢性碱中毒、代谢性酸中毒伴代谢性碱中毒。

（1）代谢性酸中毒合并呼吸性酸中毒：常见于慢性阻塞性肺疾病患者。主要实验诊断特点：明显的 pH 降低，BE 负值增大，而 HCO_3^- 和 $PaCO_2$ 增减不明显。代谢性酸中毒 HCO_3^- 原发性降低，$PaCO_2$ 代偿性减少；呼吸性酸中毒 $PaCO_2$ 原发性增高，HCO_3^- 代偿性增高，因此两者可能互相抵消而使 HCO_3^- 和 $PaCO_2$ 增减不明显。

（2）代谢性碱中毒合并呼吸性碱中毒：常见于临终前的患者，也可见于各种引起肺泡通气量增加的疾病，例如肝硬化合并肝肺综合征，因肺内分流、低氧血症导致通气量增加、体内 CO_2 减少而发生呼吸性碱中毒，同时又因使用利尿药发生代谢性碱中毒。主要实验诊断特点：pH 明显升高，BE 正值增大，HCO_3^- 与 $PaCO_2$ 的变化因相互抵消，而变化不如单纯性碱中毒明显。代谢性碱中毒为原发性 HCO_3^- 增高，$PaCO_2$ 代偿性增高；而呼吸性碱中毒 $PaCO_2$ 原发性降低，HCO_3^- 代偿性减少，所以两型碱中毒合并存在。

（3）代谢性酸中毒合并呼吸性碱中毒：常见疾病有水杨酸中毒、肾衰竭或糖尿病酮症伴有感染性发热、肺炎、间质性肺病等。主要实验诊断特点：HCO_3^- 与 $PaCO_2$ 都明显降低，表现为同向显著降低，BE 负值增大，而 pH 可低、可高或正常（取决于两种紊乱的不同程度）。

（4）呼吸性酸中毒伴代谢性碱中毒：常见于慢性肺功能不全患者因利尿不当导致的低钾低氯性代谢性碱中毒。主要实验诊断特点为：HCO_3^- 与 $PaCO_2$ 增高，表现为同向明显升高，而 pH 变化不明显，BE 正值增大。呼吸性酸中毒由于 CO_2 潴留而 HCO_3^- 代偿性增高，代谢性碱中毒通过呼吸抑制使 $PaCO_2$ 继发增高，结果 HCO_3^- 与 $PaCO_2$ 增高，表现为同向明显升高，而 pH 变化不明显，BE 正值增大。

（5）代谢性酸中毒伴代谢性碱中毒：常见于肾衰竭或糖尿病酮症酸中毒或乳酸性酸中毒患者发生呕吐、胃液引流时。主要实验诊断特点：患者的血液生化特征 pH 变化不明显，高 AG 对该型紊乱的诊断有重要意义。患者 AG 增高，但 HCO_3^- 增高或正常，或 HCO_3^- 降低小于 AG 增高，可能为混合性代谢性酸、碱中毒。

3. 三重混合型酸碱平衡紊乱　是在呼吸性酸碱平衡紊乱基础上合并代谢性酸中毒伴代谢性碱中毒，见于肺功能不全致 CO_2 潴留，同时使用强利尿药使 K^+ 排出过多，出现呼吸性酸中毒合并代谢性酸中毒伴代谢性碱中毒；严重肝病所致的呼吸性碱中毒，伴乳酸或酮症性酸中毒，同时呕吐致代谢性碱中毒，表现为呼吸性碱中毒合并代谢性酸中毒伴代谢性碱中毒。

基础回顾

酸碱平衡紊乱的调节

1. 血液　HCO_3^-/H_2CO_3 是最重要的缓冲系统，缓冲能力最强。

2. 肺　通过中枢或外周两方面进行。中枢：$PaCO_2$↑使脑脊液 pH↓，刺激位于延髓腹外侧浅表部位的氢离子敏感性中枢化学感受器，使呼吸中枢兴奋。如果二氧化碳浓度高于 80 mmHg，则使呼吸中枢抑制。外周：主要是颈动脉体化学感受器，感受到缺氧、pH、二氧化碳的刺激，反射性地兴奋呼吸中枢，使呼吸加深加快，排出二氧化碳。

3. 肾排泄和重吸收　①H^+ 分泌和重吸收：近端小管和远端集合小管泌氢，对碳酸氢钠进行重吸收。②肾小管腔内缓冲盐的酸化：氢泵主动向管腔内泌氢与 HPO_4^{2-} 成 $H_2PO_4^-$。③NH_4^+ 的分泌：近曲小管中谷氨酰胺在谷氨酰胺酶的作用下生成 NH_3，扩散入管腔；管腔中 $NH_3 + H^+ = NH_4^+$；NH_4^+ 会随尿液排出。

4. 细胞内外离子交换　细胞内外的 H^+-K^+、H^+-Na^+、Na^+-K^+、Cl^--HCO_3^-，多位于红细胞、肌细胞、骨组织。酸中毒时常伴有高血钾，碱中毒时常伴有低血钾。

说明：血液缓冲迅速，但不持久；肺调节作用效能大，30分钟达高峰，仅对 H_2CO_3 有效；细胞内液缓冲强于细胞外液，但可引起血钾浓度改变；肾调节较慢，在 12～24 小时才发挥作用，但效率高，作用持久。

知识拓展

酸碱失衡判断之六步法

酸碱失衡判断可通过经验公式的计算、酸碱卡等进行判断。六步法是简便易行的判断方法，有助于大部分临床酸碱失衡的判断，包括三重酸碱失衡。

第 1 步：通过 pH 判断有无酸碱失衡

第 2 步：判断影响酸碱失衡的主要因素是呼吸还是代谢

第 3 步：判断呼吸性酸中毒是急性还是慢性

第 4 步：判断代谢性酸中毒的类型

第 5 步：判断高 AG 代酸是否合并存在其他代谢紊乱

第 6 步：判断呼吸系统对代谢紊乱的代偿

思 考 题

1. 简述电解质紊乱主要测定的离子及其变化意义。
2. 简述血气分析主要指标和临床意义。
3. 简述代谢性酸中毒和呼吸性碱中毒的主要变化和相关疾病。

（刘向祎）

第五节　甲状腺疾病

甲状腺疾病是甲状腺功能、甲状腺大小或其组织结构发生改变的一组疾病的总称。甲状腺功能性改变主要包括甲状腺功能亢进症（hyperthyroidism，简称甲亢）和甲状腺功能减退症（hypothyroidism，简称甲减）等。甲状腺大小及组织结构发生改变的疾病主要包括良性结节、弥漫性甲状腺肿和甲状腺癌等。甲状腺疾病作为一组常见的内分泌疾病，与诸多因素有关，除年龄、性别、碘元素缺乏或过多、吸烟、应激、电离辐射、遗传和自身免疫以外，主要与甲状腺激素水平及其调控机制状况密切相关。临床上通过检测血清甲状腺激素和（或）相关的调节激素水平、相关蛋白及其抗体，可以明确甲状腺功能紊乱的病因，并有助于甲状腺疾病的诊断、鉴别诊断和治疗监测。

案例 11-5

女性，37岁。烦躁不安、畏热、消瘦2个月，服用安神药物效果不明显，自发病以来食量增加、体重减轻，排便2～3次/日，稀便。查体：体温37.2℃，BP 130/90 mmHg，P 92次/分，眼球略突出，眼裂增宽，瞬目减少，双侧甲状腺轻度肿大、均匀，未扪及结节，无震颤及杂音，心肺（-），肝脾未及。

问题：
1. 患者的初步诊断是什么？
2. 为明确诊断，应进一步做哪些实验室检查？
3. 甲状腺激素的生理生化功能有哪些？

一、甲状腺疾病的检验项目与应用

甲状腺相关疾病的实验室诊断项目较多，主要包括甲状腺激素及调节激素、自身抗体和动态功能试验等。

（一）甲状腺激素

【目的】甲状腺激素包括甲状腺素（thyroxine，T_4）和三碘甲状腺原氨酸（triiodothyronine，T_3），血清中甲状腺激素测定包括总T_4（total T_4，tT_4）、总T_3（total T_3，tT_3）、游离T_4（free T_4，fT_4）、游离T_3（free T_3，fT_3）和反T_3（reverse T_3，rT_3），rT_3与T_3属于同分异构体，但rT_3几乎无生理活性，可以反映甲状腺激素在体内的代谢情况。检测甲状腺激素含量变化可反映甲状腺的功能状态，为甲状腺疾病的诊断提供实验依据。

【应用】血清甲状腺激素检测是评估甲状腺激素分泌功能的主要指标，血清中tT_4和tT_3 99%以上与血浆蛋白结合，结合型和游离型之间动态平衡，但只有游离型才具有生理活性，fT_4和fT_3水平更能真实反映甲状腺功能状况。①甲亢时，血清tT_3、tT_4和fT_4、fT_3增高；②甲减时，血清tT_3、tT_4和fT_4、fT_3降低；③早期甲亢或单独tT_3升高型甲亢，tT_4可正常；④大多数甲减患者口服甲状腺素治疗，在服药后血液中fT_4浓度升高，其升高程度与服药剂量有关。在一些严重的非甲状腺疾病，如心肌梗死、肝硬化、糖尿病和一些癌症患者，血清$tT3$降低、rT_3增加，tT_3/rT_3比值降低。因此，rT_3是甲减与非甲状腺疾病功能异常鉴别的重要指标之一，对上述疾病程度的判断、疗效观察及预后评估具有重要意义。

微整合

基础回顾

甲状腺激素的生物合成

碘是甲状腺激素合成必需元素，甲状腺是体内吸收和浓缩碘能力最强的器官。甲状腺激素在甲状腺滤泡上皮细胞内进行甲状腺激素的合成，包括碘的摄取、碘的活化和甲状腺球蛋白碘化。

碘的摄取：甲状腺滤泡上皮细胞通过膜上的"碘泵"，主动摄取、浓集血浆中的碘，甲状腺摄取碘的能力在一定程度上反映甲状腺的功能状况。

碘的活化：进入细胞中的I^-在过氧化物酶的催化下氧化成为"活性碘"。

T_3、T_4 的合成：活性碘使核糖体上的甲状腺球蛋白酪氨酸残基碘化，生成一碘酪氨酸（monoiodotyrosine，MIT）或二碘酪氨酸（diiodotyrosine，DIT）。在过氧化物酶催化下，1 分子 MIT 和 1 分子 DIT 缩合成 1 分子 T_3，2 分子 DIT 缩合成 1 分子 T_4。

（二）促甲状腺激素

【目的】促甲状腺激素（thyroid stimulating hormone，TSH）是腺垂体合成和分泌的糖蛋白，是下丘脑-垂体-甲状腺调节系统的主要调节激素，下丘脑分泌的促甲状腺激素释放激素（thyrotropin releasing hormone，TRH）可促进 TSH 的分泌，而甲状腺分泌的甲状腺素则可通过负反馈抑制 TSH 的分泌。因此，目前均推荐使用血清 TSH 测定作为甲状腺功能紊乱的首选筛查项目。

【应用】血清 TSH 测定同时配合甲状腺激素测定，对甲状腺功能紊乱的诊断及病变部位的判断很有价值，例如原发性甲亢时，T_3、T_4 增高，TSH 降低，主要病变在甲状腺；继发性甲亢时，T_3、T_4 增高，TSH 也增高，主要病变在垂体或下丘脑；原发性甲减时，T_3、T_4 降低而 TSH 增高，主要病变在甲状腺；继发性甲减时，T_3、T_4 降低而 TSH 也降低，主要病变在垂体或下丘脑。在甲状腺功能改变时，TSH 的变化较 T_3、T_4 更迅速而显著，所以检测血清 TSH 对亚临床型甲亢和亚临床型甲减的诊断有重要意义。

知识拓展

甲状腺激素的检测

免疫学方法是目前甲状腺激素测定的常规方法，但是免疫学方法容易受到各种类型的干扰，主要包括异嗜性抗体、生物素、抗链霉亲和素抗体、甲状腺素自身抗体、甲状腺素转运蛋白变异体、药物、巨球蛋白等，产生错误的结果导致临床错误的诊断和治疗。当发现患者本次甲状腺激素的结果与既往实验结果不符合，或者与其他生化指标和（或）临床表现不符合时，应考虑到可能存在检测干扰。临床工作中确定是否存在分析干扰的方法包括更换检测方法复测、稀释回收实验、添加阻断试剂和消耗干扰抗体等，无论哪种方法，均不能最终得出真实的甲状腺激素水平。开发不受干扰的方法用于怀疑干扰时的检测，显得尤为重要。目前使用平衡透析或超滤的方法分离 fT_3 和 fT_4 后采用液相色谱串联质谱（LC-MS/MS）的检测因其高度敏感性、特异性和准确性成为游离甲状腺激素测定的候选参考方法。

（三）甲状腺球蛋白

【目的】甲状腺球蛋白（thyroglobulin，Tg）是存在于甲状腺滤泡腔内的一种碘化糖蛋白，血清 Tg 是判断甲状腺滤泡完整性的标志物。

【应用】①分化型甲状腺癌：在甲状腺全切术后，血清 Tg 浓度通常是检测不到的，或者很低，因此 Tg 对分化型甲状腺癌的疗效追踪、复发监测及转移有重要意义。②Tg 测定也可用于鉴别诊断亚急性甲状腺炎和假性甲状腺毒症，前者 Tg 升高，后者因 TSH 的抑制作用而使 Tg 含量降低。

（四）甲状腺素结合球蛋白

【目的】甲状腺素结合球蛋白（thyroxine-binding globulin，TBG）是肝细胞合成的一种 α-

球蛋白，是血中甲状腺激素主要结合蛋白，TBG 含量会影响 tT_3、tT_4 水平。TBG 测定适用于与临床症状不符的 fT_3、fT_4 浓度的评估。

【应用】血清 TBG 增多同时 tT_3、tT_4 降低见于甲状腺功能减退，血清 TBG 非特异性增多伴 tT_3、tT_4 升高而 fT_4、fT_3 无明显变化，常见于妊娠、口服避孕药、家族性 TBG 增多症、肝硬化等，患者一般没有甲状腺功能亢进的表现。血清 TBG 降低同时 tT_3、tT_4 升高见于甲状腺功能亢进；TBG 非特异性降低伴 tT_3、tT_4 降低同时 fT_4、fT_3 无明显变化，见于大剂量雄激素或糖皮质激素治疗、家族性 TBG 降低症、肾病综合征、肢端肥大症等。

（五）自身抗体

1. 甲状腺球蛋白抗体（thyroglobulin antibody，TgAb）

【目的】甲状腺球蛋白抗体是一类针对 Tg 的自身抗体，当甲状腺滤泡细胞受到破坏，Tg 入血后，部分人群会产生 TgAb。检测 TgAb 水平可诊断自身免疫性甲状腺疾病及了解病变进程。

【应用】自身免疫性甲状腺炎患者中，TgAb 阳性率为 70%~80%，Graves 病患者中，TgAb 阳性率约 30%。TgAb 对于自身免疫性甲状腺炎的病程监测和鉴别诊断具有重要意义：在疾病的缓解期或漫长的病程之后，原先升高的 TgAb 可能逐渐降低转为阴性，如果 TgAb 在缓解之后再次升高，提示可能复发。此外，TgAb 升高会干扰 Tg 的检测，因此需结合 TgAb 水平判断 Tg 测定结果是否可靠。

2. 甲状腺过氧化物酶抗体（thyroid peroxidase antibody，TPOAb）

【目的】检测甲状腺过氧化物酶抗体水平主要用于自身免疫性甲状腺疾病的诊断与鉴别诊断。

【应用】约 65% 的 Graves 病患者、70% 的突眼性甲状腺肿患者、95% 的自身免疫性甲状腺炎或先天性黏液腺瘤患者以及 11% 的其他混合型自身免疫甲状腺疾病患者体内可检测到血清 TPOAb 水平升高。因此，患者体内 TPOAb 水平升高是诊断慢性自身免疫性甲状腺疾病的金标准，但 TPOAb 的阴性结果不能排除自身免疫性疾病的可能。TPOAb 水平检测可排除甲状腺肿大或自身免疫导致的甲减；如果患者体内出现 TPOAb 及 TSH 水平升高，则每年有 3%~4% 的风险发展为甲状腺功能减退症。

3. 促甲状腺素受体抗体（thyrotropin receptor antibody，TRAb）和促甲状腺激素受体刺激性抗体（thyroid stimulating immunoglobulin，TSI）

【目的】促甲状腺素受体抗体为一组抗甲状腺细胞膜上 TSH 受体的自身抗体。TRAb 包含了 3 类抗体：抑制性的促甲状腺激素受体抗体（TBI）会导致甲减；中性的促甲状腺激素受体抗体，无生物学作用；刺激性的促甲状腺激素受体抗体即甲状腺刺激性免疫球蛋白可导致甲亢。TRAb 和 TSI 在 Graves 病的诊断、复发预测、甲状腺相关眼病的诊断和妊娠期甲亢诊断中具有重要作用。

【应用】TRAb 存在提示患者甲亢是由于自身免疫引起而不是毒性结节性甲状腺肿，TSI 测定用于临床体征不明确或甲状腺放射性同位素扫描不确定的甲状腺毒症病因的鉴别诊断，以及临床上怀疑 Graves 病但甲状腺功能检查正常患者病因诊断。Graves 病患者经抗甲状腺药治疗后 TRAb 浓度降低或消失可能提示疾病缓解，可以考虑终止治疗。同时，TRAb 是 IgG 类抗体，可通过胎盘并引起新生儿甲状腺疾病，有甲状腺疾病史的患者在妊娠期间测定 TRAb 和 TSI 对于评估新生儿甲状腺疾病危险程度非常重要。

（六）动态功能试验

1. TRH 兴奋试验

【目的】TRH 可迅速刺激腺垂体合成和释放 TSH，因此分别测定 TRH 注射前后血清 TSH 水平，可了解垂体 TSH 合成和储备能力，评价下丘脑 - 垂体 - 甲状腺轴的功能状况。

【应用】用于鉴别甲减的类型，甲状腺性甲减患者TSH基础值高，并且注射TRH后血清TSH水平显著升高。垂体病变时，TSH基础值低，对TRH无反应；而下丘脑病变时，TSH基础值低，但对TRH有延迟性反应。甲状腺功能动态试验耗时长，且要注射药物，有时可对患者身体造成不良影响，目前国内无法获得TRH药物，已很少开展。

2. ^{131}I摄取试验（^{131}I uptake test）

【目的】^{131}I摄取试验利用甲状腺主动摄取浓集碘的功能，给受试者一定剂量的^{131}I后，定时连续观察甲状腺区的放射性强度，反映甲状腺合成和分泌甲状腺激素的功能。

【应用】甲状腺功能亢进患者血清甲状腺摄取值增加，甲状腺功能减退患者血清甲状腺摄取值降低，但该法粗糙，影响因素多，特异性差，目前已很少使用。

二、甲状腺疾病的实验诊断策略

甲状腺疾病的实验诊断首先要确定患者是否具有甲状腺功能紊乱的临床指征。物质代谢紊乱常是发现甲状腺疾病的重要线索，例如血脂异常、血糖升高等。在有了初步线索后，则需要了解调节有关代谢的激素及其上游调节激素的水平；判断有无甲状腺疾病，需要进一步确定病变的部位和性质，有时需要进行动态功能试验，如动态兴奋试验（dynamic exciting test）可估计甲状腺激素的贮备功能、观察甲状腺的反应性；动态抑制试验（dynamic inhibition test）能观察甲状腺激素的生理性反馈调节是否消失、有无自主性激素分泌过多、是否有功能性肿瘤存在等。在估计存在分泌低下的状况时选择兴奋性试验；在估计存在分泌亢进的状况时选择抑制性试验。此外，甲状腺激素受体、自身抗体检测、基因检测等对一些甲状腺疾病的病因确定有重要价值。

甲状腺功能紊乱实验诊断路径见图11-9。TSH是目前甲状腺功能紊乱的首选筛查项目。再结合fT_3、fT_4、tT_3、tT_4及rT_3、甲状腺动态功能试验、自身抗体等检查进一步确定其病因、病变部位及性质。

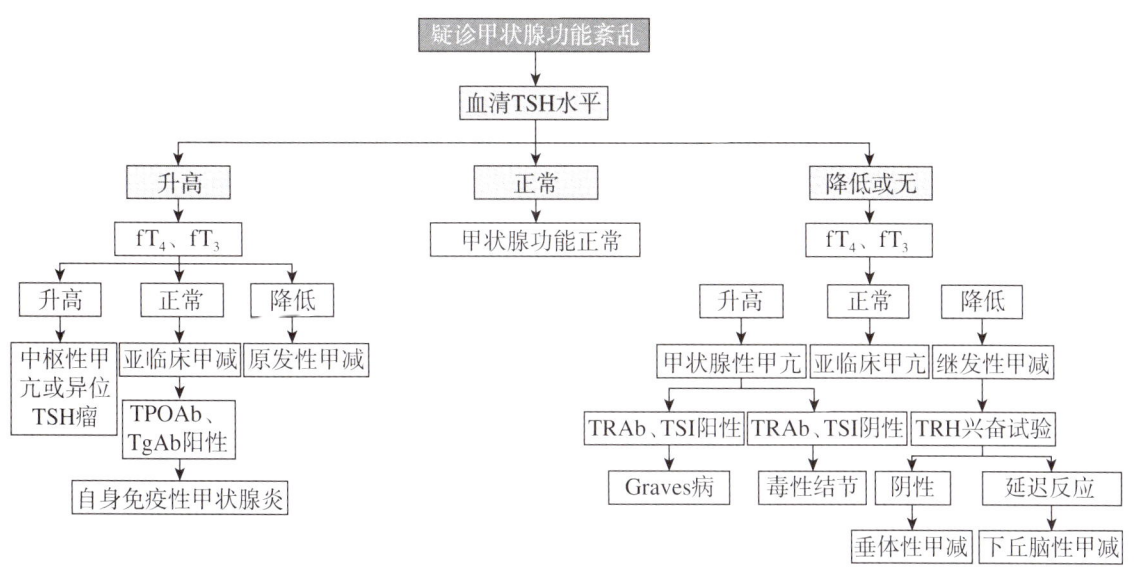

图11-9 甲状腺功能紊乱实验诊断路径

TSH，thyroid stimulating hormone，促甲状腺激素；fT_4，free T_4，游离T_4；fT_3，free T_3，游离T_3；TPOAb，thyroid peroxidase antibody，甲状腺过氧化物酶抗体；TgAb，thyroglobulin autoantibody，甲状腺球蛋白抗体；TRAb，thyrotropin receptor autoantibody，促甲状腺素受体抗体；TSI，thyroid stimulating immunoglobulin，甲状腺刺激性免疫球蛋白；TRH，thyrotropin releasing hormone，促甲状腺激素释放激素

三、常见甲状腺疾病的实验诊断

1. 甲状腺功能亢进症（hyperthyroidism） 简称甲亢，是由于甲状腺激素合成分泌过多，引起以神经、循环、消化等系统兴奋性增高和代谢亢进为主要临床表现的一组内分泌疾病的总称，按病因不同主要分为毒性弥漫性甲状腺肿（diffuse toxic goiter）（又称Graves病）、毒性结节性甲状腺肿（结节性甲状腺肿伴甲亢）和功能自主性甲状腺腺瘤（甲状腺自主高功能腺瘤）三类，其中以Graves病最常见，约占所有甲亢患者的85%。甲亢临床表现多由于甲状腺激素导致代谢亢进所致，主要表现为①高代谢综合征：出现多食但消瘦、怕热多汗、基础代谢升高、血浆胆固醇降低，甚至可能出现因蛋白大量分解造成肌萎缩、尿素肌酐升高等表现。②神经系统兴奋性升高、烦躁易激动、肌颤等。③心血管系统症状，如心率加快、心排血量增加、收缩压升高及脉压增大等，甚至可能出现心律失常。④突眼症、甲状腺肿大。

甲亢的实验诊断特点①TSH：Graves病时，TSH降低，T_3、T_4升高，TSH可敏感地反映下丘脑-垂体-甲状腺轴的功能，尤其对亚临床甲亢有诊断价值。②血清T_3和T_4：甲亢时，tT_3和tT_4多为平行增高；但在甲亢初期或复发早期，tT_3升高较快，可高于参考区间上限4倍以上，tT_4则升高较慢，升高幅度较低，约为参考区间上限的2.5倍。因此，tT_3升高诊断甲亢比tT_4敏感。但在甲亢早期tT_3和tT_4尚处于参考区间时，血清fT_3和fT_4即可出现升高（更为灵敏和特异）。③血清rT_3：rT_3增高有助于了解甲状腺激素的代谢和疗效评价，其变化与T_4基本一致。④自身抗体：80%以上甲亢患者TRAb和TSI呈阳性；50%以上甲亢患者可检出TGAb和TPOAb等。⑤甲状腺激素抑制试验：甲亢患者因长期处于高甲状腺激素水平作用下，抑制率常<50%。⑥其他实验项目异常：糖、脂代谢异常——血糖升高、糖耐量降低、血浆胆固醇降低等；激素代谢异常——女性血液雌激素、性激素结合蛋白增加；电解质异常——可出现低血钾症、高钙血症、尿钙和尿磷排出增加等；血液学异常——循环血液粒细胞减少，淋巴细胞和单核细胞增多，常有贫血和血小板减少，红细胞沉降率可增快等。

2. 甲状腺功能减退症（hypothyroidism） 简称甲减，是一组由多种原因引起的甲状腺激素合成、分泌不足或生物学活性低下的内分泌疾病。按病因分为原发性和继发性两种，其中原发性甲状腺功能减退最常见于慢性或亚急性甲状腺炎中后期、甲状腺切除、甲亢药物或碘治疗过量等获得性原因，也有部分由于胎儿甲状腺素酶系异常、先天性甲状腺不发育等先天性原因；继发性甲减是由于肿瘤、手术等损伤下丘脑或垂体，使TRH和（或）TSH合成释放不足所致。甲状腺功能减退临床表现因起病年龄不同而各有不同，起病于胎儿或新生儿的称呆小病或克汀病（cretinism），起病于儿童者称幼年型甲状腺功能减退，起病于成人称成年型甲状腺功能减退，其病理特征是黏多糖在组织和皮肤堆积，表现为黏液性水肿。

甲减的实验诊断特点：①原发性甲减时血TSH增高，tT_4、fT_4降低。病情严重的患者血清tT_3、fT_3也降低。亚临床甲减仅有血清TSH增高，但血清tT_4或tT_3正常。②甲状腺自身抗体：血清TPOAb和TgAb阳性提示甲减是由于自身免疫性甲状腺炎所致。③TRH兴奋试验：主要用于原发性甲减与中枢性甲减的鉴别诊断。静脉注射TRH后，血清TSH不增高则提示为垂体性甲减；延迟增高者则提示为下丘脑性甲减；血清TSH升高远超过正常阳性反应上限，则提示为原发性甲减。

3. 甲状腺肿（goiter） 是指良性甲状腺上皮细胞增生形成的甲状腺肿大。依病因不同可呈弥漫性或结节性，此时甲状腺激素分泌可正常、降低或升高。碘缺乏是甲状腺肿最常见的病因，其次见于多结节性甲状腺肿、慢性自身免疫性甲状腺炎和Graves病引起，多结节性甲状腺肿多见于中老年人，发生甲状腺癌的风险为3%~5%。临床表现取决于甲状腺肿的生长速度和有无甲状腺功能障碍，随甲状腺功能以及甲状腺肿大小及部位而异，多数患者无明显临床表现，甲状腺功能正常，称单纯性甲状腺肿，部分患者会出现甲亢/甲减的临床表现，长期存在的严重甲状腺肿患者可能出现梗阻症状。

甲状腺肿的实验诊断特点：血清 tT$_4$、tT$_3$ 正常，tT$_4$/tT$_3$ 的比值常增高；血清甲状腺球蛋白（Tg）水平增高，增高的程度与甲状腺肿的体积成正相关；血清 TSH 水平一般正常。早期的自身免疫性甲状腺炎主要表现为甲状腺肿，可以长期无甲状腺功能的改变或表现为亚临床甲状腺功能减低和（或）血清甲状腺自身抗体阳性。

4. 甲状腺炎（thyroiditis） 是指以某种形式甲状腺炎症为特征的一系列疾病，包括引起急性病程伴甲状腺剧烈疼痛的疾病。例如亚急性甲状腺炎和感染性甲状腺炎，也包括临床上无明显炎症主要表现为甲状腺功能障碍或甲状腺肿的疾病，例如无痛性甲状腺炎和纤维性甲状腺炎。按病因可分为感染性、自身免疫性、放射性甲状腺炎等，其中自身免疫性甲状腺炎最为常见，又分为桥本甲状腺炎（慢性淋巴细胞性甲状腺炎）、萎缩性甲状腺炎、无痛性甲状腺炎以及产后甲状腺炎等，在多数患者的血清和甲状腺组织内含有针对甲状腺抗原的抗体，造成甲状腺细胞的破坏。

甲状腺炎的实验诊断特点 ①桥本甲状腺炎：甲状腺自身抗体 TgAb 和 TPOAb 明显升高是本病的特征之一。在出现甲减前，抗体阳性是诊断本病的最主要依据。在亚临床甲减时，TSH 升高，T$_4$、T$_3$ 水平正常；发展为甲减时，T$_4$、T$_3$ 水平降低，TSH 水平明显升高。②亚急性甲状腺炎：实验室检查可见红细胞沉降率明显增快，白细胞计数升高，C 反应蛋白升高。甲状腺毒症期呈现血清 T$_4$、T$_3$ 水平升高，甲状腺摄碘率降低（常低于 2%）的双向分离现象。血清 T$_3$/T$_4$ 比值常 < 20。甲状腺功能减退阶段 T$_4$、T$_3$ 浓度降低，TSH 水平升高。恢复期各项指标逐渐恢复正常。整个病程中甲状腺相关抗体阴性或呈低滴度。③无痛性甲状腺炎：甲状腺毒症阶段血清 T$_4$、T$_3$ 增高，T$_3$/T$_4$ 比值 < 20，甲状腺摄碘率 < 3%。甲减期 T$_4$、T$_3$ 降低；恢复期 T$_4$、T$_3$ 逐渐恢复正常。超过半数患者 TgAb、TPOAb 阳性。

5. 甲状腺结节（thyroid nodule）与甲状腺癌 甲状腺结节是临床常见病。流行病学调查表明碘充足地区 1% 的男性和 5% 的女性在触诊中发现甲状腺结节。评估甲状腺结节的临床目的主要是排除或发现甲状腺癌，甲状腺癌在甲状腺结节中的发现率达 4%~6.5%。其中儿童、30 岁以下成人、有头颈部放射史的患者、有甲状腺癌家族史的人群甲状腺癌的发病率较高。

实验诊断特点 ①血清 TSH：TSH 是预测恶性甲状腺结节的独立危险因素，如果 TSH 减低，提示结节可能分泌甲状腺激素，进一步做甲状腺核素扫描，检查结节是否具有自主功能。有功能的结节恶性的可能性极小，不必再做甲状腺细针抽吸细胞学检查。如果 TSH 增高，提示存在桥本甲状腺炎伴甲状腺功能减退，需要进一步检测甲状腺自身抗体和甲状腺细针抽吸细胞学检查。研究显示，血清 TSH 浓度为 < 0.4 mU/L、0.4~0.9 mU/L、1~1.7 mU/L、1.8~5.5 mU/L 和 > 5.5 mU/L 时恶性肿瘤的患病率分别为 2.8%、3.7%、8.3%、12.3% 和 29.7%。②血清甲状腺球蛋白（Tg）：在很多甲状腺疾病时升高，诊断甲状腺癌缺乏特异性和敏感性。③血清降钙素（calcitonin, CT）：主要应用于早期诊断甲状腺癌细胞增生和甲状腺髓样癌。④甲状腺细针抽吸细胞学检查（fine needle aspiration cytology, FNAC）：是诊断甲状腺结节最准确、最经济的方法，FNAC 结果与病理结果有 90% 的符合率。

思 考 题

1. 简述常见不同病变部位甲状腺功能紊乱的实验室检查结果。
2. 简述 Graves 病临床表现和实验室检查特点。

（邱 玲）

第六节 肾上腺疾病

肾上腺分为皮质和髓质两部分。皮质由外向内又分为三层,分别为球状带、束状带和网状带。球状带约占皮质的15%,主要分泌盐皮质激素,以醛固酮为主。束状带约占皮质的78%,主要分泌糖皮质激素,以皮质醇为主。网状带约占皮质的9%,分泌性激素,如雄激素和雌激素。盐皮质激素主要调节水钠、钾等电解质的代谢。糖皮质激素为维持生命所必需,主要调节糖、蛋白质、脂肪的代谢。性激素主要作用是促进毛发、骨骼、肌肉生长及第二性征发育等。

肾上腺髓质是交感神经轴的一部分,几乎完全由嗜铬细胞组成,可储存和分泌儿茶酚胺类激素,均由酪氨酸经一系列羟化和脱羧反应而来。包括多巴胺、去甲肾上腺素和肾上腺素。肾上腺素和去甲肾上腺素主要调节糖、脂肪的代谢以及加强心血管的收缩。

肾上腺皮质疾病主要有原发性醛固酮增多症、皮质醇增多症、先天性肾上腺皮质增生症、肾上腺皮质功能减退症等。肾上腺髓质疾病主要是嗜铬细胞瘤,患者出现儿茶酚胺激素过多的各种表现。继发性高血压病因筛查、肾上腺意外瘤或肾上腺功能评估的患者需进行肾上腺相关激素检查。

案例 11-6

男性,38岁,5年前查体时发现血压180/110 mmHg,复测血压160/110 mmHg。无发作性头痛、心悸;无睡眠打鼾;无满月脸、水牛背。曾同时用硝苯地平、贝那普利和美托洛尔治疗,血压控制不佳。近3年来四肢乏力,查血钾3.1 mmol/L。肾上腺CT:左肾上腺占位。

问题:
1. 患者诊断考虑什么?
2. 下一步筛查可完善哪些实验室检查?
3. 如要确诊,可完善哪些实验室检查?

一、肾上腺的检验项目与应用

(一)盐皮质激素相关检测项目与应用

1. 醛固酮

【目的】为原发性与继发性醛固酮增多或减少提供依据。

【应用】血和尿醛固酮浓度升高是原发性醛固酮增多症(原醛症)的重要特征。正常血浆醛固酮浓度(plasma aldosterone concentration,PAC)通常小于21 ng/dl。24小时尿醛固酮浓度测定,较单次PAC能更好反映醛固酮水平。血和尿醛固酮会受体位、饮食中钠盐摄入的影响,立位高于卧位,低钠饮食醛固酮水平大于高钠饮食。血醛固酮亦受螺内酯、血管紧张素系统抑制剂、β受体阻滞剂和避孕药等多种药物影响,在筛查时,应停用或替换可能干扰检测的药物,以免影响结果。

2. 醛固酮/肾素活性比值(aldosterone to renin activity ratio,ARR)

【目的】醛固酮/肾素活性比值为原醛症的筛查试验。

【应用】肾素-血管紧张素系统是醛固酮合成和分泌的主要调节因素。低肾素、高醛固酮为原醛症的特点，而高肾素、高醛固酮提示继发性醛固酮增多症。肾素是一种酶，可检测其浓度或活性。当血浆醛固酮水平大于15 ng/dl，醛固酮（ng/dl）/血浆肾素活性［ng/(ml·h)］(ARR) ＞ 30提示原醛症可能，需进一步行确诊试验。

3. 卡托普利试验

【目的】为原醛症的确诊试验之一。

【应用】试验当日上午患者取坐位至少1小时后，口服卡托普利25毫克，保持坐位2小时。测定服药前和服药后2小时的血浆肾素活性、血管紧张素Ⅱ、醛固酮水平。服药后，若PAC被抑制超过30%，ARR低于临床切点，可除外原醛症；若PAC降低小于30%，ARR仍高于正常提示原醛症。

4. 生理盐水滴注试验

【目的】为原醛症的确诊试验之一。

【应用】卧位静脉滴注2 L 0.9%生理盐水溶液，时间大约为4小时，同时监测血压、心率，输液完成时采血。输注盐水后，PAC ＜ 5 ng/dl（138.5 pmol/L）可除外原醛症；PAC ＞ 10 ng/dl（277 pmo/L），可诊断原醛症。PAC在5～10 ng/dl为特发性醛固酮增多症可能性大。输注盐水可能使患者血压升高，故不常用。

5. 肾上腺静脉取血（adrenal venous sampling，AVS）

【目的】肾上腺静脉取血是为了判断原醛症是单侧分泌还是双侧分泌。

【应用】经皮股静脉插管，采集下腔静脉血、双侧肾上腺静脉和肘静脉血测定醛固酮/皮质醇比值。未用ACTH刺激时，若肾上腺静脉与肘静脉血的皮质醇比值3∶1，则考虑插管成功。若双侧肾上腺静脉血中的醛固酮/皮质醇比值＞ 2∶1，则考虑存在分泌优势侧，如肾上腺醛固酮腺瘤（adrenal aldosterone-producing adenoma，APA）或单侧肾上腺球状带增生即原发性肾上腺增生（primary adrenal hyperplasia，PAH）；反之为双侧肾上腺皮质球状带增生即特发性醛固酮增多症（idiopathic hyperaldosteronism，IHA）。

（二）糖皮质激素相关检测项目与应用

1. 皮质醇

【目的】循环血液中的皮质醇约90%与血清蛋白结合，其中10%～20%与白蛋白结合，其余与皮质醇结合球蛋白（CBG）结合。约10%是未结合的游离皮质醇，只有游离皮质醇是有活性的。通过测定血和24小时尿液中的皮质醇可评价是否存在糖皮质激素增多。

【应用】库欣综合征患者的特点为皮质醇分泌增多、失去昼夜节律、不能被小剂量地塞米松抑制。①血皮质醇昼夜节律：检测0点、8点和16点的血皮质醇反应。正常皮质醇在早8点最高，夜间0点低谷。库欣综合征患者各时段皮质醇升高，夜间0点皮质醇不明显低于早8点，表示正常节律消失。指南推荐午夜皮质醇≥ 50 nmol/L（1.8 μg/dl）为诊断库欣综合征的切点。②24 h尿游离皮质醇（24-hour urine free cortisol，24 h UFC）：参考区间为12.3～103.5 μg/24 h，24 hUFC不受CBG、白蛋白浓度和药物的影响，更容易将患有肾上腺功能亢进的患者与参考人群区分开，诊断价值高，可用于评价严重程度。皮质醇检测前应避免应激、使用糖皮质激素类药物、口服避孕药和酗酒等。

2. 血浆促肾上腺皮质激素（adrenocorticotropic hormone，ACTH）

【目的】促肾上腺皮质激素由脑垂体分泌，能促进肾上腺皮质的组织增生以及皮质激素的生成和分泌。ACTH的生成和分泌受上游下丘脑促肾上腺皮质激素释放激素（CRH）的直接调控，亦受下游皮质醇的负反馈调节。

【应用】在库欣综合征中，根据ACTH是否升高，分为ACTH依赖性库欣综合征（ACTH

> 4.4 pmol/L 或 20 pg/ml）和 ACTH 非依赖性库欣综合征（ACTH ＜ 2.2 pmol/L 或 10 pg/ml）。ACTH 有昼夜节律，在剧烈运动、情绪激动时会升高，推荐在安静状态下、上午 6：00—10：30 时采血。ACTH 极不稳定，需用 EDTA 抗凝管采集，全程冰浴送检，2 小时内将血浆与血细胞分离。

3. 地塞米松抑制试验

【目的】地塞米松是人工合成的强效糖皮质激素类药物，对下丘脑-垂体-肾上腺皮质轴可产生强烈的皮质醇样抑制作用，主要是抑制腺垂体释放 ACTH，进而抑制肾上腺皮质激素的合成和释放；通过检测服用不同剂量地塞米松后，皮质醇水平的变化，进行皮质醇增多症的定性诊断和定位诊断。

【应用】**定性诊断** ①小剂量地塞米松抑制试验：口服地塞米松 0.5 mg，每 6 小时 1 次，连续 2 天，检测服药前及服药结束次日的血皮质醇和 24 hUFC。正常人服药后血皮质醇 ＜ 50 nmol/L（1.8 μg/dl），24 hUFC ＜ 27 nmol（10 μg）；库欣综合征患者血皮质醇 ≥ 50 nmol/L（1.8 μg/dl），24 hUFC 在参考区间下限以上。②过夜小剂量地塞米松抑制试验：第一天早 8 点采血，晚 12 点服地塞米松 1 mg，次日上午 8 点采血。正常服药后血皮质醇 ＜ 50 nmol/L（1.8 μg/dl）；库欣综合征患者血皮质醇 ≥ 50 nmol/L（1.8 μg/dl）。小剂量地塞米松和过夜小剂量地塞米松抑制试验用于**库欣综合征**定性诊断，即鉴别患者为库欣综合征还是肥胖、酗酒或抑郁症等。**定位诊断**——大剂量地塞米松抑制试验：每次口服地塞米松 2 mg，每 6 小时 1 次，连续 2 天。若服药后血皮质醇和 24 hUFC 降至对照日值的 50% 以下，提示库欣病；若不被抑制，则提示异位 ACTH 或非 ACTH 依赖性库欣综合征。

4. 促肾上腺皮质激素释放激素（corticotropin-releasing hormone，CRH）兴奋试验

【目的】促肾上腺皮质激素释放激素兴奋试验可用于鉴别 ACTH 依赖性库欣综合征的病因和肾上腺皮质功能不全的病因。静脉注射 CRH 后，动态监测 ACTH 和皮质醇水平。CRH 难以获得，临床多用去氨加压素（DDAVP）来替代。正常受试者在使用 CRH 后 30～60 分钟，ACTH 较基线增加 2～3 倍，血浆皮质醇达峰。

【应用】①鉴别 ACTH 依赖性库欣综合征的病因：如果 CRH 刺激后 ACTH 比基线升高 35% 以上，皮质醇升高 25% 以上则提示垂体性库欣综合征（库欣病）；异位 ACTH 对 CRH 刺激无反应。②鉴别肾上腺皮质功能不全的病因：垂体性和下丘脑性肾上腺皮质功能不全基线 ACTH 和皮质醇均低，垂体性病变中，ACTH 和皮质醇对 CRH 刺激无反应；下丘脑病变在 CRH 兴奋后，ACTH 和皮质醇出现延迟性升高。

5. 双侧岩下窦静脉取血（bilateral inferior petrosal sinus sampling，BIPSS）

【目的】双侧岩下窦静脉取血用于确诊库欣综合征病因。

【应用】一般认为岩下窦与外周血浆 ACTH 比值在基线状态 ≥ 2 和 DDAVP 刺激后 ≥ 3 则提示库欣病，反之则为异位 ACTH 综合征。

微整合

基础回顾

糖皮质激素的生理作用及皮质醇过多的表现

生理剂量的糖皮质激素对糖、脂、蛋白、水盐代谢，免疫系统、中枢系统等均有重要作用。而糖皮质激素过量会出现相应的病理表现。

糖皮质激素可促进糖异生，减少组织对葡萄糖摄取和利用，升高血糖，出现类固醇激素性糖尿病；促进蛋白质代谢，减少蛋白质合成，使得皮肤菲薄、紫纹；促进脂肪分解，减少合成，四肢皮下脂肪重分布于面部和躯干部，造成向心性肥胖；有弱的盐皮质激素样作用，会出现高血压、低血钾；影响钙磷代谢，出现骨质疏松；抗炎和免疫抑制作用，使机体免疫力下降；兴奋中枢系统，产生失眠和神经精神症状。

（三）肾上腺髓质相关检测项目与应用

1. 儿茶酚胺（catecholamine，CA）

【目的】儿茶酚胺包括多巴胺（dopamine，DA）、去甲肾上腺素（norepinephrine，NE）和肾上腺素（epinephrine，E）。检测血或尿中DA、NE、E用于反映体内儿茶酚胺的分泌水平。CA大部分来自肾上腺髓质，小部分由交感神经节分泌，是重要的中枢神经递质，对自主神经调节（心脏收缩、血管张力、胃肠和支气管平滑肌张力、糖代谢）起到重要作用。以往的分光光度法易受药物干扰，液相色谱串联质谱法（liquid chromatography tandem mass spectrometry，LC-MS/MS）为目前国内外共识推荐检测方法。

【应用】①嗜铬细胞瘤和副神经节瘤（pheochromocytoma and paraganglioma，PPGL）的辅助诊断和随访监测：正常人体内CA在平卧或安静状态下浓度低。大多数PPGL患者尿CA明显增高，少数阵发性发作患者，不发作时血或尿CA水平可正常。②神经母细胞瘤的辅助诊断和随访监测：神经母细胞瘤间断或持续分泌CA，出现1种或多种CA升高。③自主神经功能紊乱和自主神经病变：遗传和获得性的自主神经功能紊乱和自主神经病变患者会有1种或多种CA产生减少或在适当生理刺激（体位、运动）后释放不足。④内源性CA降低：见于甲亢、Addison病等。⑤假性升高：应激状态、剧烈运动、吸烟、咖啡因、酒精、服用利尿剂、肾上腺素受体阻断剂、扩血管药物、甲基多巴、左旋多巴等药物可能会使CA升高，导致PPGL诊断假阳性。

2. 儿茶酚胺类激素代谢产物

【目的】3-甲基酪胺（3-methoxytyramine，3-MT）、3-甲氧基去甲肾上腺素（normetanephrine，NMN）和3-甲氧基肾上腺素（metanephrine，MN）分别是DA、NE和E的代谢中间产物。高香草酸（homovanillic acid，HVA）是DA代谢的终产物，香草扁桃酸（vanillylmandelic acid，VMA）是NE和E代谢的终产物。代谢产物无生物学活性，但其水平可反映CA的分泌。

【应用】①PPGL诊断：血和尿NMN、MN较CA敏感性高，可能与CA体内半衰期短有关，是PPGL诊断的首选指标。3-MT有助于头颈部PPGL的筛查。单独分泌DA的肿瘤较少，若PPGL中DA和3-MT明显升高，提示转移可能。②神经母细胞肿瘤：VMA和HVA是神经母细胞瘤筛查的主要指标，亦可用于疗效监测。

知识拓展

类固醇激素的检测方法进展

激素检测方法随技术手段逐渐进步，主要有放射免疫法（RIA）、化学发光免疫分析/电化学发光免疫分析（CLIA/ECLIA）和质谱法（气相色谱串联质谱、液相色谱串联质谱）。放射免疫法应用早、实验周期长、有放射性污染。化学发光免疫分析/电化学发光免疫分析自动化程度高、通量大、精密度好、易于标准化；有较好的灵敏度，但特异性欠佳。液相色谱串联质谱灵敏度、特异性均好，可同时检测多种类固醇激素或儿茶酚胺激素及代谢产物，被认为是参考方法，但自动化程度较低，手工操作繁琐，近年来正逐步优化和普及。

二、肾上腺疾病的实验诊断策略

肾上腺相关检测用于：①排查高血压的继发性病因，如是否存在原醛症、库欣综合征或嗜铬细胞瘤等；②判断肾上腺占位病变的功能和治疗监测；③评估是否存在肾上腺功能不全。相关实验诊断流程见图11-10。

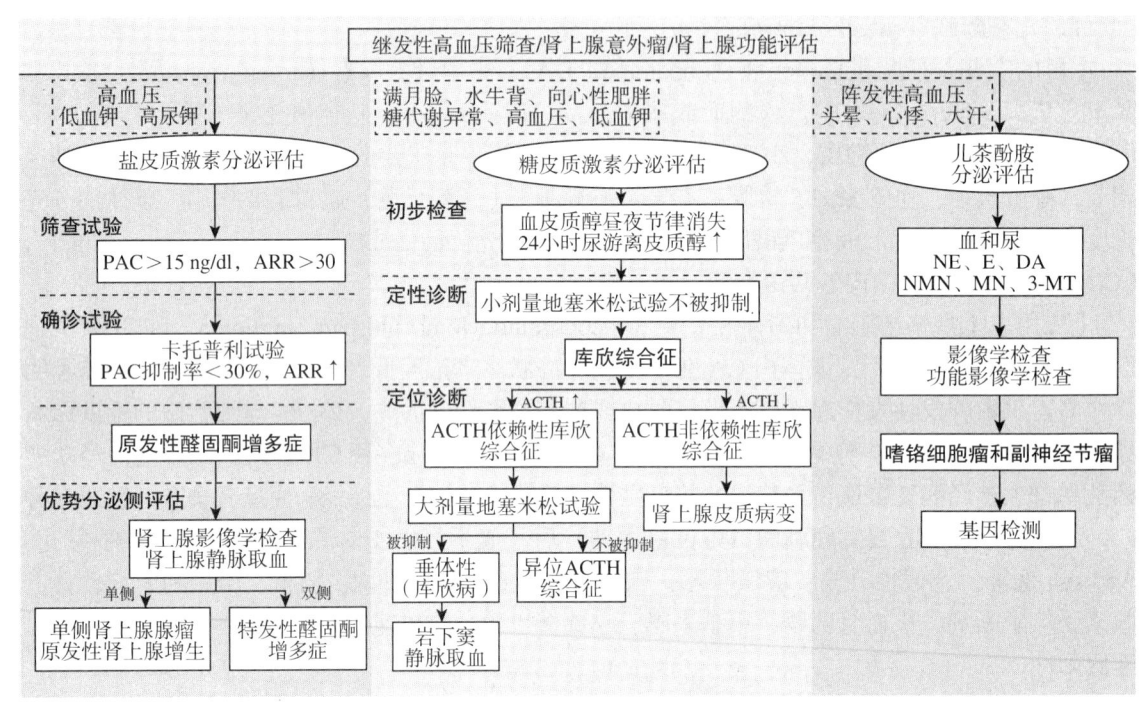

图11-10 肾上腺疾病的实验诊断流程

PAC，plasma aldosterone concentration，血浆醛固酮浓度；ARR，aldosterone to renin ratio，醛固酮（ng/dl）与血浆肾素活性 [ng/(ml·h)] 比值；ACTH，adrenocorticotropic，促肾上腺皮质激素；NE，norepinephrine，去甲肾上腺素；E，epinephrine，肾上腺素；DA，dopamine，多巴胺；NMN，normetanephrine，甲氧基去甲肾上腺素；MN，metanephrine，甲氧基肾上腺素；3-MT，3-methoxytyramine，3-甲基酪胺

（一）物质代谢紊乱

肾上腺分泌的多种激素参与机体不同物质代谢的调节，包括糖、脂类、蛋白质代谢和电解质与酸碱平衡等，肾上腺疾病大多导致激素分泌异常，因而影响物质代谢，这些改变对诊断肾上腺疾病具有提示作用。如库欣综合征一般有糖耐量异常，原发性醛固酮增多症时一般会有血钾水平异常。

（二）体液中激素或其代谢产物浓度异常

体液中激素或其代谢产物浓度用于肾上腺疾病的筛查。根据激素代谢的规律测定血液、唾液或24小时尿液中的激素及其代谢产物。有时需要连续监测或对昼夜变化进行比较（如皮质醇、ACTH等）。肾上腺嗜铬细胞瘤时，血和尿中儿茶酚胺和代谢产物增多；库欣综合征时血和尿中游离皮质醇水平升高等。

（三）激素动态功能试验

激素的合成与分泌受多种因素影响，如下丘脑-垂体-肾上腺轴、昼夜节律或脉冲式分泌、药物。这使血液中激素浓度处于动态变化之中。动态功能试验是对内分泌调节系统的某一环节施用刺激性或抑制性药物或激素，分别测定用药前后相应靶激素水平的动态变化，可以确定导致内分泌紊乱的病变部位和性质，对肾上腺疾病的定性诊断和定位诊断有重要意义。例如，卡托普利试验是原醛症的确诊试验，原醛症自主分泌的醛固酮无法被卡托普利抑制；小剂量地塞米松抑制试验通过检测 ACTH、皮质醇浓度能否被小剂量地塞米松抑制，鉴别库欣综合征和非库欣综合征（肥胖等）。

（四）基因检测

已发现部分肾上腺疾病具有遗传背景。基因检测有助于①明确诊断和分型诊断：预测可能出现而尚未出现的临床表型，预测肿瘤的转移风险。如组织 SDHB 染色阴性或携带 SDHB 突变的嗜铬细胞瘤患者术后应密切随访，警惕转移。②高危亲属筛查：对携带致病突变的患者的直系亲属进行基因筛查，有助于诊断家族性疾病，及早干预、延缓病程。③指导治疗：如家族性原发性醛固酮增多症 I 型又称糖皮质激素可抑制性醛固酮增多症，遗传病因为 CYP11B1 和 CYP11B2 遗传重组形成 CYP11B 嵌合基因，由于 CYP11B1 表达受 ACTH 调控，治疗首选为糖皮质激素。

三、常见肾上腺疾病的实验诊断

（一）原发性醛固酮增多症

定义：原发性醛固酮增多症是因醛固酮分泌增多而肾素 - 血管紧张素系统受抑制，不受钠负荷调节的疾病。以高血压、低血钾、碱中毒、低血浆肾素活性/浓度、高醛固酮为主要表现。

病因：主要特发性醛固酮增多症（双侧肾上腺皮质球状带增生）、肾上腺醛固酮腺瘤、原发性肾上腺皮质增生（单侧肾上腺皮质球状带增生）、家族性醛固酮增多症和分泌醛固酮的肾上腺皮质癌等。

主要实验诊断特征：①代谢紊乱。常见血钾显著减低，一般为 2～3 mmol/L。低血钾导致代谢性碱中毒。由于大量血钾主要排于尿中，尿钾增高，常 > 25 mmol/24 h。血钠增高程度不如血钾减低明显。②醛固酮增高，肾素降低；醛固酮/肾素活性或浓度比值（ARR）增高。对可疑原醛症的人群，ARR 为首选筛查试验，但需标准化试验条件如直立体位、纠正低血钾、排除药物影响等。③临床确诊常用卡托普利试验或盐水注射试验。④分型诊断：AVS 有助于判断原醛症有无优势分泌侧。⑤对于家族性原发性醛固酮增多症的诊断，推荐检测 CYP11B1/CYP11B2 基因。

（二）皮质醇增多症

定义：皮质醇增多症也称为库欣综合征（Cushing's syndrome，CS），为机体组织长期暴露于异常增高的糖皮质激素引起的临床综合征。最常见的临床表现为满月脸、水牛背、皮肤紫纹，体重增加和向心性肥胖。

病因：可分内源性和外源性（医源性）。内源性 CS 可分为 ACTH 依赖性和 ACTH 非依赖性两大类。ACTH 依赖性 CS 包括垂体性（库欣病）、异位 ACTH 综合征和异位 CRH 综合征；非 ACTH 依赖性 CS 有肾上腺皮质腺瘤或腺癌、大结节增生等。

主要实验诊断特征：①代谢紊乱——糖耐量减低、高血糖在 CS 中较常见；亦可能有血脂异常、低钾血症。②皮质醇——血浆、尿液和唾液中皮质醇增多，失去昼夜节律，且不能被小剂量（1 mg）地塞米松抑制。③血浆促肾上腺皮质激素（ACTH）——下丘脑、垂体病变（库欣病）或异位 ACTH 综合征所致的继发性肾上腺皮质功能亢进症，ACTH 升高，肾上腺病变所致的皮质醇增多症者 ACTH 降低。④临床确诊常用小剂量地塞米松抑制试验。⑤病因诊断可选择血浆 ACTH、大剂量地塞米松抑制试验、CRH 刺激试验等。

（三）嗜铬细胞瘤和副神经节瘤

定义：嗜铬细胞瘤和副神经节瘤（PPGL）是起源于肾上腺髓质或肾上腺外交感神经链和副交感神经节的肿瘤，可合成、存储和分解代谢儿茶酚胺。由于儿茶酚胺的大量释放引起高血压是 PPGL 最常见的临床症状，可伴有典型的头痛、心悸、多汗三联征，部分患者伴有血糖增高。

主要实验检查特征：①代谢紊乱——可伴有糖、脂代谢紊乱，42%～58% 患者有糖耐量受损或糖尿病。② CA 及代谢产物——诊断首选血浆游离或尿液 MN、NMN 浓度测定；可同时检测血或尿 NE、E、DA、3-MT、HVA 和 VMA。持续性高血压患者血和尿 CA 及代谢产物明显升高，可在正常 2 倍以上。阵发性者平时增高不明显，发作时明显升高。③基因检测——30%～50% 的 PPGL 患者有遗传性，已知 20 多个胚系致病基因，国人常见致病基因为 *RET*、*VHL*、*SDHB*、*SDHAF*、*SDHA* 等。若患者有致病变异，建议一级亲属进行筛查和遗传咨询。

思 考 题

1. 类固醇皮质激素分为哪几类？主要发挥哪些生物学作用？
2. 原发性醛固酮增多症的筛查、确诊和定位诊断试验分别有哪些？
3. 库欣综合征的分类有哪些？病因学诊断试验有哪些？用于诊断的标志物有哪些？

（邱　玲）

第十二章 心血管疾病的实验诊断

本章介绍冠状动脉粥样硬化性心脏病、高血压、心力衰竭以及感染性心内膜炎四种疾病的定义和常用实验检测指标,进一步介绍生物标志物在相关疾病中的选择和应用。

第一节 冠状动脉粥样硬化性心脏病

冠状动脉粥样硬化性心脏病(coronary atherosclerotic heart disease,CAD)是指冠状动脉发生粥样硬化引起管腔狭窄或闭塞,导致心肌缺血、缺氧或坏死而引起的心脏病,简称冠心病(coronary heart disease,CHD),也称缺血性心脏病(ischemic heart disease)。1979年,世界卫生组织(WHO)曾将其分为五型:①隐匿型或无症状性冠心病;②心绞痛;③心肌梗死;④缺血性心肌病;⑤猝死。近年来,根据发病特点和治疗原则不同将CHD分为两大类:①慢性冠状动脉疾病,也称慢性心肌缺血综合征(chronic ischemic syndrome,CIS),包括稳定型心绞痛、缺血性心肌病和隐匿型冠心病等;②急性冠脉综合征(acute coronary syndrome,ACS),包括不稳定型心绞痛(unstable angina,UA)、非ST段抬高型心肌梗死(non ST segment elevation myocardial infarction,NSTEMI)和ST段抬高型心肌梗死(ST segment elevation myocardial infarction,STEMI),也有学者将冠心病猝死包括在内。

一、心肌损伤标志物

急性冠脉综合征(ACS)是心内科的常见病、多发病,也是临床重要的急症。ACS的早期诊断和治疗与其预后密切相关;而实验检测指标在冠心病的诊断中始终处于"金标准"的地位,其重要性可见一斑。用于ACS诊断的检验项目主要是各种心肌损伤标志物,包括心肌肌钙蛋白I(cardiac troponin I,cTnI)、心肌肌钙蛋白T(cardiac troponin T,cTnT)、肌酸激酶(creatine kinase,CK)同工酶CK-MB质量、肌红蛋白(myoglobin,Mb)和心型脂肪酸结合蛋白(heart type-fatty acid binding protein,H-FABP)。这些标志物在心肌损伤发生后的动态变化见表12-1和图12-1。

表12-1 常用心肌损伤标志物在心肌损伤发生后的动态变化

心肌损伤标志物	开始升高时间(h)	高峰时间(h)	恢复正常时间(h或d)
cTnI	3~6	12~24	7~10 d
cTnT	3~6	12~24	7~14 d

续表

心肌损伤标志物	开始升高时间（h）	高峰时间（h）	恢复正常时间（h或d）
CK-MB 质量	3~8	12~24	48~72 h
Mb	0.5~2	6~9	12~24 h
H-FABP	0.5~2	6~9	12~24 h

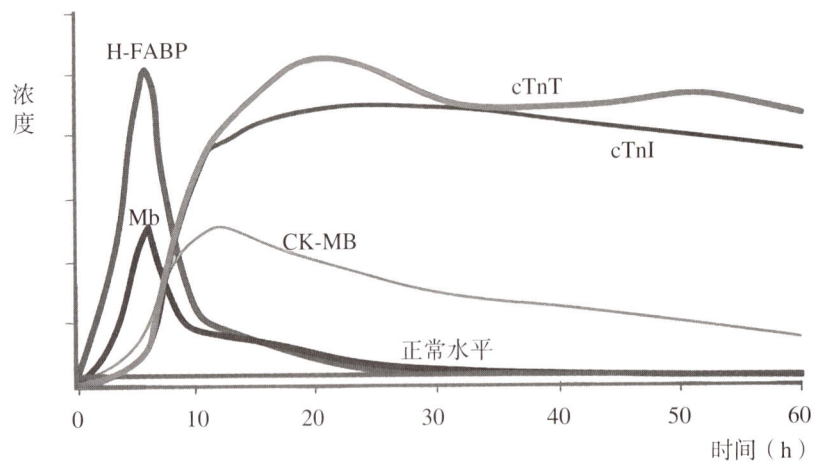

图 12-1　常用心肌损伤标志物在急性心肌梗死发生后浓度变化

1. 心肌肌钙蛋白（cardiac troponin，cTn）

【目的】心肌肌钙蛋白是心肌特异性的肌钙蛋白，主要存在于心肌纤维内。cTn 复合体包括 cTnI、cTnT 和心肌肌钙蛋白 C（cardiac troponin C，cTnC）三个亚单位，当各种因素引起心肌纤维受损时，cTnI 和 cTnT 可释放到外周血并被检测到。cTn 是目前心肌组织损伤时可在血液中检测到的特异性和敏感性最高的标志物。随着检测技术的发展，可以在正常人群中检测出低浓度的 cTn，称为高敏肌钙蛋白（high sensitive cTn，hs-cTn）。hs-cTn 检测方法可使心肌损伤（包括 ACS）的诊断提早，甚至在心肌损伤 1 h 就能出现明显的变化，因此 cTn（尤其是 hs-cTn）是 ACS 实验诊断的首选标志物。

【应用】① ACS 的诊断：根据血浆或血清 cTn/hs-cTn 在心肌损伤时升高水平及动态变化，结合心电图、症状和其他检查可进行 ACS 的诊断和分类（图 12-2）；② 心血管疾病的危险分层：cTn 的检测水平变化有助于预测长期心力衰竭或心血管事件的发病率和病死率；③ 其他心血管疾病所致的心肌损伤，如急性/慢性心力衰竭、主动脉夹层、快速心律失常、心肌炎、心内膜炎和心包炎等，cTn 也可升高。

2. 肌酸激酶同工酶 CK-MB 质量

【目的】肌酸激酶（CK）主要存在于骨骼肌、心肌和脑组织细胞的胞质和线粒体中，是由 B 和 M 两个亚单位组成的二聚体，包括 CK-BB（CK1）、CK-MB（CK2）和 CK-MM（CK3）三种同工酶，其中 CK-MB 主要分布于心肌中。当心肌受损时，血液中 CK-MB 升高。检测血浆 CK-MB 质量变化，可确定是否存在心肌损伤，并作为不具备 cTn 检测条件时的替代标志物。

【应用】① ACS 的诊断：CK-MB 的心肌特异性不如 cTn，在心肌损伤时，需根据 CK-MB 质量升高水平和动态变化，结合患者心电图变化、胸痛病史或 cTn 检测结果综合判断患者是否发生 ACS（图 12-2）。有骨骼肌损伤时，CK-MB 质量不能作为判断急性心肌损伤的指标。

②其他：慢性心房颤动、心包炎、植入起搏器、冠状动脉造影、心脏手术、肌病和肌萎缩（如肌营养不良、多发性肌炎、挤压综合征等）等CK-MB质量可升高。

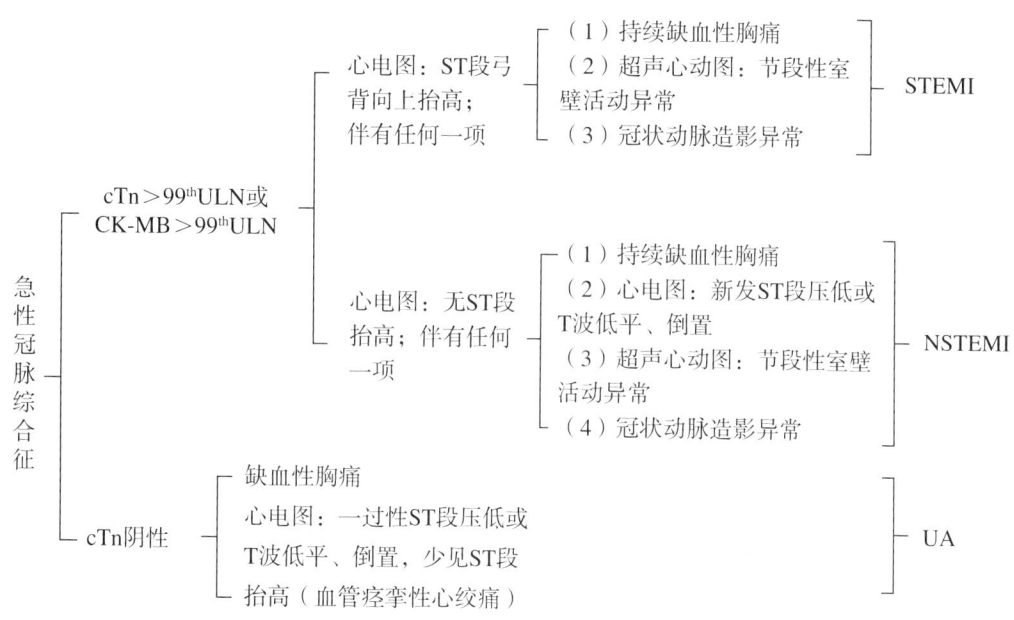

图12-2 急性冠脉综合征的诊断
ULN：正常参考区间上限

3. 肌红蛋白（Mb）

【目的】肌红蛋白是一种含有亚铁血红素的低分子量氧结合蛋白，广泛分布于心肌和骨骼肌中。Mb分子量小，诊断窗口期较短，敏感性强，当心肌和骨骼肌损伤时，血中Mb含量明显升高，可用于早期ACS的排除诊断。

【应用】① ACS的诊断与排除诊断：Mb在心肌损伤时的动态变化见表12-1。Mb阴性能有效排除ACS；目前认为在胸痛后2～12 h检测Mb较CK-MB质量和cTn均具有较高的阴性预测价值。由于Mb心肌特异性不高，最好联合检测血cTn评价患者是否发生心肌损伤。② ACS病程中评估心肌再梗死：由于cTn与CK-MB半衰期相对较长，不能敏感地反映心肌再次损伤的情况，而血液中的Mb能被肾迅速清除，测定Mb有助于观察ACS患者病程中再梗死的发生。③其他：Mb升高还可见于严重休克、严重的广泛创伤、终末期肾功能不全、骨骼肌损伤、心肌炎、急性感染期、慢性肌炎等。

4. 心型脂肪酸结合蛋白（H-FABP）

【目的】心型脂肪酸结合蛋白是心脏中富含的一种小胞质蛋白，具有高度的特异性，在心脏中表达的浓度是骨骼肌的10倍。正常情况下，H-FABP大量存在于心肌细胞中。当心肌细胞出现损伤时，会快速地涌入血液中，从而引起血清H-FABP的活性快速增高，最后通过尿液排出人体。而当心肌细胞不再受损后，H-FABP的浓度会快速下降。

【应用】ACS的诊断与排除诊断：从图12-1和表12-1中可以看出，H-FABP和Mb对ACS的诊断意义较为相似，但H-FABP的特异性优于Mb。而且，在AMI发生后，H-FABP在血液中的含量远高于Mb，更容易被检测到。

一、心肌损伤标志物在急性冠脉综合征诊断中的应用策略

患者发生急性胸痛疑似 ACS 时，应立即行心电图检查，若心电图已出现 ST 段抬高，甚至观察到病理性 Q 波，结合病史，即可诊断 ST 段抬高型心肌梗死，应立即采取适当干预措施，不必等待心肌损伤标志物检测结果。

由于约 40% 的 ACS 患者心电图无明显异常或心电图的改变不足以诊断 NSTEMI，此时，应同时进行心肌损伤标志物的检测，对于 ACS 诊断而言，首选高敏肌钙蛋白（hs-cTn），如果结果未见升高，应间隔 1～3 h 再次采血检测，同时与首次结果进行比较，如果增高 > 20%，需要考虑急性心肌损伤的诊断并结合临床缺血的证据作出 AMI 的诊断。若初始 2 次结果仍不能明确诊断而临床提示 ACS 可能，则可以在 3～6 h 后重复检查。

若没有条件检测 hs-cTn，可检测 cTn 或者 CK-MB 质量进行替代，同时可以进行 Mb 或 H-FABP 的测定，尤其是对于胸痛发作 < 6 h 的患者，阳性结果提示很有可能发生 ACS；若 Mb 检测结果为阴性，应于 2 h 内复查 Mb；两次检测结果变化 ≥ 20 ng/ml，提示很有可能发生 ACS；若两次检测结果均为阴性，对 ACS 具有 100% 阴性预测价值。

案例 12-1

男性，55 岁。入院前 3 天劳累后感心前区闷痛，每日发作 5～6 次，每次持续时间 5～10 分钟不等，因能休息后缓解未就医。3 小时前，突感心前区剧烈疼痛，为压榨样，症状持续不缓解，并向左肩和背部放射，伴大汗。无恶心、呕吐和上腹部疼痛，遂到医院就诊。心电图显示：窦性心律，心率 71 次/分，Ⅱ、Ⅲ、aVF 导联 ST 段压低。高敏肌钙蛋白 I 2.7 ng/ml，CK-MB 质量 4.5 ng/ml，肌红蛋白 280 ng/ml。

问题：
1. 患者的心肌标志物检查结果有何异常？
2. 患者的初步诊断是什么？

三、急性冠脉综合征的实验诊断

ACS 是指冠状动脉内不稳定的粥样硬化斑块破裂或糜烂继发新鲜血栓形成所导致的心脏急性缺血综合征，涵盖了 NSTEMI、STEMI 和 UA。实验室检查不仅有助于 ACS 诊断，而且对于患者病情评估、ACS 病变严重程度及预后判断也有重要作用。

1. 心肌损伤标志物 ① hs-cTn/cTn、CK-MB 质量、Mb、H-FABP 水平升高表明存在心肌损伤，必要时进行动态监测，结合患者胸痛发生的时间、心电图或影像学的证据可以作出 ACS 的诊断和分类。② AMI 患者治疗过程中有无再梗死或梗死范围有无扩大，Mb 是较好的标志物。

2. B 型利钠肽（BNP）和氨基末端-B 型利钠肽前体（NT-proBNP） 显著升高或持续在高水平说明发生死亡或心肌梗死再发的可能性增加；BNP/NT-proBNP 水平越高，ACS 一年内死亡率越高（独立于其他风险预测因素）。

3. 超敏 C- 反应蛋白（hypersensitive C-reactive protein，hs-CRP） hs-CRP 水平升高提示粥样硬化病灶的炎症活动增强，可作为 ACS 的预测指标。

4. 凝血功能、D-D 二聚体、血糖、血脂、电解质、肝肾功能以及动脉血气分析、乳酸检测等，有助于患者病情的全面评价和不良风险的识别。

四、心血管疾病的风险评估

心血管疾病已经成为我国人群的主要死因，占我国居民总死亡率的 45% 以上。其中，动脉粥样硬化性心血管疾病是我国居民健康的首要威胁。针对全人群和高危个体开展的心血管疾病危险因素防控是最有效的预防策略；而做好动脉粥样硬化性心脑血管疾病（ASCVD）发病风险的评估和预测，识别心血管疾病高危人群，进行适当干预，降低心血管疾病危险，是预防心血管事件发生的重要基础。

（一）心血管疾病风险评估工具

目前全球已有多个心血管疾病风险评估工具，其中最著名的是 Framingham 10 年风险评分，但该预测模型更趋向于高估中国人群的冠心病风险。2017 年，中华医学会检验医学分会和中华医学会心血管病学分会联合发布了适合我国国情的风险评估模型——《动脉粥样硬化性心脑血管疾病（ASCVD）风险评估报告》。风险评估模型中除了年龄、收缩压、是否服用降压药物、总胆固醇、高密度脂蛋白胆固醇、吸烟和糖尿病等传统危险因素外，还纳入了腰围以及 ASCVD 家族史等相关危险因素。将以上各种危险因素数据代入风险评估模型得到风险预测概率，可进行 ASCVD 风险分层，即低危（发病风险 < 5%）、中危（5% ≤ 发病风险 < 10%）、高危（发病风险 ≥ 10%）人群的切点划分。在进行风险评估时应注意，已诊断 ASCVD 者直接列为极高危人群，极高危人群不需要按照危险因素进行 ASCVD 危险分层。

（二）新型心血管疾病风险评估指标

1. 超敏 C- 反应蛋白（high sensitive C-reactive protein，hs-CRP） ACS 患者无论有无症状，均可用 hs-CRP 进行风险评估。建议对满足下列所有条件的人群测定 hs-CRP 水平：①年龄 ≥ 50 岁男性或 ≥ 60 岁女性，低密度脂蛋白胆固醇 < 3.36 mmol/L；②未接受降脂、激素替代或免疫抑制剂治疗；③无糖尿病、慢性肾病或严重感染。一般认为，hs-CRP < 1.0 mg/L 为低风险性；1.0～3.0 mg/L 为中度风险性；> 3.0 mg/L 为高度风险性。如果 hs-CRP > 10 mg/L，则可能存在其他炎症，应在其他炎症控制以后重新采集标本检测。检测 hs-CRP 应进行两次（最好间隔 2 周），取平均值作为评估的基础。

2. 同型半胱氨酸（homocysteine，HCY） 高浓度 HCY 会引起血管内膜增厚、粗糙，斑块形成，管腔狭窄甚至阻塞管腔，导致动脉粥样硬化和冠心病的发生。HCY 是心脑血管疾病的独立危险因子，血清 HCY 的测定可用于评估心血管疾病风险。

微整合

基础回顾

动脉粥样硬化斑块的分型

根据美国心脏病学会的分型，动脉粥样硬化病变可以分为 6 型，分型的依据是动脉病变的发展过程。Ⅰ型：脂质点。小范围的巨噬细胞吞噬脂滴成为泡沫细胞，聚集在动脉内膜。Ⅱ型：脂质条纹。泡沫细胞进一步聚集成层，动脉内膜见黄色条纹。Ⅲ型：斑

块前期。细胞外出现较多脂滴，在内膜和中膜平滑肌层之间形成脂核。Ⅳ型：粥样斑块，脂质聚集增多，形成脂质池，内膜结构破坏，动脉壁变形。Ⅴ型：纤维粥样斑块。为动脉粥样硬化最具特征性的病变，呈白色凸入动脉腔内引起管腔狭窄。斑块表面内膜被破坏，由增生的纤维帽覆盖于脂质池之上。Ⅵ型：复合病变。为严重病变，由纤维斑块发生出血、坏死、溃疡、钙化和附壁血栓所形成。

从临床角度来看，动脉粥样硬化斑块基本上可分为两类：一类为稳定型，即纤维帽较厚而脂质池较小的斑块；另一类是不稳定型，其纤维帽较薄，脂质池较大，易于破裂。不稳定斑块的破裂就导致了急性心血管事件的发生。

知识拓展

心肌损伤和急性心肌梗死

根据2018版全球心肌梗死的通用定义，心肌损伤是指心肌肌钙蛋白（cTn）升高，高于第99百分位参考区间上限。如果cTn存在升高和（或）下降，则认为心肌损伤是急性的。如果cTn持续的升高，则考虑为慢性心肌损伤。

在急性心肌损伤的同时伴有心肌缺血的临床证据，即至少存在下列情况之一，就考虑为急性心肌梗死（AMI）：①心肌缺血的症状；②新发缺血心电图改变；③病理性Q波形成；④新发的心肌细胞坏死或局部室壁运动异常的影像学证据；⑤通过血管造影和尸检证实冠状动脉内有血栓。

思 考 题

1. 简述常用的心肌损伤标志物。
2. 简述心肌损伤标志物在ACS诊断中的应用。

（沈立松）

第二节　高 血 压

高血压（hypertension）是以体循环动脉血压增高为主要特征，可伴有心、脑、肾等的功能或器质性损伤的临床综合征。完整的高血压诊断包括：①确定高血压诊断和血压水平分级；②鉴别原发性和继发性高血压；③综合评估心脑血管危险因素、靶器官损伤和其他合并症。

高血压的诊断标准为：① 3次非同日诊室测量的收缩压（systolic blood pressure，SBP）≥ 140 mmHg 和（或）舒张压（diastolic blood pressure，DBP）≥ 90 mmHg；②患者既往有高血压史，目前正在使用降压药；③非诊室高血压标准：家庭血压监测SBP ≥ 135 和（或）DBP ≥ 85 mmHg 或24小时动态血压监测平均SBP ≥ 130 和（或）DBP ≥ 80 mmHg。

我国每年有300万人死于心血管疾病，其中至少50%与高血压有关。血压水平与心血管疾病发病风险成连续、独立、直接的正相关关系。收缩压每升高20 mmHg 或舒张压每升高10 mmHg，心血管疾病发生风险升高1倍。心血管总体风险分层：可分为低危、中危、高危、极高危。高血压的分级诊断和危险因素评估见表12-2。实验诊断对于评估心血管疾病风险、是否存在靶器官损伤、高血压病因鉴别和治疗监测等方面均具有重要作用。

案例 12-2

女性，46岁，5年前发现血压升高，最高达180/110 mmHg，服药不规律。2日前无明显诱因出现头晕，伴恶心、呕吐，无发热、大汗、心悸。查体：血压200/120 mmHg。实验室检查：尿蛋白（+），血浆总胆固醇5.6 mmol/L，LDL-C 3.0 mmol/L。心脏彩超：左房扩大，肺动脉压增高。

问题：

根据病史及相关检验结果，对患者进行初步诊断及诊断依据是什么？

表 12-2 高血压患者心血管疾病风险分层标准

其他危险因素和病史	血压（mmHg）		
	1级 SBP 140～159 和（或） DBP 90～99	2级 SBP 160～179 和（或） DBP 100～109	3级 SBP ≥ 180 和（或） DBP ≥ 110
无其他危险因素	低危	中危	高危
1～2个危险因素	中危	中危	极高危
3个以上危险因素，或糖尿病，或靶器官损害	高危	高危	极高危
并发症	极高危	极高危	极高危

一、高血压的检验项目与应用

（一）高血压的危险因素评估

高血压的传统危险因素包括55岁以上男性和65岁以上女性、吸烟、血脂异常、糖尿病前期、肥胖及早发心血管病家族史等。血浆同型半胱氨酸（homocysteine，Hcy）也与高血压心血管风险有关。

1. 血脂代谢

【目的】检测血浆总胆固醇、三酰甘油、低密度脂蛋白胆固醇（LDL-C）、高密度脂蛋白胆固醇（HDL-C）水平，评估患者是否存在高脂血症。LDL-C是动脉粥样硬化沉积物的主要成分，是动脉粥样硬化的独立危险因素。

【应用】详见第十一章、第二节"脂代谢疾病"。

2. 口服葡萄糖耐量试验（OGTT）

【目的】OGTT可用于诊断糖代谢状态、评估胰岛功能和胰岛素抵抗水平。

【应用】口服葡萄糖粉75 g，分别于0、30、60、120、180分钟抽血测血糖、胰岛素、C肽。正常糖耐量：空腹血糖 < 6.1 mmol/L，2小时血糖 < 7.8 mmol/L；空腹血糖受损：6.1 mmol/L ≤ 空腹血糖 < 7.0 mmol/L，2小时血糖 < 7.8 mmol/L；糖耐量异常：空腹血糖 < 7.0 mmol/L，7.8 mmol/L ≤ 2小时血糖 < 11.1 mmol/L。

3. 血浆同型半胱氨酸

【目的】Hcy 水平升高和高血压的发生、发展密切相关。高 Hcy 通过抑制体内内源性硫化氢的生成活化血管紧张素转换酶，产生血管紧张素Ⅱ，作用于血管紧张素Ⅱ受体，从而导致血压升高及血管增生等一系列病理过程。

【应用】Hcy 每升高 5 μmol/L，可使冠心病的风险增加 33%，脑卒中风险增加 59%；而 Hcy 每降低 3 μmol/L 可以减少 11% 的缺血性心脏病发病风险和 19% 的脑卒中发病风险。适当补充叶酸、增加膳食中蔬菜和水果的摄入，有助于降低 Hcy，降低心血管事件风险。

（二）高血压靶器官损伤评估

血压升高会引起心脏和血管发生病理改变。心脏改变包括左心室肥厚和扩大。全身小动脉出现管壁增厚、动脉硬化、管腔内径缩小，继而出现心、脑、肾组织缺血。长期高血压及伴随的危险因素可促进动脉硬化的形成或发展。

评估心功能的实验室指标有 B 型利钠肽（BNP）和 N 末端 B 型利钠肽（NT-Pro BNP）（详见"心力衰竭"章节）。评价肾损伤的实验室指标有肌酐、尿素氮、胱抑素 C、尿常规 + 沉渣、尿白蛋白 - 肌酐比值（ACR）、尿总蛋白 - 肌酐比值（PCR）和 24 小时尿蛋白（详见"泌尿系统疾病的实验诊断"）。

（三）继发性高血压病因鉴别

继发性高血压的病因主要有 6 大类，包括肾性高血压（肾实质病变）、血管性高血压（肾动脉狭窄、主动脉狭窄）、内分泌性高血压、阻塞性睡眠呼吸暂停综合征、药物性高血压和单基因遗传性高血压。可出现高血压的内分泌疾病包括甲状腺功能亢进、醛固酮增多症、库欣综合征和嗜铬细胞瘤等。详见甲状腺及肾上腺相关疾病检测章节。

1. 肾素 - 血管紧张素 - 醛固酮系统

【目的】肾素（renin）为肾小球旁细胞合成分泌的一种蛋白水解酶，可催化血管紧张素原水解生成血管紧张素Ⅰ（angiotensin Ⅰ，AT-Ⅰ），AT-Ⅰ再经过血管紧张素Ⅰ转换酶催化水解生成血管紧张素Ⅱ（angiotensin Ⅱ，AT-Ⅱ）。AT-Ⅱ可通过作用于血管紧张素Ⅱ受体，使小动脉平滑肌收缩，刺激肾上腺皮质球状带分泌醛固酮，此即肾素 - 血管紧张素 - 醛固酮系统（renin-angiotensin-aldosterone system，RAAS）。醛固酮（aldosterone，Ald）分泌过多可导致机体水钠潴留，增强血管平滑肌对缩血管物质的敏感性，致使血压升高。检测血浆肾素活性/浓度、血管紧张素和醛固酮含量，明确高血压是否可能由原发性醛固酮增多症导致。

【应用】

（1）肾素活性：①原发性醛固酮增多症——血浆肾素活性降低而醛固酮升高是诊断原发性醛固酮增多症（primary hyperaldosteronism，PHA）极有价值的指标。②高血压治疗指导——高血压依据血浆肾素水平可分为高肾素性、正常肾素性和低肾素性高血压，根据不同肾素水平，进行不同降压药的选择。③其他——肝硬化、肾小球旁细胞癌等，肾素可升高。

（2）醛固酮（Ald）：① PHA 的诊断与鉴别诊断——PHA 的血浆醛固酮多 > 15 ng/dl，血浆醛固酮/肾素活性比值 > 30 或 50 应高度怀疑 PHA。PHA 伴低血钾者，醛固酮分泌受抑制，血醛固酮水平增高不明显，补钾后醛固酮水平可显著升高。②其他——肝硬化、多囊肾、肾上腺皮质癌、妊娠高血压等 Ald 均可升高。

2. 促肾上腺皮质激素和皮质醇

【目的】促肾上腺皮质激素（adrenocorticotropic hormone，ACTH）由腺垂体分泌，可通过血液到达肾上腺皮质区，迅速刺激肾上腺皮质合成并释放皮质醇（cortisol），形成下丘脑 - 垂体 - 肾上腺皮质调节轴。高浓度的皮质醇可引起体内水钠潴留，增加循环血容量；还可增强血浆肾素活性，致使血压升高。检测血浆 ACTH 和皮质醇含量，明确高血压是否由皮质醇增多症引起，并进行治疗监测。

【应用】

(1) 促肾上腺皮质激素：①皮质醇增多症的诊断与鉴别诊断——ACTH 常与皮质醇同时测定，用于判断肾上腺功能紊乱的种类及病变部位。ACTH 依赖性皮质醇增多症，如下丘脑 - 垂体性库欣综合征，血浆 ACTH 水平在参考区间上限或轻度升高，夜间 ACTH 多 > 15 ng/L；异位 ACTH 综合征血浆 ACTH 可能 > 100 ng/L。非 ACTH 依赖的皮质醇增多症，如肾上腺皮质肿瘤致库欣综合征，夜间皮质醇 > 150 μg/L 伴 ACTH 明显降低（< 5 ng/L）。②其他——肾上腺皮脂腺瘤或肾癌 ACTH 水平可升高。

(2) 皮质醇：①皮质醇增多症的诊断——皮质醇增多症时皮质醇分泌增多，清晨皮质醇水平升高，晚上不明显低于清晨，失去昼夜分泌节律，且不能被小剂量地塞米松抑制；②皮质醇增多症的疗效监测——皮质醇可用于库欣综合征的疗效监测；③其他——手术、创伤、心肌梗死等应激状态时血清皮质醇水平亦会升高。

二、高血压的实验诊断策略

初诊高血压患者，通过血压测定，确诊高血压并进行分级；结合血压水平，进行常规检验，如血常规、尿常规、血糖、血脂等，判断心血管疾病发生风险，初步判断是否存在靶器官损害及合并其他疾病；同时，通过推荐检验项目，例如血清肌酐、24 h 尿蛋白定量和心肌损伤标志物进一步确定肾、心脏等靶器官有无损害；空腹 / 餐后血糖和糖化血红蛋白进一步确定有无合并糖尿病。根据临床症状、体征或实验诊断怀疑有继发性高血压的患者，可进行特殊实验检查，如 ACTH 和皮质醇可用以诊断皮质醇增多症；肾素、血管紧张素和醛固酮检测可诊断原发性醛固酮增多症；儿茶酚胺及代谢产物可辅助诊断嗜铬细胞瘤。高血压的实验诊断策略如图 12-3 所示。

三、高血压的实验诊断

高血压是一种以血压持续升高为特征的"心血管综合征"，大部分为原发性高血压，继发性高血压占 5% ~ 10%。实验检测对于评估高血压相关的心血管疾病风险、控制靶器官损伤以及指导治疗等方面均具有重要作用。

（一）原发性高血压

原发性高血压（primary hypertension）是以血压升高为主要临床表现，伴或不伴有多种心血管危险因素的综合征。根据血压水平可对高血压进行确诊和分级。主要实验诊断特征 ①常规试验：血常规。高血压继发肾损伤或合并肾病时常有贫血。尿常规、尿蛋白检测确定肾损伤，尿糖检测辅助诊断高血压合并糖尿病。②肾功能试验：肌酐、尿酸、24 h 尿蛋白定量、尿微量白蛋白等可提示肾功能是否受损。③监测血钾：应用利尿药、血管紧张素转换酶抑制剂、血管紧张素受体抑制剂治疗时避免出现血钾异常。④糖、脂代谢试验：空腹 / 餐后血糖、糖耐量试验、糖化血红蛋白检测提示原发性高血压是否合并糖尿病；血脂检测用于评估心血管疾病发生风险。

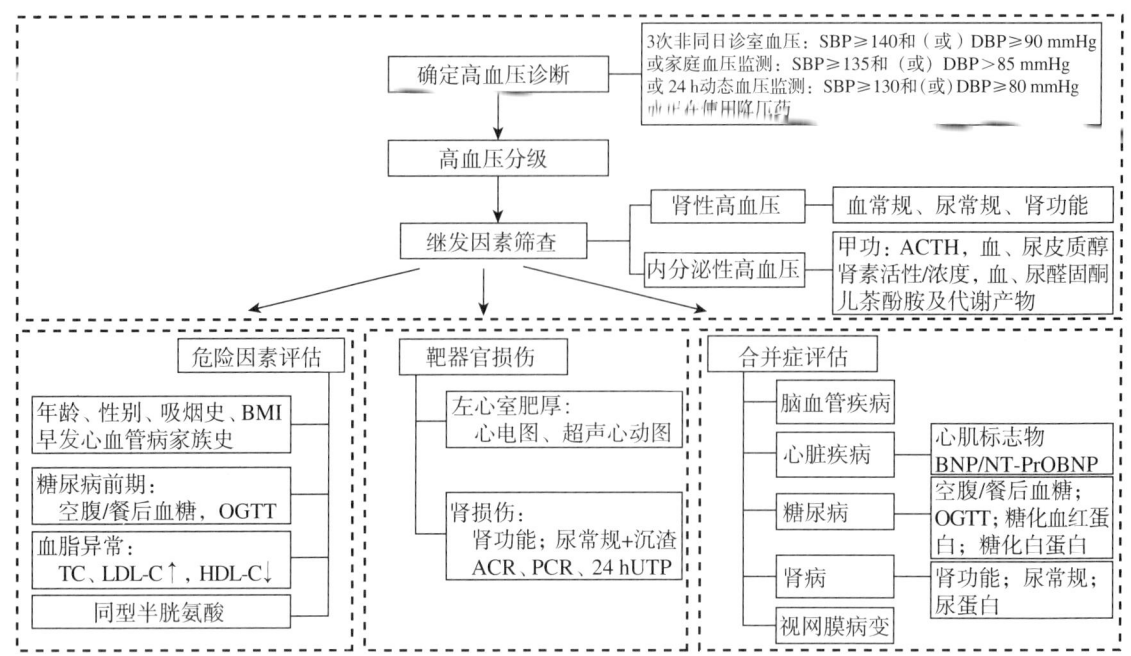

图 12-3　高血压的实验诊断策略

SBP，systolic blood pressure，收缩压；DBP，diastolic blood pressure，舒张压；BMI，body mass index，身体质量指数；OGTT，oral glucose tolerance test，口服葡萄糖耐量试验；TC，total cholesterol，总胆固醇；LDL-C，low-density lipoprotein cholesterol，低密度脂蛋白胆固醇；HDL-C，high-density lipoprotein cholesterol，高密度脂蛋白胆固醇；ACR，albumin-creatinine ratio，白蛋白 - 肌酐比值；PCR，protein-creatinine ratio，总蛋白 - 肌酐比值；24 hUTP，24-hour urine total protein，24 小时尿总蛋白；BNP，B-type natriuretic peptide，B 型利钠肽；NT-proBNP，N-terminal pro-B-type natriuretic peptide，N 末端 B 型利钠肽前体

（二）继发性高血压

继发性高血压是指由某些确定的疾病或病因引起的血压升高，常见的有皮质醇增多症、原发性醛固酮增多症、嗜铬细胞瘤和副神经节瘤（详见肾上腺相关检测）。及时明确病因并积极针对病因治疗将会大大降低由高血压及并发症造成的高致死率和致残率。

1. 皮质醇增多症　①皮质醇：皮质醇增多症时皮质醇分泌增多，导致体内水钠潴留、血浆肾素活性增强，致使血压升高；②促肾上腺皮质激素（ACTH）：ACTH 依赖性皮质醇增多症，血浆 ACTH 水平轻度升高；ACTH 不依赖性皮质醇增多症，夜间皮质醇水平升高伴 ACTH 被抑制。

2. 原发性醛固酮增多症（PHA）　①醛固酮：PHA 的血浆醛固酮水平升高，机体水钠潴留，致使血压升高；②肾素：PHA 由于醛固酮分泌增多，肾素 - 血管紧张素系统受抑制，血浆肾素活性降低，血醛固酮 / 血浆肾素活性比值（ARR）> 50；③血钾及 24 h 尿钾：低钾血症、高尿钾是 PHA 的重要特征，监测血钾用于降压药的选择和剂量调整。

3. 嗜铬细胞瘤和副神经节瘤　嗜铬细胞瘤和副神经节瘤会释放儿茶酚胺，发作时患者血浆儿茶酚胺较正常增加 3～5 倍，出现高血压和三联征（头晕、大汗、心悸）。

> **知识拓展**
>
> **单基因遗传性高血压**
>
> 单基因遗传性高血压的致病基因可以分为以下3类。①直接影响肾小管离子通道转运系统相关蛋白的编码基因，如 Liddle 综合征、Gordon 综合征、拟盐皮质激素增多症、盐皮质类固醇受体变异导致妊娠期高血压；②肾上腺类固醇激素合成酶的编码基因：家族性醛固酮增多症Ⅰ、Ⅱ、Ⅲ型，先天性肾上腺皮质增多症（11β-羟化酶缺乏症、17α-羟化酶/17,20-裂解酶缺乏症）、家族性糖皮质激素抵抗；③各种神经内分泌肿瘤的致病基因，如多发性内分泌腺瘤病（multiple endocrine neoplasia，MEN）、VHL（Von Hippel-Lindau）综合征。

思 考 题

1. 继发性高血压的原因及实验室检查有哪些？
2. 哪些实验室检查能够评价高血压的危险因素和靶器官受损？

（邱　玲）

第三节　心力衰竭

心力衰竭（heart failure，HF）是各种心脏结构或功能性疾病导致心室充盈和（或）射血功能受损、心排血量不能满足机体组织代谢需要，以肺循环和（或）体循环淤血，器官、组织血液灌注不足为临床表现的一组综合征，简称心衰；主要表现为呼吸困难、体力活动受限和体液潴留。

急性心衰系因急性的严重心肌损害、心律失常或突然加重的心脏负荷，使心功能正常或处于代偿期的心脏在短时间内发生衰竭或慢性心衰急剧恶化。临床上以急性左心衰常见，表现为急性肺水肿或心源性休克。慢性心衰有一个缓慢的发展过程，一般均有代偿性心脏扩大或肥厚及其他代偿机制的参与。

案例 12-3

女性，49岁。心悸、气促反复发作8年，近半年加重，伴双下肢水肿，未经诊治。入院前1天，因"急性胃肠炎"进行静脉输液，当输液3小时，进液量约1000 ml时，患者突然呼吸困难、心悸，咯粉红色泡沫痰，不能平卧而急诊入院。既往史：20年前有风湿热病史。体格检查：体温37.5℃，脉搏90次/分，呼吸30次/分，血压120/70 mmHg。明显发绀，大汗，端坐呼吸。双肺布满中小水泡音及哮鸣音，心率130次/分，心律不规则，第一心音强弱不等，于心尖部可听到舒张期奔马律。辅助检查：WBC 12.0×10^9/L，中性粒细胞比例80%，淋巴细胞比例20%。血清 K^+ 3.5 mmol/L，Na^+ 110 mmol/L，Cl^- 103 mmol/L，胆固醇（Tc）7.2 mmol/L。胸部X线示心脏外形呈梨形增大，肺淤血。超声心动图显示左心房增大，右心室增大，二尖瓣前叶呈城垛样改变。

问题
1. 患者的哪些实验室检查指标异常？
2. 患者的初步诊断是什么？
3. 为明确诊断，仍需完善哪些检查？

一、心力衰竭的检验项目与应用

心力衰竭的检验项目主要有 B 型利钠肽（B-type natriuretic peptide，BNP）和 N 末端 B 型利钠肽前体（N-terminal pro-B-type natriuretic peptide，NT-proBNP），其生物合成过程为：心室组织首先合成含有 134 个氨基酸的前 BNP 原（pre-proBNP），pre-proBNP 切去 N 端为 26 个氨基酸的信号肽，成为 108 个氨基酸的 BNP 原（proBNP），内切酶再将 proBNP 进一步加工成无活性的含 N 端 76 个氨基酸的 NT-proBNP 和具有生物学活性的含 C 端 32 个氨基酸的 BNP。BNP 具有扩张血管，利钠、利尿，调节血压和体内水、电解质平衡，从而维持内环境稳定的作用。当血容量增加、心室负荷过多及室壁张力改变时，BNP 反应性合成与释放增加，通过肾素 - 血管紧张素 - 醛固酮系统相互作用，调节水与电解质平衡。BNP 半衰期为 20 min；NT-proBNP 半衰期长（90 min），体外较稳定，血浆浓度较 BNP 高；NT-proBNP 主要通过肾小球滤过，其浓度受肾功能影响大于 BNP。BNP 和 NT-proBNP 是心力衰竭诊治中具有重要意义的生物标志物（表 12-3）。

表 12-3　NT-proBNP 和 BNP 的比较

影响因素	NT-proBNP	BNP
半衰期	90 分钟	20 分钟
体外稳定性（室温）	较稳定（178 h）	较不稳定性（2~4 h）
采血管	玻璃或塑料管	塑料采血管
样本类型	血清或血浆	EDTA 抗凝血浆
采血体位影响	无	有
样本送检	常规送检	4 h 内送检
生物活性	没有	有
昼夜变化影响	无	有
代谢途径	几乎均为肾滤过清除	脑啡肽酶水解清除或与受体结合降解
药物影响	无/小	有
参考值	年龄调整	固定

BNP 及 NT-proBNP 对心力衰竭诊断价值基本相同，但两者优势不同。BNP 水平受肾功能影响较小，能更好地反映心室压力负荷的升高和容量的增加；而 NT-proBNP 的优点在于其半衰期较长，含量较高，体外比较稳定，对样本要求低，易于临床检测。BNP 与 NT-proBNP 浓度不成完全平行关系，不能相互转换，在分析结果时应考虑到实验室间检测系统及年龄、性别、肥胖等因素的影响。BNP/NT-proBNP 水平在女性中高于男性，随年龄增加而不断增高，

并于体重指数成反比。免疫分析法是临床实验室检测 BNP/NT-proBNP 的主要方法。

（一）B 型利钠肽

【目的】检测血中 BNP 含量，是心衰辅助诊断、鉴别诊断、分级及疗效监测的重要指标。

【应用】

1. 评估心衰严重程度，辅助诊断 心衰 BNP 水平升高幅度与心衰严重程度成正比，BNP < 100 ng/L 可排除急性心衰，BNP > 400 ng/L，可诊断急性心衰。BNP < 35 ng/L 可排除慢性心衰。对于患有肥胖、房颤等疾病的患者，心衰诊断界值需要适当提高或降低（表 12-4）。

2. 呼吸困难的鉴别诊断 肺源性呼吸困难与心衰引起的呼吸困难仅依靠临床症状不易鉴别，而 BNP 在呼吸困难的鉴别诊断中显示出良好的敏感性。心衰引起呼吸困难者的 BNP 水平明显升高，而肺源性呼吸困难患者 BNP 正常。

3. 对心衰和急性冠脉综合征分层 BNP 是心衰死亡率的独立预测因子，BNP 水平升高，提示疾病进展、并发症发生率和死亡率增加。BNP 水平升高的急性冠脉综合征患者发生心脏并发症的概率和心肌梗死后的死亡率也相应增高。

4. 监测心衰治疗效果 心衰治疗后 BNP 下降 50%，或 BNP < 350 ng/L 提示预后好；治疗后 BNP 更高，或 BNP > 400 ng/L 提示预后差。

5. 筛查高危人群 BNP 在心衰早期即可升高，可作为无症状或早期心衰的诊断指标。对于心衰高危人群，例如患有心肌梗死、糖尿病、长时间未得到控制的高血压患者等，检测 BNP 可早期发现心衰，有利于及时进行有效治疗，降低发病率和死亡率。

（二）N 末端 B 型利钠肽前体

【目的】由于 NT-proBNP 比 BNP 半衰期长，体外稳定性强，血浆中含量高，因此，检测血浆中 NT-proBNP，与 BNP 相比更有利于心衰诊治的评价。

【应用】

1. 心力衰竭的诊断、预后和疗效判断 NT-proBNP 水平小于 300 ng/L 可排除急性心衰，而 NT-proBNP 诊断心衰应根据年龄进行分层：< 50 岁患者 NT-proBNP > 450 ng/L；50 ~ 75 岁患者，NT-proBNP > 900 ng/L；> 75 岁患者，NT-proBNP > 1800 ng/L，介于两者之间诊断不确定，需结合其他检测指标进行诊断。无论是新发的急性心力衰竭，还是慢性心衰的急性加重，NT-proBNP 水平较慢性心衰稳定阶段均有非常显著的上升，上升程度与心衰的严重程度成正比；对于患有肥胖、房颤、肾功能不全等疾病的患者，心衰诊断界值需要适当提高或降低（表 12-4）。NT-proBNP 有助于判断心力衰竭的急性期和远期预后；患者出院时 NT-proBNP 水平可作为心衰治疗是否充分的指标，以衡量远期风险，预测心衰猝死和急性冠脉综合征的预后。

2. 心源性和肺源性呼吸困难的鉴别诊断同 BNP。

3. 筛查高危人群基本同 BNP。

二、心力衰竭的实验诊断策略

对疑似心衰的患者，无论发病情况如何，都应检测血浆 BNP 或 NT-proBNP，并可按图 12-4 进行诊断与监测。

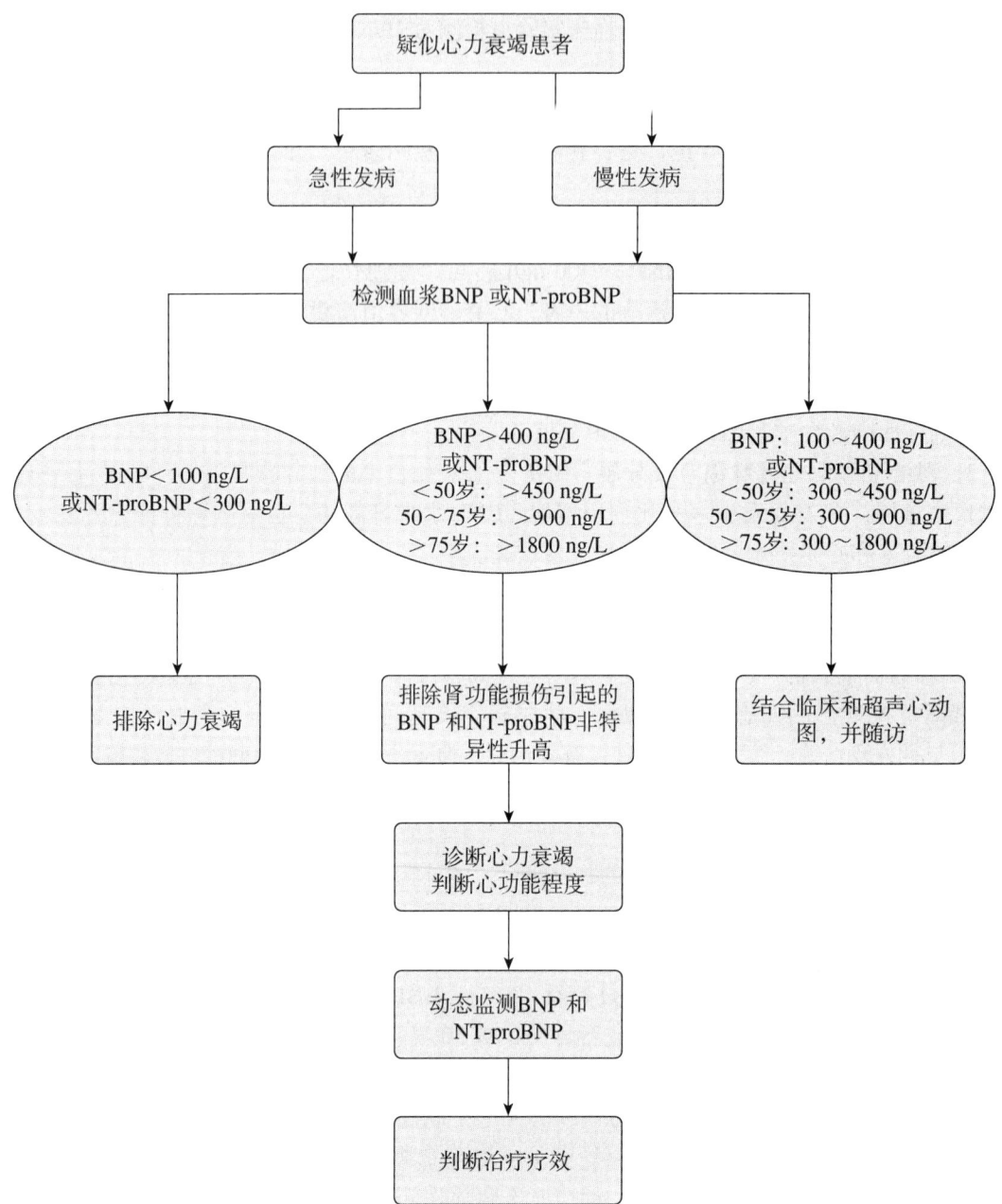

图 12-4　心力衰竭的实验诊断策略

三、心力衰竭的实验诊断

（一）慢性心力衰竭

1. BNP 和 NT-proBNP　心衰诊断、预后和疗效判断的实验指标，未经治疗者若 BNP/NT-proBNP 水平正常可基本排除心衰诊断，已接受治疗者 BNP/NT-proBNP 水平高则提示预后差，但左心室肥厚、心动过速、心肌缺血、肺动脉栓塞、慢性阻塞性肺疾病（COPD）等缺氧状态、肾功能不全、肝硬化、感染、败血症、高龄等均可引起 BNP/NT-proBNP 水平升高，因此其特异性不高。

2. 心肌肌钙蛋白（cardiac troponin，cTn） 严重心衰或心衰失代偿期、败血症患者的肌钙蛋白可有轻微升高，但心衰患者检测肌钙蛋白更重要的目的是明确是否存在急性冠脉综合征。肌钙蛋白升高，特别是同时伴有BNP/NT-proBNP水平升高，也是心衰预后的强预测因子。

3. 其他实验室检查 包括血常规、尿常规、肝肾功能、血糖、血脂、电解质等，对于老年及长期服用利尿剂、RAS抑制剂类药物的患者尤为重要，在接受药物治疗的心衰患者的随访中也需要适当监测。同时需完善甲状腺功能检测，因为无论甲状腺功能亢进或减退均可导致心力衰竭。

表 12-4 BNP/NT-proBNP 用于心衰诊断和鉴别诊断

作用		患者年龄	NT-proBNP（ng/L）			BNP（ng/L）
			< 50 岁	50 ~ 75 岁	> 75 岁	
诊断和鉴别诊断	急性心力衰竭	排除界值	< 300	—	—	< 100
		灰区	300 ~ 450	300 ~ 900	300 ~ 1800	100 ~ 400
		诊断界值	> 450	> 900	> 1800	> 400
	慢性心力衰竭	排除界值	< 125	—	—	< 35
		灰区	125 ~ 600			35 ~ 150
		诊断界值	> 600	—	—	> 150
	肥胖患者	排除界值	诊断界值降低 50%			< 50
		灰区				诊断界值降低 50%
		诊断界值				
	房颤患者	排除界值	诊断界值提高 20% ~ 30%			
		灰区				
		诊断界值				
	肾功能不全患者	排除 HF	诊断界值不变			< 200
		灰区				诊断界值不变
		诊断界值	> 1200			

（二）急性心力衰竭

1. BNP 和 NT-proBNP 疑似急性心力衰竭患者可行 BNP/NT-proBNP 检测鉴别，阴性者几乎可排除急性心力衰竭的诊断。

2. 心肌损伤标志物 如果由广泛性的心肌梗死引发急性心力衰竭，心肌损伤标志物如心肌肌钙蛋白（cTn）、肌酸激酶（creatine kinase，CK）、肌酸激酶同工酶（CK-MB）、肌红蛋白（myoglobin，Mb）等均可明显升高。

3. 血气分析 主要观察患者的缺氧状态，并了解酸碱平衡情况。

4. 其他常规检测指标 包括血常规、尿常规、肝肾功能、血糖、血脂、电解质等。

> **知识拓展**
>
> 引起 BNP/NT-proBNP 水平降低的因素
>
> （1）肥胖：肥胖人群中 BNP/NT-proBNP 水平较低，BNP/NT-proBNP 水平与 BMI 成线性负相关，BMI 越高，BNP/NT-proBNP 水平越低。临床上，对于 BMI ≥ 30 kg/m² 的患者，用于诊断心衰的 BNP/NT-proBNP 界值应降低 50%，并用更低的 BNP 界值（< 50 ng/L）来排除心衰。肥胖和射血分数保留的心衰（heart failure with preserved ejection fraction, HFpEF）之间有很大重叠，且 HFpEF 患者中 BNP/NT-proBNP 水平普遍较低，因此，正确认识肥胖对 BNP/NT-proBNP 水平的影响对于 HFpEF 的诊断尤为重要。
>
> （2）一过性肺水肿：在出现心衰症状且 1 h 内病情进展突然加剧的一过性肺水肿患者中，BNP/NT-proBNP 水平相对较低。这是由于 BNP/NT-proBNP 释放初始触发与检测之间的时间间隔非常短，心肌细胞分泌颗粒中只储存了极少量 BNP/NT-proBNP，短时间内不足以上调 BNP/NT-proBNP 的从头合成和分泌。但这种现象发生率较低，因为发展为一过性肺水肿的患者本身存在潜在的充血状态。
>
> （3）心包积液和缩窄性心包炎：在心脏外部延伸受限情况下，外周血 BNP/NT-proBNP 低于预期，表现为大量心包积液患者在心包穿刺后 BNP 水平显著升高。此外，缩窄性心包炎患者 BNP 水平较低，明显低于限制性心肌病患者，这可能有助于两种疾病的鉴别诊断。

思 考 题

1. 简述慢性心力衰竭的实验室检验项目。
2. 列举可引起 BNP/NT-proBNP 水平升高的疾病。

（李士军）

第四节　感染性心内膜炎

感染性心内膜炎（infective endocarditis，IE）是指因细菌、真菌和其他微生物（如病毒、立克次体、衣原体、螺旋体等）经血行播散而引起的心瓣膜、心内膜、临近大动脉内膜感染并伴有赘生物形成的炎症。IE 发病率及死亡率较高，心衰、脑卒中、多器官功能障碍和脓毒症是导致患者死亡的主要原因。

案例 12-4

男性，58 岁，主诉于 1 个月前无明显诱因出现胸闷、气促、心悸、乏力、发热、咽痛。无心前区疼痛、大汗淋漓，夜间可平卧入眠。自病情加重以来，患者精神状态一般，食欲一般，睡眠较差。入院体检：T 38.5℃，P 70 次/分，BP 120/60 mmHg；WBC 3.45×10^9/L，N% 81.60%，RBC 4.06×10^{12}/L，Hb 118 g/L，PLT 194×10^9/L；心前区无隆起，心尖搏动位于第 5 肋间，左锁骨中线内侧 0.5 cm，无震颤及心包摩擦感，心浊音界无扩大,心率70次/分,率齐,主动脉瓣听诊区可闻及吹风样杂音,3/6级,无心包摩擦音。心脏彩超及冠脉CT均提示瓣膜赘生物。

问题:
1. 患者的初步诊断是什么?
2. 为了明确诊断,下一步应该完善哪些实验室检查?

一、感染性心内膜炎的检验项目与应用

1. 血培养

【目的】用于菌血症、败血症及脓毒败血症的病因学诊断。

【应用】连续血培养阳性结果是诊断感染性心内膜炎最基本的方法,并可以通过药物敏感试验指导抗菌药物的使用,在IE的病因学诊断和指导抗菌药物治疗方面是必不可少的。对于不明原因的发热和病理性心脏杂音,有心脏病史或者感染性心内膜炎史时需反复多次抽血培养。怀疑急性感染性心内膜炎患者,需要经验性应用抗菌药物之前,30分钟之内连续采集3套血培养送检。怀疑亚急性感染性心内膜炎患者,不一定要在经验性使用抗生素之前采血,而是需要每次间隔30分钟至1小时,连续采集3套血培养送检。若次日未见细菌生长,再次抽2份或3份血培养。但一次血培养阳性应谨慎确立IE的诊断,特别是在有可能污染的情况下,如凝固酶阴性葡萄球菌或棒状杆菌污染等。

2. 组织学、免疫学及分子生物学技术

【目的】瓣膜或栓子的组织学培养是诊断感染性心内膜炎的金标准,还可以指导药物治疗。

【应用】应对外科切除的瓣膜或者赘生物进行组织匀浆并培养,以检测细菌种类。对切除的瓣膜组织或栓塞标本进行免疫组化检查,对IE的诊断非常有用。应用PCR检测被切除心脏瓣膜组织16S rRNA或18S rRNA可用于血培养阴性细菌或真菌病原学的辅助诊断,可检测苛养及不可培养的病原体,如立克次体、巴尔通体菌属等,敏感性及特异性超过血培养或心脏组织瓣膜培养。必须强调的是血培养作为感染性心内膜炎最基本诊断方法的地位不能被其他方法所取代。

3. 血常规检验

【目的】血常规是计数红细胞、白细胞及血小板的数量和血细胞相关形态学参数。可以对感染性心内膜炎患者进行动态跟踪,及时了解病情。

【应用】继发性贫血是本病特点之一,一般红细胞和血红蛋白轻度降低,偶可有溶血现象。白细胞计数在无并发症的患者可正常或轻度增高,有时可见到核左移。

二、感染性心内膜炎的实验诊断策略

感染性心内膜炎的病原体通过赘生物连续不断地播散到血中,因此血培养可出现阳性结果;分子生物学和免疫学等实验检查亦有相应改变,对本病的临床诊疗具有一定意义。

三、感染性心内膜炎的实验诊断

感染性心内膜炎的主要致病菌为链球菌和葡萄球菌。急性者主要由金黄色葡萄球菌引起。亚急性者，草绿色链球菌最常见。

1. 急性感染性心内膜炎 多见于无基础心脏病患者及右心室来源的感染性心内膜炎，起病急，常有发热，伴有寒战。血培养是诊断感染性心内膜炎的最重要方法。有75%～85%的患者血培养阳性，血常规表现为白细胞计数正常或增高。

2. 亚急性感染性心内膜炎 多有基础心脏病，如风湿性心脏病二尖瓣狭窄等；起病缓慢，临床表现为低中度发热、进行性贫血、乏力、肝脾大等。血培养阳性可确定诊断，并为临床选择抗生素提供依据。血常规检验有进行性贫血，白细胞计数正常或轻度增高，轻度核左移。

微整合

基础回顾

感染性心内膜炎临床表现

IE是一种可以累及多脏器的疾病，临床表现差异很大，患者不仅可以出现心脏内局部破坏所致临床表现，还可以出现因无菌或化脓性赘生物碎片引起的远端栓塞或感染。最常见的临床表现是发热，多伴寒战、食欲缺乏和消瘦等，其次为心脏杂音，其他表现包括血管和免疫学异常，脑、肺或脾栓塞等。老年患者及免疫抑制状态患者的临床表现不典型，发热的发生率较低。以下临床表现者应怀疑IE：①新出现的反流性心脏杂音；②不明来源的栓塞；③原因不明的脓毒症；④与下列相关的发热：植入心脏人工材料包括人工瓣膜、起搏器、埋藏式心脏复律除颤器、导管侵入检查等；⑤其他易患因素：包括免疫缺陷病、近期菌血症、慢性心力衰竭、新发传导阻滞、Q热血清学阳性、血栓现象（如Roth斑、Janeway损害、Osler结节等）、非特异性神经系统表现、肺栓塞或浸润症（右心IE）、原因不明的周围组织脓肿等。

知识拓展

感染性心内膜炎常见病原微生物及其耐药现状

感染性心内膜炎的病原谱发生变化。多项研究报道葡萄球菌占首位，链球菌已退居第二位，其次为肠球菌。革兰氏阴性杆菌IE占总发病率的5%～10%，真菌性IE发病率＜1%。IE患者中多存在风湿性瓣膜病，表现为自体瓣膜性IE，仍多以草绿色链球菌为主。《热病》中分列出自体瓣膜、非静脉吸毒、有瓣膜病或先天性心脏病而无其他致病因素者病原菌包括草绿色链球菌（30%～40%）、其他链球菌（15%～25%）、肠球菌（5%～18%）、葡萄球菌（20%～35%）（包括凝固酶阴性葡萄球菌）。而发达国家如美国的葡萄球菌性IE增长较快。长期血液透析、糖尿病、血管侵入性检查、静脉注射吸毒是金黄色葡萄球菌性IE的主要因素。近年来，随着广谱抗菌药物的广泛使用，革兰氏阳性球菌对青霉素类抗菌药物的耐药性不断增加。在IE常见病原菌中，金黄色葡萄球菌及凝固酶阴性葡萄球菌对青霉素的耐药率高，均超过90%。耐甲氧西林金黄色葡萄球菌（mRSA）及耐甲氧西林凝固酶阴性葡萄球菌（MRSCN）的分离率日益增多，可达50%以上。

思 考 题

简述怀疑感染性心内膜炎者的血培养采集要点。

（林　琳）

第十三章

风湿免疫病的实验诊断

第十三章数字资源

风湿病与免疫病（简称风湿免疫病）主要是免疫功能异常的疾病，相关实验诊断项目具有较高的敏感度和特异性，在风湿免疫病的临床诊断中发挥着非常重要的作用。风湿免疫病属于常见病，发病率及致残率均很高，涵盖各个临床医学专业学科。目前，随着风湿免疫病基础与临床研究进展，通过对其相关检验结果的综合分析，采取适当的实验诊断策略，并密切结合临床，可对风湿免疫病做出正确的实验诊断。

第一节 风湿免疫病

风湿免疫病（autoimmune rheumatic disease）主要指骨、关节及其周围软组织的一组炎症性疾病，并可累及多个器官。大多数风湿免疫病有全身性表现，曾有"胶原病""结缔组织病"等名称。许多风湿免疫病表现为免疫系统功能紊乱，体内可检出多种自身抗体，这些自身抗体在风湿免疫病的诊断、疗效监测、预后判断中具有重要价值。本节所讲的风湿免疫病主要指自身免疫功能异常导致的风湿免疫病，与自身免疫性疾病可以相提并论。风湿免疫病的发病机制复杂，涉及免疫反应、遗传背景、感染因素、内分泌因子、环境与物理因素等。风湿免疫病的临床表现呈多样性，病变常累及全身多系统、多脏器，诊断时应对患者作全面的检查。风湿免疫病的实验诊断项目有血常规、尿常规、粪便常规、红细胞沉降率、C反应蛋白、肝功能、肾功能、肌酶谱等一般性常规检验，通过一般性常规检验可以了解风湿免疫病患者一般情况。实验诊断特殊项目有免疫学常规检验、自身抗体检查等，以辅助诊断风湿免疫病。

一、风湿免疫病的检验项目与应用

（一）免疫球蛋白与补体

1. 免疫球蛋白（immunoglobulin，Ig）

【目的】免疫球蛋白是由浆细胞合成分泌的一组具有抗体活性和（或）抗体样结构的球蛋白，主要存在于机体的血液、体液、外分泌液和部分细胞的膜上。免疫球蛋白因其重链恒定区所含抗原表位不同，将重链分为γ、α、μ、δ、ε链五种，据此把Ig分为IgG、IgA、IgM、IgD和IgE五大类。IgG有4个亚型（IgG1、IgG2、IgG3、IgG4）；IgA分为血清型IgA（IgA1、IgA2）与分泌型IgA（secretory immunoglobulin A，sIgA）两种；IgM有两个亚型：IgM1和IgM2；IgD仅占血清总Ig的0.02%～1%；IgE是血清中含量最少的Ig，约占血清总Ig的0.002%。尿液Ig含量甚微。脑脊液（cerebrospinal fluid，CSF）含有少量Ig，以IgG为主，IgA、IgM

含量甚微。检测血清及尿液、脑脊液 Ig 及各种亚类浓度，对了解患者的体液免疫功能和诊断某些免疫功能异常所致疾病具有重要价值。

【应用】①血清中 Ig：生理状况下，五类 Ig 在血清中的浓度差别显著。IgG 含量最高，是 IgE 的一百万倍。不同年龄组血清中各类 Ig 含量的参考区间不同，Ig 含量过低或过高都属异常现象。血清免疫球蛋白检测有助于临床诊断、治疗效果观察和预防与 Ig 相关的疾病。当 Ig 超过参考区间上限时称为高 Ig 血症，低于参考区间下限时称低 Ig 血症。疾病时血清 Ig 水平的变化，可反映机体的免疫状态。通过动态观察 Ig 量的变化，可帮助分析风湿与免疫性疾病的进展情况。②尿中 Ig 含量和组分增加：见于炎症反应、糖尿病或免疫功能异常、多发性骨髓瘤等病理情况，由肾小球滤过膜屏障功能损伤所致。③ CSF 中 Ig 增高：见于多发性硬化症等中枢神经系统自身免疫性疾病，也可见于亚急性硬化性全脑炎、细菌性脑膜炎、病毒性脑膜炎等中枢神经系统感染性疾病。

2. 补体（complement，C）

【目的】补体是由多种成分组成的补体系统，它主要包括①固有成分：C1（C1q、C1r、C1s）~C9、MBL、MASPs；②调节因子：如 C1 抑制物、C4 结合蛋白；③补体受体（complement receptor，CR）等。补体活化过程中产生的多种活性片段，可通过与细胞膜表面相应受体结合而介导补体系统的多种生物学功能：①溶解细胞、细菌和病毒；②调理作用；③清除免疫复合物；④过敏毒素和炎症介质作用；⑤免疫调节作用。血清总补体活性和主要补体成分的定量检测可用于了解患者的免疫状况、疾病的进展和疗效。

【应用】血清总补体活性和主要补体成分的定量检测可用于观察机体的免疫功能，辅助风湿与免疫性疾病的诊断和疗效观察等。低补体血症（hypocomplementemia）：主要表现为总补体活性的下降，常见的疾病为血清病系统性红斑狼疮、自身免疫性溶血性贫血等。高补体血症（hypercomplementemia）：许多补体成分，尤其是 C3、C4、C1-INH（属于急性时相反应物质）升高，主要见于感染恢复期和某些恶性肿瘤患者。一些生理性过程也可见增高，如妊娠等。

（二）自身抗体检查

1. 抗核抗体筛查

【目的】自身抗体是自身免疫性疾病的重要标志，抗核抗体（antinuclear antibody，ANA）属于自身抗体中有代表性的一组抗体。通过血清抗核抗体筛查，初步了解各种自身免疫性疾病。

【应用】抗核抗体是个传统而广义的名称，常指以间接免疫荧光法检测到的针对 HEp-2 细胞所有成分的自身抗体总称。ANA 实际上包括了三类自身抗体：抗细胞核抗体（即抗核抗体）、抗细胞浆抗体、抗有丝分裂抗体。ANA 对风湿免疫病的诊断与鉴别诊断非常重要。一般建议先用间接免疫荧光法筛查 ANA。如结果为阳性，还需进行滴度检测和荧光模型的确定，并进一步检查特异性抗体。ANA 阳性常见于弥漫性结缔组织病、某些非结缔组织病（如慢性活动性肝炎、重症肌无力、慢性淋巴性甲状腺炎等），正常老年人也可出现阳性。

2. 特异性自身抗体

（1）与 ANA 相关的特异性自身抗体

【目的】明确特异抗原所对应的血清自身抗体，协助诊断相应的自身免疫性疾病。

【应用】当用间接免疫荧光法检测 ANA 时，出现的不同荧光模型，可进一步通过特异性检测方法，如酶联免疫吸附试验（ELISA）、膜条法、化学发光法、蛋白芯片等，明确特异抗原所对应的自身抗体。例如，抗细胞核抗体中，核均质型检查抗 dsDNA 抗体、抗组蛋白抗体；核颗粒型检查抗 Sm 抗体、抗 SSA 抗体、抗 SSB 抗体、抗 U1RNP 抗体等；核仁型检查抗 Scl70 抗体；核膜型可检查抗 gp210 抗体等。抗细胞浆抗体中，胞浆颗粒型检查抗 Jo-1 抗体、抗 M2 抗体等。所有这些特异性自身抗体经常与一种或多种自身免疫性疾病相关。

(2) 与其他细胞相关的特异性自身抗体

【目的】明确特异抗原所对应的血清自身抗体，帮助诊断相应的自身免疫性疾病。

【应用】如针对白细胞中的抗中性粒细胞胞浆抗体（anti neutrophil cytoplasmic antibody，ANCA）、针对皮肤组织的抗细胞桥粒抗体等，这些抗体也与特定的疾病相关，如血管炎、天疱疮等。

(3) 与疾病相关的特异性自身抗体

【目的】明确特异抗原所对应的血清自身抗体，帮助诊断相应的自身免疫性疾病。

【应用】如抗磷脂综合征中的抗心磷脂抗体、类风湿关节炎中的抗CCP抗体等，这些自身抗体均属于相应疾病分类诊断中的重要指标。

（三）HLA基因检查

虽然HLA与风湿免疫病有密切的相关性，但目前对其还缺乏深入的了解。常用的、比较有特异性的HLA位点，例如HLA-B27，在强直性脊柱炎中阳性率可高达81.8%，在赖特综合征中也可达到40%，但在银屑病中仅为10%；HLA-DR4/DR1在类风湿关节炎中的阳性率为49%~79%，在青少年型类风湿关节炎（JRA）中仅为7%，但JRA的Dw4为26%，Dw14为47%。

（四）关节液、脑脊液检查

在某些疾病中，还可以对新鲜关节液、脑脊液进行包括自身抗体在内的一系列免疫学检查和常规检查，辅助相关风湿免疫病或神经系统自身免疫性疾病的诊断。

微整合

基础回顾

自身免疫性疾病与免疫损伤

引起自身免疫性疾病免疫损伤的因素很多，机制复杂，涉及自身抗原的出现或改变、免疫调节异常以及遗传因素等。

1. 自身抗原　发生自身免疫性疾病的关键是机体产生了针对自身组织成分的自身抗体和（或）致敏T细胞，导致自身组织细胞的损伤。各种原因引起的自身组织细胞结构与成分发生改变，引起机体免疫系统产生免疫应答反应的成分称为自身抗原。引起自身抗原产生的主要因素如下：隐蔽抗原的释放、自身成分的改变、共同抗原引发的交叉反应。

2. 免疫调节异常　参与自身免疫性疾病产生的异常免疫调节主要有淋巴细胞旁路活化、多克隆刺激剂的旁路活化以及辅助刺激因子表达异常、自身致敏T细胞与自身抗原应答。

3. 遗传因素　多种自身免疫性疾病的发生率与HLA的某些基因型检出率成正相关。大多数HLA系统与自身免疫性疾病的相关性表现在HLA-B或DR抗原上。

二、风湿免疫病的实验诊断策略

风湿免疫病需要结合临床表现、实验诊断、超声与影像学诊断、病理学诊断等方能做出正确的临床诊断。实验诊断项目中的抗核抗体（ANA）等自身抗体检测在风湿免疫病的诊断中尤为重要。在进行自身抗体检测时，由于有些自身抗体在自身免疫性疾病中的敏感性高，但特异性不强，仅具有筛选意义而不具有诊断价值。有些自身抗体的敏感性虽低，但对某一种自身免疫疾病诊断的特异性很高，相关性强。因此在协助临床医生选择相关检测项目时，应注意筛查试验与诊断试验间的合理组合，特别是应根据临床症状的提示，选择性检测相关的自身抗体，切忌盲目地全面检测。当怀疑系统性红斑狼疮、硬皮病、干燥综合征、多发性肌炎等系统性自身免疫性疾病时，特别是出现以下表现：关节炎、胸膜炎或心包炎、光敏性皮疹、肾功能异常、免疫性溶血性贫血、血小板减少或中性粒细胞减少、雷诺现象、神经症状等，可按照以下实验诊断路径（图13-1）进行ANA的筛查及特异性自身抗体的检测。因为在这些疾病中，抗核抗体绝大多数可呈阳性，而其他针对特异性靶抗原成分的自身抗体则应根据临床需要进行选择性检测，以进一步明确诊断。如果ANA检测阴性或低滴度，而临床症状又强烈提示疾病，通过检测疾病特异性抗体，则可避免不必要的漏诊。与此同时，一定要考虑到不同方法学之间的灵敏度与特异性差异，在进行自身抗体检测时，要制订好适合本实验室的检测方案及流程。

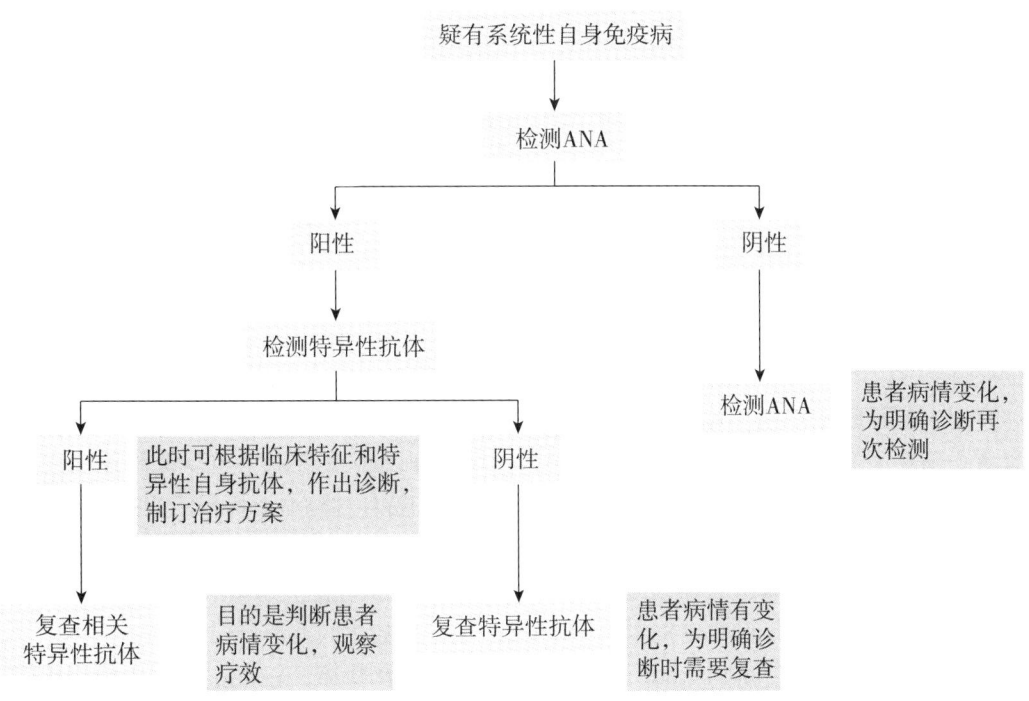

图13-1　系统性自身免疫性疾病的实验诊断路径

三、常见风湿免疫病的实验诊断

常见风湿免疫病主要包括系统性自身免疫性疾病如类风湿关节炎、系统性红斑狼疮、干燥综合征、强直性脊柱炎等，以及器官特异性自身免疫性疾病如自身免疫性肝病、甲状腺疾病等。

（一）类风湿关节炎

类风湿关节炎（rheumatoid arthritis，RA）是一种病因不明的以对称性外周多关节炎为主要特征的慢性系统性自身免疫性疾病，以持续性滑膜炎症、滑膜组织增生、新生血管形成和进行性软骨和骨结构破坏为主要病理特征。其主要的临床特征为手、足小关节的多关节、对称性、侵袭性关节炎。除关节外，身体其他器官或组织也可受累，包括心、血管、肺、脾、淋巴结、皮下组织等处，故可以出现多种关节外症状，包括心包炎、血管炎、肺部受累、皮下结节、周围神经病变等。发病率女性高于男性。发病机制复杂，可能与肥胖、输血史和吸烟有关。组织损伤可能与关节滑膜细胞介导的免疫损伤有关，且有体液免疫异常。关节软骨的破坏与中性粒细胞、单核-吞噬细胞、淋巴细胞以及成纤维样滑膜细胞有关。

1. 主要实验诊断特征 主要通过 RA 相关自身抗体，并结合临床诊断。目前与 RA 相关的自身抗体有以下 6 种。

（1）类风湿因子（rheumatoid factor，RF）：是 RA 的诊断标准之一。RF 是抗人 IgG 分子 Fc 片段上抗原决定簇的特异抗体，为抗 IgG 的自身抗体，与变性 IgG、热聚合 IgG 和免疫复合物（IC）都有较强的亲和力，主要为 19S 的 IgM，也可见 7S 的 IgG 及 IgA，分为 IgM-RF、IgG-RF 和 IgA-RF 等。如同时存在两种类型 RF，一般仅见于 RA。高滴度的 IgA-RF 常与关节外表现有关。RF 能与人或动物的变性 IgG 结合，而不与正常 IgG 发生凝集反应。

RF 的检测目前最常采用比浊法和 ELISA 法，如条件允许，最好同时检测 IgM 类、IgG 类和 IgA 类 RF。RA 中 RF 的灵敏度约为 70%，特异性 88.5%。持续高滴度 RF 常提示 RA 疾病活动期，而且骨侵蚀发生率高，常可伴皮下结节或血管炎等全身并发症。但 RF 不是仅在 RA 患者中出现，在 SLE、进行性全身性硬化症等自身免疫性疾病患者和部分老年人中 RF 的阳性率可达 28.9%～50%。另外，在健康人群中，也有 1%～5% 可检测到 RF。因此，RF 对 RA 患者并不具有严格特异性，RF 阳性不能作为诊断 RA 的唯一标准，而 RF 阴性不能排除类风湿性关节炎诊断。

（2）抗环瓜氨酸肽（cyclic citrullinated peptide，CCP）抗体：2010 年美国风湿病学会将 RF 和抗 CCP 抗体列为 RA 的分类诊断标准，抗 CCP 抗体对 RA 的敏感性与 RF 类似，但是特异性高达 94%～99%。同时抗 CCP 抗体阳性也可预测 RA 的关节破坏。抗 CCP 抗体具有早期诊断 RA、评估病情及预后的价值。但是目前的临床证据未显示抗 CCP 抗体和疾病严重程度之间存在相关性。因此，抗 CCP 抗体不能作为判断类风湿关节炎患者的病情严重程度的指标。

（3）抗核周因子抗体（anti-perinuclear factor autoantibody，APF）：APF 是 1964 年 Nienhuis 在 RA 患者血清中发现的一种抗人颊黏膜细胞浆内角质蛋白颗粒的抗体，在荧光显微镜下胞浆内呈一个或多个大小不等的圆形或椭圆形颗粒，其对 RA 的特异性随血清稀释倍数的增加而增加。

（4）抗 Sa 抗体：可出现于 RA 未确诊前。主要采用免疫印迹法检测，凡在蛋白质分子量为 50 kDa 和（或）55 kDa 区带出现条带者为阳性。抗 Sa 抗体的灵敏度和特异度分别为 48.7% 和 90%。2004 年，有学者证实抗 Sa 抗体的靶抗原是瓜氨酸化的波形蛋白。

（5）抗角蛋白抗体（anti-keratin antibody，AKA）：1979 年，Young 等发现 RA 血清中有一种能与鼠食管角质层反应的抗体，并对 RA 具有特异性，命名为抗角蛋白抗体。AKA 可以在 RA 发病以前若干年出现，所以有早期诊断价值。

（6）抗异质性胞核核糖核蛋白抗体（抗 RA33/36 抗体）：运用免疫印迹法检测，凡在蛋白质分子量为 33 kDa 和（或）36 kDa 区带出现条带者为阳性。抗 RA33/36 抗体亦可采用酶联免疫吸附法进行检测。抗 RA33/36 抗体诊断 RA 的灵敏度为 35%～45%，特异度为 87%。此外，RA 的疾病活动性指标还包括红细胞沉降率（ESR）、C 反应蛋白（CRP）、血清淀粉样蛋白 A（SAA）、IL-6 等。

2. RA 的临床诊断标准 2010 年 RA 的诊断标准：分关节受累、血清学、急性时相反应物和症状持续时间四部分，总评分为 10 分。若总得分≥6 分，可确诊为 RA。其中实验诊断指标有 RF、抗 CCP 抗体、CRP、ESR，在 RA 的辅助诊断中发挥重要作用。越来越多的研究在更广泛的人群中证实，最新诊断标准有助于 RA 患者的早期诊断、鉴别诊断和早期治疗，类风湿关节炎的分类标准见表 13-1。此外，自身抗体在 RA 发病以前即可存在于患者体内。RF 在 RA 出现临床症状几个月到几年时间就能检测到，RF 阳性人群发生 RA 的风险增加 20～40 倍，尤其是高滴度患者。93% 抗 CCP 抗体阳性患者在 3 年内出现关节炎。因此，RF 和抗 CCP 抗体可以预测 RA 的发生。

表 13-1　类风湿关节炎的分类标准

标准	项目内容	得分
关节受累	1 个大关节	0
	2～10 个大关节	1
	1～3 个小关节（伴或不伴大关节受累）	2
	4～10 个小关节（伴或不伴大关节受累）	3
	＞10 个关节（至少一个小关节受累）	5
血清学	RF 和抗 CCP 抗体均阴性	0
	RF 和（或）抗 CCP 抗体低滴度阳性（≤正常值 3 倍）	2
	RF 和（或）抗 CCP 抗体高滴度阳性（≥正常值 3 倍）	3
急性时相反应物	CRP 和 ESR 均正常	0
	CRP 或 ESR 增高	1
症状持续时间	＜6 周	0
	≥6 周	1

知识拓展

2010 年类风湿关节炎分类标准解读

与 1987 年 RA 分类标准相比，2010 年标准有重大改进。新的标准首先以受累关节多寡作为主要指标，关节炎经超声或磁共振成像证实，并排除了其他疾病所致为前提；新增了抗 CCP 抗体检测，并重视其和 RF 在 RA 诊断中的作用；把急性时相 C 反应蛋白和红细胞沉降率增高，以及炎症持续 6 周作为参考条件之一；废除了原标准中的晨僵、皮下结节、对称性关节炎和双手 X 线摄片改变 4 项。新标准可对 1 个以上的关节炎进行早期诊断，因此能及时应用改善病情的抗风湿药物和生物制剂治疗，可提高疗效并改变 RA 的预后。

案例 13-1

陈某，女性，59 岁，缘于 5 年前开始无明显诱因出现右足肿胀疼痛，在单位职工医院就诊，诊断为"关节炎"，对症治疗时轻时重。3 年前出现晨僵，关节肿痛逐渐波及全身多个关节，呈游走性，以双手掌指、指间及腕关节、肩关节及膝关节为重，四肢关节游走性肿痛 3 年。因近期病情加重无法忍受于近日到医院就诊。

问题：
1. 为辅助诊断，医生可进行哪些血清学检查？
2. 结合症状及血清学检查，该患者初步诊断为什么疾病？
3. 该疾病的诊断标准是什么？

（二）系统性红斑狼疮

系统性红斑狼疮（systemic lupus erythematosus，SLE）是一种慢性自身免疫性结缔组织病，临床症状广泛，涉及多种组织器官，主要表现为关节炎、肾小球肾炎、癫痫样发作、贫血或血小板减少等。随着诊断技术的提高，SLE 的检出率也随之增高。SLE 在年轻女性，特别是育龄期女性多发，男女发病比例约为 1∶9。SLE 的确切病因尚不清楚，已发现很多因素与 SLE 有关，包括遗传、光照、药物、EB 病毒感染、个别职业暴露（硅、杀虫剂、汞）等。

1. 主要实验诊断特征

（1）一般常规检验：血常规检验可有贫血、白细胞减少、血小板减少；尿液分析可提示蛋白尿、血尿和细胞、颗粒管型；病情活动期红细胞沉降率可增快，CRP 在 SLE 中一般正常。蛋白电泳和补体检查：50% 的患者有低白蛋白血症，30% 的患者球蛋白升高，尤其是 γ 球蛋白。疾病活动期补体水平常降低，与补体消耗和肝合成能力降低有关；单补体成分 C3、C4 和总补体溶血活性在疾病活动期均可降低，检测补体裂解产物更能反映补体消耗情况。

（2）抗核抗体：健康人群可存在低滴度的 ANA，自身免疫性疾病时出现高滴度的 ANA，多为 IgG 型。ANA 检测对于活动性 SLE 诊断高度敏感，95%～100% 的活动期病例可呈阳性。ANA 阴性可以除外活动性 SLE。临床上，ANA 检测实际上是指用间接免疫荧光法进行总抗核抗体的检测，常见荧光图类型有：①核均质型；②核膜型；③核颗粒型；④核仁型；⑤核着丝点型等，各型具有不同的临床意义，具体参见第二十章第三节。

（3）抗双链 DNA 抗体：抗双链脱氧核糖核酸（double-stranded DNA，dsDNA）抗体，简称抗 dsDNA 抗体，检测采用间接免疫荧光法（immunofluorescence assay，IFA）、放射免疫分析试验（radioimmunoassay，RIA）、酶联免疫吸附试验（ELISA）、免疫印迹法。以马疫锥虫或短膜虫为基质的 IFA 是目前国内外临床检测抗 dsDNA 抗体最常用的方法。SLE 患者抗 dsDNA 抗体阳性率为 60%～90%，抗单链 DNA（ssDNA）抗体阳性率为 70%～95%。抗 dsDNA 抗体不仅可作为 SLE 的诊断标准，还对监督疗效、判断预后具有重要作用。

（4）抗可提取核抗原（extractable nuclear antigens，ENA）抗体：简称抗 ENA 抗体，包括抗 Sm（Smith）抗体、抗 U1-RNP（ribonucleoprotein，RNP）抗体、抗干燥综合征 A 抗原（Sjogren syndrome A antigen，SSA）抗体、抗干燥综合征 B 抗原（Sjogren syndrome B antigen，SSB）抗体等，其中抗 U1-RNP 抗体阳性率 30%～40%，抗 Sm 抗体阳性率 20%～40%，抗 SSA 抗体阳性率 20%～60%，抗 SSB 抗体阳性率 10%～20%。

（5）抗磷脂（anti-phospholipids，APL）抗体：是一组与含有磷脂结构的抗原物质发生反应的抗体。常指以下三类：狼疮抗凝物（lupus anticoagulant，LAC）、抗心磷脂抗体（anti-cardiolipin antibodies，ACA）和抗 β_2 糖蛋白 1（β_2GP1）抗体。抗磷脂抗体是抗磷脂综合征（anti-phospholipid syndrome，APS）的诊断性抗体，临床表现主要以血栓形成和反复自然流产为特征。SLE 患者中也常检测到此类抗体，提示有血栓形成的危险性。ELISA 检测抗心磷脂抗体和抗 β_2GP1 抗体，抗体亚类包括 IgG、IgM、IgA；狼疮抗凝物使用凝血试验检测。SLE 常见的自身抗体见表 13-2。

表 13-2 SLE 自身抗体

抗体	临床意义
抗核抗体（ANA）	见于几乎所有的 SLE 患者，敏感度高，特异性低，可作为初筛试验，反复多次阴性提示 SLE 可能性低
抗 dsDNA 抗体	SLE 特征性抗体，特异性高，多出现于 SLE 的活动期
抗 Sm 抗体	SLE 特征性抗体，特异性 99%，敏感性 25%。阳性与疾病活动度无关

续表

抗体	临床意义
抗核小体抗体	SLE 早期诊断指标之一，与狼疮活动性有一定相关性
抗 RNP 抗体	诊断特异性不高，与雷诺现象和肌炎相关
抗 SSA、SSB 抗体	非 SLE 特异性，阳性与干燥综合征及新生儿红斑狼疮相关
抗磷脂抗体	与血栓、流产、血小板减少等风险相关
抗 rRNP 抗体	往往指示有 NP 狼疮或其他重要内脏的损害，阳性代表疾病活动期
抗红细胞抗体	直接 Coombs 试验阳性，可导致溶血性贫血
抗血小板抗体	与血小板减少相关
抗核糖体 P 蛋白抗体（anti-P）	SLE 特征性抗体，阳性与狼疮所致精神异常相关

2. SLE 的临床诊断标准　为了更好地提高临床诊断的特异性和敏感性，2019 年国际上发布了新的 SLE 分类系统，详见表 13-3。新的 SLE 分类标准采用了抗核抗体（ANA）加上 21 种症状和体征的积分系统，在有 ANA ≥ 1∶80 的基础上，其他评分 ≥ 10 分，除外了其他可能的诊断后即可诊断为 SLE。需要注意的是，新分类标准中强调的几层意思：除外其他可能的诊断，如果考虑有其他疾病的可能，则不要先计算积分；≥ 10 分的评分中至少有 1 项是临床表现评分，且 1 个临床表现只计算 1 次得分；所有标准可以在不同时期出现，每个系统的临床表现只计算最高的加权标准。

表 13-3　2019 年关于 SLE 分类标准的定义

标准	评分（分）
抗核抗体	必备标准
全身表现	
发热	2
血液系统	
白细胞减少	3
血小板减少	4
自身免疫性溶血	4
神经精神症状	
急性脑功能障碍（谵妄）	2
精神病样症状	3
惊厥	5
皮肤黏膜	
非瘢痕性脱发	2
口腔溃疡	2
亚急性皮疹或盘状狼疮	4
急性皮肤狼疮	6
浆膜腔积液	
胸腔积液或心包积液	5
急性心包炎	6
肌肉骨骼	
关节受累	6

续表

标准	评分（分）
肾受累	
蛋白尿＞0.5 g/24 h	4
肾活检Ⅱ型或Ⅴ型LN	8
肾活检Ⅲ型或Ⅳ型LN	10
免疫指标	
抗磷脂抗体阳性	2
补体	
C3或C4降低	3
C3和C4降低	4
狼疮特异性抗体阳性	6

> **知识拓展**
>
> 2019年系统性红斑狼疮分类标准解读
>
> 该标准以专论形式发表在2019年9月 Arthritis Rheumatol 杂志上。存在以下特点。
>
> （1）把ANA阳性作为分类为SLE的入门标准。既往的2009年和2012年SLE分类标准中，均把ANA阳性作为免疫学分类参考指标之一，与抗dsDNA抗体或抗Sm抗体阳性具备同等的诊断价值。
>
> （2）把发热作为新的临床指标纳入此标准。发热，尤其是不明原因的发热是SLE疾病的常见症候。但是，感染是导致SLE死亡的主要原因，因此在把发热这一症候表现作为分类诊断SLE时，应严格筛选并排除可能引起发热的其他原因。
>
> （3）把临床指标和免疫学指标分别赋予了不同的权重积分。这一特点充分体现了不同临床或免疫学指标对于分类诊断SLE的重要程度，其中肾活检证实的Ⅲ型或Ⅳ型狼疮肾炎权重最高，单纯存在足以分类诊断SLE。相对而言，肾活检证实的Ⅱ型或Ⅴ型LN虽权重也相对较高，但单纯存在时尚不足以分类诊断SLE。

（三）干燥综合征

干燥综合征（Sjogren syndrome，SS）是一种以各种外分泌腺炎症损伤为特征的自身免疫性疾病，最常受累的腺体是泪腺和唾液腺。SS常与其他自身免疫性疾病共同出现，如RA、SLE、原发性胆汁性胆管炎（primary biliary cholangitis，PBC）等，这种SS称为继发性干燥综合征（secondary sjogren syndrome，sSS），而单独出现的SS称为原发性干燥综合征（primary sjogren syndrome，pSS）。临床上除有唾液腺和泪腺受损，功能下降而出现口干、眼干外，尚有其他外分泌腺及腺体外其他器官受累而出现的多系统损害症状。SS患者血清中有多种自身抗体和高免疫球蛋白血症。SS与淋巴瘤的发生密切相关，SS患者淋巴瘤的发生率是一般人群的13倍以上。

1. 主要实验诊断特征　SS患者血清中可检出ANA和RF，多克隆免疫球蛋白亦增高。约90% SS患者可以出现ANA，其核型包括均质型和斑点型。斑点型ANA最常见的靶抗原是SSA和SSB。检测抗SSA和SSB抗体的方法主要为免疫印迹法、ELISA、流式荧光法及对流免疫扩散法。对流免疫扩散法是检测抗SSA抗体和抗SSB抗体最特异的方法，但阳性率低，且无法区分 60 kDa 和 52 kDa 的抗 SSA 抗体。免疫印迹法检测抗 SSA 抗体，可以区分 60 kDa 和 52 kDa；有文献认为，52 kDa 主要见于 SS，而 60 kDa 主要见于 SLE；免疫印迹法检测抗 SSB 抗体，可以区分 45 kDa、47 kDa 和 48 kDa。

2．SS 的临床诊断标准 基于 2002 年和 2012 年的标准，2016 年发布了原发性干燥综合征分类新标准，详见表 13-4。

表 13-4 2016 年原发性干燥综合征分类标准

入选标准：至少有眼干或口干症状其一，即下列至少一项阳性
1．每日感到不能忍受的眼干，持续 3 个月以上
2．眼部严重反复砂砾感
3．每日需要人工泪液 3 次或 3 次以上
4．每次感到口干，持续 3 个月以上
5．吞咽食物时需要频繁饮水帮助
或在 SS 患者疾病活动度指标问答中至少一个系统阳性的可疑 SS 患者

条目	得分
1．唇腺灶性淋巴细胞浸润且淋巴细胞灶 ≥ 1 个 /4 mm²	3
2．抗 SSA/Ro 抗体阳性	3
3．角膜染色 OSS 评分 ≥ 5 或 van Bijsterveld 评分 ≥ 4	1
4．至少单眼 Schimer 实验 ≤ 5 mm/5 min	1
5．自然唾液流率 ≤ 0.1 ml/min	1

当患者得分 ≥ 4，即将之归类为 pSS
常规使用抗胆碱能药的患者应充分停药后进行第 3～5 项评估口眼干燥的客观检查
排除标准：
①头颅部放疗史；②活动型丙型肝炎病毒感染（由 PCR 确认）；③ AIDS；④结节病；⑤淀粉样变性；⑥移植物抗宿主病；⑦ IgG4 相关性疾病

（四）强直性脊柱炎

强直性脊柱炎（ankylosing spondylitis，AS）是一种以骶髂关节和脊柱关节慢性炎症为主的自身免疫性疾病。除了关节以外，AS 还可以伴发眼葡萄膜炎、银屑病和慢性炎症性肠病等。AS 好发于青壮年男性，患病率在 0.1%～1.4%，平均发病年龄为 26 岁，男女比例约为 2∶1。人类白细胞抗原 *HLA-B27* 基因是目前唯一确定与 AS 发病相关的基因，但关于它如何触发和介导 AS 的发病，到目前为止仍存在争议。HLA-B27 分子几乎表达在所有的有核细胞上，尤其是淋巴细胞表面含量丰富。研究发现，携带 *HLA-B27* 等位基因的个体发生 AS 的危险性为不携带此等位基因个体的 80 倍。AS 患者中 HLA-B27 抗原表达显著高于普通人群，之后又相继发现与其他一些疾病相关。HLA-B27 已成为临床诊断与鉴别诊断血清学阴性脊柱关节病的最常用实验诊断指标，尤其是通过流式细胞术（FCM）分析血液淋巴细胞膜 HLA-B27 表达阳性，具有简便、快速的优点，临床较为常用。

（五）自身免疫性肝炎

自身免疫性肝炎（autoimmune hepatitis，AIH）是一种较少见的原因不明的慢性进展性肝病，临床特点包括血清氨基转移酶水平升高、高免疫球蛋白 G 血症、血清自身抗体阳性，肝组织学上存在中重度界面性肝炎等。AIH 的诊断主要是基于临床表现、实验室检查和肝组织学

特征性表现，并排除其他肝病病因如肝豆状核变性病、慢性病毒性肝炎、药物性肝病、非酒精性脂肪肝以及其他自身免疫性肝病（原发性胆汁性肝硬化、原发性硬化性胆管炎）等。

1. 主要实验诊断特征　血清氨基转移酶水平升高、自身抗体阳性、免疫球蛋白 G 和（或）γ 球蛋白水平升高是 AIH 的重要实验室特征。

（1）血清生物化学指标：典型血清生物化学指标异常主要表现为肝细胞损伤型改变，血清丙氨酸转氨酶（ALT）和天冬氨酸转氨酶（AST）水平升高，而血清碱性磷酸酶（ALP）和 γ- 谷氨酰转肽酶（GGT）水平基本正常或轻微升高。病情严重或急性发作时血清总胆红素（TBil）水平可显著升高。

（2）自身抗体与分型：大多数 AIH 患者血清中存在一种或多种高滴度的自身抗体，但这些自身抗体大多缺乏疾病特异性。AIH 可根据自身抗体的不同分为两型：抗核抗体（antinuclear antibody，ANA）和（或）抗平滑肌抗体（anti-smooth muscle antibody，ASMA）阳性者为 1 型 AIH，约占 AIH 病例的 90%；抗肝肾微粒体抗体 -1 型（anti-liver kidney microsome-1，抗 LKM-1）和（或）抗肝细胞溶质抗原 -1 型（anti-liver cytosol-1，抗 LC-1）阳性者为 2 型 AIH。

ASMA 的主要靶抗原是微丝中的肌动蛋白，后者又可分为 G- 肌动蛋白和 F- 肌动蛋白。高滴度抗 F- 肌动蛋白诊断 AIH 的特异度较高。抗 LKM-1 的靶抗原为细胞色素 P450 2D6。在成人 AIH 患者中，抗 LKM-1 对 AIH 的敏感度较低（1%），而在儿童 AIH 患者中敏感度较高（13%～38%）。约 10% 的 2 型 AIH 患者中抗 LC-1 是唯一可检测到的自身抗体，且抗 LC-1 与 AIH 的疾病活动度和进展有关。抗可溶性肝抗原（anti-soluble liver antigen，抗 SLA）抗体诊断 AIH 时特异性较高，并具有一定预后预测价值，但我国 AIH 患者中仅 2.5% 呈 SLA 阳性。

（3）血清免疫球蛋白：IgG 和（或）γ 球蛋白升高是 AIH 特征性的血清免疫学改变之一。血清 IgG 水平可反映肝内炎症活动，经免疫抑制治疗后可逐渐恢复正常。

（4）肝组织学检查：界面性肝炎、门管区和小叶淋巴浆细胞浸润、肝细胞玫瑰样花环以及淋巴细胞对肝细胞的穿透现象，被认为是典型的 AIH 组织学改变。严重时可有桥接坏死、多小叶坏死或融合性坏死。汇管区炎症一般不侵犯胆管系统，无脂肪变及肉芽肿。

2. AIH 的临床诊断标准　国际自身免疫性肝炎小组（International Autoimmune Hepatitis Group，IAIHG）于 1993 年制定了 AIH 描述性诊断标准和诊断积分系统。2008 年，IAIHG 提出了 AIH 简化诊断积分系统（表 13-5）。简化诊断积分系统分为自身抗体、血清 IgG 水平、肝组织学改变和排除病毒性肝炎等 4 个部分。

表 13-5　国际自身免疫性肝炎小组的自身免疫性肝炎简化诊断标准

变量	标注	分值	备注
1. 自身抗体的存在			
ANA 或 SMA	≥1∶40	1 分	
ANA 或 SMA	≥1∶80	2 分	
或 LKM-1	≥1∶40		
或 SLA	阳性		
2. IgG 免疫球蛋白水平	>正常上限值	1 分	
	>1.1 倍正常上限值	2 分	
3. 肝组织学	符合 AIH	1 分	界板性肝炎、汇管区和小叶淋巴浆细胞浸润、肝细胞玫瑰样花环以及穿入现象被认为是特征性肝组织学改变，4 项中具备 3 项为典型表现
	典型 AIH 表现	2 分	
4. 病毒性肝炎	有	0 分	
	无	2 分	

=6 分：可能 AIH
≥7 分：确诊 AIH

注：ANA——血清抗核抗体；SMA——抗平滑肌抗体；LKM-1——抗肝肾微粒体抗体 -1；SLA——抗可溶性肝抗原抗体；AIH——自身免疫性肝炎

(六)自身免疫性甲状腺炎

自身免疫性甲状腺炎(autoimmune thyroiditis,AIT)又称桥本甲状腺炎,或称慢性淋巴细胞性甲状腺炎,是最常见的慢性甲状腺炎性疾病,其确切的发病机制尚不完全清楚。存在高滴度的自身抗体是其重要特征,该病诊断依赖血清自身抗体,主要包括抗甲状腺球蛋白抗体(thyroglobulin antibody,TgAb)、抗甲状腺微粒体抗体(thyroid microsomal antibody,TMAb)、甲状腺过氧化物酶抗体(thyroid peroxidase antibody,TPOAb)、抗促甲状腺激素受体抗体(thyroid stimulating hormone receptor antibody,TRAb)。

约80%的AIT患者血清中有TgAb,该抗体在AIT、原发性黏液性水肿、无症状甲状腺炎、产后甲状腺炎、产后Graves病、新生儿甲状腺功能减低症的临床诊断上均有一定的辅助作用,是对TMAb测定的必要补充。另外,甲状腺癌与TgAb呈一定的相关性,TgAb阳性滴度升高是肿瘤恶化的一种标志。而一些自身免疫性内分泌疾病如糖尿病、Addison病和恶性贫血TgAb也可呈阳性。

TPOAb是AIT患者体内一种重要的免疫学标志,在AIT患者中,TPOAb浓度显著增高,其可区别AIT和非AIT性甲状腺疾病。TPOAb浓度也和AIT疾病活动程度有关,可用于AIT的预后评估,AIT患者存在高滴度TPOAb时,最终发生甲减的概率增大。TgAb和TPOAb联合检测,对自身免疫性甲状腺疾病的检出率可提高(≥98%)。正常人若该类抗体阳性,则提示存在患自身免疫性甲状腺病的风险。

思 考 题

1. 风湿免疫病常用的检验项目有哪些?
2. 类风湿关节炎的主要实验室诊断特征性指标有哪些?
3. 简述系统性自身免疫性疾病的实验诊断路径。
4. 简述系统性红斑狼疮的实验诊断特征及临床诊断标准。
5. 林某,女性,57岁,面部出现红斑,经日晒后加重,伴发热、关节疼痛1年。近1年来,患者自觉日晒后症状较前加重,面部开始出现蝶形红斑,6个月后全身关节疼痛明显加重,且乏力。因近期关节疼痛、面部红斑、口干等症状反复发作,于医院就诊。

(1) 为辅助诊断,医生可进行哪些血清学检查?
(2) 结合症状及血清学检查(ANA抗体及狼疮特异性抗体阳性),该患者初步诊断为什么疾病?
(3) 该疾病的诊断标准是什么?

(曹颖平)

第二节 免疫缺陷病

免疫缺陷病(immunodeficiency disease,IDD)是因免疫系统先天发育障碍或后天损伤所致的各种临床综合征。IDD按其发病原因可分为原发性免疫缺陷病(primary immunodeficiency disease,PIDD)和继发性免疫缺陷病(secondary immunodeficiency disease,SIDD)两大类。PIDD是由于免疫系统的遗传基因异常或先天性发育不全造成免疫功能障碍所引起的疾病,可伴发其他组织器官的发育异常或畸形。早见于1952年Bruton报道的首例原发性免疫缺陷病

(X性连锁无丙种球蛋白血症)。2015年,国际免疫学会联合会(IUIS)将PIDD分为9大类,原发性免疫缺陷病病种现已超300余种,且每年新发疾病接近20余种,缺陷可累及T细胞、B细胞、吞噬细胞和补体等不同免疫成分,预后不佳。SIDD是免疫系统受到后天因素所引起免疫功能损伤而导致的疾病。SIDD所累及免疫成分与PIDD相同,通常病因明确,临床更为常见,其预后与原发疾病密切相关。免疫缺陷病病种繁多,临床表现各异,但具有一些共同特征:一是易发生反复而严重的感染,且多为条件致病菌引起,以呼吸道或皮肤、黏膜及胃肠道的感染最常见;二是易合并自身免疫性疾病、超敏反应和恶性肿瘤等。早期诊断、早期干预可改变许多IDD的预后。通过检测分析免疫细胞、免疫球蛋白和补体等相关实验指标,结合临床,有助于IDD的诊断与鉴别诊断、疗效监测等。

> **微整合**
>
> **基础回顾**
>
> **PIDD分类**
>
> 2015年,国际免疫学会联合会(IUIS)PIDD专家委员会将PIDD分为9大类,分别为:T、B细胞联合免疫缺陷病;抗体免疫缺陷病;先天性吞噬细胞数量和(或)功能缺陷病;补体缺陷病;其他已明确表型的免疫缺陷综合征;免疫失调性疾病;固有免疫缺陷病;自身炎症性疾病;自身抗体相关的拟表型原发性免疫缺陷病。

一、免疫缺陷病的检验项目与应用

免疫缺陷病病种较多,病因多样,可涉及免疫系统的多种不同成分,且临床表现各异。因此,疾病的临床诊断需综合临床表现、实验室检测、病理学检测及影像学检查等资料。实验室检测是疾病确诊的主要手段,检验项目主要包括体液免疫、细胞免疫、吞噬细胞及补体等,检测方法涉及免疫学、血液学、分子生物学(基因诊断)与病原学检测等。

(一)B细胞缺陷病的检测

B细胞缺陷病主要表现为B细胞数量减少或功能缺陷,导致体内免疫球蛋白(Ig)水平降低或功能障碍。

1. B细胞数量

【目的】检测外周血B细胞数量及判断分化成熟状况。

【应用】所有免疫缺陷病患者都有不同程度的B细胞数量和成熟比例的异常,采用免疫荧光试验和流式细胞术检测B细胞表面膜免疫球蛋白(SmIg)和B细胞表面CD抗原(例如CD19),可以计算B细胞的数量、亚群及判断B细胞的分化成熟状况。

2. 血清Ig

【目的】检测血清B细胞产物Ig种类及其含量,判断B细胞功能。

【应用】B细胞缺陷患者均存在不同程度的Ig水平降低,对血清中各类Ig(IgA、IgG、IgM、IgE及IgD)的测定是判断机体体液免疫功能简单有效的方法。其中,同种血型凝集素检测中测定的天然抗体属于IgM类,检测其滴度可辅助诊断性连锁无丙种球蛋白血症、重症联合免疫缺陷病及选择性IgM缺陷症等。

3. B 细胞抗体产生能力

【目的】通过特异性抗体产生能力测定及噬菌体试验判断 B 细胞的抗体产生能力。

【应用】在接种疫苗（伤寒疫苗或白喉类毒素）后 2～4 周测定其特异性抗体产生情况，可判断机体是否存在免疫缺陷。另外，人体清除噬菌体的能力被认为是目前观察抗体应答能力最敏感的指标之一，抗体产生缺陷者，清除噬菌体的时间明显延长。

（二）T 细胞缺陷病的检测

T 细胞缺陷病主要表现为 T 细胞数量减少或功能缺陷，导致机体细胞免疫功能缺陷，并影响机体体液免疫功能。

1. T 细胞数量

【目的】通过外周血 T 细胞总数和亚群测定，了解机体细胞免疫功能。

【应用】常用多色流式细胞术（multicolor flow cytometry，MFC）检测外周血 T 细胞数量，当 T 细胞总数低于 0.9×10^9/L 时 [参考区间为（0.95～2.86）$\times 10^9$/L]，提示可能存在细胞免疫缺陷。同时，通过检测 CD3/CD4 和 CD3/CD8 双阳性可以对 T 细胞亚群进行计数、推算 CD4/CD8 比值。外周血 T 细胞亚群的参考区间：总 T 细胞（$CD3^+$）占 50%～84%，$CD4^+$ T 细胞（$CD3^+CD4^+$）占 27%～51%，$CD8^+$ T 细胞（$CD3^+CD8^+$）占 15%～44%。当低于参考区间下限，结合临床，可判断为数量减低。

2. T 细胞功能

【目的】通过皮肤试验及 T 细胞增殖试验了解 T 细胞功能。

【应用】皮肤试验可检测体内 T 细胞的迟发型超敏反应能力，从而反映受试者的细胞免疫功能，试验通常用旧结核菌素、纯蛋白衍生物、链球菌溶纤维蛋白酶、植物血凝素或二硝基氯苯等多种抗原同时进行。T 细胞增殖试验是体外检测 T 细胞功能的常用技术，T 细胞缺陷患者可表现为增殖应答能力降低，且增殖低下程度与免疫受损程度一致。

（三）吞噬细胞缺陷病的检测

吞噬细胞主要包括单核细胞、巨噬细胞和中性粒细胞，其缺陷可表现为细胞数量减少和功能缺陷，包括细胞吞噬能力、胞内杀菌作用及趋化运动等减弱或消失。常用检测方法如白细胞计数、趋化功能检测、吞噬功能试验（例如硝基四氮唑蓝还原试验）、杀伤试验及黏附分子检测等。

（四）补体系统缺陷病的检测

补体系统的检测主要包括总补体活性和补体单个成分的测定。补体溶血试验可反映补体系统总的活性，单个补体成分常检测 C3、C1q、C4、B 因子、C1 酯酶抑制物等含量。

（五）获得性免疫缺陷病的检测

获得性免疫缺陷病检测包括病原学、免疫学、分子生物学（核酸）以及其他检测，具体内容见相关章节（第八章、第二十章、第二十三章）。

二、免疫缺陷病的实验诊断策略

诊断患者有无免疫缺陷病，首先应从所出现的免疫缺陷相关的临床特征和病史（主要为感染史、预防接种史、家族史等）获得"提示"，然后通过实验，包括一系列常规试验和针对 T 细胞功能、B 细胞功能、补体及吞噬细胞功能等的一些特殊试验（表 13-6），在正确评价、分析实验结果并结合其他有关检验的基础上，才能做出诊断。包括：①免疫缺陷的确定；②鉴别原发性或继发性、持久性或暂时性；③查明免疫缺陷的病因与病变程度。但有部分病例也可能难于定论。了解免疫缺陷病的临床特征有助于选择试验和分析结果。

表 13-6 免疫缺陷病实验诊断的常规与特殊试验项目比较

试验分类	白细胞和补体缺陷检验	体液免疫缺陷检验	细胞免疫缺陷检验
常规试验	①白细胞计数 ②白细胞分类与形态检验 ③髓过氧化物酶染色 ④血清补体定量	①血清蛋白电泳 ②血清 Ig ③血清蛋白免疫固定电泳 ④B 淋巴细胞计数 ⑤人工免疫后抗体效价	①血液淋巴细胞计数 ②皮肤迟发性过敏反应 ③T 淋巴细胞亚群 ④NK 细胞
特殊试验	①白细胞趋化、移动和吞噬功能试验 ②白细胞酶活性 ③巨噬细胞的抗原呈递功能 ④巨噬细胞因子	①B 淋巴细胞亚群 ②B 淋巴细胞增殖反应及产生抗体能力 ③IgG 亚类 ④B 淋巴细胞因子	①T 细胞对各种刺激原的增殖反应（CD69 表达） ②T 细胞内细胞因子（IFN-γ、IL-2、IL-4) ③T 细胞受体

三、常见免疫缺陷病的实验诊断

1. X 性连锁无丙种球蛋白血症（X-linked agammaglobulinemia，XLA） 是最典型的原发性 B 细胞缺陷病，又称为 Bruton 综合征。因 Bruton 酪氨酸激酶（Bruton's tyrosine kinase，Btk）编码基因突变导致 B 细胞发育停滞于前 B 细胞阶段，不能成熟，女性为携带者，男性发病。因从母体获得的 IgG 已基本完全降解，患儿一般于出生 6～9 个月后开始发病，临床表现以反复化脓性细菌、肠道病毒感染为特征。因患者细胞免疫功能正常，对其他病毒、真菌等胞内感染仍有较强抵抗力。临床以极低的血清丙种球蛋白为主要特征：总 Ig < 2.5 g/L，IgG < 2 g/L，IgA 和 IgM 浓度极低。定期给患者补充免疫球蛋白，可以明显减轻感染，但由于无法提高呼吸道等黏膜处的 sIgA，因此呼吸道及肺部的感染极易复发。

2. 选择性 IgA 缺陷病（selective IgA deficiency） 是最常见的原发性免疫缺陷病，发病率为 1‰。有家族史者多为常染色体显性或隐性遗传。约半数患者无明显症状，或仅发生呼吸道、消化道及尿路感染，少数可出现严重感染。患者常伴超敏反应、自身免疫病。本病的发病与 IgA 型 B 细胞的分化障碍有关，患者 IgA 型 B 细胞的数量正常，但多数为不成熟表型，在体外仅少数能转化为分泌 IgA 的细胞。患者血清 IgA < 0.05 g/L 为确诊本病的重要依据，同时 sIgA 含量极低，其他免疫球蛋白水平正常或略高，细胞免疫功能正常。当 IgG2 与 IgA 缺乏合并存在时，患者易发生化脓性细菌感染。因 44% 患者血清中含 IgA 型自身抗体，因此应避免注射含 IgA 的血制品，以免引起过敏性休克。

3. 严重联合免疫缺陷病（severe combined immunodeficiency disease，SCID） 是以严重的体液免疫和细胞免疫功能同时受损为主要特征。按遗传方式分为 X 性连锁隐性遗传和常染色体隐性遗传两种。按受累细胞分为：T⁺B⁺SCID 和 T⁻B⁻SCID 等。T⁺B⁺SCID 40% 为 X 性连锁隐性遗传，T⁻B⁻SCID 为常染色体隐性遗传。发病机制主要有细胞因子受体信号转导缺陷、腺苷脱氨酶缺陷、V(D)J 重组缺陷及 T 细胞活化和功能缺陷等四个方面。患者 T、B 细胞免疫功能严重受损，对各种病原、机会菌易感，患者大多在出生后 6 个月发病，不经过治疗的患儿多于 1 岁内死亡。患者外周血中淋巴细胞绝对减少，可出现未成熟的大淋巴细胞，其中 T 淋巴细胞明显减少，B 细胞可正常或减少，但功能受损；血清免疫球蛋白水平均减低；迟发性皮肤过敏反应阴性;淋巴细胞对植物血凝素(PHA)或同种抗原缺乏应答,抗原刺激后缺乏抗体反应。

> **案例 13-2**
>
> 患儿,男性,8个月,因不明原因的反复感染、发热等症状到医院就诊。实验室检查:IgG 为 1.2 g/L,IgM 为 0.8 g/L,IgA 为 0.2 g/L;$CD3^+$ T 为 100 cells/μl,$CD19^+$ B 为 120 cells/μl。
>
> 问题:
> 1. 初步判断患儿为什么疾病?依据是什么?
> 2. 想要进一步探明病因,应该做什么检查?

4. 先天性胸腺发育不全综合征(DiGeorge 综合征) 是一种典型的 T 细胞缺陷性疾病。因患者染色体 22q11.2 区域缺失,导致胚胎早期第Ⅲ、Ⅳ咽囊发育障碍,引起多器官发育不全、功能受损。主要免疫特征为胸腺发育不全:外周血 T 细胞显著减少,细胞免疫功能严重缺损;B 细胞数量和功能正常或偏低。胸腺移植可有效治疗 T 细胞缺陷。

5. 遗传性血管神经性水肿(hereditary angioneurotic edema,HAE) 为最常见的补体缺陷病,是由 *C1INH* 基因遗传缺陷所致,为常染色体显性遗传。该调节蛋白缺乏可引起 C4、C2 裂解失控,产生过多的 C4a、C2a 等介质,使血管通透性增高,患者易反复发生皮下组织(如面部和眼睑)和黏膜(如肠道)水肿,严重的喉头水肿可致窒息死亡。本病可分两型,Ⅰ型是 *C1INH* 基因缺损,无转录物,可通过定量检测 C1INH 进行诊断;Ⅱ型是 *C1INH* 基因点突变,产生缺陷的 C1INH 分子,其诊断需同时检测 C1INH 和 C4。

6. 普通可变性免疫缺陷病(common variable immunodeficiency disease,CVID) 是最常见的有症状性的原发性免疫缺陷,以低丙种球蛋白血症和特异性 Ig 产生受损为特征的异质性疾病。起病年龄、临床表现和发病机制均不一致,临床表现包括复发性细菌感染(是 CVID 最典型的临床表现)、自身免疫、间质性肺病、肠病、淋巴增生及恶变、过敏性疾病等;发病机制涉及相关基因突变和分子缺陷、表观遗传变化以及菌群失调等诸多方面。CVID 的免疫学特征为血清 IgG 明显下降,IgA 明显下降,IgM 低或不低;接种疫苗后的特异性抗体应答较差,且缺乏同族血凝素;B 细胞数量正常或减少,但完成转换的记忆 B 细胞数量和百分比可能较低。

> **知识拓展**
>
> **CVID 涉及的相关基因突变和分子缺陷的研究进展**
>
> 近年来,对 CVID 相关基因的研究渐为深入,鉴定出参与 CVID 致病的多个信号相关分子,涉及细胞表面、细胞质和细胞核三个层面。参与 CVID 分子缺陷的表面分子有 TACI(由 *TNFRSF13B* 编码)、BAFF-R(由 *TNFRSF13C* 编码)、TWEAK(由 *TNFRSF12* 编码)、CD27(由 *TNFRSF7* 编码)、CD19 复合体(CD19、CD81 和 CD21)、IL21R 及其复合物(IL21)、ICOS、CD20、FCγRⅡa、CTLA-4;参与 CVID 分子缺陷的胞质分子有 PKCδ、PLCγ2、CD20、BLK、IP3、LCK、Vav1、Rac2、ZAP70、LRBA、ERK、CARMA1/CARD11、Bob1、TLRs(TLR7、TLR9);参与 CVID 分子缺陷的核分子有 NFKB(NFKB1、NFKB2)、IKZF1、STAT1、IRF2BP2(干扰素调节因子 2 结合蛋白 2)、NEIL1、SEC61A1、CD70、ATP6AP1、TTC37、TRNT1、PTEN。现已经把单个缺陷分子引起的免疫缺陷归类为单基因遗传病。

7. 获得性免疫缺陷综合征（acquired immunodeficiency syndrome，AIDS） 是由 HIV 感染引起的。其免疫学特征表现为：患者 $CD4^+$ T 细胞的百分比和绝对计数减少，$CD4^+$ T/$CD8^+$ T 比值倒置；免疫调节功能失调；抗原提呈细胞功能降低，B 细胞功能异常，可被多克隆激活，产生多种自身抗体。实验室检测是确诊 HIV 感染与 AIDS 的主要依据，具体检测项目及意义见第八章第三节。

思 考 题

1. 免疫缺陷病的概念及共同临床特点是什么？
2. B 细胞缺陷病检测的项目及意义是什么？

（贾天军）

第三节　变态反应病

变态反应（allergy）又称超敏反应（hypersensitivity），是指已被某种抗原致敏的机体再次接触相同抗原刺激时，出现的一种以生理功能紊乱或组织细胞损伤为主的异常免疫应答。引起变态反应的抗原物质称为变应原（allergen）。

变态反应病种类繁多，病因复杂。根据变态反应发生的速度、机制和临床特征将变态反应分为四型，即 Ⅰ、Ⅱ、Ⅲ 和 Ⅳ 型变态反应（表 13-7）。但临床实际情况复杂，有些变态反应病可由多种免疫损伤机制引起。因此，在临床实际工作中遇到病例时，应结合具体情况进行综合分析判断。

表 13-7　各型变态反应的特点和临床常见疾病

变态反应分型	参与成分	发生机制	变应原举例	临床常见疾病
Ⅰ 型 （速发型）	IgE、肥大细胞、嗜碱性粒细胞	1. 变应原进入机体诱导 B 细胞产生 IgE 抗体，IgE 吸附于肥大细胞或嗜碱性粒细胞膜表面的受体 2. 变应原-IgE 反应导致肥大细胞或嗜碱性粒细胞脱颗粒 3. 释放生物活性介质作用于效应组织和器官	药物、血清、花粉、尘螨、食物蛋白、动物毛屑	变应性休克、变应性鼻炎、变应性哮喘
Ⅱ 型 （细胞毒型、细胞溶解型）	IgG、IgM、补体、巨噬细胞、NK 细胞	1. 抗体与细胞表面固有抗原或吸附于细胞表面的抗原、半抗原相结合 2. 通过激活补体、免疫调理作用及抗体依赖细胞介导的细胞毒性（ADCC）作用，破坏靶细胞	血细胞的表面抗原、药物半抗原	输血反应、新生儿溶血症、自身免疫性溶血性贫血
Ⅲ 型 （免疫复合物型、血管炎型）	IgG、IgM、IgA、补体、中性粒细胞、血小板等	1. 可溶性抗原-抗体复合物沉积于小血管内外或其他组织间隙 2. 激活补体，释放趋化因子 3. 中性粒细胞吞噬复合物，释放溶酶体酶，引起组织损伤	血清、链球菌、病毒	血清病、免疫复合物型肾炎、系统性红斑狼疮
Ⅳ 型 （迟发型）	T 细胞	1. 致敏 T 细胞受抗原刺激后活化并释放细胞因子，引起组织损伤 2. 直接杀伤靶细胞	结核分枝杆菌、接触性致敏物、异体移植物	接触性皮炎、移植排斥反应

微整合

基础回顾

辅助性T细胞与变态反应病

辅助性T细胞（helper T cell，Th）是一种具有免疫作用的淋巴细胞，主要包括Th1、Th2、Th9、Th17、Tfh、Treg细胞，其中与变态反应病密切相关的为Th1、Th2和Th17细胞。Th1细胞主要分泌IL-2、IFN-γ等细胞因子，其主要作用为活化巨噬细胞，诱导感染细胞的免疫保护过程。Th2细胞主要分泌IL-4、IL-5等细胞因子，主要参与IgE抗体合成和变态反应的体液免疫过程。正常情况下，Th1和Th2两类细胞可维持动态平衡，但若Th2细胞过度激活，则可能引发变态反应病。Th17细胞主要分泌IL-17，目前研究表明Th17细胞可通过多种途径参与哮喘病理过程，与呼吸道炎症和呼吸道高反应性密切相关。

案例 13-3

女性，56岁。几个月前因治疗慢性支气管炎于某诊所行"三伏贴"治疗。使用后于贴敷部位及周围出现境界清楚的水肿性红斑、水疱，伴皮肤瘙痒、灼热和疼痛，无发热、乏力等全身症状。给予抗过敏和激素治疗后好转。患者既往史无特殊，否认食物或药物等过敏史。

问题：
1. 患者最可能的临床诊断是什么？
2. 此疾病的发病机制属于哪类？
3. 为避免此类现象发生，患者治疗前可进行哪些试验？

一、变态反应病的常用实验检测项目与应用

变应原检测是判断变态反应发生原因的重要方法，变应原检测方法通常包括体外试验和体内试验。

（一）变应原体外试验

1. 免疫球蛋白E（immunoglobulin E，IgE） 可分为总IgE（total IgE，tIgE）和变应原特异性IgE（specific IgE，sIgE）。

（1）血清总IgE

【目的】辅助诊断I型变态反应病。

【应用】血清tIgE升高常见于变应性哮喘、变应性鼻炎等I型变态反应病，但不能作为疾病诊断的依据；血清tIgE正常也不能排除变态反应病。若婴儿tIgE水平升高，则通常患变态反应病的可能性较大。

（2）血清变应原特异性IgE

【目的】明确变应原，评估过敏严重程度。

【应用】血清 sIgE 检测对 I 型变态反应病的诊断具有重要价值,可确定变应原的种类。

2. 血清变应原特异性 IgG4

【目的】筛选变应原,了解机体脱敏情况。

【应用】血清变应原特异性 IgG4(specific IgG4,sIgG4)可见于 III 型食物变态反应病,但也可见于健康人群。此外,血清 sIgG4 也可反映个体对脱敏治疗的免疫反应,动态监测 sIgG4 能辅助判断治疗疗效。

3. 嗜碱性粒细胞活化试验(basophil activation test,BAT)

【目的】嗜碱性粒细胞活化试验即检测嗜碱性粒细胞活化后的分子标志物,可用于变应原的诊断、评价变态反应病的严重程度以及指导临床治疗。

【应用】嗜碱性粒细胞经变应原刺激后活化并发生脱颗粒,其细胞膜表面的分子标志物也发生改变,使用流式细胞术检测特异性标志物(目前主要为 CD63 和 CD203c)表达水平,不仅可精确反映嗜碱性粒细胞活化程度,诊断变应原,也可间接评价变态反应病的严重程度,指导临床治疗。

4. 嗜酸性粒细胞计数

【目的】计数外周血、鼻分泌物涂片和诱导痰中的嗜酸性粒细胞,辅助诊断变态反应病。

【应用】当机体患变态反应病,尤其是变应性哮喘、荨麻疹等 I 型变态反应病时,嗜酸性粒细胞计数增加。但在某些寄生虫病、嗜酸性粒细胞白血病和某些恶性肿瘤时,嗜酸性粒细胞亦可增加。

5. 嗜酸性粒细胞阳离子蛋白(eosinophilia cationic protein,ECP)

【目的】检测嗜酸性粒细胞阳离子蛋白,可用于变态反应病的辅助诊断、指导用药和疗效评估。

【应用】ECP 是嗜酸性粒细胞活化、脱颗粒的指标,反映了嗜酸性粒细胞激活的程度及分泌毒性蛋白的能力。ECP 升高主要见于变应性哮喘、变应性鼻炎等疾病。

6. 循环免疫复合物(circulating immune complex,CIC)

【目的】检测血清中循环免疫复合物含量,可用于变态反应病的辅助诊断、疾病进展的判断和疗效评估。

【应用】CIC 检测是 III 型变态反应的主要检测指标,但免疫复合物水平升高并不能确定是免疫复合物病。对于有关节痛、蛋白尿等症状但诊断不明确的患者,可考虑检测 CIC,并结合局部免疫复合物的免疫组化结果,以明确病变是否与 III 型变态反应相关。

(二)变应原体内试验

变应原体内试验包括皮肤试验和激发试验。皮肤试验常用方法包括皮肤点刺试验、划痕试验、皮内试验和斑贴试验等。激发试验是通过模拟自然发病情况,以少量变应原引起一次较轻的变态反应发作,从而确定变应原的试验。根据患者发病部位不同,激发试验可分为鼻黏膜激发试验、结膜激发试验、支气管激发试验、药物激发试验和食物激发试验等。

【目的】变态反应病的病因(变应原)诊断及机体的敏感状态的评估。

【应用】①寻找变应原:皮肤试验主要用于 I 型和 IV 型变态反应病的变应原的诊断;激发试验主要用于 I 型变态反应病的变应原的诊断,尤其在皮肤试验不能获得肯定结果时,可排除皮肤试验中的假阳性和假阴性反应。②预防药物或疫苗过敏:如在注射青霉素前进行皮试检测,若呈阳性反应则应更换其他药物。③了解机体细胞免疫功能状况。

二、变态反应病的实验诊断策略

1. 变态反应病的诊断原则　变态反应病的诊断包括非特异性诊断和特异性诊断。非特异性诊断是指对变态反应病做出一般临床诊断,如变态反应性结膜炎,通过临床病史、一般实验检测和影像学检查等做初步诊断。在确定变态反应病后,需进一步查明病因,可通过体外试验或体内试验等,即为变态反应病的特异性诊断。

2. 变态反应病的实验诊断策略　不同类型变态反应病发生机制各异,同一变应原在不同条件下可引起不同类型的变态反应。临床工作中应根据病史和主要临床表现选择试验项目。

(1) 当考虑Ⅰ型变态反应病时,应重在寻找变应原及测定血清中sIgE。可选择tIgE、sIgE、ECP和嗜酸性粒细胞计数等检测。

(2) 当考虑Ⅱ型变态反应病时,需检测抗血细胞抗体和某些自身抗体。如Coombs试验检测抗红细胞抗体。

(3) 当考虑Ⅲ型变态反应病时,需检测循环免疫复合物和某些自身抗体。

(4) 当考虑Ⅳ型变态反应病时,需检测某些细胞因子和淋巴细胞免疫表型等,也可用局部皮肤试验进行检测。

(5) 当考虑为混合型变态反应病或不明变态反应病时,可组合上述实验项目。

三、常见变态反应病的实验诊断

1. 变应性休克　是一种最严重的变态反应病,往往发生于机体再次接触变应原后的数秒或数分钟内。引起变应性休克的介质可以是药物(如青霉素、链霉素、普鲁卡因)、食物(如坚果、鱼、虾、蛋类)和血清等。

变应性休克实验诊断的目的:一是明确反应的性质;二是明确引起反应的变应原。原则上对于发生严重变应性休克的患者都应尽力查明变应原,以防再发。对于发生变应性休克的患者,可按Ⅰ型变态反应病的实验诊断策略进行体外试验检测,但应注意应在停用抗过敏药物之后及休克发生半月后再进行,以防出现假阴性。皮内试验是预防药物变应性休克和血清变应性休克最常用的方法,对于某些药物在首次使用前或已有较长时间未使用者,在使用前均应进行皮试检测;对于需注射异种抗血清的患者,也应在使用前进行皮试检测。

2. 变应性哮喘　即过敏性哮喘,是由肥大细胞、嗜酸性粒细胞等多种细胞和细胞介质参与的一种呼吸道慢性变态反应炎症性疾病。变应性哮喘是临床最常见的一种哮喘类型,临床表现为反复发作的喘息、呼吸困难、胸闷或咳嗽等症状,常在夜间或清晨发作。吸入性变应原是导致变应性哮喘的主要原因。

变应性哮喘的实验诊断:①一般应首先检测血清tIgE,显著升高者再通过sIgE检测寻找其变应原,包括吸入性变应原、食物变应原、感染变应原和某些药物等。②血细胞计数可有嗜酸性粒细胞增高。③痰涂片显微镜检查可见较多嗜酸性粒细胞。④动脉血气分析,在哮喘严重发作时,可有缺氧、PaO_2和氧饱和度减低,过度通气使$PaCO_2$下降,血液pH升高,出现呼吸性碱中毒。若气道严重阻塞,导致缺氧和CO_2潴留,$PaCO_2$升高,出现呼吸性酸中毒。

3. 变应性鼻炎　即过敏性鼻炎,是机体接触变应原后由IgE介导的鼻黏膜非感染性慢性炎症性疾病,主要表现为鼻痒、鼻塞、流涕和打喷嚏等症状。变应性鼻炎是临床最常见的一种变态反应性疾病,诱发变应性鼻炎的变应原常来源于尘螨、花粉、蟑螂、真菌和动物毛屑等,此外也与家族史和环境等因素有关。

变应性鼻炎的实验诊断包括变应原的皮肤试验、鼻黏膜激发试验、血清 tIgE 和 sIgE 检测、嗜碱性粒细胞活化试验和嗜酸性粒细胞计数等。

4. 食物变态反应 是由食物摄入引起的异常免疫反应,发病机制可为 I～IV 型或合并多种类型的变态反应。常见的食物变应原包括坚果、鸡蛋、牛奶、小麦和海鲜等。多数食物过敏与 IgE 介导的变态反应有关,因此,食物变态反应的实验诊断可通过检测血清中 sIgE,但有些食物过敏原难于确定。

5. 荨麻疹 是由于皮肤、黏膜小血管扩张及渗透性增加出现的一种局限性水肿反应,临床常表现为大小不等的风团及瘙痒。诱发荨麻疹的变应原包括坚果、鱼、虾和蛋类等,此外也与感染、冷热环境的暴露等因素有关。荨麻疹的实验检查目的是明确诊断,寻找可能的病因和诱因。由于诱发荨麻疹的病因复杂,通常无需进行过多的 I 型过敏原检测,必要时可行 tIgE、sIgE 和自体血清皮肤试验的检测,但 IgE 介导的食物变应原在荨麻疹发病中的作用有限,对变应原检测结果应正确分析。

知识拓展

变态反应病的治疗

目前治疗变态反应病的药物有多种,如皮质激素、炎症介质拮抗剂等。但当患者对于一般药物治疗效果不理想时,可给予免疫治疗。变应原特异性免疫治疗是指通过皮下注射或舌下含服等途径给予小剂量递增的特异性变应原,使患者对其逐步耐受,当机体再次接触变应原时,变态反应程度逐渐减轻或不再发生。目前常用的变应原特异性免疫治疗方法包括皮下免疫治疗、舌下免疫治疗和生物共振脱敏疗法等,这些方法可减少肥大细胞和嗜碱性粒细胞释放介质,并可降低血液循环中 sIgE 水平,对变态反应病的治疗有一定效果。此外,变态反应病的治疗还包括多肽免疫治疗、疫苗接种等。

思 考 题

1. 花粉症属于哪类变态反应病?如何进行实验室诊断?
2. 男性,35 岁。因乏力、水肿 2 周来诊,1 个月前曾有咽痛病史。实验室检查:尿液中有大量红细胞、白细胞、蛋白和管型。血清免疫复合物呈强阳性,血清总补体活性定量和 C3 含量明显下降。
   (1) 此疾病的发病机制属于哪类?
   (2) 此类疾病的诊断策略有哪些?

(崔丽艳)

第十四章

肿瘤的实验诊断

第十四章数字资源

肿瘤（tumor）是人体器官、组织、细胞在致癌因素长期作用下，异常增生与分化所形成的新生物。肿瘤的发生发展是一个多因素、多步骤、多基因共同作用的综合病变过程。肿瘤发生的危险因素包括环境因素和遗传因素，遗传因素与物理、化学、生物等致癌因素相互作用促进肿瘤的发生发展。

根据肿瘤生物学特性，可分为良性肿瘤与恶性肿瘤两类。大部分恶性肿瘤具有早期症状隐匿和转移特性，是肿瘤防治困难及治疗失败的主要原因。目前，肿瘤诊断主要依据患者病史、临床表现、影像学检查以及病理学检查等方法进行综合判断。但是以上方法均很难实现早诊早治，并且在肿瘤治疗过程中的疗效监测、复发判断等方面缺乏足够的时效性。肿瘤的实验诊断主要通过采集血液、排泄物（粪便、尿）、分泌物（痰、鼻分泌物）、呕吐物、体液（胸腔积液、腹水）和脱落细胞（食管、阴道）等标本，进行肿瘤标志物检测、肿瘤突变基因检测以及脱落细胞检查，能够弥补上述方法的不足。通过与其他诊断方法相配合，肿瘤的实验诊断对肿瘤早期发现、早期诊断、治疗方案选择、疗效观察、预后判断及复发检测均具有重要意义。

第一节 恶性肿瘤的检验项目与应用

目前，临床专门用于肿瘤实验诊断的检验项目主要包括：肿瘤血清标志物及肿瘤分子诊断。其中肿瘤分子诊断又包含：①肿瘤的基因诊断；②肿瘤的分子靶向药物个体化诊断；③肿瘤的化疗药物个体化诊断。

一、肿瘤标志物

肿瘤标志物（tumor marker，TM）是肿瘤细胞分泌或脱落到体液或组织中的物质，或者是宿主对新生物反应而产生并释放到体液或组织中的物质。肿瘤标志物可反映肿瘤存在和生长，主要包含以下几类。①胚胎抗原及蛋白类：包括癌胚抗原（carcinoembryonic antigen，CEA）、甲胎蛋白、人类附睾蛋白4（human epididymis protein 4，HE4）等；②酶及其同工酶：包括前列腺特异性抗原（prostate specific antigen，PSA）、神经元特异性烯醇化酶（neuron specific enolase，NSE）等；③激素类：人绒毛膜促性腺激素（human chorionic gonadotropin，hCG）、降钙素（calcitonin，CT）、促肾上腺皮质激素（adrenocorticotrophic hormone，ACTH）等；④糖类抗原：包括糖类抗原72-4（carbohydrate antigen 72-4，CA72-4）、糖类抗原19-9（carbohydrate antigen 19-9，CA19-9）、糖类抗原242（carbohydrate antigen 242，CA242）、糖类抗原15-3（carbohydrate antigen 15-3，CA15-3）、糖类抗原125（cancer antigen 125，CA125）等；⑤癌基因产物：包括视网膜母细胞瘤基因（retinoblastoma，Rb）、结肠多发性腺瘤样息肉

病基因（adenomatous polyposis coli，APC）产物等；⑥特殊蛋白类：包括细胞角蛋白 19 片段（cytokeratin 19 fragment），鳞状上皮细胞癌抗原（squamous cell carcinoma antigen，SCCA）等；⑦白血病和淋巴瘤分化抗原（CD 系列）等。

（一）肿瘤标志物的特性

理想的肿瘤标志物应具备以下特性：①灵敏度高，能早期发现和诊断肿瘤；②特异性好，能区分肿瘤与非肿瘤，鉴别诊断良恶性肿瘤；③具有器官特异性；④肿瘤标志物浓度与肿瘤大小、转移和恶性程度有关，可协助肿瘤分期；⑤半衰期短，有效治疗后浓度很快降低，复发时明显升高；⑥与肿瘤的预后相关，具有可靠的预测价值；⑦存在于血液或体液等易于取材的标本中。但迄今为止，尚无肿瘤标志物完全满足上述要求。

（二）肿瘤标志物的选择及应用原则

随着肿瘤相关研究不断深入，目前已有大量与肿瘤相关的基因及蛋白检测应用于临床工作中，在选择及应用肿瘤标志物时，需掌握以下几点原则。

1. 正确定位肿瘤标志物的诊断价值及应用范围。在肿瘤相关基因或蛋白应用于肿瘤的诊断前，应进行规范的临床评价。对于诊断价值尚不明确的肿瘤标志物，不建议在临床工作中常规应用，以免对患者病情造成错误评估，延误诊疗或过度诊疗。

2. 掌握肿瘤标志物的检查时机。术前及初次诊疗前的肿瘤标志物水平可作为患者肿瘤标志物的基础水平，建立自身的基线参考值，用于疗效的监测及复发的评估。肿瘤标志物复查时间间隔应以其半衰期为依据。肿瘤标志物常用于肿瘤疗效判断或复发监测，若复查时间间隔过长，不利于区分治疗效果与肿瘤复发；若复查时间过短，肿瘤标志物尚未完全清除，易误认为肿瘤未完全切除。表 14-1 列出了常用肿瘤血清标志物的参考区间上限及生物半衰期。

表 14-1 常见肿瘤血清标志物参考区间上限及生物半衰期

肿瘤标志物	主要相关肿瘤	参考区间上限	生物半衰期（d）*
AFP	肝癌、生殖细胞肿瘤	7 ng/ml	2～8
CA125	卵巢癌	35 U/ml	5
CA19-9	胰腺癌、胆管癌、结肠癌	37 U/ml	4～8
CA15-3	乳腺癌	25 U/ml	5～7
CA72-4	胃癌、卵巢癌	6.9 ng/ml	3～7
CEA	结肠癌、胃癌、乳腺癌、非小细胞肺癌	5 ng/ml	2～8
CYFRA21-1	非小细胞肺癌	3.3 ng/ml	1
hCG	绒毛膜癌、生殖细胞肿瘤	2 U/L	1/2～11/2
NSE	小细胞肺癌、生殖细胞肿瘤	20 ng/ml	1
PSA	前列腺癌	4 ng/ml	2～3
SCCA	宫颈癌、鼻咽癌、食管癌、肺鳞癌	1.5 ng/ml	1

* 该半衰期为肿瘤标志物通过胆汁/肾代谢的生物半衰期

一般建议在肿瘤治疗后第 6 周进行一次肿瘤标志物检测，前 3 年内每隔 3 个月检查一次，3～5 年内每隔 6 个月复查一次，5～7 年内每年复查一次。对于病情出现变化的患者，应适当提高检查频率，并进行其他检查明确是否复发。

3. 结合患者疾病进程选择适合的肿瘤标志物。对于仅适用于疾病复发检测的肿瘤标志物，不可应用于肿瘤筛查，以免导致病情误判，增加患者经济及精神压力。为提高肿瘤标志物的敏感性/特异性，建议多种肿瘤标志物联合检测，表14-2列出了常用于恶性肿瘤监测的肿瘤血清标志物组合建议，可为一段时间内判断肿瘤复发提供依据。

4．不同测定方法的参考区间可能不同。肿瘤标志物存在于患者的细胞表面、细胞质、细胞核和细胞外（血液、体液或组织），含量很少，常用灵敏度较高的化学发光免疫分析法（CLIA）、时间分辨荧光免疫分析法、酶联免疫分析法（ELISA）等进行测定。不同地区、人群、检测系统应建立或验证参考区间，检测系统发生改变前应进行平行试验，以确保其诊断价值不因检测系统改变而出现大幅波动。

5．考虑其他可能影响肿瘤标志物结果的因素。①标本采集和保存：标本采集后应及时离心，如用于NSE检测的样本应在采集后1 h内分离，否则会导致NSE假性升高，溶血亦可导致NSE显著升高；无法立即检测的标本离心后保存在4℃，并在24 h内测定；不能在24 h内测定的血清应冻存在 −20℃，长期储存的标本应置于 −70℃，且防止反复冻融；②避免样本的剧烈振荡，如用于CYFRA21-1检测的标本剧烈振荡后会导致检测值降低；避免标本污染，如用于SCCA检测的标本易受皮屑、唾液的污染，导致结果假性升高；③某些药物的影响：如服用抗雄激素药物可抑制PSA的产生，5α还原酶抑制剂药物（非那雄胺等）可导致PSA下降，丝裂霉素、顺铂类抗肿瘤药可导致PSA假性升高，细胞毒药物（如5-氟尿嘧啶）可使CEA暂时升高；④患者自身状况的影响：机体若伴有肝功能异常、胆道排泄不畅、肾功能不全时可导致多种肿瘤标志物大量蓄积、浓度升高；⑤异嗜性抗体的干扰：患者因影像学检查或治疗时使用过单克隆抗体，则人体中会产生异嗜性抗体的干扰，导致肿瘤标志物浓度假性增高；⑥"钩状效应"的影响：若待测标本中抗原浓度过高，会出现高浓度后滞现象，导致测定结果偏低；⑦生物学因素的影响：PSA、HE4可随年龄的增长而升高，绝经期女性HE4明显升高，生理状态如月经期采血可导致CA125、CA19-9升高；妊娠可导致AFP和CA125升高等。

表14-2 常见恶性肿瘤监测的肿瘤标志物组合建议

TM	CEA	AFP	CA19-9	CA125	CA15-3	PSA	HE4	NSE	SCCA	ProGRP	hCG	CYFRA21-1	CA72-4	PG
结肠癌	●		▲											
胰腺癌	☆		●											
胃癌	▲		☆										●	▲
食管癌	☆								●					
肝癌		●												
胆管癌			●											
乳腺癌	▲				●									
卵巢癌				●			●							
宫颈癌	☆								▲					
绒毛膜癌											●			
SCLC								●		●				
NSCLC	▲			☆				☆				▲		
生殖细胞肿瘤		●							☆		●			
前列腺癌						●								

注：●为首选肿瘤标志物；▲为次选肿瘤标志物；☆为其余备选标志物；SCLC：小细胞肺癌；NSCLC：非小细胞肺癌

二、恶性肿瘤的分子诊断

自20世纪80年代以来，随着分子生物学的发展，特别是人类基因组计划的顺利实施及迎来后基因组学时代的研究成果，肿瘤分子诊断成为肿瘤研究领域最活跃的技术之一。肿瘤的分子诊断是通过检测与肿瘤发生相关的生物大分子的存在、结构或表达调控等的改变，为肿瘤的预测、诊断、治疗、预后提供分子水平上的诊断信息。肿瘤分子标志物除癌基因、抑癌基因及肿瘤生长转移相关基因外，染色体异常、单核苷酸多态性、表观遗传异常、端粒酶、循环DNA、非编码RNA等都被列入肿瘤生物标志物的范畴。

> **知识拓展**
>
> **肿瘤液体活检**
>
> 肿瘤液体活检是指采用血液、脑脊液、胸腔积液、腹水、尿液、唾液等体液标本开展的分子诊断，其中以血液标本应用最为广泛，主要检测循环肿瘤细胞（CTC）、循环肿瘤DNA（ctDNA）及循环肿瘤RNA（ctRNA）、外泌体（exosome）与肿瘤教育血小板（TEP）等。与传统组织活检相比，能够实时动态地反映患者整体而非局部的特征信息，更好地反映肿瘤异质性，具有微创或无创、可多次取样、实时动态、高敏感性和特异性等诸多优势，在早期筛查、预后判断、疗效预测、微小残留病灶监测、个体化治疗等方面都具有重要的临床应用价值。近年来，随着数字PCR、二代测序等检测技术的不断优化和改进，液体活检已经逐渐从实验室走向常规应用，为临床诊疗工作带来了长足的进步。

（一）恶性肿瘤的基因诊断

在恶性肿瘤演化进程中，发现了一系列基因突变，且这种突变是肿瘤发生的早期事件，较传统病理形态学诊断能更早指导临床进行干预。肿瘤细胞从正常细胞转变为恶性细胞往往涉及多个基因的改变，借助目前不同基因对肿瘤的作用，将恶性肿瘤相关基因分为原癌基因、抑癌基因、细胞周期调节基因、肿瘤血管生成相关基因、肿瘤转移相关基因、细胞凋亡相关基因等，下面我们着重介绍近年来研究较为充分的原癌基因和抑癌基因。

1. 原癌基因（proto-oncogene） 是指存在于正常细胞内，发生恶变后转变为癌基因的序列，其本质是一类控制细胞生长分化的基因组。原癌基因编码的产物可在细胞核、细胞质以及细胞内外进行表达，调控细胞的生长分化。一旦这类基因发生某些错误或功能丧失时，极易导致原癌基因转变为癌基因。原癌基因一般分为两大类：①肿瘤特异性癌基因，如 *c-sis* 与淋巴结肿瘤转移有关，*c-abl* 与慢性髓性白血病有关；②肿瘤非特异性癌基因，如 *c-myc*、*k-ras* 等，在肝癌、膀胱癌、乳腺癌等多种肿瘤中都有检测到。表14-3列出了人类肿瘤中部分代表性癌基因与肿瘤的关系。

目前所知的原癌基因激活机制包括：启动子或增强子插入激活、基因重排（染色体易位）、基因点突变、基因扩增、甲基化激活等。

表 14-3 常见肿瘤的原癌基因

基因	机制	蛋白作用	肿瘤
Int-2	插入	生长因子	乳腺癌，胃癌
Neu（ErebB2）	扩增	生长因子受体	乳腺癌，卵巢癌
Akt2	扩增	蛋白激酶 B	乳腺癌，卵巢癌
Neu（ErebB2）	扩增	生长因子受体	乳腺癌，卵巢癌
EGFR	扩增，重排	生长因子受体	神经胶质瘤，直肠腺癌
Hst	扩增	生长因子（FGF）	胃癌
Trk	重排	酪氨酸蛋白激酶嵌合受体	结肠癌
K-Ras	点突变	p21 GTPase	胰腺癌，结肠癌
H-Ras	点突变	p21 GTPase	膀胱癌
N-Ras	点突变	p21 GTPase	粒细胞白血病
Myc	转位，扩增	转录因子	Burkitt 淋巴瘤，SCLC
N-Myc	扩增	转录因子	神经母细胞瘤，SCLC
L-Myc	扩增	转录因子	SCLC
Ret	重排	酪氨酸蛋白激酶嵌合受体	胸腺瘤
APL-RARA	转位	嵌合型转录因子	APL
E2A-PBX1	转位	嵌合型转录因子	B 淋巴细胞白血病
GL1	扩增	转录因子	肉瘤，神经胶质瘤
TTG	转位	转录因子	ALL
Bcl-2	转位	抗凋亡因子	B 细胞淋巴瘤
CYCD1	转位，扩增	细胞周期蛋白	乳腺癌，B 细胞淋巴瘤
CDK4	扩增	细胞周期蛋白依赖性激酶	肉瘤，神经胶质瘤
BCR-ABL	转位	酪氨酸蛋白激酶嵌合受体	CML，ALL（T 细胞）
MDM-2	扩增	P53 结合蛋白	肉瘤

2．抑癌基因（tumor suppressor gene） 是指可抑制细胞生长并有潜在抑制癌变作用的基因，如 p53、Rb、APC 等。正常情况下，抑癌基因抑制细胞增殖、促进细胞分化，当其发生突变、失活、缺失或其表达产物丧失功能可导致细胞恶性转化。抑癌基因必须具备以下三个条件：①在正常组织中基因表达正常；②在癌组织细胞中，该基因有明显改变，如点突变、DNA 片段或全基因的缺失或表达缺陷；③导入该基因可部分或全部抑制肿瘤细胞的恶性表型。

抑癌基因通过其表达产物发挥对细胞增殖的调控作用，其表达产物主要包括跨膜受体、胞质调节因子、转录因子和 DNA 损伤修复因子等。p53 基因是目前研究最为深入的抑癌基因之一，50% 以上的人类肿瘤与 p53 基因变异有关。p53 蛋白的抗肿瘤作用主要是阻滞细胞周期，决定细胞停止生长或程序性死亡。表 14-4 列出部分代表性抑癌基因与肿瘤的关系。

微整合

基础回顾

抑癌基因——p53 基因

p53 基因是人体抑癌基因，全长约 20 kb，定位于染色体 17p13.1，含 11 个外显子和 10 个内含子，编码产生一种分子量为 43.7 kDa 的核内磷酸化蛋白，但因蛋白条带出现在 marker 所示 53 kDa 处，故命名为 p53。野生型 p53 在 DNA 损伤时可使细胞停滞在 G1 期以修复损伤的 DNA，但若此时细胞已进入分裂期，则 p53 触发细胞凋亡。p53 突变后空间构象发生改变，失去对细胞生长、凋亡和 DNA 修复的调控作用，突变型 p53 转变为癌基因，促进细胞恶性转化。p53 基因突变形式主要包括点突变、缺失突变、插入突变、移码突变、基因重排等方式，其中点突变最常见。p53 基因是迄今发现与人类肿瘤相关性最高的基因，在所有恶性肿瘤中，50% 以上会出现 p53 基因突变。

表 14-4 常见肿瘤抑癌基因

基因	主要肿瘤	染色体位置	分布定位
p53	多种肿瘤	17p13	细胞核
nm23	抑制肿瘤转移	17q22	细胞质
APC	结肠癌	5q21	细胞膜
p21	多种肿瘤	6q21	细胞核
E-Cadherin	乳腺癌，膀胱癌	16q	细胞膜
PETN	胶质母细胞瘤	10q23.3	细胞质
p27	多种肿瘤	12p13	细胞核
p51	多种肿瘤	3q27-28	细胞核
BRCA	乳腺癌，卵巢癌	17q21	细胞质
RB	视网膜母细胞瘤	13q14	细胞核
NB1	神经母细胞瘤	1p36	细胞质
NF1	神经纤维瘤病	17q11	细胞质
RCC	肾细胞癌	3p14	细胞质
p15	多种肿瘤	9p21	细胞核
FHIT	消化道肿瘤，肾细胞癌，肺癌	3q14.2	细胞质
p18	多种肿瘤	1p32	细胞核
p19	多种肿瘤	19p13.2	细胞核
DCC	结直肠癌	18q21.3	细胞膜
p73	多种肿瘤	1p36	细胞核
p57	多种肿瘤	11p11.5	细胞核
MLM	结直肠癌	9q21	细胞质
PTPG	肾细胞癌，肺癌	3p21	细胞质
NF2	神经鞘瘤，脑膜瘤	22q12	细胞膜
K-VEN-1	成纤维细胞瘤	1p	细胞质
KAI1	抑制肿瘤转移	3p11.2	细胞膜
VHL	肾细胞癌，嗜铬细胞瘤	3p25	细胞膜
WT1	肾母细胞瘤	11p13	细胞核
p16	多种肿瘤	9p21	细胞核

（二）恶性肿瘤分子靶向药物的个体化诊断

分子靶向药物利用肿瘤细胞与正常细胞之间分子生物学上的差异，抑制肿瘤细胞的生长增殖，使其死亡。选择性靶向药物能针对肿瘤细胞进行强效治疗，比常规化疗更为有效、不良反应更小，是非常有希望的一种肿瘤治疗方法。大量研究表明，部分基因与肿瘤对化疗药物和靶向治疗药物的疗效有关，如曲妥珠单抗（赫赛汀）疗效与患者 HER2 基因有关，肺癌患者 TKI 治疗效果与 EGFR 突变和 ALK 融合有关。通过检测这些基因，可以更精确地对肿瘤进行靶向治疗及风险评估等。肿瘤相关基因的检测不仅有助于填补传统生化和免疫学标志物的空白，还可实现靶向人群的筛选及预测药物疗效。常用肿瘤分子靶向治疗药物与检测基因或其表达产物见表 14-5。

表 14-5 常用肿瘤分子靶向治疗药物与检测基因或其表达产物

类别	药物名称	检测基因或其表达产物
抗体	曲妥珠单抗	HER2/neu
	西妥昔单抗及帕尼单抗	K-ras、BRAF V600E、PTEN、PI3KCA
	抗 CD52 抗体	CD52
酪氨酸激酶抑制药	伊马替尼	BCR-ABL、C-kit PDGFR-α
	吉非替尼	EGFR、K-ras、BRAF/PI3KCA
血管生成抑制药	贝伐单抗	VEGFR2 mRNA
	索拉非尼	VEGFR-2、VEGFR-3、PDGFR-β、c-Kit、flt-3
	舒尼替尼	VEGFR-2、PDGFR-β、c-Kit、flt-3
	凡德他尼	EGFA、VEGF、RET
	帕拉替尼	EGFR、HER2
	达沙替尼	BCR-ABL、Src 家族、c-Kit、EPHA2、PDGFRS
细胞分化诱导剂	全反式视黄酸	PML-RARα、STAT5b-RARα

（三）恶性肿瘤化疗药物的个体化诊断

化疗药物是目前多数肿瘤常使用的一种治疗方法，通常作用于快速分裂的细胞，抑制细胞 DNA 复制、微管形成和代谢关键酶的活性。然而，化疗药物的有效率及毒副作用与肿瘤组织体细胞突变和患者个体单核苷酸多态性（single nucleotide polymorphism，SNP）差异等相关。化疗药物的疗效主要与相关基因的表达水平相关，如 TP53、ERCC1、BRCA1、RRM1、TYMS 等。这些基因的表达水平和多态性在化疗药物疗效预测和药物毒性预测上起到了不可替代的作用，可提高治疗的针对性，为临床用药提供指导。常见化疗药物及其相关检测位点见表 14-6。

表 14-6 常见化疗药物及其相关检测位点

化疗药物	检测位点
铂类药物	ERCC1、ABCC2、XRCC1
紫杉类药物	BRCA1、MDR1、TUBB3、STMN1
氟类药物	TYMS、DPYD、OPRT、MTHFR
吉西他滨	hENT1、RRM1、dCK、CDA

续表

化疗药物	检测位点
伊立替康	UGT1A1
硫嘌呤类药物	TPMT
他莫昔芬	CYP2D6
依托泊苷	YOP2A
烷化剂	MGMT

思 考 题

1. 简述理想肿瘤标志物的特性。
2. 简述肿瘤的分子诊断标志物及其应用。

（张　义）

第二节　恶性肿瘤的实验诊断策略

临床医生常根据患者的临床症状、体征、辅助检查结果以及患者的遗传背景等信息进行综合分析得出临床诊断。恶性肿瘤疾病的诊断也是如此，往往需要病理组织学的检查结果加以确认。到目前为止，病理组织学的检查结果仍然是恶性肿瘤疾病诊断的金标准，众多的肿瘤标志物在肿瘤疾病的诊断中大多起到辅助诊断的作用，其临床应用主要在疾病疗效监测、预后评估等方面，部分肿瘤标志物在高危人群中具有筛查作用，如 PSA 在 50 岁以上男性人群中对前列腺癌的筛查，AFP 在慢性乙型肝炎、肝纤维化、肝硬化患者中对原发性肝癌的筛查等。随着近年对肿瘤疾病的深入研究，一些基因或靶蛋白的检测在肿瘤疾病的伴随诊断中发挥重要的作用，如 *KRAS* 基因的检测，能够帮助临床医生精准使用西妥昔单抗治疗肿瘤患者。总体来说，在恶性肿瘤疾病诊治中所应用的检验项目主要分为两大类。①用于评估肿瘤患者的全身状态和器官的功能状况，如反映肝功能的转氨酶、反映肾功能的肌酐、反映循环系统细胞状态的血常规等；②专门用于肿瘤疾病诊治状况的检验项目，如癌基因、抑癌基因、肿瘤标志物、靶向药物治疗相关基因等。后一类检验项目在肿瘤诊断中的作用主要包括：①具有罹患肿瘤的高危人群进行定期体检筛查，如 50 岁以上男性用 PSA 筛查前列腺癌，慢性乙型肝炎、肝硬化患者用 AFP 筛查原发性肝癌，具有甲状腺癌家族史或疑似甲状腺癌的患者可进行降钙素检测，这类指标有限，大多肿瘤标志物具有辅助作用，还需要联合影像学筛查。②大多肿瘤标志物在肿瘤患者纵向管理中具有疗效评价和预后评估以及复发监测的作用。通常高水平的肿瘤标志物在经过治疗后降低 90%，说明治疗有效；若术后或治疗后肿瘤标志物水平较之前无明显下降，往往预示肿瘤切除不完全或疗效不佳。若术后或治疗后肿瘤标志物水平较前明显下降，定期监测后再次升高，往往预示肿瘤复发。肿瘤标志物基础水平越高，预示肿瘤分期处于越晚期阶段，预后越差。如子宫内膜癌患者 CA125 和 CA153 水平同时升高，非小细胞肺癌患者 CYFRA21-1 水平升高，预后不良。③部分肿瘤标志物可用于恶性肿瘤的初步诊断或鉴别诊断：如血清 AFP ≥ 400 μg/L，在排除妊娠、慢性或活动性肝病、生殖腺胚胎源性肿瘤以及消化道肿瘤后，高度提示肝癌。发生远处转移的患者，CEA 水平越高。血清游离 PSA 与总 PSA 比值（fPSA/tPSA）可用于前列腺癌和前列腺增生的鉴别诊断等。但肿瘤疾病的明确诊断不能单独依靠肿瘤标志物，还需与临床症状、影像学检查、内窥镜检查、脱落细胞学或组织病理诊断等综合判断。④个体化治疗，指导临床用药或选择治疗方案。如应用液体活检，分析肿瘤细胞的生物学特性、驱动基因突变、评估肿瘤负荷等。具有 2A 或 2B 类推荐证据的血浆循环肿瘤 DNA（circulating tumor DNA，ctDNA）能检测 *EGFR*、*ALK*、*ROS1*、*RET*、*BRAF V600E* 和 *MET14* 外显子跳跃突变、*EGFR T790M* 等，指导临床选择适宜的治疗方案，调整抗肿瘤药物。实验诊断在恶性肿瘤疾病诊治中的作用如图 14-1。由于肿瘤细胞的异质性，肿瘤细胞的生物学特征存在个体差异，同一簇肿瘤细胞的个体细胞呈现不同的生物学特性，因此在临床实践中，可以见到一种肿瘤可产生多种肿瘤标志物，而不同肿瘤亦可产生相同的肿瘤标志物的现象。因而将多种肿瘤标志物联合检测能够提高肿瘤标志物的敏感性和特异性，表 14-7 列出了美国国家临床生物化学学会（National Academy Of Clinical Biochemistry，NACB）对于肿瘤标志物在不同临床时期的使用建议。

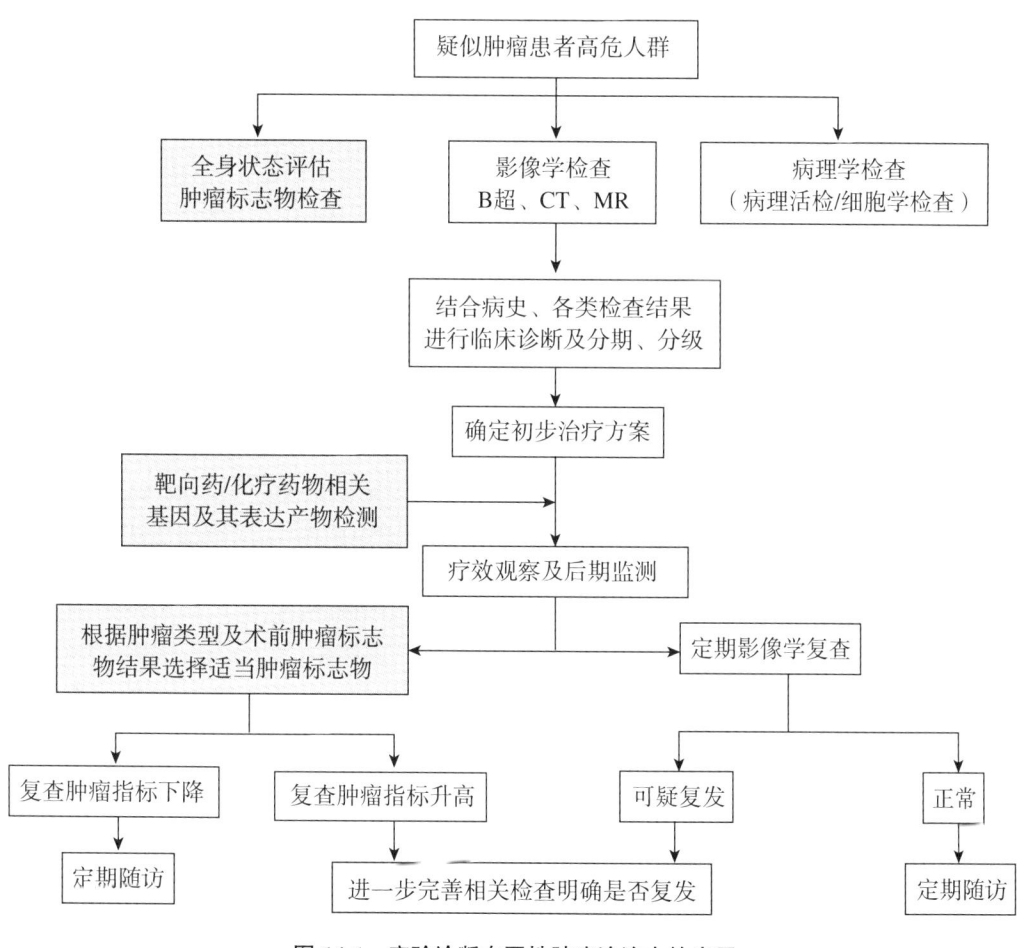

图 14-1 实验诊断在恶性肿瘤诊治中的应用

知识拓展

精准医疗和个体化诊断

2011 年正式提出精准医学的概念，其宗旨是给予患者个性化的精确治疗。与中医治疗理念如出一辙，中医治疗是以个体体质为基础，结合临床表现（病征）、生活习惯而进行综合辨证施治。精准医疗是与患者分子生物病理学特征（基因组学、蛋白质组学等）相匹配的个体化诊断和治疗策略，也是以个体化医疗为基础，融合现代科学技术，运用大数据分析和精准检测技术判定肿瘤的发病机制，从而有针对性地选择相应的治疗方案，达到精准靶向治疗的目的。个体化诊断是运用精准分子诊断技术对肿瘤疾病发生、进展过程中关键靶点进行检测，明确分子分型，结合患者的病史和其他情况，协助医生决定采取何种预防或治疗干预措施。如 EGFR 基因突变的检测，有助于临床选择吉非替尼和厄洛替尼治疗肺癌。

表 14-7　美国 NACB 对肿瘤标志物的临床应用建议

	筛查/早期诊断	辅助诊断	分期/预后	复发监测	疗效监测
肝癌	AFP（高危人群筛查）	AFP	AFP	AFP	AFP
前列腺癌	PSA；cPSA；%fPSA（结合直肠指诊，适用大于50岁人群）	PSA；cPSA；%fPSA（结合直肠指诊）	PSA；cPSA（结合直肠指诊和活检 Gleason 分级）	PSA；cPSA	PSA；cPSA
结直肠癌	FOB（适用大于50岁人群；有家族史者）	无推荐 TM	CEA	CEA	CEA
胰腺癌	无推荐 TM	CA19-9（根据临床需要联合 CT 检查）	CA19-9	无推荐 TM	CA19-9（用于保守治疗疗效评估时应与影像学同时监测或用于根治术后评估）
卵巢癌	CA125（仅用于联合B超，早期检测有遗传史的高危人群）	CA125（仅用于绝经后妇女）	CA125	CA125	CA125
乳腺癌	无推荐 TM	无推荐 TM	ERb；PRc；HER2；uPA；PAI-1	无推荐 TM	CA15-3；CEA（监测病情进展）
胃癌	无推荐 TM	无推荐 TM	无推荐 TM	无推荐 TM	无推荐 TM
膀胱癌	无推荐 TM	无推荐 TM	无推荐 TM	无推荐 TM	无推荐 TM
睾丸癌	无推荐 TM	AFP；hCG；LDH	AFP；hCG；LDH	AFP；hCG；LDH	AFP；hCG；LDH
甲状腺癌	无推荐 TM	无推荐 TM	无推荐 TM	甲状腺球蛋白；甲状腺球蛋白抗体	甲状腺球蛋白；甲状腺球蛋白抗体
肺癌	无推荐 TM	必要时选择针对检测小细胞肺癌或非小细胞肺癌的 TM			
宫颈癌	无推荐 TM	SCC（见于鳞状细胞宫颈癌）	SCC（见于鳞状细胞宫颈癌）	SCC（见于鳞状细胞宫颈癌）	SCC（见于鳞状细胞宫颈癌）
黑色素瘤	无推荐 TM	LDH；TA90-IC	MIA；S100；TA90-IC	MIA；TA90-IC	TA90-IC

思 考 题

1. 用于肿瘤疾病诊治检验项目的临床作用有哪些？
2. 肿瘤疾病的诊治流程是什么？

（安　成）

第三节 常见肿瘤的实验诊断

案例 14-1

女性，60岁。其肿瘤标志物检测结果如下。

项目	缩写名	结果	参考值	单位
胃泌素释放肽前体	ProGRP	33.22	0～50	pg/ml
鳞状细胞癌抗原	SCCA	0.70	0～1.5	ng/ml
癌胚抗原	CEA	542.10	0～5	ng/ml
细胞角蛋白19片段	CYFRA21-1	8.71	0.1～3.3	ng/ml
糖类抗原125	CA125	183.10	0～35	U/ml
神经元特异性烯醇化酶	NSE	9.25	0～20	ng/ml

问题：
1. 根据肿瘤标志物检测结果，可怀疑患者患有什么疾病？
2. 为明确诊断，应再进行哪些辅助检查？

本节主要介绍呼吸系统、消化系统、生殖系统肿瘤的实验诊断。

一、肺癌

临床上将肺癌（lung cancer）分为小细胞肺癌（small cell lung cancer，SCLC）和非小细胞肺癌（non-small cell lung cancer，NSCLC）两大类。目前肺癌的辅助诊断除低剂量螺旋CT、MRI、全身骨扫描等影像学检查外，还需进行相应的实验检查。

（一）血清肿瘤标志物

与肺癌相关的常用肿瘤标志物有神经元特异性烯醇化酶（neuron specific enolase，NSE）、胃泌素释放肽前体（pro-gastrin-releasing peptide，ProGRP）、细胞角蛋白19片段（CYFRA21-1）、癌胚抗原（carcinoembryonic antigen，CEA）、鳞状细胞癌抗原（squamous cell carcinoma antigen，SCCA）等。

1. 神经元特异性烯醇化酶（NSE） 诊断SCLC的灵敏度达80%，特异性达80%～90%。SCLC患者NSE水平明显高于肺腺癌、肺鳞癌、大细胞肺癌等，可用于鉴别诊断。

2. 胃泌素释放肽前体（ProGRP） 作为单个标志物对SCLC诊断的特异度优于其他标志物，且与SCLC分期成正相关，是诊断SCLC较为理想的指标，在SCLC患者中阳性率约68.6%，有助于鉴别SCLC和良性肺部疾病，尤其是肺部存在病灶但无法获取病理检查结果的患者。监测治疗前后的ProGRP及NSE水平可以较好地评估患者预后，超过50%的SCLC患者复发时，会出现NSE及ProGRP水平升高。

3. 细胞角蛋白19片段（CYFRA21-1） 是 NSCLC 的首选指标。由于其半衰期短，在首次治疗（手术）后 48 h 就可检测 CYFRA21-1 水平变化以评估疗效。应注意外伤和唾液污染以及在肾衰竭的患者中 CYFRA21-1 可能会出现假性升高。

4. 癌胚抗原（CEA） 在肺腺癌和大细胞肺癌中升高最为明显，且灵敏度较高。但需注意 CEA 增高还可见于消化道肿瘤和肺间质纤维化等。

5. 鳞状细胞癌抗原（SCCA） 是用于诊断肺鳞癌的肿瘤标志物，其在肺鳞癌中阳性率为 46.5%，其水平与肿瘤的进展程度相关，联合 CA125、CYFRA21-1 和 CEA 可提高肺癌患者诊断的灵敏性。

（二）基因突变检测与药物治疗

1. EGFR 突变及 ALK 融合基因 对于 EGFR 基因敏感突变并且不存在耐药基因的晚期 NSCLC 患者，推荐 EGFR-TKIs 一线治疗，ALK 融合基因患者推荐克唑替尼一线治疗。

2. 化疗相关肿瘤基因 由于晚期肺癌化疗患者常需使用紫杉醇、铂类、吉西他滨及氟尿嘧啶类药物进行治疗，因此可对相应位点进行检测，如 ERCC1、XRCC1、MTHFR、TYMS、BRCA1/BRCA2 等，以对临床用药提供参考。

二、常见消化系统肿瘤

消化系统肿瘤发病率高、起病隐匿、病情进展迅速，可发病于任何年龄，是严重危害人类健康的疾病之一。除内镜、影像学检查外，实验诊断对消化系统肿瘤的诊断、治疗及监测均具有重要意义。

（一）胃癌

1. 胃癌的实验检查

（1）粪便隐血试验（occult blood test，OBT）：肿瘤侵犯血管，可引起消化道出血，少量出血即可出现粪便隐血试验阳性。对于持续阳性患者应进一步行肿瘤标志物、胃镜及影像学检查以明确诊断。

（2）其他一般实验检查：由于胃癌患者常出现慢性失血，患者可表现出不同程度的慢性失血性贫血；此外，肿瘤侵犯周围器官，还可导致梗阻等表现，此时可行血常规、生化常规、C反应蛋白（CRP）、降钙素原（PCT）、维生素 B_{12}、铁代谢试验等评估患者综合情况。

（3）血清肿瘤标志物检验：常规推荐 CA72-4、CEA 和 CA19-9，三者联合可提高胃癌诊断的灵敏度。在部分患者中进一步检测甲胎蛋白（alpha-fetoprotein，AFP）和 CA125，AFP 对于特殊病理类型的胃癌、CA125 对于腹膜转移，均具有一定的诊断和预后价值。血清中胃蛋白酶原（pepsinogen，PG）Ⅰ及 PGⅠ/PGⅡ明显下降对监测早期胃癌具有重要的临床意义。

（4）肿瘤基因及其表达产物：胃癌患者可能存在 ras 基因激活，这种激活在晚期胃癌患者可高达 50%。此外，部分胃癌患者有 p53 基因丢失或突变等现象。

2. 胃癌治疗与预后相关实验检查

（1）HER2 基因：HER2 阳性的胃癌在诊断、治疗及预后上都与其他类型胃癌有很大差别。

【病情评估】HER2/neu 蛋白的胞外结构可从细胞表面脱落溶于血液中，可溶性 HER2/neu 是肿瘤转移和负荷增加的标志。因此，HER2/neu 基因具有预测疗效的作用。

【用药决策】对于 HER2 阳性晚期胃癌患者可从曲妥珠单抗治疗中获益；然而，对于存在 PI3KCA 基因突变及 PTEN 基因功能缺失的患者，即使存在 HER2 过表达，其效果依旧不佳。

【预后评估】 *HER2* 在胃癌预后判断中的价值尚无一致结论。有研究显示 *HER2* 与早期胃癌的不良预后有关，但并非晚期胃癌的独立预后因素。

(2) 免疫治疗相关分子：程序性死亡配体 1（programmed death-ligand 1，PD-L1）表达、微卫星不稳定性状态（MSI）、EB 病毒（EBV）感染情况及肿瘤突变负荷（tumor mutational burden，TMB）的检测是目前与免疫治疗最相关的分子标志物。

(3) 胃癌个体化药物治疗的肿瘤相关基因：由于晚期胃癌化疗患者常需使用紫杉醇、铂类及氟尿嘧啶类药物进行治疗，因此可对相应位点进行检测，如 ERCC1、XRCC1、MTHFR、TYMS、BRCA1/BRCA2 等，以对临床用药提供参考。

(二) 原发性肝癌

1. 肝癌的常规实验检查

(1) 肝功能试验：①肝细胞癌变时，由于肝细胞受损，导致血清丙氨酸氨基转移酶（ALT）、γ-谷氨酰转肽酶（γ-GT）升高；②由于肝细胞对胆红素的摄取、结合以及排泄出现障碍，血胆红素将升高；③肝癌组织压迫附近胆小管，使得碱性磷酸酶（ALP）产生过多。

(2) 肝炎病毒标志物：对于乙肝与丙肝发展而来的肝癌，患者 HBsAg、抗 HCV 可为阳性。

(3) 凝血功能试验：肝癌患者凝血因子生成不足，血小板破坏增加，易形成门脉癌栓，具有明显的出血倾向，注意监测血常规、凝血功能、D-二聚体等。

2. 肝癌的血清肿瘤标志物
主要有血清 AFP、血清甲胎蛋白异质体 3（lens culinaris agglutinin-reactive fraction of AFP，AFP-L3）、异常凝血酶原（des-gamma-carboxy-prothrombin score，DCP，又称 PIVKA Ⅱ）等。

(1) 甲胎蛋白（AFP）：血清 AFP 是当前肝癌诊断和疗效监测最常用且重要的指标。血清 AFP ≥ 400 μg/L，在排除妊娠、慢性或活动性肝病、生殖腺胚胎源性肿瘤以及消化道肿瘤后，高度提示肝癌；对于 AFP 阴性的患者，需借助其他影像学指标、病理活检或其他实验指标如 AFP-L3、DCP 等进一步鉴别诊断。基于性别、年龄、AFP、AFP-L3 和 DCP 构建的 GALAD（gender，age，lens culinaris agglutinin-reactive AFP，AFP，and DCP）模型，其诊断早期肝癌的灵敏度和特异度分别为 85.6% 和 93.3%，有助于 AFP 阴性肝癌的早期诊断（证据等级 1，推荐 A）。

(2) 甲胎蛋白异质体 3（AFP-L3）：对于原发性肝癌 AFP-L3 的敏感性与总 AFP 无明显差异，但其特异性较总 AFP 高。AFP-L3 值与总 AFP 无相关性，作为独立的肝癌辅助诊断指标，AFP-L3/AFP ≥ 10% 应高度怀疑肝癌的存在，> 25% 提示为原发性肝细胞癌。该指标阴性无法排除肝癌，可结合其他指标提高诊断灵敏度。

(3) 异常凝血酶原（PIVKA Ⅱ）：约 90% 以上的肝细胞癌患者血清 PIVKA Ⅱ 增高；同时检测 AFP 及 PIVKA Ⅱ 能明显提高肝癌的诊断率。

3. 肝癌新型标志物

(1) 循环肿瘤细胞（circulating tumor cell，CTC）：有报道称，外周血 EpCAM + CTC 具有干细胞样特性，是肝癌切除术后早期复发的独立预测指标。检测 CTC 对经导管动脉化疗栓塞术治疗后及放射治疗后肝癌复发和进展具有预测作用。不同部位的 CTC 能预测不同转移类型；动态检测 CTC 可以用于监控肝癌肝移植术后肿瘤复发。

(2) 循环肿瘤 DNA（circulating tumor DNA，ctDNA）：是由肿瘤释放至外周血的特异性突变 DNA 片段，能够反映肿瘤的基因组信息，可以用于早期诊断、监测肿瘤进展及疗效。有报道显示，ctDNA 用于肝癌早期诊断的灵敏度和特异度均优于血清 AFP，还可以反映肝癌术后动态变化。

4. 肝癌治疗与预后相关实验检查

（1）肝癌的治疗除依据肿瘤分型、分级外，还需考虑患者的全身情况及 Child-Pugh 评分，因此肝癌患者需术前检测血清胆红素及白蛋白水平，评估患者凝血功能。

（2）索拉菲尼是晚期肝癌的分子靶向药物，既可通过阻断 RAF/MEK/ERK 信号传导而直接抑制肿瘤细胞的增殖，还可通过抑制血管内皮生长因子（vascular endothelial growth factor，VEGF）和血小板衍生生长因子（platelet derived growth factor，PDGF）受体而阻断肿瘤新生血管的形成，间接抑制肿瘤生长。相关基因检测包括 *PDGFRα*、*VEGFR*、*VEGF* 等。

（3）由于晚期肝癌患者常需使用铂类及氟尿嘧啶类药物进行治疗，可对相应位点进行检测，如 *ERCC1*、*XRCC1*、*MTHFR*、*TYMS* 等，以对临床用药提供参考。

（三）结直肠癌

结直肠癌（colorectal cancer，CRC）是最常见的消化道恶性肿瘤之一。肠镜为公认的筛查金标准，但无法成为大规模筛查手段。结直肠癌的早期筛查除结肠镜检查、影像学外，还可进行相应的实验检查。

1. 结直肠癌的实验检查

（1）粪便检验：① OBT——对少量消化道出血的诊断有重要价值，对结直肠癌的发现有重要意义，应定期对高危人群进行检查；②粪便常规试验——结直肠癌患者粪便中可出现红细胞、脓细胞及肿瘤细胞。

（2）贫血相关试验：患者常发生不同程度的出血所致失血性贫血，血常规试验、铁蛋白、血清铁浓度检测可及时发现，常见小细胞低色素性贫血。

（3）基因甲基化：与正常结直肠上皮相比，超过 90% 的结直肠癌组织样本存在 Septin9 基因的异常甲基化。携带 Septin9 甲基化的肠癌细胞，通过凋亡、坏死或主动分泌的方式，使得甲基化的 Septin9 片段被释放，因此从粪便或血液中检测甲基化的 Septin9 基因片段，即可反映受试者是否患有结直肠癌的风险。

（4）其他试验：①血清 ALP、LDH——活性升高可能为结直肠癌转移的指征；②尿常规试验——出现镜下血尿需警惕有无泌尿系统转移。

2. 血清肿瘤标志物 推荐采用 CEA、CA19-9 及 CA242 联合检测，对于结直肠癌的辅助诊断、病情监测和疗效评价等具有重要价值。

3. 肿瘤基因及其表达产物 *p53* 基因突变可发生在良性腺瘤转变为癌的阶段，检测 *p53* 基因可了解腺瘤的癌变倾向，有助于早期发现大肠癌。此外，结肠癌突变过程中的遗传突变还包括癌基因 *K-ras*、*c-myc*、*EGFR* 的激活，以及抑癌基因 *APC*、*DCC* 的失活。

4. 结直肠癌的遗传性诊断 错配修复（mismatch repair，MMR）基因胚系变异是诊断 Lynch 综合征的金标准。此外，90% 以上 Lynch 综合征患者的肿瘤组织中存在高度微卫星不稳定性（microsatellite instability-high，MSI-H）。

5. 结直肠癌治疗与预后相关实验检查

（1）2022 年 NCCN 结直肠癌指南建议对所有转移性结直肠癌患者均应检测 *RAS* 突变（*KRAS* 和 *NRAS*）。具有已知的 *KRAS* 基因突变（外显子 2 或非外显子 2）或 *NRAS* 突变的患者，不应接受西妥昔单抗或帕尼单抗治疗。同时，已有大量研究表明，*BRAF V600E* 突变的患者，几乎不可能从帕尼单抗或西妥昔单抗单药或与细胞毒性化疗联合使用中获益。

（2）晚期结直肠癌目前常用的化疗药物主要有铂类、氟尿嘧啶类及伊立替康。可对相应位点进行检测，如 *ERCC1*、*XRCC1*、*MTHFR*、*TYMS* 等，对临床用药提供参考。

三、常见生殖系统肿瘤

（一）乳腺癌

1. 乳腺癌的实验检查

（1）血常规及凝血功能检查：乳腺癌主要的异常可表现为肿瘤相关性贫血、白细胞异常、血小板异常及凝血功能异常等。

（2）碱性磷酸酶（ALP）测定：ALP水平对于判断肿瘤的骨转移和肝转移有一定帮助。ALP的急剧升高常意味着骨细胞的破坏，而缓慢升高意味着溶骨性损伤，可见于乳腺癌骨转移。

（3）铁蛋白：乳腺癌患者血清中铁蛋白可出现不同程度升高。单一血清铁蛋白升高不能作为乳腺癌的诊断指标，临床常将铁蛋白与其他恶性肿瘤标志物联合应用。

2. 血清肿瘤标志物检查 乳腺癌的相关肿瘤标志物包括糖类抗原15-3（carbohydrate antigen 15-3，CA15-3）、CEA和糖类抗原125（carbohydrate antigen 125，CA125）。

（1）糖类抗原15-3（CA15-3）：常用于观察乳腺癌治疗后有无复发及监测乳腺癌的转移，是乳腺癌病情复发监测的良好指标；如果乳腺癌患者随着治疗的进行，血中CA15-3的值逐渐下降，提示治疗有效。

（2）癌胚抗原（CEA）：在乳腺癌早期诊断中，CEA的敏感性为10%～30%，当发生转移时可达50%～75%。

（3）糖类抗原125（CA125）：对于乳腺癌的敏感度较低，但若发生肺转移或恶性胸膜渗出，则其值显著升高。

3. 肿瘤基因及其表达产物 乳腺癌易感基因（breast cancer susceptibility gene，BRCA）包括 *BRCA1* 和 *BRCA2*，*BRCA1/2* 基因检测在相关肿瘤的遗传风险评估、治疗选择、预后判断等方面具有重要意义。

4. 乳腺癌治疗与预后相关实验检查

（1）雌激素受体（estrogen receptor，ER）和孕激素受体（progesterone receptor，PR）：ER和（或）PR阳性患者较ER和（或）PR阴性患者有较好的预后，前者的5年及10年生存率均高于后者，且前者接受内分泌治疗较后者有更好的疗效。

（2）人类表皮生长因子受体-2（HER2）：25%～30%的乳腺癌患者 *HER2* 基因扩增和过表达，由于只有HER2蛋白过度表达和基因扩增的乳腺癌患者接受曲妥珠单抗治疗才有效，因此准确评价 *HER2* 基因和蛋白水平对治疗至关重要。

（3）乳腺癌化疗患者常使用铂类及氟尿嘧啶类药物等进行治疗，因此可对相应位点进行检测，如ERCC1、XRCC1、MTHFR等，以对临床用药提供参考。

（二）前列腺癌

前列腺癌（prostate cancer）常用诊断方法有直肠指诊、经直肠超声检查和血清前列腺特异性抗原（prostate specific antigen，PSA）测定，进一步确诊需进行前列腺组织学检查，转移灶检查需要通过全身骨扫描、前列腺磁共振检查等。直肠指诊联合PSA检查是目前公认的早期发现前列腺癌的最佳方法。

1. 前列腺癌的实验检查

（1）血、尿常规试验：晚期前列腺癌患者常表现为贫血。尿常规镜检可见红细胞增多，通常为镜下血尿，亦可发现尿脱落细胞，甚至癌细胞。

（2）前列腺液检验：前列腺癌患者前列腺液中可见红细胞，如发现癌细胞，诊断准确性较高。

(3) 血清睾酮：血中睾酮水平的高低与临床上前列腺癌的发生并不相关，但在治疗之后，血中睾酮水平明显下降。临床常用于前列腺癌治疗计程的监测。

2. 前列腺癌常见血清肿瘤标志物

(1) 前列腺特异性抗原 (PSA)：血清 PSA 是临床诊断前列腺癌的主要指标之一，其水平与良恶性前列腺组织增生的体积有关，有助于前列腺癌的诊断、分期、疗效判断和复发监测。

1) PSA 对早期前列腺癌检出阳性率为 69.0%～92.5%。美国泌尿协会和肿瘤协会推荐 50 岁以上男性每年做一次直肠指诊和血清 PSA 测定，以便早期发现前列腺癌。

2) 90% 前列腺癌术后患者的血清 PSA 值可降至不能检出的痕量水平，若术后血清 PSA 值升高，提示残存肿瘤。如 PSA 降低后再次升高，可能存在复发。放疗后和雄激素去除治疗后 PSA 通常会降至正常，若病情发生恶化，则 PSA 显著升高。

3) 各种良性前列腺病变如前列腺肥大、前列腺缺血、细菌性前列腺炎等亦可出现 PSA 增高。当血清 PSA 为 4.0～10.0 ng/ml 时，利用游离 PSA (free PSA, fPSA) / 总 PSA (total PSA, tPSA) 比值可以提高前列腺癌的检出率和检出特异性。如 fPSA/tPSA 比值 < 0.1，则前列腺癌的可能性极大，若比值 > 0.25 则前列腺癌可能性极小。

(2) 前列腺特异性抗原密度 (prostate-specific antigen density, PSAD)：是指血清总前列腺特异性抗原值与前列腺体积的比值，即 PSAD = PSA/前列腺体积，主要可用于鉴别良性前列腺疾病和前列腺癌。良性前列腺增生可引起 PSA 水平升高，PSA 为 4.0～10.0 ng/ml 时，主要原因是前列腺体积增大，而早期前列腺癌时可见 PSA 升高，但前列腺体积增大不明显。当血清 PSAD 超出上限时即可怀疑前列腺癌的存在。一般认为，当 PSAD > 0.15 时，前列腺癌的危险性增加。

(3) 前列腺抗原 3 (prostate cancer antigen 3, PCA3)：PCA3 作为良好的前列腺癌特异性基因，其不受年龄、前列腺体积或其他前列腺疾病（前列腺炎）的影响，是前列腺癌早期诊断和反映愈后状况的良好指标。PCA3 在 95% 检测的前列腺癌患者中过度表达，而在前列腺外组织（良性和恶性）中尚未检测到 PCA3 转录。

(4) 前列腺健康指数 (prostate health index, phi)：将 PSA、fPSA 和 PSA 同源异构体 2 (precursor of prostate specific antigen, p2PSA) 结合起来计算得出 phi，用来诊断 PSA 水平在 4～10 ng/ml，同时直肠指诊正常的患者。phi 值越高，前列腺癌风险越大。phi 能够提高（高分级）前列腺癌的诊断准确性，有效减少不必要的前列腺穿刺。

3. 前列腺癌治疗与预后相关实验检查 前列腺癌治疗中，对激素抵抗性前列腺癌患者应持续保持去势状态，同时采用以多烯紫杉醇、米托蒽醌为基础的化疗，因此可对相应位点进行检测，如 CYP1B1、MDR1、TOP2A 等，以对临床用药提供参考。

（三）宫颈癌

1. 宫颈脱落细胞学检查 定期进行宫颈细胞学检测是现阶段发现早期宫颈癌及癌前病变的初筛手段，特别是对临床体征不明显的早期病变的诊断。取材应在宫颈上皮的移行带处，即新旧鳞-柱上皮交界间的区域，宜采用宫颈液基细胞学检查法 (thin-cytologic test, TCT)，亦可采用传统的巴氏涂片。

2. 人乳头瘤病毒核酸分型检验 目前已知的人乳头瘤病毒 (human papillomavirus, HPV) 亚型有 200 多种，大约有 54 种可以感染生殖道黏膜。依据各型 HPV 与子宫颈癌发生的危险性不同分为高危型和低危型。高危型主要为 HPV16、HPV18、HPV31、HPV33、HPV35、HPV39、HPV45、HPV51、HPV52、HPV56、HPV58、HPV59、HPV68、HPV73、HPV82 等，其中 16、18 型与宫颈癌的发生高度相关。低危型与生殖道疣相关，常见的亚型有 HPV6、

HPV11、HPV40、HPV42、HPV43、HPV44、HPV53、HPV54、HPV57、HPV61、HPV62、HPV70、HPV72、HPV81、HPV83 等。

> **知识拓展**
>
> **HPV 疫苗**
>
> 宫颈癌疫苗又称为 HPV 疫苗，是一种预防女性宫颈癌和男、女生殖器癌以及生殖器疣的疫苗。该疫苗通过预防人体感染疫苗所涵盖的人类乳头状瘤亚型变异病毒，进而有效预防宫颈癌的发病。HPV 疫苗接种的时间最好在女性有第一次实质性性接触之前。美国推荐是 9～26 岁。获准进入中国的疫苗，二价疫苗的推荐接种年龄为 9～45 岁，四价疫苗的推荐接种年龄是 20～45 岁，九价疫苗适用于 16 岁到 26 岁的女性。2022 年 4 月，世界卫生组织免疫战略专家组发表了对于人乳头瘤病毒（HPV）疫苗的新的接种建议。世界卫生组织（WHO）首次认可了"单剂次"的 HPV 疫苗接种方案。也就是说，和两剂次、三剂次接种方案相比，一剂次的 HPV 疫苗接种也可以提供较好的保护，并能够有效预防宫颈癌。

3. 血清肿瘤标志物

（1）鳞状细胞癌抗原（SCCA）：血清 SCCA 诊断敏感度为 44%～69%，特异性为 90%～96%。血清 SCCA 浓度与肿瘤分期、病程以及临床症状、淋巴结转移和治疗相关，手术或放疗后 2～7 天，血清 SCCA 可降至正常；肿瘤复发时再次升高，并且可早于临床复发。

（2）其他肿瘤标志物的联合检测：其他肿瘤标志物如 CEA、CA125、CA19-9、CYFRA21-1 等在宫颈癌的诊断、疗效观察、预后判断中有一定作用，联合多种肿瘤标志物检测可以提高诊断的灵敏度和特异性。

4. 宫颈癌治疗与预后相关实验检查 宫颈癌晚期或复发转移的患者常使用顺铂、卡铂、紫杉醇、异环磷酰胺、氟尿嘧啶等进行治疗，因此可对相应位点进行检测，如 ERCC1、XRCC1、MTHFR、TYMS 等，以对临床用药提供参考。

（四）卵巢癌

1. 卵巢癌的实验检查

（1）乳酸脱氢酶（lactate dehydrogenase，LDH）：血清 LDH 检测对卵巢恶性肿瘤中的上皮类和生殖细胞类较敏感，其血清 LDH 活性的高低与病情变化相关。当卵巢癌经治疗后病情好转时，其 LDH 活性可下降，故可作为疗效衡量的标准之一。

（2）性激素：主要测定睾酮、雌二醇、孕酮等，可辅助鉴别卵巢癌的组织学类型。如卵巢性索间质肿瘤中的颗粒细胞瘤可分泌雌、孕激素，致血中雌二醇、孕酮水平升高；卵巢支持细胞-间质细胞肿瘤可分泌雄激素，致血中的睾酮升高。这些分泌性腺激素的肿瘤，在手术切除后，血中激素水平随之下降，故也可作为病情监测的标志物。

2. 血清肿瘤标志物 ①糖类抗原 125（CA125）：是最为常用的卵巢癌肿瘤标志物，尤其是浆液性癌的首选肿瘤标志物。CA125 的阳性率与肿瘤分期、组织学类型有关，晚期浆液性癌患者的阳性率显著高于早期及非浆液性癌患者。②人类附睾蛋白 4（human epididymis protein 4，HE4）：一种敏感的卵巢癌标志物，因为 HE4 分子量小，早期可分泌入血，常作为卵巢癌的早期诊断标志物。HE4 在正常卵巢组织不表达，而在卵巢癌高表达，其对卵巢癌的诊断特异性高于CA125。HE4水平在卵巢癌术后明显降低，可作为卵巢癌病情监测和疗效观察的指标。但需注意HE4水平受年龄、绝经状态和肾功能的影响。③ ROMA（risk of ovarian malignancy algorithm，ROMA）指数：是将血清CA125、HE4与绝经状态相结合的一个评估模型，可评估术前有盆腔包块的女性罹患卵巢癌的风险。④ 糖类抗原72-4（CA72-4）：诊断卵巢癌的临床灵敏度与肿瘤的分期有关，Ⅰ、Ⅱ期肿瘤约为10%，Ⅲ、Ⅳ期肿瘤约为56%。CA125与CA72-4联合检测可将诊断的临床灵敏度从47%提高到58%。⑤ 癌胚抗原（CEA）：升高常见于胃肠道转移性卵巢癌，对上皮性肿瘤较敏感，尤其是卵巢黏液性囊腺癌，其血清水平与卵巢肿瘤的分期、分级、类型及预后有关。⑥ 雌、孕激素受体含量变化：高分化卵巢癌的雌、孕激素受体含量高于中、低分化癌。

3. BRCA基因突变分析 一般认为，BRCA1与卵巢癌的相关性更强，带有BRCA1基因或BRCA2基因突变的患者一生中罹患乳腺癌的概率为40%～85%，卵巢癌的概率为25%～50%。且目前普遍认为大部分遗传性卵巢癌是由于BRCA突变所致，因此对有乳腺癌或卵巢癌家族史的妇女进行BRCA基因监测是必要的。

4. 卵巢癌治疗与预后相关实验检查 卵巢癌晚期患者常使用顺铂、卡铂、异环磷酰胺、甲氨蝶呤、氟尿嘧啶等进行治疗，因此可对相应位点进行检测，如ERCC1、XRCC1、MTHFR、TYMS等，以对临床用药提供参考。

微整合

基础回顾

化学发光免疫分析检测原理

化学发光免疫分析是肿瘤标志物检测常用方法，该方法用化学发光剂直接标记抗原或抗体，包含化学发光分析系统和免疫反应系统。化学发光分析系统利用化学发光物质经催化剂的催化和氧化剂的氧化，形成一个激发态的中间体，当其回到基态时，同时发射出光子。光子经光电倍增管检测并传输至放大器，放大器将模拟电流转化为数字电流，数字电流将发光信号由R232数据线传输给计算机并加以计算，得出临床结果。免疫反应系统是将发光物质直接标记在抗原或抗体上或将酶作用于发光底物。根据发光体系也就是发光剂的不同进行分类，可分为间接化学发光、电化学发光、直接化学发光、光激化学发光等。

思考题

1. 原发性肝癌实验检查最常用的指标有哪些？
2. 卵巢癌辅助诊断的血清肿瘤标志物包括哪些？

（杜鲁涛）

第十五章 神经系统疾病的实验诊断

第十五章数字资源

神经系统疾病指脑、脊髓、周围神经和骨骼肌的疾病，可分为遗传性疾病、感染性疾病、血管性疾病等类型，其中将阿尔茨海默病等原因不明的神经系统慢性进行性疾病，归为变性疾病。神经系统疾病的诊断首先是定位诊断，然后再进行定性诊断，实验室检查主要用于定性诊断。

第一节 脑血管疾病

脑血管疾病（cerebrovascular disease，CVD）是指各种因素导致的脑血管病变，进而引起脑功能障碍，是临床常见病、多发病，通常分为缺血性脑血管疾病和出血性脑血管疾病。常见的缺血性脑血管疾病有短暂性脑缺血发作（transient ischemic attack，TIA）和脑梗死（cerebral infarction，CI）。出血性脑血管疾病主要包括脑出血和蛛网膜下腔出血（subarachnoid hemorrhage，SAH）。

案例 15-1

男性，59岁。1天前无明显诱因突然出现右侧肢体无力，伴不能言语。无头痛、头晕、恶心、呕吐；无复视、意识不清。颅脑CT提示：左顶叶低密度软化灶，余未见异常。入院查体：T 36.5℃，P 82次/分，R 19次/分，BP 149/90 mmHg，心肺腹无阳性体征。实验室检查：血常规、肝肾功能及电解质、凝血全套、血气分析、尿常规未见异常。血脂全套三酰甘油 2.08 mmol/L（↑），HCY 30 μmol/L（↑）。患者既往高血压史20余年，未规律服用降压药及监测血压。

问题：
1. 请说明该病例最可能的诊断。
2. 该诊断的依据是什么？

一、脑血管疾病的检验项目与应用

（一）常规检验

1. 全血细胞计数

【目的】了解外周血全血细胞数量的变化，辅助判断是否有脑血管病发作。

【应用】CI 发生时，患者血液中白细胞总数和中性粒细胞数会很快升高，血小板数一般会下降。SAH 部分患者初期外周血中白细胞可增高且多伴核左移现象；SAH 伴脑血管痉挛时外周血白细胞明显增高，其与脑损伤程度及预后密切相关，是患者预后不良的标志。

2. 血糖和血脂

【目的】了解脑血管疾病患者血糖和血脂水平，评估疾病风险。

【应用】高血糖是脑血管疾病发生的风险因素之一，有较高比例的 CI 患者常合并有高血糖症。研究发现，脑血管疾病（如 TIA）的病情轻重及预后与糖尿病患者的血糖水平和控制程度相关，控制血糖水平可有效降低脑血管事件的发生危险。高血脂与动脉粥样硬化的发生、发展密切相关，从而参与脑血管疾病的发生。TG、TC、LDL-C、氧化低密度脂蛋白（oxidized low-density lipoprotein，ox-LDL）、小而密低密度脂蛋白（small dense low-density lipoprotein，sd-LDL）增高为 CI 的危险因素之一，高 HDL-C 则为 CI 的保护因素。

3. 血浆 C 反应蛋白

【目的】了解血浆 C 反应蛋白（C-reactive protein，CRP）水平，评估脑血管疾病风险。

【应用】CRP 是临床上最有效的炎症标志物之一，也是脑血管疾病的独立危险因素和预测因素。有研究显示，CRP 升高能够预测缺血性脑卒中发生风险，因此监测 CRP 对脑血管疾病的疗效及预后转归有指导意义。

4. 血清同型半胱氨酸

【目的】了解患者是否存在高同型半胱氨酸（homocysteine，HCY）血症，评估 CI 相关风险。

【应用】高 HCY 血症是 CI 发病的独立危险因素，也是 CI 复发的危险因素。高 HCY 血症的 CI 患者 3 年内再次发生 CI 的概率远大于正常 HCY 患者，建议 CI 的高危人群和已经发生 CI 的患者应定期检测 HCY 水平。

5. 血清脂蛋白相关磷脂酶 A2

【目的】检测脂蛋白相关磷脂酶 A2（lipoprotein-associated phospholipase A2，Lp-PLA2）水平，评估脑血管疾病发生风险，监测治疗效果。

【应用】Lp-PLA2 广泛参与动脉粥样硬化的病理过程，包括斑块的形成、发展和破裂，而动脉粥样硬化斑块破裂又常导致缺血性脑血管疾病的发生，被认为是血管特异性炎症和动脉粥样硬化斑块破裂的潜在生物标志物，与心脑血管疾病密切相关。研究表明，Lp-PLA2 与 TIA 及 CI 密切相关，是脑血管事件发生的独立危险预测因子，且水平的高低与脑血管疾病的严重程度和复发相关。

6. 血清缺血修饰蛋白

【目的】检测血清缺血修饰蛋白（ischemia modified albumin，IMA）辅助判断有无 TIA 或急性 CI 的发作。

【应用】血清 IMA 对缺血、缺氧高度敏感，在不同急性脑血管病患者中均有不同表达；急性 CI 和脑出血患者高于 TIA 患者；急性 CI 血清 IMA 水平在 24 h 内逐渐升高，而脑出血患者 IMA 水平在 24 h 内无显著变化。血清 IMA 水平也可能与 CI 病灶大小成正相关，可用作一种临床治疗监测指标。

（二）血栓与止血检验

生理性止血系统的构成包括：血管内皮、血小板、血液成分、血液流变特征。脑血管疾病发作前后常伴随着这几方面的异常。实验室可以通过检测包括血管内皮损伤、血小板活化、凝血系统和纤溶系统成分以及血液流变特征为脑血管疾病的预防、诊断和疗效监测提供依据。

1. 可溶性血栓调节蛋白

【目的】检测可溶性血栓调节蛋白（soluble thrombomodulin，sTM）了解血管内皮的损伤情况。

【应用】sTM 是血管内皮细胞膜分子血栓调节蛋白受损后的血浆游离形式。研究发现，发生 CI 的患者升高的 sTM 与其 5 年病死率成正相关；sTM 水平的升高是 CI 患者 tPA 溶栓治疗后 90 天病死率的危险因素。

2. 血浆 vWF

【目的】检测血浆 vWF 了解是否存在血管损伤和机体高凝状态。

【应用】血浆 vWF 升高与急性缺血性脑卒中的严重程度、不良预后以及梗死面积相关，还可用于预测颅内出血后脑血管痉挛的风险。

3. 血小板 CD62P

【目的】检测血小板 CD62P 了解血小板活化情况。

【应用】血浆或血小板表面的 P 选择素（CD62P）是血小板活化标志物。联合检测 TIA 患者血小板 CD62P 水平及其他血管内皮细胞损伤分子标志物，对预测 TIA 的发展趋势，判断血栓形成，早期进行干预治疗和防止发生不可逆性脑缺血具有重要临床意义，也可用于健康人群普查和高危人群筛查。

4. 血浆 D- 二聚体和纤维蛋白原

【目的】检测 D- 二聚体（D-dimer，DD）和纤维蛋白原（fibrinogen，Fg）评估缺血性脑血管病的凝血和纤溶功能。

【应用】TIA 患者急性期血浆 DD 水平明显升高，提示体内存在明显的凝血、纤溶异常；DD 是缺血性脑卒中复发、进展等预后不良的危险因素，也是出血性脑卒中的危险因素。脑梗死急性期血浆 Fg 水平升高。

5. 血浆纤溶酶原激活物抑制剂 -1、组织型纤溶酶原激活物

【目的】检测血浆纤溶酶原激活物抑制剂 -1（plasminogen activator inhibitor-1，PAI-1）、组织型纤溶酶原激活物（tissue type plasminogen activator，tPA）的浓度及活性评估血栓性疾病和出血性疾病严重程度。

【应用】许多血栓性疾病及出血性疾病都与 PDI-1、tPA 密切相关。SAH 患者的血液呈高凝状态，血浆 PAI-1 浓度明显增高、活性增加，且与病情严重程度成正相关。PAI-1 水平的升高可见于急性缺血性脑卒中，并与溶栓治疗失败相关。tPA 在 SAH 急性期显著减低并随病程延长而逐渐恢复到生理状态。

（三）脑脊液检验

1. 脑脊液常规检验

【目的】通过脑脊液（cerebrospinal fluid，CSF）一般性状、显微镜和生化检查，了解是否有脑出血，尤其 SAH。

【应用】CSF 中红细胞显著增加，排除穿刺损伤后可协助诊断 SAH（发病 1 w 后，出现黄变症，CSF 颜色为黄色，显微镜下可见大量皱缩红细胞，并可见吞噬了血红蛋白或含铁血黄素的巨噬细胞）。蛛网膜下隙梗阻患者 CSF 呈黄色胶样凝固，同时存在黄变症和蛋白质 - 细胞分离现象（蛋白质明显增高，细胞正常或轻度增高）。

2. 脑脊液神经元特异性烯醇化酶

【目的】检测 CSF 中神经元特异性烯醇化酶（neuron specific enolase，NSE）含量，了解神经元损伤情况。

【应用】NSE 主要存在于大脑神经元和神经内分泌细胞的胞质中，当神经元损伤或坏死后，

其从细胞内溢入脑脊液，是神经元损伤的特异性、较为敏感生化标志。脑脊液 NSE 在许多脑组织损害性疾病，如缺血梗死、出血、脑肿瘤和中枢神经系统变性疾病中均可升高。NSE 的水平与脑梗死的体积成正相关，对判断病情严重程度有一定价值，也可用于指导临床治疗或预测治疗后转归。

3. 脑脊液髓鞘碱性蛋白

【目的】检测 CSF 中髓鞘碱性蛋白（myelin basic protein，MBP）水平，了解神经细胞的损害程度。

【应用】MBP 是神经髓鞘所特有的一种碱蛋白，当中枢神经因损伤、压迫、感染或发生脱髓鞘而发生病变时，MBP 可释放入脑脊液，如同时存在血-脑屏障破坏，MBP 也可出现在血液中。CI 面积越大，疾病早期 MBP 浓度升高越明显，恢复正常所需要的时间也越长。脑叶梗死中 MBP 浓度最高，内囊梗死中浓度最低。

4. 脑脊液铁蛋白

【目的】检测 CSF 中铁蛋白，了解脑组织损伤情况。

【应用】铁蛋白由体细胞合成，在脑部病变时，细胞内的铁蛋白释放至 CSF，含量增高。CSF 铁蛋白含量从起病 3 d 到 7 d 开始逐渐升高，2 w 达到高峰，第 3 w 有所下降，可以弥补后期影像学 CT 检测、CSF 红细胞检查阳性率低的不足。

5. 脑脊液白蛋白/血清白蛋白比值

【目的】检测 CSF 白蛋白（C_{ALB}）与血清白蛋白（S_{ALB}）的比值，了解脑膜、血-脑屏障损害程度。

【应用】由于 CSF 蛋白质含量受血清蛋白质含量变动的影响，传统的 Pandy 试验（CSF 球蛋白定性试验）、CSF 总蛋白测定等对疾病的诊断存在不足。而 CSF 的（C_{ALB}/S_{ALB}）可更加客观地反映脑膜、血-脑屏障损害程度，比值增大提示血-脑屏障有损伤，其比值与血-脑屏障损伤成正比。健康人（C_{ALB}/S_{ALB}）约为 $(5.1 \pm 0.9) \times 10^{-3}$。

> **微整合**
>
> **基础回顾**
>
> *血-脑屏障*
>
> 血-脑屏障（blood-brain barrier，BBB）是存在于血液与脑或脊髓的神经细胞之间，由紧密连接的血管内皮细胞、基膜以及神经胶质细胞组成的选择性通透屏障。其生理功能在于选择性地让营养和代谢物质在血液与神经组织间通过，防止血液内有害物质进入中枢神经系统，以维持脑组织内环境相对稳定。

二、常见脑血管病的实验诊断策略

（一）短暂性脑缺血发作

1. 评估短暂性脑缺血发作（TIA）风险 患者的疾病相关高危因素常用指标包括血常规、CRP、血糖、血脂、血栓调节蛋白、vWF、D-二聚体及纤维蛋白原等。

2. TIA 辅助诊断和预后判断 联合检测 D-二聚体、CRP、S-100β 可在 TIA 症状发生后 6 h 内辅助诊断脑缺血，联合 vWF 和 S-100β 可在症状发生后最早 12 h 辅助诊断脑缺血，对预测 TIA 的发展趋势、判断血栓形成、指导早期干预以防止发生不可逆转性脑缺血具有重要临床意义。

3. 判断 TIA 患者神经元是否损伤 NSE 在 TIA 患者脑缺血后 4～8 h 可被检测到，24 h 达峰值。因此，应常规在 TIA 发病 48 h 内进行血清 NSE 检测，若发现血清 NSE 增高，则应视为 CI 高危状态。

（二）脑梗死

1. 评估脑梗死（CI）高危因素 高 HCY 血症是 CI 的独立致病因素，CI 患者血清 HCY 含量显著升高，建议 CI 高危人群定期检测血 HCY。

2. 发现 CI 前期状态 实验室检测有助于及时发现 CI 前期状态，提高 CI 的风险预测能力以便于及时干预；CI 已经发生时，CT 等影像检查则更直观；而发病后监测 D-二聚体和纤维蛋白原有助于了解梗死灶的活动状态。

3. 监测药物用量 现有指南推荐在规定时间窗内对脑梗死开展溶栓治疗，不符合溶栓适应证且无禁忌证的脑梗死患者应在发病后尽早抗血小板治疗。监测溶栓药物、抗血小板药使用的详细实验室方法可见其他相应章节。

（三）蛛网膜下腔出血

1. 腰椎穿刺诊断蛛网膜下腔出血（SAH） 怀疑 SAH 时，进行腰椎穿刺收集 CSF，若发现血性 CSF，对 SAH 的诊断具有重要价值。

2. 明确凝血状态 SAH 初诊后，建议进一步检查 D-二聚体、tPA、PAI-1 等，以明确机体的凝血功能状态。

3. 回顾性诊断 由于 SAH 后期影像学 CT、CSF 红细胞检查阳性率低，可通过 CSF 铁蛋白检测明确诊断。

知识拓展

S-100β 蛋白在中枢神经系统中的临床应用

S-100β 蛋白是一种以二聚体活性形式存在的酸性钙结合蛋白。S-100β 蛋白是中枢神经系统特异性较高的一种蛋白。在生理条件下，脑脊液和血清中 S-100β 蛋白水平极低。在脑组织受损伤时，会刺激神经胶质细胞合成和分泌大量的 S-100β 蛋白，并释放到脑脊液中，再通过受损的血-脑屏障进入外周血，可作为中枢神经系统疾病的生化标志物。因此，检测脑脊液或血清 S-100β 蛋白水平对评估缺血性脑卒中、脑出血、蛛网膜下腔出血等脑血管疾病具有较高的特异度和敏感度，其水平高低可预测神经胶质细胞损伤的发生，也有助于临床上判断神经组织的病灶大小，进行疗效评估及疾病转归评估等。研究表明，S-100β 蛋白除了与脑血管病密切相关外，还与中枢神经系统感染、精神障碍疾病、阿尔茨海默病等神经系统疾病有关。

思 考 题

1. 在评估脑血管疾病时，止血系统完整性的实验室评估可从哪些方面入手？
2. 简述脑血管疾病常用的实验室诊断生化生物标志物。

（王　琳）

第二节 中枢神经系统感染性疾病

病原微生物侵犯中枢神经系统（central nervous system，CNS）的实质、被膜及血管等引起的急性或慢性炎症性（或非炎症性）疾病即为 CNS 感染性疾病。这些病原微生物包括病毒、细菌、真菌、螺旋体、寄生虫、立克次体和朊蛋白等。临床依据 CNS 感染部位的不同可分为①脑炎、脊髓炎或脑脊髓炎：主要侵犯脑和（或）脊髓实质；②脑膜炎、脊膜炎或脑脊膜炎：主要侵犯脑和（或）脊髓软膜；③脑膜脑炎：脑实质与脑膜合并受累。病原微生物主要通过三种途径进入 CNS。①血行感染：病原体通过昆虫叮咬、动物咬伤皮肤黏膜后进入血液；或使用不洁注射器、输血等直接进入血流，面部感染时病原体也可经静脉逆行入颅；或孕妇感染的病原体经胎盘传给胎儿；②直接感染：穿透性颅外伤或邻近组织感染后病原体蔓延进入颅内；③神经干逆行感染：嗜神经病毒（neurotropic virus）如单纯疱疹病毒、狂犬病毒等首先感染皮肤、呼吸道或胃肠道黏膜，经神经末梢进入神经干，然后逆行进入颅内。CNS 感染性疾病种类繁多，限于篇幅，本节重点介绍病毒性脑膜炎、结核性脑膜炎和化脓性脑膜炎等。

案例 15-2

王某，男性，28 岁。3 天前因劳累后饮酒出现发热、寒战、剧烈头痛。4 小时前开始出现意识障碍，自言自语，回答不出问题，并出现抽搐，抽搐时双眼上翻、凝视，口吐白沫，唇周发绀，双手握拳，四肢抽动，呼之不应，持续半小时后停止。既往体健。查体：T 39℃，P 108 次 / 分，R 25 次 / 分，BP 112/65 mmHg，昏迷，检查不合作，双瞳等大约 0.6 cm，眼底检查，视盘水肿，光反射迟钝，颈抵抗明显，双肺、心、腹、淋巴结、皮肤均无异常，膝跟腱反射亢进，右侧巴宾斯基征阳性。实验室检查：脑脊液外观白色浑浊，RBC 10×10^6/L，WBC 3600×10^6/L，分叶核白细胞 93%，淋巴细胞 7%；蛋白质 2.49 g/L，葡萄糖 3.1 mmol/L，氯化物 121.5 mmol/L；脑脊液沉淀物涂片，查见革兰氏阴性球菌，多呈双排列。

问题：
1. 该患者的初步诊断是什么？
2. 对该患者确诊还需做哪些检查？

一、中枢神经系统感染性疾病的检验项目与应用

用于神经系统感染性疾病的检验项目较多，除了通过血常规、ESR、尿常规、生化常规、CRP、PCT 等检测了解患者一般情况外，选择腰椎穿刺取 CSF 检验，是诊断颅内感染的重要依据。

1. 脑脊液常规检验

【目的】通过 CSF 一般性状、显微镜和生化检测，初步了解患者感染类型。

【应用】①病毒性脑膜炎：白细胞增多达（10～500）$\times 10^6$/L；早期以多形核细胞为主，8～48 h 之后以淋巴细胞为主；蛋白轻度增高，葡萄糖与氯化物正常；细菌学检验为阴性。②结核性脑膜炎：CSF 无色透明或微黄，静置后可有薄膜形成，典型改变为淋巴细胞数增高

$(50 \sim 500) \times 10^6$/L，早期多形核细胞增多；蛋白增高，严重者可达 $1.0 \sim 2.0$ g/L；葡萄糖和氯化物同时减低。③化脓性脑膜炎：CSF 浑浊或稀米汤样；镜检中性粒细胞显著增多；糖定量显著降低；蛋白定性试验多为强阳性，定量多 > 1 g/L。

微整合

基础回顾

脑脊液的生成及循环

脑脊液的产生：脑脊液（cerebrospinal fluid，CSF）主要产生于脑室的脉络丛，经脑内静脉系统进入体循环。正常成人的脑脊液总量为 $120 \sim 180$ ml，脑脊液产生的速率为 0.3 ml/min，日分泌量 432 ml。

脑脊液的流动具有一定的方向性。两个侧脑室脉络丛最丰富，产生的脑脊液最多，这些脑脊液经室间孔流入第三脑室，再经中脑导水管流入第四脑室。各脑室脉络丛产生的脑脊液都汇至第四脑室并经第四脑室的正中孔和外侧孔流入脑和脊髓的蛛网膜下腔。最后经矢状窦旁的蛛网膜颗粒将脑脊液回渗到上矢状窦，使脑脊液回流至静脉系统。脑脊液的回流（或吸收）主要取决于颅内静脉压和脑脊液的压力差以及血 - 脑屏障间的有效胶体渗透压。脑和脊髓的血管、神经周围间隙和室管膜也参与脑脊液的吸收。

2. 脑脊液病原体直接检验

【目的】通过 CSF 直接涂片、染色、分离培养与鉴定、药敏试验等，明确感染病原体的种类、性质，并为抗菌药物选择提供依据。

【应用】①结核性脑膜炎：CSF 离心涂片、抗酸染色，查到抗酸杆菌具有诊断价值。结核分枝杆菌培养是目前结核性脑膜炎诊断的"金标准"，但需大量 CSF 和数周时间。②化脓性脑膜炎：CSF 离心涂片、革兰氏染色，常能查见病原菌，在中性粒细胞胞质中查见革兰氏阴性双球菌对脑膜炎奈瑟菌感染有诊断意义（见彩图 15-1），可作为早期选用抗生素治疗的依据。CSF 培养有细菌生长对化脓性脑膜炎有确诊意义。③隐球菌脑膜炎：CSF 直接涂片、墨汁染色可查到隐球菌。

3. 脑脊液病原体特异性抗体或抗原检测

【目的】通过脑膜炎患者病原体特异性抗体或抗原检测，辅助确定感染病原体。

【应用】①病毒性脑膜炎：CSF 中相关病毒特异性 IgM 抗体的效价升高具有辅助诊断价值。②结核性脑膜炎：结核分枝杆菌抗原是诊断结核性脑膜炎的直接证据。脑脊液结核分枝杆菌抗原早期诊断结核性脑膜炎的敏感性为 70.43% ~ 90%，特异性为 95.83% ~ 100%；CSF 结核分枝杆菌抗体是诊断结核性脑膜炎的间接证据。③隐球菌脑膜炎：CSF 隐球菌荚膜多糖抗原检测是一种简便、快速、有效诊断隐球菌性脑膜炎的方法。

4. 脑脊液病原体核酸检测

【目的】通过 CSF 中脑膜炎患者感染病原体的核酸序列检测，明确感染病毒的种类。

【应用】①病毒性脑膜炎：核酸分子杂交尤其适用于不易分离培养及含量极少的病毒标本。病毒核酸大量、短暂出现于症状出现后 1 周，极少出现于第 2 周。症状出现后 48 h 至 10 d 进行脑脊液病毒特异性核酸检测，灵敏度为 96%，特异度为 99%。②结核性脑膜炎：CSF 中结核分枝杆菌核酸检测敏感性高，可快速诊断。

> **知识拓展**
>
> **中枢神经系统感染检查新技术**
>
> 　　中枢神经系统感染疾病大多病情危重、发展快，当传统病原体检测技术不能及时提供准确病原体信息时，宏基因组二代测序技术（mNGS）将会发挥重要的作用。mNGS 是将待测样本的所有 DNA 或 RNA 混合测序，并将测序数据与病原体数据库进行比对，该技术能够非靶向地检测临床标本中的病原体核酸（包括病毒、细菌、真菌、寄生虫），其已逐步应用于临床，包括中枢神经系统感染性疾病的病原体诊断。与传统病原体检测技术比较，mNGS 对一些病因不明或已经使用抗感染药物治疗后的感染，仍有一定的检测阳性率，这一点对于 CNS 感染性疾病来讲至关重要。同时，在自身免疫性脑病最终诊断之前，脑脊液 mNGS 是排除广谱的潜在 CNS 传染病的适当工具。

二、中枢神经系统感染性疾病的实验诊断策略

中枢神经系统感染性疾病的实验诊断策略如图 15-1 所示。

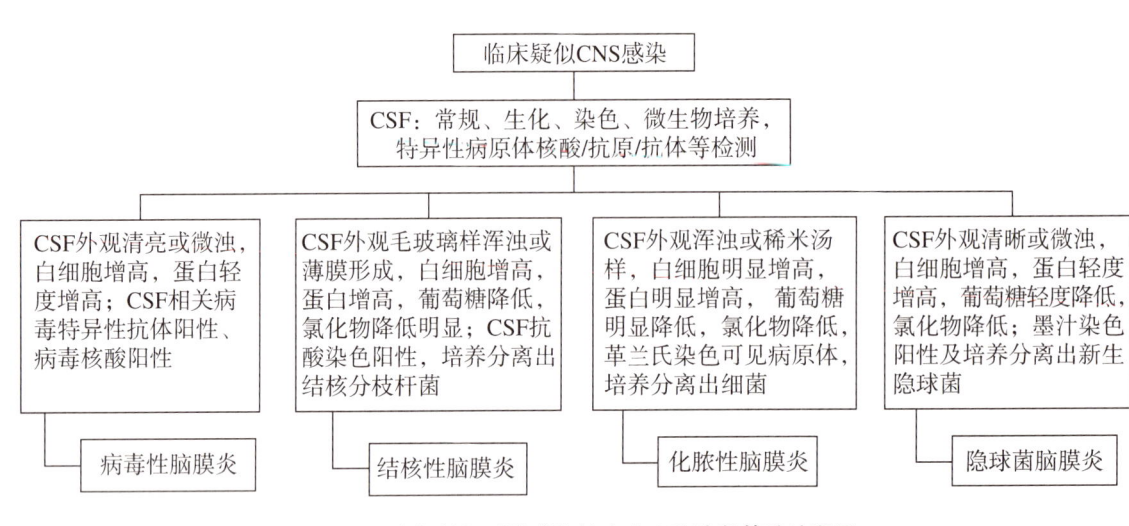

图 15-1　中枢神经系统感染性疾病实验诊断策略流程图

三、常见中枢神经系统感染性疾病的实验诊断

1. 病毒性脑膜炎（viral meningitis）　是由病毒引起的一种脑膜感染，85%～95% 的病毒性脑膜炎由肠道病毒引起，包括脊髓灰质炎病毒、柯萨奇病毒 A 和 B、埃可病毒等。虫媒病毒和单纯疱疹病毒（herpes simplex virus，HSV）也可引起本病。病毒性脑膜炎诊断金标准为细胞培养分离病毒，现已可以用脑脊液特异性病毒核酸作为诊断依据；机体产生针对特定病毒的特异性抗体也是病毒感染的辅助诊断依据。病毒性脑膜炎首选检验项目：脑脊液常规检验 + 特异性抗体检测。确诊需要病原学或病毒核酸阳性依据。脑脊液细菌学检验阳性可以排除病毒性脑膜炎。

2. 结核性脑膜炎（tuberculous meningitis，TBM）　是由结核分枝杆菌引起的脑膜和（或）

脊髓膜的慢性炎症，是最常见的神经系统结核病。结核性脑膜炎首选检验组合：脑脊液离心涂片找抗酸杆菌+脑脊液结核分枝杆菌培养。抗酸杆菌查见或培养检出结核杆菌即可确诊。结核性脑膜炎临床特征与隐球菌性脑膜炎（cryptococcal meningitis，CNM）相似，需要加以鉴别。

3．化脓性脑膜炎（purulent meningitis） 是由化脓性细菌感染所致的脑脊膜炎症，是CNS常见的化脓性感染。化脓性脑膜炎最常见的致病菌为肺炎球菌、脑膜炎双球菌及流感嗜血杆菌B型，其次为金黄色葡萄球菌、链球菌、大肠埃希菌、变性杆菌、厌氧杆菌、沙门菌及铜绿假单胞菌等。化脓性脑膜炎一般首选组合试验：全血细胞计数+血清和CSF中CRP+CSF常规检验+CSF离心涂片革兰氏染色+CSF细菌培养与药敏试验。注意与病毒性脑膜炎和结核性脑膜炎鉴别诊断。

4．常见中枢神经系统感染性疾病的脑脊液改变特征 见表15-1。

表15-1 常见四种中枢神经系统感染性疾病的脑脊液病理改变特点

	外观	Pandy试验	白细胞（×10⁶/L）	蛋白（g/L）	糖（mmol/L）	氯化物（mmol/L）	查找病原
正常	清亮透明	-	0～10	0.2～0.4	2.8～4.5	117～127	
病毒性脑膜炎	清亮或微浊	-～+	10～500	轻度增高	正常	正常	特异性抗体阳性，病毒分离可阳性
结核性脑膜炎	毛玻璃样浑浊或薄膜形成	+～+++	50～500	增高	降低	降低	涂片或培养可发现抗酸杆菌
化脓性脑膜炎	浑浊或稀米汤样	+～+++	常＞500	明显增高	明显降低	多数降低	涂片或培养可发现致病菌
隐球菌性脑膜炎	清晰或微浊	-～+	30～200	轻度增高	轻度减低	降低	墨汁染色或培养有新生隐球菌

思 考 题

1．简述中枢神经系统感染途径。
2．简述化脓性脑膜炎脑脊液特点及常见脑脊液检验指标的变化。

（吕 虹）

第三节 痴 呆

痴呆（dementia）是一种以认知功能损害为核心症状的获得性临床综合征。痴呆可分为变性病性痴呆和非变性病性痴呆。变性病性痴呆常见的有阿尔茨海默病（Alzheimer disease，AD）、路易体痴呆（dementia with Lewy body，DLB）、额颞叶痴呆（frontotemporal dementia，FTD）、帕金森病痴呆（Parkinson's disease dementia，PDD）等，非变性病性痴呆包括血管性痴呆（vascular dementia，VD）、肿瘤、脑外伤、内分泌疾病及中毒等继发的痴呆症。其中，AD是最常见的一种痴呆类型。

一、痴呆的检验项目与应用

案例 15-3

女性,75岁,记忆力下降2年,加重4个月,就诊于神经内科门诊,以近期记忆力下降为主,进行性加重,日常生活能力下降。查体:即刻记忆、延迟回忆差,计算力稍下降,时间、地点定向力下降,执行力及视空间能力差,抽象思维能力下降,MMSE:20分,MoCA:15分。辅助检查:血常规示白细胞计数 $3.83×10^9$/L,叶酸 > 22.80 ng/ml,HDL-C 1.92 mmol/L,LDL-C 3.16 mmol/L,球蛋白 23.39 g/L,腹部超声示肝、胆、胰、脾未见明显异常。FDG-PET/MRI:双侧额叶、顶叶皮质葡萄糖代谢轻中度减低,以右侧为著,双侧海马萎缩。AV45-PET/CT:双侧额叶、顶叶及颞叶皮质放射性分布增高,考虑 Aβ 阳性显像,脑萎缩明显。脑脊液人 β 淀粉样蛋白 Aβ1-42 162.4 pg/ml,Aβ1-42/Aβ1-40 0.022,人磷酸化 tau 蛋白(p-tau)165.40 pg/ml,人总 tau 蛋白(t-tau)1107.80 pg/ml。

问题:
1. 该患者考虑诊断为什么疾病?
2. 考虑该病的诊断依据有哪些?

(一)一般检验项目

1. 血脂

【目的】通过血脂检测,了解是否存在血脂代谢紊乱,辅助判断患痴呆风险。

【应用】研究发现,高胆固醇血症患者痴呆发病率明显增高,检测并改善血脂水平能延缓痴呆的病情进展。痴呆患者 TC、TG、LDL-C 水平增高,中年时期高水平 LDL-C 会增加晚年痴呆发生风险。

微整合

基础回顾

血脂与心脑血管疾病

血浆脂质包括总胆固醇(total cholesterol,TC)、三酰甘油(triglyceride,TG)、游离脂肪酸(free fatty acid,FFA)、磷脂(phospholipid,PL)、糖脂等。其中 TC、TG 和 PL 在血浆中含量最多,广泛存在于人体内。脂质与蛋白质结合形成溶解度较大的脂蛋白(lipoprotein,LP),在血液循环中进行运输。根据各种脂蛋白的水化密度不同可分为乳糜微粒(chylomicron,CM)、极低密度脂蛋白(very low density lipoprotein,VLDL)、中间密度脂蛋白(intermediate density lipoprotein,IDL)、低密度脂蛋白(low density lipoprotein,LDL)和高密度脂蛋白(high density lipoprotein,HDL)。

血脂易受食物成分和体内代谢的影响,如果其超出正常生理范围就会发生高脂血症,过多的脂质易沉积在动脉血管壁上,形成斑块,造成血管壁增厚、变硬,管腔狭窄或阻塞,从而与多种心脑血管疾病的发生发展密切相关,包括动脉粥样硬化、冠心病、脑卒中、阿尔茨海默病、血管性痴呆等疾病。因此,控制血脂对于心脑血管健康至关重要。

2. 叶酸与维生素 B_{12}

【目的】通过血清叶酸与维生素 B_{12} 检测，辅助诊断痴呆。

【应用】叶酸参与体内氨基酸、核酸的合成过程，维生素 B_{12} 会影响神经髓鞘的形成，叶酸与维生素 B_{12} 对人体造血功能、代谢功能、神经调节功能起着重要作用。痴呆患者可出现叶酸、维生素 B_{12} 水平减低。

3. 同型半胱氨酸

【目的】通过血清 HCY 检测，了解患 AD 等的风险。

【应用】血清高 HCY 是 AD 的独立危险因素。研究发现，HCY 与 AD 的发病、发展及预后有一定的关系。

4. 血液流变特性

【目的】通过血液流变特性检测，辅助诊断痴呆和疗效观察。

【应用】全血黏度增高会导致微血栓形成以及相应器官灌注受损，脑循环的低灌注是导致痴呆发生发展的可能原因之一。痴呆患者特别是 VD 患者的血液流变特性有显著异常改变，其中以全血黏度增高最为明显。

5. 血小板功能试验

【目的】通过血小板活化状态检查，辅助判断脑组织供血情况。

【应用】痴呆患者的血小板功能异常，处于激活状态，黏附、聚集、释放等功能增强。AD 与 VD 患者早期血小板处于活化状态，聚集率增高，容易在微血管中形成血栓，影响脑组织供血。

6. 血清免疫球蛋白

【目的】通过血清免疫球蛋白检查，辅助诊断 VD。

【应用】沉积在血管内皮上的循环免疫复合物对血管壁的免疫损伤作用，被认为是 VD 发生或发展的重要因素。研究发现，VD 患者 IgA、IgG、IgM 浓度均升高，尤其 IgG。免疫球蛋白的检测对 VD 的辅助诊断具有意义。

（二）特殊检验项目

1. 脑脊液 β-淀粉样蛋白

【目的】通过 CSF 中 β 淀粉样蛋白（amyloid β-protein，Aβ）（如 Aβ1-42，Aβ1-40 及 Aβ1-42/Aβ1-40）检测，辅助诊断 AD 等。

【应用】老年斑、血管壁淀粉样变和神经元纤维缠结是 AD 大脑的特征性病理改变，而 Aβ 是老年斑和血管壁淀粉样变性的主要成分。CSF 中 Aβ1-42 是诊断 AD 最敏感的生物标志物，通过检测脑脊液 Aβ1-42 水平可监测 AD 进展情况和观察药物疗效。有研究报道，其诊断 AD 的敏感度和特异度分别是 96.4% 和 76.9%。

  知识拓展

淀粉样前体蛋白

人类淀粉样前体蛋白（amyloid precursor protein，APP）基因位于 21 号染色体 q21.3，编码一种 I 型跨膜糖蛋白，APP 在机体内广泛表达，特别是在神经元树突和轴突中高度表达。APP 基因家族高度保守，该家族还包含 APLP1 和 APLP2。研究发现，APP 及其代谢物在轴突动力学、突触可塑性、神经元的兴奋性和营养神经方面均起着重要作用。

APP 代谢途径主要有两条，其中一条是经 α- 分泌酶和 γ- 分泌酶依次切割的非淀粉样蛋白降解途径，另一条途径是经 β- 分泌酶和 γ- 分泌酶依次进行切割的淀粉样蛋白降解途径，该途径会产生 Aβ 肽段，其中最常见的亚型是 Aβ1-40 和 Aβ1-42。Aβ1-42 具有较强的毒性，聚集形成淀粉样斑块在脑内沉积可引发神经毒性作用，激活小胶质细胞，诱发神经炎症反应，进而出现一系列 AD 病理表现。

2. 脑脊液 tau 蛋白

【目的】通过 CSF 中总 tau 蛋白（total tau protein，t-tau）及磷酸化 tau 蛋白（phosphorylated tau protein，p-tau）检测，辅助诊断 AD 等。

【应用】tau 蛋白（微管相关蛋白）是维持神经细胞骨架成分稳定的因素之一。AD 患者脑内正常 tau 蛋白减少，异常 tau 蛋白（p-tau 蛋白）增多，脑组织内发生神经纤维缠结，微管结构广泛破坏，轴突转运功能受损，突触损伤，神经元丢失，引发脑组织退行性变。CSF 中 t-tau 诊断 AD 的敏感度为 82%，特异度为 70%，联合运用 tau 蛋白和 Aβ1-42 能显著提高 AD 诊断的特异性。脑脊液 p-tau231、p-tau217 与 p-tau181 在 AD 与其他痴呆的鉴别诊断中也具有高度的敏感性和特异性。

二、痴呆的实验诊断策略

痴呆诊断主要依靠结合患者临床表现，进行量表评分，而实验检查可为确定痴呆和认知障碍的类型提供有力的证据。其实验诊断策略如下。

1. 排除引起痴呆的其他病因 如甲状腺功能试验、血氨检查、维生素 B_{12} 水平、尿液相关检验、肿瘤标志物、传染病相关检测等可以排除能够导致或诱发认知障碍的其他病因，例如甲状腺功能低下、肝性脑病、恶性贫血、尿毒症、脑肿瘤、感染等。

2. 鉴别 AD 和 VD AD 与 VD 有许多共同的特征，临床表现、影像学检查或常规实验室检查鉴别两者的能力有限。联合检测脑脊液 p-tau 蛋白和 Aβ1-42 有助于 AD 与 VD 的鉴别诊断。

3. 分子诊断 对于有常染色体显性遗传家族史的痴呆患者进行已知基因突变的筛查有助于提供特异性诊断。疑为家族性 AD（familial AD，FAD）时，分子诊断项目建议联合检测载脂蛋白 Eε4（apolipoprotein Eε4，ApoEε4）基因、早老蛋白 1（presenilin 1，PS1）基因、早老蛋白 2（presenilin 2，PS2）基因以及 β 淀粉样前体蛋白（amyloid precursor protein，APP）基因。

思 考 题

1. 简述痴呆的定义与常见类型。
2. 简述阿尔茨海默病的实验室检测方法。

（曹敬荣）

第四节 多发性硬化

多发性硬化（multiple sclerosis，MS）是一种常见的以 CNS 白质炎性脱髓鞘病变为主要特点的自身免疫病，其病理特点为大脑与脊髓内出现播散的脱髓鞘性斑块，显著特点为时间多发性（多次发作）及空间多发性（多个病变部位），临床表现为多样性神经系统功能缺失，病程进展缓慢，常有缓解与复发。目前多发性硬化的病因及发病机制尚不明确，可能和病毒感染、自身免疫反应、遗传和环境等多种因素有关。

案例 15-4

男性，49 岁，双下肢麻木无力伴二便障碍 1 月。患者 1 个月前无明显诱因出现双膝以下麻木感，以左下肢为著，当时尚能正常行走，随后症状逐渐加重。26 天前出现双下肢无力，表现为扶物能行走，自觉踩棉花感，左下肢麻木感逐渐向上进展至左臀部，右下肢膝以下麻木。24 天前出现排尿困难，19 天前右下肢麻木感上升至右臀部，不能自行排尿，双下肢无力加重，17 天前麻木感上升至整个颈部。头颅核磁提示异常信号。行腰穿检查：脑脊液（CSF）无色透明，细胞总数 64×10^6/L，白细胞数 64×10^6/L，单个核细胞 97%，多核细胞 3%，Pandy 试验（-）；CSF 蛋白 0.66 g/L，葡萄糖 3.58 mmol/L，氯化物 119 mmol/L。CSF 免疫球蛋白 6.98 mg/dl，血清免疫球蛋白 1660 mg/dl，CSF 寡克隆区带：阳性，2 型条带，条带数 ≥ 10 条。

问题：
1. 请说明该例最可能的诊断。
2. 该例诊断的依据是什么？

一、多发性硬化的检验项目与应用

1. 脑脊液常规检验

【目的】通过 CSF 一般性状、显微镜和生化检测，初步了解炎症类型。

【应用】MS 患者 CSF 清亮或微显浑浊，细胞数一般不超过 50×10^6/L，主要为淋巴细胞及单核细胞，比例约为 7∶3。CSF 总蛋白正常或轻度至中度升高，多为 0.3～0.4 g/L，一般不超过 1 g/L。葡萄糖和氯化物含量一般正常，借此可以与化脓性脑膜炎等相区别。

2. 脑脊液免疫球蛋白

【目的】通过 CSF 的免疫球蛋白检查，初步了解患者 CNS 的免疫反应情况。

【应用】在 MS 中免疫反应异常已十分明确，CSF 免疫球蛋白的检测可为 MS 的诊断和发病机制的研究提供重要的信息。MS 患者 CSF 中多以 IgG 为主，且以 IgG1 增高、IgG2 减低为特点。CSF 内 IgG 水平增高而血液的 IgG 水平正常是 MS 的另一特征。

3. 脑脊液 IgG 指数

【目的】通过 CSF 的 IgG 指数了解患者鞘内免疫球蛋白的合成情况。

【应用】CSF IgG 指数 = $(IgG_{CSF}/Alb_{CSF}) \div (IgG_{SER}/Alb_{SER})$，公式中 Alb 为白蛋白，SER 为血清。CSF IgG 指数摒除了血清 IgG 增高和血-脑屏障破坏等因素影响，反映 CNS 内源性 IgG 的合成。IgG 指数增高表明鞘内 IgG 合成增加，见于 60%～90% 的 MS 患者。但要注意阳性结果可以支持 MS 诊断，但阴性结果不能排除 MS 诊断。

4. 髓鞘碱性蛋白

【目的】通过测量患者髓鞘碱性蛋白（myelin basic protein，MBP）含量，初步了解患者脑实质损伤的范围和严重程度。

【应用】MBP 的含量对判断神经损伤严重程度、损伤范围、病情转归及预后有重要的意义。MBP 能反映 MS 活动性：急性期增高最为明显，缓解期含量很低，进展期介于两者之间。

5. 脑脊液寡克隆区带

【目的】通过检测配对标本的血清/CSF 寡克隆区带（oligoclonal band，OCB），初步判断患者鞘内免疫球蛋白的合成情况及蛋白来源。

【应用】同时测定 CSF 和血清的 OCB 反映鞘内自身发生免疫反应的情况，是目前用于确诊多发性硬化最为特异的实验室指标。CSF 的 OCB 检测中，出现 CSF 中存在而血清中不存在的 OCB，即可提示鞘内免疫反应的发生，其是 MS 确诊的重要依据之一。研究表明，MS 患者 CSF 中 OCB 阴性或数量较少者，提示预后较佳（图 15-2）。

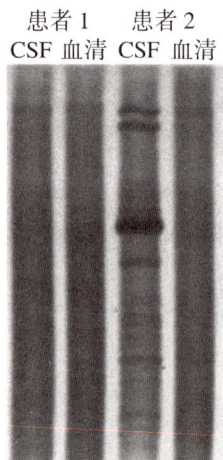

图 15-2 脑脊液 OCB 条带

患者 1：CSF 和血清中皆无条带，为 1 型，正常；患者 2：CSF 存在血清中没有的寡克隆条带，为 2 型，支持 MS 诊断

知识拓展

脑脊液寡克隆区带

脑脊液寡克隆区带有 5 种类型。其特点和临床意义如下。

种类	特点	临床意义
1 型	脑脊液与血清均无条带	正常
2 型	脑脊液存在血清中没有的寡克隆条带	多见于多发性硬化等脱髓鞘性疾病
3 型	脑脊液存在血清中没有的条带且血清与脑脊液存在对称条带	多见于神经梅毒等疾病
4 型	脑脊液与血清中存在对称的寡克隆条带	多见于系统性炎症
5 型	脑脊液与血清中存在对称的单克隆条带	多见于副蛋白血症

二、多发性硬化的实验诊断策略

多发性硬化的诊断以客观病史和临床体征为基本依据,充分结合各种辅助检查,特别是核磁共振(MRI)与脑脊液寡克隆区带电泳(OCB)的结果。在根据临床需要对患者头颅、脊髓和视神经进行 MRI 检查的基础上,进行脑脊液相关检查对于多发性硬化的诊断和鉴别诊断至关重要。脑脊液 OCB 是 MRI 以外,另一项被纳入 MS 诊断标准的辅助检查。对于具有典型临床孤立综合征且符合临床或 MRI 的空间多发性标准且对临床表现没有更好解释的患者,在没有其他非典型 MS 脑脊液表现的情况下,患者存在脑脊液 OCB 时,即可诊断 MS。

思 考 题

脑脊液寡克隆区带检测中 2 型和 3 型条带的区别以及临床意义分别是什么?

(曹敬荣)

第十六章

生殖系统疾病与出生缺陷的实验诊断

第十六章数字资源

生殖系统疾病包括生殖器官的炎症、肿瘤和不孕不育等。男性常见生殖系统疾病主要包括前列腺炎、尿道炎等，女性常见生殖系统疾病主要包括阴道炎、宫颈和卵巢肿瘤等，这些疾病不但影响患者的健康，而且可能会导致不孕不育，甚至严重影响下一代的健康导致出生缺陷。因此，采取一定策略对患者的各类标本（血液、精液、前列腺液、阴道分泌物、羊水等）进行各项检测，及时准确诊断生殖系统炎症等疾病，对减少不孕不育发生和提高人口质量具有重要意义。

第一节 生殖系统感染

生殖系统感染包括男性和女性生殖系统感染。男性生殖系统感染实验诊断主要通过精液与前列腺液检验，女性生殖系统感染实验诊断主要通过阴道分泌物检验。

案例 16-1

女性，40岁，于2个月前出现接触性出血两次，量均少。查宫颈 TCT*：高级别鳞状上皮内病变，非典型腺细胞；HPV*：16（+），56（+），后行阴道镜检查+宫颈活检，病理回报：宫颈 3 点、9 点高级别上皮内瘤变，5 点及 12 点鳞状细胞癌。查体：T 36.2℃，P 70 次/分，BP 118/81 mmHg。妇科检查：宫颈呈轻度糜烂样改变，双附件区未触及明显异常。

实验室检查：白细胞 9.9×10^9/L，红细胞 4.74×10^{12}/L，血红蛋白 154 g/L，中性粒细胞百分数 78.1%。总蛋白 60.2 g/L，白蛋白 37.1 g/L，凝血功能均正常。鳞状细胞癌相关抗原 7.33 ng/ml（↑），女性其他肿瘤标志物系列正常。患者阴道分泌物涂片检验结果为白细胞 3+，复层鳞状上皮细胞 1+，革兰氏阳性球菌 2+，阴道加德纳菌 2+，可见线索细胞，可见滴虫，未检出乳酸杆菌，pH > 4.6。

*：TCT 为液基薄层细胞的简称，是检查宫颈病变最初的步骤；HPV 的检测目的为是否感染 HPV 病毒。二者是检查宫颈癌时常用的检查方法，详见第十四章第三节"生殖系统肿瘤"部分。

问题：
1. 患者的检查结果有何异常？
2. 患者的阴道清洁度如何？
3. 患者的初步诊断是什么？诊断依据有哪些？

一、生殖系统感染的检验项目与应用

（一）筛查试验

1. 精液常规试验

【目的】通过精液一般性状及显微镜检验，辅助诊断男性生殖系统感染、不育症及相关疾病的疗效观察。

【应用】①一般性状：精液黄色、棕色脓样改变，精液量减少，首先考虑附属性腺感染，如精囊炎和前列腺炎；血性精液要排除泌尿系统结核、肿瘤等；液化时间延长或不液化，常见于前列腺炎。②pH：pH > 8.0 可能是附属性腺炎症导致精囊腺分泌过多或前列腺分泌过少所致。③镜检：畸形精子（彩图 16-1）、精子活力和（或）精子存活率下降，伴白细胞增多，要考虑男性生殖系统感染。

2. 前列腺液常规试验

【目的】通过前列腺液一般性状和显微镜检验，辅助诊断前列腺炎、前列腺肿瘤等。

【应用】①一般性状：血性前列腺液在排除前列腺按摩用力过度后，应考虑前列腺结核、前列腺癌等；脓性考虑急性前列腺炎。②镜检：成堆的白细胞或脓细胞（一般 > 10 个/HPF）、卵磷脂小体显著减少且有成堆倾向、发现前列腺颗粒细胞（吞噬了卵磷脂颗粒的吞噬细胞）（图 16-1）等，支持慢性前列腺炎；见到可疑癌细胞，对前列腺癌诊断意义重大；可查到滴虫，确定滴虫性前列腺炎诊断。

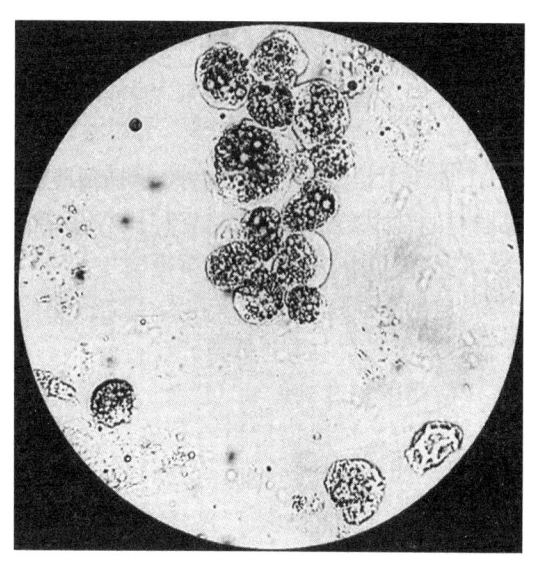

图 16-1 前列腺颗粒细胞镜下形态特征（×400）

3. 阴道分泌物常规试验

【目的】通过阴道分泌物一般性状和显微镜检验，辅助诊断女性生殖系统感染。

【应用】①一般性状：脓性考虑化脓性阴道炎、慢性宫颈炎、子宫内膜炎及阴道积脓等；泡沫状脓性支持滴虫阴道炎（trichomonal vaginitis，TV），注意与需氧菌阴道炎（aerobic vaginitis，AV）鉴别；白色稠厚、凝乳状或豆渣样外观支持外阴阴道假丝酵母菌病（vulvovaginal candidiasis，VVC）；灰白色均匀稀薄呈奶油状、有鱼腥味支持细菌性阴道病（bacterial vaginosis，BV）。②pH：单纯 VVC pH < 4.5（如 VVC pH > 4.5 且白细胞较多，提示存在混合感染可能）；BV pH > 4.5（阴道加德纳菌产氨）；TV pH 多为 5.0 ~ 6.5（滴虫消耗糖原阻碍乳酸生成）；AV pH > 4.5（通常 > 6.0）。③清洁度判断：通过镜下对乳酸杆菌（阴道正常菌群）、杂菌（致病菌）、鳞状上皮细胞（阴道分泌物常见细胞）和白细胞（炎症标志）的量进行综合判断清洁度。生殖系统炎症多为Ⅲ ~ Ⅳ级。④病原体检查：详见诊断试验。

基础回顾

阴道微生态

正常阴道微生态：阴道菌群的密集度为Ⅱ~Ⅲ级、多样性为Ⅱ~Ⅲ级、优势菌为乳酸杆菌、阴道pH为3.8~4.5、乳杆菌功能正常（H_2O_2分泌正常）、白细胞酯酶等阴性。当阴道菌群的密集度、多样性、优势菌、阴道分泌物白细胞计数等炎症反应指标、pH和乳酸杆菌功能任何1项出现异常，即诊断为微生态失调状态。目前研究认为，微生态失调状态大部分是暂时性的，机体抵抗力好转即可恢复正常；当外来病原微生物增加或机体抵抗力下降，可导致疾病的出现，如BV、VVC、滴虫阴道炎等。

4. 体液特殊试验

（1）精浆生物化学检验

【目的】通过精浆中果糖、酸性磷酸酶、乳酸脱氢酶同工酶X等检测，辅助评价精囊腺、前列腺、睾丸等功能。

【应用】精浆的生化成分改变是精液常规试验的重要补充。如精浆酸性磷酸酶是评价前列腺功能的常用指标，前列腺炎时其活性减低。

（2）阴道分泌物生物化学检验

【目的】通过阴道分泌物微生物代谢产物检测，结合pH和炎症细胞信息（白细胞酯酶），大致判断病原微生物的种类。

【应用】①过氧化氢（H_2O_2）：是由阴道乳酸杆菌产生的一种杀菌物质。阴道分泌物H_2O_2试验阳性（此结果提示阴道分泌物中H_2O_2浓度减低或无），提示阴道乳酸杆菌减少。②白细胞酯酶：阳性提示白细胞（其内有白细胞酯酶）增多，多见于急性宫颈炎、AV等，而TV、VVC和BV患者的阴道分泌物白细胞酯酶活性改变可不明显。③唾液酸苷酶：阳性提示BV（阴道加德纳菌代谢产物包括唾液酸苷酶）。④脯氨酸氨肽酶：阳性表明可能是BV或VVC（阴道加德纳菌和阴道假丝酵母菌皆能产生脯氨酸氨肽酶）。⑤乙酰氨基葡萄糖苷酶：阴道毛滴虫和阴道假丝酵母菌皆能产生乙酰氨基葡萄糖苷酶。可结合pH判断结果：阳性，同时pH＞5.0，表示可能是TV；若同时pH＜4.5，表明可能是VVC。

 知识拓展

阴道微生态系统检测

阴道微生态系统检测主要结合湿片、革兰氏染色涂片从菌群密集度、多样性、优势菌、病原微生物、各项疾病评分等形态学指标和阴道微生物的代谢产物及酶活性的测定的功能学检测指标综合评价阴道微生态状况，可快速、准确诊断各种单纯性阴道感染，及时发现各种混合性阴道感染，并全面评价阴道微生态环境，在诊断明确的基础上，实施促进阴道微生态平衡的疗法，以恢复乳酸杆菌优势地位和阴道弱酸环境，促进阴道微生态平衡和免疫调节，减少阴道感染。

（二）诊断试验

利用直接涂片查找病原体、病原体分离培养、血清学和分子生物学等试验检测生殖系统标本的病原学，以确定生殖系统感染的存在，明确生殖系统感染的病原体种类。

1. 涂片显微镜检验

【目的】通过生殖系统标本涂片、不染色或染色（革兰氏染色、抗酸染色、荧光染色等）显微镜下查找特征性形态的病原体或包涵体，为临床生殖系统感染提供快速诊断依据。

【应用】①TV：标本涂片镜检可见滴虫（彩图16-2）。②VVC：镜下可找到念珠菌的孢子及菌丝（彩图16-3）。③BV：镜下可查到线索细胞（彩图16-4）；存在菌群失调即混合有多种菌群，而乳酸杆菌无或每视野少于5个；④其他：AV镜检可见乳酸杆菌减少或缺失；杜克雷嗜血杆菌感染时革兰氏阴性小杆菌增多；淋病奈瑟菌感染时镜检可见白细胞浆内吞噬革兰氏阴性双球菌（彩图16-5）。

2. 免疫学检验

【目的】利用荧光免疫法、ELISA法、胶乳凝集法等免疫学方法检测生殖道分泌物标本中特异性病原体抗原或血清中特异性抗体，以明确生殖系统感染的病原体种类。

【应用】直接涂片等方法难以发现相关病原体的标本，可进行病原体抗原检测以提高检出率，如检测阴道毛滴虫的特异抗原。

3. 病原体分离培养

【目的】分离生殖道致病菌并提供药敏结果，为生殖系统感染的诊治提供可靠依据。

【应用】①前列腺液培养杜克雷嗜血杆菌、淋病奈瑟菌（彩图16-6）等阳性，即可考虑细菌性前列腺炎。②阴道毛滴虫培养法是诊断TV的金标准，但操作较复杂，所需时间较长，适用于显微镜检查阴性而临床高度怀疑TV的患者。③真菌培养主要适用于疑为VVC而多次显微镜检查阴性的患者或顽固VVC病例（同时进行药敏试验）。④阴道加德纳菌初次分离培养营养要求高，故临床少用。单独检测阴道加德纳菌不作为诊断BV的指标，而阴道分泌物中未检出阴道加德纳菌有助于排除BV的诊断。⑤杜克雷嗜血杆菌、淋病奈瑟菌等培养阳性支持AV诊断。

4. 分子生物学检验

【目的】分子生物学方法直接检测病原体特异性核酸并进行分型，能特异性诊断相关生殖系统感染性疾病。

【应用】①利用PCR方法特异性扩增病原体，如阴道毛滴虫的 *18S rRNA* 基因，能大大提高检测的敏感性和特异性。②通过实时荧光定量PCR法可对阴道内乳酸杆菌及几种需氧菌进行半定量检测诊断AV（该方法尚处于研究阶段）。

二、生殖系统感染的实验诊断策略

生殖系统感染实验诊断目的是确定有无感染以及感染性质。主要实验诊断策略如下（参见二维码中思维导图"生殖系统感染实验诊断思维导图"）。

1. 通过生殖系统体液标本的常规及化学检验进行筛查，结合临床初步判定有无生殖系统感染。

2. 通过直接或间接方法检测相应病原体，进行确诊。

（1）直接涂片镜检：不染色或染色（革兰氏染色、抗酸染色、荧光染色等）查找病原体或包涵体。镜下查找到特征性形态的病原体或形态即可确诊。

（2）病原体特异性抗原或抗体检测：检测分泌物中特异性病原体抗原或血清特异性抗体，

辅助诊断相关感染。

(3) 病原体分离培养：利用不同病原体的分离培养技术，如能从标本中分离出相应病原体可确诊，同时可提供抗微生物药敏试验结果。

(4) 分子生物学检验：直接检测病原体特异性核酸，并可进行分型。

思 考 题

1. 简述细菌性前列腺炎诊断常用的实验室检查方法及其诊断标准。
2. 简述女性生殖系统的常见感染性疾病及其诊断常用的实验室检查方法和诊断标准。

（董爱英）

第二节 不孕不育症

不孕症（infertility）是指12个月或以上无保护的规律性交后未能获得临床妊娠。不孕不育症单纯由于女方因素约占30%，单纯男方因素约占30%，男女共有因素约占30%，不明原因占10%。女性不孕可由卵巢、子宫、输卵管和内分泌系统等一系列异常引起；男性不育最常见因素是生精异常及排精障碍。

案例 16-2

男性，28岁，"婚后2年未避孕未育"。患者偶有阴囊坠胀不适，久站、步行后症状加重。既往体检，无高血压、糖尿病、心脏病病史，无结核、腮腺炎病史。性生活尚可，妻子体检结果显示，排卵正常，输卵管通畅。查体：阴囊触诊可扪及曲张静脉，睾丸大小正常，附睾正常，输精管光滑无结节，阴茎勃起功能正常。实验室检查：性激素FSH 24.7 IU/L（1.27~19.26 IU/L），LH 13.4 IU/L（1.24~8.62 IU/L），E_2 15.5 μg/L（20~47 μg/L），PRL 15.1 μg/L（2.64~13.13 μg/L），P 0.15 μg/L（0.14~2.06 μg/L），T 1.25 μg/L（1.75~7.81 μg/L）。精液常规：灰白色，量约3 ml，35分钟完全液化，pH 7.0，精子浓度：$20×10^6$/ml。镜下精子活动力：总活动力（PR+NP）约占25%，IM约占75%；精子存活率35%；精子形态检查示正常形态精子20%，可见多种畸形：双头，头部过大、过小。

问题：
1. 患者的检查结果有何异常？
2. 患者的初步诊断是什么？
3. 为明确诊断，下一步应该完善哪些实验室检查？

一、不孕不育症的检验项目与应用

（一）女性不孕的检验

1. 阴道分泌物常规检验及生物化学检验

【目的】通过阴道分泌物一般性状、显微镜和生化检测，辅助诊断女性生殖系统感染。

【应用】阴道炎症可影响受精和着床，降低受孕率。女性生殖系统感染时阴道分泌物性状、pH、镜检、过氧化氢、白细胞酯酶、唾液酸苷酶等检验项目均会异常。

2．阴道细胞学检验

【目的】通过阴道脱落细胞制片染色观察，筛查生殖系统的炎症和肿瘤，初步了解体内雌激素水平。

【应用】阴道炎症和相关肿瘤可影响精子的活力与寿命，影响受精和着床。鳞状上皮细胞角化度可初步反映体内雌激素水平。

3．内分泌激素

【目的】通过血清中卵泡生成素（follicle-stimulating hormone，FSH）、黄体生成素（luteinizing hormone，LH）、雌二醇（estradiol，E_2）、孕酮（progesterone，P）、睾酮（testosterone，T）、催乳素（prolactin，PRL）检测，判断卵巢排卵及黄体功能有无异常；检测血清抗米勒管激素（anti-Mullerian hormone，AMH）可用于评估卵巢的储备功能。

【应用】通过测定月经期 2～4 天的 FSH、LH、E_2 和排卵后 5～7 天的 P 等，可了解卵巢排卵情况及黄体功能。FSH、LH 和 E_2 均降低伴闭经，见于下丘脑和垂体功能减退；LH 增高，FSH 正常或略高，LH/FSH 增高，常见于多囊卵巢综合征。AMH（分泌不受月经期影响）降低提示卵巢的功能下降，卵子质量欠佳。

微整合

基础回顾

抗米勒管激素检查

抗米勒管激素（AMH）是由卵巢窦前卵泡和小窦卵泡分泌产生的一种糖蛋白，在卵泡形成和决定初级卵泡数量中起着重要作用，是反映卵巢储备功能的生物标志物，较高水平的血清 AMH 与较高质量的卵巢反应有关（特别是卵子的数量和质量）。AMH 除了用于评估卵巢的储备功能，还可预测卵巢早衰和绝经发生的年龄，判断辅助生殖技术中卵巢反应性及作为多囊卵巢综合征的辅助诊断等。AMH 对于女性卵巢功能储备的评估具有很好的临床价值，然而，由于个体异质性较高，部分患者存在差异，建议在医生的指导下对检查结果进行综合解读。

（二）男性不育的检验

1．精液常规试验

【目的】通过精液一般性状和显微镜检查，辅助评估男性生育能力。

【应用】精子的数量、活力、存活率、形态等参数异常均会影响男性生育功能。

2．精浆生物化学检验

【目的】通过精浆中与生育相关生化指标乳酸脱氢酶同工酶 X、果糖、酸性磷酸酶、精浆锌、中性 α- 葡萄糖苷酶等检测，了解相关附属性腺功能。

【应用】①精浆乳酸脱氢酶同工酶 X：由睾丸分泌，精子能量代谢所必需，活性降低可引起精子数量减少或无精子症。②果糖：由精囊腺分泌，精子能量的主要来源，浓度减低将使精子活力减弱，影响精子获能和受精。③酸性磷酸酶：由前列腺分泌，其降低使精子活力减弱。④精浆锌：主要由前列腺分泌，其降低可影响垂体分泌促性腺激素，导致睾丸萎缩，精子数目减少，死精子增多。⑤中性 α- 葡萄糖苷酶：由附睾分泌，催化产生葡萄糖，其降低影响精子代谢和运动。

知识拓展

精液检查的进展

《世界卫生组织人类精液检查和处理实验室手册》已成为实验室检查的重要指南，被全世界的临床和研究实验室广泛翻译和使用。该手册自1980年首次出版后，经历了5次修订（1987年、1992年、1999年、2010年和2021年）。2021年7月，经过广泛的专家和公众审查，《世界卫生组织人类精液检查和处理实验室手册》（第六版）已经出版。它包括精液样本制备、感染标志物确定、计算机辅助精子分析以及人类精液基本、扩展和高级检查过程，更新还包括对精液样本运送实验室时应执行分析顺序的明确说明和解释，包括质量控制和外部质量评估。对男性的临床评估和精液分析可以指导临床医生确定进一步的调查和管理低生育能力的夫妇。更新后的手册将帮助实验室技术人员和医护人员保障实验室环境中人类精液的研究和临床使用质量——最终改善性健康和生殖健康。

3. 内分泌激素

【目的】通过血清中生育相关激素水平，如T、FSH、LH、E_2、PRL及血清抑制素B（serum inhibin B，InhB）等检测，评估内分泌紊乱对不育的影响。

【应用】血清PRL增高、雄激素（androgen，A）降低或雄激素受体（androgen receptor，AR）异常、LH降低、FSH降低等均可使精子的数量和质量下降。血清InhB（生殖内分泌激素，具有调节生精功能的作用）水平反映睾丸组织的功能。

4. 精子功能试验

【目的】通过凝集素免疫荧光染色法和考马斯亮蓝染色法对精子顶体反应进行检测，评价精子相关功能，辅助诊断男性不育。

【应用】精子顶体含有多种蛋白水解酶（即顶体酶），可溶解卵子周围的放射冠和透明带。顶体酶含量或活性降低影响精子穿透透明带和放射冠。精子顶体反应发生率的降低与精子受精能力下降密切相关，检测精子顶体反应发生率可以预示精子的受精能力。

（三）男女双方共有不孕不育的检验

1. 全身性疾病检查

【目的】通过相关项目检测，筛查是否存在导致不孕不育的全身性疾病。

【应用】因高催乳素血症、甲状腺功能亢进、肾上腺皮质功能亢进患者生殖能力下降，故如怀疑有甲状腺、垂体和肾上腺疾病，需检测相关的激素水平，如血T_3、T_4、TSH，尿17-羟皮质类固醇、17-酮皮质类固醇，血皮质醇，血催乳素等。

2. 免疫学检查

【目的】通过精子凝集试验或制动试验等对男女血清、精液和（或）宫颈黏液中抗精子抗体（女性还应包括抗卵子透明带抗体、子宫内膜抗体等）进行检验，评估是否存在免疫学因素导致的不孕不育。

【应用】抗精子抗体是指针对精子细胞的免疫球蛋白，主要为IgG和IgA；血液中以IgG为主，而在精浆和（或）宫颈黏液中主要为IgA。若体内存在相关抗体，可影响精子与卵子的结合以及受精卵着床，导致免疫学不孕不育。

3. 细胞与分子遗传学检验

【目的】通过对患者标本进行染色体核型分析和基因检测,排除或明确是否由遗传因素导致不孕不育。

【应用】女性闭经或月经异常伴或不伴体态异常、多次不明原因流产、既往有缺陷儿出生史者,以及男性隐睾或睾丸下降不全、先天性输精管缺如或其他先天性疾病导致的无精症都应进行相关染色体核型和基因检查。

二、不孕不育症的实验诊断策略

根据男方、女方既往有无与配偶的临床妊娠史,将不孕不育分为原发性和继发性。男女双方全面检查是不孕不育症诊治的关键,包括详细的病史、全面的体格检查和实验室检查,如精液分析和激素分析等。实验室检测为评估生育潜力提供多方面信息,有助于患有不孕不育症的夫妇选择合适的治疗方法。不孕不育症可按图16-2、图16-3、图16-4所示路径进行实验诊断。

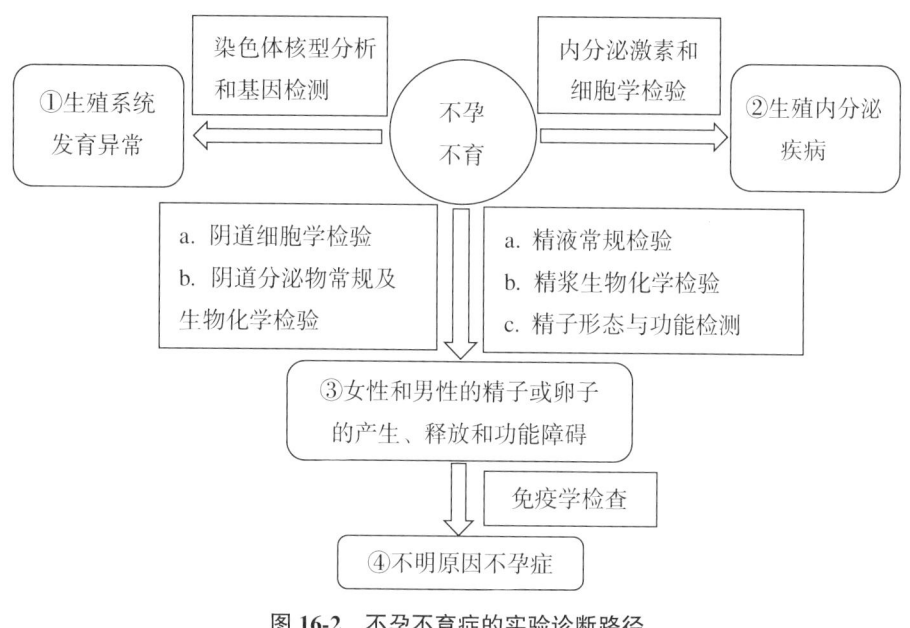

图 16-2　不孕不育症的实验诊断路径

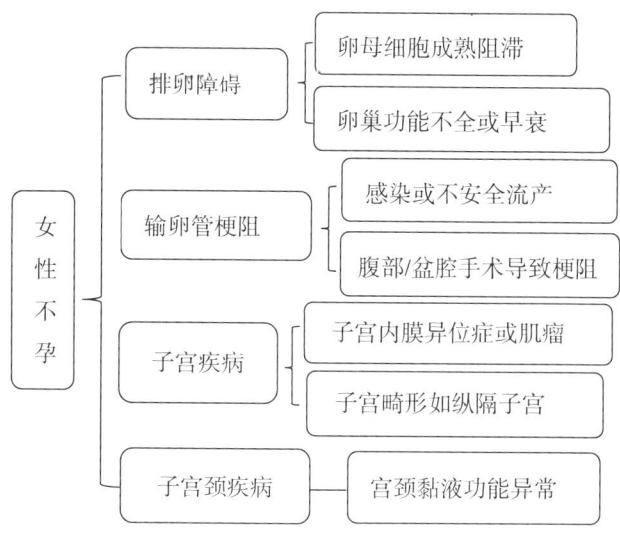

图 16-3　女性不孕症的实验诊断路径

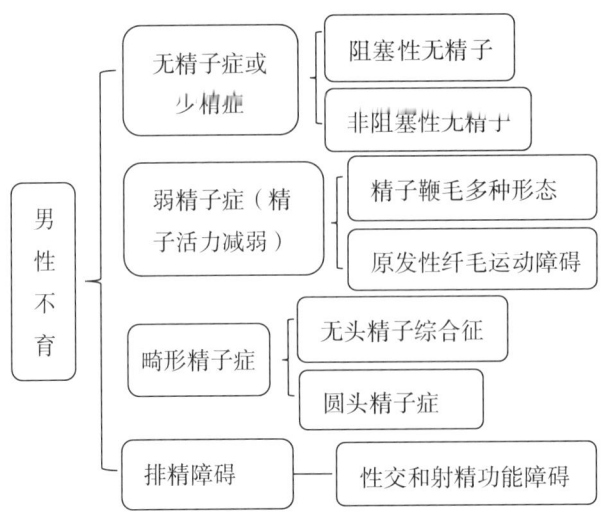

图 16-4 男性不育症的实验诊断路径

三、常见不孕不育症的实验诊断

不孕不育可能由男性和（或）女性生殖系统多种因素引起，现对可导致不孕不育的女性多囊卵巢综合征和男性精索静脉曲张实验诊断进行简单介绍。

（一）多囊卵巢综合征

多囊卵巢综合征（polycystic ovary syndrome，PCOS）发病率为 5%～10%，是育龄女性常见的生殖内分泌代谢性疾病，以慢性无排卵和高雄激素症为特征，约占无排卵性不孕的 70%。常见的临床症状为月经不调、不孕、多毛和肥胖等。育龄期 PCOS 的诊断依据（2011年中国 PCOS 的诊断标准）：①疑似 PCOS 必须包括月经稀发或闭经或不规则子宫出血，同时符合下列 2 项中的 1 项（高雄激素表现或高雄激素血症、超声多囊卵巢）；②确诊 PCOS 需具备疑似 PCOS 诊断条件后，逐一排除其他引起高雄激素的疾病和引起排卵异常的疾病。

PCOS 的主要实验诊断特点：①血清总睾酮水平正常或轻度升高（通常不超过正常范围上限的 2 倍），可伴有雄烯二酮升高，硫酸脱氢表雄酮（DHEA-S）正常或轻度升高。②血清 AMH 水平较正常明显增高。③非肥胖 PCOS 患者多伴有 LH/FSH 比值≥2。④20%～35% 的 PCOS 患者可伴有血清催乳素（PRL）水平轻度增高。

（二）精索静脉曲张

精索静脉曲张（varicocele，VC）普通男性中患病率为 10%～15%，不育男性中为 30%～40%，为男科常见疾病。通常认为 VC 与精液异常、睾丸体积下降、睾丸灌注减少及睾丸生精功能障碍等方面有关，80% 的不育男性通过精索静脉曲张修复可以改善精液质量。

VC 的主要实验诊断特点：① VC 患者血清总睾酮和血清 InhB 水平降低，FSH、LH 水平升高（术后血清总睾酮和血清 InhB 水平有显著升高，FSH、LH 水平降低）。②精液质量一定程度上能反映睾丸生精功能受损的程度（精索静脉曲张越重，精液质量则越差）。但鉴于精液质量存在波动，建议在 3 周内连续两次精液检查。③血清 InhB 相对于 FSH 能更准确评价睾丸生精功能，可作为预测术后生精功能改变的指标。

思 考 题

简述抗米勒管激素的临床应用。

（渠 巍）

第三节 出生缺陷

出生缺陷（birth defect）是指婴儿出生前发生的异常，包括结构异常（如先天性畸形）、功能异常（如视听障碍）或代谢异常（如代谢酶缺陷）。我国每年新增出生缺陷数占新生儿5%以上，其中，20%～30%的患儿经早期诊断和治疗可获较好生活质量，30%～40%的患儿出生后死亡，约40%的患儿成为终生残疾。另一方面，由于高龄产妇逐年上升、影响出生缺陷的环境因素增多，我国出生缺陷总发生率呈上升趋势。

WHO出生缺陷三级预防：一级预防目标是预防缺陷的发生，包括婚前检查、孕前检查等；二级预防目标是降低缺陷儿出生，主要通过孕期筛查和产前诊断，及早识别干预，减少异常胎儿的出生率；三级预防目标是改善出生缺陷儿的生存质量，即通过新生儿筛查，使缺陷儿得以及时治疗，避免致残或降低致残率。我国大力推广三级预防措施，要求在孕前、孕期和新生儿期进行相应的检查，以提高人口质量。

案例 16-3

王××，女性，36岁，G1P0，妊娠8周，未进行孕前检查。到医院进行孕早期检查。现病史、全身及产科检查没有异常发现。实验室检查：TORCH检查结果示Tox-IgG阴性，Tox-IgM阴性，RV-IgG阳性，RV-IgM阴性，CMV-IgG阳性，CMV-IgM阴性，HSV2-IgG阳性，HSV-1/2-IgM阳性。血常规、尿常规、阴道分泌物、肝肾功能、血糖正常。

问题：
1. 如何解读该孕妇的TORCH检查结果？
2. 该孕妇还应该做哪些必要的实验室检测，以减少出生缺陷？

一、出生缺陷的检验项目与应用

1. 孕前保健实验室检查项目

【目的】通过评估和改善计划妊娠夫妇健康状况，减少或消除导致出生缺陷等不良妊娠结局的风险因素，预防出生缺陷发生，提高出生人口素质。

【应用】相关实验室检测项目临床意义见表16-1。

表 16-1 孕前保健实验室检查项目

项目	女性	男性	临床意义
必查项目			
血常规	✓		筛查贫血、血小板减少等，减少因重症贫血造成的胎儿宫内发育迟缓；减少因血小板减少造成的新生儿出血性疾病
尿液常规	✓	✓	筛查泌尿系统及代谢性疾患，减少生殖道感染、宫内感染、胎儿死亡和胎儿宫内发育迟缓
血型（ABO 和 Rh）	✓	✓	预防血型不合溶血，减少胎儿溶血导致的流产、死胎死产、新生儿黄疸等
肝功能	✓	✓	评估是否感染及肝损伤情况，指导生育时机选择；减少母婴垂直传播
肾功能	✓	✓	评价肾功能，指导生育时机选择；减少胎儿宫内发育迟缓
空腹血糖水平	✓		糖尿病筛查，减少流产、早产、胎儿畸形等风险
HBsAg 筛查	✓	✓	评估是否感染及肝损伤情况，指导生育时机选择；减少母婴垂直传播
梅毒血清抗体筛查	✓	✓	筛查有无梅毒感染，减少流产、死胎死产、母婴垂直传播
HIV 筛查	✓	✓	筛查有无 HIV 感染，减少母婴垂直传播
地中海贫血筛查	✓	✓	筛查有无地中海贫血基因，避免地中海贫血患儿出生
备查项目			
子宫颈细胞学检测	✓		筛查宫颈癌
TORCH 筛查	✓		详见后文相关内容
阴道分泌物检测	✓		筛查有无阴道炎症，减少宫内感染，减少流产、早产、死胎、胎儿宫内发育迟缓等
甲状腺功能检查	✓		筛查有无甲状腺功能异常，减少流产、早产、胎儿宫内发育迟缓等风险
75 g 口服葡萄糖耐量试验（OGTT）	✓		糖尿病筛查，减少流产、早产、巨大儿等风险
血脂水平检查	✓		高血脂筛查，减少流产、早产、巨大儿等风险

2. TORCH 感染检测

【目的】通常将弓形虫（Toxoplasma，TOX）、风疹病毒（rubella virus，RV）、巨细胞病毒（cytomegalovirus，CMV）、单纯疱疹病毒（herpes simplex virus，HSV）以及其他病原体（如微小病毒 B19）合并简称为 TORCH，其可导致宫内感染、不良妊娠结局和出生缺陷。因目前对于多数孕期 TORCH 感染尚缺乏有效的治疗手段，因此加强孕前、产前 TORCH 感染监测至关重要。孕期 TORCH 检测目的是明确孕妇是否感染、何时感染，胎儿是否感染、胎儿是否受到损害、是否能继续妊娠等问题。

【应用】TORCH 血清学指标（特异性 IgM、IgG 和 IgG 抗体亲和力）检测病毒刺激机体后机体产生的免疫反应，与个体的免疫功能有关，适合于筛查和免疫状态评估；直接指标（抗原、DNA、RNA 和培养）检测病原体本身，适合于诊断。

(1) TORCH 血清学检测结果解读见表 16-2。

表 16-2 TORCH 血清学检测结果解读

IgG	IgM	临床意义
−	−	未感染相应病原体
+	−	既往感染
−	+	怀疑近期感染。2 周后复查，若 IgG 阳转，表明为急性期感染，否则 IgM 抗体可能为假阳性
+	+	初次感染后期或复发感染。建议 2 周后再次采样，动态观察抗体水平的变化，如抗体水平变化剧烈，提示急性感染；如抗体水平稳定，提示非急性感染。IgG 抗体亲和力检测可辅助临床判断是否为近期原发感染

微整合

基础回顾

IgM、IgG 和 IgG 亲和力

IgM 抗体是病原体感染后机体内出现最早的抗体，其出现阳性，提示患者可能处于急性感染期。IgG 抗体在 IgM 抗体出现后产生，随着感染进展，IgG 抗体滴度逐步增加，达到峰值后进入平台期，在免疫正常的体内可以长期存在；IgG 也是血清中含量最多的抗体，能够通过胎盘，出生时新生儿体内 IgG 抗体均来自母体，出生后迅速下降；机体感染病原体后，初次免疫应答产生的 IgG 抗体与抗原结合能力较低（低亲和力抗体），经过数周或数月后，机体产生的 IgG 与抗原结合能力更强，互补性更好（高亲和力抗体），此后高亲和力 IgG 在体内终生存在。

(2) 不同 TORCH 感染类型的血清学指标特点见表 16-3。

表 16-3 不同 TORCH 感染类型的血清学指标特点

感染类型	感染特点	检测对象的血清学特点
原发感染	初次感染	IgG 抗体由阴性转化为阳性；或 IgM 抗体阳性，同时 IgG 抗体呈低亲和力
复发感染	既往曾感染，病原体再次激活	IgG 抗体动态定量检测（间隔 2～3 w）滴度显著升高；IgM 抗体可呈阳性或阴性
再感染	同种新病毒株感染	单凭血清学检测不能与复发感染区别，需培养或测序
急性感染	感染急性期（包括原发、复发、再感染）	IgG 抗体动态定量检测（间隔 2～3 w）显示滴度显著升高
既往感染	曾经感染，处于非急性期	IgG 抗体阳性、定量水平无明显波动；IgM 抗体一般为阴性
先天性感染	孕妇妊娠期感染引起新生儿感染	IgM 抗体阳性。新生儿 IgG 抗体一般不作为感染评估依据（存在母源性 IgG 抗体）

3. 染色体病和神经管缺陷筛查

【目的】具体检测指标见表 16-4。由于这些指标均随孕周不同而变化，为消除孕周影响，一般将检测物浓度换算为相应孕周的中位数倍数（multiple of median, MoM），结合孕妇的年龄、孕周和体重等，运用专门的风险计算软件分别计算胎儿罹患 21-三体综合征（21-trisomy syndrome）、18-三体综合征（18-trisomy syndrome）和开放性神经管缺陷（open neural tube defect，ONTD）的风险度。

表 16-4　染色体病和开放性神经管缺陷筛查血清学检测指标

检测指标	产生	临床意义
甲胎蛋白（α-fetoprotein，AFP）	主要由胚胎肝细胞产生	孕 21- 三体综合征胎儿的妇女血清值偏低，0.7～0.8 MoM；开发性神经管缺陷胎儿因开放性损伤大量释放入母体，≥ 2.0～2.5 MoM
游离 β 亚基人绒毛膜促性腺激素（freeβ human chorionic gonadotropin，Fβ-hCG）	hCG 主要由胎盘滋养层细胞分泌，包括 α 亚基和 β 亚基，其中 β 亚基为其特异性亚基	孕 21- 三体综合征胎儿的妇女血清 Fβ-hCG 一般为 2.2～2.5 MoM；孕 18- 三体综合征胎儿的妇女血清 Fβ-hCG 常 ≤ 0.25 MoM
非结合雌三醇（unconjugated estriol，uE_3）	主要由胎儿肾上腺和肝形成前体物质，最后由胎盘合成	由于胎儿生长迟缓，uE_3 合成受阻，孕 21- 三体综合征胎儿的妇女血清一般 < 0.7 MoM
妊娠相关血浆蛋白 A（pregnancy associated plasma protein A，PAPP-A）	主要是由胎盘滋养细胞产生	早孕期孕 21- 三体综合征胎儿的妇女 < 0.44 MoM，中孕期健康胎儿母血和 21- 三体综合征胎儿母血中相差不大
抑制素 A（inhibin A，inh A）	目前认为胎儿胎盘是 InhA 妊娠期的主要来源。	孕 21- 三体综合征胎儿的妇女血清一般 > 2.0 MoM

【应用】

（1）孕早期 PAPP-A 与 Fβ-hCG 组合，21- 三体综合征筛查阳性检出率可达 70%～90%。孕中期二联（AFP + Fβ-hCG）、三联（AFP + Fβ-hCG + uE_3 或 AFP + Fβ-hCG + InhA）和四联（AFP + Fβ-hCG + uE_3 + InhA）21- 三体综合征筛查阳性率可分别达 60%、60%～70% 和 80% 以上。

（2）低风险或阴性报告只提示胎儿发生该种先天性缺陷的机会很低，并不能完全排除该种异常或其他异常的可能性。高风险或阳性报告，只提示胎儿发生该种先天性缺陷的可能性较大，并不是确诊，需要进行遗传咨询后，决定是否需要做进一步诊断性检查。

4．染色体核型分析（chromosome karyotyping）

【目的】染色体核型分析是指对绒毛细胞、羊水、胎血细胞进行培养和染色体制备，对染色体进行核型和（或）FISH 分析，从而对胎儿是否存在染色体异常做出诊断。具体方法见第二十三章第一节。

【应用】

（1）染色体病的诊断：指染色体数目或结构异常所致的疾病。①常染色体病共同临床表现为先天性非进行性智力低下，生长发育迟缓，可伴有五官、四肢、内脏或皮肤等方面的畸形。临床最常见的染色体病是 21- 三体综合征，患者体细胞中有多余的 21 号染色体或 21 染色体的部分片段存在，其核型有 3 种：47，XX（XY），+21（标准型）；46，XX（XY），der（14；21）（q10；q10），+21（易位型）；46，XX（XY）/47，XY（XX），+21（嵌合型）。②性染色体病共同特征是性发育不全或两性畸形，有些患者可表现为生育力下降、闭经、自然流产、反复流产、不孕不育、智力低下等。较常见的核型有：45，X（单体型）；47，XXY（三体型）；46，X，i（Xq）（结构畸变）等。

（2）染色体异常携带者的检查：指带有结构异常的染色体核型而表型正常的个体。临床特征是患者表型正常，婚后引起流产、死胎、新生儿死亡、生育畸形儿或智力低下儿等。因此，检出染色体异常携带者对优生优育，防止各种染色体病患儿的出生具有重要意义。

（3）性连锁遗传病的性别诊断：核型分析可鉴别胎儿性别，有助于判断性连锁遗传病

（sex linked inheritance disease）的发生风险。如血友病是一种 X 连锁的隐性遗传病，患者几乎全部为男性，女性杂合子为携带者，可根据胎儿性别决定是否需要终止妊娠。

5. 遗传病基因诊断

【目的】目前已有 7000 多种单基因缺陷被发现，约占出生缺陷的 7.5%。多基因遗传病占出生缺陷的 20%～30%。对于已知基因异常的疾病，以来源于胎儿的 DNA、RNA 为原料，通过 PCR、测序、芯片等技术进行基因直接检测；对于致病基因未知或致病基因异常未知等疾病，可以通过对受检者及其家系进行连锁分析，以推测胎儿是否获得了带有致病基因的染色体。具体方法见第二十三章第三节。

【应用】

（1）单基因遗传病的诊断：如地中海贫血（又称珠蛋白生成障碍性贫血）是临床上最常见的单基因遗传病之一，最常见的为 α- 地中海贫血和 β- 地中海贫血。多数 α- 地中海贫血由 16 号染色体上 α- 珠蛋白基因缺失引起。多数 β- 地中海贫血由 11 号染色体上 β- 珠蛋白基因突变引起。夫妻双方或一方为可疑地中海贫血基因携带者，应在妊娠前或早期进一步进行基因检测以明确诊断和分型；夫妻双方为同型地中海贫血基因携带者时，应在妊娠前行胚胎植入前遗传学诊断或在自然妊娠后尽早行产前诊断。

（2）多基因遗传病的诊断：如遗传性耳聋相关基因很多，而我国人群中耳聋基因变异携带者约为 6.3%，遗传因素是导致我国新生儿耳聋的主要原因（达 50%～60%）。对孕前或孕期夫妇进行遗传学耳聋基因变异筛查，对孕妇进行产前诊断可避免聋儿出生；对新生儿进行遗传性耳聋检验变异基因筛查，早诊断、早治疗可有效干预聋哑的发生，最重要的是通过基因变异筛查可发现常规物理听力筛查无法检出的药物性致聋基因携带者和迟发性耳聋基因携带者，通过健康指导避免药物性耳聋或减缓迟发性耳聋的发生。

6. 遗传病的代谢产物检测

【目的】我国常用的新生儿遗传病代谢产物检测指标见表 16-5。

表 16-5　我国常用的新生儿遗传病代谢产物检测指标

指标	筛查疾病种类
苯丙氨酸	苯丙酮尿症
促甲状腺素	先天性甲状腺功能减低症
葡萄糖 -6- 磷酸脱氢酶	葡萄糖 -6- 磷酸脱氢酶缺乏症
17- 羟孕酮	先天性肾上腺皮质增生症
半乳糖 -1- 磷酸尿苷酰转移酶	半乳糖血症
半乳糖、半乳糖 -1- 磷酸	

【应用】通过对这些遗传病的代谢产物进行检测，在患儿临床症状尚未表现之前或表现轻微时，早期诊断和及时治疗，可防止机体组织器官发生不可逆的损伤，避免患儿发生智力低下、严重的疾病或死亡。如先天性氨基酸代谢障碍中最为常见的苯丙酮尿症（phenylketonuria，PKU）筛查：新生儿首选足跟血进行 Guthrie 细菌生长抑制试验（血液中苯丙氨酸能促进已被抑制的枯草杆菌重新生长）；年长儿首选尿三氯化铁实验（尿中苯丙氨酸可与三氯化铁发生绿色反应）；确诊则为测定血中苯丙氨酸的浓度。

知识拓展

新生儿筛查新进展

传统以检测特定生化标志物为技术手段的新生儿筛查（newborn screening，NBS）作为社会健康第三级防控体系，在出生缺陷防控领域发挥了很好的作用，但筛查病种较少，部分病种存在一定程度的假阳性和假阴性。近年各种遗传检测技术，尤其高通量测序技术的飞速发展，无论在测序费用的减低和遗传病诊断经验的积累等方面均取得很大突破。将遗传检测技术引入 NBS 已成为大势所趋。与传统 NBS 比较，基因筛查在目前尚无可靠生化标志物的病种上有明显优势；尤其高通量测序技术具有更高通量，有利于扩大筛查病种及缩短疾病确诊时间；而早期获得先证者基因型，有利于精准诊治及遗传疾病防控前移。2023 年中国新生儿基因筛查专家共识指出，如果新生儿同时进行了传统生化/串联质谱筛查和基因筛查，并且两种筛查的目标疾病有交叉，结合二者的结果可以更加有效和准确地检测到可能患病的新生儿。生化/串联质谱筛查的结果可以作为基因筛查结果解读的辅助证据，而基因筛查的结果也可以帮助排查可能的生化/串联质谱筛查的假阳性或者假阴性结果。为了两种筛查结果有效联合分析，传统 NBS 实验室与新生儿基因筛查实验室需要建立标准的联络机制，保证结果和数据的及时准确传输。

二、出生缺陷的实验诊断策略

出生缺陷发生原因分为环境因素（营养、疾病、感染、用药和有害物质接触等）和遗传因素（染色体数量、单基因缺陷和多基因缺陷等）。胚胎早期（受精后 3 至 9 周）是胚胎器官发生关键时期，最易受致畸因子干扰。妊娠第 3 个月初至妊娠结束，对有害因素的敏感性逐渐下降，但仍可导致生长发育迟缓等。

出生缺陷的实验诊断路径见图 16-5。

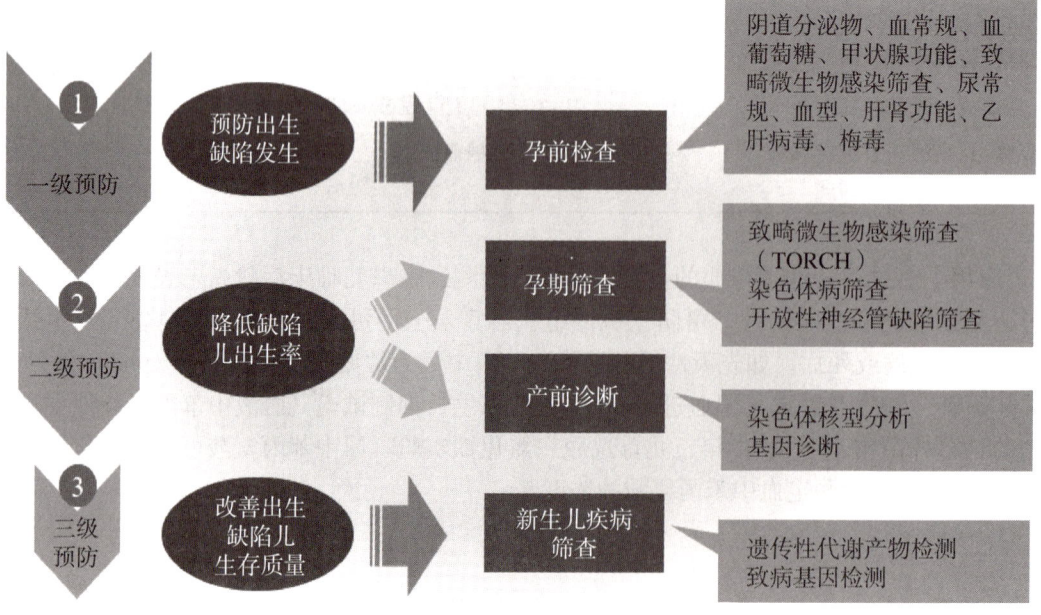

图 16-5　出生缺陷的实验诊断路径

三、出生缺陷的实验诊断

（一）妊娠期感染的实验室诊断

妊娠期的各种感染，在不同阶段会对孕妇及胎儿造成不同的影响；有些感染，孕妇虽无明显症状，但对胎儿、婴儿可造成严重危害。因此，预防围孕期及妊娠期感染非常重要。选择哪些感染性疾病作筛查，须权衡利弊，从成本效益出发。

1. 孕前检查　夫妇准备妊娠时，应进行阴道分泌物、肝功能检查，并通过血清学检查筛查是否有相关病原体感染，如乙肝病毒、梅毒螺旋体、巨细胞病毒、弓形虫、风疹病毒等。发现有相关病原体感染者，应避孕，接受治疗后再计划妊娠。易感妇女应注射相关疫苗后避孕1~3个月后计划妊娠。

2. 妊娠期 TORCH 检查　孕妇进行血清学筛查时需要注明孕周。如母体感染 RV 后发生先天缺陷风险局限在妊娠16周前，孕20周后感染引起畸形风险很小。而孕早期、中期初次感染 HSV 造成胎儿感染的概率极低。

3. TORCH 宫内感染诊断　对于怀疑有活动性感染和宫内感染风险的孕妇，根据具体感染病原体和孕期，在恰当孕周进行产前诊断。孕18周后采取羊水标本进行病原体 DNA 或 RNA 的检测，可以结合脐血样本的 IgM 抗体检测进行产前诊断。

（二）21-三体综合征的产前筛查与诊断

21-三体综合征又称唐氏综合征（Down syndrome，DS）是足月活产儿中最常见的染色体异常。目前关于21-三体综合征的筛查和诊断方法主要有21-三体综合征血清学筛查（安全、价格便宜）、羊水穿刺行染色体核型分析（准确，但有一定风险）、母体血胎儿 DNA 基因检测（即非侵入性产前检测，安全，准确性可达99%以上，但价格高）。可结合孕妇自身的情况，根据各种方法的优缺点选择适当的方法。具体方法见第二十三章第一节。

1. 无 DS 高危因素的孕妇　建议抽取孕妇血清进行 DS 血清学筛查（孕15~20周），如结果为 DS 高风险或伴发其他危险因素则需要进行羊水穿刺染色体核型（孕16~20周）检查确诊；或者先进行非侵入性产前检测（孕12~24周），但结果如为阳性，还是必须进行羊水穿刺染色体核型检查。注意：21-三体综合征血清学筛查可能会漏掉约10%的患儿。

2. 具有 DS 高危因素的孕妇　建议直接羊水穿刺染色体核型检查，而无需进行血清学筛查。

思 考 题

1. 请叙述21-三体综合征的3种染色体核型，以及二级预防中主要的孕期筛查和产前诊断实验室检测项目。
2. 请叙述苯丙酮尿症三级预防中常用的筛查方法和临床应用。
3. 某妊娠2个月的妇女因 TORCH 检测结果显示 RV IgM 和 IgG 是阳性前来进行咨询，应该从哪些方面对其进行建议？

（唐　敏）

第十七章

血型与输血相关疾病的实验诊断

血液制品有红细胞、粒细胞、血小板、血浆和血浆蛋白等多种类型。临床医生根据患者病情的具体情况制订相应的输血治疗方案,按照缺什么补什么的原则进行临床输注,来达到治疗患者的目的。输血可能会传播多种病原体,且可能会发生输血不良反应;临床研究发现,输血可能增加患者死亡率、延长住院时间,甚至增加肿瘤复发概率等。因此,输血不是百分之百安全的,有一定风险。世界卫生组织为临床输血安全提出三大策略,即挑选健康的献血者、严格进行血液筛选检测、合理用血和成分输血。合理用血是指只为有输血适应证的患者进行临床输血,避免一切不必要的输血行为。患者的血液管理是 21 世纪推广的输血医学新理念,根据循证输血医学证据,恰当应用限制性输血策略是患者血液管理的重要内容。临床输血前,医生须充分了解患者的具体病情,如患者生理、病理、生化的状态,权衡利弊、综合分析以决定是否输血。临床输血的原则有:可输可不输血的坚决不输;能少输就不要多输;能用成分血的坚决不输全血;尽量输少白细胞的成分血;能用药物纠正的贫血就不用进行临床输血治疗;提倡自体输血,加强患者血液管理;有条件者输注辐照的红细胞或血小板等,减少输血传染病的发生,提高临床输血安全性。

血型与输血相关的疾病主要包括输血不良反应(adverse transfusion reaction,ATR)和胎母免疫性疾病。ATR 是一类由不同诱因导致的输血并发症,指在输血过程中或输血后,受血者出现的不能用原发病解释的、新的症状和体征。中华人民共和国卫生行业标准《输血反应分类》(WS/T 624-2018)将输血不良反应定义为:与输血具有时序相关性的不良反应。该标准将输血不良反应分为输血非感染性反应(transfusion-transmitted non-infectious reaction,TTNIR)和输血感染性反应(transfusion-transmitted infectious reaction,TTIR)。输血非感染性反应是指与输血具有时序相关性的非病原体引起的不良反应,亦称非感染性输血反应。输血感染性反应是指病原体通过输血过程从献血者体内进入受血者体内并引起相应的感染或疾病,也称感染性输血反应(输血传播性感染)。胎母免疫性疾病实质上是一种血型免疫反应,由于母体血型抗体进入胎儿血循环导致胎儿红细胞溶血或血小板破坏,其机制与疾病过程也可视为一种特殊的输血免疫与不良反应过程。

第一节 临床输血

本节介绍较常见的几种临床输血类型。

一、全血输注

全血制品是采集人体血液后，混合一定比例的保存液，不做任何加工的一种血液制品。全血中主要含有红细胞、稳定的凝血因子和血浆蛋白等有效血液成分，主要用于同时需要补充红细胞和血容量的患者。全血输血曾在临床输血治疗中发挥了巨大的作用，但因其不良反应多，现已经基本被成分输血所取代。

二、红细胞输注

红细胞输注是根据患者具体病情，选择不同类型的红细胞制品进行输血治疗。其主要目的就是补充红细胞，纠正贫血，改善组织供氧。临床上有多种红细胞制品，如悬浮红细胞、浓缩红细胞、洗涤红细胞、去白细胞红细胞、冰冻红细胞、年轻红细胞以及辐照红细胞等。

【剂量】患者所需输注红细胞的剂量应根据临床具体病情决定，并有相应用量计算公式，一般情况下与输血前后的 Hb 浓度以及患者的体重成正相关。

【用法】通常情况下，开始时输血速度应较慢，一般为 5 ml/min，数分钟后可适当调快一点输注速度，1 单位全血多控制在 30～40 min 内完成输注。

【实验检查】输注后进行血常规检测，观察红细胞数量或血红蛋白浓度是否达到预期目的。

三、血小板输注

血小板输注主要用于血小板数量减少和（或）功能低下引起出血，需要进行治疗性输注或具有潜在出血倾向需要进行预防性输注时。血小板制品有两种：一种是手工法制备的浓缩血小板；另一种是使用血细胞分离机分离制备的单采血小板。上述血小板可做进一步处理加工，以获得安全性更强的血小板制剂，如去白血小板、辐照血小板、洗涤血小板、冰冻血小板等。

【剂量】血小板输注的量和频率取决于个体情况，视病情而定。成人预防性输注血小板时，推荐使用 1 个治疗量。当患者有活动性出血时，血小板的输注剂量则取决于患者的出血情况及止血效果。

【用法】血小板输注要求：① ABO 同型输注；②使用标准输血器进行血小板输注；③严禁向血小板中添加任何溶液和药物；④有血小板同种抗体的患者，需要输注相应抗原的血小板；⑤输注前要轻轻摇匀血袋，以患者可以耐受的最快速度输入；⑥注意常规的血小板保存是室温下振荡保存。

【实验检查】

1. 预防性血小板输注 输注后血小板计数升高，血常规测定输注后 1 小时和 24 小时的血小板计数。

2. 治疗性血小板输注 血小板计数升高程度只能作为参考指标，最重要的指标是临床止血效果。判定血小板输注效果可以通过血小板计数增量校正值（corrected count increment，CCI）或血小板回收率（percentage platelet recovery，PPR）来衡量。输血后 1 小时 CCI < 7500，24 小时 CCI < 4500 说明血小板输注无效，或者输血后 24 小时 PPR < 20% 也可判定为血小板输注无效。

$$CCI = \frac{输血后血小板增加数(10^9/L) \times 体表面积(m^2)}{输入的血小板总数(\times 10^{11})} \times 1000$$

$$PPR = \frac{输血后血小板增加数(10^9/L) \times 血容量(L)}{输入的血小板总数(\times 10^{11})} \times 100\%$$

注：血小板计数单位为 L，血容量按照每千克体重 75 ml 计算

四、粒细胞输注

粒细胞输注指通过向患者体内输注一定数量的粒细胞，达到治疗因中性粒细胞缺乏而并发严重感染的一种治疗手段。目前，临床上主要使用单采粒细胞制品，1袋单采粒细胞制品，要求中性粒细胞含量 $> 1.0 \times 10^{10}$。

【剂量】粒细胞输注频率应参考患者病情，一般每天1次，连续4~6天。

【用法】应采用标准输血器输注，室温保存不超过24小时。

【实验检查】

1．因粒细胞制品含有红细胞和血浆，应选择 RBC 同型输注，必须做交叉配血试验。必要时甚至要做白细胞抗原检测。

2．输注粒细胞后，不能以患者粒细胞计数是否升高进行疗效判断。

五、血浆输注

血浆输注主要用于补充凝血因子。目前，血浆制品有新鲜冰冻血浆（FFP）、冰冻血浆（FP）、病毒灭活新鲜冰冻血浆、去冷沉淀冰冻血浆等。

【剂量】一般情况下，凝血因子达到正常水平25%基本能满足止血要求。通常成人用量为 10~20 ml/kg，婴幼儿 10~15 ml/kg。用于治疗多种凝血因子缺乏性疾病时，应参考实验室凝血功能检测结果。

【用法】使用前应放置在37℃恒温水浴中融化，不断摇动血袋，直至完全融化为止。原则上，融化后立即输注，以患者可以耐受的最快速度输完，一般为5~10 ml/min。

【实验检查】可检测 PT、APTT、INR 或血栓弹力图（TEG）等项目指标，疗效判断主要依靠临床观察出血表现的改善情况。

六、冷沉淀输注

冷沉淀又称冷沉淀凝血因子，主要含有FⅧ、血管性血友病因子（vWF）、凝血因子ⅩⅢ和纤维结合蛋白（Fn）。目前，冷沉淀使用在临床上还较普通，应严格掌握其适应证。由于冷沉淀在制备过程中缺乏病毒灭活，输注后仍存在感染病毒的风险。

【剂量】冷沉淀凝血因子输注的常用剂量为 1~1.5 U/10 kg（体重）。

【用法】原则上，冷沉淀凝血因子应选择 ABO 同型输注。

【实验检查】可以做 PT、APTT 等筛查试验。也可检测单个凝血因子的活性。

七、白蛋白输注

白蛋白制品是以血浆为原料，采用低温乙醇蛋白分离法进行提纯，并进行病毒灭活处理而制成的。白蛋白制品通常应于 2～6℃保存，有效期为 5 年。

【剂量】视患者白蛋白的水平而定。

【用法】白蛋白的输注应单独静脉滴注或用适量生理盐水稀释后静脉滴注。输注的速度应根据病情需要进行调节，紧急快速扩容时输注速度应较快。

【实验检查】可采用自动化生化分析仪检测血清白蛋白水平。

八、大量输血

大量输血是指 12～24 小时内快速输入相当于患者自身全部血容量或更多的血液，常见于快速失血超过机体代偿机制所致的失血性休克、大创伤、大出血及大手术等。大量输血时要求合理搭配成分输血，并根据实际情况进行调整。治疗原则是优先控制出血，再补充血容量。根据临床出血、止血情况和有关实验室检查，确定需要输注成分血的时间和剂量。

患者失血量达到自身血容量 30%～40% 时考虑输注红细胞，失血量 > 40% 血容量时应立即输注。

【实验检查】

1. **血常规检查** 观察 RBC 和 Hb 指标，以决定红细胞的输注量；当 PLT < $50×10^9$/L 时必须输注血小板。

2. **凝血四项检查** 当 PT 和 APTT 超过正常参考值的 1.5 倍时，特别是肝功能障碍的患者，应输注足量的新鲜冰冻血浆。当纤维蛋白原降至 1.0 g/L 以下时，可输注冷沉淀凝血因子。

3. **电解质检查** 当血中 Ca^{2+} 浓度 < 1.0 mmol/L 时应注意补充 Ca^{2+}。

4. **血气分析检查** 防止出现酸碱平衡的紊乱。

九、自体输血

自体输血（autologous blood transfusion，ABT）又称自身输血，即将自己的血输给自己，是指采取患者自身的血液或血液成分经适当处理后再回输给患者本人，以解决临床用血的一种输血治疗方式。自体输血有很多优点，如其既可以缓解血源紧张的问题，也可避免同种免疫反应的发生，还可减少同种异体输血差错和输血传播疾病的发生等。自体输血可分为储存式自体输血、稀释式自体输血和回收式自体输血。

储存式自体输血是指在患者入院前或手术前按计划分阶段预先采集患者自体血液或血液成分并进行储存，术中或术后需要时再给患者回输的一种输血治疗方法。要求患者身体一般情况良好，Hb > 110 g/L 或 HCT > 0.33；如为年龄超过 70 岁的老年人或儿童，应慎重考虑。

稀释式自体输血是指在术前采集患者一定量的全血，同时输注晶体液和胶体液以维持其血容量，并于术中或术后再进行回输的一种方法。稀释式自体输血对患者的一般要求：年龄 65 岁以下，Hb ≥ 110 g/L，HCT ≥ 0.33，PLT ≥ $100×10^9$/L 且功能正常，术前估计失血量 ≥ 400 ml。

回收式自体输血是指在无菌操作条件下收集患者所失血液，通过血液回收装置处理后再回输给患者本人的一种输血方法。

【实验检查】

1. **血常规检查** 主要观察 Hb、HCT、PLT 等指标。
2. **出凝血功能的检查** 包括血小板功能、PT、APTT 等。
3. **生化检查** 如检查 Fg 的量、白蛋白、血或尿中游离 Hb 等。
4. **电解质检查** 如回收式自身输血进行血液回输时,钠和氯化物浓度增加,镁和钙降低等。

微整合

基础回顾

辐照红细胞

辐照红细胞是经过射线照射,灭活了其中有活性淋巴细胞的红细胞制品,主要是用来预防输血相关移植物抗宿主病(TA-GVHD)的发生。应用血液辐照仪辐照血液或成分血,射线可直接损伤有核细胞的 DNA,也可间接依靠产生离子或自由基的生物损伤作用,使 T 淋巴细胞丧失有丝分裂的能力和停止增殖。红细胞应在采血后 14 天内进行辐照,辐照红细胞保存期为 14 天。辐照红细胞应尽快使用,不宜长时间保存。

知识拓展

全血不"全"

血液保存液主要是针对红细胞的特点而设计的,2～6℃下有利于红细胞的保存,而对白细胞、血小板和不稳定的凝血因子无保存作用。血小板需在 20～24℃环境下,在轻微振荡的条件下保存,血小板专用保存袋保存期为 5 天;白细胞的保存温度是 20～24℃,可保存 24 小时;凝血因子Ⅴ和凝血因子Ⅷ在 4℃条件下保存几天就完全失活。因此,全血中除红细胞外,其他成分要不完全失活,要不含量极低,根本起不到治疗作用,因此,全血不"全"。

思考题

1. 红细胞、血小板和中性粒细胞输注后,分别如何进行疗效判断?
2. 什么是冷沉淀?其主要含有哪些凝血因子?

(许文荣)

第二节 输血不良反应

按照输血反应发生的时间,可将 ATR 分为急性反应(速度性反应)和慢性反应(迟发性反应),发生于 24 小时内的称为急性反应,发生于输血 24 小时之后的称为迟发性反应;按照输血反应有无免疫因素参与其中,又可将 ATR 分为免疫性反应和非免疫性反应。输血不良反应分类见表 17-1。根据临床表现及诱因可分为非溶血性发热反应(febrile non-hemolytic transfusion reaction，FNHTR)、输血过敏反应 (transfusion allergy，TA)、溶血性输血反应 (hemolytic transfusion reaction，HTR)、血小板输注无效 (platelet transfusion refractoriness，PTR)、输血后紫癜 (post-transfusion purpura，PTP)、输血相关移植物抗宿主病 (transfusion-associated graft-versus-host disease，TA-GVHD)、输血相关急性肺损伤 (transfusion-related acute lung injury，TRALI)、细菌性输血反应、大量输血相关不良反应等。在所有输血不良反应中，FNHTR 和 TA 最常见，但通常症状较轻，而 HTR 虽然发生率相对较低，但症状相对严重。《血液安全监测指南》(T/CSBT 001-2019) 中将输血不良反应的严重程度划分为四个等级，即非重度、重度、危及生命和死亡。

表 17-1 输血不良反应分类

分类	速发性反应		迟发性反应	
	名称	常见病因	名称	常见病因
免疫性反应	非溶血性发热反应	HLA、HPA、HNA 抗体	慢性溶血性输血反应	IgG 类抗体（如抗 -D)
	过敏反应	IgA 或血浆蛋白抗体等	TA-GVHD	植入有活性的淋巴细胞
	急性溶血性输血反应	ABO 血型不合	输血后紫癜	血小板抗体
	输血相关急性肺损伤	白细胞抗体	血小板输注无效	HLA、HPA 抗体，影响血小板功能药物
非免疫性反应	非溶血性发热反应	致热原	铁超负荷	长期输血
	急性溶血性输血反应	理化因素引起	血栓性静脉炎	长时间输血、感染
	输血相关循环超负荷	大量输血或输血速度过快	血小板输注无效	DIC、感染、脾功能亢进等
	肺血管微栓塞	微聚体	输血传播性感染	HIV、HBV、HCV 等病原体
	出血倾向	大量输血		
	酸碱平衡失调	大量输血		
	枸橼酸盐中毒	大量输血		
	空气栓塞	空气进入、加压输血		

一、输血感染性反应的实验诊断

输血前无相应的病原体感染病史、临床上无相应的症状，血清标志物检测阴性；输血后出现相应的病原体感染，血清标志物阳性，临床上可能出现相应的感染症状，且从受血者体内分离的病原体与血液成分中要检出的病原体具有高度的同源性，则提供最可靠的证明。病毒、细菌、寄生虫等病原体都可以通过输血引起受血者感染。如 HIV、HBV、HCV 感染等，结合临床症状，实验室可以通过检测相关病原体的抗原、抗体或相应的核酸等，从而加以确诊。

（一）人类免疫缺陷病毒感染

人类免疫缺陷病毒 (human immunodeficiency virus，HIV) 是获得性免疫缺陷综合征即艾滋病 (acquired immunodeficiency syndrome，AIDS) 的病原体。临床上 HIV 感染过程分为 3 个时期，即急性感染期、无症状感染期和艾滋病期。实验室检查主要包括 ①抗体检测：HIV 抗体检测分为筛查试验和确证试验，筛查试验主要包括 ELISA、化学发光免疫分析 (CLIA)

和快速检测；确证试验包括免疫印迹试验、条带免疫试验、放射免疫沉淀试验和免疫荧光试验等。②抗原检测：常用 ELISA 法、酶联荧光分析法及电化学发光法检测 HIV-1 p24 抗原；③ RNA 检测：HIV-RNA 水平可以反映病毒载量，用于 HIV 感染早期诊断、病程监控和疗效判断等。

（二）乙型肝炎病毒感染

乙型肝炎病毒（hepatitis B virus，HBV）是引起乙型肝炎的病原体。HBV 感染可呈多样性，可表现为重症肝炎、急性肝炎、慢性肝炎或无症状携带者。实验室检查主要包括 ①抗原抗体检测：经典的 HBV 血清标志物有 HBsAg、HBsAb、HBeAg、HBeAb、HBcAb 五种，必要时可检测抗 -HBc IgM、Pre-S1 Ag 和 Pre-S2 Ag；② DNA 检测：一般采用 PCR 荧光定量检测法检测 HBV-DNA；血清中存在 HBV-DNA 是诊断 HBV 感染最直接的证据。

（三）丙型肝炎病毒感染

丙型肝炎病毒（hepatitis C virus，HCV）是引起丙型肝炎的病原体。临床病程可分为急性和慢性肝炎。实验室检查主要包括 ①抗原检测：常用 ELISA 和 CLIA 方法检测 HCV 抗原，感染 HCV 后约 40 天可检测出阳性；②抗体检测：HCV 抗体不是保护性抗体，但可用作传染性的标志。抗 -HCV IgM 阳性是丙型肝炎早期感染的诊断指标、抗 -HCV IgG 出现晚于抗 -HCV IgM，不作为 HCV 早期感染的指标；③ RNA 检测：HCV-RNA 是 HCV 感染确诊和评估病毒复发、抗病毒治疗疗效的最好指标。

（四）细菌性输血反应

细菌性输血反应亦被称为细菌性输血感染，以往认为污染血液和血液成分的细菌多为革兰氏阴性菌（如大肠埃希菌、铜绿假单胞菌等）。但近年来，许多研究表明，污染血液的细菌主要为革兰氏阳性菌（如葡萄球菌等）。采血、贮血、输血过程中任何环节的消毒不严格、血库冰箱失灵、献血者处于无症状的菌血症期献血，均可使细菌污染血液。实验检查可见受血者白细胞和急性时相 C 反应蛋白（CRP）增高；取血袋剩余血液进行涂片，染色寻找细菌；在患者和血袋内培养（包括需氧和厌氧细菌培养）出同一细菌能证实为细菌性输血反应。

二、输血非感染性反应的检验项目与应用

用于 TTNIR 的检验项目可分为筛查、诊断和监测试验三类。

（一）溶血筛查试验

【目的】筛查是否发生 HTR，并判断 HTR 的轻重程度、确定 HTR 发生的部位、提示 HTR 的原因等。

【应用】血浆游离血红蛋白（Hb）含量增高、血清结合珠蛋白（Hp）含量减低、血红蛋白尿见于血管内 HTR，尤其是急性血管内 HTR；血浆高铁血红素白蛋白阳性见于严重的血管内 HTR，含铁血黄素尿见于慢性血管内 HTR。相关内容详见第五章第一节。

（二）诊断试验

1. 血型鉴定

【目的】鉴定红细胞上的血型抗原，主要包括 ABO 血型和 Rh 血型。

【应用】确定当存在某种红细胞同种抗体时是否会发生 HTR。

2．抗球蛋白试验

【目的】检查结合在受血者红细胞膜上的抗体或补体及血清中的游离抗体。

【应用】确定溶血是属于免疫性溶血还是非免疫性溶血，相关内容详见第五章第一节。

3．红细胞抗体放散试验

【目的】判断红细胞上结合的抗体的特异性。相关内容参见第二十四章第二节。

【应用】对溶血性输血反应中 Rh 及其他血型系统 IgG 抗体的放散和特异性鉴定，有助于确诊 HTR。

4．血小板抗体

【目的】检测血小板特异性抗原和相关抗原的抗体。相关内容参见第二十四章第二节。

【应用】血小板同种抗体阳性常见于反复输注血小板导致 PTR 成 PTP 的患者。血小板自身抗体阳性常见于原发免疫性血小板减少性紫癜（ITP）患者。

5．白细胞 HLA 抗体

【目的】检测供、受血者或移植供、受者的人类白细胞抗原（HLA）抗体。相关内容参见第二十四章第二节。

【应用】HLA 抗体筛选，虽然主要应用于器官移植前筛查致敏受者和移植后监测排斥反应，但在检测输血不良反应时，可用于辅助诊断 FNHTR、TRALI。

6．血浆 IgA 含量

【目的】检测血浆中的 IgA 含量。

【应用】对发生严重血浆蛋白过敏的患者，可检测血浆 IgA 含量，对 IgA 缺乏症患者输注 IgA（-）的献血者血液，将有助于预防输血超敏反应的发生，保证受血者的输血安全。

（三）监测试验

前述溶血筛查试验除了发现溶血性输血反应或血小板输注无效以外，也可用于这些输血不良反应的疗效监测。此外，以下试验可用于输血疗效与不良事件监测。

1．凝血常规试验

【目的】主要检测 PT、APTT、TT 和 FIB，初步评价凝血功能。

【应用】回顾性评估和调整凝血功能欠佳患者输注新鲜冰冻血浆等血液制品后，或严重创伤或手术患者在大量输血后的凝血功能。

2．血气分析

【目的】通过血气分析仪测定血液的酸碱度（pH）、动脉血氧分压（PaO_2）、动脉血二氧化碳分压（$PaCO_2$）、动脉血氧饱和度（SaO_2），从而评估人体心肺功能和酸碱平衡状态。

【应用】血气分析结合临床动态观察及其他检查指标，可用于综合判断机体在大量输血后是否存在酸碱平衡失调，以及在补充红细胞后缺氧程度的改善情况等。

3．血栓弹力图（thromboelastogram，TEG）试验

【目的】血栓弹力图试验可以反映血液凝固的动态过程及其所涉及的相关因素，常用于筛查总体凝血功能。

【应用】对大量输血患者，TEG 可以较好地评估患者凝血状态，能快速、全面反映凝血过程。特别是 TEG 试验周转时间比传统凝血指标短，而且可以用于评估血小板功能和纤溶功能。由于 TEG 可以在患者血液的真实体温下检测，因此对检测大量输血患者由于低体温导致的凝血异常更加敏感。然而，并未有研究证据表明 TEG 检测可以降低大量输血患者的发病率和死亡率。

三、输血非感染性反应的实验诊断策略

输血不良反应种类繁多，表现各异，由于受血者多数存在基础疾病，对输血不良反应可能造成干扰或掩盖，常需要根据患者的既往情况、目前的临床表现、体格检查，采取适当的实验诊断策略，才能简便、快速地明确诊断。

在实验检查中，血、尿、便常规试验与肾功能试验，以及血糖、电解质等检测是基础，对多种输血不良反应有提示作用；免疫血液学检查是核心，对多种输血不良反应只有诊断价值；分子生物学进行血型基因分型是补充，进一步验证和支持免疫血液学提示的结果，细胞学和病理学对某些类型疾病的诊断也是必不可少的。通过实验诊断可以确定输血不良反应的类型及病因，并且为其临床诊断、治疗决策、用药指导、疗效监测等提供非常重要的依据。输血不良反应的实验诊断可以按图17-1所示路径进行。

四、常见输血非感染性反应的实验诊断

输血不良反应根据分类不同，实验项目的选择与临床意义也截然不同。在溶血性输血反应中，实验检查往往能起到诊断的作用。

（一）发热性非溶血性输血反应

发热性非溶血性输血反应（FNHTR）是指接受输血的患者在输血期间或输血后1～2小时体温升高1℃或以上，并排除其他可导致体温上升因素的发热反应。目前，大多数FNHTR与多次输血引起的白细胞、血小板抗原-抗体反应相关。因此，确认受血者血液中是否存在HLA或粒细胞抗体，对明确FNHTR具有一定意义。FNHTR发生率约占总输血不良反应的一半。

（二）输血过敏反应

输血过敏反应约占全部输血非感染性反应的45%。根据临床表现可分为局部与全身性过敏反应。输血过敏反应常发生于过敏体质的人，通过检测受血者IgA含量、抗IgA或IgG同种异型抗体，可确诊输血过敏反应。IgA缺陷的患者输血往往导致严重过敏反应，如过敏性休克。高水平的血浆IgE通常提示患者为过敏体质，容易引起过敏反应。

（三）溶血性输血反应

1. 定义 溶血性输血反应（HTR）是输入的红细胞在受血者体内发生异常破坏而引起的输血不良反应。免疫性溶血反应通常是指由于血型不合的输血导致的HTR。ABO血型不合引起血管内溶血，抗A和抗B抗体主要为IgM类，导致急性溶血性输血反应（acute hemolytic transfusion reaction，AHTR）。Rh血型不合主要引起血管外溶血，抗体主要为IgG类，导致迟发溶血性输血反应（delayed hemolytic transfusion reaction，DHTR）。

2. 检测 当疑有HTR时，在实验检查方面，应立即核对供者配血试管的血标本、患者血标本和血袋血型是否同型；并用输血前、后患者血标本重复进行ABO、Rh血型鉴定和交叉配血。一旦发现供受者ABO血型不一致，即可确定为ABO急性溶血性输血反应。对于非ABO溶血性输血反应的实验诊断，需通过间接抗人球蛋白试验，鉴定受者血浆中是否存在针对ABO血型系统以外的抗体，即不规则抗体（或称意外抗体）；存在不规则抗体者，自身红细胞对应的抗原为阴性，供者红细胞对应的抗原为阳性，即可确诊。临床上最常见的可能导

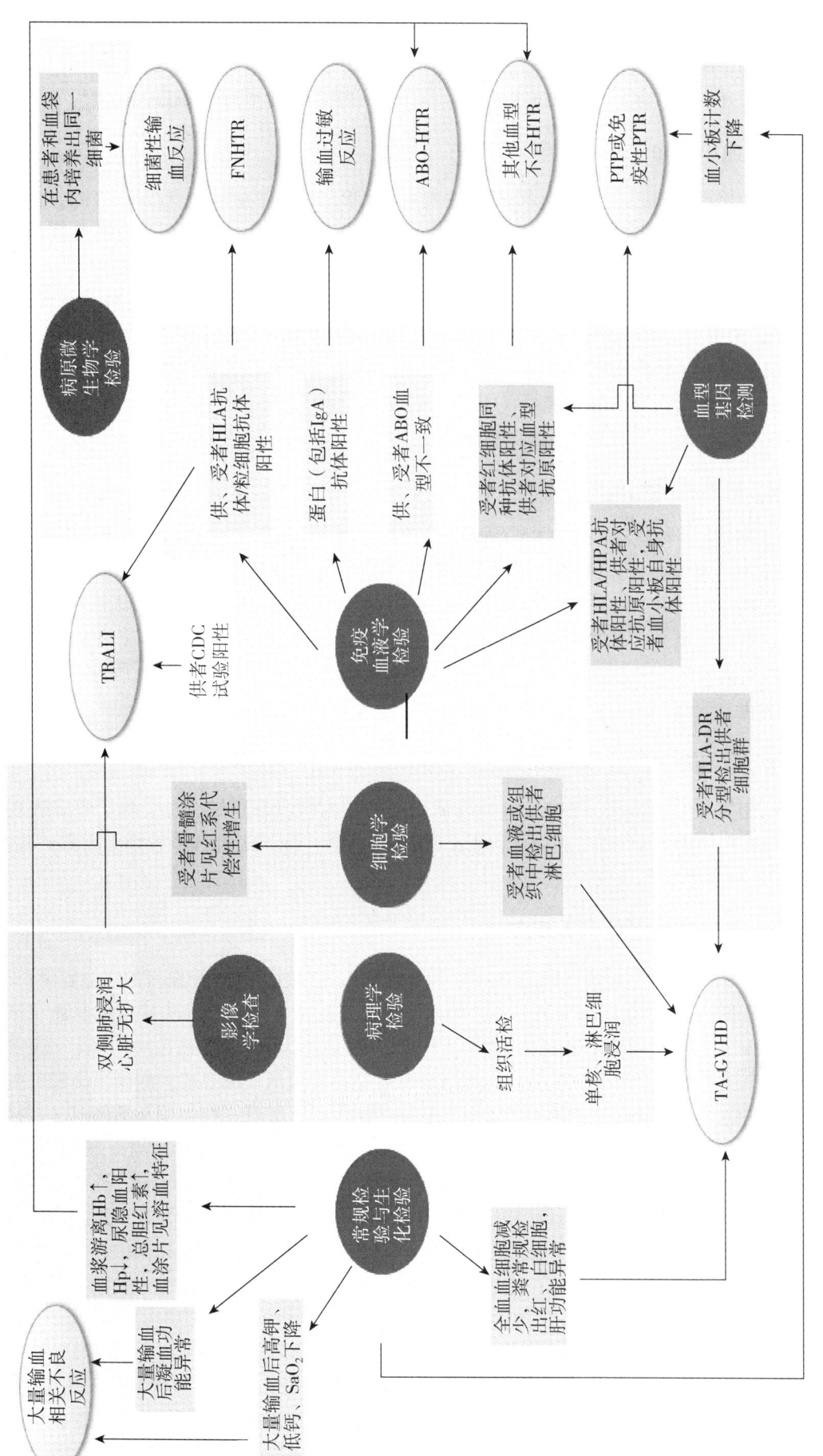

图 17-1 输血不良反应的实验诊断策略

致 HTR 的不规则抗体为 Rh 系统抗体，如抗 E 抗体或抗 Ec 抗体；其他有临床意义的不规则抗体还包括 Lewis、Kidd、MNS 等血型系统的抗体。其他实验检查结果，如血浆游离血红蛋白、血清胆红素（以非结合胆红素为主）升高、尿隐血阳性等，也可支持 HTR 的诊断。

（四）血小板输注不良反应

血小板输注不良反应主要包括输血后紫癜（PTP）和血小板输注无效（PTR）。PTP 是由于输血或妊娠，导致产生血小板抗体，破坏供者或自身血小板，出现全身皮肤黏膜出血点和瘀斑的严重的血小板减少症。实验检查可见血小板计数明显下降，一般血小板数量 $< 10 \times 10^9$/L，骨髓巨核细胞数可正常或增多，血清中检出血小板抗体。已经证实人类血小板特异性抗原（HPA）抗体可引起 PTP，目前国际上报道常见的抗体为 HPA-1a 抗体。PTR 是指受者输注血小板后虽然没有明显的临床出血症状，但血小板上升低于预期值，甚至比输血前还要低。引起 PTR 的免疫因素是人类白细胞抗原（HLA）和 HPA 同种免疫。一旦发生了 PTP 或 PTR，应选择交叉配血试验配合型的血小板给患者输注。

（五）输血相关移植物抗宿主病

输血相关移植物抗宿主病（TA-GVHD）是由于输入的异体血中的淋巴细胞将受血者 HLA 抗原性不同的细胞视为异体细胞进行攻击而产生的免疫反应。主要发生于有免疫功能抑制的患者，或供者与受者 HLA 单倍型相同（亲属）的受者。实验检查可见全血细胞减少，骨髓增生低下，造血细胞减少，粪便中存在大量红细胞、白细胞，转氨酶、胆红素升高，肝功能异常等。外周血及组织浸润淋巴细胞中存在嵌合体细胞及 HLA 抗原特异性血清分析是确认 TA-GVHD 的重要依据。

（六）输血相关急性肺损伤

输血相关急性肺损伤（TRALI）是输血引起的成人呼吸窘迫综合征，除了临床表现和影像学特征外，在供、受者血液中检出 HLA 或 HNA 抗体，或供者补体依赖性细胞毒试验阳性，能支持 TRALI 的诊断。

（七）大量输血相关不良反应

大量输血（MT）有以下 3 种定义：① 24 h 内输血量接近或超过受血者的总血容量；② 1 h 内急性输血量 $> 8 \sim 10$ U 红细胞，并持续需要输血支持；③ 3 h 内超过 50% 的总血容量被血液制品替换。儿童每分钟输血量 $> 10\%$ 总血容量也可定义为大量输血。MT 不良反应常发生在替换 2 个或 2 个以上自身血容量后。这些不良反应主要包括代谢反应、酸碱平衡和电解质紊乱、循环超负荷以及凝血功能障碍和出血。凝血功能障碍、酸碱平衡失调和低体温又被称为大量输血死亡三联征。针对大量输血患者，多种实验诊断项目应用于综合监测，维持 Hb 含量 > 100 g/L，血小板计数 $> 50 \times 10^9$/L。国际标准化比值（INR）≤ 1.5，同时应监测钾、钠、钙等电解质浓度、酸碱度、氧分压、动脉血氧饱和度等多项指标，并采用多种方法监测机体凝血功能的改变，避免大量输血导致不良反应的发生。

（八）铁超负荷

铁超负荷也称含铁血黄素沉着症，是由于长期反复多次输注红细胞或全血制品，导致患者体内非血红蛋白铁负荷过重，过多的铁主要以含铁血黄素形式沉积于多种器官的实质细胞中，导致这些器官（如心脏、肝和内分泌腺等）组织损害和皮肤色素沉着等。实验检查表现出铁代谢指标的异常，如血清铁、血清铁蛋白、转铁蛋白饱和度增高，骨髓铁染色可见含铁血黄素颗粒增多，尿含铁血黄素试验阳性等。

微整合

基础回顾

艾滋病的临床表现

临床上HIV感染过程可分为3个阶段，其临床表现不一。

1. 急性感染期　感染HIV后可出现类似流行性感冒的非特异性症状，如发热、头痛、关节痛、淋巴结肿大等症状，一般在2～3周后可自行消退，患者进入无症状感染期。

2. 无症状感染期　急性感染期后即为无症状感染期，这一阶段的时间平均为8～10年，感染者基本无临床症状和体征，但血中可检出HIV RNA、HIV核心及包膜蛋白的抗原或抗体等。

3. 艾滋病期　是感染HIV的最终阶段。患者$CD4^+$和$CD8^+$ T淋巴细胞数明显下降，HIV血浆病毒载量明显升高。主要临床表现为HIV相关症状、各种机会性感染及肿瘤发生等。

知识拓展

输血不良反应的严重程度

中国输血协会团体标准《血液安全监测指南》（T/CSBT 001—2019）中将输血不良反应严重程度分为四个等级，具体如下。

1. 非重度　需要治疗措施（如对症治疗），但未接受治疗不会导致永久性损伤或机体功能受损。

2. 重度　与不良反应直接相关的住院治疗或住院时间延长，不良反应的后果导致患者永久或明显的残疾或丧失工作能力，或必须药物或外科治疗以避免机体的永久损伤或功能受损。

3. 危及生命　输血后需要重要治疗（如血管收缩药物、气管插管、转入重症监护）以避免死亡。

4. 死亡　受血者死亡是输血不良反应的后果（死亡应适用于死亡与输血的相关性属于疑似、可能或明确的情况，如患者死亡是由于输血之外的原因，不良反应的严重程度等级应按照与反应相关的临床情况给予适当的分级）。

思考题

1. 什么是发热性非溶血性输血反应？
2. 何为TA-GVHD？

（许文荣）

第三节 胎母免疫性疾病

胎母免疫性疾病是一种同种免疫性疾病，发病机制是母亲本身具有的或经同种免疫后产生的、针对胎儿父源性血型抗原的 IgG 抗体，后者经过胎盘屏障与胎儿血细胞结合，结合有抗体的血细胞主要被胎儿脾中的巨噬细胞所破坏而导致。胎母免疫性疾病主要包括胎儿新生儿溶血病（hemolytic disease of the fetus and newborn，HDFN）（旧称新生儿溶血病）和胎儿与新生儿同种免疫性血小板减少症（fetal or neonatal alloimmune thrombocytopenia，FNAIT）。

HDFN 是特指一组由于母婴血型不合引起的胎儿或新生儿同种免疫性溶血性疾病。该病患者主要的临床表现为黄疸、贫血、水肿、肝大、脾大和胆红素脑病等；该病通常较其他原因引起的患儿高胆红素血症发病时间更早，胆红素峰值更高和病程周期更长，可严重影响新生儿（或胎儿）及围产期妇女的身心健康。FNAIT 是一组由于母亲和胎儿血小板特异性抗原（human platelet antigen，HPA）系统不合引起的胎儿或新生儿同种免疫性血小板减少症。临床上，HDFN 较 FNAIT 常见。导致 HDFN 的首要原因是母婴 ABO 血型不合；其次是 Rh 血型系统，其他红细胞血型系统不合引起的病例则比较少见。输血科、血库及输血研究室等科室的相关检测在胎母免疫性疾病的诊断及防治方面，起着非常关键的作用。

一、胎母免疫性疾病的检验项目与应用

胎母免疫性疾病的检验项目分为筛查试验、诊断试验和监测试验三大类。

（一）筛查试验

【目的】筛查患儿是否发生溶血性贫血或血小板减少，也筛查母体是否存在导致发生 HDFN 或 FNAIT 的血型免疫因素。

【应用】筛查试验包括①免疫血液学检查：孕妇夫妻血型鉴定、孕妇血型抗体筛查与鉴定，孕妇血型抗体效价测定，评估发生胎母免疫性疾病的风险；②患儿血液学与生化检验：胎儿羊水总胆红素测定增高或新生儿红细胞计数、血小板计数、血红蛋白和血细胞比容下降，网织红细胞增加、乳酸脱氢酶（LDH）和总胆红素（主要由于非结合胆红素）增高等，可帮助判断是否发生了血管外溶血或血小板减少；③体液检验：HDFN 可见尿游离血红蛋白、含铁血黄素、尿（粪）胆原增高等指标异常。

（二）诊断试验

胎母免疫性疾病诊断试验是证实胎儿或新生儿体内发生了血型抗原-抗体反应的关键所在。确诊 HDFN 需要结合血型鉴定、抗球蛋白试验，必要时还需要结合放散试验，然后进行综合分析判断。FNAIT 需要进行血小板抗体检测。

1. 血型鉴定

【目的】鉴定新生儿红细胞上的血型抗原。

【应用】当怀疑发生了 HDFN 时，ABO 和 RhD 血型是首先需要鉴定的两种血型，若检出 ABO 系统和 Rh 血型抗 D 以外的抗体，则需进行相应抗原的血型鉴定。

2. 抗球蛋白试验

【目的】通过直接抗球蛋白试验（DAT）检测红细胞结合的抗体（也可能是补体）；间接抗球蛋白试验（IAT）检测血清中的游离抗体。

【应用】ABO、Rh 及其他血型系统 HDFN 的红细胞结合抗体、补体和血清中抗体的鉴定。

3．红细胞抗体放散试验

【目的】应用 DAT 检测放散液中与红细胞结合的血型抗体、补体，并鉴定其特异性。

【应用】ABO、Rh 及其他血型系统 HDFN 的实验诊断。

4．血小板抗体检测

【目的】检测母亲或患儿血清中是否存在血小板抗体。

【应用】FNAIT 的患儿或母亲血清中血小板 HLA 或 HPA 同种抗体通常阳性。ITP 患儿母亲血清中存在血小板自身抗体时，其也可通过胎盘，导致受累患儿血清中检出血小板自身抗体。

（三）监测试验

除了在输血不良反应监测试验中已经介绍的输血前后血常规、生化、凝血常规试验等项目之外，对 HDFN 高危孕妇产前以及患病新生儿治疗后血型抗体的效价监测也非常重要。血型抗体效价测定是最重要的监测试验。

【目的】检测孕妇或患儿外周血中游离血型 IgG 抗体的效价。

【应用】IgG 效价测定主要用于 HDFN 的预判与监测。通过测定 IgG 型 ABO 抗体或其他不规则抗体的效价，评估与监测发生 ABO 或其他血型系统导致的 HDFN 的可能性和严重程度。

二、胎母免疫性疾病的实验诊断策略

HDFN 和 FNAIT 的实验诊断可以从产前（夫妻双方）检查和新生儿检查两个方面着手。无论是对母体标本还是对患儿标本的检验，最终都是为了证实患儿血液中可能存在来自母体的血型 IgG 抗体，同时其亦携带相应的父源性血型抗原。因此，血型抗体和对应的血型抗原必须同时在患儿体内检出，才是确诊胎母免疫性疾病的关键所在。母体相应血型抗原和抗体的确认对诊断胎母免疫性疾病也至关重要。常规实验诊断方法除了基础血液与生化检验以外，最主要采用的是免疫血液学方法，必要时也借助分子生物学方法进行血型基因检测。实验诊断路径见图 17-2。

三、胎母免疫性疾病的实验诊断

（一）胎儿新生儿溶血病的实验诊断

1．胎儿新生儿溶血病的产前实验诊断

（1）孕妇血型鉴定与抗体筛查：通常初次妊娠时就要开展孕妇夫妻 ABO 与 RhD 血型鉴定以判定血型配合情况，必要时要进行孕妇血清中不规则抗体筛查。O 型孕妇怀有 A 型或 B 型胎儿时，后者最易发生 ABO-HDFN。在有些国家，对于 RhD 血型为阴性，且抗 D 抗体筛查结果亦为阴性的孕妇，分娩或流产时需常规行抗 D 免疫球蛋白（抗 D-IgM）的预防性注射；其目的是帮助尽快清除可能进入母体的胎儿 RBC，以减少胎儿 RBC 对母体的免疫刺激。美国血库协会（American Association of Blood Banks，AABB）推荐，在注射抗 D 免疫球蛋白（孕 28 周、产后及妊娠任何时期）前也应复查抗体。若孕妇抗体筛查结果为阳性，必须进一步鉴定抗体的特异性。

（2）孕妇抗体特异性的鉴定：若孕妇抗体筛查阳性，则需要进一步鉴定孕妇血清中的 IgG

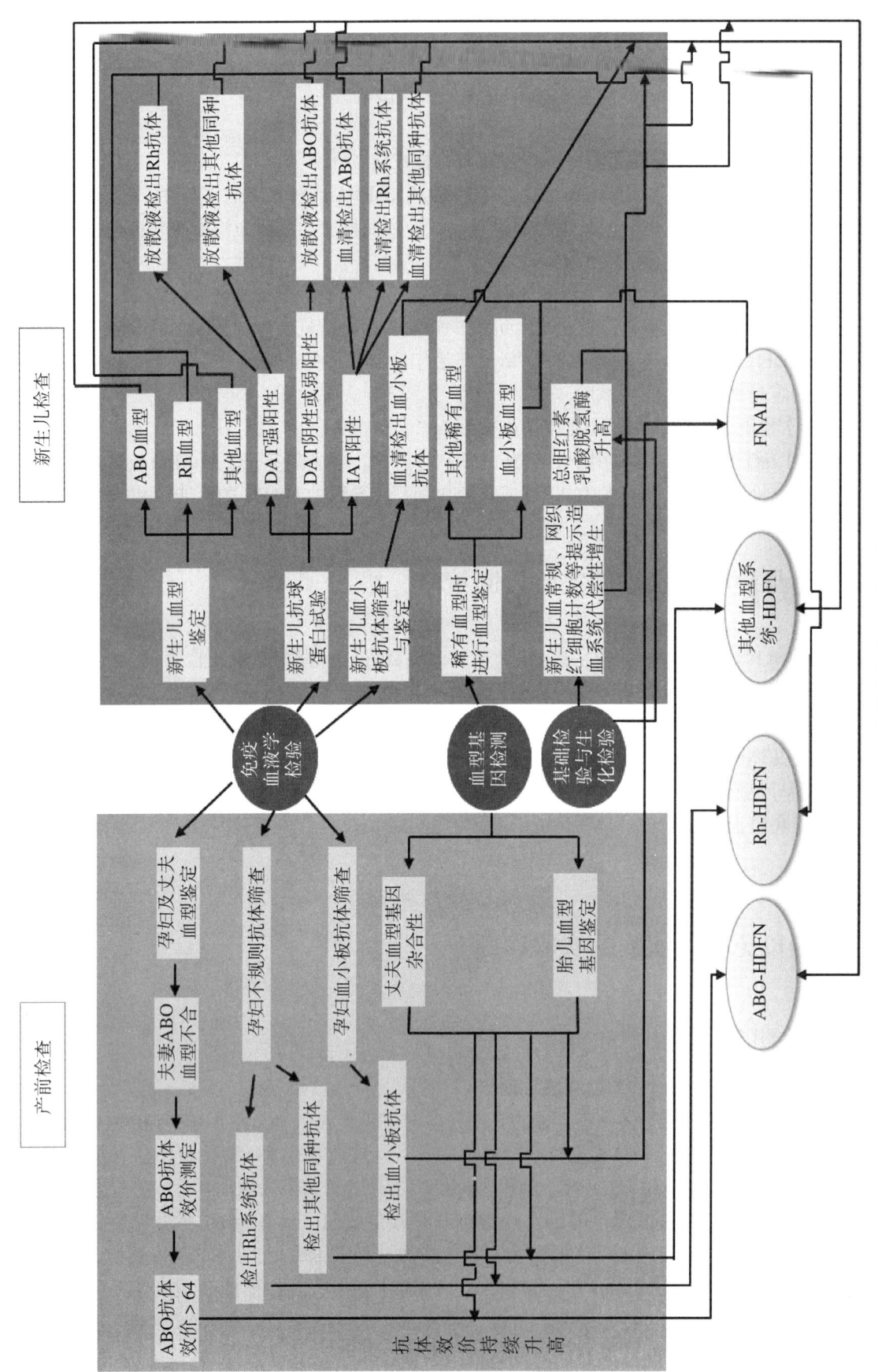

图 17-2　胎母免疫性疾病的实验诊断路径

不规则抗体的特异性。这一检测有助于评估发生 HDFN 的风险，并决定是否需要设立相应的监控机制。例如，若孕妇的抗体为抗 -I、抗 -PI、抗 -Le^a、抗 -Le^b 等，由于这些抗体针对的抗原在新生儿红细胞上表达量很低，因此几乎不会发生 HDFN。此外，针对 Knops 和 Chido/Rodgers 血型系统抗原的抗体，虽然结合红细胞，但并不会引起溶血，因此不会导致 HDFN；针对 Cromer 系统的抗体，由于其可与胎盘滋养层上的 CD55 结合，因此不会通过胎盘造成对胎儿的危害。目前报道的引起 HDFN 的不规则抗体除针对 Rh 系统（如抗 -D、抗 -E、抗 -e、抗 -C、抗 -c）外，还有针对 Kell 系统（抗 -K）、Duffy 系统（抗 -Fy^a）、MNS 系统（抗 -M）和 Diego 系统的抗体。对曾发生过 HDFN 的经产妇，再次妊娠期间也可能检出新的抗体，必须加以警惕，以免实验诊断时发生漏检。在罕见的情况下，首次妊娠而未有 Rh 阳性输血史的 Rh 阴性孕妇体内可检出抗 D 抗体，并且证实其第一胎发生 Rh-HDFN。这种情况被认为是母亲出生前已被外祖母 Rh 阳性红细胞致敏，因此，在生育第一胎也可产生 RhD 抗体并出现 Rh 血型不合溶血病，此即外祖母学说。

（3）孕妇抗体效价测定：检测孕妇 IgG 抗体效价对胎儿 HDFN 风险评估及疗效监测有一定帮助，但并不能完全依赖这一指标来进行判断。设立一个诊断性的效价阈值非常重要，当抗体效价高于该阈值时，胎儿发生 HDFN 的风险显著增高，可能需要进行有创性干预。

在我国，通常使用 64（经典 IAT 法）作为 ABO-HDFN 的效价阈值；若效价持续增高，提示发生 ABO-HDFN 风险增加且疾病症状相对严重。AABB 指南中指出，使用经典 IAT 法检测抗 D 抗体的诊断性效价阈值为 16。对于其他血型抗原（非 D 抗原）免疫产生抗体的孕妇，同样需要监测该抗体的效价水平，如孕妇初次抗体效价 ≤ 8；除抗 -K 外，其余抗体仅需每 4 周检测一次效价测定。由于 Kell 血型系统的 K 抗原存在于红系祖细胞上，因此即使母体抗 -K 效价不高，也可导致胎儿红系生成受到抑制并发生严重贫血。通常认为，抗 -K 对 HDFN 的诊断性效价阈值是 8。

应引起注意的是，抗体效价测定经常存在偏差，应使用同一份标准品在不同实验室间进行校准。在此条件下，高于 1 倍稀释的变化具有临床意义，动态监测抗体效价的变化，有明显增高者临床意义较大。近年来，采用流式细胞术进行抗体定量检测被证实比抗体效价测定更精准，但是效价测定通常更具有普及性和便捷性。

近十多年来，多普勒技术的进步促进了无创评估胎儿贫血手段的发展。当前临床通常联合监测母亲抗体效价和胎儿大脑中动脉血流多普勒超声，评估胎儿贫血程度。当孕 16 周以上的妇女，抗体效价 ≥ 16 时，将使用多普勒超声确定 HDFN 的严重程度。

（4）羊水检查：测定羊水中胆红素样色素浓度是评估宫内溶血程度的经典方法。由于羊水检查有一定的风险，因此，随着超声技术的发展，羊水检查在 HDFN 诊断与监测方面的应用已逐渐减少。

（5）HDFN 的基因诊断：针对检出某种抗体的孕妇，下一步就必须确定胎儿父亲的相应红细胞抗原。若父亲是相应抗原的纯合子，那么胎儿 100% 存在 HDFN 风险；若父亲是相应抗原的杂合子，那么每次妊娠发生 HDFN 的风险比例为 50%。一些血型抗原（如 A、B 抗原和 RhD 抗原）无法使用血清学方法鉴定其合子状态，必须使用基因检测的方法来确定。若父系的基因型为杂合子，则需要确定胎儿的基因型。羊水穿刺是确定胎儿血型的主要方式（通过对 2 ml 羊水中的羊水细胞进行 PCR 扩增和基因检测）。绒毛活检也可进行检测，但不提倡，因为绒毛的破坏可能会造成母胎出血，加重母体与患儿的同种免疫反应。若怀疑可导致 HDFN 的胎儿红细胞对应抗原为阴性，则无须再行进一步的检查。由于基因检测存在一定的假阴性率（1% ~ 3%），定期的无创性评估还是必要的。

2. HDFN 的新生儿期实验诊断

（1）新生儿血型与抗球蛋白试验：在我国，脐带血或新生儿红细胞 ABO/Rh 血型鉴定和

DAT 常用于确定新生儿黄疸或溶血的病因。孕期母亲相关检测未做或结果无法获得时应同步采集母亲血清用于检测。通常在欧洲和亚洲人群中，A 型胎儿最常受累；非裔人群中则 B 型胎儿最易受累。ABO-HDFN 患儿 DAT 经常为弱阳性或阴性，但是要从 1ml 压积红细胞放散的抗体要检出 ABO 抗体。在其他血型系统导致的 HDFN 病例中，DAT 试验通常为强阳性，患儿 IAT 可同时检出游离抗体。若 ABO-HDFN 被排除，抗体筛查也为阴性，则有可能是针对父系的低频红细胞抗原的抗体。使用 IAT 法检测脐血红细胞放散液或母亲血清（若 ABO 相容）与父亲红细胞的反应性，通常具有诊断意义。

（2）外周血涂片：新生儿外周血细胞形态学检查可帮助判定溶血性贫血类型，对鉴别诊断 HDFN 与其他红细胞疾病具有一定意义。

（3）其他检查：胎盘组织染色检查具有一定诊断价值，如在普鲁士蓝染色下，可见胎盘绒面胎儿血液与绒毛间隙中的母亲血液接触界面有铁沉着。

（二）胎儿与新生儿同种免疫血小板减少症的实验诊断

对血小板减少的或孕前曾经诊断为 ITP 的孕妇，应该进行血小板自身抗体的检测。血小板抗体阴性结果通常提示孕妇血小板减少存在其他原因，且胎儿没有出血风险。血小板抗体阳性结果结合临床表现可诊断孕妇患有 ITP。ITP 孕妇产生的针对血小板的自身抗体，不仅会与其自身的血小板反应，也会与献血者或胎儿血小板反应，这是导致胎儿与新生儿血小板减少症的另外一个原因。虽然 ITP 在孕妇中较少见，但其可同时引起母亲和胎儿发病。值得注意的是，母体血小板计数的变化不总是和胎儿平行。由于 ITP 胎儿中仅 10% 的患者血小板计数 $< 50 \times 10^9$/L，且仅 1%~2% 有明显出血风险，而脐带穿刺带来的患病率与死亡率高于宫内或分娩时严重出血的风险，因此对于 ITP 胎儿通常不倾向于采血进行血小板计数。

微整合

基础回顾

新生儿溶血病的发病机制

在正常妊娠情况下，母婴血液循环是相互独立的，胎儿血细胞不会进入母体。但如果某种原因（如经胎盘出血等）引起胎儿 RBC 进入母体，会刺激母体免疫系统产生相应的抗体。一般情况下，IgM 抗体是不能通过胎盘的，不会引起 HDFN；但如果是产生大量 IgG 抗体，通过胎盘屏障进入胎儿循环，会引起胎儿或新生溶血。

ABO-HDFN：由于 O 型血母亲体内 IgG 类抗 -A、抗 -B、抗 -AB 比 A 型或 B 型血更多见，特别是抗 -AB 以 IgG 为主，且效价更高。因此，临床上 ABO-HDFN 主要见于 O 型母亲，A 型或 B 型胎儿（新生儿）最多见，首次妊娠时就可发生。

Rh-HDFN：Rh 血型系统主要有 D、E、C、c、e 五个抗原，其中 D 抗原性最强。RhD 血型不合一般是指母亲 RhD 抗原阴性，胎儿（新生儿）阳性。因为 Rh 阴性的人体内没有天然抗 D 抗体，且初次产生的抗体基本是 IgM，其无法通过胎盘。所以，第一胎通常不发生 Rh-HDFN，第 2 胎及以上胎次就有可能发生。若既往有输血史、妊娠史的母亲，妊娠第一胎也可发生 HDFN。Rh-HDFN 较 ABO-HDFN 的临床症状更为严重，且随母亲妊娠胎次增加而加重。

> **知识拓展**
>
> **抗体效价测定**
>
> 抗体效价测定是一种半定量的血清学检验技术，可以用来测定血清（浆）标本中某种抗体的浓度，通常抗体的浓度与效价成正相关关系。常见的抗体效价主要测定 IgM、IgG 两类，具体检测方法有试管法、微量板法、微柱凝胶试验等。抗体效价测定在器官移植、胎母免疫性疾病等疾病中有重要的实际应用价值。抗体效价是血型试剂质量控制的重要指标之一，我国对血型抗体的试剂也有明确要求，如抗 -A1 对 A1 效价应 ≥ 128、抗 -B 效价 ≥ 128。

思 考 题

1. 什么是胎儿新生儿溶血病？发生机制是什么？
2. Rh-HDFN 与 ABO-HDFN 两者比较，通常哪一个更严重？

（许文荣）

第三篇

临床实验诊断技术与应用

第十八章

临床血液学实验诊断技术与应用

第十八章数字资源

临床血液学实验诊断（laboratory diagnosis of clinical hematology）技术是以血液学（hematology）为理论基础，运用各种检验医学技术与方法，完成各种临床血液学试验、血栓与止血试验，并获得外周血、骨髓液等标本的细胞数量、形态特点、物质代谢、功能变化、免疫表型、遗传变异等多项检测数据、图形和图像等特征及相关信息，为临床血液学实验诊断提供技术支持及参考。各种临床血液学检验项目除用于血液系统疾病外，还可反映其他组织、器官、系统及全身性的生理变化或病理改变，具有广泛的临床意义。

第一节 外周血细胞检验

外周血细胞检验主要包括外周血细胞计数和形态学检验两部分内容，其中全血细胞计数（complete blood count，CBC）和外周血细胞形态学（peripheral blood morphology，PBM）检验应用较多，临床称为血常规试验（routine blood test，RBT），简称血常规。

案例 18-1

张某，女性，73岁，因发热39℃，于我院发热门诊就诊。患者主诉1周前出现发热，最高达39℃，伴有头痛、肌痛，5天前出现全身乏力。患者儿子3天前被诊断为流行性感冒。患者既往无慢性病史，无饮酒、吸烟史。查体：急性面容，查体体温38.8℃，脉搏100次/分，呼吸22次/分，经皮血氧饱和度85%，双肺呼吸音较粗，双肺可闻湿性杂音。实验室检查：红细胞2.83×10^{12}/L；外周血血红蛋白83 g/L；白细胞0.78×10^9/L，淋巴细胞0.11×10^9/L，淋巴细胞比例14.5%，中性粒细胞0.65×10^9/L；中性粒细胞百分比82.8%；血小板：121×10^9/L。

问题：
1. 患者的外周血检验结果有何异常？
2. 根据现有病历资料，患者的初步诊断是什么？
3. 为了明确诊断，下一步需要做哪些实验室检查？

一、外周血细胞计数

外周血细胞计数主要为针对外周血（peripheral blood，PB）中红细胞、白细胞、血小板的数量、种类或某些成分含量的检测。临床常用的试验项目包括CBC、白细胞分类计数

(leukocyte differential count，LDC）和网织红细胞计数（reticulocyte count）。CBC 和 LDC 两项同时检测外周血细胞计数具有普遍的临床意义，已成为临床各科疾病筛查、诊断或疗效监测、健康体检等的首选试验。

（一）全血细胞计数

全血细胞计数（CBC）是指用血细胞分析仪计数外周血红细胞、白细胞和血小板的数量，同时检测红细胞、白细胞、血小板的体积、血红蛋白含量及其他相关参数。

【参考区间】参见第五章表 5-1。

【临床意义】①红细胞参数：用于贫血与红细胞增多症的筛查、诊断、鉴别诊断和形态学分类，有助于查找病因。②白细胞参数：大多数疾病或病理状态可出现各种白细胞数量的反应性增减和（或）形态变化；造血与淋巴组织肿瘤（简称血液肿瘤），尤其是各种急、慢性白血病时外周血可检测出不同数量的白血病性原始、幼稚和（或）成熟细胞。③血小板参数：反映体内血小板的体积和分布情况，对于判断血小板的增殖动力学改变有重要意义。

【应用评价】

1. 全血细胞计数（CBC）并非血液系统疾病检查的特有项目，是临床应用最广泛、绝大多数门诊和住院患者的常规检验项目，具有普遍的临床意义。需要注意的是，不同年龄、不同性别的 CBC 参考区间有较大差别。新生儿、幼儿阶段各项血细胞参数的变化较大，6 岁以后才逐渐接近成年人水平，因此判读 CBC 结果时应考虑年龄、性别等因素。

2. 五分类血细胞分析仪对正常成熟白细胞分类的准确性较高，但对于白细胞种类或形态异常的标本，如中性粒细胞核左移、急慢性白血病或外周血出现有核红细胞等，五分类计数结果只具有筛查意义，须经血涂片显微镜分类计数，才能报告准确的白细胞分类计数结果。因此，全自动血液细胞分析仪的五分类计数白细胞时，若分类计数结果在参考区间内、白细胞散点图无异常、仪器无异常提示或报警时，可不进行血涂片显微镜分类计数。反之，则需以血涂片显微镜分类计数结果为准。但临床疑为血液病时，无论血细胞分析仪的五分类计数结果如何，均应做血涂片显微镜分类计数，以免漏诊。目前，不同类型仪器的分类结果仍有差异。

（二）网织红细胞计数

网织红细胞（reticulocyte，RET）是晚幼红细胞脱核后到完全成熟红细胞之间的过渡细胞，因其胞浆内残留有多少不等的核糖体、核糖核酸等嗜碱性物质，用碱性染料（如煌焦油蓝或新亚甲蓝等）活体染色后呈蓝绿色网织状或点粒状结构，故称为 RET。成熟红细胞在外周血中平均寿命为 120 天，而网织红细胞在外周血中平均寿命仅为 2～3 天。在瑞氏染色后的血涂片中的 RET 为嗜多色性红细胞。临床常用百分数反映 RET 的数量变化，但易受贫血程度的影响，因此绝对计数比百分数更为准确。

【参考区间】①RET 百分率：0.5%～1.5%（显微镜法），0.5%～2.0%（仪器法）；②RET 计数：（24～84）×10^9/L（手工法），（29～75）×10^9/L（仪器法）；③RET 血红蛋白含量（CHr）：成人 27～34 pg，儿童 24～30 pg。

【临床意义】①网织红细胞计数：参见第五章第一节。②CHr：能及时反映红细胞的血红蛋白生成状态，且不受机体处于炎症状态下的影响。缺铁性贫血时，CHr 明显减低。当体内贮存铁减低但尚未出现贫血，即处于潜在性缺铁期时，CHr 常先于血红蛋白和血清铁等减低，对缺铁性贫血诊断的灵敏度可达 100%、特异性为 80%。当用足量铁剂治疗后，CHr 上升早于其他红细胞参数。CHr 可作为筛查婴儿、儿童、孕妇、成人铁缺乏的首选指标。③CHr 检测方法比骨髓铁染色检查的侵入性更小，比传统的铁代谢生化指标更为简便、快速。④CHr 在缺铁性贫血（IDA）的治疗监测、地中海贫血的筛查中有重要价值。

【应用评价】①外周血 RET 寿命为 24～48 h，在体外仍继续成熟，其数量因标本保存时间延长而减少，所以标本采集后应及时制片染色或仪器检测。②显微镜计数 RET 虽然操作简单、成本低，但此法费时、影响因素多，准确性和重复性较差，现已被自动血细胞分析仪计数逐渐取代；但标本中出现有核红细胞、豪-乔小体（Howell-Jolly body）、巨大血小板以及疟原虫等，可造成结果假性增高，此时应以手工法显微镜计数为准。

二、外周血细胞形态学检验

外周血细胞形态学检验是指血涂片经瑞氏染色（Wright's stain）或瑞氏-吉姆萨染色（Wright-Giemsa stain）后，在显微镜镜下观察红细胞、白细胞和血小板的数量、形态及其变化。血细胞形态异常既可能是某些疾病的病因，又常是一些疾病所致的后果。在临床上，当全血细胞计数（CBC）异常或血细胞分析仪检测有异常提示时，常需要做 PBM 复检，降低血细胞形态异常相关疾病，例如类白血病反应、白血病等的漏诊率、误诊率。

（一）红细胞形态

正常成熟红细胞呈双凹圆盘形，直径 6～9 μm，平均 7.5 μm，大小较一致，中心呈淡染粉红色，中心淡染区的直径小于细胞直径的 1/3，胞浆内无异常结构。多种病理情况下，红细胞可呈现不同的形态改变，包括红细胞大小、形状、结构和血红蛋白含量和分布等异常。在临床上，某些红细胞形态异常可引起相应的疾病，而多种疾病及病理过程亦可引起红细胞形态的异常变化。

【参考区间】①裂片、咬痕、泡状、镰形红细胞常＜1%；②豪-乔小体、含铁小体常＜2%；③棘形、椭圆形、球形、口形、靶形、泪滴形、嗜碱性点彩、嗜多色性红细胞常＜5%；④其他红细胞形态异常＜10%。

【临床意义】

1. 红细胞大小异常（彩图 5-1） ①小红细胞（microcyte）：增多常见于低色素小细胞性贫血；②大红细胞（macrocyte）、巨红细胞（megalocyte）和超巨红细胞：增多常见于大细胞性贫血等；③红细胞大小不均（anisocytosis）：在中度以上增生性贫血时常见，而在巨幼细胞贫血、骨髓增生异常综合征时最为明显。

2. 红细胞形态异常（彩图 5-2） ①球形红细胞（spherocyte）：增多常见于遗传性球形细胞增多症、溶血性贫血、烧伤等。②椭圆形红细胞（elliptocyte，ovalocyte）：增多常见于遗传性椭圆形红细胞增多症等。③靶形红细胞（target cell）：增多常见于地中海贫血、血红蛋白病、肝病等。④泪滴形红细胞（teardrop-shaped red cell）：增多主要见于骨髓纤维化等。⑤棘形红细胞（acanthocyte）：增多见于遗传性或获得性 β 脂蛋白缺乏症，可高达 70%～80%；也可见于肝病、脾切除等。⑥口形红细胞（stomatocyte）：增多见于遗传性口形红细胞增多症、肝病等。⑦镰形红细胞（sickle cell）：自然形成的镰形红细胞很少见，可以通过体外镰变试验诱导产生，增多见于 HbS 病、HbC 病。⑧裂片红细胞（schistocyte）：增多见于微血管病性溶血性贫血，例如弥散性血管内凝血（DIC）、血栓性血小板减少性紫癜（TTP）、溶血尿毒综合征（HUS）和肾病等。⑨泡状红细胞（blister cell）与咬痕红细胞（bite cell）：增多常见于葡萄糖-6-磷酸脱氢酶（G6PD）缺乏症等。⑩红细胞形态不整（poikilocytosis）：多种形态异常改变的红细胞同时存在，见于严重贫血，如巨幼细胞贫血、重型地中海贫血。

3. 红细胞着色反应异常 ①正色素性红细胞（orthochromatic erythrocyte）：再生障碍性贫血、急性失血性贫血等的红细胞无异常变化；②低色素性红细胞（hypochromic erythrocyte）：增多常见于低色素小细胞性贫血，例如缺铁性贫血；③高色素性红细胞（hyperchromic erythrocyte）：增多常见于巨幼细胞贫血和球形红细胞增多症；④嗜多色性红细胞（polychromatic erythrocyte）：增多常见于溶血性贫血等；⑤嗜碱性红细胞（basophilic erythrocyte），增多见于急性溶血性贫血。

4. 红细胞中出现结构异常（彩图 5-3） ①嗜碱性点彩（basophilic stippling）：增多常见于铅中毒、地中海贫血、血红蛋白病等。②豪-乔小体（Howell-Jolly body）：可见于成熟红细胞或幼红细胞浆中，增多常见于溶血性贫血、巨幼细胞贫血等。③卡波环（Cabot ring）：增多见于溶血性贫血、巨幼细胞贫血、脾切除后等。④含铁小体（Pappenheimer body）：增多见于铁粒幼细胞贫血、骨髓增生异常综合征（MDS）等。⑤有核红细胞（nucleated erythrocyte）：即幼稚红细胞，在出生1周之内的新生儿外周血中可见到少量，正常成人极少见。增多常见于溶血性贫血、巨幼细胞贫血、造血系统肿瘤或其他恶性肿瘤骨髓转移、骨髓纤维化和脾切除后等。

5. 红细胞分布异常（彩图 5-4） ①红细胞缗钱状形成（rouleaux formation）：常见于多发性骨髓瘤、巨球蛋白血症、高纤维蛋白原血症等；②红细胞凝集（erythrocyte agglutination）：主要见于冷凝集素综合征等免疫性溶血性贫血。

（二）白细胞形态

在生理状况下，血液中白细胞，包括成熟粒细胞、淋巴细胞和单核细胞维持相对恒定的比例和稳定的形态结构。在炎症、感染、中毒、药物等因素作用下，可见成熟白细胞形态反应性改变，甚至出现幼稚粒细胞等。在造血与淋巴组织肿瘤时，血液成熟白细胞可发生肿瘤性变化，常见原始和幼稚白细胞增多。

【参考区间】①杜勒小体中性粒细胞、反应性淋巴细胞常＜2%；②中毒颗粒或颗粒过多、颗粒过少、空泡变性中性粒细胞常＜4%。

【临床意义】

1. 中性粒细胞中毒性改变（彩图 5-10、彩图 5-11） 在严重传染病、化脓性感染、大面积烧伤、急性中毒、恶性肿瘤等病理情况下，中性粒细胞可出现下列形态反应性改变。中性粒细胞各种中毒性改变可单独或同时存在，它主要反映粒细胞受毒素损伤的程度。轻度时出现部分中毒颗粒，随着细胞受损程度的加重，中毒颗粒体积增大、数量增多，常伴有空泡形成、核变性和杜勒小体，中毒性改变的中性粒细胞百分率也显著增高。①中毒颗粒（toxic granulation）或颗粒过多（hypergranulation）：常见于较严重的细菌感染、炎症及大面积烧伤等；②空泡形成（vacuolation）：常见于严重的化脓菌感染、败血症、理化损伤等；③细胞大小不均（anisocytosis）：见于病程较长的化脓性炎症或慢性感染；④核变性（degeneration of nucleus）：包括核固缩、核溶解和核碎裂等改变，见于严重感染或某些理化损伤等；⑤杜勒小体（Döhle body）：见于严重细菌感染，如肺炎、败血症和烧伤等。

2. 中性粒细胞的核象变化（彩图 5-7） 血液中粒细胞的胞核形状特征称为核象，可分为核左移和核右移，其反映了中性粒细胞的成熟程度。正常外周血中性粒细胞以分叶核为主，通常分2～5叶，以3叶核为主。除分叶核外，可见少量杆状核粒细胞，杆状核与分叶核细胞的比值约为1:13。

(1) 核左移（left shift）：外周血中杆状核粒细胞增多和（或）出现晚幼粒细胞、中幼粒细胞或早幼粒细胞等时，称为核左移。结合患者白细胞总数是否增加分为再生性左移（伴有WBC增高）和退行性左移（伴WBC不增高或降低）；前者表明骨髓造血功能旺盛，能释放大量粒细胞至外周血，常见于感染（尤其急性化脓性感染）、组织损伤与坏死、急性失血、急性中毒及急性溶血反应等；后者提示骨髓造血功能减低、粒细胞生成、成熟障碍或释放受阻，常见于造血功能障碍或感染、中毒较重。

(2) 核右移（right shift）：外周血中核分 5 叶以上的中性粒细胞其百分率超过 3% 时，称核右移。有时，中性粒细胞的体积巨大，细胞直径达 16～25 μm，核分叶常在 5 叶以上，甚至在 10 叶以上，核染色质疏松，称为巨多分叶核中性粒细胞，又称为中性粒细胞分叶过多（hypersegmentation）。核右移常伴白细胞总数减少，主要见于巨幼细胞贫血及造血功能减退，也见于应用阿糖胞苷、6-巯基嘌呤等抗代谢化疗药物后。在急性炎症的恢复期，可出现一过性核右移现象，属于机体的正常反应。若在疾病进展期出现中性粒细胞核右移现象，则提示预后不良。

3. 中性粒细胞颗粒增多与颗粒减少　　除了中毒性颗粒增多外，一些药物治疗时，例如粒细胞集落刺激因子治疗白细胞减少症，常可见中性粒细胞颗粒增多、增粗伴核左移，注意与中毒颗粒鉴别。在白血病或 MDS 患者，可见中性粒细胞发育异常，出现颗粒减少，甚至缺乏。

4. 假性佩尔格-韦特异常（Pelger-Huet anomaly）　　属于中性粒细胞的一种常染色体显性遗传性疾病，其中 50%～95% 以上的成熟中性粒细胞核分叶障碍（hyposegmentation）。在白血病、骨髓增生异常综合征（MDS）、肿瘤转移和某些药物治疗后，5%～50% 的中性粒细胞也常出现类似于佩尔格-韦特异常的形态改变，称为假性佩尔格-韦特异常（pseudo Pelger-Huet anomaly）。

5. 奥氏小体（Auer body）　　John Auer 最早（1906 年）发现在一部分急性白血病细胞胞浆内有紫红色细棒状或针状样物质，长 1～6 μm，一条或多条不定，被称为奥氏小体（Auer 小体），又称棒状小体。后来证实，奥氏小体仅出现在急性髓系白血病（AML）的原始或幼稚白细胞胞浆中（彩图 5-14、彩图 5-18），通常见于急性粒系白血病、粒单系白血病或急性单核系白血病性原始和幼稚细胞中，MDS 伴原始细胞增多也可见到，偶见于幼稚或成熟中性粒细胞；但急性淋巴细胞白血病（ALL）时原始及幼稚淋巴细胞胞浆中一般无奥氏小体；因此，奥氏小体常用于急性白血病的辅助诊断与类型鉴别。

6. 反应性淋巴细胞（reactive lymphocyte）　　在病毒感染或过敏原等的刺激下，外周血淋巴细胞反应性增生并出现形态变化而不同于静止淋巴细胞（形态规则）。反应性淋巴细胞又称为异型淋巴细胞，形态（彩图 5-12）类似原始或幼稚细胞、单核细胞、浆细胞样变化。反应性淋巴细胞增多常见于 EB 病毒感染引起的传染性单核细胞增多症，病毒性肝炎、风疹及某些过敏性疾病也可见轻度增多。

（三）血小板形态

血小板（platelet）是血液中最小的细胞，呈圆形、椭圆形或不规则形。正常人新鲜、未抗凝血涂片中血小板常聚集成堆分布，抗凝血则单个散在分布。正常（normal）血小板直径 1.5～3 μm；大血小板（large platelet）直径 4～7 μm，巨血小板（giant platelet）直径＞7 μm，一般 10～20 μm。

【参考区间】大血小板＜5%，巨血小板＜10%。

【临床意义】

1. 血小板大小异常　　血小板明显大小不一，巨血小板直径可达白细胞大小。大血小板增多主要见于特发性血小板减少性紫癜（ITP）等；巨血小板增多见于巨血小板综合征（BBS）、脾切除等，其血小板可达淋巴细胞大小。

2. 血小板分布异常　　原发性血小板增多症、真性红细胞增多症患者，血小板显著增多，未抗凝血涂片中血小板聚集呈大簇状分布，甚至可以占满整个油镜视野。血小板无力症时，血小板膜 GPⅡb/Ⅲa 缺陷，血小板不能聚集，在未抗凝血涂片中呈散在分布。

3. 假性血小板凝集　　在 EDTA 抗凝血涂片中，血小板发生不同程度凝集，见于部分健康人或自身免疫病患者。由于血小板在抗凝血中自发性凝集，可导致血细胞分析仪计数血小板假

性减少,应注意与真性血小板减少症鉴别。

三、红细胞沉降率

红细胞沉降率(erythrocyte sedimentation rate,ESR)简称血沉,是指一定条件下红细胞在血浆中沉降的速率。

【参考区间】成年男性 0 ~ 15 mm/h,成年女性 0 ~ 20 mm/h(魏氏法)。

【临床意义】ESR 增快见于急性细菌性感染、风湿性疾病与结核病活动期、组织损伤与坏死(如急性心肌梗死)、恶性肿瘤、大部分贫血等。

【应用评价】① ESR 是一种较为常用但缺乏特异性的筛查试验,很多疾病都可加快,应结合其他试验和临床资料综合分析;②传统手工测定红细胞沉降率的方法有魏氏法、潘氏法等,目前临床实验室普遍使用血沉仪法。不同测定方法的参考区间有差异,不能混用。

基础回顾

外周血单核细胞

外周血单核细胞(PBMC)是任何具有圆形细胞核的外周血细胞。这些细胞由淋巴细胞(T 细胞、B 细胞、NK 细胞)和单核细胞组成,而红细胞和血小板没有细胞核,粒细胞(中性粒细胞、嗜碱性粒细胞和嗜酸性粒细胞)具有多叶核。在人类中,PBMC 细胞包括 T 细胞和 B 细胞(~ 80%)、自然杀伤细胞(~ 10%)和单核细胞(~ 10%),这些血细胞在免疫反应中发挥着重要作用,在支原体、衣原体、寄生虫、病毒感染过程中发挥重要作用。

知识拓展

流行性感冒与白细胞

流行性感冒(以下简称流感)是流感病毒引起的一种急性呼吸道传染病,甲型和乙型流感病毒每年呈季节性流行,其中甲型流感病毒可引起全球大流行。全国流感监测结果显示,每年 10 月我国各地陆续进入流感冬春季流行季节。目前感染人的主要是甲型流感病毒中的 H1N1、H3N2 亚型及乙型流感病毒中的 Victoria 和 Yamagata 系。

流感的潜伏期一般 1 ~ 7 天,多为 2 ~ 4 天。除临床表现外,实验检查可出现外周血白细胞总数不高或降低,重症病例淋巴细胞计数明显降低的情况,临床诊断中要注意鉴别其他病毒感染,通过病原学检查确认病毒感染的类型。

——引自《流行性感冒诊疗方案(2020 年版)》,国家卫生健康委、国家中医药管理局,2020 年 10 月

思 考 题

1. 在进行外周血计数的同时，出现何种临床情况需考虑进行外周血形态学检查？
2. 白细胞总数降低而淋巴细胞比例升高，可能与何种类型感染有关？

（钟　宁）

第二节　骨髓形态学检验

骨髓（bone marrow，BM）中的多能造血干细胞（multipotent hematopoietic stem cell，MHSC）具有高度的自我更新和多向性分化能力。MHSC 首先分化为淋巴系祖细胞和髓系祖细胞，再分化为各系造血祖细胞和集落形成单位（colony forming unit，CFU），并在不同造血因子的作用下分化为不同系列的原始细胞（blast cell）。原始细胞逐渐分化、发育，成为各种幼稚与成熟血细胞，并释放到外周血循环中（彩图 18-1）。各种 BM 细胞在神经 - 体液、环境等各种因素作用下保持数量、形态、结构、代谢与功能等的动态稳定。骨髓形态学检验是血液系统及其相关疾病的诊断、鉴别诊断、治疗与监测中非常重要的手段之一。依据标本采集方式的不同分为骨髓涂片细胞形态学检验和骨髓活检，二者检验目的不尽相同，但是相辅相成，互为补充。

案例 18-2

男性，68 岁。半年前开始出现乏力、气促，近 1 个月加重伴心悸、腹胀、不能平卧。无咳嗽、咳痰、喘憋。发病以来饮食可，二便如常。既往：体健。查体：BP 130/75 mmHg，HR 85 次 / 分，全身浅表淋巴结未触及肿大，脾大，肋下 1 指。全血细胞计数：WBC 30×10^9/L，RBC 3.59×10^{12}/L，Hb 96 g/L，PLT 329×10^9/L。外周血涂片分类出现原始及幼稚粒细胞，嗜碱性粒细胞比值升高。

问题：
1. 该患者疑诊血液系统疾病，需要进行骨髓穿刺检查吗？
2. 如何判断骨髓穿刺成功？

一、骨髓涂片细胞形态学检验

血细胞在骨髓中分化、发育、成熟过程是连续的。但为了便于对各分化阶段的血细胞有正确的判断，将血细胞大体划分为原始细胞、幼稚细胞和成熟细胞三个阶段。原始细胞阶段在光学显微镜下通过细胞形态或借助细胞化学、免疫化学等技术可以识别。各个系列及其不同阶段的细胞各具有不同的形态学特征（彩图 18-1）。正常骨髓中包括红系、粒系、单核系、巨核系、淋巴系、浆细胞系六大系列的细胞和少数骨髓基质细胞及其他细胞。骨髓基质细胞包括成纤维细胞、内皮细胞、脂肪细胞、巨噬细胞、树突状细胞等。骨髓特有的其他细胞包括组织肥大细胞（组织嗜碱细胞）、成骨细胞、破骨细胞等。

成人一般采用髂前上棘或髂后上棘穿刺采集骨髓液直接推片，儿童则多采用胸骨穿刺推片。在 BM 取材、涂片、染色良好条件下，用低倍显微镜判断 BM 有核细胞增生程度和计数巨核细胞的数量；选取单细胞层区域，用油镜分类计数除巨核细胞、破碎细胞、分裂象细胞以外的 200～500 个有核细胞，计算细胞百分率，同时观察各种 BM 细胞的形态有无异常变化、有无特殊异常细胞或转移肿瘤细胞、有无病原菌或寄生虫等，并发出骨髓细胞形态学检验诊断报告。

> ### 微整合
>
> **基础回顾**
>
> 血细胞发育过程的一般规律
>
> 1．细胞体积　随着细胞发育成熟，胞体逐渐由大变小。但巨核细胞体积通常由小变大。
>
> 2．细胞质　量由少逐渐增多，但淋巴细胞变化不大；染色由深蓝变浅，粒系变为淡粉红色，红系变为橘红色；粒系原始细胞浆内多无颗粒，随着细胞成熟出现嗜天青颗粒、特异性颗粒（包括中性颗粒、嗜酸性颗粒、嗜碱性颗粒）。红细胞浆内无颗粒。
>
> 3．细胞核　由大变小，由规则变为不规则甚至分叶，但巨核细胞核由小变大，红细胞系最终核消失；染色质由细致疏松逐渐变为粗糙、致密或凝集成块，着色由浅变深；核仁由有到无；核膜由不明显变为明显。
>
> 4．细胞核/细胞质比例　由大变小，巨核细胞则相反。

【参考区间】①正常骨髓的增生程度为增生活跃。②粒系细胞占总有核细胞的 40%～60%，其中原粒细胞<2%，早幼粒细胞<5%，中幼粒细胞和晚幼粒细胞各<15%，杆状核粒细胞的百分率高于分叶核粒细胞，嗜酸性粒细胞<5%，嗜碱性粒细胞<1%。细胞形态染色基本正常。③幼红细胞占 20% 左右，其中原红细胞<1%，早幼红细胞<5%，中幼红细胞和晚幼红细胞约各占 10%，细胞形态、染色基本正常。成熟红细胞大小、形态、染色大致正常。④髓系细胞：有核红细胞或粒系/红系细胞（M：E）比值，常简称粒：红比值，为(2～4)：1，平均为 3：1。⑤淋巴细胞约占 20%，在婴幼儿可达 40%，均为成熟淋巴细胞。⑥单核细胞<4%，浆细胞<2%。⑦巨核细胞：通常于 1.5 cm×3 cm 骨髓片膜上可见巨核细胞 7～35 个，多为颗粒型和产血小板型巨核细胞。⑧可见少量巨噬细胞、内皮细胞、组织嗜碱细胞、成纤维细胞等。⑨核分裂细胞偶见。

【临床意义】

1．骨髓有核细胞增生程度　根据红细胞和有核细胞的大致比例，一般分为五级，判断标准与常见病因见第五章第三节表 5-6。

2．诊断与鉴别诊断　造血与淋巴组织肿瘤、各类贫血及某些血液病及其相关疾病（详见第五章）。

3．诊断某些感染性疾病　骨髓中含有丰富营养成分和大量单核-吞噬系统的细胞，当一些病原微生物（例如组织胞浆菌、马尔尼菲篮状菌）及一些血液寄生虫感染时，骨髓涂片中易于查找疟原虫、黑热病原虫、弓形虫等，对明确诊断具有重要意义。

4．辅助诊断恶性肿瘤骨髓转移　骨髓是许多恶性肿瘤侵袭转移的好发部位，如肺癌、乳腺癌、胃癌、前列腺癌、恶性淋巴瘤、黑色素瘤等发生骨髓转移时，可在骨髓涂片中见到相应的肿瘤细胞。然而转移的肿瘤细胞形态变异较大，一般不易明确肿瘤的来源，应进一步追溯其原发灶。在骨髓中找到转移癌细胞可协助临床早期发现肿瘤，特别是在无其他诊断依据时更有临床意义。

5．诊断某些类脂质沉积病 如戈谢病、尼曼-匹克病、海蓝组织细胞增生症等，骨髓涂片中可见到巨噬细胞中蓄积的类脂质，形成特殊形态的戈谢细胞、尼曼-匹克细胞、海蓝组织细胞等。

【应用评价】

1．骨髓穿刺容易被外周血稀释而导致不能反映 BM 真实状况，必要时应重新采集标本检验。对不合格的标本，可以建议更换部位重新取材或定期复查，切忌轻率下结论。

2．同时进行骨髓穿刺涂片与外周血检查。血象虽然是骨髓象的延续，但二者的病变特征可能一致，或完全不同，只有相互参照，才有利于做出正确的实验诊断。

3．并非所有的造血系统疾病都可以通过骨髓涂片形态学检查得以明确诊断，有些甚至是禁忌证，例如血友病，因此临床医师必须掌握好其适应证和禁忌证。

知识拓展

骨髓穿刺适应证与禁忌证

骨髓穿刺的适应证：

1．外周血细胞数量、成分及形态异常 如一系、二系或三系减少或增多，外周血中出现原始细胞、幼稚细胞等异常细胞。

2．不明原因的发热、肝脾大、淋巴结肿大。

3．不明原因的骨痛、骨质破坏、肾功能异常、黄疸、紫癜、红细胞沉降率明显增加。

4．恶性血液病化疗后的疗效观察。

5．其他 骨髓活检、骨髓细胞免疫分型、造血祖细胞培养、染色体核型分析、微生物及寄生虫学检查等。

骨髓穿刺的禁忌证：

1．凝血因子严重缺陷引起的出血性疾病。

2．晚期妊娠妇女骨髓穿刺时要慎重。

二、骨髓组织活检

骨髓活体组织检查（bone marrow biopsy，BMB）简称骨髓活检，是观察骨髓组织结构及间质成分变化的检查，由于保持了造血组织的天然结构，便于判断红髓和脂肪组织的比例，了解骨髓造血组织的结构及细胞之间、组织之间的相互关系，这对于血液系统疾病的诊断有重要意义，是骨髓涂片检查的有效补充。先用骨髓活检针取得一段骨髓组织，固定、包埋、切片后进行 HE、组织化学等染色，而后进行显微镜检验。

【临床意义】①全面、准确了解骨髓增生程度及造血组织、脂肪细胞和纤维组织所占的容积比例；了解粒红比及骨髓内贮存铁水平。对于某些疾病如再生障碍性贫血、缺铁性贫血、骨髓增生异常综合征以及化疗后骨髓抑制程度有明确的诊断价值。②更早、更全面地发现早期病理改变，如对于骨髓转移癌、淋巴瘤骨髓浸润、类脂质沉积病等，诊断的阳性率更高。③协助诊断骨髓增殖性疾病，如真性红细胞增多症、原发性血小板增多症、骨髓纤维化等。

【应用评价】①骨髓活检在血液肿瘤诊断中起辅助作用，结合骨髓涂片检验结果综合分析。当骨髓增生极度活跃或极度低下时，由于细胞太多或纤维组织增生而发生干抽以及骨髓稀释时，骨髓活检尤为重要，如低增生性白血病、毛细胞白血病、骨髓坏死等。②骨髓活检中的细胞形态与涂片不完全一样，原始细胞甚至巨核细胞不容易识别，必要时需要结合免疫标记等辅助观察。

思 考 题

为什么进行骨髓穿刺涂片检查时同时送检外周血涂片？

（李　佳）

第三节　贫血相关试验

案例 18-3

女性，72岁。半年前无明显诱因出现乏力，活动后喘憋。2天前患者自觉上述症状加重而入院。查体：BP 130/75 mmHg，HR 100 次/分，贫血貌。全血细胞计数：WBC 4.54×10^9/L，RBC 1.47×10^{12}/L，Hb 64 g/L，HCT 0.18，MCV 121.8 fl，MCH 43.5 pg，MCHC 358.00 g/L，叶酸 16.30 ng/ml（5.21～20.00 ng/ml），维生素 B_{12}：442 pg/ml（200～1100 pg/ml）。患者院内外未进行治疗。血细胞形态：可见粒系、红系巨幼样变。骨髓细胞学检查显示粒系、红系均可见巨幼样变，粒系及巨核系细胞可见核分叶过多现象，骨髓形态提示巨幼细胞贫血。

问题：
1. 患者的血常规检查结果有何异常？
2. 患者的初步诊断是什么？
3. 为明确诊断，下一步应该完善哪些实验室检查？

在各类贫血的实验诊断中，除外周血细胞和骨髓形态学检验外，还涉及多项试验的选择与应用，这对一些贫血的筛查与诊断至关重要。贫血相关试验包括铁代谢试验、叶酸与维生素 B_{12} 代谢试验、溶血性贫血相关试验等。

一、常用铁代谢试验

健康成年人体内的铁含量为 3～5 g，60%～70% 存在于血红蛋白（Hb）中。20%～30% 以贮存铁的形式存在，主要以铁蛋白（ferritin）和变性的聚合铁蛋白（含铁血黄素）形式贮存于肝、脾、骨髓的单核-吞噬细胞中，约 5% 分布于肌红蛋白、各种酶和血浆运输状态中。在骨髓中，含铁的转铁蛋白（transferrin，Tf）与幼红细胞表面的转铁蛋白受体（transferrin receptor，TfR）结合，通过胞饮作用进入幼红细胞内，铁与转铁蛋白分离，在线粒

体内参与 Hb 合成或贮存于细胞内，而 Tf 和 TfR 被排出细胞外。Hb 的合成主要发生在中晚幼红细胞内。正常情况下，铁的吸收量略高于排出量，体内贮存铁量相对恒定，任何原因导致的铁消耗量大于供给量或铁代谢异常时，均可导致铁缺乏或铁利用障碍性贫血。铁代谢试验有助于了解机体的铁代谢状况，常用于铁缺乏或铁代谢障碍性贫血、铁负荷过多等疾病的实验诊断与疗效监测等。

（一）血清铁、总铁结合力和转铁蛋白饱和度

【参考区间】成年人血清铁（SI）：男性 10.6 ~ 36.7 μmol/L，女性 7.8 ~ 32.2 μmol/L；血清总铁结合力（TIBC）：男性 50 ~ 77 μmol/L，女性 54 ~ 77 μmol/L；血清转铁蛋白饱和度（TS）：20% ~ 50%。

【临床意义】①铁缺乏的诊断：参见第五章第一节；②铁负荷过多的诊断：SI 与 TS 在铁负荷过多，又称铁过载（iron overload）时可持续性升高，TIBC 降低，见于骨髓增生异常综合征（MDS）、病毒性肝炎导致的严重肝坏死、特发性血色病（idiopathic hemochromatosis）和无效造血（ineffective erythropoiesis）等。

【应用评价】血清铁影响因素较多，一般不单独用于评价铁代谢。TS 受患者炎症和营养状态影响，导致诊断铁缺乏的可靠性降低，并且日内变异较大。

（二）血清铁蛋白

铁蛋白（serum ferritin，SF）主要在肝合成，SF 含量与体内铁的贮存量相关，1 μg/L 的 SF 相当于 8 ~ 21 mg 的贮存铁 /kg 体重，故 SF 可作为判断机体是否缺铁或铁负荷过多的指标。

【参考区间】男性 15 ~ 200 μg/L，女性 12 ~ 150 μg/L（成年人）。

【临床意义】

1. 铁缺乏症的诊断标准 ①当普查铁缺乏症时，可以小于参考区间的低限作为标准；②当作为临床缺铁的鉴别诊断时，由于患者往往呈非单纯性缺铁，多伴有一些慢性病，如感染、炎症、结缔组织病、肿瘤、肝病等，此时诊断缺铁的标准可适当提高，有学者认为 SF 应 < 30 μg/L；对类风湿性关节炎是否合并缺铁时，SF 应 < 60 μg/L。

2. SF 降低 ① 铁缺乏早期及贮存铁缺乏时，SF 常低于参考区间下限；② 慢性失血，如月经过多、胃肠道出血、出血性疾病、血红蛋白尿症等导致的缺铁性贫血，SF 明显减低；③ 吸收不良综合征常与潜在的胃出血有关，导致慢性贮存铁消耗引起缺铁；④ 营养性铁缺乏，例如素食者，SF 降低；⑤ 妊娠时体内铁消耗增加导致缺铁。SF 水平变化有助于及时发现孕妇是否缺铁并监测补充铁剂的疗效。

3. 铁剂治疗的监测 ①口服铁剂治疗有效，SF 水平可逐渐上升；当血红蛋白已恢复后，可评价贮存铁水平并确定治疗何时停用铁剂。②非肠道补铁治疗：如静脉或肌内注射铁剂，SF 水平可恢复至参考区间或增高，但此时与贮存铁量并非完全成比例，只有在治疗 2 ~ 4 周后才能恢复这种比例关系。③重组人促红细胞生成素（rHu-EPO）治疗，如肾性贫血的 rHu-EPO 治疗，可导致红系造血增加过多，出现铁缺乏性造血，即功能性缺铁；此时 SF 减低，及时补铁后可恢复正常或增高。

4. SF 增高 ①铁负荷过多：见于原发性血色病、铁粒幼细胞贫血、反复输血、无效造血等，SF 显著增高；②一些非缺铁性贫血：如肿瘤或感染相关的贫血、地中海贫血等，SF 可正常或增高；③恶性肿瘤：如白血病、淋巴瘤、肝癌、胰腺癌、肺癌等，SF 可增高或正常。

【应用评价】参考区间受年龄的影响较大，不同方法也有影响，应使用本实验室建立的参考区间。严重溶血可使 SF 结果偏高，红细胞完全溶血可增高约 60%。

(三）血清可溶性转铁蛋白受体

正常人 80% 以上的转铁蛋白受体（TfR）存在于骨髓红系有核细胞上，随着红系各阶段细胞成熟，所表达的 TfR 分子数逐渐减少，成熟红细胞上无 TfR。血清可溶性转铁蛋白受体（soluble transferrin receptor，sTfR）是细胞膜上 TfR 的一个片段，血清中的 sTfR 浓度与总的 TfR 浓度有很好的相关性，sTfR 升高与红系造血的贮存铁量成正比。

【参考区间】血清 sTfR 1.7～8.1 mg/L（酶免疫浊度分析）。

【临床意义】①缺铁性贫血（IDA）与慢性病贫血（CDA）的鉴别：血清铁蛋白（SF）易受机体急性时相反应的影响而增高。CDA 时机体可利用铁缺乏，但总铁并不减低或增加，SF 正常或增高、sTfR 增高。IDA 时机体可利用铁及贮存铁绝对缺乏，SF 减低，血清 sTfR 增高 2～3 倍。②增生性贫血时，血清 sTfR 增高，见于地中海贫血、自身免疫性溶血性贫血、遗传性球形细胞增多症等。③骨髓增生低下的疾病，如再生障碍性贫血、慢性病贫血及肾衰竭患者血清 sTfR 水平降低。

【应用评价】不同测定方法的结果有较大差异，应建立本实验室的参考区间。

（四）血清可溶性转铁蛋白受体 / 铁蛋白对数（sTfR/lgSF）的比值

sTfR/lgSF 称为 sTfR 指数，用于鉴别炎症性贫血和缺铁性贫血。

【参考区间】0.47～1.65（化学发光法，sTfR 单位 mg/L；SF 单位 μg/L）。

【临床意义】炎症性贫血时，sTfR 指数＜1；缺铁性贫血时，sTfR 指数＞2。

【应用评价】可以更好地判断贫血患者是否伴有慢性炎症。在慢性肾衰竭患者中，sTfR 指数比其他实验室指标对于缺铁性贫血诊断的灵敏度和特异度更好。

> **知识拓展**
>
> **网织红细胞血红蛋白含量**
>
> 网织红细胞血红蛋白含量（reticulocyte hemoglobin content，CHr）是反映体内铁储备的新指标。铁剂治疗后，网织红细胞增多早于 Hb 升高，是评估、预测铁剂治疗效果的指标。CHr 诊断铁缺乏具有中等程度的灵敏度和特异度，与 SF 和 TS 相比，受炎症的影响较小。在肾性贫血时，CHr＜29 pg 可准确评估铁缺乏。但由于网织红细胞寿命仅 1 天左右，检测到的 CHr 仅能反映很短时间内可利用铁的状态，因此 CHr 反映机体铁利用状态也有一定局限性。

二、叶酸与维生素 B_{12} 代谢试验

叶酸（folic acid，FA）与维生素 B_{12}（Vit B_{12}），也称钴胺素，是合成 DNA 重要的辅酶，参与核酸代谢过程。FA 和 Vit B_{12} 的生理功能相互关联，缺乏 FA 和 Vit B_{12} 时，脱氧尿嘧啶核苷酸（dUTP）不能转化为脱氧胸腺嘧啶核苷酸（dTTP），导致细胞核酸代谢障碍，骨髓细胞 DNA 合成受阻，细胞增殖速度明显减慢，细胞因分裂障碍而致胞体增大，核染色质疏松，形成巨幼红细胞，出现巨幼细胞贫血（MA）；粒系细胞、巨核系细胞也可呈巨幼变。

（一）叶酸

血清或血浆叶酸和红细胞叶酸含量反映人体总叶酸水平，前者反映体内循环状态的叶酸水

平，但易受到膳食等因素影响；后者与红细胞更新过程有关，反映人体内叶酸的长期变化状态和叶酸储备情况。全血中 95% 的叶酸存在于红细胞内，其中叶酸的含量为血清中的 40 倍以上。

【参考区间】血清叶酸 5.5～23.4 nmol/L（化学发光免疫分析）。

【临床意义】叶酸在人体的贮存量为 5～20 mg，约 1/2 贮存在肝。正常人每天需叶酸 200～400 μg，一般仅供 4 个月之用。若营养不良或叶酸来源不足，常易导致叶酸缺乏，引起巨幼细胞贫血，实验诊断参见第五章第一节。

【应用评价】血清或血浆叶酸测定时应空腹采血，避免标本溶血，有条件时同时测定血清叶酸与红细胞叶酸更有助于叶酸代谢状态的判断。此外，叶酸缺乏可使同型半胱氨酸转化为蛋氨酸发生障碍，导致高同型半胱氨酸血症。

（二）血清维生素 B_{12}

维生素 B_{12}（Vitamin B_{12}，Vit B_{12}）主要来自动物食品，成人每日需要量为 2～5 μg，人体内贮存 4～5 mg，一般情况下不会出现 Vit B_{12} 缺乏。Vit B_{12} 必须与胃壁细胞分泌的内因子结合后才能在回肠末端吸收。当 Vit B_{12} 吸收减低，例如克罗恩病（Crohn's disease）、腹部或胃肠道手术；内因子减少，例如萎缩性胃炎、恶性贫血；酗酒、素食、长期使用组胺 H2 阻滞剂、遗传性运钴胺素蛋白 Ⅱ（transcobalamin Ⅱ）缺陷等均可导致 Vit B_{12} 缺乏，可间接引起 DNA 合成障碍和神经髓鞘质合成障碍，进而出现伴有神经性精神异常的巨幼细胞贫血、血小板减少等。

【参考区间】血清 Vit B_{12} 172～674 pmol/L（化学发光免疫分析）。

【临床意义】血清 Vit B_{12} 缺乏，多见于营养性巨幼细胞贫血、恶性贫血、长期胃肠功能紊乱及腹泻、长期素食、先天性选择性 Vit B_{12} 吸收不良、内因子缺乏症。大剂量 Vit C 可影响 Vit B_{12} 的吸收和利用。血清 Vit B_{12} 含量增高见于白血病、真性红细胞增多症、某些恶性肿瘤和肝细胞损伤等。

【应用评价】有证据表明，血清 Vit B_{12} 水平不能准确反映细胞内 Vit B_{12} 浓度，临床诊断 VitB_{12} 缺乏时常伴有血清同型半胱氨酸和甲基丙二酸增高。新近研究发现，测定血清全反钴胺素（holotranscobalamin，HoloTC），又称为活性 Vit B_{12}（active Vit B_{12}），诊断 Vit B_{12} 缺乏更敏感。ToloTC 的参考区间 > 35 pmol/L，当体内 Vit B_{12} 耗尽但尚未缺乏时，ToloTC 先于 Vit B_{12} 降低。此外，Vit B_{12} 检测方法不同，其参考区间差异较大。

微整合

基础回顾

维生素 B_{12} 的代谢及功能

维生素 B_{12} 又称钴胺素，是唯一含有金属元素的维生素。维生素 B_{12} 先与胃壁细胞分泌的内因子结合，进而与肠黏膜上皮细胞表面的受体结合而被吸收，并与血液中运钴胺蛋白结合转运至细胞内。维生素 B_{12} 通过一系列重要的酶促反应参与体内的能量代谢，包括同型半胱氨酸转变为蛋氨酸、甲基丙二酸转变为琥珀酰辅酶 A、5 甲基四氢叶酸转变为四氢叶酸。而四氢叶酸为脱氧核糖核酸合成和造血所必需的物质。故维生素 B_{12} 缺乏时，造成脱氧核糖核酸合成障碍，严重时形成巨幼细胞贫血，出现贫血症状及神经精神症状。

(三) 抗内因子抗体

抗内因子抗体有两个亚型，一是针对内因子与 Vit B_{12} 结合的位点，二是针对内因子-Vit B_{12} 复合体，抑制其与回肠的特异性受体结合。抗内因子抗体与 Vit B_{12} 转运蛋白 Ⅱ 具有高度亲和力，抑制了 Vit B_{12} 与转运蛋白 Ⅱ 的结合，从而阻碍 Vit B_{12} 转入细胞内，引起细胞内 Vit B_{12} 低活性。内因子抗体通过上述途径引起 Vit B_{12} 吸收障碍，导致有效的 Vit B_{12} 不足。

【参考区间】0.9～1.2 AU/ml（化学发光免疫分析）。

【临床意义】可用于恶性贫血的辅助诊断。

【应用评价】抗内因子抗体除了见于恶性贫血外，也可见于其他自身免疫病，如自身免疫性胃炎、1型糖尿病、自身免疫性甲状腺炎等疾病。

（四）抗胃壁细胞抗体

抗胃壁细胞抗体于恶性贫血血清中发现，其靶抗原位于壁细胞的 H^+-K^+-ATP 酶。此抗体可直接抑制胃酸分泌，同时也使胃酸中的内因子减少；还会引起胃黏膜变性，诱发慢性萎缩性胃炎等，导致壁细胞分泌内因子障碍，进一步影响维生素 B_{12} 的吸收。

【参考区间】阴性（间接免疫荧光法）。

【临床意义】可用于恶性贫血的辅助诊断。

【应用评价】抗胃壁细胞抗体是检测恶性贫血的重要指标，但不是特异性抗体，也可见于自身免疫性胃炎、1型糖尿病、自身免疫性甲状腺炎等疾病。

三、溶血性贫血相关试验

溶血性贫血（hemolytic anemia，HA）是由于某种原因使红细胞生存时间缩短，破坏增多，超过了骨髓红系造血代偿能力而引起的一类贫血。HA 相关试验主要用于筛查有无溶血、判断溶血的轻重程度、确定溶血的部位、明确或提示溶血的原因等。

（一）溶血性贫血筛查试验

常用检测项目包括血浆游离血红蛋白（FHb）、血清结合珠蛋白（haptoglobin，Hp）、尿血红蛋白（Hb）和尿含铁血黄素试验（Rous 试验）等；此外，血清高铁血红素白蛋白、胆红素等也有一定意义，主要用于判断有无溶血及其轻重程度。

【参考区间】血浆 FHb ＜ 40 mg/L；血清 Hp 0.5～1.5 g/L；尿 Hb：阴性；Rous 试验：阴性。

【临床意义】HA 的实验诊断参见第五章第一节。

【应用评价】对可疑 HA 的患者，临床上一般首选血常规试验和网织红细胞计数，依据其检测结果再用上述试验进行筛查和评价，结合筛查试验结果再选择与贫血病因相关的试验，以明确诊断；必要时也可做骨髓细胞形态学检验等协助诊断。

（二）免疫性溶血试验

通过检测结合在患者红细胞膜上的自身抗体或补体及血清中游离的自身抗体，可以确定溶血是否属于免疫性溶血。

【参考区间】直接和间接抗人球蛋白试验：阴性；冷凝集素试验：凝集效价（4℃）＜1∶40；冷热双相溶血试验：阴性。

【临床意义】

1. 抗人球蛋白试验　由于红细胞膜电荷的存在，彼此间保持一段距离而不会聚集。不完全抗体（IgG）分子较小，只能和一个红细胞结合而无法连接两个相邻红细胞。而抗人球蛋白抗体为完全抗体（IgM），可与多个不完全抗体的 Fc 段相结合，通过桥接作用连接多个红细胞而形成红细胞凝集，此种现象为抗球蛋白阳性。这种检测不完全抗体试验称为抗人球蛋白试验，该试验由免疫学家 Coombs 等发明，故又称为 Coombs 试验（Coombs test）（分为直接和间接试验），其临床应用详见第五章第一节。

2．冷凝集素试验（cold agglutinin test，CAT） 冷凝集素综合征是伴有冷反应性自身抗体的一类免疫性疾病，占自身免疫性溶血性贫血（autoimmune hemolytic anemia，AIHA）的 7%～25%，患者一般表现为低温诱发肢端发绀，复温后消失。支原体肺炎和传染性单核细胞增多症患者可继发冷凝集素综合征；淋巴系统肿瘤（如淋巴瘤、多发性骨髓瘤）和慢性髓系白血病偶见继发冷凝集素综合征。冷凝集素几乎均为 IgM，能和自体红细胞或"O"型红细胞在 0～4 ℃寒冷情况下产生凝集现象。有些患者在抽静脉血时常有自凝现象，冷凝集素试验呈阳性，其效价可高至 1∶100～1∶16000，直接 Coombs 试验 C3 阳性、IgG 阴性。

3．冷热双相溶血试验（Donath-Landsteiner's test，D-L test） 部分患者血清中存在双相溶血素，在 0～4 ℃时溶血素与红细胞结合，吸附补体，但不发生溶血；当温度升至 30～37 ℃时发生溶血。一般见于阵发性寒冷性血红蛋白尿，也可见于某些病毒感染，如传染性单核细胞增多症、水痘、麻疹等。

【应用评价】AIHA 大多为温抗体型自身免疫性溶血性贫血（WAIHA），少部分为冷抗体型（主要为 IgM）。必要时应于 4 ℃条件下进行试验，排除假阴性反应。WAIHA 大多为 IgG 型抗体，部分为 IgG + C3 型、C3 型，极少数为 IgG 亚型、IgA 型、IgM 型。因此，疑为 AIHA 时，应首先使用广谱的抗人球蛋白血清进行试验，必要时再加用各种单价抗血清确定抗体的类型，以免漏诊。

（三）红细胞膜缺陷检验

正常红细胞呈双凹圆盘状，表面积较大，可以通过比其直径小的毛细血管而不被破坏。先天或后天获得性因素影响红细胞膜，导致质膜成分中脂质双层结构异常，红细胞表面积与体积比减小，变形能力下降、脆性增加，而致红细胞病理性破坏，发生溶血性贫血。

【参考区间】

1．红细胞渗透脆性试验（erythrocyte osmotic fragility test，EOFT） 开始溶血 4.2～4.6 g/L（NaCl），完全溶血 2.8～3.2 g/L（NaCl）。

2．红细胞孵育渗透脆性试验（erythrocyte incubated osmotic fragility test，EIOFT） 未孵育 50% 溶血的 NaCl 浓度为 4.00～4.45 g/L，37 ℃孵育 24 h 后，50% 溶血的 NaCl 浓度为 4.65～5.9 g/L。

3．蔗糖溶血试验和酸溶血试验（Ham 试验） 阴性。

4．CD55、CD59 表达缺陷血细胞 CD55、CD59 阴性红细胞和中性粒细胞＜5%；

5．蛇毒因子溶血试验 溶血度＜5%。

6．伊红-5'-马来酰亚胺（eosin-5'-maleimide，EMA）结合试验 对于红细胞膜缺陷的诊断具有较高的敏感性和特异性。在遗传性球形红细胞增多症和遗传性椭圆形红细胞增多症时，患者红细胞与 EMA 结合量减少，流式细胞术检测其平均通道荧光强度（mean channel fluorescence，MCF）降低。MCF 降低百分比 =［(MCF 对照组 －MCF 实验组)/MCV 对照组］×100%。MCF 降低百分比＞16% 有助于红细胞膜缺陷病的诊断。

【临床意义】参见第五章第一节。

【应用评价】

1．EOTF 并非遗传性红细胞膜缺陷的特异性诊断试验，温抗体型自身免疫性溶血性贫血

(AIHA）可出现一定数量的球形红细胞，渗透脆性也可增高。丙酮酸激酶（PK）缺乏症患者的红细胞孵育渗透脆性也可增加。

2．大多数遗传性红细胞膜缺陷症的红细胞膜收缩蛋白或锚蛋白相关基因发生点突变或框移突变，导致所编码的蛋白丧失正常功能，通过 DNA 测序或片段分析等方法可以对特定突变位点进行检测。

3．PNH 诊断试验的应用　Ham 试验曾被认为是 PNH 的确诊试验，具有较高的特异性，但灵敏度较低，有 20%～30% 的患者可呈阴性反应，而且患者在病程中可多次 Ham 试验阴性，发病 1 年内确诊者仅占 35.5%。蔗糖溶血试验具有较高的敏感性，但特异性低。荧光素标记单克隆抗体结合流式细胞术检测缺乏 CD55、CD59 的血细胞，被认为是诊断 PNH 最敏感、最特异的试验。蛇毒因子溶血试验：蛇毒因子是源于眼镜蛇毒的一种溶血因子，分子量约为 144 kD，能直接通过旁路途径激活患者血清中的补体 C3，造成 PNH 患者红细胞溶血，本试验为 PNH 诊断的特异性试验之一。

4．EMA 结合实验　EMA 本身对温度敏感，需要注意试剂保存温度对实验结果的影响。

（四）红细胞酶缺陷检验

红细胞酶缺陷所致溶血性贫血（HA）是指参与红细胞代谢（主要是糖代谢）的一些酶，由于基因缺陷导致其表达产物活性下降或缺失，进而引发溶血的一组疾病。根据红细胞代谢特点，可将红细胞的酶分为三类：糖酵解途径的酶，如己糖激酶、葡萄糖磷酸异构酶、丙酮酸激酶、磷酸果糖激酶等；戊糖旁路代谢途径的酶：如葡萄糖-6-磷酸脱氢酶、6-磷酸葡萄糖酸脱氢酶等；核苷酸代谢途径的酶：如嘧啶 5' 核苷酸酶、腺苷酸激酶缺乏等。在所有红细胞酶缺陷病中，以葡萄糖-6-磷酸脱氢酶（glucose 6-phosphate dehydrogenase，G6PD）和丙酮酸激酶（pyruvate kinase，PK）的缺陷发生率较高，前者导致戊糖旁路代谢障碍，后者引起糖酵解途径异常。

【参考区间】高铁血红蛋白（Met Hb）还原试验：Met Hb 还原率 > 75%。G6PD 荧光斑点试验：10 min 内出现荧光斑点。G6PD 活性定量：8.34 ± 1.59 U/g Hb（ICSH 推荐 Glock 与 Mclean 法）。PK 荧光斑点试验：荧光在 20 min 内消失。PK 活性定量：酶活性 5.1 U/gHb ± 4.99 U/gHb（ICSH 推荐 Blume 法）。

【临床意义】参见第五章第一节。

【应用评价】

1．高铁血红蛋白还原试验对 G6PD 活性减低或缺乏具有较高的敏感度，但特异性较低。血红蛋白 H 病、不稳定血红蛋白病、NADH-Met Hb 还原酶缺乏等可出现假阳性。

2．G6PD 或 PK 荧光斑点试验对 G6PD 或 PK 缺陷具有较高的敏感性和特异性，适合于筛查和普查，但对试剂要求较高。

3．G6PD 或 PK 酶活性检测应注意是否处于急性溶血期。由于急性溶血期的外周血新生红细胞增多，酶活性可能不减低或减低不明显，应在 2～3 个月后复查。

4．由于 G6PD 杂合子酶活性变化差异大，G6PD 活性定量检测方法可导致大量杂合子的漏检。随着技术的进步，利用分子生物学技术对 G6PD 基因序列进行分析，对明确疾病诊断很有帮助。

（五）异常血红蛋白检验

血红蛋白病（hemoglobinopathy）可分为异常血红蛋白病和地中海贫血两大类。通过对红细胞中 Hb 组分的定量、电泳特性、稳定性、溶解度以及 Hb 的基因分析等，有助于血红蛋白病的诊断。

【参考区间】

1. **血红蛋白电泳**（hemoglobin electrophoresis） 健康成年人 Hb 经电泳分离后，电泳图主要显示 3 条正常区带（图 18-1），靠阳极端一条浓重的区带是 HbA，相对含量占 97% 以上；在 HbA 后有一条浅淡狭窄的区带是 HbA2，相对含量为 1.5%～3%；在两者中间，紧靠 HbA 条带后，为 HbF 条带，其他的带一般为非 Hb 成分或异常 Hb。

2. **胎儿血红蛋白 F**（fetal hemoglobin，HbF） ①抗碱 Hb：1 岁至成人占 1%～3.1%。新生儿可高达 55%～85%；② HbF 酸洗脱试验：健康成人含 HbF 的红细胞＜1%，新生儿阳性；③流式细胞分析（FCM）：健康成人含 HbF 的红细胞＜1%。

3. **不稳定血红蛋白** ①变性珠蛋白小体（Heinz 小体）形成试验：健康人红细胞 37℃、孵育 1 h，含 Heinz 小体的红细胞＜1%；②热变性试验：沉淀 Hb＜5%；③异丙醇试验：40 min 内不出现浑浊或沉淀（阴性）；④红细胞镰变试验：无镰变红细胞（阴性）。

【临床意义】参见第五章第一节。

【应用评价】珠蛋白异常可通过基因分析或珠蛋白肽链的一级结构分析进行确证。目前，常用地中海贫血相关试验，例如 HbF、HbA2 的定量试验，特异性并不高，基因诊断技术将显著提高其特异性并对疾病进行分型。随着基因诊断技术的成熟，将来可常规应用于临床和产前诊断等。

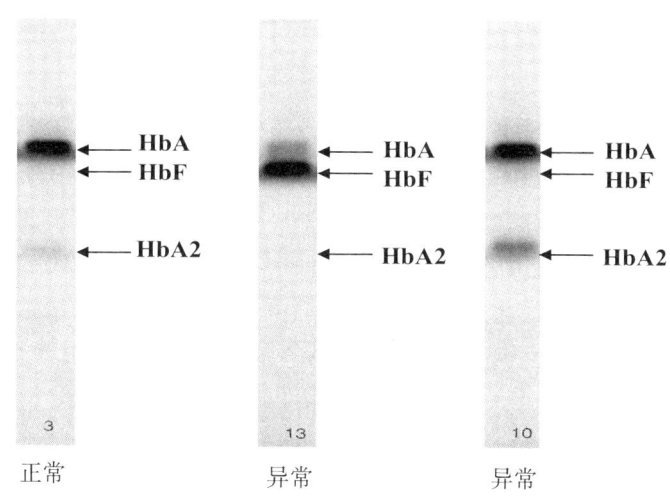

图 18-1　成人血红蛋白电泳图

四、其他试验

促红细胞生成素（erythropoietin，EPO）又称红细胞刺激因子，具有刺激红细胞增殖的功能。在胎儿时期，EPO 主要来源于肝，出生后 EPO 主要在肾合成。目前已在临床上用于治疗慢性肾性贫血以及骨髓肿瘤和骨髓增生异常引起的贫血。

【参考区间】1.48～31.88 mIU/ml（化学发光法），建议各实验室建立自己的参考区间。

【临床意义】①辅助诊断肾性贫血；②辅助诊断红细胞增多症；③监测贫血患者对 EPO 治疗的疗效。

【应用评价】无法区分内源性和外源性 EPO。

总之，贫血的相关实验较多，涉及的技术复杂，影响因素多，在临床应用过程中应结合临床实际情况综合判断。当出现血常规中三系细胞减少、血清和尿液游离轻链或尿本-周蛋白增加、合并出血或血性疾病，以及贫血治疗效果不佳时，应做骨髓象及相关检查，除外相关疾病。

思 考 题

1. 简述巨幼细胞贫血实验室检查的变化。
2. 简述溶血性贫血实验室检查的思路。

（宋卫青）

第四节　血细胞化学染色

细胞化学染色（cytochemical stain，CCS）是细胞形态学与化学相结合的一门技术，通过化学反应的原理，将细胞内的各种化学物质（酶类、脂类、糖类、铁、蛋白质、核酸等）显示为显微镜可见的变化，在细胞原位进行定性及半定量分析。通过细胞化学染色可了解细胞的正常代谢和生理功能，鉴别形态学难以识别的原始或幼稚细胞类型，辅助血液系统等疾病的诊断、分型和鉴别诊断。血细胞化学染色一般采用新鲜制备的血涂片或骨髓涂片。

案例 18-4

男性，55岁。半年前开始出现不明原因乏力、低热，近1周加重。既往体健。查体：BP 130/75 mmHg，HR 75次/分，颈部、腋下淋巴结可触及肿大，脾肋下未及。全血细胞计数：WBC 127.2×10^9/L，RBC 3.18×10^{12}/L，Hb 89 g/L，PLT 49×10^9/L。外周血分类：原始细胞占54%。骨髓穿刺涂片显示：骨髓增生极度活跃，原始细胞占76.0%，粒系、红系细胞比值减低。髓过氧化物酶染色：原始细胞阳性率23%。

问题：
1. 患者外周血涂片、骨髓穿刺涂片结果有何异常？
2. 患者的初步诊断是什么？
3. 为明确诊断，还应进一步进行哪些细胞化学染色？

一、髓过氧化物酶染色

髓过氧化物酶（myeloperoxidase，MPO）主要存在于粒系和单核系细胞中，在中性粒细胞系细胞中含量最高，单核系多数细胞呈阴性或弱阳性，其他细胞不含MPO。新鲜骨髓或血涂片中粒系和单核系细胞中MPO通过催化H_2O_2释放出新生态氧，使无色的底物在细胞原位生成有色化合物，从而显示MPO的活性，定位酶所在细胞浆的活性部位。

【参考区间】MPO仅存在于粒系和单核系细胞的胞浆中。无颗粒原粒细胞常呈阴性，有颗粒原粒细胞可呈阳性，早幼粒细胞呈强阳性，中性中幼粒细胞及其以下阶段细胞呈阳性。嗜酸性粒细胞呈强阳性，嗜碱性粒细胞呈阴性。原单核细胞呈阴性，幼单核细胞和单核细胞呈弱阳性。

【临床意义】①急性白血病的辅助诊断与亚型鉴别，参见第五章第三节；②中性粒细胞 MPO 缺陷症：遗传性缺陷患者的中性粒细胞 MPO 染色，纯合子呈阴性，杂合了多为弱阳性。在一些髓系细胞白血病、骨髓增生异常综合征、放射病或一些其他疾病，中性粒细胞 MPO 染色可呈阴性或弱阳性，提示 MPO 获得性缺陷。

【应用评价】ALL 与 AML 的初步鉴别一般以 MPO 染色阳性率 3% 为临界值，前者 < 3%，后者常 > 3%。但是，急性白血病的血涂片或骨髓涂片 MPO 染色时，若原始细胞 MPO 染色阳性率 < 3%，并不能肯定是 ALL，因为分化较差的原粒细胞、原单细胞、原巨核细胞、原淋巴细胞均可呈阴性，此时应结合其他细胞化学染色、细胞免疫表型分析等进行鉴别。MPO 染色后显微镜计数的方法，其敏感性明显低于 MPO 的流式细胞抗原分析。所以 MPO 染色阴性的患者并不等于白血病细胞中不存在此酶，必要时可用流式细胞仪分析其 MPO 抗原。

二、酯酶染色

酯酶（esterase）存在于不同的白细胞中，水解底物产生萘酚的衍生物并与重氮盐偶联，在细胞原位生成不溶性有色沉淀。根据不同的底物显示的酯酶活性，可将酯酶分三种：萘酚 AS-D 氯乙酸酯酶（naphthol AS-D chloroacetate esterase，CAE），为粒系细胞所特有，故又称特异性酯酶（specific esterase，SE）或粒细胞酯酶；α-萘酚醋酸（α-naphthyl acetate，ANA）酯酶可存在于多种细胞中，又称非特异性酯酶（non-specific esterase，NSE）；α-萘酚丁酸（α-naphthyl butyrate，ANB）酯酶，主要存在于单核系细胞中，故又称单核细胞酯酶。三种酯酶染色对不同细胞的识别和急性白血病的诊断与鉴别有一定意义。

【参考区间】各种骨髓或血细胞的酯酶染色反应见表 18-1。

表 18-1　各种正常骨髓或血细胞的酯酶染色反应

细胞类型	萘酚 AS-D 氯乙酸酯酶（CAE）	α-萘酚醋酸（ANA）酯酶	α-萘酚丁酸（ANB）酯酶
原始粒细胞	-/+	-/±	-
早幼粒细胞	++/+++	-/+	-
中幼粒细胞	+/++	-/±	-
原单核细胞	-/±	+/++	+/++
幼单核和单核细胞	-/±	+++	+++
淋巴细胞	-	-/±	-/±
幼红细胞	-	-/±	-
巨核细胞和血小板	-	+++	±

注："-"为阴性，"±"为弱阳性，"+"为阳性，"++"为较强阳性，"+++"为强阳性

【临床意义】主要用于急性白血病的辅助诊断与类型鉴别，参见第五章第三节。

【应用评价】

1. **CAE** 是粒系特异性酯酶，白血病性原、幼粒细胞呈阳性或阴性，所以染色结果阴性不能排除急性粒细胞白血病的可能。在急性单核细胞白血病时，原始单核细胞及幼稚单核细胞几乎均呈阴性，个别细胞呈弱阳性。急性淋巴细胞白血病和急性巨核细胞白血病均呈阴性。

2. **ANA 酯酶** 在各种细胞中均有不同程度的阳性反应，但在单核系细胞的阳性可被氟化钠抑制，在粒细胞系统的阳性不能被氟化钠抑制，借此辅助鉴别急性白血病细胞类型。

3. **ANB 酯酶** 对单核系细胞的特异性较 ANA 酯酶高，分化好的各期单核细胞均呈阳性，

而且阳性反应能被氟化钠抑制。

> **基础回顾**
>
> **氟化钠抑制试验**
>
> 氟化钠抑制试验：在非特异性酯酶染色时，加入氟化钠后的染色阳性率较不加入氟化钠的染色阳性率减低超过 50%，即抑制率大于 50%。
>
> 氟化钠抑制率 =（未加入氟化钠的非特异性酯酶染色阳性率或阳性积分 - 加入氟化钠的非特异性酯酶染色阳性率或阳性积分）/ 未加入氟化钠的非特异性酯酶染色阳性率或阳性积分 ×100%。
>
> 非特异性酯酶染色在单核细胞系统呈阳性反应，分化差的原始单核细胞呈阴性，分化好的原始单核细胞可呈阳性反应，幼稚单核细胞及单核细胞也呈阳性，此阳性可被氟化钠抑制。粒细胞可为阴性或阳性，但阳性反应不能被氟化钠抑制。

三、糖原染色

糖原染色又称为过碘酸 - 雪夫（periodic acid-Schiff，PAS）反应，其原理是血细胞胞浆中的糖类物质，如糖原、黏多糖、黏蛋白和糖蛋白等，与过碘酸 - 雪夫试剂发生反应，最终生成紫红色化合物，可以显示细胞中糖类物质含量和分布，按细胞内 PAS 阳性颗粒的多少可分为阴性、弱阳性、阳性和强阳性，对部分血液病的诊断与鉴别有一定意义。

【参考区间】粒系细胞：原粒及早幼粒细胞 PAS 反应多呈阴性，自中幼粒细胞阶段，细胞越成熟，PAS 阳性反应越强。巨核系细胞和血小板 PAS 呈强阳性反应。淋巴细胞、单核细胞 PAS 呈弱阳性反应。幼红细胞和红细胞 PAS 反应均为阴性。

【临床意义】①主要用于造血与淋巴组织肿瘤的辅助诊断与类型鉴别，参见第五章第三节；②某些细胞类型的鉴别：戈谢细胞 PAS 呈阳性反应，尼曼 - 匹克细胞一般为阴性或弱阳性反应；巨核细胞与霍奇金病细胞，前者 PAS 呈阳性反应，后者则多为阴性或弱阳性反应。

【应用评价】PAS 染色阳性并不能肯定是糖原，只有同时将细胞经唾液消化后 PAS 呈阴性反应时，才能确定 PAS 染色阳性物质是糖原。急性淋巴细胞白血病（acute lymphoblastic leukemia，ALL）、淋巴瘤的原始淋巴细胞 PAS 可呈阳性反应，但阴性时不能除外，应结合其他检查结果综合分析。PAS 染色阳性产物的形态具有鉴别诊断价值，如 ALL 或淋巴瘤的原始淋巴细胞及幼淋巴细胞的阳性反应呈粗颗粒状或块状；而急性单核细胞白血病时，原始细胞阳性反应呈细颗粒状或弥散分布。

四、铁染色

骨髓中的贮存铁主要存在于骨髓小粒和幼红细胞内。存储于幼红细胞外的铁，称为"细胞外铁"，一般以含铁血黄素的形式存在，主要存在于骨髓小粒和巨噬细胞中。存在于幼红细胞内的铁，称为"细胞内铁"，此种幼红细胞称为铁粒幼红细胞（sideroblast）；而含铁颗粒的成熟红细胞，称为铁粒红细胞。≥ 5 个铁颗粒围绕幼红细胞核周三分之一或以上呈环状分布的细

胞，称为环形铁粒幼细胞（ring sideroblast，RS）。RS 是由于铁过多时沉积于线粒体内，而线粒体多分布于核周，所以铁染色后的蓝黑色铁颗粒呈环形排列在核周。细胞内、外铁与酸性亚铁氰化钾发生普鲁士蓝反应，生成蓝色颗粒，根据蓝色颗粒大小和多少，可将细胞外铁染色结果分为 - 、+ ~ ++++ 几个等级。

【参考区间】骨髓细胞外铁：+ ~ ++；细胞内铁阳性率 25% ~ 90%，无环形铁粒幼细胞。

【临床意义】在贫血与骨髓增生异常综合征诊断中的应用参见第五章第一节、第三节。

【应用评价】骨髓铁染色被认为是反映机体储存铁的"金标准"，与血清铁蛋白相比，不受感染等因素的影响。当铁代谢试验结果不能明确诊断铁代谢异常疾病时，可进行骨髓铁染色；对于铁粒幼细胞贫血和 MDS 伴 RS 的实验诊断，骨髓铁染色有确诊意义。

> **知识拓展**
>
> ### MDS 的基因检测
>
> 基于测序研究显示，MDS 常受累的基因常包括 *SF3B1*、*TET2*、*SRSF2*、*ASXL1*、*DNMT3A* 和 *RUNX1*。但现有 MDS 基因异常，仅发现 *SF3B1* 基因突变与骨髓环形铁粒幼红细胞增多有较特异的相关性。当 *SF3B1* 基因突变且环形铁粒幼红细胞 ≥ 5%，即可以诊断 MDS-RS。

五、中性粒细胞碱性磷酸酶染色

中性粒细胞碱性磷酸酶（neutrophil alkaline phosphatase，NAP）主要存在于成熟阶段的中性粒细胞（中性杆状核和分叶核）。在 pH 9.4 ~ 9.6 的条件下，碱性磷酸酶将基质液中的 α 磷酸萘酚钠水解，产生 α 萘酚与重氮盐偶联形成灰黑色沉淀，阳性反应强度分 + ~ ++++。反应结果以阳性反应细胞百分率及阳性积分值来表示。染色后，在油镜下计数 100 个成熟中性粒细胞，对所有阳性细胞逐个按阳性反应强度分级，将各级所占的百分率乘以级数，然后相加，即为阳性积分值。

【参考区间】阳性率 30% ~ 70%，阳性细胞积分为 35 ~ 100 分。

【临床意义】生理因素可使酶活性发生改变，如应激状态、经前期、妊娠期、新生儿等可使 NAP 活性增加。

NAP 积分增加见于细菌性感染、再生障碍性贫血、某些骨髓增殖性疾病、慢性粒细胞白血病（加速期、急变期）、急性淋巴细胞白血病、慢性淋巴细胞白血病、恶性淋巴瘤、骨髓转移癌、肾上腺糖皮质激素及雄激素治疗后。

NAP 积分减低见于慢性粒细胞白血病慢性期、急性粒细胞白血病、阵发性睡眠性血红蛋白尿、骨髓增生异常综合征等。

【应用评价】NAP 主要用于慢性粒细胞白血病与类白血病反应、阵发性睡眠性血红蛋白尿与再生障碍性贫血，以及感染性疾病类型的鉴别。细菌性感染特别是化脓菌感染时，NAP 阳性率和积分显著增高，急性感染比慢性感染增高明显。病毒感染时，NAP 一般不增高。

思 考 题

如何通过细胞化学染色结果判断白血病类型?

(李 佳)

第五节 血细胞免疫表型分析

在基因的调控下,机体血细胞分化、发育与成熟的过程中,细胞膜、细胞浆和细胞核上的免疫标志会出现规律性的变化,使其适应各种细胞的功能需要。采用单克隆抗体作为分子探针,经免疫酶法、免疫荧光显微镜法或流式细胞术(flow cytometry,FCM)特异识别,分析骨髓与外周血中细胞膜表面、细胞浆或细胞核的免疫分子特征,即为血细胞的免疫表型分析。许多疾病如血液系统肿瘤时,血细胞的免疫标志常会出现异常表达,如过度表达、不规则表达、缺失或表达新抗原,这可能与骨髓、血细胞的功能缺陷、降低或亢进,甚至发生肿瘤性改变有关。因此,通过血细胞免疫表型分析可确定异常细胞的系列归属、分化阶段、抗原表达谱等;同时也可用某些细胞所表达的特有免疫标志准确计数数量较少的细胞,例如造血干/祖细胞、微小残留白血病细胞以及血小板(血小板减少时)等。此外,外周血淋巴细胞亚群计数也早已成为常规试验。血细胞免疫表型分析已经成为血液系统疾病及相关疾病检验诊断的重要手段。

目前最常用的是利用 FCM 进行血细胞免疫表型分析,EDTA-K2 或肝素抗凝的血液或骨髓液是白细胞分析最常用的标本;血小板分析时用 109 mmol/L 枸橼酸钠抗凝血。各种检测项目的目的、方法不同,不同实验室所采用的检测系统不同,所以参考区间有所差异。

案例 18-5

康某,男性,48 岁。3 天前无明显诱因出现发热,体温最高 38.2℃,伴咳嗽、咳少量白痰。查体:BP 120/70 mmHg,HR 115 次/分,胸骨轻压痛,全身皮肤黏膜未见瘀点、瘀斑,颌下、腹股沟可触及肿大淋巴结。呼吸音粗,未闻及干/湿啰音。全血细胞计数:WBC 2.05×10^9/L,RBC 3.01×10^{12}/L,Hb 95 g/L,MCV 93.7 fl,PLT 45×10^9/L。白细胞分类:中性粒细胞 3%,淋巴细胞 57%,单核细胞 1%,原始细胞 39%。骨髓细胞学检查:原始细胞占 87%,髓过氧化物酶染色(MPO):阴性,糖原染色(PAS):呈粗颗粒状阳性。

问题:
1. 患者的初步诊断是什么?
2. 为明确诊断及分型,患者下一步需要完善哪些实验室检查?

一、血液肿瘤的诊断与分型

每一例造血与淋巴组织肿瘤(血液肿瘤),尤其是急性白血病(AL),都有必要应用多参数流式细胞分析(multiparameter flow cytometry,MFC)进行血细胞免疫表型分析,这是在形态学与细胞化学染色基础上的补充和深化,可将 AL 进一步分为不同系列和分化阶段。此外,通过免疫表型分析还可识别生物学和预后相关的白血病亚型，并达到诊断与治疗标准化。目前，还没有一种抗原标志物对于血液肿瘤是特异的，但通过多种抗原标志物的组合分析，可以正确判断和分类。

（一）髓系肿瘤的免疫表型分析

1. 原始细胞表型确定 急性髓系白血病（AML）时各种分化阶段细胞的抗原表达谱有所不同，但主要用于确定 AML 或骨髓增生异常综合征（MDS）转化为 AML 时原始细胞的免疫表型。WHO 对确定原始细胞系列特异性的免疫表型提出了明确的标准：髓系细胞 MPO 阳性特异，CD13、CD33 和 CD117 不特异；单核细胞系分化：NSE、CD11c、CD14、CD64 和溶菌酶至少有两项阳性。MFC 可以识别一个细胞上多种抗原，并且在短时间内可以分析大量细胞，可用于鉴别 AL 的分化阶段、评价抗原表达谱、不规则表型和白血病微小残留病（minimal residual disease，MRD）。

2. 免疫表型分析的中心作用 鉴别 AML 微分化型和急性淋巴细胞白血病（ALL）、慢性髓系白血病（CML）原始细胞期、混合表型急性白血病（MPAL）类型。MFC 是诊断 MPAL 的首选方法，尤其是证实在同一原始细胞上共表达淋巴系和髓系分化抗原，或两群原始细胞分别表达淋巴系和髓系分化抗原具有肯定意义。

3. 预后价值 一些研究表明，CD7、CD9、CD11b、CD14、CD56 和 CD34 表达水平可能与 AML 预后差相关，但其独立预后价值仍有待阐明。约有 75% 的 AML 出现不规则或不常见的免疫表型，例如交叉系列抗原表达、抗原不同步表达、抗原过表达、抗原缺失或低表达。此外，免疫组织化学（IHC）也可用于系列相关免疫标志，CD34 有助于原始细胞识别和观察其分布特点，原红细胞可通过血型糖蛋白或血红蛋白标志物与原粒细胞鉴别，CD42 和 CD61 可鉴别原始巨核细胞。临床常用 AL 免疫标志见表 18-2。

（二）前体淋巴细胞肿瘤

免疫表型分析对于前体淋巴细胞肿瘤不仅有重要诊断价值，而且对于治疗方案的选择、危险分层以及预后判断都有指导作用。通常采用以下特异性标志进行原始细胞的识别。①T 淋巴细胞系：CD3 epsilon 链单克隆抗体结合 FCM 检测胞质 CD3（cCD3）阳性；或者膜 CD3（mCD3）阳性。②B 淋巴细胞系：需要多种抗原确认，分为两种情况。CD19 高表达伴至少 CD79a、cCD22 和 CD10 一项高表达；CD19 低表达伴至少 CD79a、cCD22 和 CD10 两项高表达。临床常用 AL 免疫标志见表 18-2。

表 18-2　急性白血病免疫表型分析常用的免疫标志

白血病	CD10	CD19	CD22	TdT	CD34	CD3	CD7	CD13	CD117	MPO
髓系	-	-	-	-	+	-	+	+	+	+
B-ALL	+	+	+	+	+	-	-	-	-	-
T-ALL	-	-	-	+	+	+	+	-	-	-

（三）成熟淋巴细胞肿瘤

组织病理学、形态学、免疫表型和遗传标志检验对成熟淋巴细胞肿瘤（mature lymphocyte neoplasm，MLN）的诊断均很重要，但在大多数成熟 B 细胞、T 细胞与 NK 细胞肿瘤的诊断与分型中，免疫表型分析起着关键作用。例如，肿瘤性 B 淋巴细胞可通过免疫球蛋白轻链的限制性表达和抗原缺失表达得以区分；成熟淋巴细胞肿瘤与反应性淋巴细胞增多症（如

传染性单核细胞增多症）相鉴别等。参见第五章第三节。

（四）微小残留白血病诊断

微小残留病（MRD）是指急性白血病经过诱导化疗获得完全缓解或是造血干细胞移植治疗后，达到临床和血液学的完全缓解，而体内仍残存一定数量白血病细胞的状态。这些 MRD 细胞是疾病复发的根源。现已证实 MRD 水平的高低是治疗方案的选择、危险分层以及预测复发的依据。目前，FCM 检测 MRD 主要是基于白血病相关免疫表型（leukemia associated immunophenotype，LAIP）和 MRD 不同于正常免疫表型，从而在众多骨髓或血液有核细胞中发现、确定和计数 MRD 细胞所占比例。LAIP 的特征有：①表型抗原不同步表达；②跨系列或交叉系列抗原表达；③抗原表达水平异常等。FCM 检测 MRD 细胞的灵敏度可达 $10^{-4} \sim 10^{-5}$，MRD 阴性的缓解期 AL 患者容易治愈，复发风险低，无病生存时间长。

二、外周血淋巴细胞免疫表型分析

机体免疫细胞亚群比例及其绝对计数对判断机体的免疫功能和诊断 T、B 细胞缺乏症等有重要意义，参见第十三章第二节；实验技术参见第二十章第二节。

> **微整合**
>
> **基础回顾**
>
> **淋巴细胞亚群**
>
> 淋巴细胞根据细胞表面标志和功能的不同分为 T 淋巴细胞、B 淋巴细胞以及自然杀伤（NK）细胞，各亚群之间很难从形态学上进行分辨，需要根据其免疫表型特点进行区分。T 淋巴细胞来源于骨髓造血干细胞，在胸腺中分化成熟，其免疫表型的特征为 $CD3^+$。T 细胞表面的抗原结合分子称为 T 细胞受体（TCR），根据 TCR 类型不同，T 细胞又分为 TCRαβT 细胞、TCRγδT 细胞。另外，根据 T 细胞功能不同分为辅助性 T（Th）细胞、细胞毒性 T（Tc）细胞和抑制性 T（Ts）细胞。Th 细胞多数为 $CD4^+$ T 细胞，主要功能是辅助或诱导免疫反应，在抗原识别过程中产生细胞因子；$CD8^+$ T 细胞包括 Ts 细胞和 Tc 细胞，前者能抑制 T 细胞和 B 细胞的免疫反应，后者可直接与靶细胞结合，通过释放穿孔素等杀伤靶细胞。B 淋巴细胞在骨髓中发育成熟，表达 CD19，主要功能是介导体液免疫、递呈抗原及分泌细胞因子与参与免疫调节。NK 细胞的免疫表型特征是 $CD3^-$、$CD16^+/CD56^+$，除了具有直接的细胞毒作用，还可发挥抗体依赖性细胞介导的细胞毒作用（ADCC），在抗病毒、抗肿瘤方面具有重要作用。

三、骨髓及血液中造血干细胞/祖细胞计数

造血干细胞移植过程中，需要准确计数造血干细胞数量。由于造血干细胞从形态学上难以辨认，因此采用流式细胞术作为鉴别和计数造血干细胞的主要方法。目前临床上通常采用 CD34 阳性细胞作为造血干细胞的主要标志进行计数。其主要临床应用包括：①监测外周血造血干细胞的动员效果；②指导外周血干细胞采集的时机；③判断造血干细胞采集量。

四、血小板功能分析与血小板病诊断

血小板是参与生理止血的主要因素之一，其生理功能的发挥依赖于血小板表面糖蛋白如 CD41、CD61 和内部颗粒分泌的活性因子。采用多参数 FCM 可对血小板的各项功能进行检测，包括：①通过分析血小板膜表面 CD62P、CD63、PAC-1 的表达水平，观察循环血小板活化水平，为血栓性疾病的诊断和预后提供依据；②通过测定血小板膜糖蛋白 GP Ⅰb/Ⅸ/Ⅴ（CD42b-CD42a）、GP Ⅱb/Ⅲa（CD 41-CD61）的表达，诊断巨血小板综合征和血小板无力症；③血小板自身抗体检测，包括特异性血小板抗体、血小板相关免疫球蛋白、血小板同种抗体、药物相关血小板抗体等，对于辅助诊断免疫性血小板减少症（ITP）有重要作用。此外，FCM 还可精确计算血小板数量，尤其是对血小板严重减少时的计数比血细胞分析仪更为准确，可作为血小板计数的参考方法。

五、阵发性睡眠性血红蛋白尿症诊断

阵发性睡眠性血红蛋白尿症（PNH）诊断参见第五章第一节。

> **知识拓展**
>
> **质谱流式细胞术**
>
> 流式细胞术的特点是以单细胞为研究对象，实现多参数的同时测量，结果快速、客观、准确。质谱流式细胞术是采用稳定的重金属同位素代替传统的荧光素来标记抗体，通过质谱仪检查细胞上金属元素的含量，从而实现多参数的定量检测。相比传统的流式细胞术，质谱流式技术几乎没有信号峰重叠的问题，不需要调整补偿，并且金属元素在体内极少存在，没有背景信号。因此，可以实现更高通道数量的检测，并且分析数据更加便捷。

思 考 题

1. 简述血细胞免疫表型分析对急性髓系白血病的诊断及预后判断价值。
2. 简述流式细胞术检测微小残留白血病的方法及意义。

（屈晨雪　邢　莹）

第六节　血液细胞与分子遗传学检验

随着血液系统疾病遗传学异常的发现和基因诊断技术进展，血液肿瘤尤其是白血病的基因诊断已成为血液系统疾病不可或缺的研究方法。本节主要介绍染色体检验和分子生物学技术及其应用。

案例 18-6

男性，78岁。因"牙龈肿胀1个月余，发现白细胞升高2天"。患者1个月前无明显诱因出现牙龈肿胀，伴头晕、乏力、活动后气促，偶有胸闷，排便困难。曾自行服用"中药"效果不佳。此次就诊血常规提示 WBC 237.46×10⁹/L，Hb 100 g/L，PLT 103×10⁹/L；外周血形态提示：白细胞增多，可见原幼稚单核细胞75%。入院查体：贫血面容，全身皮肤苍白，皮肤及巩膜无黄染。全身皮肤可见散在红色小丘疹，右侧下颌及左侧颈部可触及多个黄豆大小淋巴结，大小约1.5 cm，活动度可，心肺腹未见异常。骨髓穿刺后形态学提示：骨髓增生极度活跃，单核细胞比例明显升高，原幼稚细胞占68%，POX 阳性。

问题：
1. 患者的初步诊断最可能是什么？
2. 为明确诊断，下一步应该完善哪些实验室检查？
3. 若患者完善骨髓检查后分子遗传学提示为 *NPM1* 突变伴低等位基因比 *FLT3-ITD* 突变（无其他不良风险基因病变），那么基于遗传学危险分层属于哪一类风险类别？

一、血细胞染色体检验

染色体检验主要包括染色体非显带技术、染色体显带技术、染色体高分辨技术、姐妹染色体互换技术、早熟凝集染色体技术、染色体脆性部位显示技术等；自动化染色体分析技术将细胞遗传学检验技术与计算机自动识别技术结合，使血细胞遗传学检验流程更加简便、高效，实现了自动化和智能化。20 世纪 80 年代，在细胞遗传学、分子生物学和免疫学结合的基础上又发展起来荧光原位杂交（fluorescence in situ hybridization，FISH）技术。

（一）标本采集

1. **染色体检验** 恶性血液病的染色体检查通常采用肝素抗凝的骨髓标本（2～5 ml）。当白细胞总数增高，且原始、幼稚细胞比例≥10% 时，也可采用外周血液标本经短期细胞培养获得分裂中期细胞。

2. **FISH 间期细胞** FISH 一般采集 EDTA 抗凝的骨髓或血液（2 ml）标本制备成细胞悬液滴片，气干备用；染色体 FISH 则需要做细胞培养或直接获取分裂中期细胞染色体，并制片备用。

（二）参考区间

染色体核型：男性 46，XY；女性 46，XX。无染色体畸变。

（三）临床意义

染色体异常（chromosome aberration）指染色体数目和（或）结构异常，又称染色体畸变。

1. **染色体数目异常** 主要包括多倍体（polyploid）、非整倍体（aneuploid）、嵌合体（chimera）3 种。用 "+" 或 "-" 置于染色体号或性染色体之前表示该染色体增加或丢失；用 "+" 或 "-" 置于染色体号或性染色体之后表示该染色体部分增加或部分丢失。

2. **常见的染色体结构异常** 包括缺失（deletion，del）、重复（duplication，dup）、倒

位（inversion，inv）、易位（translocation，t）、等臂染色体（isochromosome，i）、环形染色体（ring chromosome，r）、脆性位点（fragile site）等。例如 t（9；11）(p21；q23) 表示第 9 号染色体短臂 2 区 1 带断裂，其远端易位至 11 号染色体长臂 2 区 3 带；inv（3）(q21；q26) 表示 3 号染色体长臂 2 区 1 带和 2 区 6 带断裂，发生臂内倒位（paracentric inversion）。

3. 染色体分析的临床应用 已作为肿瘤细胞的常规检查项目。如有可能，血液系统恶性肿瘤治疗前应该进行完全的骨髓细胞遗传学分析，之后也应定期监测遗传学演变的证据。在造血与淋巴组织肿瘤中的应用参见第五章第三节。

（四）应用评价

1. 常用染色体分析技术与应用

（1）染色体非显带技术：人体增殖细胞如骨髓细胞可直接得到分裂中期细胞；而外周血淋巴细胞需经体外培养，用植物凝集素（phytohemagglutinin，PHA）刺激细胞分裂才能获得足够的分裂中期细胞。可在光学显微镜下直接观察分裂中期染色体，也可拍照后根据图片分析染色体的结构和形态，对染色体进行识别、分组，按照编号顺序系统地排列成一套染色体的图像，称为染色体核型分析（karyotyping）。

（2）染色体显带技术：①染色体常规显带技术——染色体经特殊处理后，在其特殊部位可显示出一系列深浅不一的敏感条纹带，称为显带染色体（banding chromosome），可显示染色体的特殊结构和微小变异。通过在光镜下对进入有丝分裂中期的血细胞进行染色体数目计数及结构分析，可为出现遗传学异常的血液肿瘤提供形态学诊断依据。1971 年巴黎会议确定了四种染色体显带技术：奎吖染色法（Q 带）、Giemsa 法（G 带）、逆向 Giemsa 法（R 带）和着丝粒区异染色质法（C 带）；临床实验室常使用染色体 G 显带或者 R 显带技术。G 显带技术带纹清晰、细致，但对标本中分裂象数量和质量要求较高；R 显带技术成功率高，适用于染色体末端缺失和结构重排的分析。核型描述：染色体数目写为 46，XX/XY，以符号 p 表示短臂、q 表示长臂，染色体臂分成许多区带，常用组合数字表示，如 q23 表示长臂的 2 区 3 带。②染色体高分辨显带技术——G/R 显带技术主要用于分裂中期的染色体，此时的染色体经历了高度螺旋化、收缩变短和带纹融合过程，显示的带纹数量较少。1976 年，Yunis 采用甲氨蝶呤（methotrexate，MTX）等药物阻断 DNA 的合成达到一定时间，使细胞高度阻滞在细胞周期的同一时期；当阻断作用解除后，各细胞的 DNA 合成重新同步进行，可获得分裂较早期的细胞。在同步化的基础上再使用抑制药抑制染色体的收缩，可使染色体的长度增加 20%，显色后带纹更加丰富，可细分为亚带和次亚带，条带可多达 400～800 条，发现更多、更细微的染色体异常，即染色体高分辨显带技术。

（3）荧光原位杂交技术：FISH 是一种非放射性新型融合基因检测技术，目前已广泛应用于检测染色体重组和标记染色体。其基本原理是以荧光素直接标记已知核酸序列作为探针与靶 DNA 进行杂交（直接标记探针）；或者用以生物素（biotin）、地高辛（digoxigenin）标记后的单链 DNA 探针与靶 DNA 进行杂交后再连接上荧光素标志物（间接标记探针），最后在荧光显微镜下观察杂交信号。通过检测分裂中期或间期细胞核染色体上的原位杂交信号，根据荧光的颜色、位置和强度，可将标本中待测核酸（靶 DNA 片段）精确定位到某条染色体的特定区带上，进行定性、定位和相对定量分析（彩图 18-2）。近 20 年来，FISH 已发展出多重荧光原位杂交（multiplex fluorescence in situ hybridization，M-FISH）、光谱核型分析（spectral karyotyping，SKY）（彩图 18-3）、交叉核素色带分析技术（cross species color banding，RxFISH）、比较基因组杂交（comparative genomic hybridization，CGH）等技术。

2. 染色体分析的局限性 标本制备耗时较长，结果分析要求高，发报告周期滞后，不能完全满足临床疾病快速诊断的需求；而且只能识别 > 3 Mb 的分裂中期细胞的 DNA。FISH 可检测间期及中期细胞,较染色体核型分析快速、准确,但一次只能检测一个/几个候选位点,成本较高,且不能检测小的缺失、重复、倒位及涉及着丝粒区和端粒区的异常。

二、分子生物学检验

血液分子生物学检验技术主要包括核酸分子杂交(nucleic acid molecular hybridization)技术、聚合酶链反应(polymerase chain reaction,PCR)技术、DNA 测序(DNA sequencing)技术、基因芯片(DNA-chip)技术等。在传统细胞遗传学的基础上,结合分子生物学技术,可检测到染色体畸变在分子水平的改变,如白血病特异性染色体易位往往表现为与白血病发病机制相关的基因重排(gene rearrangement)和各种融合基因(fusion gene)的形成,在病程中比较稳定,是可靠的分子标志物。

(一)标本采集

EDTA 抗凝的骨髓/外周血标本(2～3 ml)均可用于检测。

(二)参考区间

无血液病相关基因突变或特异性融合基因(阴性)。

(三)临床意义

近年的大量临床研究发现,大部分白血病存在染色体和基因异常,这些细胞遗传学和分子生物学标志不仅与白血病的发生发展直接相关,还能提示白血病预后,对临床治疗具有重要指导意义,例如 *RUNX1-RUNX1T1* 融合基因、*PML-RARα* 融合基因、*CBFβ-MYH11* 融合基因、*BCR-ABL* 融合基因等。其他血液肿瘤特征参见第五章第三节。

(四)应用评价

1. 常用分子生物学检验技术与应用

(1)核酸分子杂交技术:将具有同源性的两条核酸单链在一定条件下(适当的温度和离子强度等)按碱基互补原则退火形成异质双链。根据检测样品不同可分为 DNA 印迹杂交(Southern blot)、RNA 印迹杂交(Northen blot)、免疫杂交(immunoblotting,又称为 Western blot)和原位杂交(in situ hybridization)。目前,基于分子杂交技术的原理又发展出多种新技术,如荧光原位杂交、多色荧光原位杂交和比较基因组杂交等。

(2)聚合酶链反应技术:PCR 技术诞生于 1985 年,是一种模拟天然 DNA 复制过程的体外扩增法。通过变性、复性(退火)、延伸三个步骤的循环,在 DNA 聚合酶的参与下,以 dNTP 为原料,根据碱基互补配对原则,将微量目的基因以 2^n 的速度迅速扩增至可检测水平。随着 PCR 技术的不断成熟和发展,在其基础上衍生出多种类型的 PCR 技术,如热启动 PCR、巢式 PCR、实时荧光定量 PCR 等。PCR 及其衍生技术具有操作简便、快速、灵敏度高等优点。实时聚合酶链反应(real-time PCR,RT-PCR)技术是在常规的 PCR 反应体系中加入荧光染料或荧光标记探针,在 PCR 指数扩增期间,通过荧光定量 PCR 仪连续监测荧光信号出现的顺序和强度变化来反映目的基因的拷贝数,再与标准品的 Ct 值(荧光信号开始由本底进入指数增长阶段的拐点所对应的循环次数)比较,最后根据标准曲线对未知模板进行定量分析。可以检测一些低频率、在染色体分析中不能观察到的基因异常,结果准确、稳定。

(3)基因芯片技术:基因芯片也称为基因微阵列(microarray),其基本原理是将大量探针

（许多特定的基因片段）有序地固定于固相支持物上，形成储存有大量信息的DNA阵列，然后与待测样本中的多种类核酸按碱基配对原则进行杂交，检测杂交信号的强弱，再通过电子计算机控制点样和图像扫描硬件及软件分析，对基因序列及功能进行大规模、高通量、平行化及集约化的处理和研究，迅速得出待测样本生物信息和遗传学信息的分子生物学方法。基因芯片技术检测效率高，一般可在30 min内完成。随着人类基因组测序的完成，借助基因芯片技术，目前可得到不同类型肿瘤的转录基因表达谱（gene expression profile，GEP），通过比较不同条件下GEP的变化，可分析不同样品之间多个基因的表达差异，寻找白血病的功能相关基因，探寻新的治疗靶基因。

2. 分子生物学检验血液肿瘤的局限性 分子生物学检测的白血病基因异常可达100种，有助于白血病的精确诊断和个体化治疗，并有效改善患者预后；但试验成本及技术要求高，对初诊基因的选择比较困难，不可能一次性排查全部基因。骨髓中非白血病细胞的多少可干扰试验结果，融合基因检测可出现假阴性。若核型分析、RT-PCR、FISH三者结合则可大大提高血液肿瘤诊断的准确性。

微整合

基础回顾

双等位TP53突变MDS的特点

在7%~11%的MDS中检测到任何类型的致病性TP53改变（序列变异、片段缺失和拷贝中性杂合性丢失），其中，约2/3的患者有多个TP53改变（multi-hit），与双等位基因TP53改变一致。双等位基因TP53（biTP53）改变可能包括多个突变或同时缺失另一个等位基因的突变。biTP53改变的临床检测基于测序分析，通常与TP53特异性探针组进行荧光原位杂交17p13.1上的基因座和（或）阵列技术（例如，比较基因组杂交或单核苷酸多态性阵列）。当检测到两个或多个TP53突变时，通常会影响两个等位基因并且可以被认为是多重打击状态。超过90%的MDS-biTP53患者具有复杂的（>3）的核型，因此在修订后的国际预后评分系统（IPSS-R）中被认为是非常高的风险。需要进一步的研究来确定biTP53本身是否是AML特有的。

知识拓展

克隆性造血

克隆性造血（clonal haematopoiesis，CH）泛指在没有不明原因的血细胞减少、血液肿瘤或其他克隆性疾病的情况下，存在来自突变的多能干/祖细胞的细胞群，这些细胞群具有选择性生长优势。CH的发病率随着年龄的增长而增加。自第4版世界卫生组织《造血与淋巴组织肿瘤分类》（WHO-HAEM4）公布以来，在理解CH的分子遗传学和公共卫生意义方面取得了重大进展，包括认识到其与总死亡率增加、心血管疾病和髓系恶性肿瘤的相关性。更具体的新发现的相关性，例如导致特征性VEXAS（空泡、E1酶、X-连锁、自身炎症、体细胞UBA1突变）综合征的相关性，代表了炎症与CH/髓系肿瘤之间相互作用，正在逐渐被发现。将CH纳入WHO-HAEM5，代表了定义和编码此类髓系前体病变的关键性首次努力。

思 考 题

1. 简述基于分子遗传学进展的 2022 年 WHO 第 5 版对 MDS 的分类诊断标准。
2. 以急性髓系白血病伴 *RUNX1::RUNX1T1* 为例，简述 AML 伴重现性遗传学异常 MICM 诊断要点。

（郑　磊）

第七节　血栓与止血试验

血栓与止血试验是一类反映血管内皮细胞、血小板、凝血、抗凝血、纤维蛋白溶解系统功能状态的生物标志物和功能试验，内容涵盖蛋白活性及水平、复合物、代谢产物、病理性抗体等方面，广泛应用于血栓性疾病和出血性疾病的鉴别诊断、辅助诊断、风险识别和预后评估等领域。为了保证血栓与止血检验在疾病预防和临床诊疗工作中的有效性、安全性以及可获得性，应合理使用检验资源，对实验室检测项目的选择应符合相关规则或适应证，对检测数据的解读应结合患者个体特征及临床背景。

案例 18-7

女性，46 岁，宫颈鳞状细胞癌Ⅱa 期，住院期间接受术前化疗。术前凝血功能检查显示：PT 13.5 秒，APTT 34.3 秒，TT 25.2 秒，FIB 1.77 g/L，D-二聚体 610 ng/ml（FEU），血常规、肝肾功能正常。行子宫切除，术中发生出血，凝血功能显示：PT 19.2 秒，APTT 41.6 秒，TT 39.7 秒，FIB 1.10 g/L，D-二聚体 740 ng/ml（FEU），FDP 10.73 μg/ml（正常值 < 2.0 μg/ml）；tPAI·C 17.11 ng/ml（正常值 < 10.50 ng/ml），PIC 1.35 μg/ml（正常值 < 0.80 ng/ml）。血栓弹力图显示：R 值 4.2 分，K 值 6.7 分，α 角 37.7°，MA 值 36.8 mm，LY30 10.4%。静脉滴注氨甲环酸 1.0 g 止血。

问题：
1. 该患者的出血原因是什么？
2. 血栓弹力图检测的临床价值是什么？
3. 阐释说明该患者的实验诊断思路。

一、血管内皮细胞功能试验

在生理状态下，血管内皮细胞（endothelial cell）具有止血和抗栓双重功能，如通过血管性血友病因子（von Willebrand factor, vWF）介导血小板黏附过程、通过凝血酶调节蛋白（thrombomodulin, TM）调控蛋白 C 的抗凝效应等。当血管内皮细胞功能存在遗传性缺陷或发生获得性损伤时，会造成严重的出凝血功能紊乱。评估血管内皮细胞功能的主要试验包括：血浆 vWF 抗原（vWF antigen, vWF：Ag）、血浆 vWF 活性（vWF activity, vWF：A）、血浆 vWF 瑞斯托霉素辅因子活性（vWF ristocetin cofactor activity, vWF：RCo）和血浆可溶性 TM 抗原（soluble TM antigen, sTM：Ag）。

【参考区间】①血浆 vWF：Ag——O 型血为 42.0% ~ 140.8%，非 O 型血（A、B 和 AB 型）为 66.1% ~ 176.3%。②血浆 vWF：A——O 型血为 40.3% ~ 125.9%，非 O 型血（A、B 和 AB 型）为 48.8% ~ 163.4%。③vWF：RCo——O 型血为 48.2% ~ 201.9%，非 O 型血（A、B 和 AB 型）为 60.8% ~ 239.8%。④血浆 sTM：Ag——3.8 ~ 13.3 TU/ml。实验室应对试剂盒说明书提供的参考区间进行验证或基于本实验室检测系统和本区域人群建立自己的参考区间。

【临床意义】参见第六章。

【应用评价】

1. 血浆 vWF：Ag、vWF：A、vWF：RCo 联合检测主要用于血管性血友病（von Willebrand disease，vWD）的诊断和分型，由于 vWF 异常会导致血浆 FⅧ不稳定，因此在辅助诊断和分型时应联合血浆 FⅧ活性做综合分析。此外，少数专业实验室还可进行 vWF 多聚体、vWF 胶原结合能力或 vWF 基因检测，以提高诊断和分型的准确性。

2. 由于 vWF 参与一、二级止血过程，其水平增高与血栓风险相关。需注意，临床对血栓性疾病患者进行血管内皮损伤检测和血栓风险评估时多采用 vWF：Ag。此外，不同血型人群的血浆 vWF 水平存在差异，非 O 型血人群血浆 vWF：Ag 水平比 O 型血人群偏高约 25%，在临床评价时应予以考虑。

3. TM 有三种存在形式，包括膜型 TM（存在于细胞表面）、血浆中和尿液中的 sTM，临床主要检测血浆中的 sTM：Ag，主要用于评估血管内皮损伤。急性肾损害时血浆中 sTM：Ag 会出现蓄积性增高，因此宜联合其他血栓标志物并结合患者临床背景做综合分析。

二、血小板功能试验

血小板功能试验是一类观察血小板黏附聚集能力、信号通路表达状态或代谢产物水平的试验，主要包括光学透射法聚集试验（light transmission aggregometry，LTA）、血浆血栓烷 B_2（thromboxane B_2，TXB_2）试验、尿液 11-脱氢血栓烷 B_2（11-dehydro-thromboxane B_2，11-DH-TXB_2）试验、血栓弹力图-血小板图（thrombelastogram-platelet mapping，TEG-PM）、血小板功能分析仪（PFA-200）和 VerifyNow 试验。

【参考区间】①LTA 血小板最大聚集率：ADP 53% ~ 87%（11.2 μmol/L）；花生四烯酸 56% ~ 82%（20 mg/L）；胶原 47% ~ 73%（20 mg/L）；瑞斯托霉素 60% ~ 78%（1.5 g/L）。②血浆 TXB_2 28.2 ~ 124.4 ng/L；尿液 11-DH-TXB_2 249 ~ 339 ng/L。③血栓弹力图-血小板图（TEG-PM）ADP 诱导抑制率 < 30%；花生四烯酸诱导抑制率 < 50%。④血小板功能分析仪（PFA-200）封闭时间（closure time，CT）：60 ~ 100 s（ADP）。⑤VerifyNow 试验无参考区间。血小板功能试验缺乏统一的参考区间，实验室应基于本机构检测系统和本区域人群建立自己的参考区间。需注意，应根据不同诊疗目的制定相应的医学决定水平，不应与参考区间混淆使用。

【临床意义】参见第六章。

【应用评价】

1. 光学透射法聚集试验（LTA）以光学透射法检测血浆中血小板在不同类型诱导剂刺激下发生活化聚集的过程，可用于评估抗血小板药物治疗后残留血小板高反应性（high platelet reactivity，HPR），监测阿司匹林应使用花生四烯酸（AA），监测 P2Y12 受体阻断剂（如氯吡格雷、替格瑞洛）应使用腺苷二磷酸（ADP）。需注意，诱导剂浓度过高可产生 HPR 的假象，诱导剂浓度过低可造成血小板过度抑制的假象。在辅助诊断血小板疾病时，应采用多种诱导剂（如 AA、ADP、肾上腺素、瑞斯托霉素、胶原、凝血酶等）并结合临床资料做综合分析。

2. 血小板花生四烯酸代谢合成和释放血栓烷 A_2（thromboxane A_2，TXA_2）促进血管收缩和血小板聚集。血浆中 TXA_2 在短时间内转变为无活性且稳定的血栓烷 B_2（TXB_2），后经肝氧化酶或脱氢酶代谢形成去二甲基-TXB_2 和 11-脱氢血栓烷 B_2（11-DH-TXB_2）并经肾排出。检测血浆 TXB_2 能够识别出对阿司匹林低反应的患者，其中多数是由于剂量过小或服药依从性差等原因所致。尿液中 11-DH-TXB_2 大部分来源于血小板，约有 30% 为其他来源，如炎性疾病，会增加尿液中的 11-DH-TXB_2，从而干扰对阿司匹林反应性的判断。

3. 血栓弹力图-血小板图（TEG-PM）是通过添加诱导剂（AA 或 ADP），观察抗血小板药物对最大振幅（maximum amplitude，MA）的影响，主要用于评估抗血小板药物治疗后的残留血小板高反应性，也可评估外科择期手术患者停用抗血小板药物后的血小板功能恢复情况。

4. PFA-200 型血小板功能分析仪主要用于辅助诊断出血性疾病（如血管性血友病、血小板无力症和巨大血小板综合征），后经改进，该试验还可评估 P2Y12 受体阻断剂（如氯吡格雷）治疗后的残留血小板高反应性。

5. VerifyNow 试验可用于观察血小板膜 GP Ⅱb/Ⅲa 阻断剂的疗效，后经拓展，还可用于监测 P2Y12 受体阻断剂（主要是氯吡格雷）的治疗效果。VerifyNow 试验监测氯吡格雷以 P2Y12 反应单位（P2Y12 reaction unit，PRU）表达，PRU 测定值增高（如＞235）提示患者存在残留血小板高反应性。

三、凝血功能试验

凝血过程主要包括外源性凝血途径（凝血初始阶段，主要涉及组织因子和 FⅦ）、内源性凝血途径（效应放大阶段，主要涉及 FⅧ、FⅨ、FⅪ 和 FⅫ）和共同凝血途径（主要涉及 FⅠ、FⅡ、FⅤ、FⅩ 和 FⅩⅢ）。

（一）凝血功能筛查试验

凝血酶原时间（PT）是外源性凝血途径和共同凝血途径因子缺乏的筛查试验，也可用于监测直接口服抗凝药（如利伐沙班、艾多沙班），PT 的国际标准化比值（INR）用于监测口服华法林。活化部分凝血活酶时间（APTT）是内源性凝血途径和共同凝血途径因子缺乏的筛查试验，也用于监测普通肝素、阿加曲班、比伐芦定和达比加群酯；凝血酶时间（TT）主要筛查纤维蛋白原质或量异常、病理性抗凝物、纤溶活性增强等，也可用于识别普通肝素、达比加群酯的残留抗凝活性；纤维蛋白原（FIB）主要用于反映 FIB 合成及消耗情况，也用于评估溶栓治疗的安全性。

【参考区间】① PT：一般为 10～14 秒，比参考血浆延长 3 秒以上有临床意义。② INR：一般为 0.8～1.5。③ APTT：一般为 25.1～36.5 秒，比参考血浆延长 10 秒以上有临床意义。④ TT：一般为 15.8～24.9 秒，比参考血浆延长 3 秒以上有临床意义。⑤ FIB：一般为 2.0～4.0 g/L。不同检测系统设定的 PT、APTT、TT 和 FIB 参考区间存在差异，不可混用。实验室应对试剂盒说明书提供的参考区间进行验证或基于本实验室检测系统建立自己的参考区间。

【临床意义】参见第六章。

【应用评价】

1. PT 延长多见于获得性因素，如肝病、DIC、原发性纤溶症、肠梗阻等，偶见因子 Ⅱ、Ⅴ、Ⅶ、Ⅹ 缺乏症和低（无）纤维蛋白原血症等。PT 在急性肝炎、肝硬化和肝癌时显著延长，主要机制为肝细胞合成凝血因子障碍、纤溶亢进，PT 水平持续异常与肝细胞损害程度及肝病预后密切相关。需注意，PT 延长的患者仍可发生静脉血栓或 DIC。新生儿由于止凝血系统发育尚未完善，因此 PT 延长。PT（秒）监测利伐沙班和艾多沙班时，需进行性能验证，确保 PT 检测体系对上述药物敏感。INR 监测华法林时，治疗和预防范围在多数情况下维持在 2.0～3.0。PT 缩短偶见于高凝状态，但灵敏度不足，并不适用于血栓风险评估。

2. 由于不同检测系统间的 APTT 参考范围差异显著，患者如需进行连续动态监测，应尽可能采用源于同一实验室的数据。APTT 延长多见于获得性因素，如肝病、DIC、肠梗阻、狼疮抗凝物等。新生儿止凝血系统发育尚未完善，APTT 延长。导致 APTT 延长的遗传性因素包括：血友病 A、血友病 B、FXI 缺乏症、血管性血友病等，部分轻型血友病患者 APTT 可处于正常范围或轻度延长。APTT 缩短偶见于高凝状态，但灵敏度不足，并不适用于血栓风险评估。监测普通肝素时，不同 APTT 检测体系间的灵敏度差异较大，以"秒"表述测定值时，在不同检测方法间缺乏可比性，无法建立统一的 APTT 治疗目标值。APTT 比值（APTT ratio，APTT-R）是目前主流的表达方式，中等剂量普通肝素在治疗动脉和静脉血栓时，APTT-R 治疗范围在 1.5～2.5（通常不超过 100 秒）。

3. 血浆纤维蛋白原缺乏可导致 PT 和 APTT 延长。

4. 虽然 TT 与普通肝素抗凝活性存在关联性，但由于普通肝素浓度 < 0.2 IU/ml 时 TT 敏感性降低，而且 TT 受干扰因素较多，如纤维蛋白原的质或量异常、直接凝血酶抑制物、纤维蛋白降解产物以及病理性抗凝物质等均可对该试验产生影响，因此 TT 不宜作为监测普通肝素的手段。

5. 血浆 FIB 属于急性时相反应蛋白，在组织损伤、急性感染、恶性肿瘤或应激条件下可显著增高。DIC 时，血浆 FIB 浓度因消耗过度而减低，此后继发性纤溶亢进可造成 FIB 浓度进一步下降。在先天性纤维蛋白原缺陷时，Clauss 法测定值可能不准确，因此需采用其他原理的试验方法测定 FIB。溶栓治疗时，需常规检测血浆 FIB 以避免出血风险，通常 FIB < 1.5 g/L 时应减小溶栓给药剂量，< 1.0 g/L 时应停止溶栓。

（二）凝血因子活性检测

凝血因子活性检测是辅助诊断出血性疾病及病情分型的重要依据，临床常见类型如血友病 A（FⅧ缺乏）和血友病 B（FⅨ缺乏），少见或罕见类型如先天性 FⅡ、FⅤ、FⅦ、FⅩ 和 FⅪ 缺乏等。在某些疾病时，凝血因子活性检测可用于评估出血风险，如肝病时凝血因子合成减少、DIC 时凝血因子消耗性增多等。此外，FⅧ活性增强可增加静脉血栓发生或复发风险。

【参考区间】①基于 PT 试验的凝血因子活性（一期法）：FⅡ（97.7±16.7）%、FⅤ（102.4±30.9）%、FⅦ（103.0±17.3）%、FⅩ（103.0±19.0）%。②基于 APTT 试验的凝血因子活性（一期法）：FⅧ（103.0±25.7）%、FⅨ（98.1±30.4）%、FⅪ（100.0±18.4）%、FⅫ（92.4±20.7）%。实验室应对试剂盒说明书提供的参考区间进行验证或基于本实验室检测系统建立自己的参考区间。

【临床意义】参见第六章。

【应用评价】

1. 凝血因子活性检测的适应证人群主要是疑似凝血因子缺陷的出血患者（包括不明原因的 PT、APTT 延长），此外也可用于评价凝血因子制剂的治疗效果。

2. 血友病 A 按 FⅧ活性减低程度分为重型、中型、轻型，血友病 B 临床分型与血友病 A 相同。需注意，部分轻型血友病患者 APTT 可处于正常范围。

3. 肝病时，血浆中维生素 K 依赖凝血因子（FⅡ、FⅦ、FⅨ 和 FⅩ）活性降低尤为显著，其中 FⅦ的半衰期短而先于 FⅡ 和 FⅩ 降低，FⅤ 由于几乎全部由肝细胞合成，其水平进行性或严重降低提示预后不良。在急性肝病时，FIB 浓度可正常或增加，显著减低可见于肝衰竭。肝病患者血浆中 FⅧ活性和 vWF：Ag 增高，与门静脉血栓、DIC 风险密切相关。

4. 由于FⅧ活性受血浆中vWF水平的显著影响，因此对血栓风险人群进行检测时（如恶性肿瘤、重度先兆子痫、肝病、口服避孕药等），宜与vWF：Ag做联合评估。

（三）凝血活化标志物

凝血活化标志物主要包括凝血酶原片断1+2（fragment 1+2，F 1+2）、凝血酶-抗凝血酶复合物（TAT）和纤维蛋白肽A（fibrin peptide，FPA）、纤维蛋白单体（fibrin monomer，FM）。F 1+2是凝血酶原转变为凝血酶过程中产生的降解片段，TAT是凝血酶与抗凝血酶的复合物，二者在血浆中的浓度增高均提示凝血酶大量形成。凝血酶对纤维蛋白原α和β链N末端结构域进行蛋白水解，使纤维蛋白原转化为FM，同时裂解释放FPA和FPB，因此血浆FPA和FM浓度增高均提示纤维蛋白形成量增加。上述凝血活化标志物在血浆中水平增高多见于高凝状态和血栓形成急性期。

【参考区间】TAT（化学发光法）：< 4.0 ng/ml。FM（高敏微粒凝集法）：< 6 μg/ml。F 1+2和FPA的检测方法多为ELISA，尚未实现检测体系标准化，缺乏被广泛接受的参考区间，实验室应对试剂盒说明书提供的参考区间进行验证或基于本实验室检测系统建立自己的参考区间。

【临床意义】参见第六章。

【应用评价】
1. 凝血活化标志物应动态监测，以评估患者病情发展趋势，指导临床调整治疗方案。
2. 凝血活化标志物应根据临床诊疗目的制定相应的医学决定水平。
3. 凝血活化标志物的临床意义应结合临床背景做综合分析，且多指标联合评估效果更优。

（四）血栓弹力图

血栓弹力图（TEG）作为一种从宏观视角观察全血样本凝固过程的实验方法，能动态监测凝血启动、纤维蛋白形成、血凝块固缩和纤维蛋白溶解的过程，是识别出血风险、鉴别出血原因、指导临床实施止血干预和成分输血的有效工具，广泛应用于肝移植、慢性肝病、产后失血、严重创伤、术中出血和心脏手术患者的用血管理中。

【参考区间】①R时间：5~10分钟；②K时间：1~3分钟；③α角：53°~72°；④MA值：50~70 mm；⑤LY30：0~7.5%（图18-2）。

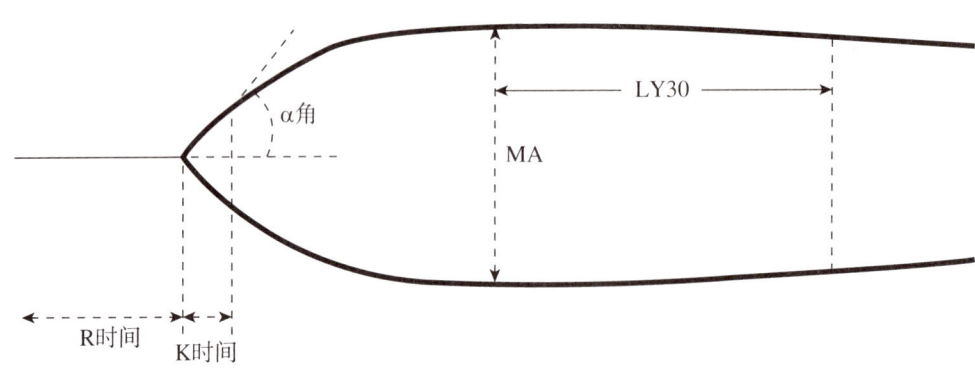

图18-2 血栓弹力图主要参数

【临床意义】

1. 反应时间（reaction time，R） 为活化阶段，是从凝血启动至开始形成纤维蛋白（振幅达2 mm）的时间，即凝血系统激活、凝血酶形成到纤维蛋白开始生成所需的时间。该阶段反映内源凝血途径的活化和凝血酶生成的能力。R值延长提示获得性或遗传性凝血因子缺乏、接受抗凝治疗；R 值缩短提示凝血启动活性增强，多见于高凝状态。

2. 动力学时间（kinetics，K） 为放大阶段，是从 R 值结束至振幅达 20 mm 所需的时间，即血凝块形成时间。反映纤维蛋白形成及交联能力，在凝血酶充足的情况下，该过程依赖血中纤维蛋白原浓度及其功能，对血小板依赖程度低。K 值延长提示纤维蛋白原缺乏、纤维蛋白形成不足或接受抗凝治疗；K 值缩短提示纤维蛋白形成能力增强，多见于高凝状态。

3. α 角（alpha angle） 为扩展阶段，是描记最大曲线弧度的切线与水平线的夹角，即血凝块形成速率。反映凝血酶生成、纤维蛋白蓄积及交联的最大速度，该过程依赖血中纤维蛋白原浓度，对血小板依赖程度低（与 K 值密切相关）。α 角增大提示纤维蛋白形成加速，多见于高凝状态；α 角减小提示纤维蛋白原缺乏、纤维蛋白形成不足或接受抗凝治疗。

4. 最大振幅（maximum amplitude，MA） 为凝固终点阶段，是描记最大振幅的指标，即最大血凝块强度。反映血凝块最大机械力，该过程依赖血小板数量、血小板膜 GP Ⅱ b/ Ⅲ a 反应、纤维蛋白交联和血凝块密度。MA 值增高提示血小板功能增强，多见于高凝状态、血栓前状态；MA 减低提示血小板数量 / 质量缺陷，多见于抗血小板药物治疗、血小板疾病、血小板计数减低、低凝状态、血液稀释、出血倾向。如血浆中纤维蛋白原含量严重减低，亦可使 MA 值显著下降。

5. 30 分钟后溶解比例（lysis at 30 minutes，LY30） 为纤溶阶段，振幅达到最高水平后 30 分钟时的缩减比例。反映内源性纤溶的能力，LY30 > 7.5% 多见于原发性纤溶亢进，该过程依赖 t-PA、纤溶酶原和纤溶酶。

【应用评价】

1. 对于不明原因出血的患者，血栓弹力图有助于鉴别出血原因，指导成分输血。

2. 对于存在出血或出血风险的患者应动态监测血栓弹力图，以辅助临床了解治疗效果，及时调整干预措施。

3. 对于疑似纤溶亢进患者，血栓弹力图宜联合纤维蛋白原、纤溶标志物做综合分析。

4. 对于高凝状态患者，血栓弹力图宜联合 D- 二聚体、凝血活化标志物做综合分析。

四、抗凝血功能试验

抗凝血酶（antithrombin，AT）、蛋白 C（protein C，PC）、蛋白 S（protein S，PS）是重要的血浆生理性抗凝蛋白。遗传性抗凝血酶、蛋白 C 或蛋白 S 缺乏在中国遗传性易栓症人群中发生率最高，常导致静脉血栓发生（严重者亦可诱发动脉血栓），通过检测抗凝血酶活性（AT activity，AT：A）、蛋白 C 活性（PC activity，PC：A）、总蛋白 S 活性（total PS activity，TPS：A）或游离蛋白 S 抗原含量（free protein S antigen，FPS：Ag）可辅助遗传性易栓症诊断。

【参考区间】①血浆 AT：A——83%～128%。②血浆 PC：A——70%～140%。③血浆 TPS：A——63.5%～149.0%。④血浆 FPS：Ag——男性 74.1%～146.1%，女性 54.7%～123.7%。实验室应对试剂盒说明书提供的参考区间进行验证或基于本实验室检测系统建立自己的参考区间。

【临床意义】参见第六章。

【应用评价】

1. 新生儿 / 婴儿的 AT 和 PC 水平较低，AT 在大约 1 岁时上升到成人水平，PC 在青春期上升到成人水平。女性 PS：A 和 FPS：A 的正常范围会受到年龄和激素状态的影响，临床应用时需综合考虑。

2. 血浆 AT：A、PC：A、TPS：A 和 FPS：Ag 等指标，方法学成熟，有完备的检测体系，在常规实验室可完成。需注意，TPS：A 和 FPS：Ag 在临床意义上存在一定差异，FPS：Ag 更能反映 PS 的真实抗凝能力，且 FPS：Ag 的试剂稳定性优于 TPS：A，实验室在选择指标时应充分考虑方法学的有效性和稳定性。

3. 获得性抗凝血蛋白缺乏多见于合成不足（肝硬化、重症肝炎、肝癌晚期、急性肝功能衰竭）和消耗性减少（高凝状态、DIC 和血栓形成急性期）。此外，肾病综合征可导致 AT 丢失过多，妊娠期、口服避孕药和雌激素治疗可导致 PC 和 PS 显著减低。由于血浆中抗凝血蛋白活性水平随疾病发展和治疗用药而发生动态改变，因此不应仅凭一次检测结果确定是否存在缺乏，必要时择期复检。

4. 进行抗凝血蛋白检查前或数据评估时，应充分考虑患者使用的抗凝药物（如华法林、普通肝素）对实验指标的影响，选择适合的检测时机。

五、纤维蛋白溶解功能试验

纤溶系统主要由纤溶酶原（plasminogen，PLG）、组织型纤溶酶原激活物（tissue-plasminogen activator，t-PA）、纤溶酶原激活物抑制物-1（plasminogen activator inhibitor-1，PAI-1）、α_2-纤溶酶抑制物（α_2-plasmin inhibitor，α_2-PI）等多种组分构成。t-PA 将 PLG 转变为纤溶酶，纤溶酶降解纤维蛋白，产生 A、B、C、D、E 五种片段，统称为纤维蛋白降解产物（fibrin/fibrinogen degradation product，FDP），其中具有 D-D-E 结构的片段称为 D-二聚体（D-dimer）。继发性和原发性纤溶功能亢进均可导致出血，纤溶功能抑制可增加动脉、静脉血栓以及微血管血栓风险。

【参考区间】① PLG 活性（PLG activity，PLG：A）——80.2% ~ 132.5%。② α_2-PI 活性（α_2-PI activity，α_2-PI：A）——98.0% ~ 122.0%。③组织型纤溶酶原激活物-激活物抑制物复合物（tissue plasminogen activator-plasminogen activator inhibitor complex，tPAI·C）——男性 < 17.0 ng/ml，女性 < 10.5 ng/ml。④纤溶酶-α_2 纤溶酶抑制物复合物（plasmin-α_2-plasmin inhibitor complex，PIC）—— < 0.8 μg/ml。⑤ FDP——一般 < 2.01 μg/ml。⑥ D-二聚体——一般为 260 ~ 500 ng/ml（高敏微粒凝集定量分析或酶联免疫荧光法，FEU 或 DDU）。实验室应对试剂盒说明书提供的参考区间进行验证或基于本实验室检测系统建立自己的参考区间。

【临床意义】参见第六章。

【应用评价】

1. PLG 的缺陷多由于获得性肝损伤（如肝硬化、重症肝炎、急性肝衰）和消耗增加（如DIC、溶栓治疗、脓毒血症等）所致，先天性缺陷相对较少。由于 PLG 属于消耗性蛋白，同时受多种病理生理因素干扰，因此不能灵敏反映纤溶活性的变化。

2. t-PA 主要由血管内皮细胞合成，血管内皮细胞损伤或功能异常时，可刺激或抑制 t-PA 的合成与释放。PAI-1 主要由血管内皮细胞合成，是重要的 t-PA 抑制物。血浆中，PAI-1 浓度是 t-PA 的 5 倍，血中 t-PA 几乎都会与 PAI-1 形成复合物（即 tPAI·C），因此 tPAI·C 水平能准确反映血浆中 t-PA 浓度变化，可用于评估纤溶系统激活状态和是否存在 t-PA 蓄积。

3. α_2-PI 是纤溶酶最重要的生理抑制物，α_2-PI 水平降低提示纤溶功能增强，灵敏度高于 PLG。在 PT、APTT 正常而止血延迟、出血时间延长或伤口愈合延迟时，需考虑 α_2-PI 缺乏。α_2-PI 与纤溶酶以 1∶1 结合形成复合物（即 PIC），从而灭活纤溶酶。由于纤溶酶半衰期仅为几秒，而 PIC 在血中的半衰期为 6 小时，因此 PIC 可作为反映纤溶酶浓度状态和纤溶系统激活程度的标志物。

4. D-二聚体排除 VTE 的临界值在不同检测体系间存在差异，临床应用时应进行验证。

需注意，根据不同的临床诊疗目的（如排除 VTE、血栓风险预测或危急值报告等），应设置各自的临界值，不可混用，以避免过度治疗或漏诊。此外，动态监测血浆 D- 二聚体浓度有助于评估患者的血栓危险度和预测复发风险（由于 D- 二聚体检测系统间缺乏统一标准，动态监测时应尽可能采用源自相同检测方法的数据）。在抗凝治疗后，血浆 D- 二聚体水平仍处于高水平的患者有更高的 VTE 复发风险。

5. 原发性纤溶症时，FDP 增高，D- 二聚体不增高；继发性纤溶症时，FDP 和 D- 二聚体均显著增高。但在复杂临床情况下（如手术、创伤、重度先兆子痫以及恶性肿瘤），某些出血患者可能同时存在原发性纤溶亢进和凝血活化引起的继发性纤溶增强，FDP 和 D- 二聚体均处于高水平，此时可联合血浆纤维蛋白原、血栓弹力图和（或）其他纤溶标志物，对纤溶系统功能、出血风险以及出血原因做综合分析。

6. 动态监测血浆 D- 二聚体是评估溶栓疗效的敏感手段，在溶栓初期，血浆 D- 二聚体显著增高，随后逐渐减低，提示治疗有效；如为陈旧性血栓，D- 二聚体水平变化不明显。

六、病理性抗体

（一）狼疮抗凝物

血浆狼疮抗凝物（LAC）检测方法基于血浆凝固反应，由于影响凝血试验的因素较多，且 LAC 本身具有高度异质性，尚无任何一种试验可筛查出所有的 LAC，因此需选择不同原理的试验进行联合检测，如将稀释的蝰蛇毒时间（dilute russell viper venom time，dRVVT）和硅土凝固时间（silica clot time，SCT）联合应用以提高诊断的可靠性。

【参考区间】LAC 检测结果以标准化比值（normalized ratio，NR）表达，其计算公式为：筛选试验比值/确诊试验比值。dRVVT-NR：$0.92 \sim 1.11$，> 1.20 为阳性。SCT-NR：$0.84 \sim 1.16$，> 1.16 为阳性。实验室应对试剂盒说明书提供的参考区间和阳性临界值进行验证或基于本实验室检测系统建立自己的参考区间和阳性临界值。

【临床意义】参见第六章。

【应用评价】

1. 在选择 LAC 检测前或进行数据解读时，应充分考虑抗凝药物、凝血因子缺乏或凝血因子抑制物对检测结果的干扰。

2. LAC 对 APTT 和基于 APTT 的凝血因子活性检测有干扰作用，当出现不明原因的 APTT 延长时，宜首先使用混合纠正试验进行鉴别。凝血缺陷性疾病或凝血因子抑制物可干扰 LAC 检测结果，亦需通过混合纠正试验进行鉴别。由于混合纠正试验可能产生稀释效应，因此当筛选试验和确诊试验呈阳性时，即使混合纠正试验阴性，也应认为该标本呈阳性。

3. LAC 标本的注意事项　①避免从留置导管中采集血液标本（管中残留肝素会造成假阳性）；②对血液标本进行充分离心（必要时可二次离心）以获取乏血小板血浆；③检测如不能在 4 小时内完成，需将血浆保存在 $-70\,^{\circ}\mathrm{C}$ 环境（不超过 6 个月）。

（二）肝素诱导的血小板减少症抗体

临床应用的肝素诱导的血小板减少症抗体（HIT-Ab）试验属于免疫学检测方法，是一类直接将 HIT-Ab 作为靶标的高灵敏度技术，其中高敏微粒凝集法和化学发光法具有标准化质量控制体系，是临床排除诊断和诊断 HIT 的重要工具。

【参考区间】HIT-Ab（混合抗体）检测（高敏微粒凝集法）：健康人 < 0.6 U/ml，肝素暴露

的非 HIT 患者 < 1.2 U/ml，≥ 1.0 U/ml 提示可能存在 HIT-Ab。HIT-Ab（混合抗体）检测（化学发光法）：健康人 0.07 ~ 1.01 U/ml，肝素暴露的非 HIT 患者 0.04 ~ 2.27 U/ml，≥ 1.0 U/ml 提示可能存在 HIT-Ab。IgG 特异性抗体检测（化学发光法）：健康人 0.03 ~ 0.39 U/ml，肝素暴露的非 HIT 患者 0.04 ~ 1.34 U/ml，≥ 1.0 U/ml 提示存在 HIT-Ab。实验室应对试剂盒说明书提供的参考区间和阳性临界值进行验证，或基于本实验室检测系统及特定人群建立自己的参考区间和阳性临界值。

【临床意义】参见第六章。

【应用评价】

1. 验前评分（4Ts 评分）简单易行，对 HIT 具有高度灵敏度，临床对于疑诊 HIT 患者进行 4Ts 评分以评估临床可能性，4Ts 评分为中、高度临床可能性的患者应检测 HIT-Ab。如混合抗体或 IgG 特异性抗体呈阴性可排除 HIT；如混合抗体呈阳性，则高度怀疑 HIT；如 IgG 特异性抗体检测呈阳性，可确诊。

2. HIT-Ab 检测结果应联合 4Ts 评分、患者个体特征和临床资料进行综合分析。

知识拓展

抗凝药物对狼疮抗凝物检测的影响

抗凝药物可对狼疮抗凝物的筛选试验和确诊试验产生不同程度的影响，导致假阳性或假阴性，因此应选择合适的采血时间。使用低分子肝素（LMWH）的患者宜在给药 12 小时后进行检测，使用 UFH 的患者宜在给药 24 小时后进行检测，使用磺达肝癸钠的患者宜在给药 24 小时后进行检测，使用直接凝血酶抑制剂（如阿加曲班、比伐芦定）的患者宜在给药 24 小时后进行检测，使用 DOAC（利伐沙班、阿哌沙班、艾多沙班、达比加群酯）的患者宜在停药至少 3 天后检测，长期使用华法林的患者宜在停药 1 ~ 2 周后或当 INR < 1.5 时进行检测。

基础回顾

D- 二聚体指导抗凝治疗

血浆 D- 二聚体浓度动态监测有助于评估患者的血栓危险度和预测复发风险。在抗凝治疗后血浆 D- 二聚体水平仍增高的患者，VTE 复发风险高于 D- 二聚体正常的患者。首次发生 VTE 的女性患者在去除血栓诱因后，停止抗凝治疗 1 个月，如 D- 二聚体仍呈阴性，其近端深静脉血栓或肺栓塞的风险较低，可作为不再延长抗凝治疗的重要依据。由于首次发生 VTE 的男性患者即使在去除了血栓诱因后，VTE 复发风险仍高于女性，因此不能仅依赖 D- 二聚体指导抗凝治疗的持续时间，而是需要联合患者个体特征以及临床资料做综合评估。

思 考 题

1. 联合检测 PT 和 APTT 如何鉴别出血原因？
2. 简述狼疮抗凝物检测及数据分析的注意事项。

（门剑龙）

第十九章 临床体液学实验诊断技术与应用

第十九章数字资源

临床体液学实验诊断技术主要包括尿液、体腔液、排泄物、分泌物的常规试验和一些特殊检测，对尿液、粪便、浆膜腔积液和脑脊液、精液、前列腺液以及阴道分泌物异常相关疾病的诊断、鉴别诊断具有重要价值。

第一节 尿液常规试验

尿液（urine）成分及其含量的改变不仅受泌尿生殖系统的影响，而且与血液循环、内分泌、代谢、呼吸等系统的生理或病理变化有关。通过检测尿液中与疾病特异或相关的代谢物、细胞、管型、结晶等可获得重要的疾病相关信息。尿液常规试验（urine routine test，URT）是临床最常用的试验之一，常作为疾病筛查、辅助诊断、监测及健康体检的必查项目之一。尿液检验中常用不同时段的标本：①晨尿（first morning urine）——一般是在清晨起床后，未进食和运动之前第一次排出的尿液，称为晨尿。应留取中段尿，适用于尿液理学特性、肾浓缩功能的评价、人绒毛膜促性腺激素（hCG）的测定以及细胞、管型等有形成分检查。②随机尿（random or spot urine）——随时留取的中段尿，对门诊和急诊患者均适宜。③清洁中段尿（midstream urine）——导尿和膀胱穿刺取得的尿液标本。

尿液常规试验（URT）包括尿液理学检验、常见化学成分的干化学检验以及尿液有形成分的显微镜检验，总计项目多达 20 项以上，不同实验室略有差别。参考区间：参见第七章第一节表 7-1。

案例 19-1

王某，男性，70 岁。劳累后突发畏寒，高热伴右侧腰痛 1 天，无尿频、尿急、尿痛。查体：右肾区叩击痛（+）。尿沉渣镜检：WBC 30～40 个/HPF，RBC 5～8 个/HPF。

问题：
1. 患者的初步诊断是什么？
2. 为明确诊断，首选的实验室检查项目是什么？

案例 19-2

张某，女性，45 岁。尿频、尿急、尿痛 2 天，伴高热、寒战、腰痛半天。查体：T 39℃，BP 110/70 mmHg，左肾区有叩击痛。尿液检验：蛋白（+），RBC 2～5 个/HPF，

WBC 40～50 个/HPF。

问题：

根据以上资料，患者最有可能的诊断是什么？

一、尿液理学检验

尿液理学检验又称尿液一般性状检查，标本采集简便、安全、无创，检验结果对泌尿系统疾病、肝病、代谢性疾病（如糖尿病）的诊断及疗效观察有重要的参考价值。

（一）尿液颜色与透明度

1. 血尿（hematuria） 包括肉眼血尿（gross hematuria）和镜下血尿（microscopic hematuria）。出血量多时（1000 ml 尿液中所含血量超过 1 ml）可见尿液呈鲜红或暗红色，外观浑浊，甚至出现血凝块。

2. 血红蛋白尿（hemoglobinuria） 当尿液血红蛋白含量＞0.3 mg/L 时尿液可呈浓茶色、红葡萄酒色或酱油色，称为血红蛋白尿，隐血试验阳性。血尿与血红蛋白尿的鉴别：前者含大量红细胞，离心后上清液无色；后者含血红蛋白，离心后上清液仍为红色。如在酸性尿中，则表现为酱油色、紫褐色或紫黑色尿，是亚铁血红蛋白转变为高铁血红蛋白所致，属于血红蛋白尿的特殊类型，常见于慢性血管内溶血，如阵发性睡眠性血红蛋白尿（PNH）。血红蛋白尿常见于急性溶血，如血型不合的输血反应、急性溶血性贫血、行军性血红蛋白尿等。

3. 肌红蛋白尿（myoglobinuria） 当心肌或骨骼肌组织出现严重损伤时，肌红蛋白释放，但迅速从血中清除，从尿中排出。尿液呈粉红色或暗褐色，肌红蛋白检验呈阳性，称肌红蛋白尿。肌肉损伤时也常伴有红细胞破坏，因此肌红蛋白尿也常伴随血红蛋白尿。肌红蛋白尿常见于急性心肌梗死、横纹肌溶解症、大面积烧伤、创伤、剧烈运动等。

4. 胆红素尿（bilirubinuria） 健康成人尿中仅含不到 0.2 mg/L 结合胆红素，一般检测方法检测不出。当尿中含有大量结合胆红素时称胆红素尿，尿液呈深黄色，振荡后出现黄色泡沫且不易消失，胆红素定性检查呈阳性。常见于胆汁淤积性黄疸和肝细胞性黄疸、急性黄疸性肝炎、急性胆囊炎、胆石症、胰头癌等。如尿液放置过久，胆红素被氧化为胆绿素，可使尿液外观呈棕绿色。

5. 脓尿（pyuria） 尿液中含有大量白细胞或脓细胞及炎性渗出物等，新鲜尿液呈白色浑浊，常可见脓丝状悬浮物，加热加酸均不能使浑浊消失。脓尿常见于泌尿生殖道感染，如急性肾盂肾炎、膀胱炎、淋病、前列腺炎、尿道炎等。

6. 菌尿（bacteriuria） 尿液中含有大量细菌时，新鲜尿液呈云雾状浑浊，加热加酸均不能使浑浊消失，称为菌尿。显微镜检验可见大量细菌，但确诊菌尿需要做中段尿细菌培养。

7. 乳糜尿（chyluria）和脂肪尿（lipiduria） 乳糜尿主要由于淋巴回流受阻或淋巴管破裂致使尿中混有淋巴液而呈乳白色稀牛奶状，尿离心后无变化，加入脂溶剂如乙醚提取后，乳白色浑浊变清，可与其他的浑浊尿鉴别。提取物用苏丹Ⅲ染色后在显微镜下可见橘红色脂肪滴。若同时混有血液，称为乳糜血尿（hematochyluria）。乳糜尿或乳糜血尿可见于腹腔结核、肿瘤、丝虫病等。尿中出现脂肪小滴则称为脂肪尿。常见于肾病综合征、长骨或骨盆骨折。

8. 盐类结晶尿（crystalluria） 尿液含较多的盐类结晶，可呈灰白色或淡粉红色。由于尿液中含有较高浓度的盐类，刚排出体外时外观透明，当外界温度下降后，盐类溶解度降低，盐

类结晶很快析出使尿液浑浊。常见的有磷酸盐、碳酸盐结晶尿，还可见尿酸盐类和草酸盐结晶尿。

（二）尿量

尿量（urine volume）是指24小时内排出体外的尿液总量。尿量的多少主要取决于肾功能，但也受精神、饮水量、活动量、年龄、药物应用和环境温度等多种因素的影响。

1. 多尿（polyuria） 指成人24小时排尿多于2500 ml。健康人当饮水过多或食用含水较多的食物时，可出现暂时性生理性多尿。持续性多尿属于病理性。常见于 ①尿崩症：因下丘脑-神经垂体功能减退，抗利尿激素分泌减少，引起肾小管再吸收功能下降而引起多尿。②糖尿病：因血糖过高，尿中有大量糖排出，可引起溶质性利尿；由于血糖升高，机体为了代谢增加饮水量，以便稀释血液引起多尿。③钾缺乏：在原发性醛固酮增多症时由于丘脑-神经垂体功能减退，抗利尿激素分泌过少，患者表现为极度口渴多饮。

2. 少尿（oliguria）和无尿（anuria） 少尿指成人24小时尿量少于400 ml或每小时尿量少于17 ml，学龄前儿童尿量少于300 ml/24 h。常见于急性肾炎、大失血、抗利尿激素和醛固酮分泌过多、肾动脉被肿瘤压迫、腹泻、呕吐、大量出汗、心力衰竭和休克等患者。无尿指成人24小时总尿量少于100 ml，小儿尿量少于30~50 ml/24 h。常见于严重心肾疾病和休克患者。

（三）尿液比重与酸碱度

尿常规试验常用干化学试带法检测比重、pH和各种生化成分，可用肉眼观察试带颜色变化，但仪器检测更为可靠。一般能检测8~11个项目。

1. 比重（specific gravity，SG） 尿比重是指在4℃条件下尿液与同体积纯水的重量之比，尿SG的高低与尿量及尿中可溶性物质的量及性质有关，可粗略反映肾小管的浓缩与稀释功能。在病理状况下，SG还受尿中的蛋白、糖及细胞等成分的影响。连续监测尿液SG改变比一次测定更有意义。健康成人在水摄入充足时24 h内尿比重应为1.015~1.025，但正常肾可将其控制为1.003~1.030。此外，尿比重检验对临床接受输液和休克患者的扩容治疗有良好的指导作用。如休克抢救扩容治疗中，尿比重从高减低、血压恢复，说明扩容有效；如尿比重持续偏低，保持在1.010左右，则提示有急性肾衰竭，应限制液体补入量。

（1）比重增高：比重大于1.025的尿液称为高渗尿或高比重尿。常见于血容量不足导致的肾前性少尿、糖尿病、急性肾小球肾炎、肾病综合征等。

（2）比重降低：比重小于1.015的尿液称为低渗尿或低比重尿。常见于大量饮水、慢性肾小球肾炎、肾小管间质性疾病、慢性肾衰竭、尿崩症等。

2. 尿液酸碱度（pH） 尿液酸度检测主要用于了解机体酸碱平衡和电解质平衡情况，是临床上诊断呼吸性或代谢性酸/碱中毒的重要指标。晨尿pH 5.5~6.5，随机尿pH 4.5~8.0。

（1）生理性变化：尿液酸碱度受饮食、机体进食后碱潮状态、生理活动和药物的影响。进食后，胃黏膜分泌盐酸助消化、通过神经-体液调节使肾小管的泌H^+作用减低和Cl^-的重吸收作用增高，尿液pH呈一过性增高，即为碱潮（alkaline tide）。

（2）病理性增高：碱中毒如呼吸性碱中毒；肾小管性酸中毒；尿路感染如膀胱炎、肾盂肾炎；其他如尿路结石、严重呕吐等。

（3）病理性减低：发热、慢性肾小球肾炎等；代谢性疾病如糖尿病、痛风等。

（四）尿液气味

健康人新鲜尿液有微弱芳香气味，来自尿液中挥发性酸及酯类。如果尿液标本久置，尿素分解可出现氨臭味。尿液气味也受到食物的影响，如饮酒、进食葱、蒜等，可使尿液中出现相应的特殊气味。一些疾病可使新鲜尿液出现异常气味，如慢性膀胱炎和慢性尿潴留患者尿液出现氨臭味，泌尿系统感染或晚期膀胱癌患者尿液出现腐臭味，糖尿病酮症酸中毒患者尿液出现烂苹果味，有机磷中毒患者尿液出现大蒜味。

二、尿干化学试验

尿干化学试验具有简便、安全、无创伤等优势，对泌尿系统疾病、肝病、代谢性疾病（如糖尿病）的诊断及疗效观察有重要价值，已经成为尿液检查的重要内容和诊断疾病的重要指标。尿干化学试验是尿液检查的常用方法，随着尿液分析仪的广泛应用，临床实验室利用干化学试带法检测尿液中的生化成分，更加简便、快速，适用于临床筛查。但尿干化学试带法不如湿化学法结果稳定、可靠。

1. 尿蛋白（urine protein）

（1）正常尿蛋白：肾小球滤过膜只允许分子量 < 50～60 kD 的蛋白质通过；而中分子白蛋白（69 kD）仅有极少量滤过；大分子（> 90 kD）的球蛋白不能通过。近曲肾小管能将原尿中 95% 的小分子蛋白重吸收，故成人正常尿液中蛋白含量微小（< 150 mg/24 h），其中一半蛋白来自远端肾小管和髓袢升支上皮细胞分泌的 Tamm-Horsfall 蛋白（T-H 蛋白）以及其他尿道组织蛋白；另一半蛋白成分为白蛋白、免疫球蛋白轻链、β_2 微球蛋白和多种酶等血浆蛋白。

（2）蛋白尿的成因：根据蛋白尿产生的机制可分为 ①生理性蛋白尿——包括功能性蛋白尿（多表现为一过性、微量的尿蛋白，并常与剧烈运动、寒冷刺激、交感神经兴奋等有关）和直立性蛋白尿（由于人体直立位时前突的脊柱压迫左肾静脉导致局部静脉压增高所致，仅见于直立体位，卧位时消失）；②肾前性蛋白尿——属于溢出性蛋白尿，如多发性骨髓瘤患者大量小分子量异常轻链形成的本-周蛋白、肌肉损伤时的肌红蛋白尿和血管内溶血导致的血红蛋白尿；③肾性蛋白尿——由于各种疾病导致的肾病所致蛋白尿，主要见于各种类型原发性肾炎、肾病综合征以及继发性肾病，如糖尿病肾病、高血压肾病、狼疮性肾病等，基于病情轻重不同、尿蛋白排出量不同及排出蛋白质分子量大小不同可分为选择性蛋白尿和非选择性蛋白尿，对于诊断、治疗评估和观察肾病预后均具有重要价值；④肾后性蛋白尿——多为偶然性蛋白尿，尿中混有脓血及黏液等成分而出现尿蛋白定性检测阳性，常见于急性膀胱炎、尿道炎，或有阴道分泌物或精液混入尿中，一般肾无病变，故亦称为假性蛋白尿。

（3）影响因素：干化学试带法大多使用指示剂蛋白误差原理测定尿蛋白，会受到来自尿液 pH、尿液蛋白质种类及药物等因素影响。因此，测定时尿液一定要新鲜。尿液偏酸（pH < 4.5）或偏碱（pH > 9.0）可致尿蛋白假阴性或假阳性，应将尿液 pH 调至 5～7 再行检测。试带法主要对白蛋白敏感，对球蛋白敏感度只有白蛋白的 1/50～1/100，对本-周蛋白无反应。此外，当使用大剂量青霉素类药物时，可出现假阴性结果。

2. 尿糖（diabetic urine glucose） 一般是指尿液中的葡萄糖。健康人尿液中含有微量的葡萄糖，一般的化学方法检测不出来，所以定性检查为阴性。当人体血浆葡萄糖浓度超过 8.88 mmol/L 时，尿液中开始出现葡萄糖增多的现象，主要是由于近端小管对葡萄糖的重吸收达到极限，此时的血糖浓度即为肾糖阈。

（1）意义：①健康人尿液中几乎不含葡萄糖或有微量（< 2.0 mmol/L），24 h 尿糖定量为 0.56～5.0 mmol/L。当血糖浓度超过肾糖阈（一般为 8.88 mmol/L）或血糖浓度虽未升高但肾糖阈降低，将导致过多的葡萄糖从肾小球滤出，使尿中出现大量葡萄糖，尿糖定性试验呈阳性（> 2～5 mmol/L），称为葡萄糖尿。②尿糖阳性是诊断糖尿病的重要线索，但尿糖阳性只

是提示血糖值超过肾糖阈，因而尿糖阴性不能排除糖尿病的可能。③当肾功能减退，肾小管对葡萄糖重吸收能力减低，导致肾糖阈下降，尽管血糖浓度正常，但仍可出现糖尿，见于先天性肾小管疾病所致家族性糖尿、慢性肾盂肾炎、肾病综合征，某些药物中毒、妊娠、新生儿等，称为肾性糖尿（renal glucosuria）。④大量糖类饮食、含糖饮料、静脉输注大量葡萄糖、颅脑外伤、脑血管意外、急性心肌梗死时可出现暂时性血糖升高而致糖尿增高，称为暂时性糖尿。

（2）影响因素：尿中大量维生素C可竞争性抑制试带酶活性而导致假阴性结果。此外，尿量对其结果亦有影响，尿少时可增强尿糖阳性，尿量多时阳性可减弱。临床可见糖尿病治疗后血糖下降但尿糖阳性不减弱，可能是患者喝水减少引起尿量减少所致。因此，结果判断应结合尿比重或尿肌酐情况。

3．尿酮体（ketone body） 酮体是脂肪代谢过程中的中间代谢产物，包括丙酮（2%）、乙酰乙酸（20%）和β-羟丁酸（78%），均属酸性物质。健康人血中酮体含量极微，定性试验阴性，定量检验（以丙酮计算）为0.34～0.85 mmol/24 h。当肝内酮体产生的速度超过肝外组织利用的速度时，血液酮体浓度增高，称为酮血症，过多的酮体从尿液排出形成酮尿。酮症分为糖尿病性酮症和非糖尿病性酮症。

（1）意义：①当患者糖尿病加重时，糖、脂肪、蛋白质代谢紊乱，葡萄糖利用减少，而脂肪分解活跃，但氧化不完全，可产生大量酮体，过多的酮体排入尿中形成酮尿，尿液酮体定性试验阳性（>50 mg/L）。②当糖尿病并发酮症酸中毒时，尿酮和尿糖浓度明显增高，尿酮升高多早于血清。在疾病未控制的早期，尿中酮体以β-羟丁酸为主，由于干化学法不能检测β-羟丁酸，会导致假阴性结果，可能会与临床症状不符，应检测血β-羟丁酸予以综合判断。③尿酮体是诊断糖尿病酮症酸中毒或昏迷的重要依据。④非糖尿病性酮症可见于感染性疾病（伤寒、肺炎、结核、败血症等）、严重剧吐、饥饿、禁食过久、腹泻、全身麻醉、剧烈运动等情况。

（2）影响因素：尿酮体中丙酮和乙酰乙酸都具有挥发性，后者更易受热分解为丙酮；尿液被细菌污染后，酮体会消失，使阳性反应强度减弱或假阴性，因此标本一定要新鲜。试带法对尿液中酮体不同成分敏感度不同，乙酰乙酸最敏感，丙酮次之，不与β-羟丁酸反应。因此，不同病程酮体成分变化会给检测结果带来影响。如糖尿病酮症酸中毒早期酮体成分以β-羟丁酸为主，乙酰乙酸很少或缺乏可出现假阴性结果，这会导致对总酮体量估计不足；而在糖尿病酮症酸中毒逐步缓解之后，乙酰乙酸量反而增高，可能会影响对患者的病情分析。

4．尿胆红素（urine bilirubin）与尿胆原（urobilinogen） 尿胆红素、尿胆原检测主要用于黄疸的诊断和黄疸类型的鉴别诊断。

（1）意义：①健康成人尿胆红素含量极少（≤2 mg/L），定性试验为阴性，尿胆原为0～20 μmol/L，定性试验呈阴性或弱阳性。②当患肝病、胆道阻塞时，血中结合胆红素浓度增高，可出现胆红素尿；溶血性疾病和肝病等可见尿胆原排泄增多。③尿胆红素和尿胆原检测有助于黄疸类型的鉴别诊断。

（2）影响因素：尿胆红素与尿胆原检测要求尿液必须新鲜并避光，否则可致胆红素氧化降解成胆绿素，尿胆原转变为尿胆素，使阳性结果减弱或转为阴性。尿中存在高浓度维生素C和亚硝酸盐时，尿胆红素可呈假阴性；吩噻嗪类或吩嗪类药物可致结果假阳性。此外，尿胆原含量与饮水量、排尿时间和尿液pH有关。大量饮水，可导致尿胆原被稀释呈阴性；夜间和上午排泄较少，午餐后2～4 h达高峰；pH为5.0时排泄率为2 ml/min；pH为8.0时排泄率为25 ml/min，且碱性尿在反应中常出现黄色沉淀而干扰结果观察。为提高检出阳性率，检测前可嘱咐患者口服少量碳酸氢钠，留取午餐后2～4 h的尿液，检测前再用乙酸调节pH至弱酸性。

5. 亚硝酸盐（nitrite）

（1）意义：①许多泌尿道病原菌能够将硝酸盐还原成亚硝酸盐，当硝酸盐在膀胱尿浓度 > $10^5 \sim 10^6$/ml 时就会出现亚硝酸盐阳性反应；②如果亚硝酸盐试验阳性，应考虑采取清洁中段尿进行细菌培养；③连续3天晨尿检测亚硝酸盐阳性率与细菌培养符合率达93%。

（2）影响因素：尿液标本放置时间过久，并被细菌污染或尿液中色素含量过高可使结果呈假阳性；粪肠球菌等非利用硝酸盐细菌感染、尿液在膀胱中停留时间过短、使用利尿药、低比重尿、大量维生素C干扰、食物中缺乏硝酸盐等均可致假阴性。

6. 白细胞酯酶（leukocyte esterase，LE） 白细胞在尿中易破坏，尿干化学试验利用白细胞酯酶活性检测尿液中白细胞和白细胞残余。中性粒细胞的嗜苯胺蓝颗粒内含有10余种具有酯水解活性酶类。

（1）意义：①尿白细胞酯酶阳性结果与中性粒细胞数量显著相关，无论细胞是完整的还是溶解的。②白细胞酯酶结合亚硝酸盐对排除尿路感染有较高的价值。③该试验虽对泌尿系统感染筛查有参考价值，但对尿中单核细胞和淋巴细胞不敏感，不适于免疫性肾病、泌尿系结核和肾移植后排斥反应的检验。

（2）影响因素：尿白细胞酯酶对尿路感染有较好的辅助诊断作用，但当尿液中存在高浓度胆红素、服用呋喃妥因等药物时，可出现假阳性结果；低比重尿、大量蛋白尿（> 5 g/L）、尿糖浓度过高，大剂量使用先锋霉素Ⅳ、庆大霉素或尿中 Vit C 浓度增高、高浓度草酸均可致呈假阴性结果；肾移植患者观察排斥反应时不适合采用尿干化学试验检测白细胞。

7. 隐血（occult blood，OB） 尿隐血阳性提示尿液中存在红细胞或血红蛋白和（或）肌红蛋白，当尿液中红细胞为 5～10 个/μl 时或 Hb > 150 μg/L 时，OB 试验呈阳性，提示血尿、血红蛋白尿或两者同时存在；OB 试验具有较高的灵敏度，临床上常用于血尿、肌红蛋白尿的筛查。

（1）意义：隐血阳性主要见于①泌尿系统疾病，如肾病、尿道结石、肿瘤、结核等。②全身性疾病，如白血病、心力衰竭、系统性红斑狼疮等。③尿路附近病变，如急性阑尾炎、急性和慢性盆腔炎、结肠炎和肿瘤等。④药物毒性反应，如磺胺药、水杨酸、乌洛托品及抗凝药物。⑤生理原因，如运动。

（2）影响因素：尿干化学试验是基于血红蛋白中亚铁血红素具有过氧化物酶样活性的检测原理检查尿隐血，当尿液中含有肌红蛋白、热不稳定酶或细菌时，可导致其假阳性；泌尿系统感染时，某些细菌产生的过氧化物酶也可出现假阳性反应；尿干化学试验与显微镜法检测尿中完整红细胞具有一定的相关性，但当肾病、糖尿病患者红细胞已溶解、破坏时，两种方法检测结果出现差异，应结合临床综合分析，动态观察。此外，高浓度蛋白尿、低比重尿、酸性尿（pH < 5.0）、尿中存在高浓度维生素C或其他还原物质时可造成假阴性。

三、尿液有形成分检验

近年来，自动化尿液有形成分（urine formed element）分析仪在实验室广泛应用，其操作简便，速度快，报告参数多，方便标准化，但结果仅为筛检，目前还不能替代人工显微镜对尿沉渣中病理成分的确认。显微镜可以检测尿中干化学法无法检测到的细胞和非细胞等有形成分。显微镜检验能够作为干化学法检测红细胞、白细胞及细菌的确证试验，对于判断细胞、管型、结晶等镜下形态仍为"金标准"。不同实验室尿液有形成分的参考区间有所不同，应与临床医师沟通后建立合适的参考区间。尿中细胞成分的各种影响因素较多，如尿酸碱度、尿比重以及尿液标本放置时间等，很容易使其退化、溶解，所以尿液一定要新鲜；女性尿液中常混有来自阴道脱落的鳞状上皮细胞，应注意排除阴道分泌物的污染。

1．红细胞（red blood cell，RBC） 尿液中红细胞形态变化与病变发生的解剖部位有关，因此临床上用相差显微镜或普通显微镜观察红细胞形态特点，以鉴别血尿来源。例如①畸形红细胞：红细胞体积减小，形态各异，如面包圈样、出芽样、头盔样、皱缩红细胞、影形红细胞、裂片样红细胞等，提示为肾小球源性血尿，多见于各种急、慢性肾小球疾病；②形态正常红细胞，为非肾小球源性血尿，常见于肾盂肾炎、泌尿系结石、肾结核、肾或膀胱肿瘤及肾外伤等；其余临床意义同尿隐血。

2．白细胞（white blood cell，WBC） 尿中的中性粒细胞是炎症反应的主要细胞，在炎症过程中出现退化变性，导致细胞形态不规则、结构不清，单个或成堆出现，常称为脓细胞（pus cell）。中性粒细胞增多（脓尿）主要见于各种类型的细菌感染，如急慢性尿路及生殖系统感染等；淋巴细胞增多见于病毒感染、肾移植后排斥反应；单核细胞增多见于肾移植后排斥反应等；嗜酸性粒细胞增多见于变态反应泌尿系统炎症、间质性肾炎等。在室温放置的低渗或碱性尿液样本中的白细胞可在2～3小时内迅速溶解破坏达50%左右。因此，样本采集后应尽快检验。

3．上皮细胞（epithelial cell） 尿沉渣中所见上皮细胞由尿路不同部位脱落而来。鳞状上皮细胞：健康成人尿中可见少量，尿道炎和女性细菌性阴道炎症时可大量出现或片状脱落，并伴有较多白细胞或脓细胞。移行上皮细胞：健康人尿中无或偶见，泌尿系感染时增多，见于肾盂肾炎、膀胱炎，并常伴白细胞增多。肾小管上皮细胞：健康人尿中无肾小管上皮细胞，尿中出现表明有肾小管损伤，急性肾小管坏死时常见成堆肾小管上皮细胞。慢性肾小球疾病时，可见肾小管上皮细胞增多并脂肪变性，称为脂肪颗粒细胞；如果脂肪颗粒细胞颗粒较多，甚至覆盖于核上，又称为复粒细胞。

4．管型（cast） 是蛋白质、细胞及其崩解产物在肾小管、集合管内凝聚而成的圆柱形蛋白聚体。健康人的尿液中可偶见透明管型，急慢性肾小球肾炎、急性肾盂肾炎、肾病综合征、原发性高血压、肾动脉硬化、肾衰竭等尿中可显著增多；尿中出现红细胞管型，提示肾小球性出血，主要见于急性肾小球肾炎活动期、狼疮性肾炎，也可见于急性肾小管坏死等；白细胞管型见于肾间质病变，如急性肾盂肾炎、肾脓肿、肾病综合征等；肾小管上皮细胞管型主要见于急性肾小管坏死、重金属及多种化学药物中毒；颗粒管型常见于慢性肾炎、肾盂肾炎或某些药物引起的肾小管损伤；在慢性肾功能不全晚期，可见宽而短的颗粒管型或蜡样管型，称为宽大管型或肾衰竭管型；蜡样管型常见于慢性肾炎晚期、慢性肾衰竭、肾淀粉样变性；管型内有多量的脂肪滴，称为脂肪管型，见于慢性肾炎肾病型及类脂性肾病。

5．结晶（crystal） 尿液的结晶多来自食物或盐类物质代谢。盐类结晶的析出与该盐类物质的饱和度、尿液的pH、温度和胶体物质（主要指黏液蛋白）的浓度有关。结晶可分为生理性和病理性两大类。生理性结晶多来自食物及人体正常代谢，出现一般无临床意义；但在新鲜尿液中大量出现且伴有红细胞、白细胞增多或尿路刺激症状，可能与尿路结石或感染有关。病理性结晶 ①磺胺结晶：在少数服用磺胺药患者尿液中可见，一般认为与用药过量有关；②亮氨酸和酪氨酸结晶：见于急性重型肝炎、肝硬化、急性磷中毒、氯仿中毒等；③胆固醇结晶：见于肾淀粉样变性、肾盂肾炎、膀胱炎等；④胆红素结晶：见于胆汁淤积性黄疸、肝硬化、急性重型肝炎、急性磷中毒等。

微整合

基础回顾

尿酮体

尿酮体（urine ketone body）是尿中乙酰乙酸（acetoacetic acid，占 20%）、β-羟丁酸（β-hydroxybutyrate，占 78%）及丙酮（acetone，占 2%）的总称。机体首先形成的酮体是乙酰乙酸，然后外周组织代谢乙酰乙酸成为 β-羟丁酸和丙酮。酮体是机体脂肪氧化代谢产生的中间产物，当糖代谢发生障碍、脂肪分解增多、酮体产生速度超过机体组织利用速度时，可出现酮血症（ketonemia），酮体血浓度一旦超越肾阈值，就可产生酮尿（ketonuria）。

知识拓展

尿液有形成分分析仪与人工显微镜镜检方法的对比分析

任何类型的尿液有形成分分析仪均不能完全取代人工显微镜镜检，原因在于仪器对尿液中某些有形成分并不能准确识别。所以，对于仪器检测有异常成分提示的尿液标本，一定要进行人工镜检复核。另外，仪器检测过程中，细菌、类酵母菌、结晶等可致红细胞假性增高，黏液聚集可引起管型假阳性。标本放置时间过久致红细胞溶血；服用四环素等类似荧光染料的药物、抗生素、甲苯、甲醛、戊二醛等防腐剂均可影响仪器对红细胞检测，而致假阴性。

思 考 题

1. 如何避免尿干化学试验中尿蛋白出现假阴性或假阳性结果？
2. 尿液标本不能立即送检或及时检验时，须放置于冰箱冷藏的原因是什么？

（卢怀民）

第二节 尿液特殊试验

临床中，对尿常规检验初筛结果有异常的，可依据具体情况进行尿液特殊检验，这些检验可以为医生提供关于患者更全面的信息。

一、尿液有形成分计数

尿液有形成分的检验大多采用的是随机尿或晨尿标本，受尿量、尿液留取时间、患者饮水量、活动状态和检验方法等多种因素影响。因此，必要时尿液标本应计时（例如 1 h、12 h、24 h）、计量采集，以准确检测在一定时间内尿液中有形成分的绝对数量，且更有助于对病情的判断。

【参考区间】① 1 h 成人尿液细胞与管型排泄率，红细胞：男性 $< 3 \times 10^4$/h，女性 $< 4 \times 10^4$/h；白细胞：男性 $< 7 \times 10^4$/h，女性 $< 14 \times 10^4$/h；管型（0～0.34）$\times 10^4$/h。② 12 h 尿细胞与管型计数（又称 Addis 计数），红细胞（0～50）$\times 10^4$/12 h；白细胞（0～100）$\times 10^4$/12 h；管型（0～0.5）$\times 10^4$/12 h。

【临床意义】临床应用参见第七章。1 h 尿细胞与管型排泄率和 12 h 尿液有形成分计数（Addis 计数）相比，前者方法简便，不受饮食影响（但注意不能大量饮水），适合于门诊及住院患者，临床较常用。Addis 计数由于标本留取时间过长，患者标本留取困难，加防腐剂仍不能完全保证细胞和管型的形态不受影响或溶解，故目前临床应用较少，但对于住院患者疗效监测仍具有一定意义。

二、24 h 尿蛋白定量

随机尿液蛋白受尿量、标本留取时间及生物节律的影响，因此对临床已出现蛋白尿的患者应排除上述因素的影响；观察 24 h 计时尿（timed urine）中尿蛋白量的变化，对了解病情、观察疗效意义更大。

【参考区间】尿蛋白：成人 < 0.15 g/24 h；青少年 < 0.3 g/24 h。

【临床意义】临床应用参见第七章第一节。蛋白尿轻重程度分级 ①轻度蛋白尿：成人尿蛋白 0.15～1.0 g/24 h；②中度蛋白尿：成人尿蛋白 > 1.0～3.5 g/24 h；③重度蛋白尿：成人尿蛋白 > 3.5 g/24 h，对判断肾受损程度有意义。尿液收集的影响：24 h 尿蛋白定量结果的准确与否主要取决于标本的收集，若尿液收集不完全、混匀不充分、加防腐剂不当或未加防腐剂导致细菌生长等，都可致定量误差。

三、尿蛋白电泳

蛋白尿有多种病因，尿蛋白定性或定量检验只能判断蛋白的排出量及估计病情的轻重。尿蛋白电泳（electrophoresis）可通过对尿蛋白组分的分析，确定尿蛋白的类型，并有助于病因的确定和预后判断。

【参考区间】

1. 醋酸纤维膜电泳 采用浓缩尿液，从阴极至阳极各种蛋白及其比例分别为：白蛋白（37.9%）、α_1 球蛋白（27.3%）、α_2 球蛋白（19.5%）、β 球蛋白（8.8%）、γ 球蛋白（3.3%）、Tamm-Horsfall 黏蛋白（1%～2%）。

2. 聚丙烯酰胺电泳（SDS） 可以用来鉴别肾小球与肾小管蛋白尿，能按分子量大小分离尿中蛋白，以区分生理性、小球性、小管性或混合性蛋白尿。可采用非浓缩尿液，从阳极至阴极分别为低分子量蛋白（α_1 微球蛋白、溶菌酶等）、中分子量蛋白（主要是白蛋白）、大分子量蛋白（主要是 γ 球蛋白）。

【临床意义】主要应用参见第七章第一节。凡属持续性蛋白尿患者均可进行尿蛋白电泳，以协助临床判断肾损伤的部位。对临床症状不典型及微量蛋白尿或肾病患者治疗过程中病情的动态变化，尿蛋白 SDS 电泳分析也很有价值。

四、尿肌红蛋白

当肌肉组织受损伤时，肌红蛋白大量释放到细胞外进入血流，因分子量低由肾小球滤出，尿肌红蛋白检验呈阳性，称为肌红蛋白尿。新鲜肌红蛋白尿呈红色或无改变，放置后可呈棕色。肌红蛋白尿在酸性尿中不稳定，应冷藏待查。

【参考区间】尿肌红蛋白试验：阴性。

【临床意义】肌红蛋白尿常见于急性心肌梗死、横纹肌溶解症、挤压综合征、创伤、剧烈运动等。由于肌肉损伤也常伴有红细胞破坏，故肌红蛋白尿同时也伴有血红蛋白尿。血尿、血红蛋白尿和肌红蛋白尿仅从尿液常规试验很难区分，血浆部分检验有所不同。血红蛋白尿患者血浆为粉红色，结合珠蛋白下降；而肌红蛋白尿患者血浆颜色正常，结合珠蛋白正常，肌酸激酶（CK）升高。针对肌红蛋白特异的免疫学试验已开始应用，基于不同电泳迁移率的毛细管电泳法可将尿中血红蛋白与肌红蛋白分离。

五、尿本 - 周蛋白

本 - 周蛋白（Bence-Jones protein，BJP）是游离免疫球蛋白轻链或其聚集体，分子量小，能自由通过肾小球滤过膜，当浓度超过近端肾小管重吸收能力时，自尿中排出，称为本 - 周蛋白尿，又称轻链尿。BJP 在一定的 pH 条件下加热至 40～60℃时发生沉淀凝固，温度升高至 90～100℃时，沉淀溶解，温度降低至 40～60℃后又可重新沉淀凝固，故又称为凝溶蛋白。

【参考区间】尿本 - 周蛋白：阴性。

【临床意义】BJP 对多发性骨髓瘤、巨球蛋白血症、轻链病、恶性淋巴瘤等单克隆免疫球蛋白病的诊断和预后判断有一定意义。基于 BJP 凝溶特性的检验方法为加热凝固法，敏感度较低，目前用免疫法直接检测尿轻链 κ 和 λ，敏感度和特异性有较大提高。

六、乳糜尿与脂肪尿

乳糜尿（chyluria）是指混有乳糜液的尿液，尿液呈不同程度的乳白色。脂肪尿是指混有脂肪的尿液。乳糜尿是由于各种原因导致的淋巴管阻塞破裂，淋巴液进入尿液而形成。脂肪尿是由于各种原因导致脂肪小滴进入尿液而形成。

【参考区间】乳糜尿与脂肪尿：阴性。

【临床意义】乳糜尿中主要含卵磷脂、胆固醇、脂肪酸盐及少量纤维蛋白原、白蛋白等，合并泌尿系感染时可出现乳糜脓尿。乳糜尿可见于累及淋巴循环的相关疾病，如腹腔结核、腹腔肿瘤压迫、先天性淋巴管畸形、腹腔创伤损伤淋巴管等。丝虫病引起的乳糜尿中常见红细胞和大量淋巴细胞，并可找到微丝蚴。脂肪尿多见于骨折、肾病综合征和脂肪挤压损伤等。当尿中含有大量非晶形磷酸盐或尿酸盐时，尿液外观可类似乳糜尿，但通过对尿液加热或加酸，浑浊呈现逐渐消失状态。离心法可简单区别乳糜尿、脓尿和结晶尿。乳糜尿离心后外观不变，尿沉渣中无或仅有少量细胞；脓尿和结晶尿离心后上清尿液澄清，尿沉渣中可见大量脓细胞/白细胞，或非晶形磷酸盐、尿酸盐结晶。

微整合

基础回顾

24小时尿液的留取和送检

24小时尿液的留取：于记录时间（如晨7：00）第一次排尿，此次尿液弃去，以后（第二次开始）每次尿液均收集于干燥、清洁容器中，至次日相同时间（次日晨7：00）的尿液也收入容器中（去头留尾）。测量尿液总量并记录。将全部尿液充分混匀后，取10 ml立即送检。24小时尿标本收集过程中最好放置于2～8℃冰箱中冷藏保存，以减少微生物生长，维持尿液pH的恒定，如无条件应尽量放置于阴凉通风处。

无论收集几小时尿，均应于计时开始前排空尿液，然后于规定时间内留取排尿并准确记录尿量。尿液原则上最好不用防腐剂，如需12小时或24小时尿，首选冷藏，其次是根据检验申请加用合适的防腐剂。留尿应避免阴道分泌物、月经血、前列腺液、精液等混入。

知识拓展

尿白蛋白-肌酐比值

24 h尿蛋白定量是评价尿蛋白严重程度的金标准。研究表明，尿白蛋白-肌酐比值（ACR）与24 h尿蛋白定量有高度的相关性，当遇到无法留样或留样不准、标本降解等问题时，可用ACR来判断尿蛋白情况。

ACR得到国内外多个肾脏疾病相关指南或共识的推荐，可用于高危肾病（如糖尿病、高血压、系统性红斑狼疮等）人群早期肾损伤的判断，是反映蛋白尿的敏感指标。

尿白蛋白-肌酐比值 ACR（mg/g）= 尿微量白蛋白（mg/L）÷ 尿肌酐（g/L）

尿白蛋白-肌酐比值 ACR（mg/g）= 尿微量白蛋白（mg/L）÷ 尿肌酐（μmol/L）× 8840

[单位换算：肌酐 1 mg/dl = 88.4 μmol/L]

[尿肌酐检测值（μmol/L）÷ 88.4 × 10 ÷ 1000 =（g/L）]

思考题

1. 简述24 h尿蛋白定量轻重程度的分级。
2. 简述尿蛋白电泳的临床意义。

（潘 琳）

第三节 粪便检验

食物经消化道消化和吸收后的食物残渣、消化道分泌物、水和无机盐、黏膜脱落物等成分经直肠排出就形成了粪便（feces）。粪便检验的意义：①了解消化道、肝、胆道、胰腺等器官有无炎症、溃疡、出血、寄生虫感染、肿瘤等疾病；②根据粪便的性状和组成判断肝、胆道、胰腺、胃肠等器官功能；③检测有无致病菌或肠道菌群失调，以防治肠道传染病。粪便检验的标本正确采集至关重要，是保证检验结果质量的重要环节。

一、粪便常规试验

粪便常规试验在消化系统疾病的实验诊断中常作为首选的筛查试验，检验内容主要包括粪便外观、性状和针对有形成分的显微镜检验。

1. 粪便的颜色 正常人的粪便因含粪胆原呈黄色或褐色。婴儿的粪便因含胆绿素呈黄绿色。粪便颜色易受进食及药物的影响，但明显的颜色改变具有临床意义，具体见表19-1。

表19-1 粪便颜色改变的常见原因

颜色	常见原因
鲜红色	肠道下段出血：结肠息肉、结肠肿瘤、肛裂、痔疮等
暗红色	阿米巴痢疾
淡黄色	食用牛奶、大黄、山道年、脂类等
灰白色（白陶土样）	梗阻性黄疸、服用硫酸钡等
（暗）绿色	婴幼儿消化不良性腹泻、食大量含叶绿素的植物性食物等
黑色	上消化道出血（柏油样）、服用铁剂、铋剂、活性炭、食用动物血等

2. 粪便的性状 粪便的形状、硬度与粗细常受食物的种类与性质的影响。观察粪便的形状、硬度及粗细，能了解肠道的消化、吸收、运动情况及有无狭窄的改变。正常情况下粪便的性状：成人为黄褐色，成形软便；婴儿为黄色、糊状便。病理情况下，粪便性状可发生改变，具体原因见表19-2。

表19-2 粪便性状改变的常见原因

性状	常见原因
异型样便	球形硬便见于习惯性便秘（粪便在肠道内停留过久、水分过度吸收所致）、老年排便无力；扁平带状便，见于直肠或肛门狭窄
乳块状便	多见于婴儿对脂肪或酪蛋白消化不完全
黏液便	正常便也含有少量黏液，但与粪便混合不易察觉。大量黏液见于各类肠道炎症、细菌性痢疾、阿米巴痢疾、急性血吸虫病、肠套叠、结肠炎、回肠炎
鲜血便	痔疮、肛裂、直肠损伤、直肠息肉、结肠肿瘤
脓便及脓血便	细菌性痢疾、溃疡性结肠炎、局限性肠炎、结肠或直肠肿瘤、结核
柏油样便	上消化道出血 > 50 ml
米泔样便	重症霍乱、副霍乱
胶冻状便	肠易激综合征
稀糊（汁）样便	各种原因引起的腹泻：婴幼儿腹泻、食物中毒、急性肠道传染病、急性肠炎、小儿肠炎、肠蠕动加速、副溶血性弧菌感染，大量并有膜状物时多为伪膜性肠炎及隐孢子虫感染
水样便	食物中毒可见洗肉水样便，出血性小肠炎可见红豆汤样便

3. 粪便的气味　正常粪便有臭味，原因是食物在肠道中经细菌作用后，产生吲哚、硫化物、粪臭素等多种有臭味的物质。一般食用肉食多时臭味较浓，食用素食多时臭味相对较淡。具体见表19-3。

表19-3　粪便气味的常见可能原因

气味	常见原因
恶臭味	慢性肠炎、胰腺疾病、消化道大出血、结肠或直肠溃烂、重症痢疾
鱼腥味	阿米巴性肠炎
酸臭味	脂肪酸分解或糖类异常发酵

4. 粪便的酸碱度　一般食肉多时呈碱性，食用糖类及脂肪多时呈酸性。细菌性痢疾、血吸虫病时粪便呈碱性，阿米巴痢疾、病毒性肠炎时粪便呈酸性。

5. 粪便中的各种细胞　临床意义见表19-4。

表19-4　粪便中各种细胞的临床意义

细胞	临床意义
白细胞	①小肠炎症时白细胞数量不多（<15个/HPF），因细胞部分被消化而不易辨认；②细菌性痢疾、溃疡性结肠炎出现大量白细胞或脓细胞，亦可见到吞有异物的小巨噬细胞；③过敏性肠炎、肠道寄生虫病（阿米巴痢疾或钩虫病）时，粪便涂片染色还可见较多的嗜酸性粒细胞，可伴有夏科-莱登结晶（Charcot-Leyden crystal）
红细胞	①肠道下段炎症或出血时，粪便中可出现红细胞，如痢疾、溃疡性结肠炎、结肠癌、直肠息肉、急性血吸虫病等；②细菌性痢疾时，红细胞常少于白细胞或脓细胞，多分散存在且形态正常；③阿米巴痢疾者红细胞多于白细胞，多成堆存在并有残碎现象
巨噬细胞	见于细菌性痢疾、溃疡性结肠炎、直肠炎等
上皮细胞	可见鳞状上皮细胞，柱状上皮细胞极少见，但在下列病理状况时可增加：①肠道炎症，如结肠炎、伪膜性肠炎；②霍乱、副霍乱；③坏死性肠炎、溃烂的结肠癌等
癌细胞	乙状结肠癌、直肠癌患者的血性粪便涂片中，可见到胞体巨大、散在或成堆的疑似肿瘤细胞，但需经苏木素-伊红或巴氏染色才能确认

6. 常见寄生虫及其虫卵（parasite ova）　肠道寄生虫感染时可在粪便中检查到蛔虫、鞭虫、钩虫、蛲虫、血吸虫、绦虫等的虫卵、虫体或节片（表19-5）。

表19-5　粪便中常见寄生虫及其虫卵的临床意义

寄生虫及其虫卵	临床意义
蛔虫卵	见于蛔虫感染。蛔虫寄生于小肠，引起蛔虫病。幼虫常引起局部和全身变态反应。肺部炎症亦称Loeffler综合征；蛔虫病可引起营养不良、儿童发育障碍，引起变态反应如荨麻疹、皮肤瘙痒、血管神经性水肿、结膜炎等，引起胆道蛔虫症、胰腺炎、阑尾炎、肠梗阻、肠穿孔等
鞭虫卵	见于鞭虫感染。鞭虫寄生于盲肠，引起鞭虫病。鞭虫感染引起肠壁慢性炎症，形成肉芽肿等病变；严重感染者可出现头晕、腹泻、腹痛、消瘦及贫血等；可诱发或加重其他疾病，如阿米巴痢疾、阑尾炎等
蛲虫卵	见于蛲虫感染，蛲虫寄生于回盲部，引起蛲虫病。蛲虫感染引起肛门部及会阴部皮肤奇痒；可出现烦躁不安、易怒、失眠、消瘦、夜间磨牙及夜惊等症状

续表

寄生虫及其虫卵	临床意义
钩虫卵	见于钩虫感染，钩虫寄生于小肠，引起钩虫病。钩虫感染易引起皮炎，多见于足趾、手指间、脚背等部位；肺部病变可出现咳嗽、咳痰、畏寒、发热等全身症状；消化道病变可出现恶心、呕吐、上腹部不适及隐痛、腹泻等症状，还可引起消化道大出血；少数患者出现"异嗜症"、贫血等
华支睾吸虫卵	华支睾吸虫又称肝吸虫，寄生于肝胆管，可致阻塞性黄疸，肝细胞坏死、萎缩、脂肪变、肝硬化，华支睾吸虫感染可诱发原发性肝癌、胆结石、急性胰腺炎等
血吸虫卵	见于血吸虫感染，血吸虫寄生于肠、肝，可引起肝纤维化、肝硬化等（我国主要是日本血吸虫）
姜片吸虫卵	寄生于小肠，轻度感染者无明显症状或有轻度腹痛、腹泻等；中度感染者可表现为消化功能紊乱，导致营养不良、水肿、肠梗阻等；重度感染者可出现消瘦、贫血、腹水、智力减退、发育障碍，甚至衰竭死亡
绦虫及其节片	粪便中可见绦虫及其节片，绦虫寄生于全身各组织，可有腹部不适、恶心、腹痛等；囊尾蚴可引起组织炎症和占位性病变，可致癫痫发作、各种眼部病变等

7. 常见肠道寄生原虫（protozoa） 如阿米巴、蓝氏贾第鞭毛虫、人毛滴虫、结肠小袋纤毛虫、隐孢子虫、人芽囊原虫等，均可引起腹泻（表19-6）。

表19-6 粪便中常见肠道寄生原虫的临床意义

肠道寄生原虫	临床意义
阿米巴	常见的包括溶组织阿米巴、脆弱双核阿米巴、结肠内阿米巴，寄生于结肠和其他组织。溶组织阿米巴临床最常见、危害最大。①症状带虫者：可占90%以上。粪便盐水涂片中可偶见滋养体（trophozoite），用碘染色后可找到包囊者多见。②阿米巴原虫感染可引起肠阿米巴病，如肠阿米巴痢疾、阿米巴肠炎、阿米巴脓肿、阿米巴性阑尾炎等，可表现为典型的痢疾症状，多以亚急性或慢性肠炎常见，表现为反复发作、轻重不等，易找到滋养体
蓝氏贾第鞭毛虫	寄生于十二指肠及胆囊。引起蓝氏贾第鞭毛虫病。又有旅游者腹泻之称。临床可表现为腹痛、腹泻、腹胀、呕吐、发热和厌食等；典型患者常出现暴发性水泻，粪便无脓血、量大、带有恶臭。急性期持续3～4 d，儿童可持续数月。虫体寄生在胆道可引起胆道感染。艾滋病（AIDS）患者常易发生严重的蓝氏贾第鞭毛虫病
人毛滴虫	寄生于回盲部。可引起滴虫性肠炎、胆道炎、腹膜炎及肝、肺脓肿等
结肠小袋纤毛虫	寄生于结肠。可引起小袋纤毛虫病。表现为腹痛、腹泻和黏液脓血便
隐孢子虫	寄生于小肠。可引起腹泻，无脓血，免疫功能正常者感染后多呈自限性病程（1～2周）；免疫功能缺陷及AIDS患者易继发感染，可出现发热、呕吐、持续性腹泻、排稀汁样便，每日可多达数十次，严重者可致脱水、电解质紊乱和营养不良而死亡。粪便中可查出隐孢子虫的卵囊（oocyst）。粪便中未染色的卵囊直径为4.5～5.5 μm，透明且折光性强，不易识别；可用比重为1.2的蔗糖水浓集后，用油镜观察，卵囊中有4个弯曲的子孢子和圆形或椭圆形的球状残体。吉姆萨染色卵囊呈蓝色，内有红色颗粒状物质
人芽囊原虫	寄生于肠道。健康人检出率为4.5%。感染引起发病者80%以上可出现消化道及全身症状，如腹痛、腹胀、便秘和腹泻交替出现等

8. 细菌及真菌 成人粪便中主要的菌群是大肠埃希菌、肠球菌和厌氧菌，还有少量产气杆菌、变形杆菌、芽孢菌及酵母菌。健康婴幼儿粪便中主要是双歧杆菌、肠杆菌、肠球菌拟杆菌、葡萄球菌等。长期使用广谱抗生素、免疫抑制药和慢性消耗性疾病会导致肠道菌群失调，

引起假膜性肠炎。正常粪便中少见真菌,大量真菌检出见于长期使用广谱抗生素、免疫抑制药、激素和化疗后等患者。

9. 食物残渣 正常情况下,食物被充分消化,粪便中仅见不定型的细小颗粒残渣。食物消化不完全时可见淀粉颗粒、脂肪、肌肉纤维、结缔组织、植物纤维、植物细胞等。

二、粪便化学试验

1. 粪便隐血试验(occult blood test,OBT) 消化道出血量少(< 5 ml/24 h),粪便肉眼外观颜色无明显变化,显微镜下由于红细胞溶解破坏,也观察不到红细胞,这种肉眼和显微镜均不能证明的、需要用化学或免疫学方法检测才能证实的出血,称为隐血。粪便隐血试验即指需要用化学或免疫学方法证实消化道有微量出血的试验。健康人粪便 OBT 为阴性。阳性见于消化道出血、溃疡、肿瘤、药物对胃肠黏膜的损伤、钩虫病、结肠息肉等。粪便 OBT 可作为消化道肿瘤普查的筛选指标,对消化系统出血相关疾病的诊断、治疗,及病情判断有重要临床意义。

2. 脂肪检测 脂肪定量用于了解肝、胰腺和肠道功能。在普通饮食情况下,脂肪占粪便干重的 10%~20%。正常成人粪便中脂肪总量为 2~5 g/24 h,若超过 6 g/24 h,称为脂肪泻。粪便中脂肪增加见于慢性胰腺炎、胰腺癌、胰腺纤维囊性病、梗阻性黄疸及小肠病变。

3. 粪便钙卫蛋白(fecal calprotectin,FC)检测 钙卫蛋白(calprotectin,Cal)是一种钙结合蛋白,广泛分布于人体细胞、组织和体液中,主要来源于中性粒细胞,少量来源于单核细胞和反应性巨噬细胞,细胞破裂或死亡时可从细胞中释放出,是中性粒细胞活化的标志,可作为急性炎性细胞活化的标志物。粪便中钙卫蛋白主要来自肠黏膜组织中中性粒细胞的脱落,当肠道发生炎症时,中性粒细胞抵达炎症部位,发挥防御作用,释放钙卫蛋白。粪便钙卫蛋白含量伴随肠道中性粒细胞的浸润而增加,与肠道炎症程度密切相关。粪便钙卫蛋白可用于区别炎症性肠病(主要包括克罗恩病和溃疡性结肠炎)和肠易激综合征,可作为炎症性肠病患者内镜检查前的初筛检查。但粪便钙卫蛋白是非特异性的炎症标志物,感染性肠炎、息肉、肿瘤、过敏性肠炎、急性腹泻、血性腹泻、使用非甾体类抗炎药、老年人 FC 均可有不用程度的升高。

微整合

基础回顾

粪便的形成过程

食物在口腔内经咀嚼与唾液混合,通过食管被送至胃,在胃液的作用下,消化成粥状。粥状的"食糜"被运送至十二指肠,在胆汁和胰消化酶等作用下进一步消化进入小肠。小肠是主要的营养吸收器官,葡萄糖、脂肪、蛋白质等物质大部分被吸收。剩余的食物残渣进入大肠,大肠在蠕动过程中进一步吸收水和电解质,并将食物残渣浓缩、挤压形成粪便,粪便在直肠内蓄积到一定程度,会刺激大脑产生便意,通过肛门排出体外。

知识拓展

炎症性肠病

炎症性肠病（inflammatory bowel disease，IBD）是一种病因未明、慢性非特异性肠道炎症性疾病，包括克罗恩病（Crohn's disease，CD）、溃疡性结肠炎（ulcerative colitis，UC）和未定型IBD（IBDU）。IBD的发病原因尚不清楚，由于疾病不具有特异性，缺乏诊断的金标准，临床医生需要综合评估，将IBD和多种疾病相鉴别后才可诊断。临床上主要根据患者的症状、体征、实验室检查、影像学表现以及内镜和黏膜病理等方面综合诊断IBD、评价IBD的疾病活动度和治疗效果，其中内镜检查联合病变黏膜活检是目前评价肠道炎症程度的金标准。

思 考 题

1. 简述粪便检验的意义。
2. 简述粪便中各种细胞的临床意义。

（潘　琳）

第四节　浆膜腔积液检验

人体胸膜腔、腹膜腔和心包膜腔统称为浆膜腔（serous cavity）。正常情况下，浆膜腔内仅含有少量液体，胸膜腔液小于20 ml，腹膜腔液小于50 ml，心包膜腔液小于10 ml，一般不易采集到。病理情况下，浆膜腔内有大量液体潴留而形成浆膜腔积液。根据积液产生部位不同可分为胸膜腔积液（胸腔积液），腹膜腔积液（腹水）和心包积液；根据积液产生的原因及性质不同，可分为漏出液和渗出液（表19-7）。漏出液为非炎性积液，渗出液为炎性积液，区分积液性质、寻找病因对疾病的诊断和治疗有重要意义。

案例 19-3

男性，55岁，乏力、腹胀20余年，加重伴下肢水肿20天，患者20天前无明显诱因出现乏力、腹胀、食欲缺乏。乙肝两对半检查示："大三阳"，诊断"乙型病毒性肝炎"。20余天前无明显诱因出现腹胀加重伴下肢水肿，尿少。查体：移动性浊音阳性，余未见明显异常。行腹腔穿刺检查，抽出腹水共200 ml，腹水淡黄色，略浑浊。

实验室检查：腹水常规示比重1.013，Rivalta（-），RBC 320×10^6/L，WBC 75×10^6/L。

问题：

1. 根据腹水常规检查结果，初步判断该积液的性质是什么？
2. 列举几项与该患者腹水形成有关的因素。
3. 为明确诊断，下一步应该完善哪些实验室检查？

表 19-7 漏出液与渗出液的发病机制与常见病因

类型	发生机制	常见病因
漏出液	毛细血管流体静压增高	静脉回流受阻、充血性心力衰竭、晚期肝硬化
	血浆胶体渗透压减低	血浆白蛋白明显减低的各种疾病
	淋巴回流受阻	丝虫病、肿瘤压迫等所致的淋巴回流障碍
	钠水潴留	充血性心力衰竭、肝硬化、肾病综合征
渗出液	微生物毒素、缺氧以及炎性介质血管活性物质增高、癌细胞浸润	结核性或细菌性感染
		转移性肺癌、乳腺癌、淋巴瘤、卵巢癌
	外伤、化学物质刺激	血液、胆汁、胰液和胃液等刺激、外伤

一、浆膜腔积液的常规检验

可分为理学检验和显微镜检验两部分：理学检验包括浆膜腔积液的量、颜色、酸碱度、比重、透明度和凝固性；显微镜检验包括细胞计数、有核细胞分类计数以及寄生虫检验等。

1. 理学检验 颜色：健康人浆膜腔液体多为淡黄色，病理状态下产生的浆膜腔积液可呈现红色、黄色、绿色、乳白色、咖啡色、黑色。不同颜色所代表的临床意义如表 19-8 所示。

表 19-8 浆膜腔积液颜色与临床意义

颜色	临床意义
红色	恶性肿瘤、急性期结核、风湿性疾病等
黄色	各种原因引起的黄疸
绿色	铜绿假单胞菌感染
乳白色	化脓性胸膜炎、丝虫病、淋巴结肿瘤、淋巴结结核、肝硬化、恶性肿瘤
咖啡色	内脏损伤、恶性肿瘤、出血性疾病及穿刺损伤等
黑色	曲霉菌、厌氧菌感染等

透明度常与其所含的细胞及细菌的数量以及蛋白浓度相关，漏出液常因所含细胞和蛋白质较少而呈现透明或微浑的状态；渗出液常因含大量细胞、细菌而呈现不同程度的浑浊；当渗出液含有较多纤维蛋白原和凝血酶等凝血物质而呈现易于凝固的状态，但当有大量纤维蛋白溶解酶时也可不凝固；胸腔化脓性感染及食管破裂所致积液 pH 常 < 7.0，积液的 pH 减低还见于风湿病、结核、红斑狼疮性胸膜炎等；漏出液的比重常小于 1.015；渗出液的比重常大于 1.018。

2. 显微镜检验 浆膜腔积液显微镜检查时应计数积液内全部的有核细胞，并进行分类。漏出液细胞数量小于 $100 \times 10^6/L$，渗出液细胞数量大于 $500 \times 10^6/L$，分类计数中不同细胞含量的增加常代表不同的临床意义。

(1) 中性粒细胞增多（> 50%）：当中性粒细胞 > $250 \times 10^6/L$ 多为细菌性腹膜炎，中性粒细胞 > $1000 \times 10^6/L$ 常见于化脓性感染、结核性胸腔积液早期、肺梗死等。

(2) 淋巴细胞增多（> 50%）：当 > $200 \times 10^6/L$ 主要见于结核性、病毒性、肿瘤、乳糜性胸腔积液，以及结缔组织病和尿毒症等。当非霍奇金淋巴瘤、慢性淋巴细胞白血病与良性淋巴细胞增多的积液难以区分时，可借助免疫细胞化学检验或流式细胞术免疫分型做出正确判断。

(3) 嗜酸性粒细胞增多（> 10%）：最常见于血胸和气胸，也见于肺梗死、寄生虫感染、真菌感染、过敏综合征、药物反应、间皮瘤、风湿病、系统性红斑狼疮、腹膜透析、充血性心力衰竭、血管炎、淋巴瘤等。

(4) 间皮细胞增多：见于结核病并发积脓、慢性恶性积液等。

(5) 红细胞增多：红细胞 > 100000×10^6/L 应考虑恶性肿瘤、结核病、肺栓塞或创伤所致。

(6) 寄生虫及虫卵：乳糜性胸腔积液中可查到微丝蚴，阿米巴性肺脓肿的胸腔积液可见阿米巴滋养体。

(7) 肿瘤细胞：在恶性积液中，经巴氏或 H-E 染色显微镜检验可见成堆或散在分布的恶性肿瘤细胞，其中易见呈腺腔样排列的腺癌细胞。胸腔积液、腹水中 98% 的癌细胞是转移性的，胸腔转移性肿瘤中最常见的是原发性肺癌，其次是乳腺癌和肺的转移癌；而腹腔转移性肿瘤中以卵巢癌（32%）、乳腺癌（24%）、淋巴瘤（16%）、胃癌、大肠癌多见，其次为肝癌、胆囊癌、胆管癌、子宫体癌等。采用流式细胞 DNA 倍体分析，对检测胸腔积液中的恶性细胞有重要意义，染色体分析可作为恶性胸腔积液的诊断指标之一，阳性率达 75% 左右。

二、浆膜腔积液的化学检验

浆膜腔积液的化学检验主要包括胸腔积液和腹水的 pH、蛋白质、糖、氯化物和酶类等定量检测。

1. 蛋白质检测 腹水与血浆白蛋白的差值 ≥ 11 g/L，见于肝硬化、酒精性肝炎、充血性心力衰竭等；差值 < 11 g/L，见于腹膜肿瘤、结核性腹膜炎（不伴肝硬化）、胰性腹水（不伴肝硬化）、胆道破裂、肾病综合征、系统性红斑狼疮、肠梗阻等。漏出液蛋白质含量多小于 25 g/L，渗出液蛋白质含量常大于 30 g/L。

2. 葡萄糖检测 浆膜腔积液葡萄糖与血清葡萄糖含量比值 < 0.5 时多见于风湿性积液、恶性积液、结核性积液、狼疮积液或食管破裂，渗出液化脓性细菌感染、结核性积液葡萄糖减低最明显。肿瘤广泛转移的癌性腹水，葡萄糖减低。

3. 乳酸检测 胸腔积液和腹水中乳酸含量有助于鉴别细菌性感染与非细菌性感染。当乳酸高达 6 mmol/L 以上时，高度提示有细菌感染，尤其在应用抗生素治疗后的胸腔积液和腹水，一般细菌检验为阴性时更有价值；类风湿病、充血性心力衰竭及恶性肿瘤引起的积液乳酸含量轻度升高。

4. 脂类检测 腹膜腔积液胆固醇 > 1.6 mmol/L 时多为恶性积液，胆固醇 < 1.6 mmol/L 时多为肝硬化性积液。胆固醇增加的积液中有时可见胆固醇结晶。三酰甘油 > 1.26 mmol/L 提示为乳糜性胸膜腔积液，< 0.57 mmol/L 时可排除乳糜性胸膜腔积液。乳糜性胸膜腔积液、腹水：主要见于恶性肿瘤或由肝硬化肠淋巴管扩张破裂、淋巴液外漏引起，可检测三酰甘油，前者含量较低，主要含胆固醇；而后者三酰甘油含量高。脂类测定对鉴别真性与假性乳糜积液具有一定意义。

5. 酶学检测 胸腔积液乳酸脱氢酶（LDH）、腺苷脱氨酶（ADA）、淀粉酶（AMY）、溶菌酶（Lys）的临床意义参见第十章第五节。若同时测定胸腔积液的 Lys 和 LDH 活性，发现结核性积液两者均升高，心力衰竭引起的漏出液两者均较低，恶性胸腔积液时 Lys 较低而 LDH 活性较高。测定腹水铁蛋白和溶菌酶具有一定的鉴别价值，癌性腹水时铁蛋白多大于 600 μg/L，腹水铁蛋白/血浆铁蛋白比值 > 1，Lys 水平不高，多为癌性腹水；结核性腹水时，铁蛋白和 Lys 水平均增高。

三、浆膜腔积液的免疫学检验和肿瘤标志物

浆膜腔积液的三级检查中包括肿瘤标志物和免疫学检查，临床常用的标志物及检验的临床意义如表 19-9 所示。

表 19-9 常见浆膜腔积液免疫检验项目及临床意义

项目	临床意义
类风湿因子（RF）	积液类风湿因子效价高于血清可作为诊断风湿性积液的依据
γ 干扰素（INF-γ）	恶性积液明显增高，类风湿积液减低
肿瘤坏死因子（TNF）	明显增高见于结核性积液，也见于风湿病、子宫内膜异位导致的腹膜腔积液
癌胚抗原（CEA）	积液 CEA/ 血清 CEA > 1.0 时高度提示恶性积液诊断，对腺癌所导致的积液诊断价值较高
甲胎蛋白（AFP）	积液 AFP 与血清 AFP 成正相关，腹膜腔积液 AFP > 300 μg/L 时有助于原发性肝癌的诊断
糖链抗原 125（CA125）	增高可见于卵巢癌转移

四、胸腔积液和腹水的微生物学试验

漏出液一般无细菌。怀疑为渗出液时，标本需做细菌、真菌等培养及涂片染色。常见的致病菌有葡萄球菌、链球菌、大肠埃希菌、肺炎球菌、脆弱类杆菌、铜绿假单胞菌等，少数病例可见厌氧菌。对怀疑为结核分枝杆菌引起的结核性胸膜炎、腹膜炎时，经抗酸染色，镜下可找到抗酸杆菌，但阳性检出率低，需要多次反复检测。用分子技术检测结核分枝杆菌核酸可提高检出率。

基础回顾

胸腔积液的形成

健康成人胸腔积液在 20 ml 以下，主要起润滑、保护脏器的作用。病理情况下，如胸膜毛细血管静脉压增加、胶体渗透压下降、胸腔内负压下降和胸腔内胶体渗透压增高均可导致胸腔液体增加，从而形成胸腔积液。根据产生的原因和性质不同，胸腔积液分为漏出液和渗出液。渗出液常见于胸膜或邻近组织感染、原发性或转移性肿瘤及结缔组织病；漏出液常见于充血性心力衰竭、低蛋白血症等。

 知识拓展

浆膜腔积液的分级检查

20 世纪 90 年代以来，浆膜腔检查发展到细胞学、生物化学、微生物学、免疫学、遗传学等多项优化组合检查。除了提供鉴别漏出液与渗出液的依据外，还提供鉴别良性

和恶性、结核性和化脓性的依据。根据诊断需要将积液检查分为3级。

一级检查：颜色、透明度、比重、Rivalta试验、酸碱度、总蛋白、细胞计数及分类、微生物学检查等。

二级检查：CRP、纤维蛋白降解产物、LDH、ADA、AMY、糖蛋白等。

三级检查：CEA、AFP、肿瘤特异性抗体、hCG、同工酶、蛋白质组分分析等。

思 考 题

1. 漏出液和渗出液产生的机制和原因分别是什么？
2. 浆膜腔积液常见的颜色变化及临床意义是什么？

（冯长梅）

第五节　脑脊液检验

脑脊液（cerebrospinal fluid，CSF）是存在于脑室和蛛网膜下腔内的一种无色透明液体。健康成年人脑脊液的总容量为120～180 ml，新生儿为10～60 ml。脑脊液具有缓冲作用，可保护脑和脊髓免受外力震荡损伤、调节颅内压、维持神经组织的内环境，同时也是一种动力学介质，为中枢神经系统提供营养物质，运走代谢产物，维持pH的稳定性和参与神经内分泌调节。正常情况下，由于脑室脉络丛上皮细胞选择性的分泌和超滤作用，使得正常CSF中的细胞和化学成分与血浆成分显著不同。在病理情况下，中枢神经系统发生器质性病变时，引起脑室脉络丛上皮细胞通透性发生改变，血液中的物质可通过血-脑屏障进入CSF，使其浓度增高。通过检验CSF中各项指标，有助于神经系统疾病的诊断、疗效观察和预后判断。

CSF检验的适应证：①有脑脊膜刺激症状者；②疑有颅内出血者；③有剧烈头痛、昏迷、抽搐或瘫痪等症状和体征而原因不明者；④疑有脑膜白血病患者；⑤中枢神经系统疾病进行椎管内给药治疗、手术前腰部麻醉、造影等。

CSF检验一般可分为常规试验和特殊检验两大类。脑脊液一般采集3管，每管采集量1～2 ml，第1管用于化学和免疫学检查，第2管用于微生物检查，第3管用于常规检查，若怀疑为恶性肿瘤，另采集1管做脱落细胞学检查。

案例 19-4

女性，40岁，出现高热、呕吐、剧烈头痛、意识障碍1天后来医院就诊。血常规检查，外周血白细胞WBC 21×10^9/L。腰椎穿刺抽取脑脊液检查发现，脑脊液呈脓性浑浊，但无血性，白细胞5500×10^6/L，中性粒细胞95%，淋巴细胞5%，蛋白质420 mg/L，葡萄糖1.2 mmol/L，氯化物112 mmol/L。

问题：

1. 该病例可能的诊断是什么？
2. 确立该诊断最需要的检查指标是什么？
3. 支持该诊断最有价值的脑脊液检查为哪些？

一、脑脊液常规试验

脑脊液常规试验包括一般性状检验（颜色、透明度、凝固性）、显微镜检验（细胞计数和分类、病原体检验）、生物化学检验（蛋白质定性与定量、糖、氯化物）。

【参考区间】脑脊液常规检验项目的参考区间见表19-10。

表 19-10　脑脊液常规检验项目的参考区间

检验项目	参考区间
性状与比重	无色、清澈透明、久置不凝、无薄膜形成，比重：1.006～1.008
细胞计数	白细胞：成人 $(0～8)×10^6/L$，儿童 $(0～15)×10^6/L$；无红细胞
有核细胞分类	多为淋巴细胞及单核细胞，二者比例约为 7:3；偶见内皮细胞
细菌	无
寄生虫	无
蛋白定性（Pandy 试验）	阴性或极弱阳性
蛋白定量（g/L）	成人 0.2～0.4，儿童 0.1～0.2，幼儿 0.4～0.8，新生儿 0.4～1.5 脑室 0.05～0.15，小脑延髓池 0.1～0.25，腰部蛛网膜下腔 0.2～0.4
葡萄糖（mmol/L）	成人 2.5～4.4；儿童：>10 岁 2.8～4.4，<10 岁 1.9～4.7 新生儿 3.9～5.0 脑室 3.0～4.4，小脑延髓池 2.8～4.2，腰部蛛网膜下腔 2.5～4.4
氯化物（mmol/L）	成人 120～130；儿童 111～123；婴儿 110～130

【临床意义】

1. 颜色变化　正常 CSF 无色透明，在病理情况下，脑脊液可呈现不同的颜色改变。但 CSF 颜色正常不能排除神经系统疾病，如病毒性脑炎、轻型结核性脑膜炎、脊髓灰质炎、神经梅毒等。

（1）红色：红色浑浊提示 CSF 中有红细胞，常由穿刺损伤、蛛网膜下腔或脑室出血引起。CSF 穿刺损伤出血与病理性出血的鉴别见表 19-11。

表 19-11　脑脊液穿刺损伤出血与病理性出血的鉴别

鉴别要点	穿刺损伤出血	病理性出血
三管标本	逐渐变淡	均匀一致
放置试验	可凝成血块	不凝
离心后上清液颜色	无色透明	红色、黄色或柠檬色
离心后上清液隐血试验	阴性	阳性
红细胞形态	正常、完整	皱缩、可见含红细胞的吞噬细胞

（2）黄色：CSF 若呈黄色或淡黄色，称黄变症。①出血性黄变症：见于蛛网膜下腔出血，出血 4～8h 开始出现黄色，48h 最深，至 21d 左右消失；②梗阻性黄变症：见于各种原因导致的椎管梗阻；③各种原因导致的重症黄疸，当 CSF 中胆红素>0.5 mmol/L 时，CSF 即黄染；④胡萝卜素血症、一氧化碳中毒等其他原因引起。

（3）乳白色或灰白色：CSF 中含有大量脓细胞时，出现白色浑浊，常见于化脓性脑膜炎。

（4）褐色或黑色：常见于脑膜黑色素瘤及黑色素肉瘤等。

（5）绿色：见于铜绿假单胞菌性脑膜炎、急性肺炎链球菌性脑膜炎及甲型链球菌性脑膜炎。

2. 透明度 正常 CSF 清澈透明。CSF 浑浊常见于：①白细胞总数 > $300×10^6$/L；②蛋白含量增高或含有大量细菌、真菌等，如结核性脑膜炎常呈毛玻璃样微浑，化脓性脑膜炎常呈明显灰白样浑浊；③穿刺过程中带入红细胞可呈轻度浑浊。而病毒性脑炎、神经梅毒等疾病的脑脊液可呈透明外观。

3. 薄膜或凝块 正常脑脊液无薄膜、凝块或沉淀物。当蛋白质 > 10 g/L 时，可出现薄膜、凝块或沉淀。①化脓性脑膜炎多在 1～2 h 内出现凝固或沉淀；②结核性脑膜炎在 12～24 h 内形成膜状物或纤维蛋白凝块，取此膜涂片查抗酸杆菌，可提高阳性检出率；③神经梅毒、脊髓灰质炎可以出现小絮状凝块而不形成薄膜；④蛛网膜下腔阻塞时，其远端部分的 CSF 因蛋白含量高常呈黄色胶冻状。

4. 细胞计数 CSF 细胞数增高见于中枢神经系统病变，其增高程度及细胞种类与病变性质有关。

（1）红细胞增加：正常 CSF 无红细胞。红细胞增加提示中枢神经系统内有出血，见于脑脊髓血管畸形、动脉瘤破裂、脑出血、脑脊髓外伤、脑卒中或垂体卒中以及其他出血性疾病等。

（2）白细胞总数增加：①轻度增高 [$(16～30)×10^6$/L] 见于脑肿瘤（内皮细胞瘤）、浆液性脑膜炎或穿刺出血等；②中度增高 [$(31～200)×10^6$/L] 见于中枢神经系统病毒感染、梅毒、结核、真菌性脑膜炎、乙型脑炎、脊髓灰质炎、脑寄生虫病（囊虫病）、钩端螺旋体脑膜炎等；③高度增高 [$(201～500)×10^6$/L] 见于化脓性脑膜炎、流行性脑膜炎、脑和脊髓脓肿等；④显著增高（> $500×10^6$/L）见于化脓性脑膜炎、脑室积脓等。

（3）白细胞分类计数异常：①中性粒细胞增高——见于中枢神经系统急性感染或慢性感染的急性发作期，如化脓性脑膜炎，结核性脑膜炎初期；②淋巴细胞增高——见于慢性感染性疾病，如病毒性脑炎、脑膜炎、结核性脑膜炎的中后期；③单核细胞增高——见于中枢神经系统的慢性感染；④嗜酸性粒细胞增高——见于中枢神经系统寄生虫或原虫感染等；⑤出现原始或幼稚细胞——见于脑膜白血病。

5. 脑脊液常规化学试验

（1）蛋白质定性：化脓性脑脊髓膜炎、结核性脑脊髓膜炎、梅毒性中枢神经系统疾病、脊髓灰白质炎、流行性脑炎等脑组织和脑膜炎症性病变时常呈阳性反应。脑出血时多呈强阳性反应，但外伤性血液混入脑脊液中，亦可呈阳性反应。

（2）蛋白质定量：①蛋白含量增加——指成人 CSF 中蛋白含量高于 0.45 g/L。见于颅内炎症、颅内出血性疾病、神经根病变、退行性病变、脊髓麻醉、椎管梗阻、血浆蛋白增高等。②蛋白含量减低——指 CSF 中蛋白含量低于 0.15 g/L。见于 CSF 大量丢失、良性颅内压增高症、身体极度虚弱、营养不良等。③蛋白与细胞计数的相关变化——细胞数、蛋白含量均增高：见于结核性脑膜炎、化脓性脑膜炎、真菌性脑膜炎、脑炎、脊髓炎及脑脊髓脓肿等。细胞数正常、蛋白含量减低：见于脑积水等。蛋白含量增高、细胞数正常或轻度增高：见于急性感染性多发性神经炎和铅、砷、汞等中毒性多发性神经炎，以及神经梅毒、脑脊髓肿瘤、脑脊髓血管病变、脑萎缩、血卟啉病、黏液性水肿和多发性硬化症等。细胞数增高、蛋白质正常或轻微增加：见于急性无菌性脑膜炎、脊髓灰质炎、硬膜外脓肿、脑炎等。

（3）葡萄糖：正常 CSF 内葡萄糖含量为血糖的 50%～80%。早产儿及新生儿因血-脑屏障通透性增高，葡萄糖含量比成人高，一般无临床意义。CSF 中葡萄糖含量减低较增高更具临床意义。葡萄糖减低见于①脑部细菌性或真菌性感染：急性化脓性脑膜炎、结核性脑膜炎、隐球菌性脑膜炎等。②脑寄生虫病：脑囊虫病、锥虫病、血吸虫病、肺吸虫病、弓形虫病等。③脑膜肿瘤：淋巴瘤、神经胶质瘤、白血病、黑色素瘤、脑膜转移瘤等。弥散性脑膜肿瘤浸润时减低，甚至消失。④低血糖症：低血糖性昏迷、胰岛素过量等。⑤神经梅毒：梅毒性脑膜炎和麻痹性痴呆等。葡萄糖增高见于①脑或蛛网膜下腔出血；②急性颅脑外伤、一氧化碳中毒、缺氧性脑病、感染中毒性脑病、脑炎、脑出血、弥漫性脑软化等丘脑下部损伤；③影响脑干的急性颅脑外伤或中毒；④糖尿病或静脉注射葡萄糖后、精神分裂症等。

(4) 氯化物：由于正常 CSF 中的蛋白含量较少，为维持渗透压平衡，氯化物含量较血液中含量高 20% 左右。①氯化物减低：见于细菌性脑膜炎和真菌性脑膜炎早期、结核性脑膜炎，后者的氯化物减低早于葡萄糖的减低，因血氯含量减低、脑膜渗透性改变，以及脑脊液内蛋白质增高，导致氯离子代偿性流向血液所致；呕吐、肾上腺皮质功能减退症和肾病变；< 85 mmol/L 可能导致呼吸中枢抑制而出现呼吸停止。②氯化物含量增高：见于尿毒症、心力衰竭、浆液性脑膜炎等。③氯化物含量不减低或稍减低：见于病毒性脑炎、脊髓灰白质炎、脑肿瘤等。

【应用评价】

① CSF 常规试验是中枢神经系统疾病最常用的检验项目，凡是疑有颅内炎症或出血等疾病以及疑为原因不明的神经系统疾病时，都可借助 CSF 常规试验进行初步诊断或鉴别诊断；②生理状况下，CSF 中葡萄糖含量约为血糖含量的 60%，在具体判断 CSF 葡萄糖含量是否异常时，应结合血糖含量判断；③ CSF 细胞学检验是早期诊断中枢神经系统白血病的重要手段，尤其是对那些尚未出现神经系统症状的白血病患者，CSF 细胞学检查到典型的白血病细胞时，即可确诊。

二、脑脊液特殊检验

脑脊液特殊检验包括蛋白质（蛋白电泳、免疫球蛋白、C 反应蛋白、β_2 微球蛋白、髓鞘碱性蛋白等）、酶类（乳酸脱氢酶、肌酸激酶、腺苷脱氨酶、溶菌酶等）、其他试验（病原体抗体、肿瘤标志物等），可根据临床需要选择。

【参考区间】脑脊液特殊检验项目的参考区间见表 19-12。

表 19-12　脑脊液特殊检验项目的参考区间

检验项目	参考区间
蛋白电泳（%）	前白蛋白：4~5；白蛋白：50~70；球蛋白：α_1 4~6，α_2 4~8，β 7~13，γ 7~8
免疫球蛋白（Ig, mg/L）	IgG：10~40；IgA：0~16；IgM：0~13；IgE、IgD 含量甚微
免疫球蛋白指数	IgG 指数 ≤ 0.7，IgA 指数 ≤ 0.6，IgM 指数 ≤ 0.06
C 反应蛋白	低于检测下限
β_2 微球蛋白（mmol/L）	1.51 ± 0.72
髓鞘碱性蛋白（μg/L）	< 4
tau 蛋白（ng/L）	51.1 ± 7.3
乳酸脱氢酶（U/L）	成人 < 40，新生儿 < 70，$LD_{CSF}/LD_{血清}$ < 0.1
肌酸激酶（U/L）	0.5~2（主要是 CK-BB 同工酶）
天冬氨酸氨基转移酶（U/L）	< 20
腺苷脱氨酶（U/L）	< 8
溶菌酶（μg/L）	0 或 < 0.1
胆碱酯酶（U/L）	0.5~1.3

【临床意义】

1. 蛋白质

（1）蛋白电泳：在 CSF 蛋白含量增高、疑为神经系统免疫性疾病或全身免疫性疾病神经系统受累时可选择蛋白电泳。①前白蛋白：神经系统炎症时前白蛋白减低，但在急性病变时增高；脑萎缩、舞蹈病、帕金森病、手足搐动症、脑积水及中枢神经变性疾病等也可增高。②白蛋白：白蛋白增高与血-脑屏障通透性增加有关，见于脑血管病变（脑梗死、脑出血）、椎管阻塞等；减低多见于γ球蛋白增高。③球蛋白：球蛋白增高见于脑膜炎和脑肿瘤等。α球蛋白增高见于急性化脓性脑膜炎、结核性脑膜炎（急性期）、急性脊髓灰白质炎、脑部转移瘤、胶质瘤等。β球蛋白增高见于动脉硬化、脑血栓、癫痫、重症脑外伤、脂代谢障碍性疾病等。γ球蛋白增高见于多发性硬化症、慢性细菌性脑膜炎、脑脓肿、周围神经炎等。

（2）免疫球蛋白（Ig）：正常 CSF 中 Ig 含量极低，仅在 CSF 蛋白含量增高时测定。① Ig 增高：IgG 增高见于亚急性硬化性全脑炎、多发性硬化症、急性化脓性脑膜炎、结核性脑膜炎、麻疹脑炎、急性病毒性脑膜炎、神经梅毒、脊髓腔梗阻等；IgA 增高见于脑血管病、化脓性脑膜炎、结核性脑膜炎、神经梅毒等；IgM 增高见于中枢神经系统急性感染性疾病等。② Ig 减低：IgG 减低见于癫痫、类固醇药物治疗等；IgA 减低见于支原体性脑脊髓膜炎、小脑性共济失调、癫痫等。

（3）C 反应蛋白（CRP）：正常 CSF 中无 CRP。CSF 中的 CRP 主要来源于血浆，其浓度取决于血浆 CRP 浓度及血-脑屏障通透性。CSF 中 CRP 增高是细菌性脑膜炎的重要诊断指标。化脓性或结核性脑膜炎的 CSF 和血清中 CRP 的含量显著增高。病毒性脑膜炎一般不增高或仅轻度增高。

（4）β_2 微球蛋白：增高见于颅内感染、癫痫、肿瘤、脑梗死等。

（5）髓鞘碱性蛋白（myelin basic protein，MBP）：是脑组织和神经细胞实质性损伤的特异性标记和灵敏指标，其水平高低与损伤范围和病情的严重程度有关。在多发性硬化症的急性期，脑脊液 MBP 显著增高，慢性活动期略增高，非活动期不增高，MBP 可作为多发性硬化症的辅助诊断。神经性梅毒、脑血管病及外伤患者的 CSF 中 MBP 也可增高。

（6）tau 蛋白：脑脊液 tau 蛋白是阿尔茨海默病（Alzheimer disease）的生物标志物。从早期至晚期阿尔茨海默病患者脑脊液 tau 蛋白均增高。但痴呆、急慢性脑损伤、脑膜病变等也可导致 CSF tau 蛋白水平增高。

2. 酶类 绝大多数酶不能通过血-脑屏障，因此生理状况下，CSF 各种酶的活性显著低于血液，且不受血清酶活性高低的影响。神经系统疾病时，CSF 中酶活性可增高。

（1）乳酸脱氢酶（LD）增高见于：①细菌性脑膜炎、脑梗死、脑及蛛网膜下腔出血急性期等；②脱髓鞘病，尤其是多发性硬化急性期与恶化期；③转移性脑瘤、白血病、淋巴瘤、颅外伤、脑脓肿、脑积水、中枢神经系统退化变性等；但病毒性脑膜炎多在正常水平，对鉴别细菌性脑膜炎与病毒性脑膜炎有一定意义。

（2）肌酸激酶（CK）增高见于：感染性多发性神经炎、脑供血不足、脑梗死、脑血栓、蛛网膜下腔出血、多发性硬化症、继发性癫痫以及肌营养不良症和严重颅脑损伤、慢性硬膜下血肿等。CSF 中 CK 对脑膜炎鉴别诊断有一定意义，化脓性脑膜炎增高最明显，其次是结核性脑膜炎，病毒性脑膜炎仅轻度增高。

（3）天冬氨酸氨基转移酶（AST）增高见于：①脑血管病，包括脑出血、蛛网膜下腔出血、脑栓塞等；②脑部炎症，包括结核性脑膜炎、脑炎、感染中毒性脑病、脊髓灰质炎等。

（4）溶菌酶（lysozyme）增高：见于化脓性脑膜炎、脑瘤、血-脑屏障破坏等。结核性脑膜炎时增高明显，且增高程度与病情轻重成正相关。

（5）腺苷脱氨酶（ADA）增高：见于化脓性脑膜炎、脑出血、脑梗死等，以结核性脑膜

炎增高最显著。

（6）胆碱酯酶（ChE）增高：ChE有乙酰胆碱酯酶（AChE，特异性）和拟胆碱酯酶（PChE，非特异性）两类。当血-脑屏障破坏时PChE和AChE活性增高。头部外伤、脑膜炎、脊髓灰质炎时PChE增高而AChE活性减低。多发性硬化症时AChE显著增高。

（7）神经元特异性烯醇化酶（neuron-specific enolase，NSE）增高：见于脑梗死、脑出血、癫痫、脑外伤、阿尔茨海默病、血管性痴呆、精神分裂症、中枢神经系统感染等。

3．其他指标

（1）病原体抗体：①抗结核分枝杆菌抗原或结核菌纯化蛋白衍生物（PPD）的特异性IgG抗体滴度高于血清，对结核性脑膜炎的诊断有意义；②梅毒螺旋体抗体对神经梅毒的诊断有意义；③寄生虫抗体检测可辅助诊断脑寄生虫感染，如脑囊虫病等。

（2）肿瘤标志物：①CEA，约90%的脑膜肿瘤、45%的中枢神经系统转移性肿瘤可检测到CEA；②AFP，增高见于转移性胚胎细胞瘤；③β-hCG，增高见于转移性绒毛膜癌、睾丸癌、畸胎瘤累及中枢神经系统等。

【应用评价】

CSF的特殊检验对中枢神经系统有关疾病的诊断、疗效观察等有重要价值，有条件时应尽可能进行检验。

基础回顾

脑脊液检查的适应证和禁忌证

脑脊液检查的适应证：①有脑膜刺激症状时可检查脑脊液协助诊断；②疑有颅内出血时；③有剧烈头痛、昏迷、抽搐或瘫痪等症状和体征而原因不明者；④疑有脑膜白血病患者；⑤中枢神经系统疾病进行椎管内给药治疗、手术前腰部麻醉、造影等。

脑脊液检查的禁忌证：凡疑有颅内压增高者必须做眼底检查，若有明显视盘水肿或有脑疝先兆者，禁忌穿刺。凡患者处于休克、衰竭或濒危状态以及局部皮肤有炎症、颅后窝有占位性病变或伴有脑干症状者均禁忌穿刺。

知识拓展

脑脊液检查的临床应用

正常人体脑脊液是无菌的，当病原体经过血-脑屏障进入中枢神经系统时可引起感染，以细菌、真菌和病毒感染多见。

（1）细菌性脑膜炎：中枢神经系统感染常见类型，以流行性脑脊髓膜炎最为常见，好发于5~29岁人群，病死率较高。

（2）真菌性脑膜炎：多见于隐球菌脑膜炎，主要是免疫功能低下及恶性疾病患者并发，常合并其他病原菌感染，诊断和治疗十分困难。

（3）流行性乙型脑炎：是一种人兽共患的自然疫源性疾病，蚊虫为传播媒介。

（4）肠道病毒对中枢神经系统的危害性逐渐引起人们关注和重视，肠道病毒可导致中枢神经系统的严重损害，留下严重后遗症。

思 考 题

描述常见中枢神经系统疾病的脑脊液检查特点。

（冯长梅）

第六节 精液和前列腺液检验

精液主要由精子（sperm）（约5%）和精浆（spermatic plasma）（约95%）组成。精子产生于睾丸，由生精细胞，经精原细胞、初级精母细胞和次级精母细胞及精子细胞几个阶段的分化演变，生成精子进入附睾，在附睾中成熟。精浆由男性附属性腺（精囊、前列腺、尿道球腺和尿道旁腺等）分泌，是输送精子的介质，也是提供精子营养、激发精子活力的重要物质；其中精囊液占50%～80%，含有果糖、凝固酶（使精液凝固呈胶冻状，防止射入阴道内的精液外流），呈碱性；前列腺液占15%～30%，含有酸性磷酸酶、纤溶酶（使精液液化，以利于精子运动），呈酸性。在射精过程中，储存在双侧附睾内的高度浓缩精子悬液与附属性腺分泌液混合和稀释，形成了精液，分成数段射出。

通过前列腺按摩所获得的前列腺液为前列腺按摩液（expressed prostatic secretion，EPS），是静态液，不同于射精时排到精液中的前列腺分泌液，其成分比较复杂，主要有纤溶酶、β-葡萄糖腺苷酶、酸性磷酸酶、蛋白质、葡萄糖，以及钠、钾、锌、钙等，还有少量上皮细胞和白细胞。

案例 19-5

男性，28岁，婚后3年，未育，疑为男性不育而就诊。禁欲3天，精液检查结果如下：外观淡黄色，精液量3.0 ml，精液离体后10分钟开始液化，采集精液后50分钟，精子总活动力为38%，a级和b级精子占比之和为28%，精子总数为$40×10^6$/ml。

问题：
请分析导致该病例妻子未能自然受孕的可能原因。

一、精液常规试验

精液常规试验包括理学检验和显微镜检验，对男性不育和男性生殖系统疾病的诊断、疗效观察等具有重要意义。

【应用范围】
1. 评价男性生育能力，男性不育症的原因及疗效观察。
2. 男性生殖系统疾病的诊断和预后判断，如炎症、结核、肿瘤等。
3. 随访输精管结扎术、复通术后的疗效。
4. 评价捐精者精液质量，为人类精子库和人工授精筛选优质精子。
5. 婚前检查。
6. 法医学鉴定，如阴道分泌物中精子分析和DNA分析。

【参考区间】见表 19-13。

表 19-13　精液常规试验的参考区间

指标	参考区间
外观	刚排出的精液呈半流体状，灰白色或乳白色，不透明；液化精液呈均质性，灰白或乳白色，半透明或稍有浑浊。久未射者，可略带淡黄色
液化时间和黏稠度	30～60 分钟内液化；液化后滴管法和玻璃棒法拉丝长度均 < 2 cm，呈水样，形成不连续小滴
pH	7.2～8.0
精液量	一次射精量为 1.4～6.2 ml
精子凝集	无凝集
精子活动力	总活动力（PR + NP）≥ 42%，前向运动（PR）≥ 30%
精子存活率	≥ 54%
精子计数	精子浓度 ≥ $16×10^9$/L；精子总数 ≥ $39×10^6$/1 次射精
精子形态	正常形态精子 ≥ 4%（严格标准）；正常形态精子 ≥ 30%（一般标准）
其他细胞	①精细胞：< 1%；②白细胞与上皮细胞：< 5 个/HPF；③偶见红细胞

【临床意义】

1. 理学检验

（1）颜色：黄色脓性见于精囊炎或前列腺炎；红色或酱油色见于精囊腺炎、前列腺炎、结核、结石或肿瘤。黄色亦见于黄疸患者和服用维生素或药物者；当精子密度极低或无精子时，精液可呈透明状。

（2）液化时间（liquefaction time）和黏稠度（semen viscosity）：液化时间是指精液排出后由胶冻状转变为流动状液体所需要的时间。黏稠度是指精液完全液化后的黏度，一般采用玻璃棒挑起或滴管滴落方法观察其黏丝长度。病理性变化有：①液化不完全或不液化——精液超过 1 h 或数小时不液化称为精液延迟液化症（semen delayed liquefaction），见于前列腺炎（纤溶酶分泌减少）。精液延迟液化可抑制精子活动力，进而影响生育能力。②精液凝固障碍，黏稠度减低——新排出的精液呈米汤样，见于精囊腺炎（凝固酶分泌减少）或输精管缺陷、先天性无精囊腺、精子少或无。③黏稠度增加——多与附属性腺功能异常有关，常伴有精液不液化。

（3）pH：主要反映碱性的精囊腺分泌液和酸性的前列腺分泌液之间的平衡。可见变化有：① pH < 7.0 并伴有精液量减少，可能是输精管、射精管阻塞或先天性双侧输精管缺如以及精囊腺发育不良所致；② pH > 8.0 可能是精囊腺分泌过多或前列腺分泌过少所致。

（4）精液量：主要反映附属性腺的分泌活性。精液量过少可造成精子生存环境缺陷，精液过多则精子可被稀释，精子浓度降低，均不利于生育。异常表现有：①精液减少（< 1.4 ml），见于逆行射精（逆行射入膀胱）、雄激素分泌不足、附属性腺感染等；②无精液症（数滴甚至无），见于逆行射精、生殖系统感染（如淋病、结核）等；③精液增多症（> 6.2 ml），见于附属性腺功能亢进，如雄性激素水平过高。

2. 精液显微镜检验

（1）精子凝集（sperm agglutination）：活动的精子相互黏附在一起，如头对头、尾对尾、尾尖对尾尖或混合型相互黏附在一起的现象。精子常呈旺盛的摇动式运动，但有时也因凝集太严重，而使精子运动受到限制。精子凝集提示免疫性不育，需要做进一步检验以明确是否存在抗精子抗体。

(2) 精子活动力 (sperm motility)：精子前向运动的能力。WHO 将其分为 4 级：a 级为精子快速向前运动；b 级为慢速或呆滞地向前运动；c 级为非前向运动；d 级为没有精子尾部运动。参考值范围按前向运动 (progressive motility, PR)、非前向运动 (non-progressive motility, NP) 和无运动 (immotility, IM) 3 个活力级别计算。精子活动力是评价男性生育能力的重要指标。如连续监测，精子总活力不足 40%，可能为男性不育的原因之一。精子活动力低下常见于精索静脉曲张（静脉血回流不畅，睾丸组织缺氧）、生殖系统感染、使用某些药物（抗代谢药、抗疟药、雌激素、氮芥等）。

(3) 精子存活率 (sperm vitality)：活精子占精子总数的比例，主要通过检测精子膜的完整性来评价。常采用伊红 Y 等活体染色方法（死亡精子细胞膜完整性受损，容易着色），WHO 推荐使用伊红-苯胺黑染色，也可用低渗肿胀 (hypo-osmotic swelling, HOS) 试验（活精子细胞膜完整，在低渗介质中会于 5 分钟内膨胀）。精子总活动力不足 40%，就必须进行精子存活率检验，判断不运动精子是否存活：若不运动但活精子所占比例较大，提示精子鞭毛存在结构性缺陷；若不运动且死精子比例大，可能与附睾、精囊、前列腺等的炎症有关。

(4) 精子计数：包括精子浓度和精子总数。精子浓度（计数单位体积内的精子数量）受精浆量的影响，每次射精的精子总数（以精子浓度乘以本次的精液量）可更准确地衡量睾丸产生精子的能力和男性输精管道畅通的程度。少精子症（精子浓度持续 $< 16 \times 10^9/L$）和无精子症（精液多次检验无精子）常见于睾丸疾病（如精索静脉曲张、睾丸炎症、结核等）、输精管疾病（输精管阻塞、输精管先天性缺如）和免疫性不育（睾丸创伤和感染使睾丸屏障的完整性受到破坏，产生抗精子抗体所致）等。精子计数可用于判断男性结扎术效果：一般结扎术后第 6 周开始检验，每周 1~2 次，连续检验 3 次无精子，则表明手术成功。

(5) 精子形态 (sperm morphology)：是反映男性生育能力的一项重要指标。正常精子由头部、体部和尾部组成，简单的形态学评价将精子分为正常和异常两类。若进行全面、详细的形态学评价，可将精子分为 5 类：正常、头部缺陷、颈部和中段缺陷、尾部缺陷、胞质小滴。畸形精子增多见于精索静脉曲张、感染、外伤、高温、放射线、乙醇中毒、药物、环境污染、激素失调或遗传因素导致的睾丸生精异常（精子形态学见彩图 19-1）。

(6) 非精子细胞：①未成熟生精细胞增多，提示存在睾丸损伤；②精液中红细胞、白细胞增多见于生殖道和（或）附属性腺炎症、结核、恶性肿瘤等；③精液中检验到癌细胞，对生殖系统恶性肿瘤的诊断有重要意义。

【应用评价】①正确采集标本是保证检验质量的重要前提，采样前 2~7 天应严格禁欲（无性交、无手淫、无遗精），手淫法是最为妥善的精液采集方法，应将一次射精精液全部送检；②精液检验影响因素多，因此连续做 2~3 次检测才可得出较为客观的评价；③由于各个实验室精液检测方法不一致（尤其是精子形态检验），导致不同实验室间检测结果可比性差。

二、精液特殊检验

男性不育的患者，若精液常规检验异常，可进一步选择精子顶体分析、精浆生物化学和免疫学试验、精子遗传学检测等，其参考区间和临床意义见表 19-14（有助于进一步明确病因）。

表 19-14　精液特殊检测指标

指标	参考区间	临床意义
精子顶体分析		
精子顶体完整率	>75%（精子形态学分析）	评价精子受精能力
精子顶体酶活性	≥64.9 μIU/10^6 精子（固相 BAPNA 法）	评价精子受精能力
精浆生化和免疫学检验		
精浆果糖（精囊腺分泌）	>13 μmol/1 次射精（己糖激酶法）	评价精囊腺功能
精浆锌（主要前列腺产生）	2.4 μmol/1 次射精（比色法）	评价男性生育功能和诊治不育症的指标之一
精浆酸性磷酸酶（前列腺分泌）	≥200 U/1 次射精（对硝基酚磷酸法）	评价前列腺功能
精浆柠檬酸（前列腺分泌）	≥52 μmol/1 次射精（柠檬酸裂解酶法）	影响精液液化过程，评价前列腺分泌功能
乳酸脱氢酶-X（LDH-X）（睾丸分泌）	精子 LDH-X：10.96～32.36 mU/10^6 精子 精浆/精子总 LDH-X：0.21～0.56 （速率法）	评价睾丸生精功能；用于弱精症病因分析
精浆中性 α-葡萄糖苷酶（附睾分泌）	≥20 mU/1 次射精（比色法）	评价附睾功能状态指标
精浆弹性蛋白酶	<600 ng/ml（ELISA 法）	辅助诊断有无附属性腺和生殖道的感染
抗精子抗体	精浆：阴性（ELISA 法） 精子膜表面：<50%（MAR 法）	诊断免疫性不育（亦可在血清、宫颈黏液中查到）
精子遗传学检测		
精子 DNA 碎片指数（DFI）	≤15% 为正常，15%<DFI<30% 为一般，≥30% 为完整性较差（吖啶橙染色法）	评价精子 DNA 结构的完整性和受损程度，预测不育和流产的风险
精子非整倍体检测	23,X 或 23,Y	评估精液、附睾或睾丸中精子染色体数目、结构的异常

知识拓展

男性生育力保存

男性生育力保存（male fertility preservation，MFP）是指通过冻存男性精子（包括精原干细胞）或睾丸组织以期预防未来生育风险，并借助人类辅助生殖技术（assisted reproductive technology，ART）最终达到生育目的的技术和方法。MFP 既适用于拟实施 ART 的不育症患者，也适用于有生育力保存需求的正常男性和有不育风险的男性人群，旨在为有需求的男性提供生育力保存的服务。

随着肿瘤患者的生存率显著提高，MFP 越来越受到医生与患者的关注。美国肿瘤学会早在 2006 年已制定指南和专家共识，建议肿瘤专业人员在启动肿瘤治疗前为患者提供关于生育力保存的咨询，实施生育力保存。近年国内 MFP 领域亦取得重要进展，已经建立超细麦管和超薄片法等冻融稀少（单）精子体系，并出生了健康子代。这些技术的发展，为实施 ART 的男性不育患者，尤其是严重少、弱、畸形精子症患者带来福音。

三、前列腺液检验

【参考区间及临床意义】

1. 一般性状检查 包括量、颜色和透明度、pH等，是判断前列腺功能状态的粗略指标（表19-15）。

表19-15 前列腺液一般性状检查

指标	参考区间	临床意义
量	数滴至2ml	减少见于前列腺炎、某些性功能低下症；增多主要见于前列腺慢性充血、过度兴奋时
颜色与透明度	乳白色、不透明、稀薄、有光泽	黄色脓性或浑浊黏稠：见于前列腺炎 血性：见于前列腺炎或肿瘤、结核、精囊腺炎、前列腺按摩过重
pH	弱酸性，6.3~6.5	70岁以上老年人或混入较多精囊腺液时pH可增高

2. 前列腺液直接涂片显微镜检查（表19-16）

表19-16 前列腺液直接涂片显微镜检查

成分	参考值	临床意义
卵磷脂小体	大量	前列腺炎时减少或消失，且分布不均，并有成堆现象
红细胞（个/HPF）	<5	增多见于前列腺炎或肿瘤、结核、精囊腺炎、前列腺按摩过重
白细胞（个/HPF）	<10	增多且成堆出现见于前列腺炎、前列腺脓肿
前列腺颗粒细胞（个/HPF）	<1	增多并伴有大量白细胞见于前列腺炎，也可见于正常老年人
淀粉样小体	有	常随年龄增长而增加，无临床意义
精子	可有	按摩前列腺时因精囊腺受挤压而排出精子，无临床意义
滴虫	无	阳性见于滴虫性前列腺炎

3. 前列腺液病原生物学检查 可用于判断前列腺有无感染及种类。

【应用评价】 ①1次采集标本失败或检查结果阴性，而又有临床指征时，可间隔3~5天后重新采集标本复查；②疑有前列腺结核、急性炎症、脓肿或肿瘤时，应禁止或慎重进行前列腺按摩。

基础回顾

精液和前列腺液

精液是运送精子的复合液，主要为睾丸、附睾、精囊、前列腺和尿道球腺分泌的液体，由精子和精浆构成。精液检查程序包括常规检验和特殊检验。精液检查是评估男性生育力的最重要实验室检查，它提供了有关精子发生状态和附属性腺功能的简要信息，有助于评估、诊断和后续的不育治疗以及最佳辅助生殖技术（ART）方式的选择。

前列腺液是精液的重要组成部分，占精液的15%~30%。前列腺液检查主要用于前列腺的炎症、结石、结核和肿瘤的辅助诊断，也可用于性传播疾病的诊断等。

思 考 题

1. 精液检查程序包括哪些？
2. 简述精子的活动力分级和临床意义。

（胡炎伟）

第七节 阴道分泌物检验

案例 19-6

女性，24岁，有性生活史，外阴瘙痒2月余，月经规律，近2个月月经干净后外阴瘙痒，伴白带增多，有异味。既往无特殊病史。体格检查外阴发育正常。阴道：通畅，黏膜充血，阴道分泌物较多，浑浊，豆渣样，乳酪状。宫颈：光滑、居中。

问题：
1. 简述正常阴道分泌物的一般理学性状。
2. 根据以上资料，请简述该病例的初步诊断和诊断依据。
3. 为明确诊断，可进一步做哪些检查？

阴道分泌物（vaginal discharge）为阴道内排出的分泌物，俗称"白带"（leucorrhea）。正常情况下，阴道分泌物主要成分为前庭大腺、宫颈腺体、子宫内膜及输卵管分泌的黏液、阴道黏膜的渗出物、子宫和阴道脱落的表皮细胞，以及少量白细胞和阴道乳杆菌等。正常的阴道微生物菌群以乳杆菌为优势菌，可伴有少量其他杂菌共生；乳杆菌的代谢产物维持阴道的酸性环境，抵御各种致病菌的入侵。阴道微生态平衡失调时，可发生以阴道菌群异常和阴道pH异常为特征的改变，这种趋势性的变化，可导致阴道对致病微生物的抵抗力降低，继发感染。

【参考区间】

性状：白色稀糊状，无味。

量：临近排卵期，量多、稀而透明。
　　排卵期后，量逐渐少、黏稠、浑浊。
　　月经前，量逐渐增多。
　　妊娠期，量较多。

pH：3.8～4.5。

清洁度：Ⅰ～Ⅱ级。

阴道菌群的密集度：Ⅱ级～Ⅲ级。

阴道菌群多样性：Ⅱ级～Ⅲ级。

优势菌群：乳杆菌。

病原体：无。

乳杆菌功能正常（H_2O_2分泌正常）、白细胞酯酶等阴性。

【临床意义】

1. 一般性状检验 颜色与性状：具体见表19-17。

表 19-17　阴道分泌物颜色性状改变及临床意义

颜色	性状	临床意义
无色透明	黏液状	大量可见于应用雌激素药物后、卵巢颗粒细胞瘤等
黄色/黄绿色	脓性、泡沫状	可见于化脓性细菌感染或滴虫性阴道炎（多有泡沫感）
黄色	水样	病变组织坏死所致，可见于阴道癌、子宫黏膜下肌瘤等
乳白色	豆腐渣、凝乳状	见于外阴阴道假丝酵母菌病，常伴有严重外阴瘙痒或灼痛
灰白色	稀薄、奶油样	常见于细菌性阴道病，多有鱼腥臭味
红色	血性	见于宫颈息肉、子宫黏膜下肌瘤；中老年患者注意排除恶性肿瘤

2. 阴道清洁度　根据阴道分泌物涂片显微镜检验划分为四度，可作为阴道炎症和生育期妇女卵巢性激素分泌功能的判断指标。注意：判断是否有炎症，应结合病原体等综合分析，不建议单独使用阴道清洁度来判断感染。具体见表19-18。

表 19-18　阴道清洁度的显微镜检验判断标准及临床意义

清洁度	乳杆菌	杂菌	鳞状上皮细胞	白细胞（个/HPF）	临床意义
Ⅰ	4+	-	4+	0～5	正常
Ⅱ	2+	1+	2+	6～15	大致正常
Ⅲ	1+	2+	1+	16～30	轻度炎症，如老年性阴道炎
Ⅳ	-	4+	-	＞30	炎症较重

注：HPF为高倍视野

3. 阴道微生态检验

（1）形态学检测指标

1）阴道菌群密集度和阴道菌群多样性：分别表示标本中细菌分布、排列的密集程度和涂片中所有细菌种类的多少。具体分级标准见表19-19。菌群抑制：指细菌量明显减少，表现为无优势菌，菌群密集度≤Ⅰ级，菌群多样性≤Ⅰ级。菌群增殖过度：以形态类似乳杆菌的革兰氏阳性杆菌为优势菌，菌群密集度和菌群多样性均为Ⅲ～Ⅳ级。

表 19-19　阴道菌群密集度和阴道菌群多样性的分级标准

分级标准	阴道菌群密集度（油镜观察）	阴道菌群多样性
1+（Ⅰ级）	1～9个/油镜视野	能辨别1～3种细菌
2+（Ⅱ级）	10～99个/油镜视野	能辨别4～6种细菌
3+（Ⅲ级）	≥100个/油镜视野（光镜下观察，细菌满视野）	能辨别7～9种细菌
4+（Ⅳ级）	细菌聚集成团或密集覆盖黏膜上皮细胞	能辨别10种及以上细菌

2）优势菌：菌群中生物量或种群密集度最大的细菌，在很大程度上影响着整个菌群的功能及其对宿主的生理病理意义。正常阴道分泌物优势菌为乳杆菌。

3）病原微生物：可导致人体发生感染性疾病，甚至是传染病的微生物，常见的包括病毒、细菌、支原体、衣原体、立克次体、真菌、螺旋体以及原虫等。

4）Nugent评分：是国际通用的较准确诊断细菌性阴道炎（bacterial vaginosis，BV）的方法（表19-20）。Nugent评分0～3分为正常；4～6分诊断中间型BV；≥7分诊断BV。

表19-20　Nugent 评分标准

评分	乳杆菌	阴道加德纳菌及类杆菌	染色不定的弯曲杆菌
0	4+	0	
1	3+	1+	1+ 或 2+
2	2+	2+	3+ 或 4+
3	1+	3+	—
4	0	4+	—

注：0 为油镜视野未见细菌；1+ 为＜1 个细菌/油镜视野（此为平均数）；2+ 为 1～4 个细菌/油镜视野；3+ 为 5～30 个细菌/油镜视野；4+ 为 30 个细菌/油镜视野；— 为无此项

5）Donders 评分：需氧菌阴道炎（aerobic vaginitis，AV）常见的病原菌包括 B 族链球菌、葡萄球菌、大肠埃希菌及肠球菌等需氧菌。目前尚无规范化、公认的 AV 诊断标准，其诊断主要根据临床特征及 Donders 评分，阴道分泌物显微镜下 Donders 评分 ≥ 3 分（表 19-21）。

表19-21　需氧菌性阴道炎显微镜湿片法（Donders）评分标准（相差显微镜，×400）

AV 评分	LBG	白细胞数	含中毒颗粒的白细胞所占比例	背景菌落	PBC 所占比例
0	Ⅰ或Ⅱa级	≤ 10 个 /HPF	无或散在	不明显或溶胞性	能辨别 1～3 种细菌
1	Ⅱb级	＞10 个 /HPF 和 1 个上皮细胞周围 ≤ 10 个	≤ 50% 的白细胞	大肠埃希菌类的小杆菌	能辨别 4～6 种细菌
2	Ⅲ级	1 个上皮细胞周围 ＞ 10 个	＞ 50% 的白细胞	球菌样或呈链状	能辨别 10 种及以上细菌

注：LBG 为乳杆菌分级：Ⅰ级指多量多形性乳杆菌，无其他细菌；Ⅱa级指混合菌群，但主要为乳杆菌；Ⅱb级指混合菌群，但乳杆菌比例明显减少，少于其他菌群；Ⅲ级为乳杆菌严重减少或缺失，其他细菌过度增长。HPF：高倍视野；PBC：基底旁上皮细胞

6）线索细胞：阴道鳞状上皮黏附了大量阴道加德纳菌及其他短小杆菌而形成巨大的细胞团，上皮细胞表面毛糙，有斑点和大量细小颗粒，称为线索细胞。

（2）功能学检测指标（表 19-22）：阴道中微生物的代谢产物及酶的活性因微生物的种类而异，因此，可根据这些代谢产物及酶的活性设立不同标志物来进行检测。

表19-22　阴道微生态功能学检验项目及临床意义

项目	临床意义
pH	阴道分泌物 pH 是阴道菌群异常的敏感指标，正常 pH 为 3.8～4.5。BV 白带 pH ＞ 4.5；VVC 白带 pH 常 ＜ 4.5；AV 白带 pH 常 ＞ 4.5；TV 白带 pH 多见 5.0～6.5
过氧化氢（H_2O_2）	乳杆菌的代谢产物，H_2O_2 浓度与产 H_2O_2 的乳杆菌属的数量成正相关，可根据 H_2O_2 浓度判定乳杆菌功能是否正常
唾液酸苷酶（SNA）	阴道加德纳菌和其他厌氧菌分泌产生，是 BV 的特征性酶。正常女性阴道其含量很低，阳性通常用来诊断 BV
β- 葡糖醛酸酶（GUS）	一种由需氧性细菌合成的特异性酶，阳性提示 AV
N- 乙酰 -β-D- 氨基葡萄糖苷酶（NAG）	白色念珠菌、阴道毛滴虫、人型支原体等阴道常见病原体分泌的酶，提示 VVC 或 TV 等
脯氨酸氨基肽酶（PIP）	与加德纳菌、不动弯杆菌及白假丝酵母菌相关，可通过 PIP 活性的增加来提示 BV
白细胞酯酶（LE）	白细胞吞噬病原体时会释放白细胞酯酶，与被破坏的白细胞数量成正比，阳性提示存在炎症反应

注：BV 为细菌性阴道病；VVC 为外阴阴道假丝酵母菌病；TV 为滴虫性阴道炎；AV 为需氧菌阴道炎

【应用评价】

1. 采集前 24 h 禁性交、盆浴、阴道灌洗或局部用药等；月经期间不宜进行；取样器材应清洁、干燥（不含任何化学药品或润滑剂）；考虑滴虫感染时送检注意保温；细菌性检测注意无菌操作。

2. 阴道微生态评价体系通过阴道分泌物革兰氏染色进行形态学检验，结合阴道微生物功能性指标（pH、H_2O_2、白细胞酯酶等）对阴道微生态环境进行全面评价。阴道微生态评价有利于准确诊断各种单纯性阴道感染，并及时发现混合性阴道感染。全面评价阴道微生态环境，促进阴道微生态的平衡和免疫调节，减少阴道感染的反复发作。

> **知识拓展**
>
> **阴道微生态检测对阴道炎治疗理念的影响**
>
> 随着自动化和人工智能在医疗领域的迅速发展，阴道分泌物检测仪器陆续进入临床。目前，我国学者已建立并逐渐推广阴道微生态评价体系及阴道炎症诊断平台指导临床阴道炎诊断和阴道微生态环境评估。阴道炎治疗在单纯的抗生素抗感染基础上添加微生态调节剂恢复正常微生态环境；治疗原则由传统的单一抗菌治疗，过渡到抗菌-修复-恢复阴道微生态的综合全面治疗理念。

思 考 题

1. 简述阴道微生态的定义。
2. 简述阴道微生态系统的检测内容。
3. 细菌性阴道病的诊断标准是什么？

（胡炎伟）

第二十章 临床免疫学实验诊断技术与应用

第二十章数字资源

临床免疫学实验诊断（laboratory diagnosis of clinical immunology）技术主要基于抗原与抗体特异性结合原理而建立，并通过多种免疫标记方法检测各种标本中的抗原和抗体。具体方法多种多样，如酶联免疫吸附试验（enzyme-linked immunosorbent assay，ELISA）、免疫浊度分析（immunoturbidimetry）、化学发光免疫分析（chemiluminescence immunoassay，CLIA）、免疫荧光试验（immunofluorescence assay，IFA）等，在感染免疫、自身免疫、变态反应、肿瘤免疫实验诊断中得到广泛应用。根据临床需要，免疫检验技术分为定性和定量试验两类；根据应用目的又可分为筛查试验、诊断试验和确认试验。正确、快捷选择适用的临床免疫学实验诊断技术，有助于多种与免疫异常相关疾病的实验诊断。

第一节　免疫功能试验

机体的免疫功能是指参与免疫应答过程中的各种免疫器官、细胞、分子的相关功能的总称。免疫功能试验主要是通过检测血清免疫球蛋白、补体、细胞因子、全血淋巴细胞免疫表型等作为免疫功能评价的指标，可为免疫相关疾病的诊断、疗效观察、预后判断提供客观依据。

一、免疫球蛋白

免疫球蛋白（immunoglobulin，Ig）是由浆细胞合成和分泌的具有抗体活性或抗体样结构的球蛋白，主要存在于人体血液、体液和外分泌液中，其主要功能是作为抗体与外来抗原或自身抗原结合，从而有效地清除侵入体内的病原微生物，并清除机体衰老的细胞和代谢废物，维持内环境稳态。

【免疫球蛋白】人类Ig按重链性质分为五大类，包括IgG、IgM、IgA、IgD、IgE。IgG主要由脾和淋巴结中的浆细胞合成与分泌，是人体含量最多和最主要的免疫球蛋白，占总Ig的70%～80%，在人体免疫防御中起重要作用。IgM是机体受到抗原刺激后出现最早的抗体，具有很强的凝集抗原的作用，占总Ig的5%～10%。IgA主要由肠系膜淋巴组织中的浆细胞产生，分为血清型IgA和分泌型IgA，后者主要存在于分泌液（唾液、泪液等）中，在人体局部免疫中起重要作用，是人体抗感染、抗过敏的重要免疫屏障。当机体免疫功能异常时，血浆中出现游离轻链，如异常免疫球蛋白（M蛋白），又称为单克隆免疫球蛋白或副蛋白，是由一种单克隆浆细胞异常增殖产生的具有相同结构和电泳迁移率的免疫球蛋白分子或片段，属于异常的免疫球蛋白，常需采用免疫固定电泳等方法进行异常Ig分类或克隆性鉴定。

【参考区间】

(1) Ig：见表20-1。

表20-1 总Ig不同方法的参考区间

标本类型	检测方法	IgG	IgM	IgA	IgE
血清	ELISA法	7.0 ~ 16.6 g/L	0.5 ~ 2.6 g/L	0.7 ~ 3.5 g/L	男性：31 ~ 5500 IU/ml 女性：31 ~ 2000 IU/ml
	免疫比浊法	7.0 ~ 16.0 g/L	0.4 ~ 2.8 g/L	0.7 ~ 5.0 g/L	< 100 IU/ml
尿液	速率散射比浊法	0.1 ~ 0.5 mg/L	0.4 ~ 1.0 mg/L	0.4 ~ 1.0 mg/L	—
脑脊液	速率散射比浊法	10 ~ 40 mg/L	0 ~ 13 mg/L	0 ~ 6 mg/L	—

(2) Ig轻链：血清κ为5.98 ~ 13.29 g/L，λ为2.80 ~ 6.65 g/L；尿液κ < 18.5 mg/L，λ < 51 mg/L（速率散射比浊法）。

(3) M蛋白：阴性。

【临床意义】

(1) Ig：主要用于辅助诊断免疫反应异常相关性疾病。IgG、IgM、IgA均升高常见于各种慢性感染、慢性肝病、肝硬化、淋巴瘤等；某些自身免疫性疾病，如系统性红斑狼疮、类风湿性关节炎等；单一Ig升高主要见于免疫增殖性疾病，如多发性骨髓瘤、原发性巨球蛋白血症等；Ig降低常见于各种先天性免疫缺陷病、获得性免疫综合征以及长期使用免疫抑制剂的患者。

(2) Ig轻链：常用于多发性骨髓瘤、轻链病等的诊断和鉴别诊断。

(3) 克隆性免疫球蛋白：主要用于确诊单克隆免疫球蛋白病（图20-1、图20-2、图20-3）。血清中检测到M蛋白，出现单克隆免疫球蛋白常见于多发性骨髓瘤、巨球蛋白血症、轻链病或本-周蛋白血症、良性M蛋白血症、重链病、半分子病以及恶性淋巴瘤等；双克隆免疫球蛋白可见极少数多发性骨髓瘤病例；多克隆γ球蛋白主要见于慢性感染性疾病和自身免疫性疾病等。

【应用评价】①血清、尿液、脑脊液Ig定量有助于免疫异常相关疾病的诊断和鉴别诊断，但定量测定不能反映异常Ig的克隆性。因此，Ig定量异常或临床怀疑为克隆性免疫性疾病时，应当进一步做血清蛋白电泳与免疫固定电泳分析。②免疫球蛋白含量波动与疾病的活动性成一定的相关性，动态观察血液或者体液中免疫蛋白量的变化，可以协助分析疾病的进展和转归。

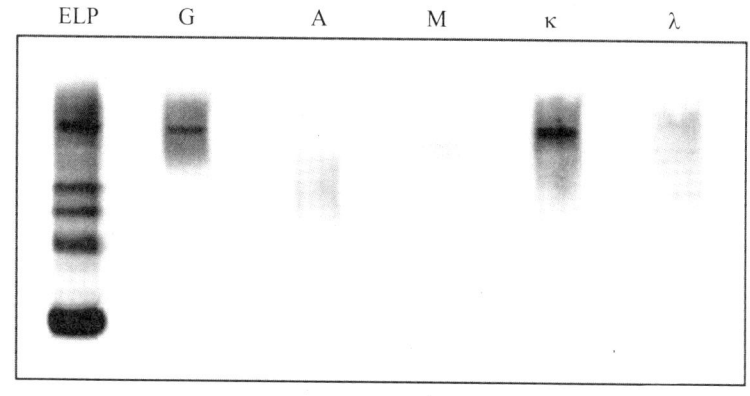

图20-1 多发性骨髓瘤早期血清蛋白免疫固定电泳图
出现单克隆性IgG、κ浅染区带（轻度增高）。患者为多发性骨髓瘤早期

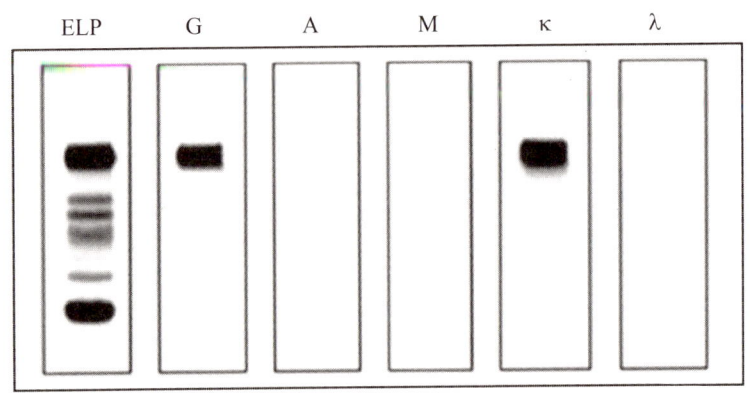

图 20-2　多发性骨髓瘤晚期血清蛋白免疫固定电泳图

左侧为血清蛋白电泳（ELP），M 蛋白显著，其他 γ 球蛋白几乎完全缺失；右侧（G\A\M\κ\λ 分别为 IgG\IgA\IgM\K\λ 轻链电泳道）为免疫电泳，单克隆性 IgG、κ 深染区带（显著增高）。患者为多发性骨髓瘤晚期

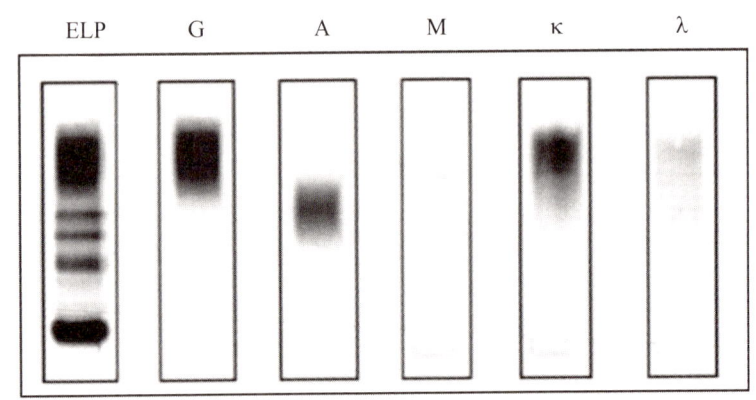

图 20-3　慢性感染血清蛋白的免疫固定电泳图

左侧为血清蛋白电泳（ELP），γ 球蛋白呈多克隆性增高；右侧（G\A\M\κ\λ 分别为 IgG\IgA\IgM\κ\λ 轻链电泳道）为免疫电泳，多克隆性 IgG、IgA 和 κ 轻链弥漫性深染（显著增高）。患者为慢性感染

③某些肾病，如肾小球肾炎、肾盂肾炎、肾小管坏死、慢性肾功能不全等，尿液中可出现具有本-周蛋白凝溶特征的蛋白质，其实质是 Ig 片段，但多为一过性，与多发性骨髓瘤时出现的持续性本-周蛋白尿有明显区别。

二、补体

补体（complement，C）是一组具有酶原活性的糖蛋白，由经典途径的 9 种成分（C1～C9）、旁路途径的 3 种成分及其衍生物组成。补体属于人体免疫系统的组成成分，生理情况下与抗体、免疫细胞共同参与抗感染免疫反应，有利于人体清除病原微生物；病理情况下，补体参与破坏自身组织和细胞，造成免疫损伤。血清总补体活性和主要补体成分的定量检测可用于观察机体的免疫功能，辅助疾病的诊断和治疗等。

【参考区间】①血清总补体活性：50～100 U/ml（CH50 溶血法）；②血清 C3：0.7～1.4 g/L；C4：0.1～0.4 g/L（免疫比浊法）。

【临床意义】①CH50 增高主要见于急性炎症、组织损伤和某些恶性肿瘤等；降低主要见于各种免疫复合物性疾病，如肾小球肾炎、自身免疫性疾病、感染性心内膜炎、重症营养不良和遗传性补体缺陷病等。② C3、C4 增高主要见于疾病炎症、传染病早期、急性组织损伤、恶性肿瘤和移植排斥反应等；降低主要见于营养不良、肝硬化、肝坏死、SLE 活动期、急性链球菌感染后肾小球肾炎、遗传性 C3 缺乏和遗传性 C4 缺乏等。

【应用评价】补体成分在不同的疾病中有不同的表现，其含量的变化与疾病的进展成一定相关性，动态监测血清中补体含量可用于免疫性疾病诊断或作为某些疾病活动期的指标。

三、细胞因子

细胞因子（cytokine，CK）主要有白细胞介素（interleukin，IL）、干扰素（interferon，IFN）、肿瘤坏死因子（tumor necrosis factor，TNF）等，是一类能在细胞间传递信息、具有调节免疫应答及炎症反应等功能的蛋白质或多肽，主要由免疫细胞产生。细胞因子和细胞因子受体相互作用，在细胞间传递信息、介导调节免疫应答及炎症反应，发挥抗病毒、抗肿瘤等作用，对机体抵御疾病和维持生理平衡具有重要意义。在病理状态下，可出现细胞因子异常表达、细胞因子及其受体缺陷等。

【参考区间】①血清或血浆可溶性 IL-2 受体（soluble IL-2 receptor，sIL-2R） $< 1 \times 10^6$ U/L （ELISA）；②血清或血浆 IL-6 < 10 ng/L，血浆 IL-8 < 10 ng/L。

【临床意义】① IL-2：增高见于自身免疫性疾病（SLE、类风湿关节炎等）、再生障碍性贫血、多发性骨髓瘤、移植排斥反应等；降低见于免疫缺陷病、恶性肿瘤、1 型糖尿病和某些病毒感染等。② IL-6 增高是炎症活跃的指征。③ IL-8 可作为脓毒血症、外伤、心力衰竭的预后指标及用于估计组织损伤或缺氧程度。

【应用评价】①细胞因子与其受体的测定不能单独用于诊断某种疾病，主要是用于间接评价患者免疫状态、炎症反应，连续动态观察结合临床表现和其他检查综合分析更有意义；②活化免疫细胞内的细胞因子检测，可用于研究产生细胞因子的细胞类型、产量、种类和作用等。

四、外周血淋巴细胞免疫亚群计数

淋巴细胞是执行免疫调节功能的重要细胞，根据其表面表达的不同 CD 抗原，可以区分不同功能的亚群及活化与静止的淋巴细胞。外周血淋巴细胞主要分为 T 细胞（主要表达 CD3、CD4、CD8）、B 细胞（CD19）和 NK 细胞（CD16 和 CD56）三大免疫细胞亚群。使用流式细胞术（flow cytometry，FCM）结合单克隆抗体可以计数外周血中各种淋巴细胞免疫亚群的百分率或绝对数量。

【参考区间】见表 20-2。

【临床意义】主要用于诊断免疫缺陷病、严重急性呼吸综合征、慢性淋巴细胞瘤、自身免疫性疾病、移植后免疫监测等，具体参见第八章、第十三章相关内容。

【应用评价】①外周血淋巴细胞亚群计数可评价机体的淋巴细胞免疫功能，对一些反复感染、多种抗生素或其他药物治疗效果差的患者，应进行筛查，排除原发性或获得性免疫功能缺陷症；②临床疑为慢性淋巴细胞肿瘤并伴有血液淋巴细胞表型异常时，可影响淋巴细胞亚群计数，应进一步进行血液肿瘤免疫表型分析；③近年来，对外周血淋巴细胞亚群的研究发现，除 T 细胞、B 细胞和 NK 细胞外，有占比很小的淋巴细胞对机体的免疫调节及疾病的发生发展过程均起到很重要的作用，例如调节 T 细胞与自身免疫性疾病等相关。

表 健康成人外周血淋巴细胞常见免疫亚群的参考区间

项目	百分比（%）	绝对计数（个/μl）	比值
总 T 细胞（CD3$^+$CD19$^+$）	50～84	955～2 860	
总 B 细胞（CD3$^-$CD19$^+$）	5～18	90～560	
辅助/诱导 T 细胞（CD3$^+$CD4$^+$CD8$^-$）	27～51	550～1 440	
抑制/细胞毒 T 细胞（CD3$^+$CD4$^-$CD8$^+$）	15～44	320～1 250	
辅助/抑制 T 细胞比值（CD3$^+$CD4$^+$CD8$^-$/CD3$^+$CD4$^-$CD8$^+$）			0.71～2.78
NK 细胞（CD3$^-$/CD16$^+$CD56$^+$）	7～40	150～1 100	
T 细胞+B 细胞+NK 细胞	95～105	1 530～3 700	

知识拓展

冷球蛋白小贴士

冷球蛋白的主要成分是免疫球蛋白，大多是 IgM，还有补体及少量其他血清成分以及抗原，具有遇冷沉淀、遇热又溶解的特性。目前检测冷球蛋白的主要方法包括冷球蛋白测定和免疫固定电泳，但冷球蛋白血症的分型还需进行补体测定、血液学检查以及组织病理检查。

微整合

基础回顾

免疫功能试验

免疫功能试验包括体液和细胞免疫功能，临床中检测患者免疫功能的实验主要有免疫球蛋白、补体、细胞因子和外周血淋巴细胞免疫亚群计数。免疫球蛋白 IgG 是血清主要的抗体成分，IgG 主要在机体免疫中起保护作用，能够有效预防相应的感染性疾病；补体 C3 在补体经典激活途径和旁路途径中均发挥重要作用，C4 在补体活化、促进吞噬、防止免疫复合物沉着和中和病毒等方面发挥作用；T 细胞、B 细胞和 NK 细胞等淋巴细胞对机体的免疫调节和疾病的发生发展起到很重要的作用。

思考题

1. 血清 IgM、IgG 和 IgA 测定的临床意义是什么？
2. 请简述什么是细胞表面标志。其作用是什么？T 细胞、B 细胞和 NK 细胞的主要标志物是什么？

（李士军）

第二节 感染免疫学试验

各种病原体，包括细菌、病毒、寄生虫、螺旋体、支原体和衣原体等感染人体后，可引起机体免疫反应，产生相应的特异性抗体。通过检测血清等标本中出现的病原体抗原或特异性抗体，可以直接诊断或辅助诊断、监测一些感染相关疾病。

案例 20-1A

男性，54岁。9天前无明显原因出现乏力、食欲缺乏、厌油、无发热、恶心、呕吐、腹痛、腹泻，自服胃药，症状无减轻。3天前患者出现尿黄，1天前来院门诊就诊。患者自发病以来，无皮肤瘙痒及陶土样便，无咳嗽及咳痰，无尿频、尿急、尿痛。精神稍差，睡眠可，食欲缺乏，尿量正常，排便1次/日，近期体重无减轻。既往体健，6个月前单位体检无特别异常。2个月前曾拔牙治疗。发病前无不洁饮食史。近期无服用损肝药物史。体格检查，巩膜轻度黄染，其他无异常。门诊检查 ALT 1200 U/L，AST 1000 U/L，TBil 69 μmol/L，DBil 30 μmol/L，为求进一步诊治收入院。

问题：
1. 根据患者情况，高度怀疑的临床诊断是什么？
2. 为确定感染病原体，应进一步做哪些病原体检查？
3. 常用的感染免疫学试验都有什么？可以检测哪些病原体？

人体感染病原体后，机体会产生一系列非特异和特异的免疫反应，特异反应产生的抗体一般可以持续数月或更长时间，通过免疫方法检测病原体抗原、抗体不仅可以用于感染的诊断，还可以进行疾病追溯性调查。

微整合

基础回顾

免疫应答的类型

免疫应答有固有性免疫应答和适应性免疫应答两种类型。固有性免疫应答是生物体在长期种系发育和进化过程中逐步形成的一系列防御机制，又称为天然免疫，是机体防御感染的第一道防线，对外来抗原性异物无选择性，故又称为非特异性免疫。适应性免疫应答是机体在个体发育过程中，与抗原性异物接触后产生的防御功能，又称为获得性免疫，其主要特征是具有高度的抗原特异性，故又称为特异性免疫。适应性免疫应答是继固有性免疫应答之后发挥效应的，在最终清除病原体、促进疾病治愈及再感染中起主导作用。

一、感染筛查试验

当临床怀疑患者有病原体感染、炎症时，一般首选非特异性的感染筛查试验，了解是否有感染、可能是哪种类型病原体感染、感染程度如何，初步筛查后有助于进一步选择特异性试验明确诊断。

临床常用的感染免疫筛查试验主要有血清 C 反应蛋白（C-reactive protein，CRP）、血清降钙素原（pro-calcitonin，PCT）和血清淀粉样蛋白 A（serum amyloid A，SAA）。

【参考区间】血清或全血 CRP ≤ 6.0 mg/L（免疫比浊法）。血清 PCT < 0.046 ng/ml（电化学发光法）。血清或全血 SAA < 10 mg/L（免疫散射比浊法）。

【临床意义】参见第八章第一节、第十章及其他与感染筛查相关章节。

【应用评价】① CRP：常与血常规、红细胞沉降率（erythrocyte sedimentation rate，ESR）联合应用，有助于筛查或鉴别感染类型；细菌感染性疾病常显著升高，并与感染程度相关，但并非特异；在一些急性时相反应，例如急性心肌梗死、大手术后、恶性肿瘤、风湿性疾病活动期等，血液 CRP 也可增高。② PCT：在细菌感染时显著升高，与 CRP 一致，在病毒感染时不升高或升高不明显。脓毒症患者 PCT 的临界值 > 0.5 ng/ml，严重脓毒症和脓毒症休克患者 PCT 浓度常在 5~500 ng/ml 之间波动，极少数严重感染患者血浆 PCT 水平可超过 1000 ng/ml。③ 在感染性疾病早期诊断中，SAA 联合 CRP 检测可对病毒和细菌感染进行早期识别；当 SAA 与 CRP 同时升高，提示细菌感染的可能；如果 SAA 升高而 CRP 不升高，提示病毒感染的可能。临床疗效评估需动态监测。

二、细菌感染的免疫学试验

1. 抗链球菌溶血素 O 抗体 A 组溶血性链球菌感染后的链球菌溶血素 O 刺激机体产生的抗链球菌溶血素 O（anti-streptolysin O，ASO）抗体。

【参考区间】①血清抗 ASO 抗体 < 1:400（乳胶凝集试验），< 200 U/ml（速率散射比浊法）。

【临床意义】阳性表示近期有 A 组溶血性链球菌感染，参见第七章第一节。

【应用评价】由于 A 组溶血性链球菌感染较为常见，健康人群中也存在一定滴度的 ASO，但一般 < 1:400 或 < 200 U/ml。

2. 肥达试验 伤寒、副伤寒沙门菌感染后，菌体抗原（O 抗原）和鞭毛抗原（H 抗原）可刺激机体产生相应抗体，利用伤寒、副伤寒沙门菌液为抗原，检测血清中抗体的凝集反应为肥达试验。

【参考区间】血清伤寒沙门菌 O 抗体 < 1:80、H 抗体 < 1:160，A、B、C 三型副伤寒沙门菌 H 抗体 < 1:80。

【临床意义】O、H 均升高，提示伤寒可能性较大；O 不高，H 升高，可能是接种疫苗或回忆反应；O 升高，H 不高，则可能是感染早期或其他沙门菌感染。参见第九章第五节。

【应用评价】少数伤寒、副伤寒病例在整个病程中，肥达试验结果为阴性，其原因可能是早期使用抗生素治疗、患者免疫功能低下或用免疫抑制药治疗所致，发生率为 10% 左右。

3. 抗布鲁氏菌抗体

【参考区间】< 1:80（玻片凝集试验）。

【临床意义】可辅助诊断布鲁氏菌感染，凝集效价变化可用于疗效观察。当布鲁氏菌感染后还未出现临床表现之前，血液中仅有低滴度的抗体；症状明显时抗体滴度急剧升高，且在患病后 1 年内还维持较高滴度，以后可维持较低的滴度或转阴。若抗体滴度再次升高，提示复发或重复感染。

【应用评价】约有 10% 布鲁氏菌感染患者的玻片凝集试验呈阴性；判断阳性滴度时，应考虑当地的布鲁氏菌隐性感染水平。

4. 抗幽门螺杆菌（*Helicobacter pylori*，HP）抗体

【参考区间】阴性。

【临床意义】HP 感染后，通过检测特异性 IgG，可判定 HP 感染。由于 HP 感染后抗体产生需半年左右的时间，故早期查抗体易出现假阴性。HP 被根除后，抗体下降缓慢，需至少 6 个月降低至消失。

【应用评价】抗体检测不能反映 HP 感染的状态，不宜用于评价 HP 的根除效果，多用于 HP 感染的流行病学调查。

5. 抗嗜肺军团菌（*Legionella pneumophila*，Lp）抗体

【参考区间】阴性。

【临床意义】军团菌肺炎由嗜肺军团菌引起，但军团菌的分离培养较为困难，故血清抗嗜肺军团菌抗体阳性是诊断军团菌肺炎的重要依据。IgM 抗体增高提示急性感染早期。IgG 抗体可在体内持续数月。一般恢复期比急性期抗体的滴度增加 4 倍以上有诊断意义。

【应用评价】检测方法较多，敏感度为 70%～90%，特异性可达 95% 以上；军团菌抗原与假单胞菌、变形杆菌、支原体、螺旋体等有交叉，可导致假阳性反应，但抗体的滴度较低。

6. 抗结核分枝杆菌（M. tuberculosis，TB）抗体

【参考区间】阴性。

【临床意义】辅助结核分枝杆菌感染诊断，参见第八章第四节。

【应用评价】TB 感染在健康人群较为常见，血清中可出现一定滴度的抗 TB 抗体，不能说明一定患有结核病。

7. γ 干扰素释放试验（interferon-gamma release assay，IGRA）

检测结核分枝杆菌（M. tuberculosis，TB）特异性抗原刺激效应 T 细胞分泌的 γ 干扰素（interferon-gamma，IFN-γ）。通常用酶联免疫斑点试验（enzyme-linked immunospot assay，ELISPOT assay）检测其释放 IFN-γ 阳性细胞的数量，故此试验又称为 T-SPOT·TB，可用于结核分枝杆菌感染的辅助诊断。

【参考区间】建议参考试剂说明书。

【临床意义】主要用于辅助诊断结核分枝杆菌感染，参见第八章第四节。

【应用评价】IGRA 诊断结核分枝杆菌感染的敏感性高，不受卡介苗及多数非结核分枝杆菌的影响，阴性结果排除结核病的可能性大，对结核病具有独特的临床诊断价值。缺点是该试验不能区分活动性结核和潜伏性结核，也不能区分是近期感染还是远期感染。此外，在年龄低于 5 岁的儿童、使用激素或免疫抑制剂患者等特定人群中，阴性结果不能排除结核病。有研究表明：T-SPOT·TB 对成人活动性结核（不含免疫抑制患者）的敏感性、特异性、阳性似然比、阴性似然比分别是 0.88（95% CI：0.86～0.91）、0.89（95% CI：0.86～0.92）、8.86（95% CI：5.42～14.46）、0.13（95% CI：0.10～0.17）。此外，T-SPOT·TB 对结核性脑膜炎、结核性胸膜炎都有诊断意义。

> **案例 20-1B**
>
> 患者在检查后，PTA 90%，HBsAg（+）、抗 HBs（-）、HBeAg（-）、抗 HBe（+）、抗 HBc IgM（+）；HBV DNA（-）；抗 HAV IgM（-）；抗 HEV（-）；抗 HCV（-）。
>
> 问题：
>
> 1. 如何解读上述实验室检查结果？患者可确诊为急性乙型肝炎吗？确诊依据有哪些？
>
> 2. 患者治疗后应如何进行跟踪监测？

二、病毒感染的免疫学试验

1. 肝炎病毒抗原与抗体 肝炎病毒（hepatitis virus，HV）主要包括甲型肝炎病毒（hepatitis A virus，HAV）、乙型肝炎病毒（hepatitis B virus，HBV）、丙型肝炎病毒（hepatitis C virus，HCV）、丁型肝炎病毒（hepatitis D virus，HDV）和戊型肝炎病毒（hepatitis E virus，HEV）等；这些病毒感染人体后可分别引起甲、乙、丙、丁、戊型病毒性肝炎，患者血清或其他标本中可检测到病毒的抗原，例如 HAV 抗原（HAV-Ag）、HBV 表面抗原（HBsAg）、HBV PreS1 抗原、HBV e 抗原（HBeAg）、HCV 抗原（HCV-Ag）等；HV 感染后刺激机体引起免疫反应，主要产生 IgM 和 IgG 型抗体，例如抗 HAV、HCV、HDV、HEV 抗体（主要包括 IgM 和 IgG 型）、HBV 表面抗体（HBsAb）、HBV e 抗体（HBeAb）、HBV 核心抗体（HBc-IgM、HBc-IgG）和 HBV PreS1 抗体等。这些 HV 抗原、抗体是目前病毒性肝炎实验诊断的主要标志物。

【参考区间】血清：上述 HV 的抗原和抗 HV 的 IgM、IgG 型抗体均为阴性；血清和粪便：HAV 抗原阴性。HBsAg 定量检测 < 0.05 IU/ml（电化学发光法）。

【临床意义】参见第八章第二节。

【应用评价】① HV 抗原：一般可作为各种病毒性肝炎的诊断标志物，结合 HV 核酸，例如 HBV-DNA、HCV-RNA 等和相应的血清抗体，诊断与监测病毒性肝炎将更为可靠；② HV 抗体：HV 感染后的 IgM 型抗体出现早、维持时间短，阳性一般提示早期或现症感染。成人抗 HV 的 IgG 型抗体产生较晚，持续时间长，阳性提示可能慢性持续性感染、感染恢复期或既往感染，应结合其他 HV 标志物和患者临床症状综合判断。

2. TORCH 试验 TORCH 是临床优生优育筛选检测，与部分致畸相关病原体的综合称呼，其中"TO"代表弓形虫（*Toxoplasma*，Tox），"R"代表风疹病毒（rubella virus，RV），"C"代表巨细胞病毒（cytomegalovirus，CMV），"H"代表单纯疱疹病毒（herpes simplex virus，HSV）。弓形虫属于寄生虫类，将在后文介绍。

【参考区间】血清病毒 IgM、IgG 抗体：阴性。

【临床意义】IgM 阳性一般表示现症感染，IgG 阳性无法区分既往感染和现症感染，临床一般采取联合检测，单独 IgG 阳性提示既往感染。①风疹病毒（rubella virus，RV）抗体对筛查风疹病毒感染及评估人体免疫状况、筛查出生缺陷等有重要意义。②检测血清抗 CMV 抗体对辨别急性或活动性 CMV 感染，了解机体对原发感染的免疫反应，筛选供血者、器官供体、产前筛查等有一定意义。③单纯疱疹病毒（herpes simplex virus，HSV）在人群中感染较为普遍，可导致多种疱疹性疾病，一经感染终生携带，当机体免疫功能异常时引起复发感染。HSV 有一定致畸性，先天感染后影响新生儿神经系统发育，孕早期感染影响胎儿发育，故也作为早孕临床筛查项目。

【应用评价】在检测病毒感染的血清抗体时，单份血清 IgM 型抗体阳性，双份血清 IgG 型抗体滴度升高 4 倍或 4 倍以上，一般对现症感染有诊断意义。抗病毒抗体应结合病毒抗原与核酸，尤其是病毒 RNA 或 DNA 定量检测，对病毒感染性疾病诊断更为可靠。

3. 人类免疫缺陷病毒（human immunodeficiency virus，HIV） 是艾滋病的病原体。

【参考区间】筛选试验：血清病毒衣壳蛋白 P24 抗原、抗体阴性。确证试验：免疫印迹（Western blot，WB）阴性。

【临床意义】参见第八章第三节。

【应用评价】抗原检测可以明显缩短检测"窗口期"。HIV 抗体检查分为筛查试验和确证试验，在临床应用时，应针对人群特点选择合适的检测策略。

4. EB 病毒

【参考区间】特异性 IgM、IgG 抗体：阴性。

【临床意义】EB 病毒是引起传染性单核细胞增多症（IM）的病原体，鼻咽癌、伯基特淋巴瘤等也与 EB 相关。参见第五章第二节。

【应用评价】①IM 发病第 1 周嗜异性凝集试验阳性率为 75%，第 2 周后阳性率为 90%~95%。②临床通常不进行 EBV IgG 抗体的检测，抗病毒壳抗原抗体（VCA-IgM）和抗 EB 早期抗体是 EB 早期感染的重要依据。联合 EBV DNA 有助于 EBV 感染的早期诊断。

5. 其他病毒

【参考区间】血清病毒 IgM、IgG 抗体：阴性。

【临床意义】①流行性乙型脑炎病毒简称乙脑病毒，是乙脑的病原体，检测 IgM 抗体对乙脑早期诊断有一定意义。②人类轮状病毒（human rotavirus，HRV）是引起婴幼儿腹泻的主要病原体，HRV 感染后机体可产生特异性抗体，HRV-IgM 抗体阳性提示现症感染。③汉坦病毒（Hantaan virus，HTV）是引起肾综合征出血热（hemorrhagic fever with renal syndrome，HFRS）的病原体，HFRS 又称流行性出血热，是一种急性传染病。HTV 感染后 2~4 天即可在血清中检测出 IgM，对早期诊断有重要意义。

【应用评价】抗病毒抗体应结合病毒抗原与核酸，尤其是病毒 RNA 或 DNA 定量检测，对病毒感染性疾病诊断更为可靠。

四、寄生虫抗体

1. 弓形虫抗体 弓形虫病（toxoplasmosis）是由刚地弓形虫（*Toxoplasma gondii*）感染所致的一种人兽共患疾病。母体妊娠时感染可传递给胎儿，常导致胎儿畸形，且病死率高。血清学试验检测弓形虫的特异性抗体有一定的临床诊断价值。

【参考区间】血清弓形虫 IgM、IgG 抗体：阴性。

【临床意义】①血清特异性 IgM 抗体阳性提示急性感染，对早期诊断弓形虫病有意义。特异性 IgG 抗体的动态变化对慢性感染或既往感染诊断有一定价值。②孕前 IgG 抗体阳性，提示已获保护性免疫；若孕前抗体为阴性而孕期呈阳性，则胎儿有感染弓形虫的危险；孕妇应自妊娠之日起每 6 周复查一次，如果抗体滴度逐渐升高，胎儿感染的危险性增大。

2. 囊虫抗体 脑和深部组织的囊虫病诊断比较困难，血清学试验检测囊虫的特异性 IgG 抗体可作为临床筛查或辅助诊断。

【参考区间】IgG 抗体：血清＜1∶64，脑脊液＜1∶8（ELISA）。

【临床意义】囊虫病患者血清和脑脊液特异性 IgG 抗体滴度增高，阳性率可达 90%，特异性达 99%，但应注意除外棘球蚴感染所致的交叉反应。IgG 抗体可用作流行病学调查。

【应用评价】人感染囊尾蚴后产生相应抗体，抗体在体内持续时间较长，所以抗体只能证实机体曾感染过囊尾蚴。而检测循环抗原既可判定现症感染，又可考核杀虫治疗的近期效果。

3. 日本血吸虫抗体 日本血吸虫（*Schistosome japonicum*）属于在我国流行的血吸虫病的病原体，寄生于人及多种哺乳动物的静脉血管内，患者常因严重感染出现肝纤维化门脉高压综合征。

【参考区间】血清环卵沉淀试验（circumoval precipitin test，COPT）：阴性；ELISA：血清 IgM、IgG 抗体均为阴性，IgE 抗体为 0~150 U/L。

【临床意义】① COPT 阳性是宿主体内存活日本血吸虫卵的指征，也可作为疗效观察的指标。患者 COPT 阳性率为 94.1%~98.6%，有早期诊断价值。好转后 COPT 下降，但转阴时间较长。治疗后 1 年转阴率仅达 27%；健康人假阳性率为 3% 左右。②血吸虫早期感染时，IgM、IgE 抗体阳性，有诊断意义。IgG 抗体阳性提示处于感染的恢复期或既往感染。

五、螺旋体抗原与抗体

1. 钩端螺旋体抗体 钩端螺旋体（leptospira）为细长、弯曲成钩状的螺旋体，感染人体后引起钩端螺旋体病。患病轻者似感冒，重者可因钩端螺旋体产生的毒素出现中毒症状、黄疸、DIC、休克、甚至死亡。钩端螺旋体感染后机体可产生特异性抗体，血清学诊断有一定意义。

【参考区间】血清和脑脊液显微镜凝集试验（microscopic agglutination test，MAT）、乳胶凝集试验（LAT）、ELISA 钩端螺旋体抗体：阴性。

【临床意义】感染 1 周后开始产生抗体，5～8 周达到高峰。① MAT 凝集滴度 ≥ 1:300 或恢复期血清比早期血清滴度 ≥ 4 倍时有诊断意义；② LAT 凝集滴度 > 1:2 为阳性；③ ELISA 可检出特异性抗体，IgM 抗体对早期诊断更有意义。

2. 梅毒螺旋体抗体 梅毒螺旋体血清学筛选试验包括非梅毒螺旋体血清学试验和梅毒螺旋体血清学试验。

【参考区间】非梅毒螺旋体血清学试验（非特异性抗体）：快速血浆反应素试验（RPR）阴性，性病研究实验室试验（VDRL）阴性，TRUST 阴性；梅毒螺旋体血清学试验（特异性抗体）：TPPA、TPHA、FTA-ABS、TP-ELISA、CLIA、快速免疫层析等阴性。

【临床意义】参见第八章第三节。

【应用评价】梅毒螺旋体抗体检查方法很多，可根据实验室条件选择任何一类血清学检测方法作为初筛试验，初筛阳性需经另外一类检测复检确认。有条件可同时做两类试验。梅毒螺旋体血清学试验（特异性抗体）可终生阳性，因此这些试验不能用于观察疗效、判断复发及再感染。非梅毒螺旋体血清学试验（非特异性抗体）在一定程度上反映梅毒感染的活动状态，可用于治疗监测。临床上非急查筛查一般选用灵敏性高、自动化程度高的梅毒螺旋体血清学试验（例如 CLIA、TP-ELISA 等）进行初筛，急查可选择快速免疫层析检测（比如胶体金法），筛查阳性进行 TPHA/TPPA 试验和非梅毒螺旋体血清学试验（RPR 和 TRUST）进行确认及治疗监测。

六、支原体、衣原体和立克次体抗原与抗体

支原体（mycoplasma）是一类缺乏细胞壁、呈高度多形性，能通过除菌滤器，在无生命培养基中能生长繁殖的最小原核细胞型微生物。从人体分离的 16 种支原体中，5 种对人有致病性，即肺炎支原体（M. pneumoniae）、解脲支原体（Ureaplasma urealyticum）、人型支原体（M. hominis）、生殖支原体（M. genitalium）及发酵支原体（M. fermentans）。

1. 肺炎支原体抗体 肺炎支原体是引起呼吸道感染的一种病原体，患者可发生支气管炎、肺炎和肺外并发症。支原体肺炎占肺炎的 20% 左右。

【参考区间】血清肺炎支原体抗体：阴性。

【临床意义】单份血清肺炎支原体的 IgM 抗体滴度 ≥ 1:（64～128）对早期诊断支原体肺炎有意义，或双份血清抗体滴度增加 4 倍以上也有诊断意义。

2. 生殖道支原体和沙眼衣原体抗原与抗体

【临床意义】参见第八章第三节。

3. 立克次体抗体 立克次体（rickettsia）是一类微小的杆状或球状体、革兰氏染色阴性、专性寄生（除极少数外）在宿主细胞内的微生物。立克次体感染可引起多种疾病，如流行性斑疹伤寒、恙虫病等。由于立克次体分离培养与鉴定较为困难，因此，检测血清中立克次体的特异性抗体或交叉反应抗体（外斐反应，Weil-Felix reaction），进行免疫学诊断具有重要的临床意义。

【参考区间】血清外斐反应阴性；立克次体特异性抗体：免疫荧光试验（IFA）、ELISA、补体结合试验（CFT）阴性。

【临床意义】外斐反应：凝集反应滴度 > 1:25，病程中持续增高为阳性。立克次体感染发病1周后可产生与变形杆菌菌体抗原（OX）交叉反应的抗体，3~4周达高峰，后很快下降。流行性斑疹伤寒的OX19凝集反应阳性率可达100%。特异性抗体滴度 ≥ 1:160时有意义，≥ 1:320或恢复期与急性期的双份血清试验凝集的滴度增加4倍以上有诊断意义。

【应用评价】变形杆菌性泌尿系统感染、伤寒、钩端螺旋体病、回归热、疟疾、布鲁氏菌病、严重肝病等可出现外斐反应假阳性，因此对外斐反应结果应结合临床综合分析。

知识拓展

不同标记免疫分析技术的差异

感染免疫学试验在临床中的应用需要考虑两个方面的因素，一是感染后机体免疫反应动态变化过程，二是检测技术敏感性和特异性差异。目前临床较为常用的有酶免疫技术、发光免疫技术、金标记免疫技术和荧光免疫技术。

酶免疫技术是将酶高效催化反应的专一性和抗原-抗体反应的特异性相结合的一种免疫标记检测技术，在酶标结合物与相应抗体（抗原）结合后，加入酶的相应底物，产生显色反应，对待测物进行定位、定性及定量检测。发光免疫技术是将发光分析和免疫反应相结合标记免疫分析。金标记免疫技术是用胶体金作为示踪标志物。荧光免疫技术检测荧光信号。四种技术的相同点是利用抗原-抗体反应的特异性，但标记不同，即检测的信号不同。

四种检测技术检测结果之间特异性和敏感性存在差异，其中化学发光具有高敏感性和高特异性，方法稳定，可定量检测，可检测微量抗原、抗体，自动化程度高的特点；胶体金具有操作简单、快速，易于判读等优点，但灵敏度和特异性低于酶免疫技术和发光免疫技术。荧光免疫主要用于抗原定位检测，灵敏性较差。

由于外源性和内源性干扰的存在，任何一种方法的灵敏度和特异性不会同时达到100%，需要根据检测目的，选择合适的方法学检测。

思 考 题

1. 当临床怀疑患者有病原体感染、炎症时，非特异性的感染筛查试验结果全部正常，是否证明患者不存在病原体感染？

2. 高度怀疑患者为某一病原体感染，但是感染免疫学试验结果全阴，下一步应如何处理？

（娄金丽 刘 新）

第三节 自身抗体

由各种原因造成的机体免疫细胞产生针对自身组织、细胞成分的抗体，称为自身抗体（autoantibody）。自身抗体可以是生理性的，也可以是病理性的。当某种原因引起机体自身免疫应答超过一定程度，会导致机体自身免疫耐受机制失调或被破坏，这种由于免疫功能紊乱，机体产生针对自身抗原的病理性免疫应答反应而引起器官或系统损伤的疾病称为自身免疫性疾病（autoimmune disorder，AID）。在 AID 发生和发展过程中都会出现一种或多种自身抗体，目前自身抗体分类方法有很多种，一般按照靶抗原来源不同可分为：器官/组织特异性自身抗体和非器官/组织特异性自身抗体，相对应的按受累器官组织可将 AID 分为器官特异性 AID 和器官非特异性（系统性）AID。器官特异性 AID 包括自身免疫性肝炎、原发性胆汁性胆管炎、原发性硬化性胆管炎、重症肌无力、1 型糖尿病、溃疡性结肠炎、克罗恩病、Graves 病等；器官非特异性（系统性）AID 包括系统性红斑狼疮（systemic lupus erythematosus，SLE）、干燥综合征（Sjögren's syndrom，SS）、系统性硬化症（systemic sclerosis，SSc）、混合性结缔组织病（mixed connective tissue disease，MCTD）、类风湿关节炎（rheumatoid arthritis，RA）、抗磷脂综合征（antiphospholipid syndrome，APS）等。

案例 20-2

女性，31 岁，因"反复发热，关节痛，面部皮疹 3 个月"来院就诊。

查体：T 38.1℃，心率 72 次/分，心肝脾肺未见明显异常。双侧面颊对称性分布鸡蛋黄大小的水肿性红斑，压之褪色，双侧前臂伸侧近肘关节处散在绿豆大小斑疹，对称分布，压之褪色。伴随症状：脱发。无雷诺现象。

生化检查：总蛋白 85.9 g/L，球蛋白 45.1 g/L，白蛋白 40.8 g/L。肌酐 69 μmol/L。24 小时尿蛋白定量 102 mg。

免疫检查示抗核抗体阳性，荧光模型：核颗粒+核均质，滴度 1:3200，抗 nRNP/Sm 抗体+++，Sm 抗体++，核小体抗体++，组蛋白抗体++，dsDNA 抗体 586.0 IU/ml，免疫球蛋白 IgG 23.1 g/L，补体 C3 0.744 g/L，C4 0.071 g/L，CRP 16.1 mg/L。抗心磷脂抗体 IgG 30.2 CU，抗心磷脂抗体 IgM 5.8 CU，抗 β$_2$ 糖蛋白 1 抗体 IgG 22.3 CU，抗 β$_2$ 糖蛋白 1 抗体 IgM 2.0 CU。

血常规：白细胞（WBC）3.9×10^9/L，红细胞（RBC）3.66×10^{12}/L，血红蛋白 103 g/L。红细胞沉降率 46 mm/h。尿常规：潜血 2+、蛋白质 2+，镜检 RBC 4～6 个/HPF，镜检 WBC 0～2 个/HPF。

问题：
1. 此患者的初步诊断是什么？诊断依据是什么？
2. 对此类疾病诊断特异性最高的指标是什么？
3. 该疾病活动的实验室指标是什么？

自身抗体检测已成为诊断 AID 的重要工具，目前主要的检测技术有间接免疫荧光法（indirect immunofluorescence，IIF）、酶联免疫吸附试验（enzyme linked immunosorbent assay，ELISA）、免疫印迹法（immunoblot assay，IB）、线性免疫印迹法（line immunoassay，LIA）、对流免疫电泳（counter immunoelectrophoresis，CIE）、免疫双扩散法（double immunodiffusion，DID）、化

学发光免疫分析（chemiluminescence immunoassay，CLIA）和流式荧光法（flow fluorescence immunomicrobeads assay，FFIA）等。

自身抗体不仅对疾病有预测价值，而且对自身免疫病的诊断与鉴别诊断、病情的评估与疗效监测以及预后判断都具有重要的临床意义。

一、抗核抗体

传统定义中，抗核抗体（antinuclear antibody，ANA）仅指以自身真核细胞各种细胞核成分为靶抗原的自身抗体的总称。但随着检测技术的不断进步，ANA 的定义已不局限于细胞核成分，其广义定义指针对整个细胞，包括细胞核、细胞浆、细胞骨架及细胞分裂周期蛋白等各种抗原成分的自身抗体的总称。ANA 主要是 IgG，也有 IgM 和 IgA，其无器官和种属特异性。ANA 主要存在于血清中，也可存在于胸腔积液、关节滑膜液和尿液中。

目前最常用间接免疫荧光法（IIF）作为 ANA 的筛查试验，最广泛应用的是核浆丰富的 HEp-2 细胞作为 ANA 检测基质。HEp-2 细胞属于人来源的培养细胞（人喉癌上皮细胞），作为抗原固定于生物载片上，当被检血清中存在各种不同特异性的 ANA，与相应的靶抗原结合，而后加入异硫氰酸荧光素（FITC）标记的抗人 IgG，通过荧光显微镜观察呈现形态各异的荧光模型和荧光着染强度。除间接免疫荧光试验外，还可以采用 ELISA、流式荧光法、化学发光法检测 ANA。

【参考区间】血清 ANA 阴性，滴度 < 1 : 100（IIF）。

【临床意义】ANA 阳性常见于各种 AID 患者，如 SLE、RA、SS、MCTD、SSc 等，也可见于感染、肿瘤患者，甚至健康人群等。高滴度的 ANA 阳性提示患 AID 的可能性大。ANA 阳性对 AID 的诊断与鉴别诊断、病情的评估与疗效监测以及对疾病的预后判断和疾病预测都具有重要的临床意义。

根据 ANA 荧光模型不同，其临床意义有差别，见表 20-3。

表 20-3　血清抗核抗体不同免疫荧光模型与常见或罕见自身免疫病

彩图序号	荧光模型	常见或罕见自身免疫病
彩图 20-1	核均质型	系统性红斑狼疮、慢性自身免疫性肝炎、幼年特发性关节炎等
彩图 20-2	核颗粒型：致密细颗粒型	健康人群、非系统性自身免疫性风湿疾病
彩图 20-3	核颗粒型：细颗粒型	原发性干燥综合征，也可见于系统性红斑狼疮、类风湿关节炎、原发性胆汁性胆管炎、多发性肌炎等 AID 患者
彩图 20-4	核颗粒型：粗颗粒型	混合性结缔组织病、系统性红斑狼疮、系统性硬化症等
彩图 20-5	着丝点型	局限性皮肤系统性硬化症、原发性胆汁性胆管炎和其他 AID 患者
彩图 20-6	核点型：核多点型	原发性胆汁性胆管炎、皮肌炎、自身免疫性肝炎、丙型肝炎等
彩图 20-7	核点型：核少点型	原发性干燥综合征、原发性胆汁性胆管炎或其他 AID 患者
彩图 20-8	核仁型：核仁均质型	系统性硬化症-多发性肌炎重叠综合征，也可见于单独的系统性硬化症、多发性肌炎患者
彩图 20-9	核仁型：核仁斑片型	系统性硬化症
彩图 20-10	核仁型：核仁颗粒型	系统性硬化症、原发性干燥综合征
彩图 20-11	核膜型：光滑核膜型	系统性红斑狼疮、原发性胆汁性胆管炎、自身免疫性肝炎，偶见于原发性干燥综合征、类风湿关节炎、系统性硬化症、血管炎
彩图 20-12	核膜型：点状核膜型	原发性胆汁性胆管炎、自身免疫性肝病和其他 AID 患者

续表

彩图序号	荧光模型	常见或罕见自身免疫病
彩图 20-13	PCNA 样型	系统性红斑狼疮、系统性硬化症、原发性干燥综合征、类风湿性关节炎、丙型肝炎、恶性肿瘤等
彩图 20-14	着丝点 F 样型	恶性肿瘤、自身免疫性肝病、克罗恩病、干燥综合征等
彩图 20-15	胞浆纤维型：胞浆线性/肌动蛋白型	1 型自身免疫性肝炎、慢性 HCV 感染、乳糜泻等
彩图 20-16	胞浆纤维型：胞浆丝状/微管型	见于各种疾病
彩图 20-17	胞浆纤维型：胞浆节段型	非常少见，可见于各种 AID 及慢性疾病患者
彩图 20-18	胞浆颗粒型：胞浆散点型	系统性自身免疫性风湿病和多种其他疾病
彩图 20-19	胞浆颗粒型：胞浆致密颗粒型	抗合成酶综合征、多发性肌炎/皮肌炎、系统性红斑狼疮、间质性肺病、多发性关节炎、青少年系统性红斑狼疮、神经精神性系统性红斑狼疮
彩图 20-20	胞浆颗粒型：胞浆细颗粒型	抗合成酶综合征、多发性肌炎/皮肌炎、间质性肺病、多发性关节炎
彩图 20-21	胞浆网状/线粒体型	原发性胆汁性胆管炎，原发性胆汁性胆管炎-系统性硬化症重叠综合征、原发性胆汁性胆管炎-干燥综合征重叠综合征，也可见于某些感染性疾病、乙型肝炎、丙型肝炎、戊型肝炎等患者
彩图 20-22	胞浆极性/高尔基体型	检出率低，无疾病特异性。高滴度可能是自身免疫性风湿性疾病的早期迹象
彩图 20-23	胞浆棒环状型	聚乙二醇干扰素-α 联合利巴韦林治疗的 HCV 患者
彩图 20-24	中心体型	偶见于系统性硬化症、雷诺现象、感染（病毒和支原体）等
彩图 20-25	纺锤体型	比较少见，偶见于系统性红斑狼疮、干燥综合征等
彩图 20-26	NuMA 型	原发性干燥综合征、系统性红斑狼疮、局限性硬化症、类风湿性关节炎等
彩图 20-27	细胞间桥型	比较少见，偶见于系统性硬化症、雷诺现象
彩图 20-28	染色体型	非常少见
彩图 20-29	Topo Ⅰ型（Scl-70-样）	见于系统性硬化症（弥散型）

【应用评价】目前，临床上自身免疫性疾病的诊断在很大的程度上依赖于自身抗体检测，但在选择和应用时应注意：①对临床疑似 AID 患者，特别是多器官受累的系统性 AID 患者应同时检测 ANA 和针对靶抗原的特异性自身抗体；②临床检测中存在 ANA 阳性而针对靶抗原的特异性自身抗体阴性，或 ANA 阴性而针对靶抗原的特异性自身抗体阳性的情况，因此当临床高度怀疑 AID 时，不论 ANA 检测结果如何，都需要进行针对靶抗原的特异性自身抗体的检测。③健康人也可出现 ANA，并随年龄增大而阳性率增高，其滴度和亲和力也较低。但是 ANA 也可见于某些 AID 患者的临床前期。

二、抗双链 DNA 抗体

抗双链 DNA（double-stranded DNA，dsDNA）抗体又称抗天然 DNA 抗体（anti-native DNA antibody），其识别的是位于 DNA 双螺旋的脱氧核糖核酸外骨架上的主要表位。单链 DNA（ssDNA）识别的是 DNA 不同嘌呤和嘧啶碱基。但它们也都能识别脱氧核糖核酸骨架上的抗原表位。

临床上常用的检测方法有间接免疫荧光法（IIF）、ELISA、放射免疫法（RIA）、线性免疫印迹法（LIA）、化学发光免疫分析（CLIA）和流式荧光法（FFIA）等。间接免疫荧光法是以马疫锥虫或绿蝇短膜虫作为抗原基质，观察其动基体荧光染色而检测抗 dsDNA 抗体（彩图 20-30）。IIF 法检测抗 dsDNA 阳性对 SLE 具有高度的特异性（95%），但敏感性低（30%～50%）。

【参考区间】血清抗 dsDNA 抗体：阴性。

【临床意义】抗 dsDNA 抗体是系统性红斑狼疮（SLE）的特异性抗体，是诊断 SLE 的重要指标之一，抗 dsDNA 抗体滴度与疾病活动度相关，因此抗体滴度可以有效监测病情。根据所测得方法及疾病活动性不同，抗体阳性率可达 20%～90%。抗 dsDNA 抗体也偶见于其他自身免疫病、感染性疾病，极少数情况见于健康人。

【应用评价】抗 dsDNA 抗体是 SLE 的特征性标志抗体，如果健康人血清中检测到抗 dsDNA 抗体，其中约有 85% 的人在首次检出抗 dsDNA 抗体后 5 年内可发展为 SLE。由于抗 dsDNA 抗体检测的敏感性仅约为 40%，因此，抗 dsDNA 抗体阴性不能排除 SLE 的诊断。

三、抗核抗体谱

抗核抗体谱（antinuclear antibody profile）曾被称为可提取核抗原（extractable nuclear antigen，ENA）抗体谱。可提取核抗原是核物质中一类蛋白的总称，可从细胞核中提取，故称为 ENA。随着抗原重组和纯化技术的发展，几乎所有细胞内抗原均可纯化获得，所以不再使用"ENA 抗体谱"，而改称抗核抗体谱（ANA 谱）。ANA 谱主要包括抗 U1-RNP 抗体、抗 Sm 抗体、抗 SSA/Ro 抗体、抗 SSB/La 抗体、抗 Scl-70 抗体、抗 PM-Scl 抗体、抗 Jo-1 抗体、抗着丝点抗体、抗 PCNA 抗体、抗 dsDNA 抗体、抗核小体抗体、抗组蛋白抗体、抗核糖体 P 蛋白抗体和抗线粒体 M2 抗体等。

【参考区间】阴性（LIA 法）。

【临床意义】抗核抗体能识别各种细胞组分，可特征性出现于许多种自身免疫性疾病中，尤其是风湿性疾病，对疾病的诊断、判断疾病的活动性及预后、疗效观察有重要价值。

在各种自身免疫性疾病，例如系统性红斑狼疮（SLE）、混合性结缔组织病（MTCD）、进行性系统性硬化病（PSS）、多发性肌炎（polymyositis，PM）、皮肌炎（dermatomyositis，DM）、干燥综合征（SS）、类风湿关节炎（RA）中，抗核抗体谱中抗体阳性百分率有差别，详见表 20-4。

表 20-4　ANA 在各种自身免疫性疾病中的阳性百分率比较

自身抗体种类	SLE（%）	MCTD（%）	PSS（%）	PM/DM（%）	SS（%）	RA（%）
抗 U1-RNP 抗体	25～40	100	10～22	0～20	0～14	10
抗 Sm 抗体	20～40	少见	少见	少见	少见	—
抗 SSA 抗体	20～60	少见	0～10	少见	40～95	5～20
抗 SSB 抗体	10～20	0～20	0～5	少见	40～95	0～5
抗 Scl-70 抗体	—	—	25～70			
抗 Jo-1 抗体	—	—		25～35		
抗 PM-Scl100 抗体	—	—	50～70	50～70		

四、抗中性粒细胞胞浆抗体

抗中性粒细胞胞浆抗体（anti-neutrophil cytoplasmic antibody，ANCA）是一组针对中性粒细胞及单核细胞胞浆抗原所产生的自身抗体。常应用间接免疫荧光法（IIF）检测 ANCA，阳性时主要表现为两种免疫荧光模型：胞浆型（彩图 20-31）ANCA（cytoplasmic ANCA，cANCA）和核周型（彩图 20-32）ANCA（perinuclear ANCA，pANCA）。cANCA 靶抗原主要为蛋白酶 3（proteinase 3，PR3），pANCA 靶抗原主要为髓过氧化物酶（myeloperoxidase，MPO）。ANCA 靶抗原除了 MPO 和 PR3 外，还包括人白细胞弹性蛋白酶（human leukocyte elastase，HLE）、乳铁蛋白（lactoferrin，LF）、溶酶体（lysozyme，LYS）、组织蛋白酶 G（cathepsin G，Cath G）、杀菌/通透性增高蛋白（bactericidal/permeability increasing protein，BPI）等。

ANCA 的检测方法包括间接免疫荧光法（IIF）、ELISA 等。针对 ANCA 靶抗原检测方法包括 ELISA、线性免疫印迹法（LIA）、化学发光免疫分析（CLIA）和流式荧光法（FFIA）等。

【参考区间】ANCA：阴性，滴度 < 1∶10（IIF）。

【临床意义】ANCA 主要见于显微镜下多血管炎（MPA）、肉芽肿性多血管炎（GPA）及嗜酸性肉芽肿性多血管炎（EGPA），还可见于炎症性肠病、自身免疫性肝病等其他自身免疫病，甚至感染性疾病、恶性肿瘤及药物诱导性血管炎等。

【应用评价】血清 ANCA 的滴度与原发性小血管炎病情的活动性相关，滴度增高或持续增高，常提示病情加重或缓解后复发，而且滴度升高常在疾病复发之前，故可预测疾病的复发。

五、抗磷脂抗体

抗磷脂抗体（antiphospholipid antibody，aPL）是一组以磷脂和（或）磷脂结合蛋白为靶抗原的自身抗体总称，其靶抗原包括心磷脂、磷脂酰丝氨酸、磷脂酰胺醇、磷脂酰甘油、磷脂酸、β_2 糖蛋白 1 等。临床常用的抗磷脂抗体主要是指狼疮抗凝物（LA）、抗心磷脂抗体（aCL）和抗 β_2 糖蛋白 1（β_2GP 1）抗体这三类。

LA 的检测方法包括①筛查试验：包括稀释的蝰蛇毒磷脂时间（dRVVT）、活化部分凝血活酶时间（APTT）、硅凝固时间（SCT）、大斑蛇凝血时间（TSVT）及蛇静脉酶时间（ET）等，其中 dRVVT 和 APTT 是国际上最常用的检测方法。②混合试验：将患者血浆与正常血浆（1∶1）进行混合，以证实凝血时间延长并不是由于凝血因子缺乏导致。③确证试验：采用改变磷脂的浓度或组成来确证 LA 的存在。aCL 抗体、抗 β_2GP 1 抗体检测通常包括 IgG、IgM、IgA 亚型。ELISA 作为 aCL 抗体、抗 β_2GP 1 抗体的常规检测方法，目前在临床上广泛应用，而化学发光免疫分析（CLIA）作为新的检测 aCL 抗体、抗 β_2GP 1 抗体的方法，与 ELISA 相比，具有较高的敏感度和特异性。

【参考区间】血浆 LA、aCL 和抗 β_2GP 1 抗体：阴性。

【临床意义】aPL 是抗磷脂综合征（APS）（包括血栓形成、自发性流产、血小板减少和中枢神经系统病变）的诊断指标之一；亦是血栓形成和病理妊娠的危险因素，有助于 APS 患者血栓事件及病理妊娠的风险评估。

【应用评价】虽然 aPL 是 APS 最具特征的实验室指标，但并不特异，也可在其他多种疾病中检测到，例如 SLE、RA、SS 等其他自身免疫病、感染性疾病（如梅毒、结核、传染性单核细胞增多症等）、恶性肿瘤（淋巴瘤、白血病、肺癌等）、血小板减少症、脑卒中、心肌梗死以及某些药物（如普鲁卡因胺、氯丙嗪、避孕药等）使用后。接受华法林、肝素及新型口服抗凝剂治疗的患者可能出现 LA 假阳性，因此对接受抗凝剂治疗患者的 LA 检测结果，应谨慎解读。

六、类风湿因子

类风湿因子（rheumatoid factor，RF）是以变性 IgG 的 Fc 片段为靶抗原产生的自身抗体。常见的 RF 有 IgM 型、IgG 型、IgA 型和 IgE 型，其中 IgM 型是 RF 的主要类型。

【参考区间】血清 RF：速率散射比浊法 < 20 IU/ml。乳胶凝集试验、ELISA 均为阴性。

【临床意义】RF 阳性不仅见于类风湿关节炎（RA），还可见于 SLE、SS、PM、DM 等其他自身免疫病，以及感染性疾病等。RF 用于诊断 RA 的灵敏度 60%，特异性 80%。高效价 RF 阳性预示 RA 处于更具侵袭性和破坏性的进程。

【应用评价】人体内低滴度的 RF 有一定的生理作用，如清除感染的微生物及免疫复合物、调节机体的免疫反应等。只有 RF 定量检测达到一定的量或定性检测达到一定的滴度时才判为 RF 阳性。RF 阳性是类风湿性关节炎的诊断指标之一，类风湿关节炎（RA）早期诊断可同时选择抗环瓜氨酸肽（CCP）抗体和抗角蛋白抗体（AKA）等指标。高滴度 IgM 型与 RA 病情活动度和关节外损伤相关。

七、抗甲状腺抗体

抗甲状腺抗体主要包括抗甲状腺球蛋白（TG）抗体、抗甲状腺微粒体（TM）抗体、抗Ⅱ型胶原（CA2）抗体、抗甲状腺细胞膜（TCM）抗体、抗 TSH 受体抗体。甲状腺过氧化物酶（thyroid peroxidase，TPO）是甲状腺微粒体的主要有效抗原成分。血清抗 TG 抗体（TGA）和抗 TM 抗体（TMA）在临床中应用最广，诊断意义也较明确。

【参考区间】血清 TGA、TMA：阴性。

【临床意义】① TGA 是诊断甲状腺自身免疫疾病的一个特异性抗体，大约 60% 的甲状腺功能亢进、80%~90% 的慢性甲状腺炎患者抗甲状腺球蛋白抗体表现为强阳性。TGA 阳性者倾向于诊断为慢性淋巴细胞性甲状腺炎，而较少考虑甲状腺肿瘤，故可作为甲状腺肿块的辅助鉴别手段。②血清 TMA（或抗 -TPO）的阳性率在甲状腺功能亢进和桥本甲状腺炎中分别为 42.2% 和 77.7%，甲状腺肿瘤为 13.1%，单纯性甲状腺肿为 8.6%，亚急性甲状腺炎为 17.2%~25%。

【应用评价】抗甲状腺抗体还可见于多种其他疾病，例如系统性红斑狼疮（SLE）、干燥综合征（SS）、类风湿关节炎（RA）、自身免疫性溶血性贫血（AIHA）等，须密切结合临床，才能做出正确诊断。

> **知识拓展**
>
> ### RA 相关自身抗体研究进展
>
> 传统的 RA 相关自身抗体主要包括 RF 和抗瓜氨酸化肽/蛋白抗体（ACPA），已被纳入 RA 分类标准。ACPA 是一类以瓜氨酸类蛋白为靶抗原的自身抗体，包括抗环瓜氨酸肽（CCP）抗体、抗核周因子（APF）、抗角蛋白抗体（AKA）、抗突变型瓜氨酸波形蛋白（MCV）抗体和抗 Sa 抗体等。

近年来，许多 RA 相关的新型血清学标志物被不断发现：如抗瓜氨酸化 α 烯醇化酶多肽 1（CEP 1）抗体和抗氨基甲酰化蛋白（CarP）抗体，其在 ACPA 阳性和阴性的 RA 患者体内均可存在，且与关节损伤和疾病活动度成正相关。抗肽其精氨酸脱亚胺酶 4（PAD4）抗体诊断 RA 的特异度较高，但敏感度较低。这些新型生物标志物单独或联合检测有助于 RA 的诊断。

微整合

基础回顾

免疫耐受与自身免疫

机体免疫系统有识别"自己"和"非自己"的能力，当免疫系统接触自身组织成分时，不产生针对自身抗原的抗体和致敏淋巴细胞，这种对自身抗原的特异的无应答状态称为免疫耐受（immune tolerance）。自身免疫耐受是通过中枢免疫耐受和外周免疫耐受来实现的，是维持机体免疫和谐的重要因素。

当某种原因使自身免疫耐受性削弱或破坏时，免疫系统就会对自身成分产生免疫应答，这种现象称为自身免疫（autoimmunity）。例如，某些外界刺激如紫外线、化学物质、药物、病毒感染等可引起自身组织抗原结构的改变，导致自身抗体的产生；隐蔽抗原的释放以及交叉抗原的存在，也会引起机体针对该抗原产生抗体和致敏淋巴细胞对自身相关组织发生免疫反应，从而引起自身免疫病（autoimmune disease）的发生。

思 考 题

1. 什么是抗核抗体？抗核抗体阳性常见的荧光模型有哪些？
2. 自身抗体检测的临床意义是什么？

（李士军）

第四节 变态反应试验

变态反应试验可分为体外试验和体内试验。前者主要是检测机体参与变态反应（allergy）的免疫成分。后者主要是变应原（allergen）体内试验，是使患者局限地、小剂量地接触可疑致敏物，观察患者的反应，以确定变应原。变应原检测的目的是确定引起患者变态反应的致敏物，以便进行特异性治疗或预防。

案例 20-3

男性，2岁11个月。反复咳嗽、喘息、鼻塞、流涕1周，无发热。发病以来饮食可，二便如常。既往：可疑食物过敏，自1岁后反复喘息，无明确食物致敏史。查体无皮疹，全身浅表淋巴结未触及肿大，双下肢不肿。全血细胞计数：WBC 7.22×10^9/L，RBC

4.36×10^{12}/L，Hb 121 g/L，HCT 38%，MCV 86.5 fl，MCH 27.8 pg，MCHC 321 g/L，PLT 297×10^9/L，Lymph% 44.2%，Neut% 41.4%，Eos% 9.5%，Baso% 0.6%，Mono% 4.3%。变态反应试验：tIgE 131.8 KU/L，sIgE-milk 2.38 KU/L。

问题：
1. 患者的实验室检查结果有何异常？
2. 患者的初步诊断是什么？
3. 为明确诊断，下一步应该完善哪些检查？

一、免疫球蛋白 E

免疫球蛋白 E（immunoglobulin E，IgE）可分为总 IgE（total IgE，tIgE）和变应原特异性 IgE（specific IgE，sIgE）。

1. 血清总 IgE　血清 tIgE 水平对鉴别过敏与非过敏有一定价值，但 tIgE 高不一定是过敏，过敏者 tIgE 也不一定高。因此 tIgE 不能作为 Ⅰ 型变态反应病的筛查指标。目前 tIgE 的测定方法包括 ELISA、免疫印迹法（immune blotting test，IBT）、荧光酶联免疫吸附法（fluorescence enzyme immunoassay，FEIA）等，其中以 FEIA 定量测定 tIgE 和各种 sIgE 应用最广泛。

【参考区间】血清 tIgE < 100 KU/L（FEIA 法）（1 U = 2.4 ng）。

【临床意义】①Ⅰ 型变态反应病时，血清 tIgE 升高虽不能说明对何种变应原过敏，但提示有患变态反应病的可能。②婴儿高水平 tIgE 预测未来可能患变态反应病。③寄生虫感染可使血清 tIgE 水平明显升高。在我国，特别是农村，寄生虫感染率很高，因此 tIgE 水平也偏高。④变应性支气管肺曲霉菌病（allergic broncho-pulmonary aspergillosis，ABPA）血清 tIgE 水平显著升高。ABPA 诊治专家共识提出，血清 tIgE 水平是 ABPA 诊断、随访中最重要的指标之一，tIgE > 1000 KU/L 有意义。⑤tIgE 水平升高还可见于其他一些非变态反应病，如感染性疾病、IgE 型骨髓瘤、高 IgE 综合征（hyper-IgE syndrome）、嗜酸性粒细胞增多症、SLE、类风湿关节炎等。⑥一些原发性免疫缺陷疾病，如 Wiskott-Aldrich 综合征、Omenn 综合征、原发性免疫缺陷和非典型完全 DiGeorge 综合征等，与血清 tIgE 水平升高有关。该现象详细机制尚不清楚，可能与 $CD4^+CD25^+$ $FOXP3^+$ 调节性 T 细胞数量或功能下降引起的 Th2 细胞因子产生增加有关。⑦tIgE 是应用抗 IgE 治疗（奥马珠单抗）时确定给药剂量、频次的重要依据。

【应用评价】影响血清 tIgE 水平的因素有①年龄：新生儿 tIgE 水平非常低，随着年龄的增长，tIgE 的水平随之增高，学龄前儿童 tIgE 可接近成人水平（< 100 KU/L），青春期水平最高，30 岁后逐渐下降，老年人 tIgE 水平较低。②性别：男性高于女性，其机制尚不清楚。③种族：混血人种的 tIgE 比白种人高 3～4 倍，黑种人水平更高，黄种人水平也较高。

2. 血清变应原特异性 IgE　人体针对不同的变应原产生不同的 sIgE，通过测定血清 sIgE，可确定引起 Ⅰ 型变态反应病的变应原，从而明确病因。

【参考区间】血清变应原 sIgE：阴性（< 0.35 KU/L，FEIA）。

【临床意义】sIgE 检测适用于 Ⅰ 型变态反应病的病因诊断，了解患者对何种物质过敏，其水平可辅助评估疾病严重程度。定期检测血清 sIgE 的动态变化，观察疗效，若治疗有效，sIgE 量将逐渐下降。主要常见疾病包括：变应性哮喘、变应性鼻炎、变应性结膜炎、特应性皮炎、荨麻疹、食物过敏及花粉症等。而仅为 Ⅱ 型、Ⅲ 型、Ⅳ 型超敏反应及非免疫学机制介导相关疾病不宜使用该检测。

【应用评价】① 变应原有明显的地域性，生产国的试剂所采用的变应原与使用国的不一定完全符合。此外还存在同属不同种系的问题，这些都可造成皮试与血清 sIgE 不一致，应予注意。某些小分子的变应原（半抗原）sIgE 测定的灵敏度不高，对这些变应原，如测不出 sIgE，并不能除外过敏的可能。② 交叉反应性糖类决定簇（carbohydrate cross-reactive determinant，CCD）是一种糖类基团，可诱导人体产生与多种变应原交叉反应的抗 CCD 特异性 IgE（anti-CCD IgE）。CCD 引起交叉反应的核心结构为 α（1，3）海藻糖和 β（1，2）木糖。目前研究已经证实该结构广泛存在于动植物糖蛋白中，如花粉、蔬菜、水果、坚果、种子食物、蜂毒、寄生虫等。由于 anti-CCD IgE 能与多种变应原交叉反应，因此 anti-CCD IgE 的存在是降低血清学检验准确性的因素之一。当患者无过敏症状而 sIgE 阳性应考虑 anti-CCD IgE 的干扰。目前，部分厂家生产的变应原 sIgE 检测试剂盒能同时检测 anti-CCD IgE。

> **知识拓展**
>
> **变态反应试验的进展**
>
> 在速发型超敏反应中，嗜碱性粒细胞活化后发生脱颗粒反应，原本结合在溶酶体膜上的 CD63 移动到细胞膜上，同时释放组胺。CD63 作为首个嗜碱性粒细胞活化表面标志物被发现，随后的研究发现了 CD203c、CD123、CD13、CD107a 和 CD164 等多个活化标志物。这些活化标志物可通过现代流式细胞术进行定量检测。作为嗜碱性粒细胞活化试验（basophil activation test，BAT）的检测标志物被应用于儿童食物过敏和其他变态反应性疾病的诊断及监测。

二、变应原其他相关试验

1. 嗜酸性粒细胞阳离子蛋白 在变态反应病中，嗜酸性粒细胞被各种途径激活，释放许多活性物质如嗜酸性粒细胞阳离子蛋白（eosinophil cationic protein，ECP）等。ECP 是嗜酸性粒细胞的特异性标志。

【参考区间】血清 ECP < 13 μg/L（FEIA 法）。

【临床意义】参见第十三章第三节。

【应用评价】激活的嗜酸性粒细胞主要分布在组织中，故测定肺泡灌洗液中的 ECP 可能更有意义，但由于取材困难，在临床的实用性不大。鉴于肺泡灌洗液中的 ECP 水平与血清 ECP 有一定的相关性，故临床多以血清 ECP 代替。

2. 血清循环免疫复合物 Ⅲ型变态反应的发生主要是中等大小可溶性免疫复合物引起的，可检测循环免疫复合物（circulating immune complex，CIC）含量，辅助诊断变态反应病及疗效观察等。

【参考区间】血清 CIC：阴性（ELISA）。

【临床意义】免疫复合物阳性主要见于感染性疾病、自身免疫性疾病。

【应用评价】通过检测血清 CIC 一般可反映病情的严重程度、监测治疗效果，但一次检测的意义不大。

3. 血清变应原特异性 IgG4 变应原特异性脱敏治疗后，体内会产生相应的特异性 IgG4（specific IgG4，sIgG4）型抗体，往往伴随着 sIgE 水平的下降。

【参考区间】血清 sIgG4：阴性（ELISA）。

【临床意义】参见第十三章第三节。

【应用评价】变应原 sIgG4 不建议用于筛查和诊断变态反应性疾病，因为它在健康个体中也可以被检测到。血清 sIgG4 只能反映个体对脱敏治疗的免疫反应，动态监测 sIgG4 能辅助判断治疗疗效。

三、变应原体内试验

常用的变应原体内试验包括皮肤试验（皮肤点刺试验、皮内试验、斑贴试验）、小剂量变应原激发试验（provocation test）和支气管舒张试验等，通常在临床专科实验室完成。

【参考区间】体内试验：阴性。

【临床意义】虽然变应原体内试验有些干扰因素，但能反映各种因素对机体作用的实际免疫状况，结果可信度大，因此在临床中广泛应用：①寻找变应原。②预防药物或疫苗过敏。③了解机体细胞免疫功能状况。

【应用评价】体内试验是变态反应病病因诊断的重要措施，被认为是变态反应诊断的金标准。但体内试验存在一定的风险，试验前应询问有无严重过敏反应史、目前是否处于过敏反应的发作状态，并提供必要的抢救措施。另外，皮内试验假阳性率较高，且受多种因素的影响，如皮肤划痕症、过敏原提取液中混有非特异性肥大细胞促分泌素等。若患者近期服用抗组胺药会造成体内试验假阴性结果。值得注意的是变应原之间可能存在交叉反应，即特定变应原引起的皮肤反应也可由与其结构同源的其他变应原引起。花粉引起的交叉反应在植物分类学相近或蛋白质结构高度保守的物种间很常见。体内试验与体外试验应作为互补试验，完整的变应原特异性诊断应包括病史、临床表现、体内试验和体外试验。

微整合

基础回顾

斑贴试验

斑贴试验（patch test）是诊断接触性皮炎（contact dermatitis）最可靠和最简单的方法，1895 年的皮肤科学会上，科学家首次系统地报告了有关斑贴试验的研究结果，使斑贴试验确立为研究接触性皮炎的可靠实验手段。斑贴试验适用于：①皮肤湿疹样改变，怀疑或有待排除接触性过敏原；②皮肤湿疹样改变，对预期治疗的疗效不好；③慢性手足湿疹；④持续性或间断性面部、眼睑、耳部和会阴部湿疹。

思 考 题

1. 简述辅助诊断变应性支气管肺曲霉菌病的体外试验。
2. 临床病史、症状及体征符合 I 型变态反应，但 sIgE 检测阴性，简述不相符的可能原因。

（崔丽艳）

第五节 肿瘤标志物

肿瘤标志物（tumor marker，TM）是指在恶性肿瘤的发生和增殖过程中，由肿瘤细胞的基因表达而合成、分泌，或是由机体对肿瘤细胞的异常反应而产生和（或）升高的一类物质。主要包含以下几类：①胚胎抗原及蛋白类；②酶及其同工酶；③激素类；④糖类抗原；⑤癌基因产物；⑥特殊蛋白类。TM 多存在于血液、体液、组织和细胞中，其中血清 TM 应用较多，常用 ELISA、化学发光免疫分析（chemiluminescence immunoassay，CLIA）和电化学发光免疫分析（electrochemiluminescence immunoassay，ECLIA）等技术检测其含量，但不同检测系统的参考区间有差别。

肿瘤标志物可以辅助肿瘤的诊断、治疗监测和预后评估，但鉴于不同 TM 的特点，TM 的选择及临床应用应遵循一定的原则，参见第十四章相关内容。

案例 20-4

女性，64 岁，近 8 年来常反复出现乏力、食欲缺乏、皮肤黄染、尿色加深。间歇口服拉米夫定片治疗。症状反复出现。最近 3 个月自觉右上腹持续胀痛，伴低热、食欲缺乏、消瘦。查体：体温 38℃，慢性肝病面容，巩膜黄染，右侧颈部及前胸可见蜘蛛痣，肝肋下 2 cm，质硬，有压痛。脾肋下 1 cm。腹部膨隆，脐周鼓音，腹部移动性浊音呈阳性。双下肢水肿。实验室检查：外周血白细胞 $3.4×10^9$/L，血红蛋白 82 g/L，血小板 $55×10^9$/L；抗 HBe（+），抗 HBc（+）；ALT 105 U/L，AST 42 U/L，血清总胆红素 130.2 μmol/L，结合胆红素 84.1 μmol/L，血清总蛋白 63 g/L，白蛋白 26.2 g/L；AFP 1200 ng/ml。

问题：
1. 患者的实验室检查结果有何异常？
2. 患者的初步诊断可能是什么？
3. 为明确诊断，下一步应该完善哪些检查？

一、胚胎抗原及蛋白类

胚胎抗原及蛋白类 TM 主要包括癌胚抗原（carcinoembryonic antigen，CEA）、甲胎蛋白（α-fetoprotein，AFP）、AFP 异质体（α-fetoprotein heterogeneity）、人类附睾蛋白（human epididymis protein 4，HE4）。CEA 最早在成人结肠癌组织中发现，但在多种肿瘤可见升高。AFP 最早发现在肝细胞癌患者血清中升高。AFP 异质体是指 AFP 对刀豆素（Con A）或小扁豆凝集素（LCA）结合能力的差异。按照其与 LCA 亲和力大小，AFP 分为 AFP-L1、AFP-L2、AFP-L3；其中 AFP-L1 多见于良性肝病，AFP-L2 多由卵黄囊肿瘤产生，AFP-L3 与 LCA 亲和力最强，为肝细胞癌所特有。HE4 最早发现于附睾上皮组织，在卵巢癌患者组织和血清中均高度表达。

【参考区间】① 血清 CEA ≤ 5 ng/ml（CLIA）。② 血清 AFP ≤ 7.0 ng/ml（CLIA）。血清 AFP-L3%（AFP-L3/ 总 AFP）< 10%。③ 血清 HE4 < 140 pmol/L（CLIA）。不同方法，不同检测系统的参考区间略有差异。

【临床意义】参见第十四章相关内容。

【应用评价】HE4 水平与健康女性年龄相关，绝经前的中位水平明显低于绝经后。不同检测方法测定 HE4 的结果有较大差别，各实验室应建立检测系统相关的参考区间。HE4 与 CA125 联合应用可提高卵巢癌的检出率；多数卵巢癌 HE4 和 CA125 水平同时升高，但 HE4 比 CA125 敏感性高，更利于卵巢癌的早期检出，且能更好地反映治疗效果。ROMA（risk of ovarian malignancy algorithm）公式是通过联合 HE4、CA125 以及患者月经情况，得到风险指数来评估术前有盆腔包块的女性罹患卵巢癌的风险。其灵敏度和特异性较单一标志物更好，在临床得到广泛应用。

二、酶及其同工酶

酶及其同工酶的 TM 主要包括前列腺特异性抗原（prostate specific antigen，PSA）、神经元特异性烯醇化酶（neuron specific enolase，NSE）、胃泌素释放肽前体（pro-gastrin-releasing peptide，ProGRP）、异常凝血酶原（abnormal prothrombin，APT）。

PSA 是一种由前列腺上皮细胞合成和分泌的特异性单链糖蛋白，具有丝氨酸蛋白酶活性。在生理状况下，血清中只存在极低浓度的 PSA。血清中大部分 PSA 与 α_1-抗糜蛋白酶和 α_2-巨球蛋白（丝氨酸蛋白酶抑制物）形成稳定的复合物，称为结合 PSA（complexed PSA，c-PSA）。少量的 PSA 以未结合状态存在，称为游离 PSA（free PSA，f-PSA）。血清 c-PSA 和 f-PSA 之和为总 PSA（total PSA，t-PSA），含量基本稳定。当前列腺组织结构破坏时，PSA 自由弥散进入血液中。

NSE 是烯醇化酶的一种同工酶，是小细胞肺癌（small cell lung cancer，SCLC）和神经母细胞瘤的肿瘤标志物之一，是一种酸性蛋白酶，参与糖酵解。肿瘤组织糖酵解作用加强，细胞内的 NSE 释放进入血液增多。

ProGRP 是胃泌素释放肽（gastrin-releasing peptide，GRP）的前体结构，广泛存在于神经纤维、非胃窦组织、脑和肺的神经内分泌细胞中，可代表 GRP 的表达水平。在正常成人中，GRP 仅存在于神经组织和小部分肺的神经内分泌细胞中，呈低水平表达。肺癌组织细胞亦可产生并分泌 GRP，低水平 GRP 即可刺激 SCLC 细胞生长。

异常凝血酶原又称为维生素 K 缺乏或拮抗剂 II 诱导的蛋白质（protein induced by vitamin K absence or antagonist-II，PIVKA-II），作为一种肝细胞癌的蛋白标志物，约 90% 以上的肝细胞癌患者血清 PIVKA-II 增高；AFP、AFP-L3、PIVKA-II 联合检测，能明显提高肝细胞癌的诊断率。

【参考区间】①血清 PSA t-PSA < 4 ng/ml，f-PSA < 0.93 ng/ml，f-PSA/t-PSA > 0.25（CLIA）；② 血清 NSE < 13 ng/ml（ELISA），< 16.3 ng/ml（ECLIA）；③血清 ProGRP ≤ 63 pg/ml（CLIA），< 46 pg/ml（ELISA）。④ 血清 PIVKA-II < 40 mAU/ml（CLIA）。不同方法，不同检测系统的参考区间略有差异。

【临床意义】参见第十四章相关内容。

【应用评价】① PSA：前列腺按摩可导致血清 PSA 的升高。进行骑自行车等对前列腺有影响的活动，建议 24 小时后再行检查以减少影响。临床上有 5% 左右的前列腺癌患者，血清 t-PSA 水平不增加。② NSE：也存在于正常红细胞和血小板中，标本溶血会影响测定结果，因此采血时要特别注意避免溶血。③ ProGRP：肾小球滤过率降低的患者将出现 ProGRP 假性升高，对于血肌酐 > 353.6 mmol/L 的患者，需注意此干扰因素。④ 维生素 K 缺乏或服用维生素 K 拮抗剂的患者，会出现 PIVKA-II 的增高，补充维生素 K 后，PIVKA-II 的水平可恢复到正常。

三、糖类抗原

糖类抗原（carbohydrate antigen，CA）包括多种，例如糖类抗原 72-4（CA72-4）、糖类抗原 19-9（CA19-9）、糖类抗原 242（CA242）、糖类抗原 15-3（CA15-3）和糖类抗原 125（CA125）。CA72-4 是胃肠道肿瘤和卵巢癌的标志物；CA19-9 是一种胃肠道肿瘤相关抗原；CA242 多用于消化道等恶性肿瘤的早期筛查；CA15-3 被认为是恶性乳腺上皮细胞的分化抗原，与乳腺癌相关；CA125 主要存在于女性生殖道上皮细胞表面，与卵巢癌相关。

【参考区间】血清 CA72-4 < 6 U/ml（ECLIA）。血清 CA19-9 ≤ 30 U/ml（CLIA）。血清 CA242 ≤ 20 U/ml（ELISA）。血清 CA153 ≤ 24 U/ml（CLIA）。血清 CA125（CLIA）：男 ≤ 24 U/ml；女（18～49 岁）≤ 47 U/ml；女（≥ 50 岁）≤ 25 U/ml。不同方法，不同检测系统的参考区间略有差异。

【临床意义】参见第十四章相关内容。

【应用评价】① CA72-4：在卵巢癌、胃癌时升高；是监测胃癌的首选肿瘤标志物，灵敏度优于 CA19-9 和 CEA，若三者联合检测效果更好。② CA19-9：作为一种消化道肿瘤相关抗原，在胰腺癌和胆管癌中阳性率最高。③ CA242：在胰腺癌的诊断中敏感性高，优于 CA19-9；与 CEA、CA19-9 联合应用可以提高胰腺癌、结直肠癌诊断的敏感性。④ CA15-3：乳腺癌的首选血清肿瘤标志物，但在其他肿瘤如胰腺癌、肺癌、卵巢癌、子宫颈癌、胃癌、结肠直肠癌及肝癌等，血清 CA15-3 也可升高。⑤ CA125：卵巢癌首选血清肿瘤标志物，患者可高达 5000 U/ml 以上；但在非卵巢性恶性肿瘤如胰腺癌、肝癌及乳腺癌等也可增高，特别是子宫内膜癌和子宫内膜异位症患者 CA125 常增高明显，故也常作为子宫内膜癌的首选标志物。

四、特殊蛋白类

特殊蛋白类 TM 主要包括：细胞角蛋白 19 片段可溶性片段（cytokeratin fragment antigen 21-1，CYFRA21-1）、鳞状上皮细胞癌（squamous cell carcinoma，SCC）抗原。CYFRA21-1 与肺癌等多种肿瘤相关；SCC 可作为鳞状上皮细胞癌的标志物，但并非特异性标志物。

【参考区间】血清 CYFRA21-1：≤ 1.8 ng/ml（ELISA），≤ 3.3 ng/ml（ECLIA）。血清 SCC < 1.5 μg/L（CLIA）。不同方法，不同检测系统的参考区间略有差异。

【临床意义】参见第十四章相关内容。

【应用评价】① CYFRA 21-1：非器官特异性，增高可见于多种实体肿瘤，例如非小细胞肺癌（non small cell lung cancer，NSCLC）阳性率较高（40%～64%），其他恶性肿瘤较低；一些良性疾病，例如肺病、胃肠病、妇科病、泌尿系统疾病等也可见轻微升高。② SCC 抗原：作为子宫颈癌、肺癌、食管鳞状上皮细胞癌的肿瘤标志物，与肿瘤的分期、治疗、临床表现和复发等相关，但缺乏足够的临床灵敏度和特异性，一般不适合作为肿瘤筛查指标。

 微整合

基础回顾

可能影响肿瘤标志物结果的因素

产生肿瘤标志物的肿瘤细胞的数量、肿瘤的质量、肿瘤的生长速度、肿瘤的分级和分期；肿瘤标志物的合成和释放速度；肿瘤的血供条件；肿瘤标志物的降解和排泄速

度均是影响肿瘤标志物结果的重要因素。患有肝、肾衰竭可能阻碍相关肿瘤标志物的清除代谢，导致血清中的标志物浓度升高；食物、药物的作用可影响部分肿瘤标志物的水平。标本中嗜异性抗体的存在，以及分析中的"钩状效应"都将影响肿瘤标志物的分析检测结果。溶血或采血后未及时分离血清也会影响相关标志物水平。此外，炎症、损伤以及良性疾病等情况也可导致肿瘤标志物升高。

知识拓展

前列腺癌标志物的进展

PSA 用于前列腺癌的筛查具有一定的局限性，当血清总 PSA 4～10 ng/ml 时，前列腺穿刺阳性率为 22%，形成了一段"灰区"，存在较大的假阳性或假阴性的可能。增加 f-PSA% 用于鉴别处于灰区患者的情况后，灵敏度提高但特异性仅为 29%。

P2PSA 是最稳定的一种 proPSA 亚型，是 proPSA 中最具前列腺癌特异性的亚型。前列腺健康指数 Phi，通过联合 t-PSA、f-PSA、P2PSA 检测构建诊断公式，将 PSA 2～10 ng/ml 患者穿刺阳性率提升至 42%，减少了不必要的前列腺活检。Phi 已被纳入我国卫生健康委员会发布的前列腺癌诊疗规范、美国国家综合癌症网络、欧洲泌尿外科学会等的前列腺癌临床指南。

思 考 题

1. 简述肿瘤标志物的选择和临床应用的原则。
2. 简述肝癌、肺癌相关的肿瘤标志物。

（沈立松）

第二十一章

临床化学实验诊断技术与应用

第二十一章数字资源

临床化学实验诊断主要以生物化学检测技术为主，并融合一些交叉学科技术，包括生物学、免疫学、遗传学、分子生物学、质谱分析及生物标记等技术与方法，检测人体在生理与病理过程中出现的多种器官、组织与细胞的生物化学功能、代谢与物质成分改变等，从而为临床疾病筛查、诊断、治疗监测、药物疗效和预后判断、疾病预防及健康状态评估等提供信息与决策依据。

第一节 肝功能试验

肝（liver）是人体内体积最大、功能最复杂的器官，主要有代谢、分泌与排泄和生物转化功能。肝功能试验（liver function test，LFT）的目的：①了解肝有无损伤及损伤程度；②对肝功能状态进行动态监测；③术前准备和用药监护；④健康普查。LFT常用新鲜或冷藏的血清或血浆标本，不同检测项目的标本保存时间有差别，明显溶血等可影响检测结果。

案例 21-1

女性，72岁。10天前无明显诱因出现乏力，伴皮肤黄染、尿液发黄，无恶心、呕吐、腹痛、腹胀等不适。既往：高血压病史20年余，糖尿病病史2年。既往无肝炎病史，10余年前有胆囊切除术。查体：全身皮肤黄染，巩膜轻度黄染，腹平，无明显压痛及反跳痛，未触及包块，墨菲征阴性，移动性浊音阴性。实验检查：总胆红素338.50 μmol/L，结合胆红素244.00 μmol/L，非结合胆红素94.50 μmol/L，ALT 108.7 U/L，AST 170.3 U/L，谷氨酰转肽酶1206.5 U/L，CA-199 286.83 U/ml。腹部CT提示胰腺肿物，胰腺癌可疑。血常规：WBC 13.11×10^9/L，C反应蛋白28.56 mg/L，余未见异常。

问题：
1. 患者的胆红素结果有何异常？
2. 患者的初步诊断是什么？
3. 为明确诊断，进一步应该完善哪些检查？

一、血清酶学试验

肝细胞酶可分为 ①质膜酶：肝胆疾病时，肝细胞的质膜酶被淤积液洗脱或酶水解及肿瘤、化学物质刺激等释放入血；②胞质酶：多因肝细胞膜损伤或通透性增加而释放入血；③线粒体酶：在肝细胞损伤较为严重或发生变性坏死时释放入血。因此，根据血清中肝酶的种类及其活性升高或降低，可了解肝病变的性质和程度。

（一）转氨酶

机体内存在60多种氨基转移酶，简称转氨酶（transaminase），丙氨酸氨基转移酶（alanine aminotransferase，ALT）和天冬氨酸氨基转移酶（aspartate aminotransferase，AST）是其中最重要的两种，是肝细胞损伤的标志酶。AST广泛存在于多种器官中，按含量由多到少顺序依次为心脏、肝、骨骼肌和肾，还有少量存在于胰腺、脾、肺及红细胞中。肝细胞中AST绝大多数存在于线粒体，占60%~80%。ALT也广泛存在于多种器官中，按含量由多到少依次为肝、肾、心脏、骨骼肌等。与AST相比，ALT在各器官中含量都比AST少，肝细胞中ALT绝大多数存在于细胞质中，只有少量在线粒体中。

【参考区间】见表21-1和表21-2，均为速率法测定。

表21-1　血清丙氨酸氨基转移酶（ALT）参考区间

项目	单位	年龄	参考区间	
			男	女
血清丙氨酸氨基转移酶（ALT）	U/L	28天~<1岁	8~71	
		1岁~<2岁	8~42	
		2岁~<13岁	7~30	
		13~18岁	7~43	6~29
		20~79岁	9~50	7~40

表21-2　血清天冬氨酸氨基转移酶（AST）参考区间

项目	单位	年龄	参考区间	
			男	女
血清天冬氨酸氨基转移酶（AST）	U/L	28天~<1岁	21~80	
		1岁~<2岁	22~59	
		2岁~<13岁	14~44	
		13~18岁	12~37	10~31
		20~79岁	15~40	13~35

【临床意义】参见第九章第一、二节。

【应用评价】血清转氨酶升高能敏感反映肝细胞损伤，是目前最敏感、最常用于肝病诊断的酶。全身很多组织都含有转氨酶，而且这些组织损伤都可以使血清转氨酶上升，从而导致其诊断肝病的特异性减低。遇单项ALT升高时，应密切结合临床分析。

（二）碱性磷酸酶

碱性磷酸酶（alkaline phosphatase，ALP）广泛分布于机体各组织器官中，其中以肝、肾、胎盘、小肠、骨中含量较多。由于肝细胞内ALP浓度比血中ALP的浓度仅高5~10倍，其浓度梯度差远低于转氨酶，加之ALP是一种膜结合酶，在肝细胞内与脂性膜紧密结合而不易释放，故肝病时血清ALP升高不明显。而ALP对干扰肝胆汁流动的肝内、外因素却很敏感，胆汁酸凭借其表面活化作用，可将ALP从脂性膜上溶析下来，使血清ALP明显升高。ALP对肝内占位性及浸润性病变的诊断也有参考价值，但并不是反映肝细胞损害的敏感指标。从不同器官来源的ALP，在理化性质上有些差异；在病理状况时还可能出现高分子的ALP，以及一些和肿瘤有关的变异ALP。根据不同组织来源的ALP在电泳中移动速度不同而把ALP同工酶分为ALP2（肝）、ALP3（骨）、ALP4（胎盘）及ALP5（肠）等。

【参考区间】

1. 血清ALP活性（速率法） 见表21-3。

表21-3 血清碱性磷酸酶（ALP）参考区间

项目	单位	年龄	参考区间	
			男	女
血清碱性磷酸酶（ALP）	U/L	28天~＜6月	98~532	
		6月~＜1岁	106~420	
		1岁~＜2岁	128~432	
		2岁~＜9岁	143~406	
		9岁~＜12岁	146~500	
		12岁~＜14岁	160~610	81~454
		14岁~＜15岁	82~603	63~327
		15岁~＜17岁	64~443	52~215
		17~18岁	51~202	43~130
		20~49岁	45~125	35~100
		50~79岁	45~125	50~135

2. ALP同工酶 ①健康人血清中以ALP2为主，占总ALP的90%，出现少量ALP3；②发育中儿童ALP3增多，占总ALP的60%以上；③妊娠晚期ALP4增多，占总ALP的40%~65%；④B型和O型血者可有微量ALP5。

【临床意义】参见第九章第一、二节，第十一章第三节相关内容。

【应用评价】ALP变化与年龄密切相关，受妊娠的影响，高脂饮食餐后血清ALP活性升高，ALP同工酶分析尚未普遍开展。

（三）γ-谷氨酰基转移酶

γ-谷氨酰基转移酶（γ-glutamyl transferase，GGT或γ-GT）广泛分布于人体各组织中，其中以肾活性最高，其次为前列腺、胰、肝、脾、肠等。血清中的γ-GT主要来自肝。肝细胞内的γ-GT在微粒体产生，主要分布于肝细胞和胆管上皮的细胞膜，若肝细胞合成增多、胆汁淤积等可致血清中γ-GT增高。

【参考区间】血清γ-GT（速率法）：男性10~60 U/L，女性7~45 U/L。

【临床意义】

1. 原发性与转移性肝癌 ①肿瘤组织引起肝内阻塞、破坏和胆道受压等，同时癌细胞合成γ-GT亢进，使血清γ-GT明显升高，可高于参考区间的几倍或几十倍，且升高程度与肝肿瘤组织的大小及浸润范围相关。血清γ-GT与甲胎蛋白联合检测诊断肝癌的阳性率可达95%。非肝癌患者如γ-GT升高常提示有肝转移。

2. 胆道阻塞性疾病 原发性胆汁性胆管炎、硬化性胆管炎、胆道梗阻等导致慢性胆汁淤积，γ-GT 排泄障碍，随胆汁逆流入血，致使血清 γ-GT 明显升高，可达参考区间上限的 10 倍以上。若梗阻解除，血清 γ-GT 可逐渐恢复。

3. 肝实质性病变 ①多数急性肝炎在转氨酶升高后和慢性活动性肝炎 γ-GT 活性可较高，但远较肝癌和阻塞性黄疸低。②慢性迁延性肝炎和稳定型肝硬化，γ-GT 多为正常；而进行性肝硬化 γ-GT 可轻度上升，明显增加应考虑是否有癌变。③肝炎时，γ-GT 持续升高提示可能发展为慢性肝炎。

4. 酒精性肝损伤 乙醇可诱使肝细胞生成 γ-GT。①长期饮酒者，即使无肝损伤，也有半数人的 γ-GT 升高，甚至达参考区间的数倍以上，戒酒后可逐渐恢复正常；②酒精性肝损伤或肝硬化，γ-GT 明显上升，可达参考区间的数十倍。

【应用评价】γ-GT 是一种诱导酶，不少药物能使血中 γ-GT 活性升高，在分析 γ-GT 增高的临床意义时，应注意有关药物的影响。健康人男性血清 γ-GT 活性明显高于女性，可能与前列腺有丰富的 γ-GT 有关。

（四）胆碱酯酶

血清中的胆碱酯酶（cholinesterase，ChE）由肝细胞合成后以一定速度释放入血中，并受血清酶水平的反馈性调节，保持较稳定的含量。

【参考区间】血清 ChE：男性 4620 ~ 11500 U/L，女性 3930 ~ 10800 U/L。

【临床意义】参见第九章第一节。

1. 肝病 肝实质损害如急性肝炎、慢性活动性肝炎、肝硬化活动期时，血清 ChE 总活力降低，其降低程度与肝功能损害的严重程度平行，如持续减低常提示预后不良。

2. 有机磷化合物中毒 有机磷农药与 ChE 活性中心结合，使血清中 ChE 活性显著减低。

3. 肝外病变 如急慢性感染、全身消耗性疾病、重症肌无力、皮肌炎、口服雌激素等 ChE 可降低；而肾病综合征、甲状腺功能亢进、肥胖型糖尿病患者血清 ChE 活力常升高。

【应用评价】新生儿 ChE 活性约为成人的 50%，以后随年龄的增长而升高。

二、血清蛋白质

肝内蛋白质的代谢极为活跃，而且更新速度较快。肝除合成自身所需蛋白质外，还合成多种分泌蛋白质。如血浆蛋白中，90% 以上的蛋白和全部的白蛋白（albumin，Alb）是由肝合成的，当肝的功能受到损害时，这些蛋白质含量减少；肝病时肝内单核 - 吞噬细胞系统受到免疫刺激的作用，γ- 球蛋白生成增多，血中含量增加，而且质量也有所改变。

（一）血清总蛋白、白蛋白与球蛋白比值

血清总蛋白（total protein，TP）主要为 Alb 与球蛋白（globulin，Glo）的总和。一般只测定血清 TP 和 Alb，从 TP 中减去 Alb 即为 Glo 的含量。Glo 是多种蛋白质的混合物，其中包括含量高的免疫球蛋白、补体、多种糖蛋白、金属结合蛋白、多种脂蛋白及酶类。血清 TP 及 Alb 与 Glo 的比值（A/G 比值）的变化可以反映肝蛋白质代谢的宏观水平。

【参考区间】血清 TP 65 ~ 85 g/L（双缩脲法），Alb 40 ~ 55 g/L（溴甲酚绿 / 溴甲酚紫法），Glo 20 ~ 40 g/L，Alb 与 Glo 比值（A/G）（1.2 ~ 2.4）:1。

【临床意义】参见第九章第一节。①慢性肝实质损伤：如慢性肝炎、肝硬化、肝癌时，血清 TP 减低，以 Alb 减少为主，Alb 水平与肝功能损害程度成正比；Glo 持续性增加，并可随病情的加重而越见明显。②γ-Glo 减低相关疾病：低 γ- 球蛋白血症或先天性无 γ- 球蛋白血症，

肾上腺皮质功能亢进和应用免疫抑制药等，TP 减低，A/G 明显增高。

【应用评价】血清 TP 和 A/G 受多种因素影响，测定结果异常时应进一步检验，如采用血清蛋白电泳分析、各种免疫球蛋白定量等。

（二）血清蛋白电泳

血清蛋白电泳（serum protein electrophoresis，SPE）主要用于蛋白质代谢紊乱的诊断。依据蛋白泳动速度不同，可将血清蛋白顺序区分为白蛋白、α_1、α_2、β 及 γ 球蛋白五条电泳区带。有时在白蛋白前有一条前白蛋白（prealbumin，preAlb）带，健康人与不同疾病患者血清蛋白琼脂糖电泳图谱比较见图 21-1。

【参考区间】SPE（琼脂糖电泳）：Alb 48%～63%、α_1-Glo 2.8%～5.4%、α_2-Glo 8.3%～14%、β-Glo 8.7%～15%、γ-Glo 12%～25%。

【临床意义】①急、慢性肝炎：SPE 各种蛋白比例变化与病程相关，但急性肝炎早期变化不大；②肝硬化：参见第九章第一节；③肝癌 SPE 改变与肝硬化相似；④单克隆球蛋白血症：参见第五章第三节；⑤肾病综合征：Alb 显著减低，α_1-Glo 正常，α_2、β-Glo 显著增加，γ-Glo 减低；⑥血清蛋白缺乏症：例如先天性无 γ 球蛋白血症、无白蛋白、β 球蛋白血症等，在 SPE 相应的区带出现缺如；⑦血清 preAlb：由于半寿期仅为 1.9 d，血清中含量低（血清 preAlb 250～400 mg/L，透射浊度法）。在反映肝合成与分泌蛋白质功能方面比 Alb 更敏感，临床意义基本与 Alb 相同。

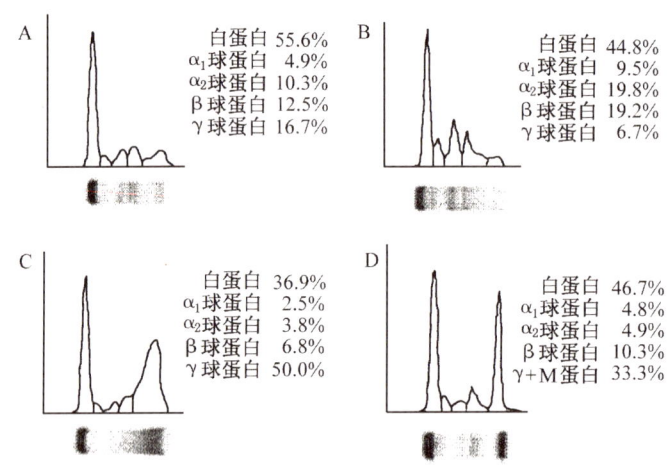

图 21-1　健康人与不同疾病患者血清蛋白琼脂糖电泳图谱比较

A. 健康人；B. 肾病综合征，α_2、β 球蛋白增高；C. 肝硬化，出现 β-γ 桥；D. 多发性骨髓瘤，出现 M 蛋白带

【应用评价】SPE 一般不用于直接诊断疾病，根据 SPE 的模式可解释一些临床疾病的病因和监测某些疾病的进程，对单克隆球蛋白血症的筛查具有意义。

三、血清胆红素与总胆汁酸

胆红素（bilirubin，Bil）与胆汁酸（bile acid）均为肝所分泌胆汁的主要成分。胆红素为含血红素辅基的蛋白质在肝中分解代谢生成，胆汁酸则是胆固醇在肝细胞内经过复杂的化学反应转变而来，二者均随胆汁分泌排泄。肝的胆红素与胆汁酸代谢状况可反映肝功能的一部分。

（一）血清胆红素

血清胆红素包括非结合胆红素（unconjugated bilirubin，UBil）和结合胆红素（conjugated bilirubin，CBil），两者之和为总胆红素（total bilirubin，TBil）。UBil 来源于红细胞破坏等，在血液中主要与白蛋白结合形成胆红素-白蛋白复合物，UBil 为脂溶性，不能由肾小球滤过，所以尿中不含 UBil。UBil 随血流进入肝后在葡糖醛酸转移酶存在下，与胆红素尿苷二磷酸葡糖醛酸结合，形成单葡糖醛酸胆红素和双葡糖醛酸胆红素，即 CBil。CBil 为水溶性，可以通过肾排泄和胆汁排入肠道。CBil 在肠道细菌的作用下被还原为粪胆原（stercobilinogen），进一步氧化为粪胆素（stercobilin）。肠道中生成的粪胆原有 10%~20% 被小肠重吸收，经门静脉入肝，其中 90% 以原形再排入肠道，小部分经体循环由肾滤过，排入尿中，称为尿胆原（urobilinogen）。凡是胆红素生成过多或肝细胞对胆红素的摄取、结合与排泄障碍，均可使血液中胆红素浓度升高，出现高胆红素血症或黄疸。

【参考区间】见表 21-4。

表 21-4 中国成人（20~79 岁）血清总胆红素与结合胆红素的参考区间

血清胆红素类型	分组	参考区间（μmol/L）
总胆红素（TBil）	男	≤26.0（重氮法/钒酸盐氧化法）
	女	≤21.0（重氮法/钒酸盐氧化法）
结合胆红素（CBil）	男/女	≤23.0（重氮法/钒酸盐氧化法）
	男/女	≤8.0（重氮法）

微整合

基础回顾

结合胆红素和非结合胆红素

胆红素是胆色素的一种，是人胆汁中的主要色素。胆红素是体内铁卟啉化合物的主要代谢产物，有毒性，可对大脑和神经系统引起不可逆的损害，但也有抗氧化剂功能，可以抑制亚油酸和磷脂的氧化。胆红素是临床上判定黄疸的重要依据，也是肝功能的重要指标。胆红素可分为结合胆红素（又称直接胆红素）和非结合胆红素（又称间接胆红素）。若肝细胞受损，结合胆红素不能正常转化为胆汁，或胆汁排泄受阻，均会引起结合胆红素偏高，常见病因有肝内及肝外阻塞性黄疸、胰头癌、毛细胆管型肝炎及其他胆汁瘀滞综合征等。若体内的红细胞破坏过多，会使肝不能完全把非结合胆红素转化为结合胆红素，导致体内非结合胆红素偏高，常见原因有溶血性贫血、输血时血型不合、新生儿黄疸等。

【临床意义】

1. 黄疸（jaundice）的诊断 黄疸是指高胆红素血症引起皮肤、巩膜和黏膜等组织黄染的现象。①当血清总胆红素（TBil）>参考区间上限~34.2 μmol/L 时，出现肉眼难于察觉的黄疸，为隐性黄疸或亚临床黄疸；②如血清总胆红素>34.2 μmol/L 即为显性黄疸，根据 TBil 含量，显性黄疸可分为轻度黄疸（TBil 34.2~171 μmol/L）、中度黄疸（TBil 172~342 μmol/L）和重度黄疸（TBil>342 μmol/L），梗阻性黄疸常>342 μmol/L。

2. 黄疸的分类与鉴别 见表 21-5。

表 21-5 临床黄疸类型的实验鉴别诊断

黄疸类型	血清结合胆红素	血清非结合胆红素	尿胆原	尿液胆红素	粪便颜色
溶血性黄疸	↑	↑↑↑	↑↑↑	−	深棕色
肝细胞性黄疸	↑↑	↑↑	↑↑	+ ~ ++	棕黄色
梗阻性黄疸	↑↑↑	↑	↓/−	++ ~ +++	浅黄或灰白色

注：↑升高；↓减低；− 阴性；+ 阳性

3．判断肝细胞损害的程度和预后 血清 TBil 明显增高反映肝细胞损害严重。病毒性肝炎时，肝细胞损害越严重，血清 TBil 越高，而且 CBil 可持续升高；暴发性肝炎时，血清 TBil 仅中度升高；胆汁淤积性肝炎时，虽肝损害较轻，但血清中 TBil 却可以很高；成人溶血性黄疸时，血清总胆红素很少超过 85.5 μmol/L，超过此值常提示有肝损害或胆道梗阻；急性酒精性肝炎时，如血清 TBil 超过 85.5 μmol/L，提示预后不良。

（二）血清总胆汁酸

胆汁酸（bile acid，BA）是胆汁的主要成分，当肝细胞损伤或胆道阻塞时都会引起胆汁酸代谢障碍，导致血清总胆汁酸（total bile acid，TBA）增高。胆汁酸含量可反映肝细胞合成、摄取及分泌功能，并与胆道排泄有关。

> **知识拓展**
>
> **胆汁酸与胆汁酸谱**
>
> 胆汁酸是胆汁中的主要成分，是胆固醇经肝组织代谢的最终产物，当肠肝循环被破坏，则胆汁酸不能重复利用。血清胆汁酸测定可反映肝细胞的合成代谢、摄取和排泌的状态；胆汁酸的生成和代谢与肝关系密切，肝细胞发生病变，血清总胆汁酸跟随变化。随着检验技术的不断进步，应用液相色谱串联质谱法将胆汁酸的亚型进行分类分析，可精准检测胆汁酸谱水平，辅助诊断妊娠期肝内胆汁淤积症；诊断肝功能异常，区分诊断肝细胞损伤性肝病和胆汁淤积性肝病，诊断胆汁酸结合作用缺陷症；评估熊脱氧胆酸等疏肝利胆药物药效。胆汁酸谱包括胆酸、脱氧胆酸、鹅脱氧胆酸、熊脱氧胆酸、石胆酸、甘氨胆酸、甘氨脱氧胆酸、甘氨鹅脱氧胆酸、甘氨熊脱氧胆酸、甘氨石胆酸、牛磺胆酸、牛磺脱氧胆酸、牛磺鹅脱氧胆酸、牛磺熊脱氧胆酸、牛磺石胆酸等。

【参考区间】血清 TBA：0 ~ 10 μmol/L（酶法）。
【临床意义】①肝胆疾病：例如急、慢性肝炎，重症肝炎等；胆道梗阻，例如胆结石、肝癌、胆汁性胆管炎等，血清 TBA 均明显升高，增高的程度与病情轻重有一定的相关关系。②肝硬化：参见第九章第一节。③血清 TBA 变化与临床肝胆疾病的病程有一定关系。

四、肝纤维化标志物

正常肝胶原（collagen）的含量较少。肝纤维化时，肝实质细胞减少，间质细胞和细胞外间质，尤其是胶原明显增加。通过检测血清中的一些胶原蛋白，如Ⅲ型前胶原肽（procollagen

Ⅲ peptide，P-Ⅲ-P)、Ⅲ型前胶原（procollagen Ⅲ，PC-Ⅲ)、Ⅳ型胶原（collagen type Ⅳ，C-Ⅳ）和细胞外基质成分，如透明质酸（hyaluronic acid，HA)、层粘连蛋白（laminin，LN）的含量变化，可在一定程度上反映肝纤维化的程度。

【参考区间】血清 P-Ⅲ-P：0.3～0.6 μg/L（RIA）；PC-Ⅲ：41～163 μg/L（RIA）；C-Ⅳ：34.77～64.77 μg/L（RIA）；HA：30～84 μg/L（RIA）；LN：20～80 μg/L（ELISA）。

【临床意义】参见第九章第一节。

【应用评价】联合检测肝纤维化血清标志物，可提高其灵敏度和特异性，对肝早、晚期纤维化及其程度更有意义。血清Ⅳ型胶原在肝纤维化时升高最早；Ⅲ型前胶原可反映慢性肝纤维化的活动性，早期也显著升高；LN 升高与纤维化程度和门脉高压正相关，在纤维化后期升高尤为显著，HA 反映肝损伤程度。

思 考 题

1. 简述黄疸的类型及胆红素代谢原理。
2. 简述肝纤维化的主要实验检查以及临床意义。

（邱 骏）

第二节 胰腺酶学试验

正常胰腺分泌的消化酶有两种形式：一种是有生物活性的，如淀粉酶和脂肪酶等；另一种是以前体或酶原形式存在的无活性的酶，如胰蛋白酶原、糜蛋白酶原等。正常胰腺分泌的酶几乎全部进入十二指肠，只有极少部分因各种原因而入血。胰腺酶学检验中，血、尿淀粉酶、血脂肪酶及尿胰蛋白酶原-2 测定最常用，对急性胰腺炎的早期诊断、疗效监测有重要意义。

案例 21-2

赵某，女性，43 岁，1 天前吃火锅后出现腹痛，以剑突下为著，按压明显加重，无发热、无大汗、无恶心、无呕吐。腹平软，无压痛、无反跳痛，无移动性浊音，肠鸣音减弱。辅助检查：白细胞 $5.29×10^9$/L，血钙 2.21 mmol/L，三酰甘油 6.39 mmol/L，ALT 21 U/L，AST 16 U/L，淀粉酶 296 U/L，脂肪酶 1062 U/L。CT 可见胰腺略肿胀，胰头部可见小片状低密度影。

问题：
1. 该患者有哪些异常表现？
2. 初步考虑什么疾病？依据是什么？
3. 该患者是否有不典型表现？如何分析？

基础回顾

急性胰腺炎的发病机制

各种胰酶原的不适时提前激活是急性胰腺炎形成的主要始动因素。正常情况下，胰腺腺泡细胞内酶蛋白的形成与分泌过程处于与细胞质隔绝状态。胰腺实质与胰管、胰管与十二指肠之间存在压力差，胰液的分泌压大于胆汁的分泌压，十二指肠液和胆汁不会反流入胰腺。如各种原因导致十二指肠液和胆汁排泄不畅而反流入胰管，其中的细菌等有害因子可破坏胰管的黏膜屏障，激活胰酶，胰腺有可能因各种自身酶的消化而产生炎症。此外，胰管梗阻、酗酒可引起胰液分泌增加，高脂血症可导致胰腺小血管内皮损伤，炎症介质可导致系统性炎症反应等，均可引发或加剧急性胰腺炎。

一、淀粉酶

血中淀粉酶（amylase，AMY）分子量为 54～62 kD，可自由通过肾小球，故尿液中也可测到 AMY。该酶存在于多种器官中，其中含量最丰富的是唾液腺和胰腺，也是血液中 AMY 的主要来源。血、尿 AMY 可用于急性胰腺炎的诊断和腹痛、腹肌紧张、恶心、呕吐等急腹症的鉴别诊断。

【参考区间】总 AMY：血浆（清）35～135 U/L（麦芽七糖法），随机尿＜1000 U/L 或尿总 AMY/尿肌酐（Cr）比值＜680 U/g Cr，24 h 尿＜900 U/24 h。

【临床意义】参见第九章第三节。AMY 在起病后 5～7 小时开始升高，48 小时达高峰，后逐渐下降，3～4 天恢复正常水平。约 75% 的患者在起病 24 小时内淀粉酶超过正常上限 3 倍。除急性胰腺炎外，许多胰外疾病（如腮腺炎、穿孔性溃疡、肠梗阻、急性胆囊炎、巨淀粉酶血症、异位妊娠、糖尿病酸中毒、肺炎、急性阑尾炎、支气管肿瘤、卵巢恶性肿瘤等）均可出现 AMY 升高。有研究报告，AMY 测定诊断急性胰腺炎的灵敏度为 70%～95%，特异性仅为 33%～34%。同时测定尿 AMY 并做动态观测，可提高诊断的阳性率。

【应用评价】① AMY 升高程度与病情轻重不相关，病情轻者可能很高，病情严重者如暴发性胰腺炎因腺泡组织受到严重破坏，AMY 生成大为减少。② AMY 诊断慢性胰腺炎的灵敏度不高。③ AMY 的检测试剂使用底物不同，应注意参考区间的不同。④ 血清中的淀粉酶比较稳定，室温 4 天、4℃ 2 周均稳定。

二、脂肪酶

血清或血浆脂肪酶（lipase，LIP/LPS）分子量 48 kD，主要来源于胰腺，但仍有些由胃和肠黏膜分泌。其在胰腺中的浓度为其他组织的 5000 倍，胰腺与血清中的浓度梯度为 20000 倍，故可用于急性胰腺炎诊断和急腹症鉴别诊断。LPS 在急性胰腺炎时，4～8 小时升高，24 小时达峰，7～14 天内回落，升高幅度可达参考上限的 2～50 倍。

【参考区间】血清或血浆 LPS：比浊法（37℃）36～160 U/L 或 0～190 U/L；偶联酶分光光度法（37℃）7～58 U/L 或＜220 U/L。

【临床意义】参见第九章第三节。① LPS 和 AMY 多呈平行性改变，但 LPS 升高的幅度人，持续时间长，同时测定 AMY 和 LPS 对诊断急性胰腺炎更有意义；②血 LPS 的组织来源比 AMY 少，故诊断急性胰腺炎的特异性优于 AMY；③LPS 水平下降时间长，急性胰腺炎恢复期有助于治疗的监测；④腮腺炎和巨淀粉酶血症患者 LPS 不增高，有鉴别诊断意义。

LPS 降低见于：①慢性胰腺炎后期腺泡组织严重破坏；②胰腺癌或结石引起胰腺导管梗阻；③儿童十二指肠液中 LPS 过低，提示儿童胰腺囊性纤维化。

【应用评价】①测定 LPS 的不同方法间参考区间有差异；②慢性胰腺炎诊断敏感性低；③离体血清内稳定。

> **知识拓展**
>
> **急性胰腺炎的诊断标准及严重程度判定**
>
> 诊断标准：临床上符合以下 3 项特征的 2 项，即可诊断急性胰腺炎。①腹痛（急性、突发、剧烈上腹疼痛，常向背部放射）；②血清 AMY 和（或）LPS 超过 3 倍参考区间上限；③增强 CT/MRI 或腹部超声呈急性胰腺炎影像学改变。
>
> 严重程度判定：纳入指标包括，入院时，年龄＞55 岁，血糖＞11.2 mmol/L，白细胞＞16×10^9/L，ALT＞250 U/L，LDH＞350 U/L；入院后 48 小时内，HCT 下降＞10%，血钙＜2.2 mmol/L，碱缺失＞4 mmol/L，尿素上升＞1.8 mmol/L，估计失液量＞6 L，氧分压＜8 kPa（60 mmHg）。
>
> 判定标准：＜3 个指标阳性为轻症；≥3 个为病重；≥5 个为预后较差。

三、胰蛋白酶原-2

胰腺组织受损时，尿中胰蛋白酶原-2（trypsinogen-2，Try-2）浓度明显增高。可用于急性胰腺炎诊断和急腹症鉴别诊断。

【参考区间】尿胰蛋白酶原-2：阴性（免疫层析法）。

【临床意义】参见第九章第三节。

【应用评价】急性胰腺炎时，Try-2 与疾病的严重程度有相关性，敏感性和特异性均高于淀粉酶，变化比 AMY 时间早、幅度大、持续时间长，但其他一些消化道疾病及肾衰竭时也可呈阳性。

思 考 题

1. 简述 AMY 和 LPS 在急性胰腺炎发病后的变化规律。
2. 简述急性胰腺炎酶学评估方法及其优缺点。

（王学晶）

第三节　肾功能试验

肾的主要生理功能是排泄代谢产物，调节水、电解质和酸碱平衡，提供成年人体内激素等。肾的功能单位为肾单位，主要由肾小球和肾小管组成，肾小球主要执行滤过功能，肾小管主要执行重吸收和排泌功能。肾还具有分泌肾素、内皮素、前列腺素、维生素 D 和促红细胞生成素等功能。肾功能试验包括肾小球功能、肾小管功能和内分泌功能的检测,标本可为血清、尿液等。肾病早期可没有明显的临床表现,因此,肾功能的检测有助于肾病的早期诊断,对于疾病的治疗监测及预后判断等也具有重要意义。

案例 21-3

男性,29 岁,劳累后发现双下肢对称性、可凹性水肿,自觉尿液泡沫增多,门诊查尿蛋白+++,镜检红细胞 20~30 个/HPF,尿蛋白定量 3.95 g/L,血白蛋白 41 g/L,血肌酐 150 μmol/L。

问题:
1. 该患者有哪些肾功能的改变?
2. 该患者还可以做哪些检查进一步完善功能评估和病因探寻?
3. 如何获得该患者的 GFR?

一、肾小球滤过功能试验

肾小球滤过率(glomerular filtration rate,GFR)是指单位时间(通常为 1min)内两肾生成滤液的量,因不能直接测量,可用清除率测定 GFR。清除率是指单位时间内肾清除血浆中物质的能力,可通过测量血液中物质清除(血浆清除率)或尿液中物质排出(肾清除率)而获得。肾清除率在临床上应用广泛,若物质的肾清除率等于滤过率,要求该物质需满足血液中浓度稳定、自由滤过、无肾小管重吸收和排泌的特性。此时 $GFR \times P = U \times V$,则 $GFR = (U \times V) / P$。计算公式中,U 为尿中某种物质的浓度,P 为血浆中某种物质的浓度,V 为每分钟的尿量(ml/min)。

知识拓展

GFR 估算公式

测量的 GFR 最为准确,但测量方法都不理想,包括物质清除率试验的繁琐以及肌酐清除率的留尿偏差以及肾小管分泌。血肌酐和 GFR 呈现双曲线关系,以测量的 GFR 为标准,通过数学公式可以从肌酐值计算 GFR(eGFR)。最早的 CG 公式以 Ccr 为标准,通过血肌酐浓度估算 Ccr。1999 年,基于慢性肾病人群数据,建立了基于肌酐、性别、年龄和种族系数的 MDRD 公式,之后陆续开发了数十种适用于不同人群的估算公式。2012 年发表在新英格兰医学杂志上的目前常用的成人估算公式为 CKD-EPI 公式,常用的儿童估算公式为 Schwartz 公式。

因 GFR 公式在建立时,测量的 GFR 已经过体表面积校正,故 eGFR 均为校正过的值,可以在人群间直接比较。此外,在建立公式时,与测量的 GFR 比较,如果有 70% 的估算结果与测量结果的偏差在 30% 以内,就认为公式可以接受。基于此,eGFR 还是一个比较粗略的估算值,GFR 值越高,允许的偏差越大,估算值有可能与实际 GFR 相差较大;在较低的 GFR 下,eGFR 更接近于真实的 GFR。因此,在实际工作中,要科学分析和使用 eGFR。当肌酐或胱抑素 C 受到肾外因素影响较大时,eGFR 也将不准确,此时不建议使用估算的 GFR,以免影响临床诊疗。

1. 内生肌酐清除率 肌酐为肌肉内肌酸的代谢产物，具有上述特性，故其肾清除率可基本反映 GFR。肾单位时间可清除多少毫升血液中的肌酐，称为内生肌酐清除率（creatinine clearance rate，Ccr），在临床上最为常用。通过检测血清与尿液肌酐浓度、每分钟尿量（根据 24 h 尿量计算），并校正体表面积后，计算得到 Ccr，其计算公式如下。

Ccr = 尿中肌酐含量（μmol/L）/ 血清肌酐含量（μmol/L）× 每分钟尿量（ml/min）

矫正 Ccr = 实际清除率 Ccr ×（中国成人体表面积中位数 / 受试者体表面积）

【参考区间】成人 Ccr：80 ~ 120 ml/min；40 岁后每年下降 0.5 ~ 1 ml/min，70 岁时约为青壮年的 60%；2 岁以内小儿偏低，新生儿：25 ~ 70 ml/min；妊娠期内偏高。

【临床意义】参见第七章第一节。

【应用评价】① Ccr 可较早判断 GFR 下降，是反映滤过功能的敏感指标。② Ccr 存在固有缺陷：肾小管可以少量分泌肌酐，故 Ccr 较 GFR 高 10% ~ 15%，GFR 显著下降时，肾小管代偿性分泌更多肌酐，Ccr 可高出 GFR 40% ~ 50%；肾衰竭时，肠道细菌可以分解肌酐；肉食摄入、肌酸摄入、服用影响肾小管排泌肌酐的药物等肾外因素影响血、尿肌酐水平。

2. 血清肌酐（serum creatinine，Scr） 因其血液中浓度稳定，主要由肾小球滤过排出体外，其浓度主要取决于 GFR。GFR 下降时，Scr 浓度升高。Scr 检测方法包括酶法和苦味酸法。

【参考区间】男性：20 ~ 59 岁 57 ~ 97 μmol/L；60 ~ 79 岁 57 ~ 111 μmol/L。女性：20 ~ 59 岁 41 ~ 73 μmol/L；60 ~ 79 岁 41 ~ 81 μmol/L。儿童参考区间据年龄、性别划分（参见 WS/T 780-2021 儿童临床常用生化检验项目参考区间）。孕妇因血液稀释浓度下降。

【临床意义】参见第七章第一节。① Scr 初步评估肾滤过功能损害的程度：肾功能代偿期 Scr 133 ~ 177 μmol/L；肾功能失代偿期 Scr 186 ~ 442 μmol/L；肾衰竭期 Scr 451 ~ 701 μmol/L；尿毒症期 Scr 多 > 707 μmol/L。② Scr 通常用于 GFR 的监测：GFR 下降至 70% 左右时，Scr 无显著升高，其不能反映 GFR 的轻度下降。③ Scr 鉴别肾前性和肾实质性少尿：肾前性少尿（如心力衰竭、脱水、肝肾综合征、失血等）一般 ≤ 200 μmol/L；而肾实质性少尿 Scr 多 > 200 μmol/L；此外，肾实质性少尿 Scr 与血清尿素（Sur）同时增高，Sur/Scr ≤ 10 : 1；而肾前蛋白分解代谢旺盛或蛋白摄入过多时，Sur 可快速上升，但 Scr 不相应升高，此时，Sur/Scr > 10 : 1。

【应用评价】① Scr 与个体肌肉量、运动习惯、饮食习惯等有关，个体内生物学变异为 7% 左右，个体间生物学变异为 27%；老年人、身体消瘦者血肌酐基础浓度偏低，GFR 显著下降时 Scr 浓度也可能未超出参考范围上限，此时应警惕，结合方法学和生物学变异综合判断；部分人群因肾外因素（如健身、长期运动、服用肌酸等）致 Scr 超出参考区间少许，不可误判为肾功能减退。②妊娠时由于血浆稀释，多在 35.2 ~ 52.8 μmol/L，如果孕妇 Scr > 70.4 μmol/L 则被认为有升高倾向。③苦味酸法检测 Scr 易受快、慢肌酐物质的干扰导致结果假性偏高，尤其是低浓度区；酶法检测 Scr 易受还原性药物的干扰导致结果假性偏低。应注意干扰对于检测结果的影响。

3. 血清尿素（serum urea，Sur） 尿素是蛋白质代谢的终产物之一，其浓度取决于蛋白质代谢的平衡状态及肾排泄速度。在蛋白质代谢较为恒定的状态下，血清尿素浓度与 GFR 有关，一般在肾功能不全的失代偿期或氮质血症时，尿素会明显增高。

【参考区间】男性：20 ~ 59 岁 3.1 ~ 8.0 mmol/L；60 ~ 79 岁 3.6 ~ 9.5 mmol/L。女性：20 ~ 59 岁 2.6 ~ 7.5 mmol/L，60 ~ 79 岁 3.1 ~ 8.8 mmol/L。儿童参考区间据年龄、性别划分（参见 WS/T 780-2021 儿童临床常用生化检验项目参考区间）。

【临床意义】参见第七章第一节。

【应用评价】尿素易受肾外因素影响，例如脱水、急性失血、休克所致的肾血流减少；尿路梗阻所致的排出不畅；消化道出血、甲亢、烧伤、挤压综合征所致的蛋白质分解亢进，可引起尿素升高；肝癌、肝硬化和恶液质导致的蛋白质合成不足等可引起尿素降低。Sur 作为肾功能不全患者的病情观察和治疗效果评价指标时应与 Scr 联合评估。

4. 血清半胱氨酸蛋白酶抑制剂 C（cystain C，Cys C） 简称胱抑素 C，较肌酐能更灵敏发现 GFR 的轻度下降。Cys C 存在于所有体液中，脑脊液中浓度最高，尿中的浓度最低。

【参考区间】成人血清 Cys C 浓度：0.59～1.03 mg/L。

【临床意义】参见第七章第一节。

【应用评价】Cys C 多采用免疫学方法测定，故影响免疫学检测的干扰因素均可能影响 Cys C 的测定，包括 RF、嗜异性抗体、HAMA 等；此外，甲亢、大剂量应用糖皮质激素可促进 Cys C 的表达，导致其浓度升高而非 GFR 下降，应注意鉴别。

5. 估算的肾小球滤过率（estimated GFR，eGFR） 单纯肌酐和胱抑素 C 不能用于 CKD 分期，故通过拟合公式，从一个血清生物标志物计算得到一个近似的 GFR，即 eGFR，可方便评估 GFR、临床用药指导、慢性肾病的诊疗、流行病学调查等。当肌酐或胱抑素 C 受到肾外因素影响时，eGFR 偏差大，此时需要进行 GFR 的测量。

CKD-EPI（CKD Epidemiology Collaboration）公式因其建立时的大人群、多种疾病谱、GFR 数值范围宽以及标志物的标准化被广为使用。具体公式形式如下。

男性：$Scr \leq 80\ \mu mol/L$，$GFR = 141 \times (Scr/80)^{-0.411} \times 0.993^{年龄}$

$Scr > 80\ \mu mol/L$，$GFR = 141 \times (Scr/80)^{-1.209} \times 0.993^{年龄}$

女性：$Scr \leq 62\ \mu mol/L$，$GFR = 144 \times (Scr/62)^{-0.329} \times 0.993^{年龄}$

$Scr > 62\ \mu mol/L$，$GFR = 144 \times (Scr/62)^{-1.209} \times 0.993^{年龄}$

6. 尿总蛋白（urine total protein）和尿白蛋白（urine albumin）

【参考区间】晨尿　尿总蛋白　定性 阴性，定量 < 0.1 g/L

　　　　　　　尿白蛋白　< 20 mg/L

　　　　　　　尿白蛋白 - 肌酐比值（albumin/creatinine ratio，ACR）< 3 mg/mmol

　　24 小时尿　尿总蛋白　< 0.15 g

　　　　　　　尿白蛋白　< 30 mg

【临床意义】参见第七章第一节，第十一章第一节。

【应用评价】尿蛋白干化学试纸条主要缺陷有 2 个。一是对球蛋白不敏感，仅对白蛋白敏感，故部分样本可能出现定性和定量不符合的现象，此时应考虑干化学总蛋白测试法的干扰。二是对于微量白蛋白不敏感，例如浓度为 20～100 mg/L 的清蛋白，干化学试纸条可显示为阴性。故对于风险人群的肾早期损伤建议检测尿白蛋白，例如糖尿病、高血压等。尿总蛋白定量检测应注意检测系统的线性范围，尤其肾病综合征时需要适当稀释后测定。

尿 ACR 广泛应用于 CKD 的风险分层和糖尿病肾病分期。通常的免疫比浊检测尿白蛋白线性上限多在 400 mg/L，少数检测系统能达到 1000 mg/L。因患者的蛋白尿程度不同，需要选择适当稀释度以获得准确结果，建议先对尿液行磺柳酸定性，根据定性结果和检测系统线性，合理稀释后再测定白蛋白。此外，尿肌酐的测定也要注意检测系统的线性范围并合理稀释，以保证 ACR 的准确。

二、肾小管功能试验

肾小球滤过液在成为尿液之前经过溶质的清除和重吸收以及再排泌和物质交换的过程，这个过程主要由肾小管完成，包括近端小管、髓袢、远端小管和集合管。

微整合

基础回顾

尿液形成过程

重吸收和再排泌可通过跨细胞转运和细胞旁转运实现，跨细胞转运依赖于细胞膜上特定的转运蛋白，这些膜蛋白的活性受到多种机制调控。近端肾小管、髓袢和远端肾小管具有明显的细胞形态差异，在功能、转运蛋白分布和对利尿剂的反应方面也存在明显差异。近端小管重吸收大量物质，具有明显的刷状缘；髓袢在维持髓质的浓度梯度和尿液稀释方面发挥重要作用；远端小管是酸和钾主要的排泌部位，也是噻嗪类利尿剂的主要作用位点。

1. 近端肾小管细胞损伤和功能损伤试验 近端肾小管主要承担重吸收功能，通过检测可自由滤过的低分子量蛋白，如 β_2 微球蛋白（β_2-microglobulin，β_2-MG）、α_1 微球蛋白（α_1-microglobulin，α_1-MG）、视黄醇结合蛋白（retinol-binding protein，RBP）等，可以反映重吸收功能是否受损；此外，肾小管的刷状缘酶，例如 N- 乙酰 -β-D- 氨基葡萄糖苷酶（N-acetyl-β-D-glucosaminidase，NAG），在肾小管细胞受损伤时可脱落致尿液浓度升高。

【参考区间】① α_1-MG：血清 10～30 mg/L；尿液 < 15 mg/24 h 或 < 10 mg/g Ucr（尿肌酐）。② β_2-MG：血清 18～59 岁为 1～2.3 mg/L，≥ 60 岁为 1.3～3.0 mg/L；尿液 < 0.2 mg/g Ucr。③ NAG：速率法 < 2.37 U/mmol Ucr 或 < 21 U/g Ucr；终点法 < 1.81 U/mmol Ucr 或 < 16 U/g Ucr。④ RBP：成人尿 < 0.7 mg/L。

【临床意义】参见第七章第二节。

【应用评价】①尿 NAG 活性增高主要见于早期肾小管细胞损伤；尿低分子量蛋白增高则主要见于肾小管重吸收功能损伤，彼此不能替代，可单独升高或同时升高，联合运用更有价值。② 因肾小管回吸收功能的代偿能力有限，故当有大量蛋白尿时，应综合分析。③因目前尿液标志物标准化尚不完善，故不同厂商结果间可比性不佳。

2. 远端肾小管功能试验 远端肾小管可通过尿浓缩 - 稀释试验、尿渗量（urine osmol，UOsm）等反映其功能变化。尿渗量是指尿内全部溶质的微粒总数量，以毫渗摩尔数量 / 千克水 [mOsm/(kg·H$_2$O)] 为单位表示。

【参考区间】①成年人 24 h 尿量为 1000～2000 ml；夜尿量（晚 8 时至次晨 8 时）< 750 ml；昼夜尿量之比为（3～4）:1；日间各次的尿比重因尿量不同有变化，可波动在 1.002～1.030，最高与最低尿比重之差 > 0.009；尿液最高比重应在 1.020 以上。②禁饮（8 h）尿渗量为：600～1000 mOsm/(kg·H$_2$O)，平均值 800 mOsm/(kg·H$_2$O)；血浆渗量为：275～305 mOsm/(kg·H$_2$O)，平均值 300 mOsm/(kg·H$_2$O)；尿 / 血浆渗量（UOsm/POsm）（3～4.5）:1。

【临床应用】参见第七章第二节。

【应用评价】①渗量测定不受温度影响，重复性好，优于尿比重测定；②尿渗量与血浆渗量比值比单独测定更有意义；③血浆渗量测定应选用肝素抗凝剂。

思 考 题

1. 简述肾小球滤过率评估方法及其优缺点。

2. 简述常用肾小管结构和功能损伤的实验室标志物及其临床意义。

(王学晶)

第四节 心功能试验

心血管疾病是以心脏和血管病变为主的循环系统疾病。心血管疾病的诊断除了基于患者的症状体征外，还有多种辅助手段从形态或电生理角度提供线索，诸如血管造影、X线成像、心脏彩超或心电图等。与此同时，心血管疾病发生和发展过程中，机体存在生物化学方面的多种改变，针对这些生化物质变化检测的心功能试验，对心血管疾病的风险评估、临床诊断、鉴别诊断、疗效监测和预后判断等具有重要的意义。

案例 21-4

张某，女性，79岁，5天前因呼吸困难，伴出汗，晚上须端坐才能入睡，以"冠心病"收治入院。体格检查：体温36.5℃，心率102次/分，血压163/105 mmHg，呼吸26次/分。

辅助检查：影像学检查提示双侧少量胸腔积液，心电图提示窦性心率。

实验室检查：入院急查肌钙蛋白I（cTnI）0.3 μg/L，B型利钠肽（BNP）684.3 pg/ml。

问题：
1. 依据实验室检测指标，此患者可诊断为何种疾病？
2. 诊断依据是什么？

一、心肌损伤标志物

心肌损伤时心肌细胞膜的完整性发生不同程度的破坏，致使组织中的蛋白及酶类从细胞内释放出来，通过心肌间质进入血液，导致血液中这些物质成分的增加。通过测定血液中相应物质成分的浓度水平，可以判断和评估心肌损伤情况，临床将此类物质称为"心肌损伤标志物"。心肌损伤标志物释放量与心肌损伤严重程度密切相关。检测患者血心肌损伤标志物类型与水平在冠心病心肌损伤的诊断及风险评估中发挥了重要的作用。动态分析心肌损伤标志物的变化可提示临床治疗效果，并可作为判断患者预后的实验诊断辅助指标。

理想的心肌损伤标志物应具备以下特点。①特异性高：仅在心肌损伤时才会有明显的变化。②敏感度好：轻微的心肌损伤或心肌损伤早期就有明显的变化。③反映病情：即标志物的变化幅度和心肌损伤的严重程度明确相关。④判断疗效：明确反映溶栓治疗的效果。⑤易于检测：具有可靠的测定方法和参考体系，检测结果为临床所接受。

（一）心肌肌钙蛋白

心肌肌钙蛋白（cardiac troponin，cTn）是组成心肌纤维细肌丝的蛋白，其本身由心肌肌钙蛋白T（cTnT）、心肌肌钙蛋白I（cTnI）和心肌肌钙蛋白C（cTnC）三个亚单位组成，其中cTnT和cTnI是现今心肌组织损伤时可在血液中检测到的特异性和敏感性最高的标志物，是诊断和鉴别诊断急性冠脉综合征（acute coronary syndrome，ACS）和急性心肌梗死（acute myocardial infarction，AMI），对心脏疾病进行危险分层的首选标志物。

cTnI 和 cTnT 与其他组织来源的肌钙蛋白亚单位存在较大差异，心肌组织特异性强。在心肌细胞中，cTn 主要以构成细胞浆中细肌丝结构蛋白的形式存在，仅少量在细胞浆中以游离形式存在。AMI 患者外周血中 90% 以上的 cTnI 都是 cTnI-cTnC 复合物形式，仅有少量的游离形式；cTnT 多以游离形式存在。

cTnT 和 cTnI 是目前公认最好的 AMI 确诊标志物，具体应用于以下方面。①判断急性心肌梗死：血中肌钙蛋白升高即高度怀疑患者已有心肌损伤，应立即进行相应的处理。②判断微小心肌损伤：cTnT 和 cTnI 在不稳定型心绞痛患者中的阳性率分别为 39% 和 30%，是患者此时唯一发生变化的指标。③判断心肌损伤程度：心肌梗死后血液中 cTnT 浓度升高幅度可达正常的 20～300 倍，升高幅度与心肌梗死面积、持续时间等因素相关。④评估溶栓治疗后血液再灌注效果优于 CK-MB 和 Mb，因为再灌注成功后 cTnT 和 cTnI 会再次小幅度升高，呈现"双峰"现象，但对于 6 小时内的心肌梗死诊断效率很低且不适用于判断短时间内的心肌再梗死。

【参考区间】血清 cTnI ＜ 0.20 μg/L；cTnT ＜ 0.13 μg/L；hs-cTnI ＜ 0.034 μg/L；hs-cTnT ＜ 0.014 μg/L（化学发光法）。

【临床意义】参见第十二章第一节。

【应用评价】① cTn 是诊断心肌损伤特异的指标，对于一些不能通过心电图改变判断、无临床典型症状的微小心肌损伤患者，cTn 是目前最佳的辅助诊断指标。超敏 cTn（hs-cTn）对于心肌损伤具有较高的阴性预测价值，可以减少 cTn 诊断盲区，应用时应注意动态监测。②不同检测系统的参考区间有明显差异，在比较检测结果时应注意。

（二）肌酸激酶同工酶

肌酸激酶同工酶（creatine kinase-MB，CK-MB）主要存在于心肌细胞中，心脏疾病发生时，CK-MB 含量可达总 CK 的 15%～20%。CK-MB 的酶活力会受到肌酸激酶同工酶 BB（CK-BB）、线粒体 CK 及巨 CK 的干扰，在临床上有可能出现假性升高的情况，因此目前临床多直接采用 CK-MB 质量检测法，不受 CK-BB 的影响，提高了检测特异性和准确度。

【参考区间】男 ＜ 3.61 ng/ml；女 ＜ 4.87 ng/ml（化学发光法）。

【临床意义】参见第十二章第一节。

【应用评价】① CK-MB 目前在临床上主要用于没有条件使用 cTn 时的替代标志物。在其他一些疾病中，如肌病、多发性肌炎或挤压综合征等也发现 CK-MB 升高，可结合 cTn 加以鉴别。②不同检测系统的参考区间有明显差异，在比较检测结果时应注意。

> **知识拓展**
>
> ### CK 及其同工酶
>
> 肌酸激酶（CK）主要存在于心肌、骨骼肌、肾、脑等组织细胞和线粒体中，由 M 和 B 两个亚单位组成，可组成 3 种同工酶（也就是肌酸激酶同工酶）：肌酸激酶同工酶 MB（CK-MB）、肌酸激酶同工酶 MM（CK-MM）、肌酸激酶同工酶 BB（CK-BB）。正常人血清中以 CK-MM 为主，CK-MB 少量，CK-BB 极微量。
>
> CK-MB 主要存在于心肌中。CK-MB 具有 4 种亚型，但只有 3 种亚型存在于体内，其中血清 CK-MB1 及 CK-MB2 亚型对急性心肌梗死（AMI）的诊断更有敏感性和特异性。血清中 CK-MB 的升高不仅与心肌缺血过程有关，还与肌细胞溶解有关。CK-MB 主要用于急性心肌梗死的诊断和心肌梗死面积评估，目前认为是无条件测定肌钙蛋白情况下的首选心肌标志物。

（二）肌红蛋白

肌红蛋白（myoglobin，Mb）具有分子量较小、诊断窗口期较早、敏感性强等特点，在发病 6 h 以内的心肌损伤标志物中，Mb 是首选的早期标志物。

【参考区间】血清 Mb：男 28～72 ng/ml；女 25～58 ng/ml（化学发光法）。

【临床意义】参见第十二章第一节。

【应用评价】① Mb 特异性较差，在骨骼肌损伤及终末期肾功能不全时均有可能升高，因此，在发病 6 h 内，Mb 阴性结果能有效排除急性冠脉综合征（ACS），但其阳性结果必须通过 cTn 检测来确认。Mb 对于需冠脉手术的心肌损伤患者的早期诊断价值优于其他标志物。②不同检测系统的 Mb 参考区间有差异，应制订适合本实验室的参考区间。

其他常用的心肌损伤标志物还有肌酸激酶同工酶 MB（CK-MB）、心脏型脂肪酸结合蛋白（H-FABP）、糖原磷酸化酶同工酶 BB（GP-BB）和缺血修饰清蛋白（IMA）等。

二、继发性高血压实验诊断指标

继发性高血压是由某些确定的疾病或因素引起的血压升高，占所有高血压的 5%～10%。实验检查在高血压诊断、治疗中均起到了十分重要的作用。

（一）肾素-血管紧张素-醛固酮

肾素-血管紧张素-醛固酮系统（renin-angiotensin-aldosterone system，RAAS）主要是调节人体血压、水与电解质平衡，保持人体内环境稳定。检测血浆肾素、血管紧张素（angiotensin-Ⅰ/Ⅱ，AT-Ⅰ/Ⅱ）和醛固酮（aldosterone，ALD）的浓度变化，可辅助高血压的诊治。临床常用化学发光法检测。

【参考区间】①血浆肾素：卧位为 0.05～0.79 ng/(ml·h)；立位为 0.3～1.9 ng/(ml·h)；醛固酮/肾素活性＜20∶1。②血浆 AT-Ⅰ 为 11～88 ng/L；AT-Ⅱ 为 12～36 ng/L。③血浆 ALD：卧位为 48.5～123.5 ng/L；立位为 63～233.6 ng/L。

【临床意义】参见第十二章第二节。

【应用评价】①不同检测系统的参考区间有差异，应制订适合本实验室的参考区间；②多种药物，例如 β 受体阻滞药、血管扩张药、利尿药、甾体激素、肾上腺盐皮质激素受体拮抗药等可影响血浆肾素-血管紧张素-醛固酮水平，一般应在停药后 2 周以上测定；α 受体拮抗药对其检测影响较小。

（二）促肾上腺皮质激素与皮质醇

血浆促肾上腺皮质激素（adrenocorticotropic hormone，ACTH）与皮质醇浓度变化对明确高血压病因和治疗监测有一定意义，临床常用化学发光法检测。

【参考区间】① ACTH：上午 8 时为 25～100 ng/L；下午 6 时为 10～80 ng/L；②血浆皮质醇：上午 8 时为 140～630 nmol/L；下午 2 时为 55～165 nmol/L；昼夜皮质醇浓度比值＞2。

【临床意义】参见第十二章第二节。

【应用评价】①不同检测系统的参考区间有差异，应制订适合本实验室的参考区间；② ACTH 与皮质醇释放呈昼夜节律变化，应了解血浆样本采集时间（与结果解释相关）。

三、心力衰竭标志物

实验诊断指标在心力衰竭（简称心衰）诊断中虽然不是金标准，但是在其诊断、鉴别诊断、疗效监测及预后评价方面的价值得到了越来越广泛的认可。目前常用的心衰标志物有 B 型利钠肽（BNP）和氨基末端 -B 型利钠肽前体（NT-proBNP）。BNP 是由心室分泌的活性肽，半衰期为 22 min；NT-proBNP 是 BNP 生成过程中释放出的 N 端的一段肽，其半衰期为 120 min，体外稳定性强，在心衰患者中的水平较 BNP 高，更有利于心衰的诊断。

【参考区间】血清或血浆：BNP 0～35 pg/ml；NT-proBNP 0～125 pg/ml（化学发光法）。

【临床意义】参见第十二章第二节。

【应用评价】① NT-proBNP 与 BNP 对心衰诊治的临床应用价值相似，没有必要同时检测。BNP 具有生物学活性，半衰期短，体外稳定性差，采集标本后应立即检测，NT-proBNP 体外较稳定；②慢性肾功能不全影响 BNP/NT-proBNP 诊断心衰时的最佳临界值，NT-proBNP 的清除主要由肾小球滤过，因此其血浓度受肾功能影响大于 BNP；③血液中的 BNP/NT-proBNP 水平受性别、年龄和肥胖的影响，应综合分析。

四、心血管疾病风险因子

某些标志物作为危险因素虽不是心血管疾病发生的病因，也不能作为疾病诊断的依据，却与疾病的发生、发展和预后密切相关，可作为独立的风险评估因子提示疾病发生的危险性。目前常用的评估心血管疾病危险性的标志物有超敏 C 反应蛋白和同型半胱氨酸等。

（一）超敏 C 反应蛋白

用高敏感的方法检测到体内低水平的 C 反应蛋白，称为超敏 C 反应蛋白（hypersensitive c reactive protein，hs-CRP）；血清 hs-CRP 水平升高提示粥样硬化病灶的炎症活动增强，与心血管疾病的发病关系密切，可能是比低密度脂蛋白胆固醇更有效的独立心血管疾病预测指标。

【参考区间】血清 hs-CRP：0～3.0 mg/L（免疫比浊法）。

【临床意义】①急性冠脉综合征（acute coronary syndrome，ACS）患者风险评估：ACS 患者无论有无症状，均可用 hs-CRP 进行风险评估。hs-CRP＜1.0 mg/L 为低风险性；1.0 mg/L～3.0 mg/L 为中度风险性；＞3.0 mg/L 为高度风险性。② ACS 预后评价：hs-CRP 可作为 ACS 患者预后及复发的独立预测指标。

【应用评价】在应用 hs-CRP 作为心脑血管疾病的炎症性病变生物标志物时，首先要排除组织感染、组织损伤、恶性肿瘤的存在。

（二）血清同型半胱氨酸

同型半胱氨酸（homocysteine，Hcy）增多可导致血管内皮细胞损伤，促进血管中层细胞增殖以及血管外膜激活，促进炎症反应、氧化应激及凝血系统异常等，是心脑血管疾病发生的独立危险因子。

【参考区间】血清 Hcy：5.08～15.39 μmol/L（化学发光法）。

【临床意义】①血清 Hcy 每升高 5 μmol/L，可使冠心病的风险增加 33%；而 Hcy 每降低 3 μmol/L，可以降低 11% 的缺血性心脏病发病风险。②糖尿病患者血 Hcy 水平每升高 5 μmol/L，未来 5 年内死亡率增加 3 倍。③慢性肾病患者由于肾功能障碍，导致肾清除血液同型半胱氨酸的能力减退，造成动脉粥样硬化和心血管病死亡率增加。④血 Hcy 水平每升高 5 μmol/L，患脑血管疾病的风险增加 1.5 倍。血 Hcy 水平 > 14 μmol/L，阿尔茨海默病的发病风险增加 1 倍。⑤ Hcy 水平升高增加妊娠并发症的风险，如先兆子痫、习惯性流产、早产、胎盘早剥或胎盘梗死。

【应用评价】不同检测系统的检测结果存在一定的差异，在临床应用判定体内 Hcy 基础水平或进行疗效评估时，应选择同一检测系统的检测结果作为评判标准。一些抗肿瘤药物因抑制叶酸代谢引起血清 Hcy 增高。

思 考 题

1. 预测及诊断心力衰竭较为特异的实验室指标是什么？
2. 理想的心肌损伤标志物应具备的特点包括哪几项？
3. cTnT 和 cTnI 具体应用于哪些方面？
4. 男性，69 岁，自觉胸部不适、乏力，活动时气促、心悸 2 日。

患者高脂血症 6 年，近两年来偶感胸痛，但休息后缓解且持续时间短。当日晨感觉胸骨后压榨样疼痛，疼痛向左肩背部放射，休息无缓解。

体格检查：患者急性病容，体型偏胖，体温 37.6℃，血压 90/60 mmHg；心率 124 次/分，心尖区第一心音减弱，奔马律（+）；肝脾肋下未触及；其他无异常。

辅助检查：心电图检查提示有宽而深的 Q 波，ST 段抬高，T 波倒置；实验室检查提示血常规无明显异常；生化方面 TC 6.96 mmol/L，LDL-C 4.75 mmol/L，HDL-C 0.66 mmol/L，TG 2.68 mmol/L，CK 860 U/L，CK-MB 86 U/L，cTnI 2.8 μg/L。

(1) 该患者的诊断及诊断依据是什么？
(2) 需要与哪些疾病相鉴别？
(3) 需进一步完善哪些检查？

（徐文华）

第五节 物质代谢试验

物质代谢又称新陈代谢，是生命的基本体征，是生物体内各种化学变化的总称，机体不断与周围环境进行物质交换，这种物质交换称为物质代谢。物质代谢包含了同化作用和异化作用两个不同方向，涉及糖类、脂类、核酸、电解质等物质，实验诊断常见物质代谢试验主要包括糖代谢、脂代谢、核酸代谢、骨代谢试验，电解质与水平衡试验和酸碱平衡与血气分析，这些试验是机体物质代谢性疾病实验诊断最常用且必不可少的。

案例 21-5

女性，28 岁，有 1 型糖尿病病史，半昏迷状态急诊入院，口干、皮肤无弹性、临床脱水症状，伴有呕吐、腹泻 24 小时，因昏迷状态未准确使用胰岛素，未进食，查体：体温 36.5℃，呼吸 23 次/分，心率 100 次/分，血压 100/68 mmHg。心肺腹及神经系统经查体未见明显异常，尿常规：尿糖 4+，尿酮体 2+。血液检查：葡萄糖 70.5 mmol/L，K^+ 5.9 mmol/L，Na^+ 120 mmol/L，肌酐 223 μmol/L，尿素 26.4 mmol/L，动脉血二氧化碳总量 4.2 mmol/L。

问题：
1. 结合临床，该患者应考虑为何种诊断？
2. 解释实验室检查的结果。
3. 对该患者的诊疗计划是什么？

一、糖代谢试验

糖代谢试验主要包括血浆葡萄糖、口服葡萄糖耐量试验（oral glucose tolerance test，OGTT）、糖基化蛋白质、胰岛素与 C-肽、β-羟丁酸和乳酸等常用项目，可基本判断糖代谢有无异常，并辅助诊断糖代谢异常相关疾病。

（一）血浆葡萄糖

血浆葡萄糖（plasma glucose，PG）主要指血液中的葡萄糖，正常健康人的血糖浓度相对稳定在一定范围，血糖一般来源于食物、糖原分解和非糖物质的糖异生转化，血糖一般去向包括为生命活动提供能量、合成糖原、分解为非糖物质、转化为其他糖或糖类衍生物以及由尿液排出［当血糖浓度高于肾糖阈（8.8～9.9 mmol/L）］，实验室检查时常规多采集空腹静脉血，也可根据检查要求在不同时间如餐后 2 小时采血，因此，血糖浓度实验室检查是初步诊断有无糖代谢紊乱的最基本指标。

【参考区间】健康成人空腹血浆葡萄糖（fasting plasma glucose，FPG）：3.9～6.1 mmol/L。

【临床意义】参见第十一章第一节。

【应用评价】因血糖在标本中随时间消耗而降低，标本采集推荐用加氟化钠的真空采血管，可减少葡萄糖因体外消耗而降低。推荐检测血浆葡萄糖，标本空腹全血葡萄糖比血浆葡萄糖浓度低 12%～15%，空腹静脉血血糖比毛细血管高约 0.22 mmol/L、比动脉血高约 0.56 mmol/L。采用便携式血糖仪测定毛细血管全血标本的血糖，只适用于血糖监测，不作为诊断依据。

（二）口服葡萄糖耐量试验

口服葡萄糖耐量试验（oral glucose tolerance test，OGTT）是一种用来测定机体对葡萄糖负荷能力强弱的检查，当补充糖后，若胰岛 β 细胞功能正常，则可以调动机体各种机制调节血糖在 2～3 小时内恢复至空腹水平，这种现象称为耐糖现象，反之，若一定时间内血糖未降低至正常水平，视其严重程度可诊断为糖耐量减低或糖耐量受损（injured glucose tolerance，IGT）。

WHO 推荐应用 OGTT 作为诊断糖尿病的常规试验，主要用于诊断疑似糖尿病或进行未明原因造成的血糖升高相关诊断检查，适用于以下情况：①无糖尿病症状但有随机或空腹血糖异常；②无糖尿病症状，有一过性或持续性糖尿；③有糖尿病症状但空腹或随机血糖达不到诊断标准；④无糖尿病症状，但有明显的家族史；⑤妊娠期妇女筛查糖尿病；⑥甲状腺功能亢进症、肝病或感染时出现高血糖；⑦原因不明的肾病或视网膜病变。

【参考区间】WHO 推荐 OGTT：空腹血浆葡萄糖（FPG）3.9～6.1 mmol/L；服糖后 30～60 min 血糖达高峰，一般在 7.8～9.0 mmol/L，峰值 < 11.1 mmol/L；服糖后 2 h 血糖（2 h-PG）< 7.8 mmol/L；服糖后 3 h 血糖应恢复至空腹水平，尿糖均为阴性。

【临床意义】参见第十一章第一节。

【应用评价】根据 WHO 和美国糖尿病协会（ADA）诊疗指南，进行糖尿病筛查时，口服葡萄糖耐量试验（OGTT）前3天，应确保摄入足够的碳水化合物，至少150 g/d，维持正常活动，同时停用所有可能影响试验结果的药物。在采集血液时建议同时留取尿液进行尿糖测定。

（三）糖基化蛋白质

糖基化蛋白质的形成与血糖浓度和高血糖存在的时间相关，可反映较长时间段的血糖浓度的平均水平，是监控血糖控制效果的重要指标，临床上主要检查糖化血红蛋白（glycosylated hemoglobin，GHb）和糖化血清蛋白（glycosylated serum protein，GSP），糖化血红蛋白一般指血红蛋白中的HbA1c，HbA1c是由葡萄糖与HbA的β链形成非酶促合成的血红蛋白酮胺化合物，中国2型糖尿病防治指南（2020年版）将"糖化血红蛋白"首次正式纳入到糖尿病诊断标准中，可作为糖尿病的补充诊断标准。糖化血清蛋白主要是指糖化白蛋白（glycated albumin，GA）。

【参考区间】成人GHb：血液HbA1c为3.6%～6.0%（高效液相色谱法、酶法）；血清糖化白蛋白：10.8%～17.1%（酮胺氧化酶法）。

【临床意义】参见第十一章第一节。

【应用评价】①HbA1c水平由血液平均葡萄糖浓度和红细胞寿命两种因素决定，在有溶血性贫血或其他原因引起红细胞寿命缩短时，或近期有大量失血、新生红细胞大量生成时，HbA1c水平明显降低。高HbA1c水平也可见于缺铁性贫血患者，可能与较多的衰老红细胞有关。糖化血红蛋白≥6.5%可作为确诊糖尿病的依据。但低于6.5%的结果并不能排除糖尿病的可能性，还应该参考葡萄糖测定的结果。若糖化血红蛋白＞9.0%，说明患者持续存在高血糖。对于糖尿病患者，推荐至少3个月检测一次HbA1c，在糖尿病患者妊娠或调整治疗方案时，可1个月监测一次。糖化血红蛋白控制目标应遵循个体化原则，即根据患者的年龄、病程、健康状况、药物不良反应风险等因素实施分层管理，并对血糖控制的风险/获益比、成本/效益比等方面进行科学评估，以期达到最合理的平衡。②糖化白蛋白（GA）可反映2～3周前血糖的控制状况，可作为观察糖尿病近期治疗效果的指标，制订短期的治疗方案；结合GHb结果，可以制订更有效的治疗办法。白蛋白浓度和半衰期发生明显变化时，可对GA产生很大影响，故对于肾病综合征、肝硬化、异常蛋白血症或急性时相反应的患者，糖化血清蛋白结果不可靠。

（四）胰岛素与C-肽

胰岛素（insulin）浓度用于评定未使用胰岛素治疗的胰岛功能，C-肽（C-peptide）是胰岛素产生过程中的产物，用于评定应用外源性胰岛素和存在抗胰岛素抗体的情况下胰岛储备功能。

【参考区间】成人血清胰岛素浓度（化学发光法）：空腹2.6～11.1 mU/L；峰时为服糖后30 min至1 h，峰值为空腹胰岛素值的5～10倍；3 h降至空腹水平。血清C-肽（化学发光法）：空腹0.78～1.89 ng/ml；峰时为服糖后30 min至1 h，峰值为空腹值的3～4倍；3 h降至空腹水平。

【临床意义】参见第十一章第一节。

【应用评价】C-肽与胰岛素无免疫交叉反应，血中浓度不受外源性胰岛素和抗胰岛素抗体的干扰，故其测定结果能更准确地反映胰岛β细胞生成和分泌胰岛素的功能。

（五）血清β-羟丁酸

β-羟丁酸（β-hydroxybutyrate）是酮体中占比最多的物质，严重糖尿病患者，体内脂肪酸氧化作用增强，酮体生成增加，引起糖尿病性酮症酸中毒（diabetic ketoacidosis），临床上一般进行尿酮体定性检查和血清β-羟丁酸检查。

【参考区间】成人血清β-羟丁酸浓度：0.03～0.30 mmol/L。

【临床意义】参见第十一章第一节。

【应用评价】常用检查酮体的方法不能检测出 β-羟丁酸，在酮症酸中毒早期和恢复期，β-羟丁酸变化更明显，可真实反映酮症酸中毒的状况。

（六）血清乳酸

血清乳酸（lactic acid）主要用于诊断组织是否存在缺氧及缺氧的程度，监测治疗效果。

【参考区间】安静状态下，成年人空腹静脉血乳酸浓度：0.6 ~ 2.2 mmol/L。

【临床意义】参见第十一章第一节。

【应用评价】测血清乳酸采血时，应用止血带或握拳可增加乳酸水平，应尽量避免。采血后立即送检，及时测定，尽量避免体外糖酵解作用，增加乳酸含量。

二、脂代谢试验

脂代谢试验主要包括血浆脂类、脂蛋白、载脂蛋白，必要时还可检测相关受体和酶等。

案例 21-6

女性，63 岁，近 1 年来自觉记忆力减退，偶有头晕，但无气促、心悸、呼吸困难等，以前体检时曾提示过高血压，但未曾重视，也未按时服药治疗，体格检查：体温 36.7℃，呼吸 19 次/分，脉搏 80 次/分，血压 160/100 mmHg，体型肥胖，其余心、肝、脾、肺、肾、四肢及神经系统未见明显异常。血常规检查：RBC 4×10^{12}/L，Hb 138 g/L，HCT 0.40，MCV 91 fl，MCH 31 pg，MCHC 310 g/L，RDW 0.15，WBC 7.6×10^{10}/L。尿液检查：尿比重 1.015，pH 7.1，葡萄糖（−），蛋白（+），胆红素（−），尿胆原弱（+），酮体（−），隐血（−），白细胞（−），亚硝酸盐（−）。血液化学检查：TP 73 g/L，ALB 48 g/L，ALT 41 U/L，r-GT 36 U/L，ALP 80 U/L，TC 6.9 mmol/L，TG 2.5 mmol/L，LDL-C 4.1 mmol/L，HDL-C 0.71 mmol/L。

问题：
1. 结合临床，该患者应考虑为何种诊断？
2. 解释实验室检查的结果。

（一）血浆脂类

血浆脂类包括游离胆固醇（free cholesterol，FC）、胆固醇酯（cholesterol ester，CE）、三酰甘油（triglyceride，TG）、磷脂（phospholipid，PL）、游离脂肪酸（free fatty acid，FFA）等，可反映全身脂类代谢的状态。血浆总胆固醇（total cholesterol，TC）主要包括 CE 和 FC，CE 占 60% ~ 70%，FC 占 30% ~ 40%。三酰甘油又称中性脂肪，血浆中 90% ~ 95% 的甘油酯是三酰甘油。血液中的磷脂包括卵磷脂、溶血卵磷脂、神经磷脂、脑磷脂等。FFA 由油酸、软脂酸、亚油酸等组成，是三酰甘油的水解产物，也可由脂肪细胞及肝细胞合成，在血中浓度很低。

【参考区间】①血浆 TC（胆固醇氧化酶法）：合适范围为 < 5.18 mmol/L；边缘升高为 5.18 ~ 6.19 mmol/L；升高为 ≥ 6.22 mmol/L。②血浆 TG（磷酸甘油氧化酶法）：合适范围为

<1.70 mmol/L；边缘升高为 1.70~2.25 mmol/L；升高为 ≥2.26 mmol/L。③血清 PL（酶法）：1.3~3.2 mmol/L。④血浆 FFA（酶法）：0.4~0.9 mmol/L。

【临床意义】主要参见第十一章第二节。①血清 PL：与 TC 水平变化相关，高胆固醇血症时常有高磷脂血症，但 PL 的增高一般迟于胆固醇；TG 增高时 PL 也常增高。临床 PL 增高常见于胆汁淤积、原发性胆汁淤积性肝硬化、高脂血症（Ⅱa、Ⅱb、Ⅲ、Ⅳ、Ⅴ型）、脂肪肝、肾病综合征等。② FFA：增加见于糖尿病、甲状腺功能亢进症、心肌梗死、糖供给或利用障碍等；减低见于甲状腺功能减退症、胰岛素瘤、垂体功能减退等。

【应用评价】①判断 TC 水平高低或决定是否需要治疗的依据是由心血管病危险分层得出的医学决定水平，而非基于 TC 人群分布的参考区间。② TG 和 PL 的波动范围较大，随年龄、性别、饮食结构和生活习惯等不同。③ FFA 量微且易受饮食、情绪、运动、激素及药物影响，采集标本时宜为早晨空腹、安静状态。

（二）血浆脂蛋白

脂蛋白（lipoprotein，Lp）是一种含有蛋白质、胆固醇和磷脂的复合体，目前尚无一种较为理想的定量方法。由于脂蛋白中胆固醇含量较为稳定，目前以测定脂蛋白中胆固醇总量的方法作为脂蛋白的定量依据，即测定血浆高密度脂蛋白（high-density lipoprotein，HDL）、低密度脂蛋白（low density lipoprotein，LDL）中的胆固醇，并分别称为高密度脂蛋白胆固醇（HDL-C）、低密度脂蛋白胆固醇（LDL-C）。LDL、极低密度脂蛋白（VLDL）和中密度脂蛋白（IDL）中的胆固醇之和被称为非高密度脂蛋白胆固醇（non-HDL-C），无须单独测定，为血浆 TC 减去 HDL-C 值。脂蛋白 a 即 Lp（a），和 LDL 结构相似，作为心脑血管动脉粥样硬化（atherosclerosis，AS）性疾病的独立危险因素已得到公认。

【参考区间】①血浆 HDL-C（匀相测定法）：合适范围 ≥1.04 mmol/L；升高 ≥1.55 mmol/L；降低 <1.04 mmol/L。②血浆 LDL-C（匀相测定法）：合适范围 <3.37 mmol/L；边缘升高 3.37~4.12 mmol/L；升高 ≥4.14 mmol/L。③血浆 non-HDL-C：4.00~4.60 mmol/L。④血浆 Lp（a）<300 mg/L（免疫比浊法）。

【临床意义】参见第十一章第二节。

【应用评价】①影响血浆 HDL-C 水平的因素：主要有年龄、性别、种族、饮食、肥胖、饮酒与吸烟、运动和药物等，在应用检测结果时应予以重视。② LDL-C 水平：随年龄增高而上升，青年与中年男性高于女性，老年前期与老年期女性高于男性。高脂血症对 LDL-C 检测可产生干扰。③ Lp（a）：个体间差异很大。目前认为 Lp（a）水平高低主要是由遗传因素决定，有家族聚集性，基本不受性别、年龄、饮食营养和环境影响。

（三）血浆载脂蛋白

脂蛋白中的蛋白质部分称为载脂蛋白（apolipoprotein，Apo）。人体 Apo 种类很多，一般分为 5~7 类，用英文字母顺序如 A、B、C、D、E 命名，每一类还有亚类如 AⅠ、AⅡ、B48、B100 等。临床应用较多的是载脂蛋白 AⅠ（ApoAⅠ）、载脂蛋白 B（ApoB）。

【参考区间】血浆 ApoAⅠ：1.2~1.6 g/L；ApoB：0.6~1.12 g/L（免疫比浊法）。

【临床意义】① ApoAⅠ是 HDL 颗粒的主要蛋白质成分，具有抗炎和抗氧化效应。ApoAⅠ降低多见于动脉粥样硬化性心脑血管疾病，还见于肾病综合征、酒精性肝炎、糖尿病、某些遗传性疾病，如家族性 α 脂蛋白缺乏症、家族性 ApoAⅠ缺乏症、家族性卵磷脂胆固醇酰基转移酶（LCAT）缺乏症、家族性 HDL 缺乏症等。ApoAⅠ升高：见于高 α 脂蛋白血症，某些家族其 ApoAⅠ和 HDL-C 平行升高，此外也可见于肝病、人工透析等。② ApoB 为致动脉粥样硬化的 LDL 颗粒的主要结构成分，含 ApoB 的颗粒过量是致 AS 进程的主要触发器。ApoB 降低见于肝病、恶性肿瘤、营养不良、甲状腺功能亢进症及一些遗传性疾病，如无β脂蛋白血症、低β脂蛋白血症等。ApoB升高多见于动脉粥样硬化、冠心病、脑血管疾病，以及Ⅰ型、Ⅱ型、Ⅳ型、Ⅴ型高脂蛋白血症，胆汁淤积、糖尿病、肾病综合征、甲状腺功能减退症等。③研究表明，TC/HDL-C和ApoB100/ApoAⅠ比值对评估心脏病风险具有预测价值。ApoB与ApoAⅠ之比可以反映胆固醇运输的平衡。比值越大，沉积在动脉壁的胆固醇越多，引发AS和冠心病的风险增大。

【应用评价】血浆载脂蛋白和HDL-C、LDL-C对评估AS心脑血管疾病的危险性可相互配合、相互补充，其各有侧重，更利于全面了解病情。

三、核酸代谢试验

微整合

基础回顾

嘌呤代谢与尿酸产生过程

嘌呤代谢（purine metabolism）指核酸碱基腺嘌呤及鸟嘌呤等嘌呤衍生物的活体合成及分解，在作为能量供应、代谢调节及组成辅酶等方面起着十分重要的作用。嘌呤核苷酸分解代谢是核苷酸在核苷酸酶的作用下水解成核苷，进而在酶作用下形成自由的碱基及1-磷酸核糖。嘌呤碱最终分解成尿酸，随尿排出体外。代谢中有多种酶的参与，由于酶异常代谢发生紊乱，使尿酸的合成增加或排出减少，均可引起高尿酸血症。当血尿酸浓度过高时，尿酸即以钠盐的形式沉积在关节、软组织、软骨和肾中，引起组织的异物炎症反应，成为引起痛风的祸根。如治疗不彻底可致关节肿大、畸形、僵硬，关节周围瘀斑、结节，并发痛风性肾结石、痛风性肾衰竭，痛风性冠心病、高血脂、高血压、泌尿系统结石等脏腑病症，威胁患者的生命。

（一）血清尿酸

尿酸（uric acid，UA）是嘌呤代谢的终产物，来源于内、外源性核蛋白的降解和直接来源于嘌呤核苷酸等。人体内尿酸每日生产量和排泄量大约相等。尿酸1/3是由食物而来，2/3是体内自行合成。主要从肾排出，少量从肠道排出。

【参考区间】①酶法：男性208～428 μmol/L，女性155～357 μmol/L；②磷钨酸还原法：男性262～452 μmol/L；女性137～393 μmol/L。

【临床意义】①血清尿酸增高主要见于痛风、血友病、慢性白血病、多发性骨髓瘤、真性红细胞增多症患者，某些肾病引起肾功能减退、化学中毒、妊娠反应及食用富含核酸的食物等。②血清尿酸降低主要见于恶性贫血、范科尼综合征等疾病，某些药物如肾上腺皮质激素、促肾上腺皮质激素（ACTH）、阿司匹林、嘌呤醇等治疗后。

【应用评价】多个流行病学研究证实，血尿酸是高血压发病的独立危险因素，血尿酸水平每增高59.5 μmol/L，高血压发病相对危险升高25%。临床研究发现，原发性高血压患者90%合并高尿酸血症，而继发性高血压患者只有30%合并高尿酸血症，提示高尿酸血症与原发性高血压有因果关系。

（二）腺苷脱氨酶

腺苷脱氨酶（adenosine deaminase，ADA）为氨基水解酶，广泛存在于人体多种组织，以胸腺、脾和其他淋巴组织中含量最高。ADA 含量在血液中以淋巴细胞和红细胞最多，且其活性远高于血清中的 ADA 活性，可检测血清、全血、浆膜腔积液 ADA。

【参考区间】血清 4～18 U/L（酶比色法）。

【临床意义】①血清 ADA 升高可见于肝病、肿瘤、血液病、结核病等；降低可见于重症联合免疫缺陷病（SCID）。②胸腔积液 ADA 升高参见第十章第五节。

【应用评价】ADA 的活性是反映肝损伤的敏感指标，可作为肝功能常规检查项目之一，与谷丙转氨酶（ALT）、γ-谷氨酰转肽酶（GGT）等组成肝酶谱能较全面反映肝病的酶学改变。

四、骨代谢试验

钙、磷、镁是骨无机物的主要成分，具有广泛的生理功能。血浆中钙、磷、镁的浓度受肠道吸收、骨质沉积和吸收、肾排泄分泌等的调节。骨代谢包括成骨（骨形成）和破骨（骨吸收）两个过程，在甲状旁腺激素（PTH）、活性维生素 D、降钙素和 PTH 相关蛋白等的调控下维持动态平衡。这种平衡的失调，将导致骨质疏松、骨软化症等骨代谢病。成骨细胞和破骨细胞活动释放至血和尿中的基质成分可作为骨代谢的生化标志物，检测这些指标，对代谢性骨病的早期诊断、预测骨丢失和监测药物疗效等均具有极其重要的临床意义。

（一）血清骨矿物质

骨矿物质是骨中以无机盐形式存在的多种元素的总称，主要包括钙（calcium，Ca）、磷（phosphorus）和镁（magnesium，Mg）。血液中的钙以结合钙（与白蛋白结合钙）、复合钙（与阴离子结合钙）和游离钙（离子钙）的形式存在。血液中的磷以有机磷和无机磷两种形式存在。血液中的镁有三种存在形式：离子镁约占 55%，蛋白结合镁约占 30%，与磷酸盐、枸橼酸盐等阴离子形成复合物的镁约占 15%。

【参考区间】①钙：血清总钙——成人 2.11～2.52 mmol/L（邻甲酚酞络合酮比色法或间接离子选择电极法换算）；血清离子钙——成人 1.13～1.32 mmol/L；尿总钙——成人 2.5～7.5 mmol/24 h。②血清无机磷：成人 0.85～1.51 mmol/L（磷钼酸紫外法）。③血清总镁：成人 0.75～1.02 mmol/L（二甲苯胺蓝法）。

【临床意义】参见第十一章第三节。①尿总钙：增高见于甲状旁腺功能亢进症、恶性肿瘤骨转移、维生素 D 过多症。减低见于甲状旁腺功能减退症、乳糜泻、维生素 D 缺乏病、尿毒症等。②血镁：降低常见于摄入不足、吸收不良、随尿液排镁过多，慢性酒精中毒时抑制镁的重吸收等。增高常见于肾功能不全及肾衰竭等。

【应用评价】①血磷和血钙均易受药物的影响。②血磷和血钙之间有一定的浓度关系，健康人血钙和血磷浓度的乘积为一个常数，如以 mg/dl 为单位计算，应为 35～40 mg/dl。当疾病引起钙、磷浓度发生变化时，若血钙升高，则血磷降低，反之亦然。此关系对成骨作用极为重要，当钙、磷乘积过低时可发生佝偻病或软骨病；乘积超过 40，钙、磷可以骨盐的形式沉积在骨组织。③低镁血症：患者常同时伴有水和其他电解质紊乱，例如，低镁血症时可有低钙、低钠、低磷等同时存在。低镁血症和低钙血症症状相似，不易区分，有疑问时应进行血镁测定。如血镁过低，虽血钙正常，也可出现肌肉震颤、手足反射亢进，甚至谵妄等精神症状。

（二）血清骨转换标志物

血清骨转换标志物（bone turnover marker，BTM）包括反映骨形成的骨碱性磷酸酶（bone alkaline phosphatase，B-ALP）、骨钙素（osteocalcin，OC）、Ⅰ型前胶原羧基前肽（carboxy-terminal propeptide of type Ⅰ procollagen，PICP）、骨连接蛋白等；反映骨吸收的有血清抗酒石酸酸性磷酸酶（tartrate-resistant acid phosphatase，TRAP）、Ⅰ型胶原C端肽（carboxy-terminal telopeptide of type Ⅰ collagen，CTX-Ⅰ）、羟脯氨酸（hydroxyproline，HOP）、尿吡啶酚（pyridinoline，Pyr）等。

【参考区间】①血清 B-ALP（免疫化学法）：男性 15.0 ~ 41.5 U/L，女性 11.6 ~ 30.6 U/L；②血清 OC（化学发光）：男性 3.11 nmol/L ± 1.4 nmol/L，女性 2.10 nmol/L ± 0.77 nmol/L；③血清 PICP（ELISA）：男性 76 ~ 163 μg/L，女性 69 ~ 147 μg/L；④血清 TRAP（ELISA）：男性 61 ~ 301 μg/L，女性 41 ~ 288 μg/L（绝经前）、129 ~ 348 μg/L（绝经后）。

【临床意义】参见第十一章第三节。

【应用评价】① B-ALP：在血清中比 OC 稳定，半衰期为 1 ~ 2 天，不受昼夜变化影响，标本不需特殊处理。B-ALP 反映成骨细胞活性和骨形成有较高特异性，但目前检测应用的抗 B-ALP 抗体特异性不高，与肝性 ALP 存在 5% ~ 20% 的交叉反应。②血清 OC：变化具有生物节律性，早晨高，下午和傍晚达到最低点，其后逐渐上升，午夜和凌晨 4:00 间达到最高浓度。OC 不受骨吸收因素的影响，但随年龄变化以及骨更新率的变化而不同。骨更新率越快，骨钙素越高，反之降低。在原发性骨质疏松中，绝经后骨质疏松症是高转换型的，所以骨钙素明显升高；老年性骨质疏松症是低转换型的，因而骨钙素升高不明显。故可根据骨钙素的变化情况鉴别骨质疏松是高转换型还是低转换型。

（三）骨代谢调节激素

骨代谢调节激素主要有甲状旁腺激素（parathyroid hormone，PTH）、降钙素（calcitonin，CT）及维生素 D（vitamin D）。PTH 是维持血钙、血磷平衡的重要激素，主要通过骨、肾以及小肠黏膜来实现升高血钙、降低血磷的作用。CT 主要作用是降低血钙，并和甲状旁腺激素共同调节钙、磷代谢。25-羟维生素 D（25-hydroxy-vitamin D，25-OH-VD）是维生素 D 在体内的主要存在形式，血清 25-OH-VD 的高低可以反映人体维生素 D 的储存水平，并且与维生素 D 缺乏的临床症状相关。

【参考区间】①血清 PTH（免疫化学发光法）：1 ~ 10 pmol/L；②血清 CT（免疫化学发光法）：男性 0.56 ~ 13.4 pmol/L，女性 0.56 ~ 2.8 pmol/L；③血清 25-OH-VD：充足或适宜水平 > 50 nmol/L 或 > 20 ng/L。

【临床意义】参见第十一章第三节。

【应用评价】① CT 可作为肿瘤标志物：血清 CT 浓度增高（> 100 ng/L）见于绝大多数甲状腺髓样癌，并被认为是其早期诊断的重要标志。尤其是有家族史者应早期筛查，约 75% 的甲状腺髓样癌 CT 阳性，可作为诊断、治疗和复发监测的指标。在肺小细胞癌、乳腺癌、胃肠道癌及肿瘤骨转移时，血中 CT 也增高。②由于在临床中对于普通个体的维生素 D 实际需求量并不清楚，为了保证个体的维生素 D 储量足够，建议个体的维生素 D 应达到充足或适宜水平。

知识拓展

代谢组学在疾病诊断中的作用

代谢组学（metabonomics）是通过组学分子平台，如核磁共振、质谱、色谱及色谱质谱联用技术等，对机体或细胞中所有相对分子量小于1000的小分子代谢产物进行定性分析和定量分析，明确疾病的分子标志物，提供精准疾病诊断方法。目前，代谢组学技术在我国快速发展，已不仅应用在代谢性疾病诊断中，在许多疾病如肿瘤、心血管疾病和遗传病等诊断中也取得了重大的成果，如代谢组学在糖尿病相关诊断中主要通过检测患者体液中与病理相关的一系列代谢产物，研究疾病的发病机制并实现临床诊断目的；在治疗阶段通过对患者用药前后机体代谢组学分析，可对患者治疗方案进行安全性评估和治疗效果预测。作为全新的认识疾病的方法，代谢组学通过敏感的组学预测分子标记，在发现各类疾病中潜在生物标志物并进行早期诊断以及临床药物筛选中起到了重要作用（图21-2）。

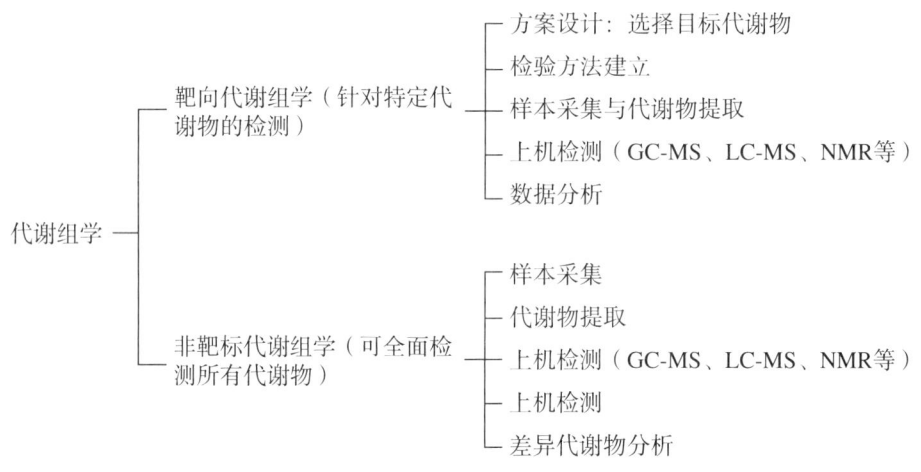

图 21-2　代谢组学试验方法简介

五、电解质与水平衡试验

临床生化检验中电解质与水平衡试验主要有钾（potassium）、钠（sodium）、氯（chlorine）、钙、镁和无机磷检测，碳酸氢盐检测常包含在血气、酸碱平衡分析项目中。

阴离子间隙（anion gap，AG）是判断电解质失衡和酸碱失衡的计算指标。根据电中性原理，细胞外液中阳离子的电荷总数与阴离子的电荷总数相等，即各可测和未测阴离子之和等于各可测和未测阳离子之和。常规测定电解质的项目一般仅包括 K^+、Na^+、Cl^- 和 HCO_3^-，未测定阳离子的量很少，且很稳定，如 Ca^{2+}、Mg^{2+} 等；未测定阴离子包括各种有机酸（如乙酰乙酸、β-羟丁酸、丙酮酸、乳酸等）、无机酸和蛋白质等，临床上把可测阳离子和可测阴离子的差值称为 AG。钾、钠、氯检测通常采用间接离子选择性电极法。

【参考区间】① 钾：血清钾 3.5～5.3 mmol/L；尿液钾 25～100 mmol/24 h。② 血清钠 137～147 mmol/L；尿液钠 130～260 mmol/24 h。③ 血清氯 99～110 mmol/L；尿液氯 100～250 mmol/24 h。④ 血清阴离子间隙 AG = $(K^+ + Na^+) - (Cl^- + HCO_3^-)$：8～18 mmol/L；或 AG = $Na^+ - (Cl^- + HCO_3^-)$：7～14 mmol/L。

【临床意义】参见第十一章第四节。

【应用评价】①血钾测定的准确性极易受标本采集和处理不当的影响。如标本采集和处理不当引起溶血的任何操作。血液凝固过程中，血小板可以释放钾，导致血清钾较血浆钾高 0.1～0.5 mmol/L，所以应尽快分离血清；血小板增多的患者，血清钾增高的幅度会更大，可采用肝素抗凝血浆标本检查。因此，标本采集后要及时检测或分离血清或血浆，以免红细胞内钾外移。②由于细胞内外钠、氯的分布差异不明显，因此，轻度溶血一般不会引起血钠、氯的显著变化，但仍要避免严重的溶血。③AG 结果是根据钾、钠、氯和 HCO_3^- 浓度计算而得，结果准确性受上述各项试验检测结果影响，且计算方式也有包含钾的 AG 和不含钾的 AG 两种，使用时应加以注意。此外，AG 的作用也是对电解质检测质量控制的一种补充，如 AG 结果与临床不符，尤其是明显低于正常的 AG，要考虑电解质检测结果的准确性。

六、血液酸碱和气体分析

机体维持和调节酸碱平衡的主要因素有①缓冲系统：对酸碱平衡的调节最为敏感和快速，包括碳酸盐、磷酸盐、血红蛋白和血浆蛋白系统的缓冲对。②呼吸系统：对酸碱平衡的调节是通过调节体内动脉血二氧化碳分压（$PaCO_2$）来实现。③肾：对酸碱平衡的调节作用是通过维持细胞外液 HCO_3^- 的适当浓度，同时排出 H^+ 实现的；肾的调节作用最慢，多在数小时后发生，但其调节作用最强、最持久，几乎是非挥发性酸、碱性物质的唯一排出途径。在这三种因素中，缓冲系统只起暂时的缓冲作用，过多的酸性和碱性物质还需要通过肺和肾来清除。

一般而言，血液气体（血气）是指血液中所含的 O_2 和 CO_2。血液酸碱度和血气分析（blood gas analysis）是指通过血气-酸碱分析仪直接测定血液的酸碱度（pH）、动脉血氧分压（arterial partial pressure of oxygen，PaO_2）、动脉血二氧化碳分压（arterial partial pressure of carbon dioxide，$PaCO_2$）、动脉血氧饱和度（arterial oxygen saturation，SaO_2），利用公式推算其他指标，由此来评价人体呼吸功能和酸碱平衡状态。

【参考区间】① pH：7.35～7.45；② PaO_2：80～100 mmHg（10.64～13.3 kPa）；③ $PaCO_2$：35～45 mmHg（4.65～5.98 kPa）；④标准碳酸氢盐（SB）和实际碳酸氢盐（AB）：21～26 mmol/L；⑤缓冲碱（BB）：45～55 mmol/L；⑥碱剩余（BE）：−3 mmol/L～+3 mmol/L；⑦二氧化碳总量（TCO_2）：23～28 mmol/L；⑧动脉血氧饱和度（SaO_2）：90%～98%；⑨动脉血氧含量（CaO_2）150～220 ml/L；⑩肺泡-动脉氧分压差（$P_{A-B}O_2$）：15～20 mmHg（2～2.7 kPa）。

【临床意义】参见第十一章第四节。

【应用评价】①标本采集的正确性和及时送检是保证酸碱血气分析结果准确的首要因素。关键步骤包括采动脉血、立即排气泡、隔绝空气、及时混匀、马上送检和使用专用的血气采样器等。②酸碱平衡紊乱的分类：单纯性酸碱平衡紊乱包括代谢性酸中毒、代谢性碱中毒、呼吸性酸中毒和呼吸性碱中毒；混合性酸碱平衡紊乱包括相加型二重酸碱平衡紊乱（代谢性酸中毒合并呼吸性酸中毒、代谢性碱中毒合并呼吸性碱中毒）和相抵型二重酸碱平衡紊乱（代谢性酸中毒合并呼吸性碱中毒、呼吸性酸中毒合并代谢性碱中毒、代谢性酸中毒合并代谢性碱中毒）；三重性酸碱平衡紊乱；正确判断酸碱失衡类型需要在充分了解患者的病史、临床症状、用药情况、吸氧和肺通气状况等的基础上，结合电解质的检验结果，根据酸碱血气分析结果进行综合分析。酸碱平衡紊乱的判断主要关注 pH、$PaCO_2$ 和 AB（或 SB）三个指标。缺氧和通气情况的判断主要依靠 PaO_2、$PaCO_2$。

思 考 题

实验室诊断中与糖尿病相关的生化检测指标有哪些？它们的临床意义有何不同之处？

（王 珍）

第六节 激素代谢试验

激素是由内分泌腺或内分泌细胞分泌的高效生物活性物质,在体内作为信使传递信息,对机体生理过程起调节作用。人体主要有甲状腺、肾上腺、性腺三大腺体,下丘脑是神经系统和内分泌系统的枢纽,可合成、分泌激素进入腺垂体,调节腺垂体激素的合成与分泌。正常情况下,血液中激素水平可通过下丘脑-腺垂体-内分泌腺调节轴进行多种反馈调节,维持机体激素水平的平衡。一旦出现任何偏离,将导致多系统甚至全身代谢或功能失衡。临床上常通过检测靶腺激素的水平来推测垂体或下丘脑的功能状态,也可通过检测垂体激素的水平来了解其相应靶腺的功能状态。

案例 21-7

女性,48岁。因心悸、多汗、食欲亢进、消瘦无力、月经紊乱、体重减轻来院就诊。患者家属发现其易怒、失眠、双眼球突出,排便2~3次/日,心率快,最高120次/分,双侧甲状腺弥漫性对称性肿大,伸舌和双手轻微震颤。患者无家族遗传史或传染病感染史。实验室检查发现血清 tT_3、tT_4 和 fT_3、fT_4 浓度均升高,TSH 浓度降低,甲状腺摄 ^{131}I 率增高,自身抗体 TgAb、TPOAb、TRAb 阳性。

问题:
1. 根据问诊与查体,该患者可能的诊断是什么?
2. 为何要进行血糖、卵巢激素水平测试及肿瘤标志物筛查等?
3. 根据实验室检查,确诊患者为何病?诊断依据是什么?

一、甲状腺疾病相关激素

(一)促甲状腺激素

促甲状腺激素(thyroid stimulating hormone,TSH)是腺垂体分泌的重要激素,其功能是促进甲状腺激素合成和分泌。促甲状腺激素释放激素(thyrotropin releasing hormone,TRH)可促进 TSH 的分泌,而甲状腺素可反馈抑制 TSH 的分泌。

【参考区间】血清或血浆 TSH(化学发光免疫分析):0.34~5.60 mU/L,不同年龄有差异。

【临床意义】参见第十一章第五节。

【应用评价】TSH 是国际上公认的诊断甲状腺疾病的首选指标,可作为单一指标进行筛查,是反映下丘脑-垂体-甲状腺轴功能的首选指标。对甲亢和甲减的诊断均具有重要的意义,是反映甲状腺功能改变最早、最敏感的指标。

(二)甲状腺激素

循环中几乎全部的甲状腺素(thyroxine,T_4)和大约20%的三碘甲状腺原氨酸(triiodothyronine,T_3)是由甲状腺滤泡细胞分泌的含碘酪氨酸衍生物,其余80%的 T_3 由 T_4 转化而来。T_3 的生理活性比 T_4 高,占正常甲状腺激素总活性的2/3。T_3 和 T_4 绝大部分与血浆甲状腺素结合球蛋白（thyroxine-binding globulin，TBG）结合运输，但只有游离的甲状腺激素才有生物活性。

临床常用化学发光免疫分析检测血清甲状腺激素，具体如下。

1. 血清总 T_4（total T_4，tT_4） 血清中的总 T_4（tT_4）全部由甲状腺分泌而来，故 tT_4 是反映甲状腺功能状态的较好指标。

2. 血清总 T_3（total T_3，tT_3） 血清中的总 T_3（tT_3）仅 15%～20% 由甲状腺直接分泌而来，80% 以上的 tT_3 是在外周组织中通过 T_4 脱碘而成的。

3. 血清游离 T_4（free T_4，fT_4）与游离 T_3（free T_3，fT_3） 正常情况下，血浆甲状腺激素结合型和游离型之间存在着动态平衡，但只有游离型才具有生理活性，所以游离 T_4（fT_4）和游离 T_3（fT_3）的水平更能真实反映甲状腺功能状况。

4. 血清反 T_3（reverse T_3，rT_3） 与 T_3 结构基本相同，仅是 3 个碘原子在 3、3′、5′位，血清中测得的 rT_3（95%～98%）主要由 T_4 脱碘而来。一些甲亢早期或甲亢复发初期患者可仅表现为 rT_3 升高。

【参考区间】检测方法：采用 CLIA 法。

血清 tT_4 78.4～157.4 nmol/L；fT_4 11.2～20.1 pmol/L。

血清 tT_3 1.34～2.73 nmol/L；fT_3 3.67～10.43 pmol/L。

【临床意义】参见第十一章第五节。

【应用评价】①血清 tT_4 是判定甲状腺功能的基本筛查指标，血循环中 tT_3 浓度的变化常与 tT_4 的改变平行；② tT_3 为诊断早期甲状腺疾病、观察疗效及评估停药后复发的较敏感指标，是诊断 T_3 型甲亢的特异性指标；③ fT_3、fT_4 不受血 TBG 变化的影响，直接反映了甲状腺功能状态，其敏感性和特异性高于 tT_3、tT_4；④检测甲状腺激素时，必须同时检测 TSH，便于区分甲状腺激素异常的原因。

（三）甲状腺素结合球蛋白

血清甲状腺素结合球蛋白（TBG）由肝细胞合成，是甲状腺激素的主要结合蛋白，与 T_4 的亲和力大于 T_3。测定血清 TBG 的变化可排除非甲状腺功能紊乱所引起的 T_3、T_4 的变化。

【参考区间】检测方法：采用 CLIA 法，血清 TBG 12～28 mg/L。

【临床意义】参见第十一章第五节。

【应用评价】tT_4/TBG 的比值可用来排除 TBG 对 tT_4、tT_3 水平的影响，比值为 3.1～4.5，提示甲状腺功能正常；比值为 0.2～2.0，提示甲状腺功能减退；比值为 7.6～14.8，提示甲状腺功能亢进。

（四）甲状腺过氧化物酶抗体

甲状腺过氧化物酶抗体主要与甲状腺球蛋白协调作用，催化甲状腺球蛋白酪氨酸的碘化，从而促进 T_3、T_4 的合成。甲状腺过氧化物酶抗体（anti-thyroid peroxidase antibody，TPOAb）可激活补体，导致甲状腺功能失调或功能减退。70% 以上的甲亢患者、桥本甲状腺炎患者 TPOAb 阳性，而正常人含量极低。

【参考区间】检测方法：采用 ECLIA 法，血清 TPOAb 为 3.2 IU/ml 以下。

【临床意义】TPOAb 属于自身免疫性甲状腺病患者体内的一种抗体，70% 以上的甲亢患者、桥本甲状腺炎患者 TPOAb 阳性，而正常人含量极低。

产后甲状腺炎、萎缩性甲状腺、部分甲状腺结节患者，TPOAb 可呈现阳性；类风湿疾病、系统性红斑狼疮患者也可见升高现象。

(五) 抗甲状腺球蛋白抗体

抗甲状腺球蛋白抗体 (anti-thyroglobulin antibody, ATG) 的靶抗原为甲状腺球蛋白 (TG), TG 是 T_3、T_4 的合成前体, 为可溶性的碘化糖蛋白。

【参考区间】检测方法: 采用 ECLIA 法, 血清 ATG 13.6 IU/ml 以下。

【临床意义】血清 ATG 是诊断甲状腺自身免疫性疾病的特异指标, 桥本甲状腺炎患者 90%～95% 阳性, 甲亢患者 40%～90% 阳性, 原发性甲状腺功能减退患者 65% 阳性, 系统性红斑狼疮患者检出率达 20%～30%。

【应用评价】血清 ATG 可作为甲状腺肿块的鉴别诊断指标, 其阳性一般为慢性淋巴细胞性甲状腺炎, 而非甲状腺肿块。

二、肾上腺疾病相关激素

微整合

基础回顾

肾上腺的结构与功能

肾上腺是由中心部的髓质和周边部的皮质两个独立的内分泌器官组成。肾上腺皮质由外至内分为球状带、束状带和网状带。①球状带分泌盐皮质激素,主要是醛固酮 (aldosterone, ALD),属于肾素-血管紧张素-醛固酮系统,主要参与血压和体内水盐代谢的调节;②束状带分泌糖皮质激素 (glucocorticoid, GC),主要是皮质醇 (cortisol),属于促肾上腺皮质释放激素-促肾上腺皮质激素-皮质醇轴,主要参与应激反应、物质代谢和免疫功能的调节;③网状带分泌性激素,如脱氢异雄酮、雄烯二酮及少量雌激素,主要参与性腺 (睾丸或卵巢) 功能和代谢的调节。肾上腺髓质主要由嗜铬细胞和神经突触组成,主要合成和分泌肾上腺素 (epinephrine, E)、去甲肾上腺素 (norepinephrine, NE)、多巴胺 (dopamine, DA),这三个激素统称为儿茶酚胺 (catecholamine, CA),其作用主要是在紧急情况时,通过交感神经为机体创造应急反应。

(一) 促肾上腺皮质激素

下丘脑分泌、释放促肾上腺素释放激素, 促进腺垂体分泌促肾上腺皮质激素 (adrenocorticotropic hormone, ACTH)。ACTH 分泌有昼夜节律变化, 晨 6—8 时为分泌高峰, 午夜最低。因垂体病变而导致 ACTH 过量分泌的病理现象称为库欣病 (Cushing's disease, CD)。主要表现为满月脸、多血质外貌、向心性肥胖、痤疮、紫纹、高血压、继发性糖尿病和骨质疏松等。患者皮肤和肌肉因蛋白质大量分解而萎缩, 而出现皮下微血管显露等; 因同时伴有肾上腺皮质激素 (主要是性激素) 分泌增多, 女性可见多毛、月经失调, 甚至男性化。

【参考区间】早晨 (7:00—10:00) 血清 ACTH: 7.2～63.3 ng/L (电化学发光免疫分析)。

【临床意义】① ACTH 和皮质醇均升高, 提示为下丘脑、垂体病变或异位 ACTH 综合征所致的继发性肾上腺皮质功能亢进或严重的应激反应; ② ACTH 减低、皮质醇升高, 可见于肾上腺腺瘤、肾上腺癌所致的原发性肾上腺皮质功能亢进，或者单纯性肥胖；③ACTH升高、皮质醇减低见于原发性肾上腺皮质功能减退；④ACTH和皮质醇均减低，提示为丘脑、垂体病变所致的继发性肾上腺皮质功能减退。

【应用评价】ACTH增高或减低、昼夜节律消失均表明存在肾上腺皮质功能紊乱。ACTH与皮质醇测定可鉴别原发性与继发性肾上腺皮质功能紊乱。

（二）皮质醇

血液皮质醇由肾上腺皮质束状带合成，受ACTH的调控，有昼夜节律变化，高峰时间在6：00—8：00，最低值在23：00—2：00。循环中的游离皮质醇通过肾小球滤出，成为尿游离皮质醇，正常占肾上腺分泌皮质醇的1%左右。在皮质醇增多症时，皮质醇的增加超过皮质类固醇结合球蛋白（cortisol-binding globulin，CBG）的结合能力，使大量游离皮质醇通过肾小球滤出。

【参考区间】血清或血浆皮质醇：上午67～226 μg/L；下午＜100 μg/L；尿皮质醇：未经提取尿液为58～403 μg/24 h；经提取尿液为21～111 μg/24 h（化学发光免疫分析）。

【临床意义】参见第十一章第六节。尿皮质醇：①筛查或监测肾上腺皮质功能亢进和减退、双侧肾上腺增生、肾上腺瘤和肾上腺癌、异位ACTH肿瘤均可使尿游离皮质醇增高；②原发性和继发性肾上腺皮质功能减退、先天性肾上腺皮质增生可致尿游离皮质醇减少；③单纯肥胖患者尿游离皮质醇多在参考区间，库欣综合征患者尿游离皮质醇增高。

【应用评价】尿皮质醇不受药物、CBG、昼夜节律的影响，比测定血皮质醇更有意义。

（三）醛固酮

醛固酮（aldosterone，ALD）属于肾上腺皮质分泌的类固醇激素，其分泌受血容量的多少、肾素-血管紧张素的调节。

1. 血浆和尿液激素 直接测定与ALD相关的激素。

（1）血浆肾素活性测定：肾素主要由肾小球细胞产生、贮存、分泌，是RAAS的主要激素。

（2）血浆ALD测定：主要用于原发性或继发性ALD增多症的诊断和鉴别诊断。

（3）尿ALD测定：一般与血浆ALD测定同时进行，意义与血ALD相同。

2. 下丘脑-垂体-肾上腺轴（HPA轴）动态试验

（1）地塞米松（dexamethasone，DXM）抑制试验：利用DXM对垂体释放ACTH的抑制作用，了解HPA轴功能是否正常，而判断病变的器官。

（2）卡托普利抑制试验：口服卡托普利（开博通）后，抑制血管紧张素，从而抑制血清醛固酮分泌；但对于自主性分泌醛固酮的患者，无明显抑制作用。因此，该方法可用于区分原发性ALD增多症和原发性高血压。

（3）ALD/肾素比例测定：为ALD不适当分泌的良好指标，主要用于在高血压人群中筛选原发性ALD增多症患者。

（4）盐抑制试验：正常人及一般高血压的患者，高钠饮食后，ALD的分泌受到抑制，肾远曲小管对钠的重吸收减少；而原发性ALD增多症患者由于腺瘤能自主分泌ALD，高钠摄入，低血钾变得更明显。

【参考区间】采用RIA，卧位9.4～252.3 pmol/L，立位110.0～920.0 pmol/L。

【临床意义】增高常见于原发性醛固酮增多症、假性醛固酮增多症，部分恶性及缓进型高血压等；降低见于腺垂体功能减退症、肾上腺皮质功能减低、妊娠高血压、恶性葡萄胎等。

【应用评价】醛固酮分泌受循环血量、体位变化等影响，卧位和立位有差异。

（四）儿茶酚胺及其代谢产物

儿茶酚胺主要包括肾上腺素（epinephrine，E）、去甲肾上腺素（norepinephrine，NE）多巴胺（dopamine，DA），三者统称为儿茶酚胺（catecholamine，CA）。肾上腺素和去甲肾上腺素代谢的主要终产物是 3-甲氧基-4-羟苦杏仁酸，即香草扁桃酸（vanillylmandelic acid，VMA），大多与葡糖醛酸或硫酸结合后，随尿排出体外。

【参考区间】血清肾上腺素 < 480 pmol/L，去甲肾上腺素 615～3240 pmol/L（高压液相色谱法）；尿 VMA < 13.6 mg/24 h 或 < 68.6 μmol/24 h（柱层析法）。

【临床意义】参见第十一章第六节。

【应用评价】在患者血压正常和无症状时，儿茶酚胺正常不能排除嗜铬细胞瘤的诊断。

> **知识拓展**
>
> **嗜铬细胞瘤诊断标准**
>
> 1. 筛查指征 ①伴有头痛、心悸、大汗等"三联征"的高血压；②顽固性高血压；③血压易变不稳定者；④麻醉、手术、血管造影检查、妊娠中血压升高或波动剧烈者，不能解释的低血压；⑤嗜铬细胞瘤/副神经节瘤（pheochromocytoma/paraganglioma，PHEO/PGL）家族遗传背景者；⑥肾上腺偶发瘤；⑦特发性扩张性心肌病。
> 2. 定性诊断 ①24小时尿 CA（推荐）；②血浆游离 MN（推荐）；③24小时尿 MN（推荐）；④24小时尿总 MN（MN + NMN）、VMA（可选）；⑤血浆 CA（可选）。

三、性腺疾病相关激素

（一）促性腺激素与泌乳素

黄体生成素（luteinizing hormone，LH）是垂体前叶分泌的糖蛋白激素，和卵泡刺激素（follicle stimulating hormone，FSH）同属于促性腺激素，两者同时检测有助于判断丘脑-垂体-性腺轴功能。

催乳素（prolactin，PRL）是腺垂体细胞分泌的肽类激素，主要功能为促进乳腺的发育与泌乳，对性腺发育、分泌也起重要作用。常用化学发光免疫分析检测这几种激素在血清或血浆中的含量。

【参考区间】成年妇女月经周期时的血清或血浆 LH：卵泡期 2.12～10.89 U/L，排卵期 19.18～103.13 U/L，黄体期 1.20～12.86 U/L；绝经后：10.87～58.64 U/L。成年男性 1.24～8.62 U/L。

成年妇女月经周期时的血清或血浆 FSH：卵泡期 3.85～8.78 U/L，排卵期 4.54～22.51 U/L，黄体期 1.79～5.12 U/L；绝经后 16.74～113.59 U/L。成年男性：1.27～19.26 U/L。血清或血浆 PRL：女性绝经前 3.34～26.72 μg/L，绝经后 2.74～19.64 μg/L；男性 2.64～13.13 μg/L。

【临床意义】

1. LH ①增高：见于先天性性腺功能不全、卵巢功能衰竭、多囊卵巢综合征、真性卵巢发育不全、原发性闭经、Turner 综合征、真性性早熟等；②降低：见于垂体功能减退、继发性闭经、无生殖力综合征、性功能减退、假性性早熟、女性染色体病等。

2. FSH ①增高：见于男性睾丸精原细胞瘤；女性卵巢功能高度低下，如先天性无卵巢或卵巢发育不全、原发性闭经、原发性性腺功能低下、中枢神经性及垂体性早熟、肥胖等；更年期综合征或绝经期妇女。②降低：见于希恩综合征、垂体嫌色细胞瘤、库欣综合征、嗜酸性粒细胞瘤（肢端肥大症）以及原发性垂体促性腺功能低下等；肥胖性生殖无能综合征、下丘脑病变（如闭经泌乳综合征、多囊性卵巢综合征）等；长期服用避孕药，大量应用性激素。

3. PRL PRL检测主要应用于垂体细胞瘤的诊断和疗效观察。垂体PRL瘤是临床上最常见的垂体肿瘤之一，主要表现为闭经、泌乳（男性乳房发育）和不孕症。血清PRL增高是垂体PRL瘤的重要诊断和疗效观察指标；腺垂体缺血性坏死、巨大肿瘤、炎症、外伤时血清PRL水平明显降低，可导致乳汁分泌减少和黄体功能不全。

【应用评价】①LH：血清中LH在排卵时出现在时间上比雌二醇、FSH更为准确的峰值，是目前首选的判定排卵的指标；②结果解释应密切结合女性生理周期。

（二）性激素

血清性激素主要包括雌二醇（estradiol，E_2）、孕酮和睾酮。女性E_2主要由卵巢产生，发育成熟后，E_2随月经周期性变化。男性E_2主要来自睾丸。孕酮主要由正常月经周期后半期的黄体分泌，在卵泡期含量很低，排卵后孕酮分泌增加，持续约14天，随黄体萎缩而下降，测定孕酮可了解排卵和黄体功能。睾酮主要由男性睾丸间质细胞合成分泌，呈现日节律和脉冲式分泌现象，一般上午睾酮水平较晚上高约20%。女性卵巢可产生少量睾酮。常用化学发光免疫分析检测血清性激素。

【参考区间】①血浆E_2：成年男性$< 20 \sim 47$ μg/L；成年女性绝经后且未使用激素治疗$< 20 \sim 40$ μg/L，卵泡期$27 \sim 122$ μg/L，黄体期$49 \sim 291$ μg/L，排卵期$95 \sim 433$ μg/L。②血浆孕酮：成年男性$0.14 \sim 2.06$ μg/L；成年女性排卵期为$0.31 \sim 1.52$ μg/L，黄体期为$5.16 \sim 18.56$ μg/L，绝经后$< 0.08 \sim 0.78$ μg/L，妊娠期为$4.73 \sim 50.74$ μg/L。③血浆睾酮：成年男性$1.75 \sim 7.81$ μg/L，成年女性$< 0.10 \sim 0.75$ μg/L。

【临床意义】

1. 血清雌二醇 ①增高：见于卵巢癌、性腺母细胞瘤、垂体瘤、畸胎瘤、肝硬化、性早熟、男性乳房发育等。妊娠时可显著升高。②降低：见于无排卵性月经、原发或继发性卵巢功能减退、卵巢发育不全、垂体卵巢性闭经、皮质醇增多症等。口服避孕药和雄激素后可见减低。

2. 血清孕酮 ①增高：见于妊娠、葡萄胎、排卵、卵巢肿瘤等；②降低：见于黄体功能不良、胎盘功能低下、胎儿宫内发育迟缓、流产或胎儿死亡等。

3. 血清睾酮 ①升高：见于性早熟、睾丸间质细胞瘤、肾上腺皮质增生症、多囊性卵巢综合征、多发性子宫内膜癌、女性多毛症等；②降低：见于原发性睾丸发育不全症、睾丸不发育症、垂体前叶功能减退、皮质醇增多症、部分男性乳房发育等，睾丸的炎症、肿瘤、外伤等血清睾酮亦可降低。

【应用评价】

1. 雌二醇 是评价卵巢功能状态的重要指标，对诊断性早熟和性发育不良也有一定价值。妊娠期间胎盘是雌激素的主要来源，E_2可逐渐升高。

2. 孕酮 用于评价妊娠早期流产危险和流产情况，妊娠早期3个月内的自然流产，伴有孕酮浓度降至正常水平以下。孕酮的分泌随黄体生成呈周期性变化，孕酮的分泌呈脉冲式，单次血孕酮水平不一定能正确评价黄体功能。使用复方口服避孕药时，由于不能排卵，孕酮浓度维持在低水平；使用促排卵药物，如氯米芬和人绝经期促腺激素，可使孕酮浓度升高。

3. 睾酮 男性青春期睾酮分泌增加，40岁后随年龄缓慢下降。女性睾酮水平受月经周期和妊娠等多种因素的影响，服用复方避孕药、肾上腺皮质类固醇可抑制睾酮分泌。

思 考 题

1. 简述 T_3 较 T_4 活性高的原因。
2. 甲亢的主要临床生物化学检查指标是什么？
3. 简述下丘脑-腺垂体-甲状腺功能调节的相互关系。
4. 男性，38岁，近1个月来胸口时而出现重压绞痛感，有典型的心肌缺血的体征和症状。

实验室及影像学检查：Na^+ 146 mmol/L，K^+ 3.8 mmol/L，Cl^- 106 mmol/L，HCO_3^- 27 mmol/L，肌酸激酶 3040 U/L，乳酸脱氢酶 391 U/L，尿素氮 3.6 mmol/L，肌酐 93 μmol/L。常规生化：肌酸激酶 1780 U/L，总胆固醇 7.4 mmol/L，三酰甘油 4.3 mmol/L。

进一步检测血浆甲状腺功能指标：tT_4 < 10 mmol/L，TSH > 230 mU/L。

(1) 该患者的初步诊断及诊断依据是什么？
(2) 需进一步完善哪些检查？

（徐文华）

第二十二章 临床微生物学实验诊断技术与应用

第二十二章数字资源

临床微生物检验的主要目的是为临床提供准确的病原学诊断依据,在疾病的诊断、治疗、院内感染控制及耐药监测等方面发挥重要作用。常用检测技术包括显微镜检验技术、分离培养与鉴定技术、抗微生物药物敏感试验、抗原和抗体检测技术、分子诊断技术等。针对的病原体类型有细菌、病毒、真菌、寄生虫和非典型病原体(如螺旋体、支原体和衣原体)。依据标本类型及目标病原体类型,选择合适的检测技术,建立检测策略是快速、准确获得检验结果的基础。

第一节 细菌感染的检验

细菌感染(bacterial infection)的检验包括直接检验和间接检验两类。直接检验针对人体标本中存在的细菌个体、成分或机体反应性物质等进行检测直接得出结果,主要包括显微镜直接镜检,抗原与抗体、毒素、病原体核酸、耐药基因检验等。间接检验指基于分离培养获得的分离株进行的检验,包括菌种鉴定、药敏试验、毒素检测、耐药表型及基因检测等。可根据临床需要、感染部位、预期病原体和标本类型进行选择,建立基于培养方法和(或)非培养方法的检测策略,前者是传统的经典策略,检测时间相对较长,但在诊断上具有重要的价值,后者检测相对快速,也是对前者的补充。在某些情况下,各试验结果阴性并不能完全除外细菌感染的可能。

微整合

基础回顾

细菌的分类与结构

1. 根据形状分为三类:球菌(包括双球菌、链球菌、葡萄球菌等)、杆菌(如肠杆菌)和螺旋菌(包括弧菌、螺菌、螺杆菌)。按细菌对氧气的需求来分类,可分为需氧菌和厌氧菌。

2. 细菌主要由细胞壁、细胞膜、细胞质、核质体等主要部分构成,有的细菌还有荚膜、鞭毛、菌毛、芽孢等特殊结构。

3. 细菌的检测技术就是针对细菌的形态、结构、代谢及遗传物质等特性建立的。

一、显微镜检验

临床标本直接用湿片或涂片染色后镜检。根据菌体的形态、结构、染色反应和背景细胞的种类、分布及吞噬菌体情况等，可初步推测细菌的种类，及时为临床诊断、治疗提供初步依据；痰液标本分离培养前，涂片染色后镜检是标本合格性的判断依据；也可为进一步鉴定提供参考。

（一）不染色标本

临床常采集粪便、尿液、阴道分泌物、角膜刮片等标本。常用的方法有压滴法、悬滴法和毛细管法，通常用普通光学显微镜观察，特殊情况下用暗视野或相差显微镜，如使用暗视野显微镜查找钩端螺旋体菌体。

1. **结果报告** 病原菌的种类及特征描述，如粪便标本直接悬滴镜检找到动力阳性细菌。
2. **临床意义** 参见第八章第一节。
3. **应用评价** 镜检无法区分具有相似特性（如动力）的微生物群，建议加入鉴别方法，如制动试验，在湿片中加入霍乱弧菌 O1 及 O139 抗血清，通过抗体特异性抑制目标菌动力的结果分辨致病弧菌。

（二）染色标本

通过普通光学显微镜或荧光显微镜，观察染色标本中菌体的形态、大小、排列方式和某些特殊结构（如荚膜、鞭毛等），及与背景细胞（组织细胞、炎症细胞等）的相互作用，初步报告病原体的种类，为判断感染类型提供依据。临床常采集伤口、组织、痰液、脓液、脑脊液等标本。常用革兰氏染色（Gram staining）、抗酸染色（acid-fast staining）和荧光染色（fluorescence staining）。

1. **结果报告** 根据标本类型选择性报告以下内容。染色结果、病原体形态学描述、半定量计数和特殊组织细胞分布（如多核炎性细胞、上皮细胞等）。如脑膜炎奈瑟菌感染患者的脑脊液标本涂片革兰氏镜检结果，描述性报告为镜下见到大量典型的多型核白细胞，在白细胞内、外均见革兰氏阴性双球菌。
2. **临床意义** 参见第八章第一节。
3. **应用评价** 单纯涂片染色方法的阳性率较低。可通过离心浓缩、荧光染色等提高阳性率。对某些感染性疾病，涂片镜检有确诊价值，如细菌性阴道病。

二、分离培养与鉴定

临床标本中的细菌通过适合的培养基，在适宜的培养条件下进行分离培养，获得单一菌落后，依据其生长特点（如菌落形态、溶血、气味等）、涂片染色镜检、生化表型试验、抗原-抗体反应、基质辅助激光解吸电离飞行时间质谱法（matrix-assisted laser desorption ionization time-of-flight mass spectrometry，MALDI-TOF MS）或核酸测序等进行种属鉴定。

> **知识拓展**
>
> **基质辅助激光解吸电离飞行时间质谱法**
>
> 基质辅助激光解吸电离飞行时间质谱法（MALDI-TOF MS）是一种新型的软电离生物质谱。可用于：①对生物大分子物质分子量的测定；②对蛋白质进行高通量的鉴定；③对有机小分子化合物分子量的测定；④对寡核苷酸的分析；⑤对基因的单核苷酸多态性的分析；⑥临床微生物的鉴定。
>
> MALDI-TOF MS 主要由两部分组成：基质辅助激光解吸电离（MALDI）离子源和飞行时间（TOF）质量分析器。其微生物的鉴定原理是不同的微生物样品与过量的基质溶液点在样品板上，溶剂挥发后形成样品与基质的共结晶，利用激光作为能量来源辐射结晶体，基质从激光中吸收能量使样本吸附，基质与样本之间发生电荷转移使得样本分子电离，样本离子在加速电场下获得相同的动能，经高压加速、聚焦后进入飞行时间质量分析器进行质量分析，检测器检测到不同质荷比（m/z）的离子，并以离子质荷比为横坐标、以离子峰为纵坐标形成特异性的被鉴定微生物蛋白质组指纹图谱，进而与图谱库中进行对比，得到鉴定结果并最终确定微生物种类。

（一）分离培养

1. 增菌培养 将临床标本接种于液体培养基中进行培养，其适合无菌体液标本（如血液、脑脊液、胸腔积液、腹水、关节液等）、闭合性脓液、腹膜透析液等。有正常菌群的标本如咽拭子、咳痰标本等不适合做普通增菌培养，特殊标本可使用专用培养液进行选择性增菌培养，如粪便检测霍乱弧菌选碱性蛋白胨盐肉汤。

（1）结果报告：①有细菌生长，初步报告染色镜检结果，同时转种固体培养基，分离的单个菌落经鉴定后报告最终结果。②无细菌生长时报告无菌生长。③正常菌群生长或无致病菌生长。

（2）临床意义：增菌培养可以提高病原菌的阳性检出率。血培养是临床常申请的增菌培养类型，重要的目的在于确诊患者菌血症，并为接续的病原菌鉴定和药敏试验提供分离菌。

（3）应用评价：血液细菌增菌培养包括手工血培养系统、溶菌-离心法培养系统和自动化血培养系统，临床最常用的为后者。血培养结果的解释相对复杂，应综合考虑分离菌的鉴定结果、阳性瓶数量、阳性触发时长、其他身体部位分离的致病菌、相关临床症状和体征、其他检查结果及后续治疗效果等。因污染可造成假阳性，需进行排除。采集前使用抗生素、采血量不足、采集时间不适合、转运不规范、感染为特殊苛养菌等因素可降低检出率，造成假阴性，需规范操作。

2. 分离培养 对含有多种细菌的临床标本或其他培养物，经过划线接种到合适的选择性或非选择性固体培养基表面，一般培养 18~24 h 后形成单个菌落（colony）。将单个菌落转种至另一培养基中，生长出来的细菌为遗传背景近乎完全相同的纯菌，称为纯培养物（pure culture）。

（1）结果报告：初步报告病原菌种类，如疑似大肠埃希菌、葡萄球菌、β溶血性链球菌。

（2）临床意义：①为进一步的鉴定、抗微生物药物敏感试验、耐药表型及基因检测、血清学试验等提供菌落。②可进行半定量或定量，如尿液、痰液、支气管吸出液、透析液等标本的细菌计数。③有利于判断污染。

（二）鉴定

根据纯培养细菌的菌落特点、染色镜检、生化表型和血清学试验、MALDI-TOF MS、核酸测序等结果，对分离培养的病原菌做出最后的种属鉴定。既有手工法也有自动化仪器法。应尽可能将细菌鉴定到种，必要时鉴定到亚种、亚型或血清型。

1. 结果报告 细菌的种名或种名加血清型等，如大肠埃希菌 O157STEC 株、金黄色葡萄球菌。

2. 临床意义 细菌感染性疾病确诊、抗微生物治疗，以及感染的预防、控制及流行病学调查等。

3. 应用评价 细菌鉴定方法分为表型鉴定系统和非表型鉴定系统，前者包括手工鉴定和基于数值编码鉴定原理的系统。后者常包括质谱分析和分子生物学方法。鉴定细菌时采用的方法不同，鉴定结果的出具时间和准确性不完全相同。微生物自动化鉴定系统较手工法鉴定快速、准确。近年来，分子生物学方法和质谱分析技术也逐渐应用到细菌鉴定领域，使检测结果更为快速、准确，特别是当培养条件受到限制或标本含有的为非活菌及表型鉴定难以完成时，非表型鉴定系统的优势尤为凸显。

三、抗微生物药物敏感试验

抗微生物药物敏感试验（antimicrobial susceptibility test，AST）简称药敏试验（drug susceptible test），是测定抗微生物药物在体外抑菌或杀菌能力的试验。随着抗微生物药物耐药率不断增加和新型耐药菌株的出现，临床医生更加关注药敏试验结果的及时性。

（一）药敏试验和特殊耐药性检验的主要目的

①预测所检抗菌药物的疗效，为抗感染治疗提供选药根据；②发现或提示新的细菌耐药机制；③监测细菌的耐药性及其变迁，为医院内感染控制及经验性用药提供依据。

（二）常用药敏试验方法

药敏试验常用的方法有纸片扩散法（disc diffusion test）、稀释法（dilution test）、E-test 法，可依据菌种选择适合的方法。①纸片扩散法：又称改良 Kirby-Bauer 法、K-B 法，通过测量药敏纸片抑制受试菌生长的抑菌圈直径（单位：mm），再参照纸片法折点进行敏感度解释的方法。②稀释法：是定量测定抗菌药物抑制或杀灭试验菌生长的最低浓度的方法。③E-test 法：又称梯度扩散法，其结合了稀释法和扩散法的原理，也是直接检测抗菌药物对试验菌的最小抑菌浓度。药敏试验规范性操作和结果读取参照 CLSI 制订的标准。

1. 结果报告 ①纸片扩散法的直接测量结果是抑菌圈直径，推荐仅报告药敏结果解释；稀释法和 E-test 法的直接测量结果是最小抑菌浓度（minimal inhibitory concentration，MIC），推荐同时报告 MIC 值（μg/ml）和药敏试验结果解释。②药敏试验结果的解释分类包括：敏感（susceptible，S）、中介（intermediate，I）和耐药（resistant，R），对部分细菌需要报告剂量依赖型敏感（SDD）或非敏感（NS）。

2. 临床意义 参见第八章第一节。

3. 应用评价 ①纸片扩散法操作简单、重复性好、试剂成本低、试验药物选择灵活，容易排除污染菌和发现耐药菌株生长，常用于细菌的耐药表型试验，主要局限是无法检测某些苛养菌和厌氧菌的药敏试验。②微量肉汤稀释法是抗生素药敏试验的标准化参考方法。MIC 检测多采用商品化稀释法试剂盒，操作简便，结果判读和解释普遍采用自动化的系统，主要局限为商品化药敏板的抗生素谱及药物浓度测试范围有限。③E-test 有纸片扩散法的简便、灵活性，并与稀释法测得的 MIC 值有较高的一致率，缺点为费用高。

（三）药敏试验选药和报告的原则

分离培养出的病原菌，必须选择规定的抗菌药物和方法组合进行药敏试验。抗菌药物的选择应遵循相关指南，并与本院感染科、药事委员会和感染控制委员会共同讨论决定。在我国主要依据临床和实验室标准化委员会（CLSI）制订的抗菌药物检测和报告分组原则。其规定的分组原则为：1 级——常规、首选检测和报告的药物；2 级——常规、首选检测，分级关联报告的药物；3 级——常规或根据需要试验，分级关联报告的药物，适用于多重耐药菌高风险患者标本；4 级——根据需要进行检测和报告的药物，适用于其他级别药物由于各种原因无法选择时，如无可选的首选药物、过敏等潜在疾病、对前三级药物耐药、混合感染等；U 组——仅用于治疗尿路感染的抗菌药物；O 组——对该组细菌有临床适应证，但一般不允许常规试验并报告的药物。如果全面监测医院感染菌株的耐药性，1 级、2 级、3 级、4 级、U 组的药物均应选择。

CLSI 指南规定了不同种类菌株或从不同标本中分离的菌株选择抗菌药物的要求。例如，沙门菌属和志贺菌属菌株，氨基糖苷类药物、一代和二代头孢菌素类、头霉素在体外对其可能有活性，但临床上无效，因此不能报告这些药物敏感，只需做氨苄西林、喹诺酮类和磺胺甲噁唑/甲氧苄啶（TMP/SMZ）药敏试验。肠球菌属菌株氨基糖苷类（除了筛选高水平耐药性外）、头孢菌素类、克林霉素和 TMP/SMZ 在体外对其可能有活性，但临床上无效，因此不能报告这些药物敏感。脑脊液分离株不报告亚胺培南、厄他培南、多利培南，因为没有数据显示多利培南和厄他培南进入脑脊液药物浓度是否充足，而亚胺培南在治疗细菌性脑膜炎时易诱发癫痫。

案例 22-1

女性，55 岁。无糖尿病和结核病史，有 2 周尿路感染史，口服呋喃妥因治疗。急诊就诊，患者出现发热、寒战、恶心、尿频加重、右腹疼痛。查体：T 38.5℃，P 87 次/分，右肋脊角压痛，其他未见异常。B 超检查：右侧肾盂黏膜轻度增厚，轻度肾盂积水。实验室检查：血常规 WBC 15.3×10^9/L，N 83%；尿常规 WBC 4+，RBC 1+，亚硝酸盐 +，蛋白 1+；尿显微镜检 WBC 30～40 个/HPF，RBC 2～8 个/HPF。

问题：
1. 此病例的初步诊断是什么？
2. 为明确诊断，需完善哪些实验室检查？
3. 为进一步治疗，还需完善哪些实验室检查？

四、细菌耐药性的特殊试验

通过对细菌特定的耐药机制或耐药表型进行试验，以确定受试菌对某种或某类抗生素敏感性的检测方法，包括特殊表型方法和耐药基因检测等，以下是临床实验室常检测的相关项目。

1. 多种细菌的 β- 内酰胺酶（β-lactamase） 能水解 β- 内酰胺类抗生素的 β- 内酰胺环，使酰胺键断裂而失去活性。检测方法有直接法和间接法，前者包括头孢硝噻吩显色法、酸度法

和碘测定法，后者见于金黄色葡萄球菌青霉素纸片扩散法边缘试验。临床实验室常用头孢硝噻吩（nitrocefin）纸片法。

(1) 结果报告：β-内酰胺酶阳性或阴性。

(2) 临床意义：在临床实验室中需进行β-内酰胺酶测定的细菌包括金黄色葡萄球菌、淋病奈瑟菌、流感嗜血杆菌、卡他莫拉菌、肠球菌、拟杆菌属和其他革兰氏阴性厌氧菌（不包括脆弱拟杆菌群）。阳性结果表示对所有不耐酶青霉素类耐药，包括青霉素、氨苄西林、羧基青霉素和脲基青霉素。阴性结果不能推断以上抗生素敏感，因为可能存在其他耐药机制。

2. 耐甲氧西林葡萄球菌（methicillin resistance Staphylococci，MRS） 包括耐甲氧西林金黄色葡萄球菌（methicillin resistance Staphylococcus aureus，MRSA）和耐甲氧西林凝固酶阴性葡萄球菌（methicillin resistance coagulase-negative Staphylococcus，MRCNS）。因耐药表型检测方法的适用性差异，葡萄球菌分为以下两组进行试验：①金黄色葡萄球菌和路邓葡萄球菌组；②除金黄色葡萄球菌和路邓葡萄球菌以外的葡萄球菌组。每组分别按CLSI指南要求选择试验方法和判定折点，其方法包括头孢西丁纸片扩散法、头孢西丁MIC法、苯唑西林MIC法和苯唑西林-盐琼脂筛选试验。

(1) 结果报告：分离菌是否为MRS、MRSA或MRCNS。

(2) 临床意义：①以上试验方法仅适用于检测由 *mecA* 基因介导的耐药。②对于MRS，所有β-内酰胺类药物均应报告耐药，包括青霉素类、β-内酰胺类/β-内酰胺酶抑制剂复合物、头孢类（除外有抗MRSA活性的头孢菌素，如头孢洛林）和碳青霉烯类。

3. 诱导型克林霉素耐药试验 是指受试菌株用常规药敏试验方法检测林可酰胺类抗生素（如克林霉素）为敏感，但用大环内酯类抗生素（如红霉素）诱导后产生耐药的现象。推荐检测方法包括D试验和肉汤稀释法。适用的细菌包括葡萄球菌、肺炎链球菌和β溶血链球菌。D试验是用纸片扩散法，在克林霉素纸片附近放置一片红霉素纸片，若在靠近红霉素纸片的克林霉素纸片抑菌圈出现"截平"现象（像字母D而得名），为D试验阳性。单孔肉汤稀释法有细菌生长为试验阳性。该试验用来检测相关受试菌对克林霉素的耐药性。

(1) 结果报告：诱导型克林霉素耐药试验阳性报告为克林霉素耐药。

(2) 临床意义：克林霉素常规药敏试验敏感时，推荐补充诱导型克林霉素耐药试验是非常必要的。试验阳性表示诱导型克林霉素耐药，不能选用克林霉素进行感染治疗。

4. 氨基糖苷类高水平耐药（high-level aminoglycoside resistance，HLAR）肠球菌 肠球菌对氨基糖苷类抗生素低水平天然耐药。通过筛查肠球菌的氨基糖苷类抗生素（常用链霉素、庆大霉素）高水平耐药，可以判断是否与作用于细胞壁的抗生素（青霉素或糖肽类，如万古霉素）具有协同作用。检测方法包括纸片扩散筛选法、琼脂稀释筛选法和微量肉汤稀释筛选法。

(1) 结果报告：对庆大霉素或链霉素高水平敏感或耐药。

(2) 临床意义：在治疗严重的肠球菌感染时，要求报告庆大霉素、链霉素的高水平耐药筛选试验和作用于细胞壁的抗生素药敏试验结果，用以评估能否联合应用。若其中有一类药物耐药，则无协同杀菌作用。

5. 耐万古霉素肠球菌 肠球菌属有些菌种（如鹑鸡肠球菌和铅黄肠球菌）对万古霉素天然耐药。常用琼脂筛选法、E-test法和显色培养基法等。

(1) 结果报告：分离株对万古霉素耐药或敏感。

(2) 临床意义：参见本节"氨基糖苷类高水平耐药肠球菌"。

6. 苯唑西林纸片筛选试验检测青霉素耐药肺炎链球菌 本试验适用于非脑脊液和血液中分离的肺炎链球菌，用苯唑西林纸片（1 μg/片）进行纸片扩散法药敏试验，抑菌圈直径≥20 mm时，为敏感；抑菌圈直径≤19 mm时，可能对青霉素耐药、中介或敏感，应检测青霉素MIC以确证是否为耐青霉素肺炎链球菌（penicillin resistance Streptococcus pneumonia，PRSP）。

（1）结果报告：肺炎链球菌对青霉素耐药或敏感。

（2）临床意义：肺炎链球菌对苯唑西林（1μg/片）敏感，可以认为对青霉素、氨苄西林、阿莫西林、阿莫西林/克拉维酸、氨苄西林/舒巴坦、头孢菌素类及碳青霉烯类药物敏感。

7. 超广谱 β-内酰胺酶（extended spectrum beta lactamase，ESBL）的检测 ESBL 指由质粒介导的能水解所有青霉素类、头孢菌素类和单环 β-内酰胺类抗生素的一类酶，其不能水解头霉素类和碳青霉烯类药物，能被克拉维酸、舒巴坦和他唑巴坦等 β-内酰胺酶抑制剂所抑制。检测方法有 CLSI 制定的纸片扩散法和稀释法的筛选试验和确证试验，还有双纸片协同法确证试验和 E-test 法。

（1）结果报告：分离菌株产或不产 ESBL。

（2）临床意义：ESBL 筛选和确证试验主要用于感染控制、流行病学调查。若使用 CLSI 最新的药敏折点，直接报告常规药敏结果的解释即可，不需再次修正药敏结果。

8. 碳青霉烯酶的表型检测 碳青霉烯酶是一类能水解碳青霉烯类抗生素（如亚胺培南、厄他培南等）的 β-内酰胺酶。其也可以水解 β-内酰胺类抗生素，使产酶菌株对所有 β-内酰胺类抗生素均耐药。有多种表型检测方法，如改良 Hodge 试验（MHT）、基于比色的 Carba NP 实验、改良碳青霉烯类抑制法（mCIM）、EDTA 改良碳青霉烯类抑制法（eCIM）、基质辅助激光解吸电离飞行时间质谱法等。适用细菌有肠杆菌科细菌、铜绿假单胞菌和鲍曼不动杆菌。

（1）结果报告：分离株对碳青霉烯类耐药或敏感。

（2）临床意义：①当所有碳青霉烯类药物常规药敏结果均为中介或耐药时，对临床而言，直接报告结果，不必进行表型确证试验。②表型试验主要用于感染控制、流行病学调查。③碳青霉烯类耐药的肠杆菌科细菌（carbapenem-resistant *Enterobacteriaceae*，CRE）、铜绿假单胞菌和鲍曼不动杆菌所致感染，应该避免碳青霉烯类药物的使用，选择其他的敏感药物。

9. 细菌耐药基因 已报告的耐药基因不限于以下几种。①金黄色葡萄球菌耐药基因：耐氨基糖苷类基因 *ant*（4'），耐 β-内酰胺类基因 *blaZ*、*mecA*、*mecC*，耐大环内酯类基因 *ermA*、*ermC*；②大肠埃希菌耐药基因：耐 β-内酰胺类基因 *blaTEM*、*blaSHV*、*blaOXA*、*blaROB*，耐大环内酯类基因 *ereA*、*ereB*，耐磺胺类基因 *sul* I、*sul* II，耐氨基糖苷类基因 *ant*（2''）-I*a*、*ant*（4'）-I*a*、*aac*（3'）-I*a*、*aac*（6'）-I*a*，耐氟喹诺酮类基因 *gyrA*、*parC*；③粪肠球菌和屎肠球菌耐药基因：氨基糖苷类高水平耐药基因 *ant*（6'）-I*a*、*aac*（6'）-I*e-aph*（2''）-I*a*，耐四环素类基因 *tet*，耐万古霉素基因 *vanA*、*vanB*、*vanC*、*vanD*、*vanE*、*vanG*；④鲍曼不动杆菌对亚胺培南耐药基因 *blaOXA*；⑤分枝杆菌耐药基因：利福平耐药基因 *rpoB*，异烟肼耐药基因 *katG* 和 *inhA*。

检测方法有聚合酶链式反应（polymerase chain reaction，PCR）和 PCR 衍生技术，如 PCR-限制性片段长度多态性分析（PCR-RFLP）、PCR-单链构象多肽分析（PCR-SSCP）、PCR-线性探针分析、生物芯片技术和 DNA 测序等。PCR 产物测序与 GenBank 公布的耐药基因比对，有助于发现新的基因亚型。

耐药基因检测有助于理解相应药物的耐药机制，有的耐药基因检测优于耐药表型试验，对抗生素的靶向治疗、感染控制和流行病学研究有重要价值。以万古霉素耐药屎肠球菌为例，如同时携带 *vanA* 和 *vanB* 基因，对万古霉素和替考拉宁均耐药；如仅携带 *vanA* 基因，对万古霉素耐药，但替考拉宁治疗可能有效。对分离的金黄色葡萄球菌，若 *mecA* 基因阳性，而苯唑西林或头孢西丁敏感，药敏结果解释为 MRSA。

五、细菌感染的分子诊断

细菌感染的分子诊断（molecular diagnosis）是利用分子生物学技术检测感染性病原体自身遗传物质（DNA），为感染诊断等提供依据。主要包括核酸扩增技术、核酸分子杂交技术、生物芯片技术和高通量测序技术（如NGS）等。

1. 临床意义 参见第八章第一节。分子诊断能进行菌种鉴定、亚型分析和耐药基因分析等，可以为感染性疾病的诊断、治疗及流行病学研究提供技术方案。

2. 应用评价 ①分子诊断技术在鉴定不易培养、生长缓慢的细菌或同时检测多种病原体方面，与传统培养法对比，有较大优势。如生殖道感染的淋病奈瑟菌的分子检测已成为鉴定的"金标准"；结核分枝杆菌的分子诊断和耐药基因的检测已在临床实验室常规化应用；多重PCR技术和NGS技术在呼吸道病原菌检测中的应用。②核酸杂交技术适用于直接检出标本中的病原微生物，而不受正常菌群的影响。③在细菌感染的多种致病因子检测中的应用，例如致病性大肠埃希菌的检出。

思 考 题

1. 简述临床微生物实验室常用的细菌鉴定技术。
2. 简述临床微生物实验室抗生素药物敏感试验方法和药敏试验选药原则。
3. 简述临床微生物实验室常用的细菌耐药性的特殊检测方法。

（赵劲松）

第二节 病毒感染的检验

病毒是一类结构简单的细胞内寄生的非细胞型微生物，其直径一般在 20～300 nm，需用电子显微镜才可观察到。病毒结构主要包括蛋白质衣壳和遗传物质两部分，每种病毒只含有一种核酸，即 RNA 或 DNA，病毒核酸又可分为单股或双股、线形或环形、正链或负链。某些病毒如流行性感冒病毒、乙型肝炎病毒及人类免疫缺陷病毒（艾滋病毒）等，外面有一层来自细胞表面的类脂或脂蛋白包膜，包膜表面有糖蛋白及抗原，这些表面抗原与衣壳抗原共同刺激机体产生抗体，对机体抗病毒免疫及病毒性疾病的实验室检测有双重意义。病毒感染可引起全身脏器的疾病，包括呼吸系统、消化系统、循环系统、泌尿生殖系统、免疫系统及皮肤黏膜病变等，病毒感染还与肿瘤和自身免疫疾病的发生密切关联。由于病毒不能进行二分裂繁殖，对常用抗生素不敏感。急性病毒感染主要靠机体免疫系统清除。

近年，对病毒感染发病机制的认识和病原学检测手段有了很大进步，为病毒性疾病的诊断和防治提供了有利的条件。然而，病毒基因组发生突变和重组的可能性大，可能在此基础上产生耐药毒株或新病毒，甚至引起全球大流行，如 2009 年的 pH1N1 甲型流感病毒与 2019 年新型冠状病毒 SARS-CoV-2 等。因此，早期、及时发现病毒感染，对临床诊疗及疾病预防均有重要意义。

一、病毒的分离、培养及形态学检查

【目的】病毒分离、鉴定是传统的病毒学诊断方法，也是诊断病毒感染的金标准。配合PCR方法及测序技术，对发现新病毒和研究病毒流行病学十分必要。

病毒分离常用的方法有动物接种、鸡胚接种和组织细胞培养三种。目前，组织细胞培养技术已逐渐取代动物接种和鸡胚培养成为病毒分离的主要手段。通过组织细胞培养技术，观察细胞病变效应（cytopathic effect，CPE）现象，即由于病毒侵染导致细胞变性后出现细胞皱缩或从培养皿脱落等现象。动物接种最常用的实验动物是乳鼠或1~3周龄的小白鼠，接种后待动物发病或死亡后进行解剖，观察病理改变；或以受感染组织继续传代，再辅以中和试验进行鉴定。可用于狂犬病、流行性乙型脑炎、肠道病毒感染的鉴定。

要提高病毒分离和培养的阳性率，须注意标本采集的时间及质量。采样时间一般在发病早期或开始治疗之前，越早越好；如采集鼻、咽拭子，需要使用含有非灭活型保存液的试管；采集后的样本应在2~8℃快速送到实验室或在低温条件下短期保存。

病毒分离和鉴定的缺点是耗时、费力、敏感性低，必须早期获得样本。且对实验室生物安全与检验人员的技术要求较高，如SARS-CoV-2及人感染禽流感病毒的培养需在生物安全三级实验室操作。

病毒感染的形态学检查包括以下技术。

（一）光学显微镜观察

光学显微镜无法直接观察到病毒，但可以观察到病毒感染产生的包涵体，如巨细胞病毒感染者尿沉渣细胞中可能出现包涵体，麻疹患者口腔黏膜出现多核巨细胞的包涵体，狂犬病脑基质神经细胞质中的内氏小体（Negri body）等。因此，对可疑病毒感染患者的组织、体液、分泌物等作涂片检查时除检查病理改变外，还应观察有无融合细胞和包涵体的存在，这对于确定病原体有一定帮助。

（二）电子显微镜观察

电子显微镜（电镜）可以直接观察到病毒颗粒，以及病毒内部的超微结构，可用于检测不能在体外培养的病毒，或对体外培养的病毒进一步鉴定分析。电镜检查的常用方法是将浓缩的病毒标本用磷钨酸盐负染处理，或将可能含病毒的细胞和组织制成超薄切片，然后直接用电镜（EM）观察，根据病毒的典型形态做出初步诊断。曾成功用于从粪便中找到甲型肝炎病毒（HAV）、诺沃克（Norwalk）病毒以及人粪轮状病毒颗粒。应用免疫电镜（IEM）检查时先将标本与特异性血清（如恢复期血清）混合，使病毒颗粒凝集，以便于在电镜下观察，优于直接电镜检查。

应注意的是，在电镜下观察到的可疑致病因子不一定是导致疾病的"真凶"，在SARS冠状病毒流行早期，曾在死亡患者的肺组织切片中观察到衣原体，但事实证明衣原体并非主要的致病因子。因此，电镜检查结果仍需结合其他检测手段，以避免误诊。

（三）病毒培养物的其他鉴定方法

1. 病毒增殖鉴定指标

（1）细胞病变效应（cytopathic effect，CPE）：大多数病毒在敏感细胞内增殖后会引起细胞出现特有的细胞病变，称为CPE。不同病毒的CPE特征不同，例如腺病毒和肠道病毒等引起细胞圆缩、团聚或呈葡萄串状。

(2) 红细胞吸附（hemadsorption，HAd）：含有血凝素（hemagglutinin，HA）的病毒感染敏感细胞后，血凝素会出现于感染细胞膜表面，这种细胞具有吸附个别种类脊椎动物（如鸡、豚鼠和猴等）红细胞的能力，此现象称为红细胞吸附。这是鉴定正黏病毒和部分副黏病毒增殖的间接指标。如流感病毒感染细胞后不会出现明显 CPE，但会出现 HAd 现象。

(3) 干扰作用（interference）：某些病毒感染细胞后不出现 CPE，但可干扰其后感染同一细胞的另一种病毒的正常增殖，从而阻抑后者产生特有的 CPE，此现象称为干扰作用。

(4) 细胞代谢改变：病毒感染细胞的结果可使培养液的 pH 改变，说明细胞的代谢在病毒感染后发生了变化。这种培养环境的生化改变也可作为判断病毒增殖的指标。

2. 培养物的免疫学及分子生物实验

(1) 补体结合试验（complement fixation test，CFT）：用免疫溶血机制做指示系统来检测另一待检系统中抗体的试验。将待检血清与某已知病毒或病毒抗原结合，若该已知病毒为此患者的疑似感染病原，再向其中加入限量补体，如果患者血清中含有该病毒抗原的抗体，则会形成抗原-抗体复合物。此抗原-抗体复合物会结合所有补体，再向上述反应体系中加入指示系统中的绵羊红细胞和溶血素，由于反应液中已没有游离的补体而不会出现溶血，此结果判定为补体结合试验阳性。补体结合试验目前主要用于呼吸道病毒和虫媒病毒感染的检测和定量分析。

(2) 血凝抑制试验（hemagglutination inhibition test，HIT）：血凝素特异性抗体与含有血凝素的病毒作用后，可抑制组织病毒的血凝素与红细胞结合，称为血凝抑制试验。本方法主要用于病毒血清学鉴定、流行病学调查和病毒血清型的鉴定等。

(3) 病毒培养物的分子生物学鉴定：应用多种分子生物学技术对培养分离的病毒核酸成分进一步分析，包括病毒载量（viral load）检测、病毒分型、突变位点分析及全基因组测序等。

【应用】病毒的培养与鉴定是病原学诊断的金标准，其中，细胞培养法的应用较广泛，从理论上讲，只要有合适的细胞，几乎所有病毒都可通过细胞培养分离来检测。传统细胞培养法尤其适用于新病毒或变异毒株的检测，也是抗病毒药物体外敏感性试验的基础；但该方法对技术要求较高、检测周期相对较长，且多种病毒缺乏敏感细胞株或敏感细胞株不易获取，生物安全的要求和操作繁琐都限制了其在临床实验室的推广。

二、免疫学检测

【目的】免疫学方法被广泛用于病毒感染的诊断，使用的样本类型可以为血清、血浆、体液或鼻咽拭子。基于感染病原体的致病机制、与免疫系统的相互作用，检测项目包括针对病毒抗原的检测，感染后机体产生的特异性抗体，以及感染后针对特殊抗原所产生的特异性细胞因子的检测。

传统的血清学方法包括中和试验、补体结合试验、血液凝集试验及血凝抑制试验，以及间接血凝抑制试验等，具有半定量效果，可以区分 IgM 与 IgG 抗体。近年，随着临床医学的发展，病原的免疫学检测逐渐被自动化与通量更高、反应更灵敏、特异性更好且报告时效更短的技术所代替，以下结合各项技术的临床普及性进行介绍。

1. 酶免疫测定（enzyme immunoassay，EIA）技术 是以酶作为标志物的免疫测定方法。根据抗原-抗体反应后是否需要分离结合与游离的酶标志物，又将 EIA 分为均相（homogenous）和异相（heterogenous）两种类型。在临床常用的酶联免疫吸附试验（enzyme linked immunosorbent-assay，ELISA）属异相反应。由于酶的催化效率很高，ELISA 极大地提高了检测的灵敏度。操作简便，适于大批量标本自动化检测，因此已被广泛用于多种病原微生物抗原、抗体的检测，包括病毒、细菌、支原体、衣原体及寄生虫等。

根据抗原-抗体反应的类型，将 ELISA 方法区分为以下几类。

（1）双抗体夹心法：如利用双抗体夹心法检测乙型肝炎表面抗原（HBsAg）。

（2）双抗原夹心法：如双抗原夹心法检测乙肝病毒表面抗体（抗-HBs）。

（3）竞争抑制法：部分小分子抗原和半抗原因缺乏可作夹心的多位点，因此采用竞争法进行测定。如抗-HBc 的检测，此时，待测标本中的抗体将与包被抗体竞争结合中和抗原，加入酶标抗体后，酶标抗体将与结合于固相上的特异抗原结合。因此，抗体含量较多的标本，反应呈色与抗体含量少的标本相比较淡。

（4）架桥法（固相捕获法）：由于血清中针对某一抗原的特异性 IgM 常和非特异性 IgM、及特异性 IgG 共存，这一现象明显干扰了特异性 IgM 的检出，由此产生了架桥法。此法常用于病毒性感染的早期诊断。如甲型肝炎病毒抗体 IgM（抗-HAV IgM）测定。

2．发光酶免疫测定（luminescence enzyme immunoassay，LEIA）技术　属于酶免疫测定中的一种。只是最后一步酶反应所用底物为发光剂，通过发光反应发出的光在特定的仪器上进行测定。常用的标记酶有辣根过氧化物酶（HRP）和碱性磷酸酶（ALP）。根据酶促反应底物不同，可分为荧光酶免疫测定和化学发光酶免疫测定。如以微粒子捕获双抗体夹心法检测巨细胞病毒（CMV）抗体，将纯化的重组 CMV 抗原片段 PP150、PP52、PP65、PP38 包被乳胶颗粒，将乳胶颗粒与待测血清标本一起加入反应杯中，经温育一定时间后，若标本中有 CMV 抗体便与重组 CMV 抗原形成抗原-抗体复合物，加入 ALP 标记抗体并混匀，从而形成固相包被抗体-抗原-酶标抗体复合物，进而进入发光检测流程。

3．固相膜免疫测定（solid phase membrane-based immunoassay）　与 ELISA 原理类似，但以微孔膜为固相载体，标志物可用酶和各种有色微粒子如彩色乳胶、胶体金和胶体硒，以红色的胶体金最常用。胶体金容易和多种大分子物质，包括抗体、A 蛋白、凝集素等结合。基于固相膜的免疫渗滤（IFA）和免疫层析（ICA）作为简便、快速的检验方法，广泛应用于传染病病原的抗原或抗体的快速诊断。

4．免疫荧光测定（immunofluorescence assay，IFA）　此方法一般以组织细胞作为实验基质，实验基质中含有各种抗原物质。将稀释的待检血清与实验基质孵育，如果血清阳性则特异性抗体与组织细胞中抗原相结合。选择荧光素标记的抗人 IgG 抗体进行第二次孵育，使其与基质中已结合抗原的人抗体结合。在荧光显微镜下观察特异性荧光模式而判断结果。免疫荧光测定法又可分为直接免疫荧光法（direct immunofluorescence assay，DIFA）和间接免疫荧光法（indirect immunofluorescence assay，IIFA）。用于多种病原体（病毒、细菌、支原体和衣原体等）抗体检测，或用于呼吸道抗原检测，能较为直观、快速诊断感染，但由于需要开放式涂片和制片操作，存在一定生物安全风险。

5．免疫印迹（Western blot，WB）试验　是基于固相载体上的抗原与相应酶标记抗体反应。如用印迹法检测人类免疫缺陷病毒（HIV）感染，其原理是将纯化的 HIV 蛋白抗原裂解，然后通过 SDS-PAGE 凝胶按分子量大小将其分离，再转印到硝酸纤维素薄膜（NC）上。测定时将割成膜条的硝酸纤维素薄膜与待测样品反应，使充分接触，若样品中含有 HIV 抗体，将与膜片上的抗原区带结合，再加上酶标抗人 IgG 抗体，经过与底物反应显色，形成肉眼可见的不同区带。由于 WB 方法的结果是依据多条谱带综合判断，避免了某一抗原、抗体非特异性结合造成假阳性，是临床常用的 HIV 感染抗体确证试验。

【应用】病毒抗原检测结果阳性提示病毒的现症感染，如甲型与乙型流感病毒抗原检测、新冠病毒抗原检测阳性提示急性感染，可以用来诊断和指导治疗，但其敏感性较核酸检测差；乙型肝炎病毒表面抗原阳性提示 HBV 急性或慢性感染，一般联合 HBV-DNA 及其他指标判断；HIV 核衣壳 p24 抗原在病毒感染早期出现，有助于缩短感染诊断的窗口期，已经与 HIV 抗体检测联合并称为第四代检测试剂。如血清 IgG 抗体用于诊断，需检测双份血清（第一份在发病早期采集，第二份在发病2周后采集)，一般认为第二份血清内抗体滴度高于第一份血清4倍及以上时有诊断意义。因此，单份血清中 IgG 抗体不能满足临床诊断需要，但可用来对未做大规模疫苗接种的人群进行回顾性诊断，或者用于流行病学调查。检测 IgM 型抗体有助于感染早期诊断，且 IgM 型抗体不能经过胎盘，新生儿体内存在针对某种病原体的 IgM 型抗体，提示新生儿被病毒感染。需注意：血清抗体检测的干扰因素较多，如自身抗体可能导致抗体假阳性，需结合患者实际病情判断。由于分子生物检测手段普及，当前免疫学检测常作为初筛试验，阳性后多需要经过抗体确认试验或核酸检测辅助诊断。

三、病毒感染的分子生物学检测

【目的】学习和掌握几种临床常用的病毒感染的诊断技术。

1. **聚合酶链式反应（polymerase chain reaction，PCR）** 由美国科学家 Kary B. Mullis 在 1983 首次发明以来，在难培养的病原体包括病毒感染的诊断中发挥了巨大作用。PCR 是试管内特异性 DNA 片段进行扩增的新方法，逆转录 PCR（RT-PCR）是将 RNA 逆转录为 DNA 后再进行扩增的检测方法，分别针对 DNA 病毒和 RNA 病毒。对 PCR 扩增产物 DNA 片段，传统的分析手段包括对扩增片段预期长度，或将扩增片段经过酶切进行 RFLP，经电泳观察其迁移位置，借此确定致病基因的存在。

此后建立了实时荧光 PCR（real-time fluorescence PCR）方法，临床应用最广泛的是 TaqMan 法。近年，针对不同临床需要对 PCR 技术进行了很多改进，包括可以提升引物结合特异性的巢式 PCR 技术；提高检测下限的超敏感 PCR 检测适用于抗病毒治疗的用药监测和疾病早期诊断；节约人力和物力的全自动 PCR 装备及配套试剂提高了检测结果的准确性。多重 PCR 是在一套反应体系中加入多对 PCR 引物，同时扩增多个目的基因片段的方法，高效、节约成本，如用于 SARS-CoV-2 核酸检测的实时荧光 RT-PCR 方法，分别针对该病原体的 *ORF-1ab* 基因与 *N* 基因，其中 *ORF-1ab* 基因是 SARS-CoV-2 特异基因，*N* 基因是冠状病毒特有基因片段，双基因阳性及内参基因有扩增可诊断该病毒感染。

PCR 检测的质量：用于临床病原诊断的 PCR 体系，应具备引物结合的特异性，反应体系稳定，重复性好，检出下限涉及敏感性，为监测样本质量、核酸提取和反应过程是否正常，在反应体系中加入内参基因（reference gene），又包括人源性内参与外源性内参，人源性内参在呼吸道病原体检测，如在 SARS-CoV-2 感染的筛查和诊断中发挥突出作用，如果内参基因未扩增，多数情况是采样不合格或样本处理有问题。在 HBV-DNA 定量分析的扩增体系中，加入外源基因作为内参，可以提示扩增体系是否稳定等。

2. **LAMP（loop-mediated isothermal amplification）扩增技术** 其原理是针对目标 DNA 链上的多个区段设计多条引物，然后利用链置换反应在一定温度下进行反应。反应只需要把基因模板、引物、链置换型 DNA 合成酶、基质等共同置于一定温度下（60～65℃），经过一个步骤即可完成。扩增效率高，可在 15 分钟到 1 小时内实现 10^9～10^{10} 倍的扩增。LAMP 特点：①不需要使双链 DNA 先变性成单链；②扩增反应在等温下可持续进行；③扩增的效率较传统 PCR 高；④针对 6 个区段使用 4 种不同的引物，可特异性扩增靶基因序列；⑤仅使用一种链置换型 DNA 聚合酶 Bst DNA polymerase，成本低廉；⑥LAMP 扩增产物是在同一条 DNA 链上互补序列周而复始形成大小不一的结构；⑦当模板是 RNA 时，仅需要加入逆转录酶即可与 DNA 一样进行扩增。

LAMP 扩增反应会产生一种称为焦磷酸镁的衍生物。此衍生物与生成的扩增产物成正比。随着反应不断进行，衍生物的产量也会大增，于是呈现出白色浑浊。若应用荧光目视试剂，扩增反应的副产物焦磷酸离子与锰离子结合释放钙黄绿色，淬灭状态解除，发出黄绿色荧光，适合基层或流行病现场调查的病原检测。

3. 基因芯片技术 采用光刻合成或高速打印技术在相应载体按特定的排列方式固定上大量的探针，形成一种DNA微矩阵；样品DNA或RNA通过PCR或RT-PCR扩增、掺入标记分子后，与位于芯片上的探针杂交，通过同位素法、化学发光法、化学荧光法或EIA法捕获结果；经高分辨率扫描仪扫描，用计算机进行综合分析，获得样品中大量基因序列及表达的信息。目前，在临床应用的以微阵列基因芯片为主，如对乙型肝炎病毒突变株检测，可涵盖HBV所有常见突变位点。

4. 微流控芯片技术 又称为"微流控芯片实验室"，规模集成、仪器POCT化、具有较高的灵敏度和特异度，最快30分钟左右即可检测出病原体核酸，可满足临床对快速获得结果及一次获取多个病原学指标的需求。研发基于微流控和LAMP技术的恒温扩增微流控芯片，可充分发挥两种技术各自的优点，实现对病原体灵敏、快速、全自动、多指标的分子诊断，有利于指导临床诊断和针对性用药。

5. 多重PCR（multiplex polymerase chain reaction，mPCR） 是在一个反应体系中加入多对特异性引物对，针对多个DNA模板或同一模板的不同区域扩增多个目的片段，实现同时对多个靶标进行诊断的技术。多重PCR通过一次扩增反应可对多重病原体进行检测和鉴定，能够对呼吸道疾病混合感染的诊断提供重要信息，具有高效、快速、低成本等特点。

6. 基因测序分析技术 多种基因测序技术已用于病毒感染的诊断、分型和鉴定中。其中包括Sanger一代测序、被称为NGS的二代测序技术和宏基因组二代测序（mNGS）。Sanger一代测序是建立在对既往已知序列的测序分析，而后两种技术可用于新发病原体的识别。宏基因组二代测序使几乎所有病原体能够同时从临床样本中进行无偏检测。近年来，基于多重PCR技术与NGS技术发展的靶向测序病原学检测（tNGS）在高通量与节约成本方面做出平衡。基因测序技术的技术优势是通量高，拥有标准化实验室和高通量测序平台，数据库可靠，可检测不可培养物种，可检测痕量微生物。但基因测序技术对人员资质、仪器设备、数据分析团队、数据库等均有一定要求，目前尚未在临床普及应用，结果仍需要更多临床验证。

【应用】基于病毒核酸的分子生物学检测手段在病毒感染的诊断和鉴别诊断方面发挥了很大作用，病毒核酸检测又包括定性与定量分析，前者重视病毒感染的定性诊断，后者侧重于定量和指导临床治疗。此外，核酸检测还用于病毒的基因型、基因突变及耐药基因检测等。

知识拓展

NGS技术在感染诊断中的应用历史

2005年，全球第一个高通量测序平台建立；2008年，mNGS第一次用于人类感染性疾病诊断。2014年，《新英格兰医学杂志》发表利用mNGS帮助一名14岁脑膜炎患者明确钩端螺旋体的感染诊断，指导临床治疗成功。2016年5月，美国食品药品监督管理局公布了基于NGS的感染性疾病诊断指南草案。该草案指出：NGS直接检测可用于微生物鉴定、抗菌药物耐药性和毒力标志物的检测，辅助临床精准治疗。

NGS在中国的应用以mNGS为主，2019年底利用mNGS技术发现新型冠状病毒全基因组序列。近年来，mNGS在临床科研中广泛应用，国内已有多个关于mNGS应用的专家共识。此外，mNGS的广泛应用和积累的病原谱数据推动了tNGS的研发，国内已有以呼吸系统感染病原检测为主的tNGS检测服务。

> **微整合**
>
> **基础回顾**
>
> 用于实时荧光 PCR 检测的 Taq Man 技术
>
> Taq Man 技术在常规 PCR 基础上,添加了一条标记 2 个荧光基团的荧光双标记探针。一个标记在探针的 5'端,称为荧光报告基团(R);另一个标记在探针的 3'端,称为荧光抑制基团(Q)。探针的 3'羟基(—OH)已被去除或封闭,不具有延伸能力。在探针分子完整的情况下,R 发出的荧光被 Q 淬灭吸收。此时检测不到荧光信号。当特异性 PCR 扩增发生时,探针会在 PCR 过程中被 Taq 酶的 5'→3'活性作用切断(切口平移效应),抑制作用消失,从而引起报告基团荧光信号的产生。荧光信号伴随 PCR 产物的增长而增强。实时荧光定量 PCR 方法利用此原理,在 PCR 过程中,连续不断地检测反应体系中荧光信号的变化。当信号增强到某一阈值(根据荧光信号基线的平均值和平均标准差,计算出以 99.7% 的置信度大于平均值的荧光值,即为阈值)时,此时的循环次数(Ct 值)就被记录下来,该循环参数和 PCR 体系中起始 DNA 量的对数值之间有严格的线性关系,利用阳性梯度标准品的 Ct 值,制成标准曲线,再根据样品的 Ct 值就可以准确定出起始 DNA 的数量。

思 考 题

在流感流行季节,某医院呼吸科接诊一例发热、咳嗽、咳黄色脓痰 3 天伴呼吸衰竭的患者。为明确病原学诊断,可以进行哪些分子生物学检测?

(赵秀英)

第三节 真菌感染的检验

真菌感染性疾病是常见病,包括浅部真菌感染(如甲癣、股癣、手癣等)及深部真菌感染(如肺部真菌感染、隐球菌脑膜炎、真菌血症等)。检验真菌的方法有直接涂片、分离培养鉴定、免疫学实验及分子诊断等方法。多种标本,例如脑脊液、血液、痰液、支气管肺泡灌洗液、尿液、浆膜腔积液、组织、表浅皮肤病标本等均可用于真菌检验。

案例 22-2

男性,26 岁,急性病程,发热、头痛 10 天就诊。患者 10 天前发热,最高温度 39.1℃,偶有咳嗽,头痛呈持续性。查体 T 38.7℃,P 72 次/分,R 18 次/分,BP 131/79 mmHg,双肺呼吸音粗,未闻及干湿啰音,心音有力,律齐,无杂音,腹软。

实验室检查示血常规结果:红细胞 $3.87×10^{12}$/L,血红蛋白 113 g/L,白细胞 $5.4×10^9$/L,中性粒细胞百分比 84.7%,淋巴细胞百分比 7.9%。脑脊液检查:外观微浑,Pandy 试验(+),细胞总数 $400×10^6$/L,白细胞 $310×10^6$/L,淋巴细胞 15%,中性粒细胞

85%，糖定量 2.0 mmol/L，氯化物 90 mmol/L，蛋白定量 0.80 g/L。其他检查：人免疫缺陷病毒（1+2）抗体阳性，梅毒螺旋体抗体阴性。脑脊液新生隐球菌荚膜多糖抗原阳性。

问题：
1. 该患者初步诊断是什么？诊断依据有哪些？
2. 为进一步明确诊断，患者应完善哪些检查？

微整合

基础回顾

真菌的分类

按形态可将真菌分为单细胞真菌和多细胞真菌两类。单细胞真菌呈圆形或卵圆形，如酵母菌（yeast）或类酵母菌（yeast-like fungus），以出芽方式繁殖，对人致病的主要有白念珠菌和新生隐球菌；多细胞真菌系由菌丝与孢子组成，菌丝伸长分支，交织成团，这类真菌称丝状菌（filamentous fungus），对人致病的有皮肤癣菌等。有些真菌可因环境条件（如营养、温度、氧气等）的改变，而两种形态发生互变，称为二相性（dimorphic），如马尔尼菲篮状菌、组织胞浆菌和孢子丝菌等，这些真菌在体内或在含有动物蛋白的培养基上37℃培养时呈酵母型，在普通培养基上25℃培养时呈丝状菌型。多细胞真菌的菌丝和孢子形态不同，是鉴别真菌的重要标志。

下面介绍真菌感染的检验项目与应用。

一、涂片显微镜检验

【目的】通过直接镜检或多种染色方法在显微镜下观察真菌孢子和菌丝，初步判断是否存在真菌感染；结合部分病原体或菌丝的形态与结构、数量可以确定某些致病性真菌属或种。

【应用】不染色或染色标本镜检对真菌感染的检验常是不可缺少的。直接镜检阳性：①有诊断意义，如浅部真菌病、隐球菌病、皮肤黏膜假丝酵母菌病等，例如对女性阴道分泌物直接镜检可用于诊断念珠菌性阴道炎（彩图22-1）；②可以确定某些致病性真菌属或种，如皮肤癣菌、曲霉等。染色镜检能快速报告部分病原体或菌丝的形态与结构、数量，例如墨汁负染法观察新生隐球菌；乳酸棉兰染色检测丝状真菌（彩图22-2）。

二、分离培养与鉴定

【目的】标本接种在合适的培养基，在一定条件下真菌生长、繁殖，分离培养出纯的真菌菌落，采用自动化微生物鉴定仪器配套试剂卡、质谱技术及其他方法鉴定菌种。

【应用】最常用的培养基为沙氏葡萄糖琼脂（Sabouraud's dextrose agar，SDA）和马铃薯葡萄糖琼脂（potato dextrose agar，PDA）。真菌因菌种不同，生长繁殖一代所需要的时间也不同。一般情况下，分离培养并能鉴定到种至少需要 2～4 周，但根据真菌培养的菌落性质、大小、颜色、嗜琼脂特点、菌丝和孢子的形态、染色特点可以初步报告真菌的种类。酵母样真菌可以采用微生物鉴定仪器配套试剂卡、API 20C AUX 鉴定系统及色原底物培养基进行鉴定。丝状真菌可根据菌落生长特点、乳酸棉兰染色菌丝和孢子的形态特点（彩图 22-2）、生化试验及其他试验进行鉴定。例如，烟曲霉菌落扩延，颜色为蓝绿色至烟绿色；黄曲霉菌落颜色为黄色，呈羊毛状，有放射状沟纹；黑曲霉菌落为黑色或黑褐色，呈绒毛状；马尔尼菲篮状菌为双相真菌，在 25℃培养下呈绒毛状，可产生玫瑰红色素并逐渐扩展到整个培养基，35℃下培养则成酵母相菌落，均有红色色素；犁头霉属于接合菌纲毛霉目，生长较快，广泛蔓延，呈棉絮状菌落，有弧形的匍匐菌丝和假根（彩图 22-3）。

基质辅助激光解吸电离飞行时间质谱法（matrix-assisted laser desorption ionization time-of-flight mass spectrometry，MALDI-TOF MS）在酵母样真菌和丝状真菌的鉴定中得到快速、广泛应用。准确鉴定真菌的种类对临床诊断和治疗、流行病学调查和预防控制感染有重要意义。

三、免疫学试验

【目的】通过乳胶凝集试验、免疫荧光试验和酶联免疫吸附试验等可以检测标本中的真菌抗原、抗体等，用于真菌感染的辅助诊断。

【应用】双抗夹心酶联免疫吸附试验检测血清中半乳甘露聚糖（GM）可用于侵袭性曲霉菌感染的早期诊断；乳胶凝集试验、胶体金免疫渗透试验等检测血清或脑脊液中新生隐球菌荚膜多糖抗原，有助于新生隐球菌感染的快速诊断，其特异性和敏感度可达到 90% 以上；间接免疫荧光法检测白色念珠菌芽管抗体，有助于侵袭性白色念珠菌感染的辅助诊断及疗效监测。

四、分子诊断

【目的】分子生物学技术在培养的基础上或直接从液体培养瓶，甚至临床样本中进行病原真菌的检测，缩短真菌感染诊断时间，可用于感染真菌的快速鉴定。

【应用】核糖体 RNA 基因（rDNA）以及 28 s 5'端 D1/D2 区序列测定、DNA 印迹杂交（Southern blot）、PCR-电喷射电离质谱技术（PCR coupled with electrospraionization mass spectrometry，PCR/ESI-MS）和原位杂交技术可用于真菌鉴定、诊断和菌种的分型、监测耐药菌株、流行病学分型等。

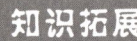

真菌感染诊断新技术

新兴的宏基因组二代测序（mNGS）技术可以直接对感染部位样本提取的微生物遗传物质进行高通量测序，经过专用病原数据库比对和生物信息分析，实现真菌和其他多种病原体的同时检测。但由于真菌细胞壁厚、破壁困难、核酸提取量少，mNGS 的灵敏度并不优于传统的分离培养或显微镜检查。所以，留取合格样本是准确诊断肺部真菌感染的前提。

血清学 5G+ 真菌联合检测方案也逐步成熟，包括曲霉半乳甘露聚糖（GM）、曲霉

GM+IgG+IgE 抗体抗原-抗体联合检测、曲霉半乳甘露聚糖 IgG 抗体检测、曲霉特异性 IgE 抗体检测、(1-3)-β-D 葡聚糖（G）、隐球菌荚膜多糖（GXM）以及念珠菌甘露聚糖 Mn+IgG 抗体抗原-抗体联合检测。人工智能识别技术的应用也是微生物领域的一项重要成果，可建立真菌形态学智能识别系统，实现"以图搜图"，从而快速检索鉴定真菌菌株。

思 考 题

1. 简述新生隐球菌病原学特点、临床易感因素和实验室诊断检查方法。
2. 简述常见真菌感染的免疫学试验及临床意义。
3. 如何评价 mNGS 在真菌感染诊断中的临床价值？

（董爱英）

第四节 寄生虫感染的检验

寄生虫感染（parasitic infection）的检验主要包括病原学、免疫学和分子生物学检验。其中，病原学检验是确诊寄生虫感染的主要依据，具有直观、准确的优势，但在感染早期、轻度感染、单性感染（仅有雄虫感染）、隐性感染或寄生部位较特殊时常难以检出病原体，从而导致漏诊并增加临床诊断难度。此时，免疫学和分子生物学检验可用以辅助诊断寄生虫感染，极大地提高了寄生虫检测的效率和准确性，对流行病学调查等具有重要意义。

案例 22-3

男性，39 岁，半月前自觉腹胀、乏力，入院前 2 天加重，出现恶心、黑便。既往病史：2 年前患血吸虫病。

查体：T 36.5 ℃，P 64 次/分，R 16 次/分，BP 105/60 mmHg，意识清，精神差，心肺（-），脾肋下 2 指可及，中等硬度，全腹压痛，移动浊音（+），双下肢水肿。

实验检查：粪便隐血试验阳性，红细胞计数 3.28×10^{12}/L，Hb 90 g/L，血小板计数 84×10^9/L，白细胞计数 4.03×10^9/L，其中，中性分叶核粒细胞占比 70%，中性杆状核粒细胞占比 1%，淋巴细胞占比 17%，单核细胞占比 2%，嗜酸性粒细胞占比 10%。

问题：
1. 该患者可能患有什么疾病？
2. 确诊该疾病还需进行何种实验检查？
3. 该疾病病原体的主要形态特征是什么？

一、病原学检验

用显微镜或肉眼直接从各种标本中检出病原体，从而诊断各系统或器官的寄生虫感染，是寄生虫诊断的金标准。

1. 消化道寄生虫 消化道寄生虫及其某些发育阶段可随粪便排出体外，如原虫滋养体、包囊、卵囊或孢子囊、蠕虫卵、幼虫、成虫或节片等；此外，某些非消化道寄生虫的部分发育阶段通过一定的途径进入肠道后也可随粪便排出体外。采用粪便检验或肛周拭子检验是检查消化道寄生虫有无的主要手段。正确的标本采集是保证消化道寄生虫检出率和准确性的关键。

粪便样本是实验诊断消化道寄生虫感染最常见的样本。①直接涂片法：用竹签挑取 1/2 个米粒大小的含脓血的异常粪粒并与载玻片上 0.9% 氯化钠液滴充分混合，随后置于显微镜观察，可见活动的原虫滋养体、原虫包囊、蠕虫虫卵或幼虫，也可使用卢戈碘液染色提高原虫包囊检出率。②粪便厚涂片法（又称改良加藤法）：世界卫生组织推荐使用改良加藤厚涂片法（Kato-Katz 法）进行各种蠕虫卵的定性与定量检验。③定量透明法：可检出一定量粪便内全部虫卵的数量。④虫卵饱和盐水浮聚法（饱和盐水漂浮法、硫酸锌离心漂浮法、蔗糖离心浮聚法、氯化锌溶液漂浮法）和虫卵浓集法（自然沉淀法、醛醚沉淀法、碘醛液离心沉淀法）：常用于疾病急性期过后，或寄生虫轻度感染时，自然沉淀法可提高原虫包囊、球虫卵囊、微孢子虫孢子及蠕虫虫卵和幼虫的检出率。⑤肛门拭子法：对蛲虫、带绦虫孕节的检出率远比粪便检验法高。⑥涂片染色法：可对湿片中发现的可疑物进行确认及鉴定。⑦钩蚴培养法：可提高钩虫卵检出率。⑧毛蚴孵化法：适用于早期日本血吸虫病和华支睾吸虫患者的粪便检验，最常与自然沉淀法或尼龙筛集卵法联用，有助于血吸虫感染的诊断。⑨透明胶纸法：是临床检测蛲虫卵最常用的方法。由于雌性蛲虫在宿主肛门周围的皮肤上产卵的特性，因而无法在常规的粪检中检出。故临床常将 2 cm 宽的透明胶带剪成 3～6 cm 长的小段，贴在肛门周围，取下并粘在载玻片上，置于显微镜下观察，若查见呈"D"形无色透明虫卵即为蛲虫卵检出阳性；肛门拭子法也可用于虫卵检测。⑩粪便标本成虫的检验：检出和鉴定排出的寄生虫虫体可作为诊断和疗效考核的依据，如肉眼可见的大型蠕虫、猪肉绦虫和牛肉绦虫的孕节等。

【参考区间】正常人粪便中无成虫、虫卵、原虫等形态。

【临床意义】粪便中找到虫卵、原虫、成虫或寄生虫的孕节等可确诊寄生虫病；根据虫卵形状、大小、颜色、卵壳、内含物，及有无肩峰、卵盖、疣状突起、小棘等特殊结构，钩虫丝状蚴、毛蚴孵化出的幼虫形态特点等进行种属鉴定；定量法可判定体内的虫荷（寄生虫的感染程度），也可判断药物驱虫效果；可进行流行病学调查。

【应用评价】①粪便厚涂片法适用于各种粪便内蠕虫卵的检验及计数，可测定人体内蠕虫的虫荷，也可判断药物驱虫效果。②饱和盐水漂浮法适用于检验线虫卵、带绦虫卵及微小膜壳绦虫卵，以检验钩虫卵效果最好，不适用于检验吸虫卵和原虫包囊；而硫酸锌浮聚法主要用于检验原虫包囊、球虫卵囊、线虫卵和微小膜壳绦虫卵。③肛门拭子法如首次检验钩虫卵阴性，可连续检验 2～3 天。④涂片染色法：铁-苏木素染色法和三色染色法不易识别隐孢子虫和环孢子虫卵囊，隐孢子虫和环孢子虫卵囊建议使用抗酸染色或免疫测定试剂盒检验。⑤钩蚴培养法：检出率为直接涂片法的 7 倍，也优于饱和盐水浮聚法，孵出的丝状蚴可做虫种鉴定，但在操作时应有必要的防护措施。

2. 血液寄生虫 我国血液感染寄生虫主要包括疟原虫、微丝蚴、巴贝虫和锥虫等，以前两者最为常见。为提高虫体检出率，间日疟和三日疟宜在发作后数小时至 10 小时采血，此时早期滋养体发展为易于观察的晚期形式。恶性疟应在发作初期采血，此时可检出大量环状体，20 小时后以半月形或腊肠形的大小配子母体为主，1 周后可见配子体。微丝蚴具有夜现周期性，故采血应在晚 9 时至次日凌晨 2 时进行。血涂片法（薄血膜和厚血膜法）是诊断血液寄生虫感染最常用的方法。

【参考区间】无疟原虫、微丝蚴、巴贝西虫和锥虫等病原体。

【临床意义】血液检验是诊断疟疾、丝虫病、巴贝虫病和锥虫病的基本方法，血液中找到病原体可确诊寄生虫病。薄血膜经瑞氏染色或吉姆萨染色后可见明显的疟原虫、微丝蚴、锥虫、巴贝西虫，但厚血膜法检出率更高。

【应用评价】①厚血膜制备时标本用量大，检出率高；②薄血膜要求细胞均匀分布，更利于观察寄生虫的形态特征，适用于虫种鉴定。按照美国病理家学会（College of American Pathologists，CAP）要求，厚血膜和薄血膜检查均≥300个油镜视野且未检出寄生虫时，方可判定为阴性。简化后，厚血膜常需要检验大约20个油镜视野，薄血片需要检验≥200个油镜视野，若在厚血片上发现了疑似物，则需增加在薄血片上检验的视野数。

3．呼吸道寄生虫　痰液及肺部病变组织抽出液中可能查见肺吸虫卵、粪类圆线虫幼虫、蛔虫幼虫、钩虫幼虫、溶组织内阿米巴大滋养体、细粒棘球蚴头节或游离的小钩、粉螨和螨卵。有时也可见卡氏肺孢菌包囊，常采用痰液直接涂片或消化沉淀（浓集法）涂片后于显微镜下观察。

【参考区间】无寄生虫幼虫、虫卵、原虫等病原体。

【临床意义】痰液中找到病原体可确诊寄生虫病。

【应用评价】①直接涂片法适用于卫氏并殖吸虫卵及溶组织阿米巴滋养体的检验；②消化沉淀法（浓集法）适用于检验肺吸虫卵、细粒棘球蚴原头节、蛔蚴、钩蚴、粪类圆线虫幼虫及粉螨。

4．胆道寄生虫　十二指肠引流液通常指十二指肠液（D液）、胆总管液（A液）、胆囊液（B液）和肝胆管液（C液）的总称。将各部分十二指肠引流液分别滴于载玻片或浓缩后涂片镜检。

【参考区间】无虫卵、原虫等病原体。

【临床意义】十二指肠引流液中找到病原体可确诊寄生虫病，常见的寄生虫有蓝氏贾第鞭毛虫、华支睾吸虫卵、肝吸虫卵、布氏姜片虫卵、蛔虫卵、粪类圆线虫幼虫和隐孢子虫等。

5．泌尿生殖道寄生虫　阴道、尿道分泌物及前列腺分泌物或尿沉渣镜检，可查到部分泌尿生殖道寄生虫。

【参考区间】无寄生虫幼虫、虫卵、原虫等病原体。

【临床意义】尿液、阴道分泌物和前列腺液中找到病原体即可确诊寄生虫病。患者阴道分泌物检出阴道毛滴虫可确诊滴虫性阴道炎，偶尔可查见蛲虫成虫或虫卵、溶组织内阿米巴大滋养体。部分尿液沉淀物可检出某些丝虫、滴虫（多为阴道分泌物污染所致）。尿液离心浓集可检出埃及血吸虫卵和微孢子虫等。

【应用评价】直接涂片法冬季检验要注意保温，以增加阴道毛滴虫的活动力，使其易与白细胞及巨噬细胞等鉴别。

6．中枢神经系统寄生虫　通常用脑脊液标本滴片或浓缩后涂片镜检，可查到部分中枢神经系统寄生虫。

【参考区间】无寄生虫幼虫、虫卵、原虫等病原体。

【临床意义】脑脊液中找到寄生虫病原体可确诊寄生虫病。脑脊液中检出的寄生虫有阿米巴滋养体、致病性自由生活阿米巴（例如福氏耐格里阿米巴、卡氏棘阿米巴），以及棘球蚴的原头蚴或小钩、粪类圆线虫幼虫、棘颚口线虫幼虫、广州管圆线虫幼虫、弓形虫、肺吸虫卵和异位寄生的血吸虫卵等。

【应用评价】由于寄生于脑脊液中的虫量非常少，故病原学检验阴性不能排除中枢神经系统寄生虫感染，可通过检测脑脊液寄生虫抗体以辅助诊断中枢神经系统寄生虫感染。

寄生虫生活史

寄生虫生活史（life cycle）是指寄生虫生长、发育和繁殖的完整循环过程。寄生虫种类繁多，生活史也多种多样，繁简不一，主要包括两种：直接型和间接型。其中，直接型生活史不需要中间宿主，其虫卵或幼虫在外界发育到感染期后直接感染人，如蛔虫、蛲虫、鞭虫、钩虫；而间接型生活史的完成则需借助一个或多个中间宿主，幼虫在其体内发育到感染期后经中间宿主感染人，如丝虫、血吸虫、猪带绦虫等。因此，病原学检查会充分考虑寄生虫生活史特征，从患者的血液、组织液、排泄物、分泌物或活体组织中检查寄生虫的某一发育期，每个寄生虫都可以采用针对性的检验方法，是最主要的诊断方法，广泛应用于寄生虫病的诊断。配合药物驱虫和环境消毒，杀死寄生虫的幼虫和虫卵，从源头切断寄生虫生活史，真正做到寄生虫疾病的有效防治。

二、免疫学检验

免疫学试验是通过检测患者血清中特异性抗寄生虫抗体、寄生虫抗原（如排泄分泌物抗原）或免疫复合物，协助诊断寄生虫病的实验室常规检测方法，常用的方法包括 ELISA 法、胶体金法、免疫酶染色试验、免疫荧光试验及化学发光法检测等。除血清外，全血、各种体液及排泄分泌物等也可用于检验。

【参考区间】血清或其他体液寄生虫抗原或抗体：阴性。

【临床意义】寄生虫免疫学试验的结果不具有确诊的价值，主要用于感染早期或轻度感染病原体检查阴性者的协助诊断；深部组织感染，病原体检查标本不易获得；血清流行病学调查：IgM 水平升高，或双份血清（发病 7～10 天和间隔 10～20 天）IgG 抗体滴度呈 4 倍以上升高提示近期感染，IgG 水平升高提示既往感染。

【应用评价】① ELISA 和免疫胶体金技术在寄生虫免疫学试验中应用最普遍，用于多种寄生虫的免疫诊断、流行病学调查、疗效监测。ELISA 操作方便、灵敏度高、特异性强，常用于囊虫病、包虫病、肺吸虫病和曼氏裂头蚴病等寄生虫病的检测；免疫胶体金技术检测时间短、成本低，被广泛用于即时检验，适合寄生虫病的快速筛查。②免疫酶染色试验（immunoenzymatic staining test，IEST）具有高度特异性和敏感性，用于血吸虫病、丝虫病、肝吸虫病、猪囊尾蚴病、肺吸虫病、旋毛虫病等的实验诊断和流行病学调查。③间接荧光试验（indirect fluorescent assay，IFA）是诊断疟疾最常用的方法之一，且能用于疗效监测；对弓形虫病的诊断敏感性低于 ELISA 和 IEST 法；诊断杜氏利什曼原虫的敏感性和特异性均高，但患者治愈后抗体转阴率很低，因此无疗效监测价值；对阿米巴肝脓肿的检出率高，但对肠阿米巴病的检出率低，不宜作肠阿米巴病的辅助诊断；对血吸虫病诊断的敏感性与 ELISA 和 IEST 相似。

> **微整合**
>
> **基础回顾**
>
> 快速免疫学检测技术——Dot-ELISA
>
> 斑点酶联免疫吸附法（Dot-ELISA）是以纤维素膜为固相载体的一种免疫检测方法，其检测原理与ELISA的方法相同，即Dot-ELISA的基本原理与常规ELISA和免疫酶染色法基本相同，即将抗原或抗体首先吸附在纤维素薄膜（如硝酸纤维素膜，NC）表面，并保持其免疫活性，通过与相应的抗体或抗原和酶标志物的一系列免疫反应，形成酶标记抗原-抗体复合物，在底物的参与下，结合物上的酶催化底物使其水解、氧化成另一种带色物质，沉着于抗原-抗体复合物吸附的部位，呈现出肉眼可见的颜色斑点。目前主要用于检测细菌、病毒、寄生虫抗原或抗体，是快速、可靠的方法。该技术具有特异性、灵敏性高，操作方便，结果直观，携带方便，不需要特殊仪器即可进行，经济、快速等优点。

三、分子生物学试验

聚合酶链反应（polymerase chain reaction，PCR）技术是寄生虫感染，尤其是原虫感染检测最敏感和特异的分子生物学检验技术，PCR结果阳性表明被检者体内有寄生虫病原体存在，但不能区分是隐性感染者、带虫者或现症感染者。随着PCR技术的发展，多种新型PCR技术如巢式PCR（nested PCR）技术、聚合酶链式反应连接的限制性片段长度多态性（PCR-restriction fragment length polymorphism，PCR-RFLP）技术和数字PCR技术都为寄生虫的基因分型、分类鉴定、分子流行病学调查提供了可靠手段。

思 考 题

1. 试述寄生虫感染时临床常使用的粪便标本处理方法及其主要用途。
2. 试述寄生虫感染时免疫学检测的常用方法及临床意义。
3. 临床常用寄生虫感染的检验方法包括哪些？
4. 男性，30岁，因排黑便而入院。入院前1个月患者曾赤脚田间劳作，其后趾间奇痒、出现皮疹，12天后因剧烈咳嗽到医院就诊服用镇咳药等治愈。近8天来腹痛、黑便，但无呕血，疑为上消化道出血而入院。

查体：贫血面容，心率91次/分，其他未见异常。实验检查：Hb 104 g/L，红细胞计数 $2.6×10^{12}$/L，白细胞计数 $10.3×10^9$/L，出凝血时间正常。粪便检查：粪便黑褐色，隐血+++，红细胞+，涂片查见寄生虫卵。

(1) 该患者系何种寄生虫感染？
(2) 解释本病的症状和体征。
(3) 如何加强对本病的防治？

（关秀茹）

第五节 螺旋体、支原体和衣原体感染的检验

一、螺旋体感染的检验

螺旋体（spirochaete）是弯曲、呈螺旋状、运动活泼的原核细胞型微生物，其中致病性螺旋体主要有钩端螺旋体属、疏螺旋体属、密螺旋体属等 3 个属。螺旋体的检验方法主要包括病原学试验和免疫学试验。

案例 22-4

男性，43 岁。患者自述于 1 月前生殖器有过无痛性溃疡，未经治疗后自愈。近 1 周来出现发热并伴头痛，同时发现躯干及四肢出现红色皮疹。既往体健，未到过有流行病及传染病的地区，否认吸烟史及饮酒史，偶有冶游史。否认家族传染病及遗传病史。查体：T 38.3℃，P 80 次/分，躯干及四肢广泛红斑及红色斑丘疹，表面少许皮屑，排列无规律。实验室检查：血常规 WBC 8.2×10^9/L，RBC 5.2×10^{12}/L，PLT 133×10^9/L，ELISA 示 HIV 抗原及抗体阴性，HBsAg 阴性，抗 HCV 阴性，梅毒螺旋体抗体阳性。

问题：
1. 患者的初步诊断是什么？
2. 为明确诊断，下一步应该完善哪些实验室检查？

1. 钩端螺旋体（leptospira） 钩端螺旋体感染可引起人类或其他动物的钩端螺旋体病，属自然疫源性疾病。患者临床表现轻重不一，轻者仅出现轻微的自限性发热，类似上呼吸道感染症状，重者可出现黄疸、出血、DIC、休克，甚至死亡。钩端螺旋体感染后，机体可产生特异性抗体，免疫学试验有一定意义。

【参考区间】病原体或抗体：阴性。

【临床意义】①直接镜检和分离培养可检出病原体，获得确诊的依据；②显微镜凝集试验（MAT）：血清凝集效价在 1∶400 以上或双份血清标本效价增长 4 倍以上有辅助诊断价值；③间接凝集试验中单份血清标本乳胶凝集效价大于 1∶2，炭粒凝集试验效价大于 1∶8 可判为阳性，双份血清标本效价呈 4 倍或 4 倍以上增长更有诊断价值；④酶联免疫吸附试验测定钩端螺旋体 IgM 和 IgG 抗体阳性具有辅助诊断价值。

【应用评价】显微镜凝集试验（MAT）法是检测钩端螺旋体抗体的常用方法，可使用标准株作为抗原，对钩端螺旋体病进行分群分型。分子生物学检验：聚合酶链反应（PCR）和实时荧光 PCR 技术等均可快速、特异地检测标本中钩端螺旋体的 DNA 片段。限制性核酸内切酶指纹图谱可用于钩端螺旋体株的鉴定和分型。

2. 梅毒螺旋体（treponema pallidum，TP） 梅毒螺旋体感染可引起人类梅毒，属于密螺旋体属。人是梅毒的唯一传染源，性接触是梅毒主要传播途径，占 95% 以上。梅毒螺旋体感染可引起人体多系统、多器官损伤从而导致各组织破坏及功能受损。硬性下疳分泌物或梅毒疹渗出液、局部淋巴结的抽取液、血液、尿液、脑脊液和皮肤组织均可用于病原体检测。

【参考区间】阴性。

【临床意义】参见第八章第三节、第二十章第二节。①可疑皮损标本直接暗视野镜检可快速报告螺旋体感染；②非梅毒螺旋体血清试验（NTT）作为梅毒感染的筛查试验，检验方法主要有性病研究实验室试验（VDRL）、快速血浆反应素环状卡片试验（RPR）和甲苯胺红不加热血清试验（TRUST），其中，VDRL 试验和 RPR 试验阳性反应的滴度对评价梅毒的疗效有一定意义，脑脊液的 VDRL 试验对神经性梅毒有重要的诊断价值；③特异性梅毒螺旋体血清试验（TT）包括梅毒螺旋体抗体明胶颗粒凝集试验（TPPA）、梅毒螺旋体血凝试验（TPHA）、荧光螺旋体抗体吸收试验（FTA-ABS）、酶联免疫吸附试验（ELISA）、快速检测试验（RT）、化学发光免疫分析（CLIA）、梅毒螺旋体 IgM 抗体检测（ELISA 或免疫印迹试验）等，可作为梅毒螺旋体感染的检测试验。

【应用评价】免疫学检验是临床诊断梅毒的主要方法，常选择 VDRL、RPR 法对血清进行初筛试验，TPPA 和 ELISA 是目前国内外实验室普遍采用的梅毒阳性确认试验，当 TPPA 与 ELISA 结果不符时，免疫印迹（WB）试验可以作为补充确诊试验。胶体金法比较简便，梅毒快速检测（RT）适合在基层医疗机构及应急情况下使用。实时定量 PCR 技术对一期梅毒皮损分泌物检测具有较好的敏感性和特异性。巢式 PCR 技术敏感性和特异性更高，可作为血清学方法的补充。临床可根据实验室条件选择任何一类血清学检测方法作为筛查（初筛）试验，但初筛阳性结果需经另一类梅毒血清学检测方法复检确证，才能够为临床诊断提供依据。

二、支原体感染的检验

与人类疾病相关的支原体（mycoplasma）主要是支原体属和脲原体属中的肺炎支原体、解脲支原体、人型支原体等，可引起人类非典型肺炎、泌尿道与生殖道感染等疾病。

案例 22-5

患儿，男性，7 岁，以"咳嗽 2 周伴发热 3 天"为主诉入院。查体：T 39.2℃，神志清楚，精神反应良好，两肺呼吸音粗，可闻及湿啰音，余无异常。全血细胞计数：WBC $5.2×10^9$/L，N 55%，L 42%，M 3%，RBC $4.18×10^{12}$/L，Hb 119 g/L，PLT $169×10^9$/L。血涂片可见部分红细胞聚集成缗钱状，白细胞及血小板形态大致正常。痰液培养未见细菌生长，抗 O 性红细胞抗体冷凝集试验阳性。

问题：
1. 引起该病最有可能的病原体是什么？
2. 为明确诊断，下一步应该完善哪些实验室检查？
3. 对该患者最有效的治疗药物是什么？

1. 肺炎支原体（*mycoplasma pneumoniae*） 是引起上呼吸道感染、非典型肺炎、支气管炎和肺外症状（皮疹、心血管和神经系统症状）等疾病的病原体之一，肺部病变呈间质性肺炎，是青少年的常见疾病。支原体肺炎占肺炎的 20% 左右。鼻咽拭子、口咽拭子、痰、组织、支气管灌洗液、脑脊液等标本可用于病原体检测。

【参考区间】肺炎支原体培养、血清学试验：阴性。

【临床意义】①肺炎支原体培养阳性结果具有诊断意义；②冷凝集试验对肺炎支原体感染具有辅助诊断价值；③间接免疫荧光法检测出肺炎支原体抗体具有辅助诊断价值；④肺炎支原

体基因扩增能够早期检测感染并可监测治疗效果、进行耐药性分析，为临床提供诊断依据和用药指导，是临床早期诊断肺炎支原体感染最有价值的方法之一。

【应用评价】①肺炎支原体培养对诊断的特异性高，同时能获得致病菌株，可用于分型或药敏试验；②冷凝集试验方便、快捷，可作为常规检测，但是此反应为非特异性反应；③间接免疫荧光法灵敏度高，可提高诊断准确率；④分子生物学技术的特异性和灵敏度高，但其检测阳性需与感染后携带状态鉴别；支原体感染后 1 个月，DNA 的检出率仍然高达 50%，DNA 持续携带的中位数时间为 7 周，个别可达 7 个月之久。RNA 的检测技术可以避免此类问题，用于疗效监测。

2. **解脲支原体**（*ureaplasma urealyticum*）和**人型支原体**（*mycoplasma hominis*） 是引起非淋菌性尿道炎的两种病原体，存在于泌尿系和生殖器中，可以引起泌尿系感染和生殖器炎症。尿道分泌物、宫颈分泌物、精液、前列腺液、阴道分泌物、尿液和性病淋巴肉芽肿等标本均可用于检测。

【参考区间】阴性。

【临床意义】参见第八章第三节。实验结果阳性与临床表现相结合，辅助诊断或诊断解脲支原体和（或）人型支原体所致的泌尿系与生殖道感染。

【应用评价】①病原体分离培养与鉴定的特异性高，其药敏试验可指导临床用药；②分子生物学检测可通过核酸杂交和序列分析对各种支原体类型进行鉴别。

三、衣原体感染的检验

衣原体（*chlamydia*）是一类严格细胞内寄生型微生物。对人类致病的衣原体主要为沙眼衣原体（*chlamydia trachomatis*）和肺炎嗜衣原体（*chlamydophila pneumoniae*）等。沙眼衣原体可引起人类沙眼、包涵体结膜炎、泌尿道与生殖道感染及性病淋巴肉芽肿等。肺炎嗜衣原体主要引起肺炎、支气管炎、心肌炎等。

案例 22-6

男性，27 岁，因尿频、尿痛 1 周入院。查体：T 37.2℃，神志清楚，精神状态尚可，尿道口红肿，可见黄绿色脓性分泌物排出。血常规：WBC $10.1×10^9$/L，N 65%，L 31%，M 4%，RBC $5.18×10^{12}$/L，PLT $202×10^9$/L。尿常规：白细胞 +，蛋白 +。尿道脓性分泌物一般细菌培养未见细菌生长。

问题：
1. 引起患者尿道炎症最有可能的病原体是什么？
2. 为明确诊断，下一步应该完善哪些实验室检查？

1. 沙眼衣原体 沙眼衣原体不仅可导致眼部感染，也是呼吸道感染及性传播疾病的主要病原体。传统的检测方法有直接镜检法、培养法及免疫学技术等，目前，胶体金和荧光定量 PCR 法也已广泛用于临床检测。

【参考区间】阴性。

【临床意义】参见第八章第三节。①直接镜检：沙眼衣原体的大量原体和始体（或称网状体）聚集在细胞内形成包涵体。标本直接涂片，经过碘染色或吉姆萨染色，在油镜下观察上皮

细胞内有无包涵体。②衣原体培养：标本接种鸡胚卵黄囊或传代细胞经过培养，细胞内出现沙眼衣原体的包涵体，经碘染色或吉姆萨染色为阳性，可确定为沙眼衣原体感染。③胶体金法可快速检测分泌物中沙眼衣原体抗原，有助于感染的诊断。④分子生物学检验：用限制性片段长度多态性聚合酶链反应（PCR-RFLP）和单链构象多态性分析（PCR-SSCP）等技术可鉴定沙眼衣原体的基因型、基因突变株和血清型。⑤衣原体抗体检测：微量免疫荧光试验（MIF）、补体结合试验（CCF）、酶免疫法等检测衣原体特异性抗体。

【应用评价】直接镜检包涵体，阳性结果只能作为可疑诊断的指标。培养虽然是诊断和鉴定沙眼衣原体感染的金标准，但阳性率较低。免疫法检测沙眼衣原体抗体只能反映机体对于沙眼衣原体感染的免疫反应状态，不能判定是既往感染还是当前感染，荧光定量PCR法可有效判断沙眼衣原体是否为现症感染，有助于临床诊疗。

2. 肺炎嗜衣原体 寄生于人类，主要通过飞沫或呼吸道分泌物传播，它是呼吸道疾病重要的病原体，主要引起肺炎、支气管炎、咽炎和鼻窦炎等。痰液、咽拭子、肺泡灌洗液等常用于检测。

【参考区间】阴性。

【临床意义】①直接镜检查到包涵体，对肺炎嗜衣原体感染具有辅助诊断价值；②分离培养的阳性结果可明确诊断肺炎嗜衣原体感染；③分子生物学检验阳性结果与临床表现相结合，辅助诊断或明确诊断肺炎嗜衣原体感染；④微量免疫荧光（MIF）试验：急性期、恢复期双份血清抗体滴度增高4倍或4倍以上，或单份血清IgM滴度大于等于1:16，或IgG滴度大于等于1:512，可确定为急性感染。IgG滴度大于等于1:16，表示既往感染。

【应用评价】直接镜检包涵体，阳性结果只能作为可疑诊断的指标。MIF试验灵敏度较高，可区别现症感染和既往感染。

微整合

基础回顾

冷凝集试验

冷凝集素是支原体感染后机体产生的一类IgM型自身抗体。冷凝集试验是检测患者血清中冷凝集素的一种非特异性试验。其方法是将患者血清与O型Rh阴性红细胞在4℃下做凝集试验。有33%~76%的肺炎支原体感染者为阳性（效价≥1:64）。效价越高或双份血清呈4倍以上升高，肺炎支原体近期感染的可能性越大。

知识拓展

二代测序技术在感染性疾病中的应用

二代测序（next generation sequencing，NGS）技术即高通量测序技术。与传统的测序方法相比，这些新的非基于Sanger的技术具有通量高、测序速度快、运行成本低和准确性高等优势。可通过捕捉新合成末端的标记来确定DNA的序列。在极大降低了测序成本的同时还极大提高了测序效率，目前已逐渐应用于感染性病原体的检测。有研究显示，NGS技术能发现梅毒螺旋体的线索，可辅助临床微生物病原学诊断。

思 考 题

1. 临床感染常见的螺旋体、支原体和衣原体的类型及所致疾病有哪些？
2. 简述梅毒的实验诊断技术。

（马秀敏）

第六节 医院感染的监测

医院感染（nosocomial infection，NI）或医院获得性感染（hospital-acquired infection，HAI）指住院患者在医院内获得的感染，包括在住院期间发生的感染和在医院内获得、出院后发生的感染，但不包括入院前已开始或者入院时已处于潜伏期的感染。医院工作人员在医院内获得的感染也属医院感染。

属于医院感染的是：①无明确潜伏期的感染，规定入院48小时后发生的感染；有明确潜伏期的感染，自入院时起超过平均潜伏期后发生的感染。②本次感染直接与上次住院有关。③在原有感染基础上出现其他部位新的感染（除外脓毒血症迁徙灶），或在原感染已知病原体基础上又分离出新的病原体（排除污染和原来的混合感染）的感染。④新生儿在分娩过程中和产后获得的感染。⑤由于诊疗措施激活的潜在性感染，如疱疹病毒、结核分枝杆菌等的感染。⑥医务人员在医院工作期间获得的感染。

不属于医院感染的是：①皮肤黏膜开放性伤口只有细菌定植而无炎症表现。②由于创伤或非生物性因子刺激而产生的炎症表现。③新生儿经胎盘获得（出生后48小时内发病）的感染，如单纯疱疹、弓形体病、水痘等。④患者原有的慢性感染在医院内急性发作。

各项调查数据表明，当前我国综合性医院的医院感染发生率为3%～9%，以铜绿假单胞菌、大肠埃希菌、肺炎克雷伯菌、鲍曼不动杆菌和金黄色葡萄球菌为医疗机构中医院感染的常见致病菌。

一、医院感染的类型及传播途径

医院感染根据病原菌感染的部位可分为下呼吸道感染、泌尿道感染、手术部位感染、消化道感染、血液系统感染等；常见的类型有呼吸机相关肺炎（ventilator associated pneumonia，VAP）、导管相关血流感染（catheter related blood stream infection，CLABSI）、导尿管相关尿路感染（catheter-associated urinary tract infection，CAUTI）、抗菌药物相关性腹泻（antibiotic-associated diarrhea，AAD）、实验室相关感染（laboratory-associated infection，LAI）等；按感染病原体的来源分为内源性感染和外源性感染。

（一）医院感染的类型

1. 内源性感染（endogenous infection） 或称自身感染（self-infection），是指病原体来自患者自身的体内或体表，部分是人体定植、寄生的正常菌群，正常情况下对人体无感染力，当正常菌群迁徙至机体其他部位或菌群失衡时可以导致感染；当人体免疫力下降、黏膜屏障破坏或抗菌药物不合理使用时，病原体也可导致感染。

2. 外源性感染（exogenous infection） 或称交叉感染（cross-infection），是指患者间、患

者和医务人员间直接接触，或通过接触医院环境物品而获得的感染。病原体来自其他住院患者、医院人员、探视者或医疗机构环境等。

（二）医院感染的传播途径

1. 感染源 ①患者或病原携带者：感染来源于患者自身、其他患者或处于潜伏期的感染者，甚至病原携带者；②环境：医院环境中常有微生物污染，可通过一定的方式将微生物传播给易感的患者；③动物：在动物感染源中，鼠类的意义最大。

2. 传播途径 ①接触传播：是医院感染的最常见传播方式。直接接触（direct contact）传播：主要是指病原体从感染源直接传染给接触者，不需外界环境中传播因素的参与。间接接触（indirect contact）传播：主要指病原体经过某种或某些传播媒介，如医务人员的手等，传播给易感者。②空气传播：带有病原微生物的微粒子（直径≤5 μm）通过空气流动而实现疾病传播。③飞沫传播：住院患者或医务人员吸入悬浮于空气中的、经呼吸道传播的细菌、病毒或真菌孢子等飞沫核（直径＞5 μm）或气溶胶微粒后发生的感染。④血源性传播：常见的传播方式包括血液及血制品、输液制品、药品及药液、诊疗器械及设备、一次性无菌医疗用品等。

3. 易感人群 主要指所患疾病严重影响或损伤机体免疫功能者、老年及婴幼儿患者、营养不良者、接受各种免疫抑制疗法者、长期使用抗生素者、接受各种损伤性或侵入性诊疗者。

二、医院感染的常见病原体

医院感染常见病原体主要为条件致病菌或机会致病菌（opportunity pathogen）。①革兰氏阴性杆菌：大肠埃希菌、肺炎克雷伯菌、阴沟肠杆菌、铜绿假单胞菌、鲍曼不动杆菌，其中多重耐药菌株（multi-resistant bacterium），例如产 ESBL 菌株、产头孢菌素（AmpC）酶、产金属酶菌株和泛耐药鲍曼不动杆菌的感染不断增加；②革兰氏阳性球菌：金黄色葡萄球菌、表皮葡萄球菌及其他凝固酶阴性葡萄球菌、肠球菌等，其中多重耐药菌株，如 MRSA、VRE 的感染不断增加；③真菌：酵母样真菌最常见，是由于抗菌药物的长期应用，使医院获得性真菌感染增多。

不同类型的医院感染的常见致病菌不同；引起手术部位感染的病原菌通常为需氧革兰氏阳性球菌；呼吸机相关性肺炎的致病菌多为多重耐药的铜绿假单胞菌、鲍曼不动杆菌、肺炎克雷伯菌及 MRSA；导管相关血流感染多数为葡萄球菌；导尿管相关尿路感染的病原菌常为大肠埃希菌、克雷伯菌属；抗菌药物相关性腹泻则是原本寄生于肠道中的致病菌；实验室相关感染的常见病原菌为 HBV、HCV、结核分枝杆菌、布鲁氏菌、沙门菌等。

> **微整合**
>
> **基础回顾**
>
> *医院感染常见疾病的传播途径*
>
> 接触传播：多重耐药菌感染、感染性腹泻、皮肤感染等。
> 空气传播：水痘、麻疹、肺结核等。
> 飞沫传播：流行性感冒、手足口病、病毒性腮腺炎等。
> 血源性传播：乙肝、丙肝、梅毒、艾滋病等。

三、医院感染的微生物学监测

（一）医院环境微生物监测

环境（物体表面、空气和水）及医务人员标本因无标准化操作规范，结果难以解释，极少提供有价值的信息，无须常规监测。只有当流行病学调查提示，医务人员或环境与医院感染传播有关时，才进行患者或医务人员标本培养、医疗物品的抽样检测、呼吸治疗设备培养、腹膜透析液培养、空气培养等。

（二）手卫生监测

在外源性医院感染中，经手引起的直接和间接性感染占首位，所以在控制医院感染的措施中，手部皮肤的清洁和消毒是最简单、有效、经济的方法之一。做好手卫生工作，有利于防止交叉感染的发生，降低医院感染率。手卫生需正确执行六部洗手法，至少揉搓15 s。原则是手部有可见污染时，使用流动水和洗手液洗手；无可见污染时，推荐使用手消液。手卫生的5个时机可总结为"两前三后"，即接触患者之前，在清洁或无菌操作前，可能接触患者体液之后，接触患者之后，接触患者周围环境之后。常规手卫生监测一般在洗手后且从事诊断操作前进行，特殊监测时可随时采样。手的采样有直接压印法、棉拭子涂抹法和洗脱法。

（三）消毒灭菌效果的监测

高压蒸汽灭菌、紫外线杀菌及化学消毒剂效果的监测均分别应用指定的标准指示菌，在消毒后培养指示菌的同时用质控菌株做阳性对照，保证实验的可靠性。如果消毒结果不达标，应该重新消毒灭菌。当发生院内感染暴发或环境表面检出多重耐药菌时，需强化环境表面的清洁与消毒。

1. 高压蒸汽灭菌效果的监测 常用微生物监测法，用嗜热脂肪芽孢杆菌（ATCC7953或SSIK31株）为指示菌，每张纸片含菌量为 $5.0 \times (10^5 \sim 10^6)$ CFU，消毒灭菌后将指示菌纸片放入溴甲酚紫蛋白胨水培养基中，置56℃培养2～7天（按说明书操作），观察培养基颜色变化。如果培养基不变色为无细菌生长，说明灭菌合格；如果培养基由紫色变为黄色表示有细菌生长，查找原因后重新灭菌，同时用质控菌株做阳性对照。

2. 紫外线杀菌效果监测 测定紫外线灯管辐照度值。微生物监测法是用枯草芽孢杆菌黑色变种（ATCC9372）作为指示菌，确定杀菌有效的距离和时间后，杀菌率达到99.9%以上为合格。

3. 化学消毒剂效果的监测 包括消毒剂使用过程中污染细菌的监测和消毒剂应用效果的监测，目的是了解使用过程中消毒剂细菌污染程度和消毒剂的最小杀菌深度、杀菌率和杀菌指数。一般要求中效杀菌剂的杀菌率应＞99.9%，高效杀菌剂的杀菌率应＞99.999%。

（四）医院感染暴发调查

医院感染暴发指在医疗机构或其科室的患者中，短时间内发生3例以上同种同源（同一克隆株）感染病例的现象。疑似医院感染暴发指在医疗机构或其科室的患者中，短时间内出现3例以上临床综合征相似、疑似有共同感染源的感染病例；或者3例以上怀疑有共同感染源或感染途径的感染病例的现象。医院感染聚集指在医疗机构或其科室的患者中，短时间内发生医院感染病例增多，并超过历年散发发病率水平的现象。因此，建议当出现疑似医院感染暴发时即启动相关应急预案。当发生医院感染暴发或医院感染聚集性事件时，应立即启动应急预案，如果在证实发生医院感染暴发事件后再启动相关流程，可能会导致医院感染得不到及时的控制。

调查报告应该有流行病学和微生物学证据，包括流行病学分析（感染人数、住院时间、感染时间、是否同一病房、是否接受过相同的诊疗技术或手术）、病原体分离及分型结果。

病原体分型技术包括表型分型（如抗菌药物敏感试验药敏谱等）、生物分型（如生长代谢特性等）、特殊分型（如特异性血清分型、噬菌体分型、细菌素分型等）以及分子生物学分型（如脉冲场凝胶电泳技术、限制性片段长度多态性技术、随机引物扩增多态性DNA分析、多位点序列分析等）。

四、医院感染的预防与控制措施

医院感染监测系统通过对可能导致医院感染的各个环节进行有效监测，分析医院感染的危险因素，具体实施标准预防与控制措施，降低了医院感染率。标准预防（standard precaution）是对所有患者实施诊断、治疗、护理等操作的全过程采取预防性措施。

（一）具有潜在感染的标本及高危险废物实施严格处理

将具有潜在感染危险的标本（包括患者的血液、体液、分泌物、排泄物及被这些物质污染的物品等）放置于有明显标识的医用垃圾袋里，由专人收集并在指定的地点焚烧，有助于切断传染源播散，避免医院感染。

在收集具有潜在感染危险的标本时，由双方签名，责任明确。应确保医用垃圾袋完好，最好使用双层袋包装各种废弃标本；运输过程中防止医用垃圾袋损坏，避免污染物外漏。病原体纯培养物、菌种、毒种等高危险废物应在产生地点进行高压灭菌处理或者化学消毒处理，按感染性废物处理，避免传染性强的病原体播散。

当发生医疗废物遗失、泄漏等意外事故时，应立即启动应急预案：①确认事故发生时间、医疗废物类型、数量、严重程度、波及范围等。②对现场进行处理，采取安全的处置措施，避免污染区域扩大。③对感染性医疗废物污染区域进行消杀时，从污染最轻区域开始向污染最严重的区域进行。④工作人员应做好安全防护，避免职业暴露。

（二）对各种医疗器具统一消毒、灭菌及处理

用于注射、穿刺、采血等有创操作的医疗器具必须一用一灭菌。一次性使用的医疗器械、器具不得重复使用。一次性应用的注射器、针头、刀片和其他锐利物品应放置于锐器盒内，由专人收集和处理。

（三）双向防护应成为常规

既要防止感染从患者传染医务人员，又应防止医务人员将病原传给患者。标准预防是针对医院所有患者和医务人员采取的一组预防感染措施，包括：①手卫生；②正确使用个人防护用品，如口罩、护目镜、防护面罩、隔离衣、防护服、手套和鞋套等；③咳嗽礼仪、呼吸卫生；④正确安置、转运患者；⑤正确处置污染的环境、医疗器械、织物、医疗废物等；⑥安全注射。在实验室的工作人员，当从事喷溅操作、可发生渗漏的操作时，为了保护足部，应穿着防滑、防渗、防水、能完整保护整个足部的平底鞋，或加套一次性防渗漏鞋套。所有处理血液和体液的工作人员都应戴上手套，实验室工作人员在工作时有可能接触有传染性的物质，必要时可佩戴双层手套。应依据感染的主要传播途径采取相应的隔离措施，包括接触隔离、飞沫隔离和空气隔离。对损伤的皮肤、黏膜采取标准水平消毒。

(四）加强实验室生物安全管理

临床实验室一般是二级实验室，主要分为清洁区、缓冲区、污染区，要有严格管理措施，许多操作过程如接种、离心、注射、吸液等都会产生气溶胶，特别是临床微生物室为高危区域，传染性强的结核分枝杆菌和有气生菌丝的真菌标本的处理和检测应在独立空间，各工作区域必须有生物安全标识，配置生物安全柜、洗手装置、洗眼器、紫外灯、消毒剂等，标本运送容器、离心管、吸管等可选塑料制品代替玻璃制品，保证实验室空气流通，避免锐器伤等职业暴露，切断感染源播散。

（五）成立医院感染管理机构

医院感染管理办公室、微生物耐药监测组以及抗菌药物管理组、多学科专家组成的医院感染管理委员会和药事管理委员会应制订医疗机构内医院感染控制措施及抗菌药物使用规范，预防医院感染暴发及不合理用药导致的自身二重感染和耐药菌的产生。

> **知识拓展**
>
> **在生物安全柜内发生感染性材料洒溢的处置方法**
>
> （1）如果在生物安全柜台面有消毒巾且洒溢量少，按感染性材料洒溢的方法处置后可继续工作。
>
> （2）如果在生物安全柜内洒溢量比较大，应立即停止工作，并在风机工作状态下，按感染性材料洒溢方法进行台面消毒，然后将生物安全柜内全部物品移出，打开台面钢板，往下层槽中加入消毒液使整个收集槽被消毒液覆盖，消毒处理 30 min 后使用带有 HEPA 滤气的抽滤装置，将液体吸出，或打开收集槽下面的放水阀门，将消毒液缓慢放出，收集到一容器中。将收集槽四壁及面板擦拭干净后，再用清水擦洗干净，盖好台面钢板。若可能，进行紫外线照射消毒，视情况用甲醛熏蒸消毒。
>
> （3）向科室安全员汇报情况并填写处理记录。

（孟　文　徐元宏）

第二十三章 临床细胞与分子遗传学实验诊断技术

第二十三章数字资源

遗传性疾病因遗传物质发生改变而引起，是人类疾病谱中病种最多的一类疾病，可分为染色体病、单基因病、多基因病（包括肿瘤）、线粒体基因病以及体细胞遗传病等。目前，大多数遗传性疾病尚无有效的治疗措施，因此对人类健康和家庭社会产生很大的影响，甚至带来严重的负担。对遗传性疾病进行携带者筛查与产前筛查和诊断具有极其重要的意义。

荧光原位杂交技术、高通量测序技术等细胞生物学与分子生物学技术的快速发展及其在遗传性疾病筛查诊断中的广泛应用，尤其是基于孕妇外周血胎儿游离DNA非侵入性产前检测（non-invasive prenatal testing，NIPT）在产前染色体病筛查中的应用推广，为遗传性疾病筛查关口前移及产前诊断提供了极为重要的技术支撑。

第一节 染色体分析

染色体（chromosome）由DNA、RNA和蛋白质组成，是遗传物质的载体，具有储存和传递遗传信息的作用。人的体细胞有46条染色体，配成23对，包括22对常染色体和1对性染色体，其中女性为44+XX，男性为44+XY。

染色体病（chromosomal disease）是指染色体数目和结构异常所导致的疾病，在新生儿群体中总发病率可达0.5%～0.7%，分为常染色体病和性染色体病两大类。现已发现人类染色体数目异常和结构畸变有近万种，染色体病综合征100余种，大部分染色体病患者存在智力低下、发育迟缓、多发畸形等共同特征。染色体病患者通常缺乏生活自理能力，部分患者在幼年夭折，可见染色体病无论对患者家庭还是社会都是沉重的负担。因此，通过产前染色体分析预防染色体病患儿出生极其重要。

染色体分析主要是对个体体细胞全部染色体的核型分析（karyotype analysis，karyotyping），即对处于有丝分裂中期的细胞进行染色体长度、着丝点位置、臂比、次缢痕、随体大小等特征的分析，并与国际通用的核型模式图进行比较。通过核型分析可以检查是否存在染色体畸变，以及染色体畸变的类型。染色体核型分析对某些遗传性疾病、肿瘤等的诊断、鉴别诊断、预后评估和治疗监测等具有重要的意义。

染色体畸变（chromosomal aberration）指染色体在数目和结构上发生的变化，可以是整个染色体组的成倍增减，也可以是个别染色体整条或部分增减或位置移动。染色体畸变的实质是二倍体细胞的同源染色体出现单体或三体，导致同源染色体失平衡，或染色体节段上成群基因的增减（包括移位、嵌合）导致双等位基因表达异常及基因相互作用之间的失衡。染色体畸变将影响正常的新陈代谢、生长发育等生命活动，在临床上可表现出多种形式的综合征，如21-三体综合征[47,XX（或XY）+21]、克兰费尔特综合征（克氏综合征）（47,XXY）、特纳综合征（45,X）等。

一、外周血细胞培养及染色体分析

正常情况下，人外周血中没有中期分裂象细胞，外周血染色体检验的基本原理是在植物血凝集素（phytohemagglutinin，PHA）的作用下，使处于 G_0 期的人体外周血淋巴细胞转化为具有分裂能力的淋巴母细胞，进行有丝分裂，并获得大量分裂细胞，当细胞分裂至中期时，利用秋水仙素使分裂期细胞停止；再经过低渗处理、固定、烤片、显带等细胞学处理，在显微镜下可观察到人染色体的结构和数量。外周血细胞染色体核型分析流程见图 23-1。

染色体结果分析：选取染色体分散良好、长度适中、相对清晰的染色体 G 显带核型照片，进行计数并记录。利用"同源染色体大小、形态、带型相同；而非同源染色体大小、形态、带型各异"的原理，根据照片上染色体的大小、形态、着丝粒的位置、随体的有无和 G 显带带型等特征，将 46 条染色体配成 23 对，并按大小次序进行排列，一对性染色体排在最后。图 23-2A 为正常染色体核型图。

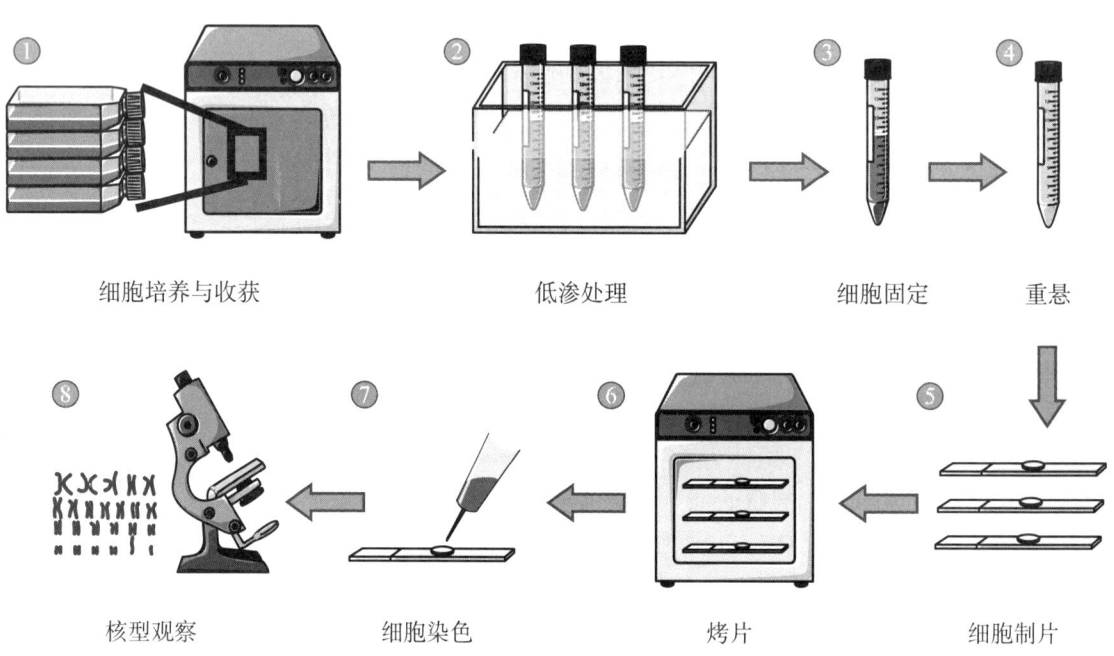

图 23-1 外周血细胞染色体核型分析流程

【参考区间】正常男性染色体核型：46,XY；正常女性染色体核型：46,XX。

【临床意义】

1. 染色体病的诊断　染色体病是指染色体数目或结构异常所致的疾病，依据受累染色体的不同，可分为常染色体病与性染色体病。依据数目或结构畸变的不同，又可将染色体病分为以下几种类型。①数目畸变综合征：包括整倍体和非整倍体型；②结构畸变综合征：包括缺失、易位、倒位、插入及环状染色体等引起的综合征；③嵌合体：带有两种或两种以上不同核型的细胞系，其嵌合可以是常染色体和性染色体异常的嵌合，也可以是数目和（或）结构畸变之间的嵌合。

（1）常染色体病（autosomal disease）：是指由 1～22 号染色体先天性数目异常或结构畸变所引起的畸变综合征，其共同的临床表现为先天性非进行性智力低下，生长发育迟缓，可伴五官、四肢、内脏或皮肤等方面的畸形。依染色体畸变的特点大致分为三体征、单体征、部分单体征、部分三体征、其他结构异常综合征和嵌合体等，临床上以三体征最为多见，例如，

21-三体综合征（21-trisomy syndrome）核型中可见 3 条 21 号染色体（图 23-2B）；18-三体综合征患者核型中可见 3 条 18 号染色体（图 23-2C）；13-三体综合征患者核型中可见 3 条 13 号染色体（图 23-2D）。

（2）性染色体病（sex chromosome disease）：是指由于 X 或 Y 染色体先天性数目异常或结构畸变引起的疾病。至今已报道的性染色体综合征有多种，其共同的特征是性发育不全或两性畸形，有些患者可表现为生育力下降、闭经、自然流产、反复流产、不孕不育、智力低下等。较常见的数目异常有单体性 45,X（仅含 1 条 X 染色体）；三体性 47,XXY（含 2 条 X 染色体与 1 条 Y 染色体）（图 23-2E）；47,XXX（含有 3 条 X 染色体）（图 23-2F）；47,XYY（含 1 条 X 染色体与 2 条 Y 染色体）；多体性 48,XXXX（含 4 条 X 染色体）；48,XXXY（含 3 条 X 染色体与 1 条 Y 染色体）；48,XXYY（含 2 条 X 染色体与 2 条 Y 染色体）等。结构畸变较常见的有 46,X,i（Xq）、46,X,del（Xp）、46,X,del（Xq）等。性染色体数目和结构嵌合的现象也较常见。

2. 染色体异常携带者诊断　携带者（carrier）是带有结构异常的染色体核型而表型正常的个体，可以分为易位和倒位两大类；至今已报道 1600 余种，几乎涉及每条染色体的每个区带；它们的共同临床特征是患者本人未见显著临床表型，妊娠后发生流产、死胎、新生儿死亡、生育畸形儿或智力低下儿等。因此，为防止各种染色体病患儿的出生，检出携带者具有重要的意义。

（1）相互易位携带者：两条染色体同时发生一处断裂和重排而形成的一条结构上重排的染色体称为相互易位（translocation）。3 条或 3 条以上的染色体同时发生一次断裂和重排而形成具有结构重排的染色体称为复杂易位。同源染色体间的相互易位携带者与非同源染色体间的相互易位携带者的遗传效应是不同的，例如 46,XX/XY,t（9;22）(p13;p12)。

（2）整臂易位携带者：两条染色体之间在着丝粒处发生整个臂的交换称为整臂易位（whole-arm translocation），它包括同源和非同源染色体之间的易位。已记载的整臂易位核型达几十种，它们涉及 1、2、4、5、7、8、9、11、12、13、14、18、19 号和 X 等染色体，如 46,XX,t（9;19）(p10;q10)。

（3）罗伯逊易位携带者：由 D 组、G 组的同源或非同源染色体间通过着丝粒融合或短臂断裂重排所形成的易位称为罗伯逊易位。目前报道的 100 多种类型中，非同源 t（13q;14q）携带者最多，占 50%，t（14q;21q）携带者次之，约占 40%。同源型中以 t（21q;21q）最常见，其次为 t（13q;13q）、t（22q;22q）。

（4）倒位携带者：倒位是指某一染色体同时具有两处发生断裂，其中节段与两端节段变位重排，断裂发生在同一臂形成臂内倒位（paracentric inversion），发生于两条臂的则称为臂间倒位（pericentric inversion）。前者已报道了 23 种，后者达 214 种，其中 9 号染色体的臂间倒位在人群中发生率达 1%。臂内和臂间倒位在减数分裂中形成了不同染色体结构重排，因此有不同的遗传效应及相应的临床表现，如 46,XY,inv（3）(p13;q25) 和 46,XY/XX,inv（7）(q11;q22)。

（5）移位（shift）携带者：是指某一条染色体发生 3 处断裂，其中的一个断片插入到另一断裂片重接，移位可顺向或反向重接，它们几乎能发生在所有的染色体。

3. 致畸、致突变及致癌因子的检出　致畸、致突变及致癌三者具有共同的作用机制，都是由于 DNA 受到损伤所致。利用致畸、致突变及致癌因子诱发的改变可反映在染色体上的特性，进行染色体核型、姐妹染色互换（sister chromatid exchange，SCE）、微核细胞及染色体畸变率等检测，可通过染色体水平的改变判断待测物是否为致畸、致突变及致癌物质；并可协助诊断某些肿瘤性疾病，如视网膜母细胞瘤、胃癌、肝癌、结肠癌、鼻咽癌、肺癌、宫颈癌、卵巢癌、乳腺癌、膀胱癌、肾癌等。

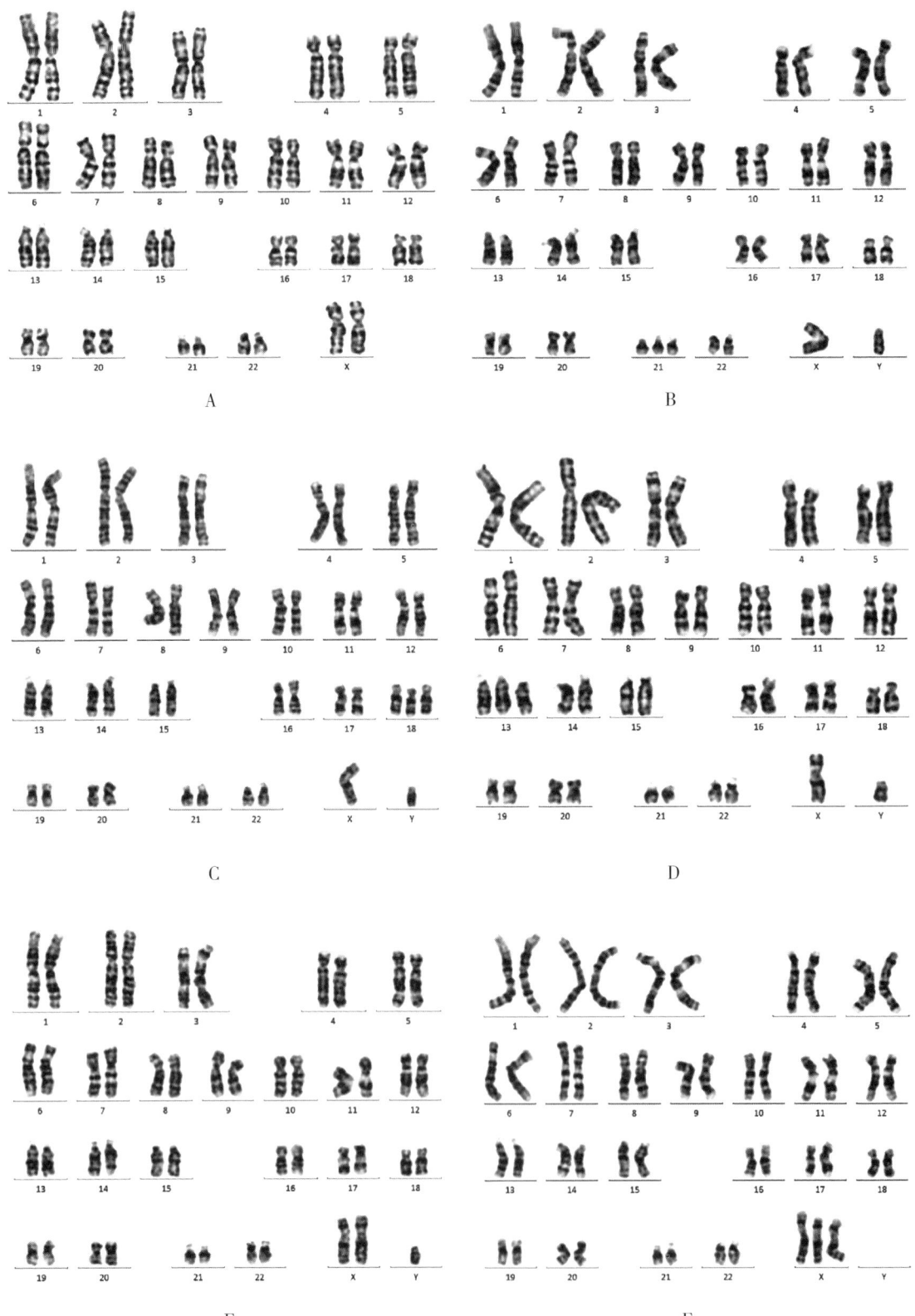

图 23-2 染色体核型

A. 正常女性染色体核型；B. 21-三体综合征患者核型；C. 18-三体综合征患者核型；D. 13-三体综合征患者核型；E. 47,XXY 患者核型；F. 47,XXX 患者核型

【应用评价】

1. 外周血染色体检验是最常用的染色体检测技术之一，外周血取材方便，对机体创伤小，因此，该检测技术广泛适用于临床上流产、性发育异常、智力低下、血液系统相关肿瘤的辅助诊断及鉴别诊断。凡具有畸形提示或某些与染色体畸变有关的临床综合征；有体格或智力发育迟缓，尤其是伴有相关畸形；两性畸形，如外生殖器或内生殖器性别难辨；女性原发闭经或男性青春期发育迟缓；具有可疑染色体综合征或已知染色体畸变患者的父母；多次原因不明的自发性流产、反复流产的夫妇；夫妇不育但已排除了妇科及泌尿科常见的不孕原因等都有必要进行染色体核型分析。

2. 在WHO造血与淋巴组织肿瘤的最新分类方案中，将染色体异常作为最重要的诊断与分型指标（参见第五章第三节）。传统的核型分析技术分辨率不够高，用传统的核型分析技术检测一些微小的染色体结构的异常，如微小易位、微小缺失有很大的难度，但原位杂交技术可较好地弥补其不足。

二、羊水脱落细胞染色体分析

羊水脱落细胞染色体分析是染色体病产前诊断的重要手段，是目前确诊胎儿是否患有染色体病较为安全、可靠及常用的检验方法，是诊断胎儿染色体病的金标准。羊水脱落细胞染色体分析的原理与外周血细胞染色体分析原理类似，羊水脱落细胞培养一段时间后，形成较多分裂期细胞，利用秋水仙素使进行分裂的细胞停止于分裂中期；再经过低渗处理、固定、烤片、显带等细胞学处理，在显微镜下可观察到人染色体的结构和数量。

【参考区间】正常男性染色体核型：46,XY；正常女性染色体核型：46,XX。

【临床意义】羊水脱落细胞染色体分析主要用于诊断胎儿遗传病，主要是各型染色体病，包括染色体三体征、单体征等，例如较常见的21-三体综合征、18-三体综合征与13-三体综合征和X-单体综合征等。对已检出的染色体异常携带者、曾经生育过异常患儿的父母，以及大于35岁的高龄孕妇，其生育染色体异常患儿的风险较高，应当做产前诊断，以预防患儿的出生；可在妊娠中期采取羊水细胞进行染色体核型分析。

【应用评价】

1. 羊水穿刺取材为有创操作，仍存在导致胎儿流产、感染的可能性。因此，羊水脱落细胞染色体分析只适用于一些有不良妊娠史及产前筛查、超声诊断异常并怀疑为某些染色体病高风险的孕妇。

2. 大多数高龄产妇进行产前诊断并未发现染色体异常，但仍可能生出一个身体畸形或有一些先天性代谢病的患儿，在欧美人群中，这种危险率约为3%；危险率随父母一方年龄的增加而上升，常规的染色体检验并未明显减低这种危险率。因此，结合家族史、遗传病史和当地某些遗传性疾病的发病率等因素，可进行进一步的基因诊断。

三、基于NIPT的胎儿染色体分析

基于NIPT的胎儿染色体分析是指基于母体血浆可检测出胎儿游离DNA的原理，利用高通量测序技术，检测母体血浆中的游离胎儿DNA片段（cell free fetal DNA，cffDNA），对胎儿染色体进行分析的方法。具有无创、安全、检测快速、检测时间较早、准确性和可靠性较高等技术优势。目前，基于NIPT的胎儿染色体分析筛查与诊断的目标疾病主要是3种最常见胎儿染色体非整倍体异常：21-三体综合征、18-三体综合征、13-三体综合征。该方法适宜检测的孕周为 12^{+0} 至 22^{+6}。适用人群包括：①血清学筛查显示胎儿常见染色体非整倍体风险值介于高风险切割值与 1/1000 的孕妇；②有介入性产前诊断禁忌证者（如先兆流产、发热、出血倾向、慢性病原体感染活动期、孕妇 Rh 阴性血型等）；③孕 22^{+6} 周以上，错过血清学筛查最佳时间，但要求评估 21-三体综合征、18-三体综合征、13-三体综合征风险者。其主要流程包括样本采集（采集孕妇外周血）、血浆分离、血浆游离 DNA 提取（裂解、结合、洗涤和洗脱）、文库构建（包括末端修复、磁柱纯化、扩增等）、文库定量、模板制备、模板富集、上机测序和数据分析等流程。

【参考区间】计算 Z 值，$-3 <$ Z 值 < 3 为低风险或阴性，Z 值 ≤ -3 或 Z 值 ≥ 3 为高风险；胎儿游离 DNA 浓度的计算分为两部分，根据 Y 染色体计算男性胎儿，女性胎儿分数根据游离的 DNA 的片段大小分布进行估计，将游离胎儿 DNA 浓度检测阈值设置为 4%，只有当胎儿分数 $\geq 4\%$ 时才可计算 Z 分数，若低于阈值，需再次采血。

【临床意义】NIPT 常用于检测 21-三体综合征、18-三体综合征、13-三体综合征。然而，在 NIPT 技术投入临床应用前，血清生化筛查和超声筛查一直是临床用来进行 21-三体综合征筛查的主要手段，但据此针对胎儿 21-三体综合征的检出率 $< 80\%$，阳性预测值约为 5%，无法实现全面预防控制出生缺陷。与传统产前筛查技术相比，基于胎儿细胞游离 DNA 检测的 NIPT 技术可明显提高 21-三体综合征、18-三体综合征的检出率，并显著降低其假阳性率。NIPT 技术开创了产前筛查的新时代，并迅速得到全球的普遍认可，对降低出生缺陷率、减少不必要的有创性产前诊断具有重要意义。

【应用评价】
1. 相较于传统的血清学筛查，基于 NIPT 的胎儿常染色体非整倍体分析具有更高的准确性。而相较于羊膜腔穿刺、绒毛取材等传统侵入性的方法，基于 NIPT 的分析提高了检测的安全性，避免了由于侵入性操作引起的流产、感染等风险。

2. 本项目具有以下局限性。①无法检测到由于以下因素引起的异常：染色体多倍体、染色体易位、染色体倒位、单亲二倍体等；②胎盘局限性嵌合、孕妇自身为染色体异常患者等原因，也使本检测可能出现假阳性或假阴性的结果。

3. 基于上述局限性，对于有下列情形的孕妇不推荐使用本项目进行检测：①孕周 $< 12^{+0}$ 周；②夫妇一方有明确染色体异常；③ 1 年内接受过异体输血、移植手术、异体细胞治疗等；④胎儿超声检查提示有结构异常须进行产前诊断；⑤有基因遗传病家族史或提示胎儿罹患基因病高风险；⑥孕期合并恶性肿瘤等。

知识拓展

游离胎儿 DNA

游离胎儿 DNA（cell free fetal DNA，cffDNA）是指在母体血液中自由循环的胎儿 DNA。1997 年，卢煜明教授首次证实了母亲血浆中存在 cffDNA，自此开辟了利用母血中 cffDNA 进行非侵入性产前诊断的新途径。妊娠期间，胎盘滋养层细胞和少数胎儿细胞在细胞凋亡过程中产生 cffDNA 并被释放到母体血浆中。cffDNA 以小片段的形式存在，平均大小为 166 bp，在孕 7 周胎盘循环建立后即可在孕妇外周血中检测到，并且浓度随着孕周增大而升高，平均半衰期为 16 min，正常分娩 2 h 后在母体外周血中即检测不到。

四、骨髓细胞染色体分析

骨髓细胞染色体分析常可作为恶性血液病诊断和预后评价的重要手段，也有助于发病机制的研究。骨髓细胞染色体分析原理与外周血、羊水细胞染色体分析类似，不同的是骨髓中常有较多的分裂期细胞，因此，临床上常不需要培养而直接进行染色体制片分析。

【参考区间】正常男性染色体核型：46,XY；正常女性染色体核型：46,XX。

【临床意义】造血与淋巴组织肿瘤诊断、分型与监测等；参见第五章第三节。监测骨髓移植状态：性染色体分析可观察移植成功与否或确定有无复发。当进行异性间骨髓移植时，若发现受者骨髓细胞被供者染色体核型取代，表示细胞发生嵌合，骨髓移植成功。若受者白血病复发，染色体则会恢复为原来的核型。

【应用评价】相对于外周血及羊水细胞染色体分析，骨髓细胞无须进行培养而直接进行制片分析，因此，可用于血液肿瘤的快速诊断。另外，骨髓细胞染色体带型常比外周血细胞模糊，对结果分析要求高，可配合荧光原位杂交、基因分析等综合判断。

思 考 题

1. 什么情况下建议患者做染色体检查？
2. 女性，30岁。因"婚后5年不孕"就诊。查体：身高150 cm，体重49 kg，智力正常，眼距宽，后发际低，颈蹼，盾状胸，双侧乳房发育尚可。妇科检查：外阴幼稚型，阴道窄小，长约6 cm，宫颈短小，子宫前位，稍小，双侧附件正常。B超示子宫前位，大小约61 mm×40 mm×39 mm，右侧卵巢大小约25 mm×18 mm，左侧卵巢大小约26 mm×20 mm，提示子宫发育不良。

（1）请对患者作出初步诊断并简述诊断的依据。
（2）如要明确诊断，还应做哪些检查？相关检查最有可能出现哪些结果？

（吕建新）

第二节　荧光原位杂交

荧光原位杂交（fluorescence in situ hybridization，FISH）技术是20世纪80年代末在放射性原位杂交技术的基础上发展起来的一种非放射性分子细胞遗传学技术，是一种使用荧光标记的核酸探针在细胞或组织中可视化核酸序列的技术。FISH是依据碱基互补原理，应用荧光素直接或间接标记的探针，与待检材料中未知的单链核酸进行特异性结合，形成可被检测的杂交双链核酸。由于DNA分子在染色体上是沿着染色体纵轴呈线性排列的，因而探针可以直接与染色体进行杂交，从而对特定的基因在染色体上进行定位、定性或相对定量分析。与放射性同位素原位杂交相比，FISH具有操作相对简便、探针标记稳定、检测灵敏度高、可同时进行几种不同探针的检测等优点。因此，目前FISH已广泛应用于分子遗传学、细胞遗传学、病理学、免疫学、肿瘤学和血液学等临床和基础研究。

案例 23-1

女性，68岁。患者2个月前无明显诱因出现背部酸痛、乏力不适，呈阵发性，无发热，无咳嗽、咳痰，无尿频、尿急、尿痛，无心悸、胸闷等。10天前，症状加重，当地医院MRI提示：L_3椎体破坏压缩性骨折伴软组织影。左侧髂骨、S_1骨质破坏。球蛋白IgG 60.5 g/L，IgM 0.355 g/L，IgA 2.23 g/L，RBC 2.1×10^{12}/L，WBC 5.9×10^9/L，PLT 106×10^9/L，血红蛋白66 g/L。骨髓FISH检查提示t(11;14)(q13;q32)异常信号，t(4;14)(p16.3;q32)及t(14;16)(q32.3;q23)未见异常信号。全身皮肤黏膜无黄染，浅表淋巴结不大，全身皮肤未见明显散在出血点，心音正常，肺部听诊无异常。腹部触诊平软，无压痛、反跳痛，肝、脾肋下未触及，双下肢不肿。起病以来，患者精神、饮食、睡眠一般，二便如常，体力稍下降，体重无明显变化。

问题：
1. 该患者考虑诊断为什么疾病？
2. 考虑该病的诊断依据有哪些？

一、染色体荧光原位杂交

染色体FISH是荧光原位杂交技术的主要应用之一，它将染色体制备技术、核酸杂交技术、荧光示踪技术结合起来，在染色体原位显示整条染色体、染色体的某一区带或某段特定的核酸序列。对染色体的准确识别、复杂染色体结构异常的检测、基因定位的研究具有重要的意义。凡是可以进行体外培养、能够形成分裂中期的组织和细胞均可以用于染色体FISH。以羊水脱落细胞染色体FISH分析为例，在荧光显微镜下随机计数至少50个细胞的杂交信号，正常情况下，核内荧光信号颗粒与正常人染色体数目一致，如用荧光标记的21号染色体探针胞内可见2个荧光信号颗粒；而异常情况下，则出现异常信号颗粒，如患有21-三体综合征的胎儿胞内可见3个荧光信号颗粒。90%以上为正常细胞则提示为正常样本，60%以上细胞出现异常则提示为异常样本。

【参考区间】正常男性染色体核型：46,XY；正常女性染色体核型：46,XX。

【临床意义】

1. **染色体病的诊断** 染色体荧光原位杂交是传统核型分析的重要补充手段，对于复杂染色体异常，如嵌合体、非整倍体、复杂易位和微小缺失等，FISH分析更加敏感、准确和快速。

2. **产前诊断** 羊水脱落细胞染色体FISH分析可以敏感、准确、高效地检出具有复杂染色体异常的胎儿，是显带染色体分析的重要补充手段。如采用13、18、21、X、Y染色体特异性探针，可对胎儿常见的非整倍体进行快速诊断；与常规染色体核型分析一起进行比较，可对常见的非整倍体进行确诊。单细胞FISH可用于第三代试管婴儿，即种植前的诊断。

3. **肿瘤辅助诊断** 体液脱落细胞（疑为恶性胸腔积液、腹水中的细胞）染色体FISH分析，可敏感地检出肿瘤细胞染色体的多种畸变，有助于肿瘤的辅助诊断。

【应用评价】染色体FISH是常用的基因探针杂交技术之一，具有灵敏度高、特异性强等特点；在染色体结构异常的产前诊断中，能够为易位性重排、重复、缺失、插入性重排、标记染色体、环状染色体的类型、来源、断裂点提供可靠的依据。

> **微整合**
>
> **基础回顾**
>
> 荧光探针
>
> 荧光探针是指标记有荧光素,可与待测物质特异性结合,从而使待测物质具有特定荧光特征的一类分子。荧光分子受到激发光照射后,电子可从基态跃迁到激发态,随后通过辐射跃迁的方式回到基态,发出荧光。每种荧光染料都有特定的激发波长,激发后又产生特定发射波长的荧光,因此不同类别的荧光染料可以发出不同颜色的荧光。荧光探针类型主要包括核酸探针和蛋白探针。核酸探针通过碱基互补配对的原则与靶核酸特异性结合,其特异性取决于核酸碱基序列;蛋白探针通过抗原-抗体特异性反应与目标蛋白结合,其特异性取决于蛋白的抗原决定簇。FISH 中所使用的荧光探针属于核酸探针。

二、间期细胞荧光原位杂交

FISH 技术也可用于非分裂期细胞的靶基因组序列,以识别与细胞分裂无关的染色质畸变,这种技术称为间期细胞荧光原位杂交(间期细胞 FISH)。间期细胞 FISH 可在间期细胞核的原位显示与核酸探针互补的特定 DNA 或 RNA 序列,不需要培养分裂中期细胞及制备染色体,弥补了染色体荧光原位杂交的不足,已成为常规实验室确定染色质有无异常的精确检验手段之一。间期细胞 FISH 的具体原理是先制备荧光素标记的特定序列的核酸探针,在一定的条件下使标记的核酸探针与被检组织细胞中的靶核酸序列特异性结合,如标记探针与靶核酸互补结合则可形成稳定的杂交体,通过洗涤去除多余的标记探针,最后通过检测系统显示特异性的探针结合部位和荧光强度,从而对染色质上的特定核酸序列进行定性、定位或相对定量分析。

多种标本均可用于间期细胞 FISH,例如血液、骨髓、实体瘤细胞、羊水细胞等,因此临床应用更为快速、便捷,被广泛应用于血液肿瘤的临床检测和研究。间期细胞 FISH 技术在荧光显微镜下单体型细胞只有 1 个荧光信号颗粒,正常二倍体细胞内常染色体有 2 个荧光信号颗粒,而三体型个体细胞则有 3 个荧光信号颗粒。间期细胞 FISH 产生的结果可分为以下几类(以常用的红、绿色荧光探针为例)。①双色单融合探针:正常状态下红、绿色荧光颗粒均为 2 个,异常情况下为红、绿、融合荧光颗粒各 1 个;②双色分离探针:正常情况下为 2 个融合的荧光颗粒,异常情况下为红、绿、融合荧光颗粒各 1 个;③双色双融合探针:正常状态下红、绿色荧光颗粒均为 2 个,异常情况下则产生 2 个融合的荧光颗粒;④额外信号探针:正常状态下红、绿色荧光颗粒均为 2 个,异常情况下则产生红、绿、融合荧光颗粒各 1 个以及额外的信号颗粒。

【参考区间】正常二倍体细胞常染色体产生的荧光颗粒为 2 个;正常女性个体 X 染色体信号颗粒为 2 个;正常男性个体 X、Y 染色体信号颗粒各为 1 个。

【临床意义】目前,间期细胞荧光原位杂交技术主要用于恶性血液病、实体瘤和遗传性疾病产前诊断的临床诊治和研究,主要集中在以下几个方面。

1. 恶性血液病染色体异常

(1)恶性血液病的辅助诊断:主要参见第五章第三节。FISH 技术较常染色体核型分析方法能够更快、准确地检出异常染色体:① t(15;17)(q22;q12)是急性早幼粒细胞白血病 M3 型的特异性标记;② t(9;22)(q34;q11.2)是慢性髓细胞白血病的特异性标记,90% 以上的慢性髓细胞白血病存在该变异；③ *FIP1L1* 和 *PDGFRA* 融合基因的染色体 4q 缺失是慢性嗜酸性粒细胞性白血病的特异性标记，存在于 40%～60% 的慢性嗜酸性粒细胞性白血病患者；④ t（11;14）（q13;q32），t（4;14）（p16.3;q32），t（14;16）（q32.3;q23）主要与多发性骨髓瘤相关。

（2）恶性血液病治疗过程中的监测：①基因缺失的监测，染色体核型分析技术分辨率有限，无法检测到小于 4.5 Mb 的缺失，而 FISH 分辨率高，可以有效弥补该不足，用于微小缺失的检测。例如检测慢性淋巴细胞白血病患者的 *p53* 基因缺失，可用于指导选择临床化疗方案。②对异性间骨髓移植状态监测：通过性染色体计数，动态监测供/受者混合性嵌合体比例变化，对异性造血干细胞移植后植入状态进行监测。

2. 实体瘤的辅助诊断 FISH 被广泛应用于乳腺癌、膀胱癌、宫颈癌、肺癌等实体肿瘤的辅助诊断。在 25%～30% 乳腺癌细胞中可检出 *HER2* 基因过度表达，常预示患者预后较差。在膀胱癌中，9 号染色体部分（主要是 p16 位点）或全部丢失是最常见的病变。宫颈癌由非典型发育异常向宫颈癌转变的过程中几乎都伴有 3 号染色体长臂的扩增，涉及的最重要的基因为人类染色体末端酶（*hTERC*）基因，鉴别诊断的特异性和敏感性达 90% 以上。

3. 产前诊断 可应用于脐血细胞、绒毛细胞、羊水脱落细胞等标本，采用 13、18、21、X、Y 染色体特异性探针，对胎儿常见的染色体异常进行快速诊断。

【应用评价】FISH 具有操作简便、探针标记后稳定、分析高度特异和敏感、检测快速、适用于各种类型细胞检测等特点，可同时评估染色体畸变、细胞表型和组织形态。但对微小残留病，FISH 的敏感性不如 PCR 等核酸扩增技术。目前，FISH 已被广泛用于遗传性疾病、肿瘤研究及临床诊断和治疗监测。间期细胞 FISH 特别适合于染色体制备困难、标本获得量少或仅有以往存储的标本的特异性 DNA 或 RNA 核酸序列的检测。

知识拓展

嵌合体

嵌合体（mosaicism）最早是在 1907 年由德国植物学家温克勒（Hans Winkler）发现，其是指具有两种或多种染色体组成细胞系的个体，可分为同源性嵌合体（mosaic）和异源性嵌合体（chimaerism）。同源性嵌合体是指一个受精卵在后期胚胎发育的过程中出现了基因突变，最终导致成体中存在遗传组成不同的细胞系。基因突变发生的时间决定了突变细胞占成体细胞的比例以及最终造成的后果。异源性嵌合体主要源于异卵双胞胎在发育早期的融合，导致该个体成为由两种不同基因型的细胞系组成的嵌合体。例如，在异卵双胞胎的发育过程中，如果一个胚胎被另一个胚胎吸收，则会导致一个婴儿出生时含有两种不同遗传来源的细胞系。虽然嵌合体现象已经存在了大约 1 个世纪，但直到现在我们才开始了解它的性质和影响程度。最初，识别嵌合体依赖于明显可见的特征，如胎记或皮肤斑纹。得益于细胞遗传学的发展，1959 年，研究人员发现 21-三体综合征是由 21 号染色体三体引起。从此，细胞遗传学技术在嵌合体的检测中开始展现锋芒。本世纪初，随着科学家的不断努力与探索，FISH 和 SNP 阵列逐渐成为嵌合体检测的常用方法，为深入了解嵌合体发生、发展的规律打开了一扇新的窗户。

思 考 题

FISH 对恶性血液病的辅助诊断有何临床价值？

（王　琳）

第三节　基因诊断试验

基因诊断（gene diagnosis）是通过分子生物学技术来检查人体内源基因或外源（病原体）基因的缺失、突变或异常表达，对人体状态或疾病做出特异性诊断的方法。基因诊断为疾病的预测、预防、诊治和转归提供基因水平的信息，在疾病的早期诊断、分期分型、疗效预测及预后评估等方面都具有重要作用。其主要特点是直接以疾病基因或相关基因为检测对象，检测结果具有描述性和预测准确性，特异性高，属于病因学诊断。目前，基因诊断已被广泛用于遗传性疾病、感染性疾病、肿瘤、个性化用药等临床领域，辅助疾病的诊断和治疗，这些应用催生并促进了精准医疗的发展。

一、基因诊断策略

相对于常规诊断方法，基因诊断不仅可检测出患者，还可检测出携带者，这在遗传性疾病的产前筛查和早期诊断中具有重大的临床意义。基因诊断方法包括直接检测法和间接检测法。

1. 基因直接检测法　通过分子生物学技术，可以直接揭示导致疾病发生的各种基因缺陷，包括染色体变异和基因突变。直接检测法的前提是待测基因的结构、功能以及导致疾病发生的机制已明确，因此，直接检测法只适用于发病原因已知的疾病。由于直接检测法是直接揭示致病基因的遗传缺陷，其检测结果对疾病的诊断价值很高。常用的基因直接检测方法包括限制性内切酶酶切分析、DNA 酶切图谱分析、PCR 产物测序、分子杂交等。以 PCR 为基础的基因诊断，尤其是实时荧光定量 PCR 技术可检测多基因遗传病患者细胞中 mRNA 的表达量，它通常使用基因本身或紧邻的 DNA 序列作为探针，或通过进一步分析 PCR 扩增产物，以确定基因有无突变、缺失等异常及其性质。

2. 基因间接检测法　对于致病基因尚不明确或致病基因已知但其异常尚属未知的遗传性疾病，无法进行直接诊断。对于这类疾病可采用间接诊断策略——基因多态连锁分析进行诊断，通过对受检者及其家系进行相关连锁基因检测，以预测其发病的可能性。

间接检测的实质是在家系中进行基因连锁分析和关联分析，通过分析多态性遗传标记来判断被检者是否携带致病基因的染色体，因此分子遗传标记是其诊断的基础。在连锁分析中，紧密连锁的基因或遗传标志物通常一起传给子代，因而考察相邻 DNA 是否传递给子代，可以间接地判断致病基因是否传递给子代。连锁分析多使用基因组中广泛存在的各种 DNA 多态性部位，特别是基因突变部位或紧邻的多态性位点作为标志物，选用的遗传标志物在人群中的杂合度应该较高。目前，可用于遗传性疾病间接诊断的分子遗传标记有限制性片段长度多态性（RFLP）、可变数目串联重复（VNTR）、短串联重复（STR）、单链构象多态性（SSCP）和单核苷酸多态性（SNP）等技术，均可用于连锁分析。连锁分析不能完全确定致病基因是否存在，只能估计存在的可能性或概率大小，因为基因与 DNA 标志物之间可能发生重组；有时只分析一个多态位点不能把某一家系中带有致病基因的染色体识别出来,这时可同时分析更多的多态位点,即行单倍型(haplotype)分析。

二、遗传性疾病的基因诊断

遗传性疾病(genetic disease)(简称遗传病)是指个体细胞的遗传物质发生或存在致病性改变,遗传因素作为唯一或主要发病原因的一大类疾病,具有垂直传递和终生性特点。根据其发病原因可分为染色体遗传病、单基因遗传病、多基因遗传病、线粒体遗传病和体细胞遗传病。我国每年新增遗传病患儿约120万,给家庭和社会带来了沉重负担。

(一)单基因遗传病

1. 单基因遗传病的概念及分类 单基因遗传病(monogenic disease)又称单基因病,是由同源染色体等位基因发生突变导致其编码蛋白质的结构、功能或表达异常,进而导致人体生理功能或发育异常。具有发病率很低、病种较多、临床表现较为复杂多样的特点。按照孟德尔遗传规律,基因突变所在染色体的不同和基因显隐性的差异,可表现出不同的遗传方式。

(1)根据基因突变所在位置不同,单基因遗传病可分为:①基因编码区异常;②基因调控区序列异常;③基因剪接区序列异常。不同的基因突变导致其编码蛋白在结构、数量、性质和功能上发生变化,从而引起一系列病理生理改变,遗传个体出现相应的疾病表型。此外,即便为同一基因突变,当突变性质、程度或种类不同时,其临床表现也不会相同,甚至表现出较大差异。

(2)根据突变基因所在的染色体和基因显性、隐性不同,单基因遗传病可根据遗传方式分为以下五种。①常染色体隐性遗传(autosomal recessive inheritance,AR):致病基因位于常染色体,携带一个隐性致病基因的杂合子不表现相应症状,只有在获得一对隐性基因的纯合子时才表现出症状。从家系图上看,遗传方式是水平的,患者均在同一代人中,绝大多数病例是单发的,男女受累机会均等。②常染色体显性遗传(autosomal dominant inheritance,AD):致病基因位于常染色体上,一对等位基因中只要有一个致病基因即可表现出基本性状,男女患病的机会相等。从家系图上看,其遗传方式是垂直的,连续数代都有患者出现,男女皆受累。③X连锁隐性遗传(X-linked recessive inheritance,XR):致病基因位于X染色体,伴随X染色体向后代传递。从家系图上看,对于女性患者,致病基因只有在纯合子时才表现出相应性状,只携带一个隐性致病基因时,为表型正常的致病基因携带者;男性只有一条X染色体,只要X染色体上有一个隐性致病基因就会发病,因此,人群中以男性患者居多。④X连锁显性遗传(X-linked dominant inheritance,XD):致病基因位于X染色体上,以显性遗传的方式传递给后代。女性获得显性致病基因的概率是男性的2倍,人群中女性患者比男性患者多1倍,前者病情常较轻。男性患者的女儿全部为患者,儿子全部正常,女性患者的子女中各有50%可能性是该病患者。遗传家系图中女性患者多于男性患者。⑤Y连锁遗传(Y-linked inheritance,YL):致病基因位于Y染色体上,伴随Y染色体以显性遗传方式向男性后代传递。只有男性才表现出相应性状。常见单基因遗传病的遗传方式分类见表23-1。

表 23-1　常见单基因遗传病的遗传方式及种类

遗传方式	常见疾病
AR	白化病、苯丙酮尿症、肝豆状核变性、镰状细胞贫血、尿黑酸尿症、囊性纤维变性
AD	多指、短指、多发性家族性结肠息肉症、软骨发育不全、家族性高胆固醇血症、视网膜母细胞瘤、先天性夜盲症
XR	血友病、红绿色盲、假肥大型进行性肌营养不良、家族性低色素贫血、鱼鳞病、睾丸女性化、G-6-PD 缺乏症
XD	抗维生素 D 佝偻病、遗传性慢性肾炎、口面指综合征、色素失禁症、Xg 血型、假性甲状腺功能减退
YL	外耳道多毛症

2. 单基因遗传病的基因诊断　在临床上遗传疾病表型复杂多样，且有时表型改变不典型或出现较晚，因此，基因诊断是当前诊断遗传病最精确的方法。对于某一遗传病的一个家系而言，首先通过临床资料和家系分析，确定是否为单基因遗传病，然后再确定基因检测与分析的方法。对于突变已知的单基因遗传病，一般采用直接检测法；对于突变未知或突变已知但突变类型较多的遗传病则采用多态性连锁分析，利用其核心家系成员的 DNA 进行分析，以确定致病基因与所在染色体多态性位点的连锁相，从而确定受试者的基因型。多态性位点与基因连锁越紧密，所得结果越可靠；杂合率越高，应用价值越大。对于核苷酸取代、缺失或插入造成的点突变，应用 PCR 及其衍生技术进行分析。对于基因或基因片段的缺失、插入或动态突变，应用 DNA 印迹法（Southern blot）等进行分析。此外，自动化、微量化、高通量并行检测的基因芯片技术也已应用于遗传性疾病的诊断。虽然人类的遗传性疾病由基因决定，但由于不同环境因素的影响，基因型与表型的关系十分复杂。表型相同的个体可能具有相同或不同的基因型，表型不同的个体也可能有或没有基因型差异。因此，在遗传性疾病进行诊断时，还必须考虑到遗传异质性、突变多样性并结合患者的临床诊断进行综合分析。

（二）多基因遗传病

1. 多基因遗传病的概念　多基因遗传病（polygenic disease）又称多基因病，是指通过两对以上致病基因的累积效应所致的遗传病，其遗传效应也受环境因素的影响。在多基因遗传中涉及两对或两对以上的等位基因，不存在显性、隐性的区别，而呈共显性，每对基因对多基因遗传病形成的效应是微小的，这些基因称为微效基因（minor gene）。但多对基因的作用积累之后，可形成一个明显的表型效应，此现象称为累加效应。易患性的高低受遗传因素和环境因素的双重影响，具有家族聚集现象，同时也存在性别差异和种族差异，不具备典型的孟德尔遗传方式。遗传因素所起的作用大小程度称为遗传率，如果遗传率越高，则遗传基因对患病可能性起的作用越大，环境因素作用越小。多基因遗传病发病率明显低于单基因遗传病，主要是由于多基因遗传病的致病基因更多，决定性状的每对基因彼此不存在显性或隐性关系，且环境因素可以很大程度地影响其表型。在多基因遗传病中，参与决定性状的基因数越多，表型就越多，表型间差别也就越小。常见多基因遗传病及主要候选基因或基因家族见表 23-2。

表 23-2 常见多基因遗传病及候选基因或基因家族

多基因遗传病	主要候选基因或基因家族
孤独症	CHD8、KATNAL2、GRIN2B、LAMC3、SCN1A、SCN2A
精神分裂症	COMT、5-HTR2c、DRD、NMDAR、DTNBP、NRG、ErbB、DISC、RGS4
2型糖尿病	TCF7L2、HNF、HHEX、IDEIGF2BP2、KCNQ1、WFS1、SLC30A8、CDC123、CAMK1D、CAPN10
先天性哮喘	OPN3、DPP10、CYFIP2、HLA-G、GPRA、SFRS8、PHF11、ADAM33
先天性巨结肠	RET、GDNF、EDNRB、EDN3、SOX10、ECE-1、ZFHX1B、PMX2b、Neurturin
先天性唇腭裂	ABCA4、MTHFR、IRF6、ZNF-533、SUMO1、MSX1、FOXE1、CRISPLD2
先天性心脏病	T-box 基因家族、GATA 基因家族、Homebox 基因家族、CRELD1/2、BMP4
冠心病	APOA5、ApoE、ACE-1、AT1R、Fg、CRP
先天性唇腭裂	AGT、ACE、ATR、CYP11B2、ENaC、β2-AR、LPL、ApoB/E

2. 多基因遗传病的基因诊断 采用关联分析、连锁分析、基因芯片分析等诊断方法，确定主要易感基因。关联分析、连锁分析能确定致病基因在染色体上的粗略位置，可为定位克隆、鉴定致病基因奠定基础，是多基因遗传病基因定位与患者风险诊断分析的常用方法。全基因组关联分析（GWAS）是一种研究多基因遗传病易感基因的高效方法，GWAS 已经发现和确定了众多常见的多基因遗传病的易感或致病基因。多基因遗传病在发生发展中涉及复杂的基因网络变化，以及基因与环境的双重作用，测序结果的生物学和信息学分析、假阳性结果的鉴别等是多基因遗传病基因诊断面临的挑战。

（三）线粒体遗传病

1. 线粒体遗传病的概念及类型 线粒体遗传病又称线粒体病（mitochondrial disease），是指细胞内线粒体功能异常而导致的疾病。根据线粒体病的基因突变位置分为线粒体 DNA（mitochondrial DNA，mtDNA）突变和编码线粒体蛋白的核基因（nuclear DNA，nDNA）突变。线粒体 DNA 突变主要包括点突变、缺失、插入和拷贝数变异等。线粒体 DNA 突变引起的线粒体病在临床上表现为母系遗传的特征，常累及多个器官和系统，多呈现出神经和肌肉的病变，患者个体表现为一系列的临床综合征。

2. 线粒体遗传病的基因诊断 目前常用的检测方法有等位基因特异性 PCR（AS-PCR）、限制性片段长度多态性聚合酶链反应（PCR-RFLP）、变性高效液相色谱分析（DHPLC）、DNA 测序及基因芯片分析等。由于线粒体 DNA 突变的异胞质性是线粒体病的独特的分子特征，因此，线粒体 DNA 突变异胞质性的检测成为重要的部分，对于异胞质性程度较低的样本需要采用灵敏度较高的方法进行检测。

（四）出生缺陷与产前分子诊断

我国是出生缺陷和残疾的高发国家，出生缺陷率仍呈上升趋势。出生缺陷和残疾日益成为影响中国人口素质的重要问题，同时也给家庭和社会造成沉重的经济负担和精神压力。实施以婚前保健、产前诊断、新生儿疾病筛查为主的三级综合性防治策略，有助于减少或防止出生缺陷与残疾，做好优生优育是提高人口素质的重要手段。

1. 出生缺陷（birth defect）或先天异常（congenital anomaly） 是指胚胎或胎儿在发育过程中所发生的结构或功能异常，包括先天畸形、先天性代谢性缺陷、染色体异常、先天性宫内感染、宫内发育迟缓、先天发育残疾、免疫性疾病、智力障碍和先天性肿瘤等。这些异常可由染色体畸变、基因突变引起，也可由环境致畸因素所致，或是两者共同作用所致。出生缺陷可有多种分类方法，从临床实用性出发，出生缺陷主要分为畸形缺陷、裂解缺陷、发育不良和变形缺陷四种。出生缺陷的发生因素多而复杂，到目前为止仍有50%左右的出生缺陷原因不明，可能与新的常染色体显性突变、亚超微染色体缺失等原因有关。剩余50%出生缺陷的发生主要与遗传物质的异常及胎儿生长发育暴露环境有关，其中，遗传物质的异常主要为染色体异常和基因异常，染色体异常可以是染色体数量异常，也可以是染色体结构异常，约占出生缺陷原因的6%；21-三体综合征（唐氏综合征）是最常见的染色体异常疾病。基因异常可以是单基因缺陷（亦称为突变）或多基因遗传。目前，已有7000多种单基因缺陷被发现，约占出生缺陷的7.5%，常见的有软骨发育不全、多指等。多基因遗传可以由多个基因与环境因素相互作用所致，占出生缺陷的20%~30%。这类缺陷较多，如先天性心脏病、神经管缺陷、唇裂或腭裂、先天性髋关节脱位等。这些遗传性异常可以遗传，也可以发生在散发的单独病例中。胎儿生长发育暴露的环境因素可能导致胎儿畸形，这些因素又被称为致畸因子，如射线、甲基汞、糖尿病、感染因素或药物等。

2．产前诊断（prenatal diagnosis） 又称宫内诊断（intrauterine diagnosis），是指先天性疾病或遗传性疾病在胎儿期的诊断。产前分子诊断需要获取胎儿的细胞或基因物质，采集方法不同，孕妇的使用范围、风险等有所不同。基因诊断是产前分子诊断的主要手段，以来源于胎儿的DNA、RNA为原料，通过检查基因的存在、缺陷或表达异常，对胎儿的状态或者疾病做出诊断的方法和过程称为产前基因诊断。可用于产前基因诊断的技术包括PCR技术、DNA测序、DNA芯片、MLPA技术等。

（1）侵入性产前分子诊断：取样方法包括羊膜腔穿刺术、绒毛活检术、经腹脐静脉穿刺术、胎儿镜检查，用于胎儿染色体疾病及各种遗传性疾病诊断。胎儿染色体检验或核型分析，包括经典细胞遗传学方法和分子细胞遗传学方法。经典细胞遗传学检验主要涉及染色体的非显带和显带技术，只能分析中期细胞，结果受分裂象数量和质量的高度制约，无法识别一些微小缺失、插入、倒位及标记染色体。而分子细胞遗传学检验显著提高染色体结构畸变的检出率，可作为经典细胞遗传学的补充。主要方法有：荧光原位杂交（FISH）、染色体涂染（chromosome painting）、光谱核型分析技术（spectral karyotyping，SKY）、比较基因组杂交（comparative genomic hybridization，CGH）以及微阵列-比较基因组杂交（microarray-comparative genomic hybridization，microarray-CGH）等。

（2）非侵入性产前分子诊断：①经宫颈脱落的胎儿滋养细胞——通过分子生物学技术、遗传学技术及免疫细胞化学技术等，在宫颈脱落细胞中找到胎儿滋养细胞并进行鉴别分离，可进行胎儿的基因检测、异常染色体分析等分子水平的产前诊断。②孕妇外周血中胎儿细胞——孕妇血中胎儿细胞主要类型有滋养细胞、淋巴细胞、粒细胞及有核红细胞（nucleated red blood cell，NRBC）。现已经能从基因和染色体水平对孕妇外周血胎儿细胞做产前诊断。在染色体水平上主要是用FISH技术诊断三体综合征等染色体疾病。在基因水平上主要是用PCR技术鉴别胎儿性别、诊断胎儿β-珠蛋白生成障碍性贫血等疾病。③孕妇外周血胎儿游离DNA（cffDNA）——孕妇血循环中胎儿游离DNA以两种形式存在，一是存在于进入母体血循环中的胎儿的完整细胞内，二是游离于母体血浆中。其来源大部分是胎盘滋养层细胞，少量来源于胎儿细胞和胎儿DNA直接跨膜转运。胎儿游离DNA占母体血浆中总游离DNA的10%左右，长度小于200 bp，在妊娠第5周可检出，平均半衰期为16.3 min。应用游离DNA进行检测，以往妊娠对本次妊娠检测结果的影响较小。分析孕妇外周血循环中完整胎儿游离DNA，是非侵入性产前检测领域的一场技术革命，它为非侵入性产前筛查技术提供了一条新的研究途径。

基因诊断在精准医疗中的应用

精准医疗是随着基因测序技术快速进步以及生物信息学、大数据科学的交叉应用发展起来的医疗模式。2011 年，医学界提出"精准医疗"；2015 年 1 月，时任美国总统奥巴马提出将"精准医疗计划"提升至国家层面，增加医学研究经费，推动个体化基因组学研究，并整合临床数据，进而打通从基因组数据到临床应用的道路。我国 2015 年 3 月提出"中国精准医疗计划"，并制定了短期和长期目标，这标志着中国和世界进入精准医疗时代。精准医疗的前提是精准诊断，而基因检测是精准诊断重要的技术平台和技术保障。基因检测技术广泛应用在人类疾病的诊断和治疗领域，逐渐成为人类生命健康的重要新兴产业。它将推动临床突破传统的疾病诊疗模式，使精准化、个体化诊疗进入一个全新的时代。

三、肿瘤个体化治疗的基因诊断

随着肿瘤生物学及药物基因组学的发展，肿瘤相关基因检测不仅可对肿瘤的诊断起到重要作用，也可应用于化疗及靶向药物选择。常用于基因诊断的标本是经甲醛（福尔马林）溶液固定、石蜡包埋的肿瘤组织，经支气管刷检细胞、经支气管穿刺针吸细胞和淋巴结穿刺针吸细胞，痰、血性胸腔积液等。近年来，利用外周血液标本进行肿瘤相关的基因检测备受关注。在实际工作中，根据标本类型及检测目的选择灵敏度、特异性、稳定性最合适的方法进行检测，需防止因污染而产生假阳性。常用基因检测技术的比较见表 23-3。

表 23-3　常见基因检测技术优、缺点比较

方法	优点	缺点	适用性
Sanger 法测序	直接获取序列，测序长度较长，分型的金标准，可发现未知突变	通量低，灵敏度不高，突变等位基因需要超过 20% 才能检出	各种 SNP 的检测，未知突变的筛查以及验证其他分型的结果
焦磷酸测序	高通量，高灵敏度，可以检测插入/缺失突变和未知突变。等位基因含量的比例可用于室内质控	测序长度较短，检测灵敏度中等，难以检出低于 10% 的突变，不适用于活检或细胞学样本	适合于较大样本、突变比例高于 5% 的各种类型 SNP 检测、甲基化位点的确定，和对已知的短序列进行重测序分析
二代测序（NGS）	高通量、有定量功能、成本低	检测灵敏度和测序深度相关，检测灵敏度为 10%	适合进行大规模基因组测序，用于基因表达分析、非编码小分子 RNA 的鉴定、转录因子靶基因的筛选和 DNA 甲基化等相关分析
ARMS-PCR 法	灵敏度高，可检测肿瘤细胞中突变比例为 1% 甚至更低的突变基因	只能检测已知的突变类型，不能发现一些新的、未知的突变	用于对已知突变基因进行检测

续表

方法	优点	缺点	适用性
高分辨率熔解曲线法（HRM）	成本低、灵敏度高、闭管操作，降低污染风险	不能判断某一特异性的变异体，下游分析中检测需要有测序等补充	分析不受碱基突变位点和种类的限制，可用于突变扫描、基因分型、序列匹配、DNA甲基化等方面的研究
数字PCR	灵敏度可达0.0001%~0.001%，高特异性、耐受PCR反应抑制剂，可对目标拷贝数直接进行精确的鉴定，分析微小的浓度差异	通量较低，每次反应之间存在差异	稀有等位基因检测、基因表达绝对定量、核酸标准品绝对定量、二代测序文库绝对定量等
荧光定量PCR	检测快速、通量高、灵敏度好	对肿瘤组织提取RNA的质量要求较高，在检测基因表达量时判读标准尚未统一	对相同位点、大样本标本进行检测，可用于mRNA表达检测
基因芯片法	通量高	灵活度低、成本高，需要特殊的仪器设备	适用于具备芯片检测能力的实验室对已知固定位点、大样本标本进行检测
原位杂交（ISH）	在细胞核原位对基因的异常进行检测	成本高、通量低、时间较长	适于对基因扩增和缺失异常进行检测
荧光原位杂交（FISH）	可多种荧光标记、灵敏、特异性好，可定量，可以检测隐匿或微小的染色体畸变及复杂核型	检测的成本昂贵、通量低	可对基因缺失、基因融合、基因扩增进行检测

目前，应用不同技术对不同肿瘤进行基因诊断时仍存在以下问题：①肿瘤组织的异质性，被检测组织中肿瘤细胞纯度不高，石蜡标本所提取基因组DNA的质量有限，以及采取的检测方法灵敏度限制等，容易导致检测的假阴性；②对于部分机制未明的基因，尚需结合患者其他指标，基因诊断只可起辅助作用。

随着靶向药物的不断发明与应用，人们发现靶向药物的疗效与患者的某些基因有关，针对特定患者的基因检测结果采用不同的治疗方案是个体化医疗（personalized medicine，PM）和精准医疗的核心，也是决定靶向药物疗效的关键。靶向药物的作用效应与靶分子的基因类型及表达量直接相关，因此在使用这类药物的抗肿瘤治疗中，通常需要对其靶分子进行基因型检测，以确定药物使用是否敏感。下面介绍几种临床常用分子靶向药物的基因检测及临床意义。

1. 乳腺癌靶向治疗的基因检测

（1）*HER2* 基因过表达：人类表皮生长因子受体2（human epidermal growth factor receptor-2，HER2）是一种酪氨酸激酶受体，具有刺激、调节细胞生长、生存和分化的重要作用，其过度表达可导致细胞恶性增殖。25%~30%的乳腺癌患者 *HER2/neu* 基因过度表达，这些患者的病理类型多为低分化型，且具有进展迅速、激素受体阳性、易发生淋巴结转移、预后不良等特点。*HER2/neu* 基因扩增，可导致 HER2/neu 蛋白在 HER2/neu 阳性乳腺细胞表面高度表达，可达正常乳腺细胞的10~100倍。最重要的是，HER2存在于细胞表面，可作为靶向药物治疗的靶点，因此 *HER2/neu* 基因表达水平还可用于靶向治疗药物疗效预测。

【临床意义】准确分析 *HER2* 基因扩增状态是乳腺癌患者预后判断及制订有效治疗方案的先决条件，对乳腺癌的诊疗具有重要的指导作用。

【应用评价】曲妥珠单抗及拉帕替尼等酪氨酸激酶抑制剂在乳腺癌靶向治疗中的疗效与

HER2 基因表达状态密切相关。由于肿瘤组织标本获取难度较大，及疾病进程中 *HER2* 基因状态可能产生变化，目前无法通过 IHC 和 FISH 对患者的 *HER2* 基因状态进行实时动态监测。近年来，出现了血清可溶性 *HER2* 的检测技术，其价值备受关注。

（2）*PI3KCA* 基因突变：磷脂酰肌醇 -4,5- 二磷酸 3- 激酶催化亚单位 α（phosphatidylinositol-4,5-bisphosphate 3-kinase catalytic subunit alpha，*PI3KCA*）基因是一种癌基因，位于 3 号染色体，其编码的蛋白多聚体具有类脂激酶和蛋白激酶的双重活性，参与细胞的增殖、运动、黏附和分化等。*PI3KCA* 基因的突变包括基因的缺失和错义突变，以点突变为主。当 *PI3KCA* 基因突变后，将导致 PI3KCA/Akt 信号通路持续活化，且不受上游 *EGFR* 基因调节，促使细胞癌变。

【临床意义】在治疗上，*PI3KCA* 野生型而 *HER2* 基因表达上调的乳腺癌患者应用帕替尼、曲妥珠单抗等 TKI 制剂可显著改善患者生存率、提高生活质量。当 *PI3KCA* 突变时则建议避免使用此类药物。乳腺癌患者中 *PI3KCA* 突变率不低，因此在使用酪氨酸激酶抑制药前，需进行 *PI3KCA* 基因突变的检测，为乳腺癌患者的合理用药提供参考依据。

【应用评价】若患者存在其他突变，即使 *PI3KCA* 为野生型也可能出现 TKI 耐药。*PI3KCA* 基因突变的检测仅用于预测乳腺癌治疗药物——EGFR-TKI 靶向药物的治疗效果。

2. 结直肠癌靶向治疗的基因检测

（1）*KRAS* 基因突变：西妥昔单抗和帕尼单抗作为 EGFR 单抗，通过与 EGFR 结合，阻断 EGFR 介导的细胞效应。KRAS 是位于 EGFR 下游级联信号通路上的一个重要的 G- 蛋白，其基因包含 2 号外显子突变，可阻断 EGFR 的信号传导。第 2 号外显子的 12 个密码子 GGT 和 13 个密码子 GGC 原本均编码 Gly 氨基酸，突变导致这两个密码子分别编码 6 种和 4 种其他氨基酸，从而使抗 EGFR 的抑制药无效。

【临床意义】西妥昔单抗和帕尼单抗均通过直接抑制 EGFR，从而发挥抗肿瘤的作用，在结直肠癌和头颈部癌的靶向治疗中都有肯定的效果。只有 *KRAS* 基因野生型的患者才能从抗 EGFR 的治疗中获益，而突变型的患者则不能。

【应用评价】临床实践表明，*KRAS* 野生型患者使用西妥昔单克隆抗体和帕尼单克隆抗体治疗效果确切，可显著提高患者的生存率和改善生活状态，只有 50% 的野生型 *KRAS* 患者对抗 EGFR 治疗有效，*KRAS* 基因突变的检测仅用于预测结直肠癌对抗 EGFR 靶向药物的治疗效果。

（2）*BRAF* 基因突变：鼠类肉瘤滤过性毒菌（v-raf）致癌同源体 B1（v-raf murine sarcoma viral oncogene homolog B1，*BRAF*）是一种原癌基因，定位于 7 号染色体，编码丝氨酸/苏氨酸蛋白激酶 BRAF，BRAF 与细胞表面受体结合后，通过多个信号通路参与调控细胞生长、分化和凋亡。BRAF 突变主要发生在 11 外显子和 15 外显子，其中最常见的突变为 15 外显子 V600E。V600E 突变能模拟 T598 和 S601 两个位点的磷酸化作用，使 BRAF 蛋白激活。BRAF 位于 *KRAS* 下游级联信号通路上，一旦发生突变，其编码的蛋白产物无须接受上游信号蛋白的活化即可激活并启动下游信号转导途径，使得细胞增殖，进而使得 EGFR 抑制药效果减弱或无效。

【临床意义】①预后方面：*BRAF* 基因可以作为患者预后评价的独立性指标，*BRAF V600E* 突变患者预后更差；②治疗方面：*BRAF* 基因突变患者可能不能从 EGFR 单抗靶向药物治疗中获益；③对于 *KRAS* 基因野生型同时具有 *BRAF* 基因 *V600E* 突变的患者，抗 EGFR 单抗靶向药物治疗可能无效。

【应用评价】*BRAF* 基因突变仅用于预测结直肠癌化疗药物——抗 EGFR 靶向药物的治疗效果和预后判断，必要时还需结合 *KRAS*、*PI3KCA* 等基因的突变检测。

3. 非小细胞肺癌靶向治疗的基因检测

（1）*EGFR* 基因突变检测：表皮生长因子受体（epidermal growth factor receptor，EGFR）是一种酪氨酸激酶活性跨膜蛋白，也被称作 HER1、ErbB1；其与表皮生长因子结合形成二聚体后激活酪氨酸激酶，启动下游细胞信号分子活化，从而促进肿瘤增殖、侵袭、转移及新生血管形成。因此，阻断 EGFR 活性的靶向药物治疗成为非小细胞肺癌（non-small cell lung cancer，NSCLC）的重要治疗手段。

【临床意义】*EGFR* 基因突变与吉非替尼、厄洛替尼等酪氨酸激酶抑制药（TKI）的疗效有关。与无突变患者相比，*EGFR* 突变的患者使用 TKI 获益的可能性更大。不同突变位点和突变类型的患者疗效差异很大。*EGFR* 外显子 19 缺失或外显子 21 突变（*L858R*、*L861Q*）的患者，靶向药物吉非替尼的有效率高达 80% 以上，外显子 18 突变（*G719C/S/A*）患者对吉非替尼敏感性增加。

【应用评价】临床实践表明，并不是所有 *EGFR* 突变的 NSCLC 患者都对 TKI 有效。超过 50% 对 EGFR-TKI 治疗有效的患者可出现 EGFR-TKI 耐药，这与 *EGFR* 基因 20 号外显子 *T790M* 突变有关。此外，*BRAF V600E* 突变和 *PI3KCA* 突变（*H1047R/L*、*E542K*、*E545K/D*）可导致部分 *K-ras* 基因野生型患者对 EGFR-TKI（吉非替尼或厄洛替尼）及 EGFR 单抗药物（西妥昔单抗或帕尼单抗）治疗不敏感。另外，*EGFR* 基因突变与性别、吸烟等预后因素有交叉，单独分析 *EGFR* 基因突变与否用于判断预后的意义不大。

（2）*EML4-ALK* 融合基因：棘皮动物微管相关蛋白样 4（echinoderm microtubule-associated protein-like 4，*EML4*）与间变型淋巴瘤受体酪氨酸激酶（anaplastic lymphoma receptor tyrosine kinase，*ALK*）基因发生倒位融合形成 *EML4-ALK* 融合基因。*EML4-ALK* 融合基因可见于多种肿瘤，其通过自身磷酸化激活下游信号通路导致细胞向恶性转化。

【临床意义】*EML4-ALK* 融合基因检测主要用于预测药物疗效和评价预后，阳性者对 TKI 的基础治疗耐药，但对克唑替尼（crizotinib）等针对 *ALK* 基因的小分子抑制药敏感。因此，在使用针对 *ALK* 基因的小分子抑制药前，需进行 *EML4-ALK* 融合基因的检测；携带 *EGFR* 基因野生型的肺腺癌患者，*EML4-ALK* 融合基因预示患者的总生存期更长，预后较好。

【应用评价】*EML4-ALK* 融合基因亚型不同的患者在接受克唑替尼治疗时，疗效可能存在差异。因此，使用克唑替尼治疗 *EML4-ALK* 融合基因阳性的 NSCLC 患者，需要定期监测疗效。

四、药物代谢和药物作用靶点相关基因检测

近年来，药物基因组学得到了迅猛发展，越来越多的药物基因组生物标志物及其检测方法相继涌现，已成为指导临床个体化用药、评估严重药物不良反应发生风险、指导新药研发和评价新药的重要手段。药物体内代谢、转运及药物作用靶点基因的遗传变异及其表达水平的变化可影响药物的体内浓度和敏感性，从而导致药物反应性的个体差异。药物反应相关基因及其表达产物的分子检测是实施个体化药物治疗和精准医疗的前提。对药物代谢酶和药物靶点基因进行检测可指导临床针对特定的患者选择合适的药物和给药剂量，实现个体化用药，从而提高药物治疗的有效性和安全性，防止严重药物不良反应的发生。

1. 药物代谢酶和药物作用靶点基因　用于药物代谢酶和药物作用靶点基因检测的标本类型多样，最常用的为全血和组织标本。用于药物代谢酶和药物作用靶点基因检测的方法多样，包括 PCR- 直接测序法、PCR- 焦磷酸测序法、荧光定量 PCR 法、PCR- 基因芯片法、PCR- 电泳分析法、PCR- 高分辨率熔解曲线法、等位基因特异性 PCR 法、PCR- 限制性片段长度多态性方法、原位杂交等多种方法。临床上常见的药物代谢酶和药物作用靶点基因及其个体化治疗

的相关药物见表 23-4。

表 23-4 药物代谢酶和药物作用靶点基因及其个体化治疗的相关药物

基因或变异名称	个体化应用的药物
药物代谢酶与转运体基因	
ALDH2	硝酸甘油
CYP2C9	华法林、塞来昔布、氯沙坦
CYP2C19	氯吡格雷、S-美芬妥英、奥美拉唑、阿米替林、伏立康唑、地西泮（安定）、去甲西泮（去甲安定）
CYP2D6	他莫昔芬、阿米替林、昂丹司琼、美托洛尔、氯米帕明、去甲替林、地昔帕明、多塞平、丙米嗪、马普替林、奥匹哌醇、曲米帕明、曲马多
CYP3A5	他克莫司
CYP4F2	华法林
DPYD	氟尿嘧啶、卡培他滨、替加氟
NAT1、NAT2	异烟肼、普鲁卡因胺、吡嗪酰胺、利福平、氨基水杨酸、对氨基苯甲酸
SLCO1B1	辛伐他汀、西立伐他汀、匹伐他汀、阿托伐他汀
TPMT	巯嘌呤、硫鸟嘌呤、硫唑嘌呤、顺铂
UGT1A1	伊立替康
药物作用靶点基因	
ACEI	福辛普利、依那普利、赖诺普利、卡托普利
ADRB1β	受体阻断药，如美托洛尔
APOE	普伐他汀
ANKK1	第二代抗精神病药
IFNL3	聚乙二醇干扰素 α-2a、聚乙二醇干扰素 α-2b、利巴韦林
PML-RARα	三氧化二砷
TOP2A	蒽环类化疗药物
RRM1	吉西他滨
其他基因	
dMMR	氟尿嘧啶
G6PD	氯喹、氨苯砜、拉布立酶
HLA-B	卡马西平、苯妥英、阿巴卡韦、别嘌醇
MGMT	替莫唑胺
MSI	氟尿嘧啶

引自：国家卫生计生委医政医管局.药物代谢酶和药物作用靶点基因检测技术指南（试行），2015.

2. 药物代谢酶和药物作用靶点基因的临床意义

（1）根据个体的遗传信息调整用药剂量，以增加药物疗效，减少药物不良反应的发生。

（2）根据个体的遗传信息确定用药的种类，避免应用针对特定基因型个体无效或可能产生严重药物不良反应的药物。

3. 药物代谢酶和药物作用靶点基因检测应用评价

（1）药物基因组生物标志物的检测是临床实施个体化药物治疗的前提，指导患者选择合适的药物和给药剂量，实现个体化用药。

（2）个体化药物基因检测的核心内容是质量保证，是个体化用药基因诊断规范化和标准化的首要前提。因此药物基因检测项目的计划和准备、试验性能确认/验证以及检验全过程都需要建立有效的质量控制体系。

（3）不同方法间灵敏度差异较大，临床应用时需注意其灵敏度不同的应用局限。

（4）基因诊断实验室应配备具有相关资质、取得国家权威培训机构合格证的咨询人员，以对检测项目提供咨询服务，同时负责对检测报告在临床上出现的各种情况进行解释。

微整合

基础回顾

临床基因诊断的质量控制

随着人类基因组计划的完成和分子诊断技术的不断革新，基因诊断技术在遗传性疾病、肿瘤、器官移植、出生缺陷等多个临床领域得到了广泛应用，诊断结果在更深层次揭示临床疾病的本质，从而指导临床诊断和治疗。随之而来，临床对基因诊断的期望值和质量要求也逐步提高。因此，建立有效的临床基因诊断的质量控制体系是开展基因诊断的基础，将最大限度减少临床诊疗错误的发生。基因诊断的质量控制体系包括质量管理体系、室内质控、室间质控、人员结构、仪器设备、试剂耗材、样本采集制备、操作程序等，影响因素多，必须要规范每一个环节。由于基因诊断技术在质控物、质控方法、误差数据分析等质量控制因素上的特殊性，要求基因诊断实验室必须提高质量控制水平，为精准医疗提供更加可靠的保障。

思 考 题

简述常见基因检测技术的优、缺点。

（刘海文）

第二十四章

临床输血学实验诊断技术与应用

临床输血是治疗疾病的一种重要手段,但由于人类血型系统的复杂性,输血不当会引起严重不良反应,甚至危及生命,因此,输血前必须进行严格的实验室检查,选择适合于患者的血液或血液制品,使输注的各种血液成分能在受血者体内有效存活,以达到预期的治疗目的,而且不引起患者的输血不良反应。临床常用的输血学实验诊断技术主要包括血型鉴定、血型抗体检测和交叉配血试验等。

第一节 血型鉴定

血型是血液成分的遗传多态性标记,是产生抗原、抗体的遗传性状。狭义的血型指红细胞膜上的抗原多态性。广义的血型还包括其他血液成分,如白细胞、血小板和血浆蛋白等的抗原多态性。根据血细胞抗原成分的不同可分为红细胞血型系统、白细胞血型系统、血小板血型系统和血清型等不同的血型系统,迄今为止已确认的红细胞血型系统有 47 个,其中 ABO 和 Rh 血型是免疫原性最强的血型,也是临床上最重要的血型,与临床输血的关系最为密切。同样,由于血小板、粒细胞膜上各自血型糖蛋白的多态性导致同种免疫性抗体的产生,是血小板输注无效、同种免疫性血小板减少症的原因;而供受者 HLA 抗原的匹配,是进行移植与判断预后的关键。

 知识拓展

血型的发现

19 世纪早期的输血屡遭失败,研究者发现的初步线索是受者血管内出现了血凝块。19 世纪晚期,科学家对此产生强烈兴趣,着手研究,采集所有受试者血液后分离出血清和红细胞,然后进行交叉混合,发现同一个人的血清和红细胞混合不发生凝集,不同人的血清与红细胞混合时有的发生凝集,有的不发生凝集。进一步研究发现,这些人的血液有三种类型,被命名为 A、B、C 型。A 型血清可以使 B 型红细胞凝集,B 型血清可以使 A 型红细胞凝集,C 型血清可以使 A 型和 B 型红细胞均凝集。随后将 C 型重命名为 O 型。于是,人类历史上第一个红细胞血型系统——ABO 血型系统于 1900 年被发现。几年后,又有学者在此研究的基础之上发现了 AB 血型,至此,人类 ABO 血型系统被完整描述。

一、ABO 血型鉴定

> **微整合**
>
> **基础回顾**
>
> **ABO 血型系统分型及其抗原、抗体和基因型**
>
> 回顾 ABO 血型系统的分型、抗原、抗体和基因型，具体见表 24-1。
>
> **表 24-1　ABO 血型系统分型及其抗原、抗体和基因型**
>
> | ABO 血型（表型） | 红细胞表面 ABO 抗原 | 血清中 ABO 抗体 | 基因型 |
> |---|---|---|---|
> | A | A | 抗 B | A/A 或 A/O |
> | B | B | 抗 A | B/B 或 B/O |
> | AB | A 和 B | — | A/B |
> | O | — | 抗 A、抗 B 和（或）抗 AB | O/O |

ABO 血型系统是人类发现的第一个血型系统，根据红细胞表面 A 和 B 抗原的存在情况划分为 A、B、O 及 AB 四种基本血型，由于 A 或 B 抗原结构、性能或抗原位点数的不同又分为不同的亚型。在 ABO 血型系统中 A 亚型较多见，主要为 A_1 和 A_2 亚型，约占 A 型血的 99.9%，B 亚型较少见。ABO 血型鉴定是利用抗原-抗体反应出现凝集现象的原理进行的，分为正定型和反定型。正定型是用分别含有已知抗 A 和抗 B 特异性抗体的试剂与待检者红细胞反应，根据红细胞的凝集情况判断待检者红细胞上有无相应抗原，反定型是用已知血型红细胞与待检者血浆（或血清）反应，鉴定待检者血浆（或血清）中血型抗体情况，正反定型一致可确定待检者血型，具体结果判断见表 24-2。ABO 血型鉴定临床上常用的检测方法有玻片法、试管法、微量板法和微柱凝胶卡法等。

表 24-2　ABO 血型鉴定结果判断

正定型（标准血清+待检者红细胞）		反定型（标准红细胞+待检者血浆或血清）			待检者血型
抗 A	抗 B	Ac	Bc	Oc	
+	−	−	+	−	A
−	+	+	−	−	B
+	+	−	−	−	AB
−	−	+	+	−	O

注：Ac 为 A 型 RBC；Bc 为 B 型 RBC；Oc 为 O 型 RBC，"+"表示有凝集或溶血，"−"表示不凝集且无溶血

【临床意义】①临床输血：首选 ABO 同型或同亚型血型用于临床输血。由于人体天然存在 IgM 型抗 A 和抗 B 抗体，临床输血前必须要鉴定 ABO 血型，选择 ABO 同型血源，从而避免 ABO 血型不合引起急性溶血反应。②器官移植：ABO 血型抗原是一种强移植抗原，供血者与受血者的血型"配合"或"相容"才能移植，否则极易引起急性排斥反应，导致移植失败。③ABO 胎儿与新生儿溶血病（hemolytic disease of the fetus and newborn，HDFN）：母子 ABO 血型是否相合，可预测罹患 ABO-HDFN 的可能性。④其他：ABO 血型鉴定还用于血型遗传学

研究、亲子鉴定、法医学鉴定以及某些疾病的相关调查等。

【应用评价】①ABO血型是临床输血中最重要的血型之一，每次输血前必须对供血者与受血者的ABO血型进行鉴定，并确认正、反定型结果相同。对于正常的ABO血型人群，正定型阳性应为强凝集（通常为4+），反定型阳性凝集强度通常为2+～4+，反定型中待检血清与O细胞应不发生凝集，否则考虑意外抗体的存在。②用于检测意外抗体的是O型标准红细胞。当怀疑有抗A_1时，必须用A_2细胞。③新生儿ABO血型鉴定只需检测红细胞血型抗原，不用检测抗体，抗原性较弱的A_x型可以通过特殊试剂如抗H、人源抗A、人源抗B来鉴定血型，避免误定为O型。④某些疾病影响ABO血型的鉴定，如革兰氏阴性杆菌感染等使红细胞获得类B抗原引起非特异性凝集而干扰ABO血型鉴定；自身免疫性溶血性贫血由于自身红细胞膜分子构象改变、产生自身抗体等原因使正、反定型均受到影响而干扰血型鉴定。

二、Rh 血型鉴定

Rh血型系统是红细胞血型中最为复杂的一个血型系统，目前已经发现的Rh抗原多达55个，其中最常见且与临床关系最密切的有D、C、c、E、e 5个抗原，因从未发现d抗原而认为d抗原实际不存在，但仍保留"d"符号，免疫原性由强到弱依次为D、E、C、c、e，D抗原是最早发现、免疫原性最强的Rh抗原，其临床意义也最为重要。根据D抗原数量和质量的不同分类为正常D抗原和D变异型，后者包括：①弱D（weak D）——质无变化，只是D抗原数量减少。②部分D（partial D）——D抗原的数量基本正常，但是有部分抗原表位改变或缺失，血清中可有抗D抗体存在。③Del表型——D抗原在红细胞上表达极弱，也称之为Del。④增强D——抗原性大大增加的同时，D抗原数量很大程度增多。由于D抗原是免疫原性最强的Rh抗原，而且血清中并无Rh血型天然抗体，因此目前临床上Rh血型常规鉴定一般只进行D抗原的鉴定，不进行抗体和其他抗原的鉴定。目前临床上多用高效价特异性的单克隆抗D抗体试剂检测待检者红细胞上是否存在D抗原，红细胞膜上有D抗原的称为Rh阳性，无D抗原的称为Rh阴性。单克隆抗D抗体试剂主要有IgM和IgG两种，IgM抗D抗体试剂采用盐水介质法、微柱凝胶检测卡法进行鉴定，IgG抗D抗体试剂采用酶介质法、抗球蛋白试验和微柱凝胶抗球蛋白检测卡法进行鉴定。Rh阴性确认通常采用抗人球蛋白试验鉴定。当有配血不合、亲子鉴定及家系调查等特殊需要时，可加用抗C、抗c、抗E、抗e等标准血清进行全面的Rh血型系统表型鉴定。试管法和微柱凝胶检测卡法Rh血型鉴定见表24-3。

表24-3 试管法和微柱凝胶检测卡法 Rh 血型鉴定

待检者红细胞与 Rh 血型抗体标准血清的反应					表型	通称
抗 D	抗 C	抗 E	抗 c	抗 e		
+	+	+	−	−	CCDEE	Rh (+)
+	+	+	−	+	CCDEe	Rh (+)
+	+	−	−	+	CCDee	Rh (+)
+	+	+	+	−	CcDEE	Rh (+)
+	+	+	+	+	CcDEe	Rh (+)
+	+	−	+	+	CcDee	Rh (+)
+	−	+	+	−	ccDEE	Rh (+)
+	−	+	+	+	ccDEe	Rh (+)
+	−	−	+	+	ccDee	Rh (+)

续表

待检者红细胞与 Rh 血型抗体标准血清的反应					表型	通称
抗 D	抗 C	抗 E	抗 c	抗 e		
-	+	+	-	-	CCdEE	Rh (-)
-	+	+	-	+	CCdEe	Rh (-)
-	+	-	-	+	CCdee	Rh (-)
-	+	+	+	-	CcdEE	Rh (-)
-	+	+	+	+	CcdEe	Rh (-)
-	+	-	+	+	Ccdee	Rh (-)
-	-	+	+	-	ccdEE	Rh (-)
-	-	+	+	+	ccdEe	Rh (-)
-	-	-	+	+	ccdee	Rh (-)

注：盐水试管法 2+～4+ 凝集强度为 Rh 抗原阳性；RhD 凝集强度低于 2+ 可能为 D 变异型，不凝集且无溶血可能为 D 阴性或 D 变异型，必要时需进行 D 阴性确认

【临床意义】①临床输血：Rh-D 抗原与输血的关系仅次于 ABO 血型系统，D 抗原是临床输血前的常规检查项目，首选 Rh 同型输血。Rh 血型系统无天然抗体存在，亦即 Rh 阴性个体血清中无天然抗 D 抗体，因此，Rh 阴性个体在首次输注（或其他方式首次接触）Rh 阳性红细胞时不会出现因 D 抗原与抗 D 抗体结合而产生的溶血性输血反应，但会产生抗 D 抗体，当该个体再次输注 Rh 阳性红细胞时则会出现因 D 抗原与抗 D 结合而产生的溶血性输血反应。弱 D 作为献血者时其被视为 Rh 阳性，其红细胞只能输给 Rh 阳性受血者，弱 D 作为受血者时其被视为 Rh 阴性，只能接受 Rh 阴性红细胞。② HDFN：研究显示，20%～30% 的 Rh 阴性个体通过妊娠可产生免疫性抗 D，多为 IgG 型抗体，能通过胎盘，当该个体再次妊娠 Rh 阳性胎儿时可引起 HDFN。因此，Rh-HDFN 常发生于第二次或多次妊娠的孕妇，而且发生 HDFN 的概率随妊娠次数的增加而增加，抗 D 是引起 HDFN 最常见的抗体。③其他：Rh 血型鉴定也可以用于个体的遗传识别等。

【应用评价】① D 变异型个体鉴定血型时会因抗原数量或表位的变化，用单一的单克隆抗 D 试剂可能无法检测到抗原，出现假阴性，需通过抗球蛋白试验、吸收放散试验或基因分型等技术才能检出。临床上一般使用 3 种或 3 种以上不同厂家或不同批号的 IgG 抗 D 试剂通过间接抗球蛋白试验进行 Rh 阴性确认。②在我国，汉族人中 Rh 阴性者仅占 0.4%，新生儿 Rh 溶血病较为少见，但 Rh 阴性的频率在某些少数民族中较高，而且 Rh 血型抗体导致的新生儿溶血病要比 ABO-HDFN 严重。

三、白细胞血型鉴定

白细胞血型抗原主要包括三类：与红细胞共有的血型抗原、白细胞特有的血型抗原和白细胞与其他组织细胞共有的血型抗原（即人类白细胞抗原，human leukocyte antigen，HLA）。HLA 在输血医学、法医学及移植医学等领域都具有极其重要的意义。供者与受者之间在组织、器官或骨髓移植中相容与否由其组织特异性决定，代表个体特异性的组织抗原系统称主要组织相容性系统（major histocompatibility system，MHS），编码 MHS 的基因群称为主要组织相容性复合体（major histocompatibility complex，MHC），人类的 MHC 就是 HLA，是目前为止发现的人体最复杂的多态性系统。受者血液中有无同种异体抗 HLA 抗体、供者和受者 HLA 基因

型别是否有差异是移植过程中最为重要的检测内容。HLA 分型试验指某一个体的表型和（或）基因型的 HLA 特异性鉴定，又称为移植前的 HLA 配型或组织相容性试验，主要有血清学、细胞学和基因分型技术。血清学和细胞学分型技术主要用于检测 HLA 抗原的特异性，基因分型技术主要用于检测 HLA 基因碱基核苷酸多态性的不同。目前临床上前两种分型技术的应用逐渐减少，HLA 基因分型最为常用和准确。

【临床意义】

1. 器官或骨髓移植 移植成功的关键是避免免疫排斥反应。作为人体组织细胞遗传学标志的 HLA 在抗原识别、提呈、免疫应答及免疫调控等方面均发挥重要作用，是器官或骨髓移植免疫排斥反应的主要抗原。在器官或骨髓移植中移植物能否存活，很大程度上取决于供、受者的 HLA 型别是否匹配。与移植关系最为密切的 HLA 基因位点主要包括 HLA-A、HLA-B、HLA-C、HLA-DR、HLA-DQ、HLA-DP。因此，在临床器官或骨髓移植时，主要检测的是供者和受者这些 HLA 位点，其中最重要的是 HLA-A、HLA-B、HLA-DR 的基因型。

由于各个 HLA 位点有多个等位基因，使每个个体的 HLA 基因组成有高度多样性，导致在无关受者中寻找与受者 HLA 基因型别完全相合的供者极为困难。同卵（同基因）双生兄弟姐妹 HLA 完全相合的概率是 100%，非同卵（异基因）双生或亲生兄弟姐妹 HLA 完全相合的概率是 1/4。人类非血缘关系的 HLA 相合率是 1/（400～10 000），在较为罕见的 HLA 型别中，相合的概率只有几万，甚至几十万分之一。当供受者之间 HLA 基因型不一致时，至少需要多少个位点相合才能进行器官或骨髓移植，具体应视实际情况确定。

2. 输血 HLA 抗原具有较强的免疫原性，人体可通过输血、妊娠和移植等产生抗 HLA 抗体，抗 HLA 抗体与其抗原作用可引起多种输血不良反应，如非溶血性发热反应、血小板输注无效、输血相关性急性肺损伤及荨麻疹等。因此，为避免发生输血不良反应，应选择 HLA 同型血液输血，尤其是多次输血的患者。

3. HLA 与疾病 已发现一些疾病与 HLA 有关，例如，约 90% 的强直性脊柱炎（ankylosing spondylitis，AS）患者带有 HLA-B27 抗原，而普通人群携带 HLA-B27 的概率只有 4% 左右。携带 HLA-B27 等位基因的个体发生 AS 的危险性为不携带此等位基因个体的 80 倍，因此，HLA-B27 抗原的检查可用于 AS 的辅助诊断。

4. 个体识别与亲子鉴定 HLA 因其高度多态性而成为最能代表个体特异性并伴随个体终生的稳定的遗传标志，在无关个体之间，HLA 型别完全相同的概率极低，法医学通过 HLA 基因型或表型检测而进行个体识别具有重要意义。此外，HLA 的单倍型遗传特征在法医学和亲子鉴定中也具有重要意义。

【应用评价】影响肾移植的基因位点主要有 HLA-A、HLA-B 和 HLA-DR，其中 HLA-DR 主要与肾移植的近期存活有关，HLA-A 和 HLA-B 主要与肾移植的远期存活有关。近几年，由于新的免疫抑制剂在临床上的广泛应用，HLA 不匹配的肾移植近期存活率得到明显提高，但其对不匹配肾移植的长期存活率影响尚不明确，因此临床上仍应尽可能选择 HLA 位点匹配的肾源进行移植。

四、血小板血型鉴定

血小板表面有两类抗原，一类是血小板非特异性抗原，又称血小板相关抗原，主要包括与红细胞血型系统共有的抗原、与 HLA 系统共有的抗原和其他非特异性抗原；另一类是血小板特异性抗原（platelet-specific antigen），又称人类血小板抗原（human platelet antigen，HPA），是血小板膜结构的一部分，由特定的抗原决定簇组成，具有血小板独特的遗传多态性和型

特异性，可介导产生同种抗体。目前通过免疫血清学技术确定的 HPA 有 35 个，如 HPA-1、HPA-2、HPA-3、HPA-4、HPA-5 等。在绝大部分 HPA 中，由于编码抗原等位基因的单核苷酸多态性（single nucleotide polymorphism，SNP）或碱基缺失（如 HPA-14）导致 HPA 的同种异型。传统血小板血型检测主要依靠血清学技术，近年来，随着现代分子生物学技术的快速发展，分子生物学技术开始应用于血小板血型检测，PCR-序列特异性引物法（PCR-SSP）是目前血小板血型基因分型最常用的技术之一。

【临床意义】①血小板抗原的同种免疫：包括血小板 HPA 抗原的同种免疫、血小板上红细胞抗原的同种免疫和血小板上 HLA 抗原的同种免疫。血小板 HPA 抗原的同种免疫由输血或妊娠等同种免疫产生，可引起胎儿与新生儿同种免疫性血小板减少症（fetal or neonatal alloimmune thrombocytopenia，FNAIT）、输血后紫癜（post transfusion purpura，PTP）、血小板输注无效症、被动免疫性血小板减少症和移植相关的同种免疫血小板减少症等，多为 IgG 型抗体；血小板上红细胞抗原的同种免疫主要是由于血小板表面有红细胞抗原，当进行 ABO 血型不合的血小板输注时产生同种免疫反应，使血小板寿命缩短；血小板上 HLA 抗原的同种免疫主要是由于反复输血导致血小板上的 HLA 抗原与输血产生的抗 HLA 抗体发生反应引起。②免疫性血小板减少性紫癜：主要是血小板自身抗体引起的自身免疫性疾病，以血小板减少和皮肤黏膜出血为主要临床表现。

【应用评价】由于血小板表面抗原众多且复杂，患者反复大量输注血小板产生血小板同种抗体的概率比输注红细胞产生同种抗体高几十倍，该类抗体可引发新生儿同种免疫血小板减少症、输血后紫癜及被动免疫血小板减少症等。因此，血小板血型鉴定有助于增加血小板输注的安全性和有效性。血小板血型血清学检测简单、快速、成本低，是血小板血型抗体和交叉配血试验的主要方法；分子生物学检测结果准确、可靠、可自动化、样本要求低，是血小板血型抗原分型的主要方法。二者各有优点，临床应根据不同的检测目的和实际情况选择合适的检测方法。

（孙连桃）

第二节　血型抗体检测

输血治疗前，除了必须开展血型鉴定和交叉配血试验外，还需要进行血型抗体的检测，尤其是短期内有过大量输血或有多次妊娠、多次输血的患者。血型抗体检测是临床输血诊断中重要的组成部分，主要包括红细胞抗体、血小板抗体和白细胞抗体的检测。红细胞抗体的检测主要是进行意外抗体的筛查与鉴定，必要时还需进行抗体效价的测定，不仅对红细胞相容性输注、输血不良反应监测具有重要意义，同时对某些血液系统疾病具有重要的实验诊断价值；血小板抗体的检测可用于免疫因素导致的血小板减少症的实验诊断；白细胞抗体的检测主要用于移植排斥反应的监测。

一、意外抗体筛查与鉴定

意外抗体（unexpected antibody）是指正常 ABO 血型中抗 A、抗 B 之外的血型抗体，曾被称为不规则抗体（irregular antibody）。这些抗体可以和红细胞表面的相应抗原结合并引起红细胞破坏，进而导致输血不良反应、新生儿溶血病等的发生。为避免这样的情况，需对受血者、孕妇或献血者进行意外抗体筛查与鉴定。意外抗体筛查是检测受血者、孕妇或献血者血液中是否存在可与同种异体红细胞抗原发生反应的具有临床意义的意外抗体，意外抗体筛查阳性的需进一步做意外抗体鉴定，以便明确其特异性。意外抗体筛查与鉴定常用的方法有盐水介质法、间接抗球蛋白法、聚凝胺法、微柱凝胶卡法和酶法等。单特异性抗体结果比较容易判断，多特异性抗体或存在自身抗体时则较难鉴定，必要时需通过红细胞吸收放散试验予以排除或确认，并通过抗体效价测定监测意外抗体的效价变化。

> **微整合**
>
> **基础回顾**
>
> **吸收放散试验**
>
> 吸收放散试验包括吸收试验和放散试验。吸收试验是将被检红细胞与相应已知效价的血清抗体发生反应，如果血清抗体效价降低，则可以间接证明被检红细胞上有相应抗原，否则无相应抗原，包括冷吸收试验和热吸收试验；放散试验是利用抗原与抗体结合的可逆性，通过改变条件把致敏在红细胞上的 IgG、IgM 类抗体释放下来，然后用已知抗原阳性的红细胞检查放散液中抗体的强度和类型，包括热放散和化学试剂放散（如乙醚放散、酸放散和磷酸氯喹放散等）。通常热放散用于诊断 ABO-HDFN 和鉴定 ABO 弱亚型红细胞上有无弱抗原；乙醚放散、酸放散和磷酸氯喹放散等用于诊断 Rh-HDFN、鉴定发生溶血性贫血和输血反应患者血清中抗体的特异性和纯化生物化学研究中的抗体。

【参考区间】阴性。

【临床意义】输血前对受血者进行意外抗体筛查，可以及时发现有临床意义的意外抗体，进而避免输血不良反应的发生；血站对献血者进行意外抗体筛查，可以减少供血者意外抗体进入受血者体内的可能性；孕妇进行意外抗体筛查可早期预防和及时治疗 HDFN。

【应用评价】意外抗体鉴定是用一含 8～16 人份 O 型红细胞的成套谱红细胞与待检者血清（或血浆）反应，对照谱红细胞抗原反应格局表，鉴定意外抗体的特异性，此成套谱红细胞上应尽可能多地包括常见的具有临床意义的抗原，以便尽可能地检出临床上常见的意外抗体，甚至某些稀有抗体。因不同厂家成套谱红细胞表型分布各不相同，为避免意外抗体漏检，临床上可同时应用多家谱红细胞进行检测。

二、血小板抗体检测

血小板抗体主要包括两类：①非特异性血小板抗原产生的相应抗体；②特异性血小板抗原产生的相应抗体。血小板抗体检测主要是检测患者血清中是否存在针对血小板的抗体。目前临床上广泛应用的血小板抗体检测方法是固相凝集法。

【参考区间】阴性。

【临床意义】①临床输血：输血治疗时引起免疫性血小板输注无效和 PTP 最重要的原因是同种免疫引起的血小板减少，尤其是多次输血后出现的血小板输注无效。②疾病的辅助诊断：血小板抗体阳性可辅助诊断原发免疫性血小板减少性紫癜、FNAIT 等。③其他：如评估孕期流产风险。

【应用评价】针对血小板抗体阳性的患者，可用血小板配合型输注，提高血小板治疗效率和保证输血安全。

三、抗 HLA 抗体检测

> **知识拓展**
>
> **神秘的 HLA**
>
> 1958 年，研究者发现了第一个人类白细胞抗原（human leukocyte antigen，HLA），揭开了 HLA 的神秘面纱。HLA 是人类主要组织相容性复合体（MHC）的表达产物，定位于第 6 染色体短臂上，根据其编码基因的特性可将整个 HLA 基因分为 HLA-Ⅰ、HLA-Ⅱ、HLA-Ⅲ三类基因，分别与排斥反应、免疫反应和某些补体、细胞因子及热休克蛋白等相关，在移植医学、输血医学和法医学等学科均具有重要作用。在无血缘关系的个体中找到 HLA 完全相同的概率为几千万分之一到几万分之一，而在组织器官移植过程中只要有少数 HLA 不相容的情况，就有可能产生排斥反应，导致移植失败，这给组织器官的移植带来极大的困难。但如果选择自体造血干细胞就无需进行 HLA 的配型，而脐带血是自体造血干细胞的重要来源，因此，自存脐带血越来越受到人们的青睐。

抗 HLA 抗体多由免疫产生，移植受者体内因多次妊娠、反复输血或血液制品输注、接受过异种或异体移植或某些微生物感染等由类属抗原诱生抗 HLA 抗体，尤其是与血管内皮细胞相应抗原结合的抗体。这些预存的抗体与其血管内皮细胞的抗原结合形成抗原-抗体复合物，激活补体导致移植物血管损伤。移植前筛选出这些抗体对于防止超急性排斥反应和急性排斥反应，提高移植物存活率具有重要作用。

检测受者血液中的同种异体抗 HLA 抗体主要通过以下方式：①群体反应性抗体（panel reactive antibody，PRA）检测——PRA 是指群体反应性抗 HLA 抗体，因为抗原的多样性，相应的抗体也多种多样。PRA 介于 10%～50% 为轻度致敏、PRA 介于 50%～80% 为中度致敏、PRA＞80% 为高度致敏。②补体依赖淋巴细胞毒试验（complement dependent cytotoxicity，CDC）——检测受者体内针对供体的淋巴细胞毒抗体。CDC：11%～20% 为阴性可疑、21%～40% 为阳性可疑、41%～80% 为阳性、大于 80% 为强阳性。

【参考区间】血清 PRA＜10%（阴性或未致敏）；CDC：0～10%（阴性）。

【临床意义】①移植前筛查致敏受者：移植受者体内是否预存抗体，是影响移植物存活和排斥反应的重要因素。②监测移植后排斥反应：移植后抗 HLA 抗体水平的动态监测，有助于判断抗体的免疫状态，帮助调整治疗方案及指导免疫抑制药物的应用。③在输血前检测抗 HLA 抗体可有效避免 HLA 抗原引起的输血反应。55%～75% 的非溶血性输血反应是发热反应，一般认为是白细胞被抗体破坏后致热原物质释放所致。

【应用评价】①CDC 是检测受者抗供者淋巴细胞的抗体，PRA 是检测受者体内抗群体抗原的抗体，两者针对的抗原不完全一致；因此 CDC 阴性的受者，若体内存在 PRA 抗体，移植排斥反应的发生率也增高明显，所以二者同时检测意义更大。②受者 PRA 水平与移植排斥反应和移植存活率密切相关，移植后 6 个月内 PRA 中度致敏者约有 46% 发生急性排斥反应，而未致敏者只有 38% 会发生急性排斥反应，且移植存活率明显低于未致敏的患者。

（孙连桃）

第三节　交叉配血试验

为了保证临床输血安全，输血前须确保受血者和供血者的血液在免疫血液学方面相容。输血前血液相容性试验项目包括 ABO 和 RhD 血型鉴定、意外抗体筛查与鉴定和交叉配血试验（cross matching test）。交叉配血试验是检查受血者和供血者血液中是否含有不相容的抗原和抗体成分的试验，目的是避免因输血而引起的红细胞凝集或溶血反应。交叉配血试验分为主侧试验和次侧试验。主侧试验：受血者血清加供血者红细胞，看是否出现凝集或溶血，其主要是检查受血者血清中有无针对供血者红细胞的抗体；次侧试验：供血者血清加受血者红细胞，看是否出现凝集或溶血，其主要是检查供血者血清中有无与受血者红细胞不相合的抗体。

一、红细胞交叉配血试验

在交叉配血反应体系中，若血清存在的抗体针对红细胞膜 ABO 血型或其他血型抗原时，可在离心力作用和不同介质条件下，抗体、抗原结合而发生肉眼可见的凝集，如补体参与也可进一步引起溶血效应。

【参考区间】主侧试验：无凝集、无溶血。次侧试验：无凝集、无溶血。

【临床意义】

1. 为保证输血安全，输血前必须进行交叉配血试验。同型血之间进行交叉配血时，主侧试验与次侧试验均应无凝集和无溶血反应，才表示配血完全配合，供者的血液成分可以输注给受者。交叉配血可进一步验证受血者和供血者血型鉴定是否正确，确保供血者和受血者血液相容，防止急性溶血性输血反应发生。

2. 原则上，输血时交叉配血试验必须完全配合。但在紧急情况下，可少量输注异型血。如供血者为 O 型，受血者为 A 型、B 型、AB 型；或供血者 A 型、B 型，受血者为 AB 型，此时主侧试验应无凝集或溶血，次侧试验应有凝集，但凝集较弱，效价 < 200，无溶血，则可以输少量血液（≤ 200 ml）。

3. 若 48 h 内需要输入多名供血者的血液时，除了进行受血者与各供血者的交叉配血外，还应做供血者之间的交叉配血试验，避免供血者之间存在输血不相容情况。

4. 交叉配血可进一步验证受血者和供血者血型鉴定是否正确，发现亚型配血不合的情况以及意外抗体的存在，确保供血者和受血者血液完全相容，防止急性溶血性输血反应发生。

【应用评价】

1. 交叉配血试验的主要目的是进一步验证供血者与受血者的 ABO 血型鉴定是否正确，以及检测是否含有不相配合的抗原和抗体成分。当配血试验发现不合时，首先应考虑受血者和供血者的 ABO 血型鉴定是否有错误，其次是考虑是否是存在 ABO 亚型，必要时进行 Rh 血型的详细定型。最后，应注意有无其他免疫性抗体存在等。

2. 如发生输血反应，应立即停止临床输血，对受血者采取抢救措施，然后查找原因。每次配血、输血后，受血者和供血者的血液标本应在 2～6 ℃保存 7 天，以备复查。

二、血小板特殊配血试验

有些患者在输血、妊娠或器官移植后可产生抗 HLA 或 HPA 的抗体，血小板的生存时间因这些抗体作用而缩短。因而接受随机献血者的血小板后难治性病例常不能达到临床效果。对于这些患者应采用血小板抗体筛选及血小板交叉配合试验。

对血小板输注无效症、输血后紫癜和移植相关的同种免疫性血小板减少症等，通过血小板交叉配血试验选择 HPA 和 HLA 抗原配合的血小板输注，可避免同种免疫的发生而获得显著疗效。

血小板输注时需要同型相输，如果进行单采血小板输注，则输注前无需进行交叉配血；如果是人工分离血小板，受血者与供血者之间需进行交叉配血。

> **微整合**
>
> **基础回顾**
>
> **完全抗体与不完全抗体**
>
> 在盐水介质中能够直接凝集含有相应抗原红细胞的抗体，称为完全抗体。其多数为 IgM 类抗体，除了凝集反应外，也可能产生沉淀、补体结合溶血等反应。与抗原（红细胞）结合后，在盐水介质中未表现出肉眼可见的凝集反应，称为不完全抗体。不完全抗体多数为 IgG 类抗体，因为 IgG 分子量小，只能与红细胞上的抗原结合，使红细胞致敏，但不能在盐水介质中使红细胞凝集，需要通过抗人球蛋白或其他介质才能使红细胞凝集。值得注意的是，少数的 IgG 类抗体也可能是完全抗体。

> **知识拓展**
>
> **ABO 血型不合造血干细胞移植患者的输血**
>
> HLA 基因与 ABO 血型基因属于不同类别的遗传基因，HLA 相合者 ABO 血型不一定相合。由于造血干细胞不表达 ABH 抗原，故 ABO 血型不合时并不影响造血干细胞的移植存活，但却可能由此导致较为复杂的血液免疫学问题。ABO 血型不合造血干细胞移植时，当干细胞植活后，受者血型将动态地转变为供者血型，造成移植后复杂的免疫学动态，干扰输血前检查的判定（如正、反定型不符，混合凝集外观等检查异常）。此时，输血原则为应把握受者的 ABO 血型、血清学变化，根据血型相合与相容性输血原则选择血液成分，避免溶血反应。必要时可输 O 型 RBC 和 AB 型血浆的混合血。

思 考 题

1. 什么是交叉配血？
2. 血小板输注前是否需要进行交叉配血？

（许文荣）

主要参考文献

[1] Ampie L, McGavern DB. Immunological defense of CNS barriers against infections. Immunity, 2022, 55 (5): 781-799.

[2] Aringer M, Costenbader K, Daikh D, et al. 2019 European League Against Rheumatism/American College of Rheumatology Classification Criteria for Systemic Lupus Erythematosus. Annals of the Rheumatic Diseases, 2019, 71 (9): 1400-1412.

[3] Bernard E, Nannya Y, Hasserjian RP, et al. Implications of *TP53* allelic state for genome stability, clinical presentation and outcomes in myelodysplastic syndromes. Nat Med, 2020, 26 (10): 1549-1556.

[4] Bjrndahl L, Brown J K. The sixth edition of the WHO Laboratory Manual for the Examination and Processing of Human Semen: ensuring quality and standardization in basic examination of human ejaculates. Fertility and Sterility, 2022, 117 (2): 246-251.

[5] Bruford EA, Antonescu CR, Carroll AJ, et al. HUGO Gene Nomenclature Committee (HGNC) recommendations for the designation of gene fusions. Leukemia, 2021, 35 (11): 3040-3043.

[6] Carta S, Ferraro D, Ferrari S, et al. Oligoclonal bands: clinical utility and interpretation cues. Crit Rev Clin Lab Sci, 2022, 59 (6): 1-14.

[7] Chiu C Y, Miller S A. Clinical metagenomics. Nat Rev Genet, 2019, 20 (6): 341-355.

[8] Clinical and Laboratory Standards Institute (CLSI). Performance Standards for Antimicrobial Susceptibility Testing. 33rd ed, 2023.

[9] Dabbagh Rezaeiyeh R, Mehrara A, Mohammad Ali Pour A, et al. Impact of Various Parameters as Predictors of The Success Rate of In Vitro Fertilization. Int J Fertil Steril, 2022, 16 (2): 76-84.

[10] Esteves SC. Evolution of the World Health Organization semen analysis manual: where are we? Nat Rev Urol, 2022, 19 (7): 439-446.

[11] Gosselin R, Adcock D, Dorgalaleh A, et al. International Council for Standardization in Haematology Recommendations for Hemostasis Critical Values, Tests, and Reporting. Semin Thromb Hemost, 2020, 46 (4): 398-409.

[12] Graff-Radford J, Yong KXX, Apostolova LG, et al. New insights into atypical Alzheimer's disease in the era of biomarkers. Lancet Neurol, 2021, 20 (3): 222-234.

[13] Grob T, Al Hinai ASA, Sanders MA, et al. Molecular characterization of mutant *TP53* acute myeloid leukemia and high-risk myelodysplastic syndrome. Blood, 2022, 139 (15): 2347-2354.

[14] Haase D, Stevenson KE, Neuberg D, et al. *TP53* mutation status divides myelodysplastic syndromes with complex karyotypes into distinct prognostic subgroups. Leukemia, 2019, 33 (7): 1747-1758.

- [15] Hasbun R. Progress and Challenges in Bacterial Meningitis: A Review. JAMA, 2022, 328 (21): 2147-2154.
- [16] Hefter D, Ludewig S, Draguhn A, et al. Amyloid, APP, and Electrical Activity of the Brain. Neuroscientist, 2020, 26 (3): 231-251.
- [17] Jaiswal S, Fontanillas P, Flannick J, et al. Age-related clonal hematopoiesis associated with adverse outcomes. N Engl J Med, 2014, 371 (26): 2488-2498.
- [18] Jovic D, Liang X, Zeng H, et al. Single-cell RNA sequencing technologies and applications: A brief overview, Clin Transl Med, 2022, 12 (3): e694.
- [19] Kamińska J, Koper OM, Piechal K. Kemona H: Multiple sclerosis-etiology and diagnostic potential. Postepy Hig Med Dosw (Online), 2017, 71 (0): 551-563.
- [20] Kandil H, Agarwal A, Saleh R, et al. Editorial Commentary on Draft of World Health Organization Sixth Edition Laboratory Manual for the Examination and Processing of Human Semen. World J Mens Health, 2021, 39 (4): 577-580.
- [21] Khoury JD, Solary E, Abla O, et al. The 5th edition of the World Health Organization Classification of Haematolymphoid Tumours: Myeloid and Histiocytic Dendritic Neoplasms. Leukemia, 2022, 36 (7): 1703-1719.
- [22] McGinley MP, Goldschmidt CH, Rae-Grant AD. Diagnosis and Treatment of Multiple Sclerosis: A Review. Jama, 2021, 325 (8): 765-779.
- [23] Olek MJ. Multiple Sclerosis. Ann Intern Med, 2021, 174 (6): ITC81-ITC96.
- [24] Park LM, Lannigan J, Jaimes MC. Forty-Color Full Spectrum Flow Cytometry Panel for Deep Immunophenotyping of Major Cell Subsets in Human Peripheral Blood. Cytometry A, 2020, 97 (10): 1044-1051.
- [25] Ramachandran PS, Wilson MR. Metagenomics for neurological infections-expanding our imagination. Nat Rev Neurol, 2020, 16 (10): 547-556.
- [26] Rodrigo Lorena. Sperm genetic abnormalities and their contribution to embryo aneuploidy & miscarriage. Pract Res Clin Endocrinol Metab, 2020, 34 (6): 101477.
- [27] Touré A, Martinez G, Kherraf ZE, et al. The genetic architecture of morphological abnormalities of the sperm tail. Hum Genet, 2021, 140 (1): 21-42.
- [28] Wang X, Stelzer-Braid S, Scotch M, et al. Detection of respiratory viruses directly from clinical samples using next-generation sequencing: A literature review of recent advances and potential for routine clinical use. Rev Med Virol, 2022, 32 (5): e2375.
- [29] World Health Organization. WHO laboratory manual for the examination and processing of human semen. 6th ed. Geneva: World Health Organization, 2021.
- [30] Yazdani R, Habibi S, Sharifi L, et al. Common Variable Immunodeficiency: Epidemiology, Pathogenesis, Clinical Manifestations, Diagnosis, Classification, and Management. J Investig Allergol Clin Immunol, 2020, 30 (1): 14-34.
- [31] 蔡祺，王剑飚．寄生虫病的实验室检查方法．检验医学，2021，36（10）：1001-1007+992.
- [32] 曹静，闫平，周亚军，等．脂蛋白相关磷脂酶 A_2 在脑血管疾病中的研究进展．福建医科大学学报，2021，55（3）：192-195.
- [33] 戴维·吉尔伯特，亨利·钱伯斯，迈克尔·萨格，等．热病-桑福德抗微生物治疗指南．53 版．范洪伟，主译．北京：中国协和医科大学出版社，2024.
- [34] 方明霞，陈亚玲，许传军，等．宏基因组学第二代测序技术辅助诊断脑膜炎型神经梅毒一例．中华传染病杂志，2021，39（9）：567-569.

[35] 葛均波,徐永健. 内科学. 8版. 北京:人民卫生出版社,2013.

[36] 葛均波,徐永健,王辰. 内科学. 9版. 北京:人民卫生出版社,2018.

[37] 顾兵,李洪春. 检验与临床的沟通(生化案例分析100例). 北京:人民卫生出版社,2022.

[38] 郭宏伟,赵绪永,李华玮,等. 数字PCR技术在动物疫病诊断中的应用进展. 动物医学进展,2021,42(2):102-106.

[39] 国家癌症中心,国家肿瘤质控中心卵巢癌质控专家委员会. 中国卵巢癌规范诊疗质量控制指标(2022版). 中华肿瘤杂志,2022,44(7):609-614.

[40] 中华人民共和国国家卫生健康委员会医政医管局. 原发性肝癌诊疗指南(2022年版). 中华消化外科杂志,2022,21(9):28.

[41] WS/T 343-2011,红细胞沉降率测定参考方法.

[42] 李金明,张瑞. 新型冠状病毒感染临床检测技术. 北京:科学出版社,2020.

[43] 卢文红,谷翊群,贾孟春,等. 世界卫生组织《人类精液检查与处理实验室手册(第6版)》简介. 生殖医学杂志,2021,30(12):1661-1663.

[44] 陆金春. 生殖医学实验室诊断. 南京:东南大学出版社,2020.

[45] 吕世静,李会强. 临床免疫学检验. 4版. 北京:中国医药科技出版社,2020.

[46] 马雄. 自身免疫性肝炎诊断和治疗指南(2021). 中华内科杂志,2021,12(60):1038-1049.

[47] 王辰,高润霖,邱贵兴. 中国血栓性疾病防治指南. 北京:中国协和医科大学出版社,2022.

[48] 王成彬. 检验医学实用典型案例分析. 北京:科学出版社,2020.

[49] 王建中,张曼. 实验诊断学. 4版. 北京:北京大学医学出版社,2019.

[50] 王剑,胥雨菲,傅启华. 基因组医学时代出生缺陷与罕见病的预防控制. 中华预防医学杂志,2021,55(9):1023-1027.

[51] 夏维波,李玉秀,朱惠娟. 协和内分泌疾病诊疗常规. 北京:中国协和医科大学出版社,2021.

[52] 薛凤霞,张长皓,向莉,等. 世界过敏组织关于IgE介导过敏反应的诊断及过敏反应其他相关检测方法立场文件解读(一)——体内检测. 中华实用儿科临床杂志,2021,36(6):438-442.

[53] 赵秀英. 病毒性肺炎发病机制对新型冠状病毒核酸检测的提示. 中华检验医学杂志,2020,43(4):379-382.

[54] 中国抗癌协会妇科肿瘤专业委员会. 卵巢恶性肿瘤诊断与治疗指南(2021年版). 中国癌症杂志,2021,31(6):490-500.

[55] 中国血脂管理指南修订联合专家委员会. 中国血脂管理指南(2023年). 中国循环杂志,2023,38(3):237-271.

[56] 中国医师协会变态反应医师分会,福棠儿童医学发展研究中心,北京医师协会变态反应专科医师分会. 过敏原特异性IgE检测结果临床解读中国专家共识. 中华预防医学杂志,2022,56(6):707-725.

[57] 中国医师协会检验医师分会心血管专家委员会. B型利钠肽及N末端B型利钠肽前体实验室检测与临床应用中国专家共识. 中华医学杂志,2022,102(35):2738-2754.

[58] 中国中西医结合学会检验医学专业委员会. 临床实验室精液常规检验中国专家共识. 中华检验医学杂志,2022,45(8):802-812.

[59] 中华人民共和国国家卫生健康委员会医政医管局. 胃癌诊疗指南(2022年版). 中华消化外科杂志,2022,21(9):1137-1164.

[60] 中华人民共和国国家卫生健康委员会医政医管局. 原发性肝癌诊疗指南(2022年版). 中华肝脏病杂志,2022,30(4):367-388.

[61] WS/T 661-2020, 静脉血液标本采集指南.

[62] 中华医学会呼吸病学分会哮喘学组. 支气管哮喘防治指南（2020年版）. 中华结核和呼吸杂志, 2020, 43（12）: 1023-1048.

[63] 中华医学会男科学分会. 男性生殖相关基因检测专家共识. 中华男科学杂志, 2020, 26（9）: 844-851.

[64] 中华医学会内分泌学分会. 嗜铬细胞瘤和副神经节瘤诊断治疗专家共识（2020版）. 中华内分泌代谢杂志, 2020, 36（9）: 737-750.

[65] 中华医学会皮肤性病学分会荨麻疹研究中心. 中国荨麻疹诊疗指南（2022版）. 中华皮肤科杂志, 2022, 55（12）: 1041-1049.

[66] 中华医学会糖尿病学分会. 中国2型糖尿病防治指南（2020年版）. 中华糖尿病杂志, 2021, 13（4）: 315-409.

[67] 中华医学会围产医学分会, 中华医学会妇产科学分会产科学组. 地中海贫血妊娠期管理专家共识. 中华围产医学杂志, 2020, 23（9）: 577-584.

[68] 中华医学会消化病学分会, 中华医学会消化病学分会消化系统肿瘤协作组. 中国结直肠肿瘤综合预防共识意见（2021年, 上海）. 中华消化杂志, 2021, 11: 726-759.

[69] 中华医学会, 中华医学会杂志社, 中华医学会全科医学分会, 等. 高血压基层诊疗指南（实践版·2019）. 中华全科医师杂志, 2019, 18（8）: 723-731.

[70] 中华医学会肿瘤学分会, 中华医学会杂志社. 中华医学会肺癌临床诊疗指南（2022版）. 中华医学杂志, 2022, 23: 1706-1740.

[71] 中华预防医学会出生缺陷与控制专业委员会新生儿遗传代谢病筛查学组, 中华医学会儿科学分会新生儿学组. 中国新生儿基因筛查专家共识: 高通量测序在单基因病筛查中的应用. 中华实用儿科临床杂志, 2023, 38（1）: 31-36.

[72] 朱伟杰.《WHO人类精液检查与处理实验室手册》(第6版) 修订内容的启示. 中华生殖与避孕杂志, 2022, 42（9）: 879-886.

[73] 朱宇宁, 尚世强, 陈英虎, 等. TORCH实验室规范化检测与临床应用专家共识. 中华检验医学杂志, 2020, 43（5）: 553-561.

中英文专业词汇索引

3-甲基酪胺（3-methoxytyramine，3-MT） 271
24 h 尿蛋白定量（24-hour urinary protein quantity，24 h UPQ） 113
24 h 尿游离皮质醇（24-hour urine free cortisol，24 h UFC） 269
25-羟维生素 D（25-hydrox-vitamin D，25-OH-VD） 509
Ⅰ型胶原 C 端肽（carboxy-terminal telopeptide of type Ⅰ collagen，CTX-Ⅰ） 509
Ⅰ型前胶原肽（procollagen type Ⅰ peptide） 247
Ⅲ型前胶原氨基末端肽（amino terminal of procollagen type Ⅲ peptide，PⅢP） 182
Ⅳ型胶原（type Ⅳ collagen，C-Ⅳ） 182
α_1 微球蛋白（α_1-microglobulin，α_1-MG） 497
β_2 微球蛋白（β_2-microglobulin，β_2-MG） 497
β-内酰胺酶（β-lactamase） 523
β-羟丁酸（β-hydroxybutyrate） 504
γ-谷氨酰转肽酶（γ glutamyl transferase，GGT/γ-GT） 181

A

氨基糖苷类高水平耐药（high-level aminoglycoside resistance，HLAR） 524
奥氏小体（Auer body） 389

B

靶形红细胞（target cell） 387
白蛋白（albumin，Alb） 181
白细胞分类计数（leukocyte differential count，LDC） 385
白蛋白排泄率（albumin excretion rate，AER） 113
白细胞介素（interleukin，IL） 132
白细胞介素-6（interleukin-6，IL-6） 131, 197
白血病相关免疫表型（leukemia associated immunophenotype，LAIP） 408
半胱氨酸蛋白酶抑制剂 C（cystatin C，Cys C） 496
变态反应（allergy） 310
标准碳酸氢盐（standard bicarbonate，SB） 253
丙氨酸氨基转移酶（alanine aminotransferase，ALT） 181
丙型肝炎病毒（hepatitis C virus，HCV） 145
病毒性脑膜炎（viral meningitis） 340
伯基特淋巴瘤（Burkitt lymphoma） 49
补体（complement，C） 112
补体成分 C3（complement 3，C3） 112
补体依赖淋巴细胞毒试验（complement dependent cytotoxicity，CDC） 577
不孕症（infertility） 352

C

C 反应蛋白（C-reactive protein，CRP） 131, 197
C-肽（C-peptide） 504
参考区间（reference interval） 12
层粘连蛋白（laminin，LN） 182
产前诊断（prenatal diagnosis） 563
常染色体病（autosomal disease） 550
超广谱 β-内酰胺酶（extended spectrum beta lactamase，ESBL） 525
超敏反应（hypersensitivity） 310
痴呆（dementia） 341
出生缺陷（birth defect） 357, 562
出血（hemorrhage） 75
出血时间（bleeding time，BT） 76
出血性疾病（hemorrhagic disease） 75
初期止血（primary hemostasis） 76
传染性单核细胞增多症（infectious mononucleosis，IM） 49, 50
纯培养物（pure culture） 521
雌二醇（estradiol，E_2） 517
促甲状腺激素（thyroid stimulating hormone，TSH） 263, 512
促甲状腺激素释放激素（thyrotropin releasing hormone，TRH） 512
促甲状腺素受体抗体（thyrotropin receptor antibody，TRAb） 264

促肾上腺皮质激素（adrenocorticotropic hormone，ACTH） 282, 514, 269, 500
促肾上腺皮质激素释放激素（corticotropin-releasing hormone，CRH） 270
催乳素（prolactin，PRL） 516

D

D-二聚体（D-dimer，DD） 77
大红细胞（macrocyte） 387
代谢组学（metabonomics） 509
单胺氧化酶（monoamine oxidase，MAO） 183
单倍型（haplotype） 560
单基因遗传病（monogenic disease） 560
胆固醇酯（cholesterol ester，CE） 505
胆红素（bilirubin，Bil） 182
胆碱酯酶（cholinesterase，ChE） 181
胆汁酸（bile acid，BA） 182
蛋白C（protein C，PC） 88
蛋白S（protein S，PS） 88
蛋白尿（proteinuria） 110
低分子量肝素（low molecular weight heparin，LMWH） 101
低密度脂蛋白（low density lipoprotein，LDL） 506
低密度脂蛋白胆固醇（low density lipoprotein cholesterol，LDL-C） 239
低钠血症（hyponatremia） 253
低色素性红细胞（hypochromic erythrocyte） 387
滴虫阴道炎（trichomonal vaginitis，TV） 349
地中海贫血（thalassemia） 40
电泳（electrophoresis） 113
淀粉酶（amylase，AMY） 195, 492
淀粉样前体蛋白（amyloid precursor protein，APP） 343
丁型肝炎病毒（hepatitis D virus，HDV） 145
动脉血二氧化碳分压（arterial partial pressure of carbon dioxide，$PaCO_2$） 253, 511
动脉血氧饱和度（arterial oxygen saturation，SaO_2） 511
动脉血氧分压（arterial partial pressure of oxygen，PaO_2） 253, 511
动脉粥样硬化（atherosclerosis，AS） 506
杜勒小体（Döhle body） 388
多巴胺（dopamine，DA） 271
多发性硬化（multiple sclerosis，MS） 345
多基因遗传病（polygenic disease） 561
多囊卵巢综合征（polycystic ovary syndrome，PCOS） 356

E

儿茶酚胺（catecholamine，CA） 271

二氧化碳总量（total CO_2，TCO_2） 254

F

反应性淋巴细胞（reactive lymphocyte） 50, 389
非结合胆红素（unconjugated bilirubin，UBil） 182
肺栓塞（pulmonary embolism，PE） 77
肺炎（pneumonia） 215
肺炎嗜衣原体（*chlamydophila pneumoniae*） 542
肺炎支原体（*mycoplasma pneumoniae*） 541
分子诊断（molecular diagnosis） 526
脯氨酰羟化酶（prolyl hydroxylase，PH） 183
腹水（ascites） 183
腹泻（diarrhea） 203

G

钙（calcium，Ca） 508
干燥综合征（Sjogren syndrome，SS） 302
肝素结合蛋白（heparin-binding protein，HBP） 133
肝素诱导的血小板减少症（heparin-induced thrombocytopenia，HIT） 105
肝硬化（cirrhosis of liver） 180
高密度脂蛋白（high-density lipoprotein，HDL） 506
高密度脂蛋白胆固醇（high density lipoprotein cholesterol，HDL-C） 239
高钠血症（hypernatremia） 253
高色素性红细胞（hyperchromic erythrocyte） 388
高香草酸（homovanillic acid，HVA） 271
高血压（hypertension） 280
革兰氏染色（Gram staining） 520
钩端螺旋体（*leptospira*） 540
骨钙素（osteocalcin，OC） 247, 509
骨碱性磷酸酶（bone alkaline phosphatase，B-ALP） 509
骨髓增生异常综合征（myelodysplastic syndrome，MDS） 38, 53
骨髓增殖性肿瘤（myeloproliferative neoplasm，MPN） 52
骨转换标志物（bone turnover marker，BTM） 509
寡克隆区带（oligoclonal band，OCB） 346
管型（cast） 110
国际标准化比值（international normalized ratio，INR） 102

H

核变性（degeneration of nucleus） 388
核型分析（karyotype analysis，karyotyping） 549
核右移（right shift） 389
核左移（left shift） 388
红细胞沉降率（erythrocyte sedimentation rate，ESR） 390

呼吸机相关性肺炎（ventilator-associated pneumonia，VAP） 215
化脓性脑膜炎（purulent meningitis） 341
缓冲碱（buffer base，BB） 254
黄体生成素（luteinizing hormone，LH） 516
混合性蛋白尿（mixed proteinuria） 114
活化部分凝血活酶时间（activated partial thromboplastin time，APTT） 77
活化蛋白C（activated protein C，APC） 88
活化凝血时间（activated clotting time，ACT） 102
获得性免疫缺陷综合征（acquired immunodeficiency syndrome，AIDS） 158

J

肌红蛋白（myoglobin，Mb） 500
肌酸激酶同工酶（creatine kinase-MB，CK-MB） 499
基因诊断（gene diagnosis） 559
基质辅助激光解吸电离飞行时间质谱法（matrix-assisted laser desorption ionization time-of-flight mass spectrometry，MALDI-TOF MS） 520
急性冠脉综合征（acute coronary syndrome，ACS） 103，498
急性肾小球肾炎（acute glomerulonephritis，AGN） 114
急性心肌梗死（acute myocardial infarction，AMI） 498
急性胰腺炎（acute pancreatitis，AP） 196
棘形红细胞（acanthocyte） 387
甲型肝炎病毒（hepatitis A virus，HAV） 143
甲氧基去甲肾上腺素（normetanephrine，NMN） 271
甲氧基肾上腺素（metanephrine，MN） 271
甲状旁腺激素（parathyroid hormone，PTH） 248，509
甲状腺过氧化物酶抗体（thyroid peroxidase antibody，TPOAb） 264
甲状腺球蛋白（thyroglobulin，Tg） 263
甲状腺球蛋白抗体（thyroglobulin antibody，TgAb） 264
甲状腺素（thyroxine，T_4） 262，512
甲状腺素结合球蛋白（thyroxine-binding globulin，TBG） 263，512
钾（potassium） 510
钾离子（potassium ion，K^+） 253
假性佩尔格-韦特异常（pseudo Pelger-Huet anomaly） 389
尖锐湿疣（condyloma acuminatum） 160
碱剩余（base excess，BE） 254
碱性磷酸酶（alkaline phosphatase，ALP） 181，247

降钙素（calcitonin，CT） 248，509
降钙素原（procalcitonin，PCT） 132
结合胆红素（conjugated bilirubin，CBil） 182
结核性脑膜炎（tuberculous meningitis，TBM） 340
解脲支原体（*ureaplasma urealyticum*） 542
精索静脉曲张（varicocele，VC） 356
精准实验诊断（precision laboratory diagnosis） 7
静脉血栓栓塞症（venous thromboembolism，VTE） 105
镜下血尿（microscopic hematuria） 110
巨红细胞（megalocyte） 387
巨血小板（giant platelet） 389
巨幼细胞贫血（megaloblastic anemia，MA） 38，44
聚合酶链式反应（polymerase chain reaction，PCR） 525
菌落（colony） 521

K

卡波环（Cabot ring） 388
抗核抗体（antinuclear antibody，ANA） 295
抗酒石酸酸性磷酸酶（tartrate-resistant acid phosphatase，TRAP） 509
抗米勒管激素（anti-Mullerian hormone，AMH） 353
抗凝血酶（antithrombin，AT） 88，104
抗酸染色（acid-fast staining） 520
抗微生物药物敏感试验（antimicrobial susceptibility test，AST） 134，522
可溶性血栓调节蛋白（soluble thrombomodulin，sTM） 335
空腹血浆葡萄糖（fasting plasma glucose，FPG） 503
空腹血糖（fasting blood glucose，FBG） 229
空泡形成（vacuolation） 388
口服葡萄糖耐量试验（oral glucose tolerance test，OGTT） 229，503
口形红细胞（stomatocyte） 387
库欣病（Cushing's disease，CD） 514
库欣综合征（Cushing's syndrome，CS） 273

L

狼疮抗凝物（lupus anticoagulant，LAC） 91
狼疮性肾炎（lupus nephritis） 116
泪滴形红细胞（teardrop-shaped red cell） 387
类白血病反应（leukemoid reaction，LR） 49
类风湿关节炎（rheumatoid arthritis，RA） 297
粒细胞缺乏症（agranulocytosis） 50
镰形红细胞（sickle cell） 387
裂片红细胞（schistocyte） 387
临界值（cut-off value） 12
淋病（gonorrhea） 153
磷（phosphorus） 508

磷脂（phospholipid，PL） 505
漏出液（transudate） 183
氯（chlorine） 510
氯离子（chloride ion，Cl⁻） 253
卵泡刺激素（follicle stimulating hormone，FSH） 516
螺旋体（spirochaete） 540

M

慢性肾小球肾炎（chronic glomerulonephritis，CGN） 114
慢性髓系白血病（chronic myeloid leukemia，CML） 59
慢性胰腺炎（chronic pancreatitis，CP） 196
梅毒（syphilis） 156
梅毒螺旋体（treponema pallidum，TP） 540
镁（magnesium，Mg） 508
弥散性血管内凝血（disseminated intravascular coagulation，DIC） 76
免疫表型（immunophenotype） 54
免疫球蛋白（immunoglobulin，Ig） 294
免疫缺陷病（immunodeficiency disease，IDD） 305

N

N-乙酰-β-D-氨基葡萄糖苷酶（N-acetyl-β-D-glucosaminidase，NAG） 497
内生肌酐清除率（creatinine clearance rate，Ccr） 112，495
钠（sodium） 510
钠离子（sodium ion，Na⁺） 253
耐甲氧西林葡萄球菌（methicillin resistance Staphylococci，MRS） 524
耐酒石酸酸性磷酸酶（tartrate resistant acid phosphatase，TRAP） 247
耐青霉素肺炎链球菌（penicillin resistance Streptococcus pneumonia，PRSP） 524
脑血管疾病（cerebrovascular disease，CVD） 333
尿常规试验（urine routine test，URT） 109
尿蛋白-肌酐比值（urinary protein-creatinine ratio） 113
尿含铁血黄素试验（urine hemosiderin test） 38
尿酸（uric acid，UA） 507
尿液分析（urinalysis） 109
凝血酶时间（thrombin time，TT） 77
凝血酶原时间（prothrombin time，PT） 76
凝血因子（coagulation factor） 76
脓毒症（sepsis） 130
脓毒症休克（sepsis shock） 130

P

泡状红细胞（blister cell） 387

佩尔格-韦特异常（Pelger-Huet anomaly） 389
皮质醇（cortisol） 282
皮质类固醇结合球蛋白（cortisol-binding globulin，CBG） 515
贫血（anemia） 35
普通肝素（unfractionated heparin，UFH） 101

Q

强直性脊柱炎（ankylosing spondylitis，AS） 303，574
羟脯氨酸（hydroxyproline，HOP） 247，509
球蛋白（globulin，Glo） 181
球形红细胞（spherocyte） 387
去甲肾上腺素（norepinephrine，NE） 271
全血细胞计数（complete blood count，CBC） 36，385
醛固酮（aldosterone，Ald） 282
醛固酮/肾素活性比值（aldosterone to renin activity ratio，ARR） 268
缺铁性贫血（iron deficiency anemia，IDA） 36，42
群体反应性抗体（panel reactive antibody，PRA） 577

R

染色体（chromosome） 549
染色体病（chromosomal disease） 549
染色体核型分析（chromosome karyotyping） 360
染色体畸变（chromosomal aberration） 549
人类白细胞抗原，human leukocyte antigen，HLA） 573
人类表皮生长因子受体2（human epidermal growth factor receptor-2，HER2） 565
人类免疫缺陷病毒（human immunodeficiency virus，HIV） 158
人类血小板抗原（human platelet antigen，HPA） 574
人型支原体（mycoplasma hominis） 542
溶血性贫血（hemolytic anemia，HA） 45
乳酸（lactic acid） 505
瑞氏-吉姆萨染色（Wright-Giemsa stain） 387
瑞氏染色（Wright's stain） 387

S

三碘甲状腺原氨酸（triiodothyronine，T_3） 262，512
三酰甘油（triglyceride，TG） 239，505
沙眼衣原体（chlamydia trachomatis） 542
社区获得性肺炎（community acquired pneumonia，CAP） 215
深静脉血栓形成（deep vein thrombosis，DVT） 77
肾病综合征（nephrotic syndrome，NS） 117
肾上腺静脉取血（adrenal venous sampling，AVS） 269
肾上腺醛固酮腺瘤（adrenal aldosterone-producing adenoma，APA） 269

肾上腺素（epinephrine，E） 271
肾素（renin） 282
肾素-血管紧张素-醛固酮系统（renin-angiotensin-aldosterone system，RAAS） 282，500
肾小管性蛋白尿（tubular proteinuria） 114
肾小球疾病（glomerular disease） 108
肾小球滤过率（glomerular filtration rate，GFR） 112，494
肾小球性蛋白尿（glomerular proteinuria） 114
渗出液（exudate） 183
渗量（osmolality，Osm） 253
生殖器疱疹（genital herpes） 160
十二烷基硫酸钠-聚丙烯酰胺凝胶电泳（sodium dodecyl sulfate-polyacrylamide gel electrophoresis，SDS-PAGE） 114
实际碳酸氢盐（actual bicarbonate，AB） 253
实验诊断学（laboratory diagnostics） 3
嗜多色性红细胞（polychromatic erythrocyte） 388
嗜铬细胞瘤和副神经节瘤（pheochromocytoma and paraganglioma，PPGL） 271
嗜碱性点彩（basophilic stippling） 388
嗜碱性红细胞（basophilic erythrocyte） 388
收缩压（systolic blood pressure，SBP） 280
舒张压（diastolic blood pressure，DBP） 280
输血后紫癜（post transfusion purpura，PTP） 575
双侧岩下窦静脉取血（bilateral inferior petrosal sinus sampling，BIPSS） 270

T

胎儿与新生儿溶血病（hemolytic disease of the fetus and newborn，HDFN） 571
胎儿与新生儿同种免疫性血小板减少症（fetal or neonatal alloimmune thrombocytopenia，FNAIT） 575
糖蛋白（glycoprotein，GP） 78
糖化白蛋白（glycated albumin，GA） 504
糖化血红蛋白（glycosylated hemoglobin，GHb） 504
糖化血清蛋白（glycosylated serum protein，GSP） 504
糖耐量受损（injured glucose tolerance，IGT） 503
糖尿病（diabetes mellitus，DM） 232
糖尿病肾病（diabetic nephropathy，DNP） 116
糖尿病性酮症酸中毒（diabetic ketoacidosis） 504
特发性醛固酮增多症（idiopathic hyperaldosteronism，IHA） 269
天冬氨酸氨基转移酶（aspartate aminotransferase，AST） 181
铁粒幼红细胞（sideroblast） 38
同型半胱氨酸（homocysteine，Hcy） 281，501
透明质酸（hyaluronic acid，HA） 182

椭圆形红细胞（elliptocyte，ovalocyte） 387
唾液淀粉酶（salivary amylase，s-AMY） 195

W

外阴阴道假丝酵母菌病（vulvovaginal candidiasis，VVC） 349
外周血细胞形态学（peripheral blood morphology，PBM） 385
网织红细胞（reticulocyte，RET） 36
网织红细胞计数（reticulocyte count） 386
微量白蛋白尿（microalbuminuria） 113
微小残留病（minimal residual disease，MRD） 407
维生素D（vitamin D） 509
戊型肝炎病毒（hepatitis E virus，HEV） 145

X

系统性红斑狼疮（systemic lupus erythematosus，SLE） 116，300
细胞遗传学（cytogenetics） 55
细菌感染（bacterial infection） 519
细菌性阴道病（bacterial vaginosis，BV） 349
纤维蛋白降解产物（fibrin degradation product，FDP） 76
纤维蛋白原（fibrinogen，FIB） 79
现场即时检验（point-of-care testing，POCT） 8
线粒体病（mitochondrial disease） 562
腺苷脱氨酶（adenosine deaminase，ADA） 508
香草扁桃酸（vanillylmandelic acid，VMA） 271
消化道出血（alimentary tract hemorrhage） 199
小红细胞（microcyte） 387
携带者（carrier） 551
心肌肌钙蛋白（cardiac troponin，cTn） 498
性传播疾病（sexually transmitted disease，STD） 153
性染色体病（sex chromosome disease） 551
雄激素（androgen，A） 354
雄激素受体（androgen receptor，AR） 354
需氧菌阴道炎（aerobic vaginitis，AV） 349
血常规试验（routine blood test，RBT） 385
血管紧张素Ⅰ（angiotensin Ⅰ，AT-Ⅰ） 282
血管紧张素Ⅱ（angiotensin Ⅱ，AT-Ⅱ） 282
血管性血友病（von Willebrand disease，vWD） 76，77
血管性血友病因子（von Willebrand factor，vWF） 76，77
血红蛋白尿（hemoglobinuria） 38
血浆葡萄糖（plasma glucose，PG） 503
血浆醛固酮浓度（plasma aldosterone concentration，PAC） 268
血尿（hematuria） 110
血气分析（blood gas analysis） 253，511

血清淀粉样蛋白 A（serum amyloid A，SAA） 132
血清肌酐（serum creatinine，Scr） 112，495
血清尿素（serum urea，Sur） 112，495
血清铁（serum iron，SI） 37
血清铁蛋白（serum ferritin，SF） 37
血清抑制素 B（serum inhibin B，InhB） 354
血栓弹力图（thromboelastogram，TEG） 77，101
血栓形成（thrombosis） 75
血小板（platelet） 389
血小板减少症（thrombocytopenia） 76
血氧饱和度（oxygen saturation，SO_2） 254
血友病（hemophilia） 85
血脂（blood lipid） 237
循环免疫复合物（circulating immune complex，CIC） 114

Y

咬痕细胞（bite cell） 387
液相色谱串联质谱法（liquid chromatography tandem mass spectrometry，LC-MS/MS） 271
衣原体（chlamydia） 542
医院获得性肺炎（hospital-acquired pneumonia，HAP） 215
胰蛋白酶原（trypsinogen，Try） 196
胰蛋白酶原 -1（trypsinogen-1，Try-1） 196
胰蛋白酶原 -2（trypsinogen-2，Try-2） 196，493
胰岛素（insulin） 504
胰腺淀粉酶（pancreatitis amylase，p-AMY） 195
遗传性疾病（genetic disease） 560
遗传性球形红细胞增多症（hereditary spherocytosis，HS） 39，46
遗传性椭圆形红细胞增多症（hereditary elliptocytosis，HE） 46
乙型肝炎病毒（hepatitis B virus，HBV） 144
阴离子间隙（anion gap，AG） 254，510
银染色（silver stain） 216
荧光染色（fluorescence staining） 520
荧光原位杂交（fluorescence in situ hybridization，FISH） 555
游离胆固醇（free cholesterol，FC） 505
游离脂肪酸（free fatty acid，FFA） 239，505
有核红细胞（nucleated erythrocyte） 388

原发免疫性血小板减少症（primary immune thrombocytopenia，ITP） 79
原发性醛固酮增多症（primary hyperaldosteronism，PHA） 282
原发性肾上腺增生（primary adrenal hyperplasia，PAH） 269
原发性肾小球疾病（primary glomerular disease，PGD） 114

Z

载脂蛋白（apolipoprotein，Apo） 506
再生障碍性贫血（aplastic anemia，AA） 38，47
阵发性睡眠性血红蛋白尿症（paroxysmal nocturnal hemoglobinuria，PNH） 39，46
正色素性红细胞（orthochromatic erythrocyte） 387
脂蛋白（lipoprotein，Lp） 506
脂蛋白（a）[lipoprotein（a），Lp（a）] 240
脂肪酶（lipase，LIP/LPS） 195，492
中毒颗粒（toxic granulation） 388
中性粒细胞分叶过多（hypersegmentation） 389
中性粒细胞减少症（neutropenia） 50
中性粒细胞载脂蛋白（human neutrophil lipocalin，HNL） 133
肿瘤标志物（tumor marker，TM） 315
主要组织相容性复合体（major histocompatibility complex，MHC） 573
主要组织相容性系统（major histocompatibility system，MHS） 573
转铁蛋白饱和度（transferrin saturation，TS） 37
自身免疫性肝炎（autoimmune hepatitis，AIH） 303
自身免疫性甲状腺炎（autoimmune thyroiditis，AIT） 305
自身免疫性溶血性贫血（autoimmune hemolytic anemia，AIHA） 39，46
总胆固醇（total cholesterol，TC） 239，505
总胆红素（total bilirubin，TBil） 182
总胆汁酸（total bile acid，TBA） 182
总蛋白（total protein，TP） 181
总铁结合力（total iron-binding capacity，TIBC） 37
最小抑菌浓度（minimal inhibitory concentration，MIC） 522

彩 图

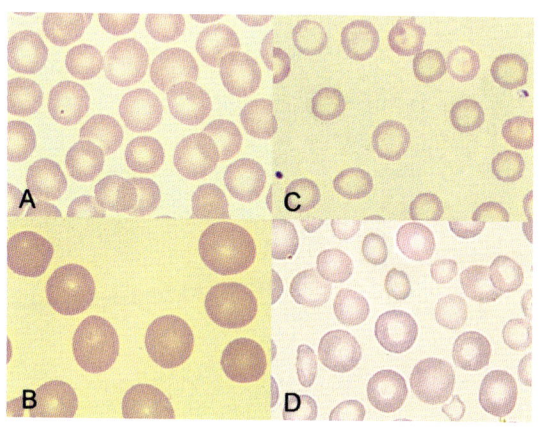

彩图 5-1 各种红细胞形态（血涂片，瑞氏染色，×1000）
A. 正常红细胞；B. 大红细胞；C. 小红细胞；D. 红细胞大小不均

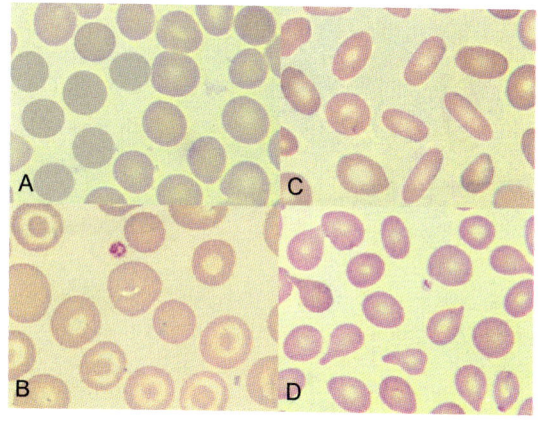

彩图 5-2 各种红细胞形态（血涂片，瑞氏染色，×1000）
A. 球形红细胞；B. 靶形红细胞；C. 椭圆形红细胞；D. 泪滴形红细胞

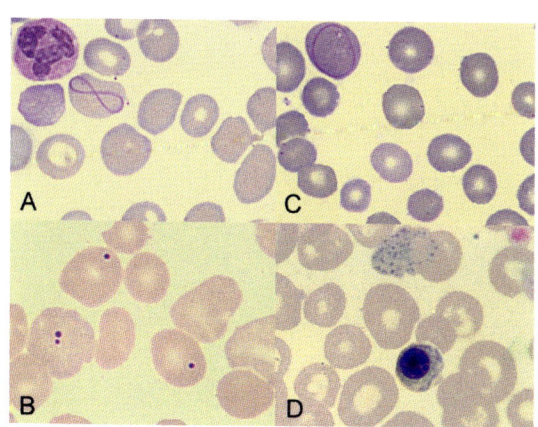

彩图 5-3 各种红细胞形态（血涂片，瑞氏染色，×1000）
A. 卡波环；B. 豪-乔小体；C. 卡波环；D. 嗜碱性点彩红细胞、晚幼红细胞

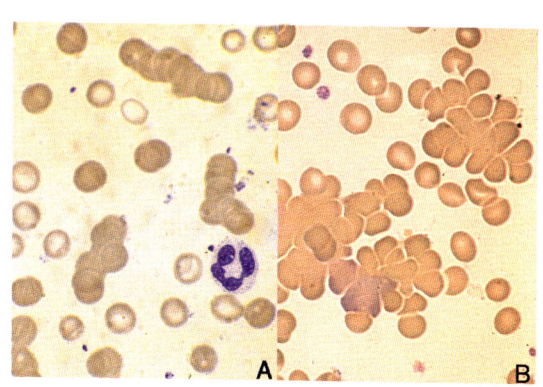

彩图 5-4 两种红细胞分布异常（血涂片，瑞氏染色，×1000）
A. 红细胞缗钱状形成；B. 红细胞凝集

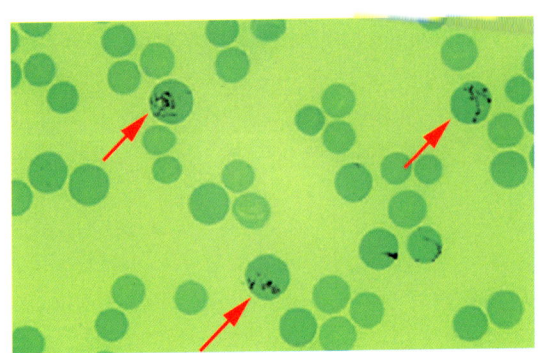

彩图 5-5 网织红细胞（血涂片，煌焦油蓝活体染色，×1000）

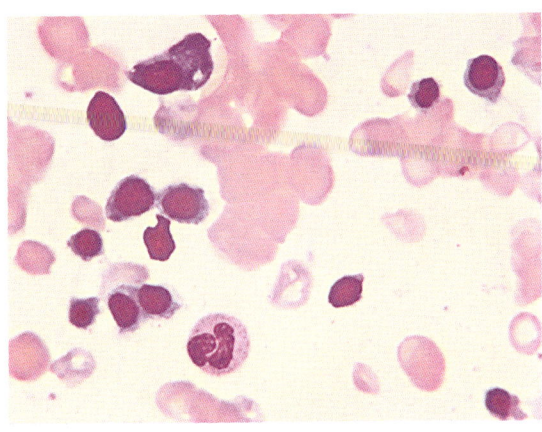

彩图 5-6 缺铁性贫血骨髓象（骨髓涂片，瑞氏染色，×1000）

中、晚幼红细胞增生为主

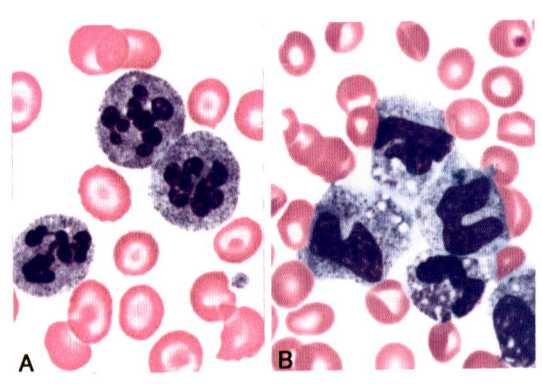

彩图 5-7 中性粒细胞核象变化（血涂片，瑞氏染色，×1000）

A. 核右移；B. 核左移伴中毒颗粒和空泡变性

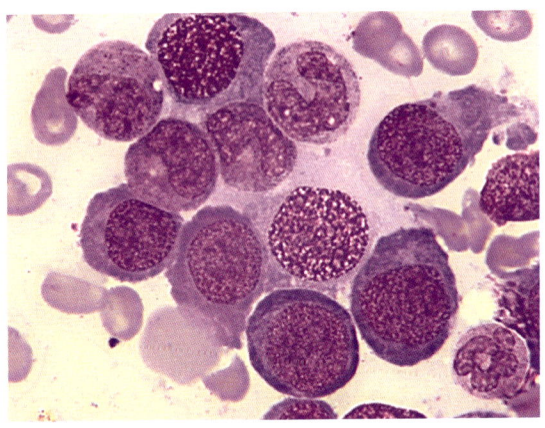

彩图 5-8 巨幼细胞贫血骨髓象（骨髓涂片，瑞氏染色，×1000）

巨早幼和巨中幼红细胞增生为主，中性巨晚幼和巨杆状核粒细胞增多

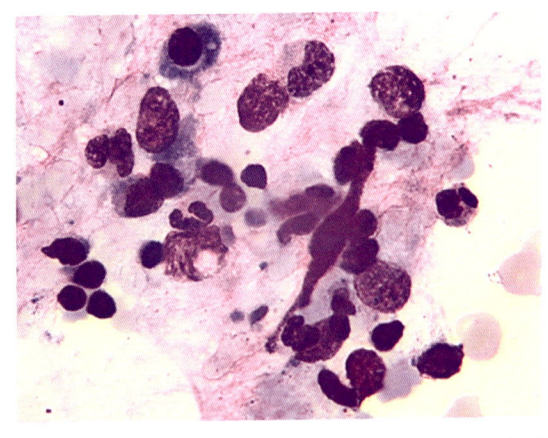

彩图 5-9 再生障碍性贫血骨髓象（骨髓涂片，瑞氏染色，×1000）

造血岛中仅见浆细胞、组织嗜碱细胞、巨噬细胞、淋巴细胞等，造血细胞缺乏

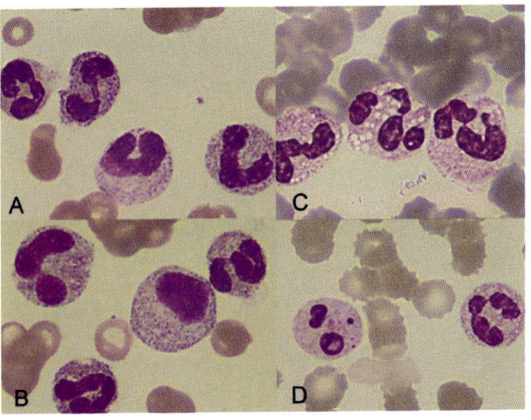

彩图 5-10 中性粒细胞中毒性改变（血涂片，瑞氏染色，×1000）

A-B. 核左移、中毒颗粒；C. 空泡变性；D. 核固缩、核碎裂

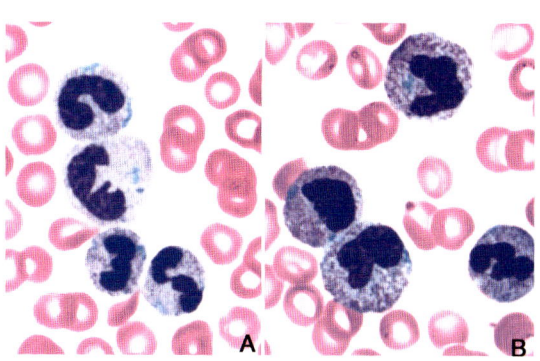

彩图 5-11 中性粒细胞中毒性改变（血涂片，瑞氏染色，×1000）

A. 杜勒小体；B. 杜勒小体和中毒颗粒同时存在

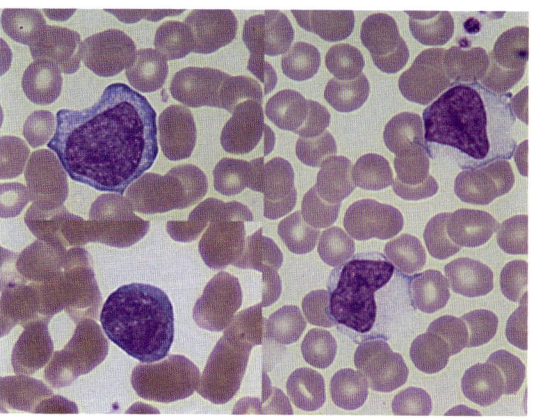

彩图 5-12 各种形态的反应性淋巴细胞（血涂片，瑞氏染色，×1000）

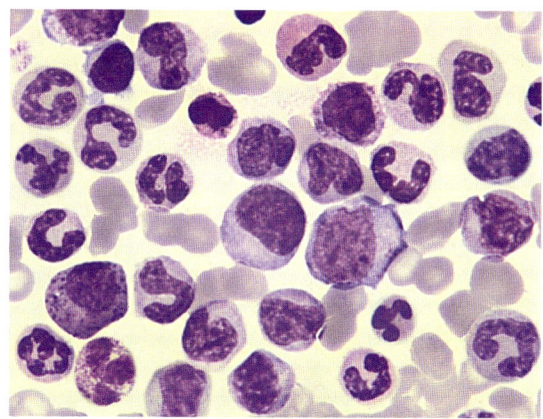

彩图 5-13 慢性髓细胞白血病（CML）骨髓象（骨髓涂片，瑞氏染色，×1000）

粒系细胞极度增生，主要为中晚幼粒细胞及其以下阶段成熟粒细胞

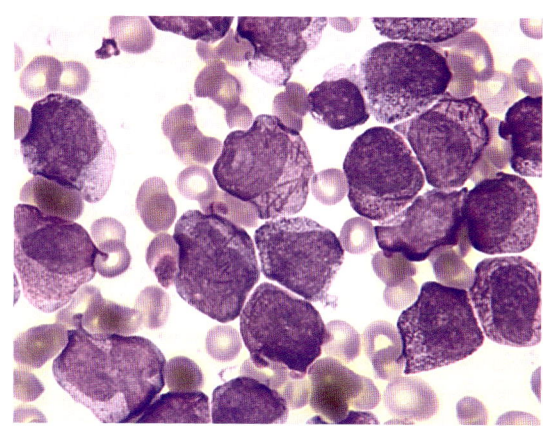

彩图 5-14 急性早幼粒细胞白血病伴 t（15；17）（q22；q12）；*PML-RARA* 骨髓象（骨髓涂片，瑞氏染色，×1000）

以异常早幼粒细胞增生为主，细胞浆中有大量粗大的嗜天青颗粒和较多奥氏小体

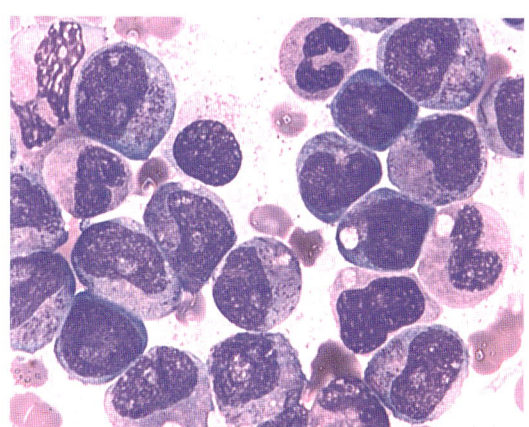

彩图 5-15 急性髓系白血病伴 t（8；21）(q22；q22)；*RUNX1-RUNX1T1* 骨髓象（骨髓涂片，瑞氏染色，×1000）

原粒细胞显著增多，胞体较大，细胞核核周清晰，核凹陷处淡染，核仁 1~2 个；细胞浆丰富，嗜碱性强；胞浆中常见奥氏小体和粗大颗粒

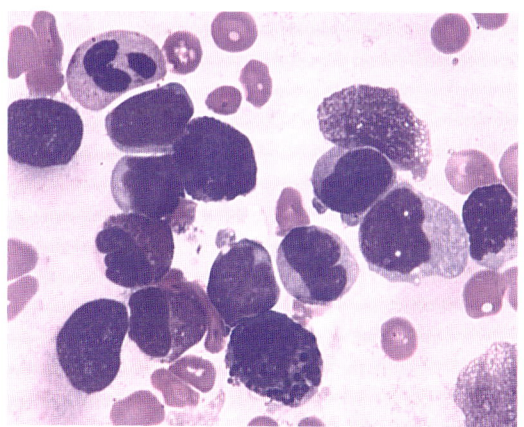

彩图 5-16 急性髓系白血病伴 inv（16）（p13.1q22）或 t（16；16）(p13.1；q22)；*CBFB-MYH11* 骨髓象（骨髓涂片，瑞氏染色，×1000）

原粒细胞和幼单核细胞伴各阶段的异常嗜酸性粒细胞显著增多

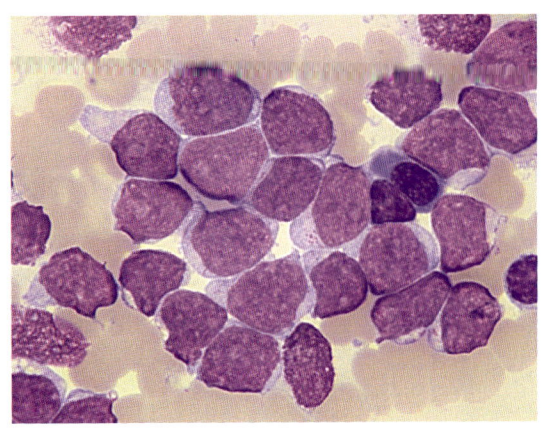

彩图 5-17 急性髓细胞白血病未成熟型骨髓象（骨髓涂片，瑞氏染色，×1000）

大量原粒细胞，部分细胞胞浆中有少量嗜天青颗粒

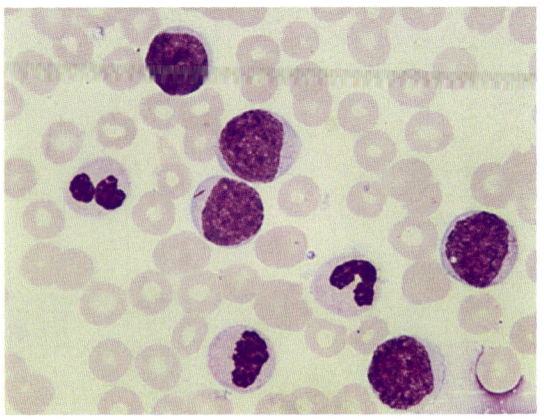

彩图 5-18 急性髓细胞白血病成熟型骨髓象（骨髓涂片，瑞氏染色，×1000）

原粒细胞增生为主，伴少量幼稚和成熟粒细胞，部分原粒细胞胞浆中可见奥氏小体

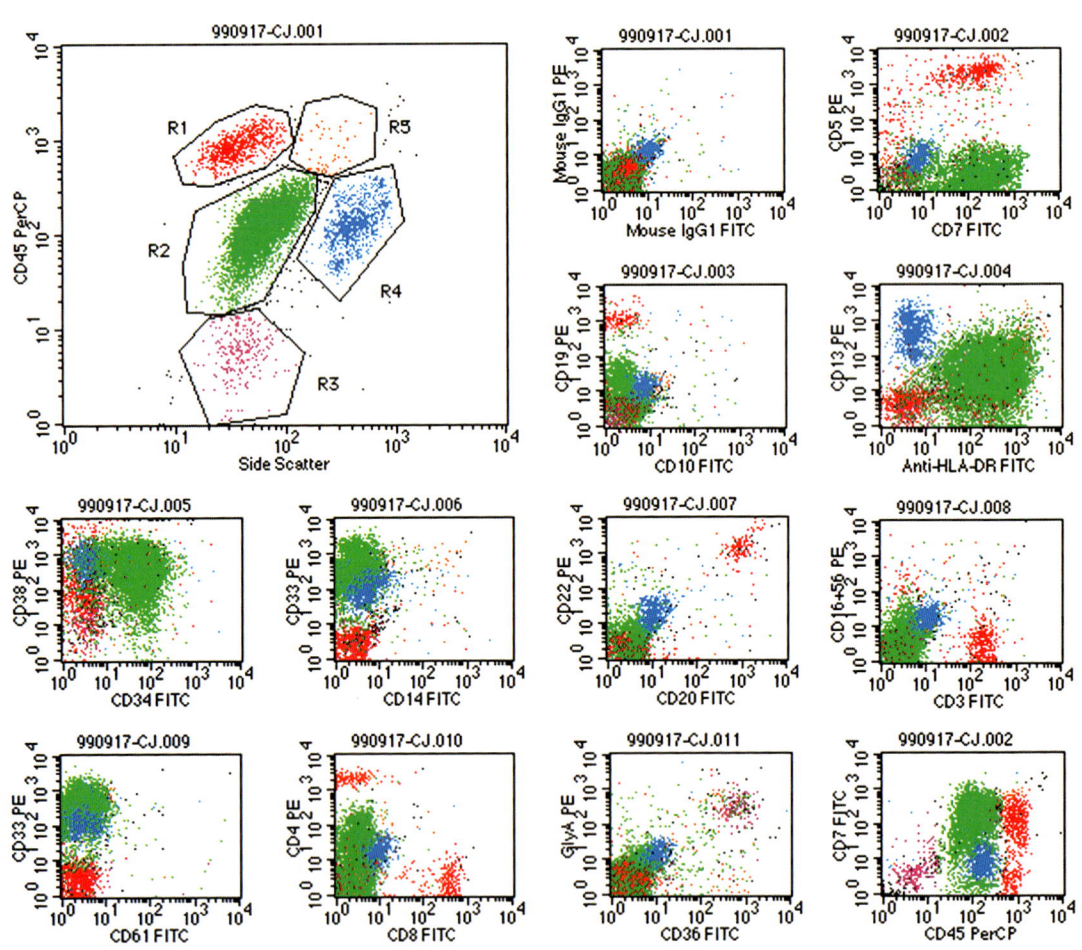

彩图 5-19 急性髓细胞白血病（AML）骨髓细胞免疫分型

原粒细胞（R2）表达 CD7、CD13、CD33、CD34、CD38、HLA-DR，CD4 弱表达。R1 内为淋巴细胞，R3 内为幼红细胞，R4 内为单核细胞，R5 内为中性粒细胞

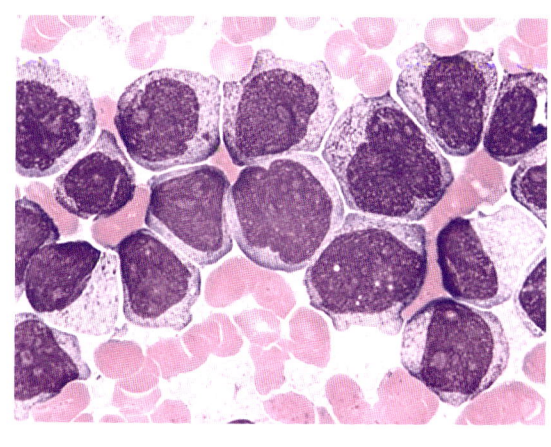

彩图 5-20　急性粒单核细胞白血病骨髓象（骨髓涂片，瑞氏染色，×1000）

原粒细胞和原、幼单核细胞增生为主

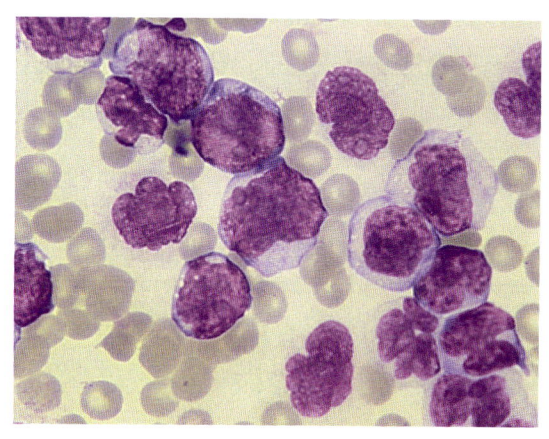

彩图 5-21　急性单核细胞白血病骨髓象（骨髓涂片，瑞氏染色，×1000）

幼单核细胞增生为主，少量原单核细胞

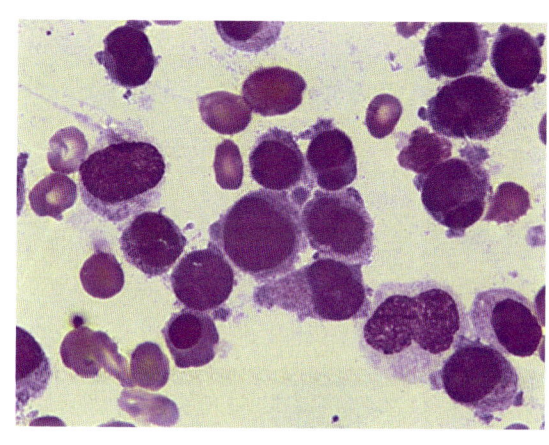

彩图 5-22　急性巨核细胞白血病骨髓象（骨髓涂片，瑞氏染色，×1000）

大量原巨核细胞增生

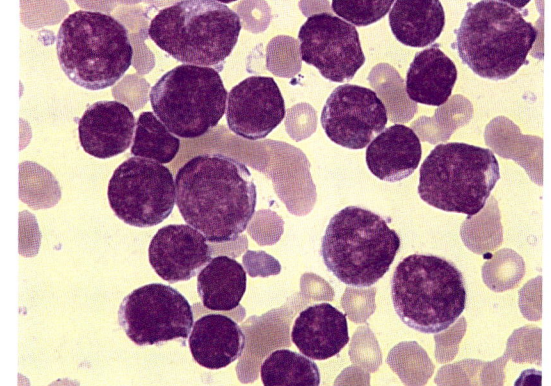

彩图 5-23　急性 B 原淋巴细胞白血病骨髓象（骨髓涂片，瑞氏染色，×1000）

大量 B 原淋巴细胞增生，胞体明显大小不均

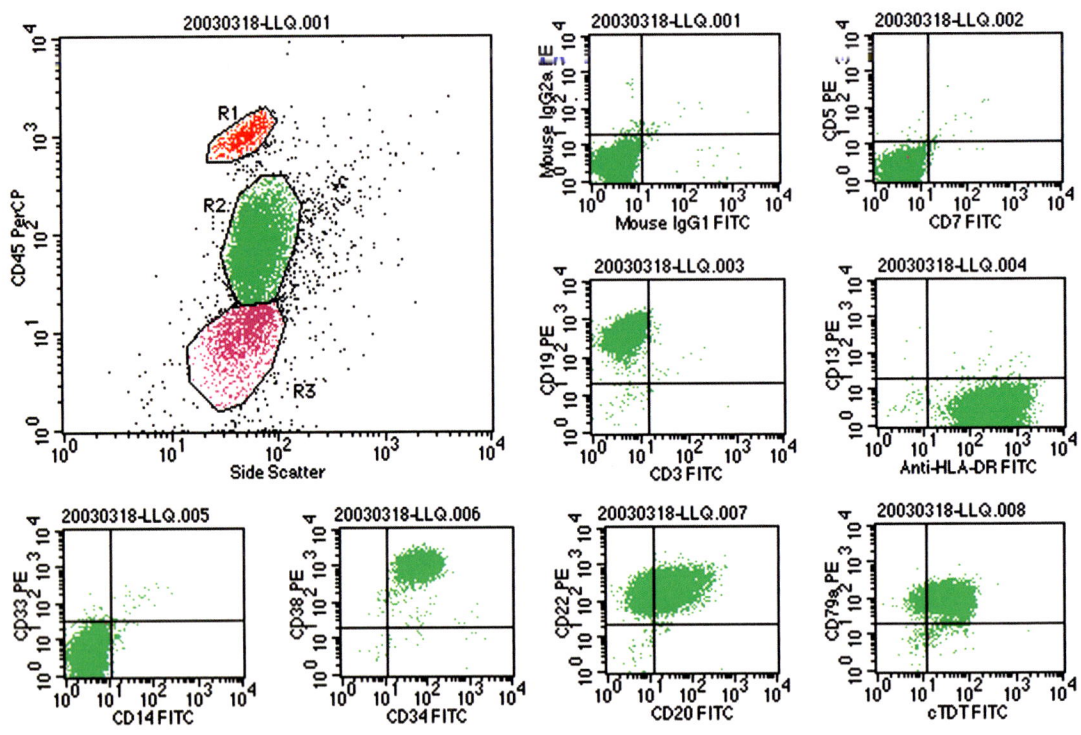

彩图 5-24　急性淋巴细胞白血病（ALL）骨髓细胞免疫分型

B 前体细胞 ALL，原淋巴细胞（R2）表达 CD19、CD20、CD22、CD34、CD38、CD79a、HLA-DR、TdT。R1 内为淋巴细胞，R3 内为幼红细胞

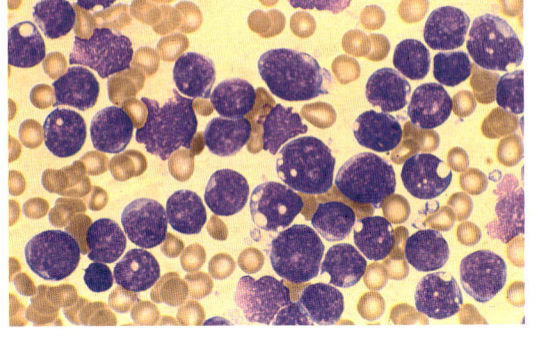

彩图 5-25　急性 T 原淋细胞白血病骨髓象（骨髓涂片，瑞氏染色，×1000）

大量 T 原淋巴细胞，部分细胞核形不规则伴少量空泡

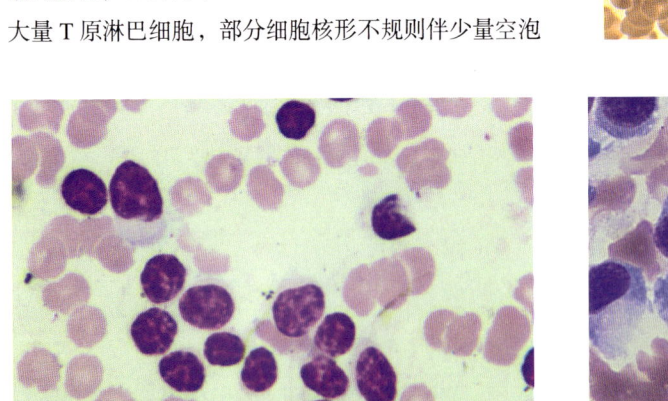

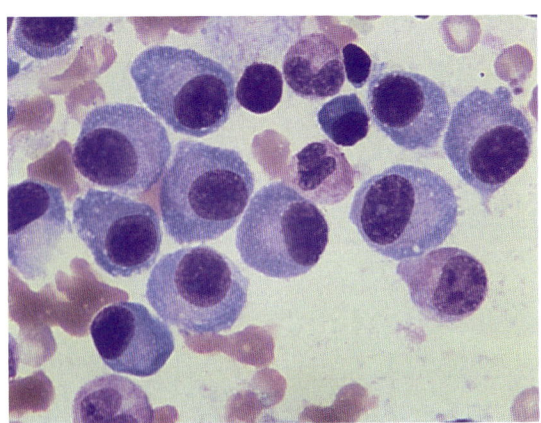

彩图 5-26　慢性淋巴细胞白血病（CLL）骨髓象（骨髓涂片，瑞氏染色，×1000）

大量成熟样淋巴细胞

彩图 5-27　多发性骨髓瘤骨髓象（骨髓涂片，瑞氏染色，×1000）

大量骨髓瘤细胞

彩　图

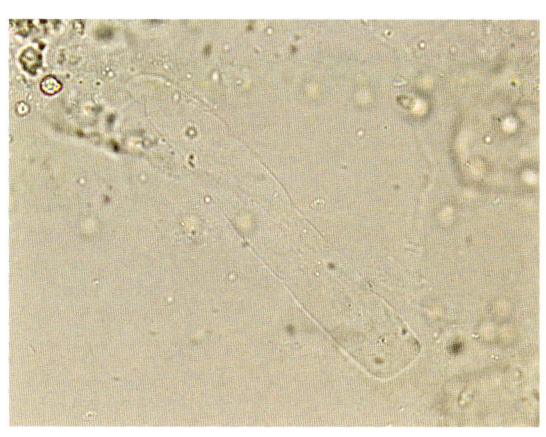

彩图 7-1　尿沉渣直接涂片（未染色，×400）
透明管型

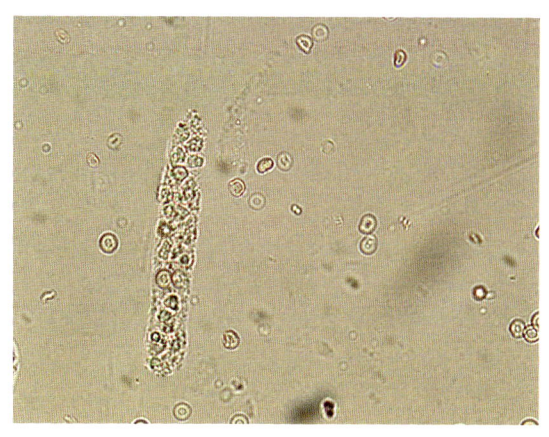

彩图 7-2　尿沉渣直接涂片（未染色，×400）
血尿，红细胞管型和部分红细胞，红细胞形态大致正常

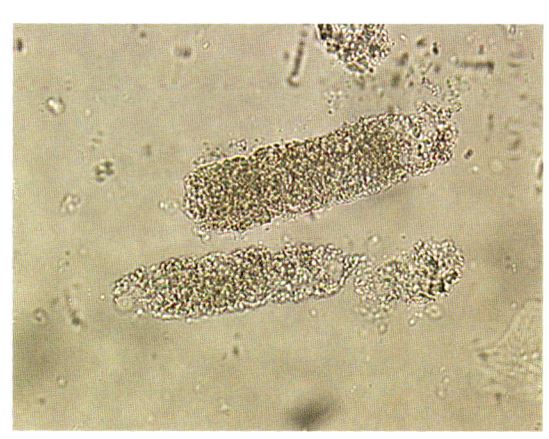

彩图 7-3　尿沉渣直接涂片（未染色，×100）
大量颗粒管型

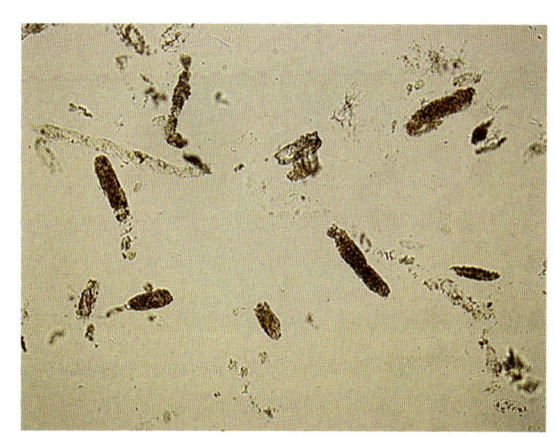

彩图 7-4　尿沉渣直接涂片（未染色，×400）
两个颗粒管型

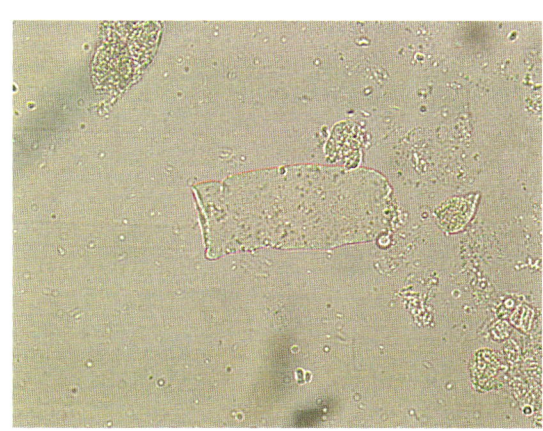

彩图 7-5　尿沉渣直接涂片（未染色，×400）
宽大管型或肾衰竭管型

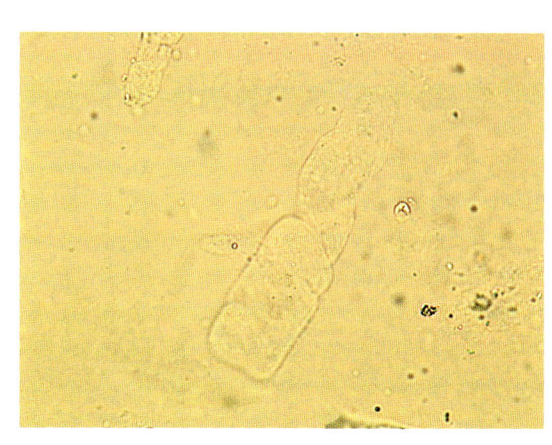

彩图 7-6　尿沉渣直接涂片（未染色，×400）
蜡样管型

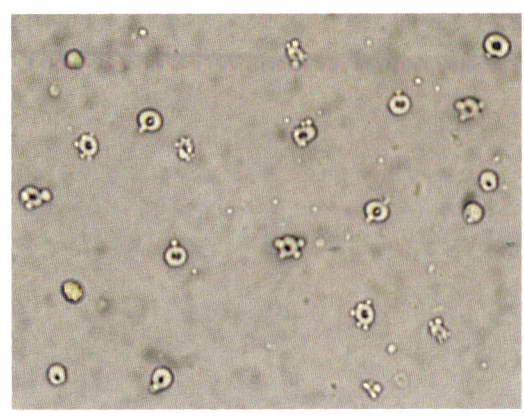

彩图 7-7 尿沉渣直接涂片（未染色，×400）
变形红细胞尿，大量红细胞，体积减小、形态各异

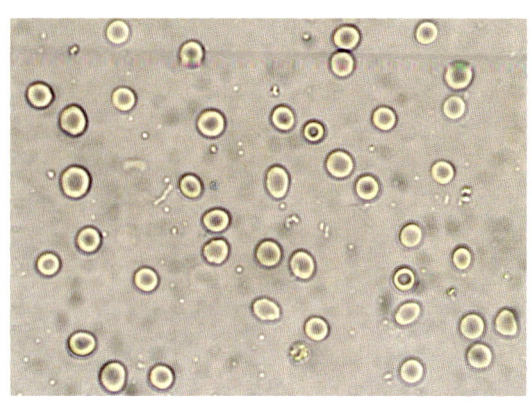

彩图 7-8 尿沉渣直接涂片（未染色，×400）
均一性红细胞尿，大量红细胞，形态基本正常

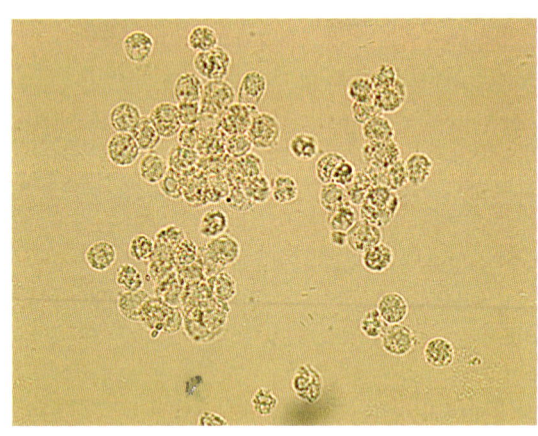

彩图 7-9 尿沉渣直接涂片（未染色，×400）
脓尿，大量白/脓细胞

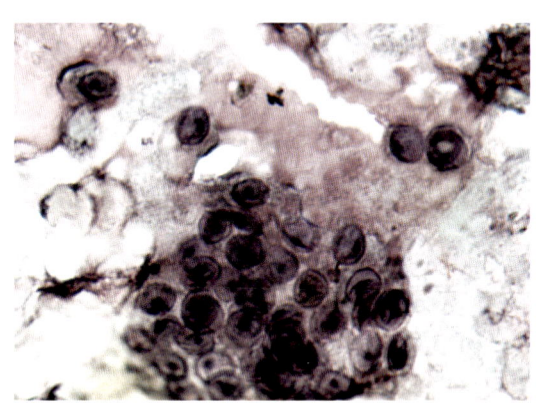

彩图 8-1 支气管肺泡灌洗液离心涂片（六胺银染色，×1000）
卡氏肺孢子菌包囊，圆形或椭圆形，直径 4～6 mm，形如皮球塌陷状，中央有点状深染，可聚集或散在分布

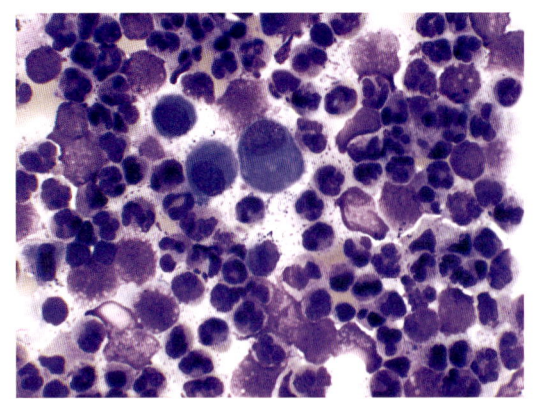

彩图 9-1 腹水离心涂片（瑞氏染色，×1000）
急性腹膜炎，大量中性粒细胞和退化细胞，视野中央为 3 个间皮细胞

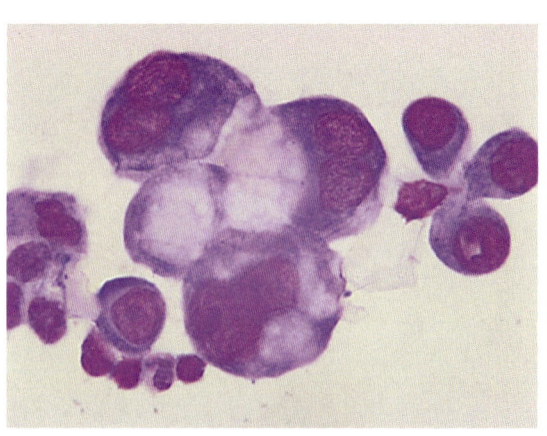

彩图 9-2 腹水涂片（瑞氏染色，×1000）
巨大的腺癌细胞

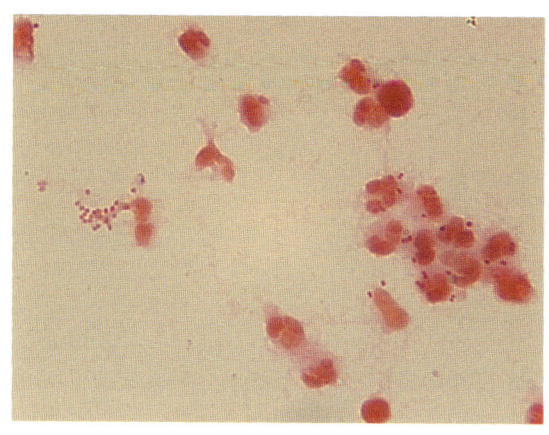

彩图 15-1 脑脊液图片（革兰氏染色，×1000）
在中性粒细胞质内和细胞外可见脑膜炎奈瑟菌

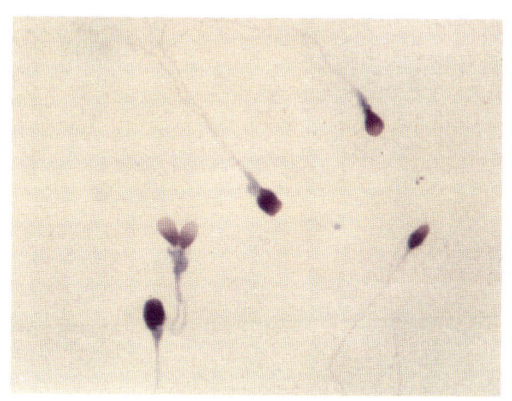

A. 精子头部畸形（瑞氏染色，×400）

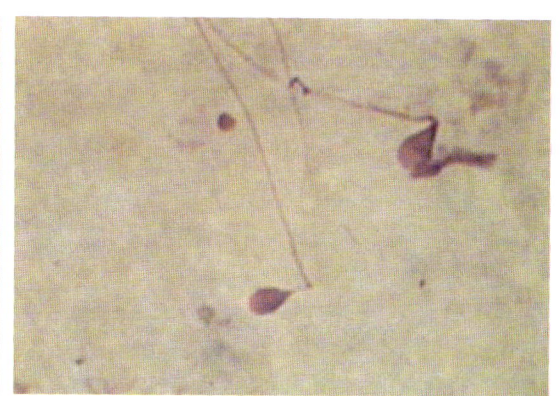

B. 精子头尾折角（瑞氏染色，×400）

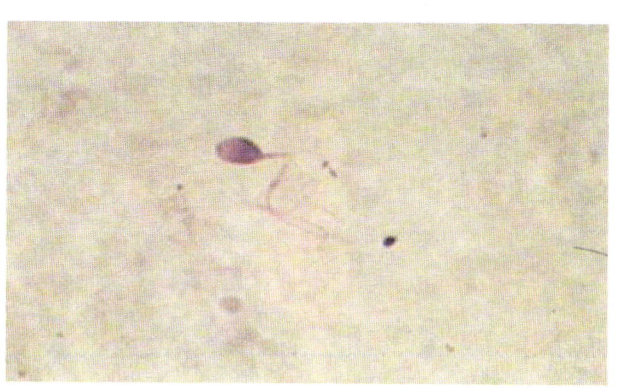

C. 精子尾部卷曲（瑞氏染色，×400）

彩图 16-1 畸形精子镜下形态特征

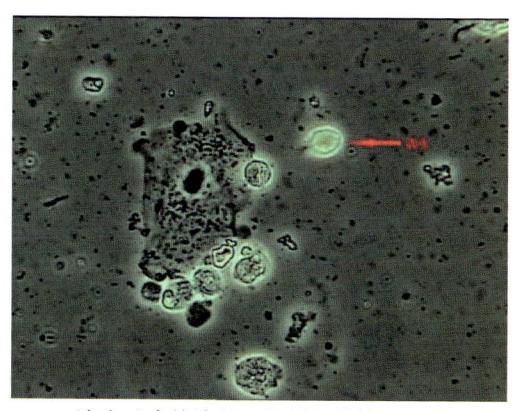

A. 滴虫（直接涂片，相差显微镜，×400）

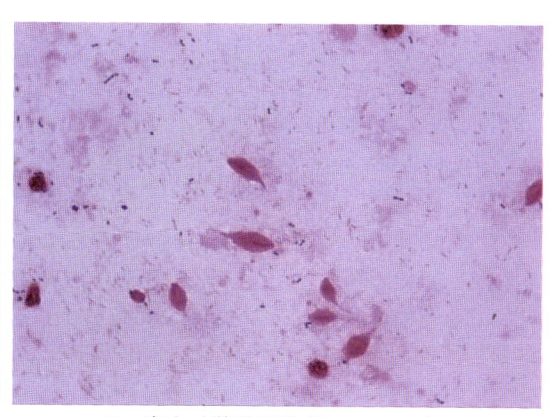

B. 滴虫（革兰氏染色，×1000）

彩图 16-2 阴道滴虫镜下形态特征

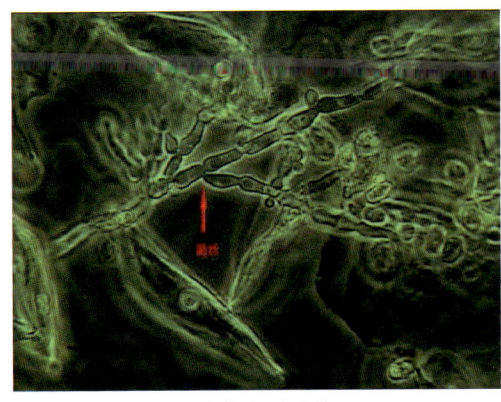
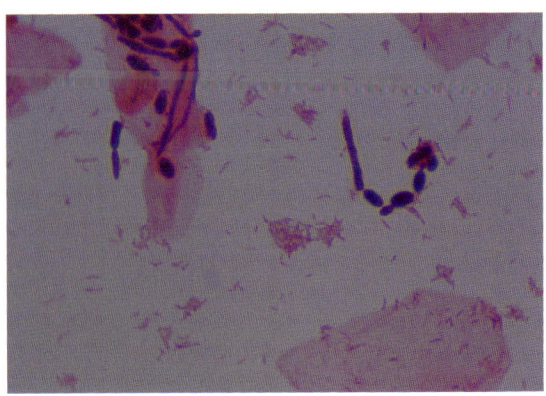

A. 念珠菌孢子及菌丝
（直接涂片，相差显微镜，×400）

B. 念珠菌孢子及菌丝
（革兰氏染色，×1000）

彩图 16-3　念珠菌孢子及菌丝镜下形态特征

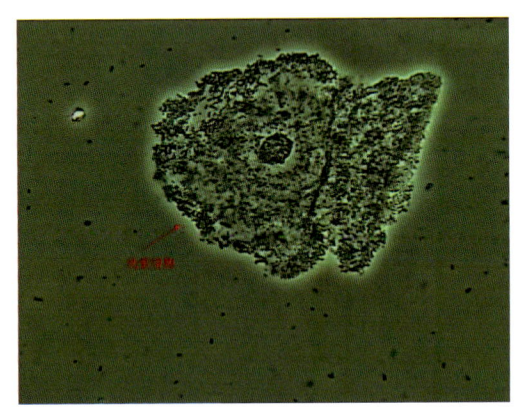
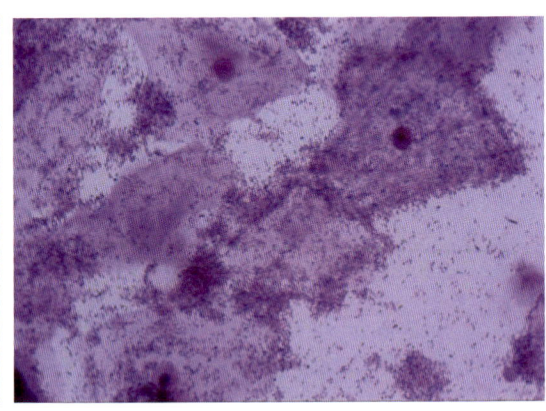

A. 线索细胞
（直接涂片，相差显微镜，×400）

B. 线索细胞
（革兰氏染色，×1000）

彩图 16-4　线索细胞镜下形态特征

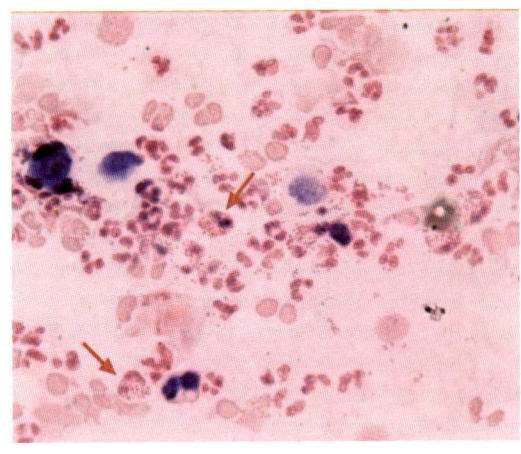

彩图 16-5　白细胞浆内吞噬的淋病奈瑟菌
（革兰氏染色，×1000）

彩图 16-6　淋病奈瑟菌巧克力培养基生长菌落

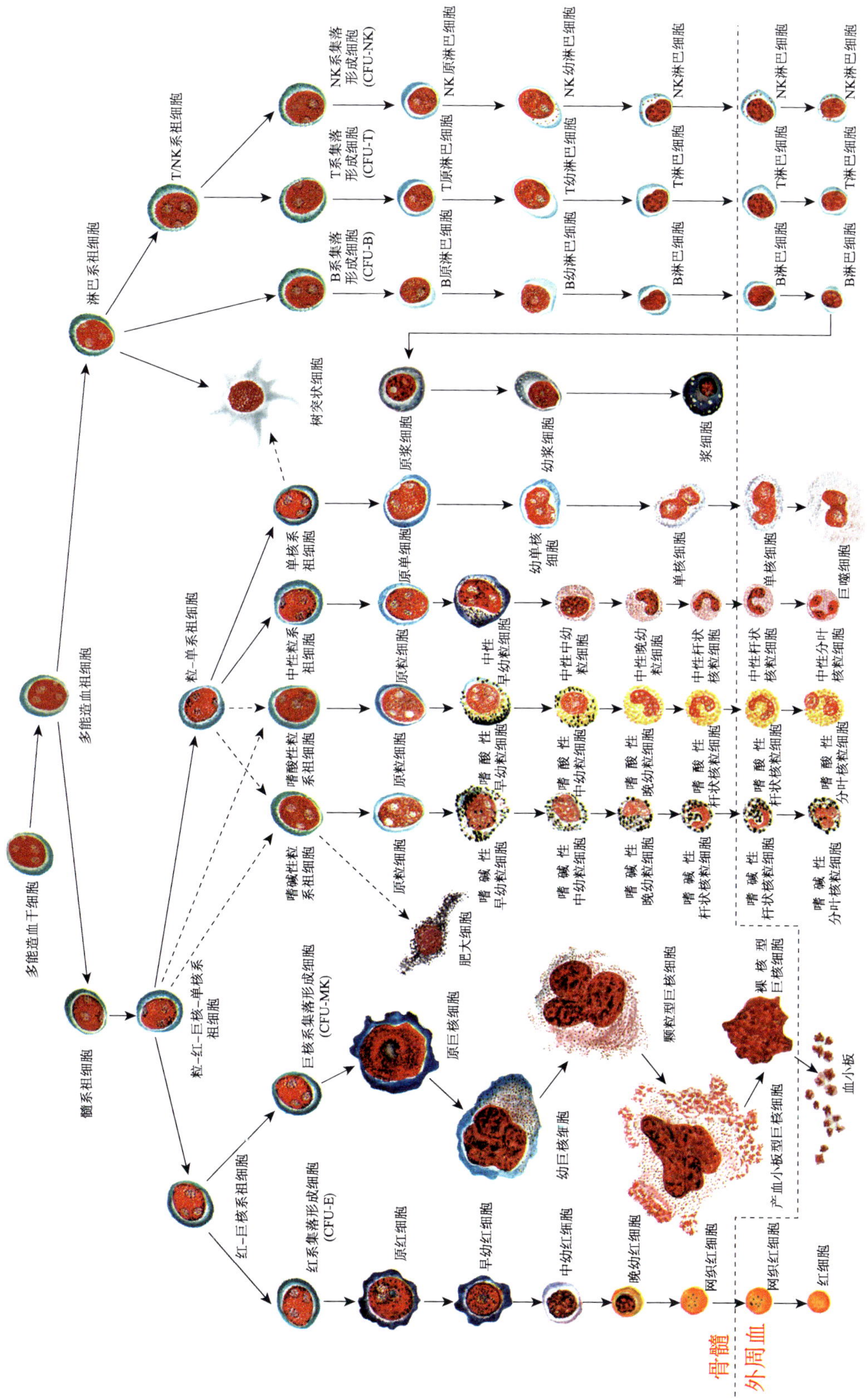

彩图 18-1 骨髓血细胞分化、发育、成熟演变规律示意图

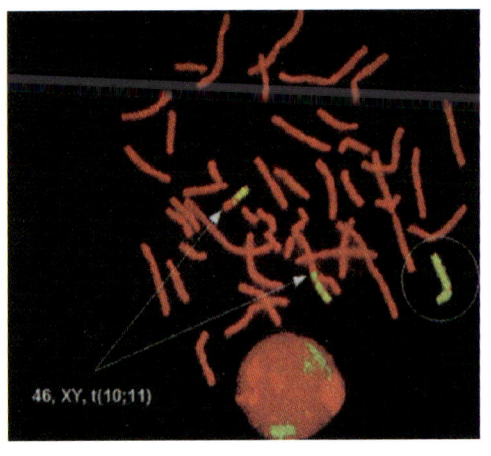

彩图 18-2 染色体荧光原位杂交分析，t（10；11）

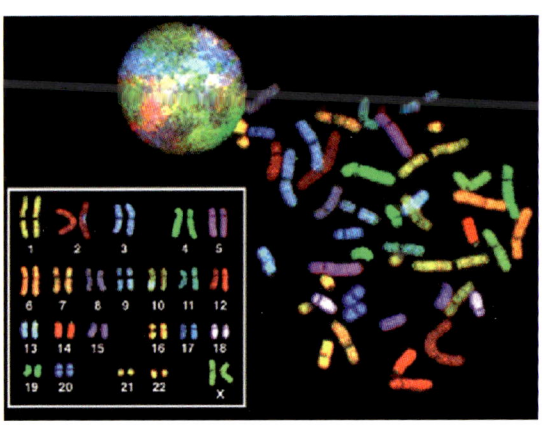

彩图 18-3 健康女性血液淋巴细胞光谱染色体核型分析

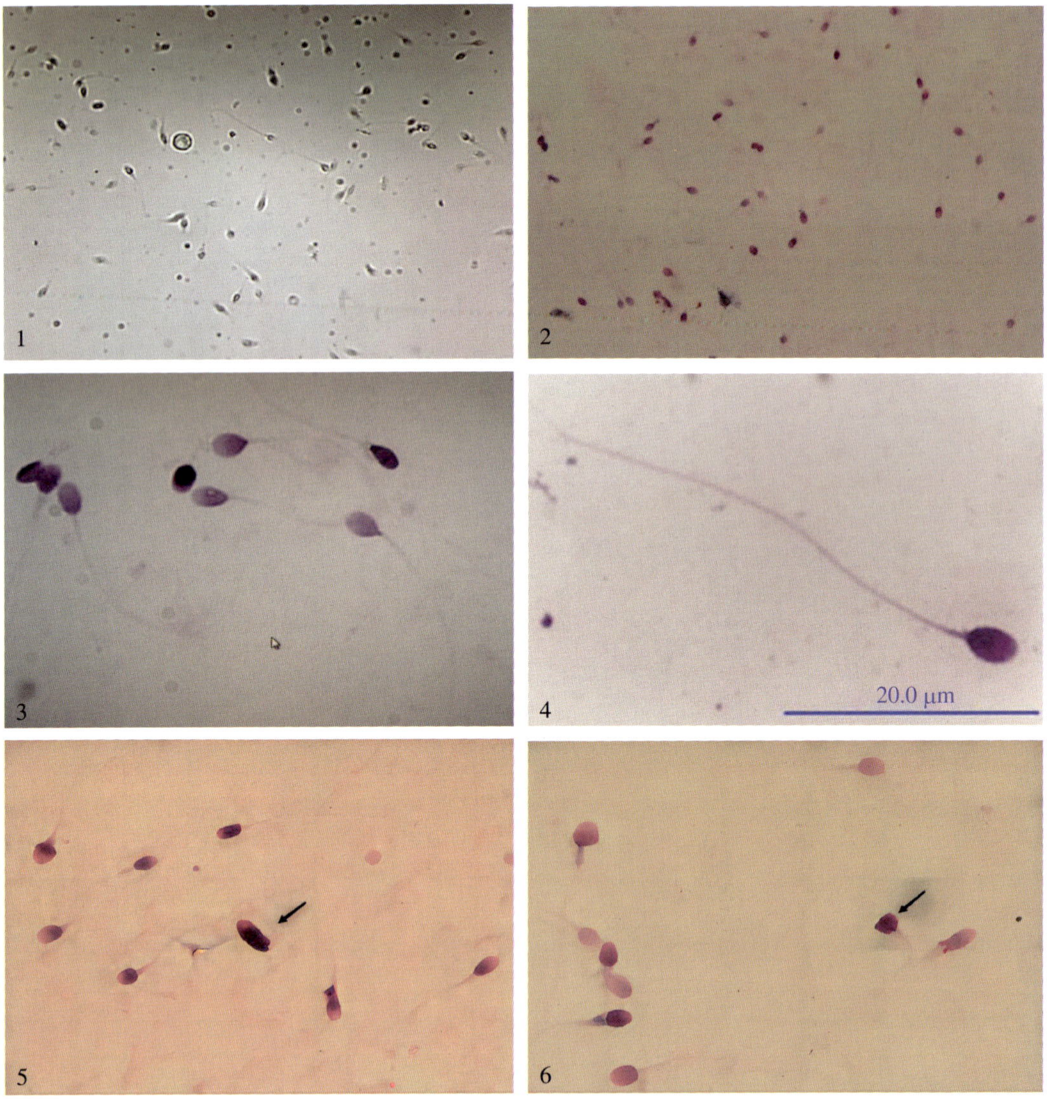

彩图 19-1 精子形态
1. 精子，未染色；2. 精子，瑞吉式染色；3. 正常形态精子，瑞吉式染色；4. 正常形态精子，瑞吉式染色；
5. 头部缺陷精子，瑞吉氏染色；6. 头部缺陷精子，瑞吉氏染色；

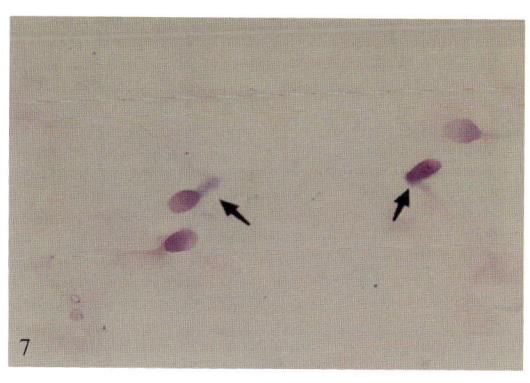 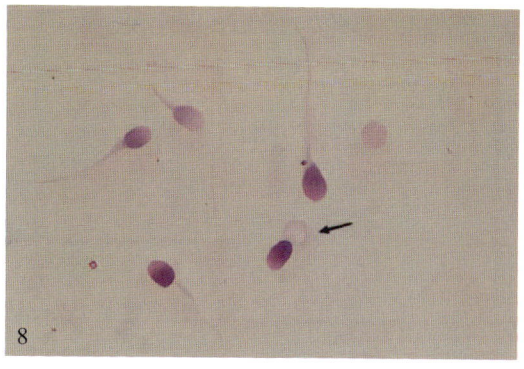

彩图 19-1（续） 精子形态
7. 颈部缺陷精子，瑞吉氏染色；8. 尾部缺陷精子，瑞吉氏染色

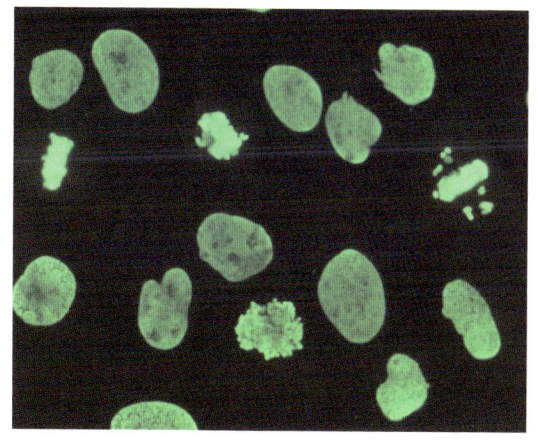

彩图 20-1 血清抗核抗体间接免疫荧光染色模型
（×200）

核均质型

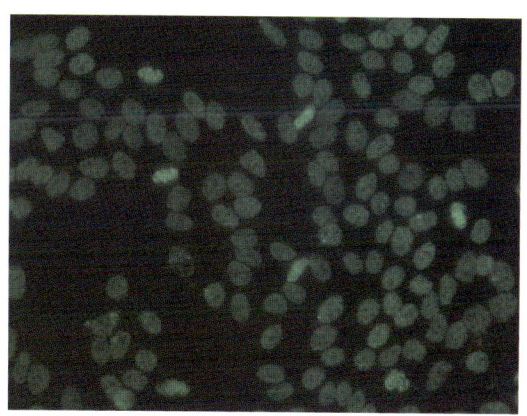

彩图 20-2 核致密颗粒

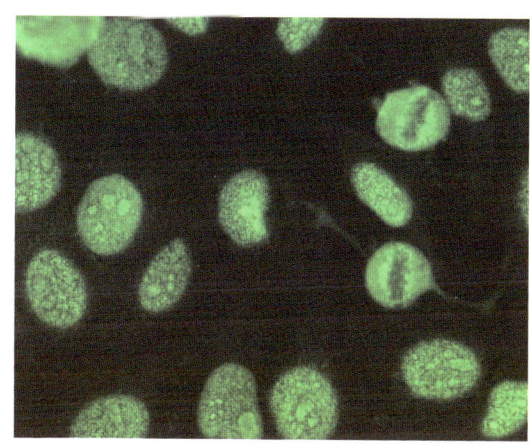

彩图 20-3 核细颗粒

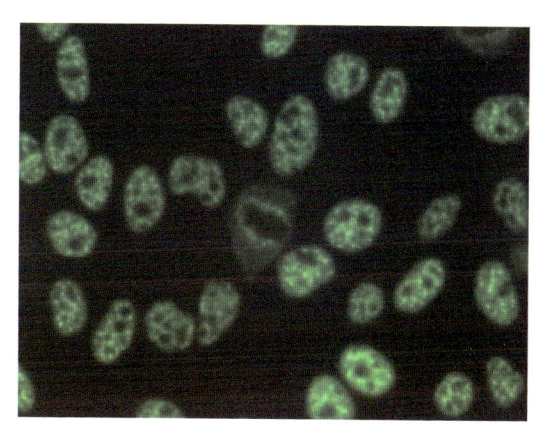

彩图 20-4 核粗颗粒

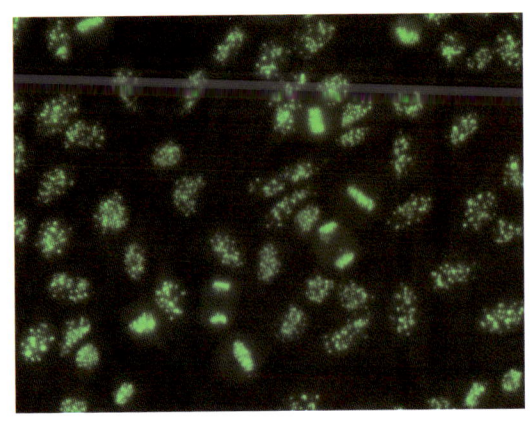

彩图 20-5　核着丝点型

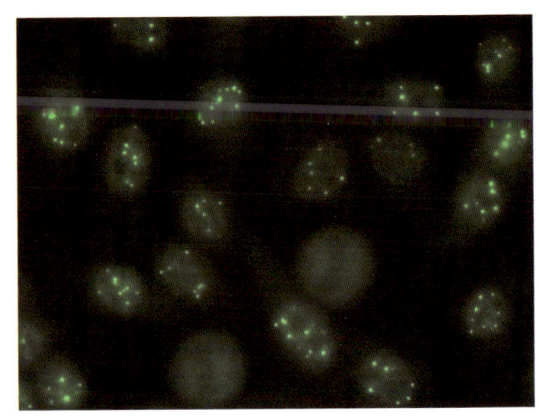

彩图 20-6　核多点

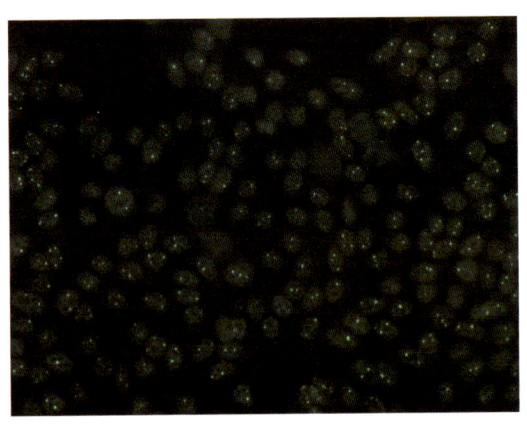

彩图 20-7　核少点型

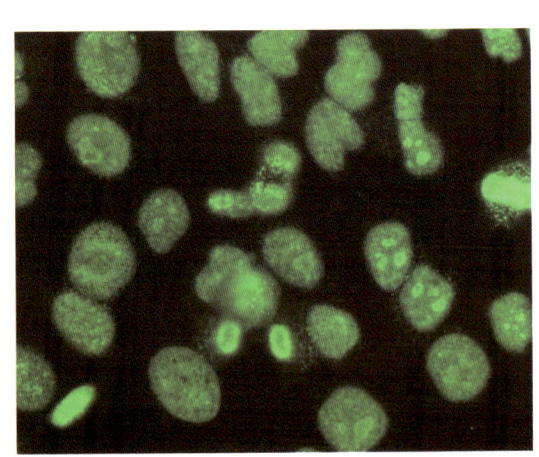

彩图 20-8　核仁均质

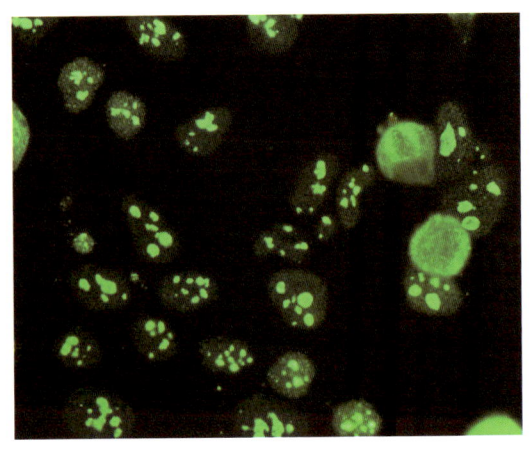

彩图 20-9　核仁斑块

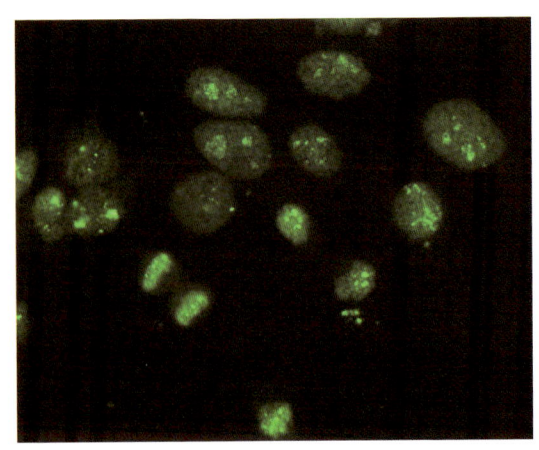

彩图 20-10　核仁斑点

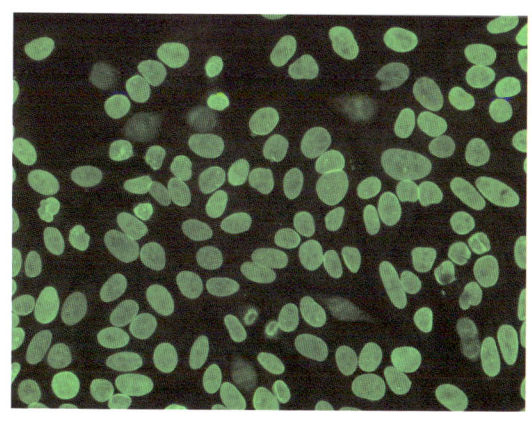

彩图 20-11　核膜光滑

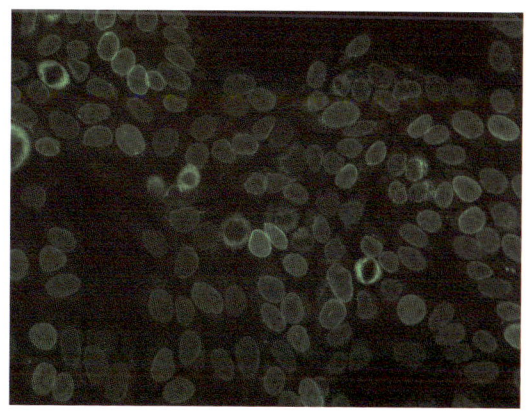

彩图 20-12　核膜斑点

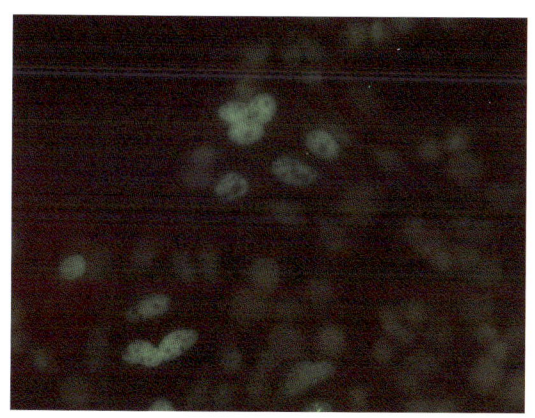

彩图 20-13　PCNA

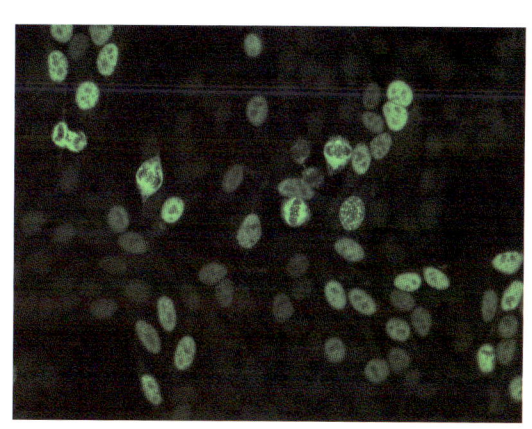

彩图 20-14　着丝粒蛋白 F（CENP-F）

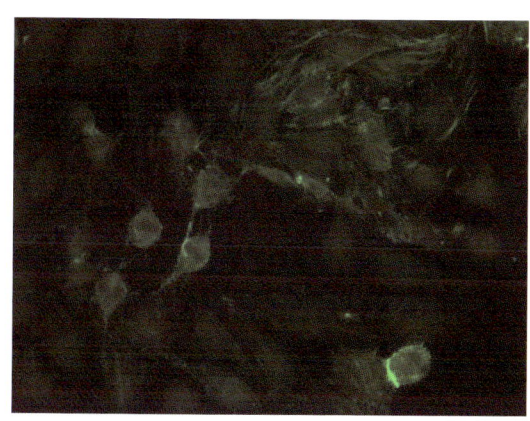

彩图 20-15　胞浆纤维肌动蛋白

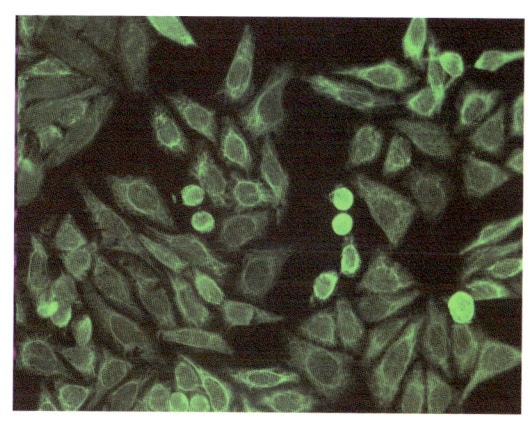

彩图 20-16　胞浆纤维微丝

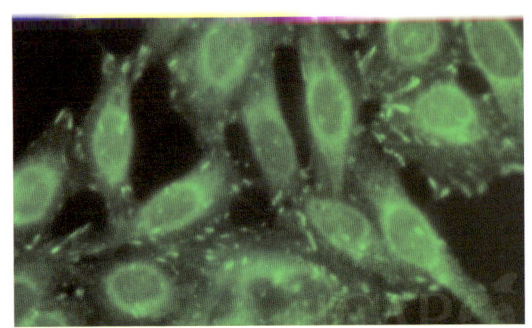

彩图 20-17　胞浆纤维节段

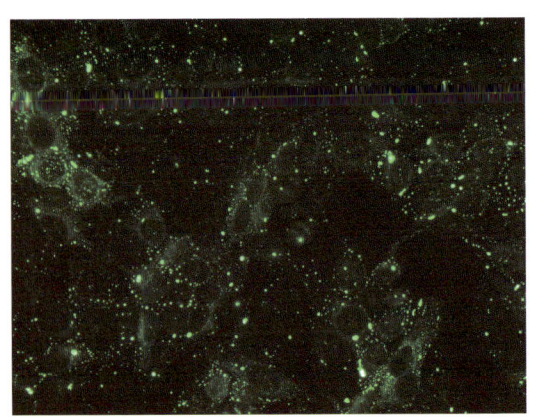

彩图 20-18　胞浆散点型

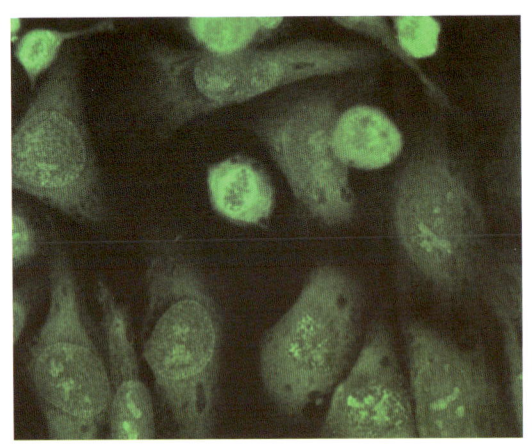

彩图 20-19　胞浆致密颗粒型

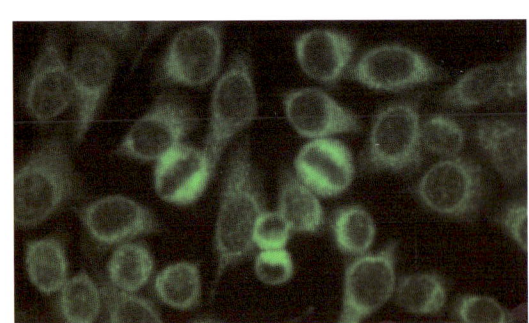

彩图 20-20　胞浆细颗粒

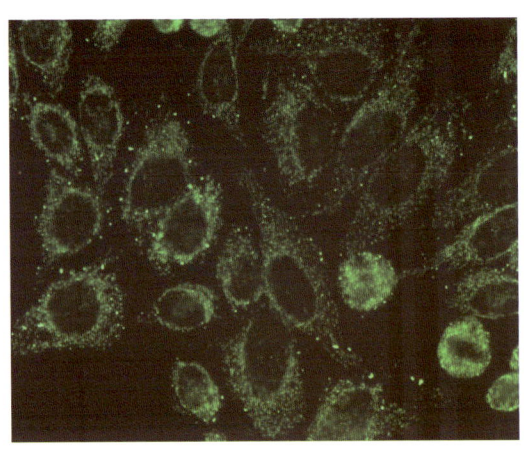

彩图 20-21　胞浆线粒体

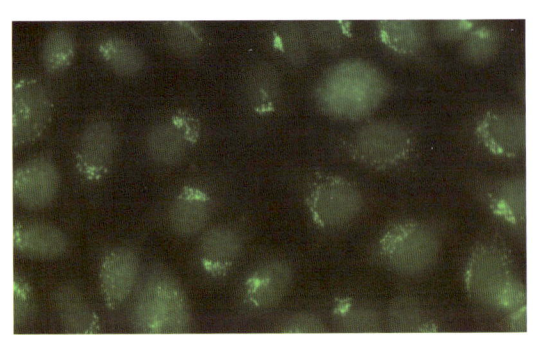

彩图 20-22　胞浆高尔基体

彩图 20-23　胞浆杆和环型

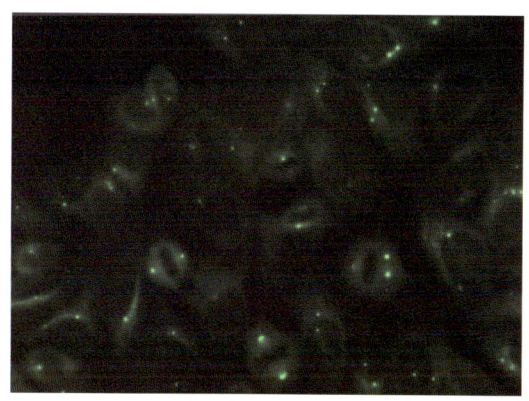

彩图 20-24　有丝分裂中心粒

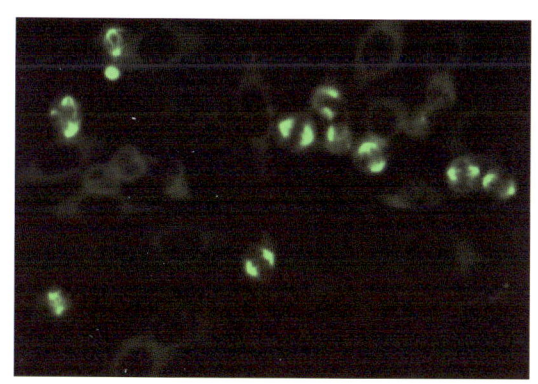

彩图 20-25　有丝分裂纺锤体

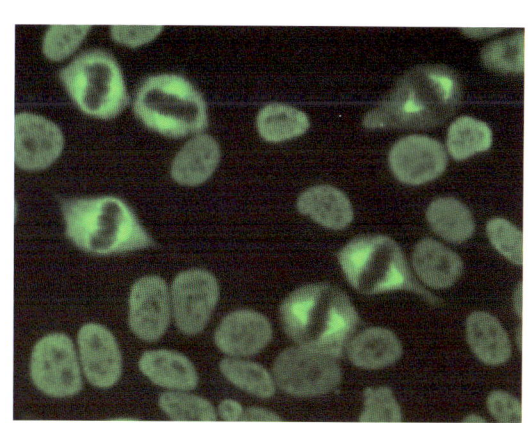

彩图 20-26　有丝分裂 NuMA 样

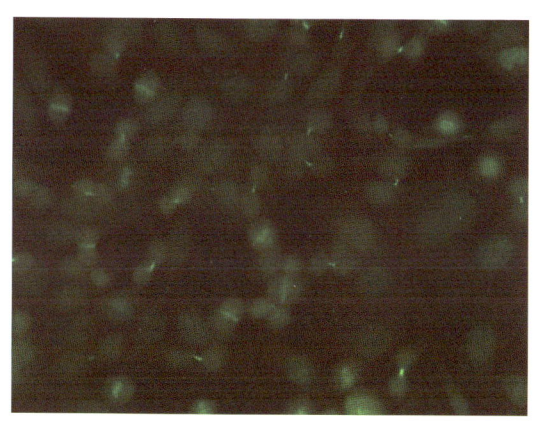

彩图 20-27　有丝分裂细胞间桥

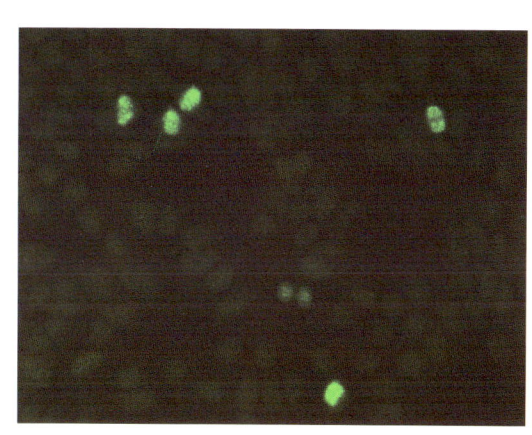

彩图 20-28　有丝分裂染色体外套

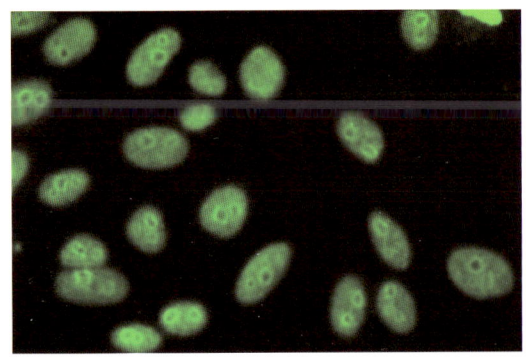

彩图 20-29　血清抗核抗体检测（间接免疫荧光法，荧光模型 AC-29）

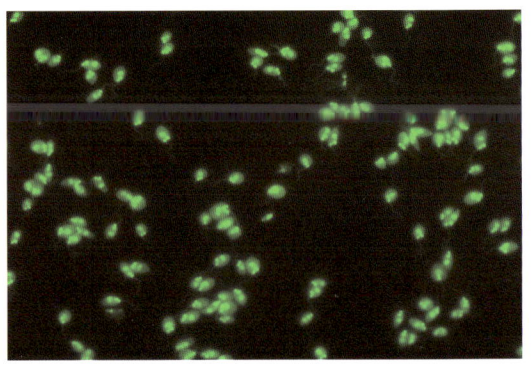

彩图 20-30　血清抗 dsDNA 抗体检测（间接免疫荧光染色，FITC 染色，×100）

以绿绳膜虫作为抗原基质，绿绳膜虫的动基体免疫荧光染色阳性

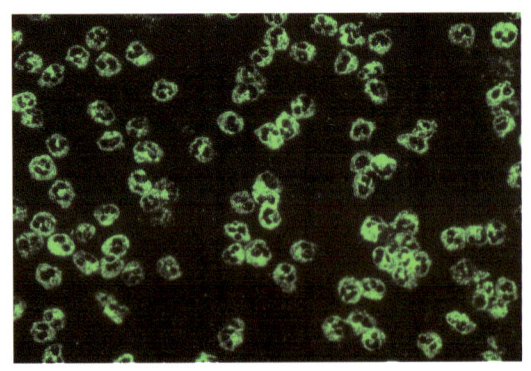

彩图 20-31　血清抗中性粒细胞胞浆抗体检测（间接免疫荧光染色，FITC 染色，×100）

抗中性粒细胞胞浆抗体阳性（胞浆型）

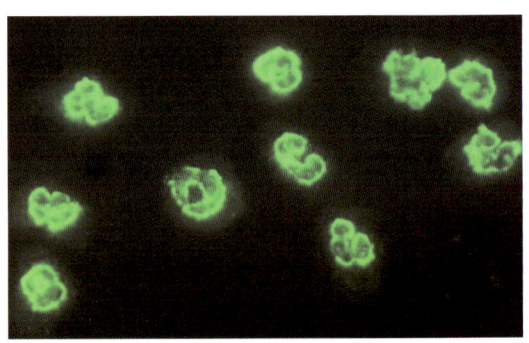

彩图 20-32　血清抗中性粒细胞胞浆抗体检测（间接免疫荧光法）

抗中性粒细胞胞浆抗体阳性（核周型）

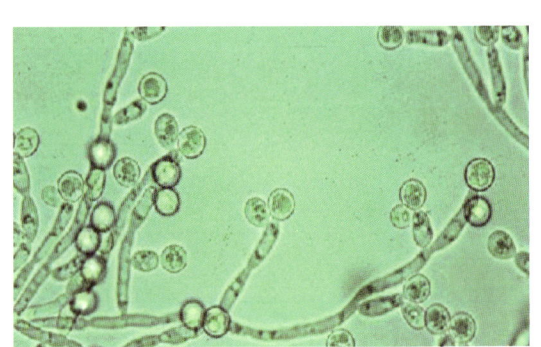

彩图 22-1　白色假丝酵母菌假菌丝与孢子（直接涂片，×1000）